ייִדיש אויסגאַבעס און פֿאָרשונג

Jiddistik Edition & Forschung
Yiddish Editions & Research

Herausgegeben von Efrat Gal-Ed,
Roland Gruschka und Simon Neuberg

Band 4

# Crossing the Border
## Über die Grenze

An Anthology of
Modern Yiddish Short Stories

Anthologie
moderner jiddischer Kurzgeschichten

Edited by  Herausgegeben von
Efrat Gal-Ed, Simon Neuberg, Daria Vakhrushova

d|u|p

*Yidish: oysgabes un forshung*
Jiddistik: Edition & Forschung
Yiddish: Editions & Research

Herausgegeben von Efrat Gal-Ed, Roland Gruschka und Simon Neuberg

Band 4

*Iber der grenets. Antologye fun moderne yidishe dertseylungen*
Über die Grenze. Anthologie moderner jiddischer Kurzgeschichten
Crossing the Border. An Anthology of Modern Yiddish Short Stories

Der Druck wurde gefördert von:
Anton-Betz-Stiftung der Rheinischen Post e. V.

Library of Congress Control Number: 2021930938

Bibliografische Information der Deutschen Nationalbibliothek
Die Deutsche Nationalbibliothek verzeichnet diese Publikation in der Deutschen Nationalbibliografie; detaillierte bibliografische Daten sind im Internet über http://dnb.d-nb.de abrufbar.

1. Auflage
© 2021 Walter de Gruyter GmbH, Berlin / Boston
d|u|p   düsseldorf university press ist ein Imprint der Walter de Gruyter GmbH
Alle Rechte vorbehalten. Das Werk einschließlich aller seiner Teile ist urheberrechtlich geschützt. Jede Verwertung ist ohne Zustimmung des Verlags unzulässig. Das gilt insbesondere für Vervielfältigungen, Übersetzungen, Mikroverfilmungen und die Einspeicherung in elektronische Systeme.
Typografie, Satz, Umschlag: Efrat Gal-Ed
Hauptschriften: Adobe Garamond, Hadassah EF
ISBN 978-3-11-071591-0
e-ISBN (PDF) 978-3-11-072507-0
ISSN (Print) 2702-9425
ISSN (Online) 2702-9433

# Inhalt

| | |
|---|---|
| IX | Vorwort |
| XIV | Foreword |
| XIX | Biobibliographische Notizen |
| 9 | *Hakdome* |

**Rokhl Oyerbakh**
| | |
|---|---|
| 13 | *Teymener shkheynim* |
| 17 | *Di zuntikdike ‚fayf-o-klokn' fun froy tsetsilya slapak (Cecilia Slapak)* |
| 24 | *Mangers ‚balade'* |

**Moyshe Altman**
| | |
|---|---|
| 33 | *Iyev on khaveyrim* |
| 41 | *Der vortsl* |

**Yoysef Opatoshu**
| | |
|---|---|
| 59 | *A shikhputser* |
| 63 | *Yom-hadin* |

**Sholem Ash**
| | |
|---|---|
| 75 | *Iber der grenets* |
| 82 | *Oykh a mame* |

**Dovid Bergelson**
| | |
|---|---|
| 93 | *On a nomen* |
| 99 | *Frayndshaft* |

**Mikha-Yoysef Berditshevski**
| | |
|---|---|
| 105 | *Di fir shtekns* |
| 112 | *Der kadish* |

### Der Nister
117 *In vaynkeler*
134 *Geyendik*

### Yekhiel Hofer
141 *Reb tankhem [araynfir]*
146 *Der toyt fun reb tankhemen*

### Ber Horovits
159 *Di legende fun der madonna*
171 *Der gilgl*

### Itshe-Meyer Vaysenberg
181 *Di meshugene in dorf*
199 *Mazl-tov*

### Yisroel-Yoyshue Zinger
203 *Profesor arkadi gritshendler*
214 *A tragedye tsulib dem, vos me hot in himl farbitn di yoytsres*

### Kadye Molodovski
223 *Di ferte mitsve*
227 *Frayndshaft*
230 *In a living-rum*

### Malasha Mali
235 *›Maciejka‹*

### Itsik Manger
253 *Gele*
258 *A portret fun a shnaydershtub*

### Anna Margolin
269 *Fun a tagebukh*
277 *Oyf a bal*

### Hersh-Dovid Nomberg
281 *Shvayg, shvester!*

### Zusman Segalovitsh
289 *Panna zofia*
293 *Der groyser ‚yontev'*

### Roze Palatnik
299 *Kaykelekh*

### Yitskhok-Leybush Perets
311 *Der meshulekh*
319 *Di toyte shtot*

### Avrom-Moyshe Fuks
329 *Bay tog*
336 *Der alter koyekh*

### Dovid Frishman
341 *Der tants*
347 *Vegn eyn eyntsik pintele*

### Efroim Kaganovski
351 *Meylekhl kilke*
355 *Der ›khokhem‹ fun gesl*

### Alter Katsizne
363 *A terk*

### Rokhl Korn
371 *Der letster veg*
380 *Mayn heym un ikh*

### Meyer Kutshinski
391 *Di mona liza*
397 *Mayn ershte bagegenish*

### Moyshe Kulbak
403 *Munye der foygl-hendler un malkele zayn vayb*

### Ester Kreytman
413 *Di naye velt*
419 *Tsvey bibliotekn*

### Melekh Ravitsh
423 *Di fatsyate*
429 *Der shklafnmark*

### Leyb Rokhman
439 *Dos rod*

### Avrom Reyzen
451 *Di naye shayle*
457 *A shtetl on vayber*

### Lamed Shapiro
461 *Roykh*
468 *Nyu-yorkish*

### Fradl Shtok
483 *Fridrikh shiler*
488 *A rede*

### Sholem-Aleykhem
493 *Khabne*
502 *A frier peysekh*

# Vorwort

Mit *Über die Grenze*, dem vierten Band der Schriftenreihe *Jiddistik: Edition & Forschung*, liegt erstmals eine umfang- und facettenreiche Sammlung moderner jiddischer Kurzgeschichten in standardisierter Orthographie vor. Die Auswahl umfasst 62 kritisch edierte Kurzgeschichten von 33 namhaften und weniger bekannten Autorinnen und Autoren. Sie gewährt Einblicke in die jiddischen Lebenswelten im Europa der Zwischenkriegszeit, in Nord- und Südamerika, in der Sowjetunion und Israel vor bzw. nach der Schoah.

Moderne jiddische Literatur ist eine geographisch zergliederte Minoritätsliteratur. Sie entfaltete sich in verschiedenen Nationalstaaten und in diversen politischen Systemen, im ständigen Kontakt mit den sie umgebenden Mehrheitskulturen, etwa der deutschen, russischen und polnischen. Geprägt von der Spannung zwischen kultureller Differenz und transkulturellem Selbstverständnis der Autoren entstanden Werke von besonderer literarischer Qualität. Jiddische Publizisten wie Jizchok Leib Perez, Khayim Zhitlovski, Schmuel Niger und Melech Ravitch diskutierten in den ersten Jahrzehnten des 20. Jahrhunderts über die junge Nationalliteratur im Spannungsfeld zwischen dem Partikularen und dem Universellen, zwischen jüdischen Stoffen und modernistischer Ästhetik und sahen in der jiddischen Literatur die Kohäsionskraft der in auseinanderliegenden Weltregionen lebenden Kulturgemeinschaft.

Alle Autorinnen und Autoren der vorliegenden Anthologie lebten in oder emigrierten aus Europa, waren polyglott und mit literarischen Strömungen und ästhetischen Modellen der europäischen Moderne vertraut. Die Entstehungsorte der hier versammelten Texte veranschaulichen die Weite der jiddischen Literaturlandschaft: Warschau, Wilna, Berlin, Moskau, London, New York, Montreal, Rio de Janeiro, Tel Aviv und Jerusalem. In der Sammlung sind die meisten literarischen Generationen der jiddischen Moderne vertreten, von den ›Klassikern‹ Jizchok Leib Perez (1852–1915) und Scholem Alejchem (1859–1916) bis Malasha Mali (1921–2008), Mitglied der modernistischen Gruppe *Yung-Yisroel* [Junges Israel].

Der Band *Über die Grenze* ist dem Genre der Kurzgeschichte gewidmet, das eine reiche Form- und Stilvarietät aufweist. Die Textauswahl vermittelt einen Überblick über die vielfältigen Spielarten dieses Genres im Jiddischen, darunter die offene Form der Memoiren (Manger, Singer), der Reportage (Oyerbakh [Auerbach]) und des Tagebuchs (Margolin) und die kleine Form der Anekdote (Ravitch, Segalovitsh). Manche Kurzgeschichte hat legendenhafte Züge (Horovits) oder rekurriert auf einen biblischen Stoff (Frischmann). In einigen wird mündliches Erzählen suggeriert, etwa in der Gespenstergeschichte von Perez »*Di toyte shtot*« [Die tote Stadt]; andere sind in längeren Passagen der erlebten Rede (Shtok, »*Fridrikh shiler*«), des inneren Monologs (Shapiro, »*Nyu-yorkish*«) oder in Monologen mit assoziativen Reflexionen (Bergelson) gestaltet. Einige sind sozial-kritisch (Opatoshu), psychologisch (Mali), andere surrealistisch akzentuiert (Rokhman). Die Darstellungsweise orientiert sich variantenreich an realistischen (Asch, Nomberg, Reisen, Scholem Alejchem), naturalistischen (Fuks, Vaysenberg), symbolistischen (Der Nister) und expressionistischen (Kulbak) Modellen.

Mit wenigen Ausnahmen sind alle Erzählungen auf Jiddisch entstanden. Zu den Ausnahmen gehören »*Di toyte shtot*« von Perez und »*Vegn eyn eyntsik pintele*« [Wegen eines einzigen kleinen Punktes] von Frischmann, die von den Autoren selbst aus dem Hebräischen übersetzt wurden und somit der literaturwissenschaftlichen Untersuchung als parallele Textvarianten eine spezielle Facette bieten.

Bei allem Reichtum der vorgelegten Kurzgeschichten stellt der Band keine kanonische Textsammlung dar, vielmehr soll er dazu anregen, weitere Anthologien herauszugeben.

**Texteinrichtung und Textgestaltung**

Die Fülle der Texte wurde weder nach formalen noch thematischen oder chronologischen Kategorien strukturiert, sondern nach den Namen der Autorinnen und Autoren in der Reihenfolge des hebräisch-schriftlichen Alphabets geordnet.

Sämtliche Kurzgeschichten wurden für diesen Band mit drei Ausnahmen in standardisierter Orthographie erstmalig ediert. Einige der zuvor nur in Periodika publizierten Texte werden hier zum ersten Mal in Buchform zugänglich gemacht. Andere wurden bereits mehrfach im Druck veröffentlicht.

Der Leittext ist jeweils in der ersten Fußnote angegeben. Erstveröffentlichungen und weitere Quellen sind in der biographischen Notiz (S. XIX–XXXIX) angeführt.

In Fußnoten finden sich jiddische Übersetzungen fremdsprachiger Stellen, Erklärungen zu Wörtern, die nicht in den Lexika zu finden sind, Referenzen der Bibel- und Midraschstellen, Angaben zu Personen und Erläuterungen zu Bräuchen.

Aufgrund der geographischen Fragmentierung entwickelten sich für das Jiddische in verschiedenen Ländern und Umgebungen unterschiedliche orthographische Normen. Und in Ermangelung einer politischen Instanz für die Gesamtheit der Jiddischsprecher, kam es nicht zu allgemein verordneten Sprach- und Schreibreformen.[1] Die vom YIVO-Institut standardisierte hebräisch-schriftliche Orthographie wurde zwar in Wörter-, Grammatik- und Lehrbücher sowie in wissenschaftliche Publikationen übernommen, doch ein Großteil literarischer Druckerzeugnisse folgte bis in die 1970er Jahre unterschiedlichen Schreibsystemen.

Dieser Umstand erschwert heutigen Lesern, und damit Jiddisch-Studierenden, die Lektüre, da sie beim Nachschlagen von Vokabeln vielfach mit konfligierenden und von der standardisierten Orthographie der Wörterbücher abweichenden Schreibweisen konfrontiert sind. Die Standardisierung der Orthographie mag also eine Erleichterung sein.

Im Übrigen wurde unsere Editionsarbeit von der Überzeugung geleitet, dass das Maß der korrigierenden Eingriffe eher bescheiden sein sollte, nicht nur, um den originalen Gestus der Texte zu bewahren, sondern auch, um den früheren Reichtum grammatikalischer Varianten, der in literarischen Werken noch vorhanden ist, durch Angleichen an die zur Vereinfachung neigenden (Schul-)Grammatiken nicht zu verlieren. Jeder Quellentext wirft je nach Beschaffenheit unterschiedliche editorische Fragen auf, die spezifische Lösungen erfordern. Leitgedanke unserer Vorgehensweise war es, die verschiedenartige Provenienz der Texte und deren Spezifika zu erhalten, zugleich jedoch ein Mindestmaß an Einheitlichkeit bei der Textgestaltung der Anthologie zu wahren. Die daraus resultierenden editorischen Entscheidungen erscheinen

---

1   Auf die Anerkennung des Jiddischen als Nationalsprache der jüdischen Minderheit in der Sowjetunion folgten im Rahmen der sowjet-jiddischen Sprachplanung Reformen, die auf dieses Gebiet beschränkt blieben.

oft als heikel, da uns in der Regel keine Ausgaben letzter Hand vorliegen, auf die sich diese stützen könnten. Auktoriale Absichten lassen sich daher von fremden Eingriffen der Setzer, Drucker und Redakteure nicht eindeutig unterscheiden, sodass der Vergleich unterschiedlicher Quellen, etwa diverser Buchausgaben und Erstveröffentlichungen in Periodika, oft wenig hilfreich ist – sie alle können aufgrund der Eingriffe als unzuverlässige Überlieferungen erachtet werden. Bei Korrekturen, die nach der Erstveröffentlichung entstanden sind, lässt sich nicht rekonstruieren, ob und welche Veränderungen vom Autor vorgenommen wurden. Hier wäre die Untersuchung der Manuskripte notwendig, doch sind diese vielfach verschollen, und die erforderliche Archivarbeit hätte den Rahmen dieses Buchprojekts gesprengt.

Vor diesem Hintergrund wurde der Wortlaut der Texte stets respektiert, die Interpunktion behutsam modernisiert. Offenkundige Druck- und Setzfehler sowie ältere orthographische Gepflogenheiten, etwa Dehnungsvokale und überflüssige bzw. fehlende Vokalzeichen, wurden stillschweigend normiert. Ebenfalls stillschweigend wurden korrigiert:

Deutsch inspirierte Schreibweisen von Diphthongen, Vokalen und Konsonanten wurden dem YIVO-Standard entsprechend normiert: *st* → *tst* etwa in פֿענסטער → פֿענצטער; *z* → *dz* אונז → אונדז; bei Verben inkl. Derivaten *oy* → *ey* etwa in גלויבן → גלייבן; *oy* → *ay* קלויבן → קלײַבן; *o* → *a* קלאָפּן → קלאַפּן.

Von der Norm gleichermaßen anerkannte Varianten, etwa זײַנען / זענען wurden nur innerhalb eines Textes vereinheitlicht, nicht jedoch in der gesamten Anthologie. נישט / ניט wurden dem Leittext entsprechend unterschieden.

Stilistische Eigenheiten wurden weitgehend respektiert; Korrekturen von morphologischen Divergenzen, die über das Graphische hinausgehen, wurden durch eckige Klammern kenntlich gemacht.

Nicht normiert wurden:

Morphologische Abweichungen vom Regelwerk des YIVO bei Genera, Pluralbildung, Substantivdeklinationen, Partizipformen wurden beibehalten: דער קול (Reisen), דאָס שטילקייט (Der Nister); טעבער als Plural von טײַך (Der Nister), קוזינס (Oyerbakh); רײַזנדן als Dativform von רײַזנדער (Reisen); איבערטריבן (Scholem Alejchem); איבערגעבענע (Molodowsky).

Phonetische Abweichungen bei Darstellungen von Dialekten wurden bewahrt, etwa מעך / יעך / יאַך oder סלעבט (Kaganowski).

Mit der Standardsprache nicht übereinstimmende Adjektivdeklinationen, die sich als Varianten in jiddischen Grammatiken belegen lassen, wurden ebenfalls beibehalten: אַ טויטע ליד (Singer), פֿון אַ שכנותדיקן טישל (Altman), דאָס שמייכלדיק, ווייך, און דאָך אַזוי געהאַסט, פּנים (Nomberg).

Auktoriale Daytschmerismen wurden übernommen, etwa שמערץ (Frischmann); טאַגעבוך (Margolin); בלוטנדן (Shtok).

## Dank

Wir bedanken uns für die von dem Lehrförderungsfonds und dem Dekanat der Philosophischen Fakultät der Heinrich-Heine-Universität Düsseldorf erhaltenen Mittel – sie haben dieses Buchprojekt erst möglich gemacht. Wir danken der Anton-Betz-Stiftung für den Druckkostenzuschuss.

Unser besonderer Dank gilt den Hilfskräften Astrid Blees und Marian Fritsch für ihre unermüdliche Mitarbeit bei der Textherstellung. Für Unterstützung, kritische Durchsicht und Rat danken wir Marion Aptroot, Gitl (Genni) Blank, Hans Rudolf Bosshard, Marc Caplan, Oren Cohen Roman, Shannon Hodge (Montreal Library), Carol Ebbert-Hübner, Annelen Kranefuss, Florian Leuwer, Brian Michaels, Klaus Müller-Salget, Yitskhok Niborski, Lawrence Rosenwald, Vera Solomon und Erika Timm. Anne Sokoll, düsseldorf university press, danken wir für die sorgfältige Betreuung des Bandes.

Für die freundliche Überlassung der Abdruckrechte danken wir herzlich David Mazower (Asch), Marina Bergelson-Raskin (Bergelson), Hazel Karr (Fuchs, Kreitman), Allan Coopersmith (Korn), Bernardo Kucinski (Kucinski), Ira M. Litman (Molodowsky), Dan Opatoshu (Opatoshu), Debora Ida Szafran (Palatnik). Bei einigen Autorinnen und Autoren ließen sich die Rechtsnachfolger nicht ermitteln. Sollten in diesen Fällen Rechtsansprüche bestehen, bitten wir die Rechtsnachfolger, sich bei den Herausgebern zu melden.

Efrat Gal-Ed
Köln, Januar 2021

# Foreword

*Crossing the Border*, the fourth volume of the series Yiddish: Editions & Research, presents for the first time a wide-ranging, multi-faceted collection of modern Yiddish short stories in standardized orthography. The selection comprises sixty-two critically edited short stories by thirty-three authors, both acclaimed and less well-known. They offer insights into the Yiddish-speaking worlds of interwar Europe, in North and South America and the Soviet Union before and after the Shoah, and in Israel.

Modern Yiddish literature is a geographically fragmented literature of a cultural minority. It developed in different nation-states and under diverse political systems in constant contact with surrounding majority cultures, such as German, Russian, and Polish. This situation produced works of distinct literary merit, characterized by the tension between cultural difference and the authors' transcultural self-awareness. In the first decades of the twentieth century, Yiddish writers like Isaac Leib Peretz, Khayim Zhitlovski, Shmuel Niger, and Melech Ravitch discussed the emerging national literature between the poles of the particular and universal, between Jewish content and modernist aesthetic. In Yiddish literature they recognized the cohesive power that united the cultural communities dispersed throughout widely separated regions of the world.

All the authors in the present anthology either lived in or emigrated from Europe; they were multilingual and familiar with the literary movements and aesthetic models of European modernism. The geographical origins of the texts collected here demonstrate the breadth of the Yiddish literary landscape: Warsaw, Vilna [Vilnius], Berlin, Moscow, London, New York, Montreal, Rio de Janeiro, Tel Aviv, and Jerusalem. The collection includes a cross section of modern Yiddish literature from the "classic" generation – Isaac Leib Peretz (1852–1915) and Sholem Aleichem (1859–1916) – to Malasha Mali (1921–2008), a member of the modernist group *Yung-Yisroel* [Young Israel].

*Crossing the Border* focuses on the genre of the short story, which displays a rich variety of forms and styles. The choice of texts presents an overview of the many varieties of this genre in Yiddish, including the open form of the memoir (Manger, Singer), reportage (Oyerbakh [Auerbach]), the journal (Margolin), and the short form of the anecdote (Ravitch, Segalovitsh). Several short stories have the hallmarks of folk legend (Horovits) or draw upon Biblical themes (Frischmann). Some suggest oral narrative, as in the ghost story by Peretz, *"Di toyte shtot"* [The Dead City]. Others contain extended passages of free indirect speech (Shtok, *"Fridrikh shiler"*), interior monologue (Shapiro, *"Nyu-yorkish"*), or free-association monologues (Bergelson). Some are socially critical (Opatoshu) or psychological (Mali), while others are tinged with surrealistic overtones (Rokhman). The modes of presentation here encompass a broad spectrum including Realism (Asch, Nomberg, Reisen, Sholem Aleichem), Naturalism (Fuks, Vaysenberg), Symbolism (Der Nister), and Expressionism (Kulbak).

With few exceptions, all these stories are original Yiddish texts. Among the exceptions are *"Di toyte shtot"* [The Dead City] by Peretz and *"Vegn eyn eyntsik pintele"* [Because of a Single Little Dot] by Frischmann, which the authors themselves translated from Hebrew. As examples of authorial translation, they offer parallel textual variants that suggest a particular facet for critical inquiry.

Despite the broad diversity within the short stories presented here, this volume does not constitute a canonical selection. On the contrary, our goal is to inspire the publication of further anthologies.

## Organization and Structure of the Text

The rich variety of these texts is not organized by formal, thematic, or chronological categories. Instead, the names of the authors are arranged in alphabetical order in accordance with the Hebrew alphabet.

With three exceptions, all of the short stories in this volume appear here for the first time in standardized orthography. A few of these texts that were previously published only in periodicals are made available here for the first time in book format. Others have already appeared in print several times. The primary text is always cited in the first footnote. First printings and additional sources are cited in the biographical notes (pp. XIX–XXXIX). These citations are in German only, as English lexical and secondary sources are widely available.

Footnotes include Yiddish translations of foreign language passages, word definitions not found in dictionaries, references to passages in the Bible and Midrash, as well as biographical details about individuals and explanations of cultural practices.

As a result of geographical fragmentation, Yiddish developed divergent orthographic norms in different countries and regions. In the absence of a single political authority governing all Yiddish speakers, normative language and writing reforms were never instituted.[1] Whereas the Hebrew-based orthography as standardized by the YIVO Institute was adopted by dictionaries, grammar books, and textbooks, and was also followed in scholarly publications, the majority of literary publications up to the 1970s followed differing writing systems.

This situation complicates the understanding of texts for contemporary readers and thus for students of Yiddish, who are confronted with discrepant spellings that conflict with those standardized by dictionaries when they look up vocabulary. Our standardization of orthography may therefore be of assistance.

A guiding principle behind our editorial work has been to keep corrections to the texts as minimal as possible. Our intention has been to preserve not only the original character of the texts, but also the earlier richness of grammatical variants still present in literary works, these would otherwise have been lost through normalization in accordance with instructional grammars, which tend to simplify. The properties of each original text present different editorial questions, requiring specific answers. We have tried to respect the diverse provenance of texts by preserving their specific linguistic features, while at the same time retaining a minimum of uniformity among the texts of the anthology. The editorial decisions that follow from this principle may often appear to be debatable because, as a rule, we do not possess any definitive editions that could support them. Authorial intentions are therefore difficult to distinguish unambiguously from outside intrusions by typesetters, printers, and editors. As a result, comparisons among differing sources, such as various book editions or first printings in periodicals, are

---

[1] The language reforms enforced in the Soviet Union following the recognition of Yiddish as the national language of the Jewish minority remained restricted to this region.

seldom helpful. Based on these intrusions, such sources can all be considered unreliable. In the case of corrections that postdate a first publication of a text, it is impossible to reconstruct whether the authors made changes and, if so, which ones. It would be necessary to examine the manuscripts to determine this, but frequently these have been lost, and the archival research necessary would have exceeded the scope of this volume.

Given this background, the exact wording of the texts has always been respected, while the punctuation has been cautiously modernized. Obvious printing and typesetting errors, as well as archaic orthographic conventions – such as vowel-length markers and extraneous or missing vowel diacritics – have all been tacitly corrected:

German-inspired conventions for writing diphthongs, vowels, and consonants have been normalized to YIVO standards: *st* → *tst* as in פֿענסטער → פֿענצטער; *z* → *dz* אונז → אונדז; with verbs, including derivatives *oy* → *ey* as in גלויבן → גלייבן; *oy* → *ay* קלויבן → קלײַבן; *o* → *a* קלאָפּן → קלאַפּן.

Acknowledged variations from the norm, such as זענען / זײַנען have been normalized within a text, but not uniformly throughout the entire anthology. ניט / נישט have been differentiated according to the source text.

Stylistic idiosyncrasies are extensively retained; emendations of diverging morphological forms that go beyond scribal conventions have been identified in square brackets.

The following have not been normalized: morphological deviations from the YIVO rules in the case of genus markers, plural forms, noun declensions, and participial forms: דער קול (Reisen), דאָס שטילקייט (Der Nister); טעכער as the plural of טײַך (Der Nister), קוזינס (Oyerbakh); רײַזנדן as the dative form of רײַזנדער (Reisen); איבערטריבן (Sholem Aleichem); איבערגעבענע (Molodowsky).

Phonetic deviations have been retained where dialect is reproduced, as with יאַך / יעך / מעך or סלעכט (Kaganowski).

Adjective declensions that are attested as variants in Yiddish grammars, but which do not correspond to the standard language, have also been retained: אַ טויטע ליד (Singer), פֿון אַ שבנותדיקן טישל (Altman), דאָס שמייכלדיק, פּנים ווייך און דאָך אַזוי געהאַסט (Nomberg).

Authorial *daytshmerisms* [Germanisms] have been retained, such as שמערץ (Frischmann); טאַגעבוך (Margolin); בלוטנדן (Shtok).

## Acknowledgements

We would like to express our gratitude for support from the Fund for Curriculum Development [Lehrförderungsfonds] and the Office of the Dean of the Humanities Faculty of Heinrich Heine University (Düsseldorf). They made this book project possible. Thanks are also due to the Anton Betz Foundation for a grant to cover printing costs.

Our special gratitude goes to colleagues Astrid Blees and Marian Fritsch for their tireless efforts in preparing the text. For their support, critical review, and advice we thank Marion Aptroot, Gitl (Genni) Blank, Hans Rudolf Bosshard, Marc Caplan, Oren Cohen Roman, Shannon Hodge (Montreal Library), Carol Ebbert-Hübner, Annelen Kranefuss, Florian Leuwer, Brian Michaels, Klaus Müller-Salget, Yitskhok Niborski, Lawrence Rosenwald, Vera Solomon, and Erika Timm. We thank Anne Sokoll, of düsseldorf university press, for the meticulous supervision of this volume.

For graciously permitting us the right of reproduction, our cordial thanks go to David Mazower (Asch), Marina Bergelson-Raskin (Bergelson), Hazel Karr (Fuchs, Kreitman), Allan Coopersmith (Korn), Bernardo Kucinski (Kucinski), Ira M. Litman (Molodowsky), Dan Opatoshu (Opatoshu), Debora Ida Szafran (Palatnik). Every effort has been made to locate all the copyright holders. We kindly ask anyone holding a legitimate copyright to contact the editors.

Efrat Gal-Ed
Cologne, January 2021

*Translated by Abby and Thomas Hansen*

# Biobibliographische Notizen

Für zusätzliche Information s. Sherman, Joseph, 2007: *Writers in Yiddish*. Detroit: Thomson Gale; *The YIVO Encyclopedia of Jews in Eastern Europe*. <https://yivoencyclopedia.org/>; auf Jiddisch: *Leksikon fun der nayer yidisher literatur* 1956–1981. In 8 Bänden. New York: Alveltlekher yidisher kultur-kongres.

**Moyshe Altman** (1890 Lipcani – 1981 Czernowitz), Dichter, Erzähler, Essayist, erhielt eine traditionell-jüdische Bildung, besuchte ein russisches Gymnasium und erlernte im Selbststudium mehrere Sprachen. Seit 1919 in Czernowitz lebend veröffentlichte er 1920 [1911, YIVO-Enc.] seine ersten Gedichte in *Di frayhayt* und war als Vortragender für die jiddische Kulturförderation von Rumänien tätig. 1931 in Bukarest, während des Zweiten Weltkriegs in Zentralasien, 1945 Rückkehr nach Czernowitz. Im Zuge der stalinistischen Säuberungen 1949 zur Zwangsarbeit in Sibirien verurteilt. Seiner Freilassung 1953 folgte die erneute Rückkehr nach Czernowitz.

*Iyev on khaveyrim* (S. 33)

*Der vortsl* (S. 41)

**Bibliographie (Auswahl)**: Gal-Ed, Efrat, 2016: »Mojsche Altman«. In: Dies.: *Niemandssprache. Itzik Manger – ein europäischer Dichter*. Berlin: Jüdischer Verlag im Suhrkamp Verlag, 150–154. Rapoport, Yoyshue, 1937: »Moyshe altman als dertseyler«. In: *Di tsukunft* (New York) 42 (3): 184–186. Shvarts, Itsik, 1935: »Moyshe altman: ›di viner karete‹ un andere dertseylungen«. In: *Tshernovitser bleter* (Czernowitz) 7 (211), 25.3.1935: 3. Shvarts, Itsik, 1935: »Moyshe altmans dertseylungen«. In: *Literarishe bleter* (Warschau) 12 (13), 29.3.1935: 204.

**Sholem Asch** (1880 Kutno – 1957 London), Prosaschriftsteller und Dramatiker, neben der traditionell-jüdischen Bildung erschloss er sich im Selbststudium die europäische Literatur und begann Hebräisch und Jiddisch zu schreiben; 1900 Veröffentlichung seiner ersten jiddischen Erzählung *»Moyshele«*. Zeitlebens unternahm Asch zahlreiche Reisen; er verbrachte viele Jahre in den USA und schilderte in seinen Werken das Leben der dortigen jüdischen Migranten (z. B. *Onkl mozes*, 1918). Aufsehen erregte in den 1930er und 1940er Jahren seine Christus-Trilogie (*Der man fun natseres, Der apostol, Meri*).

*Iber der grenets* (S. 75). Erstdruck: *Der fraynd* (Sankt Petersburg) 1 (16), 23.1. [5.2.] 1903: 2–3; (17) 24.1. [6.2.] 1903: 2–3; Ash, Sholem, 1903: *In a shlekhter tsayt*. Warschau: I. Halter et komp., 3–9.

*Oykh a mame* (S. 82). Erstdruck: Ash, Sholem, 1903: *In a shlekhter tsayt*. Warschau: I. Halter et komp., 68–78. Übersetzungen: »A Scholar's Mother« in: *Yiddish tales*. 1912, Philadelphia, Pa.: The Jewish Publication Society of America, 514–528 (übersetzt von Helena Frank); »Eine Mutter« in: Asch, Sholem, 2002: *Zwischen den Wänden: jiddische Erzählungen zwischen Liebe und Glaube*. Kassel: AQUINarte Literatur- & Kunstpresse, 87–101 (übersetzt von Angelika Glau).

**Bibliographie (Auswahl):** Ash, Sholem, 1911: *Ertselungen*. New York: Forverts. Bal-makhshoves, 1903: »Sholem ash: ›in a shlekhter tsayt‹«. In: *Der fraynd* (Sankt Petersburg) 1 (202), 8. [21.] 9. 1903: 17f. Margolisov, Leo, 1904: »Sh. ash. In a shlekhter tsayt«. In: Reyzen, Avrom (Hg.): *Yor-bukh »progres«*. Warschau, 110–118. Siegel, Ben, 1976: *The Controversial Sholem Asch: An Introduction to His Fiction*. Bowling Green, Ohio: Bowling Green University Popular Press. Stahl, Nanette (Hg.), 2004: *Sholem Asch Reconsidered*. New Haven, Conn.: Beinecke Rare Book and Manuscript Library.

**Mikha-Yoysef Berdyczewski** (Bin-Gorion) (1865 Międzybóż – 1921 Berlin), Schriftsteller und Denker, tätig in Hebräisch, Jiddisch, Deutsch. Besuch des Cheder, Studium an der Volozhiner Jeschiwa sowie den Universitäten von Breslau, Berlin und Bern. 1886 Veröffentlichung erster Artikel in der hebräischen Presse; seit 1902 wieder in Breslau ansässig, wandte sich Berdyczewski dem Jiddischen zu, zwischen 1902 und 1907 entstanden 180 Erzählungen. Von seinen deutschsprachigen veröffentlichten Schriften sind insbesondere die Sammlungen *Die Sagen der Juden* und *Der Born Judas* zu nennen (übersetzt von Rahel Ramberg-Berdyczewsky).

*Di fir shtekns* (S. 105). Erstdruck: *Der tog* (Sankt Petersburg) 1 (93), 23. 4. 1904: 2f und (94) 25. 4. 1904: 2; Bin-Gorion, Micha Josef: *Yidishe ksovim fun a vaytn korev*. Hg. von Shmuel Werses. Jerusalem: The Magnes Press, The Hebrew University, 57–64.

*Der kadish* (S. 112)

**Bibliographie (Auswahl):** Fridman, Dovid-Arye, 1924: »Mikhe-yoysef berditshevskis zeks bender yidishe ksovim«. In: *Di tsukunft* (New York) 29 (10): 626–629. K-s, B. [Karlinski, Ber], 1925: »Der vayter korev«. In: *Der moment* (Warschau) 16 (26), 30. 1. 1925: 8; (38) 13. 2. 1925: 8. Lev, Simkhe, 1966: »M. y. berditshevski der dertseyler oyf hebreish un yidish«. In: *Svive* (New York) 19: 21–28. Mayzl, Nakhmen, 1924: »M. y. berditshevki in yidish«. In: *Literarishe bleter* (Warschau) 1 (2), 16. 5. 1924: 3. Werses, Shmuel, 1981: »M. J. Berdyczewski as a Yiddish Writer«. In: Bin-Gorion, Micha Josef: *Yidishe ksovim fun a vaytn korev*. Hg. von Shmuel Werses. Jerusalem: The Magnes Press, The Hebrew University, V–LVII (siehe auch Bibliographie auf Seite סב).

**Dovid Bergelson** (1884 Okhrimovo – 1952 Moskau), Prosaschriftsteller und Dramatiker, erhielt neben der religiösen auch eine säkulare Bildung. Erste schriftstellerische Versuche auf Hebräisch, 1909 Veröffentlichung der jiddischen Erzählung »*Arum vokzal*«. In Kiew lebend engagierte er sich seit ihrer Gründung 1918 in der *Kultur-lige*, zog 1921 für einige Jahre nach Berlin, bevor er 1934 in die Sowjetunion übersiedelte. Als Mitglied des Jüdischen Antifaschistischen Komitees wurde Bergelson am 12. August 1952 erschossen.

*On a nomen* (S. 93). Erstdruck: Laut eigenen Angaben entstand die Erzählung 1909–1910 und wurde 1917–1918 überarbeitet (»Materyaln tsu bergelsons bio-bibliografye«. In: *Visnshaft un revolutsye* (1–2), 1934, Kiew: Farlag fun der alukrainisher visnshaftlekher akademye: 67–73, hier 67). Erste Publikation in: *Naye tsayt* (Kiew) (29), 14. [27.]. 10. 1917: 2f. Übersetzungen: »Without a Name« in: Neugroschel, Joachim (Hg., Übers.), 2002: *No Star Too Beautiful: Yiddish Stories from 1382 to the Present*. New York, NY: W. W. Norton & Company, 418–424.

*Frayndshaft* (S. 99)

**Bibliographie (Auswahl)**: Estraikh, Gennady, 2005: *In Harness: Yiddish Writers' Romance With Communism*. Syracuse, NY: Syracuse University Press. Murav, Harriet, 2012: »Marking Time. Bergelson and Bergson«. In: Aptroot, Marion, Efrat Gal-Ed, Roland Gruschka und Simon Neuberg (Hg.): *Leket: yidishe shtudyes haynt*. Düsseldorf: düsseldorf university press, 153–171. Murav, Harriet, 2019: *David Bergelson's Strange New World. Untimeliness and Futurity*. Bloomington, Ind.: Indiana University Press. Schachter, Allison, 2008: »Bergelson and the Landscape of Yiddish Modernism«. In: *East European Jewish Affairs* 38 (1): 7–19. Sherman, Joseph und Gennady Estraikh (Hg.), 2007: *David Bergelson: From Modernism to Socialist Realism*. London: Legenda.

**Der Nister** – ›Der Verborgene‹ (Pinkhes Kahanovitsh) (1884 Berditschew – 1950 Moskau), Dichter und Prosaschriftsteller, erhielt eine traditionell-jüdische Bildung, las daneben auch säkulare Literatur und begann hebräische Texte zu schreiben. 1907 literarisches Debüt auf Jiddisch mit dem Band *Gedanken un motivn: lider in proze*; seit 1918 in Kiew, Engagement in der *Kultur-lige*, von 1921 bis 1926 in Berlin und Hamburg, anschließend Übersiedelung in die Sowjetunion. Als Mitglied des Jüdischen Antifaschistischen Komitees wurde er 1949 Opfer der sowjetischen Säuberungen und starb 1950 in einem Lagerkrankenhaus.

*In vaynkeler* (S. 117). Erstdruck: Parallel in *Dos naye leben* (New York) 1 (1), 1. 10. 1922: 4–19 und *Shtrom* (Moskau) 1 (2), 1922: 9–25. Übersetzungen: »In the Wine Cellar« in: Neugroschel, Joachim (Hg., Übers.), 1987: *Great Tales of Jewish Phantasy and the Occult*. New York, NY: Overlook, 246–264;

»Im Weinkeller« in: Mantowan-Kromer, Daniela (Hg.), 1991: *Unterm Zaun. Jiddische Erzählungen*. Frankfurt am Main: Insel, 134–155 (übersetzt von Martina Eicheldinger).

*Geyendik* (S. 134). Erstdruck: Unter dem Titel »Er un ikh« in: *Dorem-afrike* (Johannesburg) 1, 1922: 16–23.

**Bibliographie (Auswahl):** Bechtel, Delphine, 1990: *Der Nister's Work 1907–1929: A Study of a Yiddish Symbolist*. Berne u. a.: Lang. Estraikh, Gennady (Hg.), 2014: *Uncovering the Hidden: The Works and Life of Der Nister*. London: Legenda. Krutikov, Mikhail, 2019: *Der Nister's Soviet Years. Yiddish Writer as Witness to the People*. Bloomington, Ind.: Indiana University Press. Mayzl, Nakhmen, 1924: »Der nister (tsum dershaynen fun tsvey bender ›gedakht‹, yidisher literarisher farlag, berlin 1923)«. In: *Literarishe bleter* (Warschau) 1 (18), 5. 9. 1924: 2. Mantovan, Daniela, 1993: *Der Nister and His Symbolist Short Stories (1913–1929): Patterns of Imagination*. New York, NY: Columbia University. Tseytlin, Arn, 1924: »Der nister: ›gedakht‹«. In: *Bikher-velt* (Warschau) 3 (1–2): 17–19.

**Dovid Frishman** (1859 Zgierz – 1922 Berlin), hebräischer und jiddischer Schriftsteller, Übersetzer, Literaturkritiker, Herausgeber; erhielt neben einer jüdischen auch eine säkulare Bildung; 1878 Veröffentlichung seiner ersten hebräischen Erzählung. In Berlin und Warschau verdiente er seinen Lebensunterhalt mit Übersetzungen aus dem Deutschen und als Verfasser literarischer Essays, 1886 Herausgeber der Tageszeitung *Ha-yom*. 1888 Veröffentlichung seines ersten jiddischen Gedichts *»Afn bergl«*; nach einem Studium in Breslau 1895 Rückkehr nach Warschau, wo er neben seiner schriftstellerischen Arbeit auch als Übersetzer und Herausgeber tätig war.

*Der tants* (S. 341). Erstdruck: *Teater-velt* (Warschau) 2 (6), 1909: 11–14.

*Vegn eyn eyntsik pintele* (S. 347)

**Bibliographie (Auswahl):** Mayzl, Nakhmen, 1930: »Shoyn lang tsayt! (tsu der oysgabe fun ale verk fun dovid frishman in idish un hebreish)«. In: *Haynt* (Warschau) 23 (91), 18. 4. 1930: 9. Niger, Shmuel, 1922: »Dovid frishman – der shriftshteler«. In: *Dos naye leben* (New York) 1 (1), Oktober: 58–63. Parush, Iris, 2015: »Narodowość, syjonizm i dyskurs teologiczny: Dawid Fryszman wobec Chaima Nachmana Bialika«. In: *Studia Judaica* 1 (35): 55–84. Tseytlin, H[ilel], 1909: »Dovid frishman (etlikhe verter vegen zayne ertsehlungen)«. In: *Haynt* (Warschau) 2 (86), 15. [28.] 4. 1909: 2f; (91) 21. 4. [4. 5.] 1909: 2f.

**Avrom-Moyshe Fuks** (Fuchs) (1890 Jezierna – 1974 Tel Aviv), Prosaschriftsteller, Journalist, erhielt neben der religiösen auch eine säkulare Schulbildung. 1911 erschien seine erste Erzählung *»Bilder funem shtetl«*. In verschiedenen

Städten Galiziens lebend engagierte er sich in der sozialistischen Bewegung, gehörte der Lemberger Schriftstellergruppe *Yung-Galitsye* an, bevor er 1912 in die USA übersiedelte. Zwei Jahre später Rückkehr nach Wien, Korrespondent verschiedener Zeitungen; nach seiner Verhaftung 1938 gelangte Fuks über die Schweiz und Frankreich nach England, 1950 emigrierte er nach Israel.

*Bay tog* (S. 329)
*Der alter koyekh* (S. 336)

**Bibliographie (Auswahl):** Ayzland, Ruvn, 1925: »A. m. fuks«. In: *Der inzl* (New York) (2): 5–11. Gros-Tsimerman, M[oyshe], 1962: »Shver tsu shraybn shver (vegn ›di nakht un der tog‹ fun a. m. fuks)«. In: *Di goldene keyt* (Tel Aviv) 42: 69–76. Karlinius, Ber, 1925: »Literarishe skitsen. Der mentsh fun fleysh un blut«. In: *Der Moment* (Warschau) 16 (63), 15. 3. 1925: 4. Müller, Karl, 2003: »Aspekte jiddischer Prosa am Beispiel von Abraham Mosche Fuchs«. In: Eidherr, Armin (Hg.): *Jiddische Kultur und Literatur aus Österreich. Zwischenwelt.* Bd. 8. Klagenfurt: Drava, 167–184. Niger, Shmuel, 1925: »A. m. fuks – a beyzer talant«. In: *Literarishe bleter* (Warschau) 2 (52), 30. 4. 1925: 6. Perle, Y., 1925: »Nakete proze«. In: *Undzer folkstsaytung* (Warschau) 3 (14), 16. 1. 1925: 5.

**Yekhiel Hofer** (1906 Warschau – 1972 Yafo), Erzähler, Dichter, Essayist, erhielt vor seinem Medizinstudium eine traditionell-jüdische Bildung. Während seiner Tätigkeit bei einer jüdischen Wohlfahrtseinrichtung in Warschau begann er auf Polnisch zu schreiben, wandte sich dann aber der jiddischen Sprache zu. Den Zweiten Weltkrieg überlebte er in der Sowjetunion, 1948 zog er nach Paris, 1951 nach Israel. Hofers Werke erschienen zahlreich in der jiddischen Presse Polens, Frankreichs und Israels. Noch in Paris erschien 1950 sein Gedichtband *Lider fun der nakht*, 1963 dann in Tel Aviv der Erzählungsband *Amol* und 1966 *Reb tankhem*.

*Reb tankhem* [Einführung] (S. 141)
*Der toyt fun reb tankhemen* (S. 146)

**Bibliographie (Auswahl):** Gros-Tsimerman, Moyshe, 1973: »Yekhiel hofer«. In: *Di goldene keyt* (Tel Aviv) 78: 146f. Hirshhoyt, Yekhiel, 1973: »Yekhiel hofer – der dertseyler fun yidisher ashires«. In: *Di tsukunft* (New York) 79 (2): 51–54. Yanasovitsh, Yitskhok, 1974: »Der shrayber yekhiel hofer«. In: *Di goldene keyt* (Tel Aviv) 82: 150–160. Goldberg, Ruvn, 1986: »Yekhiel Hofer«. In: Kagan, Berl (Hg.): *Leksikon fun yidish shraybers.* New York, Sp. 210–212 (siehe auch Bibliographie in Sp. 212).

**Ber Horovits** (Horowitz) (1895 Maydan – 1942 Ostgalizien), Schriftsteller und Maler, schloss 1914 das polnische Gymnasium in Stanisławów ab, erhielt daneben eine traditionell-jüdische Bildung durch Privatlehrer und studierte Medizin in Wien. 1918 erste Gedichtveröffentlichungen in der Wiener Zeitschrift *Nayland*; in den folgenden Jahren unternahm Horovits zahlreiche Reisen, trat auch als Übersetzer und Illustrator (*Vunderlekhe mayses*, 1923) in Erscheinung. Über seinen gewaltsamen Tod 1942 gibt es keine zuverlässigen Angaben.

*Di legende fun der madonna* (S. 159). Erstdruck: *Vunderlekhe mayses*. Warschau: Vanderer, 1923, 69–91. Übersetzungen: »The Legend of the Madonna« in: Neugroschel, Joachim (Hg., Übers.), 1987: *Great Tales of Jewish Fantasy and the Occult*. New York, NY: The Overlook Press, 448–459.

*Der gilgl* (S. 171). Erstdruck: *Vunderlekhe mayses*. Warschau: Vanderer, 1923, 43–67.

**Bibliographie (Auswahl):** Gal-Ed, Efrat, 2016: *Niemandssprache. Itzik Manger – ein europäischer Dichter*. Berlin: Jüdischer Verlag im Suhrkamp Verlag, 197, 203–206. Mark, Arn, 1930: »Ber horovits«. In: *Literarishe bleter* (Warschau) 7 (22), 30.5.1930: 404–407. Perle, Yehoyshue, 1926: »Tsu gast in kroke«. In: *Literarishe bleter* (Warschau) 3 (130), 29.10.1926: 11f. Tseytlin, Arn, 1924: »[Retsenzye vegn:] dov-ber horovits: ›vunderlekhe mayses‹«. In: *Bikher-velt* (Kiew) 3 (1–2): 25–27. Vaynig, Naftole, 1924: »Ber horovits«. In: *Literarishe bleter* (Warschau) 1 (5), 6.6.1924: 4. Vaynper, Tsishe, 1954: »Ber horovits«. In: *Yidishe kultur* (New York) 16 (11): 23–26.

**Efroim Kaganovski** (Kaganowski) (1893 Warschau – 1958 Paris), Prosaschriftsteller, besuchte eine Kunstschule und veröffentlichte 1909 seine erste Erzählung »*Bay nakht in dorf*« in *Di teater velt*. 1914 Flucht nach Odessa, 1921 Rückkehr nach Warschau, Veröffentlichung weiterer Erzählungen und zahlreicher Beiträge für verschiedene Zeitungen und Zeitschriften. Den Zweiten Weltkrieg überlebte Kaganowski in Usbekistan, bevor er sich 1949 in Paris niederließ, wo u. a. eine neue Ausgabe seiner Erzählungen mit eigenen Zeichnungen erschien.

*Meylekhl kilke* (S. 351). Erstdruck: *Haynt* (Warschau) 28 (101), 3.5.1935: 7 (mit Abweichungen).

*Der ›khokhem‹* (S. 351). Erstdruck: Kaganovski, Efroim, 1937: *Figurn*. Warschau: Pen-bikher, 27–37. Übersetzungen: »The Wise One« in: Kaganovski, Ephraim, 2016: *Jewish Warsaw between the Wars*. Lexington: CreateSpace Independent Publishing Platform, 39–50 (übersetzt von Bracha B. Weingrod).

**Bibliographie (Auswahl):** Finkelshteyn, Leo, 1932: »Vegn e. kaganovskis noveln«. In: *Literarishe bleter* (Warschau) 9 (29), 15.7.1932: 462. Kaganovski, Efroim, 1949: *Yidishe shrayber in der heym*. Łódź: Yidish-bukh. Mayzl, Nakhmen, 1938: »Efroim kaganovskis bukh ›figurn‹«. In: *Literarishe bleter* (Warschau) 15 (2), 7.1.1938: 19f. Shimel, Moyshe, 1937: »Efroim kaganovski. Tsum dershaynen fun zayn noveln-bukh: ›figurn‹ (shtrikhn tsu a portret)«. In: *Haynt* (Warschau) 30 (211), 10.9.1937: 7. Yakubovitsh, Avrom-Leyb, 1921: »Literarishe geshprekhn XXXIII. A zamlung fun shikzaln«. In: *Haynt* (Warschau) 14 (291), 23.12.1937: 3.

**Alter-Sholem Katsizne** (Kacyzne) (1885 Wilna – 1941 Tarnopol), Schriftsteller und Photograph, besuchte neben dem Cheder eine russischsprachige Volksschule, las als Autodidakt Literatur in mehreren Sprachen, bevor er sich in Ekaterinoslav als Photograph ausbilden ließ. Nach zwei russischen Erzählungen veröffentlichte er 1915 anlässlich des Todes von Y. L. Perets Erinnerungen an seinen literarischen Mentor auf Jiddisch. Im Zusammenhang mit einem Auftrag, das polnische Judentum photographisch zu dokumentieren, unternahm Katsizne zahlreiche Reisen. Nach Ausbruch des Zweiten Weltkriegs floh er nach Tarnopol, wo er am 7. Juli 1941 ermordet wurde.

*A terk* (S. 363). Erstdruck: *Ringen* (Warschau), Nr. 1, 1921: 6–14.

**Bibliographie (Auswahl)**: Emyot, Yisroel, 1968: »Di gezamlte shriftn fun alter katsizne«. In: *Di tsukunft* (New York) 30 (7–8): 371f. Grudberg-Turkov, Yitskhok-Ber, 1967: »Der peretsyaner alter katsizne. Alter katsizne, ›gezamlte shriftn‹«. In: *Di goldene keyt* (Tel Aviv) 61: 210–213. Kacyzne, Alter, 1999: *Poyln. Eine untergegangene Welt*. Hg. von Marek Web. Berlin: Aufbau-Verlag. Katsizne, Alter, 1967–1972: *Gezamlte shriftn*. In 4 Bänden. Tel Aviv: Farlag y.l. perets. Litvin, Mortkhe, 1977: »Alter katsizne – der dikhter«. In: *Di tsukunft* (New York) 83 (2): 64–66. Mark, B., 1985: »Alter katsizne. lebn un verk«. In: *Yidishe kultur* (New York) 47 (5/6): 46–49. Rotbaum, Yankev, 1982: »Alter katsizne – der mentsh un kinstler«. In: *Yidishe kultur* (New York) 44 (2): 6–14 und (3): 25–30.

**Rokhl Korn** (1898 Podliski – 1982 Montreal), Dichterin, Prosaschriftstellerin, trat zunächst mit polnischen Kurzgeschichten in Erscheinung. Unter dem Eindruck des Ersten Weltkriegs und der Pogrome wandte sie sich der jiddischen Sprache zu, die sie erst erlernen musste; ihr erstes jiddisches Gedicht erschien 1919 im *Lemberger togblat*. In der Zwischenkriegszeit veröffentlichte sie zahlreiche Gedichte, Erzählungen und Essays; 1941 floh Korn mit ihrer Tochter nach Usbekistan, 1949 emigrierte sie nach Kanada.

*Der letster veg* (S. 371). Übersetzungen: »The Road of No Return« in: Forman, Frieda, Ethel Raicus, Sarah Silberstein Schwartz und Margie Wolfe (Hg.), 1994: *Found Treasures: Stories by Yiddish Women Writers*. Toronto: Second Story Press, 211–222 (übersetzt von Miriam Waddington); [dieselbe Übersetzung] in: Raphael, Linda Schermer und Marc Lee Raphael (Hg.), 1999: *When Night Fell: An Anthology of Holocaust Short Stories*. New Brunswick, NJ und London: Rutgers University Press, 191–198; »Der letzte Weg« in: Forman, Frieda, Ethel Raicus, Sarah Silberstein Schwartz und Margie Wolfe

(Hg.), 1999: *Aus der Finsternis geborgen: Erzählungen jiddischer Autorinnen*. Salzburg: Müller, 167–178 (übersetzt von Armin Eidherr); »The End of the Road« in: Neugroschel, Joachim (Hg., Übers.), 2002: *No Star Too beautiful: Yiddish Stories from 1382 to the Present*. New York, NY, Norton, 633–641.

*Mayn heym un ikh* (S. 380)

**Bibliographie (Auswahl):** Goldfrad, Keren, 2011: »At the Crossroads: Between ›Der Letster Veg‹ and the Road of No Return«. In: *Prism* (3): 12–17. Mayzl, Nakhmen, 1935: »Oyf poylisher roy-erd«. In: *Haynt* (Warschau) 28 (264), 15. 11. 1935: 7. Mukdoni, Aleksander, 1958: »Yidish dorf un yidishe shtot«. In: *Di tsukunft* (New York) 63 (4): 199–202. Oyerbakh, Rokhl, 1978: »Rokhl korn. Portret, varshe 1933«. In: *Di tsukunft* (New York) 84 (1): 20–22. Seelig, Rachel, 2014: »Like a Barren Sheet of Paper: Rokhl Korn from Galician Orchards to Postwar Montreal«. In: *Prooftexts* 34 (3): 349–377.

**(Hinde) Ester Kreytman** (1892 Biłgoraj – 1954 London), Prosaschriftstellerin, Übersetzerin. Die Schwester von Yisroel-Yoyshue und Yitskhok Bashevis Zinger erhielt keinerlei formale Bildung, erlernte im Selbststudium mehrere Sprachen und erwarb so umfassende Literaturkenntnisse. Seit 1912 in Belgien, später in England lebend kehrte sie immer wieder nach Warschau zurück, wo sie im Schriftstellerverband tätig war. Kreytman übersetzte u. a. Dickens' *A Christmas Carol* ins Jiddische und veröffentlichte 1936 den autobiographischen Roman *Der sheydim-tants*; darauf folgten der Roman *Brilyantn* (1944) und der Erzählband *Yikhes* (1954).

*Di naye velt* (S. 413). Übersetzungen: »The New World« in: Yale Review 73 (Summer 1984): 525–532 (übersetzt von Joshua A. Fogel); »The New World« in: *Lilith* 16 (2), (Frühling 1991): 10–12 (übersetzt von Barbara Harshav), nachgedruckt in: Frieda Forman, Ethel Raicus, Sarah Silberstein Schwartz und Margie Wolfe (Hg.), 1994: *Found Treasures: Stories by Yiddish Women Writers*. Toronto: Second Story Press, 77–84; »Die neue Welt« in: Forman, Frieda, Ethel Raicus, Sarah Silberstein Schwartz und Margie Wolfe (Hg.), 1999: *Aus der Finsternis geborgen: Erzählungen jiddischer Autorinnen*. Salzburg, Wien: Müller, 27–33 (übersetzt von Armin Eidherr); Sylvia Paskin (Hg.), 2004: *Blitz and Other Stories*. Jefferson, NC: McFarland & Company, Inc. Publishers (übersetzt von Dorothee van Tendeloo).

*Tsvey biblioteken* (S. 419)

**Bibliographie (Auswahl):** Garfinkel, Lea, 2008: »Ester Kreitman – A Scion of the Singer Family: The Rejected Sister: with Hebrew Translation of her Story ›The New World‹«. In: Tova Cohen (Hg.): *Nashim be-tarbut yidish. Women in Yiddish Culture*. Ramat-Gan: University Bar-Ilan, 175–182. Jones, Faith, 2004: »An Ester Kreytman [Esther Kreitman] Bibliography«. In: *The Mendele Review: Yiddish Literature and Language*, 1. 9. 2004, <http://yiddish.

haifa.ac.il/tmr/tmr08/tmr08009.htm.> 15.9.2020. Norich, Anita, 1990: »The Family Singer and the Autobiographical Imagination«. In: *Prooftexts* 10 (1): 91–107. Wise, Yaakov, 2015: »The First Jewish Feminist?« In: *Jewish Quarterly* 62 (1): 44–47.

**Moyshe Kulbak** (1896 Smorgon – 1937 Minsk), Dichter, Prosaschriftsteller, Dramatiker, erhielt neben einer umfassenden jüdischen auch eine säkulare Bildung. Er schrieb Hebräisch, bevor er 1916 sein erstes jiddisches Gedicht »*Shterndl*« veröffentlichte. Neben seiner Tätigkeit als Lehrer in Minsk und Wilna engagierte sich Kulbak in den jiddischen Kulturinstitutionen. 1920 Emigration nach Berlin, 1928 Rückkehr nach Minsk. Im Zuge der stalinistischen Repressionen wurde er 1937 nach einem Schauprozess erschossen, 1956 postum rehabilitiert.

*Munye der foygl-hendler un malkele zayn vayb* (S. 403). Erstdruck: *Di yidishe velt* (Wilna) (6), (September 1928): 333–346. Übersetzungen: »Munie the Bird Dealer« in: Howe, Irwing und Eliezer Greenberg (Hg.), 1955: *A Treasury of Yiddish Stories*. London: Andre Deutsch, 342–350 (übersetzt von Norbert Guterman); »Muni The Bird-Seller« in: Leftwich, Joseph (Hg., Übers.), 1974: *An Anthology of Modern Yiddish Literature*. The Hague (u. a.): Mouton, 85–92.

**Bibliographie (Auswahl):** Finkin, Jordan, 2010: »›Like Fires in Overgrown Forests‹: Moyshe Kulbak's Contemporary Berlin Poetics«. In: Estraikh, Gennady und Mikhail Krutikov (Hg.): *Yiddish in Weimar Berlin. At the Crossroads of Diaspora Politics and Culture*. London: Legenda, 73–88. Koller, Sabine, 2014: »Jiddische Literatur im Krieg: Moyshe Kulbak und Yisroel Rabon«. In: Diner, Dan (Hg.): *Jahrbuch des Simon-Dubnow-Instituts* XIII, 237–261. Finkin, Jordan, 2016: »Yiddish Ethnographic Poetics and Moyshe Kulbak's ›Vilne‹«. In: Kilcher, Andreas B. und Gabriella Safran (Hg.): *Writing Jewish Culture. Paradoxes in Ethnography*. Bloomington, Ind.: Indiana University Press, 94–118. Gal-Ed, Efrat, (in Druck): »A delicious cooing and chirping: Reading the first chapter of Moyshe Kulbak's ›Munye the Bird-Seller‹«. In: Gal-Ed, Efrat, Natasha Gordinsky, Sabine Koller und Yfaat Weiss (Hg.): *In their Surroundings: Localizing Modern Jewish Literatures in Eastern Europe*. Göttingen: Vandenhoeck & Ruprecht. Seelig, Rachel, 2016: »›A Youthful Rogue Am I‹: Moyshe Kulbak between Exile and Arrival«. In: Dies.: *Strangers in Berlin. Modern Jewish Literature between East and West, 1919–1933*. Ann Arbor, Mich.: University of Michigan Press, 79–100.

**Meyer Kutshinski** (1904 Włocławek – 1976 São Paulo), jiddischer Schriftsteller und Lehrer, besuchte nach dem Cheder ein polnisch-hebräisches Gymnasium; sammelte ethnographisches Material für das YIVO-Institut, war in der Linke Poale Zion aktiv. 1935 Emigration nach Brasilien, zunächst als Hausierer, später als Lehrer für jiddische Literatur tätig; mit Erzählungen und Essays in beinahe allen jiddischen Zeitungen Brasiliens vertreten, ebenso in den in New York erscheinenden Zeitschriften *Di tsukunft* und *YIVO-bleter* u. a. Daneben entstanden zwei Theaterstücke und eine Studie bezüglich der portugiesischen Elemente im Jiddischen.

*Di mona liza* (S. 391). Übersetzungen: »Mona Lisa« in: Kucinski, Meir, 2002: Imigrantes, mascates & doutores. São Paolo: Ateliê Editorial, 55–62 (übersetzt ins Portugiesische von Meiri Levin).

*Mayn ershte bagegenish* (S. 397)

**Bibliographie (Auswahl):** Cytrynowicz, Roney, 2018: »The Yiddish Side of Jewish Brazil: Cultural Endeavors and Literary Heritage«. In: Chinski, Malena und Alan Astro (Hg.): *Splendor, Decline, and Rediscovery of Yiddish in Latin America*. Leiden, Boston: Brill, 15–41. Emyot, Yisroel, 1965: »Guts un shlekhts. Meyer kutshinski: ›nusekh brazil‹«. In: *Di tsukunft* (New York) 70 (3): 136f. Falbel, Nachman, 2010: *Literatura Ídiche no Brasil*. São Paulo: Humanitas. Izban, Shmuel, 1965: »Meyer kutshinskis brazilyaner dertseylungen. ›Nusekh brazil‹ fun meyer kutshinski«. In: *Unzer kiem* (Paris) (44), (Januar 1965): 16. Rayzman, Yitskhok Z., 1975: *Yidishe sheferishkeyt in lender fun portugalishn loshn*. Safed, 289–296.

**Malasha Mali** (1921 Łódź – 2008?), Dichterin, Prosaschriftstellerin, erhielt neben einer jüdischen eine säkulare Bildung; Engagement in sozialistisch-zionistischen Jugendorganisationen, 1938 erste Beiträge für die Warschauer Zeitungen *Bafrayung* und *Dos vort*. Während des Zweiten Weltkriegs in Russland, 1946 Rückkehr nach Polen, von dort in die DP-Lager nach Deutschland verbracht. Veröffentlichungen in der jiddischen Presse; 1948 erschien ihr erster Erzählungsband *Geviter*, 1949 Emigration nach Israel. Dort schrieb sie für verschiedene Zeitungen und Zeitschriften wie *Di goldene keyt*, war Mitglied von *Yung-Yisroel* und veröffentlichte 1963 den Erzählungsband *Tsvey veltn*.

›*Maciejka*‹ (S. 235)

**Bibliographie (Auswahl):** Bikl, Shloyme, 1953: »Tsvey premirte dertseylungen«. In: *Di tsukunft* (New York) 58 (7): 440. Mayzl, Nakhmen, 1949: »Dray naye yidishe dertseylerins«. In: *Yidishe kultur* (New York) 11 (11): 23–30. Rapoport, Yoyshe, 1964: »An interesant prozebukh«. In: *Di goldene keyt* (Tel Aviv) 50: 327–329. Ravitsh, Melekh, 1958: »Malasha mali«. In: Ders.: *Mayn leksikon*. Bd. 3, Montreal: Notern printing un steyshoneri, 246f.

**Itsik Manger** (Isidor Helfer) (1901 Czernowitz – 1969 Gedera), Dichter, Prosa- und Theaterschriftsteller, Essayist, besuchte nach dem Cheder für kurze Zeit ein Gymnasium, erwarb im Selbststudium umfangreiche Kenntnisse der Weltliteratur, schrieb erste Gedichte auf Deutsch; 1921 Veröffentlichung seiner ersten jiddischen Ballade in der Zeitschrift *Kultur* (Czernowitz). Seit 1928 immer wieder in Warschau; nach seiner erzwungenen Emigration 1938 gelangte Manger über Paris nach London, es folgten Aufenthalte in den USA und Israel.

*Gele* (S. 253). Erstdruck: *Naye folkstsaytung* (Warschau) 12 (51), 19. 2. 1937: 6–7.

*A portret fun a shnaydershtub* (S. 258). Erstdruck: Mit dem Untertitel ›Aus meinem Tagebuch‹, in: *Der veker* (New York), 1. 4. und 1. 5. 1961. Übersetzungen: »A Portrait of a Tailor's Workshop« in: Manger, Itzik, 2002: *The World According to Itzik: Selected Poetry and Prose*. Hg. und übers. von Leonard Wolf. New Haven, Conn. (u. a.): Yale University Press, 123 –134; »Porträt einer Schneiderstube«. In: *Sinn und Form* 6, 2016: 265 – 274 (übersetzt von Almut Seiffert).

**Bibliographie (Auswahl):** Bashevis, Yitskhok, 1939: »Itsik manger, ›noente geshtaltn‹«. In: *Di tsukunft* (New York) 44 (7): 425. Frakes, Jerold C., 2008: עלה בת משה בן אברהם אבינו / Ella b. Moses b. Abraham the Patriarch, Verse Colophon to תפילה למשה. In: Ders.: *Early Yiddish Texts 1100 – 1750: With Introduction and Commentary*. Oxford: Oxford University Press, 749 f. Gal-Ed, Efrat, 2016: *Niemandssprache: Itzik Manger – ein europäischer Dichter*. Berlin: Jüdischer Verlag im Suhrkamp Verlag. Hofer, Yekhiel, 1962: »Itsik manger der prozaiker«. In: *Di goldene keyt* (Tel Aviv) 42: 79 – 88. Mukdoni, Aleksander, 1938: »›Noente geshtaltn‹ fun itsik manger«. In: *Undzer tog* (Wilna) 20 (300), 30. 12. 1938: 5. Turniansky, Chava, 1999: »Mejdlech in der altjidischer literatur«. In: Röll, Walter und Simon Neuberg (Hg.): *Jiddische Philologie. Festschrift für Erika Timm*. Tübingen: Max Niemeyer Verlag, 7*–20*.

**Anna Margolin** (Roza Lebensboym) (1887 Brest – 1952 New York), Dichterin, Journalistin, besuchte ein russisches Gymnasium in Odessa und erhielt Privatunterricht, 1906 erstmals nach New York. Zunächst als Sekretärin von Khayim Zhitlovski tätig, veröffentlichte sie 1909 eigene Kurzgeschichten in *Fraye arbeter-shtime*. Nach einigen Jahren in Europa und einem kurzen Aufenthalt in Palästina 1914 Rückkehr nach New York, wo sie u. a. für die Rubrik »*In der froyen velt*« der Zeitung *Der tog* schrieb. 1921 erschienen ihre ersten Gedichte unter dem Pseudonym ›Anna Margolin‹, 1929 Veröffentlichung ihres einzigen Gedichtbands *Lider*.

*Oyf a bal* (S. 277). Erstdruck: unter dem Pseudonym Khane Barit, in: *Fraye arbeter shtime* (New York), 11. 7. 1914: 3.

*Fun a tagebukh* (S. 269). Erstdruck: unter dem Pseudonym Khave Gross, in: *Di tsukunft* (New York) 14 (4), (1909): 243 – 247.

**Bibliographie (Auswahl):** Iceland, Reuben, 1954: *Fun undzer friling*. New York: Farlag indzl. Kumove, Shirley, 1998: »Drunk from the Bitter Truth:

The Life, Times and Poetry of Anna Margolin«. In: Swartz, Sarah und Margie Wolfe (Hg.): *From Memory to Transformation: Jewish Women's Voices*. Toronto: Second Story Press, 35–48. Manger, Itzik, 1980: »Ana margolin«. In: Ders.: *Shriftn in proze*. Tel Aviv: Farlag y. l. perets, 249–253. Novershtern, Avraham, 1991: »Ana margolin: materyaln tsu ir poetisher geshtalt«. In: *YIVO bleter*, new series, 1: 129–171. Ders., 1991: »›Who Would Have Believed That a Bronze Statue Can Weep‹: The Poetry of Anna Margolin«. In: Margolin, Anna: *Lider*. Poems (zweisprachig). Jerusalem: The Hebrew University, V–LVIII (übersetzt von Robert Wolf). Sigal, Y. Y., 1952: »Ana margolin«. In: *Di tsukunft* (New York) 57 (8): 349–351.

**Kadye Molodovski** (Kadia Molodowsky) (1894 Bereza Kartuska – 1975 Philadelphia), Schriftstellerin, Herausgeberin, Lehrerin, erhielt sowohl eine religiöse als auch eine säkulare Bildung. Nach Abschluss des Lehrerseminars u. a. in Warschau, Odessa und Kiew als Lehrerin tätig; 1920 erste Gedichtveröffentlichungen in *Eygns*. Neben zahlreichen Publikationen (Gedichte, Erzählungen, Kinderliteratur, Essays) engagierte sich Molodovski im jiddischen Schriftstellerverband. 1935 emigrierte sie in die USA, die Jahre 1950–52 verbrachte sie in Tel Aviv.

*Di ferte mitsve* (Aus dem Zyklus »Tulye shor dertseylt«) (S. 223). Erstdruck: *A shtub mit zibn fentster*. New York: Farlag matones, 1957, 70–75, darin auf Mai 1943 datiert.

*Frayndshaft* (S. 227). Erstdruck: Ibid., 217–219, darin auf 1946 datiert.

*In a living-rum* (S. 230). Erstdruck: Ibid., 95–98 , darin auf 13. Juli 1947 datiert. Alle Kurzgeschichten übersetzt in: *A House with Seven Windows*. Syracuse, NY: Syracuse University Press, 70–74, 227–229 und 99–102 (übersetzt von Leah Schoolnik).

**Bibliographie (Auswahl)**: Gonshor, Anna, 1997: *Kadye Molodowsky in Literarishe bleter, 1925–35*: Annotated Bibliography. MA Thesis, Montreal: McGill University. Jonas-Märtin, Esther, 2008: »Zwischen Journalismus und Belletristik: Kadye Molodovsky (1894–1974)«. In: Lappin, Eleonore und Michael Nagel (Hg.): *Deutsch-jüdische Presse und jüdische Geschichte*. Bd. 1. Bremen: Edition Lumière, 375–386. Klepfisz, Irena, 1994: »Di Mames, Dos Loshn/The Mothers, the Language: Feminism, Yidishkayt, and the Politics of Memory«. In: *Bridges* 4 (1): 12–47. Kope-Lovitsh, Rivke, 1972: »Di dikhterin un prozaikerin kadye molodovski«. In: *Almanakh* (Paris) 3, 1972: 331–338. Pareigis, Christina, 2016: »Sprache und Überleben. Jiddisch in Amerika. Kadya Molodowsky (1894–1975)«. In: Bischoff, Doerte (Hg.): *Exil – Literatur – Judentum*. München: Edition text + kritik, 195–216. Rapoport, Yehoyshue, 1964: »A bukh mit zibn mayles... kadye molodovski: ›a shtub mit zibn fentster‹«. In: *Zayn* (New York) 10 (36), Januar 1964: 10–15.

**Hersh-Dovid Nomberg** (1876 Mszczonów – 1927 Otwóck), hebräischer und jiddischer Essayist, Prosaschriftsteller, politischer und sozialer Aktivist, erhielt neben einer traditionell-jüdischen Erziehung auch eine säkulare Bildung, erwarb im Selbststudium umfassende Sprachkenntnisse; 1900 Veröffentlichung seines ersten jiddischen Gedichts »*Der novi*«. In den folgenden Jahren schrieb Nomberg für die jiddische und hebräische Presse und unternahm zahlreiche Reisen. Neben seinen politischen Aktivitäten, u. a. als Abgeordneter des Sejms, engagierte sich Nomberg im jiddischen Schriftstellerverband, dessen Vorsitzender er von 1925 bis 1927 war.

*Shvayg, shvester!* (S. 261). Übersetzungen: »Don't Say a Word!« in: Nomberg, Hersh David, 2019: *Warsaw Stories. Amherst*, Massachusetts: White Goat Press, 140–146 (übersetzt von Daniel Kennedy).

**Bibliographie (Auswahl):** Hadda, Janet, 1988: *Passionate Women, Passive men. Suicide in Yiddish Literature*. New York: State University of New York Press, Albany. Mayzl, Nakhmen, 1937: »H. d. nomberg«. In: *Haynt* (Warschau) 30 (266), 19. 11. 1937: 7. Shtern, Yisroel, 1937: »Nombergisher stil«. In: *Haynt* (Warschau) 30 (266), 19. 11. 1937: 7, 10. Vayntroyb, Yitskhok, 1928: »Nomberg's literarishe yerushe. Vos iz biz itst shoyn gezamelt gevoren un vos vert vayter gezamelt?« In: *Der moment* (Warschau) 19 (279), 2. 12. 1928: 5.

**Yoysef Opatoshu** (Yoysef-Meyer Opatovski) (1886 Mława – 1954 New York), Prosaschriftsteller, Kritiker, Übersetzer, besuchte eine russische Volksschule und erhielt eine jüdische Bildung im Elternhaus. Nach der Handelsschule in Warschau und einem begonnenen Ingenieurstudium in Nancy emigrierte er 1907 nach New York, wo er sich der Gruppe *Di yunge* anschloss. 1910 debütierte er mit der Erzählung »*Af yener zayt brik*«; seit 1914 schrieb er regelmäßig Beiträge für *Der tog*. Mehrere Reisen nach Polen und Israel, außerdem in die Sowjetunion und nach Südamerika. Neben seinem Engagement in den jiddischen Kulturinstitutionen war er am Lehrerseminar tätig.

*A shikhputser* (S. 59). Erstdruck: *Naye folkstsaytung* (Warschau) 10 (321), 1. 11. 1935: 7.

*Yom hadin* (S. 63). Erstdruck: Yoysef Opatoshu und H. Leyvik (Hg.), 1939: *Zamlbikher*. Heft 4. New York: Farlag atlantik: 232–246.

**Bibliographie (Auswahl):** Khanukov, Leyvik, 1939: »Der dertseyler yoysef opatoshu«. In: *Der hamer* (New York) 12 (2): 66–68. Koller, Sabine, Gennady Estraikh und Mikhail Krutikov (Hg.), 2013: *Joseph Opatoshu: A Yiddish Writer Between Europe and America*. London: Legenda. *Literarishe bleter* (Warschau) 7 (6), 7. 2. 1930 – eine Opatoshu gewidmete Ausgabe. Mayzl, Nakhmen, 1957: »Yoysef opatoshu«. In: *Noente un eygene*. New York: Ikuf, 283–294. Pomerants, Gershn, 1938: »Yoysef opatoshus naye dertseylungen«. In: *Literarishe bleter* (Warschau) 15 (39–40), 21. 10. 1938: 663–664.

**Rokhl Oyerbakh** (Rachel Auerbach) (1903 Lanowitz – 1976 Tel Aviv), Schriftstellerin, Historikerin, Essayistin, studierte nach Abschluss des Gymnasiums in Lemberg Philosophie, Psychologie und Geschichte. 1925 erste Veröffentlichungen in der polnischsprachigen *Chwila*, Ende der 1920er Jahre auch in der jiddischen Tageszeitung *Nayer morgn*. Seit 1933 in Warschau als Journalistin und Übersetzerin tätig, seit 1939 Mitarbeiterin von Dr. Emanuel Ringelblum und dem ›Oyneg-Shabes‹-Archiv; 1950 emigrierte sie nach Israel. Als eine der ersten erkannte sie die Bedeutung von Zeitzeugenberichten für die historische Forschung und sammelte diese seit 1954 für Yad Vashem.

*Teymener shkheynim* (S. 13)
*Di zuntikdike ›fayf-o-klokn‹ bay froy tsetsilya slapak* (S. 17)
*Mangers ›balade‹* (S. 24)

**Bibliographie (Auswahl):** Auerbach, Rachel, 2008: »A Soup Kitchen in the Warsaw Ghetto: From the Memoirs of Rachel Auerbach« (übersetzt von Seymour Levitan). In: *Bridges* 13 (2): 96–97. Kassow, Samuel, 2015: »The Warsaw Ghetto in the Writings of Rachel Auerbach«. In: Dynner, Glenn und François Guesnet (Hg.): *Warsaw. The Jewish Metropolis: Essays in Honor of the 75th Birthday of Professor Antony Polonsky*. Leiden: Brill, 496–514. Mark, Feygl, 1975: »Hunger un toyt un mentsh«. In: *Di goldene keyt* (Tel Aviv) 86: 177–182. Gal-Ed, Efrat, 2016: »Rachel Auerbach«. In: Dies.: *Niemandssprache. Itzik Manger – ein europäischer Dichter*. Berlin: Jüdischer Verlag im Suhrkamp Verlag, 302–310. Roskies, David G. (Hg.), 2019: *Voices from the Warsaw Ghetto. Writing Our History*. New Haven, Conn.: Yale University Press. Szymaniak, Karolina, 2018: »On the Ice Floe: Rachel Auerbach – The Life of a Yiddishist Intellectual in Early Twentieth Century Poland«. In: Laczó, Ferenc und Joachim von Puttkammer (Hg.): *Catastrophe and Utopia. Jewish Intellectuals in Central and Eastern Europe in the 1930s and 1940s*. Berlin: De Gruyter Oldenbourg, 304–352.

**Roze Palatnik** (1904 Kroshnik – 19[79]81 Rio de Janeiro), Prosaschriftstellerin, Journalistin, erhielt eine traditionell-jüdische Erziehung, erwarb im Selbststudium säkulares Wissen und umfassende Sprachkenntnisse. Zunächst als Lehrerin tätig gewann sie 1926 einen Literaturwettbewerb der Warschauer Zeitung *Velt-shpigl* mit dem Beitrag »Laydnshaft un oysgelasnkayt«. 1927 Emigration nach Frankreich, wo sie, als Sekretärin arbeitend, Erzählungen in der *Handls-tsaytung* veröffentlichte, bevor sie 1936 nach Rio de Janeiro übersiedelte. Dort verfasste sie zahlreiche Beiträge für die jiddische Presse Süd- und Nordamerikas.

*Kaykelekh* (S. 299)

**Bibliographie (Auswahl):** Cytrynowicz, Roney, 2018: »The Yiddish Side of Jewish Brazil«. In: Malena Chinski und Alan Astro (Hg.): *Splendor, Decline,* *and Rediscovery of Yiddish in Latin America.* Leiden, Boston: Brill, 15–41. Fabel, Nachman, 2010: *Literatura Ídiche no Brasil.* São Paulo: Humanitas. Mayzl, Gitl, 1955: »Fun kroshnik biz rio-de-zhaneyro«. In: *Parizer tsaytshrift* (Paris) 3 (10): 133–135. O.A., 1961: »Di novelistin roze palatnik«. In: *Heymish* (Tel Aviv) 5 (59–60): 17.

**Yitskhok-Leybush Perets** (1852 Zamość – 1915 Warschau), Dichter, Prosa- und Theaterschriftsteller, Essayist, erhielt durch Privatlehrer eine jüdische Bildung und erwarb umfassende Sprachkenntnisse. 1877 Veröffentlichung hebräischer Lyrik, 1888 literarisches Debüt auf Jiddisch mit der Ballade *»Monish«*. Seit 1891 bis zu seinem Lebensende war der zuvor als Anwalt tätige Perets Angestellter der Jüdischen Gemeinde Warschau; seine Wohnung wurde zu einem literarischen Treffpunkt und er selbst zum Förderer unzähliger junger Schriftsteller.

*Der meshulekh* (S. 311). Erstdruck: *Bakante bilder.* Warschau: Boymriter, 1890. Übersetzungen: »The Messenger« in: Perez, Isaac Loeb, 1906: *Stories and Pictures.* Philadelphia, Pa.: The Jewish Publication Society of America, 101–116 (übersetzt von Helena Frank); in: Peretz, I.L., 1927: *Bontshe the Silent.* Philadelphia, Pa.: David McKay, 37–48 (übersetzt von I.L. Rappoport); in: Peretz, I.L., 1958: *In This World and the Next*: Selected Writings of I.L. Peretz. New York, NY: Thomas Yoseloff, 176–185 (übersetzt von Moshe Spiegel).

*Di toyte shtot* (S. 319). Erstdruck: Die jiddische Fassung ist eine Selbstübersetzung der hebräischen Geschichte »Ir ha-metim« in: *Ha-tsefira* (Warschau), 5. und 7.8.1892. Übersetzungen: »The Dead Town« in: Howe, Irving und Eliezer Greenberg (Hg.), 1989: *A Treasury of Yiddish Stories.* New York, NY: Viking Press, 205–213 (übersetzt von Irving Howe); »The Dead Town« in: Wisse, Ruth (Hg.), 1990: *The I.L. Peretz Reader.* New York, NY: Schocken, 162–171 (übersetzt von Hillel Halkin).

**Bibliographie (Auswahl):** Molisak, Alina und Shoshana Ronen (Hg.), 2017: *The Trilingual Literature of Polish Jews from Different Perspectives. In Memory of I.L. Peretz.* Newcastle upon Tyne, UK: Cambridge Scholars Publishing. Blank, Inge und Heidi Hein, 2001: »I.L. Peretz' Blick auf das ›shtetl‹. Die Reportage über seine Provinzreise in historischer Perspektive«. In: *Aschkenas* 11 (2): 497–514. Caplan, Marc, 2007: »The Fragmentation of Narrative Perspective in Y.L. Peretz's ›Bilder Fun a Provints-Rayze‹«. In: *Jewish Social Studies* 14 (1), (New Series): 63–88. Frieden, Ken, 1995: *Classic Yiddish Fiction: Abramovitsh, Sholem Aleichem, and Peretz.* New York, NY: SUNY Press. Miron, Dan, 1973: *A Traveller Disguised: The Rise of Modern Yiddish Fiction in the Nineteenth Century.* Syracuse, NY: Syracuse University Press. Niger, Samuel, 1952: *Y.l.perets: zayn lebn, zayn firndike perzenlekhkayt, zayne hebreishe un yidishe shriftn, zayn virkung.* Buenos Aires: Argentiner opteyl fun alveltlekhn yidishn kultur-kongres. Wisse, Ruth R., 1991: *I. L. Peretz and the Making of Modern Jewish Culture*. Seattle, WA: University of Washington Press.

**Melekh Ravitsh** (Melech Ravitch, Zekharye-Khone Bergner) (1893 Radymno – 1976 Montreal), Dichter, Essayist, Dramatiker, Übersetzer und Kulturaktivist, erhielt neben einer säkularen eine traditionell-jüdische Bildung; 1910 veröffentlichte er erste Gedichte in *Der yudisher arbeyter*. Seit 1921 in Warschau, Sekretär des jiddischen Schriftstellerverbandes (Tłomackie 13); Mitbegründer der Gruppe *Khalyastre* und der Zeitschrift *Literarishe bleter*. Während der 1930er Jahre in Australien, Nord- und Südamerika sowie Israel lebend, emigrierte er 1956 nach Montreal, wo er u. a. seine Memoiren *Dos mayse-bukh fun mayn lebn* verfasste.

*Di fatsyate* (S. 423)
*Der shklafnmark* (S. 429)

**Bibliographie (Auswahl):** Melech Rawitsch, 1996: *Das Geschichtenbuch meines Lebens*. Salzburg (u. a.): Müller, herausgegeben und übersetzt von Armin Eidherr. Gal-Ed, Efrat, 2016: »Melech Ravitch«. In: Dies.: *Niemandssprache. Itzik Manger – ein europäischer Dichter*. Berlin: Jüdischer Verlag im Suhrkamp Verlag, 254–270. Korn, Rokhl, 1976: »An instants far zikh aleyn. Tsum ondenk fun melekh ravitsh«. In: *Di goldene keyt* (Tel Aviv) 91: 22–25. Margolis, Rebecca, 2016: »Remaining Alive in Silence? Melekh Ravitch as Yiddish Catalyst; Montreal, 1941–54«. In: *East European Jewish Affairs* 46 (2): 192–209. Ruta, Magdalena, 2011: »›Tłomacke 13‹ in Erinnerung von Schriftstellern und Journalisten jiddischer Sprache«. In: *Convivum*: 11–32. Yeshurin, Yefim und V. Ostreger, 1954: *Melekh ravitsh bibliografye*. Montreal: M. Ravitch Book Committee at the Jewish Public Library.

**Avrom Reyzen** (Reisen) (1876 Koydanov – 1953 New York), Dichter, Prosaschriftsteller, Übersetzer, Publizist, erhielt neben einer jüdischen auch eine säkulare Bildung. Erste Artikel in der Petersburger jiddischen Presse, 1891 Veröffentlichung seines Gedichts »*Ven dos lebn iz farbitert*« in Y. L. Peretz's *Di yudishe bibliotek*. Seit 1899 in Warschau trat Reyzen nicht nur als Autor, sondern vermehrt auch als Herausgeber in Erscheinung und gründete 1902 den Verlag »*Tsentral*«. 1911 emigrierte er in die USA, wo er Herausgeber literarischer Zeitschriften und langjähriger Mitarbeiter von *Forverts*, *Frayhayt* und *Di tsukunft* wurde.

*Di naye shayle* (S. 451). Erstdruck: *Der tsayt-gayst* (New York) 1 (2), 1.9.1905. Übersetzung: »The New Question« in: Reisen, Abraham, 1992: *The Heart-Stirring Sermon and Other Stories*. Woodstock, NY: The Overlook Press, 143–150 (übersetzt von Curt Leviant).

*A shtetl on vayber* (S. 457). Erstdruck: *Haynt* 5 (234), 12. [25.] 10. 1912: 2.
 Bibliographie (Auswahl): Mayzl, Nakhmen, 1957: »Avrom reyzen«. In: *Noente un eygene*. New-York: Ikuf, 128–144. Sitarz, Magdalena, 2007: »Im Kreis der Schüler von Perets: die frühen Novellen von Avrom Reyzen«. In: *Scripta Judaica Cracoviensia* 5: 77–85. Shneyfal, Sh. K., 1908: »Avrom reyzens noveles. A kritisher iberblik«. In: *Di tsukunft* (New York) 13 (9): 540–544. Shpitalnik, L., 1936: *Avrom reyzen. Zayn lebn un shafn*. New York: Sholem aleykhem folksinstitut. Slutski, Shloyme, 1956: *Avrom reyzen-bibliografye*. New York: Bibliotek un arkhiv baym yidishn lerer seminar un folksuniverzitet.

**Leyb Rokhman** (1918 Mińsk Mazowiecki – 1978 Jerusalem), Erzähler, Journalist, erhielt neben einer traditionell-jüdischen Bildung auch Unterricht in weltlichen Fächern; erste journalistische Erfahrungen beim *Varshever radio*. Nach der Flucht aus einem Arbeitslager überlebte er den Zweiten Weltkrieg im Versteck bei einer polnischen Dorfbewohnerin. 1945–1948 lebte Rokhman in der Schweiz. 1950 emigrierte er nach Israel und wurde Mitarbeiter verschiedener Radioprogramme und Zeitungen. Sein erstes literarisches Werk, *Un in dayn blut zolstu lebn*, erschien 1949 in Paris; 1978 veröffentlichte er den Erzählungsband *Der mabl*.
*Dos rod* (S. 439)
 Bibliographie (Auswahl): Apelfeld, Arn, 1979: »Yedid-nefesh. Vegn leyb rokhman«. In: *Di goldene keyt* (Tel Aviv) 99: 15–20. Miriam, Rivke, 1984: »Mayn foter«. In: *Di goldene keyt* (Tel Aviv) 114: 103. Sfard, Dovid, 1972: »Di khurbn-teme nusekh leyb rokhman«. In: *Di goldene keyt* (Tel Aviv) 75: 230–236. Yanosovitsh, Yitskhok, 1988: »Der shrayber un mentsh leyb rokhman«. In: *Yerusholaymer almanakh* (Jerusalem) 18: 171–177.

**Zusman Segalovitsh** (1884 Białystok – 1949 New York), Dichter, Prosaschriftsteller, besuchte den Cheder und erhielt zusätzlich Privatunterricht. Veröffentlichung eines russischen Gedichts 1903, Debüt auf Jiddisch in der Petersburger Tageszeitung *Der fraynd* 1904. Seit 1919 in Warschau lebend wurde er u. a. Mitarbeiter von *Haynt*, 1929 von *Der moment* und engagierte sich im jiddischen Schriftstellerverband. Erinnerungen an jene Zeit hielt er in dem Band *Tlomatske 13* fest; von 1928 bis 1930 leitete er die Warschauer Abteilung des P.E.N.-Clubs. 1939 floh er aus Warschau und gelangte über Umwege 1941 nach Israel.
*Panna zofia* (S. 289). Erstdruck: *Haynt* (Warschau) 20 (271), 2. 12. 1927: 6 (mit erheblichen Abweichungen).
*Der groyser ›yon-tev‹* (S. 293). Erstdruck: »A groyser yontev«. In: *Der moment* (Warschau) 19 (290), 14. 12. 1928: 6.

**Bibliographie (Auswahl):** Fareyn fun yidishe literatn un zhurnalistn in varshe (Hg.), 1933: *Vegn z. segalovitsh. Tsu zayn draysik yerikn shrayber-yoyvl, 1903–1933.* Warschau: Farlag kh. bzhoza. Kazdan, Khayim-Shloyme, 1979: *Zusman segalovitsh: (a monografye).* New York: Unzer tsayt. Mayzl, Nakhmen, 1957: »Z. segalovitsh«. In: *Noente un eygene.* New-York: Ikuf, 183–194. Tenenboym, Shye, 1981: »›Ikh gey tsu mayne farbrente yidn‹. Zusman segalovitsh – der mekoynen fun poylishn yidntum«. In: *Di tsukunft* (New York) 87 (4): 147–151.

**Lamed Shapiro** (Levi-Yehoyshue Shapiro) (1878 Rzhyshtshev – 1948 Los Angeles), Erzähler, Dichter, Essayist, erhielt neben der jüdischen auch eine säkulare Bildung. Zunächst Jiddisch, Hebräisch und Russisch schreibend debütierte er 1903 mit der Erzählung »*Di fligl*« in *Sukes-blat.* Infolge der Pogrome emigrierte er 1905 über London in die USA, wo er für jiddische Zeitungen schrieb. Nach einem kurzen Aufenthalt in Warschau 1910 Rückkehr in die USA, wo er weiterhin für die jiddische Presse tätig war; seit 1920 Mitherausgeber der kommunistischen Zeitschrift *Funken*; 1934 Herausgeber der literarischen Zeitschrift *Studio.* Daneben galt Shapiros Interesse der Farbphotographie, der er sich mehrere Jahre in seinem Labor in Los Angeles widmete.

*Roykh* (S. 461). Erstdruck: *Velt-ayn velt-oys (zamlbukh).* New York: Amerika, 1916, 33–42. Übersetzungen: »Smoke« in: Howe, Irving und Eliezer Greenberg (Hg., Übers.), 1989: *A Treasury of Yiddish Stories.* New York, NY: Viking Press, 334–339; »Smoke« in: Shapiro, Lamed, 2007: *The Cross and Other Jewish Stories.* Hg. von Leah Garrett. New Haven, Conn. (u. a.): Yale University Press, 101–107 (übersetzt von Irving Howe und Eliezer Greenberg).

*Nyu-yorkish* (S. 468). Erstdruck: *Vokh* (New York), Nr. 20, 14. Februar 1930: 8–12. Übersetzungen: »New Yorkish« in: Shapiro, Lamed, 2007: *The Cross and Other Jewish Stories.* Hg. von Leah Garrett. New Haven, Conn.: Yale University Press, 198–212 (übersetzt von Lawrence Rosenwald).

**Bibliographie (Auswahl):** Garrett, Leah, 2011: »Dazed and Confused: Lamed Shapiro's American Stories«. In: *Studies in American Jewish Literature* 30: 47–59. Rivkin, Borekh, 1931: »L. shapiro – der letster fun di rishoynim. ›Nyu-yorkish un andere zakhn‹ fun l. shapiro«. In: *Di tsukunft* (New York) 36 (6): 424–429. Shapiro, Lamed, 1945: *Der shrayber geyt in kheyder.* Los Angeles: Aleyn. Szwarcman-Czarnota, Bella, 2017: »The Two Facets of Lamed Shapiro and Isaac Leib Peretz«. In: Molisak, Alina und Shoshana Ronen (Hg.): *The Trilingual Literature of Polish Jews from Different Perspectives. In Memory of I. L. Peretz.* Newcastle upon Tyne: Cambridge Scholars Publishing, 57–74. Wolf, Robert Harvey, 1994: *A Yiddish Manichaean: The Dualistic Fiction of Lamed Shapiro.* New York, NY: Columbia University.

**Sholem-Aleykhem** (Sholem Aleichem, Scholem Alejchem; Sholem-Yankev Rabinovitsh) (1859 Pereyaslav – 1916 New York), Prosaschriftsteller, Dramatiker; Besuch des Cheder sowie einer russischen Schule; nach ersten Veröffentlichungen auf Hebräisch erschien 1883 die jiddische Novelle »*Tsvey shteyner*«. Zunächst u. a. als Hauslehrer und Kronrabbiner tätig widmete sich Sholem-Aleykhem in den folgenden Jahrzehnten zunehmend seiner schriftstellerischen Arbeit und gründete 1888 die erste jiddische literarische Zeitschrift *Di yidishe folks-bibliotek*. In den 1890er Jahren entstanden die ersten Teile von *Menakhem-Mendl* und *Tevye der milkhiker*, an deren Fortsetzungen er in den nächsten Jahrzehnten arbeitete. Nach Aufenthalten in Odessa, Lemberg und Genf gelangte er 1906 über London erstmals in die USA, kehrte ein Jahr später nach Europa zurück und ließ sich 1914 endgültig in New York nieder.

*Khabne* (S. 493). Erstdruck: *Di yudishe tsukunft* (London–Paris–Krakau–New York, 1904–1906) (2), 1905: 108–110. Übersetzungen: »The Village of Habne« in: Sholem Aleichem, 1966: *Old Country Tales*. Hg. und übers. von Curt Leviant. New York, NY: Putnam; »Chabne« in: Scholem Alejchem, 1997: *75000 und andere Geschichten um Gott, Geld und Glück*. Hg. und übers. von Dan Wiener. Leipzig: Reclam, 100–115; »Chabne« in: Sholem Aleichem, 1998: *Nineteen to the Dozen*. Hg. von Ken Frieden. Syracuse, NY: Syracuse University Press, 103–114 (übersetzt von Ted Gorelick).

*A frier peysekh* (S. 502). Erstdruck: *Der fraynd* (Petersburg) 6 (74), 28. 3. [10. 4.] 1908: 2; (75) 30. 3. [12. 4.] 1908: 2; (76) 31. 3. [13. 4.] 1908: 2 f. Übersetzungen: *An Early Passover: The Plight of a Russian Emigrant, or, The Mystery of the Jewish Calendar*. New York, NY: Clifton Pub. Co., 1966 (übersetzt von George Zinberg).

**Bibliographie (Auswahl):** Erlich, Victor, 1964: »A Note on the Monologue As a Literary Form: Sholem Aleichem's Monologn; A Test Case«. In: Dawidowicz, Lucy S. (Hg.): *For Max Weinreich on His Seventieth Birthday: Studies in Jewish Languages, Literature, and Society*. London (u. a.): Mouton, 44–50. Estraikh, Gennady, Jordan Finkin, Kirstin Hoge und Mikhail Krutikov (Hg.), 2012: *Translating Sholem Aleichem: History, Politics and Art*. London: Legenda. Frieden, Ken, 1989: »Sholem Aleichem: Monologues of Mastery«. In: *Modern Language Studies* 19 (2): 25–37. Mantovan, Daniela, 2012: »Writing and Speech in Sholem Aleichem's Monologues«. In: Heil, Johannes und Daniel Krochmalnik (Hg.): *Jüdische Studien als Disziplin – die Disziplinen der Jüdischen Studien*. Heidelberg: Winter, 301–310. Miron, Dan, 2019: »Reise ins Zwielicht. Zu Scholem Alejchems Eisenbahngeschichten«. In: Gal-Ed, Efrat, Gernot Jonas und Simon Neuberg (Hg.): Scholem Alejchem: *Eisenbahngeschichten. Schriften eines Handlungsreisenden*. Berlin: düsseldorf university press, 365–442 (übersetzt von Liliane Meilinger).

**Fradl Shtok** (1890 Skale – 1952 Hollywood), Dichterin, Erzählerin, bereits als Schülerin mit der deutschen Literatur vertraut, emigrierte sie 1907 in die USA. Nach der Veröffentlichung ihres ersten Gedichts »*Serenade*« 1910 publizierte Shtok in den folgenden Jahren in literarischen Zeitschriften und Anthologien, stand in Kontakt mit der das Konzept des *l'art pour l'art* propagierenden Gruppe *Di yunge* und führte als eine der ersten das Sonett in die jiddische Dichtung ein. Ihr 1919 erschienener Band *Gezamelte ertsehlungen* erhielt neben sehr positiven auch negative Kritiken, woraufhin sie sich der englischen Sprache zuwandte. 1927 veröffentlichte sie den Roman *Musicians Only*.

*Fridrikh shiler* (S. 483)
*A rede* (S. 488)

**Bibliographie (Auswahl):** Fuks, Avrom-Moyshe, 1920: »Vegn fradl shtoks bukh«. In: *Kritik* (Wien) 1 (6), 25.12.1920: 29f. Gollance, Sonia, 2017: »A Dance. Fradel Shtok Reconsidered«. In: *In geveb: A Journal of Yiddish Studies*. <https://ingeveb.org/articles/a-dance-fradel-shtok-reconsidered>, 12.10.2020. Niger, Shmuel, 1920: »Di ertseylungen fun fradl shtok«. In: *Di tsukunft* (New York) 25 (10): 608–610. Olgin, 1920: »Pesimizm. Gezamelte ertsehlungen fun fradel shtok«. In: *Di naye velt* (New York) 7 (265), 9.1.1920: 16f. Ravitsh, Melekh, 1923: »›Gezamelte ertsehlungen‹ fun fradel shtok«. In: *Bikher-velt* (Warschau) 2 (1–2), 1923: 64–66. Zaydenfeld, Dovid, 1920: »A marionetn-molerin: vegn fradl shtoks bukh ertsehlungen«. In: *Renesans* (London) 2 (2), Mai 1920: 150–152.

**Itshe-Meyer Vaysenberg** (1881 Żelechów – 1938 Legionowo), jiddischer Prosaschriftsteller, erhielt eine traditionell-jüdische Bildung im Cheder; 1904 Veröffentlichung seiner ersten beiden Kurzgeschichten »*Der kitl*« und »*Dor hoylekh vedor bo*« in Perets' *Di yudishe bibliotek*; zwei Jahre später erschien die Novelle *A shtetl*. Unter den jiddischen Schriftstellern Polens nahm Vaysenberg teilweise eine oppositionelle Haltung ein; so forderte er u.a., dass sich sein jiddischer Dialekt in einer entsprechenden Rechtschreibung widerspiegele. Außer als Verfasser zahlreicher Erzählungen trat Vaysenberg in den folgenden Jahren als Herausgeber jiddischer Zeitschriften und Förderer junger Autoren in Erscheinung.

*Di meshugene in dorf* (S. 181). Erstdruck: *Dos yudishe vort* (Krakau) 1 (6), 7.2.1905: 3–7; (7), 14.2.1905: 5–7; (8), 21.2.1905: 4–7.
*Mazl-tov* (S. 199). Erstdruck: *Der veg* (Warschau) (88), 5.1.1906: 2.
Übersetzungen: »Mazel Tov« in: Howe, Irving und Eliezer Greenberg (Hg., Übers.), 1989: *A Treasury of Yiddish Stories*. New York, NY: Viking Press, 295–296.

**Bibliographie (Auswahl):** Botoshanski, Yankev, 1952: »I. m. vaysenberg«. In: *Pshat (peyrushim oyf yidishe shrayber)*. Buenos Aires, 69–92. Sherman, Joseph, 2007: »Naturalism and Itsik Meir Weissenberg (1878–1938)«. In: *Midstream* 53 (4): 16f. Vinogura, Borekh, 1932: »I. m. vaysenberg un zayn shafung«. In: *Vokhnshrift far literatur, kunst un kultur* (Warschau) 2 (10), 4.3.1932: 3f.; (11), 11.3.1932: 4f; (12), 18.3.1932: 5; (13), 25.3.1932: 4. Weissenberg-Akselrod, Pearl, 1986: *Y. m. vaysenberg. Zayn leben un shafn, 1878–1938*. Montreal: Y. m. vaysenberg bukhfond.

**Yisroel-Yoyshue Zinger** (Israel Joshua Singer) (1893 Biłgoraj – 1944 New York), Prosaschriftsteller, Journalist. Der Bruder von Ester Kreytman und Yitskhok Bashevis Zinger erhielt eine traditionell-jüdische Bildung, erwarb jedoch durch heimliche Lektüre auch säkulare Literaturkenntnisse. 1918 Veröffentlichung seiner ersten Erzählung in einem orthodoxen Wochenblatt, seit 1921 Mitglied der expressionistischen Gruppe *Khalyastre* in Warschau, Korrespondent des *Forverts* (New York). 1934 emigrierte Zinger in die USA, wo er nicht nur als Romanautor (*Di brider ashkenazi, Di mishpokhe karnovski*), sondern auch als Essayist in Erscheinung trat.

*Professor arkadi gritshendler* (S. 203). Erstdruck: *Forverts* (New York) XXV (9250), 11.3.1923: 19 (mit Abweichungen).

*A tragedye tsulib dem, vos me hot in himl farbitn di yoytsres* (S. 214). Erstdruck: Unter dem Titel »Emese pasirungen« in: *Forverts* (New York) XLVII (16935), 29.4.1944: 2, 7. Übersetzungen: Singer, Israel Joshua, 1970: *Of a World That Is No More*. New York, NY: Vanguard Press (übersetzt von Joseph Singer); Singer, Israel Joshua, 1993: *Von einer Welt, die nicht mehr ist: Erinnerungen*. Ungekürzte Ausgabe. Frankfurt am Main: Fischer-Taschenbuch-Verlag (übersetzt von Gertrud Baruch).

**Bibliographie (Auswahl):** Fuks, [Avrom-]M[oyshe], 1925: »Y. y. zinger«. In: *Literarishe bleter* (Warschau) 2 (79), 6.11.1925: 214–216. Howe, Irving, 1966: »The Other Singer«. In: *Commentary* 43, Nr. 1 (März): 78–82. Mayzl, Nakhmen, 1926: »Y. y. zinger«. In: *Literarishe bleter* (Warschau) 2 (131), 5.11.1926: 728f. Norich, Anita, 1990: »The Family Singer and the Autobiographical Imagination«. In: *Prooftexts* 10 (1): 91–107. Dies., 1991: *The Homeless Imagination in the Fiction of Israel Joshua Singer*. Bloomington, Ind.: Indiana University Press.

Astrid Blees

איבער דער גרענעץ
אַנטאָלאָגיע פֿון מאָדערנע ייִדישע דערצײלונגען

אַרױסגעגעבן פֿון אפֿרת גל-עד, דאַריע װאַכרושאָװאַ און שמעון נויבערג

# איבער דער גרענעץ

אַנטאָלאָגיע פֿון מאָדערנע ייִדישע דערציילונגען

אַרויסגעגעבן פֿון
אפֿרת גל־עד, דאַריע וואַכרושאָוואַ און שמעון נויבערג

d|u|p

# אינהאַלט

9 הקדמה

**רחל אויערבאַך**

13 תּימנער שכנים

17 די זונטיקדיקע ,פֿײַף־אָ־קלאָקן׳ פֿון פֿרוי צעציליאַ סלאַפּאַק

24 מאַנגערס ,באַלאַדע׳

**משה אַלטמאַן**

33 איובֿ אָן חבֿרים

41 דער וואָרצל

**יוסף אָפּאַטאָשו**

59 אַ שיכפּוצער

63 יום־הדין

**שלום אַש**

75 איבער דער גרענעץ

82 אויף אַ מאַמע

**דוד בערגעלסאָן**

93 אָן אַ נאָמען

99 פֿרײַנדשאַפֿט

**מיכה־יוסף בערדיטשעווסקי**

105 די פֿיר שטעקנס

112 דער קדיש

**דער נסתּר**

117 אין ווײַנקעלער

134 גייענדיק

### יחיאל האָפֿער
ר׳ תנחום [אַרײַנפֿיר] — 141
דער טויט פֿון ר׳ תנחומען — 146

### בער האָראָוויץ
די לעגענדע פֿון דער מאַדאָננאַ — 159
דער גילגול — 171

### איטשע־מאיר ווײַסענבערג
די משוגענע אין דאָרף — 181
מזל־טובֿ — 199

### ישׂראל־יהושע זינגער
פּראָפֿעסאָר אַרקאַדי גריצהענדלער — 203
אַ טראַגעדיע צוליב דעם, וואָס מ׳האָט אין הימל פֿאַרביטן די יוצרות — 214

### קאדיע מאָלאָדאָווסקי
די פֿערטע מיצווה — 223
פֿרײַנדשאַפֿט — 227
אין אַ ליווינג־רום — 230

### מאָלאַשאַ מאַלי
‹Maciejka› — 235

### איציק מאַנגער
געלע — 253
אַ פּאָרטרעט פֿון אַ שנײַדערשטוב — 258

### אַננאַ מאַרגאָלין
פֿון אַ טאָגעבוך — 269
אויף אַ באַל — 277

### הערש־דוד נאָמבערג
שווײַג, שוועסטער! — 281

### זוסמאַן סעגאַלאָוויטש
פאַננאַ זאָפֿיאַ — 289
דער גרויסער ,יום־טובֿ' — 293

### ראָזע פּאַלאַטניק
קײַקעלעך — 299

### יצחק־לייבוש פרץ
דער משולח — 311
די טויטע שטאָט — 319

### אַברהם־משה פֿוקס
בײַ טאָג — 329
דער אַלטער כוח — 336

### דוד פֿרישמאַן
דער טאַנץ — 341
וועגן איין איינציק פינטעלע — 347

### אפֿרים קאָגאַנאָווסקי
מיילעכל קילקע — 351
דער ,חכם' פֿון געסל — 355

### אַלטער קאַציזנע
אַ טערק — 363

### רחל קאָרן
דער לעצטער וועג — 371
מײַן היים און איך — 380

### מאיר קוטשינסקי
די מאָנאַ ליזאַ — 391
מײַן ערשטע באַגעגעניש — 397

### משה קולבאַק
מוניע דער פֿויגל־הענדלער און מלכּה זײַן ווײַב — 403

### אסתּר קרייטמאַן
    די נײַע וועלט    413
    צוויי ביבליאָטעקן    419

### מלך ראַוויטש
    די פּאַציאַטע    423
    דער שקלאַפֿנמאַרק    429

### לייב ראָכמאַן
    דאָס ראָד    439

### אַבֿרהם רייזען
    די נײַע שאלה    451
    אַ שטעטל אָן ווײַבער    457

### ל. שאַפּיראָ
    רויך    461
    ניו־יאָרקיש    468

### פֿראַדל שטאָק
    פֿרידריך שילער    483
    אַ רעדע    488

### שלום־עליכם
    כאַבנע    493
    אַ פֿריִער פּסח    502

Vorwort    IX
Foreword    XIV
Biobibliographische Notizen    XIX

# הקדמה

„איבער דער גרענעץ״ איז דער פֿערטער באַנד אין דער סעריע „ייִדיש: אויסגאַבעס און פֿאָרשונג״. עס שטעלט מיט זיך פֿאָר אַן ערשטן גרעסערן און פֿילפֿאַרביקן אָפּקלײַב מאָדערנע ייִדישע דערציילונגען אין כּלל־ייִדישן אויסלייג. די זאַמלונג פֿאַרנעמט 62 קריטיש אַרויסגעגעבענע טעקסטן פֿון 33 באַוווּסטע אָדער נישט אַזוי באַרימטע מחברטעס און מחברים און לאָזט אַרײַנקוקן אין דער ייִדישער וועלט פֿון צווישן־מלחמהדיקן אייראָפּע, פֿון צפֿון־ און דרום־אַמעריקע און ראַטן־פֿאַרבאַנד פֿאַר און נאָכן חורבן און פֿון ישׂראל.

די מאָדערנע ייִדישע ליטעראַטור איז אַ געאָגראַפֿיש צעגלידערטע מיעוט־ליטעראַטור. זי איז אויסגעוואַקסן אין פֿאַרשיידענע מלוכות מיט פֿאַרשיידנדיקע פּאָליטישע סיסטעמען, אין אַ כּסדרדיקן קאָנטאַקט מיט די קולטורן פֿון דער מערהייט וואָס אַרום איר – למשל מיט דער דײַטשישער, רוסישער, פּוילישער. באַווירקט פֿון דער שפּאַנונג צווישן דעם קולטורעלן אונטערשייד און דעם טראַנסקולטורעלן באַנעם פֿון די מחברים, האָבן געשפּראָצט אין איר ווערק מיט אויסערגעוויינטלעכע ליטעראַרישע מעלות.

אין די ערשטע יאָרצענדליקער פֿון 20סטן יאָרהונדערט טענהן זיך אויס אַזעלכע פּובליציסטן ווי יצחק־לייבוש פּרץ, חיים זשיטלאָווסקי, שמואל ניגער און מלך ראַוויטש וועגן דער יונגער נאַציאָנאַלער ליטעראַטור אינעם קידער־ווידער פֿון פּאַרטיקולאַר און אוניווערסאַל, צווישן ייִדישע טעמעס און מאָדערניסטישער עסטעטיק – און זיי דרינגען אַז די ייִדישע ליטעראַטור איז דער צוזאַמענבונד וואָס קלעפּט צונויף די צעשפּרייטע קולטור־געמיינשאַפֿט אויף ווײַטע קאָנטינענטן.

אַלע שרײַבערינס און שרײַבערס וואָס אין דער דאָזיקער אַנטאָלאָגיע האָבן געלעבט אין אייראָפּע אָדער זענען אַרויסגעקומען פֿון אייראָפּע, זיי זענען געווען עטלעך־שפּראַכיק און באַהאַוונט אין דער מאָדערנער אייראָפּעיִשער עסטעטיק מיט אירע מאָדעלן און שטרעמונגען. די ערטער וווּ די פֿאַרשיידענע טעקסטן אין דער אָ זאַמלונג זענען אַנטשטאַנען גיבן אַן אײַנדרוק פֿון דעם רחבֿותדיקן אויסשפּרייט פֿון דער ייִדישער ליטעראַטור: וואַרשע, ווילנע, בערלין, מאָסקווע, לאָנדאָן, ניו־יאָרק, מאָנטרעאַל, ריאָ־דע־זשאַניירא, תּל־אַבֿיבֿ און ירושלים. ס׳רובֿ דורות פֿון דער ייִדישער מאָדערנער ליטעראַטור זענען אין איר פֿאַרטראָטן, פֿון די קלאַסיקערס יצחק־לייבוש פּרץ (1852–1915) און שלום־עליכם (1859–1916) ביז מאַלאַשאַ מאַלי (1921–2008), אַ מיטגליד פֿון דער מאָדערניסטישער גרופּע ‚יונג־ישׂראל׳.

דער באַנד „איבער דער גרענעץ״ איז אָפּגעגעבן דעם זשאַנער ‚קורצע דערציילונגען׳, וואָס איז כּולל אָן אַ שיעור פֿאָרמאַלע און סטיליסטישע וואַריאַנטן. דער אָפּקלײַב וויל פֿאָרלייגן אַן איבערבליק איבער די וואַריאַנטן פֿון דעם אָ זשאַנער אויף ייִדיש, אײַנשליסנדיק

די אָפֿענע פֿאָרעם פֿון אַ מעמואַר (מאַנגער, זינגער), אַ רעפּאָרטאַזש (אויערבאַך) אָדער אַ טאָגבוך (מאַרגאָלין) ווי אויך די מינערדיקע פֿאָרעם פֿון אַן אַנעקדאָט (ראַוויטש, סעגאַלאָוויטש). איינע אַ קורצע דערציילונג האָט שטריכן פֿון אַ לעגענדע (האָראָוויץ), אַן אַנדערע איז באַזירט אויף אַ תּנכישן שטאָף (פֿרישמאַן). יענע לאָזט הערן אַ מינדלעכן באַריכט (צב״ש פּרצעס „די טויטע שטאָט״); ווידער אַנדערע זענען דער עיקר געשטאַלטיקט ווי אַ פֿרייַע אומדירעקטע רייד׳ (שטאָקס „פֿרידריך שילער״), ווי אַן אינעווייניקסטער מאָנאָלאָג (שאַפּיראָ: „ניו־יאָרקיש״) אָדער ווי מאָנאָלאָגן פֿאַרבונדענע מיט רעפֿלעקסיווע באַטראַכטונגען (בערגעלסאָן). דער טראָפּ ליגט אַ מאָל אויף דער סאָציאַלער קריטיק (אָפּאַטאָשו), אויף דער פּסיכאָלאָגיע (מאַלי) אָדער אויף סורעאַליסטישע עלעמענטן (ראָכמאַן). דער נוסח פֿון די באַשרייַבונגען איז אויך פֿאַרשיידנמיניק, אַ מאָל רעאַליסטיש (אַש, נאָמבערג, רייזען, שלום־עליכם), אַ מאָל נאַטוראַליסטיש (פֿוקס, ווייַסענבערג), אַ מאָל סימבאָליסטיש (דער ניסתּר) אָדער עקספּרעסיאָניסטיש (קולבאַק).

אַלע טעקסטן זענען אָריגינעל געשריבן אויף ייִדיש אַחוץ אין צוויי פֿאַלן (פּרץ: „די טויטע שטאָט״ און פֿרישמאַן: „וועגן איין איינציק פּינטעלע״) וואָס זענען פֿון מחבר אַליין איבערגעזעצט געוואָרן פֿון העברעיִש, אַזוי אַז עס באַקומט זיך אַ צוגאָב־מעגלעכקייט פֿאַר אַ ליטעראַרישן אַנאַליז פֿאַרגלייַכנדיקביידע נוסחאָות.

ביַי איר קאַליידאָסקאָפּישער רייַכקייט, וויל אָבער די אָ זאַמלונג קורצע דערציילונגען נישט זייַן אַ ,קאַנאָן׳, פֿאַרקערט, זי וויל מוטיקן אַנדערע אַרויסצוגעבן נאָך אַנטאָלאָגיעס.

## צעשטעל און געשטאַלטיקונג פֿון די טעקסטן

די גרויסע צאָל טעקסטן ווערט דאָ נישט סטרוקטורירט לויט פֿאָרמאַלע, טעמאַטישע אָדער כראָנאָלאָגישע פּרינציפּן; זיי ווערן איַינגעסדרט לויטן אָרט פֿון די נעמען פֿון די שרייַבער(ינ)ס אין אַלף־בית.

אַלע קורצע דערציילונגען אַחוץ דריַי ווערן דאָ דאָס ערשטע מאָל אַרויסגעגעבן אין כּלל־ייִדישן אויסלייג; עטלעכע וואָס זענען פֿריִער דערשינען נאָר אין זשורנאַלן, גייען דאָ אַרויס דאָס ערשטע מאָל אין טאָמען. אַנדערע ווידער האָבן זיך געדרוקט שוין עטלעכע מאָל. די ערשטע הערה אין יעדן טעקסט ווייַזט אָן לויט וועלכן דרוק דער טעקסט ווערט דאָ איבערגעגעבן. אין אַ ביאָגראַפֿישער נאָטיץ (ז״ז XIX – XXXIX) ווערט אויך אָנגעגעבן ווו דער טעקסט האָט זיך געדרוקט דאָס ערשטע מאָל און וועלכע ווייַטערדיקע מקורים עס זענען פֿאַראַן.

אין הערות ווערן איבערגעזעצט אָדער דערקלערט ווערטער וואָס געפֿינען זיך ניט אין די ייִדישע ווערטערביכער, ווי אויך אויסדרוקן און ציטאַטן אויף אַנדערע שפּראַכן, עס שטייען דאָרטן אויך אָנווייַזונגען וועגן פּסוקים און מדרשים אָדער וועגן מענטשן און מינהגים.

אין פֿאַרשיידענע לענדער, סבֿיבֿות און צייַטן האָט מען געניצט פֿאַרשיידענע ייִדישע אויסלייג־סיסטעמען. ווי באַלד קיין פּאָליטישע אינסטאַנץ קען ניט פֿאַרטרעטן אַלע ייִדיש־רע־

דערס, האָט זיך קיין מאָל ניט באַקומען קיין אַלגעמיינע, אומעטום גילטיקע אָרטאָגראַפֿישע נאָרמע.[1] דער כּלל־ייִדישער אויסלייג וואָס דער ייִוואָ האָט דעפֿינירט ווערט גענוצט אין ווערטערביכער, אין גראַמאַטיקעס, אין לערנביכער און אין וויסנשאַפֿטלעכע פּובליקאַציעס, אָבער ס׳רובֿ ליטעראַרישע טעקסטן האָבן ביז די זיבעציקער יאָרן גענוצט עטלעכע אַנדערע אויסלייגעכצן.

די אויסלייג־וואַריאַנטן מאַכן שווערער פֿאַר הײַנטיקע לייענערס און לערנערס פֿון ייִדיש אי דאָס נאָכקוקן אין ווערטערביכער לויט די סתּירותדיקע, נישט־נאָרמירטע אויסלייגן. די דערמאָנטע סטאַנדאַרדיזירונג שטעלט דאָ מיט זיך פֿאָר אַ געוויסע פֿאַרגרינגערונג.

אַחוץ דעם האָבן מיר בײַ דער עדיציע־אַרבעט שטענדיק געהאַלטן אַז קאָריגירנדיקע ענדערונגען פֿונעם טעקסט דאַרפֿן בלײַבן אַן אויסנעם, כּדי דער ספּעציפֿישער נוסח פֿונעם טעקסט זאָל ניט פֿאַרפֿעלשט ווערן און דאָס אָריגינעלע גראַמאַטיקאַלישע וואַריאַנטן־עשירות זאָל ניט פֿאַראָרעמט ווערן צוליב דער נטיה פֿון דער (שול־)גראַמאַטיק צו פֿאַראיינהייטלעכן.

יעדער טעקסט ברענגט מיט זיך באַזונדערע עדיטאָרישע פּראַגעס וואָס פֿאָדערן ספּעציפֿישע ענטפֿערס. בײַ אונדזער באַמיִונג צו רעספּעקטירן די ספּעציפֿיק פֿון יעדער איינעם פֿון די טעקסטן לויט זײַן אָריגינעלן אויסזען, האָבן מיר אויך געפֿילט אַז אין אַן אַנטאָלאָגיע דאַרף אויך הערשן אַ געוויסע איינהייטלעכקייט אין דער געשטאַלטיקונג פֿון די טעקסטן. באַשלוסן זענען דאָ אַלע מאָל אָנגעווייטיקטע, און די פֿאַראַנענע אויסגאַבעס גיבן ניט קיין קלאָרע אָנווײַזונגען: אין דעם פּרט זענען זיי אָפֿט מאָל ניט קיין אָפּשפּיגלונג פֿון דעם רצון פֿון מחבר, נאָר זעצער, דרוקער, רעדאַקטאָרן האָבן זיי באַווירקט, און אַ פֿאַרגלײַך פֿון פֿאַרשיידענע אויסגאַבעס (צי אין אַ בוך צי אין ערשטן דרוק אין אַ זשורנאַל) העלפֿט קוים־קוים: פֿאַרלאָזלעך זענען זיי סײַ ווי נישט. ווען שפּעטערדיקע קאָרעקטורן קומען פֿאָר, ווייסט מען געוויינטלעך ניט וועלכע שטאַמען פֿונעם מחבר, און זוכן אין אַרכיוון די מאַנוסקריפּטן אין די פֿאַלן וווּ זיי עקסיסטירן אפֿשר נאָך, איז ניט געווען מעגלעך אין גערעם פֿון דער אָ אַרבעט.

דער פּועל־יוצא דערפֿון איז: די ווערטער פֿון יעדער טעקסט האָבן מיר רעספּעקטירט, די פּונקטואַציע פֿאָרזיכטיק מאָדערניזירט, בולטע דרוק־טעותן און עלטערע אָרטאָגראַפֿישע קאָנווענצן (שטומע „ע“ אָדער „ה“ א״אַ שטריכן פֿון אַ דײַטשמערישער אָרטאָגראַפֿיע) איגנאָרירט. פֿאַראיינהייטלעכט אָן אַ וואָרן־סימן זענען אויך וואַריאַנטן וואָס עס איז אַ ספֿק צי זיי שפּיגלען אָפּ אַן אמתן אונטערשייד אין אַרויסרייד („פֿענסטער“ ← „פֿענצטער“, „אונז“ ← „אונדז“, אָבער אויך „גלויבן“ ← „גלייבן“ (ווערב), „קלויבן“ ← „קלײַבן“, „קלאָפּן“ ← „קלאַפּן“).

גלײַכבאַרעכטיקטע וואַריאַנטן וואָס לאָזן זיך אָבער קלאָר הערן („זענען“ / „זײַנען“) האָבן מיר פֿאַראיינהייטלעכט אין יעדער טעקסט פֿאַר זיך, נישט אינעם גאַנצן בוך. „ניט“ און „נישט“ האָבן מיר איבערגעלאָזן ווי אינעם הויפּט־מקור.

1 צוליבן אָנערקענען ייִדיש ווי אַ נאַציאָנאַלע מינדערהייט־שפּראַך אין ראַטן־פֿאַרבאַנד האָט זיך באַקומען אַ רעפֿאָרעם אין גערעם פֿון דער סאָוועטישער שפּראַך־פּלאַנירונג (און אין די גרענעצן פֿון פֿאַרבאַנד).

סטיליסטישע באַזונדערקייטן ווערן אין אַלגעמיין ניט פֿאַראַנדערשט; ווען אַ (צב״ש מאָרפֿאָלאָגישע) קאָרעקטור איז ניט בלויז אַ גראַפֿישע, שטייט זי אין קאַנטיקלער.

פֿון דעם איז געדרונגען אַז מיר האָבן ניט נאָרמאַליזירט: אָפּווייַכן פֿון דער ייִוואָ־נאָרמע לגבי מין, מערצאָל, דעקלינאַציע פֿון סובסטאַנטיוון און פּאַרטיציפּן. עס טרעפֿן זיך למשל ,דער קול׳ (רייזען), ,דאָס שטילקייט׳ (דער ניסתּר), ,טעבער׳ (מ״צ פֿון ,טייַך׳, דער ניס־תּר), ,קוזינס׳ (אויערבאַך), ,רייַזנדן׳ (ווי אַ דאַטיוו פֿון ,רייַזנדער׳, רייזען), ,איבערטריבן׳ (שלום־עליכם), ,איבערגעבענע׳ (פּאַרטיציפּ, מאָלאָדאָווסקי).

פֿאָנעטישע נאָכקרימונג פֿון דיאַלעקטן פֿאַרבלייַבט אין טעקסט (,יאַך׳, ,יעך׳, ,מעך׳, ,סלעבט׳, קאַגאַנאָווסקי).

אָפּווייַכנדיקע אַדיעקטיוו־דעקלינאַציעס, ווען די גראַמאַטיק קען זיין ווי דיאַלעקטאַלע וואַריאַנטן, פֿאַרבלייַבן אויך אינעם טעקסט, למשל ,אַ טויטע ליד׳ (זינגער), ,פֿון אַ שכנות־דיקן טישל׳ (אַלטמאַן), ,דאָס שמייכלדיק, ווייך און דאָך אַזוי געהאַסט פּנים׳ (נאָמבערג).

בכּיוונדיקע דייַטשמעריזמען פֿון די מחברים ווערן ניט געביטן, למשל ,שמערץ׳ (פֿריש־מאַן), ,טאַגעבוך׳ (מאַרגאָלין), ,בלוטנדן׳ (שטאָק).

**דאַנקוואָרט**

מיר באַדאַנקען דעם Lehrförderungsfonds (,פֿאָנד צו שטיצן דאָס לערנען׳) און דעם דעקאַנאַט פֿונעם פֿילאָסאָפֿישן פֿאַקולטעט פֿונעם ,הייַנריך־הייַנע־אוניווערסיטעט׳ אין דיסלדאָרף פֿאַר די מיטלען וואָס האָבן דערמעגלעכט אַזאַ פּראָיעקט. מיר באַדאַנקען די פֿונדאַציע אויפֿן נאָמען פֿון אַנטאָן בעץ (Anton-Betz-Stiftung) וואָס שטיצט דעם דרוק.

אַ באַזונדערער דאַנק קומט די סטודענטישע העלפֿער(ינ)ס אַסטריד בלעס און מאַ־ריאַן פֿריטש פֿאַר זייער אומדערמידלעכער אַרבעט איבער די טעקסטן. פֿאַר זייער אונ־טערשטיצונג, דורכקוקן דעם טעקסט און פֿאַר עצות דאַנקען מיר מאַריאָן אַפּטראָד, גיטל (געני) בלאַנק, שאַנאָן האָדזש (מאָנטרעאַלער ביבליאָטעק), עריקאַ טים, פֿלאָריאַן לויוער, קלאַוּס מילער־זאַלגעט, בראַיאַן מייַקעלס, יצחק ניבאָרסקי, וועראַ סאָלאָמאָן, אַנעלען קראַ־נעפּוס און אורן כהן ראָמאַן. אַנע סאָקאָל פֿונעם פֿאַרלאַג düsseldorf university press קומט אַ דאַנק פֿאַר איר זאָרגעוודיק באַגלייטן דעם באַנד.

פֿאַרן אָפּטרעטן די רעכט איבערצודרוקן טעקסטן גייט אַ דאַנק צו דוד מאַזאָווער (אַש), מאַרינאַ בערגעלסאָן־ראַסקין (בערגעלסאָן), הייזל קאַר (פֿוקס, קרייטמאַן), אייַראַ מ. ליט־מאַן (מאָלאָדאָווסקי), אַלען קופּערסמיט (קאָרן), בערנאַרדאָ קוטשינסקי (קוטשינסקי).

בייַ אַ טייל מחברים האָבן מיר ניט געקענט פֿעסטשטעלן בייַ וועמען עס ליגן הייַנט די רעכט, בעטן מיר די שייכדיקע פּערזאָנען זיך מעלדן בייַ די אַרויסגעבערס.

אפֿרת גל־עד
יאַנואַר 2021

איבערגעזעצט פֿון שמעון נויבערג

רחל אויערבאַך

# תּימנער שכנים

## אַ בוקעט אויף שבת

די ערשטע פֿאַרטער־דירה פֿון אונדזער הויז באַלאַנגט צו אַ תּימנער ייִדן מיטן נאָמען זכריה. איינער פֿון די ערשטע האָט ער זיך דאָ אַרײַנגעצויגן, אין איינעם מיטן ווײַב און צוויי קינדער; איינער פֿון די ערשטע האָט ער פֿאַרפֿלאַנצט פֿאַר דער שטוב אַ גערטל און צונויפֿגעקלאַפּט אונטער די טרעפּ אַ קעמערל פֿון אַלטע ברעטלעך. אין תּימן איז זכריה געווען עפּעס אַ ,כּלי־קודש׳ און אַ שטיקל ,כּלי־קודש׳ איז ער פֿאַרבליבן אויך דאָ. פֿון צײַט צו צײַט אַרבעט ער אין אַ שעכטהויז אין יפֿו אַלס שוחט און ערבֿ יום־כּיפּור האָט מען צו אים פֿון שיכּון[1] געבראַכט שעכטן כּפּרות. זײַן סטאַבילע פּרנסה ציט ער אָבער, מיט דער הילף פֿון זײַן זון יעקבֿ, פֿון לוינאַרבעט.

דעם ערשטן פֿרײַטיק נאָך מײַן אַרײַנציִען זיך אין שיכּון, האָב איך דערהערט עפּעס אַן אומדרייסט קלאַפּן אין מײַן טיר.

דאָס איז געווען זכריהס ווײַב, שושנה. זי איז מיך געקומען באַגריסן אַלס שכנטע און געבראַכט לכּבֿוד שבת אַ בוקעט גרינס. אַחוץ מיענטע און אַנדערע, זייער שמעקנדיקע קרײַטעכצער, האָט געשטעקט אין ,בוקעט׳ אַפֿילו דאָס בליִעכץ פֿון קריפּ צום זײַערן אוגערקעס.

אַזעלכע בוקעטלעך אויף שבת האָב איך שוין זינט דעמאָלט באַקומען אַ סך. און נישט בלויז איך. קומט פֿרײַטיק פֿאַרנאַכט, אָדער ערבֿ־יום־כּיפּור, טראָגט שושנה אַרום גרינס צווישן די שכנים. איך ווייס ביז איצט נישט, צי איז דאָס אַ תּימנער מינהג אַזאַ, אָדער מיינען זיי, די תּימנער שכנים אונדזערע, אַז דאָס איז אַן ,אַשכּנזישער׳ מינהג און ווילן אויף דעם אופֿן אָנהאַלטן מיט אונדז גוט־שכנישע באַציִונגען.

און דערבײַ זענען זיי אַליין אויף אָננעמען אַ מתּנה, אויף לאָזן זיך מיט עפּעס מכבד זײַן – ווײַט נישט קיין גרינגע בעלנים.

– לא צריך – מע דאַרף נישט! – ענטפֿערן זיי, ווען מע פּרוּווט זיי עפּעס דערלאַנגען. זיי זענען צירלעך־מאַנירלעך און צוריקגעהאַלטן אין זייער דלות ביז גאָר.

און אפֿשר ווילן זיי נישט טועם זײַן פֿון אונדזער עסן, ווײַל זיי האָבן נישט קיין צוטרוי צו אונדזער כּשרות? אָדער אפֿשר פּשוט דערפֿאַר, ווײַל אונדזערע מאכלים שמעקן זיי נישט?

1 שיכּון (העברעיִש) – קוואַרטאַל, שכונה.

פֿון: **אין לאַנד ישׂראל. רעפּאָרטאַזשן, עסייען, דערציילונגען.** תּל־אַבֿיבֿ: י.ל.פּרץ, 1964, ז״ז 102–106.

## אַ תּימנער טשאָלנט

אין איינעם אַ לענגערן שמועס האָט מיר שושנה דערציילט, ווי אַזוי זי פֿלעגט מאַכן אין תּימן ‚אַן אויוון' אויף שבת. זי פֿלעגט אויסקלעפּן אַ גרוב אין דער ערד מיט ליים, אָנ־לייגן אַ פֿײַער און נאָכן אויסהייצן, אַרויסשאַרן די קוילן און אָנלייגן אין גרוב, שיכטנווײַז, אַ טייג פֿון דורעמעל,[2] עפּעס אַן אַראַבישע קאַשע, אויסגעמישט מיט שמעקנדיקע און שאַרפֿע קרײַטעכצער און, דער עיקר, אַ פֿעט פֿערטעלע שעפּסנפֿלייש. אויך פֿון אויבן פֿלעגט זי דאָס אַרומקלעפּן מיט טייג און ליים, און אויף צו מאָרגנס, ווען מ'האָט נאָכן דאַווענען געעפֿנט דעם ‚אויוון', איז אַלץ געווען פֿאַרטיק – טעם־גן־עדן.

ווען זי האָט געענדיקט די באַשרײַבונג, האָב איך פֿאַרשטאַנען, אַז דאָס איז פּשוט אַזאַ מין טשאָלנט, וואָס מע ‚פֿאַררוקט' אים, ווי אַ מאָל בײַ אונדז אין די קליינע שטעטלעך, איעדע משפּחה פֿאַר זיך.

איין מאָל אין דער וואָך אָפּגעגעסן אַזאַ טשאָלנט, האָט מען געהאַט כּוח אָפּצוקומען דעם רעשט וואָכעדיקע טעג מיט אַבי וואָס. געגנוי ווי אונדזערע אַמאָליקע דאָרפֿסגייער, וואָס פֿלעגן נאָכן פֿעטס און נאָך די פֿליישן פֿון די שבתדיקע און יום־טובֿדיקע מאָלצײַטן אָפּלעבן דערנאָך די וואָך מיט אַ דאַר שטיקל ברויט מיט ציבעלע און מיט אַ געבראָטענער קאַרטאָפֿל, מיט אַ גלעזל בראָנפֿן און מיט אַן עקעלע פֿון אַ הערינג. און זײַן דערבײַ געזונט, ווי אַ דעמב, מיט אַ געזונטן מאָגן, מיט געזונטע גוטע ציין – אָט פּונקט אַזעלכע געזונטע, גוטע ציין, ווי מע זעט איצט, אויף ס'חידוש, אַפֿילו בײַ אַלטע ייִדן פֿון תּימן.

זיבן און דרײַסיק יאָר סך־הכּל איז אַלט שושנה און זעט אויס נאָך ייִנגער ווי זי איז. איר מאַן, וואָס איז אַלט צוויי און פֿופֿציק יאָר, איז אין גאַנצן גרוי און זעט אויס ווי אירער אַ זיידע.

און דערבײַ זעט ער אויך אַ ביסל אויס, ווי אונדזער אַלעמענס אַן אייגענער זיידע. עס איז אינטערעסאַנט צו אָבסערווירן, ווי זײַן צופּאַסונג צו דער נײַער סבֿיבֿה גייט קלאָר און בולט אין דער ריכטונג פֿון אונדזער אונטערגעגאַנגענער, קליינשטעטלדיקער ייִדישקייט.

ער האָט ערגעץ ווו באַקומען אַן אַלטן, שוואַרצן קאַפּעליוש, אַ פּאָר צײַגענע, לאַנגע הויזן מיט אַ וועסטל, פֿון אונטער וועלכן עס הענגען בײַ אים אַרויס די ציצית. ווען איך גיי אַדורך נעבן זײַן שטוב און זע אים אַן אָנגעטועגעם אין טלית ‚שטיין שמונה־עשׂרה', אָדער ווען איך הער אים דורכן פֿענצטער פֿאַר טאָג ברומען די ברכות – האָב איך נישט דאָס מינדסטע געפֿיל פֿון פֿרעמדקייט.

דעם ערשטן שבת האָב איך בכלל געמיינט, אַז בײַ אונדז אין הויז דאַווענט אַ מנין. דאָס האָט זכריה מיט זײַן זון אַזוי געשמאַק, אַזוי גערדיכט געדאַוונט.

פֿון זײַן טאָכטער ברכה, און פֿון זײַן פֿרוי שושנה, דערוויס איך זיך, אַז אין די אָוונטן, ווען די אַנדערע בני־בית גייען שלאָפֿן, קוקט זכריה אַרײַן אין אַ ספֿר. די ספֿרים האָט ער געשלעפּט אויף די פּלייצעס, ווען ער, צוזאַמען מיט זײַן משפּחה און אַנדערע ייִדן, האָט

2 דורע – אַ מין הירזש, איינס פֿון די הויפּט־שפּײַזמיטלען אין אַפֿריקע און אינדיע.

געמוזט שפּאַנען צו פֿוס איבער דעם מידבר ביז עדן. דאָרט זענען זיי אַ לאַנגע צײַט געזעסן אין אַן עולים־לאַגער, ביז עס איז געקומען זייער ריי. זיי זענען פֿון די עולים, וואָס זענען געקומען אין לאַנד אויפֿן ,פֿליִענדיקן כּישוף־טעפּעך׳.[3]

אויף די שער־בלעטער פֿון די ספֿרים האָב איך, צו מײַן גרויסער פֿאַרוווּנדערונג, געזען די חתימות פֿון דער רוסישער צענזור, פֿון די אַכציקער יאָרן פֿון פֿאַרגאַנגענעם יאָרהונדערט: דאָזוואָליענאָ צענזוראָיו וו וואַרשאַוויע.[4] ווייסט איין גאָט ווו אַרום עס איז געגאַנגען דער פֿאַרקער. אַ סימן האָבן מיר – דער קאָנטאַקט האָט עקסיסטירט.

## שושנה

פֿון דער גאַנצער משפּחה אינטערעסירט מיך אָבער אַממייסטן די מוטער. שושנה איז אין מײַנע אויגן אַן איידל וועזן, מיט אַ מעלאַנכאָלישן חן. איר גוף, וואָס האָט צען קינדער אויסגעטראָגן, איז אַליין קינדיש און עטעריש, ווי בײַ אַ פֿייגעלע. אויף די שוואַרצע האָר אירע איז אויסגעבונדן אַ רויט טיכל, און פֿון אונטער דעם אָריגינעל געוועלבטן שטערן, פֿון אונטער די שוואַרצע ברעמען, לײַכטן, ווי צוויי שוואַרצע דימענטן, שושנהס אויגן.

איבער שושנהס פּנים שוועבט אַ שטענדיקע פֿאַרחלומטקייט, אַ פֿאַרשלייערטער טרויער. פֿאַרחלומט זענען אירע האַנט־באַוועגונגען, ווען זי פֿאָרעט זיך פֿאַמעלעך און פֿאַר־טראַכט בײַם בלעטערוואַרג פֿון קליינעם גערטל. ווי אַ קליינע, עקזאָטישע מאַדאָנע זעט זי אויס, ווי אַ הייליקע פֿיגור געשניצט פֿון פּימסנהאָלץ.

הערנדיק ווי מיר ביידע רעדן צווישן זיך, וואָלט נישט איינער געלאַכט. אַ טייל העברעיִ־שע ווערטער קלינגען אין שושנהס מויל, ווי בײַ אַ ליטוואַטשקע. דער תּימנער ,קמץ׳ איז בײַ איר אין גאַנצן אַ ליטוואַקישער און דער אַקצענט פֿאַלט אין די ווערטער נישט דווקא אויף דעם לעצטן טר[אַף]. אַ ביסל רעדט זי עבֿרית, דורכגעמישט מיט אַראַבישע ווערטער, אָבער סײַדן נאָר אונדזער קעגנזײַטיקע סימפּאַטיע איז גורם, וואָס מיר קענען זיך אַזוי גוט פֿאַרשטיין.

## „נישטאָ קיין פֿרייד אין מײַן האַרצן...“

אין איינעם פֿון אונדזערע שמועסן האָט מיר שושנה פֿאַרטרויט דעם גרעסטן טרויער פֿון איר האַרצן. עס איז געווען נאָך דאָרטן, אין תּימן, איידער זיי האָבן זיך געלאָזט אין וועג אַרײַן. עס איז דעמאָלט געווען אַ מגפֿה אויף קינדער און אין משך פֿון עטלעכע וואָכן זענען בײַ שושנהן געשטאָרבן זיבן קינדער. דרײַ זענען געווען „קטנטנים, קטנטנים“, פּיצלעך, אָבער פֿיר זענען שוין געווען גרויסע. דאָס עלטסטע ייִנגל וואָלט שוין איצט אַלט געווען 20 יאָר.

3 כּישוף־טעפּעך (פֿליִענדיקער טעפּעך, מרבד הקסמים) – צונאָמען פֿון די לופֿטטראַנספּאָרטן פֿון תּימנער עולים אין די ערשטע יאָרן נאָכן אַנטשטיין פֿון דער מדינה. דער אויסדרוק שטאַמט פֿון אַ באַקאַנטן מיזרח־מעשׂהלע. (אָנמערקונג פֿון דער מחברטע)

4 „дозволено цензурою в Варшаве“ (רוסיש) – דערלויבט פֿון דער צענזור אין וואַרשע.

– אין שׂימחה בלבי – זאָגט שושנה און קוקט מיך אָן מיט אירע שוואַרצע אויגן – נישטאָ קיין פֿרייד אין מײַן האַרצן. נעבכיַ וואָלטן זיי ערשט דאָ־הי געווען האָבן געשטאָרבן, אויב עס איז שוין אַזוי געווען באַשערט, כּדי אַז זיי זאָלן נישט געווען בלײַבן דאָרטן אַזוי אין גאַנצן אַליין. נעבכיַ וואָלטן זיי דאָ געלעגן, נישט ווײַט פֿון איר. ווען זי זעט אַ בית־עלמין מיט שיינע מצבֿות, קאָן זי אויף זיי נישט קוקן. ווען אירע קינדער וואָלטן דאָ אין לאַנד געווען שטאַרבן, וואָלטן זיי אפֿשר אויך געווען געלעגן אונטער אַזעלכע שטיינער.

– מיר, מיר, גייסטו דאָס זאָגן, שושנה? ווער נאָך קען דיך אַזוי פֿאַרשטיין, ווי איינער פֿון אונדז?!

עפּעס שמועסט שושנה, אַז זי וואָלט אפֿשר געדאַרפֿט פֿאָרן צו קרובֿים, וועלכע וווינען אין שכונת־התּקווה.[5] פֿאַרנעמען אַ ביסל מיט עפּעס די געדאַנקען. אָבער פֿאָרן פֿאָרט זי נישט, זי גייט אין ערגעץ נישט אַרויס. זי דרייט זיך פּאַמעלעך אַרום דער שטוב אין רויטן טיכל אויפֿן קאָפּ, וואָס זעט זיך אָן פֿון ווײַטנס. זי פּאָרעט זיך בײַ די בלומען, הענגט אויס די בלעטער פֿון קלעטער־געוויקס אויף די שטאַכעטן. זי דרייט זיך אַרום, דומעט, חלומט און בענקט צו אירע פֿאַרשטאָרבענע קינדער. אַליין ווי אַ מעלאַנכאָליש קינד, אַליין ווי אַ פֿאַרחלומטע בלום.

### דאָס ליד פֿונעם באַרג סיני

דאָך איז מיר אַ מאָל באַשערט געווען צו זען שושנהן אין קרײַז פֿון איר משפּחה אַ ביסל אַן אויפֿגעלעבטע, אַ צעשמייכלטע. זי האָט אַפֿילו געפּליעסקעט מיט אירע קליינע, מאָגערע הענטלעך, בשעת איר טאָכטער ברכה האָט געטאַנצט.

דאָס איז געווען ערבֿ סוכּות. זכריה האָט אויפֿגעשטעלט נעבן זײַן שטוב אַ זייער גרויסע סוכּה, אָנגעטראָגן, צוזאַמען מיט די קינדער, גרינע טראָשטשע פֿונעם נאָענטן ירקון און געמאַכט דערפֿון נישט בלויז דעם סכך, נאָר אויך קונציק געפּלאָכטענע ווענטלעך. אינעווייניק האָט ער אַרײַנגעשטעלט אַ בעט צום שלאָפֿן פֿאַר זיך און פֿאַרן זון, און אויפֿן טיש אַוועקגעשטעלט אַ שיסל אַרבעס.

און זיצנדיק אַזוי בײַ אָט דער אָרעמער סעודה, האָבן זיך אָנגעוואַרעמט די הערצער פֿון זכריהס פֿרומען הויזגעזינד. זיי האָבן אויפֿן גאַנצן קול גענומען זינגען אַ תּימנער סוכּות־ליד, אין וועלכן עס האָט זיך כּסדר איבערגעחזרט אַלס רעפֿרען דאָס וואָרט ,הר סיני׳.

דאָס זינגען האָב איך געהערט, געזען דאָס ליכט, וואָס איז געגאַנגען פֿון דער תּימנער סוכּה. פֿונעם גאַניק אַראָפּ געכאַפּט אַ בליק אויף די שײַנענדיקע פּנימער און פּליעסקענדיקע הענט. אין דעם בילד האָט זיך פֿאַר מיר נאָך אַ מאָל אַנטפּלעקט די אידענטישקייט פֿון דעם ייִדישן פֿאָלקס־גורל; דער סוד פֿון אונדזער גרויסער און וויכטיקער ייִדישער אייגנשאַפֿט – גובֿר צו זײַן טרויער און לײַד מיטן כּוח פֿון גײַסט.

די פּליעסקענדיקע, זינגענדיקע און טאַנצנדיקע, אָרעמע תּימנער משפּחה איז מיר געוואָרן נאָך נענטער.

1951

5 שכונת־התּקווה – אַ שכונה אין דרום תּל־אָבֿיבֿ, ווו עס וווינען אַ סך תּימנער. געגרינדעט אין 1935 און געוואָרן טייל פֿון תּל־אָבֿיבֿ נאָך דער מלחמה אין 1948.

רחל אויערבאַך

# די זונטיקדיקע ,,פֿײַף־אָ־קלאָקן" פֿון פֿרוי צעציליאַ סלאַפּאַק

דאַכט זיך, אַז צעציליאַ סלאַפּאַק איז געווען די ערשטע, וועמען עס איז אײַנגעפֿאַלן, אַז מע מוז עפּעס טאָן, כּדי צו פֿאַרטרײַבן דעם יִאוש.

דאָס האָט געקאָנט זײַן בערך סוף נאָוועמבער, אָדער אָנהייב דעצעמבער 1939, אין איינעם פֿון די סאַמע קורצע, סאַמע פֿינצטערע טעג. די שטאָט האָט זיך נאָך קוים אָנגעהויבן אַרויסצוזען פֿון צווישן די אָנגעשיטע הויפֿנס צעדריוולטע שטיינער און ציגל פֿון די דורך באָמבעס אָדער האַרמאַטן צעטראַסקעטע הײַזער. די ראָוועס קעגן טאַנקען זענען שוין געווען פֿאַרשיט, די באַריקאַדן צענומען, אָבער די אויפֿגעשיטע קבֿרים־בערגלעך פֿון געלן ליים מיט פֿירקאַנטיקע זעלנערישע היטלען אויפֿגעשטעקטע צוקאָפּנס אויף די פֿון צוויי שטעקעלעך צונויפֿגעקלאַפּטע פּראָוויזאָרישע צלמים – זענען נאָך נישט פֿון אומעטום געוואָרן אָפּגערוימט. אויף אַלע סקווערן, אויף יעדן פּלאַכטעלע ווייכע ערד זענען געבליבן קבֿרים, אָדער לעבער פֿון עקסהומירטע טויטע. אויך פֿון ציווילע, אויך פֿון ייִדישע קרבנות פֿון וואַרשעווער סעפּטעמבער. די וועלכע זענען געבליבן ליגן אונטער די חורבֿות פֿון אײַנגעפֿאַלענע הײַזער האָבן אָנגעפֿילט די לופֿט מיט אַ מתים־אַוויר, וואָס האָט זיך אויסגעמישט מיטן שׂרפֿה־ריח פֿון די אָפּגעברענטע הײַזער און געבליבן הענגען איבער וואַרשע אין משך פֿון אַלע אָקופּאַציע־יאָרן; געוואָרן בײַ אַ נײַס פֿאַרשטאַרקט דורך די נײַע כוואַליעס רויך און מאַסנטויט, וואָס האָבן זיך געזאָלט אויסשפּרייטן איבער די גאַסן און קוואַרטאַלן פֿון דער אַלץ אויף ס׳נײַ געברענטער און געמאָרדעטער שטאָט בשעת אירע קומענדיקע, פֿון פֿאָרויס פֿאַרשפּילטע קאַמפֿן...

אַ מערכה, וואָס די לעבנס־טעכניק איז געווען אַזוי שווער. דער הונגער, די ביטערע קעלט, די סכּנה געכאַפּט צו ווערן אויף אַרבעט דורך די גראַסירנדיקע נײַע מושלים – האָבן געצוווּנגען יעדן איינעם צו מעשׂים, צו וואַכזאַמקייט, צו אַ טאָג־טעגלעכן געראַנגל; נישט געלאָזט די מענטשן אײַנזינקען אין קיין אַפּאַטיע, אין דעפּרעסיע־שטימונגען.

אין די ערשטע וואָכן איז דערלויבט געווען צו גיין אין גאַס בלויז ביז 6. שפּעטער זענען די פּאָליצײַ־שעהען פֿאַרקירצט געוואָרן, זיך אָנגעהויבן ערשט 7 אָדער 8 אַ זייגער אָוונט. איז אָט די אָפּגעוווּנענע צײַט אַרײַן אין רשות פֿון צעציליאַ סלאַפּאַק.

*

פֿון: **וואַרשעווער צוואָות. באַגעגענישן, אַקטיוויטעטן, גורלות 1933–1943**. תּל־אָבֿיבֿ: ישׂראל־בוך, 1974, ז״ז 53–60.

די משפּחה האָט געוווינט אין פּאַרטער אויף עלעקטאָראַלנע 1 און אַ טייל פֿענצטער פֿון דער דירה זענען אַרויסגעגאַנגען אויפֿן הויף – אַ זאַך, וואָס איז געווען פֿאַר יענער צײַט אַ גרויסע מעלה.

דער מאַן איז געווען אַן אינזשעניר. דאַכט זיך שוין פֿאַר דער מלחמה געהאַט אַ שײַכות צו פֿילם־פּראָדוקציע. די פֿירמע פֿאַר די ליטעראַריש־קינסטלערישע פֿאַרבינדונגען איז אָבער געווען די פֿרוי צעציליאַ. זי איז געווען אויסגעקאָכט אין די קרײַזן פֿון דער נאָך רו־סיש, אָבער אויך ייִדיש רעדנדיקער אינטעלעקטועלער עליטע פֿון ווילנע און ריגע און דערבײַ אויך פֿעסט אײַנגעבירגערט אין דער סבֿיבֿה פֿון דער פּויליש רעדנדיקער ייִדישער אינטעליגענץ פֿון וואַרשע. איר עיקר־ייִחוס איז געווען דאָס איבערזעצן דובנאָווס „געשיכ־טע פֿון ייִדישן פֿאָלק" אויף פּויליש. די פֿרוי צעציליאַ איז אויך געווען באַפֿרײַנדעט מיט דער ניגער־טשאַרני־דינאַסטיע, געפֿירט אַ קאָרעספּאָנדענץ מיט מאַרק און בעלאַ שאַגאַל און אָנגעהאַלטן אַ נאָענטן קאָנטאַקט מיטן פּראָפֿעסאָרן־סגל[1] פֿון יודאַיִסטישן אינסטיטוט.

איך האָב זיך באַקענט מיט איר אין ליטעראַטן־פֿאַראיין און מיר איז אַפֿילו אויסגע־קומען אין שײַכות מיט עפּעס אַן ענין צו זײַן בײַ איר אין שטוב נאָך פֿאַר דער מלחמה. איך האָב זיך באַקענט מיט איר מאַן און איינציק טעכטערל – אַ פּולבאַקיק, נישט צו הויך געוואַקסן, סימפּאַטיש מיידעלע אין אַ שילער־פֿאַרטעכל, מיט אַ ברייט צעפּל פֿאַרענדיקט מיט אַ שוואַרצער קאָקאַרדע אויפֿן פּלייצעלע. אויך די מאַמע איז געווען נישט קיין הויכע, געטראָגן דעם מיידלשן צאָפּ, אַלטמאָדיש אויפֿגעשטעקט אויפֿן נאַקן.

אַזעלכע זענען זיי פֿאַרבליבן אין מײַן זכּרון – די מאַמע מיט דער טאָכטער – געמאַכט פֿון איין שטאָף, מיט אַ נישט איבעריק שלאַנקער ליניע פֿון האַלדז; מיט איין קאָליר פֿון די אויגן, איין שמייכל...

און אויך מיט איין שותּפֿותדיקער באַשטימונג שוין אין דער ערשטער פֿאַזע, ביידע אין איינעם אַוועקצושווימען מיטן שטראָם קיין טרעבלינקע...

*

איין מאָל האָב איך געטראָפֿן די פֿרוי סלאַפּאַק אין קאָרידאָר פֿון דעם דעמאָלט נאָך אַזוי גערופֿענעם ‚זשיטאָס'[2], ווען די אינסטיטוציע האָט זיך שוין געהאַט אַרײַנגעקליבן אין בנין פֿון דעם יודאַיִסטישן אינסטיטוט אויף טלאָמאַצקע 5. זי האָט מיך אַוועקגעפֿירט אין דער פֿראַמוגע פֿון אַ פֿענצטער און מיך דיסקרעט פֿאַרבעטן אַרײַנצוקומען צו איר אין איינעם פֿון די נאָענטסטע זונטיקטעג אַרום 5 פֿאַר נאַכט „אויף אַ קאַווע".

– עס וועלן זײַן נאָך אַ פּאָר מענטשן – האָט זי צוגעגעבן.

1 סגל (העברעיִש) – פּערסאָנאַל.

2 Ż. T. O. S.: Żydowskie Towarzystwo Opieki Społecznej – ייִדישע געזעלשאַפֿט פֿאַר סאָציאַלער שוץ.

פֿאַראינטריגירט דורכן אײַנפֿאַל צו פֿאַרבעטן אין דער געשאַפֿענער לאַגע געסט אויף אַ ,פֿײַף־אָ־קלאָק', האָב איך אָנגענומען די אײַנלאַדונג און באַלד דעם נאָענטסטן זונטיק אין איינעם מיט מרים אָרלעסקאַ זיך צוגעשטעלט אויף עלעקטאָראַלנע 1.

אין גרויסן צימער מיט אַ נאָך גליקלעך נישט צוגערויבטן קלאַוויר, אין ווײַכע פֿאָטעלן אַרום נידעריקע טישלעך האָבן מיר געטראָפֿן אַ גאַנצע גרופּע באַקאַנטע און אומבאַקאַנטע געסט: דעם דאָצענט עדמונד שטיין און דאָס פּאָרפֿאָלק פֿאָלמאַן פֿון יודאַיִסטישן אינסטיטוט, די צוויי ברידער קירשבערוין – איינער אַ יוריסט, דער צווייטער אַ דאָקטאָר פֿון פֿילאָסאָפֿיע, און נאָך אַ פּאָר מענטשן. די ברידער קירשבערוין זענען ביידע געווען באַקאַנט אַלס נישט פּראָפֿעסיאָנעלע, אָבער זייער גענײַטע מוזיקער, איינער אַ פּיאַניסט, דער צווייטער אַ פֿידלער. אַ דאַנק זיי זענען די סעאַנסן בײַ די סלאַפּאַקס געווען פֿאַרבונדן מיט דער געלעגנהייט צו הערן אַ ביסל ערנסטע מוזיק אין אַן ערשטקלאַסיקער אויספֿירונג.

איינער פֿון די ברידער, דער אַדוואָקאַט, האָט פֿאַרלוירן די פֿרוי בשעת די באָמבאַרדירונגען. ער פֿלעגט זיך נישט באַטייליקן אין די געשפּרעכן און די אָנוועזנדע האָבן זיך צו אים באַצויגן ווי צו אַן אָבֿל.

איך וויל באַטאָנען, אַז אין יענער ערשטער צײַט איז דאָס בלויז אויפֿקלײַבן זיך פֿון 10–15 מענטשן אין אַ פּריוואַטער שטוב געווען אַן און פֿאַר זיך אַ געפֿערלעכע, דאַכט זיך, בפּירוש פֿאַרבאָטענע זאַך. עס וואָלט גענוג געווען, אַז עפּעס אַ דײַטשער פּאַטראָל זאָל צופֿעליק דערהערן אין פֿאַרבײַגיין קלאַנגען פֿון מוזיק, אַרײַנקומען זען וואָס דאָ קומט פֿאָר, וואָלט זיך אָט די אימפּרעזע געקאָנט פֿאַרענדיקן זייער שלעכט. דאָך האָבן די סלאַפּאַקס און זייערע געסט נישט געלייגט קיין אַכט אויף דער סכּנה אָדער זיך נישט אָפּגעגעבן פֿון איר די פֿולע רעכנשאַפֿט. אין דער פּערספּעקטיוו פֿון יענער צײַט דאַרף דאָס באַטראַכט ווערן שיִער נישט פֿאַר אַן אַקט פֿון ציווילן ווידערשטאַנד; פֿאַר איינעם פֿון די ערשטע פּרווון זיך צו פֿאַרטיידיקן קעגן דער דײַטשער טענדענץ אַרײַנצושטויסן די דערדריקטע באַפֿעלקערונג – און ספּעציעל די קולטורקרײַזן פֿון דער ייִדישער (און אויך פּוילישער) געזעלשאַפֿט – אין אַ מצבֿ פֿון בהמישן פּחד און פֿאַרטעמפּטקייט.

מסתּמא האָבן די סלאַפּאַקס פֿאַרמאָגט אַ זאַפּאַס פֿון מעל און צוקער, פֿון וועלכע[ר] מ'האָט געקאָנט אויסבאַקן יעדע וואָך אַ גרויסן קוכן אַלס צובײַס צום זונטיקדיקן ,פֿײַף־אָ־קלאָק'־קאַפֿע. נישט געקוקט אויף דעם פּערמאַנענטן הונגער, וואָס האָט אונדז שוין אָנגעהויבן צו נאָגן, אין דער ערשטער תּקופֿה אפֿשר נאָך מער ווי אין דער שפּעטערדיקער צײַט, איז אָבער, פֿאַרשטייט זיך, די הויפּט־אַטראַקציע פֿון אָט דעם אָקופּאַציע־סאַלאָן געווען דער פֿרײַנדלעכער שמייכל און די וואַרעמע אַטמאָספֿערע, וואָס די באַלעבאַטים האָבן באַוויזן אויפֿצוהאַלטן בעת די מסיבֿות. מ'האָט זיך געקאָנט אָפּשאָקלען אויף אַ ווײַלע פֿון דעם קאָשמאַר, זיך אַדורכשמועסן מיט אינטערעסאַנטע מענטשן, זיך דערהייבן אויף אַ רגע איבער דער אומהיימלעכקייט פֿון דער סיטואַציע, אין וועלכער מ'איז געוואָרן אַרײַנגעשפּאַרט.

די נײַסטע פּלאַטקעס, די לעצטע ידיעות פֿון ענגלישן ראַדיאָ, פּאָליטישע פּראָגנאָזן און פּירושים, אויך אַקטועלע וויצן.

אין די געשפּרעכן איז כּסדר אויפֿגעקומען די טעמע פֿון די וועגן – די וועגן זיך אַרויסצובאַקומען פֿון דעם קלעם; ידיעות וועגן די, וועלכע זענען ‚אַוועק אַלס מענער׳ צום סוף פֿון דער ערשטער וואָך סעפּטעמבער, און אויך וועגן די, וואָס האָבן זיך אַוועקגעלאָזט איבערן בוג ‚אַלס ייִדן׳ שוין נאָכן אַרײַנמאַרש פֿון די דײַטשן.[3] די דאָזיקע באַוועגונג האָט אָנגעהאַלטן כּמעט אַ גאַנצן ווינטער. אויף די אַנטלויף־טראַסעס זענען געפֿאַלן קרבנות פֿון די ליטעראַרישע און זשורנאַליסטישע קרײַזן – דערהרגעטע פֿון באָמבעס, דערשאָסענע דורך די דײַטשן.[4] געווען אַזעלכע, וואָס האָבן זיך אומגעקערט, נישט באַוויזנדיק זיך אַריבערצובאַקומען דורך דער דײַטש־סאָוועטישער דעמאַרקאַציע־ליניע, און געווען אויך אַזעלכע, וועלכע זענען שוין געווען אויף יענער זײַט און זיך אַריבערגעפּעקלט צוריק, כּדי אַרויסצובאַקומען מיט זיך עמעצן אַ נאָענטן און דערנאָך צו זוכן וועגן צו ציִען ווײַטער – אַוועק פֿון אייראָפּע...

אַ שטיקל סענסאַציע האָט אַרויסגערופֿן דאָס צוריקקומען פֿון צוויי אַרעסטירטע, וועגן וועמענס גורל מ׳איז שטאַרק געווען באַזאָרגט – איציק גיטערמאַן און משה אינדעלמאַן. די פֿרוי סלאַפּאַק איז מיט די אינדעלמאַנס געווען זייער באַפֿרײַנדעט, זי האָט זיך אָפּגעגעבן מיט דער פֿרוי אינדעלמאַן אין די סאַמע שווערסטע ערשטע טעג פֿון זײַן אַרעסט און אַרויספֿירן פֿון וואַרשע. שפּעטער איז זי געווען פֿון די געציילטע מענטשן, וועלכע האָבן זיך מיט אים געזען און גערעדט נאָך זײַן צוריקקער; דיסקרעט דערציילט די זונטיקדיקע געסט די מעשׂה־נורא, וואָס זי האָט פֿון אים געהערט וועגן אַ גוטן דײַטש, מיטן נאָמען פֿריץ, וועלכער האָט אים אין תּפֿיסה אַרויסגעוויזן מיטגעפֿיל און הילף. אינדעלמאַן איז צוריקגעקומען קראַנק, נישט אַרויסגעגאַנגען אין גאַס און אויך געהיט זיך אויפֿנעמען מענטשן בײַ זיך. אַ ווײַטערע סענסאַציע איז געווען זײַן אַרויספֿאָרן פֿון וואַרשע אין איינעם מיט זײַן משפּחה, שיִער נישט ווי אין נאָרמאַלע צײַטן – אויפֿן סמך פֿון אַ סערטיפֿיקאַט, קיין ארץ־ישׂראל, אַלס פּאַסאַזשיר פֿון דער רײַזע־געזעלשאַפֿט ‚ללאָיד־טריעסטינאָ׳.

עס האָט זיך אַרויסגעשטעלט, אַז די איטאַליענישע רײַזע־געזעלשאַפֿט האָט באַנײַט אירע געשעפֿטן אין וואַרשע, געפֿירט אַ ביוראָ אויף מאַרשאַלקאָווסקאַ און נאָר ייִדן מיט ‚פּאַפּירן׳ האָבן געקאָנט געניסן פֿון אירע סערוויסן אַ דאַנק דער שותּפֿות צווישן היטלער און מוסאָליני.

3 ‚אַוועק אַלס מאַן׳ – האָט מען געזאָגט אויף די מענטשן, וואָס האָבן פֿאַרלאָזט וואַרשע אויפֿן סמך פֿון דעם באַפֿעל פֿון פּראָפּאַגאַנדע־שעף פֿון פּוילישן גענעראַל־שטאַב ראָמאַן אומיאַסטאָווסקי אין דער נאַכט פֿון 7טן אויפֿן 8טן סעפּטעמבער 1939. ‚אַוועק אַלס ייִד׳ האָט מען געזאָגט אויף די, וואָס האָבן אין משך פֿון ווינטער 1939/40 באַוויזן אַריבערצוגיין די דײַטש־סאָוועטישע דעמאַרקאַציע־ליניע און אַזוי אַרום זיך אַרויסבאַקומען פֿון דעם דײַטשן אָקופּאַציע־שטח. (אָנמערקונג פֿון דער מחברטע)

4 אַממיינסטן באַקאַנט איז געווען דער פֿאַל פֿון ליפּאַ קעסטין, וועלכער איז געפֿאַלן אַ קרבן פֿון דער באָמבאַרדירונג בשעת זײַן אַנטלויפֿן אויף מיזרח, און פֿון שמעון האָראָנטשיק, וועלכער איז בשעת דעם אַנטלויפֿן באַגאַנגען זעלבסטמאָרד נאָך דעם, ווי זײַן זון, וואָס איז אַנטלאָפֿן מיט אים צוזאַמען, איז געוואָרן דערשאָסן דורך די אַרײַנמאַרשירנדיקע דײַטשן. (אָנמערקונג פֿון דער מחברטע)

די מעגלעכקייט זיך אַרויסצובאַקומען פֿון דעם אָקופּירטן פּוילן מיט אַן אמתן רייזע־פּאַספּאָרט, מיט באַן־ און שיפֿס־בילעטן אַלס אַ פּאַסאַזשיר פֿון אַ וועלט באַקאַנטער רייזע־אַגענטור, איז געווען צוגענגלעך בלויז פֿאַר גאָר געציילטע מענטשן. צווישן די געסט אויף עלעקטאָראַלנע האָבן זיך אָבער געפֿונען אַזעלכע און אַ שטיקל צײַט האָט אָט די פֿראַגע געהאַלטן אין שפּאַן די גאַנצע געזעלשאַפֿט. גלײַכצײַטיק איז אָבער דערגאַנגען אַן עכאָ פֿון דער לאָזונג, וואָס איז לאַנסירט געוואָרן דורך דער אָנפֿירונג סײַ פֿון יודענראַט און סײַ פֿון דער מער ראַדיקאַלער און פֿאָלקסנאָענטער ייִדישער סאָציאַלער אַליינהילף, אַז ,נישט אַלע קאָנען און מעגן אַנטלויפֿן׳. עס איז אונטערגעקומען די ביטערע מעשׂה מיטן אַרעסט און אויסשיסונג פֿון אַ גרופּע פֿון דער ייִדישער באַרופֿס־אינטעליגענץ, בעיקר אַדוואָקאַטן, צווישן זיי דער דירעקטאָר פֿון ,צענטאָס׳[5] בראַווערמאַן.

די טייפֿאַרנאַכטן בײַ פֿרוי צעציליאַ האָבן זיך אויף אַ פּאָר וואָכן געטאָן אַ וואַקל, אָבער אין אַ צײַט אַרום זענען זיי ווידער געוואָרן באַנײַט און פֿרעקווענטירט דורך דעם רובֿ פֿריִערדיקע און אויך אַ פּאָר נײַע באַזוכער.

*

איך מיט מרים אָרלעסקאַ האָבן נישט געהערט צו די גאַנץ אָפֿטע באַזוכער אויף עלעקטאָראַלנע 1. איינער פֿון מײַנע באַזוכן, אָדער בעסער געזאָגט, אַהיימגענג פֿון דאָרטן, איז מיר פֿאַרבליבן אין זכּרון.

דאָס האָט שוין געמוזט זײַן אין פֿעברואַר אָדער מערץ; שוין נאָכן באַזעצן פֿון נאַרוועגיע. אין סאַלאָן פֿון פֿרוי צעציליאַ האָט מען זיך אָבער דערמיט צו פֿיל נישט איבערגענרמען. מ׳האָט זיך אין יענע שוין כּמעט ליכטיקע סוף־ווינטער־פֿאַרנאַכטן אָפּגעגעבן מיט די פֿאַרשידענע האָראָסקאָפּן פֿון דעם נאָענטן פֿרילינג; מיט די אויסזיכטן פֿון דער ,גרויסער, אַלגעמיינער אָפֿענסיווע פֿון די מערבֿ־אייראָפּעיִשע מלוכות קעגן היטלער־דײַטשלאַנד׳...

אין אָט דעם פּעריאָד איז מיר איין מאָל אויסגעקומען צו גיין אַהיים פֿון די סלאַפּאַקס אין דער געזעלשאַפֿט פֿון דעם העברעיִשן קולטור־עסקן און פּובליציסט הירש־צבֿי ראַקאָווסקי. מיר זענען געגאַנגען אין איין ריכטונג און די פֿרוי צעציליאַ האָט אונדז צונויפֿגעפּאָרט, כּדי ער זאָל מיך ,באַגלייטן אַהיים׳.

עס איז געווען קורץ פֿאַר דער פּאָליצײַ־שעה און די חרובֿע גאַס, וואָס האָט געפֿירט פֿון פּלאַץ באַנקאָווי צו כלאָדנע, איז געווען כּמעט ליידיק. פֿון ביידע זײַטן עלעקטאָראַלנע האָבן געשטאַרצט די געשפּענסטער פֿון די צעטראַסקעטע הײַזער. קיין לאַמטערנס האָבן נישט געברענט און אין בלייכן לבֿנה־שײַן האָבן די טויטע הײַזער אויסגעזען ווי איררעאַליסטישע טעאַטער־דעקאָראַציעס. אויך די לבֿנה גופֿא, וואָס האָט דאָ און דאָרט אַרויסגעקוקט דורך די לעכער פֿון צעפֿאַלענע ווענט, האָט געמאַכט דעם אײַנדרוק פֿון אַ טעאַטער־רעקוויזיט.

5 Centos: Centrala Opieki nad Sierotami, צענטראַלע פֿאַר יתומים־הילף.

דער ווינטער איז שוין געגאַנגען צו נעילה, ביַי טאָג האָבן די קופּעס שניי און גרר־דעס איַיז, וואָס האָבן באַדעקט די גאַס, אָנגעהויבן לאָזן. פֿאַר נאַכט איז אָבער די נישט אָפּגערייניקטע, שוין ווייכע איַיזקרוסטע צוריק געוואָרן איַינגעפֿרוירן, און מ׳האָט גוט געמוזט אַכטונג געבן, כּדי זיך נישט אויסצוגליטשן. אַלס גוט דערצויגענער דזשענטלמען וואָלט מיר ראַקאָווסקי אין אַזאַ סיטואַציע געוועז געדאַרפֿט ,דערלאַנגען דעם אָרעם׳ און זען מיך אַריבערפֿירן בשלום איבער דער געפֿערלעכער טראַסע. אַזאַ זאַך איז אים אָבער, זעט אויס, אין גאַנצן נישט איַינגעפֿאַלן. אַ הויכער, עטוואָס איַינגעהויקערטער, מיט אַ פּאָר ברילן אויף דער דינער און לאַנגער נאָז, האָט ער זיך איינער אַליין געלאָזט שפּאַנען איבער דער מיט גאַס און ער האָט זיך כּלל נישט געקימערט וועגן דעם, אַז איך זאָל נישט ברעכן די הענט מיט די פֿיס אין זײַן באַגלייטונג.

זײַן אויפֿפֿירונג איז מיר פֿאָרגעקומען אויסערגעוויינטלעך קאָמיש. איך בין יאַקאָש אַדורכגעגאַנגען דעם וועג אין מײַנע באָטן אָן אַ מיכשול, אָבער אָנקומענדיק צום ראָג סאָל־נע, ווו אונדזערע וועגן זענען זיך צעגאַנגען, האָב איך נישט אויסגעהאַלטן און האָב אים געפֿרעגט אין שפּאַס, צי אַזוי פֿירט ער זיך תּמיד באַגלייטנדיק אַ דאַמע.

ער האָט מײַנע ווערטער גענומען טויט ערנסט, זיך אָנגעהויבן שטאַרק צו פֿאַרענטפֿערן און ער האָט מיר דערציילט אַט וואָס:

ביַים אַרויסגיין מיט אַ פּאָר וואָכן צוריק פֿון די סלאַפּאַקס האָט ווער פֿון די פֿריִער פֿון אים אַוועקגייענדיקע געסט אָנגעטאָן על־פּי טעות זײַנע – ראַקאָווסקיס – קאַלאָשן, און נישט האָבנדיק קיין ברירה, האָט ער געמוזט אַרײַנטרעטן אין די קאַלאָשן, וואָס יענער האָט איבערגעלאָזט, נישט געקוקט דערויף, וואָס זיי זענען אויף אים געווען אַ ביסל צו קליין. זינט דעמאָלט לאָזט ער נישט אויס קיין איין זונטיק ביַי די סלאַפּאַקס אין דער האָפֿענונג, אַז ער וועט זיך סוף־כּל־סוף באַגעגענען מיטן ערשטן פֿאַרדרייער פֿון די קאַלאָשענע יוצרות און זיך קאָנען מיט אים צוריקבײַטן.

– צי ווייסט איר, ווער דאָס איז? – האָב איך אים געפֿרעגט.

– פֿון וואַנען זאָל איך דאָס וויסן? – האָט ער מיר געענטפֿערט. – איך באַמי זיך צו קומען ווען אַנדערע געפֿינען זיך שוין אינעווייניק, איך פּרוּוו אָנמעסטן די קאַלאָשן, וואָס שטייען אין פֿאָרצימער, אָבער מײַן פּאָר האָב איך ביז איצט נישט געטראָפֿן. איך האָב שוין אַפֿילו די ערשטע פֿאַרביטענע קאַלאָשן אויך נישט מער. איך גיי שוין אפֿשר די פֿינפֿטע פּאָר פֿרעמדע קאַלאָשן. די סאַמע לעצטע פּאָר איז אויף מיר צו גרויס.

אויף סאָלנע איז געווען אַ ביסל ליכטיקער. איך האָב געכאַפּט אַ קוק אויף ראַקאָווסקיס פֿיס: לאַנגע און שמאָלע זענען זיי געשוואומען ווי אין שיפֿלעך צווי אין די צו ברייטע און אויך פֿאַר אים צו לאַנגע קאַלאָשן. די לאַנגע דינע נאָז איז געווען געצילט, ווי דער שנאָבל פֿון אַ טשאַפּליע אויף זײַנע פֿיס, ווי ער וואָלט דאָרט געזוכט זײַן מוילרויב, ער זאָל אים נישט אַנטרינען.

איך האָב שוין דעמאָלט געוווינט ביַי דער משפּחה פֿעלדשו. געקומען אַ רגע פֿאַרן טויער־שליסן אויף לעשנאָ 66, האָב איך באַלד דערציילט די מעשׂה מיט דער פֿינפֿטער פּאָר קאַלאָשן פֿון צבֿי ראַקאָווסקי.

מײַנע קוזינס האָבן ראַקאָווסקין געקענט און זײ האָבן זיך האַרציק צעלאַכט הערנדיק מײַן שילדערונג.

די געשיכטע האָט באַקומען פֿליגל. מ׳האָט זי קאָלפּאָרטירט אין וואַריאַנטן. פֿון פֿינף פּאָר קאַלאָשן זענען געוואָרן צען. מענטשן האָבן נאָך דעמאָלט פֿאַרמאָגט אין זיך אַ ביסל געלעכטער. אַ חשק צו שפּאַסן און קאָמפּענסירן דעם גרויסן געמיטס־דעפּיציט מיט אַבי וואָס. מיר האָבן נאָך געוואָלט גלייבן אין אַ העפּי־ענד. געווען איבערצײַגט, אַז מיר וועלן נאָך אַ מאָל דערציילן מיט הומאָר די פֿאַרשידענע פֿאָרפֿאַלן און אַנעקדאָטן פֿון דער אָקופּאַציע־צײַט. אַז עס וועט זיך אונדז גלוסטן צו לאַכן אַפֿילו פֿון אונדזערע צרות. אויך אויף אומגליקן און קאַטאַסטראָפֿעס זענען פֿאַראַן שאַבלאָנען. אויך נאָך דער ערשטער וועלט־מלחמה האָבן מענטשן געשריבן זכרונות. אַפֿילו אין אונדזערע סאַמע שוואַרצע און פּעסימיסטישע פֿאָרויסזעונגען האָבן מיר נישט געקאָנט זיך פֿאָרשטעלן דאָס, וואָס עס האָט מיט אונדז געזאָלט טרעפֿן מיט צוויי יאָר שפּעטער.

באַטראַכטנדיק די זאַכן פֿון דער פּערספּעקטיוו פֿון יאָרן קאָן מען זאָגן, אַז די אָנזאָגן זענען געווען קלאָר און בולט. מע וואָלט אייגנטלעך געווען געקאָנט פֿאָרויסזען און פֿאַרשטיין דעם אמת. מ׳האָט זיך אָבער געהיט פֿאַר דעם אמת. מ׳האָט אים נישט געוואָלט זען.

*

שוין פֿרילינג 1940 האָבן זיך די סלאַפּאַקס געמוזט אַרויסציִען פֿון עלעקטאָראַלנע 1 און די ,זשור־פֿיקסן׳ זענען געוואָרן אָפּגעשטעלט. איך פֿלעג די פֿרוי צעציליאַ טרעפֿן אין דער צענטראַלע פֿון דער סאָציאַלער אַליינהילף. בײַם סוף פֿון יאָר 1941 האָט זי מיך באַזוכט אין קיך אויף לעשנאָ 40 און אויך אין מײַן פּריוואַטער דירה בײַ די פֿעלדשוס. זי האָט מיך אויסגעפֿרעגט אויף פֿאַרשידענע פּרטים פֿון מײַן אַרבעט אין דער פֿאָלקסקיך, וועגן מײַנע מיינונגען בנוגע דעם אַלגעמיינעם מצבֿ. איך האָב זיך משער געווען, אַז זי קלײַבט מאַטעריאַלן צו אַן אַרבעט פֿאַרן קאָנקורס ,צוויי יאָר געטאָ׳, וואָס דער ד״ר עמנואל רינגעלבלום האָט אָרגאַניזירט.

וואָס איז געשען מיט צבֿי ראַקאָווסקי, מיט די ברידער קירשברוין? וואָס איז געווען דער גורל פֿון די אַנדערע שטאַמגעסט פֿון צעציליאַ סלאַפּאַקס זונטיק־פֿאַרנאַכטיקע מסיבות?

איך האָב זיך וועגן זייער גורל דערוווּסט טיילווײַז ערשט נאָך דער מלחמה.

אַחוץ דער פֿרוי צעציליאַס מאַן, אינזשעניר סלאַפּאַק־יושינסקי, האָב איך נאָך דער מלחמה מער קיינעם פֿון זײ נישט געזען.

רחל אויערבאַך

# מאַנגערס „באַלאַדע“

לעבן געבליבענע ייִדישע שרײַבער און סתּם אײַנגייער פֿון ייִדישן ליטעראַטן־פֿאַראיין אויף טלאָמאַצקע 13 וועלן זיך מסתּמא דערמאָנען וועגן איר, הגם דעם נאָמען אירן האָבן זיי אפֿשר קיין מאָל נישט געקענט. אויך איך האָב זיך מיט איר נאָמען נישט פֿאַראינטערעסירט און עס איז מיר קיין מאָל אין לעבן נישט אײַנגעפֿאַלן צו זײַן אײפֿערזיכטיק אויף איר.

מערקווירדיק איז בלויז געווען דער אופֿן, אויף וועלכן עס האָט זיך אין אַ געוויסן מאָמענט אויסגעדריקט איר באַציִונג צו מיר.

אָבער צו דעם וועלן מיר ערשט צוקומען שפּעטער.

*

נאָך זײַן ערשטן באַזוך אין פּוילן און נאָכן גרויסן דערפֿאָלג פֿון זײַן ערשטן בוך „שטערן אויפֿן דאַך“, איז איציק מאַנגער אין אָנהייב פֿון די דרײַסיקער יאָרן געוואָרן בהדרגה אַ כּמעט סטאַבילער תּושבֿ פֿון וואַרשע. אַ ריי דיכטערישע ליבלינגען פֿון דעם ייִדישן פּובליקום האָבן מיט אַ פּאָר יאָר פֿריִער געהאַט פֿאַרלאָזט וואַרשע און אָט האָט זיך באַוויזן אויפֿן האָריזאָנט אַ נײַע עקסצענטרישע פּאָעטישע פֿיגור. מיט זײַנע אָריגינעלע פֿערזן, מיט זײַנע ציגײַנעריש־רומענישע ניגונים, מיט זײַנע פֿאַנטאַזיעס – און אַפֿילו מיט זײַנע סיכסוכים און סקאַנדאַלן – האָט מאַנגער דערוועקט אַן אינטערעס נישט בלויז אין די ליטעראַרישע קרײַזן. ער איז געוואָרן אַן אָפּטער אָנטייל־נעמער אין כּלערליי ליטעראַרישע אונטערנעמונגען, וועלכע פֿלעגן אין די פֿרײַטיק־ און שבת־צו־נאַכטסן אָנפֿילן דעם גרויסן זאַל פֿון טלאָמאַצקע 13 מיט אַ געדיכטן עולם הייסע חסידים פֿון דער ייִדישער ליטעראַטור.

„אין וואַרשע איז אויפֿגעגאַנגען אַ נײַער קאַפּעליוש“ – האָט געשריבן משה נאַדיר אין אַ ניו־יאָרקער צײַטונג נאָך זײַן צוריקקומען פֿון אַ באַזוך אין פּוילן. און נישט געקוקט דערויף, וואָס מאַנגער האָט זיך פֿון תּמיד אָן אויסגעצייכנט מיט אַן איבערטריבענער פֿילבאַרקייט צו דער מינדסטער קריטישער באַמערקונג וועגן אים, האָט ער אָט דעם וויץ אויפֿגענומען אָן אַ רוגז, טאַקע דערפֿאַר, ווײַל ער האָט ליב געהאַט אַ גוטן וויץ.

דער רמז האָט זיך באַצויגן קודם־כּל אויף מאַנגערס מינהג נישט אַראָפּצונעמען אַ גאַנצן טאָג דעם קאַפּעליוש פֿון קאָפּ, נישט נאָר אין גאַס, נאָר אויך אין פּריוואַטע שטיבער, זאַלן אאַז״וו. שנית איז אויפֿגעפֿאַלן זײַן אופֿן פֿון טראָגן דעם דאָזיקן קאַפּעליוש – אויפֿגעריטן אויפֿן שפּיץ קאָפּ און אַרומגעקרויזט מיט אַ געדיכטן שויבער האָר, וואָס האָבן

פֿון: **בײַם לעצטן וועג. אין געטאָ וואַרשע און אויף דער אַרישער זײַט.** תּל־אָבֿיבֿ: ישׂראל־בוך, 1977, ז״ז 164–174.

געשאַפֿן אַ צווייטן ראַנד אַרום דעם הויכן און ברייטן שטערן איבער זיַין מאָגערן און בלייך דורכגעגיַיסטיקטן געזיכט, צוגעגעבן אָט דעם ניַיעם קאָפּ אַן אייגנאַרטיקן כאַראַקטער.

אַ זון, אַ לבֿנה, צי אַ שטערן – אַן ע מ ע צ ע ר  האָט זיך באַוויזן אין וואַרשע און המונים יונגע און אַלטע אָנהענגער פֿון ייִדישן וואָרט האָבן אים ליב באַקומען.

און אָט האָבן די ,אַקטיוויסטן׳ און קיבעצער פֿון ליטעראַטן־פֿאַראיין אין אַ ציַיט אַרום באַמערקט, אַז מאַנגערן גייט נאָך אַ שאָטן פֿון אַ פֿרוי. אַז אויף יעדער אימפּרעזע וואָס האָט עפּעס אַ שיַיכות צו אים, באַוויַיזט זיך כּסדר איינע און די זעלביקע געשטאַלט: אַ טיפּ פֿון אַ וואַרשעווער אַרבעטער־מיידל, אַ מיטגלידערין פֿון אַ פּאַרטיי אָדער פֿאַראיין. באַשיידן אָנגעטאָן, קורץ געשוירן, מיט אַ ביכל אָדער אַ ציַיטונג אונטערן אָרעם, קומט זי איינע פֿון די ערשטע – קומט איינע אַליין – קויפֿט אויס אַ בילעט, זעצט זיך אַוועק אין דער ערשטער אָדער צווייטער ריי, קוקט אַריַין אין דער ציַיטונג און וואַרט געדולדיק ביז עס פֿילט זיך אָן דער זאַל און עס הייבט זיך אָן דער ,פּראָגראַם׳. זי האָרכט אויפֿמערקזאַם יעדן רעדנער צי קינסטלער, וואָס טרעט אַרויס אויף דער טריבונע, אָבער דער עיקר קוקט זי זיך איַין אין מאַנגערן. זי וואַרט ער זאָל זיך אויפֿשטעלן, שלינגט מיט אַ באַגיַיסטערט פּנים יעדעס וואָרט און יעדע שורה, וואָס קומט פֿון זיַינע ליפּן. רעדט ווידער עמעצער אַנדערש וועגן מאַנגערס שאַפֿונגען, שלינגט זי ביַי אַ ניַיס מיט אַ שטראַלנדיק פּנים יענעמס ווערטער, שאָקלט צו מיטן קאָפּ, ווי מע וואָלט איר דערמיט פֿאַרשאַפֿט אַ פּערזענלעך פֿאַרגעניגן, פּאַטשט דערנאָך בראַוואָ לענגער פֿון די אַנדערע.

אָט דער אַזוי בפֿרהסיא אַרויסגעוויזענער הייסער ענטוזיאַזם פֿאַר דעם ,ניַיעם שטערן׳, וואָס איז אויפֿגעגאַנגען אויפֿן וואַרשעווער פֿירמאַמענט, האָט געשאַפֿן אַרום דעם אָרעמען, איינזאַמען, נישט צו יונגן מיידל אַן אַטמאָספֿערע פֿון אַ געוויסער גוטמוטיק טאָלעראַנטער לעכערלעכקייט. אין אַ ציַיט אַרום האָבן זי שוין אַלע דערקענט, אָנגעוויזן אויף איר איינע די אַנדערע מיט אַ ווונק פֿון די ברעמען אָדער אַפֿילו מיט אַ טיַיטל פֿון אַ פֿינגער.

דעם נאָמען ,באַלאַדע׳ האָט איר געגעבן רחל מיַיזל – די בלאָנדע און קאָקעטישע, עלעגאַנטע און איראָנישע שוועסטער פֿון נחמן מיַיזל, וועלכע האָט אונטער דער דירעקציע פֿון איר צווייטן ברודער יענקל מיַיזל געאַרבעט אין דער פֿאַרוואַלטונג פֿון די ,ליטעראַרישע בלעטער׳. זי האָט פֿאַרמאָגט אַ שאַרף צינגל און אַ מאָס בקיאות אין ענינים פֿון ליטעראַטור, וואָס זי האָט אַרויסגעטראָגן פֿון קיִעווער צענטער, ווו זי איז גליַיך מיט איר ייִנגערער שוועסטער גיטל (איר צו לענגערע יאָר) אויסגעוואַקסן אין דער סבֿיבֿה פֿון דער ייִדישער ליטעראַטור־באַוועגונג, וועלכע האָט זיך דאָרט אַנטוויקלט אין דער תּקופֿה פֿון נאָך דער ערשטער וועלט־מלחמה און רעוואָלוציע.

פֿון איר האָב איך צום ערשטן מאָל געהערט דעם געלונגענעם צונאָמען פֿון מאַנגערס פֿאַרערערין, וועלכע מ׳האָט מיר אָנגעוויזן פֿון דער וויַיטנס בעת מיַינעם אַ באַזוך אין וואַרשע. אויך צו איר גופֿא האָט געמוזט דערגיין דער צונאָמען, אָבער זי האָט זיך, זעט אויס, נישט פֿון דעם נאָמען, נישט פֿון דעם שעפּטשען און טיַיטלען אויף איר מיט די פֿינגער גאָר נישט ווייסנדיק געמאַכט. וויַיטער נישט פֿאַרפֿעלט קיין איינציקע אונטערנעמונג,

אין וועלכער מאַנגער האָט זיך באַטייליקט, ווײַטער געקלאַטשט בראַוואָ, און זי איז אויך כּמעט יעדעס מאָל נאָכן פֿאַרענדיקן אַזאַ אויפֿטריט געווען צווישן די, וואָס האָבן מאַנגערן אַרומגערינגלט און אים פֿאַרשיט מיט פֿראַגן און באַמערקונגען. דאָס אינטעליגענטע וואַרשעווער אַרבעטער־מיידל איז, זעט אויס, געווען גענוג זעלבסטבאַוווּסט און זיכער אין זיך, אַז דער שאָטן פֿון לעבערלעבקייט און די אומבאַשיידענע רמזים זאָלן זי פֿון איר פֿאַר־אינטערעסירונג נישט אַרויספּאָלאָשען[1].

אין אַ צײַט אַרום האָט מען זיך צו איר צוגעוווינט און זיך אויפֿגעהערט מיט איר צו פֿאַרנעמען.

*

עפּעס האָט פֿון דעסטוועגן געמוזט פּאַסירן מיטן גאַנג פֿון דער צײַט – עפּעס אַ דערנענטע־רונג. מאַנגער איז אַוועקגעפֿאָרן אויף אַ שטיקל צײַט קיין טשערנאָוויץ, צוריקגעקומען און זיך אַרײַנגעצויגן אין אַ צימער פֿון עמיגראַנטן־הויז אויף מילנע־גאַס.

האָט אים דאָרט די „באַלאַדע" אָנגעהויבן צו באַזוכן. זי פֿלעגט אַהין אַרויפֿקומען גאַנץ פֿרי, גייענדיק צו דער אַרבעט. דער סוף פֿון מאַנגערס נעכטיקן טאָג האָט זיך צונויפֿגעפּאָרט מיטן אָנהייב פֿון איר נײַעם טאָג. נאָכן צוריקקומען 3 אָדער 4 אַ זייגער בײַ נאַכט פֿון זײַנע קאָמפּאַניעס און וואָגלערייען, פֿלעגט ער אַ טויטמידער אַוועקפֿאַלן אויפֿן געלעגער און פֿאַר־זינקען אין אַ טיפֿן שלאָף, פֿון וועלכן ער פֿלעגט זיך אויפֿכאַפּן ערשט קעגן מיטאָג.

נאָכן עפֿענען בײַ נאַכט זײַן טיר פֿלעגט ער אַוועקלייגן דעם שליסל אויף אַן אָפּגערעדטן אָרט.

ווען די „באַלאַדע" פֿלעגט אַהין אָנקומען צווישן 6 און 7 גאַנץ פֿרי איז שוין דער אײַנגאַנגס־טויער געווען אָפֿן. זי פֿלעגט זיך שנעל אַרויפֿכאַפּן מיט די טרעפּ אויפֿן דריטן שטאָק, זיך אַרײַנשאַרן אין אָפֿענעם צימער, אַוועקלייגן אויפֿן טיש נעבן מאַנגערס בעט 2–3 פּאַפּיראָסן, איבערלאָזן דעם שליסל, פֿאַרקלאַפּן די טיר און אַראָפּלויפֿן צוריק ממשיך צו זײַן איר וועג צו דער אַרבעט.

אַ שטיק צײַט איז אָט דער פּאַפּיראָסן־ראָמאַן אָנגעגאַנגען בשלום. ביז עס איז געשען אַ מיכשול. אין איינעם אַן אינדערפֿרי האָט זי, ווי אַלע מאָל, געעפֿנט די טיר, אַוועקגעלייגט איר גאָב אויפֿן טיש און אַרויס פֿון צימער. די טיר האָט זיך אָבער דאָס מאָל נישט פֿאַרקלאַפּט ווי עס געהער צו זײַן. עס איז אונטערגעקומען אַ גנבֿ, וואָס האָט שוין אפֿשר פֿון לאַנג געוואַרט אויף אַזאַ געלעגנהייט, אַרײַן אין צימער און צוגענומען פֿון בענקל נעבן בעט אַלץ וואָס ער האָט דאָרט געטראָפֿן. ווען מאַנגער האָט זיך סוף־סוף אַרום 12 אָדער 1 בײַ טאָג אויפֿגע־כאַפּט, האָט ער אָנגעטאַפּט די פּאַפּיראָסן אויף זייער אָרט, אָנגעצונדן און פֿאַררייכערט, ווי אַלע מאָל. ווען ער האָט אָבער מיט אַ האַלבער שעה שפּעטער אַראָפּגעלאָזט די פֿיס פֿון

1 פֿ"גל ,צעפּאָלאָשען זיך'.

בעט, כּדי זיך אָנצוטאָן, האָט ער נעבן בעט גאָרנישט געפֿונען. ס׳זענען נעלם געוואָרן די מאַרינאַרקע און די הויזן אין איינעם מיט די פּאָר גילדן אין די קעשענעס. אַפֿילו דער אַלטער, בלויער רעגן־מאַנטל איז פֿאַרשווּנדן. נאָר די לידערהעפֿטן, דער שטעקן אונטערן בעט און אויך דער הויפּט־רעקוויזיט – דער קאַפּעליוש – זענען איינזאַם זיך געבליבן וואַלגערן אויף זייערע ערטער. נעבן פֿענצטער אויף דער פּאָדלאָגע האָט זיך אָפּגעזוכט דער פּאַספּאָרט מיט דער לעגיטימאַציע פֿון אַ רומענישער צײַטונג.

דער אָפּגעראַטעוועטער קאַפּעליוש האָט אַרײַנגעבראַכט דעם נאַכטפֿויגל אין אַ שטיפֿערישער שטימונג. ער האָט אים, ווי אַלע מאָל, אויפֿגעריטן אויפֿן שפּיץ קאָפּ, איבערגעהאָנגען דעם ‚וואַנדערשטאַב‘ איבערן אָרעם און אַ באָרוועסער, אין דער בלויזער וועש אַראָפּ אונטן אין דער קאַנצעלאַריע מעלדן וועגן דער גנבֿה.

און וואָס ווײַטער איז געשען ווייסן נישט די ביאָגראַפֿן. צי האָט מען די גנבֿה אָפּגעפֿונען, ווי אַזוי האָט מען אויפֿגעשטעלט אויף ס׳נײַ אַ קאָמפּלעט גאַרדעראָבע פֿון דעם באַהוילטן דיכטער? איינס איז זיכער: צו דער באַלאַדע וועגן די מאָרגן־פּאַפּיראָסן האָט געגומען אַ סוף.

און דאָ קומט אַ פּויזע אין מײַנע ידיעות. מעגלעך, אַז דער ‚קרימינעלער‘ עפּיזאָד האָט געמאַכט אַ סוף צו דער ‚באַלאַדעס‘ פּאַרטאָגיקע וויזיטן. אפֿשר האָט דער שומר פֿון האָטעל צו מאָרגנס אָפּגעוואַרט דאָס מיידל און האָט זי מער נישט אַרויפֿגעלאָזט, און אפֿשר האָט זי פּשוט צו מאָרגנס געטראָפֿן די טיר אויפֿן דריטן שטאָק פֿאַרקלאַפּט. די מעשׂה וועגן דער גנבֿה האָט זי מסתּמא מיט אַ טאָג שפּעטער געלייענט אין דער וואַרשעווער כראָניק פֿון אַ יִידישער צײַטונג, אָבער וועגן אירע פֿריִערדיקע וויזיטן בײַם באַגנבֿעטן איז נישט דערמאָנט געוואָרן מיט קיין איינציק וואָרט.

די מעשׂה וועגן מיידל מיט די פּאַפּיראָסן האָב איך מיט אַ צײַט שפּעטער געהערט פֿון מאַנגערן גופֿא. דער עפּילאָג איז פֿאַרגעקומען מיט אַ צען יאָר שפּעטער.

*

אין חודש מערץ 1938 האָט מאַנגער אין רעזולטאַט פֿון דער פֿאַשיסטישער קוזאַ־גאָגאַ־איבערקערעניש אין רומעניע פֿאַרלוירן זײַן דעביט צו זיצן אין פּוילן אַלס קולטור־קאָרעספּאָנדענט פֿון דער דעמאָקראַטישער בוקאַרעשטער צײַטשריפֿט ‚לומעאַ‘ און ער האָט געמוזט פֿאַרלאָזן וואַרשע. איך בין געבליבן זיצן אויפֿן אָרט און נישט געקוקט אויף די מלחמה־אַלאַרמען און די באַמיִונגען מיך אַרויסצונעמען זומער 1939 קיין פּאַריז מיט דער הילף פֿון ‚דזשאָינט‘ נישט גערירט זיך פֿון וואַרשע. אויך אין משך פֿון דעם ערשטן מלחמה־ווינטער, כּל־זמן עס איז נאָך געווען ביז מײַ 1940 אַ מעגלעכקייט אַרויסצופֿאָרן מיט דער הילף פֿון דער איטאַליענישער געזעלשאַפֿט ‚ללאָיד טריעסטינאָ‘ קיין מערבֿ־אייראָפּע אָדער צו שמוגלען די סאָוועטיש־דײַטשע דעמאַרקאַציע־ליניע קיין לעמבערג – האָב איך זיך נישט גערירט פֿון אָרט. מײַן אינעווייניקסטע באַשטימונג איז געווען צו בלײַבן אין דער וואַרשעווער יִידישער נעסט ביז אַלע לעצטע נסיונות.

ווי איך האָב שוין בײַ פֿאַרשידענע אַנדערע געלעגנהייטן דערציילט, בין איך שוין פֿון וטן אָקטאָבער 1939 לויט רינגעלבלומס לאָזונג, אַז „נישט אַלע מעגן אַנטלויפֿן", געווען אײַנגעשפּאַנט אין דער הילפֿסאַרבעט פֿאַר די מאַסן־פּליטים, מגורשים, נישׂרפֿים און סתּם געבליבענע אָן פּרנסה, וואָס האָבן פֿאַרפֿלייצט די פֿון באָמבעס צעטראַסקעטע, האַלב חרובֿע הויפּטשטאָט נאָכן אַרײַנמאַרש פֿון די דײַטשן. אַן אינערלעכע מניעה, וואָס האָט מיר פֿאַרשווערט דעם באַשלוס צו לאָזן זיך אין וועג אַרײַן, איז געווען דער אוצר פֿון מאַנגערס, מײַנע אייגענע און אונדזערע ביידנס שותּפֿותדיקע מאַנוסקריפּטן, וועלכע איך וואָלט אַנטלויפֿנדיק פֿון וואַרשע געמוזט לאָזן אויף הפֿקר. פּאַקטיש איז מיר טאַקע אַ דאַנק מײַן בלײַבן באַשערט געווען אָפּצוראַטעווען אָט דעם אַרכיוו. נישט מער, אָט די גניזה געפֿינט זיך עד־היום אויסער מײַן שליטה און אויסער דער שליטה פֿון די דערצו באַרעכטיקטע ייִדיש־געזעלשאַפֿטלעכע פֿאַקטאָרן.

*

אין לעצטן יאָר פֿאַרן מלחמה־אויסברוך איז דער ייִדישער ליטעראַטן־פֿאַראיין געוואָרן איבערגעטראָגן פֿון טלאָמאַצקע 13 אויף גראַניטשנאַ 11, און זײַן פּובליקום, אין איינעם מיטן כאַראַקטער פֿון זײַנע אימפּרעזן, האָבן זיך אַ היפּש ביסל געענדערט. מאַנגערס ,באַלאַדע' האָט זיך אין יענעם פּלאַץ נישט געוויזן.

מיר איז אויסגעקומען זיך מיט איר פּערזענלעך צו באַקענען און צום ערשטן מאָל אין לעבן מיט איר צו רעדן מיט אַ ריי יאָרן שפּעטער בײַ גאָר געביטענע אומשטאַנדן.

דאָס האָט געמוזט זײַן בערך אָנהייב זומער 1942. דער טיפּוס איז שוין געהאַט אַדורך זײַן הויכפּונקט און די שטערבלעכקייט אין געטאָ האָט זיך אויף אַ פּאָר פּראָצענט פֿאַרקלענערט. פּשוט דערפֿאַר, וואָס אַ גאָר גרויסער פּראָצענט פֿון די אָרעמסטע און עקאָנאָמיש שוואַכסטע עלעמענטן זענען שוין געהאַט אויסגעשטאָרבן. די שפּאַנונג אין געטאָ איז פֿון דעסטוועגן נישט געוואָרן גרינגער. דער אויסברוך פֿון דער סאָוועטיש־דײַטשער מלחמה האָט נישט דערפֿילט די האָפֿענונגען וואָס מ'האָט אויף אים געלייגט און דער פֿאַקט, וואָס מאָסקווע און לענינגראַד זענען נישט אַרײַנגעפֿאַלן אין די דײַטשע הענט, ווי די הויפּטשטעט פֿון די מערבֿ־אייראָפּעיִשע מלוכות – דער פֿאַקט, וואָס די אָפֿענסיווע אויפֿן מיזרח־פֿראָנט איז געוואָרן פֿאַרהאַלטן, אין איינעם מיט די אָפּטימיסטישע האָראָסקאָפּן פֿון די געטאָ־פּאָליטיקער בנוגע דער אומפֿאַרמײַדלעכער דײַטשער מפּלה, וואָס איז שוין טעאָרעטיש געווען געזיכערט – איז נישט געווען ביכולת צו פֿאַרגרעסערן די שאַנסן פֿון די אין געטאָ פֿאַרשפּאַרטע ייִדן צו דערלעבן דעם טאָג פֿון דער באַפֿרײַונג.

די לאַגע אויפֿן ייִדישן פֿראָנט איז געוואָרן וואָס אַ מאָל שווערער. פֿון מיזרח און פֿון מערבֿ האָבן זיך אין משך פֿון לעצטן ווינטער געשאָטן אימהדיקע נײַס וועגן די טויטן־אויטאָס פֿון כעלמנאָ, וועגן די מאַסן־הריגות מיט הייס געוועער אויף די באַזעצטע געווזענע

סאָוועטישע געביטן. אַ נײַע כוואַליע פֿון יִיאוש האָט פֿאַרקלעמט די הערצער: ווו נעמט מען כּוח זיך ווײַטער צו ראַנגלען פֿאַר דעם שאַנס צו וואַרטן – צו דערלעבן – די ישועה?...

*

אין איינעם פֿון יענע טעג – אין אַ נאָכמיטאָג – האָט אָנגעקלאַפּט צו מיר אין קאַנצעלאַריע פֿון דער קיך אויף לעשנאָ 40 אַ פֿרוי אין די מיטעלע יאָרן, אָנגעטאָן אין אַ לײַטישן פּאַלטאָ און אין אַ בערעט אויפֿן קאָפּ. איך האָב תּיכּף דערקענט, אַז דאָס איז נישט קיין פּעטענטין, נישט פֿון די פּליטים און נישט פֿון די אָרטיקע ניצרכים. זי האָט מיר דערלאַנגט די האַנט און אומדײַטלעך אַ ברום געטאָן איר פֿאַמיליען־נאָמען, וואָס האָט מיר כּמעט גאָרנישט געזאָגט.

– איר געדענקט מיך נישט? – האָט זי געפֿרעגט מיט אַן אָנגענעמען טיפֿן אַלט און איך האָב נישט געהאַט קיין ברירה, אַ שאָקל געטאָן מיטן קאָפּ אויף ,ניין׳.

– איר קענט מיך נישט, אָבער מסתּמא האָט איר געהערט וועגן מיר. איך פֿלעג אַרויפֿקומען אויף טלאָמאַצקע אין ליטעראַטן־פֿאַראיין.

– טאַקע? – האָב איך אַרײַנגעוואָרפֿן צוליב העפֿלעכקייט און אַן אַנונג האָט מיר אַ בליץ געטאָן אין קאָפּ.

– איר קענט מיך נישט, אָבער איך קען אײַך זייער גוט – פֿון דער ווײַטנס... איך האָב שוין נישט איין מאָל געוואָלט אַרויפֿקומען צו אײַך...

– אין שײַכות מיט וואָס? – האָב איך געפֿרעגט מיט אַ האַלב מויל און מיט אַ שוואַכער האָפֿענונג, אַז דאָ קאָן זיך האַנדלען וועגן אַ פּראָטעקציע אויף אויסצוקויפֿן זופּן אין אונדזער קיך אָן אַן אָרדער פֿון דער צענטראַלע.

– אין שײַכות מיט איציק מאַנגער, – האָט זי געענטפֿערט. – איך בין מיט אים געווען פּערזענלעך באַפֿרײַנדעט.

זי האָט עס געזאָגט אָן אַ שמץ פֿון פֿאַרלעגנהייט, אַפֿילו מיט אַ געוויסער נאָטע פֿון אַ דעליקאַטן רמז. איך האָב זי אָנגעקוקט און זי האָט מיר געקוקט גלײַך אין די אויגן. איצט האָב איך שוין נישט געהאַט קיין ספֿק, ווער זי איז.

– איר זענט עס די...? – האָב איך נישט פֿאַרענדיקט די פֿראַגע...

– יאָ, איך בין די, וואָס איר מיינט, – האָט אויך זי נישט פֿאַרענדיקט און אַ לײַכטער, האַלב מעלאַנכאָלישער שמייכל און דער הויך פֿון אַ ראָזיקייט האָט געטאָן אַ שוועב איבער איר געזיכט – אַ שמייכל, וואָס האָט זיך פּונקט אַזוי געקאָנט באַציִען אויף דעם קאָמישן צונאָמען, וואָס מענטשן האָבן מיט אים געשטעמפּלט איר סענטימענט, ווי צו אָט דעם סענ־טימענט גופֿא.

אָט דאָס איז זי געווען – אַ באַלאַדע מיט און אויך אָן גענדזפּיסלעך, די ענטוזיאַסטישע פֿאַרערערין פֿון מאַנגערס טאַלענט און אפֿשר אויך עפּעס מער.

אירע אויגן האָבן אויפֿגעלויכטן מיט רירונג און געפֿיל, מיט חכמה. איך האָב דערקענט, אַז איך האָב פֿאַר מיר אַ רייַפֿע, זייער קלוגע פֿרוי, וועלכע לייגט נישט קיין אַכט אויף קיין ווייַבערישע אָנשטעלן, אַ פֿרוי וואָס ווייסט צו רעספּעקטירן און מקיים צו זייַן אירע אמתע ווונטשן און געפֿילן.

– צי האָט איר עפּעס אַ ידיעה וועגן מאַנגערן? – איז זי ענדלעך אַרויס מיט דער פֿראַגע, וואָס האָט זי וואָרשייַנלעך צו מיר געבראַכט. – צי ווייסט איר, וואָס עס איז מיט אים געשען נאָכן באַזוצן פֿראַנקרייַך דורך די דייַטשן?

איך האָב איר איבערגעגעבן, אַז איך האָב געהאַט אַ ידיעה פֿון מלך ראַוויטשן אין קאַנאַדע דורכן רויטן קרייץ, אַז מאַנגער געפֿינט זיך אין לאָנדאָן.

– גאָט זייַ דאַנק, – האָט זי אָפּגעקרעכצט מיט אַ מוטערלעכן טאָן, אָבער אין אַ מינוט אַרום האָב איך אייַנגעזען, אַז דאָס איז נישט געווען דער איינציקער ציל פֿון איר באַזוך.

– איך האָב זיך שוין נישט איין מאָל צו אייַך געקליבן, – האָט זי זיך נאָך אַ מאָל אומגעקערט צו דער טעמע פֿון איר אינטערעס צו מייַן פּערזאָן, וואָס האָט מיך אַרייַנגעבראַכט אין אַ געוויסער פֿאַרלעגנהייט. – איך האָב זיך עפּעס נישט געקאָנט אַנטשליסן. – הייַנט טאָר מען שוין אָבער קיין שום זאַך נישט אָפּלייגן אויף שפּעטער.

– פֿאַר וואָס? – האָב איך געזאָגט סתּם אַזוי, נישט צעקייַענדיק די לעצטע פֿראַזע.

– וואָס פֿאַרשטייט איר נישט? – האָט זי דערגענצט איר מחשבֿה, – צי האָבן מיר דען פֿאַר זיך אַ ,שפּעטער׳?

זי האָט גערעדט אַ זייער ריינעם, ליטעראַרישן ייִדיש, אין וועלכן עס האָט זיך אָבער בולט אַרויסגעהערט די וואָקאַליזאַציע פֿון וואַרשעווער דיאַלעקט, וועלכן איך האָב מיטן לויף פֿון די יאָרן אַזוי ליב באַקומען. איך בין אַרויסגעגאַנגען אויף אַ פּאָר מינוט פֿון קאַנצעלאַריע, כּדי איבערצוגעבן דעם מאַגאַזינער דעם שוין אונטערגעשריבענעם ראַפּאָרט צום אָפּשיקן אין דער קיכן־צענטראַלע, זיך אָפּשפּאָרן נאָך אַ פֿערטל שעה פֿאַר דעם דאָזיקן געשפּרעך.

איך בין געוווירר געוואָרן, אַז די פֿרוי האָט אַ מאָל געלערנט אויף לערער־קורסן, אָבער צו פּרנסה פֿון לערערייַ איז זי נישט דערגאַנגען, אַפֿילו נישט געפּרוּווט. זי האָט געהאַט אַ מאַמע, אַן אַלמנה מיט קינדער קלענערע פֿאַר איר. האָט זי יאָרן געאַרבעט אַלס שנייַדערין אין אַ גרויסן קאָנפֿעקציע־וואַרשטאַט, נישט שלעכט פֿאַרדינט. איצט נייט זי אין דער היים פּריוואַט. אַרבעט איבער פֿאַרמלחמהדיקע זאַכן.

– צי האָט איר זיך פֿאַראינטערעסירט מיט מאַנגערן, ווייַל ער שרייַבט אַזוי פֿיל וועגן שנייַדערס? אַפֿילו אין דער „מגילה" אַפֿילו אין „גן־עדן" האָט ער אַרייַנגעזעצט שנייַדערס.

– וועמענס עסק איז עס? – האָט זי זיך תּחילת עפּעס ווי באַליידיקט, הלמאַי איך מיש צונויף פּאָעזיע מיט מלאָכה. דערנאָך האָט זי זיך צעשמייכלט און געענטפֿערט מיט ווירדע:

– נישט בלויז דערפֿאַר און נישט בלויז מיט איציק מאַנגערן. איך האָב פֿון תּמיד אָן ליב געהאַט צו לייענען אַ סך פּאָעזיע. אַפֿילו איצט... ערשט הייַנטיקס יאָר האָב איך זיך באַקענט מיט די שאַפֿונגען פֿון יהואשן, פֿון לייב נייַדוסן. אַך, סאַראַ פּרעכטיקע פּאָעטן זיי זענען!

עס האָט זיך אַרויסגעשטעלט, אַז זי איז באַקאַנט מיט לייב שורן, דעם ,למד־וואָווניק׳ פֿון די ייִדישע פֿאַרלעגער, וועלכער האָט די גאַנצע צײַט געפֿירט אין געטאָ אַן אַקציע צו ראַטעווען פֿון אונטערגאַנג די ביכער־אוצרות פֿון די ייִדישע ביבליאָטעקן אין וואַרשע און האָט אויך זי פֿאַרזאָרגט מיט לייענשטאָף פֿון זײַן וואַנדער־ביבליאָטעק. טאַקע פֿון אים האָט זי זיך דערוווּסט, אַז איך אַרבעט אויף לעשנאָ 40.

זי האָט מיר דערציילט אַז איר מוטער איז געשטאָרבן נאָך פֿאַר דער מלחמה, דער מאַן מיטן עלטערן ברודער אַרבעטן אויף דער אַרישער זײַט אין אַ דײַטשן גאַראַזש.

– איר האָט אַ מאַן?! – האָב איך זיך אומפֿאָרזיכטיק אַרויסגעכאַפּט אין אַ פֿאַרוווּנדערטן טאָן. איך בין דאָך די גאַנצע צײַט געווען איבערצײַגט, אַז די ,באַלאַדע׳ איז אַן אַלטע פֿרײַלין און איך בין טאַקע נישט אין גאַנצן געווען אומגערעכט. די קלוגע פֿרוי האָט ווידער פֿאַרשטאַנען מײַן רעאַקציע. זי האָט כּמעט לצניש אַ שמייכל געטאָן און האָט מיר געזאָגט, אַז פֿאַקטיש האָט זי גאָר נישט לאַנג חתונה געהאַט. ערשט מיט אַ יאָר צוריק איז געשטאָרבן אויף טיפֿוס איר ייִנגערע שוועסטער. זי איז נאָך פֿאַרן שאַפֿן דאָס געטאָ געוואָרן אויסגעזידלט מיטן מאַן און קינדער פֿון פּראַגע.[2] האָט מען געווווינט צוזאַמען, עס זענען געבליבן קליינע קינדער, האָט זי זיך אַנטשלאָסן חתונה צו האָבן מיטן שוואָגער. מ׳האָט די גאַנצע צײַט געבידעוועט, געגעסן צוזאַמען. לעצטנס איז געוואָרן אַ ביסל גרינגער. אַ דײַטש פֿון דער פֿירמע, ווו דער מאַן (פֿאַר דער מלחמה אַ דרוקער־מעכאַניקער אין אַ ייִדישער צײַטונג) אַרבעט אַלס שלאָסער – קומט יעדן גאַנצפֿרי אַרײַן אין געטאָ מיט אַ וואָגן נאָך די ייִדישע אַרבעטער און פֿאַר נאַכט ברענגט ער זיי צוריק. זיי קאָנען אויף דער פּוילישער זײַט יעדן טאָג אַהיימקויפֿן אַ ביסל שפּײַז...

און דאָ איז די אָל אַרויס פֿון זאַק. איך האָב שוין געהאַט געמיינט, אַז דער באַזוך וועט זיך, ווי אין פֿאַרשידענע אַנדערע פֿאַלן, ענדיקן מיט אַ בקשה צו דערליידיקן פֿאַר דער משפּחה אַן אָרדער אויף אויסצוקויפֿן יעדן טאָג עטלעכע זופּן אין אונדזער קיך. עס האָט זיך אָבער אַרויסגעשטעלט, אַז נישט נאָר זענען ,די פֿון נעמעראָוו נישט פֿון געבעראָוו׳, נאָר אויך פֿאַרקערט.

די ,באַלאַדע׳ האָט אַרײַנגעשטעקט די האַנט אין איר טאַש, אַרויסגענומען פֿון איר אַ זויבער אויפֿגענייט לײַוונטן זעקעלע צונויפֿצוציִען מיט אַ דורכגעסיליעט שטריקעלע, און אין זעקעלע האָט זיך געפֿונען פֿאַר מיר אַ גאַנצער ,שלח־מנות׳. לויטער לוקסוסזאַכן: אַ פֿלעשעלע מילך, אַ פּאָר עפּעלעך, עטלעכע שטיקלעך צוקער און אַ פּעקעלע אמתדיקע פּוטער.

– טײַערע מײַנע, זאָגט מיר נישט אָפּ! איר וועט מיך שרעקלעך באַליידיקן...

איך בין געבליבן זיצן אָפּהענטיק און געפּלעפֿט, נישט געוווּסט, וואָס איך האָב צו טאָן.

– אויך מיר האָט זי געבראַכט ,פּאַפּיראָסן׳ – האָט מיר אַ בליץ געטאָן אין קאָפּ... איך האָב שוין לאַנג געמוזט מאַכן אַ סוף צו דעם באַזוך און אָט איז מיר אײַנגעפֿאַלן איר פֿאָרצולייגן אַ בכּבֿודיקע רעוואַנש־מתּנה.

2 אַ שכונה אין וואַרשע.

איך האָב איר געגעבן מײַן פּריוואַטן אַדרעס און האָב זי פֿאַרבעטן אַרײַנקומען צו מיר דעם נאָענטסטן שבת. איך האָב איר צוגעזאָגט צו געבן מאַנגערס צוויי ביכער, וועלכע זענען דערשינען שוין נאָך זײַן אַרויספֿאָרן קיין פּאַריז: די ,נאָענטע געשטאַלטן׳ (1938) און „די ווונדערלעכע לעבנס־באַשרײַבונג פֿון שמואל אַבא אַבערוואָ״ (1939). איך האָב זיך מיט די ביכער מתעסק געווען, ווען מאַנגער איז שוין געהאַט אַרויסגעפֿאָרן און איך האָב זיי איר געוואָלט אונטערשרײַבן אין זײַן נאָמען. זי האָט אַ שאָקל געטאָן מיטן קאָפּ, ווי זי וואָלט מסכּים געווען, מיר דערלאַנגט די האַנט און אַוועקגעגאַנגען.

איך האָב צוגעגרייט די ביכלעך, איך האָב אויף איר געוואַרט, אָבער זי איז נישט געקומען נישט דעם נאָענטסטן שבת, נישט אין קיין שום אַנדערע שבתים. איך האָב זי שוין מער קיין מאָל נישט געזען און אויך מער נישט געהערט פֿון איר.

זינט איר באַזוך אין קיך ביז צום אָנהייב פֿון די אויסזידלונגען קיין טרעבלינקע איז פֿאַרגאַנגען סך־הכּל אַ האַלב יאָר.

משה אַלטמאַן

# איובֿ אָן חבֿרים

מײַן פֿרײַנד, אַ יונגער שריפֿטשטעלער, האָט מיר אַנומלט דערציילט אָט די געשיכטע:

...דאָס איז געווען צוריק מיט עטלעכע יאָר. אין אַ באַרימט קאַפֿעהויז אין אַ גרויסער אייראָפּעיִשער שטאָט – איר ווייסט ווו דאָס איז געווען, פֿאַרשפּאָר איך אָנרופֿן נעמען – זענען מיר געזעסן אַ גרופּע מענטשן, כּמעט קאָלעגן, מיט פּראָפֿעסיאָנעלער אָדער אַנדערער שײַכות צו ליטעראַטור. מ׳האָט גערעדט, ווי געוויינטלעך פֿון אַלץ אין דער וועלט. מ׳האָט זיך געאַמפּערט, ביז מ׳איז מיד געוואָרן. און, אַז מ׳איז מיד געוואָרן, איז מען זיך פֿונאַנדערגעגאַנגען.

ווי איר ווייסט, באַשטייט די איינציקע מעלה פֿון די געשפּרעכן אין דעם, וואָס מע ווערט אין כּעס אויף זיך פֿאַר דער פֿאַרלוירענער צײַט, און מע נעמט זיך אַרבעטן... איך, דער ייִנגסטער און דער פֿרעמדסטער דאָרט, בין נאָך פֿאַרבליבן אין קאַפֿעהויז. קיין באַשטימטע סיבה אויף צו בלײַבן דאָרט האָב איך ניט געהאַט און איך מיין, אַז ס׳איז איבעריק אין דעם זיך צו גריבלען. דער עיקר איז דאָס, וואָס איז פֿאָרגעקומען שפּעטער. און פֿאָרגעקומען איז אָט וואָס.

עס האָט קיין סך נישט גענומען, און אַ מענטש פֿון אַ שכנותדיקן טיש האָט זיך אַריבערגעבויגן צו מיר און, אַזוי דירעקט אָן שום הקדמות, אַ פֿרעג געטאָן:

– ווי מיינט איר אַ מענטש, וואָס איז בײַם לעבן געשטאָרבן, קען נאָך פּרוּוון לעבן?

איך בין געבליבן זיצן, ווי יעדער אַנדערער אויף מײַן אָרט וואָלט געבליבן זיצן, אי פֿאַרחידושט, אי אינטריגירט. ניט געוווּסט אויף זיכער, צי ווענדט זיך דער מענטש צו מיר, אָבער גלײַך זיך איבערצײַגט, אַז דאָס גייט צו מיר אָט די מאָדנע פֿראַגע. כ׳האָב אים באַטראַכט...

ער האָט געוואַרט אַ פּאָר מינוט, וואָרשײַנלעך כּדי עס זאָל מיר איבערגיין מײַן איבערראַשונג פֿון דעם אומגעריכטן שמועס, דערנאָך זיך צוגערוקט נענטער און ווײַטער געזאָגט:

– איר וועט נישט האָבן גאָרנישט קעגן דעם איך זאָל מיט אײַך אַ ביסל רעדן?

ניט וואַרטנדיק אויף קיין באַשטימטן ענטפֿער, האָט ער זיך באַלד אין גאַנצן איבערגעטראָגן צו מײַן טיש און פֿאָרגעשלאָגן:

– איר וועט אפֿשר עפּעס נעמען? טרינקען?...

ער רופֿט שוין צו דעם קעלנער און באַשטעלט ווײַן, זייער טײַערן ווײַן, און אַ פּנים, כּדי אָפּצוווענדן מײַן פּראָטעסט, מאַכט ער:

פֿון: **די ווינער קאַרעטע און אַנדערע דערציילונגען**. בוקאַרעשט: פֿאַרלאַג „שלום־עליכם", 1935, ז״ז 57–71.
אין הערות ווערן איבערגעגעבן וואַריאַנטן פֿון: **אויסגעוויילטע שריפֿטן**. בוקאַרעשט: קריטעריאָן, 1974, ז״ז 144–152.

– האָט ניט קיין יסורים, עס איז מיר נאָך פֿאַרבליבן געַנוג אויף מכבד צו זײַן אַ מענטשן, וואָס וויל מיך אויסהערן.

דער קעלנער האָט געבראַכט ווײַן און מײַן פֿאַרשוין נעמט שוין אַרויס אַ טאַש אָנגע־שטאָפּט מיט דאָלאַרן און אַנדערע וואַלוטן. ער דערלאַנגט דעם קעלנער אַ טויזנט־פֿראַנק־שטיק און צו מיר מאַכט ער:

– טרינקט, איך בעט אײַך.

ער האָט ווירקלעך געבעטן. אַזוי געבעטן, אַז כ׳האָב מוחל געווען זײַן פֿאַרוועניטישן זשעסט מיטן צאָלן פֿאָרויס, מיטן באַווײַזן דעם אָנגעשטאָפּטן געלטטאַש. עס איז געווען קלאָר, אַז מיט דעם מענטשן קומט עפּעס פֿאָר, אַז ס׳איז מיט אים ניט גלאַט.

כ׳האָב אויסגעטרונקען אַ גלאָז ווײַן, אָנגעגאָסן אַ צווייטע און באַמערקט, ווי ער ווערט אויפֿגעלויכטענער.

– איר ווייסט, מאַכט ער צו מיר, איר טוט מיר אַ גרויסע טובֿה.

און אַליין זיצט ער און קוקט אויף זײַן גלאָז, ווי אַ טרעפֿער.

כ׳האָב אים נענטער באַטראַכט:

אַ מענטש פֿון איבער די מיטעלע יאָרן. דאָס פּנים נאָך פֿעסט, מיט ענערגישע כאַ־ראַקטער־שטריכן. אויגן שוואַרצע, טיפֿע. דער קאָפּ ווײַס. און די באָרד אַ פֿאַרלאָזענע, אַ צולהכעיס־באָרד אויף דעם עקשנותדיק פֿאַרהאַרטעוועטן פּנים. באַזונדערס האָבן זיך אויסגעטיילט די הענט: פֿאַרהאָרעוועטע הענט. יעדער פֿינגער האָט עדות געזאָגט אויף לאַנגיעריקער שווערער מי... וואָס האָט מיט דעם מענטשן געקענט פּאַסירן? וואָס וויל ער פֿון מיר?

ער האָט אַלץ אַזוי געקוקט אויף זײַן גלאָז, געוואַרט, אפֿשר איך זאָל אים עפּעס פֿרעגן, און אַז איך האָב געשוויגן, האָט ער ווידער אַ מאַך געטאָן, שוין ניט אַזוי האַסטיק ווי פֿריִער, וועגנדיק די ווערטער:

– וואָס זשע זאָגט איר? אַ מענטש, אָט ווי איך, אין מײַנע יאָרן וואָס האָט אַלצדינג פֿאַר־לוירן... אַלצדינג, אַלע מײַנע האָפֿענונגען, קען נאָך פּרוּוון לעבן?

און אַזוי ווי איך האָב אַלץ ניט געענטפֿערט, ווײַל כ׳האָב אייגנטלעך דאָך ניט געוווּסט, אַקעגן וואָס ער פֿרעגט מיך, האָט ער אַלץ אַזוי וואָראָזשענדיק[1] ווי פֿריִער אויפֿן גלאָז מיטן ווײַן, גלײַך ער האָט דעם גלאָז אויך געשטעלט די זעלבע פֿראַגע, ווײַטער גערעדט:

– אַ מענטש שטרעבט, פֿאַנטאַזירט, פֿאַרלירט דאָס לעבן. ער מאַכט פּלענער, חלומט יאָרן אויף צו דערגרייכן איין מינוט פֿון גליק און נחתדיקע[ר] רו. און אין מאָמענט, ווען ער שטרעקט שוין אויס די האַנט נאָכן פֿאַרהאָרעוועטן ביסל גליק, פֿאַלט אַרויס דער בעכער מיטן גליק... מיט...

1 וואָראָזשען – פֿאָרויסזאָגן; פֿאַרכּישופֿן.

עס האָט אים ווירקלעך אין דער מינוט זיך אויסגעגליטשט דאָס גלאָז פֿון דער האַנט, אָבער נישט צעבראָכן געוואָרן. אַ ביסל וויַין בלויז האָט זיך פֿאַרגאָסן.

ער האָט דערויף קיין אַכט ניט געלייגט, און געצויגן וויַיטער:

– עס איז זייער פֿיַינלעך צו זיַין דער, וואָס מאַכט אַליין זיַין געשיכטע. עפּעס קומט עס מיר אויס, ווי איינער וואָס פֿאָרעט זיך מיט דער אייגענער ליַיכע... נאָר – מילא. יעדער האָט זיַין מזל. האָט מיַין מזל געוואָלט, אַז איך זאָל צוריק מיט צוואַנציק יאָר פֿאַרלאָזן די היים, די פֿאַמיליע, אַ פֿרוי מיט צוויי קינדערלעך, מיידעלעך, איינע, שוין אַ היפּשע אַ גימנאַזיסטין אין זעקסטן קלאַס, און פֿאָרן זוכן גליקן קיין אַמעריקע.

– איך בין אַלט געווען דעמאָלט אַ יאָר אַכט און דריַיסיק. סאַמע די בעסטע יאָרן. אַ מענטש אַ קרעפּטיקער בין איך געווען, דאָס זעט מען נאָך היַינט, איך בין אויך געווען ענער־גיש. האָב איך מיך מישבֿ געווען אויף איין מאָל, אַ שפּיַי געטאָן אויף רוסלאַנד. כאָטש ס'איז מיר נישט געגאַנגען שלעכט אין דער פּרנסה... און דאָס איז אפֿשר געווען מיַין אומגליק. וואָרן ווען סע גייט מיר שלעכט, האַק איך אָפּ און נעם מיט די גאַנצע פֿאַמיליע... און אפֿשר איז עס אַ גורל־זאַך. וואָרן גיי ריכט זיך, אַז פֿון דער העלער הויט וועט ווערן אַ מלחמה און אַ רעוואָלוציע און דערנאָך פּאָגראָמען... כאָטש מיר האָט ניט געשאַט, ניט די מלחמה, ניט די רעוואָלוציע, ניט די פּאָגראָמען... און דאָס איז טאַקע דאָס שווערסטע.

ער האָט זיך אָפּגעשטעלט אַ וויַילע, אַ קוק געטאָן אויף מיר, נאָר אַזוי, אַז ס'איז מיר ווי אַן עלעקטרישער שטראָם דורכגעגאַנגען דורכן ליַיב.

ער האָט ווידער צוגערופֿן דעם קעלנער, נישט געלייגט קיין אַכט אויף מיַין פּראָטעסט, באַשטעלט וויַין, ציגאַרן. די טיַיערסטע.

– איר רייכערט דאָך? מאַכט ער צו מיר.

און איך וואַג נישט צו ווערן מיך. ער האָט באַקומען שליטה איבער מיר. איך פֿאַררייכער און ער האַלט אַזוי דעם ציגאַר צווישן די פֿינגער, קוקט ערגעץ אין דער וויַיט אַריַין, ווי ער וויל עפּעס אָנכאַפּן און יענץ אויף צו להכעיס גליטשט זיך אַרויס. דערנאָך אַ צי געטאָן דעם ציגאַר, געזען, אַז ער רייכערט זיך נישט, אים אָוועקגעלייגט און וויַיטער גערעדט:

– איך האָב אין אַמעריקע, ווי זאָגט מען עס, באַגליקט... איר זעט די הענט? כ'האָב זיי נישט געשוינט. און נישט נאָר די הענט. איך בין ניט פֿאַרשעמט געוואָרן קעגן די יענקיס. איך האָב געמאַכט דאָלאַרס. אַ סך דאָלאַרס. אָפּגעשפּאָרט אַ הויז אין ניו־יאָרק. און נאָך קלייניקייטן.

דאָ האָט זיך ביַי מיר אַרויסגעכאַפּט אַ פֿראַגע, וואָס כ'האָב זי נישט באַדאַרפֿט שטעלן. איך ווייס אַליין נישט, ווי אַזוי ס'האָט מיר פּאַסירט. כ'האָב דאָך שוין פֿאַרשטאַנען, אַז כ'האָב פֿאַר מיר אַ פֿאַמיליען־דראַמע. האָב איך דאָך געדאַרפֿט זיַין פֿאָרזיכטיק. איז אָבער די ניַיגעריקייט, ווייַזט אויס, שטאַרקער. כ'האָב אים פּלוצעם אַ פֿרעג געטאָן:

– נו, און די פֿאַמיליע?

עס האָט זיך אים אַזש דאָס פּנים איבערגעקרימט... ער האָט שנעל פֿאַררייכערט,

געגומען ציִען, ציִען דעם רויך, אַוועקגעלייגט און ווידער פֿאַררייכערט. און מיט אַ מאָל מיט אַזאַ רויִקייט וואָס וואַרפֿט אָן אַ פּחד:

– די פֿאַמיליע האָט געוווינט אין קיִעוו. די עלטערע טאָכטער האָט געלערנט אין גימנאַזיע, איז געווען אַ שאָד איבערצורייַסן. און דערנאָך, אַז זי האָט געענדיקט, האָט מען זי על־פּי מזל דווקא יאָ אַרייַנגענומען אין אוניווערסיטעט, ווי אַזוי זשע רייַסט מען איבער? און דאָ האָט זיך מיר געפּלאָנטעט אַ געדאַנק וועגן פֿאָרן צוריק!...

– אַ! איר זענט אַ מבֿין אויף מענטשן? אַליין אַ שפּיִי געטאָן, געפֿאָרן זוכן אַ פֿרייַ לאַנד פֿאַר זיך און פֿאַר מייַן פֿאַמיליע, און געקומען אין פֿרייַען לאַנד און באַגליקט, פֿאַרמישט זיך דער געדאַנק און דער רוח דרייט אָן – צוריקפֿאָרן.

– וואָלט איך כאָטש געווען צוריקגעפֿאָרן!... און דאָרטן, מילא, וואָס איז געווען מיט כּלל־ישׂראל וואָלט מיט מיר אויך געווען געשען. אפֿשר וואָלט מען מיך געווען געהרגעט און זיי וואָלטן געבליבן... און אפֿשר וואָלטן מיר אַלע געווען געבליבן... איך בין נישט צוריקגעפֿאָרן. און דאָ איז געוואָרן די מלחמה.

– אַז ס׳איז געוואָרן די מלחמה, האָב איך פּלוצעם דערפֿילט, ווי די ערד גליטשט זיך מיר אַרויס פֿון אונטער די פֿיס. כ׳האָב אָנגעהויבן בענקען, נאָר וואָס הייסט בענקען? איך בין פֿון זינען געגאַנגען. אַרויסנעמען זיי איז קיין מעגלעכקייט נישט געווען. און אפֿשר האָט עס מיר דעם שׂכל פֿאַרשטעלט, ווייַל אַז איך באַרעכן מיך איצטער אַ מאָל, קומט אויס, אַז ס׳איז יאָ געווען אַ מעגלעכקייט. כ׳האָב זיי געקענט אַרויסנעמען קיין שווערדן. כאָטש ס׳איז דאָך שוין איצט אַלץ איינס... הכּלל, כ׳האָב געשיקט געלט. מטמונות מיט געלט. ווי אַרעמט נאָר ס׳איז מעגלעך געווען. כ׳האָב מיך אַפֿילו ניט געפֿרעגט, צו וואָס קענען זיי דאַרפֿן אַזוי פֿיל געלט? און צי באַקומען זיי דאָס געלט? כ׳האָב מיך געלאָשן דערמיט.

– אין קורצן, די מלחמה האָט זיך געענדיקט און איך האָב דערלעבט צו זען אַ בריוו. און וואָס פֿאַר אַ בריוו! מיט פֿאָטאָגראַפֿיעס: די פֿרוי, דאָס צווייטע מיידעלע אויך שוין אַ באַרישניע, און די עלטסטע טאָכטער מיט אַ מאַן און מיט אַ קינד אויף די הענט!... איך האָב געמיינט, איך גיי אַראָפּ פֿון זין פֿאַר פֿרייד... אַן אייניקל! און שרייַבן שרייַבט מען מיר, אַז ס׳איז דאָרט ניט גוט, איך זאָל קומען זיי נעמען, אָדער שיקן אַ מענטשן.

– הייסט עס, כ׳האָב ניט אומזיסט געהאָרעוועט? אַ? כ׳האָב צוגעגרייט פֿון עמעצנס וועגן... אַ? כ׳האָב אָנגעגרייט גענוג. עס וועט סטייַען פֿאַר קינדער און קינדסקינדער. כ׳האָב דאָלאַרס. אַ סך דאָלאַרס.

כ׳האָב פֿאַרבראַכט אַ משוגענעם טאָג, יענעם טאָג... נאָר צו נאַכט צו איז מיר די שׂימחה אַוועק. איך האָב מורא באַקומען, טאָמער פֿאַרשפּעטיק איך... טאָמער ווערט אין קיִעוו אַ פּאָגראָם... כ׳האָב מיך דאָך געטרייסט: ס׳איז פֿאָרט קיִעוו, ניט קיין קליין שטעטל. און די טאָכטער איז אַ דאָקטאָרין, און דער איידעם אַן אַדוואָקאַט און איז אין פּאָליטיק נישט פֿאַרמישט... נו, און וועגן אַפֿילו דער איידעם... אָבער די פֿרויען וועט מען דאָך ניט טשעפּען. און דאָס פּיצעלע...

– הכּלל, איך האָב מיר אויסגעלייגט אויף אַלע אופֿנים, אַבי איך זאָל זיי זען לעבעדיק.

– האָב איך אָנגעהויבן מיך באַראָטן מיט באַקאַנטע, ווי אַזוי, ווי אַרומעט. האָט מען מיר געראָטן: בעסאַראַביע. דורך בעסאַראַביע זאָל איך זיי ברענגען.[2] איז עס מיר אויבעט איינגעגאַנגען. וויפֿל איך האָב געהאַט אַ באַגריף וועגן די בעסאַראַבער,[3] האָב איך מיר פֿאָרגעשטעלט פּראָסטע מענטשן, נאָר ערלעכע מענטשן. האָב איך איבערגעלאָזט אַלע געשעפֿטן אויף מייַן פֿאַרוואַלטער און מיטגענומען מיט מיר אַ בעסאַראַבער אַ געבירטיקן,[4] זאָל מיר באַהילפֿיק זייַן...

ער האָט געמאַכט אַ הפֿסקה, פֿאַררייכערט דעם ציגאַר, גערייכערט, אַוועקגעלייגט, ווידער פֿאַררייכערט. צוגעשאַרט מיר די ציגאַרעטן־פּושקע. כ׳האָב אויך פֿאַררייכערט און געוואַרט ער זאָל אָנכאַפּן דעם פֿאָדעם, ווייַטער דערציילן, נאָר ער האָט געשוויגן. האָב איך מיך איינגעשטעלט מיט אַ פֿראַגע:

– האָט ער אייַך פֿאַרפֿירט? אָפּגענאַרט?

ער קוקט אויפֿן ציגאַר, טרייסלט אָפּ דאָס אַש און שאָקלט מיטן קאָפּ: ניין...

און נאָך אַ ווייַלע באַדענקעניש:

– ניין... דער האָט מיך נישט פֿאַרפֿירט. כאָטש גאַנץ אָרנטלעך איז ער זיך אויך ניט באַגאַנגען, און אפֿשר איז ער ניט שולדיק. ער איז אויך געווען אַ צייַט פֿון דר׳היים, אויך געקומען צו זייַן משפּחה. און אַז ער איז געקומען, איז ער טרוד געוואָרן מיט זייַניקע... איך בין געבליבן אַליין...

– געבליבן אַליין... האָב איך אָנגעהויבן טאַפּן. און האָב אָנגעטאַפּט. כ׳האָב אָנגעטראָפֿן אויף אַ שטעטל מיט קאָנטראַבאַנדיסטן און זיך באַדונגען דאָרטן. כ׳האָב געשיקט פֿאָרויס אַ מענטשן קיין קיִעוו זיי ברענגען, און אַליין האָב איך מיך באַזעצט אין בעלץ, אַ היפּשע שטאָט אין בעסאַראַביע, און איך וואַרט...[5]

– קומט צוריק דער מענטש און ברענגט מיר אַ בריוו. געשריבן פֿון אַלע. אַלע זענען געזונט. מע וואַרט אויף דער ישועה, איך זאָל זיי אַריבערנעמען. נאָר מע דאַרף נאָך געלט... נאָך איז נאָך. און ווען מע וויל צען מאָל אַזוי פֿיל? הונדערט מאָל, מייַן גאַנץ פֿאַרמעגן? גיב איך דען נישט? אַ!...

– פֿאָרט דער מענטש צוריק און איך וואַרט. און דערווייַל הייב איך אָן צו האָבן חלומות. בייזע פֿינצטערע חלומות. עמעצער טאָרעט מיך אין שלאָף, וועקט מיך:

– שטיי אויף... דייַנע האָט מען אויסגעקוילעט!...

– איך וויל מיר דאָס לעבן נעמען... נאָר איך רעד מיר אויס... נעם נאָך אַ מאָל דעם

2 צופֿאָרן ניט ווייַט פֿון דער גרענעץ און פֿון דאָרטן זיי ברענגען (1974).

3 פּראָווינצלער (1974).

4 אַ מענטש פֿון יענע געגנטן (1974).

5 [...] און אַליין האָב איך מיך באַזעצט אין שטאָט, אַ היפּשע שטאָט אין דער געגנט, און איך וואַרט... (1974).

בריוו, וואָס כ׳האָב פֿון זיי באַקומען. איך מאַך דעם חשבון, אַז מ׳האָט פֿון קיין פּאָגראָמען די צײַטנס ניט געהערט... און די חלומות – נאַכט נאַכט! דאָ זע איך דאָך, אַז מענטשן קומען פֿון דאָרטן, באַרויִק איך מיך. בײַ טאָג בין איך רויִק, בײַ נאַכט גיי איך פֿון זינען אַראָפּ.

– עס איז דערגאַ[נגע]ן אַזוי ווײַט, איך האָב דעם גרויל איבערגעלעבט אין אַזאַ מאָס, אַז עס איז בײַ מיר קיין צווייפֿל ניט געווען, אַז מ׳האָט זיי אויסגעקוילעט... אַז ס׳איז געקומען צו פֿאָרן נאָך אַ מאָל דער מענטש און מיר געבראַכט אַ בריוו פֿון זיי, שוין פֿון פֿאַר דער גרענעץ, האָב איך דעם בריוו קוים געלייענט. עס איז מיר געווען ווי אַ בריוו פֿון יענער וועלט, פֿון טויטע... איך האָב געגעבן געלט וויפֿל מ׳האָט פֿאַרלאַנגט. געגעבן אויטאָמאַטיש, אָן אמור־נה... כ׳האָב געוואַרט און ניט געגלייבט... דער באַלעבאָס פֿון דער אַכסניה און זײַן ווײַב, זייער אַן אָנשטענדיקע פֿרוי, האָבן זיך געפֿרייט. זי האָט ממש געטאַנצט: „הער בערנשטיין, איך גרייט צו דעם אמתן אָנבײַסן.״ „הער בערנשטיין, מאָרגן אין דער צײַט״... און איך בין פֿאַרגליווערט. איך פֿיל אַז ס׳איז פּוסטע. איך וועל זיי קיין לעבעדיקע נישט זען.

ער האָט אַוועקגעלייגט דעם ציגאַר און גענומען קנאַקן די פֿאַרהאַרטעוועטע פֿינגער, אַז כ׳האָב געמיינט ער ברעכט זיך אויס די גלידער. ער האָט ווידער פֿאַררייכערט, אָפּגע־טרייסלט דאָס אַש און אַ פֿרעג געטאָן:

–איר האָט געהאַט געהערט פֿון אַ שטעטל ,וואָרטיוזשען׳, אַ סטעפּ, אַ קאָלאָניע?

– ניין.

– און פֿון אַ געוויסן אָפֿיציר מ...?

– געהערט... יענער?...

– יאָ... יענער... יענער וואָס האָט אויסגעהרגעט אַזוי פֿיל בעזשענצעס, פֿרויען, קינ־דערלעך... און וואָס דערנאָך ווען מ׳האָט אים געשטעלט פֿאַרן געריכט כּלומרשט, האָט ער געטענהט, אַז ער האָט געהאַט אַזאַ באַפֿעל פֿון אויבן, און מ׳האָט אים באַפֿרײַט... יאָ, יענער איז געווען בשותּפֿות מיט עטלעכע יִדן־קאָנטראַבאַנדיסטן. יאָ עס זאָל אײַך קיין פֿאַרדראָס ניט זײַן...

– נו... דאָס איז עס... מײַן משפּחה איז אויך אַרײַן אין יענעם גורל... דעם צווייטן טאָג אין דער פֿרי, הער איך אין שטאָט אַ בשׂורה:

מ׳האָט געהרגעט זיבעצן בעזשענצעס. שוין אויף דער זײַט דניעסטער, אויפֿן בעסאַראַ־בישן, די קעפּ אַראָפּגענומען.[6]

– – – – – – – – – –

– – – – – – – – – –

– איך האָב זיי געבראַכט צו קבֿר־ישׂראל. דאָס ווײַב,ביידע טעכטער, דעם איידעם, דאָס קינד, דאָס אייניקל... דאָס האָב איך אָפּגעטאָן.

עס איז אַוועק עטלעכע מינוט. אַ שווערע פּויזע, ווי מע זאָגט עס אויפֿן שרײַבער־זשאַרגאָן.

6 שוין אויף דער זײַט די קעפּ אַראָפּגענומען (1974).

וואָס האָב איך אים געהאַט צו זאָגן? וואָס האָב איך אים געקענט זאָגן? און ער האָט דאָך פֿון מיר גאָרנישט פֿאַרלאַנגט... ער האָט ווידער אָנגעהויבן:

– אפֿשר וועט איר נאָך עפּעס טרינקען?

איך האָב אָפּגעזאָגט קאַטעגאָריש. און ער האָט זיך ניט געשפּאַרט, ער האָט ווײַטער גערעדט:

– אַ שטיקל צײַט האָב איך מיך אַרומגעבלאָנקעט אין שטאָט. גאָרנישט. גלאַט אַזוי. נישט געהאַט קיין כּוח אַוועקצופֿאָרן. און וווּהין פֿאָרן? צו וואָס פֿאָרן? אַכט און דרײַסיק יאָר אַלט האָב איך פֿאַרלאָזט די פֿאַמיליע. און... איר זענט נאָך אַ יונגער מענטש, איך ווייס נישט, צי איר וועט מיך פֿאַרשטיין... איך האָב פֿאַר דער גאַנצער צײַט קיין פֿרוי ניט געקענט... זיך נישט דערלויבט אַפֿילו דעם געדאַנק צוצולאָזן. און איז געקומען אַ געדאַנק האָב איך געזאָגט: ניין, איך געהער אין גאַנצן צו מײַן פֿרוי, דער מאַמען פֿון מײַנע קינדער... איך בין נישט מער ווי אַ שליח. איך דאַרף פֿאַר זיי צוגרייטן אַ בעסער לעבן... טעג און נעכט האָב איך געחלומט פֿון איר, פֿון זיי... יאָרן... און איצט...

– איך בין דאָך צוריקגעפֿאָרן קיין אַמעריקע, געפּרוּווט זיך פֿאַרנעמען ווײַטער מיט געשעפֿט, נאָר געזען, איך קען נישט. האָב איך ווידער אַלץ איבערגעלאָזט אויף מײַן פֿאַרוואַלטער, פֿאַרלייגט פֿאַר באַקאַנטע אַ תּירוץ: איך פֿאָר קיין יוראָפּ מאַכן געשעפֿט. און איך בלאָנקע מיך דאָ אַרום. אַ גאַנצן טאָג גיי איך אַרום אין שטאָט, אויף דער נאַכט קום איך אין קאַפֿעהויז, כ׳זיץ, קוק אויף מענטשן, ביז סע ווערט מיר ענג, און איך גיי אַוועק אין האָטעל און ליג ביז טאָג...

אין דער לעצטער צײַט האָט זיך מיר געיאַוועט אַ געדאַנק... ווײַל איך טראַכט פֿיל דערינען, האָט זיך מיר געיאַוועט אַזאַ געדאַנק:

אַ מענטש קען זיך טרייסטן. עס איז אין דער נאַטור פֿונעם מענטשן זיך צו טרייסטן. אָט למשל זאָג איך צו מיר: מיט וואָס ביסטו בעסער פֿאַר אַנדערע? דו ביסט מער מיוחס פֿון אַנדערע ייִדן? זענען דאָך גאַנצע קהילות פֿאַרפֿײַניקט געוואָרן... און איך צי ווײַטער און זאָג מיר: קידוש־השם... איר הערט, איך טראַכט דערינען זייער פֿיל, און טראַכט ווידער צו מאָל, אַז דער גאַנצער ענין פֿון קידוש־השם איז נאָר זעלבסטנאַרערײַ, עס איז אַ טירל צום אַנטלויפֿן פֿונעם טעמפּן ווינקל. איך בין מיך משער, אַז מענטשן וואָס זענען בײַם פֿולן זינען פֿאַרן טויט, קערן בכּיוון טראַכטן פֿון עפּעס אַנדערש, פֿון עפּעס וואָס האָט אייגנטלעך צום שטאַרבנדיקן קיין שײַכות נישט און קען נישט האָבן, נאָר כּדי צו אַנטלויפֿן מיטן געדאַנק פֿאַר דער איינציקער אמתדיקערווירקלעכקייט, פֿאַרן טויט. איז עס, הייסט עס, מעגלעך, אַז דער גאַנצער ענין קידוש־השם איז אויסגעטראַכט כּדי אַוועקצונעמען בײַם טויט זײַן שרעקנדיקן כּוח, און אַזוי אַרום האָבן אַ מעגלעכקייט ווײַטער צו לעבן, כאָטש, נאָך דעם עקספּערימענט וואָס מ׳האָט געמאַכט מיטן לעבן, איז דער עסק ניט כּדאַי... איבער הויפּט, ניט ווירדיק...

…איז, ווי זאָל איך אײַך זאָגן? –איך קען נישט אָננעמען אָט דעם פֿאָרשלאָג. עס איז פֿאַר מיר צו אַן אָפֿענער שפּיל, איך זע צו קלאָר, וואָס דאָס טירל וויל פֿון מיר. איך קען דורך דעם טירל נישט גיין… אפֿשר בין איך צו אַלט. און אפֿשר בין איך צו שטאַרק…

אין אמתן. איך האָב ערשט איצט מיר אָפּגעגעבן אַ חשבון וועגן דעם מענטשנס גוף. ער האָט געדאַרפֿט זײַן אין די יונגע יאָרן דער ריכטיקער מאַן. עס איז מיר דורכגעפֿלויגן אַ געדאַנק: און דער קערפּער איז געבליבן אַזוי פֿיל יאָרן אַ… פּרוש?

לאַנג טראַכטן האָט ער מיך ניט געלאָזט, ער האָט באַשײַמפּערלעך געמוזט אויסלאָדן זײַן אָנגעשפּאַנטן געדאַנק. ער האָט ווײַטער געזאָגט:

– איז אָט, לעצטנס האָט זיך מיר אַן אַנדער טירל געעפֿנט, און דאָס פּלאָגט מיך אָן אַ שיעור. הערט. עפּעס האָט עמעצער אין מיר אָנגעהויבן טענהן: מענטש, האָסט געזינדיקט. האָסט געזינדיקט… מיט וואָס? דערמיט, וואָס האָסט געוואָלט זײַן אַנדערש ווי די גאָרע וועלט. האָסט געוואָלט זײַן ריינער, פֿרומער… עס איז געמיין… ווײַל עס איז גאווה! זאָג איך צו מיר:

– אפֿשר טאַקע אמת? אפֿשר בין איך באַגאַנגען אַ גרויסן פֿעלער אין מײַן לעבן? ס'הייסט, איך מיין, כ'האָב נישט געטאָרט זײַן קיין אויסנאַם, אַנטלויפֿן פֿונעם לעבן? איך האָב צו פֿיל געוואָלט זײַן אַ פֿרומער, נישט זינדיקן. איר פֿאַרשטייט? אַ מענטש אַ קרעפּ־טיקער, אין די בעסטע יאָרן, האָב איך די גאַנצע צײַט פֿון מײַן זײַן אין אַמעריקע געלעבט נאָר מיטן געדאַנק וועגן מײַן פֿאַמיליע… אפֿשר טאָר מען נישט אַזוי? אפֿשר האָט גאָט געשטראָפֿט איובֿן דווקא דערפֿאַר, ווײַל ער איז געווען אַ צדיק? ווײַל זײַן אַ צדיק הייסט דאָך מאַכן אַלע אַנדערע פֿאַר רשעים. עס איז צו פֿיל גאווה פֿאַראַן אין דעם ווונטש צו זײַן אַ צדיק. אַ? ווי מיינט איר? צי קומט אײַך נישט אַ מאָל אויפֿן געדאַנק, אַז די אַלע שטראָפֿער, די מוסרניקעס, די הונדערט־פּראָצענטיקע יושרניקעס וואָס מאָנען פֿונעם מענטשן גאָלע צדק, אַז זיי זענען אין תּוך זייער שלעכטע מענטשן, און דערפֿאַר מאָנען זיי אַזוי פֿיל פֿון יענעם?

– איז דאָ, לעצטנס, מיר געקומען אַזאַ געדאַנק: אפֿשר טו איך ניט גלײַך?… אפֿשר דאַרף איך, דווקא אַזוי, טאָן עפּעס פֿון מײַנט וועגן. האָט דאָך אין גאַנצן יענע טווונג מײַנע, וואָס כ'האָב איר אַוועקגעגעבן מײַנע בעסטע יאָרן, זיך געענדיקט מיט אַ חורבן. אפֿשר דאַרף איך אָנהייבן אַ נײַ לעבן, נישט ציילנדיק די יאָרן… אפֿשר? אלא נישט, צו וואָס פּלאָנ־טער איך מיך נאָך? צו וואָס, בײַ מײַנע יאָרן, אַזאַ קרעפּטיקער קערפּער?

ער האָט געקוקט אויף מיר מיט ברענענדיקע אויגן, און ס'איז געווען אַ שרעק – אָט דער בליק אויף דעם פֿאַרהאַרטעוועטן פּנים מיט דער ווײַסער באָרד.

איך האָב ניט געפֿונען וואָס צו ענטפֿערן, זײַן בליק איז געוואָרן מילדער, אויסגעלאָשע־נער. ער האָט זיך אָנגערופֿן:

– כ'האָב געהערט, איר האָט דאָ דיסקוטירט מיט חבֿרים וועגן אַזעלכע זאַכן…
מיר האָבן זיך געזעגנט. איך האָב ניט געוואַגט אים צו קוקן אין די אויגן.

## משה אַלטמאַן

# דער וואָרצל

אין שטוב איז געווען טונקל. נאָר דאָס פֿײַער אונטער דער טשוהונענער פּליטע האָט פֿון צײַט צו צײַט אויפֿגעפֿלאַמט און זיך דורכגעלויכטן דורך די לעכלעך פֿון טירל. דעמאָלט האָט אַ קלײנער שטח פֿאַר דעם אײוועלע באַקומען שײַן. דאָס באַלויכטענע אָרט האָט זיך אויסגעטײלט פֿון דער טונקלקײט, באַווײַזנדיק דעם פֿאָדערטײל פֿונעם אײוועלע. דאָס פֿײַער און די שײַן, וואָס איז פֿון דעם געגאַנגען, האָבן עדות געזאָגט, אַז אין שטוב איז שוין עמעצער וואַך. דעמאָלט וואָלט אויך אַ פֿרעמדער, ווען ער קומט אַרײַן אין שטוב, דערזען, אַז בײַם פֿענצטער שטײט אַ מענטש, און זיך צוגעווינט, וואָלט ער אפֿשר געווען אויפֿגע־כאַפּט דאָס שטילע געמורמל פֿונעם מענטשן בײַם פֿענצטער, דאָס געמורמל, וואָס האָט זיך געזײט אָן קלאַנג.

דאָס האָט דער אַלטער מרדכי געדאַוונט. ער האָט עס אפֿשר געטאָן בכּיוון אַזוי שטיל כּדי ניט אויפֿצוּוועקן בנימינען –דאָס אײנציק פֿאַרבליבענע אײניקל, וואָס איז אים אַראָפּ־געפֿאַלן אַזוי אומגעריכט, נאָך דעם, ווי ער האָט זיך שוין געהאַט מיאש געווען, אַז עמעצער פֿון זײַן משפּחה איז געבליבן לעבן.

דער טשײַניק אויף דער פּליטע האָט שוין אָבער, ווײַזט אויס, אַן אַנדער טבֿע. ער האָט זיך צעשיפּעט מיט אַ געבײזער, אָט־אָט, הײסט עס, וועל איך דאָס גאַנצע וואַסער פֿון זיך אַרויסוואַרפֿן, ווײַל ס׳איז מיר שוין דערווידער, דערווידער...

מרדכי האָט געהערט דאָס געבײזער פֿונעם טשײַניק. מיט שטילע טריט איז ער צוגע־גאַנגען צו דער פּליטע, אָפּגערוקט דעם טשײַניק אָן אַ זײַט און געוואָרפֿן דערבײַ אַ בליק צו בנימינס געלעגער, צי ער האָט זיך נאָך ניט אויפֿגעכאַפּט.

און דערווײַל האָט זיך געלאָזט מערקן אַ סימן אויף טאָג. אויף דער וואַנט, וואָס קעגן איבער דעם פֿענצטער, האָט אַ געניט אויג געקאָנט אונטערשײדן אַ בלײכע ידיעה, וואָס האָט אָנגעזאָגט, אַז די לאַנגע ווינטערנאַכט גײט צום סוף...

*

בנימין איז געלעגן מיט אָפֿענע אויגן, געקוקט אויף דעם בלײכן אָנזאָג אויף טאָג און ניט געמאַכט קײן שום באַוועגונג, נישט געוואָלט, אַז דער אַלטער זאָל זיך דערוויסן פֿון זײַן

פֿון: **הײמלאַנד, ליטעראַריש־קינסטלערישער אַלמאַנאַך**. מאָסקווע, 1948, נומ׳ 5, מײַ־יוני 1948, ז״ז 41–50.
אין הערות ווערן איבערגעגעבן וואַריאַנטן פֿון: **אויסגעווײלטע שריפֿטן**. בוקאַרעשט: קריטעריאָן, 1974, ז״ז 333–350.

אויפֿכאַפּן זיך. עס איז אים געווען ניט אָנגענעם, וואָס ער האָט אים, דעם עלנטן יידן, גע־לאָזט אַ וואָך צײַט איינעם אַליין. ער איז אויך געווען מיד פֿון דער נסיעה. די ווונד, וואָס ער האָט באַקומען אויפֿן פֿראָנט, האָט זיך געלאָזט פֿילן. ער איז אַ גאַנצע וואָך אַרומגעפֿאָרן אין ראַיאָן איבער די בעסאַראַבער[1] דערפֿער און געטענהט מיט די פּויערים מכּוח צוגרייטן זיך צום פֿרילינג־פֿאַרזיי, קאָנטראָלירט, אויף ווי ווײַט עס גייט די צוגרייטונג. אין משך פֿון אָט די טעג האָט ער פֿאַרגעסן אינעם יידן, דעם איינציקן שארית־הפליטה, וואָס ער האָט געפֿונען, בשעת ער האָט זיך אומגעקערט נאָך פֿולע דרײַ יאָר זײַן אין דער אַרמיי. איצט, זײַענדיק אין דער היים, האָט אים באַנג געטאָן, פֿאַר וואָס ער האָט פֿון אים ניט געטראַכט.

כּדי זיך צו באַפֿרײַען פֿון אָט דעם געפֿיל, וואָס וואָלט אים פֿאַרפֿירט אין יענעם מחש־בֿות־פּלאָנטער, וועלכן ער האָט בכּיוון אויסגעמיטן, ווײַל ער האָט שוין געוווּסט, אַז ס'איז צוועקלאָז – די טויטע וועלן ניט לעבעדיק ווערן, – האָט בנימין גענומען איבערקלערן אין קאָפּ דעם פּועל־יוצא פֿון זײַן וואָך אַרבעט. אַגבֿ וועט דאָס אויך זײַן די צוגרייטונג פֿאַר דעם רעפֿעראַט, וואָס ער דאַרף מאַכן אַלס פֿאַרוואַלטער פֿונעם ראַיאָנעם ערדאָפּטייל און אַלס פּאַרטיי־מיטגליד. ערבֿ דעם צוריקקער האָט מען אים געלאָזט וויסן דורכן טעלעפֿאָן, אַז פֿון רעפּובליקאַנישן צענטער איז געקומען אַ ספּעציעלער שליח טאַקע מכּוח דער פֿראַגע וועגן צוגרייטן דעם פֿרילינג־פֿאַרזיי... וואָס איז עס פֿאַר אַ מענטש, אָט דער אָ שליח?... פֿאַר די פֿאַר יאָר, וואָס ער איז אויף דעם פּאָסטן, איז בנימינען אויסגעקומען זיך צו טרעפֿן מיט פֿאַרשיידענע מינים שליחים. געווען מענטשן מיט גרויסער דערפֿאַרונג און מיט פֿאַרשטענ־דעניש פֿאַר מענטשן און פֿאַר אָרט... געווען אויך אַנדערע, וואָס האָבן געוווּסט בלויז די אינסטרוקציע, אָן פֿאַרשטענדעניש פֿאַר לאָקאַלע באַדינגונגען. און די אָרטיקע באַדינגונגען האָבן בפֿירוש געפֿאָדערט אַ סך טאַקט און געדולד. ער דערמאָנט זיך, בנימין, ווי איינער אַ שטאָטישער אינטעליגענט, אָן אַגיטאַטאָר, איז מיט אים אַרויסגעפֿאָרן אין ראַיאָן. ווי אַזוי יענער איז געקומען אין פֿאַרצווייפֿלונג, געהאַלטן, אַז די דאָזיקע, אָפּגעשטאַנענע פּויערים־מאַסע' איז אַ ניט־צוטריטלעכע פֿעסטונג... סטײַטש, אַ מיטגליד פֿון קאָמיוג[2] האָט אים געזאָגט:

– אָבער אין גאָט גלייבן מיר דאָך אַלע!..

בנימין האָט דעמאָלט געשמייכלט. ער האָט געוווּסט, אַז די פּויערים־מאַסע אין בע־סאַראַביע[3] וועט זיך נאָך מער אַ ריר טאָן, וועט זי שוין אָנוועקגיין מיטן גאַנצן כּוח, וואָס זי פֿאַרמאָגט, ווי אַ טײַך אין פֿרילינג.

עס זענען אויך צוגעקומען שווערע מניעות. די צוויי יאָר אומגערעטעניש האָבן אויסגע־נוצט קולאַקעס און פֿינצטערע עלעמענטן.

מע האָט באַדאַרפֿט געדולד און טאַקט. כאָטש נאָך גענוג יונג, האָט בנימין אָט די אייגנ־שאַפֿטן פֿאַרמאָגט.

1 אין ראַיאָן איבער די דערפֿער (1974).
2 קאָמוניסטישע יוגנט – די יוגנט־אָרגאַניזאַציע פֿון דער קאָמוניסטישער פּאַרטיי.
3 אין דעם געגנט (1974).

און איצט איז ער געווען צופֿרידן מיטן רעזולטאַט פֿון זײַן וואָך אַרבעט. אין אָט די אַלע דערפֿער, וואָס ער איז אין זיי בקי, ווי אַ מאָל בײַם טאַטן אין שטוב, ווײַל דאָ אויסגעוואַקסן, דאָ געאַרבעט, האָט ער איצט געטראָפֿן אַן אַנדער שטימונג און אַן אַנדער באַציִונג צו אים גופֿא, צו בנימינען. עס איז געווען מער צוטרוי, מער אויפֿריכטיקייט.

בנימין האָט געוווּסט, אַז דער צוטרוי נעמט זיך דערפֿון, וואָס לויט זײַן באַריכט האָט די מלוכה באַפֿרײַט דעם ראַיאָן פֿון צושטעלן ברויט, נעמענדיק אין אַכט די אומגערעטעניש. די מלוכה האָט אויך צוגעזאָגט קומען צו הילף די נויטבאַדערפֿטיקע מיט זריעה און מיט אינווענטאַר. איז געבליבן אַכטונג צו געבן, אַז די געזונטע שאָף זאָלן ניט לײַדן איבער די פֿאַרשיווע, אַז די פֿרײַגיביקייט פֿון דער מלוכה זאָל פֿאַרנוצט ווערן מיט תּכלית.

דאָס מאָל איז די גרויסע מערהייט פֿון דער פּויערים־מאַסע אים אַנטקעגנגעקומען. אויף אַלע פֿאַרזאַמלונגען און אין די פּריוואַטע שמועסן האָט זיך געפֿילט אַ געהויבענע שטימונג. דער עולם האָט אויפֿגעהערט זיך צו שרעקן פֿאַר די קולאַקעס און גערן אָנגערופֿן זייערע נעמען...

ער האָט, הייסט עס, גובֿר געווען סוף־כּל־סוף די אייביקע פֿאַרשלאָסנקייט פֿון פּויער, דורכגעבראָכן אַ וועג צום באַוווּסטזײַן און געוווּנען צוטרוי. ניט בײַ איין בעל־גוף האָט מען אַנטדעקט פֿאַרגראָבענע תּבֿואה־אוצרות, און זיי זענען באַלד אַריבער אין רעזערוו פֿונעם פֿאַרזייפֿאָנד.

ער האָט געהאַט מיט וואָס צו זײַן צופֿרידן. צו אַלעמען איז נאָך צוגעקומען דער שניי, גלײַך ווי די נאַטור וואָלט געגעבן איר ברכה צו דעם דורכבראָך. עס איז שוין געווען אַ האַלבער ווינטער אַוועק, און קיין שניי איז כּמעט ניט געווען. ער איז אַרומגעפֿאָרן די גאַנצע וואָך מיט אַ וואָגן. און נעכטן, פֿאַרן אומקערן זיך, האָט אָנגעהויבן שיטן אַ שניי. צום אָנהייב ווי אויף קאַטאָוועס, דערנאָך אַלץ ערנסטער און געדיכטער. ער איז שוין קוים דערפֿאָרן מיטן וואָגן. דער פּויער, וואָס האָט אים אָפּגעבראַכט, האָט טאַקע געלאָזט דעם וואָגן בײַ אים אויפֿן הויף און, אַוועקפֿאָרנדיק רײַטנדיק, אים אַ זאָג געטאָן, מלא־גדולה אַנשטאָט אַ ,זײַ געזונט׳:

– נינזשע!..

דאָס הייסט: עס שנייט...

*

די דאָזיקע פֿרייד – בנימין האָט זי געפֿילט און פֿאַרשטאַנען. זי האָט זיך איבערגערופֿן אין אים מיט דערמאָנונגען פֿון קינדהייט, פֿון טאַטן, פֿון זיידן. מעגלעך, אַז אויך – אומבאַוווּסט פֿאַר אים – האָט זי זיך איבערגערופֿן מיט דעם ירושהדיקן בונד מיט ערד און נאַטור, וואָס איז דורך אַ פֿאַרהוילענעם קאַנאַל איבערגעגאַנגען פֿון דורות ערדמענטשן, מיט לײַב און לעבן איבערגעבענע צו זייער פֿאַך – גערטנערײַ.

אַזוי ווי עס טרעפֿט אַ מאָל, אַז אין אַ געוויסער משפּחה גייט איבער בירושה אַ קונסט־פֿאַך, ווי למשל מוזיק, שניצעריַי, גראַווירעריַי, אַזוי איז ביַי די אַקערמאַנס געווען גערטנעריַי. די דערפֿאַרונג פֿון איין דור איז איבערגעגעבן געוואָרן דעם צווייטן, דער צווייטער האָט צוגעלייגט זיַינע, די אויסגעברייטערטע דערפֿאַרונג, און זי איבערגעגעבן אַ דריטן...

שוין פֿון כּמה דורות האָט די אַקערמאַן־משפּחה געלעבט אין צפֿון־בעסאַראַביע, אין דעם ווינקל, וואָס האָט זיך איַינגעשניטן ווי אַ קלין אין דער בוקאָווינע. גערדיכטע וועלדער, גערטנער און פּרוכטסעדער האָבן זיך געצויגן ווי אַ קייט לענג־אויס דער גרענעץ, פֿאַר־דעקנדיק זי, פֿאַרטושירנדיק די קינסטלעכע מחיצה. גערופֿן האָט מען דאָס ווינקל טאַקע בוקאָווינע, אָדער ווי מ׳האָט עס דאָ גערופֿן אויף יידיש: ,די ביקווינע׳. גערדיכט באַפּעל־קערט, זענען זיך די דערפֿער צעוואַקסן, געגרייכט איין דאָרף אין צווייטן, אַ דאָרף אַרויס, אַ דאָרף אַריַין. אויך די אַקערמאַנס האָבן זיך צעוואַקסן איבער די דערפֿער. גערטנער, סאַדאָווניקעס, וואַלדמענטשן און טיילוויַיז ערדאַרבעטער, פֿאַרשטייענדיק אונטער דעם וואָרט – תּבֿואה־זייער. אַ טייל האָבן זיך איבערגעוואָרפֿן אין וויַיטערע דערפֿער, טיפֿער אין בעסאַראַביע, לענג־אויס דעם פּרוט... עס איז געווען אַ משפּחה מיט אַ סך געזונט און אַ סך געלעכטער...

אין דעם צוויַיג, פֿון וועלכן בנימין איז געבליבן דער לעצטער האָט מען זיך מערער אָפּ־געגעבן מיט גערטנעריַי. זייער שם אַלס גערטנער האָט געקלונגען אין דער סבֿיבֿה, פּויערים האָבן זיך ביַי זיי געלערנט. האָט אַ פּריץ זיך פֿאַרגלוסט איַינצופֿירן אַ גרויסן אָגאָראָד – שיקט מען נאָך אַן ,אַקערמאַן׳. זיי האָבן פֿאַרמאָגט, די אַקערמאַנס, יענע באַזונדערע אייגנ־שאַפֿט, וואָס איז נייטיק אין יעדער פֿאַך, אויב מע וויל צו עפּעס דערגרייכן: צוגעבונדנקייט צו דער זאַך און געדולד. און אויב ערדאַרבעט פֿאַרלאַנגט בכלל אָט די אייגנשאַפֿט, איז עס אין גערטנעריַי אַ גרעסערער מוז, וויַיל האָסט צו טאָן מיט יעדער געוויקס באַזונדער, מוזט אויף יעדן איינעם באַזונדער האָבן אַן אויג, ווי עלעהיי אויף לעבעדיקע, אויף בעלי־חיים... ווער ס׳האָט כאָטש עפּעס אַ ידיעה דערינען, יענער ווייסט עס פֿאַרשטיין.

קיין אייגענע ערד האָט מען ניט פֿאַרמאָגט חוץ די גערטנער ביַי דער היים. האָט מען געפּאַכטעט ערד און באַאַרבעט. עס איז אַוודאי אַ פּלאָג, וויַיל דו גיסט אַוועק דעם גאַנצן כּוח און מוח, מוטשעסט דיך גוט אָן מיט באַמיסטיקן, באַוואַסערן, מיט איַינבעטן די ערד, זי זאָל ווערן גיביק, און דערנאָך דערזעט דער אייגנטימער, דער, וואָס איז ניט פֿאַרשוואַרצט געוואָרן ווי דו, זיך ניט געפּאָרפּלט אין בלאָטע, דערזעט ער, אַז האָסט עפּעס פּועל־יוצא געווען, איז ער זיך מישבֿ, אַז איצט קען ער עס אַליין טאָן.

דאָך – מ׳האָט זיך געפּלאָגט און געאַרבעט. געזונטע האָרעפּאַשניקעס איז מען געווען און קיין מרה־שחורהניקעס נישט. מ׳האָט שוין געוווּסט אין אַלע שטעטלעך אין דער סבֿי־בֿה, אַז מע נעמט אַן אַקערמאַנקע פֿאַר אַ שנור, קומט געלעכטער אין שטוב אַריַין. און די זין – דאָס זעלבע.

איז אָנגעקומען די צײַט פֿון איגנאַטיעווס[4] גזרות, און מיט אַ מאָל האָט זיך אָנגעהויבן די ירידה. אין אַ קורצער צײַט איז זיך צעפֿאַלן דער גאַנצער בנין. אַ טייל האָבן עמיגרירט, אַנדערע – אַרויס אין די אַרומיקע שטעטלעך, געוואָרן קרעמער, סוחרים... נאָר מרדכיס פֿאָטער, בנימינס עלטער־זיידע, פֿאַרבליבן בײַ גערטנערײַ, זיך ניט אָפּגעלאָזט. אַזוי אויך מרדכי.

מרדכי אַליין האָט שוין ניט געוווינט אין דער „ביקווינע", פֿון וואַנען ער האָט געשטאַמט, נאָר אין אַ דאָרף בײַם פּרוט, אַראָפּ, דרום צו. אָבער דעם איידעם פֿאַר זײַן איינציקער טאָכ־טער געבראַכט פֿון בוקאָווינע. און דער איידעם, בנימינס פֿאָטער, האָט – ווי סע טרעפֿט זיך אַ מאָל – זיך באַהעפֿט מיט לײַב און לעבן אין דעם פֿאַך, אין גערטנערײַ, געוואָרן מיט דער צײַט גאָר אַ גרויסער מומחה דערינען.

די ערד אין דעם ווינקל איז אויך פֿעט, ווי אין דער בוקאָווינע, לײַדט אָבער אָפֿט פֿון טריקעניש. נישטאָ די וועלדער ווי דאָרטן, וואָס זאָלן צוציִען די פֿײַכטקייט. איז די אַרבעט דאָ אַ טאָפּלט שווערע. האָט זיך טאַקע געלעבט שווער. מ'האָט זיך געראַנגלט מיט דער ערד און מיטן דחקות. נאָר אָפּגעלאָזן האָט מען זיך ניט. קוים געקראָגן, געפּאַכטעט אַ שטי־קל ערד, האָט מען זיך ווידער גענומען צו דער עבֿודה. דערפֿאַר איז אָבער זוסיעס שטוב די ריינסטע אין דאָרף, די סאַמע אויסגעקאַלכטע און בלענדיק ווײַסע. אויך דער גאָרטן בײַ דער שטוב – ניט געווען קיין שפּאַנעלע ערד ניט קיין פֿאַרזעצטע, נאָר אַזוי פֿיל לײדיק פּלאַץ, וויפֿל ס'איז נייטיק פֿאַר די הינער און פֿאַר די קאַטשקעס. וויפֿל זשע דאַרפֿן זיי אין גאַנצן האָבן? די הינער שפּאַצירן אַ גאַנצן טאָג אויף דער ברייטער גאַס לעבן הויף, און די קאַטשקעס האָבן דאָס טײַכל...

שווער געווען דאָס לעבן פֿון דער גערטנער־משפּחה. אַכט חדשים אין יאָר האָט מען זיך מיט דער ערד געראַנגלט, מען איז געווען פֿאַרשוואַרצט פֿון אַזוי פֿיל פֿאַרפּלען זיך אין בלאָטע, און ווינטער האָט מען קוים געהאַט חיונה. מ'האָט קיין מאָל ניט געוווּסט, צי דער פּאָליאַק דער פּריץ וועט דיר איבער אַ יאָר ווידער פֿאַרפּאַכטן דאָס שטיקל ערד, וווּ דו האָסט אַזוי פֿיל האָרעוואַניע אַרײַנגעלייגט, און ניט איין מאָל האָט מען אים געמוזט פֿאַנטשע־נע אָפּדינען – העלפֿן אים באַאַרבעטן זײַן פֿעלד, זײַן דער אומזיסטיקער משרת. און פֿאַר אַ נויט האָבן זיך די פּריצים צעפּאַטשט – דער ברודער מיט דער משוגענער שוועסטער. שטעלט זיך דעמאָלט אַוועק די היסטערישע דאַמע אויף דער מעזשע פֿון די צוויי דערפֿער און גוואַלדעוועט:

– מאָי דומעני! מאָי!...[5]

איז גיי זוך דיר אויף, וווּ ס'איז דומעני און וווּ קווייטעטשעני, אַז די צוויי דערפֿער האָבן זיך אַזוי צעשפּרייט און צעוואַקסן, אַז ווען נישט דאָס טײַכל, וואָס צעטיילט זיי, וואָלט

4 ניקאָלײַ פּאַוולאָוויטש איגנאַטיעוו – דער רוסישער אינלאַנד־מיניסטער אין 1881–1882; איניציאַטאָר פֿון די אַנטי־יִידישע געזעצן.

5 „מײַן דומעני! מײַן!" דומעני – אַן אָרט אין דער הײַנטיקער רומעניע.

מען ניט געוווּסט, אַז ס׳איז צוויי דערפֿער מיט פֿאַרשיידענע נעמען, מיט פֿאַרשיידענע באַלעבאַטים.

און זוסיעס שטוב, אַזוי האָט געהייסן מרדכיס איידעם, בנימינס פֿאָטער, איז אויף דער „גרענעץ׳ בײַם טײַכל...

איז אויב מיטן געפּאַכטעטן שטיקל ערד האָט מען געהאַט צרות, מורא געהאַט, שוועס־טער און ברודער זאָלן זיך ניט צעפּאַטשן איבער דער שלעכט פֿאַרטיילטער ירושה און וועסט ניט וויסן, מיט וועמען האָסט צו טאָן, איז דערפֿאַר אָבער די שטוב געווען דער נחת, דער גרויסער און איינציקער נחת.

די שטוב, זאָגן מיר, שטייט – זי שטייט נאָך עד־היום, ווו מרדכי האָט זי אויפֿגעבויט, אויף דער גרענעץ צווישן צוויי דערפֿער, בײַם טײַכל. דאָס טײַכל – אַ מליצהדיקער סענ־טימענטאַלער פּאָעט וואָלט עס מיסתּמא באַצייכנט ווי אַ צניעותדיקן וואַסער־צינשצאָלער פֿונעם פּרוט... מיר דאָ זאָגן פּשוט, אַז ס׳איז געווען אַ קליין שמאָל טײַכל, אָבער גענוג פֿאַר זוסיען און מרדכין אויף צו פֿירן וואַסער און אָנפֿילן די פֿעסער אין גאָרטן אויף צו באַגיסן און באַשפּריצן... עס איז אויך געווען גענוג פֿאַר די קאַטשקעס פֿונעם דאָרף און אויך פֿאַר זוסיעס.

דאָס טײַכל איז אויך די גרענעץ צווישן די צוויי דערפֿער, און ווען ניט דאָס, וואָלט מען אפֿשר געווען פֿאַרגעסן, אַז עס זענען דערפֿער מיט פֿאַרשיידענע נעמען. פֿרעמדע לײַט האָבן זיך טאַקע ניט פֿאַנאַדערגעקליבן, אָבער פֿאַר די אָרטיקע איז די מחיצה געווען אַ מחי־צה, און מ׳האָט זיך נישט אויסגעמישט. אַ געניט אויג וואָלט געווען פֿאַנאַנדערגעשיידט די מענטשן פֿון דער זײַט טײַכל און פֿון יענער זײַט, סײַ אין דעם אויסזען... סײַ אין כאַראַקטער פֿון די מענטשן... ווײַל כאָטש אַזוי נאָענט, זענען די מענטשן געווען פֿאַרשיידן: פֿון דער זײַט אָפּגעוויגענע, בכּבֿודיקע, סטאַטעטשנע און שטאָלצע, אַפֿילו דאָס יונגוואַרג אַזוי. און פֿון דער צווייטער זײַט גיכע, פֿלינק אויף דער האַנט, בױאַנעס און טרינקער, ווי סע מאַכט זיך. און מרדכיס, ס׳הייסט זוסיעס, שטוב איז אויף דער גרענעץ.

אַזוי, אַז מע פֿלעגט אַרײַנקומען אין הויף, האָט מען קוים געהאַט אַן אַנונג, אַז ביסט אויף אַ „גרענעץ׳, ווײַל די ביימער בײַם גראָבן, אין עק גאָרטן, האָבן לחלוטין פֿאַרשטעלט דאָס טײַכל. האָסט געמוזט צוגיין צום סאַמע ראַנד, זיך אַראָפּלאָזן אַ פּאָר שפּאַן משופּע, דעמאָלט האָסטו אַנטדעקט דאָס טײַכל און דעמאָלט האָסטו אויך געמוזט דערזען די קאַטשקעלעך. זיי, די קאַטשקעלעך, האָבן געוווּסט פֿונעם טײַכל און אויך געוווּסט די צײַט, ווען מע דאַרף זיך צוריקקערן אַהיים...

*

מרדכי איז געוואָרן אַן אַלטער ייִד, זוסיעס באָרד איז פֿון שוואַרץ געוואָרן גרוילעך, באַקר־מען דעם קאָליר פֿון דער בלאָטע, אין וועלכער ער האָט זיך געפּאָרפּלט. ער איז געוואָרן אַ בעל־מטופּל – דרײַ מיידלעך און אַ ייִנגל – בנימין. די מיידלעך האָבן געגנייט קליידלעך און

ספּאָדניצעס פֿאַר די פֿויערשע חבֿרטעס, געקוקט מיט קינאה, ווי יענע פּוצן זיך אויס צום טאַנץ. זוסיע און בנימין האָבן זיך געראַנגלט מיט פֿרעמדער ערד. פֿאַר די לעצטע יאָרן פֿון רומענישער הערשאַפֿט[6] האָט אין דעם ווינקל אויפֿגעבליט די צוקער־בורעקעס־פּלאַנטאַציע. זוסיע האָט זיך איבערגעוואָרפֿן אויף דעם געביט. בנימין האָט געדינט בײַ די פּלאַנטאַציעס. נאָר קיין גרויסע גליקן איז אויך דאָ ניט געווען. און אין אַ יאָר האָבן זיך געיאַוועט זומערפֿליגלער, אָנגעלייגט אייעלער, פֿון וועלכע סע זענען אַרויס ‚ווערעם', יענע ווערעם, אויף וועלכע אונדזער באַקאַנטער מנחם־מענדל, דער, וואָס האָט ניט געאַקערט, ניט געזייט, האָט אויף זיי אַרויסגעקוקט און אָנגעפֿרעגט בײַ שיינע־שיינדלען. דאָס פֿאַראַרבעטע פֿעלד האָט זיך פֿאַרוואַנדלט אין מיסט. דערפֿאַר אָבער איז זוסיעס קאָפּ און באָרד געוואָרן גראָ, גראָ אַזוי ווי די בלעטער פֿון די בורעקעס, וואָס דער וואָרעם האָט פֿאַרלענדט... עטלעכע יאָר האָט מען זיך געראַנגלט ווי מיטן טויט, ניט געזען קיין שטראַל האָפֿענונג פֿאַר זיך, און מיט אַ מאָל איז געקומען די ישועה, אויפֿגעריכט געוואָרן. בעסאַראַביע באַפֿרײַט.[7] זוסיע האָט געקראָגן ערד, בנימין איז אַוועק אַרבעטן אין ערדאָפּטייל. האָט עס אָבער געדויערט איין אויגנבליק... אַז בנימין איז צוריקגעקומען פֿון דער אַרמיי, האָט ער געטראָפֿן נאָר דעם אַלטן זיידן.

ווי אַ מין איראָניע פֿונעם גורל איז עס געווען – אָט דאָס פֿאַרבלײַבן פֿונעם אַלטן. די אייניקלעך זענען אומגעקומען, זוסיע און דבֿורה זענען געשטאָרבן אין טראַנסניסטריע. און מרדכי איז פֿאַרבליבן. פֿויערטעס האָבן אים בגנבֿה עסן געטראָגן, אַלטע פֿויערים, וואָס האָבן אים ניט געקענט, האָבן אים אַרויסגעגנבֿעט, באַהאַלטן בײַ זיך. ווען ער האָט זיי שפּעטער זײַן בקיאות באַוויזן, האָט זיי באַזונדערס הנאה געטאָן. אַז ער איז צוריקגעקומען, איז ער שוין אין דאָרף ניט געגאַנגען – וואָס וועט ער טאָן דאָרטן? ער איז פֿאַרבליבן אין שטעטל מיט די ‚עטלעכע געציילטע פּעטרישקעס', די געציילטע מענטשן, וואָס זענען לעבן געבליבן, זיך געטוליעט צו זיי אַ פֿרעמדער, אַ ניט־היגער. פֿונעם אַמאָליקן גרויסן שטעטל זענען חורבֿות געבליבן. נאָר אויפֿן סאַמע עק, לעבן בית־הקבֿרות, זענען עטלעכע צענדליק שטיבער געבליבן ווו די צוריקגעקומענע האָבן זיך באַזעצט. מרדכי פֿלעגט אַ מאָל נעמען דעם שטעקן, דורכגיין איבער דער חרובֿער שטאָט, באַטראַכטן. ער געדענקט דאָס שטעטל נאָך פֿון גאָר אַ מאָל, איידער עס איז זיך צעוואַקסן. האָט ער געקוקט פֿרעמד אויף די חורבֿות, אויף די מײַלער פֿון פּוסטע געמויערטע קעלערס, שטיינערנע טרעפּ, וואָס זענען פֿאַרבליבן ווי אַ מצבֿה פֿון אַ שטוב. נאָר אַ מאָל האָט זיך אים געדוכט, אַז ער דערקענט דאָס אָרט, ווו ס'האָט געוווינט זײַנער אַ גאָר היימישער מענטש. יענער האָט, דוכט אים, אויך אַ מאָל שבת געהאַלטן בײַ אים אין דאָרף – שוין לאַנג דערינען.

די ‚עטלעכע פּעטרישקעס', ווי ער האָט זיי אין געדאַנק גערופֿן, האָבן אַ מנין צונויפֿגעקלאַפּט, אַ מין שטיבל געפֿונען, און מרדכי האָט זיך דאָרטן אויפֿגעהאַלטן. דאָרט האָט אים בנימין געפֿונען.

6 פֿאַר די לעצטע יאָרן האָט אין דעם ווינקל (1974).
7 דער זאַץ פֿעלט אין דער אויסגאַבע פֿון 1974.

מרדכי האָט צום אָנהייב אים ניט דערקענט. אין די מיליטערישע קליידער מיט די מעדאַלן, איז ער אים אויסגעקומען פֿרעמד. חוץ דעם איז בנימין פֿאַר דער צײַט מענערישער געוואָרן, און ער האָט אים אין געדאַנק געהאַלטן אַלץ נאָך פֿאַר אַ קליין ייִנגל!.. די צווייפֿלען האָבן אים צײַטנווײַז באַהערשט אויך שפּעטער, כאָטש ער האָט שוין גוט געוווּסט, אַז ס׳איז בנימין. עס איז אים שווער געווען צו גלייבן, אַז עמעצער איז געבליבן לעבן!

בנימין האָט זיך געטוליעט צום אַלטן, ווי אַ צווײַיִג אַ יונגער צו אַן אַלטן שטאַם. געזען אין אים: אי טאַטע, אי מאַמע, אי שוועסטער. אַ שטוב האָט ער געקראָגן, דער געוועזענער ייִדישער לערערינס שטוב. זי, די לערערין אַליין, איז אומגעקומען אין טראַנסניסטריע. די שטוב איז גאַנץ געבליבן, ניצול געוואָרן, ווי די גאַנצע גאַס, וווּ עס האָבן אַ מאָל געוווינט רומענישע טשינאָווניקעס. זי איז געשטאַנען, ווי די גאַנצע גאַס, אויף דעם באַרגפּלאַך, וואָס ענדיקט זיך מיט אַ משופּע צום גרויסן טאָל, דעם טאָל פֿונעם פּרוט. הינטער דער שטוב – אַ גרויסער גאָרטן. דורך די פֿענצטער זעט מען דעם טאָל, דאָס וועלדל בײַם טײַך, די בערגלעך פֿון יענער זײַט, פֿון וואַנען עס איז געקומען דער אומגליק אויף דעם קערנדיקן בעסאַראַבער ייִדישן ייִשובֿ.

צוריקגעקומען איז בנימין וועסנעצײַט. דער אַלטער האָט נאָך באַוויזן צו מאַכן דעם גאָרטן. אָבער דער זומער איז געווען אַ טרוקענער. די גרערטעניש קליין. מיט וואָס צו באַוואַסערן האָט דער אַלטער ניט געהאַט – ניט פֿאַר זײַנע כּוחות צו ציִען וואַסער פֿון דעם טיפֿן ברונעם. און בנימין איז אַרײַן מיטן גאַנצן ברען אין זײַן אַרבעט – פֿאַרוואַלטער פֿונעם ראַיערדאָפּטייל.[8] ער האָט געהאַט אַרבעט איבערן קאָפּ. דאָס צווייטע יאָר איז די טריקעניש געווען נאָך גרעסער. בנימינען איז אויסגעקומען שווערער. די קולאַקעס האָבן ניט געשוויגן.

און אָט, דוכט זיך אים, איז אים סוף־כּל־סוף געלונגען אויסצופּילן זײַן אויפֿגאַבע. און דער איבערבראָך איז ניט נאָר זײַן פּערזענלעכער, נאָר עפּעס מער, פֿיל מער. דער בעסאַראַבער פּויער באַנעמט אַלץ מער, וואָס ס׳איז אַזוינס סאָוועטישע מאַכט, מאַכט פֿון פֿאָלק און פֿאַרן פֿאָלק...

*

...דער אַלטער איז געשטאַנען בײַם פֿענצטער און געדאַוונט, ער האָט געמורמלט שטיל זײַנע געוווינטע תּפֿילות. עס איז גיכער אויסגעקומען, ווי אַ מענטש זאָל רעדן צו זיך אַליין, איידער אַ טענה צום נישט־געזעענעם באַשעפֿער, אין וועלכן דו גלייבסט אויס געוווינהייט.

בנימין האָט אים באַטראַכט. די אַלטע ברייטע פּלייצע, אַ געבויגענע פֿון יאָרן און פֿון אַזוי פֿיל בייגן זיך איבער בייטן און הויערן איבער ערד, די פּלייצע האָט ווי געטענהט פֿאַר זיך, אומאָפּהענגיק פֿון דעם, וואָס די ליפּן האָבן געזייט אינעם פֿענצטער אַרײַן. אַלע דאגות, אַלע מחשבֿות פֿון אַלע יאָרן האָבן זיך ווי אָנגעזאַמלט אין דער פּלייצע. עס האָט זיך

8 ראַיאָנע ערדאָפּטייל.

געקאָנט דוכטן, אַז ווען מע זאָל באַרירן ווי מע באַדאַרף די פּלייצע, וועט זיך אַ שאָט טאָן, ווי שרויט, אַ מענגע ניט־אויסגערעדטע טענות, אָן אַ שיעור פֿאַרוואָסן. און צווישן די טענות, איינע אַ רמזימדיקע, וואָס דער אַלטער האָט אים אַזוי, אויפֿן ווונק, געלאָזט שוין צו מאָל הערן:

– בנימין, פֿאַר וואָס האָסטו נישט חתונה?

און בנימין האָט פּשוט קיין צײַט ניט געהאַט זיך צו פֿאַרטראַכטן דעריבער. איצט האָט ער זיך דערמאָנט און מיט אַ מאָל באַגריפֿן דעם אַלטנס מיין... יאָ, ער וויל, דער אַלטער, נאָך דערלעבן זען אַן אייניקל פֿון אים, פֿון דעם איינציק פֿאַרבליבענעם.

אַ וואַרעמער שטראָם פֿון ליבשאַפֿט, פֿון צוגעבונדנקייט האָט אַ פֿלייץ געטאָן אין בנימינען. ער האָט זיך האַלב אויפֿגעהויבן און אַ פֿרעג געטאָן:

– זיידע, פֿאַר וואָס צינדסטו ניט אָן קיין לאָמפּ? פֿאַר וואָס שטייסטו אין דער פֿינצטער?

דער אַלטער, ניט אויסרעדנדיק, האָט אָנגעצונדן דעם לאָמפּ. בנימין האָט זיך גענומען אָנטאָן און בעת־מעשׂה אָפּגעגעבן דעם אַלטן אַ מין באַריכט פֿון דער נסיעה. דעם אַלטנס פּנים האָט אויפֿגעלויכטן, ער האָט גענומען אויספֿרעגן. עס האָט אַ הויך געטאָן מיט לאַנג פֿאַרגעסענעם, מיט נעמען פֿון דערפֿער, פֿון היימישע פּויערים, סײַ אַזעלכע, וואָס האָבן נאָך געלעבט, ווי אויך שוין לאַנג געשטאָרבענע, נאָר וואָס זייערע קינדער האָט מען גערופֿן אויף זייערע נעמען. פֿאַר מרדכין זענען די געשטאָרבענע אויך געווען לעבעדיקע... דער אַלטער האָט זיך מיט איטלעכס פּיצל אינטערעסירט, ווי אַזוי ס׳איז בנימינען צוגעגאַנגען אין משך פֿון דער וואָך אַרבעט. געלאַכט, ווען ער האָט געהערט, ווי אַזוי מ׳האָט בײַ זײַנעם אַן אַלטן באַקאַנטן בעל־גוף אויפֿגעגראָבן עטלעכע וועגענער מיט תּבֿואה, זיך דערמאָנט און דערציילט, ווי אַזוי ער האָט אַ מאָל געפּאַקט דעם בעל־גוף, שוין דעמאָלט רײַך ווי קורח, בײַ נאַכט, ווען יענער האָט געגנבֿעט ציבעלעס פֿון מרדכיס גאָרטן... ער איז געגאַנגען נאַקעט, ווי די מאַמע האָט אים געהאַט, סע זאָל אים זײַן גרינגער צו אַנטלויפֿן, אויב מע דערשמעקט אים... נאָר מרדכי האָט אים געפּאַקט... ווי אַזוי יענער האָט זיך געבעטן, ער זאָל אים ניט אָנטאָן קיין בושה און אָפּלאָזן. ער האָט אים אָפּגעלאָזט און געמאַכט אַ שווײַג, אָבער ווי קאָן מען אין אַ דאָרף עפּעס אויסבאַהאַלטן?... מ׳האָט זיך דערוווּסט, און די פּויערים האָבן געהאַט אַ טענה צו מרדכין, למאַי ער האָט אים אָפּגעלאָזט.

בנימין האָט שוין געהערט די מעשׂה קליינערהייט, נאָר איצט האָט אים הנאה געטאָן.

– ער גיט שוין איצט אָפּ פֿאַר די ציבעלעס! – האָט ער אַ זאָג געטאָן, ציִענדיק די שטיוול. געמיינט דערבײַ: די פֿאַרגראָבענע וועגענער ווייץ, וואָס זענען אַריבער אין פֿאַרזייפֿאָנד.

אין שטיבל איז געוואָרן אויפֿגעלעבט, גלײַך ס׳וואָלט דאָ געווען אַ גאַנצע פֿריילעכע משפּחה. אָבער דאָ האָט זיך דער אַלטער אַרויסגעכאַפּט – געמיינט אָנטאָן אַ נחת־רוח בנימינען, און ס׳איז אַרויס פֿאַרקערט.

– ווייסט – מאַכט מרדכי, – מ׳האָט מיר נעכטן אָפּגעבראַכט דער מאַמעס לײַכטער און נאָך אַ זעקל קאַרטאָפֿל דערצו.

בנימין האָט זיך אַ וואָרף געטאָן:

– וואָס?

דער אַלטער האָט ניט פֿאַרשטאַנען, אַרויסגענומען די צוויי מעשענע לײַכטער פֿון שאַפֿ־קעלע און זיי אַוועקגעשטעלט.

בנימין אָבער האָט געטראַכט פֿון די קאַרטאָפֿל.

– צו וואָס האָסטו גענומען? – האָט ער געפֿרעגט בייז און שטרענג. – וואָס בין איך? אַן אוריאַדניק צי אַ רומענישער זשאַנדאַרם מע זאָל מיר טראָגן "מתּנות"?[9]

דער אַלטער איז געשטאַנען אַ פֿאַרלווירענער. געקוקט אויף די לײַכטער, דעם זכר פֿון זײַן איינציקער טאָכטער, ניט געקאָנט רעדן, נאָר די ליפּן האָבן געציטערט.

בנימין האָט עס באַמערקט, זיך באַהערשט. עס זענען אַריבער עטלעכע מינוט אין שווײַגעניש. דער אַלטער האָט זיך אָפּגעקערט צום פֿענצטער, געשטאַנען און אַרויסגעקוקט, נאָר די געהויקערטע פּלייצע האָט אַליין גערעדט. עס איז בנימינען געוואָרן אומהיימלעך: עס האָט אים באַנג געטאָן אויפֿן כּעס, נאָר ניט געוווּסט, ווי אַזוי צו פֿאַרגלעטן. פֿאַרקאָכט טיי, אָנגעגאָסן צוויי טעפּעלעך, און:

– זיידע, קום טרינקען טיי.

דער אַלטער האָט געפֿאָלגט, ווי אַ קינד, נאָר אַלץ געשוויגן. ער האָט געקוקט אויפֿן טעפּעלע טיי, זיך קוים צוגערירט מיט די ליפּן און שטיל אַ זאָג געטאָן:

– יאַקאָב האָט געבראַכט...

בנימין איז געוואָרן אָנגעשטרענגט. דאָס וואָרט "יאַקאָב" האָט אַ שטויס געטאָן אין קאָפּ. געוועזן אין זייער דאָרף אַ קרעטשמער יאַקאָב, אַ בלוט־שׂונא זייערער, איינער פֿון די ערגסטע צווישן די אײַזן־גוואַרדיער, וואָס די רומענישע מאַכט האָט אויפֿגעבאָוועט אין דאָרף. ער איז איצט געוואָרן קליין און שטיל, אָבער בנימין האָט געוווּסט, אַז ער גראָבט אין דאָרף, גראָבט אונטער די גאַנצע אַרבעט בנימינס. זאָל עס זײַן דער יאַקאָב?

– וואָס פֿאַר אַ יאַקאָב?...

– יאַקאָב... בוטנאַרו...

דאָס גאַנצע בלוט האָט אַ זעץ געטאָן אין בנימינס פּנים. איצט איז שוין געווען קלאָר, אַז ער האָט דעם אַלטן אומזיסט מצער געווען. עס איז ניט געווען קיין רייד וועגן אַ "מתּנה", דאָס הייסט אַ פּרוּוו פֿון אונטערקויפֿן זיך... יאַקאָב בוטנאַרו, דער בעסטער פֿרײַנד זוסיעס, דער איידלסטער פֿרײַנד... אין איינעם מיט זוסיען אויף דער ערשטער מלחמה געווען, אין איי־נעם אַהיים געקומען. און אַז די רומענישע מאַכט האָט ניט געוואָלט אָפּגעבן זוסיעס דירה אין דאָרף, פֿון וואַנען די צאַרישע מאַכט האָט זוסיעס משפּחה, בײַ גלײַך מיט אַלע ייִדן פֿון יענע דערפֿער, אַרויסגעשיקט, מחמת זיי זענען, הייסט עס, געפֿערלעך פֿאַרן פֿראָנט, האָט יאַקאָב דאָס גאַנצע דאָרף אויפֿגעהויבן, נישט גערוט, ביז מ'האָט אַלע ייִדן פֿון דאָרף די דירות אָפּגעגעבן... דאָס האָט ער אויף זײַן וואָגן זיי איבערגעפֿירט... וויפֿל מאָל האָט עס

9 אַן אוריאַדניק מע זאָל מיר טראָגן "מתּנות"? (1974).

בנימין געהערט די מעשׂה דערציילן וועגן דעם!.. און שפּעטער, שוין פֿאַר בנימינס צײַטן, ווען ער איז אונטערגעוואַקסן, וויפֿל מאָל האָט יאַקאָב זיי אַרויסגעהאָלפֿן, אַ מאָל מיט אַקער, אַ מאָל מיט צונויפֿפֿירן גאָרטנוואַרג... דאָס האָט ער דאָך דעם אַלטן צוגעפֿירט עסנוואַרג, איידער בנימין איז צוריקגעקומען!..

עס איז אים איצט געווען אַ בושה, בנימינען, סײַ פֿאַרן אַלטן, סײַ פֿאַר דעם אָפּוועזנדיקן יאַקאָבן, סײַ פֿאַר די צוויי שטומע פֿאַרגרינטע מעשענע לײַכטער, וואָס זענען אַלץ געשטאַנען אויפֿן שאַפֿקעלע. ער האָט געוואָלט איבערבעטן דעם אַלטן און ניט געוווּסט ווי אַזוי. ער האָט נאָר אַ זאָג געטאָן:

– ער האָט מער ניט גערעדט דערפֿון...

דער אַלטער האָט אויפֿגעהויבן די אויגן אויף אים און געקוקט פֿאַרוווּנדערט. עס האָט געהייסן: דו קענסט ניט יאַקאָבן?..

יאָ, ער האָט געקענט יאַקאָבן. ער האָט פֿאַרמאָגט, יאַקאָב, אַ באַזונדערע איידלקייט, וואָס מע טרעפֿט זעלטן צווישן מענטשן, סײַדן צווישן גאָר גוט דערצויגענע און קינסטלעך אַנטוויקלטע, און דאָ איז עס געווען אײַנגעבוירן, נאַטור, ווי נאַטור וואָלט געשאַפֿן אַ מוסטער פֿאַר מענטשן.

ער האָט סתּם אַזוי אַ פֿרעג געטאָן:

– ווי זשע קומען אַהער די לײַכטער?

– מ׳האָט זיי צו אים געבראַכט. געבעטן, ער זאָל זיי אָפּגעבן. זיי וועלן אַלצדינג אָפּגעבן. זיי האָבן חרטה אויף דער גאַנצער מעשׂה, נאָך וואָס זיך געלאָזט אײַנרעדן פֿון די רומענער[10] און גענומען. מע וועט דאָס בעטגוואַנט אָפּגעבן...

בנימין איז זיך דורכגעגאַנגען איבער דער שטוב. ווי שווער ס׳איז אים ניט געווען פֿון די דערמאָנונגען, האָט ער דאָך ניט געקאָנט אויסבאַהאַלטן זײַן געפֿיל, אַז עפּעס האָט זיך אַ ריר געטאָן. ניין, ס׳איז נישט קיין פֿעסטונג אויף נישט צוצוטרעטן. מענטשן קאָן מען איבערדערציִען. ווער שמועסט מענטשן אַרבעטנדיקע... מע דאַרף גערדולד און גלויבן. ניט קומען אין פֿאַרצווייפֿלונג, ווי יענער שטאָטישער בטלן...

עס האָט זיך אים פֿאַרוואָלט עפּעס אַ גוט וואָרט זאָגן צום אַלטן קלוגן זיידן... יאָ, דעם קלוגן, כאָטש ער שווײַגט, ברענגט ניט אַרויס מיט קיין סך דיבורים זײַנע טראַכטענישן. און דאָ האָט זיך בײַ בנימינען אַרויסגעכאַפּט עפּעס, וועגן וואָס ער האָט, דוכט זיך, קיין מאָל גוט זיך ניט פֿאַרטראַכט:

– ווייסט, זיידע, וואָס כ׳האָב באַשלאָסן?

דער אַלטער האָט אויפֿגעהויבן די אויגן, געוואַרט.

– כ׳האָב באַשלאָסן, אַז אויב סע וועט זײַן אַ גערעטעניש, האָב איך חתונה!..

מרדכי האָט אַ ווײַלע געשוויגן, דערנאָך, אַראָפּלאָזנדיק דעם קאָפּ צום טעפּעלע טיי, אַ פֿרעג געטאָן שטיל:

10 פֿאַשיסטן (1974).

– האָסט עמעצן?

בנימין האָט זיך צעלאַכט. אָבער דער אַלטער איז אַלץ ווי פֿריִער געבליבן ערנסט. קר־קנדיק אויפֿן טעפּעלע, האָט ער געזאָגט:

– סע וועט זײַן...

– וואָס? אַ כּלה? – האָט בנימין געפֿרעגט.

– אַ גערעטעניש!..

און דער אַלטער, כּמעט פֿאַרגעסנדיק דאָס, וואָס ס׳איז ביַי אים געווען אַן עיקר – בני־מינס חתונה־האָבן, – האָט גענומען אויסלייגן זײַנע ,פּרימעטעס׳, די דערפֿאַרונג פֿון אַ לעבנלאַנגן זיך־ראַנגלען מיט ערד:

– עס וועט נאָך זײַן אַ שטאַרקער ווינטער... אָבער אָן ווינטן... די ווערסנע וועט זײַן אַ קורצע, – אפֿשר צוויי־דרײַ וואָכן. עס וועלן מיט אַ מאָל צוזעצן די היצן. מע וועט דאַרפֿן צואײַלן מיטן ווערסנע־אַקער און מיטן פֿאַרזיי. מע וועט דאַרפֿן פֿאַרכאַפּן די פֿײַכטקייט... דער איצטיקער שניי איז אַ גוטער, אַ געדיכטער און אַ וואָגיקער. ער האָט זיך גוט געלייגט...

*

דער שפּאַס מיטן ,חתונה־האָבן׳, וואָס איז בנימינען צופֿעליק געקומען אין קאָפּ אַרײַן און וואָס ער האָט אים אויסגענוצט איבערצובעטן דעם אַלטן, דער שפּאַס האָט זיך פֿאַראַנ־קערט ערגעץ אין אונטערבאַוווסטזײַן און געווירקט ווי אַן ערנסט. בנימין איז געגאַנגען אין ,שטאָט׳ אַרײַן, געטראָטן אויף דער שוואַכער סטעזשקע, וואָס איז פֿאַרבליבן פֿון די פֿריִער פֿאַר אים דורכגעגאַנגענע, און האָט באַוווּנדערט די טיף פֿונעם אויסגעפֿאַלענעם שניי: ער האָט געשאָטן, ווײַזט אויס, אַ גאַנצע נאַכט. דאָ, בײַ די זײַטן פֿון די הויפֿן, האָט מען נאָך געקאָנט גיין, אָבער אין מיטן גאַס – נישט, עס איז געווען ביז איבער די קני. גיין אויף דער אַרבעט הײַנט האָט ער נישט באַדאַרפֿט – ס׳איז געווען זונטיק. ער האָט געוואָלט אויפֿזוכן דעם שליח פֿון צענטער, זיך מיט אים דורכשמועסן. ער האָט זיך געלאָזט צום געוועזענעם באַראָנס הויף, וועלכער איז געשטאַנען אין דער הייך בײַם אָנקום אין שטעטל, דורכגעגאַנ־גען זײַן גאַס, די איינציק פֿאַרבליבענע, איז ער צוגעקומען צום סאַמע קנופּ פֿונעם אַמאָליקן שטעטל. דאָס חרובֿע שטעטל האָט זיך מיט אַ מאָל אַנטדעקט מיט זײַנע חורבֿות, וואָס זענען איצט געווען פֿאַרשנייט.

נישט געווען צו זען קיין לעבעדיקן מענטשן. נאָר די האָרבעס, וואָס האָבן זיך געהויבן איבער דעם שנייפֿלאַך, האָבן עדות געזאָגט אויף די סרובעס,[11] וואָס ליגן אונטערן שניי, און ווײַטער האָט דאָס אויג געגרייכט אַריבערן שטעטל ווו עס האָבן געסטאַרטשעט די מצבֿות פֿון בית־עולם און די איינזאַמע שטיבלעך אַרום בית־עולם.

11 סרוב (רוסיש) – דער אונטערשטער פּירעקיקער טייל פֿון אַ הילצערן הויז.

בנימין האָט זיך געלאָזט באַרג אַרויף צום געוועזענעם באַראָנס הויף, פּאַזע דעם שטיינערנעם מויער, וואָס רינגלט אַרום דעם סאָד און דעם הויף. דאָרטן אויבן, אין הויף, איז איצט דער פּאַרטיי־קאָמיטעט, דער ראַיקאָם פֿון דער פּאַרטיי, דאָרטן איז אויך דער קלוב...

ער איז געגאַנגען לענג־אויס דעם שטיינערנעם מויער, אַ מויער צוויי מעטער די הייך, מיט וועלכן דער לעצטער שפּראָצלינג פֿון דער באַראָנסקי משפּחה, אַ דעגענעראַט, וואָס איז געשטאָרבן ניט לאַנג פֿאַר דער באַפֿרייַונג, האָט אַרומגעצאַמט דעם הויף, כּדי צו שאַפֿן אַ פֿעסטע מחיצה צווישן הויף און די אַקעגנאיבערדיקע ייִדישע שטיבער. איצט זענען פֿון די ייִדישע שטיבער געבליבן גאַנץ נאָר די פּלויטן... אַרויפֿגעקומען אין עק גאַס, וואָס צווישן די פּלויטן און דעם מויער, האָט ער דערזען אָנקומען פֿון יענער זייַט אַ גרופּע ייִנגלעך און מיידלעך. זיי זענען געווען פֿאַרפֿלאַמט פֿון פֿרישן דרויסן און פֿון ווייַטן גאַנג – פֿון די שטיבלעך אַרום בית־עולם. מ׳האָט זיך געווערטלט און געלאַכט, זיך באַוואָרפֿן מיט שניי.

בנימין האָט זיי דערקענט. דאָס זענען געווען מיטגלידער פֿון קאָמיוג. מען איז געגאַנגען אין קלוב אַרייַן.

זיי האָבן בנימינען ניט געזען, און ער איז געווען דערפֿון צופֿרידן. ער האָט זיי געוואָלט באַטראַכטן מן־הצד. יאָ, די ,געציילטע פּעטרישקעס׳ זענען דאָך גאָר נישט אַזוי קלעגלעך, ווי דער אַלטער מיינט... דאָס געבליבענע שפּראָצט און וועט געבן נייַע בליִונג. עס וועט געבן אויף צו להכעיס אַלע היטלערס, די אָפֿענע צי די באַהאַלטענע, גאַנצע אָדער האַל־בע... און אָט קומט אָן נאָך אַ גרופּע, צווישן זיי אַ געוועזענער פּריוואַט־לערער, אַ לערער פֿון העברעיִשע שטונדן... ווען זייַנע אַמאָליקע באַלעבאַטים זעען אים, וואָלטן זיי אים ניט דערקענט, זיי וואָלטן געגלאָצט אויף די דרייַ מעדאַלן אויף זייַן ברוסט... און אָט יאָגט אָן אַ מיידל מיט שנעלע טריט, אַ פּאַרשפּעטיקטע. זי איז אַ שטאַלטנע, אַ װוּקסיקע, מאַכט שריט, ווי אַ געניטער גייער. און דאַכט זיך... יאָ, ס׳איז דאַכט זיך, באַסיע, באַסיע שמערל שנייַדערס...

בנימין האָט דערפֿילט אַ וואַרעמקייט שטראָמען אין די באַקן, גלייַך מע וואָלט זיי אים אייַנגעריבן מיט שניי. ער קען זיך מיט באַסיען זינט די פּאָר יאָר, וואָס ער אַרבעט דאָ. און דאָך האָט ער ערשט איצט דערזען, וואָס פֿאַר אַ שטאַלטנע זי איז. און ער גיט זיך אָפּ חשבון אויף איר ענלעכקייט מיט די ברידער אירע. די ברידער, זיי זענען געווען אין איין מיליטע־רישן טייל מיט אים: איינער איז געפֿאַלן פֿאַר זייַנע אויגן. אויך דער איינציקער איידעם שמערלס. און דער צווייטער – ער איז אַ סטאַרשינאַ און לערנט זיך אין אַן אַרטילעריע־שול – וועט אין גיכן ווערן ייִנגערער לייטענאַנט...

און ווידער האָט ער געטראַכט וועגן די ,געציילטע פּעטרישקעס׳: ניין, עס איז נישט אַלץ פֿאַרפֿאַלן. עס גייען אויף נייַע געוויקסן, און זיי וועלן זייַן אַנדערש. די אַלטע זאַפּטן וועלן אויפֿגיין, אָבער אין אַן אַנדער פֿאָרעם זיך אויסדריקן.

עס איז אים געקומען אַ חשק זי אָנצורופֿן, געוואָלט אַ געשריי טאָן ,חבֿרטע שינדער׳ און ס׳איז אַרויס גאָר:

– באַסיע!..

באַסיע איז שוין געווען אויפֿן בערגל אַקעגן הויף. זי האָט דערהערט און זיך אומגעקוקט, דערזען בנימינען, האָט זי זיך ברייט צעשמייכלט, די שוואַרצע קלוגע אויגן האָבן זיך צעבליט מיט אַ פֿריילעך פֿײַערל. זי האָט אָפּגעוואַרט, ביז ער איז צוגעקומען, אים דערלאַנגט אַ האַנט און געהאָלפֿן אַרויפֿקומען אויפֿן בערגל. דער צי מיט דער האַנט איז געווען אַ פֿעסטער, אַן ענערגישער, עס האָט זיך געפֿילט אי כּוח אי ווילן.

– שלום־עליכם, חבֿר אַקערמאַן! – האָט זי אַ זאָג געטאָן אויף ייִדיש, – איר גייט אויך אויף דער פֿאַרזאַמלונג?

– וואָס פֿאַר אַ פֿאַרזאַמלונג?

– עס וועט הײַנט זײַן אַ לעקציע צי אַ שמועס. דער גאַנצער אַקטיוו, דער קאָמסאָמאָליער[12] און דער פּאַרטייִשער, וועט זײַן. אַ שליח פֿון צענטער וויל זיך מיט אונדז דורכרעדן... און איר, וואָס האָט איר עפּעס אָפּגעטאָן דאָרטן?

בנימינען האָט זיך ניט געוואָלט רעדן. ער האָט געהאַט חשק צו הערן. זיי זענען אַרײַן אינעם ברייט געעפֿנטן אײַזערנעם טויער. דער שנײ איז דאָ געלעגן אויף די ביימער, אויף די קלומבעס. עטלעכע יאַטן, קאָמסאָמאָלצעס,[13] האָבן מיט לאָפּעטעס געראַמט אַ וועג, זיך איבערגעוואָרפֿן מיט ווערטלעך און מיט שנײ. דערזען בנימינען, האָט מען אויפֿגעהערט די קונדסערײַ און אים פֿריידיק באַגריסט. איינער האָט דאָך נישט אויסגעהאַלטן און געטאָן אַ שמיץ אַ קויל שנײ אין באַסיען. באַסיע איז נישט געבליבן שולדיק. אָבער אָט שטייט שוין אַ בחור פֿאַר דער טיר פֿונעם הויף, ער רופֿט זיך צוצואײַלן:

– חבֿרה, מע הייבט אָן!

די חבֿרה האָט זיך אַ לאָז געטאָן.

*

...„ניין, דאָס איז ניט קיין מענטש פֿון בלויז ,אינסטרוקציעס׳“...

דאָס איז געווען דער ערשטער אײַנדרוק בנימינס. עס האָבן אים אימפּאָנירט אויך די סימנים פֿון באַקומענע וווּנדן. און דער פֿראָנט האָט בײַ אַ סך פֿון זײַנע אָנטייל־נעמער געשאַפֿן אַ באַזונדערע אייגנשאַפֿט – זיך צו דערקענען אויפֿן הוילן אָנקוק, אונטערשיידן דעם ערנסטן מענטשן פֿונעם מוילמאַכער. ווי אַן אייגענער, נאָענטער האָט ער גערעדט. און אַלץ אַזוי אײַנפֿאַך, מיט די פּשוטסטע ווערטער, אויפֿגעקלערט די אויפֿגאַבן, וועלכע שטעלן זיך פֿאַרן סאָוועטישן מענטשן, פֿאַרן אַוואַנגאַרד, פֿאַר דער יוגנט. ער האָט גערעכנט ציפֿערן, אַ סך ציפֿערן, און דאָך איז עס ניט געווען קיין טויטע בוכהאַלטעריע, נאָר

12 комсомол (רוסיש) – אָרגאַניזאַציע פֿון קאָמוניסטישער יוגנט; געוויינטלעך איבערגעזעצט אין ייִדיש ווי ,קאָמיוג׳.

13 מיטגלידער פֿון קאָמסאָמאָל (קאָמיוג).

לעבעדיקע רעדנדיקע אַרגומענטן. דער עולם איז פֿאַרכאַפּט געוואָרן, געהערט מיט גרויס אינטערעס און אַלצדינג באַנומען. און אָט איז ער איבערגעגאַנגען צו ביישפּילן, ביישפּילן פֿון פֿראָנט־דערפֿאַרונג און ביישפּילן פֿון הינטערלאַנד. זענען ווידער דערשינען פֿאַר די אויגן ווירקלעכע מענטשן, נישט קיין נעמען בלויז. און פּלוצעם האָט אַ היימישער נאָמען אָפּגעקלונגען פֿון זיין מויל. אַלע האָבן זיך אומגעקוקט אויף בנימינען, און בנימין אַליין איז רויט געוואָרן. דערויף האָט ער זיך נישט געריכט. ער האָט נישט ווילנדיק אַ קוק געטאָן אין דער זייט, וווּ באַסיע איז געזעסן, זיך באַגעגנט מיט איר בליק. זי האָט אַ שמייכל געטאָן, און ווידער האָט ער דערפֿילט, ווי דאָס בלוט טוט אים אַ זעץ אין פּנים.

נאָך דעם שמועס און די פֿראַגעס און ענטפֿערן, ווען דער עולם איז זיך צעגאַנגען, ווער אַהיים, ווער ס׳האָט אין פּאַרט־קאַבינעט געזעצט זיך לייענען, האָט דער שליח אַוועקגענר־מען בנימינען אין אַ זייט. בנימין האָט אים דערציילט וועגן דער אַרבעט, וועגן די שטימונגען ביי דער מאַסע. יענער האָט אויפֿמערקזאַם געהערט, נאָר דאָס און דאָס עפּעס איבערגע־פֿרעגט, און ווען בנימין האָט געענדיקט, האָט דער שליח, ניט שטעלנדיק קיין פֿראַגעס, זיך דורכגעשפּאַצירט איבערן צימער, זיך אָפּגעשטעלט לעבן אייוועלע, וואַרעמענדיק די הענט, און אַ פֿרעג געטאָן בנימינען עפּעס, וואָס האָט זיך צום געשעפֿטלעכן שמועס ניט אָנגעקערט:

– איר זייט אַ באַווייבטער, חבֿר אַקערמאַן?

בנימין איז רויט געוואָרן, געשאָקלט מיטן קאָפּ אויף ניין.

– פֿאַר וואָס?

– קיין צייט ניט געהאַט...

יענער האָט אים גאַנץ ערנסט און פֿריינדלעך כּמעט אויסגעמוסרט:

– אַ סאָוועטישער מענטש דאַרף האָבן צייט אויף אַלעמען. אָט האָב איך אַ פֿרוי, קינדער־לעך. אַ זון פֿון פֿופֿצן יאָר...

פֿון די ווערטער, פֿון זייער קלאַנג, האָט זיך געהערט אַ גרויסע זעלישע צוגעבונדנקייט צו דער משפּחה.

– מיין פֿרוי, – האָט ער ווייטער געזאָגט, – איז אַן אַגראָנאָם... מע וואָלט באַדאַרפֿט וואָס מער אַגראָנאָמען פֿון די אָרטיקע. איר האָט דאָ אַ גוטע יוגנט, עס קאָן פֿון זיי אַרויסקומען עפּעס רעכטס.

און ווידער איבערגייענדיק צו בנימינען פּערזענלעך, זיך אינטערעסירט, ווי אַזוי ער קומט צו דער געניטקייט אין פֿעלדזאַכן. בנימין האָט דערציילט. יענער האָט אויפֿמערק־זאַם געהערט. און אַז בנימין איז אַנטשוויגן געוואָרן, האָט זיין צוהערער לאַנג געקוקט פֿאַרטראַכט אין פֿענצטער, דערנאָך זיך אויסגעדרייט און אַ זאָג געטאָן:

– איר האָט וואָרצלען... דאָס איז אַ גרויסע זאַך.

*

זיך לאָזנדיק אַהיימגיין, איז בנימין אויף אַ ווײַלע אַרײַן אין פּאַרט־קאַבינעט. דערזען דאָרטן באַסיען. צי האָט זי געוואַרט אויף אים?.. מעגלעך. זי איז געוואָרן אָנגעצונדן.

– איר גייט שוין? – האָט זי אים אַ פֿרעג געטאָן.

– אויב איר גייט אויך...

זיי זענען ביידע אַוועק. דעם גאַנצן וועג כּמעט נישט גערעדט. נאָר בײַם איבערגיין די ברעט, וואָס איז געלעגן איבער דעם שמאָלן פֿאַרפֿרוירענעם טײַכל, וואָס האָט אַ מאָל גע־טיילט די שטאָט אויף צוויי – פֿון ,יענער זײַט בריק׳ און ,פֿון דער זײַט בריק׳, האָט ער זי אָנגענומען בײַ דער האַנט – עס איז געווען זייער גליטשיק... אַזוי שוין זענען זיי דורכגעגאַנ־גען די אַנדערע העלפֿט פֿונעם חרובֿן שטעטל ביז די שטיבלעך בײַם בית־עולם, ווו שמערל האָט זיך איצט געטוליעט אין אַ צימערל.

פֿאַרן בית־עולם האָבן זיי זיך אַ ווײַלע אָפּגעשטעלט, צו כאַפּן דעם אָטעם פֿון ווײַטן גאַנג. ביידע האָבן אַהין געקוקט, נאָר ניט גערעדט. ער האָט זיך דערמאָנט אָן די זײַניקע, אין די שוועסטער, באַזונדערס אין דער ייִנגסטער, צירעלען... זי איז געווען מיט אַ יאָר פֿינף ייִנ־גער פֿון אים. ער האָט זי שטאַרק ליב געהאַט. ער האָט אויך אַ טראַכט געטאָן וועגן באַסיען, וועגן די איריקע. שמערלס עלטסטע טאָכטער און אַ קינד זענען געשטאָרבן אין טראַנסניס־טריע. דער איידעם און אַ זון – אויפֿן פֿראָנט געפֿאַלן. שמערל רעדט ניט דערפֿון קיין מאָל, נאָר דאָס פּנים און די אויגן פֿון דעם אַ מאָל זייער שיינעם מענטשן האָבן אַליין גערעדט.

– איר וואָלט אַ בעלן געווען אַרויפֿגיין אַהין? – האָט באַסיע אַ פֿרעג געטאָן, ווײַזנדיק אויפֿן בית־עולם.

– צו וואָס?..

– ס׳איז כּדאַי אַ מאָל זיך דורכגיין צווישן טויטע.

בנימין האָט נאָר געשאָקלט מיטן קאָפּ.

– מע דאַרף לעבן...

– טאָקע צוליב דעם איז אַ מאָל כּדאַי... מיר דאַכט זיך אָפּט, אַז די טויטע, ווען זיי קענען רעדן, וואָלטן זיי באַפֿוילן:

– לעבן!..

איז עס געשען אומגעריכט: בנימין האָט זי געטאָן אַ צי צו זיך, צוגעטוליעט צו זיך. באַמערקט, ווי אירע אויגן זענען פֿײַכט געוואָרן, אַ שעפּטשע געטאָן:

– באַסיע...

און ביידע האָבן זיך געלאָזט צום שטיבל, ווו שמערל האָט געוווינט.

*

ער איז אַהיימגעגאַנגען מיט דער ברייטער חרובֿער גאַס, נאָר גאָרנישט ניט געזען פֿאַר זיך. אַן אומבאַקאַנט געפֿיל האָט געריזלט אין אים, ווי אַ שטיל וואַסער. ער איז אַזוי דערגאַנ־

געז ביז צו זייַן שטוב. אַרײַנגעקומען אינעווייניק, האָט ער דערזען, אַז אונטער דער פּליטע הייצט זיך. דער אָנבײַסן, וואָס דער אַלטער קאָכט געוויינטלעך, האָט שוין איבער־ און איבערגעזאָדן...

בנימין איז געשטאַנען און זיך אַרומגעקוקט. אַ זאַך, וועגן וועלכער ער האָט ביז איצט ניט געטראַכט, איז פֿון זיך אַרויפֿגעשווומען: אָט האָט ער אַ גרויסע שטוב, דרײַ צימערן. ער מיטן אַלטן וווינען נאָר אין איינעם... עס וואָלט געקאָנט וווינען אַ גאַנצע משפּחה. אין איין צימער שמערל מיטן ווײַב, און ער מיט...

ער האָט דעם געדאַנק ניט פֿאַרענדיקט, צוגעגאַנגען צום פֿענצטער, געטאָן אַ קוק אויפֿן גאָרטן און געבליבן דערשטוינט: דער גאַנצער גאָרטן איז געווען ווי פֿאַרזעצט מיט שטע־קענער, מיט לאָזעס, וואָס ער, בנימין האָט אָסיען געבראַכט פֿון וואַלד... דער אַלטער מר־דכי ביז איבער די קני אין שניי האָט אַרײַנגעטעסעט די לאָזעס, זיי געבונדן. דאָס איז אויף צו פֿאַרהאַלטן דעם שניי...

בנימין האָט געעפֿנט דאָס לופֿטיקל,[14] אַ געשריי געטאָן:

– זיידע!...

דער אַלטער האָט נישט דערהערט, ווײַטער געטאָן זײַן זאַך. בנימין איז אַרויסגעגאַנגען צו אים:

– זיידע, צו וואָס?

מרדכי האָט געשמייכלט אין דער באָרד אַרײַן. אַוועקגעלייגט די באַרדע, זיך באַווישט די באָרד און, קוקנדיק אויפֿן גאָרטן, געמורמלט:

– עס וועט זייַן אַ גערעטעניש.

און געוויזן, ווי טיף די לאָזעס שטעקן אין שניי.

זיי זענען געגאַנגען עסן. דער אַלטער האָט ניט אויפֿגעהערט צו לויבן דעם שניי, גלײַך סע וואָלט געווען אַ מין טײַערע משקה, וואָס אַ גוטער מבֿין לויבט אויס. בנימין האָט צוגעהערט, געשמייכלט, אָבער אין קאָפּ האָט געקלונגען מיט יענעם טאָן, ערנסט און נאָכדענקלעך:

– ,וואָרצלען'...

14 פֿאָרטקע.

יוסף אָפּאַטאָשו

# אַ שיכפּוצער

בייַם סאָבוויי־אַרייַנגאַנג אויף דער זעקס־און־נייַנציקסטער גאַס איז ער געשטאַנען. זייַן געשטעל און הילוך האָבן זיך געוואָרפֿן אין די אויגן. מ׳האָט זיך געמוזט אָפּשטעלן און אַ קוק טאָן אויף אים. אַ הויכער, איבער זעקס פֿוס, מיט שמאָלע, עטוואָס געבויגענע פּלייצעס. די בלאָנדע האָר, גלייַכע, לאַנגע, זייַנען געפֿאַלן איבערן קאַרק, ווי בייַ יעזוסן. דאָס פּנים – לענגלעך, קרענקלעך, ווי ער וואָלט געהונגערט. און אין די אויגן – גרינלעכע אויגן, ווי וואַסערפּלאַנצן – שׂינאה און ביטול צום אַרום, צו די אויסגעשמירטע ייִנגלעך, די שיכפּוצערס, וואָס האָבן אָפּגעשטעלט יעדן פֿאַרבייַגייער, אים געשלעפּט צו זיך:

– שייַן, מיסטער, שייַן! פֿינף סענט אַ שייַן!

דער פֿאַרשוין איז אויך געווען אַ שיכפּוצער. מ׳האָט עס דערקענט אין די מכשירים וואָס זייַנען געשטאַנען לעבן אים – אַ קליינע אייַנלייגשטול, אַ פֿוסבענקל, אַ קעסטל מיט באַרשטן, מיט בערשטלעך, מיט שמירעכצן. ער האָט אָבער קיינעם נישט גערופֿן. פֿאַרקערט, די פֿאַרבייַגייער האָבן זיך נאָך געפֿילט שולדיק, וואָס אַ מענטש מיט אַזאַ פּנים, מיט אַזוינע האָר, מיט אַזאַ הייך, פּוצט גאָר שיך. זיי האָבן אים אויסגעמיטן. און אַז ער איז אָפּגעשטאַנען אַזוי אַ שעה אָדער צוויי און קיינער איז צו אים נישט צוגעקומען, האָט ער פֿון פֿאַרדרוס זיך אַוועקגעזעצט אויפֿן פֿוסבענקל מיטן פּנים צו דער ליידיקער אייַנלייגשטול און מיט די פּלייצעס צו דער סאָבוויי, צו דער גאַס, צו די פֿאַרבייַגייער.

אָן אָטעם בין איך אַרויס פֿון דער פֿאַרשטיקטער סאָבוויי. אַ חמימה וואָס האָט זיך גיכער געפּאַסט פֿאַרן סוף יולי, ניט פֿאַר אָנהייב יוני, האָט מיר אַ שלאָג געטאָן אין פּנים אַרייַן. ייִנגלעך, שיכפּוצער, האָבן מיך אַרומגערינגלט מיט זייערע מכשירים־קעסטלעך. איינער, אַן אויסגעשמירטער, האָט מיר געוויזן אויף מייַנע שיך וואָס זייַנען געווען פֿאַרשטויבט.

– איר דאַרפֿט אַ שייַן. און אַז איך פּוץ אָפּ אַ פּאָר שיך, קען מען זיך שפּיגלען אין זיי. אין גאַנצן פֿינף סענט.

מייַן בליק איז געפֿאַלן אויפֿן איבערגעוואַקסענעם שיכפּוצער, האָט זיך פֿאַרטשעפּעט אָן זייַנע בלאָנדע האָר. מיך האָט געחידושט, וואָס ער זיצט מיטן פּנים צו דער וואַנט און מיט דער געבויגענער פּלייצע צו די פֿאַרבייַגייער. כ׳האָב אַ פֿרעג געטאָן בייַם ייִנגל:

– וואָס זיצט ער אַזוי?

ס׳ייִנגל האָט אַרויסגענומען אַ ניקל פֿון מויל, אים געריבן אין די הויזן. דערנאָך האָט ער זיך צוגעלייגט אַ פֿינגער צום שטערן:

– ער האָט אַ מיש אין קאָפּ. ווו ער זעט אַ ליידי, איז זי זייַן געווען ווייַב.

פֿון: **מענטשן און חיות.** ניו־יאָרק: קאָאָפּעראַטיווער פֿאָלקס פֿאַרלאַג, 1938, ז״ז 27–31.

דער פֿאַרשוין, ווי ער וואָלט געהערט, אַז מע רעדט וועגן אים, האָט אַ דריי געטאָן צו מיר מיט דעם קאָפּ. דאָס פֿאַרכמורעטע פּנים, די אויגן גרין ווי גאַל – אַלץ האָט געהאַט צו זאָגן: וואָס קוקסטו אויף מיר ווי אויף אַ בייז ווונדער?...

איך האָב זיך פֿאַרלוירן. כ׳בין געבליבן אַ ווײַלע שטיין נישט אַהין, נישט אַהער. דאָס אויסגעשמירטע ייִנגל האָט שוין געהאַט אַ שטעל געטאָן לעבן מײַנע פּיס זײַן מכשי־רים־קעסטל. דעם פֿאַרשוינס בליק האָט מיך אָבער נישט אָפּגעלאָזט. איך האָב זיך אַ שאַר געטאָן פֿונעם ייִנגל וואָס האָט מיר נאָכגעשיקט אַ קללה און כ׳בין צוגעגאַנגען צו דער אײַנלייגשטול. און אַז כ׳בין שוין געזעסן, כ׳האָב שוין געהאַלטן דעם רעכטן פּוס אויפֿן אײַזערנעם שוכפֿורעם, האָט דער פֿאַרשוין מיך אַ פֿרעג געטאָן:

– אַ שײַן?

– איר טוט דען עפּעס אַנדערש? – האָב איך אים געפֿרעגט.

איבער זײַן לענגלעך פּנים האָט זיך צעלייגט אַ שמייכל, פֿאַרטריבן די שׂינאה און דעם ביטול פֿון די גרינע אויגן. ער האָט געזוכט אין דעם קעסטל, גענומען פֿון דאָרט שלעפּן באַרשטן, בערשטלעך, פֿלעשלעך און שאַכטעלעך. ער האָט אַלץ געטאָן אומגעלומפּערט. וואָס ער האָט נישט גענומען אין די הענט אַרײַן, איז עס בײַ אים אַרויסגעפֿאַלן. ער האָט געזאָגט:

– די ערשטע פּאָר שיך, וואָס איך פּוץ היינט אָפּ.

– שלעכטע צײַטן, – האָב איך געפּרוווט פֿאַרציִען אַ שמועס, – מע שפּאָרט אַ סענט, מע פּוצט זיך אַליין די שיך.

– מע מײַדט מיך אויס, – האָט ער גערעדט ווי צו זיך. – צי מײַן פּנים געפֿעלט נישט, צי מײַן גרייס, ווי ס׳זאָל נישט זײַן, פֿילט זיך אַ דערוואַקסענער מענטש בעסער, ווען אַ ייִנגל פּוצט אים די שיך.

און דער פֿאַרשוין איז גערעכט געווען. ווי ער האָט עס אַרויסגעזאָגט, איז מיר געוואָרן אומבאַקוועם, וואָס זעקס פֿוס מענטש האָט זיך געשטעלט אויף די קני, איז געלעגן אַרום מײַנע פּיס און געאַרבעט איבער מײַן שוך דאָ מיט אַ באַרשט, דאָ מיט אַ פֿלאַנעלענעם באַנד וואָס האָט געקנאַלט אינעם פּוצערס הענט, אָנגערירט און נישט אָנגערירט ס׳לעדער. איך האָב אַ זאָג געטאָן:

– ווי כ׳זע, זענט איר פֿאַרן קריזיס נישט געווען קיין שיכפּוצער?

– איך? – האָט ס׳אויסגעהונגערטע פּנים זיך אַ הייב געטאָן, אונטערגעטראָגן אַ סוד, – כ׳בין געווען אַ לערער. כ׳האָב אין אַ פּריוואַטשול געלערנט מיט קינדער געשיכטע.

ער האָט זיך אויסגעגלײַכט אויפֿן פֿוסבענקל, אַ הייב געטאָן די באַרשט און ווײַטער גערעדט:

– כ׳האָב זיי געלערנט, אַז מלכים, פּויפּסטן, שטאַטסלײַט, אַז מלחמות געפֿירט איבער אַ קרוין, צי איבער אַ טראָן, אַז געזעצן וואָס קעניגן האָבן געמאַכט – דאָס אַלץ, האָב איך געלערנט מיט די קינדער, איז נאָך נישט קיין געשיכטע. ווו איז דער פֿאָלקסמענטש? ווו זײַנען די פֿאָלקסמאַסן? ווו איז דער גרויסער אַנאָנים – דער אמתער טרעגער און שעפֿער פֿון געשיכטע?

– ווילט איר זאָגן אַז דערפֿאַר האָט מען אײַך אָפּגעזאָגט פֿון אײַער שטעל? – האָב איך אים איבערגעריסן.

– מ׳האָט מיר אָפּגעזאָגט, ווײַל כ׳האָב געהאַט מײַן אייגענע מיינונג, – האָט ער אויפֿן קול אַ זאָג געטאָן, ווי ער וואָלט ניט גערעדט בלויז צו מיר, נאָר צו אַ גרויסן עולם. – אין די פּאַראייניקטע שטאַטן קען בלויז דער האָבן אַ מיינונג, וועמ עס איז פֿאַרזאָרגט, וועמ עס דאַרף נישט אָנקומען צו יענעם. קומסטו אָן צו יענעם – האָב יענעמס מיינונג. אַזוי ציט זיך עס אַ גאַנץ לעבן. קליינערהייט האָב איך געמוזט האָבן מײַן מוטערס מיינונג. אין שול – דעם לע־רערס מיינונג. און נישט אַזוי דעם לערערס ווי די מיינונג פֿון דעם אָנגענומענעם טעקסטבוך. שפּעטער, ווען כ׳האָב זיך געקליבן חתונה האָבן, זײַנען די עלטערן געווען דאַקעגן. מײַן פֿאָ־טער, אַן אירלענדער וואָס ציט זײַן ייִחוס פֿון העגרי דעם אַכטן, איז צו מיר געקומען אַ וואָך פֿאַר דער חתונה:

– עדגאַר, מיר געפֿעלט נישט דער שידוך.

– כ׳האָב אָבער ליב ס׳מיידל, – האָב איך געזאָגט.

– נישט איך, – האָט ער זיך געבייזערט אויף מיר. – איר פֿאָטער, איר מוטער, זי אַליין – קיינער פֿון זיי הייבט מיר נישט אָן צו געפֿעלן. און אויב דו וועסט זיך אײַנשפּאַרן, ביסט פֿון קינדווײַז אָן אַן עקשן, און דו וועסט מיט איר חתונה האָבן, ביסטו מער מײַן זון נישט און איך בין נישט דײַן פֿאָטער. – און ער האָט געהאַלטן וואָרט. כ׳בין זיך שפּעטער צעגאַנגען מיט מײַן ווײַב און דער פֿאָטער האָט מיך נישט געוואָלט זען. ער האָט געהאַלטן בײַם שטאַרבן און ער האָט מיך נישט געוואָלט זען. און אַלץ דערפֿאַר וואָס כ׳האָב חתונה געהאַט מיט אַ מיידל וואָס איז מיר געפֿעלן און נישט אים.

– און פֿאַר וואָס זענט איר זיך צעגאַנגען מיטן ווײַב? – האָב איך אים איבערגעריסן און בשעת־מעשׂה זיך געחידושט, פֿאַר וואָס ער נעמט נישט אָפּפּוצן מײַן צווייטן שוך.

– ווידער ס׳זעלבע, – האָט ער אַ שמייכל געטאָן. – מײַן ווײַב, מערין, איז געגאַנגען אין לעבן כ׳זאָל זיך איבערבעטן מיט די עלטערן. זי איז אויך אַן אירלענדערין, האַלט שטאַרק פֿון ייִחוס. און ווי זי האָט זיך דאָס איבערגענומען, וואָס מײַן פֿאָטער שטאַמט פֿון העגרי דעם אַכטן. נישט איך! ווײַל איך האָב פֿײַנט ייִחוס, האָב פֿײַנט טיטולן. בײַ מיר איז אויס־געקומען אַז מערי האָט נישט מיט מיר חתונה געהאַט, נאָר מיט מײַן ייִחוס. בין איך זיך צעגאַנגען מיט איר. און כ׳בין זיך מודה אַז קיין זאַך האָט מיר אַזוי נישט וויי געטאָן, נישט דער ברוגז מיט די עלטערן, נישט דאָס, וואָס איך האָב פֿאַרלוירן מײַן לערערשטעל, ווי דאָס זיך־פֿונאַנדערגיין מיט מערין. זי איז געווען פֿון די געציילטע מענטשן וואָס האָבן געהאַט אַן אייגענע מיינונג. כ׳האָב זי נאָך איצט ליב. כ׳האָב זיך אָבער נישט געקענט העלפֿן. איר איז געגאַנגען אין לעבן מיך איבערצומאַכן, האָט געוואָלט פֿון מיר, פֿון עדגאַרן, מאַכן אַ מערי. דאָס נישט! ס׳איז נאָך דערווײַל נישט געבוירן געוואָרן אַזאַ מענטש וואָס זאָל עדגאַרן איבערמאַכן. אָט דאָס איז מערי, אָט גייט זי, – האָט ער מיטן פֿינגער מיר געוויזן אויף אַ דאַמע וואָס איז אַרויס פֿון סאָבוויי, און ס׳פּנים האָט בײַ אים אויפֿגעלויכטן.

אַליין האָט ער זיך גענומען צו דעם צווייטן שוך. ער האָט זיך געבויגן. די בלאָנדע האָר זײַנען זיך צעפֿאַלן איבערן קאַרק, איבער די פּלייצעס. כ׳האָב געקוקט אויף דער דאַמע. עס איז שווער געווען צו זאָגן צי זי איז אין די דרײַסיקער, צי אין די פֿערציקער. דאָס זײַדענע גע־בלימלטע קלייד איז לײַכט געפֿאַלן פֿון די אַקסלען. איבער די שוואַרצע האָר – אַ ברייטער שטרויענער קאַפּעליוש. זי האָט אַ קוק געטאָן אויפֿן שיכפּוצער, אויף מיר, נאָך אַ מאָל אַ קוק געטאָן, און איז פֿאַרשוווּנדן אין אַ זײַטיקער גאַס. כ׳האָב זיך געקווענקלט – זאָל איך אים גלייבן צי זאָל איך אים נישט גלייבן? ער האָט זיך אַ הייב געטאָן, איז געשטאַנען איבער מיר. איך האָב זיך געכאַפּט אַז דער צווייטער שוך איז שוין אויך אָפּגעפּוצט. און אַז איך האָב אים באַצאָלט, האָב איך צוגעגעבן:

– מערי איז אַ שיינע!

– אַוודאי אַ שיינע, – איז זײַן פּנים געוואָרן ייִנגער, – מיך אָבער וועט די שענסטע נישט קענען ברעכן. וויל מען האָבן אַן אייגענע מיינונג, דאַרף מען דערפֿאַר באַצאָלן מיט טאַטע־מאַמע, מיט אַ שטעל, אַפֿילו מיט אַ ווײַב, וואָס מ׳האָט ליב.

יוסף אָפּאַטאָשו

# יום־הדין

„– – – לויט דער בקשה פֿון דעם ליטעראַטן־ און זשורנאַליסטן־פֿאַראיין, האָט דער וואַרשעווער שטאָטראַט באַשלאָסן אַרויסצוגעבן אַ גראַניטשטיין פֿאַר ה. ד. נאָמבערגס מצבֿה.

דער גראַניט־מאַסיוו איז פֿון דעם צענומענעם פּראַוואָסלאַוונעם סאָבאָר, וואָס איז געשטאַנען אויפֿן אַמאָליקן זאַקסישן פּלאַץ.‟

(פֿון אַ נאָטיץ אין דער וואַרשעווער פּרעסע, 1928)

ר׳ שׂימחה פּיזשיץ איז נאָר וואָס געהאַט קריקגעקומען פֿון דאַוונען. ער האָט אויסגעטאָן די געהאַקטע קאַפּאָטע, אויסגעטאָן דעם צילינדער און אין אַ שוואַרצן סאַמעטענעם שלאָפֿראָק, לויז פֿאַרגאַרטלט, אין אַ קליין קאַפּעלע אויפֿן גרווילעכן קאָפּ האָר, איז ער אַרויס אויפֿן באַלקאָן, וווּ רויטע געראַניום־בלומען זענען געוואַקסן אין גרין געפֿאַרבטע קעסטלעך.

ס׳איז געווען אַכט אין דער פֿרי. און כאָטש די זון, אַ יונגע, האָט זיך נאָך אַלץ געריסן פֿון מיזרח, איז דער פֿרימאָרגן, אַ ריַיפֿער, שוין געהאַנגען איבער הײַזער, איבער גאַסן, האָט געעטעמט מיטן זאַפֿטיקן ריח פֿון האָניק־באַרנעס.

פֿונעם באַלקאָן, וואָס אויפֿן זעקסטן שטאָק, האָט פּיזשיץ געזען האַלב וואַרשע. פֿאַר די אויגן האָט זיך געצויגן דער פּשעיאַזד וואָס איז געווען ברייט אין דער מיט און שמאָל פֿון ביידע עקן.

די ברייט פֿון פּשעיאַזד איז געווען געפּאַקט מיט דראָזשקעס[1], מיט אָנגעלאָדענע לאַסטוועגענער, מיט טרעגער אײַנגעשפּאַנט אין שטופּוועגעלעך, מיט דורכגייער אין די הונדערטער.

אַלץ – דער גאַנצער געדרענג – האָט זיך געריסן צו די שמאָלע דורכגענג וואָס האָבן געפֿירט פֿון איין זײַט אויף נאָוואָליפּקי, פֿון דער צווייטער – אויף לעשנע.

די שמאָלע טראָטואַרן זענען נישט געווען דורכצוגיין. פֿון גאַסן, געסלעך און הינטערגעסלעך האָבן זיך געשאָטן מענטשן – אַ שטראָם אַרויף, אַ שטראָם אַראָפּ – פֿאַרפֿלייצט דעם פּשעיאַזד.

ווו אַ קער – מאַנצבילן, ווײַבער, קינדער. מען איז געשטאַנען איבער קוישן פֿריש

1 דראָשקעס.

פֿון: יוסף אָפּאַטאָשו און ה. לייוויק (רעד׳), **זאַמלביכער**. ב׳ 4. ניו־יאָרק, 1939, ז״ז 232–246.

געבעקס. קוילעטשן מיט לייטערס, קוילעטשן מיט צוגעברוינטע פֿייגל.[2] מען איז געשטאַנען איבער קעסטלעך יום־כּיפּור־ליכט – סט[עאַ]רינעע, וואַקסענע. די וואַקסענע ליכט האָבן ליכטציִער געצויגן אַרום דעם באַנוול, וואָס מ׳האָט דערמיט געמאָסטן ס׳אַלטע פּראַגער בית־עולם.[3] עולם האָט זיך געקליבן אַרום שטופּוועגעלעך מיט טרויבן, מיט עפּל, מיט באַרנעס, מיט פֿלוימען. ייִדן, מיט טלית־און־תּפֿילין־זעק אונטער די אָרעמס, האָבן זיך געאײַלט פֿון דאַווענען. ייִדן, מיט נאַסע בערד און פּאות, האָבן זיך געאײַלט פֿון מיקווה. דינסטמיידלעך מיט געשאָכטענע כּפּרות האָבן זיך געאײַלט אַהיים.

און כאָטש ס׳געדרענג אויפֿן פּשעיאַזד איז הײַנט גרעסער געווען ווי אַלע מאָל, איז אָבער דער טומל געווען קלענער. די פֿאַרקויפֿערס האָבן כּמעט ווי נישט אויסגערופֿן זייער סחורה. די קויפֿערס – האָבן זיך נישט געשטופּט. נישט דרייסטע זענען זיי אונטערגעקומען. מ׳האָט זיך געדונגען מיט אַ האַלב מויל. אַ גראָשן אַרויף, אַ גראָשן אַראָפּ – מ׳האָט באַצאָלט און מען איז ווײַטער געגאַנגען. ווו אַ טראָט – אַ נעבעכדיק פּנים און אַן אויסגעשטרעקטע האַנט. כּמעט קיינער איז נישט פֿאַרבײַגעגאַנגען. מ׳האָט זיך אָפּגעשטעלט בײַ יעדער אויסגעשטרעקטער האַנט. מ׳האָט אַרײַנגעלייגט אַ נדבֿה, און דער טראָט איז געוואָרן לײַכטער, זיכערער.

ס׳איז געווען ערבֿ יום־כּיפּור תּרע״ג.

ר׳ שׂימחה פּיזשיץ איז געווען אויפֿגעלייגט, וואָס ייִדן גרייטן זיך אַזוי צום יום־הדין. ער איז געשטאַנען אויפֿן באַלקאָן מיט אַ מינע ווי ער וואָלט נישט בלויז געווען דער ווירט פֿון זײַן אייגענער מויער, נאָר דער באַלעבאָס פֿון גאַנץ וואַרשע. זײַן גלײַכער ווּקס און די ברייטע פּלייצעס האָבן אים געמאַכט אויסזען העכער. די בלאָנדע קײַלעכדיקע באָרד, אַן אויסגעקעמטע, האָט זיך געשפּרייט איבער דער וועסט ווי אַ פֿעכער. און אין די אויגן, נישט קיין גרויסע, בלויע אויגן, איז געלעגן חכמה, ייִדישע חכמה.

ר׳ שׂימחה פּיזשיץ איז געווען דאָזאָר אין וואַרשע. אי חסידים, אי מתנגדים זענען געווען צופֿרידן מיט אים. פּיזשיצעס עלטער־זיידע, אַ רײַכער וואַלד־סוחר, איז געווען אַ פֿאַרברענטער קאָצקער חסיד. פּיזשיצעס זיידע און טאַטע – פֿון די אָנגעזעענסטע חסידים אין גער. ער אַליין, ר׳ שׂימחה פּיזשיץ, וואָס איז שוין יאָרן צו קיין רבי נישט געפֿאָרן, איז אין תּוך פֿאַרבליבן אַ שטיק חסיד, פֿון די חסידים וואָס לערנען מורה־נבֿוכים, וואָס האָבן ליב אַ שווער שטיקל אבן־עזרא און רעדן נאָך אַלץ וועגן ר׳ מענדעלע קאָצקער מיט אַ ציטער.

בײַ פּיזשיצעס זיידע, צי בײַם פֿאָטער, זענען די וואַלדשרײַבער געווען רבייִשע לײַב־חסידים. בײַ פּיזשיצן זענען די וואַלדשרײַבער געווען פֿרומע משׂכּילים. נישט איין אָרעמער

2 רונדע חלות וואָס מ׳האָט געבאַקן פֿאַר ראָש־השנה האָט מען גערופֿן ,פֿייגל׳; פֿאַר יום־כּיפּור האָט מען געבאַקן חלות וואָס האָבן אויסגעזען ווי לייטער (לוינסקי, יום־טוב, **אנציקלופדיה של הווי ומסורת ביהדות**, תל־אביב: דביר, ז״ז 191–192).

3 אַ מינהג, וואָס לויט אים איז די מוטער פֿון אַ נײַ געבוירן קינד געגאַנגען מיטן חזן און די אַנדערע פֿרויען צו בית־עולם צו, כּדי אים צו פֿאַרמעסטן מיט אַ פֿאָדעם. די פֿרויען וואָס קומען נאָך דער מוטער האָבן דעם פֿאָדעם געמאָטעט אויף אַ ציפּקע. פֿון דעם פֿאָדעם האָט מען געמאַכט אַ קנויט און די ליכט מיט אָט דער קנויט געשטעלט אין שול. מ׳האָט געגלייבט אַז דאָס פֿאַרמעסטן דעם בית־עולם וועט אים באַגרענעצן און אַזוי וועט מען פֿאַרהיטן די אײַנוווינער פֿון טויט.

משׂכּיל, וואָס האָט פּיזשיצן מסביר געווען אַ שווער שטיקל אבן־עזרא, אים געהאָלפֿן טרע־פֿן אבן־עזראס אַ חידה, איז בײַ אים געוואָרן אַ וואָלדשרײַבער.

ר׳ שׂימחה פּיזשיצעס קינדער זענען שוין קיין חסידים נישט געווען. ער האָט געהאַט דרײַ זין. פֿון די עלטערע צוויי האָט ער, אויבן אויף, געהאַט גרויס נחת. ביידע – אָנגעזעענע דאָקטוירים אין וואַרשעווער ייִדישן שפּיטאָל. ביידע האָבן געהאַט ווײַבער, געהאַט קינדער. ביידע זענען אָבער געווען ווײַט פֿון ייִדן, ווײַט פֿון ייִדישקייט. אָט דעם נחת האָט פּיזשיץ פֿונעם ייִנגסטן זון, פֿונעם דרײַ־און־צוואַנציק־יאָריקן דוד, שוין נישט געהאַט. דוד איז גע־ווען אַ שטיק סאָציאַליסט, אַ שטיק ייִדישיסט. אויפֿן פֿאָטערס חשבון האָט ער זיך יאָרן אָפּגעוואַלגערט אין רוים, אין פּאַריז. דערנאָך איז ער אַ שטיק צײַט אין גאַנצן פֿאַרשווונדן געוואָרן. ער איז אַהיימגעקומען אַ סקולפּטאָר. דוד האָט זיך פֿאַרקליבן צום פֿאָטער אין הויז אַרײַן אויפֿן העכסטן שטאָק. דאָרט איז ער שוין ס׳צווייטע יאָר געזעסן און געקלעפּט מענטשן, זיי אויסגעהאַקט אין מירמלשטיין.

פֿון די דרײַ זין האָט בלויז דער ייִנגסטער, דער סקולפּטאָר, זיך געקענט צונויפֿרעדן מיטן פֿאָטער, ליב געהאַט אַרײַנצוקוקן אינעם פֿאָטערס ספֿרים. פּיזשיץ האָט אים דערפֿאַר ליב געהאַט, אפֿשר ליבער געהאַט פֿון די עלטערע צוויי. ער האָט עס אָבער קיין מאָל נישט אַרויסגעוויזן. ער האָט שטענדיק געהאַט טענות, אַז דער ייִנגסטער וועט זיך קיין מאָל צו קיין תּכלית נישט דערשלאָגן, וועט שטענדיק זיצן בײַם פֿאָטער אויפֿן קאַרק.

איצט אָבער, ווען פּיזשיץ איז געשטאַנען אויפֿן באַלקאָן און האָט געזען ווי דער עולם אויף דער גאַס שאָקלט פֿון זיך דאָס טאָג־טעגלעכקייט, האָט זיך אין פּיזשיצן אויך אַ וועק געטאָן דער יום־כּיפּור־ציטער וואָס איז געזעסן אין אים נאָך פֿון די קינדער־יאָרן. ער האָט געוווּסט אַז זײַנע עלטערע צוויי זין זענען שוין פֿאַר אַ יאָרן צו כּל־נדרי אויך נישט געווען אין דער טלאָמאַצקער סינאַגאָגע. דערפֿאַר איז דעם ייִנגסטן, דודן, ענג געוואָרן דעם פֿאָ־טערס גרערער שטיבל און ער האָט יום־כּיפּור געדאַווענט בײַ די בראַצלאַווער חסידים, די יגיע־כּפּימניקעס. ער האָט געזען אינעם זון אַ שטיק טאַטע. איז דאָך בחורווײַז פּיזשיצן אויך ענג געוואָרן ס׳גרערער שטיבל. ער האָט געבענקט נאָך מענדעלעס אַ וואָרט, נאָך ר׳ איטשע־מאירס אַ וואָרט. נישט איין מאָל האָט ער זיך אַריבערגעכאַפּט אויף יום־כּיפּור קיין גער, געוואָלט הערן ווי דער רבי זאָגט פֿאַר גאַר נאָענטע מענטשן תּורה. דעם, שׂפֿת־אמתס׳ תּורה האָט זיך אָבער צו אים נישט צוגעקלעפּט. ס׳איז מער נישט געווען קאָצק, נישט דער „חידושי־הרי״ם״[4]. געבליבן איז אים אָבער די נסיעה אין אַ בויד מיט חסידים איבער אַ שליאַך וואָס האָט זיך געצויגן פֿון וואַרשע קיין גער.

פּיזשיץ איז אַרײַן צו זיך אין קאַבינעט. אַרום די ווענט – שוואַרצע, מאַסיווע ספֿ־רים־שענק. אויף דער וואַנט איבערן שרײַבטיש – דעם רמב״מס בילד. פּיזשיץ האָט אַ לענגערע צײַט געשפּרײַזט איבערן קאַבינעט. מיטן שפּרײַזן האָט ער אָפּגעשאָקלט פֿון זיך די מויער, די ווענט, די פּאָדריאַדן. דער טראָט איז געוואָרן לײַכטער, די פֿאָלעס פֿון

4 ספֿר פֿון יצחק־מאיר אַלטער, דעם גרינדער פֿון דער גערער דינאַסטיע.

שלאָפֿראָק זענען זיך עטוואָס צעפֿלויגן. אַן אויפֿגעלייגטער האָט ער געעפֿנט אַ שופֿלאָד ווו ס׳זענען געלעגן בריוו. ער האָט אַרויסגענומען אַ בריוו וואָס ר׳ איטשע־מאיר האָט געשריבן צו פּיזשיצעס זיידע. דער בריוו איז געווען אין ייִדיש. מיט פֿופֿציק יאָר קריק, עטלעכע טעג פֿאַר יום־כּיפּור, האָט ר׳ איטשע־מאיר געשריבן דעם בריוו. פּיזשיץ האָט געקוקט אויפֿן אָפּ־געריבענעם כּתבֿ, אויפֿן האָריקן פּאַפּיר און צום הונדערטסטן מאָל גענומען לייענען דעם בריוו מיט אַ זוהר־ניגון:

„– – – אם אין אני לי, מי לי[5] – אַז איך וועל נישט טאָן מײַן אַרבעט, ווער וועט זי פֿאַר מיר טאָן? יעדער מוז זײַן אַרבעט אַליין אָפּטאָן. ואם לא עכשיו, אימתי? – פֿרעגט זיך, ווען וועט זײַן דער ,עכשיו׳[6]? דער יעצטיקער ,עכשיו׳, אין דער מינוט, וואָס מיר רעדן, איז דאָך פֿון בריאת־עולם אָן נישט געווען. פֿריִער איז געווען אַן אַנדער ,עכשיו׳, שפּעטער וועט זײַן אַן אַנדער ,עכשיו׳. און אין יעדער ,עכשיו׳ איז די אַרבעט, איז די עבֿודה, אַן אַנדערע. דאַרף מען ווערן אַ מחותּן מיטן כּלל. אַז מע טוט אין כּלל, האָט מען פֿון כּלל. מ׳האָט פֿון כּלל נאָך מער וויפֿל מע טוט אין כּלל. ווײַל מע קען האָבן פֿון יעדן ייִדנס עכשיו, אויב דער ייִד האָט אין זײַן עכשיו געטאָן עפּעס גוטס. וואָרן – כשאני לעצמי מה אני – טוט אַ מענטש אַ גראָבקייט און וויל תּשובֿה טאָן, טראַכט ער דאָך וועגן דער געמיינקייט וואָס ער האָט אָפּגעטאָן. און וועגן וואָס מע טראַכט, אין דעם ליגט מען. מע ליגט מיטן גאַנצן נפֿש אין דער געמיינקייט. דער מוח ווערט פֿאַרגרעבט, ס׳האַרץ – פֿאַרוואַקסן. און דאָס ברענגט דעם מענטש צו עצבֿות. דער מענטש נעמט זיך מוטשען. מוטשע אַהער די בלאָטע, מוטשע אַהין די בלאָטע – ס׳בלײַבט אַלץ בלאָטע. יאָ געזינדיקט, נישט געזינדיקט – וואָס האָט מען אין הימל דערפֿון? אין דער צײַט וואָס איך טראַכט וועגן זינד, קען איך דאָך זײַן אַ נוקב־מרגליות[7], כ׳קען דאָך דרילן אָרליאַנסקע פּערל, אַז אין הימל זאָל מען דערפֿון עפּעס האָבן. דעריבער – סור מרע[8] – קער אַוועק פֿון שלעכטס, קלער דערפֿון נישט – ועשׂה טובֿ[9] – און טו בלויז גוטס. האָסט געטאָן עבֿירות – פֿאַרגעס אָן זיי. ס׳וועט באַלד זײַן יום־כּיפּור. און ערבֿ יום־כּיפּור דאַרף דער מענטש אַזוי אַרבעטן איבער זיך, ער זאָל מער נישט טראַכטן וועגן די אָפּגעטאָנענע עבֿירות. מע דאַרף זײַן גרייט צו טאָן בלויז מיצוות מתּוך שׂימחה. דער מענטש דאַרף זײַן פֿריילעך. און בײַם דאַוונען דאַרף מען דורכלויפֿן ,על־חטאָים׳ וואָס שנעלער, נישט ליגן אין די חטאָים, נישט טראַכטן וועגן זיי. מע דאַרף דאַוונען מתּוך שׂימ־חה, אַ געזאַנג דאַרף אויפֿגיין אינעם מענטש, ווי ס׳שטייט אין „תומר־דבורה“[10] – האדם ראוי שיתדמה לקונו[11] – דער מענטש איז ראָוי ער זאָל זיך פֿאַרגלײַכן צום באַשעפֿער.“

5 דער דאָזיקער און ווײַטערדיקע ציטאַטן שטאַמען פֿון פּירקי־אָבֿות א, יג.
6 איצטער.
7 בעבד נוקב מרגליות עסקינן שאין רבו רוצה לשנותו למלאכה אחר (בבלי, בבא מציעא, יב, ע״ב): [עס רעדט זיך דאָ] וועגן אַ קנעכט וואָס ער בויערט פּערל און זײַן האַר וויל אים נישט באַניצן פֿאַר אַן אַנדער אַרבעט.
8 תהילים לד, טו.
9 דאָרטן.
10 אַ קבליש ספֿר פֿון משה קורדובירו (קאָרדאָוועראָ) וואָס איז דאָס ערשטע מאָל געדרוקט געוואָרן אין ווענעציע 1588.
11 תומר־דבורה, פּרק א.

פּיזשיץ האָט לאַנג געקוקט אויפֿן בלאַט פּאַפּיר ווו צווישן די ווערטער איז נישט געווען קיין פּינטל, קיין אָפּשטעל. אותיות, ווערטער, שורות – אַלץ האָט זיך געקייטלט, אַלץ האָט זיך געשפּרייט ווי אַ טייַך.

אַ זיכערקייט איז אויפֿגעגאַנגען אין דעם פֿיר־און־פֿערציק־יאָריקן פּיזשיץ. נישט די זיכערקייט פֿון די אייגענע הייַזער, פֿון די אייגענע וועלדער, נאָר די זיכערקייט פֿון אַ ר׳ משה קאָרדאָווערער, ווען ער האָט גע׳זונגען צו גאָט זייַן „תומר־דבורה״, די זיכערקייט פֿון אַ ר׳ איטשע־מאיר, ווען ער האָט געשריבן דעם בריוו צו פּיזשיצעס זיידע.

ווען ער, פּיזשיץ, וואָלט געקענט איבערגעבן אָט די זיכערקייט דעם ייִנגסטן זון, דודן? ס׳האָט אים אַ ציי געטאָן צום זון, וואָס איז געזעסן מיט אַ שטאָק העבער, געזעסן און געקלעפּט, און געפֿורעמט זייַנע מענטשן. און ווי ער האָט זיך געקליבן אַרויפֿצוגיין צו אים, האָט דער טעלעפֿאָן, וואָס איז געשטאַנען אויפֿן שרייַבטיש, זיך צעקלונגען.

פּיזשיץ האָט אַוועקגעלייגט דעם בריוו און אַ הייב געטאָן ס׳טרייַבל צום אויער. ס׳האָט גערעדט פּיזשיצעס פֿאַרוואַלטער, אוליאַנד, אַ ציכטיק מענטשל, וואָס האָט שטענדיק געהאַלטן אין האַנט אַ גוט פֿאַרשניצטע בלייַפֿעדער, האָט באַגלייט יעדעס וואָרט מיט אַ ציפֿער. אוליאַנד האָט גערעדט שטיל, מ׳האָט אָבער געקענט הערן יעדעס וואָרט זייַנס:

– פּאַניע פּיזשיץ, ס׳איז געווען אַ טעלעפֿאָן פֿון גענעראַל־שטאַב. דער נייַער פּאָל־קאָווניק, סמירנאָוו, האָט געבעטן איר זאָלט זייַן בייַ אים צוויי נאָך מיטאָג. ווי איך פֿאַרשטיי וויל ער אייַך איבערגעבן דעם גאַנצן געהילץ־פּאָדריאַד.

– הייַנט? ערבֿ יום־כּיפּור? – האָט פּיזשיץ געהאַט טענות צום פֿאַרוואַלטער זייַנעם, – נישט איך קען דעם נייַעם פּאָלקאָווניק, נישט איך קען זיך דורכרעדן מיט אים. הערט, אוליאַנד, אפֿשר וואָלט איר אַריבערגעגאַנגען?

– כ׳וואָלט גערן געגאַנגען, פּאַניע פּיזשיץ, נאָר דער פּאָלקאָווניק האָט באַפֿוילן, אַז ער וויל רעדן מיט אייַך, נישט מיט מיר. איז דאַרף איר גיין. מע דאַרף זען, אַז אַחוץ אייַך, פּאַניע פּיזשיץ, זאָל קיין ליוועראַנט נישט האָבן קיין דריסת־הרגל אין שטאַב. נעמט מיט דודן. ער וועט שוין פֿאַר אייַך רעדן.

– גוט, נו, כ׳וועל שוין צוגיין.

פּיזשיץ האָט אויפֿגעהאַנגען ס׳טרייַבל. ער איז נישט געווען צופֿרידן מיטן טעלעפֿאָן. דער וויזיט אין שטאַב, און דווקא הייַנט, איז פֿאַר אים געווען אַן אָפּקומעניש. ער האָט קריקגעלייגט אין שופֿלאָד אַרייַן ר׳ איטשע־מאירס בריוו און אַ נישט אויפֿגעלייגטער זיך געיישובֿט צי ער זאָל פֿריִער אַרויפֿגיין צום זון, צי ער זאָל פֿריִער איבערבייַסן. דערצו האָבן פֿון קיך זיך געטראָגן ריחות פֿון פֿריש געבעקס, ריחות פֿון געבראָטענע כּפּרות.

אין דער אָפּענער טיר איז געשטאַנען מאַדאַם פּיזשיץ. זי איז געווען אָנגעטאָן אַזוי, ווי זי וואָלט זיך געקליבן מיט אַ וויזיט. די שוואַרצע האָר, דורכגענומען אַרום שטערן מיט אַ גרוילעכן פּאַס, זענען געווען פֿאַרנומען אויפֿן קאַרק אין אַ קאָקס. ס׳לענגלעכע, מאַטע פּנים, די בריליאַנטענע קעפּלעך אין די קליינע אויערן, די גאָלדענע אַלטפֿרענקישע בראָש – אַלץ האָט דערציילט פֿון אַלטן ייִדישן ייִחוס. זי האָט באַגעגנט דעם מאַן מיט אַ פֿאַרליבטן מאַמע־שמייכל:

– צײַט עפּעס איבערצובײַסן, שׂימחה.
– אָט גיי איך.
– כ׳בעט דיך, שׂימחה, קלינג אָן די קינדער זיי זאָלן אַריבערקומען פֿאַרפֿאַסטן.
– וואָס דאַרפֿן זיי פֿאַרפֿאַסטן, אַז זיי פֿאַסטן נישט?
– איך בעט דיך, שׂימחה.
– איך וועל נישט קלינגען און זיי וועלן נישט קומען.
– ביסט אַן עקשן!

ס׳ווײַב איז געגאַנגען אויף אַפֿריִער. טריט, קליינע, דראָבנע, האָבן זיך געקײַקלט איבערן פֿוטרירטן דיל. נאָך איר – דער מאַן. אין מיטן גיין האָט ער זיך אַ צי געטאָן, זיך אויסגעגלײַכט, פֿעסטער פֿאַרצויגן דעם גאַרטל פֿון שלאָפֿראָק, ווי ער וואָלט זיך געקליבן אָפּטאָן אַ וויכטיקע אַרבעט. ער איז אַרײַן אין באָדצימער, איז געגאַנגען זיך וואַשן צום עסן.

אינעם באָדצימער, געמאַכט פֿון ווײַסע קאַכליעס, האָט די וואַנע פֿאַרנומען אַ דריטל. אין אַן אָנגעלאָזטער וואַנע וואַסער זענען אַרומגעשוווּמען דרײַ העכט און אַ קאַרפּ. ס׳וואַסער האָט אויסגעזען גרינלעך. די העכט מיט פֿאַרשפּיצטע פֿליספֿעדערן האָבן זיך געטראָגן הין און קריק, פֿאַרטריבן דעם קאַרפּ אין אַ ווינקל, אויפֿן באָדעם פֿון דער וואַנע, ווו ער איז געזעסן, האָט געדרייט מיטן פֿעבער־ווײדל, געגלאָצט מיט די קײַלעכדיקע גלעזערנע אויגן און מורא געהאַט אַרויפֿצושווימען.

פּיזשיץ האָט זיך געוואַשן די הענט, זיי געווישט אין אַ האַריק האַנטעך און האָט נישט פֿאַרשטאַנען פֿאַר וואָס מענטש, יום־הדין און אַכזריות גייען האַנט אין האַנט.

**2**

ר׳ שׂימחה פּיזשיץ אין אַ העל ברוינעם אַנצוג, אין אַ העל ברוינעם קאַפּעליוש, האָט זיך פֿאַרקליבן אויפֿן העכסטן שטאָק. אין דעם לאַנגן, טונקלען קאָרידאָר זענען געשטאַנען פֿעסלעך ליים, גולם־פֿיגורן אָן הענט, אָן פֿיס, געגאָסן פֿון גיפּס. דער קאָרידאָר האָט דער־מאָנט דעם מהר״לס בוידעם. דאָ האָט דוד געוווינט אין אַן אַטעליע מיט אַ גלעזערנעם דאַך. פּיזשיץ האָט אָנגעקלונגען. ס׳האָט זיך געהערט דודס קול:
– אַרײַן.

דער קליינגעוויקסיקער דוד, מיט אומרו אין אַלע גלידער, איז געשטאַנען אין מיטן אַטע־ליע לעבן אַ פֿיגור געקנאָטן פֿון ליים. די פֿיגור איז געווען אַזוי הויך אַז מ׳האָט געדאַרפֿט אַרויפֿקריכן אויף אַ לייטער מע זאָל דערגרייכן צום קאָפּ.

דוד, אָן אַ ראָק, די אַרבל פֿון העמד פֿאַרקאַשערט, די ברוינע האָר צעשויבערט איבערן שטערן, האָט זיך גלײַך נישט געכאַפּט ווער ס׳איז אַרײַנגעקומען. ער האָט זיך געדרייט אַרום דער פֿיגור. ס׳לינקע אויג האָט ער פֿאַרמאַכט און ס׳רעכטע האָט ער אָנגעשטעלט דאָ אויף איין ווינקל פֿון דער פֿיגור, דאָ – אויף אַ צווייטן.

דער פֿאָטער האָט געקוקט אויפֿן זון, געקוקט אויף דער פֿיגור און מיט אַ שמייכל אין דער באָרד אַרײַן זיך געפֿרעגט:

– ווער איז דער גוג־מגוג?

– טאַטע? – איז דער זון אַנטקעגן געגאַנגען דעם פֿאָטער און זײַנע טונקל ברוינע אויגן האָבן אויפֿגעלויכטן, – בײַ דיר איז עס אַ גוג־מגוג? דאָס דאַרף גאָר זײַן אַ מאָדערנער ייִד!

– אַ מאָדערנער ייִד? – האָט דער פֿאָטער מיט גרויס חידוש נאָך אַ מאָל אַ קוק געטאָן אויף דער פֿיגור.

דוד איז נישט אײַנגעשטאַנען. ער האָט זיך געדרייט אַרום דער סטאַטוע, געהויבן דאָ די רעכטע האַנט, דאָ די לינקע:

– זע, טאַטע, אַ שטערן... זע, אַ בליק... נישטאָ דער שטענדיקער גלות־שטעקן, די שטענדיקע גלות־טאָרבע...

אינעם הייב פֿון פֿאָטערס פּלייצעס איז געווען קענטיק אַז ער קלייַבט זיך אין זונס אַרבעט אין גאַנצן נישט פֿונאַנדער. ער האָט צענומען די באָרד מיט פֿינף פֿינגער און אָנגעהויבן מיט אַ טאָן פֿון אַ געשעפֿטסמאַן:

– מ׳האָט נאָך מיר געשיקט פֿון גענעראַל־שטאַב. מע וויל כ׳זאָל איבערנעמען דעם גאַנצן געהילץ־פֿאָדריאַד.

– נו? – האָט דוד אָנגעשטעלט די אויגן אויפֿן פֿאָטער.

– כ׳וויל זאָלסט מיט מיר מיטגיין.

דאָס מיטגיין מיטן פֿאָטער אין גענעראַל־שטאַב אַרײַן איז בײַ דודן געווען אַן אָפּקר־מעניש. דער פֿאָטער האָט זיך נישט געקענט דורכשמועסן אין רוסיש. דער זון האָט נישט געוואָלט רעדן אין וואַרשע קיין רוסיש. ווען דער פֿאָטער האָט אים אָבער גערופֿן אין גענע־ראַל־שטאַב אַרײַן, האָט ער זיך קיין מאָל נישט אָפּגעזאָגט מיטצוגיין. און אַפֿילו איצט האָט ער געמאַכט אַ מינע אַז ער איז גרייט. ער וועט נאָר אַרומוואַשן ס׳ליים פֿון די הענט.

דוד איז צו צום קראַנפֿאַס וואָס איז געווען פֿאַרשטעלט מיט אַ שפּאַניש ווענטל. ער האָט זיך אויף גיך אַרומגעוואַשן. אינעם צעקנייטשטן שוואַרצן קאַפּעליוש מיט די צו ברייטע ראַנדן, אין דעם גרויען העמד, אין דעם נישט געפּרעסטן, שמײַדיקן אַנצוג האָט ער גיכער אויסגעזען ווי אַ דראָטער, נישט ווי קיין סקולפּטאָר.

טאַטע־זון זענען אַראָפּ אויף דער גאַס און האָבן זיך געלאָזט צו די דראָזשקעס וואָס זענען געשטאַנען אין אַ לאַנגער שורה אויף נאַוואָליפּקי. דער ערשטער דראָזשקאַרזש[12] איז זיי אַנטקעגנגעפֿאָרן. פֿאַרבײַגייער האָבן דערקאָנט פּיזשיצן, דעם וואַרשעווער דאָזאָר, און זיך געגומען אָפּשטעלן. איינער פֿון עולם האָט אַ זאָג געטאָן:

– דאָס פֿאָרט ער אַוודאי אין גענעראַל־שטאַב אַרײַן מע זאָל באַפֿרײַען די ייִדישע זעל־נער אויף יום־כּיפּור.

ס׳האָט זיך געלייגט אויפֿן שׂכל. דער נײַגעריקער בליק בײַם עולם איז געוואָרן ווייכער, וואַרעמער. מ׳האָט נאָכגעקוקט די אָפֿענע דראָזשקע ווו דער אײַנגעלייגטער דאַך האָט פֿאַרשטעלט פּיזשיצן מיטן זון. בלויז צוויי קאַפּעליושן – אַ העל ברוינער און אַ שוואַרצער – האָבן זיך געהויבן אַרויף, אַראָפּ, אַ ווײַל אונטערגעטענצלט און זענען פֿאַרשוווּנדן פֿון אויג.

12 דראָשקאַזש.

בײַם עולם איז אויפֿגעגאַנגען אַ פֿרייד, אַז ס׳ייִדיש לעבן איז זיכער. בלויז דער באַהאַלטענער יום־כּיפּור־ציטער האָט נישט געלאָזט אײַנשטיין, אײַנגערוימט אַז מע דאַרף זיך גרייטן צום יום־הדין.

די דאָראָזשקע האָט דורכגעשניטן לעשנע, קרולעווסקע, האָט זיך פֿאַרבײַגעטראָגן דעם זאַקסישן גאָרטן און זיך אַרײַנגעדרייט אויפֿן זאַקסישן פּלאַץ. די געגילטע קופּאָלן פֿורנעם רוסישן סאָבאָר האָבן געבלענדט די אויגן.

פּיזשיץ האָט עס איבער די ליפּן נישט געבראַכט, נאָר יעדעס מאָל, ווען ס׳איז אים אויסגעקומען פֿאַרבײַצופֿאָרן דעם זאַקסישן פּלאַץ, האָט ער געהאַט טענות צו זיך, פֿאַר וואָס ער האָט צוגעשטעלט ס׳געהילץ פֿאַרן סאָבאָר.

די געבײַדע פֿונעם גענעראַל־שטאַב, די אײַזערנע טויערן, די זעלנער אויף דער וואַך האָבן זיך נישט געלאָזט לאַנג פֿאַרטראַכטן. ס׳האָט גענומען אַ ווײַל ביז מ׳האָט זיי אַרײַנגעלאָזט אין דער געבײַדע. און אַז מ׳האָט זיי שוין געהאַט אַרײַנגעלאָזט, איז אויסגעקומען צו וואַרטן, נישט אין קיין זאַל, נאָר אין פֿאָדערהויז, אַ קנאַפּע האַלבע שעה.

דאָס וואַרטן אין פֿאָדערהויז האָט דודן געקאָסט אַ שטיק געזונט. ער האָט זיך געשעמט פֿאַר זיך. נאָך מער – פֿאַרן פֿאָטער. דערווײַל האָט זיך געעפֿנט אַ טיר. אַ זעלנער איז אַרויסגעקומען און האָט זיי געפֿרעגט:

– איר וואַרט אויפֿן פּאָלקאָווניק?

דער זעלנער האָט זיי אַרײַנגעפֿירט אין אַ גרויס צימער מיט אָפֿענע פֿענצטער וואָס זענען אַרויסגעגאַנגען אין אַ סאָד אַרײַן.

בײַ אַ פֿירעקיקן טיש, איבער אַ שטויס פּאַפּירן, איז געזעסן אַ קורצער דיקער קאָזאַק אין אַ לויז באַטיסטן העמד, אין אַ פּאָר ברייטע בלויע הויזן. ער האָט געשריבן און אַרויסגעלאָזט פֿון אַ קורצן פּאָרצעלײַענעם ציבעק קליינע שפּריצן רויך. דער קאָזאַק האָט נישט אויפֿגעהויבן דעם קאָפּ, ווי קיינער וואָלט נישט אַרײַנגעקומען. ער איז געבליבן זיצן איבער די פּאַפּירן, האָט גערייכערט און צווישן די אויגן האָט געציטערט אַ „טשוב׳ שיטערע האָר וואָס זענען נישט געשטאַנען, נישט געלעגן, און האָבן זיך געבעטן מע זאָל זיי איבערציילן.

איבערן שרײַבטיש, אויף אַ האַלבער וואַנט, איז געהאַנגען ניקאָלײַ דער צווייטער אין אַ געגילטער ראַם. די באַקן, די אויגן, ס׳בערדל, די מעדאַלן – אַלץ אין פֿלאַמען. ווו אַ דריי מיט די אויגן – ניקאָלײַ האָט נאָכגעקוקט.

ערשט איצט האָט דוד זיך דערפֿילט געקרענקט און באַליידיקט. און צו[ם] מיי[נ]סטן פֿאַרן פֿאָטער. ער האָט חשק געהאַט אָנצוזידלען דעם פּאָלקאָווניק, געוואָלט אים זאָגן אַז מיט מענטשן דאַרף מען זיך באַגיין אַנדערש. ער האָט באַמערקט אַז דער קאָזאַק מיט די אַראָפּגעלאָזטע וואָנצן האָט אויף דער ברייטער נאָז אַ בראָדעווקע און אויף דער בראָדעווקע שטייט אַ האָר האַלב קײַלעכדיק ווי אַ סערפּ.

דער פּאָלקאָווניק האָט אויפֿגעהערט שרײַבן. ער האָט אַוועקגעלייגט די פֿעדער, טיפֿער אַרײַנגענומען אין מויל אַרײַן דעם קורצן ציבעק און האָט זיך באַקוועמער אויסגעצויגן אין זײַן פֿאָטערשטול. ער האָט דעם קאָפּ אַ דריי געטאָן צו פּיזשיצן און געוויזן אויף דודן:

– ווער איז ער?

דוד האָט נישט געקענט הערן ווי דער פֿאָטער שטאַמלט און זיך אָפּגערופֿן:

– איך בין פּיזשיצעס אַ זון. מײַן פֿאָטער רעדט נישט קיין רוסיש, בין איך מיטגעקומען...

דער פּאָלקאָווניק האָט געהאַט אַ מינע ווי מע וואָלט צו אים נישט גערעדט. ער האָט אַפֿילו דודן נישט אָנגעקוקט און אַ פֿרעג געטאָן פּיזשיצן:

– נאָך וועמען האָב איך געשיקט?

– אַז מײַן פֿאָטער רעדט נישט קיין רוסיש...

דער פּאָלקאָווניק האָט אים ניט געלאָזט ענדיקן. ער האָט גערעדט צו פּיזשיצן און געוויזן מיט אַ גראָבן פֿינגער אויף דודן:

– לאָז ער אַרויסגיין.

– אַז כ'רעד נישט קיין רוסיש – האָט פּיזשיץ, אָן מראה אין פּנים, געזאָגט אויף פּויליש.

– אַז דו ווילסט נישט אַז ער זאָל אַרויסגיין – האָט דער פּאָלקאָווניק געקוקט אויף פּיזשיצן פֿון אונטערן שטערן אַפֿער, גערעדט העכער און אָפּגעהאַקט, ווי ער וואָלט קאָמאַנדעוועט אַן אַרמיי – טאָ גייט ביידע!

דודס האַרץ האָט געבלוטיקט. ער האָט פֿאַרגעסן ווו ער געפֿינט זיך, געזען בלויז פֿאַר זיך דעם שיטערן ,טשוב' האָר, ווי בײַ כמעלניצקין, און אַלץ בײַ אים האָט זיך געריסן נקמה צו נעמען. ער האָט אַ צי געטאָן דעם פֿאָטער פֿאַר אַן אַרבל און געזאָגט אין ייִדיש:

– טאַטע, קום.

פּיזשיץ, אַ בלאַסער, ווי דאָס בלוט וואָלט אין גאַנצן אויסגעלאָפֿן פֿון זײַן פּנים, האָט נישט געוווּסט וואָס צו טאָן מיט זיך. זאָל ער בלײַבן – האָט אים ווײי געטאָן פֿאַר דודן. זאָל ער אַוועקגיין – פֿאַרלירט ער אַ פֿאַרמעגן. פּיזשיץ האָט זיך אַ רגע געקווענקלט און אַ זאָג געטאָן צום זון:

– כ'וועל זיך שוין ווי עס איז דורכשמועסן. אַ יוון בלײַבט אַ יוון. גיי אַהיים, דוד.

דוד האָט נישט געוווּסט וויִערנאָך ער האָט זיך גענומען אויף דער גאַס. ס'פּנים האָט אים געפֿלאַמט, ווי מע וואָלט אים אויסגעפּאַטשט. ער האָט זיך געטראָגן פֿון איין גאַס אויף דער צווייטער און אַלץ אין אים האָט זיך געקאָרטשעט, געוויינט אָן טרערן. ער האָט פֿײַנט געקראָגן דעם פֿאָטער וואָס האָט זיך געלאָזט באַליידיקן. ער האָט געטראַכט אַז דער פֿאָטער איז נישט בעסער פֿון די אַלע ייִדן וואָס דרייען זיך מיט די שטעקעלעך אין די הענט איבער די וואַרשעווער גאַסן, שאַרפֿן די קרומע מוחות, וויִערנאָך עמעצן אָפּצונאַרן, אָפּצושווינדלען. ער האָט זיך דערמאָנט ווי דער פֿאָטער איז געשטאַנען פֿאַרן קאָזאַק אַ צעשראָקענער, ווי אַ מה־יפֿית־ייִדל, און אַ שׂינאה צום פֿאָטער, צו דער גאַנצער וועלט, האָט אויפֿגעבלעזלט אין אים. דוד האָט זיך געשאָלטן וואָס ער איז געבוירן געוואָרן אַ ייִד, וואָס ער איז געבליבן אַ ייִד. ס'יונגע האַרץ האָט זיך געקאָרטשעט פֿון ווייטאָג, די אויגן זענען פֿאַרלאָפֿן מיט חרפּה.

אויפֿן זאַקסישן פּלאַץ האָט דוד זיך אָפּגעשטעלט. איבער די גאַסן, איבער די הײַזער האָבן זיך געשפּרייט די פֿאַרביקע קופּאָלן פֿון סאָבאָר. דער פֿאַסאַד פֿון רויטן גראַניט האָט געפֿלאַמט אין דער זון וואָס האָט זיך גענומען זעצן.

דוד איז אַרײַן אין סאָבאָר. דאָס גאָטסדינסט האָט זיך נאָר וואָס אָנגעהויבן און דער סאָבאָר איז נאָך געווען כּמעט ליידיק. אויסגעדינטע מיליטער־לײַט מיט זייערע ווײַבער האָבן דאָ און דאָרט געקניט. פֿון די טונקעלע אָפּענע טירן האָבן אַרויסגעבלישטשעט די אָפּגעגילטע איקאָנעס וואָס האָבן זיך געטוקט אין די פֿלעמלעך פֿון די וואַקסענע ליכט און די איילעמפּלעך. דער פֿינקל האָט זיך אויסגעמישט מיטן ,מאָראַלישן' קול פֿונעם פּאָפּ וואָס האָט זיך געדרייט אין זײַנע פּראַוואָסלאַוונע בגדים מיטן קעסעלע קטורת אין דער האַנט. דער פּאָפּ האָט געזאָגט תּפֿילות מיט אַזאַ כּעס און בייזער אַז די צעצויגענע ווערטער זענען געווען מער ענלעך אויף אַ קאָמאַנדע ווי אויף אַ תּפֿילה.

דוד איז געשטאַנען אין אַ ווינקל. די הענט אָנגעשפּאַרט אויף אַ גראַניט־קאָלאָנע. אויף די הענט – דער קאָפּ. אַלץ אין אים האָט געציטערט – וואָס בייזערט ער זיך אַזוי, דער פּאָפּ? וואָס קאָנסטאַנטינאָפּאָל, ס'וויגעלע פֿון פּראַוואָסלאַוויע, געהערט נאָך נישט דעם רוס? רוסלאַנד – אַ זעקסטל וועלט. דער סאָבאָר – די פּראַוואָסלאַוונע אידעע וואָס האָט שוין אויך אײַנגענומען די קאַטוילישע וואַרשע. און מיר ייִדן?

דוד האָט נישט געזען ווי מע לעשט די ליכט, ווי דער עולם צעגייט זיך. ער האָט נישט געפֿילט ווי אַ זקן גייט צו אים אונטער:

– איר שלאָפֿט?

– ניין, – האָט דוד אַ הייב געטאָן דעם קאָפּ, אָנגעקוקט דעם זקן מיט די לאַנגע האָר און זיך אַ רוק געטאָן אויף קריק.

– נישט קיין פּראַוואָסלאַוונער? – האָט דער זקן געוואָלט טרעפֿן.

– ניין, נישט קיין פּראַוואָסלאַוונער.

– אין דער פּראַוואָסלאַוונער צערקווע איז דאָ פּלאַץ פֿאַר אַלעמען – פֿאַר קאַטאָליקן, פֿאַר פּראָטעסטאַנטן, פֿאַר ייִדן.

ס'קול בײַם זקן איז געווען זיסלעך ווי דער ריח פֿון קטורת וואָס האָט געקרעלט אין דער נאָז, אין האַלדז. דוד האָט זיך גענומען רוקן. דער זקן איז אים נאָכגעגאַנגען. און אַז דוד איז שוין געשטאַנען בײַם אַרויסגאַנג, האָט ער אַ זאָג געטאָן:

– איך בין אַ ייִד.

– כ'פֿרעג בײַ אײַך נישט, – האָט דער זקן אַרויפֿגעלייגט זײַן ווייכע וואַרעמע האַנט אויף דודס – אַז ס'וועט אײַך זײַן שלעכט, אַז איר וועט זיך געפֿינען אין אַ נויט, קומט אַריבער.

דוד האָט נישט געענטפֿערט און איז אַרויס. פֿון ביידע זײַטן אַרײַנגאַנג זענען געווען אויסגעזעצט באַוואַקסענע בעטלער. אָן דער זײַט פֿון די בעטלער איז געזעסן אַ ,הייליקער'. ער איז געזעסן אויף דער גאָלער ערד. ס'פּנים – אײַנגעפֿאַלן. ס'מויל – אָן ציין. ס'גרויע בערדל – שיטער. מ'האָט בלויז געזען נאָז און אויגן. אויפֿן פּנים – אַן אומהיימלעכער שמייכל. אַרום ,הייליקן' האָבן זיך געקליבן קינדער, ווײַבער, מיליטער־לײַט, זיך אײַנגעהערט ווי ער רעדט:

– – – „מעג עס זײַן אַ בייז אויג, מעג עס זײַן אַ באַנעמעניש, מעג עס זײַן אָפּצושטרײַכן אַ שלאַף קינד – אַלץ טו איך. וויל איינער אַ גורל, וויל איינער ס'דאָברע־מזל אַראָפּלייענען

– אַלץ טו איך. איר זעט דעם פּראַוואָסלאַוונעם סאָבאָר? אַז איך וויל, קען איך אים מאָרגן איבערטראָגן קיין קאָנסטאַנטינאָפּאָל. כ׳בין אַ גורל־וואַרפֿער, כ׳לייען אַראָפּ מענטשן פֿון די הענט...״

קינדער, ווייַבער, מיליטער־לײַט האָבן געוואָרפֿן מטבעות אין אַ בלעכענער שיסל אַרײַן, געשטעקט די הענט, דער ,הייליקער׳ זאָל וואַרפֿן גורל, זאָל אַראָפּלייענען ס׳דאָברע־מזל, זאָל דערציילן ווי די פּראַוואָסלאַוונע אידעע נעמט אײַן די וועלט.

ס׳איז שוין געווען פֿאַר נאַכט ווען דוד איז אַרויס פֿון די גויִישע גאַסן און איז אַרײַן אין די ייִדישע ווו מ׳האָט כּמעט קיין מענטשן נישט געזען. פֿון לעשנע האָט ער אַרײַנגעשניטן אין פּשעיאַזד. די ליידיקייט דאָ האָט געשראָקן. ס׳איז אויסגעוואַקסן אַ פֿאַרשפּעטיק־טער ייִד וואָס האָט זיך געאײַלט צו כּל־נדרי. פֿון נאָוואָליפּיע האָבן זיך אַרויסגעשאַרט עטלעכע יונגען און זענען גלײַך פֿאַרשווונדן אין אַ הויף. אָנגעצונדענע יום־כּיפּור־ליכט האָבן אַרויסגעפֿינקלט פֿון די פֿאַרמאַכטע פֿענצטער, אומגעהאַרישער געמאַכט די טיפֿע שטילקייט.

דוד איז אַרײַן צו זיך אין הויף. ער האָט אויסגעמיטן דעם פֿאַראַדנעם אַרײַנגאַנג, נישט געוואָלט זיך באַגעגענען מיט קיין שטוביקע. ער האָט זיך געהויבן מיט די קיכטרעפּן. רי־חות זענען אים באַפֿאַלן – פֿיש אין זיסן, געבראָטנס, געזאָטנס, ,טעקאָטנס׳[13] געפּרעגלט אין האָניק, שעפּטאַלן. די ריחות האָבן אים דערמאָנט אַז ער האָט פֿון אין דער פֿרי אָן גאָר נישט געהאַט געגעסן. אָן אָטעם איז ער אַרײַנגעפֿאַלן צו זיך אין דער אַטעליע. ער האָט פֿאַרשלאָסן נאָך זיך די טיר און גענומען ווישן דעם שווייס פֿון שטערן, פֿון קאַרק, פֿון די הענט. ער האָט אַראָפּגעוואָרפֿן דעם ראָק, דעם קאַפּעליוש און גענומען שפּרײַזן איבער דער לאַנגער אַטעליע, געשפּרײַזט פֿאַרבײַ דער הויכער פֿיגור פֿון דעם ,מאָדערנעם ייִד׳, פֿאַרבײַ די הילצערנע געשטעלן ווו ס׳זענען געשטאַנען קעפּ, ביוסטן, געקנאָטן פֿון ליים און געוויקלט אין נאַסע שמאַטעס.

אין מיטן שפּרײַזן האָט דוד זיך געכאַפּט אַז ס׳איז נאַכט געוואָרן און אַ שרעק איז אים באַפֿאַלן. וואָס טוט ער דאָ, אין וואַרשע, אויף אַ בוידעם, ווען ער האָט גאָר געדאַרפֿט זײַן אין רוים, אין פּאַריז, געדאַרפֿט איבערראַשן און אײַננעמען אַ וועלט? אין געאײַל האָט ער גענומען אָפּוויקלען די נאַסע שמאַטעס פֿון די געשטעלן. ער האָט געוויקלט גיך, אָפּגעוויקלט מיט פֿי־בער, געריסן די שמאַטעס ווי באַנדאַזשן. מענטשן אָן הענט, אָן פֿיס, אָן פּנימער. ס׳האָבן זיך בלויז געזען פּלייצעס און אַקסלען – צעדרייטע, צעקרימטע, צעהויקערטע. פּלייצעס אין די צענדליקער, אין די הונדערטער, האָבן זיך געבויגן, זענען געפֿאַלן ווי אויף אַ שלאַכטפֿעלד.

דוד איז געלאָפֿן צו דער פֿיגור פֿון דעם ,מאָדערנעם ייִד׳. ער האָט געריסן פֿון אים שטיקער, געריסן מיט אַזאַ רציחה אַז די פֿיגור האָט זיך גענומען בייגן. דער ,מאָדערנער ייִד׳ האָט יעדער רגע געקענט פֿאַלן פֿון די פֿיס. די פֿיגור איז קלענער געוואָרן, די גלײַכע פּלייצע

13 אַ יום־טובֿדיקער צימעס פֿון מערן; די מערן ווערן געשניטן אין גראָבע פּליטשן און פֿאַרברוינט אין צוקער און פֿעטס, זעען זיי אויס ווי ,רענדלעך׳ (גאָלדענע מטבעות; ,טעקאָטן׳ = ,דוקאַטן׳).

– אויסגעקרימט. דוד האָט זיך גענומען רוקן פֿון דער פֿיגור. און ווי ער האָט זיך גענומען רוקן, האָט זיך דערהערט אַ קלאַפּן אין טיר:

– עפֿן, עפֿן, זון מײַנער!

דוד האָט נישט געענטפֿערט. ער האָט זיך אַ שטעל געטאָן אויף די שפּיץ נעגל, זיך אײַנגעהערט. און אַז דאָס קלאַפּן איז געוואָרן שטאַרקער, האָט ער זיך פֿאַרשטאָפּט מיט די פֿינגער די אויערן און זיך אַ ריס געטאָן איבער דער פֿינצטערער אַטעליע. די מורא פֿאַרן סאָבאָר, פֿאַרן פּאָפּ, פֿאַרן שמדן זיך איז אין אים געוואַקסן. דאָס קלאַפּן אין טיר האָט נישט אויפֿגעהערט. פֿון שרעק האָט דוד זיך אַראָפּגעלאָזט אויף אַלע פֿיר. ער איז פֿאַרקראָכן אונטערן בעט און האָט אַליין זיך צעלאַכט. ערשט איצט איז ער געווען מײַלן ווײַט פֿון סאָבאָר, מײַלן ווײַט פֿונעם פּאָפּ. און דער ,מאָדערנער ייִד׳ מיטן גלות־שטעקן, מיט דער טאָרבע, האָט זיך גערוקט צו אים אַ געבויגענער, געשמייכלט מיט ר׳ שימחה פּיזשיצעס קלוגן שמייכל.

שלום אַש

# איבער דער גרענעץ

1

דאָס שטעטל ליגט אַ האַלבס אויפֿן באַרג, און דער עק פֿון צווייטן האַלבן שטעטל גרייכט שוין אין וואַסער אַריַין. און שטייענדיק אויפֿן באַרג, פֿאַרן שולפֿלאַץ, קוקט מען גלייַך אַריבער אויף יענער זיַיט וואַסער, ווו די פֿעלדער ציִען זיך וויַיט אַוועק, און דאָרט אויף יענער זיַיט וואַסער ווערן זיי ערגעץ ווו פֿאַרבלאָנדזשעט, אַז גאָט איינער ווייסט ווו... און שטייענדיק אויפֿן באַרג, פֿאַרן שולפֿלאַץ, און אַראָפּקוקנדיק אונטן אין וואַסער אַריַין, דאָרט וויַיט אין די פֿעלדער אַריבער, וואָס זענען אויף יענער זיַיט וואַסער, ווילט זיך טייל מאָל אַ חדר־ייִנגעלע די הענט פֿאַרשפּרייטן, די פֿיס דערהייבן, און היַידאַ... אַ פֿלי אַריבער, וויַיט אַוועק, איבערן וואַסער, וויַיט אין די פֿעלדער אַריבער, פֿאַרבלאָנדזשעט מיט זיי אין איינעם צו ווערן, וויַיט... אַז גאָט איינער ווייסט ווו...

געווען איז עס אַ טאָג אַ שיינער און אַ פֿריילעכער. די הימלען אויבן האָבן זיך געטאָן דאָס זייעריקע, קיַילעכדיק זיך פֿאַרשפּרייט, און האָבן מיט פֿיל ליַיטזעליקייט באַשיצט גאָטס וועלטל אַזוי, ווי זיי זענען געבאָטן געוואָרן פֿון ששת־ימי־בראשית אָן. און דאָס וואַסער האָט זיך אויך געטאָן דאָס זיַיניקע, וויַיט האָט עס זיך אויסגעגאָסן, איין וואַל האָט נאָכגעיאָגט די צווייטע, די צווייטע האָט געכאַפּט די דריטע און האָט זיך אין איר אַריַינגעגאָסן. און אויס־געזען האָבן די וואַלן, ווי אַ שליח מיט אַ ראַפּאָרט קומט פֿון גאַנץ וויַיט און גייט ערגעץ ווו, גאַנץ וויַיט, און דערלעבט ניט זיַין שליחות אויסצופֿירן, ער צעגיסט זיך און צעגייט דערוויַיל אין וואַסער; יאָגט אים נאָך אַ צווייטער, צעגייט ער אויך אין וואַסער, און אַ דריטער... און אַ פֿערטער... און דאָס וואַסער שווימט וויַיט אין [דער] וועלט אַריַין... ביַי דעם ברעג, אויפֿן באַרג, ווי אַ געטריַיער באַלעבאָס, שטייט זיך דאָס שטעטל, די נידעריקע היַיזלעך דערהייבן זיך, און קייטלען זיך אויפֿן באַרג אַרויף. איין היַיזל שטייט אויפֿן צווייטן היַיזלס דעכל. און בכלל זעט אויס גאָטס וועלטל ווי אַ ליבלעך הויזגעזינד, וואָס לעבט אין שלום, יעדער טוט זיך דאָס זיַיניקע. דער מאַן קלאַפּט אויף דער מאַשין און זינגט זיך זיַין לידל, דאָס וויַיב שטייט זיך ביַי דער קיך, קאָכט אָפּ וועטשערע און זינגט זיך איר לידל.

אַ דאָנערשטיק נאָך מיטאָג. די קינדער זענען פֿריִער פֿון דעם חדר אַהיים געקומען, מע לאָזט זיך צום וואַסער אַראָפּ. אָט שטייט אַ ייִדענע ביַים ברעג און וואַשט די קינדער־לעך אויס לכּבֿוד שבת. דאָס קינד, אַ מיידעלע פֿון אַ יאָר זעקס, ריַיסט אַרויס איר נאַסן, איַינגעזאַפּטן קאָפּ פֿון אונטער [דער] מוטערס הענט און וויינט הויך. די ייִנגלעך שטיפֿן

פֿון: **אין אַ שלעכטער ציַיט.** וואַרשע, 1903, ז״ז 3–9.

אַרום אויף אַ לאָדקע וואָס שטייט בײַם ברעג. איינער שטופּט מיט דעם שיפֿלער פֿון דעם ברעג אָפּ, און אָט לאָזט זיך די לאָדקע אין וואַסער. די קינדער שרײַען און שאַלן מיט גדולה, און אָט קומט פֿון דער ווײַטן אַ בערלינקע אָן צו שווימען, און שווימט זיך רויִק, פֿאַמע־לעך, ווי אַ שאָטן דורך [דעם] שטעטל. פֿון דאָרט, פֿון דער ווײַטן ווײַזן זיך רויטע ספּאָדני־צעס און נאַקעטע פֿיס שטייען אין וואַסער, און נאַקעטע הענט קלאַפּן אין ווײַסע שטיקער וועש. אַ מיידל שטייט בײַם ברעג און וואַשט דאָס געפֿעס אָפּ, עס שווימט איר אַ טעלערל אַוועק אין וואַסער, זי וויינט, קומט אָן אַ חדר־קונדס, ער לאָזט שוין זײַן לאַנגע קאַפּאָטקעלע אין וואַסער נעצן און מיטן הוט שלעפּט ער פֿון וואַסער דאָס אַוועקגעשווומענע טעלערל אַרויס. און אָט קומט אויף דער לאָדקע ר׳ חיים־דוד און ברוך־פֿישער צו שווימען, מיט אַ גרויס[ער] פֿול[ער] נעץ פֿיש לכּבֿוד שבת; און נאַקעטע בני־יעקבֿלעך, אַזוי ווי זיי וואָלטן גאָר קיין גלות־קינדער געווען, אין די אַרבע־כּנפֿותלעך באָדן זיך, און האָדעווען זיך אין וואַסער, ווי אמתע קינדער אויף דער שויס פֿון אַן אמת[ער] מאַמע. און דער ווינט בלאָזט, פֿאַרשפּרייט די לײַוונט אויף [דער] לאָדקע, לופֿטערט בערד, מאַכט ציטערן פּאות, און פֿאַטשט מיט ציצית פֿון אַרבע־כּנפֿותלעך אין פּנים אַרײַן.

אַ ביסל אונטער דער שטאָט ציִען זיך אויך די הימלען זיכער, גיסט זיך אויך דאָס וואַ־סער זיכער, אויף גאָטס חסד געשיצט, און בײַם ברעג ליגן אַנדערע מענטשן פֿון אַן אַנדער וואַסער, אַ פּאַרטיע ,ליטוואַקעס׳. יונג און אַלט ליגן זיי אויפֿן פֿעלד. פֿון דער ווײַטן זעען זיך נאָר די בלעכערנע טשײַניקעס אָנגעבונדן אויף די געפּעק. עס ליגט אַ ייִדענע אָנגעלענט דעם קאָפּ אויף אַ קעסטעלע און איבערגעבנדיק אַ ,כּפּרה׳ די נאַקעטע ברוסט דעם נאַקעטן קינד, וואָס ליגט בײַ איר, ציט זי איר קאָפּ צום הימל אַרויף. די פֿאַרמאַכטע אויגן בעטן שוין ניט, עס הייסט ווי זיי וואָלטן צום בורא־עולם זאָגן: ווילסט אַזוי, טאָ זאָל זײַן אַזוי...

עס זיצן די פֿאָטערס אויף די געפּעק־זאַכן; טייל די קעפּ אויף די הענט אָנגעלענט און קלערן, טייל גאָר – אַזוי ווי עס וואָלט זייער עסק ניט זײַן, זיצן און שווײַגן, וואַרטנדיק אויף עפּעס. בײַם טאַטן אויף דר׳ערד זיצט די מאַמע און צעטיילט די קליינע קינדערלעך ברויט מיט אוגערקע, דער פֿאָטער בייגט דעם קאָפּ פֿון די עסנדע קינדער אַוועק און קוקט אין הימל אַרײַן. און דאָרט בײַם ברעג וואַסער שטייט די עלטערע טאָכטער און קוקט אויף די פֿליסנדע וועלן, און פֿון די אויגן רינען שטילע טרערן, און עס דאַכט זיך, אַז די ליפּן שאָקלען זיך.

און שטיל איז אין דער פּאַרטיע. עס פּרוּווט צו רעדן אַ יונגער־מאַן עפּעס מיט אַן אַלטן – דער לעצטער שווײַגט. דער יונגער־מאַן רעדט ווײַטער, דער לעצטער שווײַגט אַלץ.

עס לאָזט זיך אַ ייִנגעלע, אַ ליטוואַקל אַ קליינס, פֿון דער פּאַרטיע אַרויס און גנבֿעט זיך צו צו די שטאָט־ייִנגלעך, וואָס באָדעווען אין די לאַנגע קאַפּאָטקעלעך, דאָרט אין דער גרויס[ער] לאָדקע וואָס איז בײַם ברעג וואַסער. עס גייט דאָס ליטוואַקל, גייט און קוקט זיך אום. לאָזט זיך און כאַפּט זיך צוריק, און אָט האָט ער שוין אויך אַ פֿוס אין [דער] לאָדקע אַרײַנגעשטעקט. נאָר דאָרט אין דער פּאַרטיע שטייט אַ הויכע ייִדענע און ווינקט מיט שרעק אויף דעם ייִנגעלע, מאַכט מיטן פֿינגער: שלמהקע! און דאָס ליטוואַקל גייט ברוגזדיק צו

דער פּאַרטיע צוריק, זעצט זיך צווישן די ייִדן און קוקט מיט בענקשאַפֿט אויף די שפּילנדע ייִנגעלעך און שווייַגט אויך.

פֿון אונטער דער ווינטמיל, וואָס פֿאַרשטעלט די פּאַרטיע פֿון מענטשנס אויגן, לאָזט זיך עפּעס אַ קליין מאָגער ייִדל אַרויס מיט אַ געשווירן בערדל און טראָגט אָנגעטאָן עפּעס אַ מין דייַטשן רעגן־מאַנטל, אונטן צוגעפּאַטיעט,[1] און אַ פּירקאַנטיק היטעלע, ער האַלט עפּעס אַ ביכל אין דער האַנט און שרייַבט דערין. נאָך אים לאָזט זיך נאָך פֿון אונטער דער ווינטמיל עפּעס אַ הויכער סאָלדאַט מיט אַ רינגעלע אין אויער. עס רוימט זיך דער סאָלדאַט מיט דעם ייִדן אין דער שטיל. דער סאָלדאַט קוקט אויף די זיצנדע ייִדן און דאָס ייִדל שרייַבט אין ביכל, הינטער זיי גייט נאָך אַ הויכער יונג. דאָס פּנים זייַנס איז פֿאַרבונדן מיט אַ טוך, און ער האַלט אַ גראָבן שטעקן אין דער האַנט, און דער יונג קלאַפּט ווילעריש מיטן שטעקן אין דער פֿייַכטער ערד.

אין דער פּאַרטיע ווערט שטיל. עס בלייַבן זיצן די וואַנדערער אויף זייערע געפּעק און שווייַגן. עס קערט צוריק דאָס מיידל פֿון ברעג און זעצט זיך אין דער קאָמפּאַניע. דאָס קליינע ליטוואַקל באַהאַלט זיך אונטער דער מאַמעס פֿאַרטעך און ציטערט. און די אימה־דיקע געזיכטער, און די אַראָפּגעלאָזטע אויגן רעדן עפּעס אין דער שטיל: מיר זענען גאָר ניט שולדיק! גאָר ניט שולדיק!

פֿון אונטער דער ווינטמיל ווייַזט זיך אַרויס אַ שטיק שוואַרצע קאַפּאָטע, אַ האַלב גע־זיכט, אַ האַלבע באָרד, אַ האַלבער הוט און איין אויג באַאָבאַכטעט פֿון דער ווייַטן דעם ייִד מיט דעם רעגן־מאַנטל. באַלד ווייַזט זיך פֿון אונטער דער ווינטמיל אַ האַנט אַרויס און ווינקט צו דער ‚פּאַרטיע‘, מאַכנדיק אַרויף און אַראָפּ.

די וואַנדערער זיצן, קוקן איינער דעם צווייטן אָן און שווייַגן.

פֿאַר נאַכט. אַ ווינט בלאָזט, ער רודערט אויף די ליגנדע, שטילע פֿליסנדע וועלן, און פֿון דער ווייַטן דאַכט זיך, ווי אַן אומגעהייַערע חיה שווימט אין וואַסער מיט לאַנגע גרויסע וואַסערדיקע קאָלטענעס. די לייַוונט ווערן אויף די בערלינקעס אויפֿגעצויגן (זיי גרייטן זיך עפּעס אָן צו אַ מלחמה). פֿון ערגעץ ווייַט קומט אָן אַ טראַטווע צו שווימען און אַ פֿייַערל ברענט זיך אויף דער טראַטווע. און דאָרט אייַלט אַ מענטש אויף אַ לאָדקע צום ברעג, און ווייַטער גיסט זיך דאָס וואַסער; עס גיסט זיך אויס קעגן איבער דעם טוי־באַדעקטן הימל, דער העלד האָט זיך אָפּגעמאַטערט און רוט. און פֿון דעם באַרג גלענצן אַראָפּ די קליינע זעקס ליכטלעך, וואָס שטייען אין קליינעם בית־המדרש פֿאַרן ‚עמוד‘. טונקל ווערט אויפֿן וואַסער, טונקל ווערט אויפֿן הימל און דאָס שטעטל הילט זיך אין אַ טוינעפּל אייַן און רוט אויך. און פֿון דעם קליינעם בית־המדרש לאָזט זיך אַ וויינענדיקער „והוא רחום“ הערן, און די תּפֿילה שוועבט אין דער לופֿטן, איבער דעם וואַסער, ווייַט איבער די פֿעלדער... אַ קריאת־שמע־לייענען איז עס פֿאַרן שלאָפֿן־לייגן־זיך פֿון דער גאַנצער וועלט...

1 ‚הינטן צוגעצויגן‘ (וואַריאַנט אין ‚דער פֿרייַנד‘, דעם 5טן פֿעברואַר 1903, ז׳ 3).

## 2

נאַכט איז געוואָרן, און שטיל איז אַרום. דאָס וואַסער, ווי עס וואָלט זיך עפּעס אַ ברוגז מיט די חדר־ייִנגלעך געמאַכט, וואָס שטיפֿן דערמיט אַ גאַנצן טאָג אַרום, האָט זיך אין אַ טוינעפּל איינגעהילט, עס הייסט אויף מענטשן־לשון: אין שטוב זיך אַרייַנגעכאַפּט, די לאָדן פֿאַרמאַכט און שלאָפֿט. אויף אַ טראַטווע ערגעץ ברענט זיך אַ פֿייַערל, אַ בריליאַנט איז אין דער פֿינצטער[ער] נאַכט איינגעפֿאַסט, און דאָס פֿינקלט אַזוי פֿון דער ווייַטן... די שטאָט־באַלעבאַטים האָבן זיך אין זייערע הייַזלעך באַהאַלטן, און יעדער שיצט זיך אונטער זייַן דעכל, וואָס דער עלטער־זיידע האָט אים איבערגעלאָזט. און דאָס גאַנצע שטעטל באַהאַלטנדיק זיך אין דעם נעפּל, וואָס שטייַגט פֿון וואַסער אַרויס, דאַכט זיך, דאַנקט און לויבט השם־יתברך, זיך איינַקאָרטשענדיק: אוי, וואָס פֿאַר אַ גוטן גאָט מיר האָבן! און דער נעפּל, שוועבנדיק איבער דעם שטעטל, איז עפּעס ווי אַ מאַמע, וואָס פֿאַרשפּרייט איר פֿאַרטעך איבער אירע קליינע קינדערלעך, בעטנדיק זיך: דאָ ניט... דאָ ניט...

נאָר די לבֿנה, איינע אַליין אויפֿן הימל, קוקט אַראָפּ איינע אַליין אויף דר׳ערד, און בלאָנדזשעט אַרום איינע אַליין אויף דער וועלט, זוכנדיק נאָך אַ לבֿנה... און אויף דעם שלאָפֿנדיקן וואַסער פֿאַלט אַ קאַלטער שטראַל און באַלויכט עפּעס, שוועבנדיק אויף די רויִקע, שלאָפֿנדע כוואַליעס. אַלץ טוליעט זיך, הילט זיך אונטער די פֿליגלען פֿון דער שכינה אייַן, בעטנדיק אין דער שטיל מיט פֿאָרכט: גאָט, זייַ [ד]ערבאַרעמדיק איבער אונדז!

אונטן אויפֿן פֿעלד איז דאָס וואַסער פֿאַרגליווערט אין איין שטיק, אין דעם אַוויר פֿון דער נאַכט. פֿאַרגליווערט מיט אַלעם: מיט דער וועלט, מיט דער ערד, הימל און גאָט. בייַם ברעג, אויף די פֿליגל פֿון אַ שוואַרצן רירעוודיקן אָדלער ליגן ווער... צי זענען עס מענטשן, אָדער טויטע שאָטן פֿון דער נאַכט?... פֿנימער קוקן אין דער לבֿנה אַרייַן, בעטנדיק עפּעס.

און שטיל איז אַרום.

פֿון דער ווייַטן הערט זיך, ווי עס רודערט זיך עפּעס אין וואַסער... איין וואַל פֿאַלט אויף דער צווייטער און דאָס גיסט זיך צוזאַמען, ווי עפּעס קושן זיך און פֿליסטערן אין דער שטיל... צי זענען מתים דאָ די נשמות זייערע טובֿל אין וואַסער?... באַלד באַוועגט זיך אַ שאָטן אין דער לופֿט, שוועבנדיק איבערן וואַסער. עס רודערט זיך און עס נענטערט זיך, דער שאָטן. אָט הערט זיך, ווי עס שווימט... לאָקך... לאָקך... דאָס וואַסער קושט אין דער שטיל דעם ברעג... דאָס וואַסער קלאַפּט אויף דעם ברעג... דאָס וואַסער שלאָגט דעם ברעג... עס איז ווער צום ברעג צוגעפֿאָרן.

אַ שאָטן איז אויף דעם ברעג אַרויף...

– ש־שאַ, ש־שטיל זייַט!

עס רודערט זיך אויפֿן פֿעלד. טריט קנייטשן און בייגן ווייך דעם טוי־באַדעקטן גראָז.

– ייִדן!

– ווו זענט איר? זענט איר אַלע צוזאַמען?...

– קומט!

– ש... שטיל.

עס רודערט זיך אויפֿן פֿעלד, פֿײַכט גראָז קנייטשט זיך אונטער טריט.
– ליזע, האַלטסט אַבֿרהמלען?
מע פֿליסטערט אין דער שטיל.
– ברוכל, ווו ביסטו?
– בײַם טאַטן.
מע גייט.
– ייִדן, האַלט אײַך אָן בײַ די הענט, קאָמאַנדעוועט ווער אין דער שטיל. מע גייט.
– ששששששאַ.
– שטיל זײַט נאָר.
– שווײַגט, האָרכט!...
עס הערט זיך אַ רודערן צווישן צווײַגן פֿון דער ווײַטן.
– מע האָרכט, דאַכט זיך.
– יאָ.
– האָרכט נאָר –
– מע גייט.
– מע יאָגט נאָך...
– שטיל זײַט – ששששש...
– לייגט אײַך פּאַמעלעך אויף דר׳ערד אַנידער.
– באַהאַלט דאָס פּנים אין די גרעזער.
– האַלט אײַן דעם אָטעם.
שטיל איז אַרום.
– די לבֿנה איז באַוואָלקנט, זיי וועלן אונדז נישט זען.
– גוט.
– זי וועט אַזוי פֿלינק פֿון די וואָלקן ניט אַרויסקומען.
– גוט.
– אָ, גאַנצע מחנות שוואַרצע וואָלקן ציִען זיך איבער איר!
– געלויבט צו גאָט.
עס הערט זיך אַ פּישטשען פֿון אַ קינד.
– האַלט דעם קינד דאָס מויל צו, זאָל עס ניט שרײַען.
– געדענקט אין גאָט, וואָס טוט איר?!
דאָס קינד הערט אויף צו פּישטשען.
עס הערן זיך טריט פֿון פֿערד.
– מיר זענען פֿאַרלוירן!
– האָט קיין מורא.
– ליגט אויף דר׳ערד, רודערט אײַך גאָר ניט.
– בעט גאָט אין האַרץ.

– רבו־נו־ש־ל־עולם!
ש־ש־טיל.
– מאַמע, ווּ ביסטו?
– דאָ, דאָ!...
– שווייַגט!
– מאַמע, איך האָב מורא.
– זייַ שטיל, איך בעט דיך.
– מאַמע, פֿאַרדעק מיך מיטן טוך.
– שטיל וועט איר זייַן!...
– מאַמע...
– וואַרפֿט אים אין וואַסער!...
די טריט פֿון די פֿערד הערן זיך שוין נענטער.
– ש־ש־ש־טיל.
די פֿערד האָבן זיך אָפּגעשטעלט.
שטיל איז אַרום.
– שעוועליטסיאַ? ניעט? (עס רירט זיך עפּעס? ניט?)
שטיל איז, מע האָרכט.
– ניע סלישנאָ. (מע הערט ניט.)
עס הערט זיך אַ גאַלאָפּ, מע רייַט געשווינד.
די טריט פֿון די פֿערד הערן זיך שוין פֿון דער ווייַטן.
באַלד, זיי פֿאַרשטומען אין דער שטילקייט פֿון דער נאַכט.
– געלויבט השם־יתברך!
מע שווייַגט.
– וואָס פֿאַר אַ גוטן גאָט מיר האָבן!
– הייבט אייַך אויף פּאַמעלעך...
– האַלט אייַך אָן בייַ די הענט.
– קומט, ייִדן.
עס הערן זיך טריט פֿון מענטשן.
– אָט איז די לאָדקע, לייגט אַרייַן די געפּעק.
דאָס וואַסער קלאַפּט אויף דעם ברעג.
– ווּ איז אַבֿרהמל?
– דאָ, דאָ.
– שטייַגט אייַן פֿלינקער.
– דאָס לעצטע מאָל זע איך דיך, מייַן לעצטער טריט אויף דייַן ערד!...
– וועסט שפּעטער זאָגן קינות.
– דעם טאַטן מיט דער מאַמען דאָ אין קבֿר איבערגעלאָזט, און דו טראָג דיר די ביינער

וווּ אַנדערש וווּ...
– מאַך דיך נישט צום נאַר.
– הײדאַ... פֿלינקער, קיין צײַט נישטאָ.
– פֿאַרטיק?
– שטופּ אָפּ.
– פּאַמעלעך, אין דער שטיל.
עס רודערט זיך, דאָס וואַסער קלאַפּט אויף דעם ברעג, עס הערט זיך כוואַליעס יאָגן, מע שיפֿט זיך... לאָקך... לאָקך... מע פּאַטשט דאָס וואַסער...
די לבֿנה שווימט רויִק פֿון די וואָלקן אַרויס, זי שמייכלט, עס פֿאַלט אַ קאַלטער שטראַל אויף די וואָלן.

שלום אַש

# אויך אַ מאַמע

(געווידמעט מאַטילדען)

פֿירעקנדיק איז דער מאַרק, אַרומגערינגלט פֿון אַלע פֿיר זײַטן מיט נידעריקע, קליינע, אָפּגעווייַסטע הײַזלעך. פֿון דעם איינשטאָקנדיקן הויז, וואָס שטייט קעגן איבער ד[עם] ברונעם, דאָרט ווו דער בעקער וווינט, גייט פֿון דעם קוימען אַ געדיכטער רויך אַרויס און ער צעלייגט זיך האַרט איבער דעם מאַרק. אונטער דעם רויך פֿליִען ווייַסע טויבן אַהין און צוריק, און אַ הויכער יונג שטייט בײַ דעם איינשטאָקנדיקן הויז און פֿײַפֿט אויף די טויבן.

קעגן איבער ד[עם] ברונעם שטייען ,שטעלן׳, טירן אויפֿגעלייגט אויף צוויי שטולן, אויף די טירן ליגן פֿאַרשידענע פֿרוכטן און גרינס, און ווײַבער מיט אָפּגעברענטע מידע פּנימער, אַרומגעוויקלט מיט טיכלעך אין די גרעסטע היצן, שטייען פֿאַר די ,שטעלן׳ און קריגן זיך.

– אַוודאי, עס לוינט זיך מיר באַלד מיט אַזאַ שנאָרערין צו קריגן, פֿאַרמאָגסט מײַן מיסט? דו שלעפּערקע.

יענטע, אַ ייִדענע פֿון אַ יאָר עטלעכע און פֿערציק, וואָס פֿון אירע ברייטע ליפּן האָבן זיך די ווערטער געלאָזט הערן, טראָגט אַ ברייטן שמוציקן פֿאַרטעך, און איר דיק אָפּגע־ברענט פּנים, וואָס קוקט רויִק אַרויס פֿון אונטער דעם טיכל, האָט מסכּים געווען אויף אירע ווערטער.

– וואָס מיינסטו, האָסט שוין גאָט פֿאַרן באָרד געכאַפּט? ער געהערט מיר אַזוי גוט ווי דיר אָן, האָט איר טויבע אָפּגעענטפֿערט, אַראָפּרוקנדיק דאָס טיכל איבער די האַלבע אויערן און מיט כּעס זיך די האָר אַרונטערגעשאַרט.

אַ קונהטע איז צוגעקומען צו יענטעס ,שטעל׳. און טויבע, וואָס איז ליידיק געשטאַנען, האָט דערווײַל זי אָנגעשאָלטן מיט טויטע קללות.

– וואָס טויג מיר דײַן געלט, פּריצטע! ווערסט שטאַרבן און אַפֿילו אַ הונט וועט נאָך דיר קיין קדיש נישט זאָגן... האָט די ייִדענע געשריגן.

טויבע האָט איר שכנטע געוואָלט דערמיט געבן אָנצוהערן פֿון איר זון יצחקל, נאָר זי האָט זיך דערמאָנט, אַז עס פּאַסט נישט זיך אַליין צו רימען, איז זי אין מיטן רעדן שטיל געוואָרן.

יענטע, אָנמעסטנדיק די קונהטע אַ קוואָרט באַרן, האָט איר אָפּגעענטפֿערט:

– אַוודאי, ווען דו וואָלטסט אַ שטיקל לײַט געווען, וואָלט דאָך דײַן מאַן איבער דיר נישט געשטאָרבן, און דײַן קינד וואָלט זיך דאָך מיט דיר נישט געשעמט. ער שעמט זיך דאָך מיט דיר.

פֿון: **אין אַ שלעכטער צײַט**. וואַרשע, 1903, ז"ז 68–78.

טויבע איז געוואָרן אין כּעס און אַרויס מיט אַ קול:

– חצופּה! מײַן קינד שעמט זיך מיט מיר! אַ כּפּרה מעגסטו זײַן פֿאַר זײַן מינדסטן נאָגל, ביסט אַפֿילו נישט ווערט מײַן קינדס נאָמען צו דערמאָנען.

זי האָט געוואָלט אַרויס מיט אַ געוויין, וואָס מע זאָגט, אַז איבער איר איז איר מאַן גע־שטאָרבן, און איר קינד, איר יצחקל, שעמט זיך מיט איר, נאָר נישט צו דערפֿרייען יענטען מיט אירע טרערן, האָט זי זיך מיט אַלע קרעפֿטן אײַנגעהאַלטן נישט צו וויינען.

די זון האָט זיך וואָס אַ מאָל מער אַרונטערגעלאָזט אונטער יענער זײַט שטעטל. ייִדן האָבן זיך געאײַלט איבער דעם מאַרק און אַלע זענען אַוועק אין דעם בית־המדרש־געסל מינחה דאַוונען. בײַ דעם ברונעם, אין מיטן מאַרק, האָבן זיך אָנגעהויבן צוזאַמענקלײַבן חדר־ייִנגלעך, וואָס זענען ערשט פֿרײַ פֿון דעם חדר געגאַנגען.

טויבע האָט צוזאַמענגענומען אירע פּאָר קיישלעך אויף די הענט (די טיר מיט די שטולן האָט זי אין מאַרק געלאָזט: עס וועט קיינער נישט גנבֿענען), און איבערלאָזנדיק די גראָבע יענטע אַ פּאָר קללות, איז זי שטיל פֿון דעם מאַרק אַוועק.

ווען זי איז זיך מיט די קיישלעך אויף די הענט אַליין אַהיים געגאַנגען, האָט זי וועגן איר יצחקל געקלערט.

יענטעס שטעכעדיקע ווערטער קע[נע]ן איר פֿון זינען נישט אַרויס. מילא, דאָס וואָס זי זאָגט: איבער איר איז דער מאַן געשטאָרבן, אַרט עס איר ניט; אַלע ווייסן וואָס זי האָט אַוועקגעאַרבעט בײַ איר מאַנס קרענק, נאָר וואָס זי זאָגט, אַז איר יצחקל שעמט זיך מיט איר, דאָס קרענקט איר ביז אין ריפּ. טאַקע, דאַכט זיך איר, אַז ער קומט אַהיים אויף דער נאַכט נעבעכיקן, וויל ער בײַ איר קיין זאַך נישט פֿאַרזוכן...

און קלערנדיק דאָס, האָט זי אָנגעהויבן שעלטן יענטען.

– נישט דערלעבן זאָל זי דאָס, רבונו־של־עולם! טאַטע אײנער!

עפּעס האָט זיך איר געדאַכט, אַז דאָס וואָס זי מיינט, אַז יצחקל שעמט זיך מיט איר, האָט זי קיינעם נישט צו פֿאַרדאַנקען נאָר יענטען, אַלץ האָט זי, די מכשפֿטע, אָנגעמאַכט.

– מײַן קינד, מײַן יצחקל, וואָס פֿאַר אַ געשעפֿטן האָט איר צו אים?! און זי איז אַרויס מיט אַ קול:

– רבונו־של־עולם, דו זאָלסט זיך אָננעמען מײַן קריוודע, ביסט דאָך אַ טאַטע פֿאַר יתומים, דו זאָלסט עס איר נישט שווײַגן.

– ווען דאָס? ווען שעלט איר אַזוי, טויבע? האָט זיך אָנגערופֿן צו איר נעבע די נגידיתטע, וואָס איז געשטאַנען אין טיר פֿון איר שניטקראָם און האָט געהערט ווי טויבע שעלט אַזוי צו זיך אַליין אַהיים גייענדיק.

– ווען דען, באַלעבאָסטע, אַז נישט די חצופּה, די ימח־שמוניצע? האָט זי אויסגערער־פֿן ווײַזנדיק מיט דעם פֿינגער אין מאַרק אַרײַן, און נישט אַפֿילו דעם קאָפּ אויפֿהייבנדיק צו זען ווער עס רעדט צו איר, איז זי זיך ווײַטער געגאַנגען.

און טויבע, ווײַטער גייענדיק, האָט זיך דערמאָנט, אַז הײַנט אין דער פֿרי, ווען זי איז צו נעבען מיט אַ הון אין קיך אַרײַן, האָט זי פֿון דער צווייטער שטוב געהערט יצחקלס קול ווי

ער שפּאַרט זיך מיט נעבעס בחורימלעך אין לערנען, זי האָט געוווּסט, אַז מיטוואָך עסט איר יצחקל בײַ נעבכען, און טאַקע מיט אַ כּיוון אַהין צוגעגאַנגען מיט דער הון, כּדי איר יצחקל זאָל אַ גוטע יויך האָבן, ער איז דאָך, נעבעך, אַזוי שוואַך.

און הערנדיק פֿון דער צווייטער שטוב איר זונס קול האָט זי טאַקע די קיך געוואָלט פֿאַרלאָזן, נאָר דאָך איז זי נישט אַוועק, איר יצחקל שפּאַרט זיך מיט נעבעס קינדער אין לערנען. זיי קענען עפּעס דען? זיי קומען עפּעס צו זײַן פּאָדעשוועו? „ער וועט זיך פֿאַרשעמען,“ האָט זי זיך געשראָקן, „ווען ער וועט מיך דאָ טרעפֿן מיט דער הון אין דער האַנט“... „זײַן מאַמע איז אַ מאַרק־ייִדענע, אַ שיינער ייִחוס“... און דאָך האָט זי די קיך נישט פֿאַרלאָזט. „אַ קינד נישט קיין גראָשן אָפּגעקאָסט, און וויפֿל קאָסטן נעבעס קינדער אָפּ?“ וואָלט זי הײַנט געהאַט דאָס געלט וואָס איר יצחקל האָט געדאַרפֿט אָפּקאָסטן, וואָלט זי דאָך אַ נגידיתטע געווען... און איז געשטאַנען און האָט זיך צוגעהאָרכט צו זײַן קול.

„אוי! ער האָט געדאַרפֿט לעבן, און זען יצחקלען, ער וואָלט דאָך באַלד געזונט געוואָרן,“ באַלד האָט זיך די טיר געעפֿנט, עס האָבן זיך באַוויזן נעבעס בחורימלעך, אין דער מיט איר יצחקל, די בעקלעך האָבן אים געפֿלאַמט.

– גוט־מאָרגן! האָט ער שוואַך אַרויסגערעדט, און באַלד דורך [דער] טיר אַרויס. זי האָט געוווּסט, זי האָט אים עגמת־נפֿש אָנגעטאָן, ער איז פֿאַרשעמט געוואָרן פֿאַר זיי, פֿאַר נעבעס בחורימלעך.

און זי פֿילט אין האַרץ: איר קינד, איר יצחקל, איר מילך געזויגן, וואָס פֿאַר אַ געשעפֿטן האָט נעבע צו אים; און אויסגיסנדיק איר ביטער האַרץ אויף יענטעס קאָפּ, אויך פֿאַר [דעם] וואָס איר זון האָט גאָר נישט אָפּגעקאָסט און קען בעסער פֿאַר נעבעס בחורימלעך, האָט זי הויך מיט אַ קול געשאָלטן:

– רבונו־של־עולם, דו זאָלסט זיך מײַן קריוודע אָננעמען, דו זאָלסט איר דערפֿאַר באַצאָלן, זי זאָל די הײַנטיקע נאַכט נישט איבערלעבן!

די פֿאַרבײַגייער, זעענדיק ווי אַ ייִדענע גייט אַליין און שעלט, האָבן געלאַכט.

די נאַכט האָט זיך אָנגערוקט, און פֿינצטער איז אין שטעטל געוואָרן.

טויבע איז מיט די קיישעלעך אַהיים געגאַנגען, האָט זיי אַרויפֿגעשלעפּט אויף די טרעפּ פֿון איר הויז און געעפֿנט די טיר.

– די מאַמע, די מאַמע! זענען איר קולות אַנטקעגן געקומען.

די שטוב איז געווען רויִק, אין מיטן דער שטוב האָבן זיך די קינדער אַרומגעשטעלט נעבן טויבען און נישט אויפֿגעהערט צו שרײַען „מאַמע“. איין קינדס קול איז געווען אַ וויינענדיקער: „ווו ביסטו דאָס געווען אַ גאַנצן טאָג?“ אַ צווייטנס קול איז געווען אַ פֿריילעכער: „ווי גוט איז, מאַמע, אַז דו ביסט געקומען“. און די אַלע קולות האָבן זיך אין איינעם אויסגעמישט.

– שווײַגט! לאָזט מיך כאָטש דעם אָטעם כאַפּן, שרײַט די ייִדענע אַנידערשטעלנדיק די קיישלעך.

זי איז צו צום קוימען, עפּעס געזוכט, און באַלד איז דאָס קליינע שטיבל פֿון אַ קליין פֿאַררייכער[ט] לעמפּל באַלויכטן געוואָרן.

[די] שוואַכ[ע] שײַן האָט נאָר באַלויכטן דאָס אָרט אַרום דער קיך, ווו טויבע איז געשטאַנען און דאָרטן צוויי העלצלעך אונטערגעהייצט; באַלויכטן אַן אַלט־פֿאַרשטויבטע מאַשין וואָס איז געשטאַנען נעבן אַ בעט (אַ סימן פֿון אַ געוועזענעם שנײַדער) און אַ האַלב בעט וואָס איז קעגן איבער דעם לעמפּל געשטאַנען. אויף דעם בעט איז געווען אויסגעשפּרייט שטרוי, אויף וועלכן עס זענען געלעגן פֿאַרשידענע אויפּס, און זייער ריח האָט זיך געטראָגן איבער דער שטוב, דאָס איבעריקע טייל שטיבל מיט די בעטן זענען פֿאַרלוירן געוואָרן אין דעם שאָטן.

ערשט אַנדערטהאַלבן יאָר ווי איר מאַן, לייזער שנײַדער, איז געשטאָרבן. נאָך בײַ זײַן לעבן, צום סוף ווען דער הוסט האָט זיך אים געשטאַרקט און ער האָט נישט געקענט זײַן ווײַב און קינדער מפֿרנס זײַן, האָט זיך טויבע אַוועקגעלאָזט עפּעס צו פֿאַרדינען, און וואָס מער די קרענק האָט זיך געשטאַרקט, האָט זי געמוזט מער האָרעווען, און אַז זי איז געוואָרן אַן אַלמנה, איז זי שוין געוויינט געווען צו אַרבעטן פֿאַרן גאַנצן הויזגעזינד.

דאָס עלטסטע ייִנגל, יצחקל, האָט געהאַט אַ גוט קעפּל, ער איז געווען דער איינציקער טרייסט אין לייזער שנײַדערס פֿינצטערן לעבן, און ליגנדיק אויף דעם טויטנבעט האָט ער זיך געטרייסט, ער לאָזט כאָטש איבער אַ גוטן קדיש נאָך זיך.

ווען לייזער איז געשטאָרבן, האָבן די באַלעבאַטים רחמנות געהאַט אויף דער וויסטער אַלמנה, צוזאַמענגעמאַכט אַ פּאָר רובל, אַז זי זאָל האָבן מיט וואָס צו האַנדלען. און זעענדיק אַז יצחקל האָט אַ גוטן קאָפּ האָבן זיי אים אַרײַנגעגעבן אין בית־המדרש, געשאַפֿט אים טעג אין די רײַכע הײַזער און אים אַוועקגעגעבן לערנען אין בית־המדרש.

טויבע, זעענדיק אַז איר יצחקל עסט בײַ די נגידים, האָט עס איר האַרצן אַ הנאה געטאָן: נעבעך אַ שוואַך קינד, וואָס קען זי אים געבן עסן? דאָרט, בײַ די נגידים, האָט ער פֿון אַלעם בעסטן. דאָך אָבער אין דער שטיל האָט זי דערפֿון עגמת־נפֿש געהאַט, פֿון דעם וואָס יצחקל עסט אין פֿרעמדע רײַכע הײַזער. זי האָט אַליין נישט געוווּסט, אויב מ׳האָט איר מיט דעם אַ טובֿה געטאָן אָדער אַ רעה...

איין מאָל אַזוי זיצנדיק פֿאַר איר ,שטעל׳, זעט זי ווי איר יצחקל גייט אַרויס פֿון דעם שולגעסל מיט דעם תּפֿילין־זעקל אונטער דעם אָרעם און גייט גלײַך אין זונדל דעם גבֿירס הויז אַרײַן פֿרישטיק עסן, האָט עס איר אין האַרצן געשטאָכן. זי איז דענסטמאָל נאָך גוט געווען מיט יענטען, ווײַל באַלד נאָך דעם מאַנס טויט האָבן אַלע אויף איר רחמנות געהאַט, האָט זי צו איר געזאָגט:

– גלייבט מיר, יענטע, איך ווייס אַליין נישט, זעט, וואָס האָב איך דאַכט זיך פּרעטענזיעס צו די באַלעבאַטים, זיי האָבן דאָך גוטס געטאָן מיט מיר און מיט מײַן קינד: געשאַפֿט אים עסן אין רײַכע ערטער, באַהאַנדלט אים, זאָג איך אײַך, נישט ווי ער וואָלט זײַן אַ מאַרק־ייִדענעס אַ קינד, נאָר ווי אַ גבֿירס, דאָך יעדעס מאָל ווען איך גיב די קינדער מיטאָג, פֿאַרגעס איך און

שטעל אַנידער אַ טעלער פֿאַר מײַן יצחקל אויך, און אַז איך דערמאָן מיך אַז ער עסט נישט בײַ מיר, װײַן איך פּשוט װי אַ קלײן קינד.

– גײט, איר זײַט אַ נאַרישע ייִדענע, ענטפֿערט איר יענטע אָפּ, װאָס דען, בײַ אײַך װאָלט ער אַ לײַט געװאָרן. װאָס קען נעבעך אַן אָרעמאַן אַ קינד געבן צו עסן? מישטײנס געזאָגט!

– איר זײַט גערעכט, יענטע, זאָגט טױבע, אָבער דאָך, װען איך צעטײל דעם מיטאָג, שנײַדט מיר אין האַרץ.

און איצט זיצנדיק בײַ דער קיך, אָפּקאָכן עסן פֿאַר די קינדער, האָט די ייִדענע דאָס זעלבע געקלערט. עפּעס האָט זיך איר געדאַכט, אַז מע רױבט בײַ איר יצחקלען אַװעק.

װען די קינדער האָבן אָפּגעגעסן און זיך שלאָפֿן געלײגט, האָט זי דאָס לעמפּל אױף דעם טיש אַנידערגעשטעלט, און גענומען פֿאַרריכטן אַ העמד פֿאַר יצחקלען.

באַלד האָט זיך די טיר אױפֿגעעפֿנט, און יצחקל איז אַרײַנגעקומען.

יצחקל איז אַ ייִנגל פֿון אַ יאָר פֿערצן, הױך און דאַר, זײַן װײַס פּנים שײַנט ברוגזדיק אַרױס פֿון דעם שװאַרצן קאַפּאָטקעלע און פֿון דעם שװאַרצן היטל.

– גוט[ן]־אָװנט, האָט ער שטיל געזאָגט.

די מוטער האָט אים אָפּגעטרעטן איר אָרט. אין האַרץ האָט זי געפֿילט, אַז זי דאַרף פֿאַר איר קינד דרך־ארץ האָבן, נישט װיסנדיק אַלײן פֿאַר װאָס, און באַלד האָט זיך איר געדאַכט, אַז זי מיט איר אָרעמקײט זענען פֿאַר איר יצחקל אַן אומגליק.

ער האָט זיך אַנידערגעזעצט און אַרױסגענומען פֿון דעם ספֿרים־שאַפֿקעלע אַ ספֿר און אַרײַנגעקוקט.

די מוטער האָט אַרױסגעדרײט דאָס קנײטל פֿון לעמפּל, אױסגעװױשט מיט דעם פֿאַר־טעך דאָס גלעזל און דאָס לעמפּל צו אים נעענטער צוגערוקט.

– װעסט טרינקען אַ גלאָז טײ, יצחקל? פֿרעגט אים די מוטער אין דער שטיל, װעלנדיק איר קינד מיט עפּעס דינען.

– נײן, איך האָב ערשט געטרונקען.

– אפֿשר אַן עפּעלע?

ער האָט געשװיגן.

די מוטער האָט רײן געמאַכט אַ טעלערל, אַרױפֿגעלײגט אַ פּאָר עפּעלעך מיט אַ מעסער און אַנידערגעשטעלט אױף דעם טיש נעבן אים.

ער האָט זיך בנעימותדיק, װי אַ גרױסער, אָפּגעשײלט אַן עפּעלע, הױך אַ ברכה געמאַכט און געגעסן.

װען יצחקל האָט געגעסן דאָס עפּעלע, האָט טױבע זיך צו אים מער מאַמעדיקער געפֿילט און האָט זיך נעענטער צוגערוקט צו אים.

און אָפּשײלנדיק בנעימותדיק דאָס צװײטע עפּעלע, האָט יצחקל נאָך ליבלעכער גערעדט:

– איך האָב הײַנט מיט דעם דײַן געשמועסט װעגן דער נסיעה, דאָ אין היגן בית־המד־רש איז גאָר נישטאָ װאָס צו טאָן, נישטאָ דאָ בײַ װעמען צו לערנען און װוּ צו לערנען. ער

האָט מיר אַן עצה געגעבן נאָך מאַקעווע אין דער ישיבֿה צו פֿאָרן, ער וועט מיר מיטגעבן אַ בריוו צו ר׳ חיים דעם ראָש־הישיבֿה, ער זאָל מיך מקרבֿ זײַן.

טויבע, הערנדיק אַז איר יצחקל וויל זי איבערלאָזן, איז זי שטאַרק דערשראָקן געוואָרן, נאָר די ווערטער ,דיין׳, ,ראָש־הישיבֿה׳, ,מקרבֿ זײַן׳ – די הויכע לשון־קודש־ווערטער וואָס זי האָט נישט פֿאַרשטאַנען, האָבן געוואָרפֿן אויף איר עפּעס אַן אימה און זי האָט געפֿילט, אַז זי דאַרף דרך־ארץ האָבן... באַלד האָבן זי די ווערטער באַרויִקט: יצחקל האַלט זיך מיט איר אַן עצה, מיט איר, זײַן מאַמע...

– מילא, אַז דער דיין הייסט, האָט זי אָפּגעענטפֿערט מיט אַ פֿרום[ער] מינע.

– יאָ, זאָגט ווײַטער יצחקל, דאָרט לערנט מען ,שיעור׳ מיט אַלע מפֿרשים. ר׳ חיים, דער מחבר פֿון ,אור־תורה׳, איז אַ למדן מופֿלג, דאָרט קען מען אויסוואַקסן אַ לײַט.

די ווערטער האָבן זי אין גאַנצן באַרויִקט, זי האָט זיך געפֿילט עפּעס גליקלעך, עפּעס דערהייבט. דאָס איז איר קינד – זי איז די מאַמע פֿון אַזאַ קינד, און ווען נישט זי, וואָלט דאָך יצחקל נישט געווען... נאָר דאָס האַרץ האָט איר געריסן און זי איז טרויעריק געוואָרן...

דערנאָך האָט זי זיך דערמאָנט אָן איר מאַן און איז אַרויס מיט אַ געוויין:

– וואָלט ער כאָטש געלעבט, וואָלט ער כאָטש דאָס נחת דערלעבט, האָט זי געזיפֿצט.

יצחקל האָט אין ספֿר אַרײַנגעקוקט.

דאָס וואָס יצחקל קלײַבט זיך אַוועקפֿאָרן, האָט זי בײַ נאַכט נישט געלאָזט שלאָפֿן, דאָס האַרץ האָט איר געריסן.

און בײַ נאַכט ליגנדיק אויף איר געלעגער, האָט זיך איר געחלומט, ווי עפּעס גרויסע רבנים מיט טיפֿע שטרײַמלעך און לאַנגע פּאות קומען אָן, און נעמען פֿון איר איר יצחקל אַוועק. איר יצחקל טראָגט אויך אַ שטרײַמל מיט לאַנגע פּאות און האַלט אַ גראָב ספֿר אין האַנט, און ער גייט ווײַט אַוועק מיט די רבנים. זי שטייט און קוקט נאָך און זי ווייסט אַליין ניט, אויב זי זאָל זיך פֿרייען, אָדער וויינען גאָר...

אין דער פֿרי האָט זי זיך שפּעט אויפֿגעכאַפּט, יצחקל איז שוין נישט געווען. זי האָט אויף גיך די קינדער אָפּגעפּאַרטיקט און געאײַלט זיך אין מאַרק אַרײַן, און זיצנדיק בײַ איר שטעל האָט זי זיך פֿאַרקלערט, און עס האָט זיך איר געדאַכט, אַז זי זיצט בײַ איר זון; ער איז רבֿ אין אַ גרויס[ער] שטאָט. אָט זיצט ער אָנגעטאָן אין שיך און זאָקן, אַ גרויס שטרײַמל אויף דעם קאָפּ און האַלט אַ גראָב ספֿר אין דער האַנט און קוקט אַרײַן. זי זיצט בײַ זײַן רעכטער זײַט און שטריקט אַ זאָק. די טיר עפֿנט זיך, עס קומט אַרײַן יענטע מיט אַ טעלערל אין דער האַנט פֿרעגן איר זון אַ שאלה.

אַ קונה האָט זי אויפֿגעוועקט פֿון אירע זיסע געדאַנקען.

גאַנצע נעכט איז טויבע געזעסן בײַ דעם טישל און בײַ דער שײַן פֿון דעם קליינעם פֿאַר־רייכערטן לעמפּל האָט זי צו רעכט געמאַכט די העמדער פֿאַר יצחקלען אין וועג אַרײַן; בײַ יעדן שטאָך האָט זי געקלערט, אַז זי נייט עס פֿאַר יצחקלען, ער וועט אַוועקפֿאָרן אין דער ישיבֿה אַרײַן, זיצן און לערנען און אַלע פֿרײַטיק אָנטאָן אַ העמד, וואָס די מאַמע האָט פֿאַר אים צו רעכט געמאַכט.

יצחקל איז שטענדיק געזעסן אויף דער צווייטער זײַט טיש און האָט אין ספֿרל אַרײַנגעקוקט. די מוטער האָט אים געוואָלט עפּעס זאָגן, נאָר זי האָט נישט געוווּסט וואָס...

טויבע מיט יצחקלען זענען פֿאַר טאָג אויפֿגעשטאַנען.

יצחקל האָט געקוקט די ברידערלעך אין שלאָף. די פֿאַרשלאָפֿענע שוועסטערלעך האָט ער געזאָגט בלויז: „בלײַבט געזונט". איין שוועסטערל, גאָלדע, האָט זיך אויפֿגעכאַפּט און אָנגעהויבן צו וויינען, אַז זי וויל אויך מיטגיין באַגלייטן דעם ברודער. די מוטער האָט זי אין דער שטיל אײַנגענומען און טראָגנדיק יצחקלס קעסטל זענען זיי ביידע פֿון דער שטוב אַרויס.

די גאַס האָט נאָך געשלאָפֿן, די לאָדן זענען נאָך געווען פֿאַרמאַכט, פֿון אונטער דער שפּיץ פֿון דער קירכע האָט דער מאָרגן־שטערן אַפֿערגעשײַנט און קאַלט באַגילדעט די קאַלטע פֿרימאָרגנדיקע ראָסע וואָס איז געלעגן איבער די דעכער; און איבער דעם שטעטל און גאַס האָט געררוט אַ שטילקייט. – נאָר אין מיטן מאַרק איז אַ פּויערשע פֿור געשטאַנען מיט אויפֿס, אַרום ד[ער] פֿור – ווײַבער, און פֿון דער ווײַטן האָט זיך געהערט יענטעס קול:

– פֿינף גילדן מיט צען גראָשן, דאָס גאַנצע אויפֿס נעם איך.

און טויבע, נאָכטראָגנדיק יצחקלען דאָס קעסטל, איז דורכגעגאַנגען דעם מאַרק און, דערזעענדיק יענטען, האָט זי אויף איר געקוקט מיט שטאָלץ...

זיי זענען אַרויס אונטער דעם שטעטל, אויף דעם וועג, און אָפּגעוואַרט אַ געלעגנהייט נאָך לענטשיץ, אַז פֿון דאָרט זאָל יצחקל ווײַטער פֿאָרן קיין קוטנע.

דער הימל איז געווען גרוי און קאַלט. דאָרט ווײַט האָט ער זיך אויסגעמישט מיט דעם רייכערדיקן טויוואָלקן וואָס האָט פֿון די פֿעלדער אויפֿן הימל אויפֿגעשטײַגט, אָדער פֿון הימל אויף די פֿעלדער אַראָפּגענידערט און האָבן זיך אין איינעם צוזאַמענגעגאָסן... און דער וועג האָט זיך שטיל שווײַגנד ווײַט זיך אַוועקגעצויגן.

זיי האָבן זיך ביידע ביַים שלאַבאַן אַנידערגעשטעלט און געוואַרט אויף אַ געלעגנהייט.

און די מוטער האָט אַרויסגעקראַצט אַ פּאָר פֿערציקערס פֿון דער קעשענע און אים אײַנגעבונדען אין העמד, אויפֿן האַרץ.

באַלד איז אַ פֿור דורכגעפֿאָרן פֿול מיט פֿאַרשוינען. זי האָט פֿאַר יצחקלען אויסגע־דונגען אַן אָרט פֿאַר פֿערציק גראָשן, און האָט דאָס קעסטל אויף דעם וואָגן אַרויפֿגעלייגט.

– פֿאָר געזונטערהייט! פֿאַרגעס נישט אָן דער מאַמען! האָט זי וויינענדיק אויסגערעדט.

יצחקל האָט געשוויגן.

זי האָט געוואָלט איר קינד קושן, נאָר זי האָט געוווּסט אַז דאָס פּאַסט נישט פֿאַר אַ דערוואַקסנדיק ייִנגל און האָט זיך אײַנגעהאַלטן.

יצחקל איז אַרויף אויף דער פֿור. די פּאַסאַזשירן האָבן פֿאַר אים צווישן זיך אַן אָרט געמאַכט.

– בלײַב געזונט, מאַמע, האָט ער געזאָגט, ווען די פֿור האָט זיך פֿון אָרט גערירט.

– פֿאַר געזונטערהייט, מייַן קינד! זיץ און לערן דאָרט און פֿאַרגעס נישט אָן דער מאַמען! האָט טויבע נאָך דער פֿור נאָכגעשריגן.

די פֿור האָט זיך וואָס אַ מאָל דערווייַטערט אַרויף אויף דעם באַרג, וואָס האָט זיך געזען פֿון דער ווייַטנס.

טויבע איז געשטאַנען און אַלץ נאָכגעקוקט נאָך דער פֿור. ווען די פֿור איז פֿון דער ווייַטן אין קאָרזש פֿאַרלוירן געוואָרן, האָט זיך טויבע אומגעדרייט און צוריק אין דער שטאָט אַרייַן.

זי האָט אָנגעלייגט דעם וועג כּדי עס זאָל איר אויסקומען פֿאַרבייַגיין דעם ,בית־עולם׳.

נישט קיין הויכער פּאַרקן פֿון ברעטער האָט דעם בית־עולם אַרומגערינגלט און די מצבֿות האָבן אַרויס זיך אַרויסגעוויזן און געקוקט אין הימל אַרייַן.

זי איז צוגעגאַנגען און אַרויפֿגעקלעטערט אַ ביסל אויף דעם פּאַרקן און האָט אַרייַנגעשטעקט דעם קאָפּ אין ,פּעלד׳ אַרייַן, און זי האָט צווישן די מצבֿות עפּעס מיט די אויגן געזוכט, און אַז זי האָט דערזען אַ באַקאַנטע קליינע מצבֿה, האָט זי מיט דעם קאָפּ אַהין געשאָקלט:

– ברוך, ברוך! דייַן זון יצחקל איז אין דער ישיבֿה געפֿאָרן תּורה לערנען.

באַלד האָט זי זיך אָבער דערמאָנט אָן דעם מאַרק, יענטע האָט אַוודאי דאָס גאַנצע אויפּס אָפּגעקויפֿט: פֿאַר איר וועט גאָר שוין נישט איבערבלייַבן, און זי האָט זיך אין שטאָט געאייַלט.

זי איז גיכער געגאַנגען, און זייער צופֿרידן מיט זיך געווען. עפּעס האָט זי געפֿילט, אַז זי האָט אַ גרויסע זאַך געטאָן, און טראַכטנדיק דאָס, האָט זי פֿאַרגעסן אין דעם עגמת־נפֿש פֿון דעם, וואָס יענטע האָט דאָס גאַנצע אויפּס אָפּגעקויפֿט.

אין צוויי וואָכן אַרום האָט זי פֿון יצחקלען אַ בריוועלע דערהאַלטן. אַליין לעזן קען זי ניט, איז זי אַוועקגעגאַנגען מיט דעם בריוול צו ר׳ יוחנן מלמד, ער זאָל עס איר איבערלייענען.

ר׳ יוחנן האָט די ברילן אָנגעטאָן, גוט אָפּגעהוסט און האָט אָנגעהויבן פֿון בריוול אַרויסצולעזן:

– לאמי אהובתי הצנועה...

– וואָס איז דער טייַטש? האָט טויבע געפֿרעגט.

– אַ טיטל איז דאָס צו דער מוטער, זאָגט ר׳ יוחנן און לייענט ווייַטער.

טויבעס געזיכט איז ליכטיקער געוואָרן. זי האָט גענומען איר פֿאַרטעך צו די אויגן און אָנגעהויבן וויינען.

ר׳ יוחנן האָט דאָס באַמערקט און געלייענט ווייַטער לשון־קודש־ווערטער.

– וואָס איז דער טייַטש? דער טייַטש? פֿרעגט אַלץ די ייִדענע.

– גאָרנישט, נישט פֿאַר אייַך, איר וועט עס נישט פֿאַרשטיין, עס איז אַ פּשטל.

זי האָט געשוויגן, די לשון־קודשדיקע ווערטער האָבן אויף איר אַ שרעק געוואָרפֿן, און זי האָט מיט דרך־ארץ אויסגעהערט.

„איך גריס אמי אהובתי, מיט אחותי, און שׂרהן און גאָלדען און יעקבֿ, לאָז ער זיך גוט לערנען, איך האָב אַלע טעג... און שלאָף בײַ ר׳ חיימען.“ האָט פֿלוצעם ר׳ יוחנן געלעזן.

טויבע האָט זיך געלאָזט באַנוגענען מיט די פּאָר ווערטער. זי האָט צוגענומען דעם בריוו, אים געלייגט אין קעשענע אַרײַן און געגאַנגען מיט גרויס פֿרייד אין מאַרק אַרײַן.

„אויף דער נאַכט,“ האָט זי זיך געטראַכט, „וועל איך אַרונטערגיין צום דיין, לאָז ער לעזן דאָס בריוול.“

אויף דער נאַכט, ווען זי איז אַהיים געקומען, האָט זי אויף גיך מיטאָג אַפּגעקאָכט, גע־געבן די קינדער עסן, און געלאָפֿן צום דיין מיטן בריוול.

זי איז אין שטוב אַרײַן. לאַנגע פּאָליצעס מיט ספֿרים באַדעקן די ווענט, און אַ ייִד אין אַ ווײַסע[ר] באָרד זיצט אויבן אָן און קוקט אין אַ ספֿר אַרײַן.

– וואָס, אַ שאלה? פֿרעגט דער דיין פֿון דער ווײַטן.

– ניין.

– וואָס דען?

– אַ בריוול פֿון מײַן יצחקלען.

דער דיין האָט זיך אויפֿגעהויבן, צוגעגאַנגען, זי אָנגעקוקט און האָט צוגענומען פֿון איר דאָס בריוול, און אָנגעהויבן לייענען, אין דער שטיל, פֿאַר זיך.

– ווויל, אויסגעצייכנט, גוט... דער קליינער פֿאַרשטייט... רעדט דער דיין צו זיך.

טויבען גיסן זיך טרערן פֿון די אויגן...

– וואָלט ער כאָטש געלעבט! וואָלט ער כאָטש געלעבט!

– שחיטת־חוץ... רמב״ם... תּוספֿות איז גערעכט... רעדט דער דיין ווײַטער צו זיך.

„איר יצחקל, טויבע דער מאַרק־ייִדענעס אַ ייִנגל,“ טראַכט זי מיט שטאָלץ.

– נאַט אײַך דאָס בריוול, זאָגט דער דיין צום סוף, איך האָב עס שוין דורכגעלעזן.

– נו, וואָס? פֿרעגט די ייִדענע.

– וואָס ווילט איר דען?

– וואָס שטייט אין בריוול? פֿרעגט די ייִדענע אין דער שטיל.

– עס איז נישט פֿאַר אײַך, איר וועט עס נישט פֿאַרשטיין. זאָגט דער דיין מיט אַ שמייכל.

יצחקל שרײַבט אַהיים בריוולעך, וואָס אַ מאָל ווערן די ייִדישע ווערטער ווינציקער, די לשון־קודש־ווערטער מער, אַ מאָל נאָר אַ גרוס צו דער מאַמען – און זי קומט צו ר׳ יוחנן; ר׳ יוחנן לייענט איר דורך די ייִדישע ווערטער און זי לאָזט זיך דערמיט באַנוגענען. „די לשון־קודש־ווערטער זענען פֿאַר דעם דיין,“ טראַכט זי זיך.

אַ מאָל קריגט זי אַ בריוול פֿון יצחקל.

זי גייט אַרײַן צו ר׳ יוחנן, ער זאָל עס דורכלייענען.

ר׳ יוחנן לייענט עס דורך.

– גאָר נישטאָ צו אײַך, זאָגט ער.

– ווי הייסט?

– גאָרנישט, ענטפֿערט ער אָפּ קורץ.
– לייענט זשע מיר כאָטש דאָס, וואָס איז דאָ.
– עס איז דאָך לשון־קודש, תּורה, איר וועט דאָך נישט פֿאַרשטיין.
– וועל איך נישט פֿאַרשטיין.
– גייט אײַך געזונטערהייט און פֿאַרדרייט מיר נישט דעם קאָפּ.
טויבע איז אַרויס מיט דעם געדאַנק, אויף דער נאַכט צו גיין צום דיין.
– רבי, זײַט מוחל, פֿאַרטײַטשט מיר דעם בריוו אויף ייִדיש, זאָגט זי צו דעם דיין, אים דעם בריוו איבערגעבנדיק.
דער דיין נעמט דעם בריוו און לייענט אים איבער.
– גאָר נישטאָ פֿאַר אײַך! זאָגט ער איר.
– רבי, זאָגט טויבע פֿאַרשעמט, פֿאַרטײַטשט מיר, זײַט מוחל, דאָס לשון־קודשדיקע.
– עס איז דאָך תּורה, איר וועט דאָך נישט פֿאַרשטיין.
– נו, לייענט כאָטש דעם בריוו אויף לשון־קודש, הויך, הויך, איך זאָל אים הערן.
– איר וועט דאָך אָבער נישט פֿאַרשטיין, עס איז דאָך לשון־קודש, שמייכלט דער דיין.
– נו, וועל איך נישט פֿאַרשטיין, זאָגט די ייִדענע, עס איז דאָך מײַן קינדס תּורה, מײַן קינדס.
דער דיין האָט עפּעס געקלערט, און אָנגעהויבן לייענען הויך.
– שחיטת חוץ שנתערבה בקודש... רמב״ם בהלכות... מ״א...[1]
באַלד אָבער קוקט ער אויף ד[ער] ייִדענע און דערמאָנט זיך אָן עפּעס: ער זאָגט גאָר תּורה פֿאַר אַ ייִדענע.
– נאַט אײַך דעם בריוו, עס איז גאָר נישטאָ פֿאַר אײַך. האָט ער געזאָגט רחמנותדיק און צוריק זיך געזעצט אויף זײַן אָרט.
– עס איז דאָך מײַן קינדס תּורה, מײַן יצחקלס בריוו, פֿאַר וואָס זאָל איך נישט הערן? לאָמיך נישט פֿאַרשטיין, עס איז דאָך מײַן קינד.
דער דיין האָט זיך קאַלט אַוועקגעדרייט.

דערנאָך, ווען טויבע איז אַהיים געקומען, האָט זי זיך בײַם טישל אַנידערגעזעצט, אַראָפּגענומען דאָס לעמפּל פֿון צוואָק, און בײַ דער שײַן פֿון דעם פֿאַררייכערטן לעמפּל האָט זי שטום אויף דעם בריוול געקוקט.
זי האָט דעם בריוו געקושט, נאָר באַלד האָט זיך איר געדאַכט, אַז זי איז מטמא דעם בריוו מיט אירע ליפּן, זי איז אַ זינדיקע ייִדענע...
זי האָט זיך אויפֿגעהויבן, אַרויסגענומען פֿון ספֿרים־שאַפֿקעלע דעם מאַנס סידור און צווישן די בלעטער אַרײַנגעלייגט דעם בריוו.
מיט ציטערדיקע ליפּן האָט זי געקושט די טאָוולען פֿון דעם סידור, און אים צוריק אַרײַנגעשטעלט אין ספֿרים־שאַפֿקעלע.

1 רמב״ם, משנה תורה, קדושה, מאכלות אסורות.

## דוד בערגעלסאָן

# אָן אַ נאָמען

מייַן חבֿר, אַ שרייַבער, דערציילט מיר:

מיר איז אָפּט אומעטיק; מיך ציט פֿון איין אָרט אויפֿן צווייטן, איך פֿאָר אַרום. איך האָב אַ סך פֿרייַנד, נאָר איך ווייס ניט, וווּ זיי געפֿינען זיך. וועגן דעם לעבן פֿון איינעקע פֿון זיי ווייס איך ניט מער ווי איינעם אָדער צוויי פֿאַקטן. איך האָב אַ כּלה, נאָר איך ווייס ניט, ווי אַזוי מע רופֿט זי. דאָס איז ניט קיין פּיזמון, דאָס איז אַ פֿאַקט, אָט שטעלט אייַך פֿאָר:

איר לעבט איבער אַ שלעכט שטיקל צייַט. איר געפֿינט זיך אין אַ פֿרעמדער גרויסער שטאָט, וווּהין איר זייַט געקומען אויפֿזוכן אייַערן אַ נאָענטן חבֿר. איר זייַט ספּעציעל צוליב דעם געפֿאָרן אַ קאַרגן מעת־לעת, נאָר אַז איר קומט צו צו אייַער חבֿרס וווינונג, טרעפֿט איר זי געשלאָסן. דער סטרוזש, צו וועמען איר קלינגט לאַנג, גייט סוף־כּל־סוף צו אייַך אַרויס מיט אַ פֿולן, קייַענדיקן מויל און ענטפֿערט אייַך אויף גיך צווישן איין קייַ און צווייטן:

„די באַלעבאַטים – אויף אַ זומער־וווינונג.“

„און דער קוואַרטיראַנט?“

„אַרויסגעפֿאָרן.“

„וווּהין?“

„ווער ווייס אים?“

און אויסדרייענדיק זיך צו אייַך מיט די פּלייצעס שלינגט ער אַראָפּ, שרייַט אָן אויף אַ פֿרעמדן אומריינעם הונט, וואָס האָט זיך זאַנאַדיעט אין הויף, שנייַצט זיך גוט אויס, ווישט אָפּ די הענט אָן די פּלודערן און בלייַבט ניט, פֿאַרשווינדט אינעם שוואַרצן לאָך פֿונעם פֿרעמדן אַרייַנפֿאָר. און דאָס אַלץ קומט פֿאָר אין שפּעטן זומער, פֿאַר נאַכט, בייַם ערשטן יונגן פֿייַער פֿון דער נאָר וואָס אָנגעצונדענער גאַסן־עלעקטריע. איר שטייט אַזוי אַ ווייַלע מיטן פּנים צו דער קלייטנגאַס, איר שטייט גלאַט אַזוי, וווּהין וועט איר אייַלן? אַז סייַ ווי סייַ האָט איר מער קיינעם ניט אין אָט דער גרויסער ווימלדיקער שטאָט. דערצו איז נאָך דער פֿאַרנאַכט אַליין עפּעס אַ קילער, כּמעט אַן אלולדיקער, ס׳גייען אַ סך פֿרעמדע, ס׳ציט צו יעדן געמיטלעכן פֿייַערל. יעדער באַלויכטן פֿענצטער קוקט צו אייַך מיט אַזאַ פֿרעמדער רויִקייט, גלייַך ס׳וואָלט אייַך וועלן זאָגן:

„נאַר איינער, כ׳האָב דען חלילה בייַ דיר עפּעס אָפּגענומען? כ׳האָב מיר מייַן אייגנס.“

איר גייט אין אַ צווייטער גאַס, אין אַ דריטער, אַ מער טונקעלער און שטילערער, און אומעטום די זעלביקע פֿרעמדע.

אויפֿן ראָג טוט זיך פֿאַר אייַך אַ טראָג דורך אַ צווייענדיקער צונויפֿגעטשעפּעטער

פֿון: **ווערק**. ב׳ 4. בערלין: וואָסטאָק, 1923, ז״ז 83–93.

טראַמוויי־וואַגאָן; ער פֿאַרקערעוועט געשווינד מיט אַ גיכן צעשראָקענעם גלאָקנקלאַנג, מיט אַ גרילצנדיקן קוויטש פֿון די הינטערשטע, מיט גוואַלד נאָכגעשלעפּטע רעדער. איר זעט, אַז דער הינטערשטער אָפֿענער דאַטשע־וואַגאָן איז העל באַלויכטן. ער איז געפּאַקט מיט זור־מערדיקע אויסגעפּוצטע פֿרעמדע. אַ סך פֿרויען זיצן דאָרטן אין ווייַסן מיט פֿאַרשיידן־פֿאַר־ביקע הוטן. עמעצער פֿון זיי האָט, דאַכט זיך, געהאַלטן אַ פּאַק בלומען אין די הענט. אַ פֿרעמד הונדערט־מענטשיק לעבן, אַ העל באַלויכטנס, האָט זיך נאָר וואָס געשווינד דורכ־געטריבן גאָר נאָענט לעבן אייַך, געטאָן אַ רייַץ, אַ צי, אויפֿגערעגט און אַנטלאָפֿן. און ווידער גייט איר אַליין צווישן דעם אַרומיקן דרויסנדיקן גערויש און פֿרעמדער אינעווייניקסטער רויִקייט.

באַלויכטענע פֿענצטער פֿון פֿיל־גאָרנדיקע הייַזער קוקן ווידער אויף אייַך, ווי אויגן פֿון דער שטילער נאַכט, וואָס טוליעט זיך צו זיי, און רופֿן אייַך און טרייַבן אייַך... אין אַזאַ מין מאָמענט זייַט איר פֿעיִק צוזוקלעפּן זיך צו יעדן מענטשן, וואָס שטויסט אייַך ניט אָפּ. פֿאַר וואָס זאָלט איר, למשל, ניט צוגיין צו יענער דינסט, וואָס זיצט זיך אַליין און זינגט זיך אונטער אויפֿן בענקל, וואָס לעבן הויפּטירל? פֿאַר וואָס, למשל, זאָלט איר מיט איר ניט חתונה האָבן און ניט אַוועק מיט איר קיין אַמעריקע?... אויב איר טוט עס ניט, איז דאָס נאָר דערפֿאַר, וואָס איר האָט נאָך צייַט; איר ווילט נאָך אַ טראַכט טאָן. אין אַזאַ מאָמענט זייַט איר פֿעיִק אויפֿצוהייבן זיך אויף אַ וואָסערע ס׳איז ציכטיקע מירמלשטיינערנע טרעפּ, אָנקלינגען אין אַ פּאָלירטער טיר, מיט אַ בלאַשקענדיקן[1] מעשענעם בלעטל, און טראַכטן, אַז ס׳איז שוין צייַט. ס׳איז שוין צייַט, אַז דאָ זאָל וווינען אייַער פֿרוי, און איר, דער מידער, זאָלט איצט צו איר אַרייַנקומען, זיך אַוועקזעצן בייַם טיש, וואָס מיטן זודיקן סאַמאָוואַר, און איר זאָגן:

„גוטן־אָוונט."

אויב איר טוט עס ניט, איז עס נאָר דערפֿאַר, וואָס מענטשן זייַנען נאָך אַלץ ניט אין גאַנצן דערצויגן און שרעקן זיך נאָך פֿאַרן צווייטן; אַנדערע זייַנען נאָך דערצו פֿעיִק צו מאַכן סקאַנדאַלן...

און אַזאַ מאָמענט האָב איך ווירקלעך איבערגעלעבט אין יענער גרויסער שטאָט, וווּהין איך בין געקומען אויפֿזוכן מייַן חבֿר. אויפֿן אַנדערן טאָג בין איך גלייַך אַנטלאָפֿן פֿון אָט דער שטאָט, וואָס האָט אין מיר אויפֿגערודערט אַזוי פֿיל געפֿילן. איך בין אַנטלאָפֿן פֿון איר, ווי פֿון אַ שׂונא... נאָר דאָ הייבט זיך אָקערשט אָן די מעשׂה, וואָס איך וויל אייַך דערציילן.

אויף מאָרגן אין אָוונט בלאָנדזשע איך אַרום איינער אַליין אויף אַ קליינינקער פּוסטינקער באַנסטאַנציע, וווּהין איך בין געקומען דאָס ערשטע מאָל אין מייַן לעבן. איך האָב זיך אייַנגעשפּאַרט: איך מוז דאָ אויפֿזוכן מייַן חבֿרס עלטערן. נאָר תּחילת־אָוונט, אַז איך קום צו זייער הויז, טרעף איך עס געשלאָסן. איך גיי עס אַרום פֿון אַלע זייַטן, איך קוק אַרייַן אין דעם דורך די פֿענצטער; איך זע, אַז ס׳איז פּוסט, און געדענקען געדענק איך בשעת־מעשׂה, אַז דאָס קוק איך:

1 פּויליש – błyszczeć, ייִדיש – בלישטשען.

„איך בין אַ נאַר, געוויס אַ נאַר, וואָס טו איך דאָ?“

נאָר אינעם צווייטן שכנישן הויז איז אַלץ העל באַלויכטן און שטאַרק פֿריילעך. דאָרטן איז אַ חתונה. קלעזמער שפּילן, און געסט צונויפֿגעפּאָרענע טאַנצן, און לאָמפּן זעצן זיך, לויכטן און זעצן זיך, איך גיי אַהין צו. ס׳טאַנצט דעם חתנס אַ רײַכע מומע מיט איר טאָכ־טער, אַ יונג מיידל, און דע[ם] מיידלס אַ חבֿרטע, אַ קורסיסטקע, לאָזט זיך טאַנצן זיי אַקעגן שוין נאָר פֿון הוילער התלהבֿות, פֿון גרויס דאַנקבאַרקייט צו אָט דער מומע, וואָס האָט זיך געלאָזט טאַנצן. אַלע שטופּן זיך און קוקן, און קיינעם אַרט ניט, וואָס אויך איך, דער פֿרעמ־דער, קוק אַהין אַרײַן. קיינער האָט ניט גאָרנישט אַקעגן דעם, וואָס אויך איך וויל זען מיט מײַנע אייגענע אויגן, ווי קונציק זי טאַנצט, אָט די בכּבֿודיקע מומע. פֿון אָנהייב פֿאַרשטייט מען גאָרניט:

„פֿון וואַנען איז אָט דער אַראָפּגעפֿאַלן?“

נאָר באַלד ווײַזט זיך אַרויס, אַז אויך דאָ ווייסט שוין עמעצער, ווער איך בין. דער כּלה אַליין האָט שוין אַזוי פֿיל וועגן מיר דערציילט איר שוועסטערקינד, מײַן חבֿר מישע, וועלכן איך זוך. איך מוז אַרײַנגיין, זאָגט זי; איך מוז זיצן אָט דאָ, אויבן אָן. לעבן איר און לעבן איר חתן, זי האָט דאָ לעבן זיך אַ סך רויזן, איר האָט מען צוגעשיקט פֿון איינעם אַ פּריצישן הויף רויזן, וויל זי מיר שענקען אַ העלפֿט. שפּעטער אַ ביסל וועט זי מיר זייער פֿיל דערציילן וועגן זיך און וועגן איר שוועסטערקינד, מײַן חבֿר מישען. זי וועט מיר זאָגן, ווו ער געפֿינט זיך, נאָר לעת־עתּה מוז איך עפּעס געניסן. אָט דאָס איז איר חתן, שוין, אַזוי צו זאָגן, איר מאַן:

„וואָס? ער ווייסט גאָר ניט, ווער איך בין?“ אַזוי פֿרעגט זי בײַם חתן. און דער חתן ענטפֿערט, אַז יאָ.

„פֿאַר וואָס זאָל ער ניט וויסן?“

ער דריקט מיר פֿרײַנדלעך די האַנט און דערציילט מיר, אַז ער ,אינטערעסירט׳ זיך: בײַ זיי אין שטעטל, זאָגט ער, זײַנען אויך פֿאַראַן ציוניסטן.

איך זיץ אַליין מיט מײַן פֿרעמדקייט אויבן אָן, לעבן כּיבוד, וואָס מ׳האָט פֿאַר מיר אַוועק־געשטעלט, און רייבער אַ סך פּאַפּיראָסן. איך קוק אויף יענער יונגער ברוינער מיידל, וואָס איז, ווי אַלע, אָנגעטאָן אין ווײַסן, נאָר זי טאַנצט ניט. פֿאַר וואָס גייט זי אַפֿילו איין מאָל ניט טאַנצן? זי זיצט, ווי איך, איינע אַליין, פֿאַררוקט אין אַ ווינקל, און וויל זיך ניט באַגעגענען מיט מײַנע אויגן. איטלעכס מאָל, וואָס איך טו אויף איר אַ קוק, פֿאַרדרייט זי דאָס פּנים אָן אַ זײַט, זי וויל בעסער קוקן אין אַ פֿוסטער זײַט, איידער צו באַגעגענען זיך מיט מײַנע אויגן. שמייכלדיק און פֿריילעך, מיט אַ האַלב אָפּגעטרונקענער גלאָז ווײַן אין האַנט, גייט אַלע מאָל צו איר צו איר פֿאָטער. ער איז אויך אַ שיינער. ער פֿרעגט בײַ איר עפּעס, נאָר זי בלײַבט אומעטיק, ווי פֿריִער. נאָר סוף־כּל־סוף זיץ איך שוין גאָר נאָענט לעבן איר, איך זיץ אויפֿן צווייטן בענקל. איך זאָג צו איר:

„כ׳האָב אײַך, דאַכט זיך, געזען אויפֿן וואָקזאַל, תּחילת־אָוונט, ווען איך בין אָנגעקומען מיטן צוג, האָב איך אײַך דאָרטן געזען.“

איך גיב צו, כּדי זי זאָל זיך ניט שרעקן:

„אין אָט דעם ווײַסן קלייד זעט איר דאָרטן געשטאַנען, אָן אַן אייבערשט פֿון אויבן.“

אַך יאָ, זי איז דאָרטן געשטאַנען... זי איז אַרויסגעגאַנגען באַגעגענען געסט־מחותּנים. נאָר מיטן פֿאַרנאַכטיקן צוג איז קיינער, אַחוץ מיר, ניט געקומען... זי האָט ניט געוווּסט, צי איך בין אויך אַ מחותּן צי ניין; זי איז געשטאַנען און געוואַרט.

און ווידער באַהאַלט זי אויס פֿון מיר אירע אויגן. אַ ביסל שפּעטער שטייט זי שוין דאָך מיט מיר אין דרויסן בײַ דער טיר. זי שטייט דאָרטן אָנגעשפּאַרט מיט די פּלייצעס אָן וואַנט און האַלט די הענט אַרונטער, און ווידער באַהאַלט זי פֿון מיר אויס אירע אויגן. איך שטיי און טראַכט:

„וועגן וואָס וואָלט איך איר, אַ שטייגער, איצט געקאָנט אָנהייבן דערציילן?“

און פּלוצעם טוט בײַ איר אַ ציטער דאָס קול. ס׳איז אַזאַ זאַפּטיקס, אָט דאָס קול אירס, אַזאַ ברוסטיקס און דאָך אַזאַ ציטעריקס. זי וואָלט זיך וועלן, זאָגט זי, דורכגיין אַ ביסל. זי פֿאַרכאַפּט זיך באַלד:

„פֿאַרשטייט זיך, אויב איך האָב גאָרניט אַקעגן. זי האָט נאָר מורא אַ ביסל פֿאַר אָט דעם ווײַסן פֿלעק, וואָס אַקעגן. מעגלעך אַז דאָס ליגט אַ בהמה און מעלה־גירהט. מיר וואָלטן זי געקאָנט אַרומגיין אָט דאָ, פֿון דער זײַט.“

ס׳איז שטיל, און מיר גייען. זי בייגט נאָך עטוואָס נידעריקער דעם קאָפּ.

זי וואָלט מיר וועלן עפּעס דערציילן. ס׳איז איר אַזוי שווער צו טראָגן עס אין זיך, אָט דאָס, וואָס זי וואָלט מיר וועלן דערציילן. זי וווינט דאָ מיט איר פֿאָטער אויף איינעם אַ נאָענטן קליינעם וואָקזאַל, און בײַ איר איז אַן אומעטיק לעבן; בײַ אַלע די, וואָס וווינען דאָ אויף די אַרומיקע וואָקזאַלעכלעך, איז אַן אומעטיק לעבן. זי האָט ניט קיין מוטער. זי האָט אַן עלטערע שוועסטער, אסתּר. האָט זי געלייענט אַ סך ביכער, אסתּר. דער פֿאָטער פֿלעגט זיי איר תּמיד וואָך בײַ וואָך ברענגען פֿונעם נאָענטן גרויסן וואָקזאַל, ווו ס׳איז פֿאַראַן אַ ביבליאָטעק. איצט האָט זי חתונה געהאַט, אסתּר, פֿאַר אַ שניטקרעמער פֿונעם נאָענטן שטעטל האָט זי חתונה געהאַט. זי האָט אים ניט ליב געהאַט, דעם חתן אירן, נאָר אַנדערע האָבן געפּוּנען, אַז ער איז שוין אויך ניט גאָר אָן מעלות: ער האָט זי הויך געשעצט נאָך פֿון אַ מאָל, אסתּרן, ער האָט אַליין מודה געווען, אַז זי שטייט פּיל העכער פֿון אים, און האָט געזאָגט, אַז צוליב איר איז ער גרייט זיך אָפּטיילן פֿון זײַן מוטער און עפּענען אַ באַזונדערע קלייט. זי אַליין האָט איר פֿאַר דער חתונה געזאָגט, אסתּרן:

„אסתּר, באַטראַכט זיך, אפֿשר דאַרף מען ניט...“

נאָר אסתּר האָט געזאָגט:

„ס׳איז שוין אַלץ איינס, האָט זי געזאָגט, כ׳האָב עס שוין בײַ זיך געפּועלט. עלעהיי איך שנײַד זיך אָפּ אַ האַנט,“ האָט זי געזאָגט.

איצט איז זי געבליבן אַליין אין שטוב, אַליין מיטן פֿאָטער, און לייענט די זעלביקע ביכער, וואָס פֿריִער פֿלעגט לייענען אסתּר. דער פֿאָטער ברענגט זיי איר פֿונעם נאָענטן וואָקזאַל, ווו ס׳איז פֿאַראַן אַ ביבליאָטעק. זי לייענט זיי גאַנצע טעג, אָט די ביכער, און געפֿינט אין

זיי די צייכנס מיט די צושריפֿטן, וואָס אסתּר האָט אין זיי געמאַכט. זי שלאָפֿט ניט נאָך דעם אָפֿט בײַ נאַכט און האָט שווערע געדאַנקען. און איצט וויל זי בײַ מיר פֿרעגן: „אמת? אַיאָ, ס׳איז נישט כּדאַי צו לעבן?“

„נישט כּדאַי צו לעבן?... ניין, דערויף בין איך שוין בשום־אופֿן ניט מסכּים.“

„אַז איך וועל זײַן שוין גאָר אַ זקן, וועל איך ליגן אין בעט און וועל דרייען מיטן ציינלאָזן מויל: כ׳וויל נאָך אַ וועסנע... נאָך אַ וועסנע.“

און פּלוצעם הייב איך איר אָן זייער פֿיל צו דערציילן וועגן זיך:

„איין מאָל האָב איך געגעבן פֿינף רובל איינעם אַ בעטלער, וואָס האָט זיך געוואַלגערט אין שטויב. ער האָט לחלוטין ניט געהאַט קיין פֿיס, אָט דער בעטלער, זיי זײַנען אים געווען אָפּגעהאַקט אַ סך העכער פֿון די קני. כ׳האָב געזען, ווי האַלטנדיק די פֿינף רובל אין מויל, איז ער געשווינד אַוועקגעקראָכן. כ׳האָב געמיינט, ער וועט זיך קויפֿן אַ טרונע. נאָר ער האָט זיך אָפּגעגאָלט און געקויפֿט אַ נײַ בלוי העמדל, ער האָט געוואָלט גליק.“

נאָר ניין, נישט וועגן דעם האָב איך איר דערציילט:

„איין מאָל, קינדווײַז, אין אַ ווינטער־אָוונט האָט מען מיך אײַנגעוויקלט אין אַ סך שאַלן און גענומען ערגעץ טראָגן. אַז מ׳האָט מיך צוריק אַוועקגעשטעלט אויף דער ערד און מיך אויסגעוויקלט פֿון די שאַלן, האָב איך דערזען, אַז איך שטיי אויף אַ חתונה, אין אַ גרויסן שטאַרק באַלויכטענעם בית־המדרש. איך בין נאָך דעמאָלט קיין גאַנצע פֿיר יאָר ניט אַלט געווען און האָב ניט געדענקט, צי פֿאַרן הײַנט איז געווען אַ נעכטן. אַז מ׳האָט מיך אויסגעוויקלט פֿון די שאַלן, האָב איך זיך אָנגעבויגן און גענומען באַטראַכטן אויף זיך דאָס שוואַרץ סאַמעטענע קאָסטיומל מיט די ווײַסע לײַקענע שיכלעך. זיי זײַנען מיר געווען שטאַרק געפֿעלן, די ווײַסע לײַקענע שיכלעך, נאָר אַז איך האָב זיך אַרומגעקוקט, האָב איך לעבן זיך דערזען פֿון איין זײַט די חתן־כּלה און פֿון דער אַנדערער זײַט דעם אָרון־קודש און האָב זיך מיט אַ מאָל אָנגעהויבן טרייסלען אויף די פֿיסלעך און טאַנצן. דאָס ערשטע מאָל אין לעבן האָב איך דעמאָלט אָנגעהויבן טאַנצן.“

נאָר מעגלעך, אַז אויך נישט וועגן דעם האָב איך דאַן אָנגעהויבן דערציילן, נאָר וועגן עפּעס אַנדערש. מיר זײַנען אַוועקגעגאַנגען מיטן מעת־לעתנווײַז פּוסטן רעלסנשנור ביז אין שוואַרצלעכן אָנהייב פֿונעם געדיכטן וועלדל; כ׳האָב נאָך אַלץ גערעדט אָן אויפֿהער. און אַז מיר האָבן זיך אומגעקערט צוריק, האָבן מיר דערזען, אַז ס׳הייבט שוין אָן צו טאָגן, און אַז מיר האַלטן איינער דעם צווייטן בײַ די הענט און דריקן זיי פֿעסט, מיר פֿאַרגלייבן איינער דעם צווייטן די הענט. אין הויז האָבן נאָך אַלץ מיד געשפּילט די קלעזמער. פּלוצעם האָט זי מיר דאָ לעבן הויז באַוויזן אירע אויגן און מיך אַ גאַנצע רגע געלאָזט אין זיי קוקן. כ׳האָב דערזען, אַז אויך אין זיי, אין אָט די אויגן הייבט אָן צו טאָגן.

נאָר מיר זײַנען דאָך אַוועקגעגאַנגען נאָך אַ מאָל צוריק צום רעלסנשנור און צום אָרט, ווו ער ווערט פֿאַרשוווּנדן אין שוואַרצלעכן אָנהייב פֿון געדיכטן וועלדל. מיר האָבן פֿון ס׳נײַ געהאַט אַ סך, אַ סך וועגן וואָס צו רעדן.

אַז מיר האָבן זיך אומגעקערט דאָס צווייטע מאָל, איז שוין וועגן אַלץ, אַלץ געווען אָפּ־געשמועסט: איך וועל אין גיכן אַראָפּקומען אַהין אויף דער קליינינקער באַנסטאַנציע, ווו זי וווינט, און וועל זיך דאָרטן באַזעצן אינעם גווייִשן שטיבל, וואָס אַנטקעגן, ווײַל מיר איז דאָך אַלץ איינס, ווו איך זאָל ניט וווינען. און די ערשטע צײַט וועלן מיר קיינעם וועגן גאָרנישט דערציילן. פּלוצעם האָט זי זיך צו מיר צוגעדריקט און גענומען אַרײַנקוקן מיר אין די אויגן:

„דערווײַל", האָט זי געזאָגט, „דערווײַל וועסטו מיר שרײַבן, אמת?"

איצט האָבן שוין אין הויז מער די קלעזמער ניט געשפּילט. די מחותּנים האָבן פֿאַרן פֿונאַנדערפֿאָרן זיך געטרונקען טיי. מ׳האָט גערעדט אַלע אין איינעם, מ׳האָט פֿריילעך גע־לאַכט, און אין דרויסן איז אויפֿגעגאַנגען די זון. מעגלעך, אַז מ׳האָט פֿריילעך געלאַכט דער־פֿאַר, וואָס אין דרויסן איז אויפֿגעגאַנגען די זון. די כּלה האָט נאָך אַלץ געטראָגן די לאַנגע ווײַסע הענטשקעס, וואָס אָן די פֿינגער, זי האָט שמייכלדיק עפּעס גערעדט צו מיר, נאָר איך בין געווען צעטראָגן און האָב איבערגעפֿרעגט:

„וואָס?..."

אין איינעם מיט פֿיל אַנדערע בין איך געשטאַנען אויף די טרעפּלעך, וואָס פֿאַרן הויז, ניט ווײַט פֿון דער וואַרטנדיקער פּשוטער גווייִשער פֿור און האָב געקוקט, ווי פֿריילעך מײַן מיידל געזעגנט זיך מיט אַלעמען, און ווי אַזוי זי פֿאַרבינדט זיך דעם קאָפּ מיט אַ שאַלעכל אויפֿן פּשוטן דאָרפֿישן שטייגער.

„שרײַב ,אונדז׳ פֿראָסטער", האָט זי מיר בײַם געזעגענען זיך אַ שעפּטשע געטאָן, „,מיר׳ זײַנען פֿראָסטע."

און דער פֿאָטער אירער איז שוין געזעסן אויבן אָן אויף דער פֿור און האָט אויף איר געוואַרט.

איך בין געווען אויפֿגערעגט און האָב די גאַנצע צײַט געדענקט, אַז איך דאַרף נאָך עפּעס טאָן, איך דאַרף זיך אײַלן, ווײַל אָט באַלד פֿאָרט אָפּ די פֿור.

ווען די פֿור איז אָפּגעפֿאָרן, האָב איך זיך גלײַך געלאָזט נאָך איר לויפֿן און האָב זי אָפּגעשטעלט. איך האָב געהאַלטן אין די הענט אַ סך רויזן, די רויזן, וואָס די כּלה האָט מיר בײַ מײַן קומען געשענקט, האָב איך זיי איר אַוועקגעגעבן און האָב געזען, ווי זיי ביידע שמייכלען, זי און דער פֿאָטער. נאָר אַז די פֿור איז אָפּגעפֿאָרן, האָב איך גלײַך דערפֿילט, אַז ס׳איז ניט דאָס, וואָס איך האָב באַדאַרפֿט טאָן, כ׳האָב זיך געוואָלט דערמאָנען און האָב ניט געקאָנט. איך האָב זיך געזעגנט מיט דער כּלה און בין אַוועקגעגאַנגען אויפֿן וואָקזאַל. דאָרטן איז אַ לאַנגער צוג געשטאַנען מיטן לאָקאָמאָטיוו צו יענער זײַט, וווּהין איך האָב באַ־דאַרפֿט פֿאָרן. ער האָט באַדאַרפֿט פֿאָרן. ער האָט גלײַך גענומען אָפּגיין. איך בין געשטאַנען אין אַ כּמעט פּוסטן דריטקלאַסיקן וואַגאָן, כ׳האָב געקוקט אין פֿענצטער און געהערט, ווי ס׳הייבן אָן אַלץ גיכער קלאַפּן די רעדער. און פּלוצעם האָב איך זיך דערמאָנט, וואָס איך האָב באַדאַרפֿט טאָן; כ׳ווייס ניט איר נאָמען, כ׳האָב באַדאַרפֿט בײַ איר פֿרעגן:

„ווי רופֿט מען דיך?" האָב איך באַדאַרפֿט בײַ איר פֿרעגן.

דוד בערגעלסאָן

# פֿרייַנדשאַפֿט

צווישן די פּאַרטיזאַנער אין פֿול געפּאַקטן ערדשטיבל, וואָס אין מיטן וואַלד, האָט אַלע מאָל אַן אַנדערער געפּרוּווט זיך דערשלאָגן, זי זאָל זיך אויף אים אומקוקן:

– זשאַנאַ!

– אַ?... זשאַנאַ!

נאָר זשאַנע איז אַלץ געווען שטאַרק אַרייַנגעטאָן אין באַטראַכטן דעם פּילאָט בי־ריוקאָוון[1], וואָס איז אָקערשט אָ אין אָנהייב שטאַרק פֿראָסטיקן טאָג צום ערשטן מאָל גע־קומען צו פֿליִען אַהער פֿון דער ,גרויסער ערד׳. ער איז געווען דער סאַמע הויכער, מעכטיק צעוואַקסענער מאַנצביל, וואָס זי האָט אויף איר לעבנסטאָג געזען.

מיט אַ קלאַפּ אין טיש האָט ער געצווונגען, מע זאָל נאָך אַלע אָפּזאָגעכצן דאָך אַוועק־שטעלן פֿאַר אים אין אַ קווערטל דאָס, וואָס ער פֿאָדערט אויף צו דערוואַרעמען זיך. פֿון דעם איז געווען צו דרינגען, אַז אַחוץ זייַן גבֿורה איז ער נאָך, אַזוי צו זאָגן, אַ מענטש מיט אַ גאַנץ שטורמישן כאַראַקטער.

און דאָך האָט אים זשאַנע, קען מען זאָגן, גענומען מיטן ערשטן קוק פֿון אירע ביז גאָר שוואַרצע און ביז גאָר קיילעכדיקע אויגן. ווי נאָר ער האָט געכאַפּט אויף זיך זייער בליק, אַזוי באַלד איז ער געבליבן זיצן כמעט ווי אַ סטאַטיק, אָן שום באַוועגונגען. אים האָט גע־וווּנדערט: „ווי נעמט זיך גאָר אין אַ מענטשנס אויגן אַזאַ קראַפֿט?"

מע דאַרף צוגעבן, אַז לויט ביריוקאָווס ערשטן אייַנדרוק איז בייַ זשאַנען אַלץ, אויסער די אויגן, – אַרייַנגערעכנט די הענט און די פֿיס – געווען זייער שוואַך אַנטוויקלט. מע קען זאָגן אַפֿילו: אומבאַהאָלפֿן. נאָר דער דאָזיקער אייַנדרוק האָט געקענט קומען פֿון דעם, וואָס דערזען זשאַנען האָט ער דעמאָלט דאָס ערשטע מאָל, און גראָד אויף די הענט פֿון איר מוטער דער פּאַרטיזאַנקע, – זשאַנע איז צו יענער צייַט אַלט געווען פּונקט צוויי יאָר מיט פֿינף חדשים.

ווי אַ מענטש מיט אַ שטורמישן כאַראַקטער, האָט ביריוקאָוו פֿון תּמיד אָן נישט געקענט פֿאַרטראָגן, מע זאָל אויף אים עפּעס אַרויפֿצווינגען, זאָל זייַן אַפֿילו אַ בליק.

– טי טשעוואָ?[2] – האָט ער געפּרוּווט אויף זשאַנען זיך אָנבייזערן.

1 דאָס רוסישע וואָרט ,ביריוק׳ באַצייכנט אין דיאַלעקטן פֿאַרשיידענע חיות ווי למשל אַ וואָלף אָדער אַ בער און ווערט געברויכט מעטאַפֿאָריש צו באַשרייַבן אַן איינזאַמען פֿאַרדראָסענעם מענטשן וואָס מייַדט אויס צו זייַן מיט אַנדערע מענטשן.

2 Ты чего? (רוסיש) – וואָס? וואָס ווילסטו?

פֿון: **נייַע דערציילונגען**. בוענאָס אייַרעס: איקוף, 1948, ז"ז 41 – 48.

דאָס האָט נישט געהאָלפֿן. זשאַנע מיט איר קוטשעראַווע קעפּל איז ברייטלעך, ווי אַ מלכות, געזעסן אויף דער מוטערס הענט און האָט נישט אָפּגענומען פֿון אים איר בליק. אַנו, עס זאָלן אַפֿילו אַ מינדסטן ציטער טאָן די נײַגעריקע פֿלעמלעך אין אירע קײַלעכדיקע שוואַרצע אויגן – אין יעדער אויג אַ ביז גאָר נײַגעריק פֿלעמל.

– דו קוק בעסער נישט אויף מיר! – האָט מיט אַ באַס איבערגעחזרט ביריוקאָוו. – איך בין אַ בייזער דיאַדיע[3]!.. אוך, אַ בייזער!

נאָר גראָד דערויף האָט אים זשאַנע געענטפֿערט מיט אַן אומבאַשטימטן קלאַנג „גגגאַ“, באַגלייט מיט עפּעס אַ מין שוואַך שמייכעלע, וואָס האָט בלויז אין אַ פּאָר ערטער צעקרימט איר טונקל סאַמעט גלאַט פּנימל. און דאָס דאָזיקע שמייכעלע האָט געהאַט סך־הכּל איין טײַטש: זשאַנע, כאָטש דאָ, אינעם פּאַרטיזאַנישן טייל, האָט זי שוין נישט איין מאָל געזען אַרום זיך פֿאַרוווּנדעטע און געהרגעטע, פֿון דעסטוועגן גלייבט זי נישט, אַז אויף דער וועלט זײַנען פֿאַראַן בייזע מענטשן. איינער קאָן אַ מאָל מאַכן אַ מינע פֿון אַ בייזן – דאָס יאָ. נאָר טאַקע דאָס איז לויט זשאַנעס מיינונג קאָמיש, זייער קאָמיש.

– צו וואָס האַלט מען דאָ דאָס קינד? – האָט דאָס מאָל אויף אַן אמת בייז געזאָגט ביריוקאָוו.

– וואָס הייסט ,צו וואָס׳?

אַרויסגעוויזן האָט זיך, אַז מיטן פּאַרטיזאַנישן טייל האָט זשאַנע שוין דורכגעמאַכט נישט איין הייסע שלאַכט. צוריק מיט אַ יאָר צוויי האָט איר מוטער – אַ יידיש מיטלוואָקסיק און זייער רירעוודיק ווײַבל – זיך דערקליבן צום טייל מיטן קינד אויף די הענט – אַ פּיצל קינד פֿון פֿינף חדשים. נו, האָט מען איר דאָך נישט געקענט זאָגן: „גיי אַוועק!“ צי, למשל, ווי עס פּאַסירט אָפֿט מיט פּאַרטיזאַנישע טיילן: מע מוז מיט שלאַכטן איבערוואַנדלען פֿון איין אָרט אויפֿן אַנדערן, קען מען דאָך ווידער נישט זאָגן צו אַ מוטער: „וואַרף אַוועק דײַן קינד“. ווער שמועסט, אַז דאָס ווײַבל איז מיט דער צײַט געוואָרן אַ גוטע פּאַרטיזאַנקע, זיך אויסגעלערנט נישט שלעכט שיסן און פֿירט נישט שלעכט די פּאָליטישע אַרבעט אין טייל – זי איז אַ פּאַרטיייִשע. נו, אָט... און צום קינד האָט מען אין טייל זיך שוין צוגעוווינט... איר יידישן נאָמען העניע איז שווער אויסצורעדן, האָט מען דאָ איר אַ נאָמען געגעבן זשאַנע... אָ! עס איז שוין געוואָרן עפּעס ווי אַן אײַנגעשטעלטע זאַך, אַז אַנדערע, איידער זיי לאָזן זיך אויף זייער אַ געפֿערלעכער אָפּעראַציע, גייען צו צו זשאַנען: „נו, זשאַנע... מיר׳ן פֿאַר דיר בײַשטיין, גיב אַ האַנט!“, און זשאַנע טוט דעם חסד און דערלאַנגט איר הענטל... און איין מאָל, בײַם איבערוואַנדלען פֿון איין אָרט אויפֿן אַנדערן... – מ׳האָט געמוזט אָרגאַניזירן אַ קרײַז־פֿאַרטיידיקונג – זשאַנען האָט מען באַשטאַט אין אַ גריבל – נו, נו, האָט מען זיך דעמאָלט געשלאָגן!!!..

*

3 дядя (רוסיש) – פֿעטער.

עס איז געווען בלאָטיק אין דרויסן. עס האָט אָן אויפֿהער געגאָסן דער רעגן.

די עטלעכע קילאָמעטער פֿון דער באַנסטאַנציע אונטער מאָסקווע ביז צום קינדערהויז, וווּהין איך בין געגאַנגען, וואָלטן זיך געווען געדאַכט פֿיל לענגער און פֿיל שווערער, ווי זיי זײַנען, ווען מיט מיר אין איינעם זאָל אַהין נישט געווען גיין דער פּילאָט ביריוקאָוו – אַ בלאָנדער צעוואַקסענער גבֿר און אויך אַזאַ ברייטלעך צעוואַקסענער מיט זײַן נאַטור. ער איז איינער פֿון יענע רוסישע מענטשן, וואָס ווי נאָר דו ביסט אים מיט עפּעס געפֿעלן געוואָרן, אַזוי באַלד הייבט ער אָן זיך פֿירן מיט דיר ווי מיט אַ לאַנגאָניקן פֿרײַנד, און גייט גלײַך אַריבער מיט דיר אויף ,דו׳, און צווינגט דיך עסן פֿון זײַן פּעקל, אויב ער פֿאָרט מיט דיר אין איין קופּע, און לייגט דערבײַ אויס פֿאַר דיר אַ שטיק פֿון זײַן לעבן, און שטעלט אַוועק אין אַ זײַט דאָס גלעזל, אויב דו זאָגסט זיך אָפּ מיט אים מיטצוטרינקען, און וועט דיך שוין רופֿן אין קאָמפּאַניע מיט זיך אומעטום, וווּהין ער וועט גיין – אַפֿילו אין ,טואַלעט׳.

אויפֿן וועג אין קינדערהויז האָט ער מיר דערציילט, ווי שווער אים איז אָנגעקומען אַרויסצורײַסן זשאַנען פֿונעם פּאַרטיזאַנישן טייל. דעם אמת געזאָגט, האָט קיינער אינעם פּאַרטיזאַנישן טייל נישט געהאַט קיין באַזונדערן חשק אָפּצולאָזן זשאַנען – נישט די פּאַרטיזאַנער און נישט אַפֿילו די מוטער. כאָטש, פֿון דער אַנדערער זײַט: דאָס האַרץ פֿון אַ מוטער אין אַזאַ מין פֿאַל קען מען זיך פֿאָרשטעלן... נישט קיין נאַריש ווײַבל, אַן ענערגישע אַזאַ, פֿון יענע, וואָס האָבן פֿון די פּיאָנערישע[4] יאָרן אָן זיך אויפֿגעצויגן אין דער פּאַרטיי־אַטמאָספֿער. געדיכטע אומרויִקע שאָטנס האַלטן אין איין אַרומיאָגן אויף איר יונגן שוואַרץ־חנעוודיקן פּנים, און איר שטערן איז שטענדיק אָנגעשטרענגט, ווי זי וואָלט צו יעדער צײַט זיך באַאומרויִקט, צי האָט זי נישט דורכגעלאָזט איינע פֿון אירע פֿיל אַרבעטן אינעם פּאַרטיזאַנישן טייל. דער מאַן אירער – אַן אַקטיאָר צי עפּעס אַ מין רעזשיסער פֿון אַ קאָלווירטישער טרופּע ערגעץ אין ווײַסרוסלאַנד – איז, לויט אַלע אירע השערות, אומגעקומען. פֿון אירע עלטערן אין וויטעבסק איז שוין אָפּגערעדט. געבליבן איז ערגעץ אין דער עוואַקואַציע איר שוויגער, שוין זייער אַן אַלטיטשקע – גיי זוך זי אויף. אַוודאי וואָלט דער מוטער זיך וועלן איבערשיקן דאָס קינד אויף דער ,גרויסער ערד׳. נאָר פֿון איין זײַט, מיט וועמען וועט זי עס איבערשיקן? פֿון דער אַנדערער זײַט – ווי וועט זי זיך מיטן קינד שיידן? געפֿינט זי אויס אַ תּירוץ: אויף איבערצושיקן וועמען ניט איז פֿון אַ פּאַרטיזאַנישן טייל אויף דער ,גרויסער ערד׳ דאַרף מען האָבן אַ דערלויבעניש פֿון די געהעריקע אָרגאַנען. „עך!“ – מאַכט צו איר ביריוקאָוו, – „איך האָב שוין אויף זיך אַ פּאָר דיסציפּלין־אויפֿמאָנונגען, אַלץ איבער מײַן כאַראַקטער... וועל איך שוין האָבן נאָך איין אויפֿמאָנונג“. ניין, זי איז אַ דיסציפּלינירטע פּאַרטייערין. בײַם צווייטן רייס[5], וואָס ביריוקאָוו האָט געמאַכט פֿון דער ,גרויסער ערד׳ צום פּאַרטיזאַנישן טייל, האָט ער געבראַכט דעם ייִדישן ווײַבל אַ דערלויבעניש אויף אַריבערצובערנגען מיט זיך דאָס קינד. שוין גוט? הייבט זיך אָן בײַ נײַס אַ מעשׂה: צו וועמען וועט זי שיקן דאָס קינד? „סטײַטש? – טענהט מיט איר ביריוקאָוו. – צו דעם מאַנס מוטער, צו דער באָבען.“

4 פּיאָנערן – אַ קאָמוניסטישע קינדער־אָרגאַניזאַציע אין ראַטן־פֿאַרבאַנד.
5 רוסיש – אַ רײַזע וואָס ווערט געמאַכט לויטן באַשטימטן מאַרשרוט.

„וואָס מיר באָבע? ווען מיר באָבע?.. אַז קיינער ווייסט נישט, ווּהין האָט מען די באָבע עוואַקויִרט, סײַדן אפֿשר ווייסט עס דער אַלטערס פּלימעניצע – אַ פּראָוויזאָרין אין אַ מאָס־קווער אַפּטייק." „אַ פּראָוויזאָרין אין אַ מאָסקווער אַפּטייק? איז דאָך ווידער גוט." דורך דער פּראָוויזאָרין וועט ביריוקאָוו זיך דערוויסן דער אַלטערס אַדרעס און וועט איר איבערגעבן דאָס קינד ממש אין די הענט אַרײַן. ער גיט אַן ערנוואָרט, אַז וואָס עס זאָל נישט פּאַסירן – די באָבע וועט ער אויפֿזוכן...

ווער עס מיינט, אַז ביריוקאָוו האָט דעמאָלט זײַן וואָרט נישט געהאַלטן, יענער האָט אַ גראָבן טעות. ער האָט בײַ זיך, ערשטנס, אַ ,פּראָפּוסק'[6] פֿאַר דער באָבען אויף צו קומען פֿון בוזולוק[7] קיין מאָסקווע, צווייטנס – אַ בריוו צו דער באָבען פֿון ווײַסרוסישן פֿאָלקאָמבילד[8], אַז מע שיקט איר אַרויס אויף הוצאָות, און דריטנס – אַן אײַנלאַדונג פֿונעם קינדערהויז, ווּהין מיר גייען איצט, אַז די באָבע זאָל קומען זיך זען מיט איר אייניקל. ווי נאָר מיר קומען אַרײַן אין ערשטן קאָרידאָר פֿונעם קינדערהויז, באַווײַזט מיר ביריוקאָוו אָט די אַלע דרײַ דאָקומענטן – זיי זײַנען אים אָנגעקומען צוריק פֿון בוזולוק מיט אַ צושריפֿט אַז... זשאַנע האָט שוין מער נישט קיין באָבען...

און נאָך איינעם אַ דאָקומענט ווײַזט מיר ביריוקאָוו. דאָס איז אַ בריוו פֿון זשאַנעס מוטער וועגן זשאַנעס ייִחוס – אַ נײַער מין סאָרט מעטריקע, וואָס הייבט זיך אָן מיט די ווערטער:

„צו וועמען אין די הענט מײַן קינד זאָל נישט אַרײַנפֿאַלן, בעט איך, מע זאָל געדענקען: ס'איז אַ קינד פֿון אַ פּאַרטיזאַנקע."

– צו וועמען זשע איז דאָס געשריבן? – האָב איך זיך אינטערעסירט.

– צו וועמען?...

שמייכלענדיק, האָט ביריוקאָוו צוריק אַרײַנגעלייגט דעם בריוו אין אייבערשטן טאַש פֿון זײַן פּילאָטרעקל און צוריק פֿאַרשפּיליעט דעם טאַש אויפֿן קנעפּל, ווי אַ בעל־תּכלית.

– אַ פּנים, – האָט ער געזאָגט, – דער בריוו איז געשריבן צו דעם, בײַ וועמען ער געפֿינט זיך...

*

אין קינדערהויז, ווען מיר זײַנען אַהין צוגעקומען, האָט מען נאָר וואָס פֿאַר פֿרי געהאַט אָנגעצונדן דאָס עלעקטרישע ליכט.

אין גרויסן צימער, ווּהין מ'האָט אונדז אַרײַנגעלאָזט, – אַ צימער מיט אַ פּאָדלאָגע, באַדעקט דרוכויס מיט גוט געוועקסלטן רויטלעכן לינאָלעום,[9] – זײַנען אַרום נידעריקע

6 רוסיש – פּאַסיר־צעטל.
7 בוזולוק – אַן עוואַקואַציע־אָרט צום דרום־מערבֿ פֿון אַראַל־בערג.
8 פֿאָלקסקאָמיסאַריאַט פֿאַר בילדונג.
9 линолеум (רוסיש) – לינאָליי.

טישלעך געזעסן בײַ אַנדערטהאַלבן צענדליק קינדערלעך, אַלע – זייער פֿאַרטאָן אין איבער־כאַפּן. מיר זײַנען געבליבן שטיין בײַ דער טיר.

– אָט איז זי! – האָט מיר אָנגעוויזן בירריוקאָוו און איז געבליבן צוגעשמידט מיט די אויגן צו אַ ווײַטלעך טישל, ווו אונטער דער השגחה פֿון אַן אויסגערוטער גענעצנדיקער ניאַניע האָבן דרײַ קינדער געזופּט זייער קיסעל[10] פֿון די שעלעכלעך, – די סאַמע קלענסטע...

צו אונדז מיטן רוקן איז אויף אַ נידעריק בענקעלע געזעסן נאָך גאָר אַ קליין, נאָר פֿעסט מיידעלע מיט אַ דין העלדזעלע, מיט האָר אויפֿן נידעריק געשווירענעם קעפּל, וואָס ווי קורץ זיי זײַנען נישט, הייבן זיי דאָך אָן זיך קרײַזלען, און פֿון זייער שוואַרצקייט שלאָגט אַזש אָפּ מיט אַ גלאַנץ.

– זשאַנאַ! – האָט אַ רוף געטאָן בירריוקאָוו און איז מיט אַ צעעפֿנט מויל געבליבן שטיין אין וואַרטעניש.

זשאַנע האָט צו ערשט נישט דערהערט, אַז מע רופֿט זי, און רויִק געזופּט פֿון איר שע־לעכל. בײַם צווייטן רוף האָט זי דווקא זייער געשווינד אויסגעדרייט צו אונדז איר קעפּל, נאָר געבליבן איז זי גאַנץ קאַלט, גרייט זיך באַלד נעמען צוריק צו איר שעלעכל. זי האָט ווירקלעך געהאַט זייער קײַלעכיקע און זייער שוואַרצע אויגן. עס האָט זיך געדאַכט, אַז פֿון צורירן זיך צו זיי מיט אַ פֿינגער וואָלט פֿון זייער שוואַרצקייט געבליבן אויפֿן פֿינגער שפּורן.

– זי האָט מיך נישט דערקענט! – האָט מיט אומרו אין קול אַ זאָג געטאָן בירריוקאָוו.

איך האָב זיך צו אים אומגעקוקט. זײַן פּנים איז מיט אַ מאָל געוואָרן פֿינצטער און צעקרימט, ווי עמעצער וואָלט זיך פֿאַרמאָסטן אים שלאָגן.ביידע זײַנע הענט זײַנען פֿאַר־גליווערט געוואָרן אין אַ פֿרעגנדיקער פּאָזע:

– זשאַנאַ?! – האָט ער איבערגעחזרט מאָנענדיק און כמעט בייז. – זשאַנאַ?!

זשאַנע האָט זיך פֿון ס׳נײַ אין אים אײַנגעקוקט. מע קען זאָגן, אַז צו ערשט האָבן בי־ריוקאָוון דערזען בלויז די נײַגעריקע פֿלעמלעך, וואָס אין אירע אויגן. זיי זײַנען געוואָרן אַלץ ליכטיקער, אָט די נײַגעריקע פֿלעמלעך, ביז זיי האָבן אָנגעהויבן שמייכלען, פֿון דאָרט האָט דער שמייכל פֿאַמעלעך־פֿאַמעלעך גענומען זיך פֿאַרשפּרייטן איבער איר טונקעלן סאַמעט־גלאַטן פּנימל. נישט בלויז פֿון איר מויל, נאָר טיף פֿון איר ברוסטל האָט ממש אַ פֿליוכע געטאָן דאָס פֿריילעכע וואָרט:

– דדד... דיאַדיאַ!

גראַציעז, ווי מיט חסד, האָט זי נאָך דעם, זיצנדיק בײַ בירריוקאָוון אויף די הענט, גענר־מען דאָס שטיקל שאָקאָלאַד, וואָס ער האָט איר דערלאַנגט.

– אָט וועט איר זען, ווי קלוג אָט דאָס קליינע עסט! – האָט בירריוקאָוו צו מיר אַ שעפּ־טשע געטאָן.

ווירקלעך. זשאַנע, קען מען זאָגן, האָט געגעסן ,מיט קאָפּ׳. אָפּגעביסן אַ שטיקל שאָקאָ־לאַד, האָט זי נישט געאײַלט עס צעקײַען – זי האָט דעם ביסן אַ ווײַלע געהאַלטן אין מויל אָן

10 кисель (רוסיש) – אַ זיס געטראַנק פֿון זאַפֿט מיט קראָכמאַל.

שום באַוועגונג. בלויז אירע אויגן האָבן זייער פֿאַמעלער זיך געגלאָצט אַרויף און אַראָפּ, און קענטיק איז געווען, אַז זי פֿאָרשט גרינטלעך די זאַך, – זי געהערט צו יענע מענטשן, וואָס נאָך אַלעם איבערגעלעבטן פֿאַרזוכן זיי בײַ נײַס די וועלט זייער פֿאָרשנדיק: וואָס פֿאַר אַ טעם האָט זי?..

*

– איך האָב באַמערקט, – האָב איך אויף צוריקוועגס פֿון קינדערהויז געזאָגט צו בירריקאָוון, – איר האָט זיך מיט אַ מאָל געהאַט אין גאַנצן איבערגעביטן... אָט דאַן, ווען זשאַנע האָט אײַך נישט באַלד דערקענט.

– אַ קלאָרע זאַך! – האָט אײַליק געענטפֿערט בירריקאָוו און איז געבליבן שטיין אין מיטן דער בלאָטע, איבער וועלכער מיר האָבן געשפּאַנט, – זשאַנע מוז האָבן אין לעבן כאָטש איין מענטשן, וועלכן זי דערקענט! Это очень важно.[11]

עס איז געווען פֿינצטער, בלאָטיק און עסעדיק[12] קאַלט. דער רעגן האָט געגאָסן נאָך שטאַרקער, ווי בײַ טאָג, און דער וועג דורכן וואַלד פֿונעם קינדערהויז צו דער באַנסטאַנציע וואָלט שוין אַוודאי געווען זיך אויסגעדאַכט זייער און זייער לאַנג, ווען מיט מיר אין איינעם זאָל נישט געווען גיין אָט דער קרעפּטיק־צעוואַקסענער רוסישער מענטש. אין מײַנע אויערן האָבן נאָך אַלץ געקלונגען זײַנע ווערטער:

Это очень важно.

מיר האָבן זיי שטאַרק דערמאָנט אין די ווערטער, וואָס איך האָב אַ מאָל, נאָך אין ביר־גערקריג, געהערט פֿון אַן אַנדער רוסישן מענטשן בײַ גאַנץ אַנדערע באַדינגונגען:

– טשטאָ ווי, שוטיטיע?![13]

11 עטאָ אָטשען וואַזשנאָ (רוסיש) – דאָס איז זייער וויכטיק.
12 עסעריק.
13 Что, вы шутите? (רוסיש) – וואָס, איר שפּאַסט? איר מאַכט חוזק?

## מיכה־יוסף בערדיטשעווסקי (בן־גאָריון)

# די פֿיר שטעקנס

אַ מעשׂה אין פֿיר קאַפּיטלען. עס ווערט אין זיי דערציילט, ווי אַזוי חנה־גיטל האָט חתונה געהאַט מיט איר מאַן נחמן־שמואלן צום צווייטן מאָל. אַז דער לעזער וועט זיך גוט צוקוקן, וועט ער זען, ווי אַפֿילו צום ערשטן מאָל האָבן זיי זיך נישט געדאַרפֿט האָבן זייער שטאַרק נייטיק.

## א

מיר גייען איבער צום ענין אַליין. שוין דערפֿון, אַז איך הייב אָן מיט חנה־גיטלען און נישט מיט נחמן־שמואלן, איז געדרונגען, אַז זי איז געווען דער ספּאָדעק. אַוודאי, ווי דען זאָל עס אַנדערש זיַין? אַז זי איז געווען די קרעמערקע, און די קלייט און די שטוב האָט זי געירשנט פֿון איר מאַמען. זי האָט געמאַכט דעם קוואַס, פֿאַרקויפֿט די זאַלץ און דאָס מעל און זי האָט געהאַנדלט מיטן גוי און מיט די פּריצים. אַפֿילו בײַם פּריסטאַוו האָט זי זיך געקאָנט אַן עצה געבן און איז ניט בטל געוואָרן פֿאַר וועמען איר ווילט אַליין. מיטן רבֿ האָט זי זיך געקאָנט קריגן, אַז ער האָט געאַסרט צו טאָרגעווען דורך אַן ערלית אום אַ שבֿיעי־של־פּסח, וואָס איז אויסגעפֿאַלן אין אַ טאָג פֿון אַ יריד פֿאַר חגא. מיאוס איז זי געווען, ווי איר קאָנט אײַך נאָר אויסמאָלן. בײַ אירע טירדות האָט זי דען אַ מאָל צײַט געהאַט זיך אויפֿצונייען אַ קלייד, צי אַ פֿאַרטעך, צי אויסוואַשן דאָס קאָפּטיכל? אַז דאָ וועגט מען מעל און תּיכּף מוז מען מעסטן בוימל צי גאַזע, און מע מוז לויפֿן אין קעלער אַרײַן נאָך קוואַס. קומט צו גיין אַ פּריצל און וויל אַן אַכטל טיטון, דאַרף מען אים הייסן זיך צוזעצן. סע לויפֿט אַרײַן אַ שכנה און לײַט אַ דרײַ־פֿונט־וואָג, אַ גוי קומט נאָך טשוועקעס און פּאָדקאָוועס. דער אָנבײַסן דאָרט אין אויוון הינטער דער טיר קאָכט איבער און לויפֿט אויס. אַ גבאיטע קומט נאָך אַ נדבֿה און וויל מאַכן אַ לאַנגן שמועס. האָט קיין פֿאַראיבל נישט, עפּעס גייט אַ יריד און מע מוז צוגרייטן סחורה. געלט מוז מען באַצאָלן יאַנקלען און חיימען און גדליהן; און דאָ מוז מען, פֿאַרקערט, בײַ אַנדערע אײַנמאָנען חובֿות. אַז קיינער נעמט נישט אַרויס דאָס טײַסטערל, ביז מע מאָנט אים נישט צען מאָל. אין מיטן דערמאָנט זי זיך, אַז מע מוז גאָר רופֿן דעם מוליער, כּדי ער זאָל צו רעכט מאַכן דעם אויוון; דער קוימען־קערער האָט שוין לאַנג נישט אויסגעקערט די סאַזשע, און ערשט פֿאַר צוויי וואָכן איז בײַ נתן־יחיאלס געווען אַ שׂריפֿה. דאָס אַלץ איז אויף איר קאָפּ און אויף אירע פּלייצעס. ער, נחמן־שמואל, איז עפּעס אַ מענטש, מישטיינס געזאָגט! פֿאַרשטיין פֿאַרשטייט ער נישט פֿון דאַנען אַהין, און אין קלייטזאַכן איז ער אַ לא־יוצלח. אַ גליק נאָך, וואָס ער איז אַ שטיקל מלמד און קנעלט ערגעץ אין דער פֿרעמד, אָט איז

פֿון: **יִדישע כּתבֿים פֿון אַ ווײַטן קרובֿ**. בערלין: הוצאת אברהם יוסף שטיבל, 1923, ז״ז 195–208.

זי כּאָטש פּטור פֿון אים און ער מישט זיך נישט אין אירע זאַכן, אַבי קאַליע צו מאַכן. פֿאָרט ער אָבער אַוועק, איז אים נישט צו באַקומען אַהיים אַ יאָר כּסדר, צי צוויי; אַפֿילו אויף פּסח מאַכט ער זיך אַ מאָל אַן אויסרעדעניש און קומט נישט... שרײַבן שרײַבט ער נאָר, ווען ער באַדאַרף צו האָבן אַ העמד צי אַ פּאָר זאָקן. זײַנע פֿאַרדינסטן! אַלץ גייט אים דאָרט אַוועק, און תּיקון האָט ער שטאַרק ליב, דווקא ווי אַ סאַדיגערער חסיד, כאָטש ער איז אַליין אַ זינקעווער. אַז ער ברענגט אַ מאָל אַהיים די זיבעציק צי די אַכציק קערבלעך, האָט מען צו פֿאַרשטאָפּן הונדערט לעכער. און פֿון די צוויי וואָכן, וואָס ער זיצט אָפּ אין דער היים, איז מען שלום נאָר דעם ערשטן שבת און דערנאָך הייבט זיך אָן פּאַוואָלינקע אַ קריגעניש, ווי דער שטייגער איז בײַ דער קאַץ מיט דער מויז, און מע זאָגט זיך אַנאַנדער וואָס אין דער קאָרט און סע קומען בייזע טעג פֿאַר זיי ביידע...

אַזוי לעבט מען שוין אַ יאָר פֿערצן צי זעכצן. אַ קינד האָבן זיי געהאַט, איז עס געשטאָרבן צו דרײַ יאָר. גטן האָבן זיי זיך געוואָלט שוין תּיכּף נאָך דער חתונה, אַז איר מאַמע ציפּע־לאה האָט נאָך געלעבט און סע פֿלעגט זיך איר פֿאַרגלוסטן מיטן איידעם צו לערנען בלק. – זי אַליין האָט זיך אויך טויזנט מאָל פֿאַרווינטשט איר לעבן, אַז גאָט האָט איר צוגעשיקט אַזאַ שלימזלניק פֿאַר אַ מאַן. ער האָט איר אויך געווּנטשן דעם ליכטיקן גן־עדן, און אַז ער איז אַריבערגעפֿאָרן די בריק פֿון כמעלניק זיך זוכן אַ מלמדות, האָט ער שוין אָנגעהויבן צו דאַנקען דעם בורא פֿאַר דעם, וואָס ער וועט אַצינד האָבן מנוחה פֿון איר. אַז ער האָט זיך אָבער געמאַכט דעם חדר, פֿלעגט ער תּמיד געבן די באַלעבאַטים צו פֿאַרשטיין: בין איך דען גלאַט אַ קבצן צי אַ פּועל־בטל, און מיינט איר, אַז ווען נישט אײַערע ייִנגלעך, וועל איך שטאַרבן פֿאַר הונגער? עפּעס האָב איך דאָך אין דער היים אַ ווײַב און אַ קלייט און אַ שטוב און אין כמעלניק זנאַטשע איך אויך עפּעס... לערנען האָט ער נישט ליב געהאַט שטאַרק מיט די תּלמידים, און אַז די ייִנגלעך האָבן אים גענאַרט און האָבן אַפֿילו דאָנערשטיק נישט אָנגעהויבן צו קענען דעם שיעור, האָט ער זיך געלאָזט נאַרן. זײַן באָבעס דאגה, אַז שלמה־נתנס בן־זקונים צי אַבֿרהם־חיימס אייניקל וועט נישט זײַן אַזאַ למדן; דער עיקר איז, אַז ער קאָן שלאָפֿן אין דער פֿרי און נאָכן אָנבײַסן און בײַ נאַכט. אַ קאַפּעטשקעלע בראָנפֿן שאַט אויך נישט, און נײַנציקער איז אַוודאי גוט. דער עולם־הזה זײַנער איז אָבער געווען דער מרחץ. פֿרײַטיק פֿון צוויי אַ זייגער אָן ביז פֿאַר נאַכט איז ער אָפּגעלעגן אויף דער אייבערשטער באַנק און האָט געשמאַק געשוויצט. דאָ אין פּאַרע און אין היץ און אין געשריי האָט ער זיך אויסגעשטרעקט מעשׂה־מלכות און האָט זיך געריבן מיטן בעזעמל אַז ס׳האָט געבראָטן! אַלע מאָל האָט ער אַ געשריי געגעבן: מער! מער פּאַרע! גיסט אויף! גיסט! און ווי ס׳האָט געגעבן אַ שאָס פֿון די גליִענדע שטיינער, האָט ער איבער אַ נײַס אָנגעהויבן זיך צו רײַבן מיט אַלע כּוחות און האָט קוים געקאָנט דערכען. מיט אָט דעם חיות האָט נחמן־שמואל געלעבט דעם גאַנצן שבת, אַפֿילו ווען דער טשאָלנט בײַ דער באַלעבאָסטע איז נישט געווען אַזוי געראָטן, צי ס׳איז גאָר געווען אַ קאַלטער מלאך. זונטיק פֿלעגט ער זיך נאָך דערמאָנען אָן דעם מרחץ פֿון פֿרײַטיק, און אַז ס׳איז געקומען מיטוואָך, פֿלעגט ער שוין אָנהייבן צו ציילן די שעהען ביז פֿרײַטיק נאָך מיטיק. איז ער געווען אין דער

היים אין כמעלניק, און האָט כּדרך־הטבֿע געליטן פֿון זײַן ווײַב, האָט ער געדאַנקט גאָט, אַז ס׳איז געקומען דער פֿרײַטיק און ער האָט זיך געקאָנט ראַטעווען פֿון אירע קללות אין באָד אַרײַן... דער בעדער האָט אַפֿילו געוווּסט, אַז בײַ נחמן־שמואלן באַדאַרף ער צו נעמען פֿינף קאָפּיקעס, ווי בײַ אַ נגיד, נישט דרײַ קאָפּיקעס, כאָטש ער איז אַ מלמד. נישקשה, איר זיצט אָפּ געוווּנג דאָס געלט, פֿלעגט ער אים זאָגן. דערפֿאַר אָבער איז ער זוכה געווען צו הערן פֿון זײַן מויל, אַז די כמעלניקער באָד איז נישט שלעכט, אַזוי ווי די ליפּאָוויצער צי די הייסינער. וואָס דאָס האָט באַטײַט פֿאַרן בעדער, באַדאַרף איך אײַך נישט זאָגן.

ב

ויהי היום, האָט זיך געטראָפֿן, אַז נחמן־שמואל האָט ניט געקריגן קיין קנעלעכץ, און נאָך דעם, אַז ער האָט זיך אַ חודש כּסדר אָפּגעוואַלגערט אין דער פֿרעמד און געזוכט ייִנגלעך און נישט געפֿונען, האָט ער נעבעך געמוזט קומען אַהיים קיין כמעלניק און זײַן בײַ חנה־גיטלען. – די ערשטע צײַט האָט חנה־גיטל אַפֿילו געהאַט אויף אים רחמנות און אים ניט מקבל־פּנים געווען, ווי איר שטייגער איז. עפּעס איז ער איר אויסגעקומען אַצינד ווי אַ פֿאַרבלאָנדזשעט שאָף... און אין שטאָט אַליין איז ער דאָך אין מיטן יאָר מער נישט ווי אַ פֿרעמדער. נחמן־שמואל האָט זיך אַליין געחידושט און האָט געהאַלטן אין איין ציטערן: אָט, אָט, שיסט זי אויס. פֿאַרקערט, ער וואָלט שוין בעסער געוואָלט, זי זאָל אַרויס מיטן כּעס, איידער סע זאָל זיך בײַ איר קלײַבן... אין קלויז איז ער געווען דער ערשטער און אַוועקגעגאַנגען איז ער דער לעצטער, ניט פֿון גאָטס טובֿה וועגן. אַ ביסל פֿלעגט ער זיך אַריבערכאַפּן צום שוחט, צי אַזוי צו אַן איידעלן ייִדן שמועסן. די צײַט, וואָס ער איז געווען אַוועק פֿון דער היים, איז בײַ אים געווען ווי געפֿונען, וואָרן כאָטש זי האָט זיך געהאַלטן שטיל, איז אים נימאס געווען דאָס לעבן; יאָ, אַז זי שווײַגט, איז נאָך ערגער. אָט דאָ האָט ער געמוזט גיין מנחם־אָבֿל זײַן אַ ייִדן, וואָס בײַ אים איז געשטאָרבן דאָס ווײַב, מוז ער דאָרט פֿאַרגעסן דעם שטעקן און די פּאַטשיילע און דעם טאַבעק, עפּעס האָט ער געפֿילט, אַז הײַנטיקן טאָג נעמט דאָס אַן עק. און כּך־הווה! ווי ער איז נאָר געקומען אַהיים און האָט נאָך נישט אוספּייעט צו איבערטרעטן די שוועל, האָט זי שוין אָנגעהויבן אויפֿן קול: ווּ פֿידלסטו דיך אַרום דעם גאַנצן טאָג אין קרענק? אַ ייִד גייט אַרום פּוסט־און־פּאַס און טוט גאָרנישט. וואָס האָסטו דיך אַנידערגעזעצט אין כמעלניק אין געהאַקטע ווונדן? קראַנק ביסטו צו טאָן ווי אַלע מענטשן, נעמען די אויגן אין די הענט אַרײַן און אַכטונג געבן אין קלייט? אָבער גיי רעד מיט אַ פֿוילפּעלץ! צוויי הערינג האָט מען מיר הײַנט אַוועקגעגנבֿעט. אָבער דאַרט אים דען דער קאָפּ ווי מיר? מע וועט מיר אַלץ צעטראָגן; – אַרויסטראָגן זאָל מען דיך, גאָטעניו! קוק אים נאָר אָן, ווי ער שטייט דאָ! די אויגן וואָלט איך דיר געקאָנט אויסקראַצן! וואַרט נאָר, איך וועל דיר ווײַזן, ווער איך בין, אַז דו וועסט זיך דערוועגן זיך אַרומטרײַבן! אויסגעריסן זאָלסטו ווערן, פֿאַרשׂרפֿעט זאָלסטו ווערן!... די תּוכחה שיט זיך, וואָס זאָג איך שיט זיך, עס גיסט זיך איר צאָרן. עפּעס האָט זי געוואָלט אין דעם איין מאָל אָפּצאָלן אים פֿאַר אַלע טעג, זיך קילן אין זײַן בלוט. עפּעס האָט זיך איר אויסגעוויזן, אַז זי איז נאָך גאָר נישט יוצא אין דעם אַלעמען, וואָס זי זאָגט אים...

וואָס טוט נחמן־שמואל? ער הייבט זיך אויף און דערלאַנגט איר אַ באָך אין פּלייצע... ער איז איבערגעביטן געוואָרן אין דער מינוט, און דער כּעס אין אים האָט זיך צעפֿלאַקערט, ווי קיין מאָל נישט ביז אַצינד. זי איז אויף אים אַרויפֿגעשפּרונגען ווי אַ הונט. אין טאַטנס־טאַטן און אין מאַמעס־מאַמען, און אַזוי האָט מען זיך געשלאָגן און געהרגעט, אַז די גאַס איז געוועזן מיט זיי אויף. אַן איידעלער ייִד זאָל אויפֿהייבן די האַנט אויף זײַן ווײַב?... אַזוינס איז נאָך קיין מאָל ניט געווען בײַ ייִדן. אין שטאָט האָט זיך געקאָכט.

## ג

איר ווייסט אַליין, ווי דער שטייגער איז בײַ ייִדן, זיך אַלע מאָל אַרײַנצולייגן אין אַ שלום, אָבער דאָס מאָל איז זיך איינער מישבֿ און האָט אַ זאָג געטאָן דאָס וואָרט „גט׳ און ביידע האָבן זיך אָנגעכאַפּט. זי וויל זיך נוקם זײַן אָן אים און ער וויל פּטור ווערן אויף אייביק פֿון איר. אין דער גאַנצער שטאָט רעדט מען שוין: נחמן־שמואל גט זיך מיט חנה־גיטלען! מ׳איז שוין בײַם רבֿ און מע טענהט און דער עולם שטופּט זיך. אַפֿילו די, וואָס קערן זיך גאָר נישט אָן מיט דעם, האָבן אין האַרצן הנאה צו הערן אַ קריגעכץ.

דער רבֿ נעמט נחמן־שמואלן אָן אַ זײַט און זאָגט צו אים: וואָס מאַכט איר זיך נאַריש? איר זענט דאָך שוין אַ ייִד פֿון איבער פֿערציק, שטופּט אָפּ די ביסל יאָרן און זײַט מקבל יסורים באַהבֿה. אָבער ער האַלט אין איין טענהן: אַז מע שמועסט פֿון גט, זאָל זײַן גט. ס׳איז אַרײַן אין אַן עקשנות; אויך זי, וואָס די רביצין האָט געפּרוּווט מיט איר רעדן און פֿירן זי צוריק צום שׂכל, האַלט אין איין טענהן: איך וויל פֿון אים ניט מער וויסן, אויף דער שוועל וועל איך אים ניט לאָזן. דער אמתער שׂטן! דער רבֿ האָט בדעה צו ווערן אין כּעס און זיי מקיים־פּסק זײַן, אָבער דאָ איז שוין געוואָרן שפּעט צו מינחה. אין קלויז איז ערשט רעכט אַ גערודער, קיינער דאַוונט נישט אַ וואָרט, אַפֿילו אין מיטן שמונה־עשׂרה שושקעט מען זיך. קוים האָט מען אָפּגעזאָגט קדושה, זעט מען שוין רעדלעך יונג און אַלט, וואָס האַלטן אין איין רעדן. ער האָט זיך זײַן צד און זי האָט זיך איר צד. בײַ דער וועטשערע הערט מען נאָך אַלץ, מאַן־און־ווײַב און עלטערע קינדער שמועסן פֿון נחמן־שמואלן און חנה־גיטלען. גאָרנישט, גאָט האָט צוגעשיקט כּמעלניק אַן עסק.

און אויף מאָרגן אין דער פֿרי האָט זיך אָנגעהויבן איבער אַ נײַס אַ קאָן. סע האַלט בײַ גט, כאָטש לייג זיך אין דער לענג און אין דער ברייט. מענטשן קומען און ווילן אויסגלײַכן – און לייגן צו נאָך מער פֿײַער. חנה־גיטל האָט שוין גאָר צוגעמאַכט די קלייט. בײַם רבֿ איז שוין ווידער פֿול די שטוב, נאָר ער שפּאַרט זיך נאָך און וויל ניט מסדר זײַן דעם גט. דער שמשׂ, וואָס לויפֿט אַרום אַהין און אַהער, איז צעמישט. בערל דער סופֿר איז לכל־הדעות דאָ און מאַכט מיט אַ מעסערל צו רעכט די פּען. די דיינים זיצן און קוקן אַרײַן אין „טיב־גיטין“[1], ווי ווען סע וואָלט זיי גאָר נישט אָנגעגאַנגען, נאָר דער דין. עפּעס ווילט זיך דעם רבֿ אויפֿשטיין

1 אַ ספֿר וועגן גט. עס זענען דאָ עטלעכע ספֿרים מיטן זעלביקן אָדער ענלעכע טיטל, למשל: צבֿי־הירש העלער (ווין, 1839), אפרים־זלמן מרגליות (ווילנע, 1849), חיים־יוסף גאָטליב (אונגוואר 1869).

און זיי אַלע לאָזן דאָ זיצן. דערווײַל הייבט מען שוין אָן אויסצופֿרעגן: ר׳ נחמן־שמואל בן יצחק, ווילסטו מיט דײַן גוטן רצון אַזוי און אַזוי זיך גטן מיט דײַן ווײַב? און אַזוי ווײַטער. מקבל־קנין איז מען שוין אויך געווען. בקיצור, געגט. מזל־טובֿ! נו, מיינען מיר, אַז מיר האָבן רו אין כמעלניק.

טרעפֿט זיך גאָר, אַז מ׳האָט חרטה אויפֿן שידוך!

דער סוף פֿון דער מעשׂה איז געווען, אַז ווען אַלע אין שטאָט האָבן זיך אויסגעשלאָפֿן און מאָרגן אין דער פֿרי געגומען איבערצוקײַען, וואָס נעכטן איז געשען, האָט עס אָנגעהויבן אין האַרצן צו פֿאַרדריסן און מ׳האָט זיך אַליין געחידושט: וואָס הייסט דאָס עפּעס, אָפּזיצן זעכצן יאָר מיט אַ ווײַב און מיט אַ מאָל נעמען און זיך גטן! אַפֿילו די, וואָס זענען, דאַכט זיך, געווען שטאַרק פֿאַר אַ גט, שרײַען הײַנט: ס׳איז פּאַסקודנע, אַז אין אַ שטאָט ווי כמעלניק זאָל זיך אַזוינס טרעפֿן צווישן ייִדן, ס׳איז ממש אַ בזיון פֿאַרן המון, אַז מע ווײַזט זיי אַ דרך!... נחמן־שמואל אַליין האָט זיך געשעמט אַרויסצוגיין אין גאַס און אַ ביסל איז אים געווען פּריקרע... עפּעס פֿאַר זעכצן יאָר געוווינט מען זיך אַ ביסל צו. דערווײַל איז ער אַוועקגעפֿאָרן קיין מעזשבעזש צו אַ ווײַטן קרובֿ. חנה־גיטל האָט גאָר פֿאַרלוירן דעם קאָפּ. ס׳איז געווען אין קלייט ווי אַן אָנשיקעניש: וואָס זי האָט אַנידערגעשטעלט אַ זאַך, האָט זי פֿאַרגעסן אַוווּ. – די שכנים האָבן ניט אויפֿגעהערט צו רעדן און צו דערמאָנען נחמן־שמואלס מעלות; און אַפֿילו אמתע שׂונאים זענען איר געוואָרן גוטע פֿרײַנד און האָבן אָנגעהויבן מיט איר צו טענהן, טאָמער טוט זיך צוריק אַ דריי... אַוודאי האָט חנה־גיטל זיך בײַ זיי געבעטן רחמים: לאָזט מיך צו רו. מרוצה געוואָרן איז זי אָבער אין האַרצן גלײַך אויף דער שטעל, נאָר זי וויל נישט, אַז ער זאָל וויסן. זי האָט זיך שוין אַפֿילו אָנגעהויבן אויסצומאָלן, אַז זיי האָבן שוין צוריק געהאַט חתונה און זי האָט עמעצן, צו וועמען זי קאָן אויסלאָזן איר ביטער האַרץ.

ד

גאָרנישט, איינער, וואָס זשאַלעוועט ניט קיין טירחה צו פֿאַרדינען אַ קערבל און האָט זײַן כּלל: אַז מע לייגט נישט אַרײַן, נעמט מען נישט אַרויס, האָט נישט געמאַכט קיין סך שהיות און האָט זיך אַרויפֿגעכאַפּט אויף אַ פֿור, וואָס איז געפֿאָרן קיין מעזשבעזש פֿאַר דרײַ גדולים. דאָרט אָנגעקומען, איז ער גלײַך אַוועק צו נחמן־שמואלן און תּיכּף אָן שום קונצן אָנגעהויבן פֿון עסק פֿון אונטן און פֿון אויבן און פֿון אַלע זײַטן, צוגעצויגן דעם קרובֿ זײַנעם און זײַן ווײַב, וואָרן ער האָט ניט באַדאַרפֿט אַרײַנצולייגן די האַנט טיף אין קעשענע אַרײַן, כּדי צו דערקענען, אַז זיי וועלן נישט שטאַרק ווײַנען נאָך נחמן־שמואלן. נחמן־שמואל אַליין וואָלט אויך נישט געזאָגט גראָד ניין. עפּעס דרײַצן פּסחס האָט ער געפּראַוועט דעם סדר אין כמעלניק, און ער איז שוין געווען געוווינט... אָבער אַז מ׳איז צו אים געקומען און מע וויל, אַז ער זאָל זאָגן יאָ, – זאָגט ער ניין. חיים־נתן, וואָס איז געקומען צו אים צו פֿאָרן, איז געוואָרן אין כּעס און האָט אים אָנגעהויבן שטאַרק צו זידלען. אַז ער האָט אָבער געזען, אַז דאָס העלפֿט נישט, האָט ער אים געגעבן אַ שפּײַ אין פּנים און איז געפֿאָרן צוריק אַהיים

מיטן בײַטשל. אָנגעקומען קיין כמעלניק, האָט ער אויסגעטראַכט טויזנט ליגנס. עפּעס, זאָגט ער, איז נחמן־שמואל געוואָרן אַן אַנדער מענטש און וויל זיך אַוועקלאָזן קיין וואַרשעווער פּוילן צי קיין בראָד. וליהודים היתה[2]... כמעלניק האָט אויף לאַנג געהאַט וואָס צו רעדן.

לײַט האָבן מזל, מוז נחמן־שמואל זײַן אַ זינקעווער חסיד און נאָך דער גאַנצער חתונה מוז אים קומען אויף דער דעה, ער זאָל בינו־לבינו אַריבערפֿאָרן קיין זינקעוו, וואָס ער איז שוין דאָרט נישט געווען אפֿשר צוויי יאָר. אַ ביסל האָט ער זיך געשעמט צו געבן דעם רבין דאָס קוויטל און דאָרט ניט מער שרײַבן: ,זוגתי חנה־גיטל בת פּעסי שתחיה׳. ר׳ חיים זינקעווער האָט ליב געהאַט אַ הלצהלע און פֿלעגט אים תּמיד אָצען[3] מיט דעם שלאַק זײַנעם, אָבער אַז ס׳איז שוין אים אַרײַן אין זינען צו פֿאָרן, מוז מען פֿאָרן. געקומען איז ער קיין זינקעוו פּונקט ראָש־חודש אלול, ווען דער עולם הייבט אָן צו קומען. און דער רבי האָט אים געזאָגט: בלײַב שוין דאָ איבער די ימים־טובֿים, אַן אַלמן האָסטו פֿון דיר געמאַכט אויף דער עלטער, בלײַב בײַ מיר און עס זיך אָן מיטן וואַרעמען קאָליש... תּשובֿה קאָנסטו דאָ אויך טאָן. אין מיטן איז געקומען צו פֿאָרן דער כמעלניקער רבֿ אויף אַ שבת, האָט אים ר׳ חיים געמאַכט אַ שוואַרצן סוף: ווו איז געווען אײַער שׂכל, ר׳ שלמה? איר נעמט צוויי מענטשן, וואָס זענען באַשאַפֿן געוואָרן איינער פֿאַרן אַנדערן נאָך פֿון ששת־ימי־בראשית אָן, און איר מאַכט צווישן זיי אַ גט. דערווײַל זענען געקומען צו פֿאָרן נאָך כמעלניקער ייִדן, אַ פֿור ווײַבער אויך. חנה־גיטל איז פֿון תּמיד אָן אַפֿילו נישט געווען אַזאַ שטאַרקע חסידה, בשעת ס׳איז געקומען צו געבן דעם רבין מעמד־געלט; אַצינד אָבער האָט זי צוגעמאַכט די קלייט און איז געפֿאָרן. גאָרנישט, געבן דעם רבין אַ קוויטל און זיך פֿאַר אים אויסוויינען, טאָמער האָט מען זיך פֿאַרזינדיקט.

אַזוי האָט מען זיך דערוווּסט בײַם רבין אין הויף, אַז ביידע צדדים זענען דאָ... חסידים האָבן זיך גענומען צו נחמן־שמואלן און אים אָנגעהויבן צו דרייען בײַ דער נאָז; אַז ער וואָלט נישט מורא געהאַט פֿאַר גאָט, וואָלט ער אויפֿגעהויבן ביידע פּיס אין מיטן שבת און וואָלט געמאַכט אַ ויבֿרח... דערווײַל איז מען דאָך אָבער בײַם רבין, און תּורה זאָגט ער אויך דעם שבת און אַ גרויסער שלש־סעודות איז אויך דאָ, און גלאַט אַזוי איז מען דאָך עפּעס אין זינקעוו. ס׳איז געקומען שבת־צו־נאַכט און ר׳ חיים האָט אָפּגעמאַכט הבֿדלה און זיך איבערגעטאָן פֿון די בגדי־שבת מיטן שטרײַמל אין דעם זײַדענעם כאַלאַט מיט די זילבערנע קוואַסטן און אין אַ זײַדענער יאַרמלקע, און האָט זיך אַנידערגעזעצט אין דעם טײַערן שטול. אַ גבאי האָט אַרויסגענומען די לאַנגע טערקישע ליולקע און דערלאַנגט דעם רבין צו רייכערן. דער עולם איז געשטאַנען אַרום אים און ער איז געווען זייער אויפֿגעלייגט און האָט אַ פֿרעג געטאָן: ווו איז נחמן־שמואל? מ׳האָט אים אויסגעגראָבן פֿון אונטער דער ערד און מ׳האָט אים געבראַכט צום רבין. דאָ האָט זיך אָנגעהויבן אַ שטופּעניש, אַ פּאָר חסידים האָבן אים אַרײַנגעשטעקט די הענט אין גאַרטל אַרײַן: הכּלל, ער מוז קאַריק חתונה

2 אסתר ח, טז: לַיְּהוּדִים הָיְתָה אוֹרָה וְשִׂמְחָה. „בײַ ייִדן איז געווען אַ ליכטיקייט און אַ שׂימחה“ (איבערגעזעצט פֿון יהואש).

3 חוזק מאַכן.

האָבן מיט חנה־גיטלען. איז דאָס נישט אַ וווּנק פֿון אויבן, אַז זי איז אויך דאָ? דער רבי וועט בענטשן, דער כמעלניקער רבֿ וועט אומזיסט מסדר־קידושין זײַן, הפּה שאָסר הוא הפּה שהתּיר![4] נחמן־שמואל רײַסט זיך מיט די הענט און פֿיס און וויל פֿון דעם נישט הערן. דער עולם לאַכט און האָט שטאַרק הנאה פֿונעם גאַנצן עסק. דער רבי הייסט אַרײַנטראָגן אַ פֿלעשל בראָנפֿן און גיט איטלעכן אַ גלעזל טרינקען צו אים לחיים. דאָס האָט גאָר געראַ־טעוועט און דער רבי גיט אַ רוף: וואָס טענהט איר מיט דעם שלימזל? נעמט פֿיר שטעקנס און שטעלט אַ חופּה. זוכט ערגעץ אויף די אַלטע.

אויף מאָרגן זענען נחמן־שמואל און חנה־גיטל געפֿאָרן אין איינעם קיין כמעלניק. זיי האָבן שוין געמעגט.

4 משנה, כתובות ב, ה (דאָס מויל וואָס האָט געאַסרט, איז דאָס מויל וואָס האָט דערלויבט).

מיכה־יוסף בערדיטשעווסקי (בן־גאָריון)

# דער קדיש (אַ בילד)

אַ הולטײַ פֿון אַ יונג קומט צו פֿאָרן און זעצט זיך אַנידער בײַ מיר. אַ קרובֿס אַ זון. איך זאָג, וואָס גייט מיך אָן קרובֿישאַפֿט? זי אָבער, אַ ייִדענע, איר באָבעס טאַטע האָט זיך אָנגעקערט מיט איר עלטער־זיידן, אליעזר שפּרונג! און דאָס זיצט בײַ מיר און עסט, שלאָפֿט נאָך מיטיק, גאָרנישט, וואָס פֿעלט אים? מײַנער זאָגט ער אַ חניפֿהלע, מיט מיר שפּילט ער פּאָליטיקע און פֿאַרשטייט זיך בײַ מיר אַרײַנצונאַרן... איר פֿאַרשטייט, קינדער האָט מען נישט, סקוטשנע איז אַ ביסל, אַזוינער בײַם טיש זאָגט אַ מאָל אַ ווערטל צי דערציילט עפּעס אַ מאָל; אַז דער קאָפּ דרייט זיך מיר פֿון די קוויטעס, גיב איך אים אָפּצושרײַבן און מײַנער לייגט צו קאָפּ – וואָס זאָל איך מיך פֿאַר אים היטן? אַן אייגענער! אַז איך האָב צײַט, גיב איך אים אַ טאַפּ בײַם דופּק. ברודערוניו, ווי שטייט עס בײַ דיר מכּוח אָפּהיטן אַ קערבל און צי ווייסטו דעם טעם פֿון אַ קערבל? אָ, אויב ער ווייסט, אַז ער רעדט מיר נאָך נאָכן מויל... איר פֿאַרשטייט, אַ שטיקל הײַנטיקער איז ער, און דער שטייגער איז פֿון הײַנטיקע צו זאָגן מוסר דעם בעל־עסקא – ער אָבער רעכנט די פּראָצענטן און זאָל דאָס געבן אַ קנייטש מיטן שטערן, און גיט נישט אויס, וואָס איך גיב אים. בײַם עסן ווײַזט ער זיך נישט אויס, אַז ער האָט אַ זײַדענע קישקע.

ער הייבט מיר אָן צו געפֿעלן. מײַנע איז שוין גאָר נישט אָפּצוגעווינען פֿון אים, און זי זאָגט צו מיר: בערל, שרײַב אים צו צו דיר און לאָמיר האָבן אַ זון. גיב איך מיך אַ בייזער: וואָס הייסט צושרײַבן? אַ ייִנגל פֿון פֿינף יאָר צי אַ קליין מיידעלע, וואָס מע קען זיי צוטשעפּען צו זיך און זיך אײַנרעדן, אַז מען איז זייער אייגענער פֿאָטער און מוטער, שרײַבט מען צו; אָבער אַ יונג פֿון נײַנצן יאָר, וואָס באַדאַרף שוין באַלד שטיין צום פּריזיוו... גיט זי אַ זאָג: טאַקע דערפֿאַר אַליין. פֿאַר וואָס זאָל מײַן בלוט און פֿלייש גיין דינען? – אײַ, ווי מעג מען דאָס אַ קינד צושרײַבן, וואָס איז שוין עלטער פֿון צען יאָר? דאָס קען דאָך אַפֿילו דער גובערנאַטאָר אַליין נישט פּאָזוואָליען! – זאָגט זי: בערל, בײַ אונדז אין לאַדיזשען גיט מען זיך שוין אַן עצה אָן דעם גובערנאַטאָר... אַ קיצור אַהין, אַהער, זיך טויזנט מאָל מישבֿ געווען מיט זיך אַליין, וואָרן בײַ מיר איז נישטאָ כאַפּ־לאַפּ, און דאָ הייב איך מיר אָן צו זיך אַליין צו זאָגן: אַ גראָע באָרד קריגסטו, פֿאַר וואָס זאָל דאָס, וואָס דו האָסט מיט אַזוי פֿיל מי צונויפֿגעלייגט, ווערן צעזייט און צעשפּרייט אויף שיבֿעה־ימים? טו דאָס, וואָס דײַן ווײַב זאָגט דיר, און האָב אַ קדיש... דאָס הייסט, איך אַליין טראַכט נישט קיין סך וועגן אַזעלכע זאַכן, וואָרן אַז מע שטאַרבט און מע לאָזט איבער די אַפּותּיקי דאָ, און דאָרט דרייט מען זיך אַרום אין תּכריכים, וואָס האָבן אַפֿילו נישט קיין קעשענעס, איז דאָס איינערליי. אָבער זי

פֿון: **ייִדישע כּתבֿים פֿון אַ ווײַטן קרובֿ**. בערלין: הוצאת אברהם יוסף שטיבל, 1923, ז״ז 13–22.

מיט אירע רעיונות און מיטן טיקען אין קאָפּ אַרײַן, אַז מע מוז האָבן אין זינען עולם־הבא... און לפּלוג, אַז ס׳איז דאָ איינער, וואָס היט אָפּ יאָרצײַט, וואָס קען דאָס שאַטן? פֿאַר וואָס קריכן אַזוי ווײַט? אַז ער איז שוין בײַ אונדז איבער אַ יאָר, און מע געוווינט זיך, און פֿאַרלאָזן קען מען זיך אויך אויף אים אַ ביסל, און אַ קהלס־מאַן, אַ גריבענער יונג, ווערט דערפֿון געוווּיר און קומט און רעדט מיר דעם שידוך... הונדערט רובל האָב איך געגעבן די גנבֿים, אַ ריפּ פֿון האַרצן, אַחוץ מעקלערײַ, אָבער אַז סע מוז אַזוי זײַן, און כּתובֿ־וחתום אין דער אופּראַווע, אַז איך, בערל מאָשקאָוויטש וואַלעדניקאָוו האָב אַ זון, וואָס הייסט שמעון, אַן אמתער זון, וואָס איז מיר געבוירן געוואָרן אין אָט דעם און דעם יאָר. מיטן טאָג און מיטן חודש, און אַ מעטריקע – אײַזן.

איר פֿאַרשטייט, דאָס איז נאָך פֿאַרשריבן אין די אַלטע ביכער פֿון צוריק מיט צוואַנציק יאָר, וואָס זענען שוין געווען אין דער רעוויזיע און זענען געחתמעט און געשטעמפּלט. און אַז לײַט, וואָס לעבן פֿון דעם, באַקומען ווינט, גיט מען דעם אַ פֿינפֿערל און דעם אַ דרײַערל, און איינער אַ מוסר־יונג האָט פֿון מיר אויסגעריסן אַ גאַנץ צענערל. צונויפֿגערעכנט אַלץ אין איינעם, איז דאָס שוין אַ נײַער הונדערטער, און דער טוט מער ווייַ ווי דער ערשטער, וואָרן ער איז פֿון צו ביסלעך, און אַלע מאָל מוז מען אַרויסנעמען און יענעם אַוועקגעבן און בײַ יעדן מאָל אַרט דאָס. און לייקענען וויל איך נישט, אַ ביסל מרה־שחורהדיק בין איך געוואָרן נאָך דעם, וואָרן פֿריִער, איידער איך האָב מיר אַרײַנגעבראָקט די מעשׂה, בין איך געווען בײַ זיך אַ תּקיף און איך האָב פֿאַר קיינעם נישט געהאַט קיין מורא, און אָ דאָ מוז איך גוט זײַן צו איטלעכן. וואָרן סע פֿאַרשטייט זיך אַליין, אַז גאַנץ לאַדיזשען ווייסט, אַז איך האָב קיין מאָל נישט געהאַט קיין זון, און קיינער קען זיך נישט דערמאָנען, אַז איך האָב אַ מאָל געמאַכט אַ ברית. פֿאַרן פּריסטאַוו האָט דאָס געהייסן, איך בין זײַנער אַ פֿעטער, און צו יעדן נאָוויגאָד[1] האָב איך אים געגעבן אַ היטל בראָדסקיס צוקער און אַ פֿונט טיי. דאָס האָב איך מיר אַליין אַרויפֿגעלייגט די טאַקסע.

און מײַן יונג פֿילט זיך טאַקע היימיש בײַ מיר, קיין ליידיקע שאַפֿעס זענען בײַ מיר ברוך־השם נישטאָ, און אין דעם אײַזערנעם קעסטעלע, וואָס איז צען מאָל פֿאַרשלאָסן, ליגט אויך עפּעס... און קליידן מוז איך אים כּמינהג־הנגידים... און ער איז גאָר שוין אַ בעלן אויף אַ רוסישן און אַ פּוילישן בוך: נישקשה, סע קען נישט שאַטן, אַז מע קען רעדן מיט אַ פּריץ. – נאָר איינס איז מיר אַ פּליאה, ער איז שוין נישט מער אַזאַ מתמיד אין איבערשרײַבן און קאָפּירן... און אַ מאָל, אַז איך האָב אים געמוזט אָפּהאַלטן אַ גאַנצן טאָג בײַ מיר ביז שפּעט אין דער נאַכט, און איך האָב געמיינט, אַז ער וועט זיך פֿרייען, גיט ער מיר אַ זאָג: וואָס האַלט איר אײַך נישט אַ ייִנגל? אַזאַ חצוף! אַז איך וואָלט געווען זײַן פֿאָטער, וואָלט איך אים דערלאַנגט אַ פּאַטש! נו, זאָגט זשע אַליין, שלאָגן קען מען נישט אַזוינס און מע קען אים אַפֿילו נישט זאָגן קיין וואָרט און על־פּי מעטריקע איז ער דײַן זון. און בײַם עסן ציט ער מיך שוין און דרייט און ליבט דווקא גוט פֿלייש און אַ סך. און אַ מאָל האָב איך באַדאַרפֿט

1 новый год (רוסיש) – נײַיאָר.

עפּעס האָבן צו יואל דײַטש מכּוח אַן עסק, גיב איך אַ קוק: מײַן יונג זיצט אין ווײַנשענק אין אַ פּראָסטן מיטוואָך בײַ אַ פֿלאַש ווײַן. איך זאָג אײַך, איך האָב געמיינט, אַ דונער האָט מיך דערשלאָגן, און אַז איך בין געקומען אַהיים, האָב איך מיך אָנגעהויבן צו גריזען מיט מײַן ווײַב, אַז מיר גריזען זיך נאָך. זי האָט מיר אָנגעהויבן זיך מודה־ומתוודה זײַן, אַז ער הייבט איר נישט מער אָן צו געפֿעלן. עפּעס איז דער שמעון ווי איבערגעביטן געוואָרן די לעצטע צײַט. איין מאָל האָט זי נאָכגעקוקט פֿאַר נאַכט, אַז ער האָט נישט גדאַוונט, און געזאָגט האָט ער, אַז ער האָט יאָ גדאַוונט. איר פֿאַרשטייט, בײַ איר איז דאָס גאָר קיין קאַטאָוועס נישט און בײַ מיר אויך אַזוי: אַז מע גייט אַרויס חוץ־לגדר, שאַט עס אויך צום מיסחר. מילא, אין זאַכן פֿון בין אָדם למקום, זאָל זיך גאָט אָננעמען זײַן קריוודע, אָבער ווײַן, אַ זולל־וסובֿא און נאָך פֿאַר געלט, פֿאַר מײַן געלט!

רעדט צו אים מיט גוטן, צי מיט בייזן, ס׳איז ווי אַרבעס צום וואַנט. מײַן יונג ווערט ערגער און ערגער. טוט נישט פֿון דער האַנט אין אַ קוואָרט וואַסער, גייט אַרום פּוסט־און־פּאַסט, רייכערט זיך דעם גוטן ציגאַר טיטון. אַז ער גייט אין בעדל, שטייט אים נישט אָן צו גיין בציבור, ווי איך, מיט נאָך זעקס ייִדן, נאָר אַליין; און געבן גיט ער דעם גוי, וואָס גיסט אַרײַן דאָס וואַסער, מער ווי איך גיב באָדגעלט. טראָגט אַ שניפּס און אַ געפּרעסטן קאָלנער, ווי דער ריכטיקער פּריץ, און אַלץ פֿאַר מײַן בלוט.

אַ שטייגער, אַז ער וואָלט נישט געווען געקומען צו מיר און וואָלט נישט געווען געבליבן בײַ מיר און מיך וואָלט נישט געווען אָנגעטראָגן דער גוטער יאָר אים צוצושרײַבן צו מיר, וואָלט איך דאָך אים געהערט ווי דעם פֿאַראַיאָריקן שניי און וואָלט אַפֿילו נישט געוווּסט, אַז ס׳איז דאָ אַזאַ באַשעפֿעניש אויף דער וועלט. וואָס וואָלט איך געוווּסט פֿון צרות, פֿון אַזעלכע צרות! נאָר וואָס דען, ער איז יאָ געקומען און איז געבליבן, און איך האָב אים צו־געשריבן על־פּי חוקי־האופֿראַווע, און דערפֿאַר מוז איך אָפּקומען מײַן גאַנץ לעבן! איר פֿאַרשטייט, אַז מע זעצט מיר אָן, אַז איינער האַנדלט מיט מיר אַ סך יאָרן און דערנאָך גיט ער אַ זאָג: לא־אשלם![2] אַרט דאָס מיך שטאַרק, וואָרן איך האָב פֿײַנט, אַז מע גיט מיר נישט אָפּ, און האָב נישט ליב אויסצומעקן אַ חשבון פֿונעם בוך, גלאַט אַזוי מיטן שרײַבפּענדל. אָבער דערנאָך זאָג איך מיר, סע ליגט שוין אַזוי אין דער טבֿע, אַז מע באָרגט צענען, קען איינער אויך איין מאָל נישט אָפּגעבן. זאָל ער דאָס אויסקרענקען! גאָרנישט, מע גיט זיך אַ שניט אין פֿינגער, סע רינט אַ ביסל בלוט און סע פֿאַרהיילט זיך. אָבער אַזאַ צרה קומט צו מיר אין שטוב אַרײַן און מען עפֿנט נאָך אַליין די טיר און מע מיינט: ווער ווייסט וואָס איז געקומען.

און דאָ קומט אַ זאַך, וואָס איך שעם מיך אײַך צו דערציילן. אַ נײַע דינסט האָבן מיר צוגענומען. אַ ריין, ציכטיק מיידל. זי דערלאַנגט אים דעם טיי, ער קוקט אויף איר, זי אויף אים, איך אויף זיי ביידע. מײַנע זאָגט: מע דאַרף זיי נישט לאָזן אַליין אין שטוב. איך זאָג גאָרנישט. אַ קיצור, אַ פֿרײַטיק־צו־נאַכטס, איך בין שוין געלעגן און בין געשלאָפֿן: מײַנער האָט זיך אויסגעוויזן, אַז אין קאַמער פֿאָרעט זיך איינער, זי גייט אַראָפּ אין איין העמד און

2 העברעיִש – איך וועל ניט צאָלן.

וויל עפּענען די טיר פֿון דער קיך, ווײַזט זיך איר אויס, אַז צוויי מענטשן שושקען זיך אויפֿן אויוון. שווערן וויל זי נישט, אָבער זי זאָגט, ס׳איז דאָך אַ נפֿקא־מינה צי מע הערט אַ קול פֿון איינעם, צי פֿון צווייען. אויפֿן אויוון שטייט פֿרײַטיק צו נאַכטס דער טשאָלנט און דאָס מיידל שלאָפֿט אויך דאָרט... מיר האָבן אונדז אָנגעהויבן צו זאָגן, אַז דאָס איז אַ שלעכטער פֿערציקער מיטן בחור, און אַז סע וואָלט געווען אַן אייגענער זון, וואָלט מען אַוודאי אַזוינס פֿון אים נישט דערלעבט, וואָרן אַן אייגענעם זון דערציט מען פֿון קינדווײַז אָן, און אַז ער גייט אַ מאָל אַראָפּ פֿונעם דרך, האַלט מען אים אָפּ. וואָס אַ מאַמע זאָגט צו איר בלוט און פֿלייש, דאָס גייט דעם זון אין האַרצן אַרײַן. און נעמען אָפּשאַפֿן דאָס מיידל איז אַ שאָד, אַ בריה און אַחוץ דעם קען מען אויף איר גאָרנישט זאָגן.

אַ שׂינאה איז אין מיר אַרײַן אויף אים, ווי איר קענט אײַך דאָס גאָר נישט אויסמאָלן, און אויך מײַנע פֿילט זיך נישט גוט, ווען ער איז דאָ. דאָ זיצט אַ פֿרעמדער בײַם טיש און עסט פֿאַר דרײַען און מיר זיצן דערבײַ און רעדן נישט. עפּעס דאַכט זיך מיר, אַז מע מוז זיך היטן פֿאַר אים. מאָלט אײַך אויס: אַ שבת צי אַ יום־טובֿ האָבן אַ ראַזבויניק בײַ זיך און האָדעווען אים. אַ מאָל, אַז גנבֿים זענען אַרײַן בײַ שמואל־שואלקעס בײַ נאַכט און זענען אים באַפֿאַלן, האָב איך מיר געטראַכט, וואָס טו איך, אַז מײַן בחור הייבט זיך אויף כּחצות־הלילה און קוילעט מיך. אַ משוגעת! און איך זאָג אײַך, אַז אָט דעם שגעון האָב איך מיר אויסגעמאָלט מיט אַלע פּיטשעווקעס, ווי ער קומט צו גיין מיט אַ וואַקסענעם ליכטל, דאָס פּנים אויסגע־שמירט מיט סאַזשע און נעמט מיך בינדן. מײַנע ליגט שוין געבונדן, און אַ פֿאַטשיילעכל איז איר אַרײַנגעשטופּט אין מויל אַרײַן. טויזנט מאָל האָב איך נאָכגעקוקט, אַז איך בין געגאַנגען שלאָפֿן, אויב די שליסלען זענען דאָ אונטערן קישן, און אַז איך האָב זיי נאָר וואָס געהאַלטן און זיי פֿאַרשטעקט טיף־טיף, האָט עס מיך געצויגן זיי ווידער אָנצוטאַפּן, טאָמער האָט זיך מיר דאָס פֿריִער נאָר אויסגעדאַכט. אַפֿילו אין דער פֿרי צו דער ציקאָריע האָב איך מורא געהאַט צו קוקן אים אין פּנים, טאָמער אַפֿילו אַז ער איז ריין און טראַכט לחלוטין נישט קיין בייז, וועט זיך אַריבערכאַפּן דער געדאַנק פֿון מײַן מוח אין זײַן מוח און זיך צוקלעפּן צו אים...

איך זאָג אײַך, וואָס איך בין אויסגעשטאַנען אַ חודש כּסדר, קען איך אײַך גאָר נישט אויסמאָלן. איך וואָלט אים מוחל געווען צען עבֿירות אין קיך, אַבי איך זאָל האָבן מנוחה! און דערצו קומט נאָך מײַנע און צעוויינט זיך, פֿאַר וואָס האָבן מיר גענומען אַ משומד אין שטוב אַרײַן? אַז גאָט הייסט נישט האָבן קיין קינדער, זאָל מען נישט זײַן צו קלוג. וואָס קען שוין ווערט זײַן דער קדיש פֿון אַזאַ מין נפֿש? אײַ וואָס, נעם און וואַרף אים אַרויס, – איז ראשית, איז ער צוגעשריבן צו דיר, און שנית, וואַרפֿט מען נישט... איך וואָלט געדאַנקט גאָט, אַז ער וואָלט מיך נישט אַרויסגעוואָרפֿן, און דאָס האָב איך געוווּסט, אַז איך וועל אַלט ווערן זיבעציק יאָר און וועל נישט מער האָבן די כּוחות און ער וועט איבערנעמען די מלוכה, וועט ער מיט מיר לערנען בלק.

און אַצינד וויל איך אײַך דערציילן, ווי אַזוי איך בין זײַנער פּטור געוואָרן, דאָס הייסט נישט אויף תּמיד, אָבער אויף אַ פּאָר יאָר. צו איין און צוואַנציק יאָר האָט מען אים גערופֿן

צום פּריזיוו. וואָס ווײַזט זיך אַרויס? הערט און שטוינט, אַז ער איז גאָר נישט קיין בן־יחיד בײַ מיר. אַז איך בין געווען אַזוי לאַנג אַ חשוך־בנים, האָט זיך קהל מישבֿ געווען און האָט מיר צוגעשריבן נאָך פֿאַר דער מעשׂה מיט שמעונען אַ זון, אַ יצחק, אַ בראָדיאַגע, צי ווייסט אים דער רוח. איך שרײַ: געוואַלד געשריגן! זיי זאָגן: ס׳איז אַ טעות, ס׳איז אַרײַנגעקומען פֿון זיך אַליין. דער סעקרעטאַר איז געווען שיכּור און האָט געדאַרפֿט אַרײַנשרײַבן איינעם אין יענעם בלאַט, האָט ער אים אַרײַנגעשריבן אין דעם בלאַט. אַ קיצור אַהין, אַהער, אַ געלויף, אַ טענה. זאָל איך גיין דערלאַנגען אויף זיי, וועלן זיי דערלאַנגען אויף מיר. בדיעבֿד, זאָל ער אָנווערן די לגאָטע און זאָל גיין דינען! אײַ וואָס, ער וויל נישט און האָט נישט קיין חשק? ווער פֿרעגט אים. – דינען דינט ער נעבן יאַרמעליניעץ און גייט אויף לאַגערס און שרײַבט אַ מאָל אַ בריוו. איך שיק אים אַ מאָל אַ צענערל, כּדי אים צו פֿאַרשטאָפּן דאָס מויל. דער עיקר, וואָס איך האָב אײַך געוואָלט פֿרעגן אַן עצה: איך וויל זיי ביידע מעבֿיר־נחלה זײַן, די ביידע זין מײַנע, וואָס איך האָב זיי קיין מאָל נישט געהאַט און הלוואַי וואָלט איך פֿון זיי נישט געוווּסט. אַז מע לעבט, דערלעבט מען.

דער נסתּר

# אין ווײַנקעלער

– און אַז דער טרעגער, וואָס אונדזער ערד און וועלט אויף זײַנע אַקסל טראָגט, ווערט אַ מאָל מיד זי צו טראָגן, גיט ער זי אַ צווייטן, זײַנעם אַ פֿרײַנד, אַ ליידיק־גייער, איבער, און אַליין לאָזט זיך אין שענק אַוועק…

אַן אויפֿדערנאַכט אַ מאָל, ס׳איז פֿינצטער און אומהיימלעך, קומט ער אין אַ גרויסער שטאָט, וואָס צו גאָט און צו מענטשן, אָן. דאָרטן איז נעבן אַ גאַס אַ רוישיקער אַ הינטערגאַס און פֿון מענטשן אָפּגעטאָן פֿאַראַנען. ליגט דאָרט אין אַ מויער איינעם אַ סקלאַדקעלער צופֿוסנס, פֿירן אין קעלער אַרײַן עטלעכע טרעפּעלעך אַראָפּ. טרעפֿט מען זיך דאָרט אין אַ שטוב אַ נידעריקער, אין אַן אַלטער און מיט צימערן אייניקע, און די ווענט אין די צימערן זײַנען מיט עפּעס אַ שוואַרצן לאַק אַ גלאַנציקן באַשמירט, און אויף די ווענט די שוואַרצע – אַלטע בילדער עפּעס רויט געפֿאַרבטע הענגען. שטייען אין די צימערלעך אַלטע טישן נאָך פֿון אַמאָל פֿאַרבליבענע, פּראָסט הילצערנע און נאָר ווײַס גערייניקט, און בײַ די טישן בענק אַלטע, אויכעט פּראָסטע און לאַנגע, און ווערדליק אייניקע מענטשן זאָלן זיך אויף זיי זעצן, און די צימערלעך זײַנען נידעריקע, און פֿון די ווענט קוקן אויף זיי די אַלטע בילדער מיט אַמאָליקע שיכּורים, גרויסע לײַט און היגע באַזוכער אַראָפּ.

קומט אַהין דער וועלטטרעגער צו גיין אין אָוונט, און די צימערלעך זײַנען שוין פֿאַרנמען, און בײַ יעדן טיש פּאָרן, מאַנצבילן מיט פֿרויען זיצן, און אין איינעם אַ צימער נאָר מאַנצבילן געפֿינען זיך, געפֿינט ער זיך דאָרט אַן אָרט בײַ אַ טיש, זעצט זיך אַוועק און הייסט דעם דינער זײַנעם אַ ווײַן זיך דערלאַנגען. דערלאַנגט ער אים, און אַנטקעגן דער עולם איז שוין אַ באַטרונקענער, און די פּנימער זײַנען זיי שוין פֿון ווײַן און פֿון טרינקען רויט, און זייערע אויגן שוין נישט גלײַך קוקן, נאָר צעשווומענע און צעמישטע זײַנען. און אַ מאָל איינער און אַ מאָל אַן אַנדערער כאַפּט זיך פֿון זײַן אָרט שוין אויף, אום צו דעם, וואָס אים אַנטקעגן זיצט, מיט זײַן גלאָז זיך גלעזלען, אָדער אַזוי זיך גלאַט, פֿון שיכּרות אַן אויסגעשריי צו אויסשרײַען.

מאַכט זיך דאָרט אַ יונגער עולם אַ מאָל בײַם טיש, יונגע געלערנטע, וואָס זײַנען נאָך פֿון תּלמידים־בענקל נישט אַראָפּ, און צווישן זיי רײַכקינדער, און אַזוינע, וואָס רײַבן זיך און האַלטן זיך נעבן רײַכע, ביליקע טרוימער און וואָלוועלע שענקגײַסטער, וואָס מיינען די וועלט פֿאַרריכטן און איר ביזאַהעריקן געשטעלטן שטייגער מיט ווערטער צעשטערן – צעשרײַען און צעהיצן זיי זיך אין מיטן טרינקען, צעגוואַלדעווען און צעטומלען זיך, איינס דאָס אַנדערע ניט הערנדיק, און איינער אַ מער היציקער, שטעלט זיך אַרויס און טומלט זיך מער פֿון אַלע, שרײַט אויס און כּעסט זיך אויף דער וועלט:

פֿון: **געדאַכט**. קיִעוו: קאָאָפּעראַטיוו־פֿאַרלאַג „קולטור־ליגע“, 1929, ז״ז 247 – 271.

– זי האָט זיך פֿאַרשולדיקט, אַז די האָר זײַנען נישט אירע.
– אין תּפֿיסה זי, די אָנזועצערין, – שרײַען אַנדערע, און מיט פֿויסטן אין טיש קלאַפּן.
– בײַם באַלעבאָס פֿון ,סגי־נהור׳[1] (אַזוי הייסט דער שענק) זי פֿאַרזעצן! – פֿאַלט אײַן דאַן איינעם.
– אין איר מיט אַ לאָך מאַכן, פּולווער, און זי אויפֿרייסן! – שרײַט אַ צווייטער.
– פֿעטער! – קערעוועט זיך דאַן אַ שיכּורער צום וועלטטרעגער, וואָס אָפּגעזונדערט בײַ זײַן טיש זיך זיצט – ווער זײַט איר און וואָס טוט איר דאָ?
– דער וועלטטרעגער בין איך! – באַקומט ער אַן ענטפֿער.
– ווער?! – הערט יענער ניט אײַן און גלייבט ניט דעם געהערטן.
– דער וועלטטרעגער!
– כאַ, כאַ, כאַ – צעלאַכט זיך יענער און אויף אַ קול צו זײַן חבֿרה קערעוועט זיך:
– חבֿרה, הערט נאָר, ווער עס זיצט דאָ מיט אונדז! דער וועלטטרעגער איז ער.
און די חבֿרה לויפֿט זיך צום טרעגער דאַן אָן, און מיט שפּאָט און שיכּרות רינגלען אים בײַ זײַן טיש אַרום, האַלטן אים פֿאַר משוגע און די וועלט פֿאַמעלעך צו טראָגן עצהנען און זען זי ניט אַראָפּוואַרפֿן, אום חלילה זי נישט צעברעכן – וואָרענען...
– גוט – איז דער טרעגער מסכּים.
– אַן עבֿירה נאָר זײַן מי, קיינער וועט דאָך אים פֿאַר דער טירחה נישט באַצאָלן, – זאָגט דאַן איינער.
– אַוודאי גיבן בעסערע פּרנסות – זאָגט דאַן אַ צווייטער.
און די חבֿרה איז זיך לסוף מיאש פֿון אים און לאָזט אים אויף זײַן אָרט בײַ זײַן זיצן און זײַן משוגעת איבער, קערט זיך צו איר אָרט און איר טרינקען אום, אַזוי אויף לאַנג און ביז שפּעט אין אָוונט אַרײַן, און ביז אַלע ווערן דאָרט אויף זייערע ערטער אײַנגעשלאָפֿן, ווער דעם קאָפּ און די הענט אויף דעם טיש אָנגעשפּאַרט, ווער אויפֿן אַקסל בײַ זײַן חבֿר, און ווער אַזוי, אויף זײַן אָרט און גלײַך זיצנדיק; ווערן זיי אַזוי אײַנגעשלאָפֿן, און קיינער וועקט זיי ניט, ווײַל פֿון ,סגי־נהור׳ טרײַבט מען קיין ניט מענטשן, און ,סגי־נהור׳ איז אי בײַ טאָג, אי בײַ נאַכט אָפֿן, און מענטשן קענען וויפֿל זיי ווילן זיך פֿאַרברענגען; און האַלבע נאַכט ווערן די צימערלעך טאַקע אָפּגעליידיקט, אָבער ווער ס׳בלײַבט נאָך, בלײַבט, ווער סע טרינקט, טרינקט, און ווער ניט – קאָן אַזוי זיצן... זיצט זיך אַזוי ווײַטער דער טרעגער, און אין זײַן צי־מערל איז שוין קיינער ניטאָ, אויסער יענע נאָר, וואָס שלאָפֿן, און אויך די צימערלעך זײַנען שוין ליידיק, און די נאַכטדינער בײַ די עקן טישן און אָן אַרבעט דרעמלען. און אין שטאָט דער רויש האָט זיך שוין אײַנגעשטילט, און אין גאַס, ווו ,סגי־נהור׳ געפֿינט זיך, גייט שוין נישט קיינער, נאָך ווען ניט ווען אַ פּאָר פֿיס פֿון אַ פֿאַרשפּעטיקטן אַהיים־גייער פֿאַרבײַ די נידעריקע פֿענצטערלעך, וואָס צום דרויסן קוקן, פֿאַרבײַגיין דערהערן זיך...

שטעלט זיך דאַן אין צימערל פֿון טרעגער דער נאַכטשלעפֿער אַרײַן, נישט באַמערקט פֿון קיינעם און פֿאַרבײַ די דרעמלענדיקע דינער דורכגעגאַנגען. און אָט איז ער אויף דער

1 ,סגי־נהור׳ איז די טײַטש – אַ בלינדער. (הערה פֿון מחבר)

שוועל שטיין געבליבן. און אָנגעטאָן איז ער אין אַ טיגערפֿעל אַזוינער, ווי אין אַ רעקל אָן אַרבל, און דער עק פֿון טיגער שלעפּט זיך אים אַ טויטער און באַמבלענדיקער נאָך. און אַליין זעט ווי געדראָלן און רויט פֿאַרבלאָזן אויס, פֿון באַשטענדיקן טרינקען און וואָס אויך איצט איז אונטער דער כּוסה, וואָס ער האָט ערגעץ אַנדערש און שוין נישט איינע דאָרט אַרייַנגעכאַפּט. שטייט ער און האַלט זיך אויף דער שוועל דאָרט שוואַכלעך, אָבער נאָך וואָס ער איז דאָ געקומען, ווייסט ער נאָר, און אַז עמעצער דאָ אינטערעסירט אים, זעט מען אויף אים; דערזעט ער דעם וועלטטרעגער דאָן בײַ זײַן טישל זיצן, גייט ער צו אים צו, ווי צו זײַנעם אַן אַלטן באַקאַנטן, קומט אים צום טיש אונטער און פֿאַרנעמט אַן אָרט אַנטקעגן, דערלאַנגט אים אַ האַנט צום גריסן און לאָזט זיך אויף אַ בענקל אַראָפּ.

– ווי גייט עס? – פֿרעגט ער בײַם וועלטטרעגער, זיך אַראָפּזעצנדיק.

– גוט, און באַרג־אַרויף.

– און וואָס איז די גדולה דײַנע, דאָס, וואָס דו טראָגסט אָט די שיכּורים אָן געלט?

און דער שלעפּער ווײַזט דאָ דעם טרעגער אויף די אַנטקעגן שלאָפֿנדיקע נאַכטפֿאַר־שווינען אָן.

– ניין, – ענטפֿערט אים דער גײַסט, – און ווי בײַ דיר?

– שלים!

– וואָס אַזוינס?

– די פֿרומע זײַנען אויסגעשטאָרבן און נישטאָ, און די, וואָס זײַנען פֿאַרבליבן, איז כאַפּט זיי, ווי זאָגסטו, דער טײַוול.

– איז בײַ וועמען ביסטו געבליבן?

– בײַ איינעם אַ שטיקל פֿרײַנד נאָר.

– און ווער איז ער?

– ער איז קליין און נישטיק, דאַר און שוין הויט און ביין, און זײַן פּנים איז אים געל געקנייטשט, און ערד איז אים אין די קנייטשן. די אויגן האָבן זיך אים צעמישט, זײַנע ווײַסלעכער האָבן די שוואַרצלעכער פֿאַרגאָסן, אַ גראָ וואַסערל איז אים שוין אין די אויגן, און אַז ער פֿאַרטראַכט זיך אַ מאָל מיט זיי, זעט ער שוין, ווי נישט אויף דעם עולם אויס: דאָ האָט שוין נישט וואָס צו טאָן, וואָס ער האָט געהאַט, האָט ער אויסגעבראַכט, ווײַן און ווײַבער האָט ער זײַנע קליינע כּוחות אָפּגעגעבן, און איצט איז ער אַזוי פֿאַרבליבן, און אַלע אָוונט נאָר האַלוצינאַציעס באַפֿאַלן אים...

ווי ער קומט נאָר אין זײַן בחורישער היים אין אָוונט, ער פֿאַרמאַכט נאָר די טיר נאָך זיך, דרייט דאָס ליכט אַרויס און בלײַבט אַליין אין צימער, אַזוי רירט זיך אים באַלד אַ וואַנט אויף אַנטקעגן, אַ לײַכטער שאָטן טוט זיך אים אַ ווײַז דאָרטן, און פֿריִער שוואַכלעך און נישט אָנגעזען, אָבער באַלד וואַקסט אַ פֿאַרשוין פֿאַר אים אויס – אַ הויכער און אַ ציכטיקער, מיט גלאַטע האָר פֿאַרקעמט און מיט אַ שרינט אַזוינעם, מיט לעצטע מאַנירן און אין אויג אַ מאָנאָקל. באַווײַזט ער זיך צו מײַן פֿרײַנד, נעמט זיך אַ פֿלאַץ בײַם טיש אים אַנטקעגן, אַ פֿוס אויף אַ פֿוס פֿאַרלייגט, האַלט זיך פֿרײַ און נישט געצוווּנגען, און מײַן פֿרײַנד איז שוין צו אים

צוגעווײנט, ער שרעקט זיך נישט פֿאַר אים, און אויף זײַן אומגעבעטן קומען האָט שוין מיט דער האַנט אַ מאַך געטאָן...

און די לעצטע צײַט האָט ער מײַן פֿרײַנד מיט אַזאַ באַזוך באַפֿוילט: ער האָט זיך אַוועקגעזעצט, עפּעס געשוויגן אַ צײַט, און מײַן פֿרײַנד האָט אין דער האַנט בײַ אים עפּעס אַ משונה ספֿרל באַמערקט: שוואַרצע טאָוועלעך און שוואַרצע בלעטלעך און אויך עפּעס אַ פֿאָרמאַט אַן אומגעווײנטלעכער.

– וואָס איז דאָס? – האָט ער בײַ אים אַ פֿרעג געטאָן.

– טאַקע פֿון דײַנעט וועגן געבראַכט, דיר דאָס ווײַזן געוואָלט.

– וואָס אַזוינס?

– וואָס מ׳שרײַבט פֿון אונדז.

– ווער פֿון ווענען?

– אין אייניקע יאָרטויזנט אַרום פֿון א ו נ ד ז ע ר טויזנטער.

און דאָ האָט אים דער פֿאַרשוין דאָס ספֿרל דערלאַנגט, און מײַן פֿרײַנד האָט עס גענומען און אין דערין אַרײַנגעקוקט. און נישט ווי אונדזערע איז יענער ספֿר געדרוקט געווען, נישט שוואַרץ אויף ווײַס פּאַפּיר, נאָר פֿאַרקערט – מיט ווײַס אויף שוואַרץ. און מײַן פֿרײַנד האָט דאָס כּתבֿ יענץ לייענען נישט געקאָנט און אין ספֿר גאָרנישט ניט פֿאַרשטאַנען. האָט ער עס צוריק דעם פֿאַרשוין אָפּגעגעבן, זאָל ער דאָרט לייענען. און יענער לייענט: ס׳איז אים אַלץ איינס – כּתבֿ פֿון צוריק מיט טויזנטער, און כּתבֿ, וואָס שפּעטער מיט טויזנטער, און זאָגן זאָגט ער, אַז דאָס בוך קער צו אַ מענטשהייט שוין אַ שוואַרצער, וואָס האָט די איצטיקע וועלט פֿאַרנומען, און פֿון די ווײַסע איז שוין קיין זכר נישט געבליבן, און נאָר די געשיכטע זייערע בלאָנקעט נאָך ווי ניט ווי אין די געדעכענישן אַרום, און ווען ניט ווען דערמאָנט מען זיי.

און אַזוי שרײַבט זיך דאָרט אין בוך: „נאָך גרויסע געשלעגן און מלחמות צווישן די ווײַסע, אַז אַ גרויסער ייִאוש איז זיי באַפֿאַלן, ווײַל אַז צו זייער געטרוימטן שלום, האָבן זיי געזען, וועלן זיי שוין נישט קומען, און אַז בעסער ווי זיי זײַנען, וועלן זיי ניט ווערן, און וואָס זיי האָבן גוטס געהאַט, האָבן זיי שוין אָפּגעגעבן, און זייער צײַט שוין צו עלטער בייגט זיך, און זייער בלוט און באַרוף ענדיקט זיך, און אַנדערע און געזינטערע דאַרפֿן זיי ירשענען קומען, און אויך די אַנדערע וועלן מסתּמא נישט בעסער זײַן – האָבן זיך זייערע קליגסטע און אויסדערוויילטסטע אויף אַ באַראָט צונויפֿגענומען, און פֿאַר די איבערגעבליבענע, פֿאַר די פֿעלקער און פֿאַר די פֿעלקערלעך זייערע, אַ באַשלוס אָנגענומען: ענדע! און זאָל עס גיין, ווי עס גייט, בעסער מאַכן איז אוממעגלעך, און זאָרגן איז שוין ניטאָ פֿאַר ווענען, און זאָל זיך יעדערער, ווי ער פֿאַרשטייט, זײַן לעבן ענדיקן, און פֿאַר פֿרעמדן כּלל און פֿרעמדן פּרט זיך קימערן איז אַ נאַרישקייט“...

און דער געשיכטע־שרײַבער גיט דאָ צו און שרײַבט ווײַטער:

„און אַ געוויינטלעכע דערשײַנונג און אַ טאָגטעגלעכע איז עס דאַן געוואָרן, און אין די צײַטשריפֿטן איז דאָס פֿאַרצייכנט, און אין די טאָגבלעטער האָט מען דאַן לייענען געקאָנט,

אַז אַ מאָל דאָ און אַ מאָל דאָרטן האָט מען יענע חכמים, וואָס האָבן דעם באַשלוס אָנגענו־מען, איינציקווייַז בייַ זיך אין די היימען אין די פּרימאָרגנס אין די וואַנעס און אין די באָד־צימערן געטראָפֿן, – אויסגעטאָנענע און אין די וואַסערן זיצנדיק. אויסגעצאַנגענע, און די וואַסער איז פֿול בלוט געווען: זיי האָבן זיך די אָדערן געעפֿנט, און אַזויערנאָך זייערע חש־בונות מיט דער וועלט פֿאַרענדיקט"...

און דער פֿאַרשווין מייַן פֿרייַנדס האָט דאָס לייענען פֿאַרענדיקט, דאָס ספֿרל פֿאַרמאַכט און מיט מייַן פֿרייַנד זיך איבערגעקוקט.

– איז וואָס? – האָט אים מייַן פֿרייַנד געפֿרעגט – זאָלן מיר זיך אויך אין יענע חכמים פֿאַרשרייַבן?

– המ... – האָט דער פֿאַרשווין געשטאַמלט – כ׳מיין, ס׳איז צייַט... ווייַל פֿון אונדזער וועלט איז נישט צו האָפֿן...

און דער נאַכטשלעפּער גיט דאָ צו:

– און מייַן פֿרייַנד מיט זייַן פֿאַרשווין זייַנען ש ו י ן פֿאַרשריבענע, און אויך איך בין צו זיי צוגעשטאַנען.

– איז וואָס וואָלסטו געוואָלט? – פֿרעגט דאַן דער וועלטטרעגער בייַם שלעפּער.

– האַלטן מיר דיך נישט פֿאַר נאַרישער פֿון אונדז, און איך בין געקומען אויך דיר דאָס פֿאָרשלאָגן.

– אין ,צער־בעלי־חיים׳ אַרייַן?

– רוף עס, ווי דו ווילסט, און זאָל עס הייסן, ווי סע וויל זיך.

– ניין! – ענטפֿערט דער וועלטטרעגער.

– און דייַן גדולה און דייַן באַרג־אַרויף?

שווייַגט דערויף דער טרעגער. האַלט נאָר זייַן כּוס אין די הענט אַרומגענומען, און זייַן פּנים איז פֿאַרטראַכט צו די הענט געווענדעט, און אין ,סגי־נהור׳ שוין גרויסע נאַכט־שטילקייט הערשט דאַן, און די יונגע־לייַט, וואָס אין טרעגערס צימער בייַם טיש שלאָפֿן, שלאָפֿן שוין איצט אויף אַ גרויסן אמת, און אויך די דינער, די אויף־נאַכט־פֿאַרבליבענע, עפּעס פֿאַרזונקען און פֿאַרדרעמלט זייַנען, און בייַ די עקן טישן, ווי אויף אַ ווייַלע נאָר, זיך צוגעזעצט, זייַנען אַזוי זיצנדיק פֿאַרבליבן, און דער נאַכטשלעפּער זיצט אַנטקעגן טרעגער, זיצט און וואַרט אויף אים...

– האַ!... – וועקט זיך דער טרעגער דאַן פֿון שטיל־פֿאַרטראַכט־זייַן אויף, און מער, ווי צו זייַן אַנטקעגן זיצנדיקן, צו זיך אַליין טוט אַ זאָג:

– מייַן גדולה? יאָ... כ׳האָב געהערט נישט לאַנג, ווי אין די ווייַטסטע וועלטרוימען האָט בייַ נאַכט אַ מאָל עפּעס אַ לייַכטער שאָס געטאָן. צי אַ וועלט איז דאָרט אונטערגעגאַנ־גען, צי אַ וועלט מיט אַ וועלט האָבן זיך אָנגעשלאָגן און באַגעגנט, האָב איך נישט געזען, נאָר געזען האָב איך, ווי אויף דער ערד און אין אַ שטיבעלע איינעם האָט אַ פֿענצטער אויף יענעם שאָס מיט אַ לייַכטן ציטער זיך אָפּגערופֿן. און אַ מענטש האָט זיך דאָרט אויפֿגעוועקט און איז פֿון זייַן געלעגער אַראָפּ, און די הענט האָט ער געוואַשן, און אויף גאָטס דרויסן

אַרויסגעקוקט, און געזאָגט האָט ער: עפּעס איז איצט געשען אויף דער וועלט, מ׳דאַרף דערויף בעטן, און מ׳דאַרף זיך באַדענקען.

און ער האָט זיך אַוועקגעשטעלט און געזאָגט:

– „וואָס ס׳איז פֿאָרגעקומען פֿון אויבן, איז מיר נישט קלאָר, צי אַ הימל־קערפּער האָט געפּלאַצט, צי אַ נײַע וועלטגעראָד איז געבוירן, ווייס איך נישט; אָבער וואָס ס׳זאָל דאָרט נישט זײַן – איז דאָס געשען, און מיט אייביקן לעבן און מיט געטלעכן טויט איז דאָך דאָס פֿאַרבונדן, און אפֿשר האָט דאָס נאָך אָדער ש ו י ן קיין מויל נישט, דאַרף דאָך דאָס עמע־צער פֿאַרן מויל ב ר ע נ ג ע ן, און איך בין דאָך דער זוכה, און איך האָב דאָס פֿון שלאָף דער־הערט, און איך שטיי שוין פֿאַר גאָט, פֿאַר זײַן דרויסן אין פֿענצטער, און דער וואַכנדיקער וועלטטרעגער איז איצט פֿאַרנומען, מיט זײַן משׂא און זײַן מי צו טראָגן, און ווער זאָל פֿאַרן געשעענעם דאָס וואָרט זאָגן?“

און געוועזן בין איך דער טרעגער דאַן, אויף דער וועלטס וועג אויסגעטרעטענעם, און ווײַטע געזאַנגען פֿון זעלטענע הימל־גערעדער האָב איך געהערט, און געגאַנגען דאַן בין מיט מײַן משׂא אָנגעלאָדן, מיט דער הייליקער און שווערער. האָב איך די רייד פֿון יענעם מענטשן דערהערט, האָב איך דאַן מײַנע אַקסל אײַנגעבויגן און טיפֿער אויף זיך דעם יאָך גענומען, מײַן יאָך און מײַן מי, מײַן ליבע און מײַן גדולה...

– ענלעכס אויף דעם האָבן מיר שוין געהערט פֿון דיר – האָט דער נאַכטשלעפּער דעם טרעגער אין מיטן איבער, – עפּעס נײַס, וועלטטרעגער, האָסטו?

– און דאָס אַלטע איז דיר ווייניק? – פֿרעגט דער טרעגער ברוגז.

– ניין, דערעסן... און דײַן מענטש איז אַ נאַר, און זײַן מויל מאָלט נאַרישקייטן.

– און וואָס וואָלטסטו געזאָגט?

– אויסגעשפּיגן און געגאַנגען שלאָפֿן...

און אַנטשוויגן אויף אַ ווײַלע ווערן דאַן ביידע. דער טרעגער לאָזט ווידער זײַנע אויגן צו זײַן כּוס אַראָפּ, און דער נאַכטשלעפּער קוקט אויף אים און ווי זײַן נאַרישן אומשולד באַ־דויערט. שטעלט זיך דאַן אויף דער שוועל דער נאַכטוועכטער אַרײַן, און אויך ער און נישט באַמערקט פֿון קיינעם. פֿון דער שטילער גאַס אין ,סגי־נהור׳ קומט צו גיין, אַן אָנגעפּעלצ־טער, און קײַלעכיק מיט בגדים אָנגעפּאַקטער, און אויף זײַן ברוסט אַ היטער־פֿײַפֿעלע הענגט אים, אויף טאָמער עפּעס מאַכט זיך, און טאָמער עפּעס אומרויִקס אין גאַס געשעט – צו פֿײַפֿן און די אַרומיקע היטער צו מודיע זײַן. קומט ער אַרײַן, און אַ שווײַגער איז ער, און מיט טרע־גער און שלעפּער שוין לאַנג באַקאַנט. זעצט ער זיך צו זייער טישל צו און פֿאַרנעמט אַן אָרט דאָרט מיט זײַן אָנגעפּעלצטקייט – און טרעגער מיט שלעפּער זײַנען צופֿרידן מיט זײַן קומען, און ביידע אויף אים זייערע בליקן און זייער אויפֿמערקזאַמקייט ווענדן.

– און וואָס זאָגסטו, היטער? – ווענדעט זיך צו אים מיט שפּאַס דער שלעפּער.

– זאָג, זאָג, – ענטפֿערט דער היטער, – זאָג, וואָס דו ווילסט, מ׳הערט דיך אַ היפּש ביסל, מ׳שלאָפֿט במילא.

און דער היטער ווערט אַנטשוויגן, און ער איז ערנסט־היטעריש אין זײַן שווײַגן, און דער שלעפּער ווענדעט זיך דאַן אָפּ פֿון אים, און צום טרעגער דאַן קערעוועט זיך:

– דערצייל עפּעס, טרעגער, אַהיים איז נאָך פֿרי צו גיין, די נאַכט איז נאָך גרויס, און דו האָסט דאָך באַגעגענישן.

און דער גײַסט פֿאַרטראַכט זיך אויף אַ ווײַלע, דערמאָנט זיך אָן עפּעס און טוט אַ זאָג:

– הער זשע, שלעפּער, און פֿאַרשטיי.

און דער טרעגער דערציילט:

– דאָ נישט לאַנג, – זאָגט ער, – האָט ער דעם מזל־עמער באַגעגנט. מיט זײַן שטאַנג און מיט זײַנע עמער אויף די אַקסל, און די שטאַנג איז אים אויף דער ברייט פֿון דער פּלייצע געלעגן, און די עמער האָבן זיך אים געבאָמבלט, און ליידיק וואַסער־פֿירעריש איז ער אים אַנטקעגן געקומען. האָב איך אים אַרײַנגעקוקט אין די עמער און זיי טרוקן און צעלעכצט געזען. האָב איך זיך צו אים געווענדעט און בײַ אים ,וואָס איז די מעשׂה?׳ – אַ פֿרעג גע־טאָן, וואָס עפּעס די עמער טרוקן און ווי לאַנג שוין דעם ברונעם נישט געזען – זעען אויס?

– האָט ער מיר געענטפֿערט: מזל־יונגפֿרוי[2] האָט חתונה און איך וויל איר מיט ליידיקן איבערגיין...[3] אַ דאַנק מיר איז זי אין הימל אַרויפֿגענומען, אַ דאַנק מיר האָט זי אַן אָרט צווישן די מזלות באַקומען, און איצט גייט זי צו אַ פֿרעמדן זײַן.

– וואָס הייסט?

– איר טאַטע איז פֿון די געפֿאַלענע מלאָכים געווען, ער האָט מיט אַן ערדפֿרוי געלעבט, ער האָט מיט איר אַ קינד געהאַט, און געגלוסט און זיך געזעטיקט, און געמיינט, אַז הימל און ערד זײַנען זײַנע. איז דאָך אָבער דערנאָכדעם אויף אַזוינע מלאָכים די שטראָף אויסגעפֿאַ־לן, און דער הימל האָט זיך פֿאַר זיי פֿאַרשליסן באַדאַרפֿט, און אויף צוריק אַרויפֿצוקומען איז זיי שוין נישט באַשערט געווען, – האָט מען זיי נאָר אַ קליינע רגע צײַט געגעבן, און ווער ס׳האָט געוואָלט האָט זי אויסנוצן געקאָנט. זײַנען אָבער פֿון די מלאָכים פֿיל אין זייער ערדישקייט און מיט זייערע ווײַבער פֿאַרנומען געווען, האָבן זיי פֿאַרזאַמט די רגע, זײַנען זיי אויף קלאָג און אויף מענטשן־צו־גלײַך אונטן געבליבן, און נאָר אייניקע פֿון זיי האָבן זיך געכאַפּט און באַדענקט אין דער צײַט, און אין יענער רגע האָבן זיך צוריק אַרויפֿגעכאַפּט. צווישן יענע אייניציקע איז אויך דער מזל־יונגפֿרויס פֿאָטער געווען. האָט ער אָבער נישט נאָר זיך אַליין, נאָר אויך זײַן ווײַב און איר פֿרוכט פֿון איר לײַב אַרויפֿנעמען געוואָלט, האָט ער אויף גיך צום ערשטן דאָס קינד אַרויפֿדערלאַנגט, און איך בין גראַדע בײַם הימל און בײַם אַרויפֿדערלאַנגען געשטאַנען, און איך האָב עס פֿון זײַנע הענט אַ כאַפּ געטאָן, האָב איך דאָס איבערגענומען, און יענער האָט דאָס ווײַב געוואָלט אַרויפֿגעבן און דערנאָך אויך אַליין אַרויף, האָט זיך שוין אָבער אין דער רגע דער הימל צוגעשלאָסן, און דער מלאך איז מיטן ווײַב אין די הענט אין דער לופֿטן שוין פֿאַר אַ פֿאַרשלאָסענעם און פֿאַר אַ צוגעמאַכטן הימל שטיין געבליבן.

2 מזל־עמער און מזל־יונגפֿרוי – צוויי מזלות פֿון די צוועלף. (הערה פֿון מחבר)

3 באַגעגענען עמעצן מיט ליידיקע עמערס באַטײַט לויט אַן אײַנגלייבעניש אַן אומגליק.

און דאָס קינד האָט זיך אין מײַנע הענט געטראָפֿן, און די ערשטע צײַט האָב נישט גע־ וווּסט וואָס צו טאָן דערמיט, אָבער דערנאָך האָט זיך עס צו מיר צוגעוווינט, און איך האָב דעם אַ טאַטן און אַ מאַמען פֿאַרביטן. און איך האָב דאָס דערצויגן, און דאָס קינד איז מיר ליב געוואָרן, און באַשטענדיק איז דאָס מיט מיר בײַ מײַן אַרבעט געווען, ווען איך האָב פֿון מזל־ברונעם געשעפּט און דער וועלט אַראָפּ רעגן און שפּע געגעבן, און געהאַלטן האָב דאָס בײַ דער זײַט באַשטענדיק, און קיין מאָל דאָס אַליין און אויף הפֿקר נישט אָפּגעלאָזט.

אַז ס׳איז אונטערגעוואָקסן, און אַז די אַנדערע מזלות האָבן דאָס דערזען בײַ מיר, האָבן זיי דאָס באַטראַכט און געליבט אַלע, און אייניקע פֿון זיי האָבן זיך אַפֿילו דערין מתקנא געווען, און דאַן אויך אין מיר, וואָס האָב עס אַזוי נאָענט בײַ זיך תּמיד.

און אַזוי ווי אין יענע צײַטן זײַנען נאָך הימל־גערעדער און מזלות נישט פֿעסט געווען און פֿון צײַט צו צײַט פֿלעגט זיך נאָך אַ מאָל אַ שטערן אויסגליטשן, פֿאַלן און פֿון דער ראָד פֿעלן, האָט זיך טאַקע אַ מאָל געמאַכט, און איינער אַ שטערן־מזל איז גייענדיק פֿון וועג אַראָפּ און ערגעץ ווו פֿאַרבלאָנדזשעט, צי אין אַ תּהום אַראָפּ, האָט אונדז אין ראָד דאַן אַ באַזעצער געפֿעלט, און איינס אַן אָרט איז דאָרט ליידיק געשטאַנען, האָבן זיך מזלות צונויפֿגענומען און באַשלאָסן: דאָס אָרט דעם קינד און פֿון מיר דערצויגנס אָפּגעבן, און נישקשה: שעמען דערמיט איז זיך נישט געווען, און געשײַנט האָט דאָס ניט ווייניקער פֿון אַנדערע, און ליב געווען איז דאָס מער פֿון אַנדערע, און דאָס קינד האָט דאָס אָרט פֿאַרנומען, און אַ גלײַכע צווישן גלײַכע געוואָרן.

און דאָס קינד איז מיר טײַער געוואָרן, און דאָס קינד איז דאָך צו מיר נעענטער, ווי צו אַלעמען, געווען, און געטאָן האָט דאָס אָן מיר גאָרנישט, און נאָך יעדער מינדסטער זאַך פֿלעגט עס זיך צו מיר ווענדן, ווײַל, ווי געזאָגט, טאַטע־מאַמע האָט דאָס נאָך שוואַך גע־ קאָנט, און איך האָב דעם פֿאַרביטן טאַטע־מאַמע.

און איך פֿלעג דאָס אַראָפּקוקן לערנען, ווי אַזוי ס׳זאָל זיך פֿאַר דער מזל־ראָד האַלטן און דאָס קעפּל זאָל זיך דעם נישט פֿאַרדרייען, און אַ מאָל פֿלעגט דאָס בײַ מיר דעם עמער בעטן, איך זאָל דעם אָנווײַזן, ווו און וואָס צו באַגיסן, און איך האָב דעם נישט אָפּגעזאָגט און דעם געגעבן, און דאָס קינד האָט שוין די ערד געקאָנט, און זומער און ווינטער געוווּסט, און ווי סע פֿירט זיך אין זומער און אין ווינטער, און אָפּט, ווען זי האָט אַזוי דעם עמער געהאַלטן, פֿלעגט זי זיך פֿאַרטראַכטן, און אַ מאָל נישט דערגיסן און אַ מאָל איבערגיסן, ווי אַ קינד, און איך האָב געשמייכלט און איך האָב איר מוחל געווען אויף דעם, וואָס זי האָט מיר דאָרט אָפּגעטאָן׳.

און דאָס קינד איז געוואָקסן, און איך האָב דאָס ליב געקריגן, און פֿאָרמען זײַנען בײַ דעם געוואָרן, ווי בײַ דעם געוויסן מין פֿון יענע קינדער, און רייצן האָט דאָס מיך גענומען, און אָפּט און פֿאַרבאָרגן פֿלעג דעם שוין נאָכקוקן פֿון אַ זײַט, און דאָס קינד האָט נישט געוווּסט, און דאָס אונטערגעוואָקסענע האָט זיך נישט געהיט פֿון מיר, אָבער איך פֿאַר אַנדערע האָב זיך שוין יאָ געהיט, און אַנדערע צו איר שוין אין געהיטקייט געהאַלטן: ווי האַלט מען זיך צו איר, ווי קוקט מען אויף איר, ווער האָט אויף איר אַן אויג געוואָרפֿן און ווער פֿון אַלעמען ווערט מער געאַכט פֿון איר...

און איך האָב גאָרנישט ניט באַמערקט, אויסער איר געטריישאַפֿט און איבערגעגעבנ־קייט צו מיר, און איך בין צופֿרידן געווען און אויפֿגעלייגט זייער, און אין האַרצן האָב שוין אויף דער צייַט אַרויסגעקוקט, ווען זי וועט נאָך מער אונטערוואַקסן, און איך וועל צו איר נאָענט צוקומען, און דאָס, וואָס איצטער איז נאָך אוממעגלעך, וועל איר שפּעטער אויפֿ־קלערן, און דערווייַל האָב זי געהיט און קיין פֿרעמד אויג אויף איר רוען נישט געלאָזט. און אַזוי איז אַ צייַט אַוועקגעגאַנגען, און איך האָב איר אין איין נאָכקוקן געהאַלטן, און זי פֿלעגט אויף דער ערד אַראָפּקוקן, און די ערד איז איר עפּעס ניט געפֿעלן, און אָפֿט פֿלעגט זי מיך צורופֿן, און אויף הינטן און אויף אַראָפּ מיר אָנווייַזן:

– פּעטער, מזל־עמער, וואָס וואַקסט ביַי דיר נישט?

– וואָס נישט?

– דאָס, וואָס דו באַגיסט און האַלטסט אין איין באַגיסן: די גראָזן און די ביימער דייַנע.

– די ביימער זייַנען דאָך הויך.

– דאָס איז הויך ביַי דיר? און פֿאַר וואָס דערלאַנגען זיי דעם הימל נישט?

– מער איז זיי נישט באַשערט און נישט געגעבן.

און זי פֿלעגט זיך פֿון דער ערד אָפּקערעווען, און פֿון מיר ווי אַ באַליידיקטע און אַנ־טוישטע אַוועקגיין, און אַוועקגיין פֿלעגט דאַן צו אַנדערע מזלות, און ביַי אַנדערע און שוין נישט ביַי מיר אַן אַנדער אינטערעס צו זוכן... און יענע פֿלעגן איר דערציילן און מיט איר פֿיל צייַט פֿאַרברענגען, און יעדערער האָט איר, וואָס ער האָט געוווסט, דערציילט, און אַלע פֿלעגן פֿאַר איר דאָס שענסטע, וואָס זיי האָבן געהאַט, אַרויסברענגען, און דערציילן פֿלעגן איר פֿון געוועזנס, און אויך נישט געוועזנס פֿלעגן פֿאַר איר אויסטראַכטן, און זי האָט געהערט און אַלעמען אין מויל געקוקט, און אַ שטאַרק גלייביקע איז זי געווען, און אין אומגלייבלעכס האָט נאָך מער געגלייבט, און יענע האָבן פֿאַר איר אַזעלכעס אויסגעקלערט, וואָס אויף דער ערד האָט זי פֿון דעם קיין שפּור נישט געזען, און אויך צווישן די מזלות קיין סימן פֿון דעם ניט געפֿונען; האָט זי זיך אין מעשׂיות פֿון העכער־מזלות פֿאַרליבט, און מזלות האָבן איר צוגעשטעלט אַזוינע, און מזלות האָבן נישט געקאַרגט פֿאַר איר קיין אויסגעטראַכטס.

פֿלעגט זי איצט אַ פֿאַרפֿרעמדטע זייַן און צו מיר שוין זעלטן קומען, און אין מייַן ערדאַר־בעט קיין אָנטייל נישט גענומען, און אין אָפּגעזונדערטקייט פֿלעגט שוין זיצן, און שווער איז זי שוין אַרויסבאַקומען געווען פֿון איר אָפּגעזונדערטקייט. און אין די אָוונטן, נאָך זונזעצן, פֿלעגט זיך אויף איר מזל־בעטל אַרויפֿזעצן, און לאַנגע שעהען פֿאַר איר אַנטשלאָפֿן־ווערן פֿלעגט אויף הויכע הימלען און אויף די ווייַטע שטערן קוקן...

און אַט יענע צייַט האָב שוין פֿאַר רעכטפֿאַרטיק געפֿונען, און אין יענער צייַט האָב איר שוין מייַן ווילן געוואָלט אויפֿדעקן, וואָרן געזען האָב איך, אַז נישט אומזיסט זייַנען מזלות פֿאַרנומען מיט איר, און נישט אומזיסט גיבן איר מזלות אַזוי פֿיל אויפֿמערקזאַמקייט אָפּ, ווייַל פֿיל פֿרייד האָט זי פֿאַר אַלעמען געשאַפֿן, און גליקלעך פֿילט זיך יעדער אין איר נאָענטקייט צו זייַן; האָב איך איר איין מאָל אַ פֿאַרנאַכט, ווען אַלע זייַנען שלאָפֿן אַוועקגעגאַנגען, אין

אויער אײַנגערוימט – אַז אַלע װעלן אַנטשלאָפֿן װערן, און אַז אַלץ אין ראָד בײַ אונדז װעט שטיל װערן, זאָל זי צו מיר אַרויסגיין, איך װאַרט אויף איר, איך דאַרף זי בײַם ברונעם האָבן...

האָט זי ניט פֿאַרשטאַנען און מיך אָנגעקוקט, און זיך פֿאַרװוּנדערט און מיך באַטראַכט, װי נישט געװײנטלעך, און דאָך, און נישט חושד זײַענדיק גאָרנישט, האָט מיר צוגעזאָגט און געהאַלטן איר צוזאָג... און איך האָב זי געװאַרט בײַם ברונעם, און אַ לבֿנה איז דאַן אויפֿגעגאַנגען, און אויף דער ערד איז דאַן אַ זומערנאַכט געװען, און פֿון דאָרטן האָט זיך פֿיל גוטס און ערדשאַפֿט געטראָגן, און פֿאַרבאָרגענע ריחות פֿון װעלדער און טעכער פֿאַרבאָרגענע. איז זי צו מיר אָנגעקומען און בײַ מיר אַ פֿרעג געטאָן:

– װאָס איז, פֿעטער? װאָס האָסט מיך באַדאַרפֿט עפּעס פֿאַרבאָרגן?

– גאָרנישט – האָב איך, איר פֿאַרפֿרעמדטע פֿראַגע דערפֿילט, איר געענטפֿערט און זי פֿאַר לבֿנה באַטראַכט, – זעץ זיך.

און זי האָט זיך נעבן מיר אויפֿן ראַנד פֿון ברונעם אַװעקגעזעצט און איך האָב צו איר אַ האַנט אויסגעשטרעקט און זי אַרומנעמען געװאָלט.

– ביסט נאַס און שמעקסט מיט װאַסער, פֿעטער.

און זי האָט מיר די האַנט אָפּגעװענדט און זי מיר צוריק דערלאַנגט, און איך האָב איר שוין גאָרנישט זאָגן געקאָנט, און געזאָגט האָב איך, אַז עפּעס קאָן נישט אַנטשלאָפֿן װערן די לעצטע צײַט, און אַז זי איז מיר זייער ליב, און זאָל זי מיט מיר אַ שטיקל אָװנט פֿאַרברענגען... און זי האָט פֿאַרבראַכט, װי פֿאַרבראַכט, און געזעסן מיט מיר ביז זי איז שלעפֿעריק געװאָרן, און איך האָב זי זיך לייגן אָפּגעשיקט, און לאַנג איר דאַן נאָכגעקוקט נאָך איר אַװעקגיין, און אַזוי און מיט גאָרנישט ניט בלײַבנדיק, האָב איך לאַנג דאַן נאָכגעדענקט יענעם אָװנט.

און מזלות האָבן איר װײַטער דערציילט, און מזלות האָבן אונטן־אַרומער געקוקט אויף איר, און זי האָט ניט באַמערקט און איבערגליקלעך אין איר אומװיסן פֿון זיך געװען; און געװען איז זי דאַן גליקלעך, און די שיינהייט האָט זיך געפּרייט אין איר, און די שיינהייט איז פֿאַר אַנדערע אָנגעגרייט געװען, און נישט פֿאַר מיר און נישט פֿאַר מזלות קיינעם: איר באַשערטער איז ה ע כ ע ר מזלות געװען.

אַ מאָל האָב איך, אין הימל קוקנדיק, אַן אָװנט איינעם, װען איך האָב נישט געקאָנט אײַנשלאָפֿן, נעבן אַ שטערן איינעם אַ פֿאַרשלייערטע פּרוי דערזען, מיט אַ דין געװעב איבערן פּנים אַראָפּגעלאָזט, און אין גאַנצן אײַנגעהילט און אין גאַנצן אײַנגעװיקלט איז געשטאַנען און צו אונדזערע מזלות געקוקט. געזען האָב איך, אַז איר קוק, דער פֿאַרשטעלטער, איז צו מזל־יונגפֿרוי געװענדעט, איר שלאָף באַװאַכט, אויף איר בעטל קוקט, און קומט איר איצט צו חלום... האָב איך נישט פֿאַרשטאַנען גאָרנישט, װײַל דאָס זעונג איז אומגעװײנטלעך געװען, און אויך אין הימל מאַכט זיך עס זעלטן, האָב איך געקוקט דערויף און דאָס פֿון אויג נישט אַראָפּגעלאָזט, ביז ס׳איז פֿאַרגאַנגען און פֿון יענעם אָרט נישט געבליבן... אויף מאָרגן איז זי, די געגאַרטע מײַנע, צו מיר צום ברונעם אונטערגעקומען, און אַזוי װי איך בין פֿאַרטראַכט און פֿאַרנומען געװען בשעת איר אָנקומען, האָט זי מיך אָנגערופֿן און מיך ,פֿעטער׳ אַ רוף געטאָן:

– פּעטער, האַ, פּעטער!

– וואָס איז? – האָב איך זיך אַ כאַפּ געטאָן און זי דערזען.

– אַ חלום האָט זיך מיר באַוויזן.

– וואָס אַזוינס?

– ס׳איז צו מיר מײַן מאַמע געקומען, אַן אָנגעטאָנענע און אַ פֿאַרשלייערטע, און איר פּנים האָב איך נישט געזען, נאָר זי איז איבער מײַן בעטל געשטאַנען און זי האָט זיך אָנגע־רופֿן און מיר אַזוי געזאָגט:

– טאָכטער, דײַן טאַטע האָט מיך אין הימל געוואָלט דערהייבן און איבער מיר איז אויך אַליין אויף דער ערד פֿאַרבליבן, און דו האָסט די זכיה געהאַט און דו ביסט צווישן די מזלות אײַנגעזעצט געוואָרן, זע, טו פֿאַר אונדז און דערהייב אונדז.

– און וואָס זאָל איך טאָן, מאַמע? – האָב איך געפֿרעגט.

– ליב דאָס דערהויבענע, – האָט זי מיר געענטפֿערט. – וואָס האָט זי געמיינט, פּעטער?

– כ׳ווייס ניט – האָב איך געענטפֿערט, און איך בין ערנסט געוואָרן.

און זי האָט מיך פֿאַרלאָזט און צו אַנדערע מזלות זיך אָנפֿרעגן געגאַנגען, און יענע האָבן איר אויפֿגעקלערט, און ווי יעדער פֿון זיי האָט פֿאַרשטאַנען איר אויפֿצוקלערן, און אַלע האָבן זי אויפֿן גדאַנק אַרויפֿגעפֿירט, אַז איר צײַט דערנעענט זיך, און אַז איר ליבעצײַט קומט אָן שוין, און אַלע אויגן פֿרייען זיך מיט איר, און אַלעמען איז איר קערפּער ליב, און אַז איר מוטער איז איר צו וויסן געבן געקומען אויף דער צײַט, און אַז געזאָגט האָט זי, אַז איר ליבע זאָל זי צווישן הייכן זוכן.

און זי האָט זיך פֿאַרקלערט, און זי האָט אַרויף קוקן גענומען, און זי האָט צווישן די שטערן געזוכט, אַ באַשיידעניש אויף איר יוגנט־פֿראַגע צו געפֿינען...

און אין אַ שטיקל צײַט אַרום האָב נעבן יענעם שטערן ווידער אין אַ בייַנאַכט אַ מאָל איר פֿאָטער שטיין דערזען. אַ מענטש ווי אַלע מענטשן, אָבער מיט אַ פּנים פֿון אַן אַמאָליקן מלאך פֿאַרבליבן, און קיין פֿליגל האָט ער נישט געהאַט, ווי מלאָכים, נאָר אויפֿן אָרט פֿון פֿליגל איז בײַ אים אַ טאָרבע געהאַנגען – ער האָט ווי אַן ערדישער בעל־תּשובֿה אויסגעזען. און ער איז געשטאַנען און אויך אויף זײַן טאָכטער געקוקט, און אויף מאָרגן איז זי ווידער אַ מאָל צו מיר און שוין מיט אַ נײַעם חלום געקומען:

– פּעטער, מײַן טאַטע האָט זיך מיר באַוויזן!

– און וואָס געזאָגט?

– „ליבע איז אין דער הייך, ווי ליבע אין דער נידער; אויף גרויסער ליבע איז מען נישט מחויבֿ צו פֿאַלן" – איך פֿאַרשטיי נישט, פּעטער!

– איך אויך נישט.

און זי איז ווײַטער צו אַנדערע אַוועקגעגאַנגען, און זיי האָבן איר ווײַטער געזאָגט, וואָס געזאָגט. און זי איז שוין דאַן צום שׂכל געקומען, און צום געוויסן אָנהייב פֿון יענעם באַוווּסטזײַן... און אַרומקוקן אַרום זיך האָט זי גענומען, און אין יענער צײַט און אין גרויער יוגנט זיך דערזען, און הערן פֿון אַ ז ו י נ ע זאַכן האָט זי שוין געהערט, און פֿאַרשטאַנען האָט

זי שוין מער, ווי געהערט; און איך האָב יענע צײַט שוין פֿאַר דער לעצטער געפֿונען, און אַז אויב נישט איצט, איז פֿאַרפֿאַלן: אין ערשטן פֿאַל, וואָס וועט זיך איר מאַכן, וועט מיך פֿאַרלאָזן, און אויפֿן ערשטן רוף פֿון אַ פֿרעמדן עמעצן וועט געוויס זיך אָפּרופֿן... און מזלות האָב איך געזען, אַז מײַן מײַן פֿאַרשטייען, און אַז אונטן־אַרום שפּעטן פֿון מיר, און פֿון זייער אייגן איר־ליבע־צו־דערגרייכן האָבן זיך מיאש געווען, און דערפֿאַר זײַנען זיך אין מיר מתקנא, און ווילן אויך מיר די זאַך צעשטערן... האָב איך אַ צײַט דאַן געפֿונען, און איין מאָל, ווען איך האָב זי גייענדיק מיט פֿולע עמער דערזען, האָב איך זיך אָפּגעשטעלט מיט די עמער, בין איר אַנטקעגן געבליבן, און אַזוי בלײַבנדיק מײַן גאַנץ האַרץ איר גענומען אויפֿדעקן: און אַזוי, און אַזוי, און פֿון זינט זי אין הימל געקומען, איז צו איר מײַן אויג געווענדעט, און פֿון זינט זי האָט אונטערוואַקסן גענומען, האָט זיך מײַן השגחה פֿון איר ניט אָפּגעטאָן, און פֿון אַלעמענס אויגן האָב זי געהיט, און די צײַט דערלעבט, די אַזוי געוואַרטע פֿון לאַנג, און מײַן ברונעם איז פֿאַר איר, און די גאַנצע וועלט־שפּע פֿון איר וואָרט הענגט אָפּ: און ווערט זי זײַנע, אַזוי וועט ער אויף דער ערד זײַן גאַנץ גוטס אָפּגעבן און פֿון דער וועלט צוריק אַ גן־עדן מאַכן, און זי איז די וועלט זײַנע, און זי איז אים ליבער פֿון דער וועלט...

האָט זי מיך אויסגעהערט און שטיין געבליבן, געשטאַנען און ווי פֿאַרטראַכט געווען, און דאַן, און אַז איך האָב איר פֿאַרטראַכטקייט פֿאַר איר צושטימען אָנגענומען, פֿאַר איר גענייגטקייט צו מיר, און מיר מײַן טאָן־פֿאַר־איר און זאָרגן גדענקענדיק, האָב איך אויף גיך די עמער אַראָפּלאָזן געוואָלט, זיי אַוועקשטעלן און צו איר זיך דערנעענען, האָב איך די עמער אַ קער געטאָן און זיי אויסגעגאָסן, און זי האָט זיך צעלאַכט און מיך פֿון מײַן אײַלעניש ניכטער געמאַכט:

– כאַ, כאַ, פֿעטער, איר האָט דאָך די עמער אויסגעגאָסן...

– כאַ, כאַ, פֿעטער, וואָס האָט איר געזאָגט?

און איך בין שוין נישט גענעענדיק און נישט צוגייענדיק אַזוי געבליבן, און זי איז אַוועק און מיר פֿון די אויגן פֿאַרשווונדן. און פֿון דעמאָלט אָן האָבן מיר זיך נישט באַגעגנט און איינס דאָס אַנדערע אויסגעמיטן, און פֿון דעמאָלט אָן זיך נישט געטראָפֿן און מער דאָס פֿאַרן מויל נישט געבראַכט...

און מזלות זײַנען געוויר געוואָרן דערפֿון, און מזלות האָבן זיך אָנגעשטויסן, און זי האָט זיי נישט געזאָגט גאָרנישט, אָבער דערציילן זיי דאַרף מען נישט, און תּמיד און ווען איך בין פֿאַרבײַ זיי דורכגעגאַנגען, האָבן זיי אויף מיר מיט די פֿינגער געטײַטלט, געשמייכלט און איינס דאָס אַנדערע אויף מיר מיט די אויגן זיך אָנגעוויזן...

און זי איז נאָך אַ צײַט פֿרײַ געווען און נישט געקערט צו קיינעם, ביז זי האָט איין מאָל אים דערזען, דערזען און אים ליב געקריגן, דערזען – און מיט לײַב און מיט לעבן, און ווי אַזאַ יוגנט, און ווי אַזוינע קאָנען ליב קריגן...

און געווען איז דאָס דער שטערן, נעבן וועלכן איר פֿאָטער און איר מוטער האָבן זיך איר באַוויזן, און געווען איז דאָס ווידער אַן אויפֿדערנאַכט אַ מאָל, און איך האָב זיך דעמאָלט נאָך דער טאָגאַרבעט אַרום אונדזער מזלות־גאָרטן אַרומגעדרייט, אַרום פֿאַרקאַן, און אַלע

ווייַלע אין אינעווייניק אַרייַנגעקוקט, און אינעווייניק בין איך ניט אַרייַן, ווייַל אינעווייניק איז דאַן זי געווען, און פֿאַרבראַכט האָט זי עפּעס אַליין דאָרט, און עפּעס שלאָפֿן נישט געגאַנגען, ווי אַלע מאָל. און אין גאָרטן איז דאַן אַ זעלטן אָוונט־ביימער־שטילקייט געווען, און נאָך מער, ווי אין די ביימער, האָט דאָס שטילקייט אויף די ווייַסע זאַמדסטעזשקעס גערוט, און דער גאָרטן האָט מיט הימל־מזלדיקס געשמעקט, און אויך מיט ערדגוטס, וואָס די ערד האָט דאַן פֿון איר טיף אַרויפֿדערלאַנגט. האָב איך דערזען, ווי נעבן יענעם שטערן האָט זיך אַ קינד באַוויזן, אַ קליינס און אַ שליחל, און דאָס קינד האָט אין דער האַנט אַ לאַמטערנדל געטראָגן, און דאָס לאַמטערנדל האָט געברענט, און דאָס קינד האָט דאָס אין דער האַנט, ווי אין אַ וועג ערגעץ אָנגעגרייט, געהאַלטן. און דעמאָלט, און דער שטערן איז גרעסער געוואָרן פֿון אַ שטערן, און געוואַקסן און אויסגעוואַקסן איז ער מיט זייַן קייַלעכיקייט, און פֿאַרטונ־קלט און פֿאַרדעקט איז ער אָבער געווען, נאָר ביי אַ זייַט זייַנער איינער און סאַמע ביי זייַן ראַנד האָט זיך אַ דינע און קייַלעכיקע ליכטשאַרף אויסגעשאַרפֿט, און ווי דאָס קייַלעכיקייט פֿון אַ תּבֿואה־מעסער ביי אַ לבֿנה אין די ערשטע טעג פֿון איר געבוירן האָט אויסגעזען; – האָט דאָס ליכטיקייט דאַן דעם שטערן באַלויכטן און אין שטערן האָט זיך אַ פּנים באַוויזן, און אין דער רגע האָב איך פֿון דער זייַט גאָרטן און זי פֿון יענער זייַט דאָס פּנים יענץ באַמערקט, און זי האָט אירע הענט צו איר קאָפּ אַרויף אַ הייב געטאָן און מיט זיי ווי די האָר פֿון הינטן פֿאַרריכט, און זי האָט זיך עפּעס פֿאַרשעמט, און זי האָט די אויגן פֿון אַהין צו קוקן אַראָפּגעלאָזט. און דער שטערן האָט אויף איר יאָ געקוקט, און אויך מיך האָט ער געזען, און פֿאַר מיר האָט ער זיך ווי געשעמט אַ ביסל, און דאָס קינד מיטן לאַמטערנדל האָט זיך דעמאָלט פֿון זייַן אָרט אָפּגעטיילט, און אַראָפּ און צו אונדז, גלייַך צום גאָרטן צו און צו איר – אין פֿאַרשעמטקייט־שטיין זיך אַראָפּגעלאָזט. און דאָס קינד איז אַזוי געגאַנגען און דעם וועג באַלויכטן, און זי האָט אונטן־אַרום אַלע ווייַלע מיט אַן אויג אַרויף אַ קוק געכאַפּט און דאָס קינד און זייַן אָנקומען באַמערקט. און זי איז ווי אומרויִק געווען און אייַנגעשטאַנען שלעכט, און דאָס קינד איז פֿון דער לופֿט אַראָפּ און גלייַך צו איר און אין גאָרטן זיך צוגעשטעלט. און דאָס קינד האָט זי אין אַ זייַט דאַן אָפּגערופֿן, צווישן ביימער און פֿאַרשטעלט ערגעץ, און זי האָט זיך ווי געקווענקלט און אין אָנהייב נישט זיכער געגאַנגען, און דאָך האָט מען געזען, ווי זי האָט זיך דעם קינד נאָכגעצויגן, און נישט אַזוי דעם קינד, ווי דעם אויבן שטייענדיקן און אויף איר קוקנדיקן שטערן פֿאָלגנדיק. און זי איז צווישן ביימער געקומען, און וואָס זי האָט דאָרט געטאָן מיטן קינד, ווייס איך נישט, און עפּעס האָט עס איר געזאָגט, און עפּעס האָט עס איר איבערגעגעבן, וואָס וואָס האָב איך נישט באַמערקן געקאָנט; און דערנאָך, און אַז דאָס קינד האָט זיך צוריק אין לופֿט אויפֿגעהויבן און צוריק מיטן לאַמטערנדל אויף צוריק וועגס זיך געלאָזט, האָב איך געזען, ווי זי איז פֿון הינטער די ביימער אַרויס, גיך אין אייַלעניש פֿון גאָרטן זיך אַרויסגעלאָזט, דורך דער פֿאָרטקע דורכגעשלייַכט און זי פֿאַרמאַכט נאָך זיך, און שטיל און בעתן פֿאַרמאַכן די פֿאָרטקע האָט צום לעצטן מאָל דעם קאָפּ אַרויף אַ הייב געטאָן און מיט אויגן אַהין אַ קוק געגעבן, אַ קוק און באַלד אַוועק, און אַהיים און צו איר געלעגער אָפּגעלאָפֿן...

און זי איז אַן אַנדערע געוואָרן, און איך האָב וואָס ס׳איז געשען געוווּסט. און אַנדערע מזלות, וואָס האָבן נישט געוווּסט, האָבן דאָס אויך אויף איר באַמערקט, און באַשטענ־דיק האָט זי זיך אין איין די־האָר־פֿאַרריכטן געהאַלטן, און עפּעס פֿלוצלינג פֿלעגט זי זיך פֿאַררייטלען און ווי פֿאַר זיך אַליין זיך פֿאַרשעמען, און פֿון דעמאָלט אָן און אָפּט פֿלעג באַמערקן, ווי זי פֿלעגט צום ברונעם, ווען איך בין ניט געווען, קומען, פֿלעגט זיך איבער אים איבערבייגן און שטיל און אײַלנדיק אין אים און אין זײַן טיפֿקייט זיך שפּיגלען... און אויך אין גאָרטן איז זי אַן אָפֿטער גאַסט געוואָרן, און אויף יענעם אָרט צווישן דיביימער פֿלעגט ווי עפּעס דאָרט פֿאַרגעסנדיק אַהין זוכן קומען: דאָס האָט זי זיך דאָרטן מיט דעם בילד פֿון שטערן באַהאַלטן, מיט דעם, וואָס דאָס קינד האָט איר געבראַכט און וואָס זי האָט עס פֿון אַלעמען באַהאַלטן געהאַט, און נאָר איך איינער האָב געוווּסט דערפֿון, ווײַל איך האָב איר נאָכגעקוקט און זי באַמערקט עס צו האָבן...

און איך בין טרויעריק געוואָרן, און איך האָב מײַן אַרבעט פֿאַרלאָזט, און מײַנע עמער פֿלעגן וואַרטן אויף מיר, און איך פֿלעג זיי אַ צײַט נישט געדענקען. און אויף דער ערד זײַנען גרויסע היצן געוואָרן, און גראָזן און ביימער האָבן זיך אַ טרונק געבעטן, און פֿעלדער האָבן געטריקנט, און וועלדער האָבן זיך גערייכערט, און טעכער זײַנען אײַנגעגאַנגען, און פֿון קליינע טײַכלעך זײַנען די בעטן ליידיק געשטאַנען, און איך האָב עס נישט באַמערקט, און מזלות פֿלעגן מיר דערמאָנען דערפֿון, און אויך דעמאָלט פֿלעג איך פֿויל אַרבעטן, און אויך דעמאָלט פֿלעג אָן חשק טאָן...

און זי איז אויפֿגעלעבט געווען, און אַ שׂימחה האָט איר פֿון די אויגן אַרויסגעקוקט, און מזלות פֿלעגן זיך אין איר שפּיגלען, און מיט איר אויפֿגעלייגטקייט אויך אַליין אויפֿגעלייגט זײַן, און געוווּסט האָבן זיי נישט וואָס, נאָר דאָך געוווּסט, אַז איר צײַט דערנעענט זיך שוין זיבער...

און אין אַ שטיקל צײַט אַרום, אין אַ צווייטן אָוונט, האָט איר דעם שטערנס שליחל מתּנות געבראַכט: האַלדזבענדער און פּערל־צירונגען, אוירינגלעך און רינגעלעך־מתּנות. און זי האָט זיי שוין נישט אויסבאַהאַלטן געקאָנט, און דערזען האָבן די מתּנות בײַ איר אַלע, און אַלע האָבן זי אַרומגערינגלט און זיי געהאַלטן און געשאַצט אין טײַערקייט, און זי האָט וואָס צו טאָן נישט געוווּסט, וואָס צו זאָגן און וואָס צו ענטפֿערן, און אַלע האָבן זי אויספֿרעגן גענומען, און אַלע האָבן זי מיט פֿראַגעס אַרומגערינגלט, און זי איז פֿון ברונעם צום גאָרטן געלאָפֿן, און פֿון גאָרטן צום ברונעם, און הין און צוריק, און יונגע פֿיס האָבן זי געטראָגן...

און איך האָב דעם קאָפּ פֿאַרלוירן, און איך האָב זיך אין שטערן מתקנא געווען, און איך האָב מיט איר גאָרנישט ניט גערעדט, און זי האָט מיך אויסגעמיטן. און איר פֿרייד פֿאַר מיר ווײַזן האָט זי נישט געוואָלט, און איך אויף איר פֿרייד קוקן האָב נישט געקאָנט, האָב איך זיך אָפּגעזונדערט און זי און אויך די מזלות אויסגעמיטן. און אַ מאָל אין אָוונט איינעם איז דער הימל־בעטלער געקומען, געקומען און אַלע מזלות צונויפֿגערופֿן, זיי צונויפֿגערופֿן און זיי אַזוי געזאָגט:

– זײַט גרייט, מזלות, מזל־יונגפֿרוי ווערט בײַ אײַך צוגענומען!

– וואָס איז?

– זי ווערט אויפֿגעבראַכט און פֿאַר אַ גרויסן שטערן אָפּגעגעבן. זײַט גרייט, איר ווערט אַלע צו דער חתונה געבעטן.

און די מזלות האָבן זיך גרייטן גענומען, און זיי גרייטן זיך שוין פֿון אַ צײַט, און די כּלה האָבן זיי מיט ליבע אַרומגערינגלט, און זי ווערט פֿון אַלעמען מיט אַלעם ליבסטן באַזאָרגט, און זי איז שטיל און האָט זיך זייער געטרייַשאַפֿט איבערגעגעבן, און זיי לערנען זי, און זיי עצהנען זי, ווי זי זאָל זיך פֿירן און ווי זיך האַלטן באַדאַרף; און אַלעמענס הענט זײַנען איצט מיט אַרבעט פֿאַרנומען, פֿאַר זיך און פֿאַר דער כּלה צוצוגרייטן, און זיי בענקען שוין און קאָנען זיך נישט שיידן, און דערווייַל גיבן איר דאָס בעסטע אָפּ, פֿון אַלעם גוטן און וואָס ס'פֿאַרמאָגן נאָר מזלות... איינער נאָר איך קאָן אויף דער חתונה נישט זײַן, איינער נאָר איך קאָן זיך פֿון דער קינאה נישט באַפֿרייַען, און (דאָס זאָג נאָר ד י ר) אין דער שטיל האָב באַשלאָסן מיט ליידיקע עמער איר איבערצוגיין...

און דאָס, וואָס דו זעסט אויף דײַן ערד אַצינד, דאָס איז אַ דאַנק מײַן אָפּגעלאָזנקייט געוואָרן; מײַן שפּע האָב פֿאַרשלאָסן, און אויף דײַן וועלט איז וואָס ס'איז געוואָרן, געוואָרן, און די ערד דאַרף טרינקען – טרינקט זי בלוט פֿאַר וואַסער, און מענטשן דאַרפֿן עסן, עסן זיי מענטשן פֿאַר ברויט, און גײַסט גייט אין די הײַזער און שפּײַזט זיך פֿון אָפּפֿאַל און שטיק־לעך דאַרע, און מענטשלעכע זעערס זײַנען מיט אויגן־קראַנקייט געשלאָגן, און געוויסע וועלט־פֿאַרזאָרגערס אין די שענקען שיכּורן, און פֿאָעטן – שפּעטן, און געוויסע דיכטער, אַז זיי הערן מזלות די נעז שנײַצן, נעמען עס פֿאַר דונערן, און פֿאַר גרויסע געשעענישן אָן.

– טפֿוי! – און דער עיקר, דער נאַכטשלעפּער, זאָגט מען, שלעפּט זיך שוין אין די שענקען אַרום, און צווישן אַזוינע, ווי ער, צווישן עובֿר־בטלע און קראַנקלינגען, מיטגלידער פֿאַר זײַנער אַ חבֿרה, פֿאַר ,צער־בעלי־חיים׳ ווערבעוועט...

און אָט האָסטו דיר די מעשׂה, שלעפּער, און דאָס האָט מיר דער מזל־עמער דערציילט.

– נישקשה פֿון אַ שטיין אין מײַן גאָרטן! – זאָגט דער נאַכטשלעפּער.

– יאָ, נישקשה, – שמייכלט דער גײַסט.

– נו, און ווו ב י ס ט ו מיט דער חתונה?

– איך בין אויך פֿאַרבעטן און גיי.

– און פֿאַר די ליידיקע עמער?

– כ'האָב קיין מורא ניט.

– וואָס איז?

– דער הימל־בעטלער האָט אונדז אַ וועג אָנגעוויזן. און ס'איז אַזוי געווען: – ווען איך בין אין דער לעצטער צײַט איין מאָל מיט דער וועלט־משׂא אויפֿן אַקסל געגאַנגען, פֿאַרטראַכט געווען און פֿאַרקלערט און פֿאַר מײַנע זאַכן תּכליתים פֿאַרזאָרגט. און שווער און ביטער איז מיר אויפֿן האַרצן געווען פֿון דער צײַט קלערנדיק, און וויסט איז מיר געווען און אַ באַרג מיט פֿראַגעס האָט אויף מיר געהויערט; און געדענקט האָב איך וואָס מע פֿרעגט מיך אָפּ באַ־שטענדיק, און אַלע שפּעטערס און אָפּלאַכערס האָבן זיך מיר פֿאַר די אויגן פֿאָרגעשטעלט,

און פֿון איינער אַ פֿראַגע האָב איך זיך ניט באַפֿרייַען געקאָנט: „ס׳איז דאָך אין די הענט בייַ דיר... איין שלעכטן האַלט, און די משׂא דיר פֿון די אַקסל פֿאַלט, און – פּטור, און דאָס געוועזענע איז אויס, און דאָס קומענדיקע וועט ניט קומען, און נאָך וואָס האַלטן זיך מיט דעם, און צו וואָס וועסטו דאָס ברענגען, אַז דער וועג איז אָנגעצייכנט און דער גאַנג איז אויסגעשטעלט, און אַרויסגיין פֿון אים איז אוממעגלעך?...“

„מעגלעך!“ – האָט מיר עפּעס פּלוצעם אין די אויערן דאַן אַ זאָג געטאָן. און אַז איך האָב זיך אויסגעדרייט און פֿון וועמען דאָס פּלוצעמדיקע קול קומט זען געוואָלט, האָב דעם הימל־בעטלער מיט אַ פֿריילעך געמיט און מיט אַן אויפֿגעלייגט פּנים דערזען און ער האָט מיר אַ זאָג געטאָן אויף דער גיך:

– וועלטערגער, ביסט אין הימל אייַנגעלאַדן, בייַ דער חתונה פֿון שטערן מיט מזל־יונגפֿרוי בייַצוזייַן, און לאָז זיך ניט בעטן.

האָב איך געזאָגט: „ווי אַזוי זאָל איך גיין און ווי אַזוי קאָן איך חתונות אין זינען האָבן, אַז מזל־עמער האָט פֿון אונדז די שפּע אָפּגעטאָן, און מזל־עמער האָט זייַן ברונעם געמאַכט אויסטריקענען, און זייַן אַרבעט האָט פֿאַרלאָזט און זייַנע עמער זייַנען צעלעכצט, און מיר האָבן באַלד ניט מיט וואָס צו קומען.“

האָט מיר דער בעטלער געענטפֿערט: „האָב קיין מורא ניט, בייַ דער חופּה וועט עפּעס געשען... בייַ דער חופּה וועלן די זיבן גײַשטערן און די זיבן בעטלערס זייַן... און זייַן וועט דעמאָלט אַן עת־רצון, און אַלע, וואָס נייטיקן זיך, ווערן אַהין צו יענער שעה אייַנגעלאַדן און וואָס געהערט דיר און דייַן משׂא, וועט איר מער פֿון דייַן מזל ניט אָפּהענגיק זייַן, וועסטו דאָס, וואָס האָסט אַלע יאָרן געגאַרט, פּועלן, וועסטו דערהויבן ווערן און העכער פֿון מזלות שטיין...“

„וואָס הייסט?“

„ס׳איז מעגלעך און זייַ נאָר דערבייַ... און אָט האָסטו דיר אַ וועג, און אָט גייט ער באַרג־אַרויף, און גייסטו מיט אים, וועסטו דעם מזל מיט זייַנע עמער אויסמייַדן...“ און איך בין אַוועקגעגאַנגען מיט דעם וועג און באַלד אַרויף זיך גענומען, און באַלד האָב איך ווינטן פֿון הימל־גערעדער דרייען זיך דערהערט, ווייַטע און פֿרעמדע, און וואָס איך האָב קיין מאָל ניט געהערט אַזוינע, און געזאַנגען פֿון פֿרעמדזונגען האָב פֿאַרנומען, וואָס זייערע פֿייַערדערער האָבן מיר פֿאַר די אויגן געשווינדלט, און אויך איך האָב זיך צעזונגען און אויפֿן וועג מיט נאָך אַזוינע, ווי איך, זיך באַגעגנט, און אַלע זייַנען אייַנגעלאַדענע, און אַלע אַהין און אין דערהויבנקייט גייען, און פֿאַר אַלעמען דער הימל־העלפֿאַנד גייט און מיטן שווערן קאָפּ זייַנעם שאָקלט, און מיט בערג און מיט גוטס, און מיט חתן־כּלה־מתּנות, חתן־כּלה צו דערפֿרייען...

– און דאָס איז דיר מייַן גדולה און מייַן באַרג־אַרויף, שלעפּער, און איצט גיי איך...

און דער וועלטערגער הייבט זיך דאַן פֿון ביים־טיש־זיצן אויף, פֿון זיצן און פֿון דערציילן לאַנגן, און אויך דער נאַכטהיטער מיט זייַן געפּעלצטקייט שטייט אויף, און אויף זייַן פּנים איז גאָרניט צו דערקענען, אַזוי געקומען, אַזוי פֿאַר דער מעשׂה, אַזוי אויך איצט

און נאָכן דערציילן, זעט אויס, און ער פֿאַרריכט דעם פּעלץ זיך היטעריש, און דאָס היטער־פֿײַפֿעלע אויף זײַן ברוסטברעטל געפֿינט און ער קערעוועט זיך צום פֿענצטערל פֿון צימער אויס און זעט, אַז יאָ, אַז אין דרויסן טאַקע טאָגט שוין באַלד, גיט ער דאַן אויף שלעפּער עפּעס אַ קוק אַ בייזן, און שלעפּער, ווי אין דער ערד פֿאַרשווינדט, און וועלטטרעגער לאָזט זיך פֿון צימער אַרויסגיין, און פֿאַרן אַוועקגיין גיט נאָך אויף די שיכּורים, אויף די בײַם טיש שלאָפֿנדיקע, אַ קוק, און פֿאַרלאָזט זיי שטיל, און אַזוי נאָך אים דער היטער; און אין דרויסן דער טאָג שוין פֿאַרנעמט זיך, און איינציקווײַז פֿון די הויפֿן, מיט די בעזעמער אין די הענט די הויפֿהיטער אויף צו פֿאַרקערן און די גאַסן רייניקן זיך באַווײַזן, און דער וועלטטרעגער זאָגט אַ גוטן טאָג דעם היטער און גייט פֿון אים אָפּ, און דער היטער גייט צו זיך אַוועק, צו זײַן היים און צו זײַן שטוב, אום פֿאַר דער נאַכט דעם טאָג צו רוען...

און אין דער פֿרי, אַז גרויסער טאָג איז שוין אין שטאָט, אַז הויכע זון איז שוין אין הימל, גרויסער רעש אויף די גאַסן, און די גאַסן שוין אָפּגערייניקט, אום ווידער פֿון טאָג און טומל פֿאַרשמוצט צו ווערן; און טרעגער מיט וועלט איז שוין ווײַט, מיט זײַן משׂא און מיט זײַן שווערער באַרג־אַרויף צו טראָגן, און מיט איר זיך צו מיִען, – דערוועקט זיך ערשט דאַן דער עולם, דער אויף דער נאַכט פֿאַרבליבענער אין שענק אין ,סגי־נהור׳, דערוועקט זיך און ווישט זיך די אויגן אויס, און נאַכטיש בלאַס זײַנען זיי און בלאַסע שמייכלען אויף זייערע ליפּן, פֿאַרלאָזן זיי דאַן דאָס צימערל אין ,סגי־נהור׳ און אויף דער גאַס אַרויסקומען, קומען אַרויס און צום ערשטן צו אַן אומריין אָרט ווענדן זיך, גייען אַהין אַרײַן און מיט די פּנימער צו די ווענט שטעלן זיך, שטעלן זיך אַוועק און גיבן דאָס נאַכטגעטראַנק דאָרט אָפּ...

דער ניסתּר

# גייענדיק

האָב איך אים אין פֿעלד באַגעגנט און אים אַזוי געזאָגט:

– האַר – דו – מײַן! דײַנע פֿעלדער זײַנען אָפּגעשניטן, האַרטע שטרויענשטיקלעך זײַנען נאָר פֿון דײַן זומער געבליבן, קילע וועלדער אַנטשוויגענע אויף דײַן ווינטער וואַרטן, פֿויגלען און פֿייגעלעך פֿאַרשידענע דײַנע לענדער פֿאַרלאָזן, און דײַנע וועגן ווערן פֿאַראומערט, דײַנע ווײַטן ווערן פֿאַרבלאָזן, און קיין קערנדל אויף זיך דערנערן, קיין אָרט און שטיבעלע אויף אַ־קאָפּ־אַנידערלייגן, און בינען בין איך אַליין, און גייען גיי באַזונדער, און ווּ וועל איך אַהינקומען?...

האָט ער מיך אויסגעהערט און געשוויגן. איז ער פֿאַר מיר געשטאַנען און איך האָב געוואַרט. און געווען איז דאָס אַ פֿאַרנאַכט, אַן עלנטער און אַ סוף־זומערדיקער, אַ טרויעריקער און אַ פֿעלדישער. האָט זיך פֿון דער ווײַט אַ יִישובֿ אָנגעזען: אויפֿן האָריזאָנט, אין פֿאַררוקטע ווײַטקייטן האָבן זיך אין טונקלקייט און אויף בײַנאַכט שוואַכע רייכעלעך געררייבערט, זײַנען זיי שטיל און ווײַט צום הימל אויפֿגעגאַנגען. האָט ער מיר אַהין צו נאָר מיט אַ פֿינגער אָנגעוויזן: – „אַ יִישובֿ“ – האָט עס געהייסן – „און אויב דער ווינטער שרעקט, איז – נ י ש ט , אויב די וועגן שרעקן, טוט מען ווי אַ ל ע : פֿאַרלאָזט מען פֿעלד און וועגן, איז נישט פֿ אַ ר ד י ר זײַנען וועגן“...

האָב איך נישט געוואָלט אַזוי. האָב איך פֿאַר אים געקניט און שטיל געלעגן, געלעגן און בײַ אים מחילה געבעטן: „ניין, ד י ַי ן צײַט איז מ ײַ נ ע , דײַן ערד איז מײַן ליבע, איר ווינטער – דײַן ווילן, און איך גיי אויך אום ווינטער...“

האָב איך זיך אַוועקגעלאָזט. רעגנס און רעגעלעך האָבן מיר מײַן טאָרבע און מײַן וועג שווער געמאַכט, נעכט און פֿאַרנאַכטן זײַנען מיך אין די פֿעלדער אָנגעפֿאַלן, וועלדער און גאָטס גרויסע – זײַנען מיר אַנטקעגן געקומען, נישט איין מאָל האָב איך אין זיי און אונטער ביימער איבערגענעכטיקט, אַליין אויף דער ערד מיט בלעטלעך געפֿאַלענע, אַליין אויף זייער גרענעץ אויף דער ערד אויף דער נאַסער – און קיין שטערן מיר לײַכט נישט, קיין דאָרף מיר נישט נאָענט, און קיין הילף אויף מיר וואַרט נישט.

האָב איך געוואַרט. זײַנען מיר נאָך די נעכט היפּלדיקע[1] פֿרימאָרגנס אויפֿגעגאַנגען, שווערע און קרענקלעכע, האַרבסטיקע און פֿון זומער דערווײַטערט. האָב איך זיך אויף זיי און אויף זייערע וועגן געלאָזט, אויף די קאַלטע און נישט גאַסטפֿרײַנדלעכע, אויף די

1 היפּל – נעפּל.

פֿון: געדאַכט. קיִעוו: קאָאָפּעראַטיוו־פֿאַרלאַג „קולטור־ליגע“, 1929, ז"ז 81 – 88.

צוגעשלאָגענע און גאָרנישט צוזאָגנדיקע. בין איך אין זיי איינער אַליין אַן עדות אויפֿן געוועזענעם געוועזן – אויף פֿאַרגאַנגענעם און פֿאַרפֿאַלענעם, און אויף וואָס ס׳וועט נאָך קומען, אויפֿן ווינטער אויפֿן לאַנגן, אויפֿן פֿאַרשנייטן און פֿאַרווייעטן. בין איך פֿון די פֿרימאָרגנס – אין די האַלבע־טעג, און פֿון האַלבע־טעג – אין ווײַטערן געגאַנגען. די טעג זײַנען קורצע און די וועגן זײַנען לאַנג געווען, פֿלעג זיך מיר אַ מאָל מאַכן, פֿלעג איך אים אַ מאָל אין מיטן און אויף אַ פֿעלד באַגעגענען, און פּלוצעם, אין אַ מיטן טאָג, פֿלעג ער מיר אַנטקעגן קומען, פֿלעג זיך פֿאַר מיר פֿאָרשטעלן און אַזוי פֿרעגן:

– און וואָס, מענטש, און ווי גייט עס דיר אָן מענטשן?

האָב איך שוין געשוויגן, פֿלעג איך נאָר צו אים די אויגן אויפֿהייבן, האָט ער אויף מיר געקוקט, האָט ער שוין אַליין געזען... און די ערד האָט גענומען פֿאַרהאַרטעוועט און טריקענער ווערן: דאָס האָבן אויף איר ווינטן פֿראָסטיקע בלאָזן גענומען. איז זי האַרט געוואָרן און געקלונגען, אַליין נאָר מיך און מײַנע טריט אויף זיך געטראָגן, האָט שוין דער ווינט די ערשטע שנייעלעך און דאָס ערשטע ווינטעריקס געבראַכט, האָט ער די פֿעלדער און דאָס ווײַטקייט און אַרום־און־אַרום פֿון זײַן זייטאָרבע פֿאַרזייט. האָט מײַן טאָרבע געפֿרוירן און אויפֿן רוקן מיר געלעגן. האָבן אויף מיר טעג געטאָגט און נעכט איבערגעגאַנגען, האָב איך זיך אין שנייען אָנגעזען און דאָס ווײַטקייט אין אויג אַרײַנגענומען, האָב איך זיך צו קלאָרקייט געוווינט און קעלט און זויבערקייט געוואַרעמט, איז ער די גאַנצע צײַט צו מיר נישט געקומען, האָט ער זיך די גאַנצע צײַט צו מיר נישט געוויזן, – פֿאַר וואָס?...

*

און דער ווינטער איז געווען און אויך דער ווינטער איז אָפּגעווען און אַז דאָס ערשטע ווינטל איז איבער זײַן וועלט מיט אַ בשׂורה איבערגעגאַנגען: ס׳איז נאָך אים. אַז די ערשטע פֿרייד איז אין די כמאַרעס געקומען און זיי רירעוודיק און אויפֿגעלעבט געמאַכט – אָט דעמאָלט האָב איך אים אַ מאָל בײַ אַ טײַך נאָך געשלאָסענעם אויף אַ באַרג שטיין דערזען...

– שלום, – האָט ער מיר געזאָגט, – שלום און פֿרייד דיר.

און ער האָט זיך דערפֿרייט מיט מיר, נאָך לאַנגן נישט־זען־זיך, נאָך אויסגעשטאַנענעם און איבערגעקומענעם, און ער האָט מיר שטיל און נישט רעדנדיק אויפֿן טײַך און וואָס אינעווייניק טוט זיך אָנגעוויזן.

– ס׳רירט זיך און ס׳גייט דאָרט, און ס׳גייט דיר אַ זומער.

און דער זומער איז נאָך ווײַט געווען, אָבער ווינטער האָט געגוססט.

די טאָרבע איז מיר גרינג געווען און דער דרויסן נאָך גרינגער. די נעכט האָבן מיט שטערן גערעדט און מיט שטערנשײַן געשפּילט זיך, אויף אַ וועג זיך אָפּגעזעצט און וואָס ווינטן טראָגן דורכגעלאָזן, אויף אַרויף און אין הימל געקוקט און צום טײַך און וואַסער אַן אויער צוגעלייגט... און דער שניי איז צעגאַנגען און די זון האָט אים געהאָלפֿן, וועגן זײַנען פֿון היפּלען אַרויס און געגנטן און ווײַטקייטן האָבן זיך פֿאַר אויגן אויפֿגעדעקט, און איך בין

געגאַנגען – מיט וועג מיט געבווירענעם צום נייַעם און נישט געוועזענעם, מיט נעכט און מיט שטערן פֿאַר זומער, וואָס קלערן... און רוען פֿלעג פֿאַר נאַכט, אויף אַ טייַך און אויף אַ קוואַל, אויף אַן אויפֿגעעפֿנטן אויף ברכה, און זאָגן פֿלעג אַזוי:

– איך גיי און איך גיי, און איך האָב וואָס צו גיין, און צו וועמען צו קומען אין פֿרייד און אין פֿרילינג...

און אַז געקומען איז דער פֿרילינג, און איך האָב דעם לאַנג געוואַרטן באַגעגנט צום ער־שטן, און געוועזן איז פֿאַרנאַכט, פֿון אַ טאָג שוין פֿון ניסן: די זון איז פֿאַרגאַן ווייַט מיט יוגנט און כּוח, אין היפּל, וואָס בלאָ. און אין פֿעלדער פֿאַר פֿריער, – האָב איך אויף מייַן קאָפּ און אויף מייַן גאַנג אַ מחנה גענדז דאַן פֿליִען דערזען. קיל און אָוונטיק איז דאָס פֿעלד געלעגן. אויסגעשטערנט און הויך־אָפּגעשיידט, ריין און דערהויבן האָט דער הימל דאַן אויסגעזען. האָט זיך פֿון דער הייך און פֿון אונטער הימל אַ קול דערהערט, פֿון פֿאָכען און פֿון פֿליגל, פֿון גענדז און פֿון הויך־פֿליִענדיקע. האָב איך דעם קאָפּ דאַן אויפֿגעהויבן און אים דאָרט פֿון אויבן מיט גענדז און פֿון ערגעץ אָנקומען דערזען.

– גוטן אָוונט דיר! גענדז גריסן דיר און באַגריסן. גענדז פֿון ווייַטן און פֿון ווילדן; וואָס זאָגסטו צו די גענדז?...

– גוט, און גוטן אָוונט! – האָב איך אים פֿון אונטן און אַרויף אַרויפֿגעשריגן, – זאָלן זיי פֿליִען און זיך פֿרייען, אין דער נאַכט און ערבֿ פֿרילינג, מיט דיר, וואָס דו פֿירסט זיי, אויף וועגן אין הימל; דייַן מענטש גייט אַליין, ער וויל דיך נאָך זען, און פֿון צייַט און צו צייַט כאָטש, כאָטש האָבן די זכיה...

האָט ער מיר צוגעזאָגט, מייַן האַר, און מיט אָוונט און מיט גענדז איבערגעפֿלויגן.

און נעכט זייַנען פֿאַרגאַנגען און פֿרימאָרגנס זייַנען געקומען, און די פֿויגלען זייַנען אויף ערטער און אין ייִשובֿן אָנגעקומען, טעבער זייַנען זיי אַנטקעגן און מיט פֿולן געגאַנגען, מיט פֿרימאָרגנס און פֿאַרטאָגן און מיט גערעמל־געזאַנגען, מיט וואַסער מיט פֿרישע און מיט דערפֿער און דעכער, מיט נעסט און הבֿטחות פֿון הויך און פֿון העכער, פֿון הימלען פֿון בלאָע און ערבֿ־פֿאַרטאָגן, וואָס שטילע זיי שווייַגן און צוזאָגן זאָגן, און רופֿן אַהער צו, צו זיי און צו קומען, ווייַל פֿרילינג אין לאַנד האָט שוין אַלעס פֿאַרנומען, און פֿויגלען זיי פֿאָלגן און אַלע אָן אויסנאַם, זיי פֿאָלגט נאָר אַליין ניט דער מענטש, נאָר דער גייער. און איך בין געגאַנ־גען. שטילקייט און פֿאַרטאָגן האָבן מיך איינעם אַליין אין פֿעלדער געזען, פֿאַר פֿרי און פֿאַר אַלעם, פֿאַר נעסט נאָך און פֿויגל, פֿאַר טוי און פֿאַר גראָזן, פֿאַר פֿאַשע אין פֿעלדער, פֿאַר פֿאַסטעכס אַרויסגיין, פֿאַר פּיפּס נאָך אין וועלדער, – בין איך מיט מייַן פּעקל אין פֿאַרטאָגן געקומען, פֿון ווייַט און פֿון ווינטער אַן אורח אַהער צו, אויף לאַנג זיך צו שפּייַזן פֿאַר ווינטער און הונגער, און פֿרייַ דאָ פֿאַרברענגען אויף אַלע פֿאַרגעניגן.

אַזוי, האָט געדאַכט מיר, געמיינט האָבן פֿעלדער, פֿאַר טאָג ווען געקומען, צו זיי בין איך מיט פּעקל...

און געזאָגט האָבן פֿעלדער, און אַזוי מיך באַגעגנט:

– אָט איז דאָרט פֿון ווייַטן, אין עק פֿון דעם הימל, עס שלאָפֿט דאָרט אַ ייִשובֿל קליין

און אין פֿרילינג, פֿאַרזיכערט אין שלאָף און אין טאָג און פֿאַרמעגן, מיט שטיבער און שטאַלן און קינדער און רינדער, און ערד דאָרט פֿאַרזייטע ביַי נאַכט אָן אַ שומר, אַליין נאָר פֿאַר פֿרילינג, פֿאַר פֿעלד און פֿאַר ביימער, – אָט דאָרט איז אַן אָרט פֿאַר דעם גייער אויף זומער, אָט דאָרט איז אַן אָרט דיר אויף אָפּרו און מנוחה.

אַזוי האָבן פֿעלדער געזאָגט מיר און פֿאַרטאָג מיר געעצהט.

און איך האָב געהערט און מיַין וועג מיר געגאַנגען, האָב שטיל נאָר מיַין שטעקן און טאָרבע געטראָגן, אַליין נאָר אַ גייער אין פֿעלדער, פֿאַר טאָגן.

און איין מאָל, אין אַ פֿרימאָרגן, האָב איך מיַין האַר אין אַ פֿעלד שטיין דערזען. גרין און אויסגעגראָזט איז דאָס פֿעלד דאַן אין ליכטיקן און אין פֿרימאָרגנדיקן געלעגן, פֿאַר זון און וויַיטן און פֿאַר אַל־ראַד און ליכטיקייט. אין איינעם אַן אָרט איז אַ טיַיכל פֿאַרבליבן. פֿון וואַסער פֿון פֿרילינגדיקער און פֿון ווינטעריקן אַ נישאר, פֿון שניי צעגאַנגענעם, און פֿעלדס סימן־ברכה... האָט עס זיך אויף דער זון געשפּילט און געווינטלט, געשטראַלט און געבלאָזן פֿאַר ברעגעלעך פֿאַר ביידע. האָט עס דאָס פֿעלד געליבט, האָט דערויף דאָס גאַנצע פֿעלד דעם גאַנצן פֿרימאָרגן געקוקט. איז דערביַי פֿאַרטראַכט און אויף אַ ברעגעלע דער האַר גע־שטאַנען, און אין לויטערן און אין ליכטיקן, אין וואַסערן און אין קוועלנדיקן אַריַינגעקוקט... בין איך אונטערגעקומען און ביַים האַר פֿון הינטן זיך געשטעלט. בין איך אַזוי געשטאַנען, לאַנג און לענגער און אויף מיַין האַר געקוקט, ליב און פֿרילינגדיק און פֿאַר זיַין וואַסער־שטיין. האָט ער מיך אין טיַיכעלע דערזען. האָט ער זיך צו מיר אויסגעדרייט און מיך און מיַין קערפּער, מיַין קאָפּ און מיַין פּנים מקבל געווען:

– וואָס מאַכסטו, גייער?

– פֿרילינג און גנאָד אויף מיַין האַר און זיַין קומען! – האָב איך אים געבענטשט.

– און גיין?

– גיין איז מיר ווויל, און בפֿרט, אַז איך זע, אַז מיַין האַר אין זיַין לאַנד, און פֿון ציַיט און צו ציַיט ער באַפֿוילט אונדז מיט קומען.

– און נו?

– און גיין וועל אויך זומער. פֿון לאַנד־איַין צו לאַנד־אויס, פֿון איין ערד צו צווייטער, ביז ערד וועט נאָר קלעקן... און וועט זי מיר אויסגיין, דאַן קום איך צום ים צו, צום וואַסער צו גיין, און שטעל זיך אַוועק דאַן אַ דאַך און אַ שטיבל, און בלייַב דאָרט אויף זומער, ביַים ים און אַ פֿישער, אויף גאָלדפֿיש צו פֿאַנגען און פערל צו קליַיבן, פֿאַר האַר מיַין פֿאַר גרויסן, פֿאַר האַר פֿון דעם זומער.

און מיַין האַר האָט געשמייכלט. שטיל האָט ער מיך אין מיַין שטיין און מיַין הילוך באַטראַכט, געשמייכלט – און אין פּנים מיר ניט געקוקט, נאָר מיט זיַין האַנט מיט זיַין ליבער אַ וועג מיר דאָרט אויפֿן האָריזאָנט אָנגעוויזן...

און אויך דער פֿרילינג איז פֿאַרגאַנגען, און דער זומער איז געקומען. און די ערד האָט זיך מיר אויסגעלאָזט, און איך בין צו ים אָנגעקומען צו זיַין וואַסער דעם געזאַלצענעם, צו זיַין פֿרי און פֿריילעך, און קיין שיפֿל האָב איך ניט געהאַט, און קיין פֿישער האָט אויף זיַין

ברעג נישט געווווינט. בין איך ביַי אים פֿאַרבליבן, בײַם ברעג און בײַם וואַסער, און אײנער אַליין אים, אויף היטן און קוקן, פֿון ווײַטן צו וואַרטן, די וואַסערן גרויסע, וואָס וועלן זיי ברענגען – אָהער צו יבשה.

און איך בין געבליבן.

און טעג האָבן געטאָגט מיר, און נעכט מיר גענעכטיקט, און ים האָט געשפּילט מיר און וואַסער געברוגזט, און ים האָט געווווינט מיך צו זיך און פֿאַרוויגט מיך, פֿון צײַט און צו צײַט אַ מתּנה געבראַכט מיר, אַ פּערל אַ ווײַסן אויף ברעג מיר געוואָרפֿן, האָב איך זיי געקליבן און איינע צו איינע, אַ סך אָנגעקליבן און ים־רײַך געוואָרן, נאָר קיינער דאָך ווייסט נישט פֿון מיר און פֿון פּערל, און קיינער דאָך קומט נישט מײַן רײַכטום צו זען, קיין סוחר פֿון ווײַטן אויף ברעג קיין מאָל שטײַגט נישט.

אַזוי האָב בײַם ים דאָרט פֿאַרבראַכט דאָן דעם זומער.

און איין מאָל, אין אַן אָוונט אין אַ ליכטיקן, אַ לבֿנהדיקן און אַ בײַם־ימיקן, איז דער האַר מײַן פֿון ווײַטן, פֿון האָריזאָנט און פֿון וואַסער צו מיר אָנגעקומען.

פֿון דעם ים און פֿון לבֿנה־ווײַס, פֿון דער ווײַט און פֿון וואַסער כוואַליענדיקער איז ער צום ברעג אַרויסגעגאַנגען, און אויף דער יבשה געשטיגן. שטיל, אָוונטיק אויפֿן ברעג אויפֿן ליכטיקן בין איך דאַן מיט מײַנע פּערל געלעגן, זיי אויף זאַמד און איך נעבן זיי, האָב איך זיך מיט זיי געשפּילט, פֿון האַנט אין האַנט און פֿון זאַמד צו זאַמד געשאָטן... האָב איך זיך פֿאַרשפּילט, האָב איך די גאַנצע צײַט אויפֿן ים נישט געקוקט און דעם האַר און זײַן אָנקומען נישט באַמערקט.

איז ער אָנגעקומען, האָט ער זיך נעבן מיר אַוועקגעשטעלט, שטיל פֿאַר מיר און פֿאַר מײַן פֿאַרשעמט־ווערנדיקייט, און פֿאַר זאַמד און מײַנע פּערל. בין איך פֿאַר אים מבֿויש און ליגנדיק געבליבן, און נישט קיין אויג און נישט דאָס פּנים, נישט דעם קאָפּ און נישט דעם קערפּער אויפֿגעהויבן:

– מײַן האַר, איך בין פֿאַרשעמט...

האָט ער געוואַרט. האָב איך אים דערנאָך שטיל און שולדיק די פּערל איינע נאָך איינע דערלאַנגט. האָט ער זיי ביַי מיר צוגענומען, האָט ער אויף זיי נישט געקוקט זיי נעמענדיק, נאָר שטיל און מן־הצד האָב זײַן באַדויערן־מיך דערזען, און שטיל און נאָך שטילער פֿון זײַן האַרצן אַ זיפֿץ דערהערט.

און איך האָב פֿאַרשטאַנען. באַלד האָב איך פֿון דער ערד און פֿון מײַן אָרט דעם תּמי־דיקן מײַן שטעקל און מײַן טאָרבע אויפֿגעהויבן, צום ים זיך אויסגעקערעוועט, מיטן פּנים צו דער יבשה און פֿון וואַנען איך בין אָנגעקומען, און פֿאַרן אַוועקגיין נאָך אויף מײַן האַר אַ קוק געטאָן:

– מײַן האַר!

– גיי, גייער!

און איך בין אַוועקגעגאַנגען. און אַז דער זומער איז פֿאַרגאַנגען, אַז נאָך יענעם זומער איז דער האַרבסט אָנגעקומען, און אַז דער הימל האָט זיך מיט וואָלקנס און מיט מרה־שחורה

פֿאַרנומען, און דער הימל האָט געגאָסן, אויף ערד און אויף ווינטער, אויף פֿעלדער און אויף וועגן, און אַלעם האַרבסטיקן אַנטקעגן, –

האָב איך שוין גאָרנישט געזאָגט, האָב איך שוין צו מײַן האַר נישט גערופֿן, און נישט געוואָלט און נישט דערווידערט, נאָר שטיל און האַרבסטיק, אין די פֿאַרנאַכטן און פֿאַרטאָגן אויף שטענדיק מײַן גורל אין מײַן טאָרבע געטראָגן.

יחיאל האָפֿער

# ר׳ תּנחום

ר׳ תּנחום, ר׳ תּנחום.

אַ נאָמען וועלכן איך האָב זייער אָפֿט אין מײַנע קינדער־יאָרן געהערט בײַ אונדז אין שטוב.

אין די דאָזיקע צײַטן איז ר׳ תּנחום כּסדר בײַ אונדז געווען. אין דער פֿרי, ווען כ׳פֿלעג עפֿענען די אויגן, האָב איך אים געזען, און ווען כ׳בין בײַ נאַכט געגאַנגען שלאָפֿן, איז ער נאָך אַלץ נישט געהאַט אַוועקגעגאַנגען.

איך געדענק, אַז ער איז געווען אָנגעטאָן סײַ ווינטער און סײַ זומער אין אַ לאַנגן שוואַרצן פּאַלטן. די צײַט האָט פֿון דעם שוואַרץ געמאַכט גרין און עס האָט זיך באַקומען עפּעס אַזאַ מין טאַבאַטשקאָווע[1] קאָליר. ר׳ תּנחום איז שטענדיק געזעסן אין פּאַלטן, שטענדיק געטרונקען טיי און שטענדיק גערייכערט פּאַפּיראָסן, געשמועסט הויך און ברייט, געהאַט אַ פֿליישיק פּנים מיט אַ געל־רויטער באָרד און גערעדט צו די דינסטן אויף ,די׳.

איז דער טאַטע געפֿאָרן מיטן פּאָרטפֿעל וועקסלען אין באַנק אַרײַן, איז ר׳ תּנחום מיט אים מיטגעפֿאָרן. דער טאַטע האָט אים קיין מאָל מיט זיך נישט מיטגערופֿן, נאָר ווען ער פֿלעגט זיך אַרײַנזעצן אין דער דראָזשקע,[2] איז שוין לעבן אים געזעסן ר׳ תּנחום. איז מײַן מאַמע געגאַנגען אײַנקויפֿן סחורות אויף וועש, צי אויף קליידער, צי גאָר אויף אַן אויסשטײַער, איז דערבײַ געווען ר׳ תּנחום. מײַן מאַמע האָט אים קיין מאָל נישט מיטגערופֿן, נאָר ווען זי איז שוין געווען אין געשעפֿט, האָט זי באַמערקט, אַז לעבן איר שטייט ר׳ תּנחום און באַקוקט און טאַפּט די סחורות, וועלכע זי האָט זיך געהייסן ווײַזן.

איז מען געפֿאָרן זען אַ חתן, איז ר׳ תּנחום געווען דער ערשטער. האָט מען זיך געדונגען וועגן נדן, איז דער ראָש־המדברים געווען ר׳ תּנחום. איז אויסגעבראָכן צווישן דעם טאַטן און זײַנס אַ באַקאַנטן אַ מחלוקה, האָט די הויפּטראָלע געשפּילט ר׳ תּנחום. האָט מען זיך געהאַלטן בײַם איבערבעטן, איז דער שליח געווען ר׳ תּנחום.

עס איז דערגאַנגען דערצו, אַז ר׳ תּנחום האָט זיך אַרײַנגעמישט אין דעם וואָס מע זאָל קאָכן. ווען די מאַמע איז מיטוואָך פֿאַר נאַכט אַראָפּגעגאַנגען צו דער עופֿות־הענדלערקע זאָגן, וואָס זי האָט אַרויפֿצושיקן אויף שבת, האָט זיך אַרויסגעוויזן, אַז ר׳ תּנחום איז שוין געווען און אַלץ באַשטעלט.

1 tabaczkowy (פּויליש) – קאָליר פֿון טאַבאַק.
2 דראָשקע.

פֿון: **ר׳ תּנחום**. תּל־אָבֿיב: פֿאַרלאַג י.ל. פּרץ, 1966, ז״ז 9–15.

ר׳ תּנחום פֿלעגט שאַפֿן מײַן מאַמען געלט אויף פּראָצענט, ווען זי האָט באַדאָרפֿן אויף אַ זאַך, צי אויף אַ צוועק, וועגן וועלכן ס׳איז איר געווען ליבער, אַז דער טאַטע זאָל דערפֿון נישט וויסן. ר׳תּנחום האָט געוווּסט דעם אמתן רעכענונג פֿון דער טײַערער שנײַדערין און מאָדיסטקע (הוטן־פּוצערקע), בײַ וועלכער מײַנע שוועסטערס האָבן זיך גענייט און געקויפֿט הוטן, אַ זאַך וועגן וועלכער מײַן טאַטע האָט אָפֿט נישט געטאָרט וויסן.

פֿון וואָס האָט ר׳ תּנחום געלעבט? פֿון וואַנען האָט ער גענומען אויף פּרנסה? מיר דאַכט זיך, אַז מײַן טאַטע האָט אים געגעבן עפּעס אַזאַ מין ווי וואָכנגעלט. נישט אַלע מאָל די זעלבע סומע, אָבער דערפֿאַר יעדע וואָך. אַחוץ דעם פֿלעגט ער באַקומען ספּעציעל געלט אויף דראָזשקעס, ווען מע פֿלעגט אים שיקן מיט שליחותן. געלט אויף דראָזשקעס האָט ער גענומען פֿון ביידע צדדים, און געגאַנגען איז ער צו פֿוס. ווען ער פֿלעגט זיך געפֿינען מיט מײַן מאַמען אין געשעפֿט בײַם אײַנקויפֿן סחורות, האָט ער אויסגענוצט די געהעריקע מינוט צו ווײַזן דעם סוחר אָדער דעם הויפּטמשרת פֿינף פֿינגער, וואָס דאָס האָט געהייסן, אַז ער וויל דערבײַ פֿאַרדינען פֿינף פּראָצענט. אַחוץ דעם פֿלעגט ער, ווען די מאַמע האָט שוין אַלץ געהאַט אָפּגעקליבן, הייסן אָפּשנײַדן פֿאַר זיך אויף אַ פּאָר הויזן, אָדער סחורה אויף אַ קאַפּאָטע. ווען ער איז אַרײַנגעגאַנגען זאָגן צו דער עופֿות־הענדלערקע וואָס זי זאָל אַרויפֿברענגען אויף שבת, פֿלעגט ער שוין בײַ דער געלעגנהייט עפּעס געניסן פֿאַר זיך.

אַ גאַנצע וואָך איז ר׳ תּנחום בײַ אונדז געזעסן. נאָר שבת און יום־טובֿ האָט ער זיך בײַ אונדז לגמרי נישט געוויזן, כאָטש ער איז געווען, ווי מײַן טאַטע, אַן אַלעקסאַנדער חסיד און געדאַוונט צוזאַמען מיט אים אין איין שטיבל. ר׳ תּנחום האָט געהאַלטן אונדזער שטוב פֿאַר דעם מקור פֿון זײַן פּרנסה, פֿאַר זײַן געשעפֿט, און אין געשעפֿט אַרײַן וועט דאָך אַזאַ ייִד ווי ר׳ תּנחום, פֿאַרשטייט זיך, אום שבת נישט קומען...

געווען אַ צײַט, ווען איך האָב נישט גערן געהאַט ר׳ תּנחומען. בײַ אונדז האָט מען דער־ציילט, אַז בײַ זיך אין שטוב, בײַ זײַן ווײַב און קינדער, האָט ער גאָרנישט וואָס צו זאָגן, האָט ער מן־הסתּם דעריבער זײַן גאַנצן ווילן צו הערשן געוואָלט אויסלעבן אויף מיר. פֿאַר אַ ליאַדע וואָס, פֿאַר דער מינדסטער קלייניקייט, וואָס איך האָב געטאָן, פֿאַר אַ שפּרונג, אַ טאַנץ, פֿאַר דעם מינדסטן שטיף, האָט ער געשריגן, אַז מע דאַרף מיך שמײַסן, נאָר שמײַסן. ער האָט צו מיר גערעדט אַזוי גראָב וועגן אַראָפּלאָזן די הויזן און רײַסן פּאַסעס פֿון הינטן, דערבײַ זיך באַלעקט מיט די גראָבע ליפּן און געבלינצט מיט די אויגן ווי אַ שיכּור, אַז כ׳פֿלעג פֿאַרציטערט ווערן.

איין מאָל האָט ער געבראַכט אַ קאַנטשיק פֿאַר מײַנט וועגן. מײַנע שוועסטערן האָבן דעם קאַנטשיק גיך צוגעגנבֿעט, צעשניטן אויף שטיקלעך און אַרײַנגעוואָרפֿן אין מיסט.

אין אָנהייב האָב איך זייער מורא געהאַט פֿאַר ר׳ תּנחומען. אָבער ווען כ׳האָב געזען, אַז סײַ דער טאַטע און סײַ די מאַמע מאַכן זיך גאָרנישט פֿון דעם וואָס ער זאָגט וועגן מיר, האָב איך אויפֿגעהערט פֿאַר אים מורא צו האָבן. אָבער נישט גערן האָב איך אים געהאַט און אים אָפּגעטאָן פֿאַרשידענע שפּיצלעך.

ווינטער, ווען דער אויוון איז געווען געהייצט, אין שטוב האָט געהערשט אַן אָנגענעמע

וואַרעמקייט און ר׳ תּנחום איז געזעסן אין פּאַלטן און געטרונקען הייסע טיי, פֿלעגט אים די וואַרעמקייט צענעמען און ער פֿלעגט איַינדרימלען זיצנדיק בייַם טיש. ער האָט אָנגעשפּאַרט דעם שווער געוואָרענעם קאָפּ אויף זייַן רעכטער האַנט, וועלכע ער האָט געהאַלטן אויפֿן ברעג טיש, און איַינגעשלאָפֿן. ווי נאָר ער האָט אָנגעהויבן אַרויסלאָזן אַ פֿייַף פֿון זייַן רויטער נאָז, האָט די האַנט, אויף וועלכער זייַן קאָפּ איז געווען אָנגעשפּאַרט ווי אויף אַ שאַרפֿן דרייַעק, אָנגעהויבן ווערן לויזער און דער קאָפּ האָט זיך פּאַמעלעך געגליטשט איבער איר, ווי אויף אַ שינע. ער האָט זיך אַזוי געגליטשט עטלעכע רגעס, ביז וואַנען ער האָט זיך אַ קלאַפּ אָן געטאָן אין טיש. ר׳ תּנחום האָט אַן עפֿן געטאָן די אויגן, ווידער אויפֿגעהויבן דעם קאָפּ צונויפֿגעצויגן די האַנט, שאַרף געמאַכט דעם דרייַעק, אַרויפֿגעלייגט דעם קאָפּ אויף דער דלאָניע, ווידער איַינגעשלאָפֿן, ווידער זיך אַראָפּגעגליטשט, און אַזוי כּסדר.

איך האָב גענומען אַ גלאָז קאַלט וואַסער און אַוועקגעשטעלט לעבן דעם דרימלענדיקן ר׳ תּנחומען. איך האָב אַזוי אויסגערעכנט, אַז ווען זייַן קאָפּ וועט זיך אַראָפּגליטשן פֿון דער האַנט, זאָל די נאָז אַרייַנפֿאַלן אין סאַמע גלאָז אַרייַן. און אַזוי איז געשען. ווען ר׳ תּנחומס קאָפּ האָט זיך אַראָפּגעגליטשט פֿון דער האַנט און איז געפֿאַלן אויפֿן טיש, איז זייַן צעוואַרעמטע רויטע נאָז אַרייַנגעפֿאַלן אין גלאָז קאַלטן וואַסער אַרייַן. ער האָט זיך אַ ריס אויף געטאָן פֿון שלאָף מיט אַזאַ ווילדער שרעק און האַסטיקייט, אַז די שטול, אויף וועלכער ער איז געזעסן, איז אומגעפֿאַלן. ער האָט געמאַכט אַ רעש, זיך סקאַנדאַלעוועט, ווידער געשריגן צו מיר וועגן אַראָפּלאָזן די הויזן און רייַסן שטיקער פֿון הינטן. אָבער איך האָב שוין פֿאַר אים נישט מורא געהאַט. איך האָב פֿון זייַנע סטראַשונקעס געלאַכט.

*

מייַן טאַטע איז געווען זייער אַ באַשעפֿטיקטער מענטש. אין מיטן דער וואָך האָב איך אים געזען נאָר בייַ די מיטאָגן. אָפֿט פֿלעגט ער אויך אַוועקפֿאָרן אויף גאַנצע וואָכן. אַוועקפֿאָרן פֿלעגט ער אין די פֿאַרטאָגן שטיל, אַז קיינער האָט נישט געהערט, און צוריקקומען פֿלעגט ער אין די אָוונטן, מיט אַ רעש, מיט אַ שטורעם. פֿון טאַטנס אַוועקפֿאָרן האָב איך נישט געוווּסט פֿאָרויס. אָפֿט פֿלעג איך ערשט בייַם מיטאָג געוויר ווערן, אַז דער טאַטע איז נישטאָ. ווען ער דאַרף צוריקקומען האָבן מיר געוווּסט, מיר האָבן אויף אים געוואַרט, אַפֿילו ווען די באַן פֿלעגט קומען שפּעט אין אָוונט.

די מאַמע איז געווען זייער פֿאַרנומען מיט דער באַלעבאַטישקייט, מיט איַינקויפֿן, מיטן אַכטונג געבן אויפֿן קאָכן, מיט דער וועש און מיט די שנייַדערקעס. אַ גאַנצן טאָג, ביז שפּעט אין דער נאַכט געווען פֿאַרטאָן.

ווען דער טאַטע איז געווען אין וואַרשע, איז ר׳ תּנחום געווען פֿאַרנומען אַרום אים. אָבער ווען דער טאַטע איז אַוועקגעפֿאָרן, האָט ער זיך אין גאַנצן ,געווידמעט׳ דער שטוב. ער האָט צעפּאָכעט די הענט, פֿאַרקאַטשעט די פּאָלעס. ער האָט האַסטיק מאַרשירט פֿון איין שטוב אין דער צווייטער, געווען פֿאַרשמייַעט און אָפֿט גערופֿן דער מאַמען:

– ר׳ איטשע־מאירס וואַב, זאַט אַזוי גיט, כ׳דאַרף אַך עפּעס זוגן!

אַלע געהיימע פּראָצענט־געשעפֿטן האָט ר׳ תּנחום דערליידיקט מיט מייַן מאַמען, ווען דער טאַטע איז געווען אַוועקגעפֿאָרן. עפּעס האָט ער דעמאָלט בכלל געהאַט אַ סך ענינים צו ברענגען אין אָרדענונג, און אָפֿט געקומען בייַ דער מאַמען געלט אויף דאָראָזשקעס.

אַרומשמייַענדיק איבער די שטובן האָט ער אויך אַ מאָל אַרייַנגעשטעקט דעם קאָפּ אין דער שטוב פֿון מייַנע שוועסטערן. ווען ער האָט דערזען אַ פֿולע שטוב מיט מיידלעך, האָט ער געגלאָצט מיט די אויגן און זיך פּלוצעם אָנגערופֿן:

– צ׳האָט האַנט געדאַוונט?

– פּאַניע תּנחום – האָט זיך מייַנס אַ שוועסטער אָנגערופֿן – ניעך פּאַן תּנחום שיע דאָ נאַס ניע ווטראָנצאַ (זאָל זיך ר׳ תּנחום צו אונדז נישט אַרייַנמישן).

– ווטראָנצאַ, שמאָנצאַ, – האָט ר׳ תּנחום איר נאָכגעשפּעט. – זעטס נאָר די שטיב מיט שיקסעס! – האָט ער זיך ווילד צעשריגן און צוגעהאַקט די טיר.

אין דעם האָט זיך געהערט זייַן רופֿן:

– ר׳ איטשע־מאירס וואַב! ר׳ איטשע־מאירס וואַב! זאַט׳ס אַזוי גיט!

די מאַמע איז אַרייַנגעקומען און זיך געפֿרעגט:

– ר׳ תּנחום, ווּס איז?

– איר האָט דאָך אַ פֿילע שטיב מיט מאַידן, מע דאַרף זיי חתונה מאַכן!

– ר׳ תּנחום, ווּס רעדט איר? – האָט די מאַמע געזאָגט ווי מיט אַ פֿאָרוווּרף – די עלט־סטע איז שוין אַ כּלה אין די רעשט זענען דאָך נאָך גור ייִנגע קינדער.

– זאַי זענען שוין גור נישט ייִנג, – האָט ר׳ תּנחום געפּסקנט, – מע דאַרף זאַי חתונה מאַכן!

– ני, אַדרבה – האָט די מאַמע גוטמוטיק צוגעשמייכלט.

– כ׳ווּעל שוין זעיען, כ׳ווּעל זעך שוין נעמען דערצי.

זעט אויס, אַז מייַנע שוועסטערן האָבן געהערט דעם שמועס צווישן ר׳ תּנחומען און דער מאַמען. שפּעטער, ווען ר׳ תּנחום איז געזעסן בייַם טיש און געטרונקען טיי, האָט זיך געעפֿנט די טיר פֿון מייַנע שוועסטערנס צימער, און די קליינע עוואַ, אַ שיינע, אַ באַחנטע און אַ דרייסטע, איז צוגעגאַנגען צו ר׳ תּנחומען, געמאַכט פֿאַר אים אַ קניקס און געפֿרעגט:

– פּאַניע תּנחום, קיעדי שיע פּאַן נעמען דערצי? (ר׳ תּנחום, ווען וועט זיך ר׳ תּנחום נעמען דערצו?)

פֿון אונטער דער טיר פֿון מייַנע שוועסטערנס שטוב האָט זיך דערהערט אַ הילכיק געלעכטער.

– אוי חציפֿות, חציפֿות – האָט געקרעכצט ר׳ תּנחום. – כ׳על זעך שוין נעמען דערצי, כ׳על זעך שוין נעמען!

*

ווען ר׳ תּנחום האָט זיך אַוועקגעשטעלט בײַ דער מיזרח־וואַנט דאַוונען מינחה, האָט ער זיך געשאָקלט זײַטיק, פֿון רעכטס אויף לינקס, ער איז אַזוי ווי געשוווּמען. ווען ער איז גע־קומען צו שמונה־עשׂרה, האָט ער אין אָנהייב זיך געשאָקלט פּאַמעלעך, און ביסלעכווײַז זיך וואָס אַ מאָל שטאַרקער צעוויגט. איך פֿלעג נעמען שטיקער ראָזע דין פּאַפּיר, אין וועל־כע מע פֿלעגט פּאַקן פֿלעשער ווײַן, און ווען ר׳ תּנחום האָט זיך גאָר שטאַרק צעשאָקלט, אַרײַנשטעקן אים אַזעלכע צוויי שטיקער פּאַפּיר אין יידע קעשענעס פֿון פּאַלטן. אין דער פֿאַרנאַכטיקער טונקלקייט, האָט דער שאָקלענדיקער זיך ר׳ תּנחום אויסגעזען ווי אַ גרויסער שווימענדיקער פֿיש מיט צוויי ראָזע לאַנגע פֿלוספֿעדערן בײַ די זײַטן.

*

אַזוינעם געדענק איך ר׳ תּנחומען פֿון מײַנע פֿריִע קינדער־יאָרן. שפּעטער האָב איך זיך אַ סך, זייער אַ סך, אָנגעהערט פֿון אים. און וואָס איך האָב געזען און געהערט, וועל איך באַשרײַבן.

יחיאל האָפֿער

# דער טויט פֿון ר׳ תּנחומען

ר׳ תּנחום איז געשטאָרבן. ער איז בסך־הכּל קראַנק געווען עטלעכע טעג – און שוין. נישטאָ ר׳ תּנחום.

די חסידים אין שטיבל האָבן געהאַלטן, אַז ער איז געשטאָרבן צוליב דעם, וואָס ער האָט זיך פּורש געווען[1] פֿונעם ווײַב. – ס'איז נישט געווען פֿאַר אים – האָבן זיי געטענהט. טייל האָבן אָבער געהאַלטן, אַז דאָס, וואָס ער האָט זיך פֿון זײַן ווײַב פּורש געווען, האָט ער דווקא גוט געטאָן, ווײַל זי האָט אים מבֿזה געווען מיט שווערע בזיונות. ס'איז נאָר אַ שאָד, וואָס ער האָט זיך ווייניק באַמיט מיט איר זיך צו גטן. ווען ער גט זיך מיט איר, וואָלט ער נאָך אַ מאָל חתונה געהאַט, און זיך אָפּגעראַטעוועט דאָס לעבן.

ר׳ תּנחום, כאָטש ער האָט געהאַט אַ שטאַרק געבויגענע פּלייצע, איז ער געווען אַ פֿעסטער מאַנספּאַרשוין, אַ פֿולבלוטיקער מענטש. די עלטערע חסידים האָבן געהאַלטן, אַז ער האָט נישט געטאָרט זײַן אָן אַ ווײַב אַזאַ לאַנגע צײַט, אַז דערפֿון האָבן אים די בלוטן אַ שלאָג געטאָן צום קאָפּ. ער האָט באַקומען אַ מוח־אָנצינדונג און נאָך עטלעכע טעג געשטאָרבן אין אַ באַוווסטלאָזן צושטאַנד.

זינט דעם שמועס מיט ר׳ זלמנען וועגן מדרגות,[2] האָט זיך אין ר׳ תּנחומען אָפּגעקילט דאָס פֿײַער, וואָס די ווערטער פֿון ר׳צדוק האַמער האָבן אין אים געהאַט אָנגעצונדן. ער האָט שוין נישט גערעדט וועגן דעם, אַז ער וויל זיך גטן, חתונה האָבן און נאָך אויפֿשטעלן אַ ייִדיש דור. געטראַכט האָט ער אפֿשר יאָ דערפֿון, אָבער געזאָגט דאָס אָפֿן האָט ער נישט מער.

ער איז שוין מער נישט צוגעשטאַנען צו די דרײַ חסידים, אַז זיי זאָלן ווידער גיין רעדן מיט זײַן ווײַב וועגן גט. וואָס אַן אמת זענען די חסידים סײַ ווי געגאַנגען צו איר איבעררעדן וועגן דעם. וואָס גאָלדע־לאה האָט זיי געענטפֿערט ווייסט מען נישט, נאָר אַז זיי האָבן בײַ איר גאָרנישט געפּועלט איז דאָך קלאָר דערפֿון, אַז צו קיין גט איז נישט געקומען.

ר׳ תּנחום איז בכלל די לעצטע צײַט אַרומגעגאַנגען אַ שטאַרק מבֿולבלער. ער האָט נישט געקאָנט באַנעמען, וואָס טוט זיך דאָס אויף דער וועלט.

זײַן עלטסטער זון, יאָסל, איז אַוועק ווי אַ חלוץ קיין ארץ־ישׂראל. ס'איז דעמאָלט אין ארץ־ישׂראל געווען אַן עקאָנאָמישער קריזיס. שווער געווען צו באַקומען אַ טאָג

1 פּורש זײַן זיך – זיך אָפּזונדערן.

2 זע דאָס קאַפּיטל „אַ שמועס צווישן ר׳ תּנחומען און ר׳ זלמנען וועגן מדרגות...", **ר׳ תּנחום**, ז״ז 156 – 174.

פֿון: **ר׳ תּנחום**. תּל־אָבֿיבֿ: פֿאַרלאַג י.ל. פּרץ, 1966, ז״ז 199 – 218.

באַשעפּטיקונג. יאָסל האָט געוואַנדערט פֿון אָרט צו אָרט. געווען אין פֿאַרשידענע קאָלאָ־ניעס, געקעמפּט פֿאַר ייִדישער אַרבעט. שווער געהאָרעוועט בײַם לייגן שאָסייען. אָבער נישט דאָס האָט אים געקוועלט.

דווקא אין ארץ־ישׂראל איז בײַ יאָסלען אויפֿגעגאַנגען אַ בענקשאַפֿט צו דעם ייִדישקייט פֿון זײַן טאַטנס שטוב, ווי ער האָט דאָס געדענקט פֿון זײַנע קינדער־יאָרן. פֿון דאַנען, פֿון ארץ־ישׂראל, האָט ער געשריבן צו זײַן טאַטן בריוו אין לשון־קודש, אין וועלכע ער האָט זיך נישט געקלאָגט אויף זײַן שווערער מאַטעריעלער לאַגע, נאָר געשריבן: קשה ליהדות, קשה לכּשרות, שווער מיט ייִדישקייט, שווער מיט כּשרות. זיך נאָר געקלאָגט, אַז ס׳איז דאָ שווער אָנצוגיין מיט ייִדישקייט.

ר׳ תּנחום האָט זיך געפֿילט געהויבן פֿון זײַן זונס בריוו. ער אַליין האָט אָנגעהויבן טראַכ־טן, אַז ס׳וואָלט געווען אפֿשר אַ יושר איבערלאָזן די שטוב, דאָס ווײַב מיט די קינדער, מיט וועמען ער האָט סײַ ווי נישט געהאַט מער קיין גרויס שײַכות, און פֿאָרן קיין ארץ־ישׂראל.

ער האָט זיך דערמאָנט אין זײַן פֿעטער, ניסן, וועלכער, נאָך דעם ווי ער איז אַלט געוואָרן פֿערציק יאָר, האָט ער פֿאַרלאָזט אַלץ און אַלעמען, פֿאַרלאָזט ווײַב און קינדער, זיי איבער־געלאָזט דאָס געשעפֿט און אַליין אַוועק קיין ארץ־ישׂראל, ווו ער איז געזעסן און געלערנט. און בכדי ער זאָל נישט דאַרפֿן אָנקומען צו חלוקה־געלט, האָט ער זיך אויסגעלערנט נייען לאַפּטשעס, שטעקשיך, וואָס פֿון דעם האָט ער זיך מפֿרנס געווען בדוחק, אָבער בכּבֿוד.

ר׳ תּנחום האָט זיך געטראַכט, אַז ער וואָלט באַדאַרפֿן גיין אין זײַן פֿעטער ניסנס וועג, זיך אויסלערנען נייען לאַפּטשעס, פֿאָרן קיין ארץ־ישׂראל און זיך אַוועקזעצן לערנען. אָבער דערווײַל איז די צײַט געגאַנגען. בכדי אַרײַנצוקומען קיין ארץ־ישׂראל האָט מען באַדאַרפֿן אַ סערטיפֿיקאַט, געווען נאָך שוועריקייטן, – האָט ר׳ תּנחום דאָס טראַכטן וועגן פֿאָרן אַהין דערווײַל אָפּגעלייגט, און דערנאָך שוין נישט באַוויזן צו זען די הייליקע ערד.

הייסט עס, אַז פֿון זײַן בכור, פֿון זײַן יאָסלען, האָט ר׳ תּנחום ב״ה געהאַט נחת. כאָטש נישט איין מאָל האָט זיך אַרײַנגעגנבֿעט אין אים, אין תּנחומען, אַ חשד, אַז דאָס שרײַבט צו אים יאָסל אַזעלכע בריוו, בכדי דעם טאַטן צו פֿאַרשאַפֿן אַ ביסל נחת־רוח. וואָרן ר׳ תּנחום האָט זיך נישט געקאָנט דערמאָנען, אַז אין וואַרשע, אַפֿילו אין דער לעצטער צײַט פֿאַרן אַוועקפֿאָרן, זאָל יאָסל האָבן אַרויסגעוויזן די מינדסטע נטיה צוריקצוגיין צום ייִדישקייט.

אָבער שוין דאָס, וואָס ער האָט וועגן ייִדישקייט געשריבן, איז געווען פֿאַר ר׳ תּנחומען אַ שטיקל נחמה.

דאַקעגן פֿון זײַן ייִנגערן זון, פֿון מנחם־מענדלען, וועמען ר׳ תּנחום האָט אַ נאָמען גע־געבן נאָכן מיטעלן ווורקער רבין, האָט ער געהאַט, רחמנא־לצלן, גרויסע צרות.

מנחם־מענדל איז צוגעשטאַנען צו די בונדיסטן. ער האָט פֿאַרוואָרפֿן די טריקאָטאַזש־אַרבעט און געוואָרן אַ גאַנצער מאַכער אין פּראָפֿעסיאָנעלן פֿאַראיין פֿון די פֿריזירער, וואָס זענען כּמעט אַלע אונטערגעליגן דעם ,בונד׳. די פֿריזירערס האָט מען אין וואַרשע גערופֿן ,די טשיקן־זשלאָפּערס׳.[3] זיי האָבן אַלע מחלל־שבת געווען בפֿרהסיא, אָפֿן געהאַלטן אום

3 אין דעם פֿריזירער־זשאַרגאָן האָט ,טשיקן׳ געמיינט ,שערן׳ און ,זשלאָפּן׳ – ,ראַזירן׳. (הערה פֿון מחבר)

שבת די פֿריזיערניעס.[4] נישט איין מאָל האָט מען געזען דאָרט אַרײַנגיין מנחם־מענדלען אום שבת. ער האָט אונטערגעהאַנדלט מיט די באַלעבאַטים, ער האָט דורכגעפֿירט שטרײַקן, געשטאַנען מיט פּיקעטניקעס און פּיקעטירט בעת אַ שטרײַק. ר׳ תּנחום האָט געהאַט פֿון אים בלויז חרפּות און בושות.

די עלטסטע טאָכטער, חיה־שׂרה, וועלכע פֿלעגט פֿריִער אויסגעבן איר גאַנץ פֿאַרדינט געלט אויף מאָדערנער הלבשה, האָט זיך געהאַט שטאַרק געענדערט, נאָר ר׳ תּנחום האָט וועגן דעם נישט געוווּסט.

די אַנדערע קינדער ר׳ תּנחומס זענען דערווײַל אויך אונטערגעוואַקסן. בלויז די צוויי ייִנגסטע מיידלעך זענען נאָך געווען כּמעט קינדער. די אונטערגעוואַקסענע קינדער האָבן אַלע געאַרבעט אין פֿאַבריקלעך, טייל בײַ טריקאָטאַזש, טייל בײַ צוקערלעך, און אַלע זיי האָבן אָנגעהערט צו אָרגאַניזאַציעס, פֿון ציוניסטישע ביז קאָמוניסטישע.

ר׳ תּנחום פֿלעגט זעלטן זײַן אין דער היים. אָבער נישט איין מאָל האָט פּאַסירט, אַז ווען ער איז אַהיימגעקומען בײַ נאַכט, האָט ער אין שטוב אָנגעטראָפֿן אויף אַ גאַנצע[ר] חבֿרה, אַן ערבֿוביה, יונגען און מיידן. מען איז געזעסן אויף שטולן און אויף די בעטן, גערעדט הויך, געגעסן ברויט מיט ווורשט און געטרונקען טיי.

ר׳ תּנחום האָט געפֿילט, אַז מיט דער וועלט איז עפּעס נישט גוט. ער האָט געזען, אַז דער שׂטן הוליעט, מאַכט אַ משוגען לעבן דווקא אין די חסידישע הײַזער. כאָטש ער האָט נישט געהאַלטן, פּונקט ווי אַלע אַלעקסאַנדרער חסידים, פֿון דער ,אַגודה׳, איז ער פֿון דעסטוועגן געווען פֿול מיט התפּעלות, ווען ער האָט געהערט וואָס ס׳האָט געזאָגט אין וואַרשע, אויף דער כּנסיה הגדולה[5] פֿון דער ,אַגודת־ישׂראל׳, אַ יונגער־מאַן, יהודה־לייב אָרלעאַן. דער דאָזיקער יונגער־מאַן האָט אָנגעפֿירט אין דער ,אַגודת־ישׂראל׳ מיטן חינוך־הבנות[6], מיט דער דערציִונג פֿון די טעכטער, ער איז געווען דער לייטער פֿון דער נעץ פֿון בית־יעקבֿ־שולן פֿאַר מיידלעך. אין אַ רעדע וועגן חינוך־הבנות האָט ער זיך צעשריגן: „איזהו מקומן של זבֿחים“, ווו איז דאָס אָרט ווו מע שעכט אָפּ ייִדישע קינדער, קדשי־קדשים – דאָס זענען די חסידישע הײַזער!

ר׳ תּנחום, וואָס פֿלעגט אָפֿט קומען אין חסידישע הײַזער, האָט מיט די אייגענע אויגן געזען דעם טיפֿן אמת פֿון דעם ווייגעשריי פֿון דעם יונגן־מאַן פֿון דער ,אַגודה׳. ער האָט געזען ווי די בחורים פֿון די חסידישע הײַזער לערנען נאָך אַ ביסל, זאַפּן אײַן אין זיך אַ ביסל ייִדישקייט. אָבער די מיידלעך שיקט מען באַלד אין די שקאָלעס. זיי ווילן נישט רעדן קיין וואָרט ייִדיש. ווערן פֿרעמד צו די אייגענע טאַטע־מאַמע. דערנאָך נעמען זיי שטודירן. גייען אויף די אוניווערסיטעטן. טראָגן היטלען מיט דאַשקעס, ווי די מענער. מאַכן חוזק פֿון שדכנים. שפּעטן אָפּ פֿון די חסידישע ייִדן, מאַכן נאָך זייער הילוך. נישט איין מאָל האָט ר׳ תּנחום באַמערקט, ווי אַ מיידל פֿון אַ חסידיש הויז מאַכט פֿון אים חוזק.

4 fryzjernia (פּויליש) – פֿריזירערײַ.
5 די גרויסע פֿאַרזאַמלונג, צענטראַלע קאָנפֿערענץ פֿון ,אַגודת־ישׂראל׳.
6 העברעיִש – דערציִונג פֿון מיידלעך.

אויך די בחורים פֿון חסידישע הײַזער האָבן זיך אָנגעהויבן אַראָפּצונעמען די בערד. טייל האָבן געזאָגט, אַז זיי טוען דאָס מיט אַ ספּעציעלן פּראָשעק, וואָס אַ פֿרומע ייִדישע פֿירמע אין ווין אַרבעט אויס. די זעלבע פֿירמע אַרבעט אויך אויס פֿליסיקן זייף אין פֿלעשער, מע זאָל זיך מעגן וואַשן די הענט מיט זייף אום שבת.

ווי ס׳זאָל נישט האָבן געוועזן, אָבער יונגע־לײַט פֿון חסידישע היימען האָבן אָנגעהויבן אַרומגיין מיט נאַקעטע גאָמבעס, אַז ר׳ תּנחום האָט זיך געמיגלט אויף זיי צו קוקן. אָבער רעדן האָט ער נישט געטאָרט, ווײַל ער איז נעבעך אַליין געווען אַ געשלאָגענער. זײַנע זין, ווי נאָר בײַ עמעצן פֿון זיי האָט זיך באַוויזן אַ חתימת־זקן, האָבן זיי אים באַלד אַראָפּגענומען. און נישט מיט קיין פּראָשעק, נאָר טאַקע מיט אַ גאָלמעסער.

אויך די מיידלעך זענען געגאַנגען וואָס אַ מאָל מער פֿאַרשײַט אָנגעטאָן. זיי האָבן גע־טראָגן קורצע ראָקן און בײַ די פֿיס געפּענטעט, אַז ס׳זאָלן זיך אָנזען די היפּטן. זיי האָבן געטראָגן טיפֿע דעקאָלטן. מ׳האָט אויף אַ טייל געזאָגט, אַז זיי רייכערן פּאַפּיראָסן.

דאָס וואָס ר׳ תּנחום האָט נישט געזען מיט די אייגענע אויגן, האָט אים צוגעטראָגן דאָס קליינע ייִדעלע מיטן רויטן בערדעלע, איטשעלע קובאַץ, דער ,געהיים־אַגענט׳, וועלכער האָט אַלץ געוווּסט, אַלץ געזען און געהערט. איטשעלע קובאַץ האָט געהאַט עפּעס אַ ספּע־ציעל פֿאַרגעניגן צו דערציילן ר׳ תּנחומען אַלץ וואָס ער האָט געוווּסט וועגן דער קאַליע ווערנדיקער וועלט... און געוווּסט האָט ער אַ סך.

ער האָט דערציילט ר׳ תּנחומען וועגן טעכטער פֿון סוחרים, חסידישע ייִדן, וואָס האָבן נישט געוואָלט לעבן מיט די מענער, וואָס די עלטערן האָבן זיי געגעבן, נאָר געפֿירט ליבעס מיט משרתים פֿון זייערע פֿאָטערס געשעפֿטן. ער האָט דערציילט וועגן מכּלומרשט חסידי־שע ווײַבלעך, וואָס ווילן נאָך דער חתונה נישט גיין אין מיקווה און די מענער זייערע, בלית־ברירה, לעבן מיט זיי אין אומריינקייט. ער האָט דערציילט גרויליקע זאַכן, וואָס טוען זיך אָפּ בינו־לבינו, אַז ר׳ תּנחומען פֿלעגן זיך די האָר אויפֿשטעלן אויפֿן קאָפּ פֿון פּחד. ער האָט אַרויסגעגעבן פֿון זיך אַזעלכע מאָראַלישע קרעכצן, אַז ס׳האָט ממש געשניטן בײַם האַרץ.

ר׳ תּנחום האָט אָנגעהויבן אַרומגיין איבער דער וועלט מיט וואַקלענדיקע טריט, ווי מע גייט אויף אַ שיף בעת אַ שטורעם.

*

צו די אַלע צרות מיט דער קאַליע געוואָרענער וועלט איז ר׳ תּנחומען צוגעקומען נאָך אַן אייגענע, גרויסע צרה.

זינט די דרײַ ייִדן פֿון שטיבל, ר׳ ישׂראל־יאַנקל, ר׳ שלמה גבאי און איטשעלע קובאַץ, זענען נאָך אַ מאָל געווען בײַ ר׳ תּנחומס ווײַב, איבעררעדן מיט איר וועגן אַ גט, איז זי גע־וואָרן אין גאַנצן אַנדערש. זי האָט זיך ווי אויפֿגעוועקט פֿון אַ טיפֿן שלאָף, אָפּגעשאָקלט פֿון זיך די איבערגעטריבענע פֿרומקייט און זיך גענומען צום מיסחר.

פֿון וואַנען גאָלדע־לאה האָט גענומען געלט, האָט קיינער נישט געוווּסט. נאָר פּלוצעם איז זיך צעגאַנגען אין דער ייִדישער געגנט אין וואַרשע, ווו גאָלדע־לאה האָט געוווינט, אַ ידיעה, אַז זי גיט וויפּראַוועס[7] פֿאַר חתן־כּלה אויף אויסצאָלעכץ, אויף ראַטעס.

געפֿירט האָט גאָלדע־לאה אירע געשעפֿטן אויף אַזאַ אופֿן:

זי פֿלעגט מיט דער כּלה און מיט אירע עלטערן, אָדער מיט די מחותּנים פֿון חתנס צד, אויב דער אויסשטײַער איז געווען פֿאַר אַ חתן, גיין אין באַשטימטע פֿון פֿאָרויס דורך גאָלדע־לאהן מאַנופֿאַקטור־געשעפֿטן. אויף וויפּראַוועס פֿאַר כּלות האָט זי געהאַט ,אירע׳ עטלעכע געשעפֿטן אויף די נאַלעווקעס, און אויף וויפּראַוועס פֿאַר חתנים עטלעכע געשעפֿטן אויף גענשע.

מע פֿלעגט ווײַזן דער כּלה און אירע עלטערן די שטאָפֿן. זיי האָבן זיך אויסגעקליבן די, וואָס זענען געווען לויט זייער גוסט און מעגלעכקייטן. די פּרײַזן פֿון די שטאָפֿן האָט נישט געזאָגט דער סוחר, צי אַן אָנגעשטעלטער פֿון געשעפֿט, נאָר גאָלדע־לאה. זי האָט שוין געווּסט וויפֿל יעדער שטאָף דאַרף איר קאָסטן און געזאָגט די קונים אַ פּרײַז צורעכ[ענע]נדיק פֿון פֿאָרויס אַ שפּאָרן פֿאַרדינסט פֿאַר זיך.

ווען די קונים האָבן זיך געהאַט צוגעקליבן די סחורות, איז גאָלדע־לאה אַרײַנגעגאַנגען אין קאַנטאָר פֿון געשעפֿט. דאָרט האָט מען געמאַכט דעם חשבון, זי האָט געגעבן אַ טייל מזומן־געלט און אויף דער רעשט האָט זי אונטערגעשריבן וועקסלען.

דעמאָלט האָט מען אָפּגעשניטן די סחורות, פֿאַרפּאַקט אין אַ פּעקל, און גאָלדע־לאה האָט דאָס פּעקל געהייסן אָפּשיקן צו זיך. דאָס זעלבע איז פֿאָרגעקומען בײַם אײַנקויפֿן אַן אויסשטײַער פֿאַר אַ חתן.

אין אָוונט פֿלעגן די מחותּנים קומען צו גאָלדע־לאהן אין שטוב אַרײַן. דאָ האָט זי זיי ערשט געמאַכט איר חשבון, און די מחותּנים האָבן אונטערגעשריבן וועקסלען צו צאָלן יעדן חודש. נישט איין מאָל האָט זיך געטראָפֿן, אַז די מחותּנים האָבן געמוזט מיטברענגען מיט זיך זשיראַנטן זיי זאָלן זשירירן די וועקסלען, אָדער גאָר צו די וועקסלען צולייגן משכּנות. ערשט דעמאָלט האָט זיי גאָלדע־לאה אַרויסגעגעבן די אײַנגעקויפֿטע סחורות אויף דער וויפּראַוועס.

אין אַ קורצער צײַט האָט זיך גאָלדע־לאהס מיסחר שטאַרק צעשפּרייט. זי האָט דערבײַ, חלילה, קיין מאָל נישט מוותּר געווען אויף קיין איין קאַפּיטל תּהילים און אויף קיין איין תּחינה. זי האָט זיי נאָר געזאָגט גיכער ווי ביז איצט. זי האָט געהאַט אירע באַשטימטע שעהען ווען זי פֿלעגט גיין מיט די קונים אין גאַס אַרײַן, און באַשטימטע שעהען ווען זי פֿלעגט די קונים אויפֿנעמען בײַ זיך אין שטוב.

ס׳פֿלעגט געשען, אַז ר׳ תּנחום איז אַ מאָל מיט מײַן מאַמען, צי סתּם מיט עמעצן פֿון אַ חסידיש־נגידיש הויז, געקומען אין אַ געשעפֿט, ווען מ׳האָט באַדאַרפֿט אײַנקויפֿן פֿאַרשידענע שטאָפֿן, האָט ער זיך דאָרט געטראָפֿן אויג אויף אויג מיט זײַן ווײַב.

7 wyprawa (פּויליש) – אויסשטײַער.

דעמאָלט האָט ער געזען ווי אַזוי מע באַהאַנדלט זײַן ווײַב און ווי אַזוי אים, תּנחומען. זײַן ווײַב האָט מען אויפֿגענומען בכּבֿוד, מע פֿלעגט איר דערלאַנגען אַ בענקל זיך צו זעצן, אַרײַנגעבעטן אין קאַנטאָר און דער סוחר פֿלעגט רעדן מיט איר ווי מיט אַ גלײַכן מענטש.

דאַקעגן אויף אים, תּנחומען, האָט מען געקוקט ווי אויף אַן אָנשיקעניש. מ׳האָט אָפּט געחוזקט פֿון אים, געקוקט אויף אים מיט שפּאָט, ווען ער האָט זיך געוואָלט אַרײַנמישן און זאָגן מבֿינות. מ׳האָט געזען אין אים אַ שנאָרער, וועמען מע וועט מוזן געבן עטלעכע פּראָצענט אָפּטשעפּעגעלט.

ס׳האָט זיך געטראָפֿן, אַז ווען ר׳ תּנחום האָט זיך אין אַ געשעפֿט באַגעגנט מיט זײַן ווײַב, איז ער פֿון בושה אַנטלאָפֿן, און מוותּר געווען אויף זײַן ,פֿאַרדינסט׳.

ר׳ תּנחום האָט נישט געקאָנט פֿאַרשטיין, אויב זי טויג זיך אַזוי אויס אין מיסחר, טאָ פֿאַר וואָס האָט זי זיך צו דעם נישט גענומען, ווען זיי זענען נאָך געווען מאַן־און־ווײַב און אין דער שטוב איז נישט געווען קיין פּרנסה? אמת, זי האָט געהאַט קליינע קינדער. אָבער דער אמתער מחוסר־פּרנסה איז ער דאָך ערשט געוואָרן ווען די עלטערע קינדער האָבן שוין אָנגעהויבן אונטערצווואַקסן, אַז זי האָט שוין געקאָנט ווי דאָס איז זיך אַן עצה געבן. אָבער דער עיקר האָט אים געמאַטערט די פֿראַגע: ווו, פֿון וואַנען האָט זי גענומען דאָס געלט צום מיסחר?

אָבער די אַלע קשיות, און דער עיקר פֿון וואַנען זי האָט גענומען געלט – זענען שוין קיין מאָל אים נישט פֿאַרענטפֿערט געוואָרן...

*

דאָס אַלץ און די קאַליעדיקע וועלט, די צרות פֿון די קינדער, און דאָס וואָס מענטשן האָבן געהאַלטן פֿאַר דאָס וויכטיקסטע, אַז ער איז דורך לאַנגע יאָרן געווען אָן אַ ווײַב, האָט צע־טרייסלט ר׳ תּנחומס געזונט.

מיט איין מאָל, זײַענדיק אין שטיבל, איז ער אַוועקגעפֿאַלן. ער האָט באַקומען גרויסע היץ און באַלד געבליבן אָן באַוווסטזײַן. דער דאָקטער פֿון דער ,גיבער הילף׳ האָט אים אָפּגעפֿירט אין שפּיטאָל אַרײַן, אויף טשיסטע. מ׳האָט אים דאָרט געראַטעוועט מיט אַלע מיטלען, געמאַכט אים אַ פּונקציע. אָבער ס׳האָט גאָר נישט געהאָלפֿן. ער איז נאָך עטלעכע טעג געשטאָרבן.

פֿון אונדזער שטוב האָט ר׳ תּנחומען באַגלייט צו זײַן אייביקער רו נאָר מײַן טאַטע אַליין.

מיר, קינדער, האָבן באַמערקט, אַז ר׳ תּנחום האָט מיט איין מאָל אויפֿגעהערט צו קו־מען. מ׳האָט אונדז געזאָגט, אַז ער איז קראַנק. אָבער, ווי כ׳בין שפּעטער געוויר געוואָרן, האָט שוין ר׳ תּנחום דעמאָלט נישט געלעבט. דער טאַטע און די מאַמע האָבן, זעט אויס, אונדז נישט געוואָלט פֿאַרשאַפֿן קיין צער. זיי האָבן נישט געוואָלט, אַז מיר, קינדער, זאָלן וויסן, אַז דער מענטש וואָס איז געווען אַזוי צוזאַמען מיט אונדז, געזעסן אַזוי נאָענט לעבן אונדז, אַז דער מענטש איז געשטאָרבן, אַז ער איז טויט.

שפּעטער, ווען איך בין אונטערגעוואַקסן, האָב איך אָפֿט געהערט די חסידים רעדן וועגן ר׳ תּנחומען. איך פֿלעג זיך צוהערן מיט גרויס אינטערעס צו אַלעם וואַס זיי האָבן וועגן אים גערעדט. איך האָב זיך געפֿילט שולדיק לגבי אים, פֿאַר וואָס אין מײַנע קינדער־יאָרן האָב איך אים נישט גערן געהאַט, און געוואָלט דעם פֿאַרשטאָרבענעם מיט עפּעס מטיבֿ זײַן, מיט עפּעס פֿאַרגיטיקן. האָב איך עס געטאָן מיטן אויסהערן אַלץ, וואָס מ׳האָט וועגן אים דערציילט.

כ׳פֿלעג אויך אָפֿט שמועסן מיט איטשעלע קובאַץ וועגן ר׳ תּנחומען. איך האָב געוואָלט אַלץ וויסן וועגן אים, געוווּר ווערן אַלץ, וואָס האָט געהאַט אַ שײַכות צו אים, אָנהייבנדיק פֿון זײַנע קינדער־יאָרן ביז זײַן אַוועקגיין פֿון דער וועלט.

און מאָדנע, וועגן ר׳ זלמנען, וועלכער האָט שוין דעמאָלט אויך נישט געלעבט, האָט איטשעלע קובאַץ אויסגעמיטן צו רעדן מיט מיר. ער פֿלעגט אָפּפּטרן מײַנע פֿראַגעס מיט עטלעכע ווערטער, אָבער וועגן ר׳ תּנחומען איז ער גרייט געווען צו רעדן בײַ יעדער געלעגנהייט.

איטשעלע קובאַץ האָט זיך אַ מאָל אָנגערופֿן צו מיר: – חיליש[8], כ׳פֿאַרשטאַי דעך נישט. פֿאַרוווּס האָסטי ר׳ זלמנען, ווּס איז געווען אַן עיקש, אַ קרימער מענטש, מיט קאַינעם נישט אָסגעקימען, פֿאַרוווּס האָסטי אים גערן געהאַט, אין ר׳ תּנחומען, וועלכער איז געווען אַ נוח־לבריות, אַ ציגעלאָזענער אין אַ ווּילער, אים האָסטי נישט גערן געהאַט?

– ר׳ איטשעלע, איר האָט אַ טעות. דאָס האָט דער, ווי איר זאָגט, דער משונהדיקער און שווערער, קרומער מענטש, ר׳ זלמן, מיך מקרבֿ געווען. ווען אַפֿילו כ׳בין נאָך געווען אַ קינד, פֿלעגט ער צו מיר רעדן ווי צו אַ גלײַכן מענטש. אָבער ר׳ תּנחום האָט מיך גערודפֿט. ער פֿלעגט מיך סטראַשען מיט שמיץ און מיט קאַנטשיקעס. ער פֿלעגט מיך אָפֿט פֿאַרמסרן און מיר צושטעלן בענקעלעך פֿאַר דעם טאַטן.

– זעסט, חיליש, דוס אַלץ האָט ער געטין פֿין ליבשאַפֿט צי דיר. ר׳ תּנחום האָט געזען ווּס ס׳איז געוואָרן פֿין זאַנע קינדער, האָט ער דעך געוואָלט פֿאַרהיטן זאָלסט נישט אַרופּ פֿין דרך־הישר. ווי די זעסט אַלאַין, איז ער געווען נישט אין גאַנצן אימגערעכט, דער תּנחום.

און ר׳ איטשעלע האָט ווּילעריש אַ ווּנק געטאָן צו מיר מיט די אויגן...

דאָס קליינע ייִדעלע מיטן רויטן בערדעלע, ווי דער פֿלאַם פֿון אַ נשמה־ליכט, איטשעלע קובאַץ, האַט נישט אַזוי באַדויערט ר׳ תּנחומס פֿריצײַטיקן טויט, ווי זײַן נישט געלונגען לעבן.

– אַז אַ ייִד האָט נישט, חלילה, קאַ שלום־בית – פֿלעגט ער זאָגן – ווערט נישט נאָר נהרס, ווערט נישט נאָר צעשטערט, חרובֿ, דוס לעבן פֿון אַ באַשטימטן מאַן־אין־וואַב, נאָר ס׳ווערט אַ ריס צווישן דעם ציזאַמענלעבן צווישן מאַן־אין־וואַב בכלל, ס׳ווערט דערפֿין אַ פּגם אין אַלע עולמותן, אין אַלע וועלטן, אין די שכינה האָט דערפֿין גרויס צער.

יעדעס מאָל ווען איטשעלע קובאַץ האָט דאָס איבערגעחזרט האָט זיך אויף זײַן שטענדיק פֿריילעך פּנים צעלייגט אַ גרויס עצבֿות, אַ טיפֿער טרויער...

8 חיליש – יחיאל.

*

אייגנטלעך האָט ר׳ תּנחום אָנגעהויבן פֿאַר מיר ווערן דער אמתער תּנחום ערשט דעמאָלט, ווען ער איז שוין נישט געווען, ווען ער איז שוין געהאַט געשטאָרבן. זײַן טויט האָט אים דער־נענטערט צו מיר. זײַן טויט האָט מיך גערירט. ס׳האָט מיר באַנג געטאָן, וואָס ער איז שוין נישטאָ.

וואָס מער דערוואַקסענער איך בין געוואָרן און אָנגעהויבן באַנעמען די וועלט און גע־שעענישן, האָט מיר וואָס אַ מאָל מער ווײ געטאָן ר׳ תּנחומס אומגליקלעך לעבן. כ׳האָב זיך מיטגעשעמט מיט זײַנע פֿאַרשעמונגען, מיטגעליטן מיט אַלץ וואָס ער האָט אַדורכגעליטן, און אַפֿילו זיך מיטגעכּעסט מיט זײַנע כּעסן.

כ׳האָב אָנגעהויבן אַרויסזאָגן זײַנע מחשבֿות, דער עיקר אַזעלכע, וואָס ער אַליין האָט נישט אַרויסגעזאָגט. געטראַכט זײַנע טראַכטונגען, אַפֿילו אַזעלכע, צו וועלכע ער אַליין האָט זיך נישט דערטראַכט. אַדורכגעפֿילט געפֿילן, וואָס ער האָט נישט דערפֿילט, צי זיך נישט אָפּגעגעבן פֿון זיי קיין חשבון.

איך האָב געהאַט אַ בפֿירוש שולדגעפֿיל לגבי ר׳ תּנחומען – און אונטערגעטריבן מײַן פֿאַנטאַזיע, זי זאָל גרייכן דאָרט, וווּ די ווירקלעכקייט האָט נישט דערגרייכט.

אַזוי איז פֿאַר מיר פֿאַמעלעך און בהדרגהדיק אויסגעוואַקסן די געשטאַלט פֿון ר׳ תּנחומען.

*

יאָרן זענען אַוועק. משונהדיקע געשעענישן זענען זיך פֿאַרלאָפֿן אין מײַן לעבן. שווער איז געווען דאָס לעבן פֿון ייִדישן כּלל אין פּוילן און יעדער יחיד האָט עס אָפּגעפֿילט, אויף וואָס פֿאַר אַ שטאַפּל ער זאָל זיך נישט האָבן געפֿונען.

ס׳איז אויסגעבראָכן די צווייטע וועלט־מלחמה. ווי אַ סך אַנדערע ייִדן, בין איך פֿאַר־וואָגלט געוואָרן קיין ראַטן־פֿאַרבאַנד. געווען אין אַ לאַגער אויפֿן ווײַטן צפֿון. פֿון דאָרט בין איך, נאָך דער באַפֿרײַונג פֿון לאַגער, אָנגעקומען מיט נאָך אַ סך ייִדן קיין דרום, קיין אוזבעקיסטאַן, וווּ כ׳האָב געלעבט ביזן סוף פֿון דער מלחמה.

איין מאָל, ווען כ׳בין געקומען אויף עטלעכע טעג קיין פֿערגאַנאַ, בין איך געווען אָנ־וועזנדיק אויף אַ גרויסער פֿאַרזאַמלונג פֿון געוועזענע פּוילישע בירגער, ייִדן, וואָס האָבן זיך איצט גרופּירט אַרום דעם ,פֿאַרבאַנד פֿון פּוילישע פּאַטריאָטן׳. די מלחמה האָט זיך געהאַט געענדיקט. דײַטשלאַנד האָט קאַפּיטולירט. מ׳האָט גערעדט וועגן אַ רעפּאַטריאַציע פֿון געוועזענע פּוילישע בירגער צוריק קיין פּוילן.

איך בין געשטאַנען אַ ביסל אין אַ זײַט און זיך צוגעהערט צו די רעדעס. אין דעם איז צו מיר צוגעקומען אַ בחור פֿון אַ יאָר צוואַנציק און מיך שטיל געפֿרעגט: – איר זענט האָפּער, יחיאל האָפּער, ר׳ איטשע־מאיר האָפּערס זון?

– יאָ, און ווער זענט איר?

– איר מיך קענט נישט, אָבער איך קען אײַך יאָ. איר קאָנט מיך נישט קענען. כ׳בין נאָך דעמאָלט געווען זייער אַ יונג קינד, ווען כ׳פֿלעג אַרויפֿקומען צו אײַך אין הויז זוכן מײַן טאַטן.

– ווער איז אײַער טאַטע?

– כ׳ווייס נישט צי איר וועט געדענקען. מײַן טאַטע האָט געהייסן תּנחום.

– ר׳ תּנחום?!

מיר זענען אַוועק פֿון דער פֿאַרזאַמלונג, אַרײַן אין אַ דערלעבנדיקער גאַס אין אַ ,טשײַכאַנאַ׳, אַן אָרט ווו מע טרינקט טיי. דאָס איז געווען אַ גרויסע שטוב אָן פֿענצטער מיט נאַקעטע ווענט און מיט אַ הויכן קײַלעכיקן, געוועלבטן פּולאָפּ ווי אין אַ מעטשעט. דער דיל פֿון האַרטן, געלן ליים, און אַרום די ווענט נידעריקע, ברייטע בענק ווי טישן. איצט, ווען מיר זענען דאָרט אַרײַנגעקומען, זענען די בענק געווען געדיכט באַזעצט מיט עלטערע אוזבעקן, וואָס האָבן געהאַט שמאָלע און לאַנגע ווײַסע בערד און געטראָגן אויף די קעפּ פּוטערנע היטלען, ווי שטרײַמלעך. זיי זענען געזעסן פֿאַרטראַכטע און פּאַמעלעך געזופּט די טיי פֿון ,פּיִאַלקעס׳[9], פֿון ערדענע שיסעלעך.

זעענדיק, אַז אין דער שטוב איז שוין נישט פֿאַראַן פֿאַר אונדז קיין אָרט, זענען מיר אַרויס אין דרויסן און זיך אַוועקגעזעצט לעבן דער טשײַכאַנאַ אויף דער ערד, אויף וועלכער ס׳איז געלעגן אויסגעשפּרייט אַ שטרויענע מאַטע. ס׳איז געווען נאַכט. מיר זענען געזעסן אַליין. אונטער אונדזערע פֿיס איז געפֿלאָסן דאָס וואַסער פֿון דעם אַריק,[10] און אַ ביסל ווײַטער איז עס ערגעץ ווו אַראָפּגעפֿאַלן, אַרויסגעבנדיק פֿון זיך זילבערנע קלאַנגען, ווי מע וואָלט געשפּילט אויף אַ קסילאָפֿאָן.

אַן אוזבעק האָט אונדז דערלאַנגט אַ טשײַניקל טיי מיט צוויי פּיִאַלקעס. איך האָב אָנ־געגאָסן די גרינע טיי און מיר האָבן אָנגעהויבן פּאַמעלעך זי טרינקען.

זײַן אָרט איז גראָד אויסגעפֿאַלן אַנטקעגן איבער דער טיר. אַ פּאַס רויט־גאָלדיק ליכט פֿון דער ברענענדיקער נאַפֿטלאָמפּ, וועלכע איז אַראָפּגעהאָנגען פֿון דעם הויכן, געוועלבטן פּולאָפּ אין דער שטוב פֿון דער טשײַכאַנאַ, איז דורך דער אָפֿענער טיר אַרויסגעפֿאַלן אין דרויסן אַרויס און באַלויכטן זײַן פּנים. איך האָב געקוקט אויף אים. געקוקט צודרינגלעך. געוואָלט געפֿינען אין זײַן פּנים אַ דערמאָנונג פֿון זײַן טאַטן, ר׳ תּנחומען. אויף וויפֿל איך האָב פֿון מײַנע גאָר יונגע יאָרן געדענקט ר׳ תּנחומען, איז דער זון זײַנער אין גאַנצן נישט ענלעך געווען צו אים. פֿאַר מיר איז געזעסן אַ הויכער, גלײַכער יונגער־מאַן, מיט אַ לאַנג פּנים פֿון ערדקאָליר, מיט אַ גרויסער פֿליישיקער נאָז און מיט גרויסע אויערן. אויגן האָט ער געהאַט טונקעלע, גליִענדיקע.

ער האָט אַ פּנים אָנגענומען מײַן צודרינגלעך קוקן אויף אים ווי אַן אַרויספֿאָדערונג צו רעדן. וואָרן ער האָט באַלד אָנגעהויבן דערציילן. גערעדט גיך, פֿליסיק און מיט אַ סדר, ווי ער וואָלט זיך צו אונדזער טרעפֿונג פֿון פֿאָרויס צוגעגרייט.

9 פּיִאַלקע – אַ קליינע שיסל אָן האַנטאַבע פֿאַר טרינקען.

10 אַ קאַנאַל פֿון ביידע זײַטן גאַס, וואָס צעפֿירט איבער שטאָט און פֿעלד דאָס שטראָמיקע וואַסער, וואָס פֿאַלט אַראָפּ פֿון די הויכע בערג. (הערה פֿונעם מחבר)

– איך בין דער ייִנגסטער זון פֿון ר׳ תּנחומען און כ׳הייס ווי איר: יחיאל, נאָכן אַלטן אַלעקסאַנדער רבין. מײַן עלטסטער ברודער, יאָסל, איז בײַ צײַטנס אַוועק קיין ארץ־ישׂראל. אַ סך זיך דאָרט אָנגעליטן, אָבער געבליבן. איצט איז ער אין איטאַליע, מיט דער ייִדישער בריגאַדע. איך באַקום פֿון אים ידיעות און פּעקלעך דורך דער סוכנות, דורך זייער פֿאָר־שטייער אין טעהעראַן.

– דער ייִנגערער ברודער פֿון יאָסלען, מנחם־מענדל, איז פֿון אַ בונדיסט געוואָרן אַ קאָ־מוניסט. ער האָט אַרײַנגעצויגן מײַן עלטסטע שוועסטער, חיה־שׂרהן, אין דער באַוועגונג. ביידע האָבן זיך דורך דאַנציק אַרײַנגעקריגן אין ראַטן־פֿאַרבאַנד און קיין שפּור פֿון זיי איז נישט געבליבן. מן־הסתּם אומגעבראַכט געוואָרן אין די פֿאַרמלחמה־יאָרן, אין דער צײַט פֿון די גרויסע ,רייניקונגען׳.

– מיר זענען געבליבן פֿיר קינדער מיט דער מאַמען, מײַן ברודער דוד־לייב, איך און צוויי שוועסטערלעך. ס׳איז אויסגעבראָכן די מלחמה. בעת דער פֿאַרטיידיקונג פֿון וואַרשע זענען מיר, מײַן ברודער און איך, אַרויס זוכן אַ ביסל שפּײַז פֿאַר דער היים. ווען מיר זענען צוריקגעקומען איז דאָס הויז, ווו מיר האָבן געוווינט, געווען צעבאָמבאַרדירט. די מאַמע מיט די שוועסטערן זענען געבליבן אונטער די חורבֿות.

מײַן ברודער און איך, זענען מיר שפּעטער אַנטלאָפֿן פֿון די דײַטשן קיין ראַטן־פֿאַר־באַנד. מיר זענען אָנגעקומען קיין ביאַליסטאָק. נישט געהאַט זיך ווו אַהינצוטאָן. מיר האָבן זיך פֿאַרשריבן אויף אַרבעט אין דאָנבאַס, אין אַ קוילן־גרובן. מײַן ברודער, אַ נישט־צוגע־וווינטער צו שווערער אַרבעט איז באַלד קראַנק געוואָרן און געשטאָרבן. מיר, אַ גרויסע גרופּע ייִדן, וואָס האָבן זיך געהאַט פֿאַרשריבן אויף אַרבעט אין דאָנבאַס, האָבן זיך געריסן צוריק. מיר זענען אַנטלאָפֿן און אָנגעקומען קיין קיִעוו. דאָרט האָבן זיך צונויפֿגעטראָפֿן אַ סך אַנטלאָפֿענע פֿון פֿאַרשידענע טיילן אוקראַיִנע, פּוילישע פּליטים, וועלכע האָבן זיך קוים מיטן לעבן אַרויסגעריסן פֿון דער שווערער אַרבעט און שלעכטע באַדינגונגען אין די דאָר־טיקע גרובנס. מיר האָבן געמאַכט אַ דעמאָנסטראַציע אויפֿן קיִעווער וואָקזאַל, און מ׳האָט אונדז צוריקגעשיקט פֿון וואַנען מיר זענען געקומען.

כ׳בין ווידער געווען אין ביאַליסטאָק. צו ביסלעך געאַרבעט אין אַ דאָרטיקער מאַנופֿאַק־טור־פֿאַבריק. געוווּנט אויף צרות. ווען ס׳איז אַרויס דאָס געזעץ וועגן דער פּאַספּאָרטיזאַציע, ווען די ראַטנמאַכט האָט פֿאַראָרדנט, אַז אַלע געקומענע פֿון יענער זײַט בוג[11] מוזן נעמען סאָוועטישע פּאַספּאָרטן, אָדער זיך רעגיסטרירן אויף צו פֿאָרן צוריק אין זייערע געוועזענע היימען, בײַ די דײַטשן, האָב איך זיך רעגיסטרירט אויף צו פֿאָרן צוריק.

– וועט איר דאָך פֿרעגן, וואָס האָב איך שוין געהאַט צו זוכן אין פּוילן, ווען מײַן מאַמע און די צוויי שוועסטערן זענען אומגעקומען אונטער די חורבֿות? נאָך וואָס האָב איך גע־וואָלט צוריק? צו וועמען? צו די דײַטשן?

11 בוג – אַ טײַך אין אוקראַיִנע, פּוילן און רײַסן.

– נאָר די שאָטנס פֿון מײַנע אומגעבראַכטע דאָ שוועסטער און ברודער, די הייליקע קאָמוניסטן, וואָס האָבן געגלייבט אין דער רעוואָלוציע מיט אַזאַ פֿײַער, מיט אַזאַ אמונה, ווי מײַן טאַטע אין גאָט, האָבן מיך פֿאַרפֿאָלגט, פֿאַרפֿאָלגט בײַ טאָג און בײַ נאַכט. דערנאָך דער טויט פֿון מײַן ברודער, פֿון דוד־לייבן, וועלכער איז אַלט געווען דרײַ און צוואַנציק יאָר און אויסגעזען אויף זעכצן, אַזאַ פּנים האָט ער געהאַט פֿול נאָך מיט קינדישן חן. ווען מע פֿלעגט אונדז זען צוזאַמען, האָט מען געמיינט, אַז איך בין גאָר דער עלטערער. ער איז קראַנק געווען נישט מער ווי אַ וואָך צײַט. אין משך פֿון עטלעכע טעג האָט ער געקריגן אַ פּנים פֿון אַ זיבעציק־יאָריקן זקן, אײַנגעשרומפּן און צעקנייטשט.

ער איז אויף אַ רגע אַנטשוויגן געוואָרן.

אין דרויסן, ווו מיר זענען געזעסן אויף אַ מאַטע, איז געלעגן אַ מילד ליכט און זיך געצויגן צו דער ברענענדיקער לאָמפּ אונטערן הויכן, געוועלבטן פּולאַפּ אין דער שטוב פֿון דער טשײַכאַנאַ. די נאַכט איז געווען אַ וואַרעמע, אַ ווייכע, און דאָס פֿליסנדיקע וואַסער פֿון אַריק, וואָס איז ערגעץ נאָענט לעבן אונדז אַראָפּגעפֿאַלן, האָט אַרויסגעגעבן פֿון זיך זילבערנע קלאַנגען, ווי עמעצער וואָלט שטיל געשפּילט אויף אַ קסילאָפֿאָן.

– בלויז די אויגן האָבן אין אים געברענט, – האָט ער ווידער אָנגעהויבן, – נאָר לויט די אויגן האָב איך אים דערקענט. ווען כ׳פֿלעג זיך אַרײַנבאַקומען צו אים אין שפּיטאָל אַרײַן, האָט מיך זײַן אויסזען געשראָקן. ווי גיך כ׳האָב זיך נאָך דער אַרבעט געריסן צו אים, אַזוי גיך האָב איך געוואָלט פֿון אים אַנטלויפֿן. זאָל מיך גאָט נישט שטראָפֿן. כ׳דערצייל אײַך דעם גאַנצן אמת.

– פֿון דער אַרבעט האָט מען מיך נישט געוואָלט באַפֿרײַען, כ׳זאָל קאָנען פֿאַר אים עפּעס טאָן. מ׳האָט מיר געזאָגט, אַז דאָ טוט מען אַלץ פֿאַר די קראַנקע, וואָס איז נאָר מעגלעך. ווען כ׳האָב אין איין אָוונט, אַ פֿאַרשפּעטיקטער פֿון דער אַרבעט, זיך אַרײַנגעריסן צו אים אין שפּיטאָל, האָב איך אים שוין נישט געפֿונען. מ׳האָט מיר געזאָגט, אַז ער איז נאָך פֿאַר טאָג געשטאָרבן, און מ׳האָט אים שוין באַגראָבן.

– איך בין נישט געוווּיר געוואָרן ווו ס׳איז זײַן קבֿר. נישט דערפֿאַר, ווײַל מ׳האָט מיר נישט געוואָלט זאָגן, נאָר איך האָב נישט געפֿרעגט. ס׳איז נישט געווען קיין טויט, נאָר אַ פֿאַרכאַפּעניש. איך האָב נישט געפֿילט, אַז ער ליגט ערגעץ אין אַ קבֿר, אויף וועלכן כ׳קאָן קומען פֿאַרגיסן אַ טרער. אַפֿילו די מלבושים זײַנע זענען פֿאַרפֿאַלן געוואָרן, אַזוי, אַז קיין צייכן איז פֿון אים נישט פֿאַרבליבן.

– דאָס אַלץ האָט מיך געיאָגט, געיאָגט פֿון דאָרטן, געטריבן ווי מיט בײַטשן. נישט נאָר איך האָב זיך רעגיסטרירט אויף פֿאָרן צוריק קיין פּוילן, אונטער די דײַטשן, נאָר כ׳האָב אַפֿילו געפּרוּווט צוויי מאָל שמוגלען די גרענעץ. אָבער ס׳איז שוין געווען שפּעט. די גרענעץ איז געווען אַזוי באַוואַכט, אַז אַפֿילו אַ הונט וואָלט זיך נישט אַדורכגעשלײַכט דורך איר.

ער האָט זיך אַ ביסל אָפּגערוט, אַ זופּ געטאָן פֿון דעם שיסעלע טיי און געצויגן ווײַטער:

– ווייסט איר דאָך, אַז די אַלע וואָס האָבן זיך רעגיסטרירט אויף צוריקפֿאָרן, האָט מען פֿאַרשיקט. איך בין אַרײַנגעפֿאַלן אין אַ לאַגער אין וואָרקוטאַ, אויפֿן סאַמע צפֿון אין

קאָמי אַ.ס.ס.ר.[12] כ׳האָב ווידער געאַרבעט אין אַ קוילן־גרובן. פֿון דעם באַשערטן קאָן מען, זעט אויס, נישט אַנטרינען. אַנטלאָפֿן פֿון דאָנבאַסער קוילן־ראַיאָן און אַרײַנגעפֿאַלן קיין וואָרקוטאַ. אַ סך מאָל געווען אויפֿן ראַנד פֿון אומקום, אָבער דאָך איבערגעהאַלטן ביז דער אַמנעסטיע, נאָכן אָפּמאַך פֿון ראַטן־פֿאַרבאַנד מיטן גענעראַל שיקאָרסקי.[13]

– נאָך דער באַפֿרײַונג פֿונעם לאַגער, האָב איך זיך מיט אַ סך ייִדן געשלעפּט דורך פֿאַרשידענע וועגן אויף דרום, געשלעפּט זיך לאַנגע חדשים. אָנגעקומען אין טאַשקענט. געטאָגט און גענעכטיקט אויף די גאַסן, אַ מאָל אין אַ גאָרטן. נאָך לאַנגע מי און מאַטער־ניש אָנגעקומען אַהער, קיין פֿערגאַנאַ. כ׳האָב דאָ אָן אַ שיעור געקרענקט, כּלערליי טיפֿוסן האָב איך געהאַט, מאַלאַריע און טשיראַקעס[14], און וואָס נישט? אין צווישנצײַט, צווישן איין קרענק און דער צווייטער, אַ ביסל געאַרבעט בײַ פֿאַרשידענע אַרבעטן – און געבליבן לעבן.

ער איז ווידער שטיל געוואָרן. איך בין געזעסן מיט אַן אַראָפּגעלאָזטן קאָפּ, פֿאַרזונקען אין מײַנע שווערע מחשבֿות, דאָך אַלץ געהערט, וואָס ר׳ תּנחומס זון רעדט צו מיר. דאָס איז געווען אַ טיפּישע דערציילונג, איינע פֿון די צענדליקער טויזנטער, וואָס מ׳האָט געקאָנט הערן פֿון די מענטשן, וואָס האָבן זיך געפֿונען אין די דאָזיקע באַדינגונגען. איך בין געזעסן און האָב זיך געוווּנדערט פֿון דעם חשק צו וועלן דערציילן וועגן זיך אַלץ מיט איין מאָל. ער איז אָבער נישט מיד געוואָרן און געהאַלטן אין איין רעדן. אפֿשר האָט ער פֿאָרגעפֿילט, אַז מיר וועלן זיך שוין קיין מאָל מער נישט טרעפֿן.

– איצט – האָט ער ווײַטער אײַליק גענומען דערציילן – ווען מ׳האָט אָנגעהויבן רעדן וועגן אַ רעפּאַטריאַציע קיין פּוילן, בין איך געווען פֿון די ערשטע, וואָס האָבן זיך רעגיסטרירט אויף צו פֿאָרן צוריק. פּשוט, אַ מענטש ציט עס אַפֿילו צו די חורבֿות פֿון זײַן געוועזענער היים. אָבער דעם עיקר וועל איך נאָר אײַך אויסזאָגן. איך טראַכט, אַז ווען כ׳וועל זײַן אויף יענער זײַט, און אויב כ׳וועל בלײַבן לעבן, וועל איך זיך נאָך טרעפֿן מיט מײַן ברודער פֿון ארץ־יש־ראל, מיט יאָסלען. פֿון דאַנען, ווייס איך, וועל איך דאָס קיין מאָל נישט קאָנען. דאָ בין איך אַ פֿאַרפֿאַלענער. פֿון פּוילן האָף איך זיך אַרויסצוקריגן צו אים. און וואָס איז מיט אײַך? – האָט ער פּלוצעם, אָן איבערגאַנג, מיך אַ האַסטיקן פֿרעג געטאָן.

זײַן באַרעדעוודיקייט האָט בײַ מיר אין גאַנצן צוגענומען דעם ווילן עפּעס וועגן זיך צו דערציילן. קיין גרויס חשק האָב איך קיין מאָל דערצו נישט געהאַט. נאָר זײַן האַסטיקע פֿראַגע האָט מיך דאָך גענייט עפּעס צו זאָגן.

– איך בין אַוועק פֿון וואַרשע איינער אַליין. אַלע מײַנע: טאַטע־מאַמע, די שוועסטערן, זייערע מענער, קינדער, און אויך מײַנע עלטערנס ערשט אוראייניקל, אַלע זענען זיי דאָרט פֿאַרבליבן. פֿאַר וואָס בין איך אַליין אַוועק? פֿאַר וואָס בין איך נישט געבליבן מיט זיי? געווען סיבות. פֿאַרשידענע. זייער פֿאַרשידענע. דאָ בין איך אַדורכגעגאַנגען אַ סך גילגולים, ענלע־כע צו אײַערע און גאָר אַנדערע. וואָס איז שוין דאָ איצט וועגן דעם צו רעדן?

12 אַווטאָנאָמע (כּלל־ייִדיש: אויטאָנאָמע) סאָוועטישע סאָציאַליסטישע רעפּובליק קאָמי.

13 וולאַדיסלאַוו שיקאָרסקי (Władysław Sikorski) – פּרעמיער־מיניסטער פֿון דער פּוילישער רעגירונג אין די יאָרן 1939 ביז 1943.

14 טשיריק.

ער האָט געזען מײַן אומווילן צו דערציילן וועגן זיך און געפּרעגט נאָר איין פּראַגע:

– וואָס איז געוואָרן מיט אײַער פֿאַמיליע? האָט איר עפּעס ידיעות פֿון זיי?

– כ׳ווייס גאָרנישט! כ׳וויס גאָרנישט! – האָב איך זיך צעשריגן, ווי ס׳שרײַט אַרויס אַ מענטש, ווען מע רירט זיך צו צו זײַנס אַן אָפֿענער וווּנד.

ווי נאָר וואַרשע איז באַפֿרײַט געוואָרן פֿון די דײַטשן, האָב איך דורך פֿאַרשידענע וועגן זיך באַמיט צו באַקומען ידיעות וועגן גורל פֿון מײַנע נאָענטסטע. אָבער אומזיסט. פֿון ערגעץ קיין שום ענטפֿער. כ׳האָב פֿאַרשטאַנען, נאָך מער, כ׳האָב געוווּסט מיט אַן אומגליקלעך וויסן, אַז איך בין געבליבן אין דער וועלט, אין דער פֿאַרווירטער, צעטרייסלטער וועלט, איינער אַליין.

מיר איז געוווען אַלץ איינס, ווי ס׳וועט זײַן מיט מיר. איך האָב זיך רעגיסטרירט אויף פֿאָרן צוריק קיין פּוילן, ווײַל אַלע פּוילישע ייִדן האָבן אַזוי געטאָן.

כ׳האָב אַלץ געטאָן כ׳זאָל קאָנען צוריקפֿאָרן, אָבער מיך וואָלט נישט געאַרט, ווען די רעפּאַטריאַציע פֿאַרציט זיך אויף ווער ווייסט ווי לאַנג.

מיט אַזאַ צעבראָכן געמיט בין איך געזעסן אין דער טשײַכאַנאַ, פֿאַמעלעך געזופּט די גרינע, ביטערע טיי פֿון דער פּיאַלקע. לעבן מיר איז געזעסן ר׳ תּנחומס זון. פֿאַר מײַנע אויגן האָב איך געזען מײַן אַמאָליקע היים און אַ קלעמענדיקע בענקשאַפֿט האָט מיך אין גאַנצן באַהערשט.

מיט אַ מאָל האָב איך זיך געגעבן אַ שטעל אויף, זיך געזעגנט מיט ר׳ תּנחומס זון, און שטיל געזאָגט:

– איר האָט כאָטש אַ ברודער אין ארץ־ישׂראל.

ער האָט נישט געענטפֿערט, און מיר זענען זיך צעגאַנגען.

מער האָב איך אים נישט געזען.

און ער ווייסט אַוודאי נישט, אַז וועגן זײַן פֿאָטער, וועגן וועלכן ער האָט געמיינט, אַז איך געדענק אים נישט, האָב איך פֿאַרטראַכט און אויפֿגעשריבן דאָס דאָזיקע בוך...

בער האָראָוויץ

# די לעגענדע פֿון דער מאַדאָננאַ

## א

אָרעמע פֿרויען פֿרירן נאַקעט־באָרוועס, און זי, דאָלאָראָזאַ, וואָס האָט צײַט לעבנס אַזוי ביטער געליטן און צום סוף געיאָמערט איבער די קאַלטע, בלאָע אבֿרים פֿון איר אַזוי משונה געהרגעטן זון, פֿלעגט מען איצט, נאָכן טויט, באַהענגען אין אַלע קלויסטערס מיט צירונג, גאָלד, פּערל און טײַערע דימענטן. די אָפּבילדער פֿון דער אָרעמער סטאָליערפֿרוי, וואָס האָט בײַם לעבן נישט געקאָנט קיין אַנדערע, ווי זגרעבנע[1] העמדער, ווערן איצט אויפֿגע־פּוצט אין די טײַערסטע שפּיצן, ווי אויך אין גליצערנדיקע, מיט גאָלד און פּערל געשטיקטע בראָקאַטן...

די אָרעמע און גלייביקע פֿונעם קריסטלעכן פֿאָלק דערציילן זיך אָן אומענדלעכע לע־גענדן וועגן די טרעפֿונגען, וואָס האָבן זיך אַ מאָל געטראָפֿן מיט די, וואָס זײַנען אין גרויסער נויט מתפּלל געווען צו איר און לסוף אויף אַ ווונדערלעכן אופֿן דערהערט און אויפֿגעריכט געוואָרן.

הײַנטיקע צײַטן הערט מען נישט פֿון קיין נסים, כאָטש מע וואַרט אויף זיי און די אמר־נה האָט זיך לגמרי נישט פֿאַרמינערט... ווי אָפֿט, ווי אָפֿט טרעפֿט זיך דאָס, אַז צו אירע פֿיס ליגט אַן אומגליקלעכע קריסטלעכע מוטער און בעט פֿאַרחלשט ישועה פֿאַר איר איין־איינציק קינד, וואָס ליגט אויפֿן שטרויטאָפּטשאַן קראַנק און זי איז אין אַזאַ נויט, אַז ס'פֿעלט איר דאָס נעפּעלע מילך און דאָס לעפּעלע געקעכטס, וואָס זי זאָל אים דערלאַנגען זיך דאָס הערצעלע אונטערצולענען. „מאַריאַ!" שרײַט זי, „מענטשן האָבן אונדז פֿאַרגעסן, זײַ זשע דו זיך מרחם און העלף אונדז, העלף..." און זי, מאַריאַ דאָלאָראָזאַ, פֿילט, ווי דאָס זײַד און די בראָקאַטן ברִיען זי, און די פֿינקלענדיקע, טײַערע שטיינער ברענען זי און בראָטן ווי פֿײַער, און זי, די עלנטע, רחמימפֿולע מוטער איז פֿאַרמישפּט צו שטום־זײַן, צו שווײַגן... ביטערער גורל. ווײַל די הײַנטיקע צײַט איז נישט די צײַט פֿון נסים...

*

דאָ אָבער וויל איך אײַך דערציילן אַ מעשׂה פֿון די צײַטן, ווען נסים זײַנען נאָך געווען אויפֿן סדר־היום און די מעשׂה איז נאָך חידושלעכער און חשובֿער דערפֿאַר, ווײַל זי האָט זיך

1 zgrzebny (פּויליש) – פּשוט.

פֿון: **וואונדערלעכע מעשיות**. ב' 1. ווילנע: קלעצקין, 1929, ז"ז 131–154; מיט פֿאַרריכטונגען אויפֿן סמך פֿון דער ערשטער אויסגאַבע אין: **ווינדערליכע מעשיות**. וואַרשע: וואַנדערער, 1923, ז"ז 69–91.

געטראָפֿן מיט אַ ייִדיש קינד. איך האָב זי געפֿונען אין גאָר אַן אַלטן, פֿאַרשטויבטן און פֿאַר־שימלטן פּינקס, וואָס האָט זיך ערגעץ געוואַלגערט, אומבאַמערקט, צווישן די ספֿרים אין אונדזער משפּחה. דאָרטן איז געווען פֿאַרצייכנט באַריכות אויף לשון־קודש דאָס מאַזיקע, וואָס איך וועל אײַך אָט אָ דאָ אין פּשוטן ייִדיש, דערציילן...

## ב

פֿאַר כּמה־וכּמה יאָרן האָט עס זיך געטראָפֿן, אַז אַן אָרעמע ייִדישע אַלמנה, חיה־דינה מיטן נאָמען, – איר מאַן ע״ה איז געווען אַ דיין – האָט געדאַרפֿט איר שיינינקע טאָכטער, מרים, חתונה מאַכן מיט אַ פֿײַנעם ישיבֿה־בחור אַהרן, אַ יתום, אַ זון פֿון איר מאַנס אַ געליבטן פֿרײַנד. ווי קען מען אָבער די גרעסטע הייליקסטע מיצווה מקיים זײַן, אַז ס׳פֿעלט אויס דאָס נייטיקע געלט? האָט נעבעך די אָרעמע אַלמנה באַשלאָסן צו ווערן אַ חוזרה־בפּתחים,[2] דאָס מיינט מען גיין אין די הײַזער און צו פֿאַרזוכן דעם טעם פֿון גמילות־חסד פֿון ייִדן בני־רחמנים, וואָס קויפֿן זיך תּמיד גערן די מיצווה פֿון הכנסת־כּלה, און געבעטן צו זײַן ליבן נאָמען, אַז ער זאָל איר בײַשטיין בשעת זי האָט זיך געלאָזט גיין מיט גוטע האָפֿענונגען אין וועג אַרײַן...

אין יענער צײַט דווקא איז דאָס נישט געווען אַזאַ בושה, ווײַל גראָד דעמאָלט איז אין דער מדינה כּמעט דאָס גאַנצע ייִדישע פֿאָלק שווער געפּרוּווט געוואָרן. זיי זײַנען גאָר נישט לאַנג צוריקגעקומען פֿון אַ גרויזאַמען גירוש און נאָך בלוטיקע, רוצחישע מרידות...

ווי עס איז געווען פֿאָרויסצוזען, האָט זי נאָך אַ פּאָר וואָכן נע־ונד זײַן דעם געהאָפֿטן סכום נישט אַהיימגעטראָגן. אַנטוישט, מיט אַ שווער האַרצן איז זי געגאַנגען צוריק מיט דעם שליאַך צו דעם שטעטל. „גאָט, גאָט, וואָס וועל איך טאָן?" האָט זי פֿאַרצווייפֿלט גע־קלערט, „איוודע וואָך זאָל דאָך שוין זײַן די חתונה; וואָס וועל איך מײַנע קינדער סילוקן, מיט וואָס וועל איך זיי העלפֿן גרונטפֿעסטיקן זייער יונגע באַלעבאַטישאַפֿט?"...

## ג

ווי זי איז אַזוי דעם וועג געגאַנגען, האָט זיך דער הימל פֿון כּמאַרעס פֿאַרפֿינצטערט, און פּלוצעם האָט אַ ווילדער ווינט אָנגעהויבן צו טרײַבן טומאַנעס[3] שטויבן איבער דער שטראָז... די שוואַלבן זײַנען געפֿלויגן נידעריק, פֿײַל אויסן בויגן צו זייערע ליימענע נעס־טער, אונטער די דעכער פֿון די דאָרפֿסהײַזער, וואָס זײַנען געלעגן אין טאָל, ווײַט פֿון דעם שליאַך... העלע בליצן האָבן דעם הימל געשפּאָלטן און באַלד דערנאָך האָבן דונערס גע־רעוועט, ווי קולות אויסן גיהנום. גרויסע, שווערע טראָפּנס האָגל האָבן אײנציקווײַז אָנגעהויבן צו זייען, אַ גוואַלדיקער וואָלקנבראָך האָט זיך מבֿשׂר געווען...

דער מידער אַלמנה האָט זיך פֿאַר שרעק דאָס האַרץ צוזאַמענגעקאָרטשעט... אַרום און אַרום ציִען זיך נאָר פֿעלדער און בײַם שטראָז האָבן זיך נאָר טיף געשאָקלט אין

2 חוזר־על־הפּתחים.

3 וואָלקנס.

שטורעמווינט אַהין און אַהער הויכע, שלאַנקע טאָפּאָליעס, וואָס האָבן איר נישט געקאָנט דינען אַלס אַ באַשיצונג. אין ערגעץ קיין דאַך, אין ערגעץ, חוץ אין דער גרויסער, שיינער קאַ־פּליצע, אויפֿגעבויט דאָ ביים וועג אַלס אַ זכר אויפֿן אָרט, ווו דער טרייער, טאַפּערער פּאַזש האָט דעם פֿירשט זיין לעבן מציל געווען אין דער לעצטער, נצחונדיקער שלאַכט, בשעת מ׳האָט פֿון דער באַפֿעסטיקטער הויפּטשטאָט די טערקן נאָך זייער מפּלה פֿאַרטריבן.

אין איר גרויסן פּחד פֿאַר די בליצן, שוין דורכגעפּאַטשט און דורכגעווייקט פֿון דעם רעגן, האָט זי נישט געהאַט מער קיין ברירה און איז מיט די לעצטע כּוחות צו דער דאָזיקער קאַפּליצע צוגעלאָפֿן און האָט זיך אַראָפּגעלאָזט אין איר פֿאָרהויז אויף אַ שטיינערנער באַנק. ביי זיך אין האַרצן האָט זי אַ טראַכט געטאָן: „דער ליבער פֿאָטער אין הימל וועט מיר שוין אַוודאי מוחל זיין מיין עבֿירה. ער איז דאָך אַליין עדות, אַז אַנדערש האָב איך נישט געקאָנט האַנדלען. ווי זשע דען האָב איך מיך געזאָלט אויסבאַהאַלטן, אַ געשלאָגענע פֿאַרכטיקע טויב אין פּיקוח־נפֿש פֿאַר אַזאַ בייזן, ווילדן שטורעם? און אויב איך האָב עס געטאָן, איז עס דאָך צוליב מיינע קינדער?״... און פֿון איר ברוסט האָט זיך אַ שווערער זיפֿץ אַרויסגעריסן: „אָך, מרים מיינע, מיין טייערע מרים!״

ד

ווי זי זיפֿצט אַזוי, פּלוצעם עפֿנט זיך די טיר פֿון דער קאַפּליצע און עס קומט אַרויס, איינגעהילט אין אַ טונקעלן בלאָען שאַל, אַ פּרויענצימער, אויך אַ ייִדיש קינד, שיין ביז גאָר און ליכטיק, ווי אַ יום־טובֿדיקע שטוב. זי האָט אַזוי מילד, אַזוי גוט געקוקט מיט אירע שוואַרצע טיפֿע אויגן... אונדזער אַלטינקע, פֿריילעך שטוינענדיק, האָט איר מידן קאָפּ אויפֿגעהויבן און איידער זי האָט איר דעם ,גאָט העלף׳ געזאָגט – האָט זי קודם־כּל ביי זיך אַ פֿרעג געטאָן: „ווי אַרום קומט אַהער צו, פֿאַרבלאָנדזשעט, די רבנישע טאָכטער? אָדער אפֿשר איז זי אַליין אַ רביצין?״

„גאָט העלף,״ האָט די ייִנגערע איר אָפּגעענטפֿערט...

„אַבי איך בין נישט אַליין,״ האָט זיך די אַלטינקע געפֿרייט. „האָט נאָך אַ ייִדיש קינד מיין גורל אָנגעטראָפֿן. זאָל אונדז אָבערביידע גאָט דערפֿאַר נישט שטראָפֿן!״

„חס־ושלום, האָט קיין מורא נישט, ס׳איז דאָך ממש פּיקוח־נפֿש... אַזוינע עוולות וועט אונדז גאָט שוין מוחל זיין,״ האָט די ייִנגערע, שמייכלענדיק, אָפּגעענטפֿערט.

און די אַלטינקע האָט געקלערט:

„אַוודאי אַ רביצין, ווי שיין זי קען טרייסטן,״ און אויפֿן האַרצן איז איר עפּעס מאָדנע לייכט געוואָרן... זי איז געוואָרן לעבעדיקער און דרייסטער און האָט אַגבֿ אַ פֿרעג געטאָן: „...און וואָס טוט איר דאָ אַליין אויפֿן וועג, רביצין?״

די אויגן פֿון דער געפֿרעגטער האָבן זיך אָנגעפֿילט מיט גלאַנציקע טרערן און זי האָט געענטפֿערט: „איך, איך זוך מיין זון, וועלכער איז אומגעקומען אין דער לעצטער גזירה... ער האָט פֿאַר זיינע ברידער געבעטן, האָט מען אים געשמידט אין קייטן און איך ווייס נישט אַוווּ ער איז אומגעקומען... און וואָס האָט איר אַזוי שווער געזיפֿצט, מומעניו?״

און די אַלטינקע האָט איר אויסגעגאָסן איר אָנגעווייטיקט האַרץ. די ,רביצין׳ האָט באַקומען גרויס רחמנות מיט איר און מיט איר טאָכטער מרים און האָט נאָך אַ ווײַל פֿון יִשובֿ־הדעת צו איר אַזוי געזאָגט:

„מרים הייסט אײַער טאָכטער, ווי שיין דאָס טרעפֿט זיך, איך הייס אויכעט – מרים... איך בין אַ רײַכע און פֿאַרמאָג אַ סך צירונג... איך וועל אײַך אויסהעלפֿן. אפֿשר וועט מיר גאָט באַלוינען און איך וועל אין דעם זכות מײַן זון בשלום געפֿינען...“ מיט די ווערטער האָט זי פֿון איר האַלדז אַראָפּגענומען אַ גילדענע, גבֿירישע קייט, אַ רײַכן באַנד פּערל און דוקאַטן – און האָט דאָס אַלצדינג מיט אַ מאָל דערלאַנגט דער קוים גלייבנדיקער, פֿאַר גליק וויינענדיקער דיינטע.

„מיט וואָס האָב איך מיר דאָס פֿאַרדינט בײַ גאָט, מיט וואָס?“ האָט זי מיט טרערן אין די אויגן געטענהט...

דערווײַל האָט זיך דער שטורעם געלייגט. די וואָלקן זײַנען זיך צעגאַנגען. די זון האָט אויפֿגעשײַנט, נצחונדיק, פֿריילעך, די פֿײַכטע ווייכע ערד האָט געשמעקט און אויף די גראָזן האָבן געגלאַנצט די טראָפּנס וואַסער, ווי דימענטן... די וועלט איז געוואָרן שיין און לויטער, ווי דאָס האַרץ פֿון דער אויפֿגעריכטער אַלמנה... דער הערלעכער רעגן־בויגן, וואָס האָט זיך געשפּאַנט פֿון מיזרח קיין מערבֿ, איז געווען אויך אַ סימן פֿון דעם, אַז דאָס גליק האָט כּורת־ברית געווען מיט דער דיינטע און מיט די איריקע...

און די רביצין האָט זיך אָנגערופֿן: „איצט וועלן מיר זיך געזעגענען, חיה־דינה!“

זיי זײַנען זיך ביידע געפֿאַלן אויף די העלדזער, זיך געבענטשט און זיך צעקושט. דער־נאָך זײַנען זיי זיך צעגאַנגען.

די צו איינעם, און יענע צום אַנדערן אָרעם פֿונעם רעגן־בויגן...

## ה

אונדזער אַלטינקע איז בשלום אַהיימגעקומען. דאָס גליק פֿון איר מרימל איז גע־ווען נישט צו באַשרײַבן. אין די אָרעמע, פֿינצטערע ווענט פֿון דער דיינטעס שטוב האָט זיך אַרײַנגעצויגן די פֿרייד... קודם־כּל האָט זי געביטן די דוקאַטן און אײַנגעקויפֿט די נייטיקסטע באַדערפֿענישן... אויף זייער אָרעמען טיש האָט זיך שוין אויכעט אָנגעהויבן צו באַווײַזן אַ באַלעבאַטישע גילדענע יויך מיט געברענטע פֿאַרפֿל, שמיטה[4] מיט געשמאַקע פֿאַסאָליעס, אַ ווײַסע מוציא, צימעס, טשאָלנט, אייער־קיכלעך, שבת־אויפּס און אַנדערע גוטע זאַכן, איבער וועלכע ס׳מאַכן ברכות די, וואָס גאָט האָט זיי געבענטשט...

מרים און איר חתן האָבן באַקומען נײַע מלבושים... לכּבֿוד שבת האָבן זיי די דאָזי־קע באַנײַט. און אַז זיי זײַנען פֿרײַטיק פֿאַר נאַכט געגאַנגען אין שול אַרײַן – פֿאָרויס דער חתן אַהרן, פֿון הינטן די מוטער מיט דער כּלה – זײַנען אין יידישן קוואַרטאַל בײַ די פֿריז־בעס געבליבן שטיין פֿאַרחידושט די ווײַבער און די מאַנספּאַרשוינען און געפֿרעגט: „ווי

4 śmietana (פּויליש) – שמעטן (?)

אַרומעט איז די דיינטע אויף איין מאָל אַזוי אויפֿגעריכט געוואָרן?... די כּלה איז דאָך ממש אַ פּרינצעסין, און צום חתן וואָס זאָגט איר? אַ נגידיש, רבניש קינד... גאָטס וווּנדער, גאָטס וווּנדער..."

און שאָקלענדיק מיט די קעפּ זײַנען זיי געגאַנגען אין דער גרויסער, אַלטער שול מקבל זײַן די מלכּה שבת...

## ו

ס'איז אָבער פֿון אויבן נישט באַשערט געווען אונדזערע באַגליקטע, אַז זיי זאָלן זיך אומגעשטערט פֿרייען. פֿאַרקערט, זיי האָבן נאָך געמוזט ווערן טרויעריקע שליחים פֿון נאָך איינער, אַ שרעקלעכער צרה אויף דער שוין אַזוי שווער געפּרוּווטער קהילה...

אין שול האָט מען גראָד געהאַלטן בײַם זינגען: „בואי בשלום, מלכּה שבת", ווען די גע־קאָוועטע, שווערע, שטאָלערנע טירן זײַנען אויפֿגעריסן געוואָרן און עס זײַנען אַרײַנגעפֿאַלן באַוואָפֿנטע זביר[עס][5] אונטער דער קאָמענדע[6] פֿון אַן אָפֿיציר. עס איז געוואָרן אַ גרויסע בהלה, אַ מהומה... ביז דער צערודערטער עולם איז אונטער די דראָונגען פֿון די זבי־רעס אַנטשוויגן, און ביז מען איז געוווייר געוואָרן די סיבה פֿון דעם פֿרעכן, פֿלוצעמדיקן אַרײַנפֿאַל, זײַנען קודם־כּל די עלטסטע פֿון דער קהילה, דער רבֿ, דיינים, די פּרנסי־חודש, מיט איין וואָרט – די גאַנצע מיזרח־וואַנט געלעגן אין קייטן...

נאָך דעם איז דער אָפֿיציר, מיט אַ טראַבאַנט, אַרויפֿגעגאַנגען אויף דער בימה, אויפֿ־געוויקלט אַ פֿאַרמעטענעם ראָל, פֿון וועלכן ס'איז אַראָפּגעהאָנגען אַ גרויסער רויטער זיגל פֿונעם פֿירשט און האָט מיט זײַן הויך מגושמדיקן קול די דאָזיקע ווערטער געשמעטערט איבער די קעפּ פֿון די טויט דערשראָקענע שעפּסן:

„אונדז, פֿון גאָטס גענאָד פֿירשט און האַר פֿון דעם דאָזיקן פֿרומען לאַנד, האָט מען געבראַכט די טרויעריקע בשׂורה, אַז עס איז באַרויבט געוואָרן פֿון פֿאַרברעכערישע, גאָט־לאָזע רויבער אונדזער ליבסטע קאַפּעלע, וואָס איז אויפֿגעבויט געוואָרן אַלס אַ זכר און אַלס אַ מתּנה צו דער הייליקער מוטער גאָטס מאַריאַ, אויף דעם אָרט, ווו זי האָט אונדז מציל געווען דאָס לעבן און געהאָלפֿן דעם נישט־גלייביקן, הייזדנישן תּוגר צו פֿאַרטרײַבן. אויפֿן שענדלעכסטן אופֿן האָט מען דאָס געוואַגט די מאַדאָננאַ צו באַגזלען... פֿון איר האַלדז האָט מען אַראָפּגענומען דעם טײַערן פּערלבאַנד און די גילדענע קייט, וואָס די פֿירשטין פֿון אייבערשטנס חסד און ביז צו הונדערט און צוואַנציק יאָר מײַן טײַערע, פֿרומע פֿרוי האָט איר מנדר געווען פֿאַר מײַן מיט נסים געראַטעוועט לעבן, חוץ דעם פֿעלן נאָך דוקאַטן... נאָר אַזוי ווי נאָך אונדזער דעה און נאָך דער געהייליקטער מיינונג פֿון אונדזער קירכלעכן סינאָד, וואָלט קיין שום קריסטלעך נפֿש נישט געווען ביכולת צו טאָן אַזאַ גיהנומישע מעשׂה – זײַנען מיר חושד, מיט רעכט, די אומגלייביקע, אומדאַנקבאַרע יידן, אייביקע שׂונאים פֿון דער קריסטלעכער קירך, וועלכע מע קאָן נאָכזאָגן אַלעס בייזע, ווי דאָס פֿאַרשאָלטענע

5 zbir (פּויליש) – רויבער.

6 כּלל־יידיש – קאָמאַנדע. אפֿשר אונטערן השפּעה פֿונעם פּוילישן וואָרט komenda.

עלילת־דם, און וואָס נאָך ערגער איז, אַפּילו די גנבֿות און שענדונג פֿון האָסטיעס... עס איז נישט אַנדערש, אַז זיי האָבן אויך אין דעם פֿאַל באַגאַנגען אַ פֿאַרברעכן... דערפֿאַר זײַנען מיר גוזר, אַז מע זאָל די עלטסטע פֿון דער ייִדישער קהילה לייגן אין קייטן און אַרײַנוואַרפֿן אין תּפֿיסה, און אויב ביז דרײַ טעג וועט זיך דער טײַערער איבוד נישט געפֿינען, טאָ זאָל מען זיי קעפּן ווי די הינט און זייערע לײַבער זאָל מען אַוועקשלײַדערן פֿאַר די רויבפֿייגל צו שפּײַז. די איבעריקע זאָל מען ווידער און שוין אויף תּמיד פֿאַרטרײַבן פֿון אונדזער מדינה. געגעבן אין אונדזער שלאָס. פֿירשט.״

*

די אימה פֿון דער קהילה איז שווער אין ווערטער איבערצוגעבן. ס׳איז אויסגעבראָכן אַן אומגעהײַער געוויין און אַ יללה, אין וועלכע ס׳זײַנען פֿאַרמישט געוואָרן אַלע קולות... די גרעסטע האָט געמאַכט, ווער נישט אַנדערש, ווי די ווײַבערישע שול?

נאָר אונדזער דיינטע איז געוואָרן ווי פֿאַרשטיינערט. „אַלע סימנים פּאַסן – האָט זי בליץ שנעל אין איר מוח איבערגעטראַכט: דאָס פּערלבאַנד, די גילדענע קייט און די דוקאַטן – אַלעס דאָס האָט איר דאָך די געבענטשטע ,רביצין׳ געשענקט... די קאַפּליצע איז די זעלבע, וווּ מיר האָבן זיך אויסבאַהאַלטן פֿאַרן רעגן... דאָ מוזן זײַן עפּעס סודות... דאָ איז עמעץ אין שפּיל... אפֿשר שׂטן, נישט דאָ געדאַכט!... און אפֿשר ליגט דאָ אַן אַנדער כּוונה, גאָט ב״ה וויל אפֿשר פּרוּוון דאָס אָרעמע פֿאָלק ישׂראל, וואָס האָט אפֿשר צו ווייניק געליטן – און איך בין דער טרויעריקער שליח... רבונו־של־עולם, און אפֿשר האָב איך אַזוי שווער געזינדיקט און דו ווילסט מיך נאָר שטראָפֿן... טאָ זאָל מען מיך שטראָפֿן אַליין און נישט די אומשולדיקע נעבעך...״

שנעל האָט זיך געפֿאָרמט אַ החלטה אין איר מוח. מיט ציטערדיקער אַלטער האַנט האָט זי אַוועקגערוקט דאָס פֿירהענגל פֿונעם באַלקאָן־פֿענצטערל, דורך וועלכן מ׳האָט פֿונעם ווײַבערישן שטאָק אַרײַנגעקוקט אין דער מענערשול און האָט אויס אַלע כּוחות, וועלנדיק דאָס קלאָגן איבערשרײַען, אויסגערופֿן אין שול אַרײַן:

„שמע ישׂראל! הערט מיך, ייִדן! האָט קיין מורא נישט. גאָט איז מיט אײַך... איך ווייס ווו די טײַערע זאַכן זײַנען... באַרויִקט אײַך, איך ווייס...״

ס׳האָט אַ ווײַל געדויערט ביז מ׳האָט פֿאַרשטאַנען, וואָס זי מיינט... אַלע האָבן אויפֿגעהויבן די קעפּ: „וואָלט גאָט אַזוי שנעל שוין צוגעשיקט די הילף און די אויפֿקניפּונג פֿון דעם סוד? וועט אונדז דער שבת־קודש נישט פֿאַרשטערט ווערן?״

אויף די הערצער האָט דער עדה אָנגעהויבן צו ווערן גרינגער. דאָס וויינען האָט אויפֿגעהערט.

„די זאַכן זײַנען פֿאַראַן!״ האָט זיך דער עולם געווענדט צום אָפֿיציר, „אַ ייִדענע ווייסט, ווו זיי זײַנען.״

„אַהער מיט איר!״ האָט ער אַרויסגעשריגן.

צוויי זבירעס זײַנען אַרויפֿגעלאָפֿן און ס׳האָט אַ ווײַל געדויערט ביז מ׳האָט זי אַראָפּגעבראַכט פֿון דער ווײַבערשול. דער עלטסטער האָט באַפֿוילן זי צו זיך אַרויפֿצופֿירן אויף דער בימה.

„די דיינטע, די דיינטע,‟ האָט זיך געלאָזט הערן אַן אומגלייביק שטוינען און רוישן בײַם עולם – מ׳האָט אויף איר געקוקט מיט אויפֿגעריסענע אויגן. ס׳איז געוואָרן אַזוי שטיל, אַז מ׳האָט געהערט דאָס קלאַפּן פֿון די הונדערטער אויפֿגערעגטע, דערשראָקענע הערצער… נישט געציילטע, פֿאַרשיידענע מחשבֿות זײַנען איבער די קעפּ געפֿלויגן…

„וואָס ווייסטו אַלזאָ פֿון דעם גערויבטן אוצר?‟ – האָט זי דער עלטסטער שטרענג אַ פֿרעג געטאָן.

„איך ווייס, אַז די זאַכן זײַנען נישט גערויבט… זיי זײַנען דאָ… זיי זײַנען אַפֿילו בײַ מיר,‟ האָט זי אַנטשלאָסן און בלאַס פֿון זיך אַרויסגעזיפֿצט.

דאָס דערשראָקענע שטוינען פֿון די ייִדן האָט שוין האָט נישט געהאַט מער קיין גרענעצן. אויך די זבירעס האָבן אויפֿגעעפֿנט זייערע שטרענגע גזלנישע פּיסקעס און האָבן פֿאַרוווּנדערט געגלאָצט אויף דער קליינער, אײַנגעהאָרבעטער, אַלטער ייִדענע.

„ווי קומען זיי צו דיר?‟ האָט מיט אַן אַכזריש קול דער עלטסטער בודק געווען און טיף אין האַרצן האָט ער זיך געפֿרייט, וואָס אים איז געלונגען אַזוי לײַכט פֿאַר זײַן האַר זיך אויסצוצייכענען.

די אַלמנה האָט אָנגעהויבן צו דערציילן, ווענדנדיק זיך אי צו די ייִדן אי צום אָפֿיציר, דאָס, וואָס מיר ווייסן שוין, שטיל מיט אַ ציטערדיקן קול, אָבער לויטער און פֿאַרשטענדלעך. און ווי זי איז געקומען צום סוף און דערציילט וועגן דער ליכטיקער, שיינער רביצין אין טונקל בלויען שאַל, וועגן איר שמועס מיט איר פֿונעם זון, וועגן דעם, ווי זי האָט זי באַשאָנקען מיטן אוצר און ווי זיי זײַנען זיך בײַם געזעגענען אויף די העלדזער געפֿאַלן – האָבן זיך די זבירעס און דער אָפֿיציר צעלאַכט, אַ בייז שפּאָטיש געלעכטער. דער לעצטער האָט געדראָט:

„וואַרט, דו אומפֿאַרשעמטע, נישט־גלייביקע כּלבֿתּא, פּאָפּן וועסטו ועלן טרײַע זין פֿון דער קיר[ך], אַ רביצין וועסטו מאַכן אויס אונדזער מאַדאָננאַ, נישט געשטויגענע, נישט געפֿלויגענע מעשׂהלעך וועסטו דערציילן און זיך איבער אונדז חוזק מאַכן?… אפֿשר וועט אונדזער מאַדאָננאַ פֿאַר דײַנט וועגן נאָך נסים באַווײַזן, דו אַלטע מכשפֿה?… כאַ־כאַ־כאַ…‟

און די זבירעס האָבן אים אונטערגעהאָלפֿן מיט זייערע גראָבע גאָרגלס אין אַ שפּעטישן כאָר: „כאַ־כאַ־כאַ…‟

די קהילה האָט נישט געוווּסט, וואָס איבערצוקלערן. זי האָט דעם וווּנדערלעכן ווידוי, כאָטש ער איז געווען אַזוי פּשוט, נישט געקאָנט משׂיג זײַן – און גלייבן אין דער מעשׂה, כאָטש מ׳האָט די דיינטע געקאָנט פֿאַר אַ רעכטפֿאַרטיקע[ר] פֿרוי – האָבן זיי אויבעט נישט געקאָנט – און נישט געטאָרט…

נישט די ייִדן, נישט די קריסטלעכע זבירעס האָבן געגלייבט…

*

„די מעשׂה איז אָבער דאָך נישט אַזוי פּשוט, מע קאָן מער געוויר ווערן, אַז מע וועט שלעפּן פֿאַר דער צונג.“ האָט זיך דער אָפּיציר געקלערט, „איז מיר באַשערט, ווײַזט זיך אויס, אין גיכן צו ווערן הויפּטמאַן, אין דײַן זכות, מאַריאַ“.

און ער האָט געהייסן די דיינטע, מרימען, דעם חתן און די עלטסטע פֿון דער קהילה, אַלע אין קייטן, מיטנעמען און זיי אין געפֿענקעניש אָפּפֿירן. אַליין מיט צוויי זבירעס איז ער געגאַנגען בודק זײַן דער דיינטעס דירה, נישט ווײַט פֿון דער שול...

ער האָט זיך געאײַלט, דען פֿון איין זײַט האָט ער נאָך אַ ביסל געצווייפֿלט און פֿון דער אַנדערער האָט ער געוואָלט, ווי אַמשנעלסטן דעם פֿירשט ברענגען די צוריקגעפֿונענע תּכשיטים.

## ז

דעם גאַנצן שבתדיקן פֿאַרמיטאָג האָט דער סינאָד סאָוועטעוועט און די געפֿאַנגענע ייִדן פֿאַרהערט און כאָטש זיי האָבן אָנגעווענדט דעם גאַנצן שולחן־ערוך, להבֿדיל, פֿון דער דעמאָלטיקער אינקוויזיציע, זײַנען זיי דאָך נישט געקומען צו דעם געוווּנטשטן [ד]ערפֿאָלג. זיי האָבן בשום־אופֿן – גלײַך ווי די ייִדן – נישט געגלייבט אין דער מעשׂה מיט דער ‚רביצין' מרים. דערפֿאַר האָבן זיי געשפּירט עפּעס אַ פֿיל גרעסערע געפֿערלעכערע פֿאַרשווערונג, און ווי זיי האָבן גענזן, אַז זיי וועלן נישט קומען צום רעכטן סוף, טראָץ אַלע סגולות פֿון די גרעיכטלעכע תּכסיסים און נאָך כּל־המינים שרעקלעכע מוטשענישן און פּײַניקונגען, ווי בריִען מיט הייסע אײַזנס, קוועטשן די פֿינגער, סמאַזשען[7] אין הייסער לופֿט, האָט דער סינאָד צום סוף מיט גרויס התפּעלות באַשלאָסן מיט די געפֿאַנגענע שנעל פֿאַרטיק צו ווערן אויף אַן אַנדערן אופֿן – דהײַנו, פֿון זיי אַלע, לכּבֿוד פֿון דער באַליידיקטער מאַריאַ, אַ גאַר שיין פֿײַערוואַרק צו מאַכן, אָנצוצינדן אַ קרבן־עולה אַקעגן דער געשענדטער קאַפּליצע, וואָס זאָל מפּייס זײַן די כּלומרשט געשענדטע.

ס'איז געוואָרן בײַ זיי אָפּגעשמועסט זונטיק מיט אַ פֿײַערלעכער פּראָצעסיע, מיט צל־מים, פֿאָנען און איקאָנען, מיטן פֿירשט און זײַן הויזגעזינד און מיטן סינאָד בראָש זיך לאָזן גיין צו דער קאַפּליצע און דאָס צוריקגעקומענע צירונג דער כּלומרשט באַרויבטער מיט אַ גרויסן פּאָמפּ דורך דער פֿירשטין ווידער לאָזן אָנטאָן. דערבײַ האָט מען גערעכנט אָפּריכטן תּפֿילות, תּהילימען און לסוף צוטרעטן צום לעצטן חלק פֿון די פֿײַערלעכקייטן, דהײַנו – צום לעבעדיקן פֿײַערוואַרק.

## ח

אָבער אַ פֿאַרשטערטער שבת איז דאָס געווען אין געטאָ. די ווײַבער האָבן געוויינט און געקלאָגט און תּחינות געזאָגט, קינדער האָבן באַהאַלטן זייערע דערשראָקענע קעפּלעך אין די שירצן פֿון די מאַמעס און גערעוועט. מאַנצבילן האָבן געזאָגט תּהילים אין שול און

7 smażyć (פּויליש) – בראָטן.

געבעטן רחמים גאָט פֿון ישׂראל, ער זאָל זיך דערבאַרעמען מיט זײַן עדה און טאָן אַ נס. אַ גאַנצע נאַכט זײַנען זיי אין שול געזעסן, אויפֿגעוועז אין תּפֿילות, אין תּחנונים און באַשטימט צו האַלטן זונטיק תּענית.

און זונטיק אין דער פֿרי – האָבן זיי דערהערט פֿון אַלע קלויסטערס קלינגען די גלאָקן און פֿראַוועגדיק[ע] קולות פֿון די גלחים און דאָס פֿרומע געזאַנג פֿונעם המון, וואָס איז אַלץ שווערער און שווערער געוואָרן.

אַ סימן, אַז די פּראָצעסיע האָט זיך שוין אַרויסגערוקט פֿון דער שטאָט און איז שוין געווען אויפֿן וועג צו דער קאַפּליצע, אויף די פֿרײַע פֿעלדער...

די ייִדישע הערצער זײַנען ממש פֿאַרפֿרוירן געוואָרן צו שטיקער אײַז.

ט

דאָס לאַנד האָט לאַנג שוין נישט געזען אַזאַ פּראָצעסיע. עס איז געווען אַ הערלעכער זומער־מאָרגן. די לופֿט איז געווען אָנגעפֿילט מיטן ריח פֿון צײַטיקע פֿעלדער און פֿויגל־געזאַנגען; איז נישט קיין חידוש, אַז די גאַנצע שטאָט האָט זיך אַרויסגעשיט פֿון די מויערן, אַלט און יונג, קינד־און־קייט זײַנען מיטגעגאַנגען. בעטלערס האָבן זיך נאָכגעשלעפּט און קאַליקעס נאָכגעהינקט. אַפֿילו די הינט האָבן זיך נישט געלאָזט אָוועקטרײַבן און זײַנען געלאָפֿן פֿריילעך ווײַדלענדיק אַרום זייערע באַלעבאַטים. פֿאָרויס איז געגאַנגען אַ מחנה גלחים, הינטער זיי געריטן די ווערדן־טרעגער און איידעללײַט, אַרומרינגלענדיק דעם פֿירשט, וואָס איז מיט זײַן זיווג און מיט די קינדער געפֿאָרן אין אַ זילבערנער קאַראָסע; הינטער זיי האָבן באַגלייט, אויבעט אויף פֿערד, זבירעס צוויי גרויסע, לאַנגע – געדיכט מיט פֿאַרמישפּטע ייִדן אָנגעפֿילטע לייטער־וועגן. צום סאַמע סוף, נאָך די זביר[עס], איז ערשט געגאַנגען אין אַ לאַנגער, ברייטער שורה דער המון מיט צלמים און פֿאָנען, די צעכן מיט זייערע פֿאַטראָנען, ווײַבער, מענער, קינדער, אַלע אין חגאדיקע בגדים און האָבן נאָכגעזונגען די פֿרומע לידער, וועלכע די כּומרים האָבן אַלע מאָל אויף ס׳נײַ אָנגעהויבן.

פֿון צײַט צו צײַט האָבן זיי אַרויפֿגעקוקט צו די פֿורן מיט די ייִדן, זיך נאָכגעקרימט און געמאַכט בייזע הלצות... די פֿאַרמישפּטע איז אָבער גאָר אַנדערש געווען אויף זייערע נשמות...

אָנגעטאָן אין די טליתים, זײַנען זיי געזעסן אויף די שמאָלע ברעטלעך, מיט די אויגן צום הימל, פֿאַרייִאושט און געזאָגט ווידוי. אין ערשטן וואָגן האָט זיך צווישן אַנדערע געפֿונען די דיינטע מיט מרימען און אַהרנען. דעם יונגן פֿאָרפֿאָלק האָט זיך גאָר נישט געגלוסט אַזוי פֿרי, אין דעם מאָרגנרויט פֿון זייערע יאָרן, זיך צו געזעגענען מיט דעם עולם־הזה, פֿון וועלכער זיי האָבן נאָך גאָרנישט טועם געווען און זייער מענטשלעכע אויפֿגאַבע נאָך נישט דערפֿילט. די אַלטינקע האָט שטיל און מיט אַ צעבראָכן האַרץ געוויינט, זעענדיק ווי אירע קינדער, וואָס זײַנען אַקעגן זיך געזעסן, האָבן זיך שטום און פֿאַרעקשנט אַרײַנגעקוקט אין זייערע טרערן־פֿײַכטע אויגן. זיך אָנרירן, זיך בײַ די הענט צו האַלטן האָט מען דאָך נישט געטאָרט. נישט קיין ייִדישע זאַך, דאָס... און זייערע שטומע בליקן האָבן זיך אַנאַנדער

געטרייסט. „אויף יענער וועלט, דער בעסערער, וועט מען שוין שטעלן די חופּה" און מרימס אויגן האָבן געזאָגט: „ווײ, איך שטאַרב מיט דיר אויף קידוש־השם, וועל איך אויכעט זוכה זײַן צו קומען אין גן־עדן אַרײַן; כאָטש איך בין אַן אישה, וועל איך מיט דיר, אַהרנדל, זײַן אין איינעם..."

און אַהרנס בליקן האָבן אָפּגעענטפערט: „יאָ, מיידעלע, יאָ..."

י

נאָך אָנדערטהאַלבן, צוויי שעה פּאַמעלעך גייענדיק האָט ענדלעך די פּראָצעסיע די קאַפּליצע דערגרייכט. די גלחים, די ווערדן־טרעגער זײַנען אַרײַנגעגאַנגען. פֿאַר די איבע־ריקע האָט אין קליינעם געבײַ דער פּלאַץ נישט געסטײַעט – האָבן זיי זיך אין אַ גרויסן ראָד אַרומגעשטעלט אַרום דער קאַפּליצע; נאָר די ייִדן האָט מען מיט געוואַלד אַרײַנגעשלעפּט, כּדי דער הייליקער מאַדאָננאַ צו ווײַזן די באַליידיקער פֿאַר זייער שטראָף...

דער אַרכיבישאָף האָט אָנגעהויבן פּראַווען די תּפֿילה. אַלע זײַנען געפֿאַלן כּורעים. די שלאַפֿע, אָפּגעשוואַכטע ייִדן, וואָס האָבן ווידערשפּעניקט, זײַנען מיט געוואַלד פֿון פֿויסטן געצוווּנגען געוואָרן צו קניִען.

נאָך דער תּפֿילה האָט איינער פֿון די ווערדן־טרעגער דערלאַנגט דער פֿירשטין אויף אַ רויטן, סאַמעטענעם קישעלע דאָס צירונג, כּדי זי זאָל האָבן דעם כּבֿוד דער הייליקער מאַדאָננאַ די דאָזיקע ווידער אָנצוטאָן.

מיט גיכע טריט, באַגלייט פֿון הויפֿדאַמען, וואָס האָבן געטראָגן דעם שלעפּ פֿון איר קלייד, איז זי צוגעקומען צו דער סטאַטוע בײַם אַלטאַר און איז שוין גרייט געווען דעם פּערלבאַנד אויפֿן האַלדז איר אַרויפֿצוהענגען – איז אָבער פּלוצעם, צום גרויסן שטוינען פֿון די ייִדן און אַנגסט פֿון די קריסטן, געשען אַ וווּנדער: מאַריאַ האָט אויפֿגעהויבן איר רעכטע האַנט און האָט פֿון זיך די קוים פֿאַר שרעק לעבעדיקע פֿירשטין אַוועקגעשטויסן. דאַבײַ האָט זיך געלאָזט הערן אין דער אַנטשטאַנענער שטילקייט אַן אָנגעוויייטיקטער, זי־סער פֿרויען־קול, וואָס האָט געקלונגען ווי דער עכאָ פֿון ווײַטע פֿלייטן: „קריסטין, איך דאַרף נישט דײַן צירונג, גיב עס דער צוריק, וועלכער איך האָב עס געשענקט דרשה־גע־שאַנק פֿאַר איר בת־יחידה, וואָס טראָגט מײַן נאָמען. פֿאַר וואָס האָט איר דער פֿרוי נישט געגלייבט און אַזוי מיאוס צעשטערט דאָס ווערק פֿון מײַן דערבאַרעמונג?"

ס׳איז אין־לשער צו באַשרײַבן די מהומה, וואָס איז אויסגעבראָכן נאָך דעם, ווי די ייִדן האָבן באַקומען אַזאַ אומגעריכטן מליץ־יושר, וואָס האָט אויף אַזאַ נישט געהערטן אופֿן זייער ריינקייט באַוויזן.

מע האָט זיך געצלמט פֿאַר אַנגסטן, געפֿאַלן כּורעים צו דער ערד. נישט געוווּסט ווי אַזוי דעם גרימצאָרן פֿון דער באַליידיקטער מאַדאָננאַ פֿון זיך אָפּצוטרייסלען. קודם־כּל האָט מען זיך פֿלײַסיק אַ וואָרף געטאָן די פֿון מוראדיקע שטוינען צערודערטע, אומשולדיקע ייִדן פֿון די קייטן צו באַפֿרײַען.

מיט טרערן אין די אויגן זײַנען זיך איצט די באַפֿרײַטע געפֿאַלן איינער דעם אַנדערן אויפֿן האַלדז און געשריגן: „גאָט האָט מיט אונדז אַ גרויס נס געטאָן, זאָל זײַן געלויבט זײַן נאָמען. דאַנקט און לויבט השם־יתברך!"

חתן־כּלה האָבן זיך איצט אויך נישט געקאָנט מער איינהאַלטן. פֿרייד, שיכּורע פֿרייד האָט אין זייערע יונגע הערצער געברויזט און געשטורעמט און געבראַכט דערצו, אַז זיי האָבן זיך אַרומגענומען מיט אַ לאַנגן, שטאַרקן אַרומנעם... באַלד האָט זיך מרים פֿאַרשעמט – באַפֿרײַט פֿון אַהרנס אָרעם און איז וויינענדיק מיט זיסע טרערן צו צו איר מוטער, וואָס איז נאָך אַלץ פֿונעם שטוינען נישט צו זיך געקומען און נאָר געגלאָצט מיט ברייט געעפֿנטע אויגן צו דער סטאַטוע אין טונקל בלויען מאַנטל, וואָס איז איצט שטום געשטאַנען בײַם אַלטאַר. אויף איר פֿאַרגליווערטער צורה האָט זיך אָפּגעשלאָגן אומענדלעכער טרויער...

„הכּלל, איז דאָס מײַן ,רביצין' מרים... האָט זי זיך אַזוי איבער מיר און מײַן קינדס דאָליע מרחם געווען?" האָט זי אַלץ בײַ זיך געקלערט – און נישט געקאָנט משׂיג זײַן...

**יא**

און די געפֿאַלענע, פֿאַרשעמטע זײַנען דערהויבן געוואָרן. דער פֿירשט, די פֿירשטין און די גלחים האָבן בײַ זיי מחילה געבעטן. די ייִדן האָבן אַלע מיט פֿריידן מוחל געווען, מיט גרויס כּבֿוד האָט מען זיי אויף די פֿורן, אויף וועלכע מ'האָט זיי געפֿירט צום טויט, אָפּגעפֿירט צוריק צום לעבן און צו זייערע באַגליקטע משפּחות.

טרויעריק האָט זיך איצט די פּראָצעסיע אומגעקערט אַהיים. דאָס מאָל אָבער אײַלנדיק, ווײַל דער הימל האָט זיך אָנגעהויבן צו פֿאַרפֿינצטערן. משונה־בייז האָבן זיך אין דער מרה־שחורה פֿונעם הימל אויסגענומען די בליצן, וועלכע זײַנען געוואָרן אַלע מאָל שטאַרקער און שטאַרקער באַגלייט פֿון דונערן...

ענדלעך האָט דער שטורעם אָנגעטראָגן אַ רעגן, וואָס האָט געדויערט אַזוי לאַנג ביז די דורכגעווייקטע פּראָצעסיע האָט דערגרייכט די שטאָט.

וועגן דעם נס האָט מען לאַנג, לאַנג גערעדט אין יענער מדינה...

**יב**

און איצט קערן מיר זיך צוריק אין געטאָ אַרײַן, ווו ס'האָט געהערשט שׂשׂון־ושׂימחה. פֿולע דרײַ טעג און דרײַ נעכט האָט מען געטאַנצט אין שול און זיך משכּר געווען מיט ווײַן, מעד און אַנדערע גוטע משקאָות און גוטע מאכלים געגעסן בײַ דער חתונה פֿון אַהרן און מרים, וועלכע מ'האָט נאָך זונטיק אָוונט מיט גרויס פֿרייד געשטעלט די חופּה. בײַ די קידושין האָט דער רבֿ געוויינט און דער עולם האָט געוויינט: פֿריילעכע, גליקלעכע טרערן זײַנען דאָס געווען.

נאָר בײַ דעם אל־מלא־רחמים האָט זיך דער אַלטינקער מוטער פֿאַרקלעמט דאָס האַרץ בײַ דער מחשבֿה: „האָט עס מײַן מאַן ע"ה נישט געקאָנט דערלעבן אַזאַ שׂימחה?..."

דרשה־געשאַנק האָט דאָס יונגע פּאָרפֿאָלק באַקומען – אָן צאָל. דאָס טײַערסטע האָט צוגעשיקט די פֿירשטין: די גאָלדענע קייט און דעם פּערלבאַנד, גאָלד און דוקאַטן... דאָס, וואָס די ,רביצין מרים׳ האָט דער דיינטע געשענקט – און נאָך מער.

חוץ דעם, האָט דער חתן באַקומען פֿונעם פֿירשט אַ דעקרעט, געשריבן אויף פּאַרמעט און געחתמעט מיטן זיגל פֿונעם לאַנד און מיט דעם נאָמען פֿירשט, מיט וועלכן ער איז דער־הויבן געוואָרן צו דער מדרגה פֿון אַ ,הויפֿייד׳. ער איז געוואָרן אַן אײַן־ און אויס־גייער אין שלאָס, אַ גוטער מליץ פֿאַר ייִדן און אַ געניטער אויספֿירער פֿונעם הויפֿס עסקים...

**יג**

און ס׳האָבן זיך איצט אין געטאָ אָנגעהויבן ליכטיקע טעג...

אויף דער נאַכט, ווען מען איז געגאַנגען אין שול אַרײַן מינחה און מעריבֿ דאַוונען און פֿון די קלויסטערס האָבן זיך אָנגעהויבן טראָגן צו ,אַווע־מאַריאַ׳ שווערע גלאָקנקלאַנגען און געהודעט און געציטערט אין אַוויר – האָבן זיך ייִדן נישט מער אַזוי געפֿאָרכט פֿאַרן פֿרעמדן, ווי פֿריִער, און זיך געקלערט בשעת־מעשׂה: „איצט גייען אויך די גוים מתפּלל זײַן – צו מאַריאַ.״ און האָבן דאָס געקאָנט שוין לײַכטער משׂיג זײַן.

נישט לאַנג האָבן זיי אָבער אין דעם אַרײַנגעטראַכט, פֿאַרקערט, זיי האָבן דעם געדאַנק אויף פֿאַר אַ מחשבֿה־זרה געהאַלטן און זיך פֿון אים שנעל אָפּגעוואַשן מיט אַ פֿרומען און כּוונהפֿולן:

„והוא רחום יכפּר עון...״[8]

8 תהילים עח, לח, „נאָר ער איז אַ דערבאַרימער, ער איז מכפּר אויף זינד״ (איבערגעזעצט פֿון יהואש).

בער האָראָוויץ

# דער גילגול

דאָ ווערט דערציילט אַ וווּנדערלעכע מוסר־מעשׂה פֿון אַן אישה אַ מרשעת, וואָס איז שפּעטער געוואָרן אַ בת־תּשובֿה, און פֿון איר זון אַ כּל־בוניק, פֿון וועלכן בעש״ט הקדוש האָט אַרויסגעטריבן זײַן פֿאַלשע, טרפֿהנע נשמה און אויף איר אָרט מתקן געווען די כּשרע, די וואָרע, וואָס האָט עלנט געבלאָנדזשעט אויף דעם עולם־התּוהו.

## א

ווען מען פֿון אײַך איז פֿרעמד דאָס גלײַכווערטל: „דאָס עפּעלע פֿאַלט נישט ווײַט פֿון ביימעלע׳? ווען מען אַנדערש זאָל מען אונטער דעם ביימעלע פֿאַרשטיין – ווי די מאַמע? עס איז אַ גרויסער און אַ באַוווּסטער כּלל, אַז אַן אישה, אַ צנועה במעשׂים און במחשבֿות, וואָס געהערט אַפֿילו צו אַ מאַן אַ רשע, קאָן זוכה זײַן, אַז נבֿיאים און חסידים און פֿרומע לײַט זאָלן פֿון איר בויך אַרויסקומען, בעת אַ מרשעת, אַן אשת־צדיק האָט תּמיד שלעכטע, נישט געראָטענע קינדער. שוין אונדזערע חכמים האָבן געזאָגט, אַז דער עיקר איז די מאַמע. זי איז די ערשטע, וואָס איז מדריך די יונגע, אומזיכערע טריט פֿון אירע עופֿעלעך צו תּרבות־טובֿה, און פֿאַרפֿלאַנצט אין זייערע הערצלעך די תּשוקה צו ווערן גוט און פֿרום, אַז גאָט און לײַט זאָלן פֿון זיי הנאה האָבן.

## ב

ויהי, עס איז געווען אַן אישה, אַן „אשת־חייל׳ אין אַ שטעטל לעבן קראָקע מיטן נאָמען טויבע, צו וועלכער דער נאָמען איז קנאַפּ צוגעשטאַנען. דאָס טויבעלע איז געווען אַ בת־יחידה בײַ אַן אָנגעשלאָגענעם גבֿיר, אַ ווײַנשענקער, וועלכער האָט פֿאַר זײַן טאָכטער אויסגעזוכט גאָר אַ פֿײַנעם און אַ ייִחוסדיקן שידוך. דער איידעלער יאָסעלע, דער חתן איז געווען דאָס ליכט, דער עילוי פֿון דער באָהאָראָדשינער ישיבֿה. דער שווער האָט דאָס פֿאָרפֿאָלק חתונה געמאַכט און האָט דעם איידעם גענומען – ווי דער שטייגער איז – צו זיך אויף קעסט און אים צו קיין שום טירחה ח״ו נישט צוגעלאָזט, נײַערט ער זאָל זיצן און לערנען תּורה. דער שווער אַליין האָט פֿון דעם אַ סך נחת־רוח געקליבן און זיך שטאַרק מיט זײַן וווילן איידעם איבערגענומען.

עס איז אים אָבער מן־השמים נישט באַשערט געווען זיך לאַנג מיט נחת פֿון קינדער צו פֿרייען. ער איז פֿרי פֿאַר דער צײַט פֿון דער וועלט אַוועקגעגאַנגען און ס׳האָט נישט לאַנג

פֿון: **וואונדערלעכע מעשׂיות**. ב׳ 1. ווילנע: קלעצקין, 1929, ז״ז 105–130; מיט פֿאַרריכטונגען אויפֿן סמך פֿון דער ערשטער אויסגאַבע אין: **ווינדערליכע מעשׂיות**. וואַרשע: וואַנדערער, 1923, ז״ז 44–67.

געדויערט – האָט אויך די מוטער, וואָס האָט איר גוטן מאַן נישט געקאָנט איבערלעבן, אויכעט צוגעמאַכט די אויגן.

אויף אַזאַ אופֿן איז טויבעלע געוואָרן דער יורש און האָט איבערגענומען די קאָמענדע אין דער גרויסער באַלעבאַטישאַפֿט און איז געבליבן די איינציקע פֿאַרזאָרגערין און פּרנ־סה־געבערין פֿון דער שטוב.

איצטערט, אויף איין מאָל, פֿאַר קיינעם נישט קלאָר פֿאַר וואָס, איז אין איר אויפֿגע־וואַכט דער אַזוי לאַנג געצוימטער, פֿאַרבאָרגענער יצר־הרע.

איבער די צימערן האָבן זיך אָנגעהויבן טראָגן קולות פֿון דער באַלעבאָסטע, וואָס האָט אַזוי געשריגן אויף די דינסטן און צו מאָל אויך יללות פֿון די לעצטע, ווײַל ווי ס׳האָט זיך אויסגעוויזן, האָט זי נישט צו שטאַרק ניזהר געווען און נישט תּמיד אָפּגעהיט איר קלאָר הענטעלע, עס זאָל נישט פֿאַרקריכן צו אַ פֿרעמדן פּנים צו גאַסט מיט גאָר נישט פֿרומע כּוונות.

דעם מאַנס שטילע וואָרענישן און ווייכע בקשות, זי זאָל זיך האַלטן אין דער מעלה, פֿלעגן העלפֿן פּונקט אַזוי – ווי אַ טויטן באַנקעס. זי האָט אים געהערט – זײַט מיר מוחל – ווי דעם אַזופּאָליער קאָטער.

וואָס נאָך מער! זי האָט זיך טאַקע נישט געשעמט און אָנגעהויבן פּאַמעלעך פּוגם צו זײַן אין איר מאַנס כּבֿוד, קודם ביסלעכווײַז אויף אים אַליין זיך אויסצוהיקען,[1] דערנאָך איר קולכל אויפֿצוהייבן העכער און העכער. איר קענט אײַך משער זײַן, אַז ,הערצעלע מײַנס׳, ,מאַנעניו־קרוינעניו׳ וכדומה האָט זי אים בשעת־מעשׂה נישט צוגערופֿן.

## ג

איין מאָל אַפֿילו האָט זיך אַזוי געטראָפֿן: יאָסעלע האָט זי מיט גוטע רייד אײַנגענומען, נאָך דעם ווי זי האָט געהאַט ווידער אַ הויכן סיכסוך מיט אירער אַ משרתת און געווען פֿלאַם־פֿײַער אין פּנים – האָט זי זיך פּלוצעם, אומגעריכטערהייט, אויף אים אויסגעבייזערט, ווי אַ כּלבֿתא[2] ממש אים אָנגענומען בײַ דער קריסע פֿון זײַן סאַמעטענעם קײַלעכדיקן קאַ־פּעליוש און אים דעם דאָזיקן אַראָפּגעצויגן איבער די אויגן מיט הלצהלעך און זילזולים: „ט׳אָסטו זי, אָ, מײַן גוטע פּאָציעכע, מײַן זיס קעסטקינדל, מײַן הינעראײַגעלע, מײַן טײַערס; ווען ס׳איז אַזוי נאָך דיר, וואָלט מען מיר געקאָנט אויפֿן קאָפּ טאַנצן! אָט אַזוי נעמט עס זיך אָן זײַן ווײַבס קריוודע, דאָס פֿאַרזעעניש...“

אונדזער יאָסעלע איז זײַן מאַמעס בלוט אין די אָדערן דערפֿרוירן געוואָרן. ער האָט נישט געוווּסט, סאַראַ עצה מיט איר זיך צו געבן און דערצו האָט ער געהאַט אַ גרויסע בושה אין האַרצן פֿאַר לײַטנס מײַלער – האָט ער געשוויגן און אַלעס אין זיך אײַנגעשלונגען. צו די צרות האָט ער זי נאָך פֿאָרט ליב געהאַט, פֿאָרט זײַן אשת־נעוריו[3] און האָט אויס ערגער און

1 שרײַען מיט אומצופֿרידנקייט, אין כּעס.

2 כּלבֿטע.

3 משלי ה, יח, „ווײַב פֿון זײַן יוגנט“ (איבערגעזעצט פֿון יהואש).

האַרצווייטיק אָנגעהויבן אירע האַרבע קללות מתקן צו זײַן מיט די צו געפּערלעכע ברכות: „...שהכּל נהיה בדברו״.[4] וואָס מער זי האָט געמאַכט קללות, אַלץ מער האָט ער געמאַכט ברכות.

## ד

אין טויבעלעס ווײַנהויז פֿלעגן טרינקען כּמעט אַלע מיעשטשאַנעס און פּריצים פֿון דער סבֿיבֿה. באַזונדערס בשעת ירידן איז דאָרט געווען אַ גרויסער משׂא־ומתּן. יונגע און אַלטע פּריצים האָבן ליב געהאַט מיט טויבעלען זיך צו ווערטלען, רעדן דבֿרים־בטלים און סתּם שאַלקהאַפֿטיקע רייד, פֿון וועלכע זי האָט זיך גאָר נישט דערוווּסטערט.

פֿון די פֿילע, וואָס פֿלעגן זי אַזוי ליב האָבן, כּמעט ווי דעם בראָנפֿן, אָדער דעם ווײַן, וואָס מ׳האָט בײַ איר געטרונקען, איז אויך געווען איינער אַ רײַכער חזיר־סוחר מאַקסים, אַ יונג, אַ כוואַט – מיט אַ פּאָר גרויסע וואָנסיאַקעס, אויף וועלכע טויבעלע האָט גאָר נישט געקוקט מיט קיין קרומע אויגן. כאָטש אַזוי, אַז זי פֿלעגט אים דערלאַנגען די משקה און ער, בטבֿע גוי, פֿלעגט וועלן אירע הענטלעך אָנרירן, האָט זי אויף אים געשריגן, געפֿאָדערט דרך־ארץ און געבאָטן אויף פּויליש: „הענט אויף שבת״. דאַדורך פֿלעגט זי בײַם חזיר־סוחר מיט די גרויסע וואָנסיאַקעס אָנצינדן אַ העליש פֿײַער, וועלכעס ער האָט זיך אומזיסט באַמיט מיט ווײַן און מעד צו לעשן. טויבע האָט זיך מיט דעם פֿײַער נײַגעריק געשפּילט, בטבֿע פֿון ווײַבער ליידיק־גייערינס, געהאַט אַ ביסעלע הנאה פֿון יענעמס מאַכטלאָז קרענקונג און אַ ביסעלע האָט זי זיך בײַ דעם פֿײַער געוואָרעמט. דאָס אַליין אָבער איז שוין געווען גאָר אַ גרויסע עבֿירה, רחמנא־לצלן, און כאָטש אירע השׂגות זײַנען חס־וחלילה נישט אַזוי ווײַט געגאַנגען, אַז זי זאָל זיך פֿאַרגעסן און איר מאַן אַזאַ בושה אָנטאָן, פֿאַרט אַ יידישע טאָכטער, מגזע קדוש,[5] נאָך נישט אַזאַ מרשעת מוחלטה,[6] אַז זי זאָל דעם גדר איבערהיפּן – וועט איר אָבער אין דעם המשך פֿון דעם סיפּור זען, ווי אַפֿילו אַן עבֿירה אין דער מחשבֿה איז געווער־כנט גלײַך צו אַן עבֿירה אין דער מעשׂה. ס׳איז שוין גענוג גאָר, אַז די סיטרא־אַחרא זאָל אײַך בײַ איר אָנטרעפֿן און גורם זײַן אָט פֿאַר דעם שטרויכלונג ווער ווייס סאַראַ מיני שווערע, ביטערע היזקים[7] – רחמנא־לצלן.

## ה

טויבעלע האָט ביז אַצינד נאָך נישט קיין קינדער געהאַט. ווי עס זײַנען אַזוי אַ פּאָר יאָר פֿאַרגאַנגען, האָט זי אָנגעהויבן אומרויִק צו ווערן, נאָך זיי בענקען און, ווי דער דרך איז פֿון נשים־עקרות, פֿאָרן צו בעלי־שמס, וואָס זײַנען דעמסטמאָל געווען אין מאָדע, כּמו הײַנט דאָקטוירים, צו אָפּשפּרעכערס און אַפֿילו טירן פֿון קאָרטן־וואַרפֿערינס און מכשפֿות אויבעט נישט אויסמײַדן. דאָס לעצטע – ס׳איז קלאָר – האָט זי געטאָן בסוד־סודות פֿאַר איר מאַן.

4 ברכה פֿאַר אַלץ וואָס וואַקסט ניט פֿון אַ געוויקס: „[...] וואָס אַלץ איז געקומען פֿון זײַן וואָרט״.

5 העברעיִש – פֿון דעם הייליקן שטאַם.

6 לחלוטינדיק.

7 די העברעיִשע מערצאָל־פֿאָרמע פֿון ,היזק׳, אין כּלל־ייִדיש – היזקות.

ביז אַ נאַכט איז איר געקומען צו חלום איר פֿאָטער און האָט איר געגעבן אַ סגולה קרײַטעכצער. ער האָט זי געבענטשט, געטרייסט און אַזוי געזאָגט: „זע, טאָכטערשי מײַנע, איך ברענג דיר אָט אָ דאָ צו טראָגן אַ הייליקע סגולה, וועלכע איך האָב אין גן־עדן באַקומען פֿון אונדזער באָבע רחל, זי וועט עפֿענען דײַן פֿאַרשלאָסענע טראַכט. באַהעפֿט דיך צו דײַן מאַן מיט אַהבֿה, בטחון און מיט פֿרייד און דו וועסט געבענטשט ווערן מיט אַ זכר, אַ צדיק, אַז גאָט און לײַט וועלן דיך מקנא זײַן, און איך דײַן פֿאָטער וועל האָבן אַ נאָמען אויף דער וועלט. דערפֿאַר אָבער, וואָס דו ביסט צו די מכשפֿות געגאַנגען, זאָלסטו תּשובֿה טאָן, דאָס זאָג איך דיר אָן, למען־השם״...

נאָך די ווערטער איז ער נעלם געוואָרן און איבערגעלאָזט זײַן טאָכטער אַ צערודערטע און אַ צעפֿרייטע.

ו

וואָס טוט אַ נאַרישע ייִדענע? אַנשטאָט דעם חלום צו פֿאַרשווײַגן און טאָן מיט כּוונה און צניעות, וואָס איר פֿאָטער האָט איר אָנגעזאָגט, האָט זי איר מאַן אַלץ אויסגעפּלאַפּלט. די חיצונים און די מזיקים, די קאָכלעפֿל פֿון אשת־זנונים,[8] לילית הרשעה, האָבן מער נישט געדאַרפֿט; זיי האָבן פֿאַר פֿרייד אַזש אויפֿגעטאַנצט און זיך באַרימט: „וואַרט, קינדערלעך, מיר וועלן זיך שטאַרקן און זיי אָפּטאָן אַ שפּיצל, ס׳וועט אַזש הילכן.״

כּך־הווה.

בײַ נאַכט, ווען דער פֿרומער יאָסעלע האָט זיך מיט אַ ברכה אויף זײַנע לעפֿצן און מיט ייִראה אין האַרץ גענענט צו זײַן באַשערטער און – ווי דער סדר איז – זי פֿרום געגלעט און געצערטלט און מיט ליבשאַפֿט זיך צו איר מתדבק געווען, האָבן די קליפּות טויבעלען בשעת־מעשׂה פֿאַרפֿירט אויף טמאדיקע הירהורים און גורם געווען, אַז זי זאָל אַ קלער טאָן אַ מחשבֿה־זרה וועגן דעם, אַז זי ליגט, להבֿדיל, אין די אָרעמס פֿון דעם מגושמדיקן, תּאווהדיקן חזיר־סוחר מיט די גרויסע וואָנסיאַקעס, מאַקסים, און מאַקסימען טאַקע אַליין האָבן זיי אין זײַן היים געבראַכט דערצו, אַז ער זאָל אין דער זעלבער צײַט, ווען דאָס ייִדישע פּאָרפֿאָלק האָט געהאַט ביאה, מוציא זײַן זרע לבֿטלה און האָבן אים פֿאַרגעשפּילט אין די געדאַנקען, אַז ער ליגט בײַ טויבעלען. און די מזיקים האָבן אַרויסגענומען דעם חלק נשמה פֿון דער גוייִשער טיפּה און אים מיט דער שנעלקייט פֿונעם בליץ אַריבערגעטראָגן און אַרײַנגעלייגט אין יאָסעלעס זרע – אַרויסגזלענדיק פֿון זײַן טיפּה דאָס ייִדישע נפֿשל, אַ חלק פֿון יאָסעלעס כּשרער נשמה.

דעם גויס נפֿשל האָט זיך באַהעפֿט מיט יאָסעלעס טיפּה און איז אַרײַנגעדרונגען כּדרך־הטבֿע אין טויבעלעס געבער־מוטער.

די מזיקים און די קליפּות זײַנען געווען מלא־גדולה, און ממש געקײַכט פֿאַר געלעכטער פֿון זייער אָפּטועכץ, דערציילנדיק זייער עובֿדא פֿאַר לילית הרשעה. „מיר זע׳מיר זייער נײַגעריק אויף דער פּרי, וואָס וועט אַרויסקומען,״ האָבן זיי געמאַכט הלצות.

8 זנונים (העברעיִש) – זנות.

און דאָס ייִדישע נפֿשל איז געבליבן שוועבן אין אַוויר, פֿאַרשטויסן און פֿאַרטריבן און בלאָנדזשענדיק נעבעך אָן תּיקון און האָט זיך עלנט אָנגעשלאָגן אָן די ווײַסע ווענט.

**ז**

און אַז איר צײַט איז געקומען, איז טויבעלע געלעגן געוואָרן און געהאַט אַ זון, וועלכן מ׳האָט, אין אַ גוטער שעה, מל געווען און אַ נאָמען געגעבן נאָך זײַן זיידן – משה.

משהלע איז געוואַקסן אין דעם ווילטאָג, ווי אויף הייוון, און איז געווען זייער אַ ווילד און פֿאַרשײַט קינד. ער האָט זיך נישט געלאָזט, בטבֿע פֿון אַנדערע קינדער, רויִק אין חדר אַרײַן פֿירן. זײַנע בעלפֿערס פֿלעגט ער אָנטאָן סיפּקע צרות און ברוינע לייד. דרך־ארץ האָט ער פֿאַר קיינעם נישט באַוויזן, אַפֿילו נישט פֿאַר זײַן אייגענעם טאַטן, אין וועלכן, איר קענט אײַך משער זײַן, ער איז נישט אין גאַנצן געראָטן. צו דער מוטער האָט ער אויבעט נישט געהאַט קיין באַזונדערע ליבע. ער איז געווען אין גאַנצן אויסגעפּילט מיט זיך, אַן עקשן, אַ ווידערשפּעניקער און אַ קליינער דעספּאָט. ווײַ איז געווען צו דער דינסט, אויב זי האָט זיך אים אין עפּעס אַ זאַך אַקעגנגעשטעלט.

יאָסעלע, דער פֿאָטער, פֿלעגט אַלץ איבערחזרן: „ווי נעמט עס זיך עפּעס צו מיר אַזאַ אומגערעטעניש?“ און האָט גאָר ווייניק נחת פֿון זײַן בן־יחיד געקליבן.

דערפֿאַר האָט טויבעלע אַלע שמד־שטיקלעך פֿון איר צעפּעסטעטן תּכשיט נאָכגעגעבן און האָט שוין איצט אַוודאי נישט געקאָנט לעבן בשלווה מיט איר מאַן. אַזוי ווי דער יורש האָט אים, דעם אַרויסגעקוקטן שלום־בית, אין שטוב אַרײַן נישט געבראַכט, האָט זיך רב יוסף אַלץ מער פֿאַרטיפֿט אין זײַנע ספֿרים און נאָך מער אין זײַן ײַן־שׂרף – און האָט אין אַ שיינעם, זוניקן ווינטער־מאָרגן, נאָך אַ קורצער מחלה, וואָס איז אים געקומען פֿון אַ פֿאַר־קילונג, אויסגעהויכט זײַן באַטריבטע נשמה.

טויבעלע, אַן אַלמנה, איז געבליבן מיט איר משהלען, וואָס האָט בקרובֿ געדאַרפֿט ווערן אַ בר־מיצווה.

**ח**

ס׳האָט אָבער נישט לאַנג געדויערט און די יונגע, רײַכע אַלמנה האָט זיך געטרייסט און חתונה געהאַט צום צווייטן מאָל. דער מאַן אָבער איז נישט געווען יאָסעלע. ווי זי האָט אים אַ מאָל אין כּעס געוואָרפֿן אַ טעפּל, האָט ער איר געוואָרפֿן גלײַך מיט אַ שיסל. זיי האָבן זיך צעניזוקט און זײַנען באַלד דערויף געגאַנגען צום רבֿ און זיך אָפּגעגט.

זי האָט איין מאָל דאָס גליק געפּרוווט און דעם מסוכּנעם שפּיל איבערגעחזרט. דער דריטער מאַן איז אָבער געווען נאָך ערגער. פֿון דער מידה סבֿלנות האָט ער נישט געהאַט אַפֿילו אַזוי פֿיל, וואָס איז ווערט אַ גראָשן. דער דאָזיקער פֿאַרשוין האָט נישט נאָר געשריגן, ער האָט זיך אַפֿילו, מעשׂה גוי, באַדינט מיט די הענט, אַז עס פֿלעגט קומען דערצו – און האָט גאָר נישט געלייגט קיין כּבֿוד, נישט אויף טויבעלען, נישט אויף איר זון. זײַנען זיי ווידער געגאַנגען צום רבֿ, זיך אָפּגעגט, און ביידע האָבן אָפּגעזאָגט ,ברוך שפּטרני׳.

נאָך דעם האָט זי נישט געוואָלט מער הערן פֿון שידוכים, וועלכע מ׳האָט איר פֿון אַלע זײַטן געררעדט, און איז געבליבן אַ גרושה. איצט פּלוצעם האָט זי אָנגעהויבן אין אירע מחש־בֿות צו לעבן מיט יאָסעלען. „אַזאַ יאָסעלע, אַזאַ כּשרע נשמה, וועל איך דאָך נישט מער אָנ־טרעפֿן," פֿלעגט זי זאָגן און זיך מיט חרטה־טרערן אויף אַ ווײַל באַגיסן. און האָט פֿון איצט אָן איר גאַנץ האַרץ און אירע גאַנצע כּוחות אַוועקגעלייגט פֿאַר איר תּכשיטל, איר משהלע.

**ט**

משהלע איז, מיט גאָטס הילף, געוואָרן אַ בר־מיצווה און האָט אָנגעהויבן צו לייגן תּפֿי־לין. ס׳איז אָנגעקומען מיט צרות זײַן רבין אים די חריפֿדיקע דרשה אײַנצופּויקן. דערפֿאַר איז עס אָבער געווען אַ נישקשהדיקע דרשה.

„ער האָט אויף זיך אַ ממזרישן קאָפּ, דער משהלע, זײַן שׂכל גייט אָבער צו שמד־שטיק," פֿלעגט מען זאָגן.

אין דער אמתן האָט קיינער נישט געקאָנט זײַנע חבֿרים אַזוי גוט אָפּפּאָפּן און אָפּנאַרן, ווי משהלע. ער האָט געהאַט אָן אַ שיעור קנעפּלעך, שפּיגעלעך, מעסערלעך און אַנדערע ענלעכע חפֿצים, וועלכע ער האָט אויף פֿאַרשיידענע, קונציקע אופֿנים פֿון זײַנע חבֿרים אַרויסבאַקומען. די מוטער האָט געקוועלט: „אָ, מײַן משהלע וועט זײַן אַ גרויסער סוחר."

און משהלע איז געוואָרן אַ סוחר. די מוטער פֿלעגט אים מיטגעבן די אָנגעזעענע באַלע־באַטים, סוחרים פֿון איר שטעטל, וועלכע פֿלעגן בײַ איר געלט באָרגן אויף צינדזן – זיי זאָלן אים מיטנעמען מיט זיך קיין לײַפּציק, קיין קראָקע און אויף אַנדערע, גרעסערע ירידן, כּדי ער זאָל זיך אַ ביסעלע אין דער וועלט אומקוקן און ווערן מער באַהאַוונט אין דער חכמה פֿון משׂא־ומתּן.

אַזוי איז משהלע געוואָרן זיבעצן יאָר און מ׳האָט אים אָנגעהויבן צו רעדן שידוכים. די שדכנים פֿלעגן אײַנלויפֿן די טירן. יעדער פֿלעגט קומען מיט אַלץ אַ בעסערן שידוך, ביז איינעם איז עס געלונגען, פֿאַר דער נגידית טויבעלען, צו געווינען פֿאַר אַ שנור אַ מיידל אַ יפֿת־תּואר, שבֿעלע, די טאָכטער פֿון אַן אָנגעזעענעם פּרנס־חודש פֿון דער שטאָט טאַרנע, רב ברוך מיטן נאָמען.

מע האָט געשריבן תּנאָים, אין אַ מזלדיקער שעה, און מ׳האָט דאָס פּאָרפֿאָלק גליקלעך חתונה געמאַכט. טויבעלע, וואָס האָט זיך פֿון איר בן־יחיד נישט געוואָלט צעשיידן, האָט דאָס פּאָרפֿאָלק גענומען צו זיך אויף פּעטע קעסט.

משהלע איז געוואָרן אַ יונגער־מאַן און פֿלעגט גיין מיטן טלית אין שול אַרײַן, און איז געזעסן, צעשפּרייט צווישן אַלטע באַלעבאַטים, אויף זײַן טאַטנס שטאָט, בײַ דער מיזרח־וואַנט.

**י**

אַך, ווי ווויל וואָלט געווען, איך זאָל מיט דעם לעצטן פּרק קענען אויסלאָזן די מעשׂה. דאַרף זיך אָבער טרעפֿן, אַז אין משהלען זאָל ווידער ווערן אויפֿגעוועקט און זיך צעשפּילן מאַקסימס, דעם חזיר־סוחרס נשמה, אָן וועלכער די קליפּות האָבן כּמעט פֿאַרגעסן.

דערמאָנט האָט זיי מאַקסימס מיתה־משונה, וועלכע איז געשען אויף דעם אופֿן: מאַקסים, וואָס האָט זיך אַלץ מער און מער געשטאַרקט אין טרינקען און אַלץ העכערע מדרגות פֿון זשליאָקען יין־שׂרף דערגרייכט – איז, פֿאַרקערט, אין זײַן באַלעבאַטישער מדרגה אַלץ מער גענידערט, די וואָנסיאַקעס האָט ער נישט מער אַרויפֿגעדרייט, זיי זײַנען אים אַראָפּגעהאָנגען ווי אַלטע בעזעמער. אַ מאָל אין אַ שפּעטער נאַכט, ווען ער איז שיכּורערהייט אַהיימגעגאַנגען פֿון עפּעס אַ פּראַזדניק, האָט ער זיך אויסגעגליטשט – אַ מזיק האָט אים אונטערגעשטעלט אַ פֿוס – שלעפֿעריק איז ער געווען, האָבן אים די מזיקים אײַנגעוויגט און ער איז אַנטשלאָפֿן געוואָרן אויף אייביק, אויף דער האַרטער, פֿראָסטיקער ערד.

אויף דעם אַנדערן טאָג איז אין שטעטל געווען אַ גרויסער שטורעמווינט: „דער שיכּור רודערט שוין,״ האָט מען פֿאָרכטיק געשעפּטשעט. ער האָט אײַנגעלייגט שויבן, אַראָפּגעריסן גאָנטעס פֿון די דעכער און אַרויסגערופֿן אין משהלען דעם פּלוצעמדיקן שינוי. ער האָט אָנגעהויבן אויפֿצופֿירן מיאוסע, גאָר נישט ייִדישע שטיקלעך. ער פֿלעגט זיך נישט שעמען און נאָכלויפֿן שיקסעס, זאַטשעפּען ייִדישע ווײַבלעך מיט פֿרעכע, זינדיקע גלוסטונגען; ער פֿלעגט פֿרעסן און זויפֿן און איז נאָכגעגאַנגען יעדער תּאווה און יעדער באַדערפֿעניש פֿון זײַן גוף. ער האָט אויפֿגעהערט צו דאַוונען און צו גיין אין שול אַרײַן; דערפֿאַר האָט ער געזונגען די אויסגעלאַסענע פּוילישע לידלעך, וועלכע ער האָט זיך אויסגעלערנט פֿון די שיכּורים בײַ זײַן מוטער אין ווײַנהויז. ס׳פֿאַרשטייט זיך, אַז אויף זײַן יונג ווײַבל האָט ער איצט גאָר נישט געלייגט קיין כּבֿוד. שבֿעלע, וואָס האָט אָקאָרשט דעמאָלט געשוואַנגערט, איז אַרומגעגאַנגען אין שווערע יסורים, גאָר אָן צאָל, און מיט אַ געבראָכן געמיט.

ערשט איצט, צו שפּעט, האָט זי זיך דערמאָנט, אַז בשעת די תּנאָים, דער חופּה און בשעת מ׳האָט געזאָגט דעם חתן אָבֿ־הרחמים, אַז מ׳האָט אָפּגעלייענט דעם חתנס נאָמען – האָט זיך געלאָזט הערן אין אַוויר עפּעס אַ מין קרעכצן און אַ שטיל געוויין. זי האָט אויף דער דערשײַנונג קיין באַזונדערע וואָג נישט געלייגט, מיינענדיק, אַז דאָס הערט זיך איר עפּעס צו, און האָט נישט געגלייבט אירע אייגענע אויערן אין די טעג פֿון איר שׂימחה. נאָר אַצינד האָט זי עס געהאַלטן פֿאַר אַ וואָרעניש, פֿאַר עפּעס אַ סימן, אַ טרויעריקן אָנזאָג.

נישט זי, נישט קיינער האָט געוווּסט, וואָס דאָס קרעכצן און דאָס שטילע געוויין האָט געהאַט צו באַטײַטן: דאָס איז געווען די עלנטע, אמתע נשמה פֿון משהלען, די ווײַטערע פֿלאַנצונג פֿון ר׳ יוספֿס נשמה, וואָס האָט אַזוי געקלאָגט און געזוכט אַ תּיקון.

## יא

איצט האָט זיך טויבע אַליין אָנגעהויבן שרעקן. זײַן הנהגה איז געוואָרן אַ שמועס אין לײַטנס מײַלער און ער אַליין איז געווען פֿון אַלעמען געפֿײַנט. וואָס טוען ווײַבער אין אַזאַ ענגשאַפֿט? הייבן אָן ווידער צו באַציִען רופֿאים, רופֿן אָפּשפּרעכער, מע פֿאַרזוכט פֿאַרשיידענע סגולות. אַ נעכטיקער טאָג. אונדזער משהלע וויעוועט, ווי קיין מאָל נישט, שלאָפֿט נישט אין דער היים דורך די נעכט, און מע ווייסט נישט ווו ער ווערט פֿאַרפֿאַלן. קומט שיכּור, קערט איבער די שטוב האָרע־קאָרע, מאַכט פּובליקעס, אַז די גאַס לויפֿט זיך צונויף.

אין שטעטל האָט מען אָנגעהויבן איבערצוחזרן, אַז ער איז אַוודאי געווּנען געוואָרן פֿאַר דער כּיתּת פֿראַנק האָרור[9], וועלכע האָט מיאוסע זאַכן אויפֿגעפֿירט אין די שטעט און שטעטלעך פֿון די דרום־מיזרח־לענדער פֿונעם דעמאָלטיקן פּוילן. דווקא אין דער צייַט האָט דער דאָזיקער פֿראַנק ימח־שמו אָנגעפֿירט אין לוואָוו אַ וויכּוח מיט רבנים, בתּר־כּם הרבֿ רבי ישׂראל בעש״ט בעצמו וכבֿודו, ווען מענס נאָמען האָט דענסטמאָל אָנגעהויבן קלינגען מיט אַ זיסן שאַל אין די גרענעצן פֿון גאַנץ פּוילן. ווי ס׳האָט זיך אַרויסגעוויזן, האָט אַפֿילו דער רבֿ פֿון דעם דאָזיקן שטעטל געהערט צו זייַנע איבערגעגעבענע חסידים און תּלמידים און האָט שבֿעלען, דער מיט ביטערע טרערן פֿאַר אים קלאָגנדיקער, ווי אויך דער שוויגער אירער, טויבען, געראָטן, זיי זאָלן מיט משהן אַריבערפֿאָרן קיין לוואָוו און דאָרט דעם הייליקן בעש״ט אויפֿזוכן. אויב ער וועט זיי נישט העלפֿן, טאָ וועלן זיי מער קיין העלפֿונג נישט געפֿינען און עס בלייַבט נישט איבער קיין אַנדערע ברירה, ווי דעם זיווג אויפֿצוקניפּן און כאָטש איין צד ראַטעווען פֿונעם פֿאַרדאַרבן, דהייַנו, די כּשרע ייִדישע טאָכטער שבֿעלע.

פֿאַר דעם אויסוועג האָט טויבע שטאַרק געציטערט, ווייַל זי האָט גוט איר זון געקענט און מורא געהאַט צו פֿאַרלירן אַזאַ דימענט ווי איר יונגע שנור.

האָט מען באַשלאָסן צו פֿאָרן קיין לוואָוו.

עס האָט גראָד געדאַרפֿט דאָרט זייַן אַ גרויסער יריד, אַ יאָרמאַרק, צו וועלכן משהלע האָט זיך שוין פֿון לאַנג געגרייט. דער מוטער און שבֿעלען איז עס געלונגען בייַ אים צו פּועלן, אַז ער זאָל זיי מיטנעמען. עס האָט געהייסן, אַז די מוטער וויל מיט שבֿעלען אַריבערגיין צום בעש״ט (פֿון וועלכן משה האָט שוין אויכעט געהערט), ער זאָל זי בענטשן מיט לייַבט קינדער־האָבן, פֿאַר וועלכן שבֿעלע האָט כּלומרשט שטאַרק זיך געפֿאָרכטן. אַזאַ אַכזר צו זייַן און אָפּזאָגן האָט ער שוין נישט געקאָנט; כאָטש די מעשׂה איז אים שטאַרק נישט געלעגן אין טעם, עס האָט אים געקאָנט שטערן אין זייַן פֿרייַהייט אין לוואָוו צו ווייעווען, דאָך האָט ער מסכּים געווען.

האָט מען געדונגען אַ גרויסע בויד, וועלכע מ׳האָט באַקוועם אויסגעבעט און מ׳האָט זיך, אין אַ גוטער שעה, געלאָזט פֿאָרן קיין לוואָוו.

## יב

בעש״ט האָט שוין קודם ברוח־הקודש געזען, ווער עס דאַרף צו אים אָנקומען. אַז די אורחים האָבן געעפֿנט די טיר פֿון זייַן שטוב אין דער אַכסניא, אין וועלכער ער איז אייַנגעשטאַנען, האָט ער זיי בסבֿר־פּנים־יפֿות אויפֿגענומען און די שטוינענדיקע באַגריסט מיט זייערע נעמען. ער האָט זיי געהייסן זעצן זיך. אויף אַלע איז געפֿאַלן עפּעס אַ מאָדנע אימה. אויף משהלעס שטערן זייַנען אַרויסגעטרעטן קאַלטע טראָפּן שווייס.

בעש״ט האָט אויף אים זייַנע בלויע אויגן פֿאַרקערעוועט און אים שאַרף געקוקט אין פּנים.

9 יעקבֿ פֿראַנק (1791–1726) – דער אָנפֿירער פֿון אַ רעליגיעזער באַוועגונג, אַ נאָכפֿאָלגער פֿון שבתי־צבֿי.

פֿלוצעם האָט ער זיך אויסגעדרייט, אָנגעטאָן דעם טלית און איז צו דעם צאַפּלדיקן משה אויף דרײַ שריט צוגעטרעטן און האָט מיט אַ דערהויבן קול באַפֿוילן:

„טרפֿהנע נשמה פֿון מאַקסימען, איך באַפֿעל דיר, אינעם נאָמען פֿונעם אַלמעכטיקן גאָט פֿון ישׂראל, זאָלסט אָפּטרעטן פֿון דעם ייִדישן גוף, וווּ אַהין די סיטרא־אַחרא האָט דיך פֿאַרפּלאַנצט, און איבערלאָזן דײַן אָרט דעם רעכטמעסיקן יורש משה בן יוסף, וואָס שוועבט אין אַוויר און וויל זיך מיט זײַן גוף באַהעפֿטן פֿון וואַנען דו האָסט אים פֿאַרטריבן."

פֿון משהלעס ברוסט האָט זיך פּלוצעם געלאָזט הערן אַ וויינענדיק קול: „באָזשענקאָ, מוּי באָזשע, אַ דאָקאָנד יאַ פּוּידע? מניע טו טאַק דאָבזשע בילאָ."[10]

טויבע מיט שבֿעלען זײַנען שיִער נישט געבליבן אין חלשות. עס איז אַרויסגעגאַנגען אַ תּלמיד און האָט זיי געמונטערט.

בעש"ט האָט ווידער זײַן קול אויפֿגעהויבן:

„דײַן גורל איז צו גיין אויף די פּוסטע, וויסטע פֿעלדער, ווײַל דײַן טיפּה איז אויף דעם לײַלעך פֿאַרטריקנט געוואָרן, האָט זיך מיט קיין אישה נישט באַהעפֿט. דו שטאַמסט פֿון אַ שיכבֿת־זרע לבֿטלה..."

אין דער ברוסט האָט עס נאָך אַ מאָל אַ קרעכץ געטאָן: „באָזשענקאָ, באָזשע, אידע יוזש, אידע, סוויענטי טשלאָוויעקו..."[11]

ווי דאָס איז נאָר אַרויסגעזאָגט געוואָרן, האָט זיך משהלע אַראָפּגעגליטשט פֿונעם בענקל – אויף דער ערד, אַ טויטער. זײַן גוף איז געבליבן אָן אַ נשמה.

די ווײַבער זײַנען אויפֿגעשפּרונגען מיט אַ ווילד געוויין. בעש"ט האָט זיי באַרויִקט: „זײַט שטיל, ווײַבער, זײַט שטיל, ער וועט לעבן, איר וועט אײַך באַלד מיט אים פֿרייען."

און בעש"ט האָט זיך געווענדט צו דער מיזרח־וואַנט און האָט אויסגערופֿן בקול־רם:

„נשמה פֿון משה בן יוסף, דײַן גוף איז פֿרײַ!..."

אין דער מינוט האָט משהלע געעפֿנט די אויגן. זיי האָבן איצט געקוקט אַזוי זאַנפֿט, אַזוי ענווהדיק. אויף זײַנע ליפּן האָט זיך באַוויזן אַ גליקלעכער שמייכל; ער האָט זיך אויפֿגעהויבן פֿון דער ערד, איז פֿריילעך צוגעגאַנגען צו בעש"ט, אָנגענומען זײַנע הענט און זיך איבער זיי געבוקט מיט די ווערטער: „הייליקער צדיק, איך דאַנק דיר."

בעש"ט האָט געענטפֿערט: „מע דאַרף נישט, מע דאַרף נישט," ער האָט אים אַרומגענומען און אַ קוש געגעבן אין שטערן.

משהלע האָט זיך דערנאָך געוואָרפֿן, וויינענדיק מיט פֿריילעכע טרערן, זײַן שבֿעלען אויפֿן האַלדז און זי אָנגעהויבן איבערצובעטן. דאָס זעלביקע האָט ער אויך געטאָן צו דער מוטער.

בעש"ט האָט צוגעקוקט און געשמייכלט מילד אונטער זײַנע בלאָנדע וואָנסעס. דערנאָך האָט ער געהייסן אַלע אָנוועזנדע אַרויסגיין פֿון דער שטוב און איז געבליבן אַליין מיט טויבען.

10 פּויליש – גאָטעניו, מײַן גאָט, און וווּ אַהין וועל איך גיין? מיר איז דאָ געווען אַזוי גוט.

11 פּויליש – גאָטעניו, גאָט, איך גיי שוין, איך גיי, הייליקער מענטש.

„הייליקער צדיק, וואָס זאָל דאָס באַטייַטן?“ האָט זי אים הכנעהדיק געפֿרעגט.

בעש״ט האָט איר אַלץ, אַלץ פֿאַרענטפֿערט און האָט, אַ דערשיטערטער און פֿון דעם נס געריירטער צום סוף געזאָגט: „און דו, טויבע, שטאַרק דיך מיט אַלע דייַנע כּוחות און טו תּשובֿה. דו האָסט אַקעגן דייַן מאַן שטאַרק געזינדיקט. גיב דאָס אָפּ זייַן זרע, וואָס דו האָסט אַקעגן אים פֿאַרפֿעלט...“

אַ צעשמעטערטע און אַן אויפֿגעריכטע, מיט אַ סך פֿרומע נדרים איז טויבעלע אַרויס־געגאַנגען פֿון בעש״טס שטוב.

## יג

זיי זייַנען נאָך אַ פּאָר טעג געבליבן אין לוואָוו.

משהלע, וועמענס אמתע נשמה האָט אין זיך די תּורה אייַנגעזאַפּט, וואָס האָט זיך צו דער פֿאַלשער נישט געקאָנט באַהעפֿטן, איז אַלע טאָג צום בעש״ט אַרייַנגעקומען און געזעג־סן צווישן זייַנע מקורבֿים און תּלמידים און געשלונגען זייַנע הייליקע ווערטער.

דאָס מאָל האָט טויבעלע [ד]ערליידיקט אַלע משׂא־ומתּנס פֿונעם יריד. און אַז עס איז ענדלעך געקומען דער טאָג פֿון זייער געזעגענען זיך, האָט זיי בעש״ט אַלעמען געבענטשט און אָנגעזאָגט: „זעט תּמיד, מייַנע ליבע, דעם בורא־עולם צו דינען מתּוך שׂימחה, מתּוך שׂימחה...“

און זיי האָבן בשלום זיך אומגעקערט אין זייער שטעטל אַרייַן.

## יד

אין דער היים האָט מען דאָס יונגע פּאָרפֿאָלק נישט מער דערקאָנט. אַזאַ שינוי איז אַפֿילו אין זייער אויסערלעכקייט אייַנגעטרעטן. זייערע פּנימער האָבן געשייַנט מיט שלווה, מיט אַהבֿה. די שטאָטלייַט האָבן זיך נישט אויפֿגעהערט צו חידושן. אין די אַהיימגעקומענע האָבן געהויכט און געקראַנצט בעש״טס נאָמען.

טויבעלעס הויז איז איצט געוואָרן אַ מיקלט פֿאַר די באַטריבטע און פֿאַר די נויט־באַ־דערפֿטיקע. אין ערגעץ איז אַן אורח נישט געוואָרן אויפֿגענומען מיט אַזאַ כּבֿוד ווי בייַ משהלעס טיש. אין ערגעץ האָט מען נישט אַ חוזר־בפּתחים[12] אַוועקגעשיקט אַזוי רייַך באַשאָנקען.

די טראַכט פֿון שבֿעלען איז געווען געבענטשט מיט אַ גוט בענטשונג. זי האָט געהאַט זין און טעכטער, וועלכע טאַטע־מאַמע און די באָבע האָבן מגדל געווען צו חופּה־וגדולה, הלוואַי אויף אונדז אַלע געזאָגט געוואָרן אָמן. כּן יהי רצון.

12 חוזר־על־הפּתחים.

איטשע־מאיר ווײַסענבערג

# די משוגענע אין דאָרף

אויף דעם לובלינער שאָסיי פֿאָר איך איין מאָל בײַ נאַכט מיט אַ פֿורמאַן – אַ יונגער יונג מיט ברייטלעכע פלייצעס. ביידע זיצן מיר שטיל, און דאָס וועגעלע שאָקלט זיך מיט אונדז, לײַכט רווישנדיק איבערן שטיין־געפרעסטן וועג. ווײַט פֿינקלען שטערנדלעך, צאַנקען און ציטערן ווי אײַנגראָבנדיק זיך טיף, טיף אין דער טונקעלער נאַכט... אַ קיל ימים־נוראָימדיק ווינטל האַלדזט מיך, גלעט מיר דאָס פנים, פֿאָכט מיר איבער די אויערן און זשומט צו לײַכט, שטיל... דער טונקל בלאָער הימל הילט אַרום דאָס פֿעלד אין אַ קײַלעכדיקן שטח, טיף גענייגט צו דער ערד, און שטיל איז אַלץ ווי די נאַכט. ווײַט אַרום שלאָפֿט דאָס פֿעלד אײַנגעהילט אין אַ זילבער ווײַסן טוישלייער, אויף וועלכן עס שאָטנט זיך, ווי חלומות־געדאַנקען, די צעוואָרפֿן שטייענדיקע ביימלעך. אַ פֿאַרזאָרגטע בלאַסע לבֿנה, און ווי פֿאַרטראַכט אין רעיונות, הערט זי זיך אײַן אינעם שאָרך פֿון די בלעטלעך אויף די וויגנדיקע שפיצן ביימער. באַזילבערט מיט דער לבֿנה־שײַן, בלאַנקען צוויי שורות קאַלך ווײַסע שטיינער אויף ביידע זײַטן שאָסיי, און מיר פֿאָרן אין דער מיט, טריט בײַ טריט.

דער פֿורמאַן, זעט אויס, דרעמלט, און איך זיץ הינטער זײַנע פלייצעס פֿאַרטראַכטערהייט און קוק איבער זײַן קאָפּ אין ווײַטן העלן וועג אַרײַן.

ווײַט, בײַ דער רעכטער זײַט וועג, שוואַרצן זיך צוויי טונקעלע פֿלעקן, אַז מיר קומען נעענטער, איז עס דעכער פֿון צוויי געבײַדעס. דאָ קוקט זיך אום דער פֿורמאַן און זאָגט אַז ער שטעלט זיך פֿאַשען דאָס פֿערד. מ׳פֿאָרט אַריבער איבער אַ הילצערן בריקל וואָס ליגט איבערן וואַסערל קעגן ביידע הײַזער, און דאָס וועגעלע שטעלט זיך פֿאַר דער טיר פֿון איין הויז.

ביידע זענען גרויס, אומגעלומפערט, מיט אָפּגעשיילטע ליימענע ווענט. פֿון איין האַלב הויז, וווּ מיר שטייען, זענען צו ביידע לאָדנס, נאָר דורך [דער] אויסגעשניטענ[ער] האַלב[ער] לבֿנה אין איין לאָדן פֿאַלט אַרויס אַ ליכטיקער שטראַל אויסציִענדיק זיך ביז אונטערן פֿערדס בויך. די פֿענצטער פֿון אַנדערן האַלבן הויז זענען פֿאַרקלאַפּט מיט ברעטער... דאָס צווייטע הויז פֿון דעם האָט אין צוויי זײַטן צוויי גרויסע אײַנפֿאָר־טויערן, גאָר צעשפאָלטן און אויסגעקרימט. די הוילע פֿענצטער, ווי אויגנלעכער פֿון אַ סקעלעט, קוקן מיט אַ פֿינצטערן בליק אין דער ווײַטער וועלט אַרײַן... זיי זוכן אפֿשר פֿאַרפֿאַלענע סוחרים און בעל־עגלות מיט געלאָדענע בריקעס?... פֿאַרטראַכט קוקט די לבֿנה אויף דעם אויסגעדרייטן צעהוידעטן

פֿון: **קינאה און תּאווה און אַנדערע דערציילונגען**. וואַרשע, ניו־יאָרק: פּראָגרעס, 1911, ז״ז 151–174. פֿאַרגליכן און פֿאַרראָכטן לויט דער פּובליקאַציע אין: **געקליבענע ווערק**. קיִעוו: קאָאָפּעראַטיוו־פֿאַרלאַג „קולטור־ליגע“, 1930, ז״ז 215–240.

דאַך, וואָס דרעמלט, דאַכט זיך, פֿאַרטיפֿט אין אַלטע זכרונות. ווייַט ערגעץ קרייט אַ האָן. איך קוק מיך אום – נאָך אַ מעגגע צעזייטע דעכלער פֿאַרזונקען אין אַ טאָל, וועלכע די נאַכט האָט פֿאַרכּישופֿט אין אַ לאַנגן טיפֿן חלום וואָס וועבט זיך צוזאַמען מיט מיליאָנען זילבערנע פֿעדעם וואָס שפּראָצן אַרויס פֿון דער בלאַנקער לבֿנה. פּלוצלינג טוט דאָס פֿערד אַ שנאָרך, איך קוק מיך אום – דער פֿורמאַן שטייט און הענגט [אים] אָן אַ זעקל האָבער. איך שפּרינג אַראָפּ אויף דר׳ערד און שטייענדיק אָנגעלענט אָן וועגעלע עפֿן איך מיַין זייגערל – פּונקט צוועלף!

אין שטוב איז עפּעס אַ גערודער, הער איך, און פּלוצלינג מישט עס זיך צונויף מיט פֿאַרדומפּענע קולות... „וואָס איז דאָס?“ – קנייטשט מיַין פֿורמאַן די פּלייצעס, אויסשטעלנ־דיק זיַינע פֿינקלדיקע אויגן צום לאָדן, ווו עס לייַכט זיך. ער רוקט זיך צו נעענטער און לייגט צו דאָס לינקע אויער, קוקנדיק אויף מיר, וואָס וועל איך זאָגן דערצו.

– ווער ווױנט דאָ? – פֿרעג איך.

– אַן אַלמנה! – ענטפֿערט ער, אַראָפּלאָזנדיק די בליקן אויף זיַין ברוסט, און רוקט זיך אָפּ פֿון לאָדן.

– איינע אַליין? – וויל איך וויסן.

– אַ טאָכטער מיט אַן איידעם אויך. דאָס איז איר, דער טאָכטערס קול, איר הערט?...

– וואָס שרייַט זי?

– אַ נבֿיא בין איך? קומט אַריַין, וועלן מיר וויסן! – ענטפֿערט ער צוגייענדיק צו דער הויזטיר און דערלאַנגט דאָרט עטלעכע קלעפּ מיט דער פֿויסט, פֿון וועלכע די טיר האָט אַ גרילץ געטאָן.

באַלד דערהערט זיך פֿון אינעווייניק אַ ווייַבעריש קול:

– ווער איז עס?

– עפֿנט, פּעסעלע! – שרייַט דער יונג.

– מ׳קען נישט ערשט! – ענטפֿערט דאָס קול.

– מ׳קען נישט? – פֿרעגט ער מיט אַ באַהאַלטענעם כּעס – אַזוי... נו, וועל איך קענען!...

– ווער איז עס? ווער, דו, יאָסל?...

– איך, איך! – שרייַט ער בייז, און צו מיר ווענדט ער זיך מיט אַ פֿייַערדיקן בליק, נאָר מיט אַ ווייכערן טאָן, – אוי, אַ רוח אין איר מאַמען אַריַין, זי קען מיך שוין גאָר נישט...

דאָס קייטל קלינגט אָפּ און די טיר עפֿנט זיך. אויף דער שוועל באַוויַיזט זיך אַ ייִדענע אין אַ טונקל קליידל מיט אַ דערע אויף די אַקסלען און אַ וויַיס ציפּיקל אויפֿן קאָפּ. איר בלאַס פּנים קעגן שיַין פֿון דער לבֿנה דריקט אויס שרעק און אומצופֿרידנהייט.

– יאָסל, – הייבט זי אָן – איך האָב דיך שוין שיִער נישט דערקענט.

– נו, נו, מ׳ווייסט שוין... – טוט ער אַ מאַך מיט דער האַנט, ווי ער וויל נישט הערן, און צו מיר גיט ער אַ ווונק, איך זאָל אים נאָכגיין.

די ייִדענע, ווי ברוגזדיק, רוקט זיך צוריק הינטערוויַילעכץ און עפֿנט אין הויז נאָך אַ טיר, און מיר גייען איר נאָך אין שטוב אַריַין.

אַרײַנקומענדיק בלײַב איך שטיין בײַ דער טיר. פֿינצטער איז, האָב איך מורא אַ פּוס צו שטעלן, דאָך אין דער וואַנט, קעגן מיר, לײַכט זיך פֿון אַ קליין קײַלעכדיק פֿענצטערל. דאָרט איז, אַ פּנים, נאָך אַ חדרל. די ייִדענע איז צוגעגאַנגען, און צוזאַמען מיטן פֿענצטערל עפֿנט זי אַ טיר. דאָ ווערט דערווײַל אַ ביסל ליכטיקער, און איך רוק מיך שוין אַרײַן אין דער מיט שטוב. די ייִדענע איז אַרײַן אין צווייטן חדר, און באַלד קומט זי צוריק צו אונדז מיט אַ ברענענדיק לעמפּל אין דער האַנט.

איך דערזע פֿאַר מיר אַ קרעמערטישל, אַ געקעסטלטע שאַנק בײַ דער וואַנט, ווו עס ליגן פּעקלעך פּאַפּיראָסן, טאַבאַק דריטער סאָרט, סטעאַרין־ליכט, עטלעכע פּעקלעך ציקאָריע און אַ סך פּודלעס גילזעס... גאָר הויך איז אויסגעשטעלט עטלעכע פּאַפּירענע האַלבע און פּולע בײַטלען, און אין עק – נאָך אַ גלעזערנער סלוי מיט געטריקנטע[ר] קאַווע. אַחוץ דעם שטייען בײַ דער זײַט טיש, אויף אַ ברעט ביז דער סאַמע ערד, צוויי האַלבע זעקלעך מעל, איין זעקל זאַלץ און אַ בלעכענע באַנקע מיט אַ זײַטיק גיסערל, אַרויסגעשטאַרט קרום אויס מיטן מײַלכל קעגן פּאַטענט אויף דער וואַנט.

– דאַרפֿסט האָבער? – פֿרעגט פּעסעלע צוגייענדיק צו יאָסלען און לײַכט אים אין פּנים אַרײַן.

– איידער כ׳וועל פֿאָרן! דערווײַל עסט עס... – ענטפֿערט יאָסל זשמורענדיק די אויגן קעגן ליכט.

– ווער וועט שפּעטער קלעטערן, דער האָבער איז אין קאַמער.

– קלעטערן? נישט, דאַרף מען נישט!...

– אַבי געריסן פֿון שלאָף, – פֿירט זי אָן דאָס לעמפּל קעגן דער טיר און דרייט זיך אויס.

– שטייט נאָר, שטייט! ווען?

– נו, ווען? – קוקט זי זיך צוריק אום און הייבט אויף דאָס לעמפּל העכער צו יאָסלס פּנים.

– אייַך? אַז מ׳הערט הינטערן לאָדן קולות... זענט איר געשלאָפֿן? דער באָבען דערצײלט!

– שׂונא־ישׂראל, יאָסל קרוין! – מאַכט זי אַ ווייהאַרציקע מינע, – איך וועל די ערד קילן פֿאַר ד[ער] צײַט.

– וואָס איז?

– גאָרנישט, אַלץ דאָס אייגענע, דאָס משוגעת טרעט נישט אָפּ פֿון איר איין רגע. זי ריכט דאָס מיר צו נעבעט, איז אַ קלאָג צו דער מאַמעס קאָפּ, – קלאָגט זי זיך, צולייגנדיק אַ האַנט צום הויטיקן פּנים און די דלאָניע פֿאַרשטעלט די שוואָמען־געבראָטענע ליפּעלעך.

– מ׳זאָגט דאָך: איר זענט שולדיק.

– אוי, קינד וואָס דו ביסט! אַ מאַמע, אַ זינדיקע מאַמע איז שולדיק אין אַ דיבוק? פֿרעג די שכנים אין דאָרף...

– וואָס, ער שרײַט אַרויס פֿון איר?

– וואָס דען? דאָ שרײַט זי, דער דיבוק, הייסט עס, זי וועט שעכטן די מאַמ[ע], דאָ שעלט זי דעם רבין, וואָרן די אַלע לײַט ציטערן פֿאַר אַ רבין און האָבן אים פֿײַנט.

– און דעם מאַן?

– מילא... זי שעלט אַפֿילו נישט, גאָר משוגע, באַהאַלט זי זיך פֿאַר אים.

– מ׳זאָגט דאָך, אַז זי וויל אים נישט.

– זאָל מען די קלאָגן!

– איך האָב עס פֿון איר אַליין געהערט.

– גוט געהערט! שעכטן די מאַמ[ע] אָדער שעלטן דעם רבין, ווייס זי וואָס זי רעדט? דאָס אַנדערע, וואָס גייט ווען מען אָן?

– טאַקע נישט, אָט שמועסט מען.

– נו שוין, נו... – האַקט זי אָפּ און דרייט זיך אַוועק מיטן לעמפּל צו דער טיר, נאָר איך פֿאַרהאַלט זי ווידער און פֿרעג:

– אפֿשר איז דאָ אַ גלאָז טיי?

– עס קען באַלד זײַן, צײַט עטלעכע מינוט.

– גוט! – טו איך אַ שאָקל מיטן קאָפּ, און זי מיטן לעמפּל אין דער האַנט ווערט נעלם אין צווייטן חדר אַרײַן.

– ווען מיר זײַן אין דער פֿינצטער? – פֿרעג איך יאָסלען.

– ווילט איר, גייט אַרײַן... – ווײַזט ער מיט דער האַנט צום ליכטיקן פֿענצטערל.

– און איר?

– איך נישט, איך וויל דאָ זײַן...

– זאָל מען אָנצינדן אַ ליכט, וועל איך באַצאָלן, – זאָג איך.

– פּעסעלע! – רופֿט ער.

זי קומט אַרײַן.

– וואָס איז? באַלד איז די טיי...

– ניין, צינדט אָן אַ ליכט, אַ פֿירערדיק ליכט, – זאָגט ער איר.

זי נעמט אַרויס פֿון דער שאַנק אַ ליכט, צינדט עס אָן און דערלאַנגט עס יאָסלען.

– איך בין שולדיק, זאָגט מען? באַגראָבן אַזאַ יונג בלוט, אַ ווײַבל אַ צדקת, מילא, האָסט זי דאָך געקענט, מן־הסתּם בין איך זי נישט ווערט, ערשט לייגט מען מיר נאָך שטיינער אויפֿן האַרצן... געבליבן די צוויי שוועלבעלעך, און דאָ דער יונגער־מאַן קלעפּט אָן [דער] שטוב, מיך האַלט ער פּשוט פֿאַר אַ מאַמען, וואָס זשע זאָל אַ מאַמע, אַ פֿאַרביטערטע מאַמע, טאָן, ווען זי האָט נאָך אַ דערוואַקסענע בתולה? דעם יונגן־מאַן אַרויסיאָגן, די שוועלבעלעך פֿאַריאָגן צו אַ שטיפֿמאַמען און דאָס מיידל חתונה מאַכן מיט אַ פֿרעמדן טיַיוול?

– מילא, האָט איר דאָך גוט געטאָן, הייסט עס!...

– אַוודאי האָב איך געמיינט, אַז די ווונד אין האַרץ וועט אַ ביסל פֿאַרצויגן ווערן... ערשט, אַ גאָטס שטראָף... זאָלסט מיר לעבן, יאָסל, פֿאַר מײַן געשמדטן האַלדז האָב איך דאָס געטאָן? חלילה נישט אָנגעפֿרעגט דעם רבין? ווייס איך! אַ צדיקס ענטפֿער, זאָגט מען,

דאַרף מען פֿאַרשטיין, און אַז איך האָב אים געפֿרעגט און דערציילט, וואָס איך קלער צו טאָן, האָט ער געענטפֿערט: „אַוודאי איז אַ שאָד די קינדער זאָלן פֿאַריתומט ווערן!״ וואָס, זאָלסט מיר לעבן, האָט ער אַנדערש געמיינט?... ערשט נעכטן געווען אין שטאָט, ווידער אָפּגעטרעטן... זייַנע זכות־אָבֿות זאָלן מיר בייַשטיין! האָט ער מיר געגעבן שאָבעכץ פֿון טייַוולס־פֿינגער און פֿאַרשפּראָכענ[עם] בוימל. מילא, קאָסט עטלעכע גילדן, נישט אויסגערעדט זאָל עס זייַן, אפֿשר וועט זיך גאָט פֿאָרט מרחם זייַן, און וועלכע מאַמע גיט עס נישט אַוועק דאָס העמד פֿון זיך פֿאַר איר קינד?

יאָסל, גערירט פֿון די טרערן וואָס הענגען אויף אירע אייַנגעשרומפּענע ציטערדיקע ברעמען, האָט אַ מאַך געטאָן מיט דער האַנט און ער רוקט זיך אָפּ אָן אַ זייַט, זי ווידער גייט צוריק אין צווייטן חדר אַרייַן.

יאָסל זעצט זיך אויפֿן טיש אַראָפּהענגענדיק די פֿיס און טריפֿט אָן דאָס ליכט לעבן זיך, דערווייַל קומט פּעסעלע צוריק מיט צוויי גלעזער טיי אין די הענט, זי שטעלט זיי אַוועק אויפֿן טיש און גייט באַלד צוריק אין חדר פֿאַרמאַכנדיק נאָך זיך די טיר.

אָפּגעטרונקען די טיי פֿאַררייכער איך אַ פּאַפּיראָס און בין יאָסלען אויך מכבד מיט איינעם.

מע רייכערט און מ׳שווייַגט. דאָס ליכטפֿלעמל ציט זיך צום בעליק מיט אַ העל בלאָ[ער] לויטערקייט, צושאָקלענדיק זיך שטיל און ערנסט, ווי אַ צנועה צו ליכטבענטשן. אויף דער מאַט ליכטיקער וואַנט שטייט יאָסלס שאָטן, דאַכט זיך, ער שלאָפֿט אָדער גלאַט פֿאַרחלומט, און יאָסל אַליין זיצט שטיל, און פֿאַרטראַכט קוקט ער אויף דעם דין אייַנגעלייגטן רויך וואָס בלאָנדזשעט אין לופֿטן אויסגעשפּרייטערהייט ווי אַ בלאָ טישטעכל און פֿלעכט זיך וויגנדיק און צעגייט ווי אַ לייַכט וואָלקנדל, און וואָס לענגער אונדזער שווייַגן, אַלץ פֿאַרטראַכטער זעט יאָסל אויס, און אַ שטיל טרויעריק ניגונדל פֿייַפֿט ער זיך צו. דאָס ברוינלעכע פּנים באַציט זיך אָפֿט מיט אַ באַצערט[ער] מינע, די בולטע אויגן אונטער די סאַמעט שוואַרצע ברעמען שטייען ברייט געעפֿנט און קוקן פֿאַר זיך מיט אַ פֿאַרגליווערטן בליק, און די פֿולע צונויפֿגעצויגענע ליפּעלעך, באַשאָטנט פֿון די שוואַרצע וואָנצעלעך, פֿייַפֿן, דאַכט זיך, אָן זייַן ידיעה. פֿאַרטיפֿט אין געדאַנקען, קען זייַן, הערט ער נישט זייַן אייגן ניגונדל, בפֿרט פּעסעלעס רייד אין צווייטן חדר – אַוודאי נישט; און איך רוק מיך צו אַליין צו דער טיר און וואַרף אַ בליק דורכן קליינעם שייַבל.

אַ בעטל מיט צוויי שלאָפֿנדיקע קינדער, אויבן אָן שטייט אַ טיש צווישן צוויי בעטן איינס קעגן אַנדערן שטייענדיק בייַ די קאַלך־געווייַסטע ווענט. אין איינס זעט זיך פֿון אונטערן איבערבעט צוגעדעקט ביזן האַלדז אַ בלאַסלעך פּנים מיט אַ שוואַרץ בערדל און אַ קאַפּל אויפֿן קאָפּ, בייַ וועלכן די אויגן קוקן שטיל צום צווייטן בעט ווו אַ יונג ווייַבל מיט אַ געשטריקט ווייַס קאָפּקעלע אויפֿן קאָפּ ליגט, דאָס איבערבעט האַלב אָפּגעדעקט און דאָס פּנים איז ווייַסער פֿאַרן העמד. אָן בעט אָנגעשפּאַרט שטייט די פּעסעלע און קוקט אויף דעם ווייַבל מיט רחמנות־בעטנדיקע אויגן.

– ווי לאַנג איז דער שיעור זיך נאַריש צו מאַכן? – טענהט פּעסעלע כּמעט וויינענדיק – ווייניק נאָך ד[ער] מאַמעס בלוט פֿאַרגאָסן?

דאָס ווײַבל שווײַגט און קוקט טרויעריק אויף דעם ברענענדיק[ן] לעמפּל וואָס שטייט אויפֿן טיש נעבן אַן אָפֿן ספֿרל.

– זע! – זאָגט ווידער פּעסעלע – אַ מאַמע וויל נישט קיין שלעכטס, זי וויל נאָר זאָלסט דיך נישט מאַכן קינדעריש. אַדרבא, ווו נאָך פֿירט זיך אַזוי אַ ייִדיש קינד? שוין אַכט וואָכן, אַכט באַשריגענע וואָכן, פֿון ד[ער] חתונה, וויי צו מיר... ביסט, חלילה, אַרויס פֿון ייִדישן דעת? ווייסטו וויפֿל קליפּות און משחיתים באַשאַפֿסט דורך דײַן עקשנות?... גאָט וועט אַוודאי נישט שווײַגן, און די אַלע דײַנע משחיתים, הערסט, דײַנע משחיתים וועלן דיך אַליין אומברענגען און וואַרפֿן דיך אין כּף־הקלע.

זי טרעט אָפּ פֿון בעט, לאַנגזאַם גייענדיק צו דער טיר. איך כאַפּ מיך אַוועק פֿון שײַבל און שטיי שוין לעבן יאָסלען.

די טיר עפֿנט זיך און פּעסעלע רוקט זיך אַרײַן. זי נעמט די גלעזער און ברענגט נאָך אַ מאָל טיי און שווײַגנדיק גייט זי צוריק, פֿאַרמאַכט די טיר נאָך זיך. באַלד כאַפּ איך מײַן גלאָז טיי און האַלטנדיק עס אין דער האַנט רוק איך מיך ווידער צו צום שײַבל...

– וויי צו די יאָר, – הייבט ווידער אָן פּעסעלע, צוגייענדיק צום ווײַבל – ווו נאָך בײַ ייִדן איז אַזוי?... זע! – ווײַזט זי איר אָן אויף דעם אָפֿענעם ספֿרל – זע, טאָכטער, וואָס אין ד[ער] הייליק[ער] תּורה שטייט: פֿון איין מאָל אויפֿהאַלטן... ווערט באַשאַפֿן אַ משחית[1]. און ווייסטו וואָס משחיתים און מחבלים זענען? אַ משחית פֿאַרברענט, פֿאַרברענט און באַשאַפֿט! הערסט, מרשעת, הערסט! פֿאַרברענט ווידער און באַשאַפֿט ווידער און טוט אַ שלײַדער אין כּף־הקלע אַרײַן, אין כּף־הקלע אַרײַן. הערסט, ווי דו וועסט אַ שוואַרצן סוף האָבן, קיין שום תּקומה!...

דאָ האָט די טאָכטער מיט האַס אַ קוק געטאָן אויף ד[ער] מוטער און געכאַפּט דאָס איבערבעט איבערן קאָפּ. די מוטער פֿאַרברעכט די הענט, און אויפֿהייבנדיק די אויגן צום בעליק קנייטשט זי דאָס פּנים ווייטיקלעך.

– רבונו־של־עולם, – רעדט זי אויס פֿאַרביטערט, – וואָס איז מיר צוגעקומען? יענע טאָכטער צוגענומען און מיך געלאָזט. נעם מיך שוין צו ווי כ׳האָב נאָר אַ זכות!... נעם, טאָכטער, – רײַסט זי איר אַראָפּ דאָס איבערבעט פֿון פּנים, – נעם ד[ער] מאַמעס האַרץ, לייג עס אויף ברענענדיקע קוילן, וועט עס שוין נישט געפּײַניקט ווערן אַזוי פֿיל!

די טאָכטער באַהאַלט צוריק דאָס פּנים אין איבערבעט און אַז די מוטער לאָזט נישט, טוט זי אַ קוק אַרויס און בלייזט אַרויס די צונג. ד[ער] מוטערס אויגן בלישטשען אויף מיט אַ פֿײַערל, זי רײַסט אַראָפּ דאָס איבערבעט צו דער ערד און נעמט לויפֿן איבער ד[ער] שטוב אויף און אָפּ. פּלוצלינג בלײַבט זי שטיין פֿאַרן בעט מיט אַ פֿינקלדיקן בליק און מיט אַ שנײַדנדיק קולכל שרײַט זי אויס:

1 משלי יח ט: גַּם מִתְרַפֶּה בִמְלַאכְתּוֹ אָח הוּא לְבַעַל מַשְׁחִית. „אויך דער וואָס איז אָפּגעלאָזט אין זײַן אַר־בעט, איז אַ ברודער צו אַ מאַן אַן אויסברענגער“ (איבערגעזעצט פֿון יהואש).

– הולטײַקע! אונטער מײַן דאַך זאָל אַזאַ זינד נישט געבערענגט ווערן, איין מאָל פֿאַר אַלע מאָל, לעב אָדער שטאַרב! – ענדיקט זי מיט שוים אויף די ציטערדיקע ליפּן און לויפֿט אַוועק צום קינדערשן בעטל ווו זי בייגט זיך אײַן און כאַפּט אַ שטריק אײַנגעלייגט אין צווייען און לויפֿט צוריק צו צו דער טאָכטער ווו זי ליגט אײַנגעקאָרטשעט און טוליעט אײַן די נאַקעטע פּיס אונטערן העמד, קוקנדיק אויף ד[ער] מוטער מיט אַ צעמישטן דערשראָקענעם בליק ווי זי שטייט איבער איר מיט דעם שטריק אין דער האַנט און שרײַט:

– שוין גענוג זינד. גענוג צוגעדעקט. אויפֿגעדעקט מוז ווערן... אַ חטא אין מײַן שטוב, אַ חטא, אַ חטא אין שטוב!

– אַלטע קליפּה! – מורמלט שטיל די טאָכטער און וויל אָנכאַפּן דעם שטריק וואָס ציטערט איבער איר אײַנגעטוליעטן גוף אין דער מוטערס האַנט.

– קליפּה? אָט האָסטו אַ קליפּה! – לאָזט זי איר אַראָפּ אַ ריס מיטן טרוקענעם שטריק איבערן ווייכן לײַב.

דער יונגער־מאַן אין בעט קעגן איבער האָט אַ ציטער געטאָן אין דער רגע, גלײַך דער שטריק וואָלט זיך אים אין זײַן לײַב אײַנגעשניטן, נאָר אָט דערהערט ער דעם ווײַבלס יאָמערלעך געשריי... און זײַנע אויגן און בלאַס פּנים פֿלאַמט אויף מיט אַ ווילד[ער] נקמה.

– זאָל זי וויסן וואָס הייסט עקשנות!... – קילט ער זיך דאָס האַרץ, – זאָל זי וויסן!...

פּלוצלינג קריג איך אַ שטויס אין אָרעם, איך קוק מיך אום – יאָסל! דאָס האָט אים איר קול צוגעצויגן און ער קוקט דורכן שײַבל...

אינעווייניק טומלט, די צוויי קינדערלעך אין בעטל זענען שוין אויפֿגעוועקט און זיי צאַפּלען זיך און שרײַען ווי יונגע עופֿעלעך ערבֿ יום־כּיפּור באַגינען... נאָר פּעסעלע טוט דאָס איריקע.

– נו, עפּעס גוט געווען?.. – קוקט זי אויף ד[ער] טאָכטער מיט נקמה־שמייכלדיקע גיפֿטיקע בליקן – עפּעס גוט, האַ, ווי מיינסטו?...

– דערהרגע מיך!

– טאַקע אַזוי! אַזוי... אַזוי...

– געוואַלד, געוואַלד! – שרײַט זי מיטן גאַנצן כּוח, איבערשרײַענדיק די קינדערשע קולכלעך, און זי וואַרפֿט זיך אַראָפּ מיט אַ האַלב גוף פֿון בעט, אָנשפּאַרנדיק איין האַנט אויף דער ערד און מיט דער אַנדערער וויל זי אָנכאַפּן דאָס איבערבעט... די מוטער אַמפּערט זיך מיט איר, כאַפּט זי זיך צוריק און גראָבט אײַן דעם קאָפּ צווישן שטרוי אונטער ד[ער] פּלאַכטע...

אין דער מינוט האָט יאָסל, אַ קריץ טוענדיק מיט די ציין, אַ ריס געטאָן די טיר. – פֿאַרקייטלט! – ברומט ער, עטוואָס זיך אײַנקאָרטשענדיק, און דערלאַנגט נאָך אַ מאָל אַ שטויס מיטן אַקסל. ד[אָס] קייטל אין יענער זײַט פּלאַצט מיט רעש, די טיר שפּרינגט אָפּ, און יאָסל וואַרפֿט זיך אַרײַן אין חדר ווילד צעטראָגן. די מוטער שפּרינגט אָפּ מיט שרעק, און ער בלײַבט שטיין עטלעכע טריט פֿאַרן בעט.

– דבֿורה! – דונערט זײַן קול – האָסט דיך געהייסן הרגענען? ווּעמען טוסטו דאָס אָפּ, דײַן מאַמען? זי וועט דיך באַדויערן נאָכן טויט, מיינסטו?...

– דו שייגעץ, לאַבוס! – שפּרינגט אַרויס פֿונעם צווייטן בעט דער יונגער־מאַן אין די בלויזע גאַטקעס, ווילד און די פּאות צעפּלאָשט פֿאַר שרעק... – דו מחוצף, בײַ מיר אין שטוב?...

– בײַ דיר, – שפּרינגט יאָסל צו אים צו, אַרײַנהאַקנדיק איינ[ע] נאָך ד[ער] אַנדער[ער] ביידע פֿויסטן אין פּנים אַרײַן, און דער יונגער־מאַן פֿאַלט אויף דער ערד פֿאַרגאָסן אין בלוט.

– רוצח! – שרײַט פּעסעלע אָנכאַפּנדיק יאָסלען בײַם אַרבל, – רוצח, דערהרגעט אַ מענטש!...

נאָר יאָסל הערט נישט, נישט איר, נישט די קינדערס געשריי. ער פֿילט אויך נישט, דאַכט זיך, ווי זי ציט אים דעם אַרבל, און מיט אָנגעשטרענגטע פֿיס, ווי פֿון שטאָל געגאָסן, דריקט ער דעם שטייענדיקן טריט, איבערגעבויגן רעדנדיק צום ליגנדיקן אין קרעכצן.

– נו, וואָס ליגסטו?... דאָס שעפּעלע איז געבונדן, גיי צו, שעכט!... אַ, וואַרט... גי־כער וועסטו געטייט ווערן! – גלײַכט ער זיך אויס, אַרײַנשטעקנדיק ביידע הענט אין די הויזן־קעשענעס. און אין זײַנע אויגן שפּילט אַ בייזער שמייכל פֿאַרמישט מיט אַ ווילדער העזה צו קוקן אויף דעם בלוט־פֿאַרגאָסענעם פּנים.

אין דער רגע האָט אַ שרעקלעכער געדאַנק אין מײַן מוח אויפֿגעבליצט – „אפֿשר אַ מע־סער? וואָס זוכט ער אין די קעשענעס?" און איך שפּרינג צו און שטופּ אים אָפּ מיט קראַפֿט.

– וואָס טוט איר? – שרײַ איך אויפֿגערעגט.

– איך טייט! – שרײַט ער נאָך העכער, און די אויגן בליצן, קוקנדיק צעמישט אויף דעם יונגן־מאַן.

– פֿאַר וואָס? אַ מענטשן!... – שרײַ איך און האַלט אים בײַם אָרעם.

– אַ מענטש איז דאָס? – שמייכלט ער ווילד – אַ ווייך שוועמל, וואָס צעקוועטשט זיך אין דער האַנט!... אַ בלעטל, וואָס ציטערט פֿון מינדסטן שאָקל!...

– אָבער וואָס האָט איר צו אים?

– זעט, אָ!... – ווײַזט ער מיט אַ פֿינגער אויף דעם ווײַבל אין בעט.

– נו, וואָס?... די מוטער!...

– אָבער ער איז דאָך געלעגן קעגן איבער און געקוקט... זײַנע שטילע אויגן האָבן דאָס געהייסן. אוי, איז דאָס אויגן, אויגן!...

– זאָל עס אים קרענקען!... זײַן ווײַב... – שטיל איך אײַן יאָסלען.

– זײַן ווײַב, זײַן ווײַב! – זיפֿצט ער אָפּ, אַוועקמאַכנדיק מיט דער האַנט, – פֿאַרפֿאַלן... לאָזט מיך אָפּ. איך בין שוין רויק. אַז זי איז זײַן ווײַב, לאָזט זשע מיך אַרויס צו מײַן פֿערד...

יאָסל איז אַרויס פֿון שטוב, און איך בלײַב נאָך צו העלפֿן דער אַלטער, דעם יונגן־מאַן אַרויפֿלייגן אויפֿן בעט.

ער בלוטיקט אײַן דאָס קישן, לייגט זי אים אונטער איר פֿאַרטעך אונטערן קאָפּ און ווישט אים דאָס בלוט פֿון פּנים, קרעכצנדיק און שעלטנדיק.

דער יונגער־מאַן איז בלאַס, די נאָז – פֿאַרשפּיצט, און די אויגן – פֿײַכט, ווי פֿאַרגאָסן מיט טרערן, און רחמנותדיק קוקן זיי צום בעליק מיט אַ מידן בליק.

איך לייג אַנידער אויפֿן טיש עטלעכע קאָפּיקעס און וואַרף נאָך אַ בליק צום ווײַבל אין בעט און גיי אַרויס פֿון שטוב.

*

יאָסל דרייט זיך אַרום נישט ווײַט פֿון דער שטוב, דעם קאָפּ האַלט ער אַראָפּ צו דער ברוסט און פּײַפֿט זיך ווידער צו עפּעס אַ מעלאָדיעלע, אַזוי זיס, אַזוי האַרציק־טרויעריק, ווי אַ נשמה וואָלט זיך געקלאָגט דערינען, און טייל מאָל רײַסן זיך די טענער שטאַרקער, העכער און בייזער, און איין טאָן יאָגט דעם צווייטן מיט אימפּעט, ווי די כוואַליעס אין טײַך איינע די אַנדערע ווען זיי צעשפּילן זיך אין אַ געוויטער. און דאָ האָט זיך שוין נישט געהערט קיין זיס וויינענדיקע נשמה, נאָר ווי דער טײַוול פֿון האַס און נקמה צעפּלאַקערט זיך און ברענט מיט אַ ווילדן כּעס. דאָס פֿערד, דאַכט זיך, הערט זיך אײַן אינעם באַלעבאָס׳ פּײַפֿן און פֿאַר־זונקען שטייט עס מיטן קאָפּ אין זעקל האָבער איבערלייגנדיק די אויערן אַ מאָל צום קאַרק, אַ מאָל פֿון פֿאָרנט. אָנגעלענט מיט די פּלייצעס אָן וועגעלע, שטיי איך און קוק אויף יאָסלען וועלכער באַמערקט מיך, דאַכט זיך, גאָר נישט און האַלט נאָר אין איין פּײַפֿן, טרעטנדיק אויף און אָפּ איבערן סקריפּענדיקן זאַמד און קליינע שטיינדלעך וואָס גלאַנצן קעגן דער שײַן פֿון ד[ער] לבֿנה.

פּלוצלינג בלײַבט יאָסל שטיין, און דאָס פּײַפֿן ווערט ווי אָפּגעשניטן. ער הייבט אויף דעם קאָפּ און קוקט מיך אָן מיט אַ לאַנגן פֿאָרשנדיקן בליק, ווי איינער רעדט: ווי געפֿעלט דיר אַזאַ מעשׂה?...

נאָר איך שווײַג און וויל אים נישט שטערן זײַנע מחשבֿות. – ער איז – טראַכט איך – אַ קליינער רעדנער מיט אַ ברייטער קרעפּטיקער פֿאַנטאַזיע וועלכע, ווען זי צעשפּילט זיך, איז זי אין שטאַנד צו שנײַדן אַ האַרץ ווי מיט קאַלטע שטאָלענע מעסערס אָדער גלעטן עס מיט דער ווייכקייט פֿון אַ צערטלעך געליבטער מיידלשער האַנט. ער רעדט אויך נישט אַ וואָרט, נאָר גייט צו צום פֿערד, טוט עס אַ פּעטשל אין רוקן איבערגליטשנדיק די האַנט צום קאַרק און מיט דער אַנדערער האַנט טוט ער אַ שאָקל אונטער דאָס זעקל האָבער. דאָס פֿערד טוט אַ צאַפּל מיטן קאָפּ אין דער הייך און לאָזט אים צוריק אַראָפּ רויִק איבערלייגנדיק די אויערן צום קאַרק און פֿאַרטיפֿט זיך אין עסן.

– עס, באַשקאַ! – טוט יאָסל אַ גלעט דעם פֿערד אונטערן בויך צוגייענדיק צום וועגעלע וווּ איך שטיי. ער זוכט עפּעס הינטער מײַנע פּלייצעס אין רווישנדיקן שטרוי ביז ער נעמט אַרויס די בײַטש פֿון דאָרט. אַצינד באַקוקט ער דאָס סטרעלדזל און דעם קניפּ און טוט אַ פּאָך אין דער שטילער לופֿט אַרײַן. ער לאָזט צוריק אַראָפּ די האַנט מיטן בײַטששטעקל צו דער ערד און דער צווייטער עק פֿאָרט אַרום איבערן זאַמד קריצנדיק אַ זיגזאַג און די בײַטש שלענגלט זיך נאָך... ער קוקט עפּעס שטיל אויף די צייכנס וואָס דאָס שטעקעלע קריצט אויס אין זאַמד און ער שווײַגט שטייענדיק נעבן מיר. נאָר דאָס שווײַגן, דאַכט זיך מיר,

פֿרעסט זײַן נשמה, און מיר דאַכט, אַז ער וויל גערן, איך זאָל אים עפּעס פֿרעגן, כאָטש וואָס עס איז, כאָטש אָנהייבן... נאָר אַז איך ווייס נישט פֿון וואָס – הייבט ער אָן.

– נו, ווי געפֿעלט אײַך די הײַנטיקע נאַכט?.. – פֿרעגט ער, שטיל אַראָפּגעלאָזט די אויגן ווי ער איז זיך גאָר נישט מכין צו רעדן.

– זייער שיין, די לבֿנה שײַנט!.. – ווײַז איך אים מיט אַ בליק צום הימל און קוק אים אין פּנים אַרײַן, וואָס פֿאַר אַ רושם דאָס מאַכט...

– אַזוי? טאַקע?... גאָטס וווּנדער!... – שמייכלט ער שפּאָטיש און דרייט זיך אַוועק, שעלמיש אַ הייב טוענדיק די אַקסלען.

– שטייט נאָר, שטייט! – צי איך אים צוריק, – וואָס מיינט איר?

– נישט דאָס צו וואָס אײַער ענטפֿער איז! – קוקט ער מיר שאַרף אין די אויגן אַרײַן, – איר זענט דאָך מאָדיש געקליידט און מן־הסתּם אַ געלערנטער מענטש, נו, פֿאַלט איר אַרײַן מיט אַן ענטפֿער פֿון הודו ביז כּוש?...

– מיינט איר אפֿשר אײַער נאַכט? – כאַפּ איך צוריק.

– אַוודאי ניט קיין לבֿנה מיט שטערן... נאָר מײַן נאַכט טאַקע!...

– אינטערעסירט מיך זייער, נאָר איך פֿאַרשטיי נישט...

– ווילט איר, הייסט עס, יאָ פֿאַרשטיין? – פֿרעגט ער מיט פּײַערלעך אין די אויגן.

– מיטן גאַנצן לעבן!

– לאָזט זשע אײַך דינען און הערט אַ מעשׂה, וועט איר שוין וויסן צי בין איך אַ רוצח...

אויף דעם וועג דאָ פֿאָר איך גאַנץ אָפֿט, ווײַל דער עיקר פֿאַרדינסטלעך מײַנע איז אויף דעם טראַקט, און שטענדיק שטעל איך מיך דאָ פּאַשען, טאַקע שטענדיק פֿון צײַט אָן איך פֿאָר, און פֿאָרן, דאַרפֿט איר וויסן, פֿאָר איך שוין נישט פֿון הײַנט און נישט פֿון נעכטן, נאָר פֿון נאָך מײַן טאַטנס טויט אָן, אַזוי גרויס, ווי אַ יאָר פֿינף, וואָרן אַ מאַמע, ביז הונדערט און צוואַנציק יאָר, האָב איך, אַ שוועסטער אויך, דאַרף מען דאָך עסן, האָב איך מיר דעמאָלט געמאַכט דאָס געשפּאַן. יאָ... פֿאָר איך דאָ גאַנץ אָפֿט אַדורך און שטעל מיך דאָ אויף אַ שעה אָדער צוויי. די דבֿורהלע טאַקע, וואָס איר האָט געזען, איז נאָך געווען אַ מיידל און פֿלעגט זי מיך נאָר דערזען דורך דעם פֿענצטער – מיטן קוק, זי שטייט שוין פֿאַר דער טיר מיט אַ געלעכטערל און פֿרייט זיך, גלײַך דער טאַטע וואָלט איר אויפֿגעשטאַנען... פֿאַרשטייט איר מיך. קורץ דערפֿון, מיר און אַפֿילו מײַן פֿערד האָט זי נישט געוווּסט ווו דאָס אָרט אָפּצו־געבן. דאָס שענסטע עסן און טרינקען, נישט, חלילה, אומזיסט, בײַ ,אונדזערע ברידער' גייט דאָס נישט, אלא מיר פֿאַרהאַלטן זיך גוט, דאָס גייט אין אַ באַזונדערן וועג, וואָרן איך, ווי איר קוקט מיך אָן, האָב איך מיך ליב צו שטעלן אָרנטלעך, ווען ווער באַהאַנדלט מיך גוט. און זי, אַלץ הייסט גוט!... שטעלט אײַך פֿאָר: נישט איין מאָל פֿלעגט זי מיר זאָגן: דיך פֿאַר אַ ברודער וואָלט איך מיר געוווּנטשן! אַזוי געטרײַ... איך איר, ווי דער אמת, אויך דאָס אייגענע. וואָרן אַזוינס צו הערן פֿון אַ פֿרעמד מיידל, פֿילט מען ווי דאָס האַרץ ווערט ווייך, צעלאָזט ווי פּוטער אויף וואַרעם ברויט... פֿאַר וואָס ווידער נישט? איך זאָג אײַך דעם אמת, מיט מײַן שוועסטער טייל מאָל גיבן מיר זיך אַ קללה אויך, און דאָ, די דבֿורהלע, ווי אַ שיינע

גוטע טויב... שטעלט אײַך פֿאָר: דאָ, למשל, שטייט מײַן פֿערד, פֿלעגט זי טייל מאָל צוגײן געבן עס אַ גלעט איבערן רוקן... דאַכט זיך, דאָך אַ תּענוג אַז אַ פֿרעמדער לויבט און גלעט מײַן פֿערד? נאָר צו פֿיל... און איך האָב אַזש נישט געקענט קוקן... די אויגן ווילן זיך עפּעס צומאַכן פֿאַר גוטסקייט, דריי איך מיך אַוועק און מאַך מיך גאָר קוקן אויפֿן דאַך... כאָטש עס העלפֿט נישט, ווײַל הינטער די פּלייצעס, ווייס איך, גלעט זי מײַן פֿערד... און אַ ווייך וואַרעם ווינטל, פֿיל איך, גייט מיר אַדורך אין די ביינער, גלײַך נישט דאָס פֿערד, נאָר מיך גלעט זי דאָס אויפֿן גאָלן לײַב. און נאָר דאָס אַליין? שטעלט אײַך פֿאָר, אָט קום איך, למשל, צו פֿאָרן און טרעף פּונקט אין שטוב איז אָפּגעקאָכט אָנבײַסן, אַלע גייען עסן, נאָר דבֿורהלע נישט. וואָס איז? זי וויל איך זאָל אויך מיטעסן! און אַלע אין שטוב ווילן דאָס, די מוטער וועט, חלילה, נישט חושד זײַן... ווײַל אין דאָרף – פּשוט אַ גוטע! און טאַקע דער אמת – אַזוי איז דאָך!... מיר איז דאָס אָבער נישט ליב געווען, איך פֿיל אַז זי וויל מיך מכבד זײַן, און ‚אונדזערס אַ ברודער‘, פֿאַרשטייט איר מיך, שטייט נישט נאָך אַזעלכע זאַכן. זעט איר, אַ פּאָר גילדן דורכצולאָזן מיט אַ גוטן־ברודער בין איך שטענדיק גרייט און אויף אַזעלכע גליקן בין איך אַ טויטער... נאָר אָפּזאָגן איר קען איך נישט, און איך זע שוין אַז איך מוז אַרײַנפֿאַלן... ווידער טרייסט איך מיך – איך וועל פּרווון באַצאָלן נאָך דעם עסן – און אַזוי האָב איך געגעסן דאָס ערשטע מאָל, דערנאָך, איך וויל באַצאָלן – אַ נעבטיקער טאָג! „פֿאַר האָבער און פֿאַר פּאַפּיראָסן – זאָגט זי – קומט צו באַצאָלן...“ און דערבײַ שמייכלען די קליינע ליפּעלעך אַזוי זיס און די אויגן קוקן מיט אַזאַ גנבֿישן בליק. ווי איינער רעדט: ‚אָפּגעפֿרײַערט!‘... נו, ווי קלערט איר? מײַנער איז נאָך נישט דער גאַנצער פֿרײַער! זי פֿאַרקוקט זיך, פּוץ איך מיך צו צו איר קעשענע און לאָז איר דאָרט אַראָפּ אַ זילבערנע מטבע... קיטש!... איך ווער לינק פֿון דער שטוב אַרויס און וווין שוין אויפֿן וועגעלע – הײַדאַ, טרעט אָפּ, וואַסקאַ!... גיב איך אַ צופּ מײַן פֿערדל און אַ שאָקל מיט די לייטשעס.

ערשט אויפֿן שאָסיי האָב איך מיך אומגעקוקט צו דער שטוב און דערזען ווי דבֿורהלע שטייט אויף דער שוועל און קוקט מיר נאָך, און פֿון ווײַטנס נייגט זי צו מיר מיטן קאָפּ ווי איינער רעדט – ‚פֿאָר געזונטערהייט!‘, – ‚זײַ געזונט!‘ – טראַכט איך מיר און גיב דאָס פֿערדל אַ געלאַסענעם טריט, כּדי מיר זאָלן זיך לענגער אָנקוקן, איך און דבֿורהלע.

אין עטלעכע טעג אַרום פֿאָר איך ווידער אַדורך און שטעל מיך צו געבן דעם פֿערד אַ טרונק. איך האָב נאָך דעם קובל נישט אָפּגעבונדן פֿון וואַסינג[2] און דבֿורהלע שטייט מיר שוין הינטער די פּלייצעס.

– אַזוי – מאַכט זי צו מיר – אַזוי לייגט מען אַרײַן? נעם, זײַ מוחל, צוריק! – שטופּט זי מיר אַ ווײַסן גילדן אין דער האַנט אַרײַן.

– אַ לינקער שטומפּ!.. – ענטפֿער איך און פּוץ מיך אָפּ ווי איך ווייס פֿון גאָרנישט. זי אָבער טענהט נישט קיין סך און שווערט איבער איר געזונט, אַז איך מוז צוריק נעמען. כאַפּ איך אַ שווײַג און נעם דעם גילדן און לייג אים אַרײַן אין קעשענע. פֿאַר דאָס, שפּעטער,

2 אַ מין וואָגן, בריטשקע. אויך ‚וואַסאַנג‘ (פּויליש wasąg).

ווען זי האָט מיך ווידער געוואָלט מכבד זײַן מיט מילכעדיקן באָרשטש, זאָג איך: ניין! ווי קלערט איר, און זי האָט יאָ געגעסן? אַ נעבעטיקער טאָג! זי איז אַרײַן אין שטוב, געשטעלט זיך בײַם פֿענצטער און קוקט אַרויס צו מיר. איך ווידער שטיי אָן וועגעלע אָנגעלענט און קוק צו איר, און בײדע שווײַגן מיר, נאָר אירע אויגן רעדן, בעטן זיך עפּעס, אַפֿשר איך זאָל אַרײַנגיין אין שטוב, ווער ווייסט? נאָר דאָס מאָל האָב איך מיך אײַנגעשפּאַרט – נישט! און אַזוי איז געווען, איך בין אַוועקגעפֿאָרן ווײַטער און אַפּילו נישט אַ שאָקל געטאָן מיטן קאָפּ צו געזעגענען, אַפּילו נישט אומגעקוקט זיך, טאָמער גריסט זי מיך…

צו מאָרגנס, איך פֿאָר צוריק. שטעל איך מיך דאָ פּאַשען, דבֿורהלע דערזעט מיך פֿאַרן פֿענצטער, קומט זי אַרויס און שטעלט זיך אויף דער שוועל. דאָס פּנים איז בלאַס, ווי קרײַד, די אויגן – טרויעריק און מאַט, ווי פֿאַרטראַכט, און אַזוי שטיל, אַזוי רויִק זעט זי אויס, ווען אַ הון ווען זי שטייט אונטערן אָפּדעכל און קוקט אַפֿער אויפֿן פֿאַרוואָלקנטן הימל…

איך גיי צו.

– דבֿורהלע – זאָג איך – וואָס איז דיר?

– גאָרנישט! – ענטפֿערט זי און טרערן שטעלן זיך אין די אויגן…

– ביסט עפּעס בלאַס – זאָג איך און מיך נעמט אָן אַ רחמנות.

– בלאַס? – מאַכט זי – אַפֿשר, איך בין נישט אויסגערוט.

– ביסט דען נישט געשלאָפֿן בײַ נאַכט?

– ניין! – ענטפֿערט זי קוים.

– פֿאַר וואָס?

– דו ווייסט שוין! – זאָגט זי און קערט אָפּ דאָס פּנים אָן אַ זײַט און ווישט זיך די אויגן מיטן פֿאַרטעכל.

– זאָלן מיר אַזוי בײדע נישט וויסן פֿון קײן שלעכטס! – פֿאַרענטפֿער איך מיך און ווער שטאַרק צעקאָכט.

– פֿאַר וואָס נעכטן האָסטו דיך אַפּילו נישט אומגעקוקט?…

– אַ נײַע מעשׂה! – זאָג איך – ווי קומט איינס צום אַנדערן? דורך דעם שלאָפֿט מען נישט?

– ניין! – זאָגט זי – עס האָט מיר באַנג געטאָן וואָס איך האָב דיך געגעבן צוריק צו נעמען דעם גילדן…

– איבער אַ גילדן גייט עס? עס איז דיר אַ שאָד? אָט האָסטו דרײַ, אַבי שלאָף! – נעם איך אַרויס מײַן בײַטעלע.

– און אַז איך וועל נעמען, וועסטו שוין נישט זײַן ברוגז?… – פֿרעגט זי מיט אַ שמייכל, און די אויגן בלישטשען פֿײַכט פֿון טרערן.

– ניין! – ענטפֿער איך, כאָטש אין מיר טראַכט איך: ווען האָט מיר גאָר געחלומט פֿון אַ ברוגז?…

– דרײַ – נישט! דעם איינעם גילדן – זאָגט זי – קען איך נעמען.

– זאָל זײַן! – ענטפֿער איך, האַלטנדיק דרײַ גילדנס אויף דער האַנט.

– ווּעסטו שוין נישט זײַן ברוגז?..

– ניין! – זאָג איך איר נאָך אַ מאָל צו, און זי נעמט אַראָפּ איין גילדן.

אַזוי איז אַוועק אַ לאַנגע צײַט, און מיר לעבן זיך גאַנץ פֿרײַנדלעך. מאַכט זיך אָבער אַן אומגליק: דעם פֿאַרפּסח ווערט די עלטערע שוועסטער, דאָס ווײַבל, קראַנק, און עס גייט נישט אַוועק קיין צען טעג, פּונקט דעם אַנדערן טאָג יום־טובֿ, שטאַרבט זי. אַ ווײַבל אַ גאָלד, און אַזוי היימיש, אַ שוועסטער, זאָג איך אײַך! האָט עס מיך – ווי איך בין אַ ייִד – בײַם האַרץ געשניטן, און איך פֿלעג נישט קענען דערנאָך אַרײַנקומען אין שטוב, בפֿרט איר, דבֿורהלען, האָב איך נישט געקענט אין די אויגן אַרײַן קוקן. פֿריִער – אַזוי היימלעך, אַזוי פֿריילעך, פּלוצ־לינג – אַזאַ אומגליק! יעדעס ווינקל אין שטוב קלאָגט, די מוטער, צווישן צוויי ווערטער גיסן זיך די טרערן, און דבֿורהלע דרייט זיך אַזוי אַרום ווי אַ שאָטן, דאָס פּנים איז בלאַס ווי די וואַנט און טרויעריק, דעם קאָפּ אַראָפּ, אַפֿילו די ווענט זעען אויס אומעטיק, און עס טרײַבט מיך פֿון שטוב אַרויס איר באַהאַלטענער צער...

נאָר איין מאָל, דעם זומער, פֿאַר שבֿועות איז עס געווען, פֿאָר איך מיט אַ ביסל חסידים צום רבין קיין קאָליביעל, דאָ אין אַ נאָענט שטעטל... וויל איך מיר דאָ שטעלן געבן דעם פֿערד אַ טרונק, לאָזן זיי נישט, די חסידים, און מאַכן אַ יעלה, איך זאָל פֿאָרן געשווינדער. נאָר ווער הערט זיי? מײַן פֿערד, קלער איך מיר, איז קיין חסיד ניט און אײַלט זיך נישט צום רבינס שלום. פֿון דעסטוועגן, איבעריק צײַט פֿאַרברענגען וויל איך אַליין נישט; פֿאָר איך נישט צו צום הויז, נאָר בלײַב שטיין אויפֿן שאָסיי, פֿאַרן בריקל, און בינד אָפּ דעם קובל און גיי צו דעם ברונעם, דאָ הינטערן הויז... איך טו אַ קוק, דבֿורהלע זיצט אויף דעם גראָז, בלאַס ווי אַ טויטע און דעם קאָפּ אַראָפּגעלאָזט, ווי פֿאַרטראַכט. פּלוצלינג, זי האָט דערהערט די טריט, מוז זײַן, דערזעט זי מיך, און די פֿאַרבן קומען איר אין פּנים אַרײַן, ווי פֿאַרשעמט.

– וואָס זיצסטו אַזוי? – פֿרעג איך.

– איך ווייס אַליין נישט! – ענטפֿערט זי – איך זיץ גלאַט אַזוי, פֿאַרטראַכט האָב איך מיך.

און פֿאַרטראַכט האָט זי טאַקע אויסגעזען, און איך ווייס אַליין נישט, – מיר האָט זיך עפּעס געוואָלט וויסן דעמאָלט, וואָס זי טראַכט, נאָר פֿרעגן איז ניט מײַן טבֿע. נעם איך אָנשעפּן אַ קובל וואַסער, און צום אַוועקגיין פֿרעגט זי מיך, ווען מיר קומט אויס צוריק צו פֿאָרן. איך האָב איר געזאָגט און בין אַוועק צום וועגעלע.

אַז איך האָב אָפּגעשטעלט די חסידים אין רבינס הייפֿל אַרײַן, דאַכט זיך, קען איך שוין צוריק פֿאָרן? וואָרן ווער דאַרף מיך דאָרטן אָדער וועמען דאַרף איך? אפֿשר טאַנצן מיט די לאַפּסערדאַקעס אין רעדל אָדער זיך רײַסן איבער אַ לעפֿל אַרבעס־יויך? טאַקע, דער אמת, ווי קום איך?... נישט לאַנג געקלערט, דריי איך אויס דאָס וועגעלע און מאַך פּליטה. „נישקשה, מײַן פֿערד, – טראַכט איך מיר, – וועסט קריגן רײנעם האָבער, לאָמיר זיך נאָר שטעלן פֿאַר דבֿורהלעס טיר!" אַזוי איז טאַקע געווען, אַ גאַנצן וועג נישט געפּאַשעט, ערשט שפּעט בײַ נאַכט, ווען איך בין אַהער צוגעפֿאָרן, שפּאַן איך אויס דאָס פֿערד און דריי עס אויס אין די האָלאָבליעס, מיטן קאָפּ צום וועגעלע, און איך רוק אונטער דאָס זעקל האָבער.

די לאָדנס זענען שוין געווען פֿאַרהאַמערט, נאָר אינעווייניק לײַכט זיך נאָך... און דורך ד[ער] אויסגעשניטענ[ער] האַלב[ער] לבֿנה זע איך ווי דבֿורהלע דרייט זיך אַרום איינע אַליין. מיר האָט אַפֿילו געגלוסט אַרײַנצוגיין, ווײַל אַ גלעזל טיי האָט מיר זייער געשמעקט, בפֿרט בײַ נאַכט, און אַ גאַנצן וועג, פֿאַרשטייט איר מיך, קיין לעפֿל וואַרעם וואַסער אין מויל נישט געהאַט, און דאָ, ווייס איך, מיטן קוק קאָכט זי מיר אויף טיי אין אַ קופּערן פֿענדל. פֿון דעסטוועגן בין איך מיך מישבֿ און וואַרף מיך אַרײַן אין וועגעלע צווישן שטרוי און ליג. שלאָפֿן האָב איך נישט געקענט, האַלט איך גלאַט די אויגן פֿאַרמאַכט און הער מיך אײַן ווי דאָס פֿערד כראָפּעט מיר צוקאָפּנס...

פֿלוצלינג דערפֿיל איך ווי אַ געדיכטע פֿינצטערניש, ווי אַ שאָטן, האָט זיך מיר אָנגע־רוקט פֿאַרן פּנים; איך טו אַ מאַך אויף די אויגן – דבֿורהלע איז עס!... זי שטייט בײַם וועגעלע אײַנגעהילט אין אַ טיכל אויף דעם קאָפּ און קוקט אויף מיר... אַ ציטער האָט זי געטאָן, ווען איך האָב די אויגן געעפֿנט, און זי פֿרעגט ווי צעמישט: „שלאָפֿסט שוין, יאָסל?" איך האָב אַרויפֿגעהויבן דעם קאָפּ פֿאַר אַ סימן... און זי זאָגט ווידער:

– מ׳קען דיך נאָך אַוועקגנבֿענען!.. – און דערבײַ שמייכלט איר בלאַס פּנים.

– נישט אַזוי גיך! אַ צו שווער פּעקל... – ענטפֿער איך.

– עס שלעפֿערט דיך טאַקע? – פֿרעגט זי שטיל.

– ניין!

– ליג ניט, קום אַראָפּ, – בעט זי זיך.

עס האָט מיך אַדורכגענומען איר בלאַס פּנים און אונטערטעניקע רייד און איך האָב איר צו ליב געטאָן.

אַצינד זענען מיר שוין געשטאַנען איינער קעגן אַנדערן, שטיל שווײַגנדיק. די שטילקייט, האָב איך געפֿילט, האַלט מיך ווי אין אַ פּרעס, ווו איך האָב נישט קיין רשות אַ ריר צו טאָן מיט אַן אבֿר. און פֿאַר וואָס? – פֿרעג איך מיך אַליין אין זיך; און בשעת־מעשׂה פֿאַלט מיר אײַן אַ שׂכל איבערצושלאָגן די שטילקייט, און טו אַ פֿרעג:

– הערסט, ווי דאָס פֿערד כראָפּעט?...

– איך הער, – זאָגט זי און לייגט נאָך צו – וואָס זאָלן מיר שטיין דאָ? קום אַ ביסל ווײַטער!

מיר גייען צו צום שאָסיי, און בײַ דער זײַט גראָבן, אויפֿן גראָז, זעצן מיר זיך.

זיצנדיק קוקט זי אין הימל אַרײַן, גלײַך זי האָט נישט מער אין זינען ווי די שטילע שטערן וואָס פֿינקלען איבער אונדזערע קעפּ. איך, ווידער, פֿאַרקוק מיך גלאַט אין דער וועלט אַרײַן, און כאָטש איך האָב מער אין זינען אונדז ביידע ווי אַלץ אַרום, פֿון דעסטוועגן מאַך איך מיך ווי געפּגרט און קוק גאָר אויף דעם אײַנגעבויגענעם ווערבעבוים מיט די רוישנדיקע בלעט־לעך וואָס שטייט בײַ דער אַנדערער זײַט שאָסיי... אַלץ איז שטיל, און דבֿורהלע, אָן אָטעם, דאַכט זיך, קוקט פֿאַרטראַכט אויף די שטילע שטערן.

– וואָס זעסטו דאָרט? – האַלט איך נישט אויס.

– וואָס זאָל איך זען?

– ציילסט די שטערן?..
– איך זוך אַ שטערן, מײַן שטערן – ענטפֿערט זי.
– נו, זעסט אים?
– ער איז דען אַזוי ליכטיק?.. – פֿרעגט זי און טוט אַ קוק אויף מיר, און בשעת־מעשׂה שפּאַרט זי אָן דעם עלנבויגן אויף איר שויס און דעם קאָפּ אויף דער שטייענדיקער האַנט, איך זאָל איר נישט קוקן אין פּנים אַרײַן.
– וואָס איז, דבֿורהלע? –נעם איך זי אָן בײַ דער האַנט.
– גאָרנישט! – ענטפֿערט זי אָפּגעהאַקט.
זי בענקט, אַ פּנים, נאָך דער שוועסטער, טראַכט איך מיר:
– נאָך אַזאַ שוועסטער, – זאָג איך – איז טאַקע דאָ וואָס צו בענקען, נאָר איז זי דאָך שוין געשטאָרבן...
– ע, נישט דאָס! – זיפֿצט זי אָפּ.
– וואָס דען?
– וואָס איך לעב... – ציטערט איר קול ווי צו וויינען.
איך בין שטיל געבליבן, די האַנט איז מיר עפּעס ווי אַליין אַוועקגעפֿאַלן, אַראָפּגעגליטשט פֿון אירע און טיף אין האַרץ האָט עפּעס געצופּט אַ מין רחמנות...
– דו שווײַגסט, – זאָגט זי – שווײַגסט! ביסט, הייסט עס, מודה...
– איך שווײַג, – ענטפֿער איך, ווי דער אמת – ווײַל איך ווייס נישט וואָס צו זאָגן.
– דו שווייַגסט, – חזרט זי איבער – ווײַל ס'איז גלײַכער צו שווײַגן...
– גלייב מיר אַז נישט! איך ווייס טאַקע נישט, גלייב מיר, – פֿאַרענטפֿער איך מיך.
– גלייב מיר! איך וויל דיר גלייבן, ווי אַ קראַנקער וויל געזונט זײַן, אָבער וואָס טויג בלויז גלייבן?...
– אָבער זאָג!.. לאָמיך וויסן! וואָס, זאָגסטו, ווייס איך? – ווער איך שוין בייז פֿון אירע געטאָקטע רייד וואָס קענען אַ האַרץ אויסציִען. וואָרן טאַקע דער אמת, מי־יודע וואָס פֿאַר אַן אָנטשעפּעניש! איך ווייס, זאָגט זי, וואָס זי איז טרויעריק. געהערט רייד פֿון אַ מיידל!
– ווייסטו נישט, – זאָגט זי – און ווילסטו וויסן? זאָג איך דיר! אַלץ איינס צי פֿאַרברענט אין פֿײַער צי דערטרונקען אין וואַסער... הער זשע צוויי ווערטער: ווילסט מיך ראַטעווען? נעם זשע מיך אַוועק פֿון דאַנען...
– פֿאַר וואָס, און ווּהין? – פֿרעג איך דערשראָקן פֿאַר אַ שלעכט[ער] מחשבֿה... און מיר האָט אַ קלאַפּ געטאָן אין האַרץ.
– ווו דו ווילסט, אַפֿילו אין ד[ער] ווײַסל אַרײַן, אַבי אַרויס פֿון מײַן מאַמעס שטוב, – פֿאַלט זי מיר אויפֿן האַרץ מיט אַ געוויין.
– אין ד[ער] ווײַסל אַרײַן פֿירט מען נישט, ביסט אַ נאַריש מיידל! – זאָג איך – נאָר קענ־סטו נישט זאָגן וואָס איז דאָ פֿאַר אַ נײַס געוואָרן? – פֿרעג איך; נאָר זי הערט נישט אָדער וויל נישט הערן און זי טוליעט צו דעם קאָפּ צו מײַן האַרץ ווי אַ חדר־ייִנגל טוליעט זיך בײַ נאַכט צו דער מאַמען און שרעקט זיך פֿאַר אַ מעשׂה מיט גזלנים...

– וואָס איז געשען? – פֿרעג איך נאָך אַ מאָל, און דאָס האַרץ צעגייט מיר פֿאַר רחמנות.

– דערווייַל גאָרנישט, עס דאַרף ערשט געשען... – שיט זי אויס און טוט אַ ציטער מיטן גאַנצן גוף. – עס דאַרף ערשט געשען; מ׳וויל מיך אַרונטערשטעלן מיטן שוואָגער אונטער איין חופּה...

ווי מיט אַ שטיק גלאָז מ׳וואָלט מיר אַ ריץ געטאָן אין מוח! די לעבער פּלאַצט מיר אַזש... נאָר איך האַלט מיך איַין...

– וואָס זשע קלערסטו, וואָס פֿאַר אַן עצה?

– אָ, ניין! – כאַפּט זי אַוועק דעם קאָפּ פֿון מייַן האַרץ ווי איך וואָלט איר אַ ביס געטאָן, און זי קוקט מיר שאַרף אין די אויגן אַרייַן – אַז דו האַלטסט ערשט בייַ פֿרעגן וואָס איך קלער צו טאָן, איז אַ סוף... קער איך צום מלאך־המוות!

– קערסט נישט! קערסט נישט!... – כאַפּ איך זי אַרום און הייב זי אָן צו קושן, – גלייב מיר, דבֿורהלע, אַז נישט... מייַן קאָפּ גיב איך אַוועק פֿאַר דיר! – פֿאַל איך איר אַרויף אויפֿן אַקסל און וויין מיט... – – –

איך העשע, זי העשעט... זי גלעט מיך – שאַ... איך זי – שאַ... נאָר מ׳קען זיך נישט איַינהאַלטן!

שטאַרק איך מיך:

– פֿאָרט אַזוי, וואָס טוט מען?

– זאָג דו, וואָס זאָל איך טאָן? – העשעט זי.

– זאָג דו, – בעט איך זי נאָך אַ מאָל.

– וואָס דו ווילסט, טו מיט מיר!

– שטיי זשע נאָר! – זאָג איך – ס׳איז שוין אָפּגעשטעלט אַ זמן־חתונה?...

– יאָ, אָפּגעשמועסט אויף שבת נאָך שבֿועות, נאָר איך האָב אָנגעהויבן צו וויינען, אַז... אַז איך וויל נישט אַזוי פּרי... האָט מען אָפּגעלייגט אויף שבת־נחמו.

– שאַ זשע... – זאָג איך – איז שוין באַלד נישט אַזוי שלעכט. קען מען נאָך עפּעס אויפֿטאָן! איך וועל דיך נעמען, פֿאַרשטייסטו מיך, גאָר אין אַ פֿרעמד[ער] שטאָט אַרייַן, קיין קאַ־אַ־ל־ושין צו מייַן מומען... און וועסט זען, גאָט וועט העלפֿן...

– וואַרט נישט, יאָסל! – גלעט זי מיך און בעט שטיל – וואַ־אַרט נישט, דאָס האַרץ שרעקט זיך מיר...

– שרעק דיך נישט, – גלעט איך זי איבער די ווייכע האָר – וועסט זען...

– ניין, יאָסל, ניין!..

– וואָס דען?

– נעם מיך שוין, כאָטש צו דיר אַהיים... – זאָגט זי שטיל, ווי פֿאַרשעמט.

דאָ בלייַב איך שוין שטיין ווי צעמישט... עפּעס אַ קלייניקייט! אַן איַינפֿאַל פֿון אַ מיידל! נעם זי אַהיים! – למשל, איך טו שוין אַזוי: – שפּעט בייַ נאַכט קלאַפּ איך אָן אין לאָדן: „מאַמע, עפֿן!“ זי קייטלט אויף די טיר און איך מיט דבֿורהלען, גיב־מיר אַ קום אַרייַן – ברוך־הבאָ!...

די מאַמע מייַנע, נישט קיין נאַרישע ייִדענע, פֿאַרשטייט אַן עסק... טוט ראשית אַ פֿרעג – „דבֿורהלע, וואָס מאַכסטו גוטס?“ און דערווייַל טוט זי אַ טאַפּ דעם דופּק... דערווייַל הייבט מייַן שוועסטער אויף דעם קאָפּ, ליגנדיק אין בעט, און קוקט פֿאַרוווּנדערט, אַ מאָל אויף מיר, אַ מאָל אויף דבֿורהלען, ווי איינער רעדט – געכאַפּט בייַ צייַטנס!... אַ געשעפּט האָט ער, אַז די שוועסטער איז עלטער...

נאָר דאָס, זאָג איך, איז נאָך גאָרנישט, באָבקעס!... דער עיקר – שבת! מע גיט מיר הגבה אין מייַן חבֿרהלע און אַ גוטער־ברודער, אַ שטייגער, שטייט מיר הינטער די פּלייצעס, אַראָפּגערוקט דאָס דאַשיקל איבער די אויגן, און ווינקט איבער מייַן קאָפּ... און מאַכט זיך אַ געלעכטערל: „הע, יאָסעלע, לאָז דיך קאָסטן צוויי מאָל ח״י אויף אַ מי־שברך!.. האָסט געפּאַקט אַ קליווע יאָלדעווקע...“

אָט אַזוי וואָלט עס צוגעגאַנגען, האָב איך נאָך פֿריִער באַרעכנט, ווען איך טו ווי זי וויל!

בין איך מיך מישבֿ:

– הער, דבֿורהלע, רעדסט ווי אַ קינד! דייַן מאַמע וועט קומען נאָך צו לויפֿן אין שטאָט אַרייַן, און דער רבֿ וועט באַלד שיקן דעם שמש...

– דו שרעקסט זיך פֿאַרן רבֿ?... – שאָקלט זי מיטן קאָפּ, – שרעקסט זיך? און איך?... גלייב מיר, יאָסל, אַז קיין שרעק און קיין טויט איז פֿאַר מיר נישטאָ, אויב דו ווילסט עס נאָר! נאָר אפֿשר... אפֿשר ווילסטו, איך זאָל מיך יאָ שרעקן!...

נישט קיין שלעכטע שטעכווערטלעך, טראַכט איך מיר, און איך ענטפֿער באַלד אָפּ:

– גלייב מיר, דבֿורהלע, מיטן גאַנצן האַרצן וויל איך די[ר] פֿאָלגן, נאָר זע, עס האַלט נישט אויס... איבער מענטשן...

זי איז שטיל געבליבן, ווייַזט אויס, פֿאַרשטאַנען אַז איך בין נישט אין גאַנצן אומגערעכט, אוןביידע זיצן מיר פֿאַרטראַכט. דאָס האַרץ, האָב איך געפֿילט, פּלאַצט מיר פֿאַר רחמנות, נאָר וואָס טוט מען? מע מוז שוין וואַרטן ביז נאָך שבֿועות...

און מיר זיצן.

זי האַלט דעם קאָפּ אויף מייַן האַרץ, און ביידע שווייַגן מיר. מ׳רעדט נישט אַ וואָרט, נאָר טייל מאָל טוט זי אַ זיפֿץ און אַ ציטער מיטן גאַנצן גוף און אַזוי ביז דער מאָרגן־שטערן איז אויפֿגעגאַנגען. ערשט דעמאָלט האָבן מיר זיך אויפֿגעשטעלט, אָנגעקושט, אָנגעהאַלדזט. איז זי אַוועק צו דער שטוב, און איך האָב נאָכגעקוקט נאָך אירע געשווינדע לייַכטע טריט, ביז איך האָב געהערט דאָס ריגעלע פֿון דער טיר...

איך האָב אייַנגעשפּאַנט און שפּרינג שוין אַרייַן אין וועגעלע, אין דעם מאַכט זיך אויף די הויזטיר און דבֿורהלע באַווייַזט זיך נאָך אַ מאָל. זי שטייט אויף דער שוועל, רעדט נישט אַ וואָרט – אַ צייכן, און מיר ווערט עפּעס זייער באַנגלעך, עס לאָזט מיך נישט אַוועקפֿאָרן, ווייס איך אַליין נישט וואָס מע טוט; יאָ מיטנעמען... נישט מיטנעמען, ס׳איז נישט קיין פּלאַן, נישט אַזוי, נישט אַזוי!... און דערווייַל שטייט זי... הייב איך מיך אויף און גיי צוריק אַראָפּ פֿון וועגעלע:

– דבֿורהלע, – זאָג איך און נעם זי ביַי דער האַנט, – זיַי נישט טרויעריק, דבֿורהלע... וועסט זען, גאָט וועט העלפֿן... האַלט זיך אויף ביז נאָך שבֿועות...

זי האָט נישט געענטפֿערט, בלאַס ווי די וואַנט, און מיט טרערן אין די אויגן קוקט זי מיך אָן... איך האָב מיך לייַכט צוגעבויגן צו איר פּנים און אַ קוש געטאָן, האָט זי זיך ווי צוגע־קלעפּט צו מיר מיטן גאַנצן גוף און ציטערנדיק געקושט און געקושט...

איך האָב מיך געזעגנט, פֿײַן, שטיל און בין אַרויף אויפֿן וועגעלע. נאָר זי איז נאָך אַלץ געשטאַנען און נאָכגעקוקט מיר ווייַט אויפֿן שאָסיי... ווי איינער רעדט: ‚דאָס לעצטע מאָל!...‘

און טאַקע דאָס לעצטע מאָל, וואָרן מ׳האָט זי געגנאַרט, די מוטער האָט עקסטרע געזאָגט – „שבת־נחמו“... כּדי איינצושטילן זי, דבֿורהלען, זי זאָל נישט וויינען... און באַלד שבת נאָך שבֿועות, ס׳הייסט דעם אייגענעם פֿרײַטיק פֿאַרנאַכט, האָט די מוטער צונויפֿגעקלאַפּט אַ מנין מענטשן, געכאַפּט פֿיר דרענגער מיט אַ פֿלאַכטע – און פֿאַרטיק שטאָס!... פּטור אַן עסק...

דער הימל האָט שוין אָנגעהויבן בלייך צו ווערן, די שטערנדלעך – מאַט, אויסגעלאָשן, ווי די בית־מדרש־לאָמפּן חנוכּה בייַ נאַכט... און די לבֿנה איז שוין געשטאַנען האַלב פֿאַרזונ־קען אין דער ערד, און רויט ווי אין בלוט אייַנגעטונקען, האָט זי האַלב אַפֿער געקוקט פֿון אונטערן עק הימל, וואַרפֿנדיק נאָך אַ לעצטן טרויעריקן בליק צום הויז, ווו מיר שטייען.

איך האָב אַ קוק געטאָן אויף יאָסלען, וועלכער האָט אויסגעזען פֿאַרטראַכט, און איך זאָג:

– וואָס וועלן מיר שטיין דאָ?

– איר זענט גערעכט, – ענטפֿערט ער, פֿאַרטראַכטערהייט אַרויפֿשטעלנדיק אַ פֿוס אויף דעם פֿאָדערשטן ראָד, – איר זענט גערעכט... איך האָב שוין גאָרנישט וואָס צו טאָן!...

*

וויאָ!...

איטשע־מאיר ווײַסענבערג

# מזל־טובֿ
## (אַ בילד)

דאָס שטעטל רוישט: דער רבי איז פּלוצלינג אַוועקגעפֿאַלן – און מע זעט באַשײַמפּערלעך, פֿון דער ערשטער מינוט אָן, אַז די טויערן פֿון הימל זײַנען פֿאַרמאַכט!

עס טראָגן זיך צונויפֿגעמישטע האַרץ־רײַסנדיקע קולות. אין טירן פֿון געוועלבלעך שטייען די קרעמערקעס מיט בלאַסע, פֿאַרווײנטע פּנימער און קוקן מיט נײַגעריקע שטילע בליקן אַהין, אין עק גאַס אַרײַן. חווה־גיטל די טעפּערקע לויפֿט שטאַרק צעטראָגן, דאָס פּנים פֿאַרפֿלאַמט. זי באַגעגנט נאָך אַ ייִדענע און דערציילט עפּעס מיט היץ און מאַכט שטאַרק מיט די הענט. און הירשל מלמד לויפֿט, מיטן דין אויסגעצויגענעם העלדזל פֿאָרויס, מיטן אויסגעשטרעקטן קעפּל, די הענט אין די הינטערשטע קעשענעס, די דינע עלנבויגנס זײַנען אויסגעשטעלט ווי די פֿליגל בײַ אַ דאַרע[ר] גאַנדז, וואָס גרייט זיך צו צום פֿליִען. און אַ חדר־ייִנגל, מיט קליינע פּיסעלעך און רויט פֿאַרפֿלאַמטע בעקעלעך, מיט בלישטשענדיקע אייגעלעך, לויפֿט אים נאָך פֿון הינטן.

– אין בית־המדרש אַרײַן! אין בית־המדרש אַרײַן!

דאָס בית־המדרש איז איבערפֿולט.

מלמדים און תּלמידים פֿון אַלע חדרים האָבן זיך אַצינד ווי צונויפֿגעגאָסן אַלע אין איינעם.

אַ ייִד, אַרומגעגאַרטלט מיט אַ רויטער פֿאַטשיילע, שטייט פֿאַרן עמוד און מיט אויסגעשטרעקטע בעטנדיקע הענט זאָגט ער מיט אַ יאָמערלעך קול ,תּפֿילה למשה׳ פּסוק בײַ פּסוק. און דער עולם זאָגט נאָך אַזוי האַרציק, מיט אַזוי פֿיל צער און מיט אַזאַ צערודערטקייט, אַז די קינדער שטעלן זיך מיט אָפֿענע מײַלעכלעך און אויסגעגלאָצטע אייגעלעך... און אָט בײַ דער וואַנט באַהאַלט איינער דאָס פּנים אין תּהילימל אַרײַן מיט אַ ביטערן קרעכץ און הייבט ווײַטער אויף די אויגן צום באַלקן, פֿאַרמאַכט זיי צוריק, און בלײַבט שטיין שטיל מיט אַן אויסגעשטרעקטן האַלדז, ווי יצחק צו דער עקידה... און מע זאָגט אַלץ און מע זאָגט, און דעם רבינס נאָמען האָט מען שוין צעלייגט אויף אַלערליי אופֿנים, לויט ראָשי־תּיבֿות פֿון די פּסוקים, און דער עולם זיפֿצט אָפּ, און זאָגט ווײַטער און זיפֿצט ווײַטער.

אין רבינס הויף שטייט מען קעפּ אויף קעפּ. דער פּראָסטער עולם – שוסטער, שנײַדער – שטייען מיט אויסגעגלאָצטע שטאַרע אויגן. חסידישע יונגע־לײַט דרייען זיך אַרום יעדערער פֿאַר זיך מיט אַראָפּגעלאָזטע גאַרטל־עקן, וואָס פּלאָנטערן זיך זיי פֿאַר די פֿיס. שטיל. איינער

פֿון: **געקליבענע ווערק.** ניו־יאָרק: ציקאָ ביכער־פֿאַרלאַג, 1954, ז״ז 28–32.

רעדט נישט צום צווייטן. מלמדים און תּלמידים זײַנען צוריק געקומען פֿון בית־המדרש. די מלמדים שטייען אין אַ באַזונדער רעדל, קוקן זיך איבער, שמועסן עפּעס שטיל צווישן זיך... חדר־קינדער, קונדסים און גלאַט יונגען, כאַפּן זיך אויפֿן פּלאַנקען פֿון רבינס סאָד, קריכן איבערן דאַך פֿון אײַזקעלער און צעלייגן זיך אין דער לענג און אין דער ברייט. אַלע מיט די פּנימער צום רבינס פֿענצטער... שמשים און אײַנגייער לויפֿן צעמישט אַרײַן און אַרויס. בחורים, וויללערנער, לויפֿן זיי נאָך און פּלאָנטערן זיך פֿאַר די פֿיס. און פֿרעגט מען בײַ וועלכן פֿון זיי, וואָס עס הערט זיך, צעשפּרייט ער די הענט, זיפֿצט אָפּ און אַנטלויפֿט ווײַטער. און דאָרט, הינטערן פֿאָדערהײַזל, שטייט פֿאַררוקט אין אַ ווינקל אַ גאַנצע מחנה ווײַבער און קרימען די פּנימער און האַלטן די פֿאַרטעכער גרייט אין די הענט צום וויינען... פּלוצלינג לאָזט זיך פֿון שטוב אַרויס אַ רעש, אַ יללה. דער עולם גיט זיך אַ ריר – „דער דאָקטער הייסט גאָט בעטן!“ האָט עמעץ אויסגעשריִען פֿון פֿענצטער. דער עולם בלײַבט פֿאַרשטיינערט, און די מחנה ווײַבער לאָזט זיך אַרויס און שנײַדט זיך דורך די מענער, וואָס טרעטן זיי אָפּ דעם וועג. די ווײַבער לאָזן זיך מיט אַ יללה אין גאַס אַרײַן. אין גאַס באַהעפֿטן זיך צו דער מחנה נאָך ווײַבער. גייענדיק אין מאַרק צעטיילן זיך די ווײַבער אויף צוויי מחנות, איינע לויפֿט אין שול אַרײַן, די צווייטע – אויפֿן בית־עלמין.

אין מאַרק דרייען זיך אַרום די מענער ווי פֿאַרלוירענע, שווײַגנדיקע שאָף, ביז עס קומט איינער מיט אַן ערגערע[ר] בשׂורה. דער עולם בלײַבט שטיין פֿאַרגליווערט און ציטעריקע ליפּן שעפּטשען:

– ברוך דיין אמת! ברוך דיין אמת!

און אַצינד איז שוין דער עולם בײַ גאָרנישט געבליבן – אָן האָפֿענונג, אָן טרייסט... איינס נאָר – צו באַדויערן די רביצין מיט די יתומים און איבערצוציילן זיי. זיך אַליין האָט שוין קהל אָן אַ זײַט אַוועקגעשטעלט, געלאָזט זיך אויף גאָטס באַראָט און זײַן גזר־דין אָנגענומען פֿאַר ליב.

די שמשים זײַנען שוין אויף דער פּאָסט אַוועקגעלאָפֿן מיט לאַנגע אויסגעשטעלטע דעפּעשן. דאָס פֿענצטער פֿון חדר ווו דער רבי איז געלעגן האָט רויט אויפֿגעפֿלאַמט – און אַ דין קאַלט רעגנדל טריפֿט פֿון בלײַערן פֿאַרפּאַנצערטן הימל און עס קאַפּעט און עסט זיך אײַן אין לײַב, אַז די גלידער דרייען זיך צונויף און קאָרטשען זיך אײַן. בעלי־מלאָכות שטעלן די קעלנערלעך אויף און טוליען אײַן די קעפּ צווישן די אָרעמס. מלמדים וויקלען זיך מיט רויטע פֿאַטשיילעס די העלדזער אַרום און די פּנימער ווערן וואָס אַ מאָל פֿינצטערער, בלויער און אײַנגעשרומפּענער. די ליפּן ציטערן און די אויגן מרוזשען זיך צו.

און נאָך בײַ נאַכט האָבן וועגעלער חסידים אָנגעהויבן אָנצוקומען פֿון די אַרומיקע שטעטלעך, און צו מאָרגנס איז געוווען אַ געפּאָרערײַ – די גאַסן האָבן נישט גערוט פֿון דראָשקעס און קאָטשן, צו מיטאָג זײַנען שוין אַלע געוועלבן געווען פֿאַרהאַקט און דער גאַנצער עולם האָט זיך פֿאַרזאַמלט אויפֿן רבינס הויף.

פּלוצלינג האָט זיך דערהערט אַ געשרײַערײַ אין דער טיר:

– מאַכט אויף! מאַכט אויף!.. – די מיטה האָט זיך באַוויזן און דער גאַנצער עולם האָט זיך אַ ריר געטאָן.

מען איז אַרײַן אין בית־המדרש צום הספּד. איז געוואָרן ענג – אַ שפּילקע אויף דער ערד נישט צו וואַרפֿן. און קעפּ אויף קעפּ איז מען געשטאַנען, אויסגעמישט מענער און ווײַבער, און איבער די טישן און איבער דעם באַלעמער, אומעטום איז פֿול און שוואַרץ. און די ברע־נענדיקע ליכט אין די הענגלײַכטער האָבן שרעקלעך היץ צוגעגעבן. אַלע פּנימער זײַנען רויט, באַגאָסן מיט שוויס. און די לופֿט שטיקט. עס איז הייס און דומפּיק. די מיטה האָט זיך אָפּגעשטעלט פֿאַרן אָרון־קודש, און חסידים כאַפּן זיך איינס דאָס אַנדערע אויף די פּלייצעס, וועלנדיק אַריבערדערגרייכן מיט די אויגן איבער די קעפּ. און אַלע הענגען אין דער לופֿטן, אַלע איינס אויף ס׳אַנדערע און אַלע אין איינעם. און שטיל איז און אַלעמענס אויגן האָבן זיך אײַנגעטיטשעט צום סאַמע מיטן... און באַלד האָט זיך אַ דין קולכל דערהערט: „אַ צו גרויס משכּון נעמסטו, גאָט, אונדז צו פֿאַר אונדזערע זינד... האָסט אונדז אַראָפּגעריסן אונדזער כּתר־התּורה, און, בעוונותינו־הרבים, צוגענומען די צוואַנג, אָן וועלכער מע וועט גאָרנישט קאָנען מאַכן...״

און ווידער איז שטיל געוואָרן און צווישן די ווײַבער און מיידלעך, מיט טיכלעך אויף די קעפּ ביז אין די האַלבע אויגן פֿאַרשטעלט, איז געוואָרן אַן אײַנגעהאַלטן געהעשרײַ...

די מיטה האָט זיך אַ ריר געטאָן און דער עולם האָט זיך אָנגעהויבן צו פּאַקן דורך ביידע טירן אַרויס און דורך די אויפֿגעפּראַלטע פֿענצטער.

די גאַס איז שוין געווען געשלאָסן – אַ קייט חסידים פֿון דער זײַט און פֿון דער זײַט און אַן עולם מיט דער מיטה ציט זיך און ציט זיך, ווי איין לאַנגער פּאַס מיט טויזנטער פּנימער. און אַ גאַנצן וועג האָט מען פּסוקים געזאָגט. און דער זון – דער יורש, איז נאָכגעגאַנגען צוקאָפּנס, אָנגעלענט מיטן שטערן אויף דער מיטה און דאָס פּנים אין די הענט באַהאַלטן...

אויפֿן גוטן אָרט צווישן די ביימער איז שוין געווען גרייט דאָס קבֿר און דער אָרון. און בשעת קבֿורה האָט מען דעם רבין אין אָפֿענעם קבֿר אַרײַן ,מזל־טובֿ׳ אָפּגעגעבן און דער גאַנצער עולם האָט זיך באַלד געווענדט צום זון: „מזל־טובֿ, רבי!.. מזל־טובֿ!...״

דאָס קבֿר איז שוין צו; דער נײַער רבי האָט קדיש געזאָגט.

און אַ טרייסט און אַ נײַע האָפֿענונג האָט אָנגעהויבן צו בליִען. די פּנימער האָבן זיך צר־ריק אויסגעלײַטערט, און אין די אויגן האָט אַ פֿרישע אַהבֿה אָנגעהויבן צו שפּראָצן. און אַלע האָבן זיך אַרום דעם רבין אײַנגעזאַמלט און מיט ליכט אין די אויגן געקוקט, ווי די שכינה האָט אויף זײַן בלאַס פּנים גערוט.

אויפֿן בית־עולם איז שטיל געוואָרן. די ביימער האָבן זיך שטיל געשאָקלט און ,בלחש׳ תּפֿילה געזאָגט.

ישׂראל־יהושע זינגער

# פּראָפֿעסאָר אַרקאַדי גריצהענדלער

I

פּראָפֿעסאָר אַרקאַדי גריצהענדלער איז געזעסן בײַם גרויסן שוואַרצן ראָיאַל און אויס־געשפּילט צום לעצטן מאָל שאָפּענס „נאָקטורן״ שטיל און צעצויגן.

אויף דעם בעטל, האַרט צוגערוקט צום ראָיאַל, איז געלעגן בער ברוין, אַ יונגער־מאַן מיט אַ יעזוס־בערדל און מיט אַ ווייכן אומשולדיקן האַלדז, וואָס איז גרייט זיך מקריבֿ צו זײַן. ער האָט אויסגעלייגט גרינע און רויטע פּאַפּירלעך איבער דעם טישעלע קעגן דעם בעט און גערעכנט מיט אַ בלײַשטיפֿט אויפֿן טישל; ער האָט עטלעכע מאָל אַ שאָקל געטאָן מיט דער ברעם, אַ טיפֿן ערנסטן שאָקל – אַ סימן, אַז ער האָט עגמת־נפֿש.

עגמת־נפֿש האָט בער ברוין געהאַט פֿון וואָס צו האָבן: פֿון די דרײַסיק בילעטן, וואָס דער שכן זײַנער, פּראָפֿעסאָר גריצהענדלער, האָט אים געגעבן צו פֿאַרקויפֿן אויף זײַן שאָ־פּען־קאָנצערט – האָט ער, אַחוץ צוויי, וואָס ער האָט צעטיילט באַקאַנטע מיידלעך אומ־זיסט, קיין איינעם נישט פֿאַרקויפֿט. דער קאָנצערט האָט שוין געדאַרפֿט הײַנט בײַ נאַכט פֿאָרקומען, אויף אַלע ווענט איז געווען אויסגעהאָנגען דער קאָנצערט־אַפֿיש – אַ גרינער אַפֿיש מיט שוואַרצע משונהדיקע גרויסע אותיות. באַלד בײַ נאַכט, האָט ער געוווסט, דאַרף ער אויסצאָלן אַ וואָך שׂכירות פֿאַר די אַכט און צוואַנציק צעקנייטשטע און ברודיק געוואָ־רענע פּאַפּירלעך. און ער האָט גערעכנט נאָך אַ מאָל און נאָך אַ מאָל, כאָטש דער חשבון איז אים געווען קלאָר און ער האָט געשאָקלט מיט דער ברעם – אַ סימן, אַז ער איז אויפֿגערעגט.

די זאַך האָט אים אויפֿגערעגט טאָפּלט.

ערשטנס, האָט ער אויסגערעכנט, אַז פֿאַר דעם געלט, וואָס ער וועט מוזן באַצאָלן פֿאַר די צעקנייטשטע פּאַפּירלעך, וואָלט ער געקענט קויפֿן ברעמס „לעבן פֿון חיות״ און נאָך אַלס צוגאָב – אַ האַנטביכל איבער פֿלאַנצונגען. כּמעט יעדן טאָג, ווען ער גייט צו דער אַרבעט, פֿאַרשעפּעט אים אַ גאַסן־בוכהענדלער, ווײַזט אים אויף די עטלעכע געגילטע ברעמס, פּונקט ווי ער וואָלט זײַן איבערגעצייַגט, אַז נאָר ער, בער ברוין, מוז זיי קויפֿן, און ער ווינקט אים צו:

– קויפֿט, יונגער־מאַן, ביליק...

צווייטנס, האָט עס אים פֿאַרדראָסן, הלמאַי ער איז אַ מענטש אָן כאַראַקטער. ער האָט געפֿילט, אַז לויט אַלע געזעצן פֿון מאָראַל וואָלט ער געדאַרפֿט צוניפֿנעמען אַזוי די אַלע פּאַפּירלעך אין האַנט און זיי אַ וואָרף טאָן דעם פּראָפֿעסאָר גלײַך אין אָנגעבלאָזענעם פּר־צוף אַרײַן:

פֿון: **אויף פֿרעמדער ערד**. ווילנע: קלעצקין, 1925, ז״ז 115 – 134.

– נאַט אײַך די מציאות... קיינער וויל זיי נישט קויפֿן...

אַ ווײַלע האָט ער טאַקע דערפּילט, ווי אַ שנירעלע וואַרעמקייט לויפֿט איבער אים האַסטיק פֿון האַרץ ביז די האָרוואָרצל און אין די פֿינגער קיצלט עס שטאַרק עפּעס אָפּ־צוטאָן. נאָר אויסדרייענדיק דעם קאָפּ צום ראָיאַל איז ער געבליבן זיצן מיט אַן אָפֿן מויל, פּונקט ווי די ליפּן וואָלטן אים פֿאַרשלאָסן געוואָרן.

פּראָפֿעסאָר גריצהענדלער איז געלעגן אויסגעלייגט אין דער גאַנצער לענג זײַנער אי־בער דער שטול, מיט די לאַנגע פּיס אויסגעצויגן. די פֿינגער אויף די קלאַווישן זענען געווען אַזוי אויסגעצויגן און אײַנגעגעסן, ווי זיי וואָלטן זיך צונויפֿגעוואַקסן מיט די קלאַווישן.

בער ברוין האָט אויסגעצויגן דעם ווייכן אָפּערדיקן האַלדז און איז געבליבן זיצן מיטן יעזוס־בערדל אַרויף.

תּמיד זענען אים געווען שווער דעם שכנס אויגן. יעדעס מאָל, ווען דער פּראָפֿעסאָר שטעלט אויף אים אָן די גרויסע שטאַרע אויגן, דערמאָנט ער זיך אָן די וואַקסענע פֿאַר־שווינען אין די פּאַנאָפּטיקומס און אַרום אים הייבט עס אָן צו שמעקן מיט וואַטע, עסיק און שפּיטאָל. נאָר איצט זענען בײַ גריצהענדלערן די אויגן טאָפּל גרויס און ברייט און אַזוי פֿאַרנעפּלט, אַז ער איז ענלעך צו די בלינדע אָרעמע־לײַט, וואָס די ברעמען לאָזן זיך בײַ זיי קיין מאָל נישט אַראָפּ און ווײַבער האָבן מורא געבן זיי אַ נדבֿה, טאָמער מאַכן זיי זיך בלינד. דאָס פּנים זײַנס, וואָס איז אַלע מאָל ענלעך צו פֿאַרגליווערטער פּישיויך, איז איצט געווען אויסגעצויגן שמאָל און שוואַרצלעך־בלאַס ווי אַ ברודיק געקאַלכטע וואַנט, די אַקסלען זײַנע, שטענדיק צו גלײַכע און קאַנטיקע, האָבן זיך איצט אויפֿגעהויבן אין דער הייך, געווען פֿאַרשפּיצט ווי קראָקוועס פֿון אַ דאַך, געדריקט און אָפּגעשפּיגלט זיך אין דער גאַנצער טיפֿער שוואַרצקייט פֿון קלאַוויר. און אַזוי ווי אין קלאַווירליכט האָט זיך נאָך פֿאַרטשעפּעט אַ פֿליג, דער חלבֿ האָט געטריפֿט, און אַ רונד טאַנצנדיק פֿלעמל, ווי אַן אָרעאָל, האָט אַרומ־גענומען פּראָפֿעסאָר גריצהענדלערס נאַקעטן קאָפּ, האָט עס בער ברוינען אויסגעזען ווי אַ מת, אַ באַקאַנטער מת וואָלט זיך דאָ מיט אַ מאָל אַוועקגעזעצט בײַם קלאַוויר און שפּילט אויס מיט זײַנע ביינערדיקע פֿינגער אַ טויטע ליד –

בער ברוין האָט אַרויסגעלאָזט פֿון דער האַנט אַלע בילעטן אויף דער ערד. ער האָט געוואָלט שרײַען. אַ ווײַלע האָט אים געקנוילט זיך אין האַרץ, געוואָלט אַרויס, נאָר אַז ס׳איז געקומען צום האַלדז, האָט עס זיך אַזוי פֿאַרפּלאָנטערט, ווי ס׳וואָלט נישט האָבן גענוג אָרט דורך שמאָלן חלל אַרויס – נאָר באַלד האָט זיך דער פּלאָנטער אויפֿגעריסן און צוויי ווער־טער, האַסטיקע, אָפּגעהאַקטע, האָבן פֿרעמד אַ ריס געטאָן אין דער טונקלקייט:

– פּראָפֿעס... פּראָפֿעסאָר! –

פּראָפֿעסאָר גריצהענדלער האָט אויסגעדרייט דעם קאָפּ, באַקומען מיט אַ מאָל אַ לעבע־דיק פּנים און מיט זײַן פֿאַרגליווערט שמייכעלע אויף די דיקע ליפּן געפֿרעגט אויף רוסיש:

– שטאָ טאַקאָיע, דאָראָגאָי?[1] –

1 רוסיש – וואָס איז, מײַן טײַערער?

בער ברוין האָט נישט געהאַט וואָס צו זאָגן, האָט ער אָנגעהויבן שטאַמלען, גלאַט אין דער וועלט אַרייַן:

– הער פּראָפֿעסאָר – איר האָט דאָך פֿאַרגעסן איבערמישן די נאָטן. איר האַלט נאָך אַלץ בייַ דער ערשטער זייַט...

פּראָפֿעסאָר גריצהענדלער האָט אָפּגעלאָזט די הענט פֿון די קלאַווישן, באַקומען די גאַנצע רויִקייט זייַנע, גלייַך ווי גאָרנישט, געלאַסן, שמייכלענדיק, און געענטפֿערט:

– ניטשעוואָ, דאָראָגאָי,[2] איך קען זיי שוין אויף אויסנווייניק...

## II

פֿאַרנאַכטלעך צו האָט פּראָפֿעסאָר גריצהענדלער אויסגעטאָן דעם גלאַנציק אָפּגעריבענעם סורדוט, דאָס פּליושענע וועסטל אין שפּרענקעלעך, און אָנגעטאָן אַ ווייַסרוסיש העמדל מיט אַ דין גאַרטעלע, נידעריקער פֿון דער טאַליע.

דאָס העמדל איז געווען ריין אויסגעוואַשן, אויסגעגלייַכט, נאָר אַרום די העקעלעך איז געווען פֿאַרלאָפֿן מיט געלע פֿלעקן פֿון זשאַווער. און די אַרבל, די קורצע אַרבל, פֿון וועלכע די באַוואַקסענע הענט זענען אַרויסגעקראָכן שרעקלעך לאַנג און אויסגעוואַקסן, – די דאָזיקע אַרבל זענען געווען אויסגעריסן אין דער סאַמע מיט, זיי האָבן באַוויזן שפּיציקע, נאַקעטע עלנבויגנס און דערהאַלטן אין זיך אַ סך אומעט, איינזאַמקייט און עלנט – אָן אַ שיעור עלנט. ער האָט אויסגעוועיקט די גרויסע צעוואַקסענע פֿיס אין הייס וואַסער, ער האָט אָפּגעשניטן די האַרטע נעגל פֿון די פֿינגער, ער האָט לאַנגזאַם אויסגעשניטן מיט אַ שפּיץ ביינערנעם מעסערל די הינעראויגן, געקוקט הילפֿלאָז אויף דעם אומגעלומפּערטן גראָבן פֿינגער, וואָס שטאַרט אים אַרויס מיט אַ קנאָך פֿון אַ זייַט און שטערט אים יעדעס מאָל ווען ער דאַרף אויסבייַטן די לייַוונטענע גומע־קאַמאַשן אויף לאַקשיך.

צום קאָנצערט איז נאָך געווען עטלעכע שעה צייַט, נאָר פּראָפֿעסאָר גריצהענדלער האָט זיך כּסדר געגרייט, ער האָט זיך געוואַשן און געריייניקט ערנסט, פֿול מיט שטילער דערהויבנקייט, פּונקט ווי מ׳וואַשט עפּעס אַ טייַערן חולה ערבֿ אַן אָפּעראַציע. אַז די פֿיס זענען שוין געווען בייַ אים אָפּגעקראָכן און אין גאַנצן זיך געשיילט פֿון הייסן וואַסער, האָט ער אַראָפּגעצויגן דאָס העמד פֿון לייַב. ער האָט אָנגעטאָן די ברילן, צוגעלייגט דאָס אויסגעטאָנענע העמד צו די דיקע גלעזלעך און ערנסט עס געריייניקט.

פֿון אַנטקעגנאיבערדיקן קיכפֿענצטער, פּונקט קעגן גריצהענדלערס צימער, האָבן אַ פּאָר דינסטמיידלשע שמאַלציקע אויגן גלייַך אַרייַנגעקוקט, נאָר גריצהענדלער האָט זיי נישט באַמערקט. אַ נאַקעטער, אַ האָריקער, מיט ברילן אויף דער נאָז, מיט אַן אונטערשטער ליפּ אַרויסגערוקט פֿאָרויס און מיט אַ שווערער אומגעלומפּערטער און געלערנטער נישט־געשיקטקייט אין די באַוועגונגען – האָט ער אויסגעזען איצט ווי אַן אַלטע, גוט

2 רוסיש – איז גאָרנישט, מייַן טייַערער.

דרעסירטע מאַלפּע, וואָס טראָגט ברילן אויף אירע אויסגעוויינטע אויגן און כאַפּט בײַ זיך פּליי. ער איז געשטאַנען פֿאַרנומען, פֿאַרחושכט, געזוכט מיט באַברילטע אויגן און געטראַכט טיפֿע און ערנסטע מחשבֿות.

ער האָט געטראַכט, אַז אויב מ׳וועט אים אַרויסרופֿן אויף ביס, זאָל ער דורכויס געבן אַן אייגענע זאַך, אַן אייגן שטיק קלאַסישמעסיקע פֿאַנטאַזיע; ער האָט געטראַכט, אַז די חבֿרים־מוזיקער, וואָס לויבן אים תּמיד אַלס מוזיק־טעאָרעטיקער און ראָטן אים נישט אַרויסצוטרעטן אַלס פּיאַניסט, – די דאָזיקע לײַט זענען זייער פֿאַרדאָרבענע מענטשן און האָבן מורא, שטאַרק מורא פֿאַר אים; ער האָט געטראַכט, אַז ווען די דירעקציע זאָל אײַנגיין, וואָלט ער אויך געדאַרפֿט האַלטן פֿאַרן קאָנצערט אַ פֿאָרטראָג איבער שאָפּענען; און ער האָט אויך געטראַכט, אַז ער, טאַקע, נאָר ער מיט זײַן עלעגיש־מעלאַנכאָלישער, טרויעריקער שטימונג און וועלט־אָנשויונג, איז ווי געבוירן פֿאַר שאָפּענס מוזיק, נאָך דערצו פֿאַר זײַנע „נאָקטורן“.

ער האָט דערנאָך צוריק אָנגעטאָן דאָס אויסגערייניקטע העמד, אַרויפֿגעצויגן דערויף אַן אייבערהעמד, אַ לאַנגס, אַ ברייטס און שניי ווײַס ווי אַ קיטל, ער האָט צוגעשפּיליעט דעם גומענעם קראַגן, די מאַנזשעטן, וואָס האָבן געגלאַנצט מיט אַ מאָדנער בלווילעכער און שטײַפֿער קאַלטקייט און אַרויפֿגעצויגן אויף זיך דעם ענגען קאָנצערטאָוון[3] פֿראַק. איצט ערשט איז ער צוגעגאַנגען צום קערבל, לאַנגזאַם עס אויפֿגעשלאָסן און זיך פֿאַרטראַכט.

אין קערבל האָט ער אַ סך זאַכן: פֿאַראַן דאָרט אַ סך אַטעסטאַטן, לאַנגע האַלב צעפֿאַלענע אַטעסטאַטן מיט גרויסע אָדלערס און אַ סך חתימות. נאָר נישט דאָס דאַרף ער איצט. אײַנגעוויקלט אין זאַמש, פֿאַרבאַהאַלטן אין אַ צירונג־קעסטעלע, ליגט דאָ אַ לענטע, אַ זײַדענע לענטע – אַן אויסצייכענונג. צום שוואַרצן פֿראַק, ווייסט ער, איז דאָס לענטעלע ווי אָנגעמאָסטן. אָבער ער געדענקט אויך, אַז פֿאַר דעם קליינעם בענדעלע האָט ער אַ מאָל געמוזט אויסבײַטן זײַן נאָמען אַהרן אויף אַרקאַדי און אויפֿגעהערט זיך דורכצושרײַבן מיט זײַן אַלטער מאַמע ערגעץ...

ווען מע זאָל עס איצט אָנטאָן, וואָלט מען אפֿשר גאָר לאַכן דערפֿון דאָ אין פֿרעמדן לאַנד. איבעריקנס, ווייסט דאָך דאָ קיינער נישט ‚דערפֿון‘. די מוטער זײַנע איז שוין לאַנג געשטאָרבן, און דאָ שפּילט ער אַפֿילו אויף ייִדישע קאָנצערטן אויך. און ער וואַרפֿט עס אַוועק גיך און ציטערנדיק ווי עפּעס אַ מיאוסע זאַך. ער רײַבט זיך אָפּ דעם לאַץ, ווי ער וואָלט וועלן אָפּווישן יעדן סימן, און ער פּאַקט אויף דאָס פּעקל פֿאָטאָגראַפֿיעס, וואָס ליגן אין אַ ווינקל פֿון קערבל.

די פֿאָטאָגראַפֿיעס, ווייסט ער, וועלן קיין מאָל נישט אָנווערן זייער ווערט. אומעטום שטייט מיט אים די פֿרוי זײַנע, די קליינע פֿרוי, אָנגעזאַפּט מיט לײַדן, און טוליעט דאָס קינד זייערס, וואָס קוקט אַזוי ערנסט און שווײַגנדיק אויף זײַנע צו אַלטע טאַטע־מאַמע און פֿאַרלייגט זײַן קעפּל אָן אַ זײַט.

3 koncertowy – דער פּוילישער אַדיעקטיוו פֿון ‚קאָנצערט‘.

איצט זענען זיי ווייַט, זייער ווייַט, און קוקן איבער אַזאַ ווייַטן שטח אויף יעדער באַוועגונג פֿון זייַן שיקזאַל, אויף יעדן שריט פֿון זייַן [ד]ערפֿאָלג און גליק. און ער טראָגט צו די בילדלעך יעדעס באַזונדער צו די גראָבע ליפּן און שעפּטשעט:

– איינציקע... אָ ר ע מ ע ...

אַכט אַ זייגער פֿאַר נאַכט איז בער ברוין געקומען אַ יום־טובֿדיקער און צוגעיאָגט זייַן שכן:

– הער פּראָפֿעסאָר, צייַט צו גיין...

פּראָפֿעסאָר גריצהענדלער האָט באַטראַכט זייַן יונגן מיטוווינער, וואָס איז געווען אָנגעטאָן אין אַ סאַמעטענעם רעקל מיט אַן אָפֿענעם האַלדז, און זייַן פּנים האָט זיך צעצויגן אין אַ שמייכל. אַז זיי זענען געזעסן אין דראָשקע און געקייַקלט זיך איבער די שטיינער, האָט בער ברוין אַרויסגענומען אַן אייַנגעלייגט פּעקעלע אַסיגנאַציעס און, נישט דערמאָנענדיק קיין וואָרט וועגן די נישט פֿאַרקויפֿטע בילעטן, שטיל געזאָגט:

– פֿאַר אַלע דרייַסיק בילעטן...

פּראָפֿעסאָר גריצהענדלער האָט אויסגעציילט די אַסיגנאַציעס לאַנג און נישט געשיקט, ער האָט געטאַפּט מיט שאָקלדיקע הענט יעדעס פּאַפּירל באַזונדער און העפֿלעך געזאָגט:

– אַ דאַנק, גאָלובטשיק[4], נאָר פֿאַר דער דראָשקע קומט אויך אַ העלפֿט פֿון אייַך...

## III

פֿאַרן קאָנצערטזאַל זענען געשטאַנען צוויי בראָנדזענע נאַקעטע ווייַבער און געהויבן צוויי עלעקטרישע פֿאַקעלן איבער אַ גרינעם פּלאַקאַט מיט ריזיקע שוואַרצע אותיות: „פּראָפֿעסאָר אַרקאַדי גריצהענדלער". אַן אַלט דראָשקעפֿערדל האָט אַרויסגענומען דעם שווערן קאָפּ פֿון דער טאָרבע האָבער, האָט אַ געלאַסענעם בליק געוואָרפֿן אויפֿן ברייטן פּלאַץ מיט די דרימלענדיקע דראָשקעס און אָנגעשטעלט די בלויִלעכע פֿאַרלאָפֿענע אויגן אויפֿן גרינעם, העל באַלויכטענעם פּלאַקאַט.

פּראָפֿעסאָר גריצהענדלער איז אַרויף אויף די ברייטע מאַרמאָרנע טרעפּ וואָס שפּרייטן אַזוי פֿיל רחבֿות אַרום זיך, ער האָט ברייט אַן עפֿן געטאָן אַ מאַסיווע, שווערע טיר און געוואָלט אַרייַן אין וואַרטעזאַל, נאָר ער האָט זיך אָנגעשטויסן אָן אַ האַרטן הוט און אַ פּאָר גרויסע שוואַרצע וואָנצן און איז געבליבן צעטומלט. ער האָט נישט געזען, אַז די טירן זענען פֿאַר אַרויסגייענדיקע; אויף אַרייַנצוגיין זענען דאָ אַנדערע טירן, און ער האָט זיך געוואָלט כאַפּן צום צילינדער, איבערבעטן יענעם, נאָר ער האָט דערווייַל פֿאַרטשעפּעט די ברילן אויף דער נאָז און אַראָפּגעלאָזן זיי, – האָט זיך יענער אַ פֿלינקן דריי אויס געטאָן, אַרויס פֿון דער טיר און צוזאַמען מיט אַ שווערן הילך צוגעוואָרפֿן צוויי ווערטער:

– אידיאָט שלימזלדיקער...

4 רוסיש – מייַן טייַערער.

אין פֿאָיע האָט גריצהענדלער געזען ווי אַ סטודענט מיט אַ סטודענטקע גייען אַוועק פֿון דער קאַסע פֿאַרשעמט פֿאַר זייער דלות און ברומען:

– בלויז טײַערע בילעטן, אַ שאָד...

האָט אים אַ רחמנות אָנגענומען אויף זיי. ער האָט זיך דערמאָנט עפּעס אַ פּראַזע, אַז „אַ קעניג איז דער סאַמע אָפּהענגיקסטער אויף דער וועלט", און ער האָט אײַנגעזען אַז ס׳איז אמת; ווען זיי קומען אַזוי אַ שטייגער צו אים אַהיים, די דאָזיקע סימפּאַטישע יונגע מענטשן, און בעטן אים צו שפּילן פֿאַר זיי, וואָלט ער דאָך פֿאַר זיי אַלע זײַנע פֿאַנטאַזיעס אויסגעשפּילט. נאָר הײַנט, אין טאָג פֿון זײַן שׂימחה, קען ער זיי גאָר נישט העלפֿן... דאָס דאָזיקע מיטגעפֿיל האָט אים אָנגעפֿילט מיט ווייכקייט, גליק, און ער איז אויסגעוואַקסן בײַ זיך אַליין, שטאַרק אויסגעוואַקסן. ער האָט געטראַכט, אַז דער פֿאַרשוין מיט די וואָנצן, וואָס האָט אים אַזוי טיף באַליידיקט בײַ דער טיר אין טאָג פֿון זײַן שׂימחה, וועט זען די אָוואַציעס, וואָס מ׳וועט אים מאַכן, וועט הערן די פֿאַנטאַזיע זײַנע, און ער וועט זיך שעמען, שטאַרק שעמען פֿאַר זײַנע רייד. ער וועט אים אַפֿילו אָפּוואַרטן בײַ דער דראָשקע מיטן הוט אין האַנט און וועט זיך אַנטשולדיקן:

– איך האָב נישט געוווּסט, הער פּראָפֿעסאָר... כ׳האָב געמיינט, אַז ס׳איז אַן אַנדערער...

ער האָט שוין אַפֿילו געטראַכט ווי אַזוי צו האַנדלען: מאַכן זיך נישט־זעענדיק אים אָדער אפֿשר גאָר מוחל זײַן און דערמיט באַווײַזן דעם זיג פֿון גײַסט איבער דער ברוטאַליטעט.

נאָר אַן אַלטער קאַפּעל־דינער אין אַ רויטער געגילטער קאַפּאָטע האָט זיך פֿאַרנייגט פֿאַר אים פֿאַר דער סאַמע נאָז און פֿײַערלעך געזאָגט:

– ביטע, הער פּראָפֿעסאָר!..

איז ער מיטגעגאַנגען איבער געדרייטע טרעפּ און איז אַרײַן אין אַ זײַטיקער טיר פֿון אַ הינטערקוליסן־שטיבל.

פּראָפֿעסאָר גריצהענדלער איז געזעסן אין פֿאַרשטויבטן שטיבל צווישן אָנגעוואָרפֿענע חפֿצים און געפֿילט זיך אַ פֿאַרגעסענער. פֿון ווײַטן האָבן זיך קולות געטראָגן. אַן אינסטרומענט האָט ערגעץ אַ בלאָז געטאָן, אַ טיר האָט זיך צוגעקלאַפּט און אַ זייגער האָט זיך צעקלונגען. און גריצהענדלער איז געזעסן אײַנגעזונקען אין אַ נידעריקער שטול און געווען דערשלאָגן. אים האָט עפּעס מיט אַ מאָל אָנגעהויבן צו גרימפּלען אין בויך. ער האָט זיך געשטאַרקט, נאָר דער פֿאַרשוין מיט די וואָנצן איז אים ווידער געשטאַנען פֿאַר די אויגן און געברומט:

– אידיאָט שלימזלדיקער...

און ער האָט געפֿילט, ווי דער גומענער קראַגן פּרעסט אים דעם האַלדז, די אַרבל פֿון העמד קלעפּן זיך אים אונטער די אָרעמס און די הענט ווערן בײַ אים קאַלט און ציטערדיק. דאָרט, פֿון זאַל, הערט ער, האַלט אין איין ברומען און רוישן, קולות דערגרייכן טויב און פֿאַרשטיקט, פּונקט ווי די וועלט וואָלט ערגעץ ריזיקע מעשׂים אָפּגעטאָן און אים איינעם אַליין איבערגעלאָזט דאָ פֿאַרוואָרפֿן. קען זײַן, פֿאַלט אים אײַן אַ געדאַנק, אַז אפֿשר איז עפּעס אַן אומגליק געשען, מעגלעך אַז דער זאַל ברענט, אַלע ראַטעווען זיך און אָן אים האָט מען

פֿאַרגעסן... נאָר אָט האָבן זיך דערנענטערט טריט, פֿעסטע טריט, און אַ געזונטע שטים האָט געקלונגען באַפֿעלעריש:

– הער פּראָפֿעסאָר!

איז ער נאָכגעגאַנגען מיט שווערע טריט, ער האָט געפֿילט, ווי דער אומגעלומפּערטער פֿינגער פֿון פֿיס קוועטשט אים בײַם גיין און ער האָט זיך גלײַך געמאַכט דעם פֿראַק און פֿאַרריכט דאָס צעשפּאָלטענע גלעזל פֿון דער בריל.

פֿון דער עסטראַדע אַראָפּ האָט פּראָפֿעסאָר גריצהענדלער געזען קעפּ – אַזאַ גלײַך פֿעלד קעפּ, כאָטש גיי איבער זיי שפּאַצירן. ער האָט געשפּילט די „נאָקטורן", געפֿילט פֿאַר די גלעזלעך אַ נאַקעטע פֿרויענהאַנט, וואָס מישט צו דער צײַט איבער די נאָטן, נאָר ער האָט בשום־אופֿן נישט געקענט אַזוי פֿאַרשלאָפֿן וואָך זײַן, אַזוי פֿאַרנעפּלט ווי אין דער פֿרי, בעת דער לעצטער פּראָבע. איצט, האָט ער געפֿילט, ווען די נאַקעטע האַנט מישט נישט איבער צו דער צײַט די נאָטן, וואָלט ער נישט געדענקט קיין זאַך און וואָלט גלײַך געמוזט אויפֿהערן. ער האָט געהערט אַפּלאָדיסמענטן. ער האָט זיך אויפֿגעהויבן און פֿאַרנייגט. איין פּאָר הענט האָבן לאַנג געפּאַטשט, און אַ קול, אַ יונג קול האָט געשריגן:

– ביסס... ביסס...

ער האָט דערקענט דאָס קול, בער ברוינס קול; האָט ער זיך ווידער גענייגט, געשמייכלט מיט די צו גרויסע ציין, אַנידערגעזעצט זיך עטלעכע מאָל, ווי דאָס אָרט וואָלט נישט זײַן באַקוועם און, קלאַפּנדיק מיט די פֿינגער, נישט פֿאַרשטאַנען:

– מאָדנע לאַנגווײַליקע זאַכן דעם שאָפּענס! און צו וואָס האָט ער גאָר געדאַרפֿט אַ שאָפּען־קאָנצערט, אַז אַלע האַלטן אים פֿאַר אַזאַ מײַסטער אין רובינשטיינען?...

ער האָט געוואָרפֿן אַ בליק אויף אַ ווײַלע צום פּובליקום און ער האָט באַלד צוריק זיך אײַנגעגראָבן אין די קלאַווישן.

אין דער ערשטער ריי, דאָרטן ווו די רעצענזענטן זיצן, האָט זיך אים אויסגעדאַכט, אַז ער האָט געהערט זיך שושקען. איינער אַפֿילו האָט געגענעצט, שטאַרק געגענעצט און באַוויזן אַ פֿול מויל גאָלדענע ציין. נאָר אַמערגסטן איז געווען דאָס, וואָס אַ פּאָר שוואַרצע גרויסע וואָנצן זענען אים געשטאַנען די גאַנצע צײַט פֿאַר די גלעזלעך, אַ פּאָר וואָנצן, אין גאַנצן ענלעך צו יענע בײַ דער טיר, – האָט ער באַשלאָסן מער נישט צו שפּילן זײַן פֿאַנטאַזיע און די אויסגעלייגטע נאָטן האָבן אים אויסגעזען דיק, מאָדנע דיק, ווי עטלעכע העפֿטן וואָלטן געלעגן צוזאַמען.

נאָך דעם ווי ער האָט געענדיקט, האָט מען אים ווײַטער אַפּלאָדירט. ער איז געשטאַנען אַ בלאַסער, אַזוי בלאַס, ווי מ׳וואָלט עפּעס אַ רײַכן בר־מינן אויסגעפּוצט אין אַ פֿראַק, אָנגעטאָן לאַקשיך, פֿאַרבונדן מיט אַ ווײַסן שניפּס און אָנגעדרייט אויף דראָטן, ער זאָל זיך נייגן פֿאַר זײַנע באַגלייטערס. ער האָט געוואָלט וואָס גיכער אַרײַן אין צימערל, הינ־טער די קוליסן, נאָר עטלעכע באַקאַנטע דאַמען און הערן זענען געשטאַנען לעבן אים און דערלאַנגט אַ גרויסן קויש בלומען מיט אַ וויזיט־קאַרטע. האָט ער זיך געלאָזט דריקן זײַן קאַלטע שוויסיקע האַנט פֿון וואַרעמע, טרוקענע דאַמענהענטלעך און געפֿילט, אַז דער קויש בלומען ציט אים מיט זײַן מאַסע צו דער ערד.

– אַ שווערער קויש, – האָט ער געמורמלט און געהאַלטן אים פֿעסט, ער זאָל אים נישט אַרויסלאָזן פֿון די הענט.

בער ברוין האָט זיך געאײַלט צו באַגעגענען זײַן שכן אַראָפּגייענדיק פֿון דער עסטראַדע. ער האָט געהאַט פֿאַר אים אַ קליינע מתּנה צוגעגרייט: עטלעכע פּיאַלקעס און צוויי רויזן. נאָר ער האָט אים שוין נישט געטראָפֿן. ער האָט זיך געאײַלט אַהיים, געוואָלט זיך דורכשמועסן מיט אים וועגן דעם קאָנצערט, נאָר אַהיים קומענדיק, איז שוין די טיר פֿון צימער געווען אויפֿגעשלאָסן. אין ווינקל בײַ דער סאַמע שוועל איז געשטאַנען דער קויש בלומען, אויפֿן ראָיאַל האָבן זיך געוואַלגערט דער פֿראַק מיט די וועש, פֿריש נאָך פֿון די הענט וואָס האָבן זיי באַרירט, און אין בעט, אײַנגעהילט אין אַ קאָלדרע, איז געלעגן ער, דער פּראָפֿעסאָר אַליין, און געבראַפּעט, געבראַפּעט צו גיך, צו האַסטיק, ווי אַ ייִנגל, וואָס נאַרט אָפּ טאַטע־מאַמע אין מיטן נאַכט און מאַכט זיך שלאָפֿן...

## IV

צו מאָרגנס נאָך מיטאָג האָט פּראָפֿעסאָר גריצהענדלער אײַנגעקויפֿט אַלע אָוונטבלעטער און געלייגט זיך אין בעטל.

– נו יאָ, – האָט ער זיך געטראַכט, – כ׳האָב באַלד געוווּסט, אַז זיי וועלן זיך דאָס מאָל צואײַלן באַלד אויף צו מאָרגנס.

אומעטום, האָט ער זיך דערמאָנט, איז דאָס זעלבע: אויב ס׳האָט זיך אים אײַנגעגעבן עפּעס, האָט ער געמעגט אַ גאַנצע וואָך קויפֿן די צײַטונגען, קויפֿן אין דער פֿרי און נאָך מיטאָג, אַלץ האָט ער באַגעגנט: ספּאָרט, אַ נאָטיץ וועגן אַ פֿאַרלוירענעם הונט, אַן אויפֿרוף צו שטיצן אַן אַלטע אַלמנה, נאָר נישט דאָס, וואָס ער האָט געזוכט. איצט איז פֿאַראַן, אין אַלע צײַטונגען פֿאַראַן. ער האָט זיך אויסגעלייגט אויפֿן בעטל און נישט באַגריפֿן: זאָל זײַן, אַז ער האָט טאַקע שלעכט געשפּילט, אמת. נו, איז דעריבער האָבן אַלע, הייסט עס, רעכט חוזק צו מאַכן פֿון אים, פּײַניקן אים? צוזאַמען מיט די נאָטיצן גייט אַ ידיעה מיט גרויסע פֿעטע אותיות: „פֿאַרמישפּט אַ מאַן פֿאַר פּײַניקן זײַן אומטרײַע פֿרוי“... ער לייענט די ידיעה און פֿאַרשטייט נישט: נו, און ,זיי‘, זיי מעגן אים פּײַניקן, לוסטיק מאַכן זיך איבער אים, פֿאַר אַלע, פֿאַר דער גאַנצער וועלט, און פֿאַר וואָס? – אַלץ דערפֿאַר, וואָס ער האָט נישט געדאַרפֿט טרינקען קיין מילך אין טאָג פֿון קאָנצערט און זיך קאַליע מאַכן דעם מאָגן מיט דער שטימונג.

ער איז אַראָפּ אין גאַס. אויף דער וויזיט־קאַרטע, וואָס מ׳האָט אים דערלאַנגט צוזאַמען מיט די בלומען, איז אַפֿילו געווען צוגעשריבן עטלעכע ווערטער, ער לייענט זיי איבער:

– מאָרגן, אַכט אַ זייגער אין אָוונט, אַ באַנקעטל לכּבֿוד אײַך, אַ קליין, היימיש באַנקעטל.

ער באַטראַכט נאָך אַ מאָל די אָנגעשריבענע ווערטער און וואַרפֿט אַוועק דאָס קאַרטל פֿון זיך:

– ווינציק נאָך דער אומגעלומפּערטער קויש מיט בלומען. באַנקעטלעך פֿעלט זיי נאָך!

שפּעטער צו איז די דינסט אַרײַנגעקומען, אַ גערזונטע בלאָנדע שיקסע, האָט זי גלײַך אַרײַנגעשטעקט אַ שטיק פֿאַרריסן נעזל אין די בלומען אַרײַן און זיך געקוויקט:

– אַ... אַ... אַאַ... איך וועל זיי באַלד באַשפּריצן...

נאָר גריצהענדלער האָט זיך פֿון בעטל אויפֿגעהויבן און אָנגעטאָן די ברילן. אים האָט דער קאָפּ ווי געטאָן און אין זײַט האָט אים געשטאָכן. ער איז געווען איבערגעצײַגט, אַז אין דעם אַלעם זענען שולדיק די בלומען. זיי פֿאַרשפּרייטן אַזעלכע שטאַרקע ריחות, אַז זיי שטיקן אים אין האַלדז. ער וואָלט שוין צופֿרידן געווען, אַז זיי זאָלן פֿאַרוועלקט ווערן אַ מאָל און אין שטוב זאָל ווערן אַ ביסל מער לופֿט. איצט זאָגט גאָר די דינסט, אַז זי וויל זיי באַשפּריצן, און ער שפּאַרט אָן דעם עלנבויגן אויפֿן ברעג בעט און רעדט מיט אַ הייזעריקער שטים:

– מ׳דאַרף נישט... מ׳דאַרף נישט... דרייט זיך מיר נישט אין שטוב.

די שיקסע איז גיך אַרויס, שאָקלענדיק מיט איר פּוּעריש קאָפּ אויף די ,געלערנטע׳, און פּראָפֿעסאָר גריצהענדלער האָט איר נאָכגעקוקט, ווי זי שאָקלט זיך אין דער ברייט אויף אירע וויגנדע לענדן, און ער האָט זי מקנא געווען:

– וואָס וואָלט אים פֿעלן, ווען ער איז איצט אַזוי פֿרײַ ווי זי, ווען ער איז אַזוי איינער צווישן טויזנטער אַנדערע און האָט נישט מורא זיך צו טרעפֿן מיט אַ באַקאַנטן, דאַרף נישט ציטערן, טאָמער קויפֿט עמעצער אָן אָוונטבלאַט?

ער האָט זיך איבערגעדעקט מיט דער קאָלדרע איבערן קאָפּ, אויסבאַהאַלטן זיך, פֿאַר זיך אַליין אויסבאַהאַלטן; ער האָט זיך צוגעשפּאַרט צו דער קאַלטער וואַנט און מאָדנע זאַכן געזען: ער האָט געזען די חבֿרים־מוזיקער, ווי זיי טאַנצן אַרום אים אין אַ קאַראַהאָד און ווײַזן אים מאָדנע לאַנגע צונגען. פֿון סופֿיט האָט די פֿרוי זײַנע אַראָפּגעקוקט, געאָרעמט מיט דעם פֿאַרשוין מיט די שוואַרצע וואָנצן, און געשריגן:

– אידיאָט שלימזלדיקער... אידיאָט שלימזלדיקער...

צווישן די בלומען איז געשטאַנען זײַן קינד, מיטן קעפּל אָן אַ זײַט. די בלומען זענען געוואַקסן זייער גיך, גרויס און פֿאַרשפּרייט זיך אַרום קינד. דאָס קינד ווערט דערטרונקען צווישן די בלומען און שרײַט מיט אַ פֿאַרשטיקט קולכל:

– פּאַפּאַ... פּאַפּאַ...

אַז בער ברוין איז אַהיימגעקומען בײַ נאַכט, האָט עס געשמעקט אין שטוב מיט אויסגע־טאָנענע זאַכן, מיט בעטגעוואַנט און מיט אַ העכערער טעמפּעראַטור.

ער איז צו צום בעט, אַ טאַפּ געטאָן גריצהענדלערן בײַם קאָפּ און געזאָגט:

– הער פּראָפֿעסאָר, איך גיי רופֿן אַ דאָקטער.

פּראָפֿעסאָר גריצהענדלער האָט אים אָנגעכאַפּט בײַ דער האַנט, אַרײַנגענומען זי אין זײַנע ביינערדיקע, שטײַפֿע פֿינגער און אים אַוועקגעזעצט אויף אַ ברעג בעט. ער האָט זיך אָנגעשפּאַרט מיטן עלנבויגן אָן בעטגעוואַנט, געקוקט זײַן שכן אין די אויגן און געמורמלט:

– גאָלובטשיק, איר קענט דאָך נאַטור־וויסנשאַפֿט, ווייסט איר נישט, ווי לאַנג אַזעלכע בלומען בליִען?

בער ברוין האָט זיך פֿאַרטראַכט און אים געענטפֿערט:

– אויב אָפּט באַגיסן – עטלעכע טעג נאָר...

פּראָפֿעסאָר גריצהענדלער האָט זיך אויסגעדרייט צו דער וואַנט און געברומט: „אַ דאַנק.“

יעדן פֿרימאָרגן, עטלעכע טעג נאָך אַנאַנד, אויפֿכאַפּנדיק זיך פֿון שלאָף, האָט גריצהענדלער גלייַך געוואָרפֿן אַ בליק צו די בלומען, נאָר ער האָט געזען, אַז זיי צעוואַקסן זיך אַלץ ברייטער און ברייטער און ער האָט אָנגעהויבן זיך צו שרעקן פֿאַר זיי, ווי פֿאַר איבערנאַטירלעכע כּוחות.

אָן קאָנצערט האָט ער שוין געהאַט פֿאַרגעסן.

– סוף־כּל־סוף, – האָט ער געקלערט, – איז ער דאָך נאָך אַ מענטש מיט גרויסע טעאָרעטישע קענטענישן. ער האָט געקלערט זיך נעמען אָנשרייַבן די מאָנאָגראַפֿיעס זייַנע וועגן אַלע וועלט־קאָמפּאָזיטאָרן און מוזיקער. אין דעם, איז ער געווען זיכער, איז ער איינער. ער ווייסט גענוי אַלע לעבנס־געשיכטעס פֿון דער מוזיקוועלט, אַלע דאַטעס פֿון יעדנס געבוירן און שטאַרבן. בנוגע דעם קען זיך קיינער פֿון די רעצענזענטן צו אים נישט גלייַכן, און דערמאָנענדיק זיך אָן זייער קליינלעכקייט און עם־הארצות, האָט ער אַפֿילו אָנגעהויבן רחמנות האָבן אויף זיי, שטאַרק רחמנות צו האָבן, נאָר דער קאָפּ האָט אים אַלץ נישט אויפֿגעהערט צו ברעכן און די פֿיס זענען אים געווען אַזוי פֿרעמד, פּונקט ווי מ׳וואָלט אים צוגעשרויפֿט אַ פּאָר פֿרעמדע, בלייַענע פֿיס. אין האַלדז האָט אים כּסדר געשטיקט.

שפּעט בייַ נאַכט איז אים גאָר געוואָרן ענג: דער ראַיאַל איז געשטאַנען אַ שווערער, אַ מאַסיווער און געדריקט מיט זייַן טיפֿער שוואַרצקייט. דאָס אָנטועכץ האָט זיך געוואַלגערט אומעטום, און אין אַנטקעגנאיבערדיקן בעט איז בער ברוין געלעגן אַ וואַרעמער, אַ פֿליישיקער און אַ צעפּאַרעטער און אָנגעפּילט די שטוב מיט געזונטע פֿרישע אָטעמס.

פּראָפֿעסאָר גריצהענדלער האָט בשום־אופֿן נישט געקענט אייַנשלאָפֿן. די בלומען האָבן אים כּסדר געשטערט.

ווען ברוין זאָל זיך אויפֿכאַפּן, האָט ער געקלערט, וואָלט ער אים געהייסן אַרייַנקוקן נאָך אַ מאָל אין בוך וועגן פֿלאַנצונגען. ער האָט זיך דערמאָנט, אַז ס׳דאַרף זייַן בלומען אַזעלכע, וואָס האָבן אין זיך גיפֿט־ריחות. ברוין האָט אים געזאָגט, אַז נאָר עטלעכע טעג דאַרף זיי בלייבן. עטלעכע טעג זענען שוין פֿאָריבער, די בלומען צעוואַקסן זיך און ער ווערט פּשוט דערשטיקט פֿון זיי.

אין מיטן נאַכט האָט ער זיך עטלעכע מאָל אויפֿגעכאַפּט פֿון שלאָף און אָנגעטאָן די ברילן.

פֿאַר זייַנע אויגן האָט געבלענדט אַ ווייַסקייט. ער האָט געמיינט, אַז עס איז שוין טאָג. נאָר ווען ער האָט זיך גוט אומגעקוקט, האָט ער ווייַטער דערזען, אַז דאָס בלייבן אַזוי די בלומען מיט זייער ווייַסקייט. ערשט פֿאַר טאָג, אַז אַ גרין פּאַסיקל הימל האָט אַרייַנגעקוקט דורכן פֿענצטער, האָט זיך גריצהענדלער אַראָפּגעשלעפּט פֿון בעט און צוגעשלעפּט זיך צום טיש. ער האָט געטראַכט, אַז דאָס האָבן אים די ברילן גענאַרט אין מיטן נאַכט און

פֿאַרבלענדט די אויגן. איז ער נאָנט צוגעגאַנגען צום קויש, צוגעלייגט די אויגן און געבליבן שטיין פֿאַרשטאַרט. די בלומען האָבן זיך געריסן פֿונעם קויש פֿון אַלע זײַטן פֿון גרויס ענג־שאַפֿט. צווישן ווײַסקייט האָבן זיך רויטע קעפּלעך געהויבן, געעפֿנט פֿאַרחלשטע פּיסקע־לעך און פֿאַרכאַפּט דעם אָטעם.

– זיי זענען גיפֿטיקע, – איז ער געוועז זיכער, – גיפֿטיקע.

אים איז געווען הייס אין די פֿינגער, האָט ער אַרײַנגעשטעקט זיי אין דער קאַלטער ערד פֿון קויש, געגראַבלט מיט די נעגל, געוואָלט ביז די וואָרצלען דערגרייכן, די שטענגע־לעך אָנטאַפּן, נאָר די פֿינגער האָבן זיך אָנגעשטויסן אָן האַרטס און קרעצעדיקס. ער האָט אײַנגעגראָבן די אויגן אין דער צעגראַבלטער ערד, דערזען טעפּ, בלומענטעפּ, באַהאַלטן צווישן גראָזן און ער איז געבליבן שטיין מיט אויסגעשטרעקטע הענט.

אין שטוב איז געווען שטיל, שאָטנדיק. גריצהענדלער האָט זיך געוואָלט צוריקשלעפּן צום בעט, נאָר ער האָט זיך אָפּגעשטעלט לעבן זײַן שכנס בעטל און אָנגעשפּאַרט אַ האַנט.

בער ברוין איז געלעגן אויף די פּלייצעס, מיטן יעזוס־בערדל אַרויף, זײַן רונדער האַלדז איז געווען אין אַ שטיקל גרינלעכן פֿאַרטאָגליכט געהילט. פּראָפֿעסאָר גריצהענדלער איז געשטאַנען לעבן אים אַ באָרוועסער, מיט קורצע, אויסגעוואַקסענע אַרבל פֿון העמד, מיט לויזע נאַכטהויזן און געוועקט אים מיט אַ דערשראָקן, צעצויגן קול:

– דאָראָגאָי, דאָס זענען דאָך בלומענטעפּ... טעפּפּפּ!...

ישׂראל־יהושע זינגער

# אַ טראַגעדיע צוליב דעם, וואָס מ׳האָט אין הימל פֿאַרביטן די יוצרות

אונדזער שטוב איז געווען אַן אומעטיקע, און איך האָב דעריבער פֿון קינדווייז אָן נישט ליב געהאַט די היים, נאָר די גאַס.

שולדיק אין דעם אומעט אין הויז איז, ערשטנס, געווען די תּורה, וואָס האָט אויסגע־פֿילט יעדן ווינקל און געלייגט זיך שווער אויפֿן געמיט פֿון די מענטשן. עס איז געווען מער בית־המדרש ווי שטוב, אַ הויז פֿון גאָט, אַנשטאָט אַ הויז פֿון מענטשן; צווייטנס, איז שולדיק געווען אין דעם דער נישט־צוגעפּאַסטער זיווג צווישן טאַטע־מאַמע.

טאַטע־מאַמע וואָלטן געווען אַ צוגעפּאַסטע פּאָר, ווען די מאַמע וואָלט געווען דער טאַטע און דער טאַטע – די מאַמע. אָבער דער פֿאַל איז געווען פֿאַרקערט.

שוין אויסערלעך איז יעדער פֿון זיי נישט געווען צוגעפּאַסט צו זײַן ראָלע. דער טאַטע איז געווען קליין־געוויקסיק, רונד, מיט אַ ווייך, צאַרט און שיין פּנים, מיט וואַרעמע בלויע אויגן, מיט פֿולע רויטע באַקן, מיט אַן אָפּגעטאָקטער קליינער נאָז, מיט ווייכע ווײַבערשע הענט, אַזוי אַז ווען נישט זײַן היפּשע רויטלעך־ברוינע באָרד און טונקעלע געקרײַזלטע פּאות, געלאָקטע ווי קאָרקן־ציִערס, וואָלט ער אויסגעזען היפּש ווײַבלעך און צאַרט. מײַן מוטער איז געווען הויך־געוויקסיק, עטוואָס איבערגעבויגן, מיט קאַלטע, גרויסע, גרויע דורכדרינגלעכע אויגן, מיט אַ שאַרפֿער נאָז, מיט אַ לײַכט אַרויסגערוקטן קין, קנאָכיק, שאַרף, פֿאַרשפּיצט. אַן אמתער מאַנצביל.

ווי פֿיזיש, אַזוי זענען זיי אויך געווען גײַסטיק שטאַרק פֿאַרשידן. מײַן פֿאָטער איז, אמת, געווען אַ ייִד אַ למדן און אַ מחדש; אָבער קיין גרויסער חריף איז ער נישט געווען. ער איז געווען מער מענטש פֿון האַרץ ווי פֿון מוח. ער האָט אויך געגנומען זאַכן גוטמוטיק און נישט ליב געהאַט אַרײַנצודרינגען צו טיף אין ענינים. ער האָט בכלל נישט ליב געהאַט אָנצו־שטרענגען זיך צו פֿיל. ער האָט אויך קיין מאָל נישט געצווייפֿלט אין זאַכן. ער האָט גע־גלייבט מענטשן און נאָך מער גאָט, זײַן גלויבן אין גאָט, אין זײַן תּורה און אין צדיקים איז געווען ממש אָן אַ גרענעץ. ער האָט קיין מאָל נישט איבערגעטראַכט גאָטס דרכים, נישט געהאַט קיין פֿאַראיבל, נישט געוווּסט פֿון קיין ספֿקות. עס איז גענוג געווען, אַז אַזוי איז געשריבן אין דער תּורה. אויך אין פּרנסה־זאַכן האָט ער זיך נישט געזאָרגט. ער האָט זיך פֿאַרלאָזט אויף גאָט, אַז ער וועט אים שוין שפּײַזן, ווי ער שפּײַזט אַלע זײַנע ברואים, פֿון ווילדטיר ביז דעם קלענסטן באַשעפֿעניש. זײַן בטחון האָט דערגרייכט ביז נאַיִוויטעט.

פֿון: **פֿון אַ וועלט וואָס איז נישטאָ מער.** ניו־יאָרק: מתּנות, 1946, ז״ז 33–41.

– ס׳עט שוין זײַן, מיט גאָטס הילף, רעכט, – איז געווען זײַן באַליבט וואָרט יעדעס מאָל, ווען עס איז געווען שלעכט.

ער האָט פֿײַנט געהאַט דאגות, נישט געקענט פֿאַרטראָגן טראַכטענישן און זאָרגענישן.

מײַן מוטער איז, ווי איר פֿאָטער, דער בילגאָרײַער רבֿ, געווען אַ גרויסע בעל־תּכליתני־צע, אַ זאָרגערין, אַ צווייפֿלערין, אַ קאָפּמענטש, וואָס האָט תּמיד געטראַכט, אַרײַנגעדרונגען אין זאַכן, פֿאָרויסגעזען זאַכן, ליב געהאַט צו פֿאַרטיפֿן זיך אין ענינים, אַרויפֿוואַרפֿן אויף זיך דאגות, טראַכטן וועגן מענטשן, וועגן דער וועלט, וועגן גאָט און זײַנע דרכים, פֿאַרטיפֿן זיך אין יעדער זאַך. מיט איין וואָרט: זי איז געווען דורכויס אינטעלעקטואַל, אַ ייִדענע מיט אַ מאַנצבילישן קאָפּ.

זי האָט מײַן פֿאָטער ליב געהאַט, און ווען ער פֿלעגט אַ מאָל דערפֿילן זיך שוואַכלעך, פֿלעגט זי אים ,פּילנעווען׳, אַוועקגעבן ממש דעם לעצטן ביסן פֿון איר אייגן מויל. אָבער זי האָט אים נישט געקענט מוחל זײַן זײַן קינדערישן בטחון און לײַכטזיניקייט און דאָס נישט האָבן קיין עול אויפֿן קאָפּ און נישט טראַכטן וועגן אַ תּכלית פֿאַר ווײַב און קינדער. בײַ קיין פֿאַל האָט זי אים נישט געקענט מוחל זײַן דאָס, וואָס ער האָט נישט געוואָלט באַלייגן קיין עקזאַמען און ווערן רבֿ אין אַ גרעסערער קהילה, ווו ער וואָלט געקענט האָבן כּבֿוד און פּרנסה, נאָר ער האָט זי אַראָפּגעבראַכט צום פֿאַרוואָרפֿענעם העק לענטשין, ווו זי האָט געמוזט לעבן אין דחקות, אין אומעט, פֿאַרוואָרפֿן פֿון איר בילגאָרײַ און פֿאַרשטעקט צווישן פּראָסטע דאָרפֿישע אומוויסנדיקע ווײַבער, מיט וועמען זי האָט קיין וואָרט נישט געקענט אויסרעדן.

אויף וויפֿל זי האָט זיך נישט באַמיט צו זײַן פֿרײַנדלעך מיט די ווײַבער, האָט זי נישט געקענט אָנקניפּן קיין אמתע פֿרײַנדשאַפֿט. די ווײַבער האָבן גערעדט וועגן קאָכן, שפּײַז, קליידער און וועגן אַלערליי אַנדערע ווײַבערשע ענינים, אין דער צײַט ווען מײַן מוטער איז געווען פֿאַראינטערעסירט אין העכערע ענינים. אירע באַליבטע ספֿרים זענען געווען דער „חובֿות־הלבֿבֿות“, דער „מסילת־ישרים“, דער „ראשית־חכמה“, דער „בחינות־עולם“, דער „ספֿר־הישר“ און אַנדערע. זי האָט אויך אָבער און ווידער אַ מאָל געלערנט תּורה, נבֿיאים און כּתובֿים, וואָס זי האָט געקענט אויסנווייניק. מײַן פֿאָטער, אַ חסיד, איז קיין גרויסער בקי אין נבֿיאים און אין כּתובֿים נישט געווען. ער האָט בלויז געדענקט יעדן פּסוק אין תּורה, און יעדעס מאָל, ווען ער פֿלעגט דאַרפֿן וויסן ווו צו געפֿינען אַ פּסוק אין אָט די ספֿרים, האָט ער געפֿרעגט מײַן מוטער און זי האָט אים געזאָגט גענוי אין וועלכן קאַפּיטל עס געפֿינט זיך. זי האָט אויך ליב געהאַט צו לערנען די מאָדערנע ספֿרים, וואָס האָבן זיך פֿאַרוואַלגערט בײַ אונדז, ווי „ספֿר־הברית“ וואָס איז אַ געמיש פֿון וויסנשאַפֿט און בבֿא־מעשׂיות, „שבֿילי־עולם“, „יוסיפֿון“ און ענלעכע אַזעלכע ספֿרים. זײַענדיק פֿאַרנומען מיט לומדות, האָט זי דעריבער גאָר נישט געהאַט וועגן וואָס צו רעדן מיט די ווײַבער. קיין גרויסער בריה אין זאַכן איז זי אויך נישט געווען. בײַ איר פֿאָטער אין הויז האָט זי קיין מאָל נישט געקאָכט, נישט גענייט, נישט גערוימט, און ווען זי האָט עס געמוזט טאָן בײַ זיך, האָט זי עס געטאָן אָן קענטעניש, אָן חשק, ווי אויף יוצא צו זײַן. מײַן פֿאָטער האָט זיך קיין מאָל

נישט געקלאָגט אויף די מאכלים, וואָס זי האָט אים דערלאַנגט; אָבער איך פֿלעג מערקן, אַז ער האָט זיי נישט איבעריק ליב געהאַט. אַפֿילו איך, אַ קינד, מיט אַ היפּשן אַפּעטיט, האָב פֿון דעסטוועגן געפֿילט, אַז אַנדערע ווײַבער קאָכן בעסער ווי מײַן מאַמע. יעדעס מאָל, ווען מײַן פֿאָטער פֿלעגט מיך מיטנעמען אויף אַ ברית, צי אויף אַן אַנדער שׂימחה, האָב איך ערשט געפֿילט ווי באַטעמט עס קענען זײַן געפֿילטע פֿיש, צי געפּרעגלטער מייערן־צימעס, געבראָטן פֿלייש און נאָך אַזעלכע זאַכן. איך האָב עס איין מאָל געזאָגט מײַן מוטער פֿרײַטיק צו נאַכט בײַם טיש. מײַן פֿאָטער האָט מיך געהייסן שווײַגן, אָבער איך האָב באַמערקט ווי ער האָט בשעת־מעשׂה געשמייכלט, ווי ער וואָלט אויך געפֿילט דאָס אייגענע. כּדי צו פֿאַרגלעטן די זאַך, האָט ער גענומען איבערזאָגן מײַן מוטער אַ חידוש אויף דער פּרשה פֿון דער וואָך וואָס איז אים אײַנגעפֿאַלן. מײַן מוטער האָט אויסגעהערט, אָבער קיין גרויס באַגײַסטערונג האָט זי נישט אַרויסגעוויזן. וויפֿל חידושים עס זענען געווען אויף תּורה אין די צוויי און דרײַסיק פּירושים פֿון אונדזערע חומשים, האָט זי זיי אַלע געקענט, און זי איז נישט נתפּעל געוואָרן אַזוי גיך פֿון אַ נײַעם חידוש. מײַן פֿאָטער איז געווען אַ בעל־מאריך, ער האָט ליב געהאַט אויסצוטײַטשן אַ זאַך מיט אַ סך ווערטער, אָפֿט מאָל איבערחזרנדיק די זעלבע זאַך אייניקע מאָל. דאָס איז געווען זײַן שטייגער אי אין לערנען, אי אין טאָג־טעגלעכע זאַכן. דערבײַ פֿלעגט ער האָבן אַ טבֿע צו זאָגן ,פֿאַרשטייט איר מיך׳, אַפֿילו ווען ער האָט גערעדט צו עמעצן וועמען ער האָט געזאָגט ,דו׳. מײַן מוטער, ווידער, איז אַלע מאָל געווען קורץ און שאַרף, אַ רענדל אַ וואָרט, און יעדע אויסטײַטשונג און אַריכות איז איר געווען דערווידער.

– כ׳הער, כ׳הער, – האָט זי געזאָגט מיט אַ לײַכטן אומגעדולד און קיין שפּור פֿון התלהבֿות נישט אַרויסגעוויזן, ווײַל יעדע התלהבֿות איז איר געווען פֿרעמד, און זאָגן דאָס, וואָס זי האָט נישט געפֿילט, האָט זי נישט געקענט. דער אמת איז בײַ איר דערגאַנגען ביז דער העכסטער שטופֿע. און ווען זי האָט נישט געקענט זאָגן דעם פֿולן אמת, האָט זי בעסער געשוויגן. מײַן פֿאָטער, דער ענטוזיאַסט, וואָס האָט ליב געהאַט זאָגן אַנדערע מענטשן גוטס און הערן גוטס, האָט זיך דערפֿילט אומהיימלעך פֿון מײַן מוטערס שווײַגן און שאַרפֿן בליק פֿון אירע גרויסע גרויע אויגן, וואָס האָבן געזען מענטשן דורך און דורך. ער פֿלעגט דעריבער איבערגיין צו זײַנע זמירות.

„יה רבון עלם ועלמיא״[1], פֿלעגט ער זינגען מיט ברען די קבליסטישע זמירות וואָס זענען געווען צוגעפּאַסט צו זײַן געמיט.

נאָך צוריקגעהאַלטענער איז מײַן מוטער געווען מיט פֿרעמדע מענטשן. די פּראָסטע שטעטלשע ווײַבער האָבן ליב געהאַט צו באַרימען זיך מיט זייערע טאַטעס און זיידעס, וואָס זענען געווען אײַנגעייער בײַ פּריצים, מיט אַ מלמד אָדער אַ שוחט אין דער משפּחה, און זיי האָבן דערוואַרט פֿון דער רביצין התפּעלות פֿאַר זייערע מעלות און הערן וועגן איר ייִחוס און אירע מעלות. אָבער מײַן מוטער האָט דאָס רובֿ געשוויגן. אַזוי האָט זי זיך נישט געקהלט אויף חתונות און בריתן, נישט געפֿירט די גרענדע אויף שול־פֿירענישן און אַנדערע

1 „גאָט, האַר פֿון דער וועלט און פֿון די וועלטן״. אַ שבת־געזאַנג, געשריבן פֿון ר׳ ישׂראל נאַג׳אַרה (1628–1555).

שׂימחות, אויף וועלכע די ווײַבער, זיצנדיק אין זייערע באַזונדערע חדרים, אָפּגעזונדערט פֿון די מענער, האָבן געפֿירט טיש מיט אַלע פּיטשעווקעס, נישט אָפּצושטיין פֿון די מאַנצ־בילן בײַ זייערע טישן. די ווײַבער האָבן זיך דערפֿילט אומהיימלעך מיט איר, אַנטוישט און פֿרעמד. דאָס האָט אויסגענוצט אַ יידענע, וואָס מ׳האָט זי גערופֿן די טרײַטעליכע, אויפֿן נאָמען פֿון איר מאַן, ר׳ טרײַטל. אָט די טרײַטעליכע איז געווען אַ קורצע פֿעטע יידענע, ברייטער ווי לענגער, אַ שוואַרצע, אַ באַרעדעוודיקע. דערצו האָט זי זיך געהאַלטן פֿאַר אַ שטיק רביצין, ווײַל איר פֿאָטער איז געווען אַ דיין אין אַ שטעטעלע מיטן נאָמען פּיאָנטעק. זי האָט דעריבער נישט אויפֿגעהערט צו דערציילן נסים־ונפֿלאָות פֿון פֿאָטער אירן, דעם דיין אין פּיאָנטעק. וויפֿל מאָל זי פֿלעגט אַרײַנקומען צו מײַן מוטער, פֿלעגט מען הערן די גאַנצע צײַט איין געשיכטע – פּיאָנטעק און פּיאָנטעק. אָט די יידענע האָט דעריבער געגנר־מען פֿירן די גרענדע צווישן די שטעטלדיקע ווײַבער, זי האָט געזאָגט דעות, געמישט זיך, אַרויסגעזאָגט מבֿינות, געפּסקנט ווײַבערשע שאלות, הגם זי האָט קוים געקענט דאַווענען, און אַזוי אַרײַנגענומען די ווײַבער אין די קורצע פֿעטע הענט, אַז זי איז געוואָרן די רביצין און מײַן מוטער, די למדנית, האָט מען נישט געזען און נישט געהערט.

מײַן מוטער פֿלעגט לײַדן צוליב איר נישט קענען הויזן מיט מענטשן. זי איז געווען אַליין, עלנט, איינזאַם. חוץ דעם, האָט זי געוווסט, אַז זי מאַכט אויך קאַליע די מערכה פֿון מײַן פֿאָטער אין זײַן רבנות, ווײַל אַנשטאָט מאַכן פֿרײַנד, ווי אַ רביצין דאַרף, מאַכט זי שׂו־נאים. אָבער זי האָט נישט געקענט באַפֿרײַנדן זיך מיט מענטשן, וואָס זענען איר געווען פֿרעמד. זי האָט פּרובירט באַקעמפֿן עס אין זיך, אָבער אָן דערפֿאָלג. די ווײַבער פֿון שטעטל, גוטמוטיקע, פּראָסטע, דאַרפֿיש געזונטע, האָבן נישט פֿאַרשטאַנען, פֿאַר וואָס די רביצין צאָלט זיי נישט אָפּ מיט פֿרײַנדשאַפֿט פֿאַר פֿרײַנדשאַפֿט און זיי האָבן זי אָנגענומען פֿאַר אַ בעל־גאווהניצע, אַ גרויסהאַלטערין, וואָס אין דער אמתן איז זי עס נישט געווען אויף קיין האָר. פֿאַרקערט, זי איז בײַ זיך תּמיד געווען געפֿאַלן. זי האָט קיין מאָל נישט געהאַלטן פֿון זיך און געהאַט טענות צו זיך. זי האָט זיך אויך קיין מאָל נישט גערימט, נישט אַרויסגעוויזן קיין לומדות, נאָר גראָד באַהאַלטן זיך מיט דעם, וואָס זי האָט געקענט. מער ווי פֿון איר דחקות און מוזן טאָן אַרבעט אין הויז, צו וואָס זי איז נישט צוגעוווינט געווען און קיין כּוח נישט געהאַט דערצו, האָט זי געליטן פֿון איר עלנט אין דעם העק. איר איינזאַמקייט איז געווען נישט איבערצוטראָגן, און זי האָט דעריבער זיך נאָך מער פֿאַרטיפֿט אין די ספֿרים. זי האָט געלערנט אַלע ספֿרים, וואָס זענען געווען אין מײַן פֿאָטערס שטוב, פֿון מוסר־ספֿרים ביז אַלערליי דרוש־ספֿרים, מדרשים, „עין־יעקבֿ“, און אַפֿילו קבלה־ספֿרים. ווען נאָר זי האָט געהאַט צײַט, האָט זי זיך אַוועקגעלייגט אויפֿן בעט און געלייענט. פֿון צײַט צו צײַט פֿלעגט זי אַרײַנפֿאַלן אין אַ פֿרומער שטימונג און נישט אַרויסגעלאָזט דעם „שבֿט־מוסר“ פֿון דער האַנט. דער „שבֿט־מוסר“ איז געווען אַלט און געל און פֿול מיט סימנים פֿון טרערן, וואָס מײַן מוטער האָט אַרײַנגעוויינט אין אים. איך פֿלעג ייִנגלוויַיז אַ מאָל אַרײַנקוקן אין אים, אין דעם עבֿרי־טײַטש־טייל, וואָס איז געווען אונטער דעם לשון־קודש־טעקסט. דאָס גאַנצע ספֿר איז געווען פֿול מיט מעשׂיות פֿון גיהנום, ווי מע בראָט דאָרט און מע ברענט

און מע פּרעגלט און מע לייגט אויף שטעכבעטלעך די זינדיקע, וואָס היטן נישט אָפּ אַלע דינים און מיצוות. דער מחבר פֿון „שבֿט־מוסר" האָט זיך געפּילט אַזוי היימיש אין גיהנום, אין אַלע זײַנע ווינקלען און שטעגן און אָפּטיילונגען, ווי ער וואָלט דאָרט געבוירן און דערצויגן געוואָרן. און זײַנע שילדערונגען וועגן די פּײַן און עינויים־קשים, וואָס מע טוט דאָרט אָן די רשעים, זענען געווען די פֿאַנטאַסטישסטע. גענוג אַז אַ פֿרוי זאָל פֿאַרגעסן און אָפּדעקן די ברוסט פֿאַר אַ מאַנצביל בײַם אָנזייגן איר קינד, אַז מ׳זאָל אין גיהנום זי אויפֿהענגען אויף אָנגעגליטע האַקנס אויף די בריסטן. פֿאַר איבערהיפּערן איין אות אין דאַוונען, בראָט מען אין פֿײַער, וואָס איז טויזנטער מאָל טויזנט הייסער ווי אונדזער פֿײַער. אַפֿילו פֿאַר טראַכטן זינדיקע געדאַנקען ווערט מען אויפֿגעהאַנגען אויף דער צונג און געוואָרפֿן אין כּף־הקלע פֿון איין עק וועלט ביז דעם צווייטן.

מײַן מוטער פֿלעגט לערנען אויפֿן קול אויף לשון־קודש אָט די אַלע אַכזריותן און זי פֿלעגט וויינען ביטער און באַדעקן די בלעטער מיט אירע הייסע טרערן. זי פֿלעגט זײַן אַזוי פֿאַרטאָן אין אָט דעם „שבֿט־מוסר", אַז זי פֿלעגט אַפֿילו פֿאַרגעסן אָפּצוקאָכן עסן אין שטוב. איך בין געווען אַ דם־שׂונא אָט דעם מחבר פֿון „שבֿט־מוסר". איך האָב מיר אים אויסגע־מאָלט אַ בייזן שוואַרצן ייִד מיט אַ נאָז פֿון אַ מכשפֿה, מיט אַ הויקער, אַ פֿאַרזעעניש, אַן אָפּגעריסענעם און אָפּגעשליסענעם פֿאַרשוין, וואָס הערט נישט אויף שילטן און זידלען און נאָכיאָגן מענטשן. איך האָב געהאַט חשק אים צו צערײַסן אויף פּיצלעך, ווען איך זע אים. איבערהויפּט האָב איך אים נישט געקענט מוחל זײַן דאָס, וואָס צוליב אים וויינט מײַן מאַמע אַזוי אָפּט, און צוליב זײַנע געשיכטעס וועגן ד[ער] פּײַן אין גיהנום פֿאַר איבערהיפּערן אין דאַוונען. איך האָב גענוג געהיפּערט אין דאַוונען, וויפֿל נאָר עס האָט זיך געלאָזט, און אויב פֿאַר איבערהיפּערן איין אות בלויז קומט אַזאַ שווערע שטראָף, איז דער גיהנום געווען צו קליין פֿאַר מיר פֿאַר איבערהיפּערן גאַנצע זײַטלעך.

פֿאַר כּעס האָב איך אַ מאָל גענומען מײַן פֿאָטערס טינט און פֿעדער, מיט וועלכע ער פֿלעגט שרײַבן זײַנע חידושים, און אויסגעמאָלט אויפֿן שער־בלעטל פֿון אַ „שבֿט־מוסר" אַ קאָמיש מענטשעלע, וואָס טוט גאָר נישט קיין שיינע זאַך, און איך האָב געזאָגט מײַן מאַמען, אַז דאָס איז דער ,שבֿט־מוסר׳. מײַן מוטער איז פֿאַרביטערט געוואָרן.

– דער שבֿט־מוסר איז געווען אַ צדיק, – האָט זי געזאָגט. – מעק עס שוין אויס, ווײַל ס׳איז אַ זינד צו שרײַבן אויף ספֿרים.

אַלץ איז געווען אַ זינד: זאָגן אויף מאיר דעם מלמד, אַז ער איז אַ משוגענער, איז געווען אַ זינד; כאַפּן פֿליגן אום שבת איז געווען אַ זינד; לויפֿן איז געווען אַ זינד, ווײַל עס איז נישט מעשׂה־ייִד, נאָר מעשׂה־שייגעץ; שלאָפֿן אָן אַ יאַרמלקע, אַפֿילו אין דער הייסטער זומער־נאַכט, איז געווען אַ זינד; אָנשפּאַרן זיך אויף די קני̇ען אויף אַ בענקל איז געווען אַ זינד; אויסמאָלן מענטשעלעך איז אַ זינד. וואָס מ׳האָט נישט געטאָן, איז געווען אַ זינד. ליידיק גיין איז אַוודאי געווען אַ זינד.

– וואָס גייסטו אַרום ליידיק? – האָט מיך מײַן פֿאָטער געמוסרט יעדעס מאָל וואָס ער האָט מיך געזען זיך שפּילן. – אַ ייִד טאָר נישט אַרומגיין ליידיק, נאָר בעסער לערנען.

דער ,ייִד׳ איז געווען אַ קינד, וואָס האָט צען שעה אַ טאָג זיך געשטיקט אין אַ חדר, אָבער דאָס איז נאָך אַלץ געווען ווייניק. אַפֿילו די עטלעכע פֿרײַע שעהען האָט ער גערדאַרפֿט זײַן פֿאַרנומען מיט תּורה. די תּורה איז געלעגן ווי אַ משׂא אויף אונדזער הויז. פֿון איין זײַט האָט מײַן מוטער תּמיד געלערנט תּורה. פֿון דער צווייטער זײַט האָט מײַן פֿאָטער געלערנט תּורה. גאַנצע טעג פֿלעגט ער זיצן אין זײַן סאַמעטענעם וואַטענעם שלאָפֿראָק און לערנען אָדער שרײַבן חידושים. ער האָט געשריבן די חידושים זײַנע אויף בייגעלעך פּאַפּיר, אויף העפֿטן, און מער פֿון אַלץ אויף די גליונות, די ברעגן פֿון די בלעטער, פֿון אַלע ספֿרים. אומעטום זענען געווען אָנגעשריבן זײַנע קליינע פּערלדיקע רבנישע אותיותלעך, געשריבן אין אויסגעבויגענע שורות, ווי האַלבע בויגנס. דערבײַ האָט ער אויסגעטרונקען ימים מיט טיי און געפּיפּקעט די ליולקע, אַ לאַנגע ליולקע מיט אַ גרויסן קאָפּ. בלויז ווען די ליולקע האָט זיך אים פֿאַרשטאָפּט, פֿלעגט ער בעטן בײַ דער מאַמען אַ האָרנאָדל פֿון איר העל ציגן־האָרשייטל און אויסרייניקן דעם לאַנגן ציבעק.

און אַפֿילו אום שבת, אין טאָג פֿון מנוחה, איז נישט געווען קיין אָפּרו פֿון דער תּורה און אירע געזעצן. פֿאַרקערט, דער שבת איז נאָך געווען מער פּײַן ווי אַ גאַנצע וואָך. אמת, מען איז נישט געגאַנגען אין חדר, וואָס דאָס איז געווען אַ גרויסע ישועה (איך בין געווען זיכער, אַז גאָט האָט געמאַכט דעם שבת און יום־טובֿ, כּדי ייִדישע ייִנגלעך זאָלן נישט דאַרפֿן גיין אין חדר). אויך האָט מען געגעסן פֿיש און פֿלייש און צימעס און געטרונקען ראָזשינקע־ווײַן. אָבער דער שבת אין אונדזער הויז איז נישט געווען אַזאַ פֿריילעכער און גוטער, ווי אין אַנדערע שטובן. מײַן מוטערס פֿיש זענען נישט געווען איבעריקנס באַטעמט, דער צימעס נישט צוגעברוינט, דאָס פֿלייש נישט זאַפֿטיק. אויך פֿלעגן מיר קיין מאָל נישט נעמען אַהיים אַ זעלנער פֿון נאָענטן פֿאָרט, ווי אַנדערע באַלעבאַטים פֿלעגן אַהיימנעמען אַזעלכע געסט צום טיש. מײַן קינאה צו די ייִנגלעך, וואָס האָבן געהאַט אַ זעלנער בײַם טיש, איז געווען אין־לשער. שוין דאָס זען לעבן זיך אַ זעלנער, אָנרירן זײַנע עפּאָלעטן, קנעפּ, איז געווען אַ גרויסער תּענוג. דערצו נאָך פֿלעגן אַזעלכע סאָלדאַטן דערציילן אַלערליי ווונדערלעכע מעשׂיות פֿון רוסלאַנד, פֿון וואַנען זיי פֿלעגן קומען, געשיכטעס פֿון דער אַרמיי, פֿון אָפֿיצירן און אָפֿיצירשעס. טייל פֿון זיי זענען אויך געווען מנגנים. מײַן פֿאָטער האָט קיין מאָל קיין זעלנער נישט גענומען, ווײַל מערסטנס פֿלעגן זיי גיין מיט געגאָלטע בערד און עסן טרפֿות, און ער האָט נישט געוואָלט האָבן קיין ,גאָלעבראָדניק׳ און ,טרייפֿניאַק׳ בײַ זײַן טיש. בלויז איין מאָל האָט מײַן פֿאָטער יאָ אַהיימגענומען אַ זעלנער; אָבער דאָס איז געווען אַ ישיבֿה־בחור מיט אַ בערדל, אַ שלימזלדיקער זעלנער, אויף וועמען דער אוניפֿאָרם איז געהאַנגען אַזוי ווי אויף אַ שטעקן, און דערצו האָט ער נישט דערציילט קיין פֿריילעכע מעשׂיות, נאָר פּעק מיט צרות, וואָס ער האָט אויסצושטיין אין פּאָלק פֿאַר זײַן נישט וועלן עסן קיין טרפֿות פֿון קעסל און נישט אַרבעטן אום שבת. ווען ער האָט אויפֿגעהערט קלאָגן איבער זײַן גורל, האָט ער געשמועסט אין לערנען מיט מײַן פֿאָטער. זײַן זעלנערישקייט האָט קיין ברעקל טעם פֿאַר מיר נישט געהאַט.

די פֿרײַטיק־צו־נאַכטן זענען נאָך געווען צו דערלײַדן. אָבער דער שבת אין דער פֿרי פֿלעגט זײַן פֿאַר מיר אַן אָפּקומעניש. מײַן פֿאָטער פֿלעגט אויסטרינקען אַ גאַנצע ‚באַניע‘ מיט טיי, וואָס מע פֿלעגט שטעלן בײַם בעקער אין אויוון אויף שבת, און לערנען, לערנען און לערנען, און גאָר נישט געטראַכט וועגן גיין דאַוונען. אין אונדזער בית־המדרש האָט מען געדאַוונט צוויי מאָל. די פּראָסטע ייִדן, די אַזוי גערופֿענע ‚מתנגדים‘, האָבן זיך געשטעלט דאַוונען אַכט אין דער פֿרי. זיי האָבן תּמיד געשיקט אַ שליח צו מײַן טאַטן:

– רבֿ, מיר בעטן אײַך צום דאַוונען.

דער טאַטע האָט תּמיד געענטפֿערט דאָס אייגענע:

– אַ יישר־כּוח, שטעלט זיך דאַוונען אָן מיר.

ווען די ‚מתנגדים‘ האָבן אָפּגעדאַוונט, איז שוין געווען האַלב עלף אַ זייגער. די חסידים האָבן געשיקט אַ שליח נאָך מײַן פֿאָטער, ער זאָל קומען צום צווייטן דאַוונען, אָבער מײַן פֿאָטער פֿלעגט נאָך אַלץ נישט זײַן גרייט צום דאַוונען. ער איז נישט געווען פֿאַרטיק מיט זײַנע ‚נקיות‘, נישט מיט זײַן לערנען „תּיקוני־זוהר“, מעבֿיר זײַן די סדרה און אָן אַ שיעור אַנדערע תּפֿילות, וואָס ער האָט געהאַט צו זאָגן און זאָגן. מערסטנס פֿלעגט ער קומען צום לייענען די תּורה. ערשט ווען אַלע ייִדן זענען שוין אַהיימגעגאַנגען, האָט ער גענומען דאַוונען אַליין פֿאַר זיך, אַרומגייענדיק הין און צוריק איבער דעם פּוסטן בית־המדרש און פּאַטשן מיט די הענט און פֿאַרגיין זיך אין התלהבֿות. דאָס איינזאַמע בית־המדרש מיט דעם אָנגעטריפֿטן חלבֿ אַרום די שישה־נרות האָבן אָנגעיאָגט אַן אומעט. איך בין געווען הונגעריק נאָך פֿון באַלד אין דער פֿרי. מיט קינאה האָב איך געקוקט אויף די ייִנגלעך פֿון די פּראָסטע ייִדן, וואָס זענען נאָך דער פֿעטער סעודה שוין אַרויסגעגאַנגען אויף דעם פֿעלד לעבן בית־המדרש שפּילן זיך. אָבער מײַן פֿאָטער האָט נישט אויפֿגעהערט זאָגן און זאָגן. ער האָט געהאַט אַ ריזיקן סידור, וואָס עס האָט מסדר געווען ר׳ יעקבֿ עמדין. אָט דער סידור האָט געהאַט אַ וועלט מיט תּפֿילות, וואָס זענען אין קיין אַנדער סידור נישט געווען, און מײַן פֿאָטער פֿלעגט די אַלע תּפֿילות זאָגן. איך בין געווען אַ דם־שׂונא דעם ר׳ יעקבֿ עמדין, וואָס צוליב אים איז מיר צען מאָל אין טאָג דאָס האַרץ פֿאַרחלשט געוואָרן.

ווען מיר זענען אַהיימגעקומען פֿון דאַוונען, איז שוין געווען האַלבער טאָג. דאָס טשאָלנט, נאָך וועלכן איך בין געגאַנגען צום בעקער, איז געווען אַרויסגענומען פֿון אויוון, ווײַל דער בעקער־געזעלן האָט נישט געוואָלט וואַרטן אַזוי לאַנג. עס איז געווען קאַלט און קיין ייִדישן טעם נישט געהאַט. מײַן פֿאָטער האָט געהאַלטן אין איין זינגען און זאָגן, און פֿאַרלאַנגט, איך זאָל אויך זינגען. איך האָב נישט געהאַט דעם מוט צו זינגען. ווי נאָר מ׳האָט אָפּגעבענטשט, האָט מײַן פֿאָטער זיך אַרײַנגעלייגט אין זײַן בעט, מײַן מוטער אין איר בעט, און פֿאַרלאַנגט, אַז אויך איך זאָל אַרײַנגיין צום טאַטן אין בעט אַרײַן, ווי דער מינהג איז, אַז מע דאַרף שלאָפֿן שבת בײַ טאָג, כּדי צו האָבן תּענוג. פֿאַר מיר איז דאָס געווען אַ גיהנום.

– אויב דו ווילסט זיך נישט לייגן, קוק אַרײַן אין אַ מוסר־ספֿר, – האָט מײַן פֿאָטער מיר געגעבן אַן עצה.

איך האָב אַרײַנגעקוקט אין די מוסר־ספֿרים, וואָס האָבן געהאַלטן אין איין רעדן וועגן דעם הבֿל־הבֿלים פֿון דער וועלט, און איך האָב זיי געהאַסט דערפֿאַר. מיך האָט געצויגן צו שפּיל, צו די פֿרײַע פֿעלדער, צו זון און ווינט און וואַסער און ייִנגלעך. די וועלט איז נישט געווען קיין הבֿל־הבֿלים, נאָר אומגעהײַער שיין און פֿול מיט פֿרייד. יעדער בוים, יעדעס פֿערד וואָס האָט זיך געפּאַשעט אויף דער לאָנקע, יעדעס יונג לאָשיקל, יעדער סטויג היי, יעדער בושל, יעדע גאַנדז מיט געגנדזעלעך האָט מיך געררופֿן, אָנגעפֿילט מיך מיט שׂימחה, מיט לעבן און לוסט. איך האָב אָפּגעוואַרט די ערשטע מינוט ווען טאַטע־מאַמע זענען אַנטשלאָפֿן געוואָרן און ווי אַ גנבֿ זיך אַרויסגעשלײַכט פֿון דער תּפֿיסה פֿון תּורה, ייִראת־שמים און ייִדישקייט.

גיך, טאַטע־מאַמע זאָלן זיך נישט אויפֿכאַפּן און אָפּהאַלטן מיך, בין איך געלאָפֿן צו דער פֿרײַער, אָפֿענער, זון־באַגאָסענער וועלט, וואָס אַלע צדיקים האָבן זיך פֿאַרלייגט אויף איר צו פֿאַרמיאוסן זי אין מײַנע אויגן, אָבער זיי האָבן זי בלויז שענער און אָנציִענדיקער געמאַכט.

די ייִנגלעך אויפֿן פּאַשעפֿעלד הינטערן שטעטל האָבן מיך באַגעגנט ווי אַן אייגענעם.

קאַדיע מאָלאָדאָווסקי

# די פֿערטע מיצווה

אַ מענטש וואָלט ניט געקענט לעבן אויף דער וועלט ווען ניט דאָס ביסל גוטס וואָס ער האָט געזען מיט זײַנע אויגן, אַזוי האָט צו מיר געזאָגט טוליע שאָר. זי איז געזעסן אויף די טרעפּ פֿון אַ גרויסער געבײַדע ווי מע זיצט בײַ זיך אויף דער פּריזבע אין פֿראַמפּאָליע[1]; זי האָט געקוקט אויף דער רוישיקער גאַס, אויף די מאַשינעס – מיט אַזעלכע אויגן ווי ניט קיין מאַשינעס וואָלטן דאָס געווען, נאָר שעפּסן וואָלטן געגאַנגען צוריק פֿון פֿעלד; שעפּסן, וואָס אײַלן זיך אַהיים ווײַל עס קומט אָן אַ שטורעם. זי איז געווען גרוי, און איך האָב געמיינט אַז זי איז אַלט. און איך האָב אויף איר מסתּם אַ ביסל פֿאַרוווּנדערט אַ קוק געטאָן, האָט זי צו מיר געזאָגט, ווי איך וואָלט געווען אירע אַן אַלטע באַקאַנטע:

– זעצט זיך צו, וואָס איז פֿאַראַן אַזוי צו אײַלן?

דאָס איז געווען דאָס ערשטע מאָל אין מײַן לעבן אַז אַ ווילד פֿרעמדער מענטש זאָל צו מיר עפּעס סתּם גאָר פּשוט אָנהייבן רעדן און נאָך בעטן זיך צוזעצן.

איך האָב זיך געזעצט לעבן איר.

– פֿון וואַנען קומט איר? האָב איך זי געפֿרעגט.

– כ׳ווייס, אַ נפֿקא־מינה פֿון וואַנען מע קומט?... פֿון דער וועלט. פֿון פֿראַמפּאָליע. באַשערט געווען זען אַמעריקע, און עס איז פּונקט דאָס נעמלעכע, פּונקט דאָס נעמלעכע.

– צו ווען זײַט איר דאָ געקומען?

– געקומען צו אַ זון, האָט ער מיך אַראָפּגענומען פֿון דער שיף, האָט מיך אויסגעקליידט ווי אַ קייסערינע און געגעבן עטלעכע דאָלאַר. „אַזוי וועל איך דיר געבן אַלע וואָך“, האָט ער געזאָגט, און ער גיט.

די אויסגעקליידטע ווי אַ קייסערינע איז געזעסן אויף די טרעפּ אין אַ קרעטאָנענעם קלייד אין ווײַסע און רויטע קעסטעלעך.

– איר קוקט אויף מײַן קלייד? דאָס איז נאָך אַ היימיש קלייד. איך האָב ליב היימישע זאַכן. אָט די שיך זײַנען נאָך אויך היימישע.

איך האָב אַ קוק געטאָן אויף אירע שיך. שוואַרצע, גראָבע שיך.

– צען דאָלאַר אַ וואָך גיט ער מיר, מײַן זון, אַלע דאָנערשטיק, דאָנערשטיק פֿאַר נאַכט קומט ער, גיט מיר דאָס געלט, טוט מיך אַ קוש, און גייט אַוועק ביז איבער אַכט טאָג דאָ־נערשטיק. לעב איך אַזוי, מיט זײַן געלט און מיט אַ קוש. ווען ניט דאָס גוטס וואָס איך האָב געזען מיט מײַנע אויגן – וואָלט איך ניט געקענט לעבן.

1 אַ שטעטל אין פּוילן נישט ווײַט פֿון לובלין.

פֿון: **אַ שטוב מיט זיבן פֿענצטער**. ניו־יאָרק: פֿאַרלאַג מתּנות, 1957, ז״ז 70–74.

– ער האָט קינדער, אײַער זון?

זי האָט אַ מאַך געטאָן מיטן קאָפּ אַזוי, אַז עס האָט ניט באַדײַט ניט יע, ניט ניין. נאָר איין זאַך האָט עס באַדײַט – זי וויל ניט רעדן וועגן דעם.

– און אײַער מאַן?

– מײַן מאַן?... (זי האָט אַרויסגערעדט די ווערטער מיט אַ האָפֿענונגסלאָזער גלײַכגיל־טיקייט) און ווי קום איך אַהער? באַלד נאָך דער חתונה איז מײַן מאַן אַוועקגעפֿאָרן קיין אַמעריקע. אַוועקגעפֿאָרן, האָב איך פֿון אים געקראָגן בריוו אַ האַלב יאָר, און דערנאָך, ווי אין וואַסער אַרײַן. איך פֿלעג גאַנצע נעכט ניט שלאָפֿן, ליגן און טראַכטן, ווו איז ער? ווו בין איך אויף דער וועלט? וואָס טוט מען? מײַן זון איז בײַ מיר דעמאָלט געבוירן געוואָרן... געגנוג געטראַכט.

זי האָט אַ שאַר געטאָן מיט ביידע הענט איבער אירע גרויע האָר.

– פֿון דעמאָלט אָן בין איך גרוי געוואָרן, ניט פֿון איצט. צו פֿיר און צוואַנציק יאָר איז בײַ מיר דער שניי אַרויסגעפֿאַלן... ביז איך בין געהאָלפֿן געוואָרן...

– געהאָלפֿן געוואָרן?

– יע, בײַ אונדז אין פֿראַמפּאָליע איז געווען אַ ,טאָטערל׳, אַזוי האָט מען אים גערופֿן; אַ ייִד, אַ זייף־פֿאַבריקל האָט ער געהאַט. געמאַכט זייף. דאָס גאַנצע שטעטל האָט בײַ אים געקויפֿט, די דערפֿער אַרום. רײַך געוואָרן דער ,טאָטערל׳. אַ נידעריקער, שטענדיק אין אַ גרינער מאַרינאַרקע געגאַנגען, געשאַרט געלט פֿון שטעטל. ווער האָט געטראַכט וועגן אים? איין מאָל אַ יאָר אויך ניט.

אַ מאָל ליג איך אַזוי פֿאַר טאָג, דאָס קינד שלאָפֿט לעבן מיר אין וויגל. עס האָט שוין אָנ־געהויבן גרויען – ערשט עמעצער קלאַפּט צו מיר אין פֿענצטער. דאָס פֿענצטער איז געווען צו דער גאַס. גיט מיר אַזאַ קלאַפּ אין האַרצן. אפֿשר האָט זיך מײַן מאַן דערמאָנט פֿון מיר... אַ טעלעגראַמע אפֿשר געשיקט. איך גיב אַ קוק אין פֿענצטער – ערשט דער ,טאָטערל׳ שטייט אין דער גרינער מאַרינאַרקע. איך האָב שיִער ניט אויסגעשפּיגן. וואָס טוט ער דאָ? זאָגט ער צו מיר, דער ,טאָטערל׳: „טוליע, קום אַריבער צו מיר שפּעטער, איך דאַרף דיך האָבן,“ און ער איז אַוועקגעגאַנגען.

איך האָב שוין מער ניט געקענט אײַנליגן. איך בין אויפֿגעשטאַנען, אָפּגעקאָכט עסן פֿאַרן קינד, צוגעראַמט די שטוב, זיך קוים דערוואַרט ביז די זון איז אויפֿגעגאַנגען, און איך בין אַוועק צום ,טאָטערל׳. אין אַ שמאָלער געסל איז געשטאַנען זײַן פֿאַבריקל. איך קום צו גיין, ער שטייט אויפֿן גאַניק אין דער גרינער מאַרינאַרקע.

– גוט־מאָרגן, זאָג איך צו אים און וואַרט.

– גוט־מאָרגן, גוט־יאָר, ענטפֿערט ער מיר און גיט מיך אַ פֿרעג, פֿון וואַנען לעבסטו, טוליע?

– וואָסי? ענטפֿער איך אים און איך שווײַג. וואָס זאָל איך גיין דערציילן אַ ,טאָטערל׳ אַ מעשׂה?

– אַ מענטש דאַרף פֿון עפּעס לעבן, זאָגט ער מיר, דו וועסט פֿאַר מיר איינמאָנען דאָס געלט פֿון די קרעמער, און איך וועל דיר צאָלן פֿון דער וואָך...

און ער האָט מיר דערלאַנגט אַ צעטל פֿון זיינע קונים, די קרעמער. איך האָב ביי אים פֿאַרדינט אַזוי פֿיל אַז אַ שיינער באַלעבאָס אין שטאָט וואָלט געהאַט דערפֿון פֿיינע חיונה. איך האָב מיר אויפֿגענייט אַ קלייד, און פֿלעג אַלע טאָג אַרויסגיין איינמאָנען דאָס געלט. ווי אַ פּריצטע בין איך אַרומגעגאַנגען איבערן שטאָט, דאָס קינד, מיין זון אויסגעהאָדעוועט, פֿלעג געבן אַ שיינע נדבֿה, זיך פֿאַרשריבן אין דער חבֿרה הכנסת־כּלה. געוואָרן ביי זיי אַ מינצערקע. אַלע געלטער פֿלעגן דורכגיין דורך מיינע הענט. אויפֿגעריכט געוואָרן. וויפֿל מאָל איך האָב געפּרוּווט דערגיין ביים ,טאָטערל׳, וואָס איז אים עפּעס איינגעפֿאַלן דעמאָלט פֿאַר טאָג אָנקלאַפּן צו מיר אין שויב אַז איך זאָל אויפֿגעריכט ווערן – האָב איך זיך ביי אים ניט געקענט דערוויסן. ער האָט געהאַט אַ נאַטור רייבערן אַ ליולקע, ווי אַ גוי פֿלעגט ער רייבערן די ליולקע, און מיך איבערפֿרעגן:

– עס איז דיר שלעכט ביי מיר?

– חלילה. גוט ווי אין גן־עדן, נאָר איך וויל וויסן.

נאָר איין מאָל האָב איך זיך פֿאָרט דערוווּסט. דער ,טאָטערל׳, קאַבאַנער האָט מען אים גערופֿן, איז קראַנק געוואָרן. ער האָט געהאַט אַ ווייב ערגעץ אין גאַליציע, נאָר געוווינט האָט ער מיט אַן אַלטער מאַמען. אַז ער איז קראַנק געוואָרן בין איך געגאַנגען צו אים פֿאַר אים אָפּקאָכן, עפּעס דערלאַנגען, צוליגן אַ טוך צום קאָפּ, וואָס וואָלט איך פֿאַר אים ניט געטאָן? אַ משיח געוועזן פֿאַר מיר. ער איז געלעגן אין היץ און געמאַכט די חשבונות פֿון זיין זייף־פֿאַבריקל. פֿרעג איך אים אַזוי זיך מיט אַ געלעכטער:

– פּאַני קאַבאַנער, וואָס עפּעס איז אייַך איינגעפֿאַלן דעמאָלט פֿאַר טאָג קומען צו מיר, אָנקלאַפּן אין שויב?

– דו ווילסט טאַקע וויסן? האַ?

און אַז אַ מענטש ליגט אין היץ זיינען ביי אים ניטאָ קיין פֿאַרבאָרגענע זאַכן. אַ מענטש אַז דער קאָפּ ברענט ביי אים, איז די צונג פֿונאַנדערגעבונדן.

איך האָב אים איבערגעביטן דאָס וואַסער צום קאָפּ.

– גוט, האָט ער געזאָגט, גוט... און ער האָט מיר דערציילט די מעשׂה:

פֿיר יינגלעך האָט געהאַט זיין מאַמע. ער איז דער פֿערטער. די דריי ברידער זיינע זיינען אַלע אַוועקגעשטאָרבן ביז דרייצן יאָר. אַז ער איז אַלט געוואָרן צוועלף יאָר איז די מאַמע זיינע שיִער פֿון זינען ניט אַראָפּ פֿאַר שרעק. אַלץ מורא געהאַט אַז עס זאָל זיך מיט אים עפּעס ניט טרעפֿן. און ביי זיי אין שטעטל איז געוועזן אַ ייִד אַ שוסטער, אַ לץ. גייט די מאַמע, קאַבאַנערס מאַמע, צום שוסטער באַשטעלן פֿאַרן קינד אַ פּאָר שיך אויף פּסח.

– ער זאָל עס כאָטש טראָגן געזונטערהייט, זאָגט זי.

– פֿאַר וואָס ניט? זאָגט דער שוסטער.

– ער זאָל כאָטש געזונט זיין, ענטפֿערט די מאַמע.

– פֿאַר וואָס ניט, ווער וועט אים שטערן? זאָגט דער שוסטער, ווי אַ לץ רעדט.

– ער זאָל כאָטש האָבן לאַנגע יאָר.

– פֿאַר וואָס ניט? זאָגט דער לץ, אַ קונץ לאַנג לעבן? גאָר קיין קונץ ניט. מע דאַרף נאָר אַלע טאָג מאַכן אַ שנאַפּס און אַלע צען יאָר טאָן אַ מיצווה אָן אַ דאַנק. אַזוי זאָגט זיך אָפּ דער שוסטער און לעקט די דראַטווע. ניטאָ, זאָגט ער, קיין קונצן אויף דער וועלט – ווער עס וויל קען לאַנג לעבן.

– געקומען אַהיים, האָט די מאַמע מיך באַשוואָרן אַז איך זאָל אַלע צען יאָר טאָן אַ מיצווה אָן אַ דאַנק. האָט זיך געענדיקט די פֿערטע צען יאָר, האָב איך אָנגעקלאַפּט צו דיר אין שויב. די אויגן האָבן זיך מיר געעפֿנט, האָט פֿאַרענדיקט דער ‚טאָטערל׳, פֿאַרשפּאָרט קלאַפּן זיך די פּיס, גיין מאָנען געלט בײַ די קרעמער. עס איז מיר ווערט מער, וויפֿל איך צאָל דיר, טוליע.

אַז דער ‚טאָטערל׳ איז געזונט געוואָרן, פֿרעגט ער מיך איין מאָל:

– טוליע, איך האָב מסתּם גערעדט פֿון היץ, האַ?

– ניין, גאָר ניט גערעדט, האָב איך אים געזאָגט.

– ניט דערציילט דיר פֿון קיין שוסטערל?

– וואָס פֿאַר אַ שוסטערל?... איך ווייס גאָרניט.

– ווייס איך, אַ מענטש אין היץ... און ער האָט פֿאַררייכערט זײַן ליולקע שטאַרק צופֿרידן.

אָבער די מעשׂה האָב איך זיך דערוווּסט.

די פֿרוי האָט זיך אַ כאַפּ געטאָן:

– הײַנט איז דאָנערשטיק. מע דאַרף גיין. באַלד וועט קומען מײַן זון, דאָנערשטיק.

מיר איז געווען אַ שאָד וואָס די פֿרוי גייט אַוועק. איך האָב נאָך אַרײַנגעכאַפּט און זי געפֿרעגט:

– און וואָס נאָך פֿאַר אַ דרײַ מיצוות האָט ער געטאָן, דער ‚טאָטערל׳?

– צו וואָס דאַרף איך זײַנע מעשׂיות, אַז איך האָב מײַנע אייגענע? אַ מענטש האָט וועגן זיך גענוג צו דערציילן... און בפֿרט נאָך טוליע שאָר... גענוג זיך אָנגעזען אויף מײַן לעבן.

אַז טוליע שאָר האָט זיך אויפֿגעהויבן האָב איך געזען אַז איר קלייד אין די רויטע און ווײַסע קעסטעלעך איז ניט גאָר נײַ. אַ קליין לאַטקעלע איז מיט איידעלע שטעך אַרײַנגענייט צווישן די פֿאַלדן. זי האָט באַמערקט אַז איך קוק אויף דעם קלייד און זי האָט געזאָגט:

– איר מיינט איך האָב ניט קיין קלייד. אויסגעקליידט ווי אַ קייסערינע. נאָר איך האָב ליב די היימישע זאַכן.

קאַדיע מאָלאָדאָווסקי

# פֿרײַנדשאַפֿט

פֿון די דרײַ קינדער, וואָס שלמה יאַלאָוויץ האָט געהאַט, איז אין שטוב קיינער ניט געבליבן. אַלע דרײַ – שׂרה, בען און בוירנע – זײַנען אַוועק פֿון שטוב מיטן ערשטן אייגן פֿאַרדינטן דאָלאַר וואָס זיי האָבן דערזען בײַ זיך אויף דער האַנט, אַוועק ווי פֿון אַ קרעטשמע. די בעסערע זאַכן צוגענומען, די ערגערע געלאָזן צעוואַלגערט איבערן דיל, אַפֿילו ניט צונויפֿגעשאַרט אין אַ ווינקל. די טאָכטער, שׂרה, האָט זיך געדונגען אַ צימער נאָענט צום אָפֿיס, וווּ זי האָט געאַרבעט, און שפּעטער האָבן זיך טאַטע־מאַמע דערוווּסט, אַז זי האָט חתונה געהאַט מיט אַן איטאַליענער, דעם בוכהאַלטער פֿון דעם זעלביקן אָפֿיס. דער טאַטע האָט די טאָכטער מער ניט געוואָלט זען. די מאַמע, טרײַנע יאַלאָוויץ, איז איין מאָל געווען בײַ דער טאָכטער צו גאַסט, אויף זומער־ווווינונג, לעבן ים. זי האָט געזען, ווי די טאָכטער גייט אַרום מיט גלאַנציקע קעמעלעך אין די האָר, ווי אַן איטאַליענישע שיקסע און קאָכט גרינסן מיט סמעטענע, און דאָס עסן האָט קיין ייִדישן טעם ניט געהאַט. דער איידעם האָט געהאַט קורצע געשאָרענע וואָנצעלעך און זײַן שוויגער גערופֿן ,מיסיס יאַלאָוויץ׳. אַהיים איז די טאָכטער קיין מאָל ניט געקומען, מ׳האָט זי ניט איבעריק געבעטן אויך, די שכנים זאָלן ניט וויסן וועגן דעם גוייִשן שידוך.

די זין, בען און בוירנע, זײַנען געווען פֿאַרנומען יעדערער פֿאַר זיך, בען אין זײַן געשעפֿט פֿון אַלטן מעבל, און בוירנע בײַ זײַן משונהדיקער פּרנסה – רעדן אויף די ראָגן פֿאַר אַ צוזאַמענגעלאָפֿענעם עולם פֿאַר די וואַלן פֿון קאָנגרעסלײַט, אַ פּרעזידענט, אַ מעיאָר, אָדער אַ גאָווערנאָר.

טרײַנע יאַלאָוויץ האָט די קינדער קוים צוזאַמענגעבראַכט, טאַקע בלויז צו דער לוויה. זי איז געשטאָרבן גאָר פֿון אַ זײַטיקער קרענק, וואָס האָט לכתּחילה מיט שטאַרבן גאָר קיין שײַכות ניט: אַ האַנט האָט בײַ איר אָנגעהויבן וויי טאָן, און זי איז געשטאָרבן כּמעט ווי צופֿעליק, ווי אַלץ אין לעבן איז בײַ איר געווען צופֿעליק, אַרײַנגערעכנט דעם איידעם דעם איטאַליענער און דעם זון וואָס רעדט אויף די ראָגן ערבֿ וואַלן.

שלמה יאַלאָוויץ איז געבליבן אַליין. נאָך גאָט צו דאַנקען, וואָס די הענט האָבן אים געדינט. ער האָט געקענט שטעפּן די נעט בײַ דער מאַשין און ניט באַדאַרפֿט אָנקומען צו קיינעם. נאָר אַ פֿאַרדראָס האָט ער געטראָגן אויף אַלע פֿיר מיטגלידער פֿון זײַן פֿאַרשווונדענער משפּחה, נישט פֿאַר עפּעס אַ באַשטימטער עוולה, וואָס מע זאָל אים האָבן געטאָן, נאָר דערפֿאַר וואָס ער איז געבליבן אַליין.

פֿון: **אַ שטוב מיט זיבן פֿענצטער**. ניו־יאָרק: פֿאַרלאַג מתּנות, 1957, ז״ז 217–219.

בען, פֿון דעם מעבל-געשעפֿט, איז דער איינציקער וואָס כאַפּט זיך נאָך אַ מאָל אַריַין צום טאַטן. ער קומט גאַנץ פֿרי, איידער דער טאַטע גייט אַוועק צו דער אַרבעט, שטייט בײַ דער טיר עטלעכע מינוט, פֿאַררייכערט אַ סיגאַרעט און גענוי ווען דער סיגאַרעט איז אויס־גערייכערט, גייט בען אַוועק און וואַרפֿט שוין אַרויס די קאָרטשקע אויף דער גאַס. געוווינט האָט שלמה יאַלאָוויץ בײַ לאַנדסלײַט אין אַ צימער, געצאָלט פּינקטלעך, גענוי באַקומען פֿון זיי אַלץ וואָס מ׳האָט אָפּגערעדט, און גאַנץ היימיש איז אים דאָרט געווען, נאָר איין זאַך: די לאַנדסלײַט האָבן בשום־אופֿן ניט געוואָלט אויסהערן זײַנע טענות צו די קינדער.

– די קינדער זײַנען ווי אַלע קינדער אין אַמעריקע, אַזוי פּטרט אים אָפּ די באַלעבאָסטע, די לאַנדספֿרוי, און דאָס הייסט, אַז זי וויל בשום־אופֿן ניט אויסהערן וועגן דער טאָכטער און יעדן זון די באַזונדערע פֿאַרדראָסן וואָס שלמה יאַלאָוויץ טראָגט אויף זיי אין האַרצן.

אויסהערן שלמה יאַלאָוויצעס פֿאַרדראָסן אויף די קינדער און אויפֿן ווײַב, וואָס איז געשטאָרבן אומגעריכט, האָט נאָר אויסגעהערט דער אַלטער ,גרענדפּאַ׳, ווי מ׳האָט אים גערופֿן אויפֿן בלאָק ווײַל ער איז געווען דער עלטסטער אײַנוווינער אין געגנט, גערעדט אַ לשון, וואָס מ׳האָט ניט געוווּסט צי איז עס גריכיש, אַרמעניש אָדער טערקיש. אויב מע זאָל אים גלייבן, האָט ער שוין דאָרט אָפּגעוווינט פֿופֿציק יאָר. די צוויי אַלטע לײַט האָבן זיך גוט געקענט צונויפֿרעדן, כאָטש ,גרענדפּאַ׳ האָט, ניט געקוקט אויף די פֿופֿציק יאָר אין אַמעריקע, קוים גערעדט געציילטע ווערטער אויף ענגליש, און שלמה יאַלאָוויץ, וואָס האָט דרײַסיק יאָר זיך בלויז צוגעהערט, ווי עס פּיקט זײַן מאַשין די נעטלעך פֿון די ווײַבערשע קליידער, האָט אויך געקענט ענגליש נישט מער.

גערעדט האָבן זיי געוויינטלעך וועגן די קינדער. ,די יאָנג פּיפּל׳. שלמה יאַלאָוויץ האָט דערציילט וועגן זײַנע פֿאַרדראָסן, גאַנץ אָפּט אַרײַנגעוואָרפֿן אַ יידיש וואָרט, אַפֿילו אַ צע־בראָכענעם פּסוק, און ,גרענדפּאַ׳ – אויב ער האָט ניט גאָר ריכטיק פֿאַרשטאַנען – האָט ער נאָך שטאַרקער צוגעשאָקלט מיטן קאָפּ, דאָס הייסט, אויף דעם איז ער געוויס מסכּים. ער האָט געוווּסט די נעמען פֿון שלמה יאַלאָוויצעס קינדער, שׂרה, בען און בוירנע, פּונקט ווי שלמה יאַלאָוויץ האָט געוווּסט די נעמען פֿון ,גרענדפּאַס׳ קינדער – דזשאַן, זשאַנעט און דזשאָו... ,גרענדפּאַ׳ האָט דערציילט וועגן זיי, אַרײַנגעוואָרפֿן אַ סך אומפֿאַרשטענדלעכע ווערטער און שפּריכווערטער, און שלמה יאַלאָוויץ האָט מיטפֿילנדיק צוגעשאָקלט מיטן קאָפּ.

מע קען זאָגן כּמעט מיט זיכערקייט, אַז אויסער די נעמען פֿון זייערע קינדער האָבן די אַלטע לײַט וויניק וואָס מער געוווּסט איינער וועגן דעם אַנדערן. דאָס האָט אָבער קיין באַדײַט ניט געהאַט. דאָס איז גערעקט געווען מיט דער טיפֿער איבערצײַגונג, אַז די יוגנט איז שטענדיק אומגערעכט קעגן דער איינזאַמער עלטער, און מיט שטאַרקער דאַנקבאַרקייט פֿון איינעם צום אַנדערן פֿאַרן אויסהערן.

כּדי מסיים צו זײַן אַ לאַנגן שמועס פֿוןביידע צדדים, זאָגן זיי זיך פֿאַרן אַוועקגאַנג מיט געפֿיל און באַדײַט:

– יעס, די יאָנג פּיפּל.

זייער פֿרײַנדשאַפֿט האַלט זיך, קען מען זאָגן, איבער הויפּט אויף די זומערן. דעמאָלט זיצן זייביידע אויף דער באַנק, וואָס שטייט לעבן דעם איינציקן בוים אויפֿן בלאָק, די לבֿנה הענגט זיי אַקעגן צווישן די לאַמטערנעס און דערמאָנט יעדערן פֿון זיי פֿון אַ ווײַטן אַמאָל. איינעם פֿון זײַן שטעטל אין וואָלין, און דעם אַנדערן פֿון אַ שטילן דאָרף אין זײַן היימלאַנד. עס זעט אויס ווי אַ פֿאַרגאַנגענער חלום, אָבער די לבֿנה, די זעלביקע, פֿון אַמאָל, איז אַן עדות, אַז דער חלום איז טאַקע געווען.

די ווינטערן צעשיידן זיי. ווינטער זאָגט מען זיך בלויז דעם גוטן־אָוונט אָדער דעם גוט־מאָרגן, מע דערמאָנט ,די יאָנג פּיפּל׳, פּשוט כּדי דער פֿאָדעם זאָל זיך ניט איבעררײַסן ביז פֿרילינג, און יעדערער טראָגט אַוועק די אַלטע דערפֿרוירנקייט צו זײַן וואַרעמען צימער און זײַן בעט.

דער ערשטער פֿרילינג־אָוונט ווען די פֿייגעלעך זינגען זיך פֿונאַנדער אויפֿן איינציקן בוים, פונקט ווי אין וואָלין און אין גריכנלאַנד, זיצן שלמה יאַלאָוויץ און ,גרענדפּאַ׳ אויף דער באַנק, און דערוואַכט, ווי די פֿייגל, שמועסן זיי:

– יעס, די יאָנג פּיפּל.

ניו־יאָרק, 1946

קאַדיע מאָלאָדאָווסקי

# אין אַ ליווינג־רום

ווען מיסטער קאַשער וואָלט געקענט אַרויסוואַרפֿן איין וואָרט פֿון דער ענגלישער שפּראַך, וואָלט ער משלח געווען דאָס וואָרט „פֿאָני׳. ער וואָלט דערפֿאַר באַצאָלט טויזנט דאָלאַר, און עס וואָלט אים קיין שאָד ניט געווען. פּשוט, ווײַל זײַן ווײַב מיט די דרײַ נעמען הינדע־ביילע־העלען האָט מיט דעם ווערטל „פֿאָני׳ געקירעוועט דאָס הויז, ווי אַ קאַפּיטאַן קירעוועט זײַן שיף מיט דעם רודער.

פֿון די ווענט פֿון זייער הויז האָט העלען אַראָפּגענומען די פֿאָטאָגראַפֿיעס מיט די טײַערע מענטשן, וואָס האָבן אַזוי שבתדיק, רויִק אַרויסגעקוקט פֿון די ראַמען. די מאַמע – די הענט פֿאַרלייגט; די מומע, טילע, – מיט אַ בוקעט בלומען אויפֿן שויס.

העלען האָט געזאָגט „פֿאָני׳, האָט די פֿאָטאָגראַפֿיעס אַראָפּגענומען און אויף זייער אָרט אויפֿגעהאַנגען אויף דער וואַנט – וואָלט כאָטש זײַן עפּעס רעכטס! – פּשוט איין פֿויגל מיט אַ לאַנגן עק פֿון בלויע פֿעדערן, נאָך אַ פֿויגל מיט צעפּאָכעטע געלע פֿליגל און טאַקע אַ דריטן פֿויגל מיט אַ קרייַנדעלע אויפֿן קאָפּ. ובֿכן, זי האָט געלייענט אין אַ זשורנאַל, אַ „מעגעזין׳, אַז די פֿייגל זײַנען אין דער מאָדע און אין יעדן הויז דאַרף זײַן כאָטש אַ פֿערטל טוץ פֿייגל.

מיט דעם זעלביקן וואָרט „פֿאָני׳ האָט הינדע־ביילע־העלען אַרויסגעטראָגן די שאַפֿקע מיט די ספֿרים, וואָס זײַנען געבליבן אַ ירושה נאָכן שווער און אויף דעם אָרט אַוועקגעשטעלט אַ קרעדענצל מיט גלאָזוואַרג.

מיסטער קאַשער האָט באַטראַכט די ווענט פֿון זײַן הויז און ער האָט אין גוטן מוט, אָן כּעס, חלילה, פֿאַרפֿירט אַ שמועס מיט זײַן ווײַב:

– זאָג מיר, העלען (העלען האָט ער זי גערופֿן אין געמיטלעכע שמועסן און הינדע־ביילע, ווען מ׳האָט זיך צעווערטלט), זאָג מיר, העלען, אַדרבא, מיט וואָס איז אָט דער פֿויגל מיט דעם בלויען עק שענער פֿון מײַן מומע טילע? די מומע טילע איז דאָך באמת געווען אַ מלכותדיקע שיינקייט, איר זײַדן קלייד האָט אַראָפּגעשימערירט פֿון דעם בילד, חוץ דעם, וואָס זי איז געווען אַ צדיקת און אַ חכמה דערצו. אַז זי האָט אויף מיר געקוקט מיט די קלוגע אויגן פֿון בילד אַראָפּ, ווען איך האָב אין דער פֿרי געטרונקען מײַן טעפּל קאַווע, האָט עס פֿאַר מיר געהאַט אַ זין און אַ טעם. מאַך מיר קלאָר, העלען, מיט וואָס איז דער פֿויגל מער בעל־ייִחוס, און פֿאַר וואָס דאַרף אים מײַן מומע טילע אָפּטרעטן דאָס אָרט?

מיסיס קאַשער האָט אַ צי געטאָן מיט די אַקסלען און האָט געזאָגט:

– „פֿאָני׳... ווי קען מען פֿאַרגלײַכן די מומע טילע מיט אַ פֿויגל? די מומע טילע איז די מומע טילע און אַ פֿויגל איז אַ פֿויגל. אַ מאָל זײַנען געווען אין דער מאָדע מענטשן־פֿאָטאָגראַפֿיעס,

פֿון: **אַ שטוב מיט זיבן פֿענצטער**. ניו־יאָרק: פֿאַרלאַג מתּנות, 1957, ז״ז 95–98.

און ערשט איז אַ מאָדע אויף פֿייגל. ווייל איך אַז בײַ אונדז זאָל זײַן ווי עס דאַרף צו זײַן. מע דאַרף דאָך ניט זײַן ,פֿאָני׳, דו פֿאַרשטייסט?

איז די מומע טילע אַוועק ליגן אויף אַ פּאָליצע אין אַ פֿאַרמאַכטער שאַפֿע. לעבן איר איז געשטאַנען אַרײַנגעקוועטשט אין אַ ווינקל די פֿאָטאָגראַפֿיע פֿון דעם פֿעטער שלום־יצחק מיט זײַן ווײַבביילקע, מיט זייערע פֿיר טעכטער, וואָס האָבן גראָד אַלע געהייסן שׂרה, רבֿקה, רחל און לאה, מיט זייערע מאַנען, בערל, יהודה־לייב, אַלטער און צאַליע, מיט די אייניקלעך, עלף אייניקלעך קיין עין־הרע, וואָס דאָס ייִנגסטע, לאהס מיידעלע, אויסגעפּוצט אין ווײַסע זעקעלעך איז געלעגן בײַ דער באָבעביילקע אויפֿן שויס. אַ שיינע מלכותדיקע משפּחה, ווי אַ וואַלד, מיט קינדערלעך ווי טויבן, איז געשטאַנען פֿאַרשטויבט און פֿאַרשטויסן לעבן דער פֿאָטאָגראַפֿיע פֿון דער מומע טילע, וואָס איז נעבעך געלעגן מיטן פּנים אַראָפּ און מיטן טאָוול אַרויף, און בײַ מיסטער קאַשער אין ליווינג־רום האָבן זיך אויסגעלייגט די בילדער פֿון די פֿייגל פֿון אַפֿריקע און אינדיע און ווער ווייס פֿון וואַנען – אַ נס נאָך, מ׳האָט פֿאַר זיי קיין גערשטן ניט באַדאַרפֿט קויפֿן.

נאָך די פֿאָטאָגראַפֿיעס האָט געבענקט ניט נאָר מיסטער קאַשער אַליין, נאָר אויך דער פּיריאָריקער זון סעמעק, וואָס איז טאַקע געווען אַ נאָמען נאָכן פֿעטער שלום־יצחק. דער פּיריאָריקער סעמעק האָט שוין געוווּסט יעדן פֿון די פֿאָטאָגראַפֿיעס בײַם נאָמען, זײַן קרובֿישאַפֿט מיט אים, ווי אַזוי די פֿאָטאָגראַפֿיעס זײַנען אָנגעקומען מיט דער שיף און פֿאַר וואָס זיי הענגען אויף דער וואַנט. די פֿייגל האָט סעמעק ניט ליב געהאַט, אים האָבן געפֿעלט די מענטשן און די מעשׂיות וועגן זיי.

מיט דער שאַפֿקע ספֿרים, וואָס זײַנען געבליבן אַ ירושה פֿון מיסטער קאַשערס פֿאָטער, איז העלענען נישט אָנגעקומען גרינג ביז זי האָט עס פֿון ליווינג־רום אַרויסגענומען.

ערבֿ פּסח, ווען מיסטער קאַשער איז געקומען אַן אָפּגעגאָלטער און אַן אָפּגעשאָרענער אַהיים, אַ יום־טובֿדיקער, גרייט זיך זעצן צום סדר, האָט אים זײַן ווײַב, העלען, באַגעגנט בײַ דער טיר אַ לײַכטנדיקע און אים אָנגעזאָגט אַ בשׂורה:

– גיי אַרײַן אין ליווינג־רום, וועסט דעם צימער ניט דערקענען! עס איז אַזוי שיין, אַ פֿאַרגעניגן!

מיסטער קאַשערן האָט דאָס האַרץ געזאָגט, אַז עס איז אַוועק די שאַפֿקע מיט די ספֿרים און נאָך איידער ער איז אַרײַן האָט ער אַ זאָג געטאָן צו העלענען:

– שוין אַוודאי געמאַכט אַ פּאָגראָם דאָרט...

פֿון זײַנע וואָכעדיקע און שווערע ווערטער האָט זיך אַ וואָלקן אַוועקגעלייגט אויף דער יום־טובֿדיק אויסגעפּוצטער שטוב. מיסטער קאַשער האָט אַ קוק געטאָן אויף דער גלעזערנער שאַפֿקע מיט צאַצקעס, וואַזעלעך, מילעכלעך, טעפּעלעך, קריגעלעך וואָס האָבן שימערירט מיט פֿאַרשידענע קאָלירן און געבלאַנקט אין ליווינג־רום אויפֿן אָרט ווו עס איז געשטאַנען די שאַפֿקע מיט די ספֿרים. אַ בענקשאַפֿט האָט אים אַרומגעכאַפּט נאָך דער אַלטער ברוינער שאַפֿקע מיט די פּירקאַנטיקע שײַבעלעך, וואָס איז געשטאַנען יאָרן לאַנג, און אַ בענקשאַפֿט צו די אַלטע ספֿרים מיט די אָפּגעריבענע ייִדישע אותיות אויף די רוקנס, וואָס

זײַנען דאָ געשטאַנען ווי אַלטע איבערגעבענע וועכטער, וואָס שטייען און היטן און פֿאָדערן ניט קיין געצאָלט.

אומגעריכט פֿאַר זיך אַליין האָט ער געזאָגט צו העלענען מיט אויפֿרעגונג:

– איך מאַך ניט קיין סדר! איך דאַרף ניט די גלעזערנע געטשקעס דאָ אין שטוב!...

– ,פֿאָני׳... האָט העלען אַרויסגעמורמלט, נאָר זי האָט ניט געהאַט קיין מוט מער עפּעס צו זאָגן.

– איך מאַך ניט קיין סדר! האָט מיסטער קאַשער איבערגעחזרט, און האָט געפֿילט, אַז איצטער האָט ער די אייבערהאַנט איבער זײַן ווײַב און איבער איר ,פֿאָני׳. ווי אַ מענטש וואָס דערפֿילט די זיסקייט פֿון נעמען נקמה האָט ער געזאָגט צו העלענען:

– דו מיינסט, אַז צוליב די גלעזערנע שמאַטעס האָט משה רבנו אַרויסגענומען די ייִדן פֿון מצרים? געשפּאָלטן פֿאַר זיי דעם ים? דו מיינסט ווייניק מענטשן האָבן זיך דערטרונקען? אומזיסט האָט ער זיי געפֿירט צום באַרג סיני מיט דונערן און מיט בליצן? פֿערציק טעג ניט געגעסן און ניט געטרונקען, פֿערציק יאָר זיך אַרומגעוואַלגערט מיט פּיצעלעך קינדער אין דער מידבר אין די זאַמדן, אָן ברויט און אָן גאַרניט, און עקדישן, און ווילדע חיות און לייבן! מיינסט אַז צוליב די גלעזערנע געטשקעס האָט ער דאָס געטאָן?

פֿון די טיפֿסטע טיפֿענישן האָט בײַ מיסטער קאַשער אַרויסגעשלאָגן אַ קוואַל פֿון בענק־שאַפֿטן און פֿון פֿאַרדראָסן, און ווערטער וואָס ער האָט שוין זיי יאָרן לאַנג ניט געהערט און האָט קיין מאָל ניט געטראַכט וועגן זיי זײַנען צו אים איצטער געקומען מיט גרינגקייט אויפֿן זינען און אויף דער צונג.

– און מלחמות האָט מען געפֿירט און מענטשן זײַנען געפֿאַלן און פֿון אַ שטיין האָט מען אַרויסגעשלאָגן וואַסער – מיינסטו אַז צוליב די גלעזערנע געטשקעס האָט ער דאָס געטאָן?...

העלען איז געשטאַנען אַ דערשראָקענע. צום ערשטן מאָל אין איר לעבן האָט זי דער־פֿילט אַז פּסח איז אַ גרויזאַמער יום־טובֿ. אַ מוראַדיקער, אַ הייליקער, וואָס אַפֿילו בײַ איר אין ליווינג־רום טאָר מען פֿון אים אַ האָר ניט מינערן. זי האָט זיך געפֿילט שולדיק, טיף פֿאַרשולדיקט וואָס זי האָט אָנגעריִרט דעם יום־טובֿ פּסח, און, ווי שטענדיק, ווען זי פֿילט זיך שולדיק, האָט זי געזאָגט צום מאַן:

– ביסט גערעכט... אַרטשי, ביסט גערעכט... מאָרגן, גלייב מיר, מאָרגן וועל איך צוריק אַרויפֿברענגען די ספֿרים פֿון קעלער. אָבער איצט, מאַך דעם סדר, סילוויע וועט קומען מיטן מאַן מיט דזשולקען... מאָרגן, דו וועסט זען, מאָרגן...

צום סדר האָט סילוויע געבראַכט ווײַן און דזשולקע האָט געפֿרעגט די קשיות.

וועגן דער נײַער גלעזערנער שאַפֿקע האָט העלען ניט דערמאָנט, און זי האָט אַ ווונק געטאָן צו סילוויען זי זאָל ניט פֿרעגן. די שאַפֿקע איז געשטאַנען ווי אַ שטיק עבֿודה־זרה, וואָס מע קוקט אויף דעם ניט, אָבער עס איז אַ שאָד צו צעברעכן.

אַ פּאָר מאָל האָט מיסטער קאַשער דערמאָנט וועגן די ספֿרים, וואָס מע דאַרף זיי צוריק אַרויפֿברענגען און אַוועקשטעלן אויף זייער אָרט. העלען האָט געשוויגן. מער קיין צוזאָגן ניט געמאַכט, און איין מאָל אַ זאָג געטאָן אונטער דער נאָז:

– ‚פֿאַני׳, ביי אַלעמען שטייען גלעזערנע שאַפֿקעס, פֿאַר וואָס זאָל ביי אונדז ניט שטיין?

– ‚פֿאָני׳, האָט מיסטער קאַשער איבערגעחזרט דאָס וואָרט ווי אַ באַזיגטער, דאָס וואָרט וואָס איז שטאַרקער פֿון אים און ער קען עס ניט בייקומען.

די פֿייגל אויף די ווענט האָבן געשוויגן ווי שטרענגע וועכטער וואָס היטן זייער דעראָבערונג.

יולי 13, 1947

## מאַלאַשאַ מאַלי

# ›Maciejka‹

ער איז געווען אַ דיכטער, זי – אַ לייענערין, אַ פֿאַרגלייבטע ביז גאָר אין זײַן שירה.

באַגעגענען זיך פֿלעגט מען כּמעט ווי טאָג־טעגלעך, הגם געוווינט – אין באַזונדערע שכונות. דערפֿאַר האָט איטלעכער געהאַט בײַ זיך אויך אַ שליסל פֿונעם אַנדערנס דירה: טאָמער טרעפֿט מען גראָד נישט אין דער היים, זאָל מען קאָנען אונטערוואַרטן במנוחה.

ער – סלאַוויש פֿאַרחלומט און אַ שפּאָר ביסל – ‚משוגע צום טויט׳, ווי סע זאָגט זיך... אַ הויכוווּקסיקער, ליכטיק בלאָנד און אויך אַזוי קערנדיק, ווי די ברויטזאַנג, וואָס פֿלעגט אין דער היים דאָרט פֿאַרוויגן זײַן באָרוועסע קינדהייט.

זי – מיושבֿדיק ערנסט און באַדאַכט גאָר; אַ קליינע, ברוינהויטיקע גראַציע מיט האָר – סמאָלע שוואַרצע און גלאַנציקע, ווי אַ טײַך. נאָר אויגן – דווקא טיף בלויע און מילדע, ווי פֿיאַלקעס אין אַ היימישן וואַלד...

די חבֿרשאַפֿט – גראָד אַ היגע, ס׳הייסט – נישט קיין אַלטע. דײַקע אָבער אַ צוגעזאָטן געטרײַע. אַ ח בֿ ר ש אַ פֿ ט טאַקע; נישט ווינציקער און נישט מער.

ס׳איז אייגנטלעך אפֿשר אַ ווּנדער: ווי אַזוי פֿאַרחבֿרט זיך עס אַ ייִדישער דיכטער פֿון ערגעץ אַ שטעטעלע־בײַ־דער־ווײַסל – מיט אָט דער באָטאַניק־לערערין און אוראוראאייניקל פֿון אַן אַלטער אַנוסים־משפּחה – מיט דער אָ מאַרי־מרים, וואָס אָנגעשפּאַרט האָט זי אַהער צו אַזש העט פֿונעם ווײַטן און פֿרעמדן אַ ל ז ש י ר ?

איז די מעשׂה אַזוי:

בײַ דער משפּחה דאַהאַן אַלבאַס זענען געווען נאָך 9 קינדער, אַחוץ דער מאַרי מיטן צערטל־נאָמען: מ י מ י. מיט קיינעם האָט מען אָבער נישט געהאַט בײַ זיי אין דער היים אַזוינע צרות, ווי טאַקע מיט איר... די בנים – געראָטן אַלע אין טאַטן, האָבן ווי ער, פֿאַרמאָגט אַ חוש פֿאַר געשעפֿטלעכע עסקים און געגאַנגען תּמיד מיטן גלײַכן, אויסגעטראָטענעם וועג. וואָס שייך ווידער די טעכטער, האָבן זיי פּשוט געוווּסט זייער אָרט און נישט אײַנגעריסן קיין וועלטן... בלויז מאַרי איז געוואַקסן צווישן זיי אַלעמען ווי אַ וואַלדיאַגדע ממש. און בעיקר: אַ מין אויסטערלישע, ‚נישט־גוטע׳ תּשוקה צו וויסן, צו לערנען – האָט געשטעקט אין איר, ווי אַ דיבוק...

קאָן זײַן, אַז די זעלביקע מימי האָט געהאַט אַ באַזונדער מזל בײַם פֿאָטער, און ער איז אפֿשר באַלד אין אָנהייב באַגאַנגען אַ פֿעלער, נאָכגעבנדיק צו פֿיל דער מיזינקע... אַנדערע צײַטן – געטראַכט בײַ זיך. אײַנגעשאַפֿט לערער אין שטוב אַרײַן, געקויפֿט ביכער: זאָל זי לערנען!... דערנאָך האָט אָבער די מימי אַרײַנגענומען זיך אין איר פֿלאַטערקאָפּ אַ

פֿון: **צוויי וועלטן**. תּל־אָבֿיבֿ: י.ל.פּרץ, 1963, ז״ז 239–260.

מחשבֿה, אַז הויכשולן זענען פֿאַרטראַכט געוואָרן אויך פֿאַר אירט וועגן, און נישט בלויז פֿאַר מאַנצלײַט... נאָר דאָ האָט דער טאַטע מער נישט בדעה געהאַט נאָכצוגעבן. געזאָגט: עד־כּאן! און אין אַלזשיר איז די וועלט נאָך נישט הפֿקר: אַז אַ טאַטע זאָגט – פֿאָלגט מען...

האָט שוין מימי נישט געוואַגט אַרויסצולאָזן קיין הויך פֿונעם מויל... נאָר געווען איז איר שווײַגן אײַנגעהילט אין אַ מין מרה־שחורה און עפּעס נישט אָנגעזאָגט קיין גוטס. קורץ דערויף האָט זי אויפֿגעהערט אויך צו עסן און גענומען זיך קלאָגן אויף כּל־מיני ווייטיקן אינעם לײַב... אַזוי איז זי גאָר גיך אַרײַנגעפֿאַלן אין אַ חלשות, וואָס קיין שום דאָקטער האָט נישט געוווּסט אין איר קיין באַשייד.

מאַדאַם ראַשעל, די מאַמע – האָט זיך גראָד יאָ משער געווען, וואָסער חלף סע הענגט איבער זייער קינדס יונגן קאָפּ. נאָר ס׳שיקט זיך דען צו זאָגן אַ מאַן דעות אין אַזאַ וויכטיקן ענין?...

ווען די מערכה איז אָבער געוואָרן אַזוי ביטער, אַז די גרעסטע מומחים האָבן געהאַט בלויז איין ענטפֿער: – „טוט תּפֿילה – גאָט אין הימל קען העלפֿן!״ – דעמאָלט איז שוין נישט שייך געווען זיך צו צאַמען... און – געזאָגט דעם מאַן בלויז די ווערטער:

– וואָסער פּנים האָט דאָס בעטן בײַ גאָט רחמים, אויב מ׳איז אַליין אַזאַ אַכזר...

דער טאַטע האָט זיך אַ כאַפּ געטאָן פֿאַרן קאָפּ און פֿון די טרערן, וואָס זענען אָנגעשווומען פּלוצעם פֿון ערגעץ טיף – צודרינגלעך האַסטיקע, הייסע – האָט עפּעס אין אים גענומען זיך שמעלצן, ווי אַ וואַקסן ליכטל...

געוואָרן פֿון בלינד זעעוודיק, האָט שוין מ׳סיע אַלבאַס געוווּסט, וואָס צו טאָן... פֿאַרטיילט מיט אַ פֿולער האַנט צדקה, צונויפֿגערופֿן תּהילים־זאָגער, און אַליין פֿאַרגייענדיק זיך תּחנונים, בקול־רם און פֿאַר עדות מנדר געווען אַזאַ נדר:

– אַז גאָט ברוך־הוא וועט אַרויסווײַזן לײַטזעליקייט צו זייער הויז און ברענגען רפֿואה־שלמה דער בתולה מרים בת רחל – וועט אין דעם זינדיקן טאַטן מער נישט זײַן קיין מניעה; אַוווּ נאָר און וואָס זײַן קינד וויל, מעג זי לערנען!

און אַרויסגעוויזן האָט זיך, אַז דאָס לערנען איז געווען גאָר אַ ,גאָטזאַך׳. וואָרן באַלד נאָך דעם נדר האָט זייער מימי צוזעענדיקערהייט אָנגעהויבן קומען צוריק צו די כּוחות...

אַזוי האָט שוין מאַרי געלעבט און געלערנט, און אַז ס׳איז געקומען די צײַט, אויך געליבט און חתונה געהאַט, ווי דער שטייגער.

ווונדערלעך זענען געווען יענע אַנדערטהאַלבן יאָר מיט ז ש אַ נ אָ... נאָר אָט איז אויסגעבראָכן אין אייראָפּע די מלחמה... באַלד האָט אין פֿראַנקרײַך געפֿלאַקערט דאָס פֿײַער און שוואַרצע וואָלקנס האָבן גענומען זיך קנוילן אויך איבער זייער אַלזשיר... שפּעטער האָבן די דײַטשן אָנגעפּראַלט טאַקע אַהער צו און ס׳האָט זיך אָנגעהויבן דאָס וואַנדרעווען: ריכטונג – מערבֿדיק, צו מאַראָקאָ, ציל – רעזיסטאַנס...

אָנגעקומען אויפֿן אָרט בשלום, האָט מען אָבער נישט געקענט זײַן מער אין איינעם: זשאַן און מאַרי זענען געוואָרן גראָד טאַטע־מאַמע, און פֿון וועגן דעם נײַ־געבוירענעם געמוזט זיך צעשיידן.

דער ווידערשטאַנד אַליין איז געווען נישקשה פֿון אַ פֿראָנט – מיט פֿאַרוווּנדעטע, טויטע... און כאָטש מ׳האָט דערנאָך אין די רייען פֿון אַ רעגולערער אַרמיי שוין – געטריבן פֿון דאָרט די באַפּאַלער, איז אָבער ביז צום פֿאַררייכערן די שלום־נאַרגילע נאָך אויסגעקרמען צו שמעקן לעת־עתּה אַן אַנדער מין קטורת, און דווקא כּדבעי...

אין די כּסדרדיקע פֿאָרויסמאַרשן און איבערגרופּירונגען פֿון זשאַנס מיליטערישער איינהייט איז אָפּגעשוווּמען ווײַט אויף צוריק זײַן מאַרי מיטן זון אין די אָרעמס, און אויך די היים, די באַפּרײַטע, און לעבן די געוויינטלעכע דערגרייכונגען און פֿאַרלוסטן איז בלויז נאָך אַ זעלטענע ידיעה פֿון איטלעכנס נאָענטסטע – געווען פֿאַר סאָלדאַטן די בעסטע טרייסט. נאָר אַבי אַ קויל האָט נישט אַראָפּגעשלעפּט בײַ איינעם דאָס היטל מיטן קאָפּ טאַקע אין איינעם – איז מען פֿון בענקעניש ממילא שוין נישט געשטאָרבן...

און אַז מע לעבט, דערלעבט מען: זאַלבע דריט – אָפּגעפֿונען זיך אין דער היים מיט דער גאַנצער משפּחה... אָבער אַפֿילו אָן דײַטשן, האָט די היים פֿון דעסטוועגן עפּעס נישט געהאַט איצט איר פֿריִערדיקע ממשות. דער אומקום פֿונעם אייראָפּעיִשן ייִדנטום האָט אויף אַן אומדערוואַרטעטן אופֿן אָפּגעהילכט אין ייִדישע הערצער אויך דאָ, אין דעם ווײַטן אַלזשיר און אַלע וועגן האָבן גענומען פֿירן פּלוצעם קיין ארץ־ישׂראל...

אַזוי האָט די קליינע ,דרײַ־איינִיקייט׳ דורך די אויסטערלישסטע מלחמה־גילגולים און גראָד קעגן דעם ווילן פֿון זייערע פֿאַרצווײַגטע משפּחות – דערקליבן זיך גאָר אין לאַנד פֿון די אָבֿות – אַהער...

אין אָנהייב איז אַלץ אין דעם ייִדיש־לאַנד געווען אַזוי נײַ און אַנדערש, צו מאָל פֿרעמדער פֿון אַ גויִשער פֿרעמד... נאָר וותיקים האָבן געטענהט: „מה יש? אַ נפֿקא־מינה – פֿון איין אָנגעגליט לאַנד ביזן אַנדערן!“... און אַליין האָט מען אויך געהאָפּט – גיך צו ווערן דאָ היימיש. בפֿרט, אַז מ׳האָט צו יענער צײַט ווידער אַ מאָל זיך ,באַרײַכערט׳: אַחוץ דעם בכור געהאַט שוין אַ סברע־מיידעלע אויך...

דערנאָך זענען געקומען אָן אַ שיעור גליקלעכע טעג: דער קליינער ייִשובֿ איז פֿאַרוואַנדלט געוואָרן אין אַ מדינה...

נאָר – נישט באַשערט געווען קיין מנוחה. אויך דאָ האָט צעבושעוועט זיך אַ מלחמה, און זשאַנאָ איז אַוועק פֿון די ערשטע. און מאַרי האָט אים מער נישט געזען.

אין דער ערשטער פֿײַער־טבֿילה האָט דער דיכטער אַהרן קרינסקער פֿון פּוילן פֿאַרקאָמפּאַניִעט זיך מיט דעם אַלזשירער פֿאַרמאַצעווט – זשאַן פּאַרדאָ... ס׳האָט גענומען אַ ביסל צײַט, ביז דער דווקא אײַנגעהאַלטענער, עטוואָס פֿאַרשלאָסענער זשאַן האָט אין אַ נאָך זייער שלאַבעריקן עבֿרית, דורכגעפּלאָכטן מיט אַ סך פֿראַנצייזישע ווערטער – אויסדערציילט פֿאַר דעם בלאָנדן חבֿרה־מאַן דאָ זײַן לעבן, און לסוף אויך אָנפּאַרטרויט, וואָסער מלאך סע וואַרט דאָרט אויף אים אין דער היים: „אַ מלאך מיט צוויי קליינע עלפֿן...“

אַזוי האָט מען שוין זײַט בײַ זײַט אָפּגעשלאָגן זיך פֿון די ,ליבינקע שכנים׳. אַ מאָל – אָפּטרעטנדיק אויף צוריק, באַלד פֿון ס׳נײַ – אין אַטאַקע... מאָמענטנווײַז, אין פֿײַער־געשפּײַ

צעשיידט פֿון אַנאַנדער, און ווידער מיט פֿרייד זיך געפֿונען. ווי מ׳האָט געקענט, איז מען זיך קעגנזײַטיק פֿאַרלאָפֿן די וועגן, און וויפֿל מאָל אַרויסגעשלעפּט ממש פֿון פֿײַער?...

נאָר אין איינער אַ בייזער שעה, ווען ס׳האָט געהאַלטן דערבײַ, אַז אָט־אָט זאָל דער שׂונא אַרײַנרײַסן זיך אין דער פּאָזיציע... און אַרקע איז שוין דעמאָלט געלעגן, ווי אַ שטיק ליים, מיט זײַן דורכגעשאָסענעם ,טרעטער׳ – בעת זשאַן... זשאַנאָ האָט געלייגט דעם קאָפּ פֿאַר זייער בשותּפֿותן היימלאַנד...

און אים, אַהרנען, אַרט ביז הײַנט נאָך אַ קשיא: הלמאַי איז דער האָלעדראַניעץ פֿון פּוילן, וואָס האָט סײַ ווי נישט קיין קרובֿ, קיין גואל – הלמאַי איז גראָד ער אָפּגעקומען מיט אַ פּאָר נישטיקע ווונדן, בעת יענער...

אַזוי איז אַהרן קרינסקער ווידער פֿאַרבליבן איינער אַליין אויפֿן יריד. אַ נס כאָטש – די חבֿרשאַפֿט טאַקע... יאָ, פֿון אים דווקא, פֿון זשאַנען האָט זיך דאָך אָנגעהויבן די פֿרײַנדשאַפֿט פֿון אַ ייִדיש־דיכטער מיט אָט דער מאַרי־מימי־מרים. און ווען די זעלביקע מרים זאָל נישט האָבן געווען אַזאַ מאַדים אויף דערלערנען אַ שפּראַך כמעט ,מיטן קוק׳, ווו וואָלט ער נאָך געפֿונען אַזאַ וויליק אויער פֿאַר זײַנע גראַמען?...

ווי דאָס שיקט זיך בלויז – בײַ אַ באָטאַניק־לערערין אַזאַ זשעדנעקייט צו לשונות?... נישט גענוג, וואָס זי איז פֿאַר די עטלעכע יאָר דערגאַנגען גאָר לײַטיש אַ טאָלק אין די דריבנע אותיותלעך פֿון זײַן מאַמע־לשון, פֿלעגט זי נאָך פֿון מאָל צו מאָל ,אויסנאַרן׳ בײַ אים אויך נישט איין פּויליש וואָרט.

קודם־כּל – פֿלאַנצן, פֿאַרשטייט זיך:

– אָט איז אַן עפּלבוים, אַרקע. ווי רופֿסטו דאָס אָן אין פּויליש? און – ברידערלעך, ,אַמנון ותּמר׳?...

אַוודאי איז געווען זייער טשודנע צו הערן, ווי קוידריש סע קלינגען פֿון דעסטוועגן אין איר מויל די פֿאַר אַרקען גאָר היימישע ווערטער. צו מאָל – פֿאַרקאָכט אַזוינע קאַשעס אין אָנהייב, אַז מ׳פֿלעגט קײַכן...

– וואָס גייט דיר אין לעבן – אַ, מרים?

– אַזאַ ,האָבי׳ בײַ מיר, אַרקע! אַחוץ דעם – מײַן שכנה, די קריסטין פֿון דײַנע מקומות, וואָס ווייס נאָך נישט קיין צורה פֿון אַן אַלף... גראָד געדאַרפֿט אַרײַנפֿאַלן אין אַ שכונה – אַ מין בבֿל־טורעם פֿון לשונות, און צווישן זיי זאָל, ווי אויף להכעיס, בלויז פֿעלן דאָס איריקע לשון! גוט עפּעס צו זײַן ,אַ גר אין אַ פֿרעמד לאַנד׳ – ווי דו רופֿסט עס, און נישט האָבן מיט וועמען אויסצורעדן אַ וואָרט? און דער מאַן קען דאָך נישט זיצן אין שטוב – זי פֿאַרווײַלן: פּרנסה – פֿאַרשטייסט?

און אַזוי, אויסמישנדיק צו ערשט טאַקע כּרפּס מיט קיסליצע בײַם אײַנחזרן די ווילד פֿרעמדע ווערטער און אַליין לאַכנדיק פֿון די שפּראַך־קאַלאַמבורן, האָט זי אָבער באַלד אויך אויף פּויליש געוווּסט אָנצורופֿן בײַם ריכטיקן נאָמען איטלעך געוויקס אין דער שכו־נה. פֿאַר איינס – שוין אויך ,אײַנגעשלונגען׳ אַ וועלכע פּאָר מעבלשטיקער, קיכגעשיר, צי אַ

מלבוש, אָדער נעמען פֿון ביכער אַפֿילו, וואָס בײַ אַהרנען אויף די פּאָליצעס אין זײַן צימער; אַז מ׳שמועסט – זשעדנע, איז דאָך נישט שייך!...

די אָ בריהשקייט אירע צו שפּראַכן איז אויך בײַגעשטאַנען איר דעמאָלט, ווען זי איז באַלד דאָ געבליבן אַליין, אָן זשאַנען. גאָר גיך – אַזוי געכאַפּט דעם גאַנג פֿון עבֿרית, אַז זי האָט אָן באַזונדערע שוועריקייטן געקאָנט אַרײַן אין דער שולאַרבעט און מפֿרנס זײַן זיך און די קינדער. (אַ שטאָלצע, די מרים: סע שטייט איר נישט אָן – אַהרן טאַקע, צי די עלטערן אין אַלזשיר דאָרט – זאָלן אַרויסהעלפֿן איר אין אַ נויט!...)

אויך ער, אַהרן, האָט גיך ספּראַוועט זיך מיט דעם אַלטן און שווערן לשון, וואָס האָט אַזוי ווונדערלעך אויפֿגעוואַכט דאָ צום לעבן. אָבער פֿאַר אים איז עס געווען אַ סך גרינגער. וואָרן נאָך ייִנגלווײַז האָט ער דאָס געקנעלט שוין צו ביסלעך אין חדר; דערצו קער זיך דאָך ייִדיש אויך מיט דעם עפּעס אָן...

געמיינט האָט מען אין אָנהייב, אַז אַך ורק אין דער שפּראַך־קענטעניש ליגט דער סוד פֿון אײַנלעבן זיך אינעם לאַנד. נאָר דערנאָך האָט מען אײַנגעזען, אַז דאָס שלאָגן וואָרצלען אין אַ נײַ אָרט איז בכלל נישט אַזאַ פּשוטער ענין: אַפֿילו נישט פֿאַר אַ ייִדן, וואָס האָט אַליין אויסגעווילט פֿאַר זיך אָט דאָס אָרט.

פֿלעגן טאַקע זייערע מעת־לעתן אין לאַנד דאָ פֿאַרגיין לעת־עתּה אין אומעט: די בענק־שאַפֿט האָט נאָך אַלץ גענערט זיי מיט זאַפּטן פֿון נישט־היגע היימען, און דאָס זייגן מוטער־מילך בײַ אַ מולדת[1] – צי מוז מען נישט פֿון קינדווײַז לערנען?...

– אַ גורל! – פֿלעגט אַרקע זיך קלאָגן צו מאָל פֿאַר זײַן פֿרײַנדין. – געבענקט אַהער צו, געקומען, געפּלאַנצט אַ גאָרטן אַפֿילו; נאָר אַלץ – נישט קיין היגער! און מיט דיר – נישט דאָס זעלביקע אפֿשר?... מיר זענען פֿאַרלוירענע, מרים!

– סבֿלנות! – האָט מרים פֿון דעסטוועגן געטרייסט אים. – נאָר געדולד, אַרקע! מיר׳ן זיך שוין געפֿינען...

אַזוי האָבן וואָכן, חדשים, שוין גאַנצע יאָרן אַפֿילו געקײַקלט זיך סומנע און עפּעס ווי זײַטיק פֿון לעבן. אומזיניק איז זיי געווען דאָס בײַטאָגיקע זון־סמאַליען, אומנייטיק האָבן, דוכט זיך, אין דער פֿאַרנעקייט געגלימצערט בײַ נאַכט די שטערן... און כאָטש אויך מרימס פֿריִערדיקע היים איז ווײַט נישט געווען פֿון די ,קאַלטע׳, איז אַל דאָס דאָרטיקע פֿאָרט איר אויסגעקומען היימישער עפּעס און גרינגער...

נאָר אַזוי ווי מ׳האָט נישט בדעה געהאַט אומצוקערן זיך אין די אַלטע היימען, האָט מען געהאַפֿט אויפֿן נס פֿון געוווינהייט און געטרייסט זיך דערבײַ מיט: ,סבֿלנות׳...

ביז – אַ גאָרטן דווקא האָט זיך אַרײַנגעמישט אין דעם ענין:

ויהי – אין אַ שיינעם, העלן אָוונט...

דער אָוונט – אַ זעלטן קילער נאָך אַ טאָג, ווען פֿײַער האָט זיך געשאָטן פֿונעם הימל. הײַנט דאָס שימערירנדיקע פּירמאַמענט־בילד אין דער פֿענצטערראָם איצט אָ, אין דעם

1 מולדת (העברעיִש) – היימלאַנד.

אויסגענומענעם אָוונט?... שיִער־שיִער דוכט זיך: אָט וועט פֿון דעם בלויען פּרוכת ווערן אַן אמתער הימל, און פֿון דער גלימצערנדיקער לייכטאַרניע – סאַמאָראָדנער שטערן־גע־פֿינטל, ווי אין זייער פֿריִערדיקן לעבן, בליאַסקענדיקער און עכטער.

דערצו נאָך – דער שמעקנדיקער טומאַן, פֿון די גערטנדלעך פֿאַרטראָגן אַרויף צו דורכן אָפֿענעם פֿענצטער. אַ טומאַן, וואָס שפּרייט זיך היינטיקן אָוונט מחידהדיקער, ווי ווען נישט איז, איבער דער שכונה און ווייטער, און וואָס פֿאַר זיי ביידן האָט ער אַלץ נאָך יענעם איינציקן ריח: דעם ריח פֿון היימישע פֿעלדער און וועלדער אין איטלעכנס געבוירן־לאַנד – דאָרטן... אָ, אַזאַ אָוונט וואָלט געמעגט פֿאַרשריבן ווערן אינעם אַלטן פּינקס – ווען אַזוינער זאָל דאָ זיין בנימצא!...

געלייגט שלאָפֿן די קינדער, איז מרים אין דעם שיינעם אָוונט געקומען פֿרי־פֿרי צו אַרקען. דער האָט, ווי שטענדיק, געפֿרעגט קודם־כּל וועגן דעם קליינוואַרג.

– אָ־לאַ־לאַ!... – האָט זי צו וויסן געטאָן און מיט שטאָלץ פֿון אַ מאַמע נישט פֿאַרפֿעלט אים איבערצוגעבן אַ נייע חכמה פֿון דער מיזינקע...

– טיו – מיידעלע־שדלע!... – האָט זיין צונג מיט אָנערקענונג אַ קאַלעקאָטקע גע־טאָן אינעם גומען. – און דער בכור דיינער נישט לייטיש?... וואָלטסט שוין געמעגט הערן, ווי ר׳האָט עס אַנומלטן איינגעטענהט מיט מיר, ווען כ׳האָב אים מיטגענומען אין קינאָ! לאָז אים נאָר: ער׳ט באָדיי פֿאַרקויפֿן צייטונגען אין די גאַסן, אַבי צו זיין אַ פֿאַרדינער און העלפֿן דער מאַמען!... איך, פֿאַרשטייט זיך, פּרוּוו אָפּקילן אַ ביסל זיין אייפֿער, נאָר דער – ס׳זייניקע: „עפּעס גרינג פֿאַר אַ אמא – להסתּדר עם שני תּכשיטים כּמונו?[2] און די ,תּכ־שיטים׳ – וואָס? רק גיב זיי און גאָר!“...

און שוין האָט אַהרן חרטה געהאַט אויף זיין באַרעדעוודיקייט. וואָרן די קורצווייליקע שטערונג אין איר אָטעמצי איז געוווען זייער ענלעך אויף אַ זיפֿץ.

– געראָטן אין טאַטן... – האָט זי אַ מורמל געטאָן. – אויך זיינע שול־חבֿרים דערציילן נישט איין מאָל...

נאָר וואָס זיי דערציילן – האָט אַרקע אַלץ איינס נישט דערוווּסט זיך. פּלוצעם האָט מרים אַ פֿאַרקירעווע געטאָן צו אַ ביכער־פּאָליצע, וואָס אויף דער וואַנט אַנטקעגן... און בעת זי איז אַזוי געשטאַנען דאָרטן, זוכנדיק כּלומרשט עקשנותדיק עפּעס וואָס מיטן בליק, האָבן אויפֿגעבליצט אין אים – נישט צום ערשטן מאָל – יענע רגעס... צי איז דען אַ גאַנ־צע פּלוגה[3] נישט געשטאַנען דעמאָלט אין קאָן?... נאָר אָט שלייכט זיך איינער אַרויס פֿון אָקאָפּע – אַ מאָלאָטאָוו־פֿלאַש אין זיין פֿויסט. נאָענט און נענטער צום סירישן טאַנק. באַלד ברענט ער טאַקע, דער משחית, און בייַנאַנד מיט אים...

נאָר פּונקט אַזוי האַסטיק, ווי מרים האָט פֿאַרקירעוועט אָקערשט אַהין צו, האָט זי ראַפּ־טעם זיך אָפּגעקערט איצט פֿון די ביכער, און – ווענדט שוין דעם שמועס אין אַן אַנדערער זייט:

2 להסתּדר עם שני תּכשיטים כּמונו (העברעיִש) – צו בריהן זיך מיט צוויי תּכשיטים ווי מיר.
3 פּלוגה (העברעיִש) – ראָטע.

– אַן אָוונט – אַרקע!... ווילסט אַרבעטן, אָדער מע גייט אפֿשר ערגעץ? מאַך דו היינט דעם פּלאַן!

– ניין, מע גייט נישט אין ערגעץ. – זאָגט אַרקע געלאַסן, און ערשט איצטער באַמערקט זי – עפּעס איז ער איר פֿײַערלעך; נישט שוין זשע – אַ נײַ ליד?...

כּך־הווה.

באַלד לייענט ער פֿאַר איר די נאָר וואָס פֿאַרענדיקטע שאַפֿונג – ליגנדיקערהייט, לויט זײַן שטייגער; און זי, זיצנדיק לעם אים אויף דער סאָפֿע, ווי נישט איין מאָל שוין ביז היינט דאָ – שלינגט ממש די ווערטער, די קלאַנגען...

אפֿשר איז שולדיק געווען נישט עפּעס אַנדערש, ווי די מחיהדיקע אָוונט־קילקייט? און אפֿשר – דער שמעקנדיקער גאָרטן־טומאַן טאַקע, אַ טומאַן, וואָס שפּרייט זיך היינטיקן אָוונט באַזונדערש פֿאַרשיכּורנדיק איבער דער שכונה און ווײַטער?... נאָר סײַ ווי איז נישט צו באַנעמען, ווי אַזוי דאָס האָט געקאָנט פֿאַרלויפֿן, בעת ער לייענט גראָד פֿאַר איר זײַן שאַפֿונג... עפּעס האָט מרים זיך גאָר פֿאַרתּמיעט[4], און אין מיטן דערינען – זי מורמלט:

– מאַטשייקאַ: מנתור? מלכּת לילה? – מאַטשייקאַ... קוים, וואָס מע דערקענט דאָס אין איר טשודנער, פֿראַנצייזישער אויסשפּראַך.

יאָ, ס׳איז בליצײַט פֿאַר דעם פּיטשינקן בלימעלע, וואָס מרים זוכט איצט פֿאַר אים דאָ דעם ריכטיקן נאָמען דווקא גראָד אין עבֿרית... סאַמע בליצײַט פֿאַר אָט די קווייטעלעך, וואָס ערשט מיט זונפֿאַרגאַנג צעעפֿענען זיי די דריבנינקע בעכערלעך און טריפֿן־פֿאַרטריפֿן דעם אַרום מיט ריחות...

„– Ma– ciejka? – – –“

און מיט אַ מאָל ווערט ער אַנטשוויגן – נישט דערלייענט אַ שורה. קוקט אויף איר שטום, ווי פֿאַרחידושט, דעם דמיון נאָך פֿאַרטראָגן אין די סטראָפֿן... נאָר אָפּלייגנדיק ראַפּ־טעם אין אַ זײַט ליד און בלײַער, נעמט ער גאָר איר האַנט אין זײַנע ביידע, שפּילט זיך אָט אַזוי מיט אירע דינע פֿינגער: פֿלעכט־צעפֿלעכט זיי...

און מרימען איז פּלוצעם זייער גוט און גרינג פֿון דעם – גרינג און גוט ביז ווייטיק. דוכט זיך, אָט באַלד וועט זי אויסגיין. אַרײַנטאַנצן ממש אין הימל, וואָס איז כּולו מאַטשייקאַ־ריח, כּולו – זײַנע לידער...

נאָר באַלד איז איר גאָר געוואָרן סטראַשנע, ווי אין אַ חלום: נישט אַנדערש – זי האָט אים ליב, דעם אַרקע?...

אַ וואַרעמקייט האָט האַסטיקער אַ פֿלייץ געטאָן בײַ איר אין די גלידער. זע נאָר, זע!... ווי אין איר פֿריערדיקן לעבן, איז זי פּשוט ווידער פֿול מיט בענקשאַפֿט נישט אַליין צו בלר־מען און צו לידער?!...

איבערגעשראָקן און פֿאַר איינס אויך בגילופֿינדיק־הײַטער פֿון דער אומגעריכטער אַנטפּלעקונג, האָט זי אַרויסבאַפֿרײַט לאַנגזאַם איר האַנט, אַליין אָנגענומען איצט זײַנע און,

4 פֿאַרתּמט.

אײַננורענדיק אין איר זשעדנע דאָס פּנים – געאָטעמט אַ ווײַלע די הויט, דאָס בלוט און פֿלייש פֿון זײַן האַנטפֿלאַך... נאָר איידער נאָך ער האָט באַוויזן אײַנצורינגען אין זײַן לעבנס־ליד די רגע, איז זי, מרים, שוין געלאָפֿן פֿון אים אָן אָטעם.

ער האָט איר נישט נאָכגעאײַלט און אויך נישט גערופֿן. געבליבן ליגן אַזוי אויף דער סאָפֿע, אַ וואַכער און אַ פֿאַרצאַפּלטער, און אָנגעשפּיצט צו דעם צאָקען פֿון אירע טריטע־לעך טרעפֿן אַראָפּ צו – איינס, צוויי, פֿאַרטויבטע אינעם זאַמדיקן שטעג פֿון דער שכונה.

האַ – ווי אַזוי זשע? געהער איר פֿלאַטער מיט אַן אמת נישט נאָר זײַן יצירה, אָדער – ס׳איז בלויז די נאַכט און זיכער דאָס ליד אויך, וואָס טוען אַ מאָל אָפּ איינעם אַ שפּיצל?...

און הגם ר׳האָט נאָך אַליין נישט געוווּסט קלאָר דעם באַשייד, פֿון דעסטוועגן האָט זײַן האַרץ זיך ברייט געעפֿנט אויפֿצונעמען אַזאַ מין נײַע וואָר.

איז וואָס, אַז ער – שוין אין מיטן פֿון שווער באַלאָדענעם אָסיען?... אמת, נישט אַזוי ווײַט לויט זײַן עלטער, ווי פֿון וועגן יענע גרויליקע צרות רבים, וואָס קענען שוין אַפֿילו נישט זײַן קיין נחמה?...

און וואָס, אויב זי – אין זומערגלי פֿון איר לעבן? ניין, נישט וועדליק דעם געמיט־צו־שטאַנד דווקא, נײַערט גראָד נאָך די יאָרן...

אַזאַ מרים... זײַן האַנטפֿלאַך האָט נאָך אויפֿגעהיטן דעם וואַרעמען הויך פֿון איר אָטעם, און הינטער די פֿאַרמאַכטע אויגן־לעדלעך איז געבליבן פֿאַרשפּיגלט דער אָפּבילד פֿון איר פּנים, ווי ער האָט עס אייגנטלעך דערזען נאָר וואָס צום ערשטן מאָל דאָ – אַזוי קלאָר און בולט – דורך דעם פֿאַרטומאַניעטן בליק פֿון זײַנע ראַפּטעם פֿײַכט געוואָרענע אויגן.

און ווי ער ליגט אַזוי, נעמען אָנשווימען נאָך פּנימער, בילדער:

נישט מרים נאָך, נײַערט לאהקע... דער שײַער הוידעט זיך, ווי אַ וויג, דורך שפּאַ־רונעס אייגלט אַרײַן די לבֿנה. מאַטשייקאַ־טומאַנען, פֿאַרווייעט דאָרטן אַרײַן צו פֿון סטע־פּאַניכעס גאָרטן, פֿאַרשמעקן דעם שײַער. דאָס הייבעט כּישופֿט, די פֿרוי בײַ זײַן זײַט – נאָך מערער. אַ גאָלדינקער ליכטשטרײַף בײַ איר אויף די האָר, און – זי שמייכלט. פֿון אים, פֿון אַרקען לאַכסטו – לאהלע, לאהקע?...

און אָט עפֿנט זיך שטיל־שטיל אַ זײַטיקע פֿאָרטקע אין שײַער. טאַקע סטעפּאַן, דער פּויער, בײַ וועמען מ׳איז דאָרט אויף דאַטשע. שלעפּט פֿון שטוב זייער בעסטן איבערבעט, אַזאַ פּוכאָוון, ווייכן...

– זאָכאַ טרײַבט מיך: נישט קאַלט אײַך דאָ אין סטאָדאָלע?

– ש־ששש... וועק מיר נישט איבער מײַן לילקאַ! – וואָרנט אַהרן מיט אַ פֿינגער אויף די ליפּן און קריכט בעת־מעשׂה פֿונעם ,הסב־בעט׳, אַליין גערן צו כאַפּן מיט יענעם אַ שמועסל.

– אַ, סטעפּעק – נישט געלייענט אין די גאַזעטן? פֿאַר אַ יאָר אין דער צײַט איז פֿאַרפֿרוירן געוואָרן אַקוראַט אַזאַ פּאָרל...

– און איך וואָס זאָג? – מרוקעט סטעפּעק אַרײַן אינעם איבערבעט. – נאָר באַבע בלײַבט באַבע: דרייט אַ גיטאַרע!

באַלד ליגט דאָס איבערבעט אויפֿן היי שוין, אוןביידע רוקן זיי זיך אַרויס צו.

מ׳זעצט זיך צו אויף דער פֿריזבע. וועגן וואָס רעדט מען? וועגן היטלערס שיקלען צו דער פֿרײַשטאָט דאַנציג. און בסך־הכּל איז שוין אָנהייב אויגוסט פֿונעם נײַנצן נײַן און דרײַסיקסטן יאָר... אַ וואָרט צו אַ וואָרט און באַלד ווײַזט אויף אַרקע מיט אותות־ומופֿתים, אַז ס׳וועט קיין מלחמה נישט זײַן:

– ווי קאָן ער גאָר ווויעווען – היטלער, אַז ער האָט אַפֿילו נישט גענוג שפּײַז! ניין, ער סטראַשעט בלויז, ער׳ט נישט וואַגן...

נאָר סטעפֿאַן דרייט עקשנותדיק מיטן קאָפּ:

– אַוודאי פֿעלט אים צו פֿרעסן און געווער פֿאַלט אים אויך נישט פֿון הימל, און אַלץ, וואָס דו זאָגסט... נאָר וועדליק מײַן פּויערשן שׂכל וועט יאָ זײַן מלחמה; אַ הינטישער זון רעכנט נישט אויס, צי סע לוינט אים: קודם־כּל פֿאַלט ער אָן...

און קורץ דערויף – שוין נישט שײַער: אַ ראָוו בײַם וועג – דער געלעגער. און – מענטשן. אַזוי פֿיל מענטשן פּלוצעם אויף וועגן...

באַלד פֿליִען אויך אָן די משחיתים. ווער ס׳לויפֿט זיך באַהאַלטן אין קאָרן, און וועמען סע וויל זיך שוין בכלל נישט מטריח זײַן: באַשערט איז באַווערט...

איינער, אַ פּויערל ווײַזט אָן אויפֿן הימל:

– שלײַעט זיך אויבן – דער ,קעלביקער׳!

און אַ ייִדל – אויף ייִדיש:

– קינדער, מע קנאַלט שוין!

און נאָך, און נאָך: פֿונעם ווילדוואַלד פֿון זײַנע איבערלעבענישן – די ווינציקע, אָפּגע־פּיצלטע שפּליטערס...

און אָט איז אַהרן קרינסקער סוף־סוף אַ ישׂראל־בירגער: דען זשע – נאָך אַלץ נישט קיין היגער?...

ער ווייסט נישט, ווי לאַנג ר׳איז אַזוי געלעגן דאָ איצט אין זײַן צימער מיט פֿאַרמאַכטע אויגן, איבערלעבנדיק זײַנע זכרונות אין דער נײַער איבערלעבעניש – מרים... נאָר דערנאָך איז ער אײַנגעשלאָפֿן און ס׳האָט זיך אים געחלומט:

דער זעלביקער ראָוו בײַ אַ וועג דאָרט, די זעלביקע מענטשן. און דער הימל שפּײַט אַלץ און שפּײַט מיט פֿײַער.

און דאָס פּויערל:

– האַלט אין איין קנאַלן פֿון אויבן...

– שלײַעט זיך ווידער און קאָסיעט!

און דאָס ייִדל:

– האַלט אין איין קנאַלן פֿון אויבן...

ראַפּטעם פֿאַלט אַ באַבע אַראָפּ, ווי פֿון הימל. דער פֿאַרטעך בײַ איר – אַ פֿולער מיט עפּל. זי טיילט און כליפּעט:

– אָ ליאַ־באָגאַ![5] אַז דאָס ברויט האָבן פֿאַרברענט אונדז די היצלעס, טאָ נעמט כאָטש צו עפּל, און מײַדט נישט מיט ליידיקן דאָס אָרט, ווו נאָך נעכטן – געווען אונדזער כאַטע!...

דער עולם כאַפּט זיך אויף, קריכט אַרויס פֿון די באַהעלטענישן, באַלאַגערט דעם פֿאַרטעך.

– אין מיצקע דערינען גאָר עפּל? איך לויף שוין!... – זאָגט אַהרן צו לאהקען. – און דו – ריר זיך נישט: באַלד קאָנען זיי אָנפֿליִען ווידער!...

נאָר לאהקע הערט אים נישט. – סטעפֿאַנאָוואַ![6] – שרײַט זי. – קאָכאַנאַ![7]... – און פֿאַלט אַרויף אויף דער באַבע. אָט כליפּען שוין ביידע.

באַלד שטופּט סטעפֿאַנאָוואַ ‚אַראָנושן׳ אַ גאַנדז אין די אָרעמס... אַ געקוילעטע און אָפּגערייניקט פֿון פֿעדערן.

– נאַ – מאַך אַ פֿײַער און בראָט זי; פֿאַר לילקאַ... אַ טראָגעדיקע ווײַבל דאַרף האָבן אַ בעסערן ביסן. פֿון וועגן דעם עופּעלע – באָזשע מאָי שוויענטי![8]...

און אָט – שוין אַ נײַע מהומה... דער הימל שווײַגט, בלויז אונטן, סאַמע בײַם ראָוו שוין – שרצים גאָר, געשפּענסטיקער נאָך פֿון די ‚קעלביקע׳. גרינע אַזוינע, מיט קופּערנע פּיסקעס, איטלעכער אַ לייב די גרייס; און ברילן, ווי לייבן...

דער עולם ווייס בלויז איינס אין זײַן טויטשרעק: אַנטרינען!... אַנטרינען וואָס גיכער און ווײַטער!

– די גאַנדז! די גאַנדז וואַרף אַוועק! – עצהט לאהקע. – ט׳זײַן אונדז גרינגער צו לויפֿן!...

– נאַרעלע... – טײַטשט ער איר אויס אין געלאַף. – דאָס איז דאָך גאָר נישט קיין גאַנדז: אַ קמיע!... ווי לאַנג מ׳האָט זי, מײַדן איינעם סכּנות.

און איידער וואָס ווען, נישטאָ שוין די גאַנדז – די ‚קמיע׳, נישטאָ ל א ה ק ע, און די געשפּענסטיקע שרצים זענען גאָר – – – דײַטשן.

לויפֿן! לויפֿן־לויפֿן־לויפֿן!... – בליצט נאָך אין מוח בײַ אַרקען. נאָר די פֿיס ווערן אים שווער און שווערער, ווי צו דר׳ערד צוגעפּעסטיקטע קלעצער. און אַזאַ שנײַדיקער פֿראָסט אין די גלידער...

פּלוצעם – אויס פּחדים: זאַלבענאַנד קלעטערט מען איבער עפּעס בערג – דאָיִקע, היגע. אָקערשט האָט די פֿרוי בײַ זײַן זײַט געהאַט לאהלעס פּנים, און באַלד אַן אַנדערע ווידער... נאָר אים, אַרקען, איז גוט געווען פֿריִער מיט יענער, און גוט אַצינד – מיט דער צווייטער.

ער קושט אין גאַנג דער פֿרויס ראָזעווע אויער, רופֿט זי: „מרימקע, מרים“...

די פֿרוי שטשעבעטשעט:

– זע, אַרקע – אַ שאָנקייט: די כּנרת אונטן – אַ שפּיגל, אַ בלויער!

און ער:

5 olaboga (פּויליש) – אַן אויסרופֿוואָרט וואָס דריקט אויס פֿאַרוווּנדערונג, פּחד, אומעט אאַז״וו.
6 זאָכאַ, די פֿרוי פֿון סטעפֿאַן.
7 kochana (פּויליש) – ליבע, טײַערע.
8 boże mój święty (פּויליש) – מײַן הייליקער גאָט.

– דײַן אויג, ליבסטע, איז בלויער...

די פֿרוי שפּרייט אויס דעם מאַנטל:

– דאָ וועט מען נעבטיקן, – זאָגט זי.

– מיר האָבן אָבער מער נישט קיין נערוואַרג, – דערמאָנט ער זיך, אַרקע.

נאָר קוים אַרויסגעמורמלט די ווערטער, ווי ס׳נעמען זיך טאָן דאָ ווונדער:

נישט בערג – אַ פּאַליאַנע אין טאָל גאָר. רונד אַרום האָט אויפֿן גראָז פֿונאַנדערגעזעצט זיך אַ פֿריילעכער עולם. בײַם זײַט – כאָר און אָרקעסטער, אין מיטן, ווי אויף אַ בינע – די טענצער... יום־טובֿדיק אויסגעפּוצטע אין פּאָלקסטראַכט און באָרוועס. די קעפּ באַצירט מיט מאַטשייקע־קרענץ, אין הענט – בינטלעך זאַנגען.

– וואָסער יום־טובֿ אין מיטן נאַכט דאָ? – פֿרעגט אַהרן בײַ אימעצן פֿונעם עולם.

– ביכּורים... – דערקלערט יענער מיט חשיבֿות. – אויף מאַמע־לשון – דער יום־טובֿ פֿון שניט: נו, איר ווייסט שוין!...

באַלד דערויף יאַוועון זיך אויך טאַטע־מאַמע.

– סקאָצל קומט, קינדער! וואָס מאַכט מען?... – פֿרעגן זיי; עלעהיי געקומען צוריק פֿון אַ קורצער נסיעה.

– ס׳וואָלט אָסור געשאַט, מע זאָל מאַכן – פֿון אַ לעבל ברויט אַן אָקרײַטשיק! – ענטפֿערט אַהרן מיט אַ הלצהלה, אויף זײַן שטייגער. – נאָר, איר זעט דאָך: לפֿי תּוכנית החגיגה[9] האַלט מען נאָך דאָ נישט בײַ כּיבוד; און בײַ אונדז ביידן האָט גראָד אויסגעפּעלט פּאָדעם...

– קינדער! – רופֿט אויס דער טאַטע. – קומט אין אַ זײַט בלויז, נישט צו שטערן די שׂימחה: דער מאַמעס רוקזאַק – אַ פֿולער, מיר׳ן באַלד פּראַווען אַ סעודה...

געזאָגט און געטאָן. די מאַמע נעמט שוין אויספּאַקעווען קעזקוכן, בלינצעס...

– יאָ, שיִער נישט פֿאַרגעסן: סטעפּאַן מיט זײַן פּלוניתטע לאָזן אײַך גריסן. פֿון זיי טאַקע – די עפּל און דאָס געבראָטענע גענדזל, און, זעט! אויך אַ בוטליע קאָרנווײַן, היימיש געשטעלטער!...

– ס־סטעפּאַן?!... – ווערט אַהרן נשתּומם.

– נו – סטעפּעק! – באַשטעטיקט די מאַמע. – וואָס איז בכלל דאָ דער ווונדער?

– ווי אַזוי – נישט קיין ווונדער? אים האָבן דאָך – – – עסעס־לײַט געהאָנגען: נו, פֿאַר אָפּראַטעווען מיך, דעמאָלט... נו – ווען ס׳האָט אים דער הונטקאָפּ דאַנעצקי געמסרט!... ניין? נאָך אַלץ נישט דערמאָנט זיך?...

און פּלוצעם... אַ שוידער נעמט דורך זײַנע גלידער:

– און ווי אַזוי – – – קומט דער טאַטע אַהער צו? און דו אַליין – מאַמע?

– וואָס פּלוידערסטו, קינד מײַנס – נישט פֿאַרקילט זיך, חלילה? – רירט אָן די מאַמע זײַן שטערן. – אַ־אַ־אַ... – כאַפּט זי זיך פּלוצעם: – אַ חלום, אַהרעלע – אַ חלום! דאָס האָט זיך דיר אַלץ בלויז געחלומט. אַ סימן: קודם־כּל – מיר אַליין טאַקע, דערנאָך – די בוטליע

9 תּוכנית החגיגה (העברעיִש) – די יום־טובֿ־פּראָגראַם.

ווייַן און דאָס אַלץ דאָ!... נו, קינדער – געגעסן! אַ שאָד צו פֿאַרזאַמען די טענץ דאָרט!... – טרייַבט אונטער די מאַמע. בייַ גלייַך מיט די שטערן אין הימל לייַכטן בייַ איר איצט די אויגן.

– אַ געזונט אויף דיר, מאַמע: באמת אַ חלום! – פֿאַלט אַרקען אַ שטיין אַרונטער פֿון האַרצן.

באַלד נעמט מען זיך צו דער אַכילה. די מאַמע איז מכבד דער שנור מיטן בעסטן.

– פֿאַר דיר, טאָכטער – די גאַנדז, פֿאַר דיר אויך די פֿרוכט, פֿול מיט זאַפֿטן: „אַ פֿרוי אויף דער צייַט"... – געדענקסט – זאָכאַ?...

– מאַמע... דו רעדסט וועגן זאָכאַ, ווי אַ שטייגער, צו לאהקען. און איצט איז עס דאָך מרים: מייַן מרים...

– אַזוי טאַקע: דייַנע! און אונדזערע אַ קאָפּ נישט?! – ווערט די מאַמע גאָר בייזלעך.

– שאַ, נישט געקריגט זיך. אונדזער אַלעמענס מרים, און אויך אַ קאַפּעלע – אַרקעס! – פּסקנט דער טאַטע און שמייכלט; און דאָס שמייכלען מאַכט אים אויסקוקן זייער יונג און שטאַרק ענלעך אויפֿן בן־יחיד.

באַלד ווייַזט ער אָן אַהין צו, ווו ס׳ווערט געפּייַערט דער יום־טובֿ:

– אָ־האָ, אונדזערע סאַבּרעס קענען דאָך עפּעס גאָר וואַזשנע: די מוזיק קנאַלט – אַ מחיה צו הערן! נישט ערגער פֿון אַ זאַבאַווע...

אויך די מאַמע פֿאַרגייט זיך:

– און וואָס זאָגסטו נישט צו די מאַטשייקאַ־קרענץ אויף קעפּ בייַ די טענצער? עלעהיי פֿריש פֿון דער סטעפּאַניכעס גאָרטן...

– דערצו – אַ נאַכט... – מורמלט מרים.

– אַ נאָוונע: בייַ גאָט אַ קאַרב אין דער באָרד!... לאַכט די מאַמע. – ווער ווייס נישט, אַז די נאַכט אינעם לאַנד פֿון די אָבֿות איז דווקא אַ שיינע? שוואַלבן אויף בראָדער דעכער האָבן נאָך דערפֿון געצוויטשערט, אומקערנדיק זיך פֿון די ווינטער־נסיעות, נייַערט איר האָט שוין, קאָנטיק, פֿאַרגעסן?!... נאָר צוריק גערעדט, בייַ נאַכט שלאָפֿט מען; און נישט פֿון דערייַן, ליבינקע – די ראָזשינקעס, מאַנדלען... באַלד וועט דאָ אויפֿגיין די זון: דער טאָג איז בילכער. אָט רוקט זיך, העט – שוין פֿונאַנדער דער טונקעלער פֿאָרהאַנג. סע זילבערט...

דער טאַטע ווינקט זיך איבער מיט מרימען:

– אַהאַ – אין ווענען דייַן בן־זוג איז גערעכט: אַליין נישקשה פֿון אַ פֿאַרפֿאַסערין, כלעבן!

און אַרקע שווייַגט שטיל. קוועלט אַרייַן אין טאַטע־מאַמע, אין מרימען, אין דעם פֿאַר־טאָגיקן זריִען...

– נו, אָכלנו וְשָׂבָענו![10]... – האָט מרים באַדאַנקט לסוף שווער־און־שוויגער מיט איר שענסטן שמייכל.

נאָר אַ היפּש ביסל קאָרנווייַן האָט נאָך געבולקעט זיך אין דער בוטליע און ער, אַהרן קרינסקער, איז גראָד געווען בייַ דער מיינונג, אַז טרינקען אַזאַ משקה הונדערט יאָר איז אַ סגולה נישט צו שטאַרבן פֿריצייַטיק.

10 העברעיִש – מיר האָבן געגעסן און זיך אָנגעזעטיקט (נאָך דעם פּיוט פֿאַר ערבֿ־שבת „צור מִשֶּׁלוֹ אָכַלְנוּ").

איז נאָך אַ מאָל געמאַכט אַ כּוסע! נאָך און ווידער...

– לחיים דיר, פֿרימאָרגן־שעה... לחיים און לשלום! – האָט ער געזאָגט אינעם שלומער, און – איבערגעוועקט זיך פֿון זײַן אייגענעם מרוקען.

אין זײַנע אָדערן האָט נאָך געכוואַליעט דער מאַטשייקאַ־ריח, דער חג־הביכּורים מיט טאַטע־מאַמע, אַ יום־טובֿדיקער ניגון פֿון די שניטער און אַחרון, אַחרון – מרים פֿון זײַן וואָר און חלום... און ס׳איז אים ממש אַ שאָד געווען צו עפֿענען די אויגן.

אַז ער האָט אָפּגעטרייסלט ענדלעך דאָס לעצטע שטויבעלע שלאָף פֿון די וויִעס, איז נאָך געווען נאַכט אין זײַן צימער... בלויז בײַ דער שנײַדערקע, בשכנות האָט גראָד זיך צעקלונגען דער וועקזייגער: אַ סימן – ביז איר הויזגעזינד וועט אויפֿוואַכן, דאַרף זי שוין האָבן פֿאַרטיק אַ טייל פֿון דער לוינאַרבעט פֿאַר דעם קליינעם קאָנפֿעקציע־געשעפֿטל דערנעבן, און גרייט זײַן צו נעמען זיך פֿאַר איר צווייטער אַרבעט – אין קיך.

דאָס געקלינגל האָט קאָנטיק אַרויסגעריסן פֿונעם שלאָף אויך איר מאַן, נאָר גבֿרת פּירושקאָ, עטוואָס הייזעריקלעך נאָך פֿונעם דרעמל, וויגט אים באַלד אײַן צוריק מיט אַ קורצן, מעלאָדישן שפּרוך אין זייער היימישן לשון, וואָס מיינען מיינט עס בערך: „שלאָף, פּישטאָ, נאָך נישט פֿאַר דיר – דער סיגנאַל!“...

און נישט בלויז פּירושקאָ: נאָך איין שכן איז שוין אויך וואַך אין דער אָ סוף־נאַכט־שעה.

יאָ, סעיד רצאבי, דער נהג, וואָס צעפֿירט גרינוואַרג פֿון ‚תנובֿה׳[11] איבער די צרכניות[12] אין דער געגנט, פֿאָרעט זיך אונטן, לעם הויז.

אַהרנען האָט עס אַ ריס געטאָן פֿון דער סאָפֿע: מענטשן קערן שוין וועלטן, און ער – שלאָפֿט אין אָנטועכץ, ווי סע זאָגט זיך!

– און הגם – נישט אַראָפּוואַרפֿנדיק טאַקע פֿון זיך די בגדים, האָט ער מער געטרוימט הײַנטיקע נאַכט, ווי געשלאָפֿן, איז פֿון דעסטוועגן אַ פֿרישקייט געווען בײַ אים אין די גלידער. און כאָטש ר׳האָט געוווּסט, אַז קיין שום חלום איז נישט בכּוח אים אומצוקערן די נאָענטסטע אויך אויפֿן וואָר – איז ער געווען טרויעריק מיט אַ מין טרויער, וואָס שטאַרקט: ער האָט געוואָלט גיין, עפּעס טאָן, געפֿילט זיך בכּוח איבערקערן בערג, נעמען אויף זיך שווערע יאָכן! נאָר פֿון צו פֿיל האַסט נישט געוווּסט, פֿאַר וואָס זיך צום ערשטן צו נעמען...

אײַליק געפֿליעסקעט אויף זיך דאָס פֿריש־קילע וואַסער, שיִער זיך נישט צעשניטן, ראַזירנדיק דעם פּרצוף, און פּלוצעם געכאַפּט זיך – ער ברומט גאָר אונטער אַ לידל, וואָס אים וואָלט גאָר נישט אײַנגעפֿאַלן – מ׳קען דאָס בכלל נאָך געדענקען:

אַרויסקומען זאָלסטו, מײַן מיידל,
ווען שטיל וועט שוין שלאָפֿן די נאַכט...

באַלד זענען אָנגעפֿלויגן אויך אַנדערע. ווי אַ שיכּורער, האָט ער געפּלאָנטערט די לידער, וואָס מע פֿלעגט זיי זינגען דעמאָלט, ווען מ׳איז נאָך געווען זייער יונג און אָן אַ שיעור גליקלעך...

11 תנובה (העברעיִש) – אין דער צײַט פֿון דער דערציילונג דער לאַנדווירטשאַפֿטלעכער קאָאָפּעראַטיוו אין ישׂראל.

12 צרכניה (העברעיִש) – אין דער צײַט פֿון דער דערציילונג אַ קאָאָפּעראַטיווער קראָם.

צו מרימען – קודם!... – האָט ער זיך ראַפּטעם אַנטשלאָסן. – איידער נאָך דער טאָג וועט אָנפּראַלן אויף זיי מיט די שטענדיקע יאָכן: פּלאַטערפּלי, צי מיט אַן אמת פֿאַרליבט־קייט – – – שוין מוז ער וויסן!

פֿאַרגעסנדיק זיך איבערטאָן, האָט ער געכאַפּט בלויז אויף זיך דאָס געשטריקטע וועסטל פֿונעם הענגער, פֿאַרשטעקט אין קעשענעביידע שליסלען, זיינעם און מרימס – און שטילער־הייט פֿאַרמאַכט הינטער זיך די טיר אויפֿן קלאַפּשלאָס.

אונטן – אָנגעשטויסן זיך אויפֿן נהג.

דער האָט אין דעם אַלט־נײַעם היימלאַנד צײַט ווען שוין געפֿונען אַ תּיקון! – איז אַרקען דורכגעפֿלויגן אינעם רעיון און ער האָט שוין נישט געקענט אים גלײַכגילטיק מײַדן.

סעיד, וואָס שטאַמט פֿון תּימן, איז אַ בחור ,אַן קונצן׳. ער ווייסט איינס: אויב ר׳האָט פֿאַרשניטן אַ בונד מיט זײַן מולדת, מוז ער זי האַלטן טײַער... אין דער באַפֿרײַונגס־מלחמה איז אויפֿן נגבה־פֿראָנט געווען זײַן פּאָסטן. און אַצינדער, אַז מ׳האָט שוין יאָ אַ מדינה, מוז מען ערשט רעכט זי באַשיצן פֿון כּלערליי סכּנות. ס׳העלפֿט דען, וואָס ער, סעיד רצא־בי, האָט עד־היום מורא צו הרגענען אַנדערע און אַליין געהרגעט צו ווערן? ווי באַלד אַ וועלט פֿאַרהייבט שוין אַפֿילו ראַקעטן און נישט בלויז די שווערד... איז ער טאַקע, סעיד בן־יחיה, בלית־ברירה, אַלע מאָל גרייט: טאָמער רופֿט מען אויף ווידער צום אָפּווער... נאָר לעת־עתּה, כּל־זמן ס׳איז שלום על ישׂראל, איז דאָך נישט שייך צו פֿאַרוואָרלאָזן ביימער, וואָס מ׳האָט אַליין זיי געפֿלאַנצט. און כאָטש דער גאָרטן – אַ בשותּפֿותדיקער מיט שכנים, וועט סעיד נישט שטיין און קוקן, ווי פּאַראַזיטן פֿרעסן אויף לעבעדיקערהייט די שטאַמען און צווײַגן, וואָס דאַרפֿן זיך אָט־אָט באַשיטן מיט פֿרוכט.

און ס׳זעט טאַקע אַהרן: בײַם שטערנליכט – מיט סם־מישונג און פענדזל ריכט אָפּ סעיד די עבֿודה. טוט אָן דיביימער אין העמדלעך, ס׳זאָלן מזיקים נישט טאָטשען דאָס לײַב.

– אַ, שכן סעיד, – קאָן שוין אַרקע נישט שווײַגן. – אַלץ ,פֿאַרכאַפּט׳ מען אַליין? מ׳נעמט אַן אַשכּנזי אויך אַרײַן אין דער שותּפֿות; וואָסי, כ׳בין נישט דער זעלביקער באַלעבאָס אין דעם גוט?

– מה? רוצה גם כן?... טוב. טוב מאוד![13] – צעשמייכלט ער זיך גאָר ברייטלעך.

באַלד אויך – דערלאַנגט דעם שכן די כּלים מיט אַזאַ התרוממות־הנפֿש, ווי מ׳איז איינעם, אַ שטייגער, מכבד מיט ,שישי׳ אין שול, און אַליין, נאָך אַלץ אַ צעשטראַלטער – פֿאַרנעמט ער זיך צום לאַסטאויטאָ דערנעבן.

נישט צום ערשטן מאָל דאָך פּראַוועט אויך אַהרן דאָ גערטנערײַ: טאָמער איז דאָס אַ סגולה צו ווערן אַ היגער?... נאָר אומזיסט, הייסט עס, וואַסער אין ברונעם צו גיסן, אויב ס׳קומט נישט צו פֿליסן אַליין!... איצט אָבער – וואָס טוט זיך עס איצט אָ מיט אַרקען?

באַזאַכט און פֿײַערלעך, ווי אַ הונגעריקער טונקט אין זאַלץ זײַן ברויט־כּזית, טונקט ער אײַן דעם פענדזל אין סם־מישענינע און פֿאַרזיגלט התלהבֿותדיק זײַן נײַעם שײַכות צו דער פּלוצעם אָן אַ שיעור ליב געוואָרענער שכונה, צום גאָרטן...

13 העברעיִש – וואָס? ווילסט אויך?... גוט. זייער גוט.

און סעיד טרעט נישט אָפּ פֿונעם אויטאָ. אַקוראַט ווי ר׳האָט זיך אָקערשט געמיט צו דערגאָדזשען די ביימער, אַזוי שטרעקט ער זיך איצט פֿאַר זייַן ,שלעפּפֿערד׳: פֿויעט עס אָן, פּוצט, שייַערט, מייַסטרעוועט עפּעס וואָס בייַ די לאַמטערנעס...

– געהערט – שכן? – זאָגט ער, צוטראָגנדיק דעם פּרנסה־געבער נאָך אַ קענדעלע טרינקעבץ. – מע צערייַסט זיך ממש פֿאַר די דודנים[14] מייַנע, מ׳רוקט זיי אונטער פֿון אַלע זייַטן כּלי־זין... און אויף וועמען, אויב נישט אויף אונדזערע קעפּ? אַלע מאָל – ישׂראליקל די כּפּרה! הלב כואב...[15]

– הלוואַי וואָלט עס אַזוי נישט געווען, ווי ס׳איז – דווקא!... – גיט אים דער שכן געריבכט.

אַ וואָרט צו אַ וואָרט, און באַלד איז אַרקע פֿאַרטיק געווען מיט דער אַרבעט.

– חאלס![16] – האָט ער געמאָלדן, וואַשנדיק די פֿאַרפּאַטשקעטע הענט אונטערן גאָרטנקראַן און אָפּווישנדיק זיי מיטן נאָזטיכל.

– י־יאַ־אַאַ – קענסט דאָך גאָר וויל די מלאָכה! מצוין, בחיי – מצוין!...

– ניין, בלויז דו יכולסט... – האָט אַרקע געריייצט זיך מיטן תּימנער; און דערבליקנדיק אין דער רגע אַ ווייַסן פֿעדער־וואָלקן אויפֿן הימל – זיך פּלוצעם דערמאָנט גאָר: – איבעריקנס, אַ קונץ, פּונקט ווי פֿעדערן שלייַסן!... און מה זה: ,פֿעדערן שלייַסן׳ – אתה מבין?...[17]

ניין, גיכער פֿאַרשטייט ער שוין מלאָכים־לשון – סעיד.

– המ... אַ ייִד זאָל נישט וויסן דעם טייַטש פֿון ,פֿעדערן שלייַסן׳!... – קאָן אַרקע כּלומרשט נישט שענקען.

נאָר יענעם מאַכט עס דווקא נישט אויס.

– אין דבר, חבוב:[18] אַז נישט קיין קללה – דאָס לייען איך אַראָפּ פֿון דייַן אַשכּנזישן פּרצוף. איז מה איכפּת?[19] העיקר, דו ביסט ,אייַזן׳: זה חשוב!... נו, שלום, שכן! כ׳זע – מ׳אייַלט זיך אויך שוין ערגעץ פֿאַר פֿרי; זינט ווען אַרבעט מען עס אַזוי פֿלייַסיק אין אַ משׂרד?...[20]

– אַז משיח וועט קומען, וועט מען עפּענען בייַ אונדז אַלע משׂרדים מיטן ערשטן קוקעריקו... – פֿאַרזיכערט אים אַרקע. – אָבער אייַלן אייַלט מען זיך דווקא! ווייסט – וווּהין?... – און הגם דער גאַנצער שמועס איז אָנגעגאַנגען ווי מעגלעך שטיל דאָ – צוליב דער נאָך אַלץ סוף־נאַכטיקער שעה, האָט ער איצט אָנגעבויגן זיך צו סעידן און אייַנגערוימט אים נאָך שטילער: – קען זייַן – צו אַ כּלה... – נאָר באַלד – אייַליק אַזוי און צעטומלט ביז גאָר: – ניין, ימח־שמי; אהובה[21] טאַקע, פֿאַרשטייסט?...

14 דודן (העברעיִש) – שוועסטערקינד.
15 הלב כואב (העברעיִש) – דאָס האַרץ טוט וויי.
16 חאלס [כאַלאַס] (אַראַביש) – גענוג.
17 אתה מבין? (העברעיִש) – דו פֿאַרשטייסט?
18 אין דבר, חבוב (העברעיִש) – מאַכט נישט אויס, ליבער.
19 מה אכפּת? (העברעיִש) – וואָס איז די נפֿקא־מינה?
20 משרד (העברעיִש) – ביוראָ.
21 אהובה (העברעיִש) – געליבטע.

יאָ, דאָס האָט ער דײַקע פֿאַרשטאַנען – סעיד. אַן עדות דערויף – דאָס ערנסטע שווײַגן, מיט וועלכן ר׳האָט באַגלייט אָט די וואָגיקע רייד. ערשט אַז אַרקע איז פֿאַרטיק געווען מיט דער בשׂורה, האָט סעיד פֿרײַנדלעך אַ בלאַנק געטאָן מיט די ציינער... נאָר איידער ר׳האָט אָפּגעפֿונען די פּאַסיקע ווערטער צו ווינטשן מזל־טובֿ דעם שכן, איז יענער מיט אַן אײַליקן ,שלום׳ שוין געגאַנגען זײַן וועג.

אַז אַהרן קרינסקער האָט פֿאַרקירעוועט זײַן טראָט צו דער געסלקע, וואָס פֿירט אין מרימס שכונה, האָט דאָס שטערנבילד – אויבן, געהאַלטן ערשט אין פֿאַרבלייכן און אַלץ איז נאָך געווען פֿאַרזונקען אין דער שלווהדיקייט פֿונעם שלאָף. בלויז דער ווײַסער פּעדער־וואָלקן, וואָס האָט צוזעענדיקערהייט אָנגענומען די פֿאָרעם פֿון אַ פֿלעדערוויש, איז שוין געהאָנגען אַ גרייטער: קומט די רגע, איז – אַ פֿאָכע איבערן הימל און אויס מיט דער נאַכט־דעקאָראַציע!

אַרקע האָט אַרומגענומען מיטן בליק די פֿאַר זײַן אויג זיך שפּרייטנדיקע געגנט, ווי ער וואָלט אויך זי דערזען צום ערשטן מאָל דאָ אין איר פֿאַרפֿרימאָרגנדיקן נעפּל... ניין: ווי קומט עס, וואָס אַ פּשוט ,ביימער־פּענדזלען׳ וואַקסט פּלוצעם אויס צו אַ געשעעניש, און אַ סעיד רצאַבי, מיט וועלכן מ׳פֿלעגט, פֿאַרבײַגייענדיק, בלויז זיך באַגריסן – ווערט מיט אַ מאָל אַ גוטער־ברודער?...

גראָד סעיד בן־יחיה – אַ בחור, וואָס קומט פֿון תּימן און דאָס ראָד פֿונעם חורבן איז איבער אים נישט אַריבער?!... אַבי סע דוכט זיך איינעם, זײַן האַרץ איז אויף אייביק פֿאַרשלאָסן. אַבי – ס׳קען אויסווײַזן, אַז נאָר אַ געבוירן־לאַנד איז אין שטאַנד צו באַגליקן מיט ליבשאַפֿטן אָן אַ צאָל!...

און אַלץ – צוליב מרימען? צוליב דער מאַטשייקאַ?...

אַזאַ מרים... שלאָפֿט נאָך זיכער. אפֿשר – אײַנגעדרעמלט ערשט איצטער? געוויגט פֿון חלומות – שמייכלט, קאָן זײַן, אין שלאָף... זאָל ער זי אויפֿוועקן און פֿרעגן:

– האָסט ליב טאַקע – מרימקע, מרים?...

מאָדנע. טאָמער פֿלעגט ער ביז הײַנט טרעפֿן מרימען אַ שלאָפֿנדיקע, איז ער דאָך געגאַנגען אויף די שפּיץ פֿינגער; איז מה פּתאום[22] וועקן?

נאָר כאָטש אַהרן האָט באַלד דערויף אָפּגעמאַכט בײַ זיך צו שווינען אויך איצטער איר שלאָף, האָט ער פֿון דעסטוועגן אינעם דמיון אַלץ געזען זיך, ווי ער וועקט זי, וועקט דווקא – לאָזט נישט צו רו:

– נישט בלויז – די לידער? מיך – מרים? מיך?...

און פּלוצעם איז אים אײַגעפֿאַלן, אַז – זי, און דער אַראָמאַט פֿון אַ נאָענט־ווײַטן געבוירן־לאַנד ערגעץ, וואָס פֿלייצט אויף אַ מענטשן אַװוּ נאָר ער קערט און ווענדט זיך, און דער היגער, נאָר וואָס היימיש געוואָרענער הימל, און די ביימער, וואָס ר׳האָט בײַנאַנד

22 מה פּתאום – (העברעיִש) וואָס פּלוצעם.

מיט סעידן אויפֿגעריכט אָקערשט אין גאָרטן – – – אַז אַלץ דאָס אין איינעם איז דאָך נישט עפּעס אַנדערש מסתּמא, ווי ה י י מ ל אַ נ ד ... זאָל זײַן, אַז הײַנטיקע נאַכט האָט דאָס קליינע מאַטשייקאַ־בלימל פֿאַרקנסט אים אויך צו זײַן מ ו ל ד ת ?

און זי, די טויט שלעפֿעריקע מאַטשייקאַ טאַקע, האָט – זשמורענדיק מיט די אייגלעך – אַלץ נאָך געבויטעט אין אירע בעכערלעך די לעצטע טויען... קילע ווינטלעך האָבן גע־פֿלאַטערט צו איר לינקער זײַט און רעכטער, און טובֿלענדיק אין דער אָ טויִקער פֿײַכטקייט מיט התמדה די פֿליגל – פֿונאַנדערגעווייעט איבער דער שכונה די דופּטיקע שיריים.

אַן אָדערל האָט געצאַפּלט זיך האַסטיק בײַ אים אינעם שלייפֿווינקל, און אַהרן קרינסקער האָט פֿאַרגיכערט דאָס שפּרײַזן. איצט איז אים דאָס האַרץ שוין שיִער נישט אַרויסגעשפּרונגען – מרימען און די קינדער אַנטקעגן... די קינדער, וואָס אויך צו זיי איז מען הײַנט עפּעס מער דאָך, ווי נעכטן: נישט שוין זשע מיט אַן אמת טאַקע – אַ טאַטע?...

„אין פּינטשעוו טאָגט שוין!...“ – האָט ער געזאָגט צו זיך אַן אַלטע מימרא, ווי אַ מין שחרית־תּפֿילה, און – אָפּגעזוכט מיטן בליק דעם פֿעדער־וואָלקן, וואָס ווישט אַוועק דאָ די נאַכט פֿון זײַן הימל.

איציק מאַנגער

# געלע

דער דרוקער משה בן־אַבֿרהם איז געזעסן מיט זײַן ווײַב און זײַנע צוויי טעכטער בײַם טיש. די שבתדיקע מאכלים האָבן געהאַט אַלע טעמים. זײַן ווײַב פֿריידע איז אַ בריה פֿון שטענדיק, נאָר דאָס מאָל איז עס איר „גאָר ווויל געראָטן“.

בשעת ר׳ משה האָט געבענטשט מזומן, האָט מרת פֿריידכען אָפּגערוימט פֿונעם טיש. אַ פֿליג האָט געזשומעט אויף דער שויב. די עלטערע טאָכטער עלע[1] איז אַוועק צו אירע חבֿרטאָרינס און תּיכּף נאָך איר, נאָך דעם ווי זי איז פֿאַרטיק געוואָרן מיטן אויפֿרוימען, איז אויך מרת פֿריידכען אַוועק צו אַ שכנה און פֿאַרפֿירט מיט איר אַ שמועס וועגן ווײַבערישע ענינים.

די אַנדערע טאָכטער, געלע, „אַ בתולה עטוואָס אונטער צוועלף יאָרן“, האָט אַרויסגענומען פֿון ספֿרים־אַלמער אַ חומש אויף טײַטש, זיך אַוועקגעזעצט בײַם פֿענצטער און גענומען לייענען.

ר׳ משה האָט אַרומגעשפּרײַזט איבער דער שטוב אַהין און צוריק. פֿון צײַט צו צײַט איז ער שטיין געבליבן און מיט ליבשאַפֿט אַ קוק געטאָן אויף זײַן טאָכטער געלע, וואָס איז געזעסן בײַם פֿענצטער און געלייענט אין טײַטש־חומש ווי אַזוי גאָט האָט באַשאַפֿן די וועלט אין איינע זעקס טעג און דעם זיבעטן האָט ער גערוט און אים, דעם זיבעטן, דעם מיזינקל פֿון די טעג, האָט ער אַ נאָמען געגעבן: שבת.

ער האָט געוואָלט צוגיין צו איר, געבן איר אַ גלעט איבערן בלאָנדן קאָפּ, נאָר ער האָט זיך מישבֿ געווען: ניין, ער וועט איר נישט שטערן. זאָל די קליינע לייענען און זיך חידושן, ווי אַזוי ס׳איז פֿונעם תּוהו־ובֿוהו געבוירן געוואָרן די וועלט. ווי אַזוי דער אַלמעכטיקער האָט געטאָן אָפּטיילן די געוויסערן פֿון דער יבשה, ווי אַזוי ער האָט פֿון שטויב געטאָן באַשאַפֿן דעם מענטש און אין אים אַרײַנגעבלאָזן זײַן געטלעכן אָטעם.

ער האָט דערפֿילט אַ מידקייט. צײַט צו כאַפּן אַ דרימל, האָט ער געטראַכט. אַ גאַנצע וואָך אַרבעט ער שווער, ער צוזאַמען מיט זײַנע טעכטער. די פּרנסה קומט אים אָן שווער. קוים, קוים, וואָס מע שטופּט אַדורך די וואָך. דעם איינציקן טאָג שבת גלײַכט ער אַ ביסל אויס די ביינער.

1 דער דאָזיקער אויסלייג שיידט זיך אונטער פֿון די אַנדערע אויסגאַבעס (‚עלאַ׳). אין אַלט־ייִדישן טעקסט ווערן די נעמען פֿון די צוויי שוועסטערס געשריבן ‚עלה׳ און ‚געלה׳.

פֿון: **נאָענטע געשטאַלטן**. וואַרשע: פֿאַרלאַג ח. בזשאָזאַ, 1938, ז״ז 17–23.

די פֿליג האָט נאָך אַלץ געזשומעט אויף דער שויב, געוואָלט, ווײַזט אויס, אַרויס אין דרויסן אַרויס און נישט געקאָנט. אַ פֿאַרמאַטערטע איז זי געבליבן ליגן און אַ צווייטע פֿליג האָט פֿאַרנומען איר אָרט.

די קליינע געלע איז געזעסן בײַם פֿענצטער און געלייענט אויף אַ קול:

„דעם אָנהויב האָט גאָט באַשאַפֿן דעם הימל און די ערד און די ערד איז געווען וויסט און לער און די פֿינסטערניש אויף דעם אָפּגרונד און די נבֿואה פֿון גאָט שוועבעטע איבער די וואַסערן און גאָט שפּראַך עס זאָל ליכט זײַן און עס וואַר ליכט און גאָט זאַך דאָס ליכט דאָס עס גוט וואַר און גאָט מאַכט אַן אונטערשייד צווישן דעם ליכט און דער פֿינסטערניש.“[2]

ר׳ משה בן־אַבֿרהם איז געזעסן אויף זײַן געלעגער און צוגעקוקט זיך צום זונפֿלעק וואָס האָט געציטערט אויף דער וואַנט ווי אַ גילדענע שפּין.

דאָס שעפּטשען פֿון זײַן טאָכטער געלע איבערן טײַטש־חומש און דאָס זשומען פֿון דער פֿליג איבער דער שויב האָבן אים נאָך מידער געמאַכט. ער האָט צוגעמאַכט די אויגן און אין זײַן דמיון האָבן אויפֿגעלעבט שוין לאַנג פֿאַרשוווּנדענע בילדער.

אָט איז ניקלסבורג, זײַן היימשטאָט, אָט איז דאָס ראָטהויז, און אָט די מאַריען־קירך. ס׳איז זונטיק. די קלויסטערגלאָקן קלינגען, רופֿן די פֿרומע קריסטן אין קלויסטער אַרײַן צום געבעט. אָט גייט זײַן טאַטע, דער שמיד יאָהאַן, מיט ערנסטע, געמאָסטענע טריט. די מאַמע, די שטילע, פֿרומע באַרבאַראַ, פֿירט אים, דעם קליינעם געאָרג, בײַ דער האַנט. ס׳איז זונטיק. אַלץ איז אַזוי פֿײַערלעך און גאָטספֿאָרכטיק. די גלעקער קלינגען, און די פֿייגל פֿלאַטערן אין זונליכט אַרום צלם פֿון דער מאַריען־קירך.

דאָס בילד צערינט, ווערט נישט. אַ צווייטס ווערט בולט. ער איז שוין אַ דערוואַקסענער, לערנט דאָס דרוקערפֿאַך. די שטילע, פֿרומע מאַמע איז שוין נישטאָ. אויף איר קבֿר שטייט אַ הילצערנער צלם. דער טאַטע פֿאַרברענגט די נעכט אין ווירטסהויז. נאָר זונטיק און חגא פֿאַרפֿעלט ער נישט צו גיין אין קלויסטער. ער, דער דרוקער־געזעלן, חבֿרט זיך מיט זײַנס גלײַכן. און פֿון צײַט צו צײַט מאַכט מען אַ העץ אויף ייִדן, דער עיקר אין די זונטיקס, ווען מען אַרבעט נישט. די אָנפֿאַלן אויף ייִדן מאַכן דער חבֿרה שפּאַס. די דערשראָקענע בערד פֿון די, וואָס האָבן געקרייציקט דעם דערלייזער, בעטן זיך ממש, מע זאָל זיי פֿאַרטשעפּען.

ער דערמאָנט זיך אַ זומער־פֿאַרנאַכט אין ניקלסבורג. ער, דער דרוקער־געזעלן, גייט אַהיים פֿון דער אַרבעט. אין אַ געסל נאָענט פֿאַרן געטאָ־טויער שטויסט ער זיך צונויף מיט אַן אַלטן, גרײַז גראָען ייִד. ער וויל דעם ייִד פֿאַרטשעפּען, דער ייִד בלײַבט שטיין, קוקט אים גלײַך אין די אויגן אַרײַן, און די האַנט הייבט זיך עפּעס דאָס מאָל נישט אויף. דער ייִד קוקט אויף אים מיט זײַנע קלוגע שוואַרצע אויגן און אַ פֿאַרשעמטער טראָגט ער זיך אָפּ אַהיים.

שפּעטער, ווען ער איז געקומען צום רבֿ פֿון ניקלסבורג זיך מגייר זײַן, האָט ער דערקענט דעם ייִד וואָס ער האָט דענצמאָל פֿאַרטשעפּעט פֿאַרן געטאָ־טויער.

2 דער מחבר ציטירט פֿרײַ אַן אַלט־ייִדישע איבערזעצונג פֿון חומש.

בײַ אים, בײַ דעם זעלבן רבֿ, האָט ער געלערנט אַ שטיקל צײַט ייִדישקייט און מיט דעם נײַעם נאָמען משה בן־אַבֿרהם אָבֿינו איז ער אַוועק קיין האַללע, חתונה געהאַט און געעפֿנט אַ ייִדישע דרוקערײַ. –

ר׳ משה איז אַנטשלאָפֿן געוואָרן. געלע איז נאָך אַלץ געזעסן בײַם פֿענצטער און אַרײַנגעקוקט אין טײַטש־חומש. זי איז ביז איצט געווען אַן עדות, ווי די וועלט איז באַשאַפֿן געוואָרן, ווי מ׳האָט געבויט דעם טורעם פֿון בבֿל, ווי נח האָט אויסגעמײַסטרעוועט די תּבֿה און איז ניצול געוואָרן פֿון דעם מבול וואָס האָט פֿאַרגאָסן די ערד.

איצט לייענט זי, ווי אַבֿרהם פֿירט זײַן זון יצחקן צו דער עקידה. דער אייבערשטער וויל, אַז אַבֿרהם זאָל אים ברענגען זײַן איינציקן זון פֿאַר אַ קרבן, און כאָטש געלע ווייסט, אַז אין דער לעצטער רגע וועט זיך באַווײַזן דער מלאך און נישט דערלאָזן צו דער רציחה, פֿון דעסטוועגן קלאַפּט איר דאָס האַרץ – טוק, טוק, טוק...

אין דרויסן האָבן זיך געשפּילט קינדער. אויף די שוועלן זענען געזעסן ווײַבער און באַלאַקעט. אין מערבֿ־זײַט האָט זיך געזעצט די זון.

דער פֿאָטער האָט זיך איבערגעוועקט. שוין שפּעט, האָט ער אַ טראַכט געטאָן, מע דאַרף שוין דאַוונען מינחה.

ער האָט זיך אָנגעטאָן, געוואַשן די הענט און זיך געלאָזט גיין אין שול אַרײַן.

דורכן פֿענצטער האָט געלע געזען, ווי ייִדן אײַלן זיך אין שול אַרײַן. זי האָט געפֿילט, ווי דער שבת געזעגנט זיך שוין. גייט אַוועק. מאָרגן וועט זי צוזאַמען מיטן טאַטן און דער עלטערער שוועסטער ווידער אַרבעטן אין דער דרוקערײַ, העלפֿן אויסזעצן דעם סידור, וואָס דער פֿאָטער האָט איבערגעזעצט אויף טײַטש פֿאַר ווײַבער און מיידלעך. אַ גאַנצע וואָך וועט מען מוזן וואַרטן ביז ס׳וועט נאָך אַ מאָל זײַן שבת און זי וועט ווידער אַ מאָל קאָנען לייענען דעם חומש, אַזוי ווי הײַנט, אַזוי ווי פֿאַראַכטאָגן, ווי יעדן שבת.

די זון האָט געהאַלטן בײַם פֿאַרגיין. אירע לעצטע שטראַלן האָבן זיך געזעגנט מיט דער ייִדנגאַס, געפֿינקלט אין די פֿענצטער און אַ רגע לענגער זיך פֿאַרהאַלטן און געציטערט אויפֿן דאַך פֿון דער גרויסער שול, איידער זי איז געגאַנגען אין איר רו אַרײַן.

געלען האָט זיך אויסגעדוכט, אַז זי זעט ווי די מלכּה־שבת ווינקט צו איר, געזעגנט זיך מיט איר, זאָגט איר עפּעס און זי פֿאַרשטייט יעדעס וואָרט: אין איין וואָך אַרום וועל איך ווידער זײַן דאָ הי, איין טרייסט פֿאַר די, וואָס טוען אַרבעטן שווער, מיט מי.

און דער שבת איז אַוועק. איבערגעלאָזט אַ קלעמונג אין האַרץ בײַ געלען, דער טאָכטער פֿון דעם דרוקער משה בן־אַבֿרהם אָבֿינו.

דאָס צוועלפֿיאָריקע מיידל איז געווען אַזוי פֿאַרטראַכט, אַז זי האָט אַפֿילו נישט געהערט ווען די מאַמע איז אַרײַנגעקומען. אין שטוב איז געווען טונקל. די מאַמע האָט געזאָגט „גאָט פֿון אַבֿרהם" און געלע האָט שטילערהייט נאָכגעזאָגט. די מאַמע האָט אַרומגעשוועבט איבער דער שטוב, פֿרום געשעפּטשעט און איר שעפּטשען האָט זיך צונויפֿגעוועבט מיט דער טונקלקייט פֿון צימער.

עלאַ, די עלטערע שוועסטער, איז אַרײַנגעקומען. שטילערהייט האָט זי צוגעמאַכט די טיר און זיך אַוועקגעזעצט אין אַ ווינקל.

מרת פֿריידע איז צוגעגאַנגען צום פֿענצטער, ביידע טעכטער האָבן זיך אַוועקגעשטעלט נעבן איר, זיי האָבן געוואַרט אויפֿן ערשטן שטערן.

די צוויי שוועסטער האָבן זיך שטילערהייט געשושקעט, די עלטערע האָט דערציילט דער ייִנגערער ווי אַזוי זי האָט פֿאַרבראַכט דעם שבת נאָך מיטאָג. דורכן פֿענצטער האָט מען נאָך געזען, ווי אַ קאַץ דראַפּעט זיך אַקעגן איבער אויף אַ מויער. דערנאָך איז געוואָרן אין גאַנצן טונקל.

אויפֿן הימל האָט אַ פֿינקל געטאָן אַ שטערן. פֿריידע האָט אָנגעצונדן אַ ליכט און הויך אַ זאָג געטאָן:

„אַ גוט־וואָך, קינדער!“

די טעכטער האָבן אָפּגעענטפֿערט ביידע מיט אַ מאָל:

„אַ גוט־וואָך, אַ מזלדיקע וואָך.“

ר׳ משה איז אַהיימגעקומען, געמאַכט הבֿדלה. מ׳האָט אָפּגעגעסן וועטשערע און זיך געלייגט שלאָפֿן.

דאָס הייסט געלייגט שלאָפֿן האָבן זיך נאָר פֿריידע און די ביידע טעכטער. ר׳ משה איז געבליבן זיצן בײַם טיש. פֿאַר אים איז געלעגן אַ בלאַט פּאַפּיר. ער האָט געקנייטשט דעם שטערן, געטראַכט און עפּעס אָנגעשריבן. ס׳ווײַזט אָבער אויס, אַז דאָס, וואָס ער האָט אָנגעשריבן, איז אים נישט געפֿעלן געוואָרן, וואָרן ער האָט עס תּיכּף אויסגעמעקט.

געלע איז געלעגן אין בעט, זי איז נאָך נישט געשלאָפֿן. זי האָט זיך צוגעקוקט צום פֿאָטער, געזען ווי ער שרײַבט אַלץ און מעקט. און צום סוף טוט ער אַ מאַך מיט דער האַנט. ער טוט זיך אויס און לייגט זיך שלאָפֿן.

קוים איז דער פֿאָטער אַנטשלאָפֿן געוואָרן, איז געלע שטיל אַרויסגעשפּרונגען פֿון בעט. זי האָט אַ קוק געטאָן אויפֿן פּאַפּיר וואָס איז געבליבן ליגן אויפֿן טיש. זי האָט איבערגעלייענט די פּאָר שורות וואָס דער פֿאָטער האָט אָנגעשריבן און לײַכט דורכגעשטראָכן, און האָט תּיכּף פֿאַרשטאַנען.

דער סידור אויף עבֿרי־טײַטש, וואָס איר פֿאָטער האָט איבערגעזעצט, איז שוין כּמעט אין גאַנצן אָפּגעדרוקט. ער אַליין, ר׳ משה בן־אַבֿרהם אָבֿינו, מיט זײַנע ביידע טעכטער, זע־נען געווען די זעצער. איצט פֿעלט נאָך איין זאַך: אַ געגראַמט פֿאָרוואָרט, אָדער אַ נאָכוואָרט, ווי ס׳איז דער שטייגער פֿון אַלע מחברים וואָס גיבן אַרויס אַזוינע ניצלעכע ספֿרים פֿאַרן פּראָסטן פֿאָלק.

געלע פֿאַרשטייט איצט, פֿאַר וואָס דער פֿאָטער פֿלעגט די לעצטע טעג אָפֿט זיצן ביז שפּעט בײַ נאַכט און קריצן מיט דער גענדזענער פֿעדער אויפֿן פּאַפּיר. דאָס האָט ער אַליין געפּרוווט מאַכן די גראַמען און ווײַזט אויס, עס איז אים נישט געגאַנגען, די גראַמען זענען אים נישט געראָטן.

זי האָט אַ קוק געטאָן אויפֿן פֿאָטער מיט ליבשאַפֿט און רחמנות. זי האָט פֿאַרלאָשן דאָס ליכט און איז צוריק אַרײַנגעקראָכן אין בעט. שטיל, אַז קיינער זאָל נישט הערן.

אָבער אַנטשלאָפֿן ווערן האָט זי נישט געקאָנט. זי איז געלעגן מיט אָפֿענע אויגן און זיך צוגעקוקט צום שאָטנשפּיל אויף די ווענט.

דער נאַכטוועכטער אין דרויסן האָט געבלאָזן אין זײַן האָרן. צו וויסן געטאָן, אַז ס׳איז שוין ווײַט נאָך מיטן נאַכט, אָבער געלע איז נאָך אַלץ נישט געשלאָפֿן. זי האָט געקלערט און געקלערט, געזוכט גראַמען, וואָס זאָלן זיך פּאַסן פֿאַר אַ נאָכוואָרט צו איר פֿאָטערס סידור.

געלע איז אַראָפּגעשפּרונגען פֿון איר געלעגער, געכאַפּט אויף זיך דאָס קלייד און די שיך, גענומען דאָס ליכט, וואָס איז געשטאַנען אויפֿן טיש, אויסגעזוכט דעם שליסל צו דער דרוקערײַ און שטיל אויף די שפּיץ פֿינגער איז זי אַרויסגעגאַנגען.

די זעצערײַ איז געווען אין דעם זעלבן הויז. זי האָט געעפֿנט די טיר. אַרײַנגעגאַנגען, אָנגעצונדן דאָס ליכט און בײַם שײַן פֿונעם ליכט האָט זי געקליבן די אותיות, געשטעלט אות נעבן אות, וואָרט נעבן וואָרט, און די גראַמען זענען דאָס מאָל געקומען ווי פֿון זיך אַליין:[3]

דיזע שיינע נײַע תּפֿילה פֿון אָנפֿאַנג ביז צו ענד,
האָב איך געזעצט אַלע אותיות מיט מײַנע אייגענע הענט.
געלע בת הר״ר משה המדפּיס
ואמי מרת פֿריידה בת הר״ר ישׂראל כּ״ץ ז״ל,
זי האָט מיך צווישן צען קינדער געבאָרן.
איך בין איין בתולה נאָך עטוואָס אונטער צוועלף יאָרן.

און ווײַטער: ס׳זאָל אײַך נישט חידושן, וואָס איך מוז אַרבעטן. די שכינה איז אין גלות פֿון לאַנגע צײַטן. איין יאָר גייט אַוועק און דאָס אַנדערע טוט קומען און מיר האָבן נאָך קיין גאולה נישט פֿאַרנומען.

און פֿאַרענדיקט האָט זי דיזע שיינע תּפֿילה מיט אַ ווענדונג צו די קויפֿערס:
אַהובֿי רבותי, קויפֿט די תּפֿילה פֿאַר איין גרינג געלט,
דען מיר האָבן זונסטן קיין אַנדערע מחיה אין דער וועלט.

אַ סנאָפּ זונשטראַלן האָט זיך אַרײַנגעריסן דורכן פֿענצטער. געלע איז געשטאַנען איבער איר פֿאַרענדיקטער תּפֿילה מיט אַ צופֿרידענעם שמייכל. און אָט אַזוי איז זי פֿאַרבליבן אין זכּרון פֿון דער ייִדישער ליטעראַטור – די בתולה עטוואָס אונטער צוועלף יאָרן וואָס האָט די שיינע תּפֿילה געזעצט מיט די אייגענע הענט.

3 דער מחבר ציטירט פֿרײַ דעם מקור. דער פּינקטלעכער ציטאַט געפֿינט זיך אין חווה טורניאַנסקיס אַרטיקל „מיידלעך אין דער אַלט־ייִדישער ליטעראַטור“, זע ז׳ XXI.

איציק מאַנגער

# אַ פּאָרטרעט פֿון אַ שנײַדערשטוב

(פֿון מײַן טאָגבוך)

איך האָב שוין דערציילט וועגן מײַן טאַטנס אַנטלויפֿן צו פֿוס פֿון סטאָפּטשעט קיין קאָלאָמיי, וועגן מײַן זיידנס ברוגז מיטן טאַטן פֿאַרן ווערן אַ בעל־מלאָכה – אַ שנײַדער.

נאָך מײַן זיידנס טויט איז די איבערקערעניש אָנגעגאַנגען ווײַטער. איינער נאָכן צווייטן זײַנען מײַן טאַטנס ברידער אַוועק פֿון דער היים קיין קאָלאָמיי, קיין טשערנאָוויץ, און דאָרט האָבן זיי זיך אויסגעלערנט שנײַדערײַ. אַפֿילו דער ייִנגסטער ברודער פֿון מײַן טאַטן, דער פֿעטער נטע, וואָס האָט ביז צום טויט פֿון מײַן זיידן אַרויסגעהאָלפֿן מײַן זיידן מיט זײַנע יאַזדעס, איז אויך געוואָרן אַ לערנייִנגל בײַ מײַן טאַטן.

איך זע אים, גלײַך ווי ס׳וואָלט ערשט נעכטן געשען, זיצן אויף דער קעלניע מיט דער בײַטש אין דער האַנט; דאָס העמד פֿאַרשוויצט. אַ צעריסענעם שטרויענעם קאַפּעליוש אויפֿן קאָפּ. ער יאָגט די פֿערד מיט אַ ,העשטאָ׳ און אַ ,וויאָ׳ גיכער, גיכער אַהיים קיין סטאָפּטשעט. דער זיידע זיצט אין וואָגן; דאָס פּנים וואַקסן געל. די אויגן גרויס און טרויעריק. איך זיץ לעבן זיידן. ער גלעט מיך מיט אַ מידער האַנט, ער פֿרעגט בײַ מיר וואָס איך לערן אין חדר. דער פֿעטער נטע, אַ יונג און קרעפֿטיק ייִנגל, הייבט אָן צו פֿײַפֿן. מיר געפֿעלט עס, אָבער דעם זיידן געפֿעלט עס נישט. ער בייזערט זיך און שרײַט:

– וואָס פֿאַר אַ פֿײַפֿן אין מיצקע דערינען? ווערסט צײַט האָבן צו פֿײַפֿן נאָך מײַן טויט.

דער פֿעטער נטע ווערט אַנטשוויגן. ער הערט אויף צו פֿײַפֿן. דאָס וואָרט ,טויט׳ נעמט בײַ אים אָפּ דעם חשק צו פֿײַפֿן. ער ווייסט, אַז דער זיידע איז קראַנק. דערפֿאַר זיצט ער אַזאַ שטילער און דערשלאָגענער אין וואָגן און לאָזט אים, אַ ייִנגל אַ שנעק, טרײַבן די פֿערד, סוויפּטשען מיט דער בײַטש:

– וויאָ, קאַשטאַן! וויאָ, בולאַן!

איך בין מקנא דעם פֿעטער נטע פֿאַרן זיצן אויף דער קעלניע, פֿאַר זײַן האַלטן די וואַשקעס און די בײַטש. איך טראַכט בײַ זיך שטיל אין האַרץ, אַז ווען איך וועל זײַן אַזוי גרויס ווי מײַן פֿעטער נטע, וועל איך אויך זיצן אויף דער קעלניע און טרײַבן די פֿערד. איך וועל אַפֿילו מעגן פֿײַפֿן, ווײַל דאָס וואָס דער פֿעטער נטע טאָר נישט, מעג איך יאָ. מײַן זיידע גיט מיר אַלץ נאָך, מײַן באָבע אויך. אַלע, אַלע גיבן מיר נאָך. אַפֿילו סוכּות האָט מיך דער זיידע אַרײַנגעטראָגן אין שטאַל און מיך אַרויפֿגעזעצט אויף אַ פֿערד, ווײַל אַזוי האָב איך געוואָלט. דער זיידע האָט מיך בלויז געמוסרט:

לויט דער פּובליקאַציע אין **דער וועקער** (דעם 1טן אַפּריל 1961, ז״ז 6–8, דעם 1טן מײַ 1961, ז״ז 6–8) מיט אָפּנייגן לפֿי דעם כּתבֿ־יד.

– ווילסט נישט זײַן קיין מענטש, ווילסט נישט עסן אין סוכּה.

דער זיידע האָט נישט געוווּסט, אַז איך וויל זײַן אַ מענטש, עסן אין סוכּה און זיצן אויפֿן פֿערד.

און אַז דער זיידע איז געשטאָרבן, האָט מען פֿאַרקויפֿט די פֿערד און דעם וואָגן, און מײַן פֿעטער נטע איז אַוועק קיין טשערנאָוויץ ווערן אַ לערנײַנגל בײַ זײַן עלטסטן ברודער.

מײַן טאַטע איז געווען זייער אַ שטרענגער מײַסטער. באַזונדער שטרענג איז ער געווען צו זײַן ברודער. טאָמער האָט עפּעס נישט געטויגט, אַ לאַץ איז געווען נישט אויסגעסטריגעוועט ווי ס׳דאַרף צו זײַן, איז תּיכּף געפֿאַלן דאָס ביטול־וואָרט:

– שוסטערקאָפּ! סמאָלעקאָפּ!

מײַן פֿעטער נטע פֿלעגט ווערן רויט ווי אַ צוויק. ער האָט זיך געשעמט מיט די פֿאָרוווּרפֿן פֿאַר די געזעלן. דער מײַסטער איז דאָך געווען זײַן אייגענער ברודער. מײַן מאַמע האָט תּמיד געפּרוּווט פֿאַרגלעטן מיט אַ גוט וואָרט, מיט אַ פֿאָרוווּרף צו מײַן טאַטן, אַז מיט גוטן פּועלט מען גיכער, אַז מיטן אָנווײַזן ווי אַזוי, לערנט מען אויס יענעם די אַרבעט בעסער. אָבער מײַן מאַמעס פּעדאַגאָגישע עצות האָבן נישט געהאָלפֿן. אַ שעה, צוויי שפּעטער פֿלעגט זיך ווידער אַ מאָל הערן מײַן טאַטנס:

– שוסטערקאָפּ! סמאָלעקאָפּ!

איך ווייס נישט, צי מײַן פֿעטער נטע האָט זיך אויסגעלערנט די מלאָכה. ער איז געווען אַ ייִנגל וואָס איז אויפֿגעוואַקסן אין שטעטל. ער האָט תּמיד אַרויסגעהאָלפֿן מײַן זיידן מיט זײַנע פֿערד. ער האָט מיטגעמאַכט מײַן זיידנס יאַזדעס אין די קאַרפּאַטן־וועלדער, זײַנע יאַזדעס קיין קאָלאָמיי. די נאָדל, דער פֿינגערהוט און די ניימאַשין זײַנען אים געווען פֿרעמד. אייגן איז אים געווען די בײַטש און דאָס פֿערד. דער וועג אין דעם וואַלד, די שווערע האָרעוואַניע אויף דער פֿרײַער לופֿט. ער איז געווען אַ יונגער דעמב מיט אַ ווייך קול און איידעלע מאַנירן.

אין 1914 איז ער מאָביליזירט געוואָרן אין דער עסטרײַכישער אַרמיי. מיט אַ קאָלאָמייער רעגימענט איז ער אַוועק אויפֿן איטאַליענישן פֿראָנט. ער איז שווער פֿאַרוווּנדעט געוואָרן אין איינער פֿון די שלאַכטן און איז אויסגעגאַנגען אין אַ טשעכישן מיליטער־שפּיטאָל. אַ קרבן פֿאַרן עסטרײַכישן פֿאָטערלאַנד. דאָס אייגענע פֿאָטערלאַנד וואָס האָט אַרויסגעגעבן די היטלערס, די גלאָבאָטשניקס, די אײַכמאַנס און די קאַלטנברונערס און נאָך אַזעלכע אומווערדיקייטן.

איך קען זיך נישט אָפּהאַלטן פֿון טראַכטן, אַז דער נאָמען נטע אין אונדזער משפּחה איז געגעבן געוואָרן אונטער אַ נישט־מזלדיקן שטערן. מײַן פֿעטער נטע איז געפֿאַלן אין דער ערשטער וועלט־מלחמה, מײַן ברודער נטע איז אויסגעגאַנגען פֿון הונגער אין סאַמאַרקאַנד, סאָוועט־רוסלאַנד. איינער איז אַלט געווען 24 יאָר, דער צווייטער 39 יאָר.

מײַן טאַטנס אַנדערע צוויי ברידער, דער פֿעטער דודל און דער פֿעטער אַלטער, האָבן זיך אויסגעלערנט די מלאָכה און זײַנען געוואָרן ערשטקלאַסיקע שנײַדער־מײַסטערס.

ווי אַזוי האָט אויסגעזען אַ שנײַדערשטוב אין די אָנהייב־יאָרן פֿונעם צוואַנציקסטן יאָרהונדערט? איך מיין נישט דעם פֿיזישן פּאָרטרעט פֿון אַזאַ שטוב, נאָר דאָס געמיט פֿון אַזאַ שנײַדער־וואַרשטאַט. איך שטרײַך אונטער דאָס וואָרט געמיט, ווײַל סוף־כּל־סוף איז עס דאָס געמיט וואָס גראַמט זיך מיט ליד.

אַזוי איז דאָס געווען אין יעדן פֿאַל אין אונדזער היים. דער מײַסטער, די מײַסטערקע, די שנײַדער־געזעלן; איין אָדער צוויי לערנייִנגלעך זײַנען געווען איין משפּחה. די מאַמע האָט געקאָכט און געבאַקן חלה און זונטיק – ברויט. אַ געזעל, וואָס איז נישט געווען פֿון הי, האָט בײַ אונדז געגעסן און געשלאָפֿן. אַפֿילו געזעלן, וואָס האָבן געהאַט פֿאַמיליעס אין טשערנאָוויץ, זײַנען נישט געגאַנגען אין קיין רעסטאָראַנען, נאָר האָבן געגעסן דעם צווייטן פֿרישטיק און דעם מיטאָג בײַ אונדז. אויף דער נאַכט איז שוין געווען עפּעס אַנדערש. דאָס לערנייִנגל האָט געגעסן און איז געשלאָפֿן טאַקע אין וואַרשטאַט, ווו מ׳האָט בײַ נאַכט אויפֿגעשטעלט באַנקבעטלעך וואָס זײַנען בײַ טאָג געווען צוזאַמענגעלייגט.

מײַן טאַטע האָט געהאַט אַ נאָמען אין שטאָט ווי אַ גוטער שנײַדער. ער האָט באמת ליב געהאַט די אַרבעט. אים איז נישט אַזוי געגאַנגען אין פֿאַרדינסט ווי אין דער אַרבעט גופֿא. ער האָט שעהען לאַנג געצייכנט מאָדעלן אויפֿן פּאַפּיר, גערעכנט און איבערגעצייכנט. אַפֿילו ווען דער קליענט איז שוין געווען צופֿרידן, איז ער נאָך נישט געווען צופֿרידן. ער האָט תּמיד געפֿונען אַ חסרון וואָס דער קונה האָט נישט באַמערקט. פֿאַרשטייט זיך, אַז בײַ אַזאַ פּעדאַנטישקייט אין דער אַרבעט האָט אונדזער וואַרשטאַט אַרויסגעגעבן איין שטיקל אָדער העכסטנס צוויי שטיקלעך אַרבעט אַ וואָך.

כאָטש אַזוי, וואָלט אַלץ געווען גוט. פּרנסה איז געווען. נישט נאָר ער אַליין האָט גענומען גוטע פּרײַזן, נאָר ער האָט אויך באַצאָלט זײַנע געזעלן די בעסטע שׂכירות. אַ שנײַדער־געזעל אַ קאַליקע האָט זיך בײַ אונדז לאַנג נישט געהאַלטן. קוים האָט מײַן טאַטע באַמערקט אַז די אַרבעט טויג נישט, האָט ער דעם געזעלן משלח געווען. ער האָט אים אַחוץ זײַנע עפּיטעטן ,שוסטערקאָפּ! סמאָלעקאָפּ!׳ טאַקע געגעבן אַן עצה, אַז ער זאָל זיך באַלד אַרײַנכאַפּן צו אַ שוסטער, אַ לאַטוטניק.

דערפֿאַר האָט ער אָבער געהאַלטן אַ וועלט פֿון די וואָס האָבן געקענט. אָפֿט מאָל, ווען ס׳איז געקומען צום אויסצאָלן די שׂכירות פֿאַר דער וואָך, האָט זיך מײַן טאַטע געכאַפּט, אַז ער אַליין, דער מײַסטער, איז געבליבן מיט אַ סך ווינציקער פֿאַרדינסט ווי יעדער פֿון זײַנע געזעלן. אָבער ס׳האָט זיך געלוינט. די בעסטע קונדן זײַנען געקומען צו אים. די סמעטענע פֿון דער שטאָט: דער הער פּראָפֿעסאָר און דער הער געריכטראָט. און ווער נישט?

געווען אָבער פּעריאָדן, ווען מײַן טאַטע האָט אַלץ געלאָזט אויף הפֿקר. עפּעס אַן אומרו, אַ ניט־צופֿרידנקייט האָט אים געיאָגט פֿון דער היים. די געזעלן זײַנען אַרומגעגאַנגען אָן אַרבעט. אַנצוגן זײַנען געבליבן נישט פֿאַרענדיקט. קונדן זײַנען געקומען צו דער ערשטער פּראָבע, צו דער צווייטער פּראָבע און מײַן טאַטע איז נישט געווען אין דער היים. אַלץ האָט גענומען גיין מיט דער פּוטער אַראָפּ. מײַן מאַמע האָט געוויינט, נאָר ס׳האָט גאָרנישט געהאָלפֿן. אַז די מאַנקאָליע איז אים אָנגעקומען, איז אַלץ בײַ אים געווען הפֿקר. ער האָט

זיך אַרומגעשלעפּט מיט חבֿרים, גוטע־ברידער, דורך די נעכט, ביז ער איז געקומען צו זיך און ער האָט ווידער אָנגעהויבן אויף ס׳נײַ. אַזוי אַ שטיקל צײַט, ביז ס׳האָט זיך גענומען איבערחזרן דאָס אייגענע, ווידער אַ מאָל און אָבער אַ מאָל.

ס׳איז דערגאַנגען אַזוי ווײַט אַז מיר האָבן זיך געמוזט אַרויסגנבֿענען פֿון אַ וווינונג פֿאַר טאָג, ווען אַלץ איז נאָך געשלאָפֿן. מ׳האָט שטיל און בסוד אויפֿגעלאָדן אַלע זאַכן אויף אַ פֿור און אָן אַ ,זײַ־געזונט׳ האָבן מיר פֿאַרלאָזט די היים אין דער האַרמוזאַקו־גאַס און זיך אַרײַנגעצויגן ערגעץ אין אַ קעלער־וווינונג מיט פֿאַרשימלטע ווענט.

דאָס איז געווען אונדזער לעצטע היים אין טשערנאָוויץ. דאָרט האָט אונדז פֿאַרכאַפּט די ערשטע וועלט־מלחמה און פֿון דאָרט זײַנען מיר אַנטלויפֿן איידער די צאַרישע אַרמיי האָט דאָס צווייטע מאָל פֿאַרנומען טשערנאָוויץ.

דאָס איז געווען אַ גרויסע ירידה. מיר האָבן אַ מאָל געוווינט אין דער הערנגאַס, דער שענסטער שפּאַצירגאַס אין שטאָט. פֿון דער הערנגאַס ביז צו דער קעלערשטוב איז געווען אַן אמתער באַרג־אַראָפּ. דער באַרג־אַרויף איז געווען פֿון היימען, וווּ מ׳האָט געאַרבעט בײַ נאַפֿטלאָמפּן, ביז צו די היימען, וווּ ס׳האָט געברענט עלעקטריש ליכט. און דער באַרג־אַראָפּ איז געווען די קעלערשטוב מיט די פֿײַכטע ווענט און ווידער אַ מאָל דער נאַפֿטלאָמפּ.

אין קעלערשטוב האָט דער טאַטע געאַרבעט אַליין, אָן געזעלן, אָן אַ לערנײַנגל אַפֿילו. מײַן ברודער און איך זײַנען געוואָרן צײַטונג־פֿאַרקויפֿערס. מיר האָבן צעשריגן איבער די גאַסן די נײַעסן „מאָרגענבלאַט״, „אַלגעמײַנע צײַטונג״, „ערצהערצאָג פֿראַנץ פֿערדינאַנד דערשאָסן אין סאַראַיעוואָ״. די פּאָר גראַצערס[1], וואָס מיר האָבן פֿאַרדינט, האָט די מאַמע בײַ אונדז צוגענומען. מיר האָבן אָפּט געהונגערט. צו אַזאַ צושטאַנד האָט דערפֿירט מײַן טאַטנס באָהעמישקייט.

מײַן מאַמע האָט אָפֿט געזיפֿצט און באַדויערט די לאַגע:

– מיט אַזעלכע גאָלדענע הענט דאַרפֿן די קינדער אַרומגיין און קנאַקן באַניע־קערן און פֿון דעם ווערן זאַט.

נאָר לאָמיר זיך אומקערן צו דער צײַט, ווען ס׳איז נאָך געווען גוט, ווען מיר האָבן גע־וווינט לײַטיש אין דער רוסישער גאַס, אין דער הערנגאַס, אין דער האַרמוזאַקו־גאַס, ווען די שטוב איז געווען פֿאַרלייגט פֿול מיט אַרבעט. די נײמאַשינען האָבן געקלאַפּט און די נאָדלען זײַנען געפֿלויגן.

די שנײַדערשטוב איז געווען פֿול מיט געזאַנג און געלעכטער. אַלע האָבן געזונגען. דער עיקרשט שיין האָט געזונגען אַ געזעל מיטן נאָמען לייבעלע בעקער. ער איז געווען אַ דאַר ייִנגל פֿון אַ יאָר צוואַנציק. דאָס פּנים אויסגעצערט און בלייך. ער איז געווען דער ערשטער, וואָס האָט זיך אָפּגעגעבן מיט מיר. ער האָט אין מיר אַנטוויקלט אַ חוש פֿאַר פּאָעזיע. ער האָט מיך געלערנט דעקלאַמירן שילערס „גלאָקע״ און גוטעס „ערלקעניג״, הײַנעס „צוויי גרענאַדירן״. איך פֿלעג אָפֿט קומען צו אים אַהיים ווי צו אַ חבֿר.

– לייבעלע איז דאָ אין דער היים?

1 קרײַצער (דיאַלעקטאַל).

זײַן מאַמע, די אַלמנה, האָט געוווּסט, אַז איר לייבעלע איז מײַן חבֿר, אַז ער גיט זיך אָפּ מיט מיר און באַרגט מיר פֿון זײַנע ביכלעך. דערפֿאַר האָט זי מיך תּמיד אויפֿגענומען ווי אַן אייגענעם. אָפֿט מאָל האָט זי באַדויערט וואָס איך בין געקומען אומזיסט, ווײַל איר לייבעלע איז הײַנט אַוועקגעגאַנגען, זי ווייסט נישט וווּ.

אָט דער לייבעלע בעקער האָט געזונגען בײַ דער אַרבעט יידישע פֿאָלקסלידער, דער עיקרשט ליבעלידער, אַזוי שיין, מיט אַזוי פֿיל האַרץ, אַז מײַן מאַמע איז אָפֿט מאָל געשטאַנען הינטער דער טיר און זיך געווישט מיטן פֿאַרטעך די אויגן.

געזאָגט האָט מען, אַז דער לייבעלע בעקער האָט געהאַט אַ מיידל וואָס ער האָט שטאַרק ליב געהאַט. דאָס מיידל איז אַוועקגעפֿאָרן קיין אַמעריקע און ער בענקט נאָך איר, דאָס חיות גייט אים אויס. דערפֿאַר טאַקע זינגט ער אַזוי האַרציק. אַלע, דאַכט זיך, קענען די לידער, נאָר קיינער זינגט נישט אַזוי שיין ווי ער. דאָס גאַנצע האַרץ, די גאַנצע בענקשאַפֿט לייגט ער אַרײַן אין זײַן זינגען. זײַן געזאַנג האָט בפֿירוש געהאַט פֿליגלען. און אויב דעם מיידלס האַרץ אויף יענער זײַט ים וואָלט אויך אַזוי געבענקט, וואָלט זי קיין איין רגע נישט פֿאַרבליבן אין דע[ר] ווײַט[ער] אַמעריקע און זי וואָלט תּיכּף צוריקגעקומען אַהיים.

גענליבט האָב איך אַ שנײַדער־מיידעלע,
געוווען איז זי פֿון ווי־ען.
געפֿאָרן איז זי צו אירע עלטערן
זען וואָס זיי טי[ע]ן.

דאָס שנײַדער־מיידעלע איז קיין מאָל נישט צוריקגעקומען פֿון ,ווי־ען׳ און ס׳איז אפֿשר גוט געווען, וואָס זי איז נישט צוריקגעקומען, ווײַל ווען זי וואָלט צוריקגעקומען, וואָלט לייבעלע בעקער אויפֿגעהערט צו זינגען, און דאָס וואָלט געווען אַ שאָד, אַ גרויסער שאָד.

לייבעלע בעקער איז געפֿאַלן אין דער ערשטער וועלט־מלחמה, פּונקט ווי מײַן פֿעטער נטע.

אַ צווייטער שנײַדער־געזעל, וואָס האָט געאַרבעט בײַ אונדז אַ שטיקל צײַט, איז געווען אַבא. זײַן פֿאַמיליע־נאָמען געדענק איך נישט. ער האָט געטראָגן לאַנגע האָר ווי אַ מיידל און אַ צעפּלויגענעם קראַוואַט. ער איז געווען אַן אַנאַרכיסט וואָס האָט מיר געזאָגט אַז ס׳איז נישטאָ קיין גאָט און מע דאַרף אַראָפּוואַרפֿן דעם קייזער. איך בין נישט מסכּים געווען מיט אים. ווי אַזוי נעמט מען עס און מע וואַרפֿט עס אַראָפּ אַזאַ גוטן אַלטן קייזער? פֿאַר וואָס קומט עס אים? אַז מע וועט אים אַראָפּוואַרפֿן פֿונעם טראָן, קען ער זיך נאָך צעקלאַפּן. און וואָס הייסט דאָס, אַז ס׳איז נישטאָ קיין גאָט? פֿון וואַנען ווייסט ער?

אַבא האָט אַ מאַך געטאָן מיט דער האַנט:

– ביסט נאָך צו קליין. אַז דו וועסט עלטער ווערן...

די שמועסן מיטן שנײַדער־געזעל אַבא האָבן מיך שטאַרק צערודערט. איך האָב זיך פֿאָרגעשטעלט אין מײַן דמיון, ווי דער קייזער פֿראַנץ־יאָזעף זיצט זיך ווי געווײנטלעך אויפֿן טראָן. ער כאַפּט אַ דרימל ווי יעדן נאָכמיטאָג. מיט אַ מאָל קומט אַרײַן אַבא מיט די לאַנגע

האָר און מיטן צעפֿלויגענעם קראַוואַט און כאַפּט אָן דעם דרימלענדיקן קייזער און וואַרפֿט אים אַראָפּ פֿונעם טראָן. דער קייַזער גיט אַ קרעכץ:

– אוי, מייַנע קריזשעס!

אַבאַ אַנטלויפֿט און איך קום אַרייַן, הייב אויף דעם אַלטן קייַזער פֿונעם דיל. דער קייַזער קרעכצט, איך העלף אים פּאַמעלעך זיך אַוועקזעצן צוריק אויפֿן טראָן.

דער קייַזער הייסט מיר אויפֿהייבן די קרוין וואָס איז בייַ אים אַראָפּגעפֿאַלן פֿונעם קאָפּ. אָן דער קרוין איז ער נישט קיין קייַזער. אָט דאָרט האָט זי זיך אַרונטערגעקייַקלט אונטער דער שאַפֿע.

איך קריך אַרונטער אונטער דער שאַפֿע, נעם אַפּיר די קרוין; זי איז פֿול מיט פּאָרעך און שפּינוועבס. איך פּראָשע אָפּ די קרוין און דערלאַנג זי דעם קייַזער:

– ביטע, הער קייַזער...

דער קייַזער טוט אָן די קרוין. ער וויל אַ קרעכץ טאָן ,אוי, מייַנע קריזשעס׳, נאָר ער דערמאָנט זיך אַז ס׳פּאַסט נישט פֿאַר אַ קייַזער צו קרעכצן ווי אַ ייִדענע אין קימפּעט.

פּלוצעם טוט ער מיך אַ פֿרעג:

– ווער איז געווען דער, וואָס האָט מיך געפּרוּווט אַראָפּוואַרפֿן פֿונעם טראָן?

דאָ בלייַב איך אין אַ פֿאַרלעגנהייט: אויסזאָגן צי נייַן. איך כאַפּ זיך, אַז דער קייַזער וויל איך זאָל ווערן אַ מסור. אין חדר האָב איך געהערט, אַז אויף יענער וועלט הענגט מען אויף אַ מסור בייַ דער צונג. איך ענטפֿער שנעל:

– איך ווייַס נישט, הער קייַזער.

דער קייַזער איז אָבער אַן עקשן, ער לאָזט נישט אָפּ:

– האָט ער געהאַט לאַנגע האָר און אַ צעפֿלויגענעם קראַוואַט?

– איך ווייַס נישט, הער קייַזער.

דער קייַזער פֿאַרטראַכט זיך:

– יאַ, יאַ. אָט די מיט די לאַנגע האָר, מיט די צעפֿלויגענע קראַוואַטן האָבן דערשטאָכן מייַן גאָטזעליקע קייַזערין עליזאַבעט.

דער קייַזער ווישט די אויגן מיט אַ טאַשנטיכל. איך כאַפּ זיך אַז איך האָב נישט קיין טאַשנטיכל, וויש איך מיר די אויגן מיטן אַרבל.

מיר האָבן ביידע ליב די קייַזערין עליזאַבעט. דער קייַזער פֿאַר איר שיינקייט. איך דער־פֿאַר וואָס זי האָט ליב געהאַט דעם דיכטער הייַנע און האָט אים געשטעלט אַ דענקמאָל אויפֿן אינדזל קאָרפֿו.

– נאַ! – זאָגט דער קייַזער און גיט מיר אַ גלעט איבערן קאָפּ און אַ קניפּ אין בעקל.

– נאַ, גיי צו האַוז און זאַג דייַנעם פֿאַטער, אַז איוודע וואָך וועל איך בייַ אים באַשטעלן דרייַ נייַע אַנצוגן.

מיט אַזעלכע פֿאַנטאַזיעס בין איך אַרומגעגאַנגען זינט דער שנייַדער־גזעזל אַבאַ האָט מיר געזאָגט, אַז ס׳איז נישטאָ קיין גאָט און אַז מע דאַרף אַראָפּוואַרפֿן דעם קייַזער פֿונעם טראָן און אַז ער איז אַן אַנאַרכיסט.

דעם קייַזערס קריוודע האָב איך זיך אָנגענומען אין מייַן פֿאַנטאַזיע. וואָס שייך גאָט, האָב איך יעדע רגע געוואַרט, אַז די ערד וועט זיך עפֿענען און אייַנשלינגען אַבאַן דעם אַנאַרכיסט, דעם לעסטערער. איך בין געגאַנגען אָפּגערוקט פֿון אים. ווען די שטראָף וועט קומען, זאָל איך זי אויסמייַדן.

נאָך אַבאַס רייד בין איך געוואָרן פֿרום, איך האָב יעדן טאָג געדאַוונט, נישט איבער־געהיפּערט קיין וואָרט. דעם קייַזער בין איך געוואָרן נאָך געטרייַער. איך האָב מיט גרויס באַגייַסטערונג געזונגען דאָס ליד:

דער קייַזער איז איין ליבער מאַן
און וווינט אין ווייַטן ווין.

דער שנייַדער־געזעל אַבא האָט זיך לאַנג נישט געהאַלטן בייַ אונדז. ער איז געקומען קיין טשערנאָוויץ, ווייַל זייַן ברודער האָט דאָ געדינט אין מיליטער. איין מאָל האָט דער ברודער אייַנגענומען סם און מ׳האָט אים קוים אָפּגעראַטעוועט. פֿון דעמאָלט אָן היט אים אַבא. ער אַרבעט בייַ מייַן טאַטן. און ווען ס׳איז נאָר מעגלעך זעט ער זיך מיט זייַן ברודער, דערמוטיקט אים, העלפֿט אים, שטיצט אים, ס׳זאָל אים גרינגער זייַן דאָס לעבן אין דער קאַזאַרמע.

אַ דריטער שנייַדער־געזעל, וואָס האָט זיך מיר אייַנגעקריצט אין זכּרון, איז געווען מאַקס. דאָס איז געווען אַ הויכער יונג, אַזוי הויך אַז ער האָט זיך אַזש אייַנגעבויגן. ער איז געווען אַן אמתער לץ. ער האָט געקענט נאָכמאַכן אַלע חיות: אַ האָן, אַ קאַץ, אַ הונט, אַ פֿערד. ער האָט עס געמאַכט אַזוי שנעל און אַזוי קונציק, אַז ס׳האָט זיך אויסגעדאַכט אַז אַלע חיות זייַנען דאָ אין שטוב, זיי הירזשען הינטער דייַנע פּלייצעס, האַווקען לעבן דייַנע פֿיס, מיאַוקען הינטערן פֿענצטער, קרייען דיר גלייַך אין די אויערן. כאָטש אַלע האָבן אים שוין געקענט, איז מאַקס׳ מענאַזשעריע אַלע מאָל געווען אַן איבערראַשונג. אַלע מאָל איז דאָס געקומען אַזוי אומגעריכט, אַז מ׳האָט נישט געוווּסט פֿון וואַנען. ער אַליין איז געזעסן ערנסט בייַ דער אַרבעט. די נאָדל איז געפֿלויגן געשווינד. די ניימאַשין האָט געשטעפּט. דאָס פּרעסאייַזן האָט זיך געגליטשט שנעל, שנעל. מיט אַ מאָל האָט מאַקס אויפֿגעהויבן די אויגן אומשולדיק, תּמעוואַטע:

– וואָס איז געשען?

די איבערראַשונג איז אַוועק. אַלע האָבן זיך צעלאַכט, נאָר נישט מאַקס. פֿון לעבן דער ניימאַשין האָט זיך געהערט דער כריוק פֿון אַ פֿאַרטריבענעם חזיר פֿון דער בלאָטע און דאָס כאָרכלען פֿון אַ געקוילעטן האָן.

אָט דער מאַקס איז געווען אַ גלענצנדיקער אַרבעטער, פֿון די בעסט באַצאָלטע. אַלץ, וואָס ער האָט פֿאַרדינט, האָט ער אויסגעגעבן אויף שאָקאָלאַד. אַלע קעשענעס זייַנען גע־ווען פֿול מיט שאָקאָלאַד. אַלע סאָרטן שאָקאָלאַד. אַלע מאָל האָט ער אַרויסגענומען אַן אַנדער מין שאָקאָלאַדקע פֿון דער קעשענע און אַרייַנגעוואָרפֿן אין מויל.

זייַן פֿרישטיק איז געווען שאָקאָלאַד; זייַן מיטאָג שאָקאָלאַד און זייַן נאַכטמאָל ווידער אַ מאָל שאָקאָלאַד.

קיינער האָט נישט געקענט פֿאַרשטיין ווי ס׳ווערט אים נישט נימאס. אַלץ עסט זיך דאָך צו. אַפֿילו די פֿײַנסטע שאָקאָלאַדעס. אָבער נישט מאַקסן.

קיינער האָט דאָס נישט געקענט פֿאַרשטיין. קיינער האָט נישט געקענט פֿאַרשטיין זײַן הולך. אַזאַ ערשטקלאַסיקער פֿאַרדינער און זאָל גיין אַזוי אָנגעטאָן. קיין מוסר האָט נישט געהאָלפֿן. די אַרבל פֿון זײַן רעקל זײַנען געווען צו קורץ. די הויזן פֿאַרלאַטעט און אָפֿט מאָל צעריסן אַזוי, אַז מ׳האָט אַרויסגעזען גאַנצע שטיקער לײַב. די שכנים פֿלעגן זיך באַקלאָגן אויף זײַן הולך.

– ס׳איז אַ שאַנד! – האָבן זיי געטענהט, – ווי שעמט זיך נישט אַ מאַן פֿאַר די פֿרויען, פֿאַר יונגע מיידלעך? ,פֿע׳ און טויזנט מאָל ,פֿע׳.

אָבער מאַקס האָט זיך נישט געשעמט. פֿאַרקערט, אויב די שכנים זײַנען נאָך געשלאָפֿן אין דער פֿרי, ווען ער איז געקומען צו דער אַרבעט, האָט ער זיי אויפֿגעוועקט מיט אַ דרײַ־גאָרנדיקן קריי. זאָלן זיי וויסן, אַז מאַקס גייט צו דער אַרבעט, און ווער ס׳וויל נישט קוקן אויף זײַנע צעריסענע הויזן, זאָל זיך פֿאַרבינדן די אויגן מיט אַ פֿערדישן עק.

מײַן טאַטע האָט פֿון אים געהאַלטן, ווײַל ער איז געווען אַ מײַסטער אין זײַן פֿאַך. איך האָב אים ליב געהאַט, ווײַל ער איז געווען אַ פֿריילעכער לונג־און־לעבער. אַחוץ דעם האָט ער מיך אויסגעלערנט דעם חילוק פֿון שאָקאָלאַד און שאָקאָלאַד. איך בין געוווּיר געוואָרן, ווי ס׳הייסן אַלע שאָקאָלאַד־פֿירמעס אין דער גאַנצער עסטרײַכיש־אונגערישער אימפּע־ריע און פֿאַר וואָס איין שאָקאָלאַד קאָסט טײַערער פֿון דעם צווייטן.

ווען ער איז געקומען צו מײַן טאַטן אַרבעטן, האָט מען אים גערופֿן ,דער לאַנגער מאַקס׳. נאָך עטלעכע וואָכן האָט ער שוין געהייסן ,דער זיסער מאַקס׳.

,דער זיסער מאַקס׳ האָט געבראַכט אַ סך פֿרייד און געלעכטער אין מײַן טאַטנס שנײַדערשטוב. איך האָב אים באַוווּנדערט פֿאַר זײַנע פֿעיִקייטן נאָכצומאַכן אַלע חיות אַזוי קונציק, אַז די גאַנצע שטוב האָט זיך פֿאַרוואַנדלט אין איין רגע אין אַ מין זאָאָלאָגישן גאָרטן. איך האָב אים באַוווּנדערט פֿאַר זײַן מוט צו לעבן אַנדערש ווי דער באַלעבאַטישער שטייגער האָט פֿאַרלאַנגט; פֿאַר זײַן מוט צו גיין אין צעריסענע הויזן ,מיטן הינטן אין דרויסן׳, אויף צו להכעיס די ,שטײַפֿע קראַגנס און די געפּרעסטע הויזן׳; פֿאַר זײַן ענציקלאָפּעדישע קענ־טעניש פֿון אַלע שאָקאָלאַד־פֿירמעס, און פֿאַר זײַן עסן שאָקאָלאַד טאָג־אײַן און טאָג־אויס און עס זאָל אים ניט שאַטן.

אַן אַנדער טיפּ איז געווען דער שנײַדער־געזעל האַיִם וואָס מ׳האָט אים גערופֿן ,דער ציגײַנער־באַראָן׳. ער האָט טאַקע אויסגעזען ווי אַ ציגײַנער. אַ קליינס, אַ רירעוודיקס, אַ שטיק קוועקזילבער. ער איז קיין מאָל נישט אײַנגעזעסן אויף אַן אָרט. אָט איז ער געזעסן אויף אַ בענקל און אָט איז ער אַרויף אויפֿן טיש. אָט איז ער געווען אויף דער שאַפֿע און אָט אויפֿן אויוון. זומערצײַט איז ער איינס און צוויי געווען אין הויף אויף אַן אַלטן טאַפּ־טשאַן, וואָס האָט זיך געוויגט אויף דרײַ קראַנקע פֿיס און מ׳האָט אים אַרויסגעשטעלט אין דרויסן ווי עפּעס וואָס האָט שוין זײַנס אָפּגעטאָן. יעדער איינער, וואָס האָט זיך געפּרווּוט

אַוועקזעצן אויפֿן טאַפּטשאַן, איז אַראָפּגעפֿאַלן, נאָר נישט דער „ציגײַנער־באַראָן". ער האָט באַלאַנסירט אַזוי קונציק, אַז דער טאַפּטשאַן האָט זיך געהאַלטן אויף זײַנע דרײַ קראַנקע פֿיס ווי עפּעס רעכטס.

קיין מאָל האָט מען נישט געוווּסט ווו ער „זיצט". אָט איז ער אַפֿילו אַרויף אויפֿן איינציקן בוים אין הויף, אויפֿן סאַמע שפּיץ. די גאַנצע צײַט האָט ער נישט אַרויסגעלאָזט דאָס שטיקל אַרבעט פֿון דער האַנט. ער האָט געוואָרפֿן גיך, גיך מיט דער נאָדל. און אָט האָט מען גע־הערט זײַן קול:

– פֿאַרטיק.

ס'האָט גענומען עטלעכע מינוט ביז מײַן טאַטע האָט זיך אָריענטירט פֿון וואַנען דאָס קול קומט. פֿון דער שאַפֿע, פֿונעם אויוון, צי פֿונעם בוים. אָבער דאָס שטיקל אַרבעט, וואָס ער האָט דערלאַנגט, איז געווען פּרימאַ. ער איז געווען דער שנעלסטער אַרבעטער וואָס מײַן טאַטע האָט ווען עס איז געהאַט, און ס'איז נישט געווען קיין טאַנדעט, ווײַל טאַנדעט־אַר־בעט איז געווען פֿאַרן טאַטן טאַבו. „אַ שוסטערקאָפּ, אַ סמאָלעקאָפּ, אַ פֿאָדעשווע." און אַזאַ האָט זיך נישט געהאַלטן בײַ אונדז אַפֿילו קיין האַלבן טאָג.

מײַן טאַטע האָט אים דערלאַנגט אַן אַנדער אַרבעט, און שוין איז דער „ציגײַנער־באַראָן" געזעסן אויפֿן טיש, אויפֿן אויוון, אויפֿן טאַפּטשאַן, אין הויף אויפֿן שפּיץ פֿונעם בוים, און געוואָרפֿן מיט דער נאָדל ווי טויזנט רוחות וואָלטן אים געיאָגט.

קיינער האָט נישט געוווּסט פֿון וואַנען דער ציגײַנער־באַראָן איז געקומען. ער אַליין האָט דערפֿון געמאַכט אַ סוד. יעדע דרײַ־פֿיר חדשים איז ער פֿאַרשווּנדן אויף עטלע־כע טעג, ווען ער איז צוריקגעקומען, האָט ער יעדעס מאָל דערציילט עפּעס אַנדערש: ער איז געווען בײַ דער מאַמען אין סטאַניסלע; בײַם ווײַב אין קערעסמעזשש; בײַ דער כּלה אין קראָקע. אַלע מאָל האָט ער אָנגעגעבן אַנדערע שטעט און שטעטלעך, ביז מ'האָט באַ־שלאָסן, אַז ער איז גאָר געווען אין האָצעם־פּלאָצעם־באַצירק, ווו דער רוח זאָגט „אַ גוטע נאַכט!"...

דאָס ברוינע פּנים זײַנס מיט די קליינע שוואַרצע וואָנצעלעך איז געווען איין גרויסער שמייכל:

– זאָל זײַן אַזוי: האָצעם־פּלאָצעם־באַצירק... ווי זאָגן זי... נעקסטן מאָנאַט ווירד מײַן ווײַב שטערבן... לווידה... לייכענביגעגניש... איר פֿאַרשטייט?...

די קליינע שוואַרצע וואָנצעלעך האָבן זיך פֿאַרקרימט ווי צום וויינען און קיינער האָט נישט געוווּסט, צי מאַכט ער חוזק, צי האָט ער טאַקע אַ ווײַב וואָס וועט שטאַרבן פּונקט אין אַ חודש אַרום. ס'איז גיכער געווען אַן אויסרייד אויף צו פֿאַרשווינדן נאָך אַ מאָל אויף אַ פּאָר טעג. ווײַל ווען ער איז צוריקגעקומען נאָך זײַן פֿאַרשווינדן נאָך אַ מאָל, האָט ער דערציילט, אַז זײַן ווײַב איז געזונט און שטאַרק ווי אַ פֿערד, און אַז זי שוואַנגערט און ער וועט אין גיכן דאַרפֿן זײַן אויפֿן ברית.

איך האָב בלויז געגעבן עטלעכע פֿעדער־צייכענונגען פֿון אַ פּאָר שנײַדער־געזעלן אין מײַן טאַטנס וואַרשטאַט אַ מאָל, אַ מאָל, אין מײַנע קינדער־יאָרן.

דער פּאָרטרעט פֿון אַ שנײַדערשטוב וואָלט נישט געווען גאַנץ, ווען איך וואָלט נישט דערציילט כאָטש וועגן איין לערנייִנגל.

אַ מײַסטער פֿלעגט אַרײַננעמען אַ לערנייִנגל צו זיך אויף דרײַ יאָר. דאָס לערנייִנגל האָט געהאַט עסן און שלאָפֿן בײַם מײַסטער, ביז ער האָט זיך אויסגעלערנט די מלאָכה.

געווען בײַ אונדז אַ סך לערנייִנגלעך וואָס האָבן זיך נישט געהאַלטן אַפֿילו קיין צוויי וואָכן. דער שולדיקער בין איך געווען.

מײַן טאַטנס מאָס איז געווען, צי דאָס לערנייִנגל לערנט זיך טאַקע די מלאָכה אַחוץ זײַנע אַנדערע פֿליכטן: העלפֿן דער מײַסטערקע, באַדינען די שנײַדער־געזעלן. מײַן מאָס איז געווען, צי קען אַ לערנייִנגל דערציילן מעשׂיות. האָט ער געקענט דערציילן מעשׂיות, איז אים געווען ווויל ווי די וועלט. האָט ער נישט געקענט, בין איך אים אַזוי דערגאַנגען די יאָרן, אַז ער האָט געמוזט אַוועק.

אַזאַ לערניונג, וואָס האָט געקענט דערציילן מעשׂיות, איז געווען שמואליק, אַ ברעזעווער[2] דאָרף־בחור. ער איז געווען אַ געזונטער, שטאַרקער יונג, מיט אַ רויט פּנים, פֿול מיט זומער־שפּרענקעלעך. זײַנע מעשׂיות זײַנען געווען אויסטערלישע: וועגן מכשפֿים און מכשפֿות; וועגן פּרינצן און פּרינצעסינס וואָס ווערן פֿאַרנאַרט אין היילן; וועגןביימער וואָס גייען צו פֿוס קיין ווין, כּדי צו דערציילן דעם קייסער אַז זײַן טאָכטער האָט חתונה געהאַט מיט אַ שד; דער שד האָט אײַנגעשלעפּערט אַלע בריוועטרעגערס פֿון דער מדינה, דערפֿאַר מוזן די ביימער ווערן די בריוועטרעגערס, כּדי דעם קייסער צו טאָן מעלדן.

איך האָב געשלונגען זײַנע ווילדע מעשׂיות און תּמיד געוואָלט נאָך. און שמואליק האָט דערציילט נאָך און נאָך, ביז איך פֿלעג אַנטשלאָפֿן ווערן.

אָבער שמואליק האָט שוין נישט געקענט אַנטשלאָפֿן ווערן. זײַן פּרימיטיווע דאָרפֿישע נשמה האָט זיך דערשראָקן פֿאַר זײַנע אייגענע מעשׂיות. ער איז געלעגן אַ גאַנצע נאַכט אין זײַן באַנקבעטל און נישט צוגעטאָן קיין אויג. דעם אַנדערן טאָג איז ער אַרומגעגאַנגען ווי פֿריטשמעליעט, ווי אַ נעבטיקער: וואָס מ׳האָט אים געהייסן טאָן, האָט ער געטאָן פֿאַרקערט. און עס זײַנען אַוועק עטלעכע טעג ביז ער האָט זיך אויסגעשטשוכעט. ער האָט ממש געציטערט פֿאַרן שבת־צו־נאַכטס, ווען דער מײַסטער און די מײַסטערקע זײַנען אַוועק אָדער אין טעאַטער אָדער אין אַ בירהאַלע פֿאַרברענגען און האָבן אים, שמואליקן, איבערגעלאָזט מיט די קינדער.

איך האָב זיך קוים דערוואַרט אויף דעם שבת־צו־נאַכטס פֿאַר וועלכן שמואליק האָט אַזוי געציטערט:

– שמואליק, דערצייל!

און שמואליק האָט געפּרוווט דערציילן און מילדער מאַכן די מעשׂיות. די מכשפֿה האָט שוין נישט געהאַט איין אויג אין סאַמע מיטן פֿון שטערן, נאָר צוויי אויגן ווי אַלע מענטשן. אָבער איך האָב גוט געדענקט די מעשׂה פֿון פֿאַראַכטטאָגן. איך האָב אים נישט געלאָזט

2 אַ דאָרף אין בוקאָווינע, שפּעטער אין רומעניע (Breaza).

ענדערן די מעשׂה. די מכשפֿה האָט געמוזט האָבן איין אויג אין מיטן שטערן. דאָס אויג האָט געגליט ווי אַ גליִענדיקע קויל. שמואליק האָט זיך גערדרייט אַהין און אַהער, און איך האָב אים דערמאָנט די מעשׂה מיט אַלע גרוילן. ער איז געווען אַ געפֿאַנגענער אין זײַנע אייגענע מעשׂיות, און איך האָב אים נישט געלאָזט זיך באַפֿרײַען.

איין מאָל, אין אַ שבת פֿאַר נאַכט. מײַן מאַמע האָט געוואַרט, דער טאַטע זאָל זיך אומקערן פֿון שטאָט. מײַן מאַמע האָט זיך צוגעשפּאַרט אויף דער סאָפֿקע. מיט אַ מאָל פֿילט זי ווי עמעצער טאַנצט איר צוקאָפּנס. זי עפֿנט די אויגן. קיינער נישטאָ. זי ווערט ווײַטער אַנטדרימלט. מע טאַנצט איר ווידער צוקאָפּנס. זי שפּרינגט שנעל אַראָפּ פֿון דער סאָפֿע און זעט ווי עפּעס ווײַס פֿאַרשווינדט אין צווייטן צימער אַרײַן. מײַן מאַמע לויפֿט אַרײַן אין צווייטן צימער און זעט ווי שמואליק האַלט בײַם אַרײַנשפּרינגען אין זײַן באַנקבעטל.

– וואָס איז דאָס, שמואליק? פֿאַר וואָס האָסטו מיר געטאַנצט צוקאָפּנס?

און שמואליק האָט איר דערציילט ווי איינער פֿון די גזעלן האָט אים מיטגענומען אין ייִדישן טעאַטער. דאָרט האָט ער געזען שפּילן דעם יצר־הרע. פֿון דעמאָלט אָן טאַנצט אים דער יצר־הרע יעדע נאַכט צוקאָפּנס.

– דערפֿאַר האָסטו מיר געטאַנצט צוקאָפּנס? וואָס איז דער שׂכל?

פֿאַר שמואליקן איז דאָס נישט געווען אַ פֿראַגע פֿון שׂכל. זײַן דאָרפֿישע נשמה איז געווען פֿול מיט איבערגלייבערישע מוראס און זײַן טאַנצן אין די גאַטקעס בײַ מײַן מאַמען צוקאָפּנס איז געווען אַ פּרימיטיווער עראָטישער אימפּולס. ער האָט געזען דעם יצר־הרע אין ייִדישן טעאַטער און דער אימאַזש פֿונעם יצר־הרע האָט אים נישט אָפּגעלאָזט. פּונקט ווי זײַנע פֿאַנטאַזיעס וועגן שדים און רוחות זײַנען פֿאַר אים געוואָרן ווירקלעכקייטן וואָס האָבן אים געשראָקן און אים נישט געלאָזט שלאָפֿן דורך די נעכט.

די ייִדישע שנײַדערשטוב אין טשערנאָוויץ איז הײַנט בלויז אַ דערמאָנונג. דער שנײַדער־מײַסטער, די מײַסטערקע, די שנײַדער־געזעלן און די לערנייִנגלעך זײַנען אַש און טרויער. די בענקשאַפֿט – בלויז אַ ריר טאָן דאָס אַש מיט אַ פֿינגער, און די געשטאַלטן ווערן אויף אַ רגע ווידער וואָר.

חוה גראָסס (אַננאַ מאַרגאָלין)

# פֿון אַ טאַגעבוך

**פֿינפֿטן יולי.**

הײַנט בין איך צו איר צוגעגאַנגען און האָב איר געזאָגט: „איך וויל איר זאָלט מיר אַלץ דערציילן. פֿאַר וואָס? נו, איר פֿאַרשטייט דאָך... איך מוז אַלץ וויסן וועגן אים."

ווען איך האָב אויפֿגעהויבן די אויגן, האָב איך אויף איר רחמנות געקריגן: אירע הענט האָבן פֿיבעריש געקנייטשט דאָס זײַד פֿון דעם שירעם; אין די אויגן, האָב איך באַמערקט, האָבן אויפֿגעבליצט טרערן און באַלד פֿאַרשוווּנדן.

זי האָט זיך ניט פֿאַרוווּנדערט און שטיל, אַלע מינוט זיך אָפּשטעלנדיק, געענטפֿערט: „איך וועל אײַך דערציילן. קומט צו מיר. אפֿשר... אפֿשר וועט עס אײַך אָפּהאַלטן פֿון עפּעס. קומט צו מיר."

דערנאָך האָט זי געזאָגט: „ניט איצטער. איצט איז מיר שווער. מאָרגן פֿאָר איך אַוועק און וועל זײַן צוריק אין אַ חודש. דעמאָלט וועט איר צו מיר קומען."

זי האָט מיר איר אַדרעס געגעבן. אויף אַ קליין גרוי שטיקעלע פּאַפּיר האָט זי אים אויפֿגעשריבן. איך האָב אויף אים קיין קוק ניט געטאָן און גלײַך אַרײַנגעלייגט אין קעשענע.

נאָך אַ חודש, און איך וועל אַלץ וויסן.

–

עטלעכע מאָל האָב איך זי באַגעגנט. צוויי מאָל מיט אים צוזאַמען. ס'האָט זיך דעמאָלט געדאַכט, אַז זי איז גוט און גליקלעך. דערנאָך בײַ אים אין צימער אַן אומעטיקע, אַ פֿאַרזאָרגטע. דערנאָך אַליין אין אַלע ערטער, ווו מע קען אים טרעפֿן, שטענדיק אַ ציטערנדע, מיט אַראָפּגעלאָזטע אויגן און אַ רחמנותדיקן שמייכל אויפֿן בלאַסן פּנים. איך האָב געוווּסט, אַז זי איז זײַן געליבטע און האָב דעריבער גוט באַמערקט איר אויסזען. אַ בלאַס אומבאַדײַטנד געזיכט. איינס פֿון די געזיכטער, אָן וועלכע עס איז זיך שווער צו דערמאָנען, – דו טרעפֿסט זיי אויף יעדן שריט און טריט. אויסגעלאָשענע שמאָלע אויגן. אין גאַנצן עפּעס אַ גרויע, אַן אויסגעלאָשענע. איך האָב געוואָלט הערן איר קול, האָב איך זי איין מאָל געפֿרעגט, אויב עס איז קאַלט אין דרויסן. אַ קול האָט זי אַ דינינקן, אַ קינדערשן, וואָס פּאַסט גאָר ניט צו איר פֿאַרעלטערטן פּנים.

איך צווייפֿל קיין מינוט ניט, אַז ער איז נאָענט אויך מיט אַנדערע פֿרויען. נאָר זי איז די איינציקע פֿון וועלכער איך ווייס, אַז ער איז מיט איר נאָענט. פֿאַר מיר איז דאָס קלאָר, ווי דער טאָג. עס האָבן מיר דערפֿון דערציילט אירע אומרויִקע באַוועגונגען, ווען זי זעט אים, און דער שולדיקער און צופֿרידענער שמייכל, וועלכער באַווײַזט זיך אויף זײַנע ליפּן

פֿון: **די צוקונפֿט** (4), 1909: ז"ז 243–247.

אין איר אָנוועזנהייט; אין אירער, אין מײַנער און געוויס אין דער אָנוועזנהייט פֿון אַנדערע פֿרויען, וועלכע איך קען ניט.

זי קען מיך אויך. זי ווייסט געוויס, וואָס פֿאַרבינדט מיך מיט אים. מיר באַגעגענען שטענדיק איינע די אַנדערע וואַרעם און פֿריילעך, אַזוי ווי מיר וואָלטן געווען זייער גליקלעך צו טרעפֿן זיך. נאָר היינט איז שוין פֿאַר מיר געווען צו שווער צו שפּילן די ראָלע. אין קאָפּ האָט געקלאַפּט: „דו מוזט וויסן. דו מוזט אַלץ וויסן.“ בין איך צו איר צוגעגאַנגען.

נאָך אין אַ חודש.

**6טן.**

אויף אַ מינוט וועקט זיך די פֿראַגע: „וואָס פֿאַר אַ רעכט האָסטו מיט געוואַלט איבערצולייענען אַ בלעטל פֿון זײַן לעבן, וועלכן ער וויל פֿון דיר באַהאַלטן, אונטערצוגנבֿענען זיך, שפּיאָנירן הינטער זײַן פּלייצע?“

איך קלײַב אויס די האַרטסטע, שטרענגסטע ווערטער: ‚אונטערגנבֿענען זיך, שפּיאָנירן‘, און דאָך האָבן אויף מיר די ווערטער קיין שליטה ניט. איך שעם זיך ניט, איך פֿיל זיך ניט שולדיק: איך האָב ליב.

מײַן איינציקער ענטפֿער, מײַן איינציקע פֿאַרטיידיקונג: איך האָב ליב און בין פֿון ליבע קראַנק. מיך מאַכט קראַנק מײַן ניט־קענען זיך אָפּנאַרן, ניט־קענען זיך פֿאַרגעסן אַפֿילו אין די מינוטן, ווען איך בין מיט אים. אַדרבה, מײַן זען און הערן ווערט דעמאָלט אומגעהײַער שאַרף און אָנגעשטרענגט. יעדע באַוועגונג, יעדעס וואָרט, יעדער אויסדרוק איז אַ פֿאַסירונג, פֿון וועלכער איך טראַכט טעג און נעכט, טעג און נעכט. איך קלײַב זיך פֿונאַנדער אין אַזעלכע פֿאַסירונגען, צעגלידער זיי אויף די קלענסטע טיילעכלעך. אַ פֿאַלשער טאָן, אַ געקינצלטער שמייכל מאַכט מיך טיף אומגליקלעך. און שטענדיק אין די געדאַנקען פֿון אים שטויס איך זיך אָן אויף אַ פֿעסטע וואַנט, – זײַן לעבן, זײַן וועלט, וואָס ער האָט אויסער מיר און וויל מיר ניט ווײַזן. שטיי איך פֿאַר איר שעהען לאַנג מיט פֿאַרשטאַרטע אויגן.

איך האָב ליב, – דאָס גיט מיר רעכט. און אויב עס גיט ניט קיין רעכט, דאַרף איך קיין רעכט ניט האָבן. איך וועל טאָן אַזוי, ווײַל איך קען ניט אַנדערש. איך קען ניט.

**8טן.**

מיר איז שלעכט.

און אין די בייזע טעג לעב איך ווידער איבער מײַן אַלטן שיינעם חלום. איך געדענק ניט, אין שלאָף אָדער אויפֿן וואָר איז ער צו מיר געקומען.

שטענדיק אַזוי: ווען מײַן לעבן ווערט טרויעריק און פֿינצטער, קלײַב איך אויף אין דער פֿאַרגאַנגענהייט פֿונקען פֿון ריינער פֿרייד, פֿון אומבאַפֿלעקטן גליק און צינד מיט זיי אָן די פֿאַרטונקלטע נשמה.

און אָט איז ער מײַן אַלטער שיינער חלום:

אַ שטילע נאַכט האָט ציטערנד אויסגעשפּרייט די פֿליגל איבערן בליִענדן טאָל, זי האָט אים אײַנגעהילט אין שטערנלערע[ר] פֿינצטערניש. און אין מיטן פֿון טאָל הייבט זיך אויף הויך און שטאָלץ אַ באַרג, מיט שניי באַדעקט, און גייט אַוועק מיטן שפּיץ אין די ווײַטע הימלען. דאָ און דאָרט אין טאָל פֿלאַקערן אויף אָנגעצונדענע פֿײַערן, און אַרום זיי דרייען זיך אין אַ ווילדן קאַראַהאָד, אין אַ פֿאַרפֿירערישן טאַנץ מענער און פֿרויען. די לופֿט איז הייס און שווער פֿון זייערע זינדיקע לידער, פֿרעכן געלעכטער, פֿון שיכּורן קושן און צערטלען. איך, אויך איינע פֿון זיי, בלאָנדזשע צווישן זיי, זינגענדיק און טאַנצנדיק, מיט צעבלאָזענע האָר, אויף וועלכע עס גליט אַ קראַנץ פֿון רויטן מאָן געפּלאָכטן. נאָר מײַן האַרץ, פֿול מיט צער און בענקען, איז ניט מיט זיי; מײַנע אויגן זײַנען צום שניי־באַדעקטן באַרג געווענדט, צו זײַן אין נעפּל באַהאַלטענעם קאָפּ. און וואָס העכער עס קלינגט דאָס פֿריילעכע ליד, אַלץ שטאַרקער ווערן צער און בענקען, ציִען די נשמה אין דער הייך, געבן איר פֿליגל די הייך צו דערגרייכן. שטיל שלײַך איך זיך אַרויס פֿון ווילדן קרײַז, – קיינער האָט ניט באַמערקט, און גיי אַהין, וווּהין דאָס האַרץ גלוסט. איך און די פֿינצטערניש טוליען זיך צום באַרג, – ביידע לעכצן צו ליכטיקער הויכקייט. בלײַבט זי ליגן באַלד אַ שוואַכע, אַ מידע בײַ זײַן פֿוס; איך אַליין שטײַג צו די סודותדיקע שפּיצן. מײַן קראַנץ האָט דער ווינט אַוועקגעטראָגן, דאָס ליד האָט ערגעץ פֿאַרקלונגען. איך גיי מײַן וועג אָן לידער און בלומען. און דער באַרג וויל מיך ניט לאָזן, דאָס שוואַכע מענטשנקינד, אָנצורירן זײַן שטאָלצן קאָפּ, שרעקט ער מיך מיט אָפּגרונטן און גליטשיקע שטיינער. ער האָט מיר די קליידער צעריסן, דאָס לײַב צעבלוטיקט, די פֿיס פֿאַרווּנדעט. נאָר וואָס איז דאָס ווערט פֿאַר דעם גליק צו זען די ערד ווײַט, דעם הימל נאָענט? אָט איז דאָך דער הימל, אַלץ נעענטער, אַלץ נעענטער – מיט דער האַנט צו דערלאַנגען!

בענקשאַפֿט האָט גובֿר געווען דעם שרעק – דאָרט אונטן רייכערן זיך נאָך די בײַנאַכטיקע פֿײַערן. אָבער אויף מײַן ציטערנדן קערפּער, אויפֿן האַרטן שניי, וואָס באַדעקט דעם שפּיץ, פֿאַלן ווייך די שטראַלן פֿון אַן אויפֿגייענדער זון.

**9טן.**

איך האָב נעכטן ניט געקענט מער שרײַבן, אַזוי באַרוישט בין איך געווען פֿון אייגענעם חלום. נאָך הײַנט פֿיל איך זיך שטאַרק און הויך איבער דער ערד אויפֿגעהויבן. פּונקט ווי מילדער און בלאַסער איז געוואָרן דאָס לײַדן פֿון דער לעצטער צײַט.

**10טן.**

איך וויל נאָר וויסן, וואָס פֿאַר אַ ליבעווערטער ער האָט איר געזאָגט: צי די אייגענע, וואָס מיר, אָדער זי האָט אין אים אַנדערע אויפֿגעוועקט? האָט ער געזוכט איר באַגעג[ענע]ן? דערציילט איר, אַז ער איז פֿון לײַדנשאַפֿט קראַנק, אַז ער דאַרף קיינעם ניט, נאָר זי?

איך וויל נאָר דאָס זאָל זי מיר דערציילן. ניט מער.

–

ווירקלעכקייט און חלום פֿלעכטן זיך צוזאַמען, גיסן זיך צונויף, און איך ווייס ניט, ווו איינס לאָזט זיך אויס, ווו דאָס אַנדערע הייבט זיך אָן.

איך בין אַ קעניגין. נו יאָ, איז דען שווער זיך פֿאָרצושטעלן, אַז איך בין אַ קעניגין? איך זיץ אין קעניגלעכן איצט האַלב טונקעלן טראָנזאַל און אויך איר, מײַן הויפֿדאַמע, האָב איך [ד]ערלויבט זיך צו זעצן ניט ווײַט פֿון מיר.

מיט אַ האַרטן שמייכל האָב איך איר געזאָגט, אַז איך וויל, זי זאָל מיר אַלץ דערציילן. און די הויפֿדאַמע (איר געזיכט איז גרוי און די אויגן אויסגעלאָשן) דערציילט שטיל, אַלע ווײַלע זיך אָפּשטעלנדיק, ווי דער גרויסער קינסטלער האָט איר ליבע געזוכט, געזאָגט איר, אַז ער איז פֿון לײַדנשאַפֿט קראַנק, אַז ער דאַרף קיינעם ניט, נאָר זי.

איך הער אַ קאַלטע, אַ שטאָלצע און שפּיל נאָכלעסיק מיט דעם בריליאַנטענעם דיאַ־דעם: קיינער טאָר ניט זען, ווי די קעניגין לײַדט. נאָר זי דערציילט ווײַטער: ווי הייס ער האָט זי געקושט, ווי ווייך געצערטלט, וועלכע ליבעווערטער ער האָט פֿאַר איר געפֿונען... און איך גיב אַ צייכן, זי זאָל אויפֿהערן. זי ווערט שטיל און טיף פֿאַרנייגנדיק זיך פֿאַרלאָזט זי דעם זאַל. און אויף מײַנע ליפּן איז נאָך אַלץ דער קאַלטער שטאָלצער שמייכל, און די הענט שפּילן נאָך אַלץ מיט דעם בריליאַנטענעם דיאַדעם: קיינער טאָר ניט זען ווי די קעניגין לײַדט.

– – –

אַזוי קינדעריש! אַזוי לעכערלעך! איך בין ניט קיין קעניגין, – אַ מיד קינד מיט גרויסע פֿאַרלאַנגען בין איך. זי איז ניט קיין הויפֿדאַמע – אַן אָרעמע אַרבעטסמיידל. ער איז ניט קיין קינסטלער.

איך ווייס, אַז זי וועט מיר אַלץ דערציילן, אָבער דאָס וויסן מאַכט מיר ניט גרינגער. מיר איז גאָר שווער צו טראַכטן וועגן דעם. ווען דאָס, וואָס איז אוממעגלעך, וואָלט מעגלעך געוואָרן – ווען ער וואָלט צו מיר אַליין צוגעגאַנגען און אַלץ פֿאַרטרויט, אַלץ. ווען – טרערן שטיקן מיך.

**14טן.**

מײַנע ביכער, מײַנע גרויסע פֿרײַנד קוקן אויף מיר מיט שטומען פֿאַרדראָס, רופֿן צו זיך.

**15טן.**

הײַנט, ווען איך האָב אים באַגעגנט, איז ער געווען ניט אַליין. זײַן באַקאַנטער, וועלכער האָט פֿאַרווײַלט מיט אונדז עטלעכע מינוט, האָט צווישן אַנדערע דערמאָנט אויך איר נאָ־מען. ווען יענער איז אַוועק, האָט ער געזאָגט: „זי איז זייער אַ וויכטיקער חבֿר“, כאָטש איך האָב אים ניט געפֿרעגט, ווער זי איז. און וואָס זאָגט ער איר וועגן מיר? מסתּמא, מיט דער זעלבער באַדײַטנדער מינע: „זי איז זייער אַ ניצלעכע אַרבעטערין.“

איך האָב אויף אים רחמנות. וויפֿל דאַרף ער זיך אָנשטרענגען, וויפֿל ליגן זאָגן, כּדי איך

זאָל זי האַלטן פֿאַר אַ וויכטיקן חבֿר, זי מיך פֿאַר אַ ניצלעכע[ר] אַרבעטערין. און איך, און זי זײַנען דאָך בײַ אים ניט די איינציקע. אָרעמער.

און אַ מאָל דאַכט זיך מיר, אַז אים טוט באמת וויי, אַז אַ מאָל פֿילט ער זיך טיף שולדיק אין דעם, וואָס צוליב קליינע, קלייניקע תּאווה צעברעכט ער בליִענדע לעבנס, פֿאַרסמט און קאַליעטשעט יונגע נשמות.

איך האָב אויף אים רחמנות.

**17טן. בײַ טאָג.**

איך האָב זיך צוריקגעקערט צו מײַנע ביכער. איך אַרבעט הײַנט אַ סך ביז צום שיכּור ווערן.

**בײַ נאַכט.**

נאָך אַ מאָל: איך אַרבעט הײַנט אַ סך ביז צום שיכּור ווערן, אָבער ניט כּדי שיכּור צו ווערן. איך בין יונג און שטאַרק און האָב ניט קיין מורא צו פֿאַרבלײַבן מיט מײַן צער אויג אויף אויג, אויסטרינקען אים ביזן דעק. נאָר ווײַל איך בין יונג און שטאַרק ציט מיך צו זיך די אַרבעט, ווי דאָס לעבן, ווי דאָס גליק פֿון לעבן.

די לעצטע צײַט שטעל איך זיך אָפֿט אָפּ אַ פֿאַרוווּנדערטע פֿאַר דעם שאַפֿן פֿון די פֿאַר־שוווּנדענע האַלב פֿאַרגעסענע פֿעלקער. דער עבֿר ווערט מיר נאָענט און טײַער, ווי דער הײַנט, ווי די פֿאָרויספֿילונגען פֿון דעם מאָרגן. מיר דאַכט זיך אַ מאָל, אַז איך באָד זיך אין דעם ליכט פֿון יענע שטערן, וועלכע זײַנען שוין לאַנג אויסגעלאָשן געוואָרן, וואָס שיקן אָבער ביז הײַנט נאָך צו אונדז זייער העל גלענצנדע שטראַלן. דינע פֿון גאָלד געוועבטע פֿעדעם פֿאַרבינדן אונדז מיט זיי.

**24טן.**

איך טראַכט אַ מאָל, אַז וואָס צײַט און מענטשן וועלן בײַ מיר ניט צונעמען, וועל איך דאָך בלײַבן רײַך, רײַכער, ווי קרעזוס איז געווען. צײַט און מענטשן וועלן בײַ מיר ניט אַוועק־רויבן די גליקזעליקייט, וואָס גיט הײַנעס ליד, בעטהאָווענס סאָנאַטע, ווינטשיס אַ בילד.

**25טן.**

קוים הייבט מען זיך אויף אַ ביסעלע העכער פֿון אייגענע קלייניקע פֿרייד און צער, עפֿענען זיך אויף קריסטאַל קלאָרע קוואַלן פֿון נײַעם גליק און נײַעם לײַדן. עס גייט פֿאַר דיר פֿאַרבײַ די מענטשהייט אין איר פֿאַרביטערטער מלחמה מיטן טויט, אין איר הייסן שטרעבן אַריבערצוטרעטן די גרענעצן פֿון מעגלעכס, אַרײַנצודרינגען אין גרויסן סוד, דאָס אומענד־לעכע מיט פֿעסטע אָרעמס אַרומצונעמען. איז זי ניט ווי אַן אָדלער, וואָס הייבט זיך דורך נעפּל און וואָלקן אַלץ העכער און העכער צו דער זון, כּדי אָנצוזירן איר פֿײַערדיקע ברוסט מיט די מעכטיקע פֿליגל, כּדי צו זויגן פֿון איר דאָס אייביק פֿליסנדע ליכט? איז זי ניט, ווי –

ניין, ניט אַזוי. איך וויל ניט קיין רעטאָריק, קיין פֿראַזן און קען ניט געפֿינען קיין ווער־טער, וואָס זאָלן זײַן טיף און גרויס, ווי מײַן ליבע צום מענטשן, ווי מײַן אַכטונג צו זײַן שאַפֿן. ניט מיט ווערטער, מיט מײַן לעבן וועל איך עס באַווײַזן.

איך וויל עס באַווײַזן מיטן לעבן. דער מוח, די נערוון, אַלע כּוחות וועל איך אַוועקגעבן מײַן אַרבעט. און איך נאָר זיך אין זיך ניט אָפּ, איך שעץ זיך ניט איבער. אויב מײַן געדאַנק איז שוואַך, בליצט אויף נאָר אויף אַ מינוט, שטעלט זיך אָפּ דערשראָקן פֿאַר יעדער הינדערניש, וויל איך אויפֿקלײַבן די שענסטע, די העלסטע געדאַנקען פֿון דורות לאַנג, וועלכע האָבן ביז איצט געלויכטן נאָר פֿאַר ווייניקע אויסגעקליבענע, און מאַכן זיי קלאָר, פֿאַרשטענדלעך פֿאַר טויזנטער און צענדליקער טויזנטער. זאָלן די טויזנטער און צענדליקער טויזנטער זיך וואַרעמען אין דער זון, וועלכע שײַנט מיר, זאָלן זיי געניסן פֿון דעם גליק, וועלכער איז מיר באַשערט.

**27טן.**

די לעצטע טעג האָב איך כּמעט ווי פֿאַרגעסן אין אַדרעס, ניט פֿאַרגעסן, נאָר ניט גע־טראַכט וועגן אים. הײַנט איז מיר פּלוצלינג אַרויפֿגעשווומען אין זכּרון די גאַנצע סצענע, ווי איך בין צו איר צוגעגאַנגען, געבעטן זי זאָל מיר אַלץ דערציילן... דאָס בלוט האָט זיך מיר געוואָרפֿן אין פּנים. איך האָב זיך פֿאַר מײַנע ביכער פֿאַרשעמט.

מע מוז עס פֿאַרגעסן, כאָטש אויף אַ ווײַלע, כּדי צו פֿילן זיך ריין. אַרבעטן מוז מען.

**28טן.**

אַ גאַנצן טאָג זיץ איך בײַ מײַנע ביכער. נאָר אָט קומט דער אָוונט שטיל, פֿאַרבענקט און טרויעריק, און די אַרבעט גליטשט זיך אומבאַמערקט אַרויס פֿון די הענט. עס פֿאַרווילט זיך פּלוצלינג זען אַ ברייטן ווײַט אויסגעשטרעקטן הימל, אַ טונקעלע ערד, וואָס זאָל אָטעמען פֿרײַ, ניט דערשטיקט אונטער שווערע שטיינער. דאָ אין די לאַנגע שמאָלע גאַסן צווישן די הויכע מויערן קענסטו אַזעלכע וווּנדער ניט טרעפֿן.

וואַרף איך זיך אין מײַן בעטל, פֿאַרמאַך די אויגן און מײַן פֿאַנטאַזיע טראָגט מיך שוין אַוועק אַהין, ווו דער הימל איז ברייט און ווײַט, ווו די טונקעלע ערד אָטעמט פֿרײַ – אין מײַן אָרעמע[ר] ליטע.

מײַן אָרעמע ליטע. אַ קרענקלעך בלאַסער זומער־אָוונט האָט זיך שוין אַראָפּגעלאָזט אויף איינע[ר] פֿון אירע אַלטע פֿאַרטראַכטע שטעט; האָט זיך אַראָפּגעלאָזט שטיל און זאַכט, ווי ניט וועלנדיק שטערן איר טרויעריקן טראַכטן. מיט ציטערנדן לבֿנה־ליכט האָט זי באַ־גאָסן דעם ,ברייטן׳ וועג, וועלכער פֿירט צו די טונקעלע גרינע פֿעלדער מיט זייערע ערגעץ ווו צעוואָרפֿענע פּילצווײַגיקע ביימער. מע זעט ניט קיין מענטש, קיין פֿור, מע הערט ניט קיין פֿויגל זינגען: אַלץ שווײַגט. און מיר איז שלעכט. אַ לאַנג דערוואַרטעטער אומגליק איז צו מיר געקומען. צו שווער איז עס פֿאַר מײַנע אַקסלען – ניט אַריבערצוטראָגן. וויל איך אים טיף באַהאַלטן, קיינער זאָל ניט זען, אַפֿילו דער אַלץ זעענדער הימל. שנײַד איך גיך איבער

דעם ,ברייטן׳ וועג און גיי צו דעם מיט גראָז באַוואַקסענעם פֿעלד אַהין, ווו עס וויגן זיך עלנט דיביימער. אָן טרערן, אָן ווערטער פֿאַל איך צו צו דער פֿײַכטער ערד, וועלכע איז אַזוי פֿיל געטראָטן און דורכגעשניטן געוואָרן, צום אײַנגעהויקערטן בוים, וועלכער האָט שוין אַזוי פֿיל שטורעמס און דונערן געזען, טוליע זיך צו זיי – זיי זײַנען מיר נאָענט אין צער. און אַלץ שווײַגט. פּונקט ווי אַ שאָטן פֿון גרויסן לײַדן האָט דורכגעשוועבט דורכן הימל, אַראָפּ־געפֿלאַטערט צו דער ערד און אָנגערירט זי לײַכט, זיך דורכגעטראָגן אויף אַ ווײַלע פֿאַר דעם מענטשנס אויגן, און דער הימל, דער מענטש, די ערד האָבן זיך אָפּגעשטעלט פֿאַרוווּנדערט פֿאַר דער גרויסקייט פֿונעם לײַדן און זײַנען אַנטשוויגן געוואָרן. און די שטילקייט נעמט מיך אַרום מיט צאַרטע אָרעמס, קושט ווייך די פֿאַרוווּנדעטע נשמה, דערציילט פֿון פֿרעמדע וועלטן, ווו זי איז די הערשערין. נאָר זי. און ניט ווײַט פֿון מיר הייבן זיך אין ליכטיקע רייען די הײַזער פֿון מײַן שטאָט. איך דערקען צווישן זיי מײַן מוטערס הויז. איך ווייס, אַז אין שטוב איז פֿינצטער, – קיינער איז ניטאָ: דער טאַטע איז שוין לאַנג אויף יענער זײַט ים. איך ווייס, אַז עס איז אָפֿן דאָס פֿענצטער, און בײַ אים שטייט מײַן פֿרי אַלט געוואָרענע מאַמע מיט איר פֿון צאָרן און טרויער פֿאַרגליווערט געזיכט. און איך ווייס, אַז איר בליק איז געווענדט צום טונקעלן פֿעלד, צו די אַלטע ביימער, וועלכע רויבן פֿון איר איר קינד. און איר בליק רופֿט און ציט, באַפֿעלט און בעט. איך קען ניט אים ניט פֿאָלגן. אין שטומען צער פֿאַרלאָז איך מײַן אָרט, גיי איבער דעם ברייטן, מיט ציטערנדן ליכט באַגאָסענעם וועג צו די הײַזער פֿון דער פֿאַרטראַכטער שטאָט, צום פֿענצטער, ווו עס שטייט מײַן צאָרניקע, אייביק טרויעריקע מאַמע.

–

קינד, דו חלומסט צו פֿיל. מע טאָר ניט – עס שטערט דער אַרבעט.

**30סטן.**

מײַנע טעג גייען אַוועק אין לערנען און טראַכטן. אין די אָוונטן שרײַב איך אַ סך. איך הייב אָן צו גלייבן אין מײַן יוגנט און ווילן.

**4טן אויגוסט.**

מאָרגן דאַרף איך בײַ איר זײַן. מיך דריקט עס, ווי אַ משׂא דריקט עס. מיר געפֿעלט ניט די גאַנצע געשיכטע. ניט שיין.

יע, הייסט עס, מאָרגן גיי איך. איך האָב דאָך צוגעזאָגט.

**5טן.**

איך האָב צעריסן דעם אַדרעס. פּשוט גענומען און צעריסן.

אין דער פֿרי איז דאָס געווען. איך האָב זיך אָנגעטאָן צו גיין צו איר. איך האָב דאָך צו־געזאָגט. עס איז מיר געווען אַזוי שווער. דער קאָפּ האָט זיך געדרייט. איך האָב אַרויסגענומען דעם גרוי[ען] צעטעלע איבערצולייענען דעם נומער פֿון דער גאַס. איך האָב געקוקט

אויפֿמערקזאַם אויף די ניט־גליַיכע קינדערשע אותיות און גאָרניט געזען. ווי אַ נעפּל האָט די אויגן פֿאַרדעקט. איך ווייס ניט ווי אַזוי, ניט טראַכטנדיק האָב איך עס צעריסן און די שטיקלעך דורכן פֿענצטער אַרויסגעוואָרפֿן.

איצט אָטעמט זיך גרינג און פֿריַי. אָבער איך שעם זיך. איך שעם זיך פֿאַר זיך אַליין: ווי האָב איך עס געקענט טאָן? ווי האָב איך געקענט דערפֿון טראַכטן גאָר? דאָס פּנים ברענט פֿון חרפּה.

**8טן.**

איך האָב זיי היַינט ביידע באַגעגנט. זי האָט געקוקט אויף מיר קאַלט מיט פֿאַרדראָס. ער – מיט אַ שולדיקן שמייכל.

איך ווייס ניט, אויב זיי האָבן איבערגעלייענט אין מיַין בליק די ליבע און מיטליַיד, פֿון וועלכע ער האָט זיי געקענט דערציילן. מיר האָט זיך געוואָלט צוגיין צו דער אָרעמער מיידל, אַרומנעמען זי ווי אַ שוועסטער, און געפֿינען פֿאַר איר ווערטער, וואָס זאָלן אין איר אויפֿוועקן פֿרייד און שטאָלץ. מיר האָט זיך געוואָלט אַריַינקוקן טיף אין זיַינע מידע אויגן און זאָגן אים, אַז איך האָב אויף אים גרויס רחמנות. יע, זאָל ער זיך ניט וווּנדערן – איך האָב אויף אים רחמנות. און איך וויל, אַז ער זאָל זיך קיין מאָל ניט פֿילן שולדיק קעגן מיר. וויַיל, אויב אַפֿילו ער וועט מיר דעם גרעסטן אומגליק ברענגען, אויב אַפֿילו ער וועט זייער פֿאַרעלטערן מיַין נשמה, איין זאַך וועט ער דאָך ניט טייטן – איר שטרעבן צו דער הייך, איר דאָרשטיקע בענקשאַפֿט צום שפּיץ באַרג.

חנה באַריט (אַננאַ מאַרגאָלין)

# אויף אַ באַל

איך בין אַוועק אויפֿן באַל אין דער בעסטער לוינע. יענער טאָג איז צו מיר מילד געווען: ער האָט מיר געבראַכט אַ בריוו פֿון אַ קליינער פֿרוי מיט קאַרע, שטילע אויגן. פֿאַרן יאָר, וואָס איך לאַנגווײַליק זיך אין דער פּראָווינץ, האָב איך איר געשענקט אַ סך לוסטיקע לידלעך און טרויעריקע בליקן. און זי האָט זיך פּלוצעם קאַלט אָפּגעזעגנט מיט מיר און אַוועק אין אַ ווײַטע[ר] שטאָט. איצט האָט זי געשריבן, אַז אַלץ – דער אָפּשייד, דער אַוועקפֿאָר – זײַנען נאָר געווען מיטלען מיך צו פֿאַרגעסן. אומגעלונגענע מיטלען. זי קען עס שוין מער ניט אַריבערטראָגן דאָס זײַן אָן מיר. איר ליבע איז גרויס און אייביק.

באַ, גרויס און אייביק. דאָס איז גראָד צו פֿיל. אָבער ווי עס איז, אויף אַזאַ נצחון מעג מען, דאַכט מיר, שטאָלץ זײַן. און אַ פֿריילעכער בין איך אַוועק אויפֿן באַל.

איך בין געקומען שפּעט – צו די טענץ. אין דער פּראָווינץ טאַנצט מען מיט גרויס חשק און היץ, אָבער צו ערנסט, מיט צו פֿיל כּוונה, ווי מע וואָלט אַ טרויעריקן חובֿ [ד]ערפֿילט. בין איך אַוועק אין אַן אָפּגעלייגט צימער, וווּ די יונגוואַרג האָט זיך געווײַלט מיט פֿליִענדער פּאָסט, – מיט דער ליבלעכער קינדערשפּיל פֿאַר דערוואַקסענע.

‚פֿליִענדע פּאָסט׳ – ווי דער נאָמען פּאַסט זיך דאָ! עס פֿליִען צעטעלעך בלאָע, ראָזע, רויטע, אָפֿט צו אומבאַקאַנטע מיידלעך, און רוימען זיי אײַן גאָט ווייס וואָס פֿאַר אַ ליבע־נאַרישקייטן. און די מיידלעך, אַלץ שטײַפֿע, אָנגעצויגענע, – פּרוּוו זיי נאָר זאָגן אַ וואָרט ניט אַזוי, וועלן זיי דיך אָפּמעסטן מיט אַ בליק, – די שטאָלצע מיידלעך גראָבן זיך אײַן אין די צעטעלעך מיט גיריקע אויגן, זוכן עפּעס, געפֿינען און זײַנען גליקלעך. און ווי בלומענבלעטלעך פֿינקלט אין זייערע האָר דאָס פֿאַרשײַטע קאָנפֿעטי, און לאַכנדיק נעמט זיי אַרום דער פֿריילעכער סערפּאַנטין.

הײַנט האָט זיך מיר געוואָלט זײַן נאָר צושויער. און כאָטש איך האָב זיך אַ נדר געגעבן טרײַ צו זײַן מײַן קינפֿטיקע[ר] געליבטער – אַ קליינער פֿרוי מיט שטילע אויגן – האָב איך דאָך מיט גרויס הנאה געקוקט אויף יונגינקע דאַמען אין די העלע ווייך רוישנדע קליידער. און אויב שוין יע זיך מודה זײַן, האָב איך ניט איינע פֿון זיי געקושט אין די געדאַנקען. נאָר אין די געדאַנקען.

און דאָ פֿאַלט מײַן בליק אויף אַ מיידל.

זי איז געווען יונג, אָבער קיין מאָל ניט שיין. אַ גרויסער קאָפּ אויף אַ הויכן האַלדז. שמאָלע שאַרע אויגן. צו די פֿליישיקע ליפּן האָט זיך מעלאַנכאָליש אַראָפּגעלאָזט אַ געשפּרינקלטע נאָז. זי איז געווען ניט שיין, די מיידל.

פֿון: פֿרײַע אַרבעטער־שטימע, 11.7.1914: ז׳ 3.

זי איז געזעסן איינע אַליין, האַרט בײַם וואַנט, און, ווײַזט אויס, שטודירט דעם רײַכן פֿאָבער פֿון ווײַסע שטרויספֿעדערן. אויף איר געזיכט איז געווען פֿאַרעקשנטע שלעכטס־קייט, שוואַך באַהאַלטן אונטער דער רויִקייט פֿון אַ גוט [ד]ערצויגענעם מענטשן. די כּלל־מערשטיקע גלײַכגילטיקייט פֿון די, צו וועמען דאָס לעבן איז גלײַכגילטיק. ווער דערקענט זיי ניט באַלד?

איך קער זיך אָפּ. ווידער האַלדז איך אין די געדאַנקען שיינע פֿרויען און וואַרף זיי ליבע־ווערטער מיט קיניגלעכער מילדקייט. און אומגערן ווענדט זיך ווידער מײַן בליק צו יענער מיידל.

די מאַסקע פֿון קאָרעקטער קאַלטקייט פֿאַלט ביסלעכווײַז אַראָפּ. דער פֿאָכער... צום טײַוול דער פֿאָכער! זי שלײַדערט אים אויפֿן דערבײַיִקן שטול. זי איז בייז, זי איז אין כּעס. עס טוט איר וויי – אין איר שויס ליגט ניט קיין איין צעטעלע. איר נומער רופֿט קיינער ניט אויס. 78 איז דער נומער, האָב איך באַמערקט.

פֿליט דורך מײַן קאָפּ אַן אידעע.

איך נעם דעם בלײַשטיפֿט און שרײַב:

„אַזוי לאַנג, אַזוי לײַדנשאַפֿטלעך האָב איך דיך געזוכט! אָבער איצט וועסטו פֿון מיר ניט אַוועקגיין. מײַן ליבע וועט דיך געפֿינען."

איך פֿאַרקלעפּ די ברעגעס פֿונעם פּאַפּירל, שרײַב אָן דעם אַדרעס „78" און לאָז עס אַראָפּ אין קאַסטן. צעטעלע, פֿלי.

„נומער 78!" שרײַט אויס אַ ביסל שפּעטער דער פֿאַרסאָפּעטער ייִנגל־בריווטרעגער.

זי הייבט אויף דעם קאָפּ, קוקט צעמישט: מיינט מען עס איר דען? איר טאַקע? די הענט האָבן איר אַוודאי געציטערט, ווען זי האָט גענומען דאָס בריוול.

זי לייענט עס לאַנג, אפֿשר עטלעכע מינוט. די ברעמען, דווקא שיינע ברעמען, דריקן זיך צונויף. זי ציט מיט די אַקסלען. אין אירע אויגן איז חשד. אַ, די מיידל איז, ווײַזט אויס, קלוג. זי מיינט אַ וויצלינג לאַכט זי אויס. וואָס?

פֿאַרדריסט עס מיר, און איך שרײַב ווידער:

„איך בין אײַך ניט אומבאַקאַנט. איר האָט מיר אַ מאָל צופֿעליק באַגעגנט, און צופֿעליק (אַזוי וויל איך גלייבן) ניט באַמערקט. בין איך שטיל אַוועק מיט מײַן חלום וועגן אײַך.

איר זײַט אַ גוטע. איר וועט מיר [ד]ערלויבן אײַך צו זאָגן:

וווּנדערבאַרע, שטאָלצע, איך ליב אײַך."

זי קוקט זיך אום פֿאַרלוירן. „ווער איז עס?" – פֿרעגט איר צערודערטער בליק. „דער שלאַנקער דאָקטאָר אין פּענסנע? דער יונגער סוחר, מיט דער גאָלדענער קייט איבערן וועסט? דער פֿאַרטראַכטער סטודענט, אפֿשר, מיט די לאַנגע האָר?" אָבער יעדער איז פֿאַר־נומען מיט זײַן דאַמע. הייבט זי אָן איבערצוקלײַבן די איינזאַמע, וועלכע מע קען מער אָדער ווייניקער געפֿינען אויף יעדן אָוונט. אויך אויף מיר שטעלן זיך אָפּ אירע וואַסערדיקע אויגן. איך מאַך אין דער מינוט אַ פֿאַרצווייפֿלט־גלײַכגילטיקע מינע. גליטשט זיך ווײַטער איר בליק. ווען איך טו אויף איר אַ קוק, איז מײַן ערשטער אײַנדרוק: זי צווייפֿלט נאָך, אָבער זי הייבט שוין אָן צו גלייבן.

און וואָס מער צעטעלעך עס ברענגט איר די פֿליִענדע פּאָסט, אַלץ זיכערער ווערט איר גלויבן. דער פֿאַרגליווערטער צאָרן ווערט ווייכער, ווייכער און צעמישט אין גאַנצן, ווי קיין מאָל ניט געווען. זי כאַפּט די צעטעלעך, וועלכע איך אימפּראָוויזיר באַגײַסטערט, און שלינגט זיי, דאַכט זיך, אײַן, נאָך איידער זי עפֿנט זיי. נאָר אַז זי עפֿנט אַ בריוול, לייענט זי עס לאַנגזאַם, באַהאַלט עס מיט אַ כּלומערשט נאָכלעסיקן שמייכל, אינעם שפּיצן־רידיקיול; קוקט זיך אַרום גליקלעך־מיד, קען זיך ניט אײַנהאַלטן און נעמט עס באַלד ווידער אַרויס, און לייענט ווידער אויפֿמערקזאַם, ערנסט, ביז אַן אַנדערער קומט אָן.

זי האָט שוין אויפֿגעהערט צו זוכן דעם, וואָס זאָגט איר די צערטלעכע, גלוטיקע ווער־טער. איז עס דען, סוף־כּל־סוף, ניט אַלץ איינס? זאָלן די ווערטער נאָר קומען.

און זיי קומען. איך שרײַב איר:

„איך וועל צו אײַך ניט צוגיין אינעם טומל פֿון באַל. אָבער שפּעטער, און נאָענט איז דער טאָג, וועל איך קומען צו אײַך, און וועל לייגן צו אײַערע פֿיסעלעך מײַן ליבע. שטויסט זי ניט אָפּ. צעטרעט ניט קיין בלום. מײַן ליבע איז אַ בלום.“

איך זע, ווי די ווערטער באַרוישן זי. איך קוועל אין מײַן ווינקל. אַזוי מוז פֿילן אַ קינסט־לער, וואָס כּישופֿט אַרויס פֿון אײַער נשמה, לויט זײַן קאַפּריז, וואָס פֿאַר אַ ניגון ער וויל.

נאָך אין עטלעכע מינוט:

„איר זעט מיך ניט. וואָס גיי איך אײַך דען אָן? אָבער איך קוק אויף אײַך פֿון דער ווײַטנס און קני פֿאַר אײַער שטאָלצער, פֿאַר אײַער איינזאַמער שיינקייט...“

וואָס איז עס מיט דער מיידל? – זי איז דאָך שיכּור! אַלצדינג גלייבט זי איצט. אַפֿילו, אַז זי איז שיין, גלייבט זי. די שמאָלע אויגן לײַכטן פֿון גליק, פֿון ניט־מענטשלעכן גליק. די באַקן פֿלאַמען. טראָפּנס שווייס שלאָגן זיך דורך דורך דאָס געדיכט אָנגעשאָטענע פּודער. אַפֿילו די מעלאַנכאָלישע נאָז פֿלאַמט אויך, דאַכט מיר. זי איז יעצט אָפּשײַלעך מיאוס.

און אין דער מינוט שרײַב איך:

„דו כּישוף־מאַכערין, דו שיינע...“

הערש־דוד נאָמבערג

# שווײַג, שוועסטער!

פֿעליע פֿײַנשטיין האָט שטענדיק געהאַלטן בײַ זיך אַ קליין פֿלעשעלע ציאַניסטי קאַלי.[1] יעדע מינוט, ווען נאָר זי זאָל דאָס װעלן, קאָן זי אויסטרינקען מיט איין זופּ דעם שאַרפֿן גיפֿט, און אין עטלעכע מינוט אַרום איז זי טויט. איר איז דאָס פֿאָרגעקומען אַזוי לײַכט צו טאָן, ווי, צום בײַשפּיל, לייגן זיך שלאָפֿן בײַ נאַכט.

פֿאַר עטלעכע יאָר, אין דער זעלבער צײַט, ווען זי איז געווען דאָס לעצטע מאָל אַזוי שרעקלעך גענאַרט און אַזוי טיף באַליידיקט, האָט זי פֿעסט באַשלאָסן, אַז – גענוג! זי קאָן מער נישט איבערטראָגן דאָס אייביקע מאַטערניש, זי מוז מיט אירע אייגענע הענט איבעררײַסן די קייט פֿון לײַדן, וואָס ציט זיך און וועט זיך אַזוי ציִען אָן אַן אויפֿהער, ווי לאַנג זי וועט לעבן. איר יוגנט האָט שוין דעמאָלט געהאַלטן אין אָפּבליִען; מיט יעדן טאָג איז געוואַקסן דאָס קלעמעניש אין האַרצן, די בענקשאַפֿט, וואָס האָט גענאָגט און גענאָגט און קיין מינוט נישט אויפֿגעהערט. מענטשן זײַנען איר דערעסן געוואָרן. די לעצטע געשיכטע האָט איר געעפֿנט די אויגן צו זען, וואָס אייגנטלעך די אַלע מאַנספֿאַרשוינען פֿאַרלאַנגען פֿון איר. זי האָט זיך געפֿילט, ווי אַן אומבאַהאָלפֿן באַשעפֿעניש אין וואַלד, אַרומגערינגלט פֿון יעגערס, וואָס ווילן זי פֿאַנגען. און דאָס האַרץ האָט אַזוי געצויגן און געבענקט צו זיי, און דער געדאַנק האָט זיי אַזוי פֿײַנט געהאַט!

זי איז געקומען בײַ נאַכט אַהיים אין איר צימער, האָט אַרויסגענומען פֿון טאַש דאָס קליינע פֿלעשעלע, האָט עס געשטעלט אויף דער טאַבורעטקע נעבן טיש און האָט אָנגעשריבן אַ קורצן בריוו צו איר מוטער און איר ייִנגערער שוועסטער. זי האָט זיך אויסגעטאָן און אָנגעטאָן קלאָרע וועש. דערנאָך האָט זי איבערגעצויגן די קישנס מיט ווײַסע ציכלעך, איבערגעטוישט דעם לײַלעך, אַזוי אַז איר געלעגער האָט געבלאַנקט שפּאָגל ווײַס און נײַ. אין איין העמד האָט זי זיך געשטעלט פֿאַרן שפּיגל, האָט אויפֿגעפֿלאָכטן אירע שוואַרצע האָר – דאָס שענסטע, וואָס איר איז געבליבן – און האָט זיי געלאָזט אַראָפּפֿאַלן פֿרײַ איבער איר קאָפּ, און מיט שטילע רויִקע טריט איז זי צוגעגאַנגען צום בעט און האָט זיך געלייגט. זי האָט זיך נישט געאײַלט. בכלל, האָט זי זיך גענומען אין זין אַרײַן צו שטאַרבן רויִק און שיין, נישט אין אײַלעניש און כאַפּעניש, נישט אין אַן אויפֿגערעגטער מינוט. זי איז געווען שטאָלץ, האָט געהאַט אַ טיפֿע אַכטונג צו איר אייגענער פּערזאָן, און איר האָט נישט געקאָנט אײַנפֿאַלן קיין ספֿק, צי זי וועט האָבן מוט אויסצופֿירן איר באַשלוס.

1 רוסיש – ציאַנקאַלי.

פֿון: **דערציילונגען**. בערלין: כּלל־פֿאַרלאַג, 1922, ב׳ 2, ז״ז 89–100.

זי האָט אויסגעצויגן איר שלאַנקן קערפּער אין בעט, גלייַך אַראָפּגעלאָזט די הענט איבער דער קאָלדרע, האָט צוגעמאַכט די אויגן און זיך פֿאַרטראַכט. זי האָט זיך פֿאָרגעשטעלט דעם נאָענטן טויט, און ער האָט זי נישט געשראָקן. וועגן די עטלעכע מינוט פֿון אויסטרינקען דעם גיפֿט ביז צום עק האָט זי אַפֿילו נישט געוואָלט טראַכטן. נאַרישקייטן! צוויי־דרייַ מינוט לייַדן, דאָס איז דאָך לעכערלעך. און דערנאָך... דערנאָך האָט זי זיך פֿאָרגעשטעלט, ווי איר קערפּער ליגט פֿאַרגליווערט אין בעט, די אויגן פֿאַרמאַכט, דאָס פּנים בלאַס; דאָס האַרץ שלאָגט נישט מער, דער מוח איז אָנגעגאָסן מיט בלייַ און ערגעץ, ערגעץ איז נישטאָ מער קיין שפּור פֿון דעם שווערן קלעמעניש! איר איז אַפֿילו שוין איצט פֿרייַלעך געוואָרן בייַ דעם געדאַנק, אַז איר האַרץ וועט זייַן פֿרייַ פֿון דעם געפֿיל, וואָס האָט עס געשטיקט טאָג און נאַכט, ווי אַ שטיין. אויף איר טיף פֿאַרטראַכטן פּנים מיט די פֿאַרמאַכטע אויגן איז דורכגעלאָפֿן עפּעס, ווי אַ שמייכל.

זי האָט אויסגעלייגט אירע האָר אויפֿן קישן, האָט געעפֿנט די אויגן און האָט אויסגעשטרעקט די האַנט צו דער טאַבורעטקע. די ליכטיקייט, דער טיש, די באַנק און די איבעריקע זאַכן פֿון צימער האָבן זיך אָנגעשלאָגן אין אירע אויגן אויף עפּעס אַ נייַעם, גאָר באַזונדערן אַרט. זי האָט געהאַט פֿאַרגעניגן פֿון דעם קוקן אויף זיי, פּונקט זי וואָלט זיי אָט אַזוי נאָך קיין מאָל אין איר לעבן ניט געהאַט געזען. זיי אַלע, פֿון דער טאַבורעטקע ביז צו די אויסגעשטריקטע זוימען פֿון העמד אויף איר ברוסט, ביז צו אירע אייגענע, רויִק ליגנדיקע הענט – אַלץ, אַלץ האָט אויסגעזען אַזוי אומבאַקאַנט און דאָך אַזוי באַקאַנט, אַזוי נייַ און דאָך אַזוי אַלט. עפּעס אַ פֿאַרביקע ליכטיקייט, וואָס האָט געשטאַמט פֿון איר אייגענעם וועזן, איז געלעגן אויסגעגאָסן אויף אַלץ און האָט געגעבן גאָר אַ נייַעם קאָלאָריט דער וועלט אַרום, איר אַליין, אירע אַלע געדאַנקען און געפֿילן. אַלץ האָט זיך איצט אויסגעדוכט צו זייַן שטיל, רויִק און אַזוי געבענטשט אין זיך.

„איצט שטאַרב איך“, האָט זי געטראַכט. און אויף דער געדאַנק, מיט וועלכן זי האָט זיך אַזוי לאַנג אַרומגעטראָגן, האָט איר איצט אויסגעזען נייַ. אויך אין אים איז געלעגן באַהאַלטן עפּעס אַ געבענטשטע רויִקייט, פֿון וועלכער זי האָט פֿריִער קיין אַנונג ניט געהאַט. זי האָט שוין גענומען דאָס פֿלעשעלע אין האַנט און עס צוגעטראָגן צו די ליפּן, אויפֿהייבנדיק דערבייַ אַ ביסל דעם קאָפּ פֿון קישן, און אין דעם זעלבן מאָמענט האָט אַ נייַע אידעע אויפֿגעבליצט אין איר קאָפּ, אַן אידעע, וואָס האָט זיך געדוכט צו זייַן טיף און אומ[ד]ערגרינדלעך, ווי דער סוד פֿון טויט און לעבן, און אַלץ אַרומנעמענד אַזוי ווי זיי. זי האָט זיך אָפּגעשטעלט, האַלטנדיק דאָס פֿלעשעלע בייַם מויל, אום צו טראַכטן דעם גרויסן געדאַנק. זי האָט פֿאַר אים נישט געהאַט קיין ווערטער, און דאָך איז ער געווען אַזוי פּראָסט און קלאָר. יענע וועלט פֿון קלעמעניש און בענקשאַפֿט, פֿון לייַדן און מאַטערניש האָט זי שוין געהאַט הינטער זיך, און איר איז אויפֿגעגאַנגען אַ נייַע וועלט, וווּ לייַדן זייַנען אוממעגלעך, וווּ קיין זאַך שרעקט מער נישט, וווּ מע בענקט נישט און מע פֿאַרלאַנגט גאָרנישט – אַ רויִקע און אַ געבענטשטע וועלט. איר האָט זיך געדוכט, אַז אָט איצט שטייט זי אויף דער גרענעץ פֿון טויט און לעבן, אויף דעם פּונקט, וווּ זיי רירן אָן איינער אָן אַנדערן, און ווערן פֿאַרשלונגען איינער

אין אַנדערן און זיַינען איינס. זי האָט ווידער צוגעמאַכט די אויגן, צוריקלייגנדיק דעם קאָפּ אויפֿן קישן. פֿאַר אירע אויגן האָבן זיך געטראָגן אויפֿן שוואַרצן פֿאָן פֿאַרשיידענע באַקאַנטע געזיכטער, ציטערנדיק ווי ליכטפֿלעקן. עס האָט זיך אויסגעריסעוועט דאָס שמייכלדיק, ווייך, און דאָך אַזוי געהאַסט, פּנים פֿון דעם סטודענט, מיט וועמען איר לעצטע געשיכטע איז געווען פֿאַרקניפּט. זי האָט איצט נישט געפֿילט קיין פֿיַינטשאַפֿט צו דעם פּנים, קיין האַס פֿון באַליידיקונג. דאָס פּנים איז געווען שטיל אין זיך, רויִק אין זיך און געבענטשט אין זיך, ווי דער גרויסער געדאַנק, ווי די גאַנצע וועלט. עס האָבן זיך פֿאַרבײַגעטראָגן איר מוטער, איר שוועסטער, באַקאַנטע – אַלע האָבן געהאַט דעם זעלבן אויסדרוק.

„צי בין איך שוין געשטאָרבן?" האָט זי זיך געפֿרעגט. נאָר ניין, זי איז נישט טויט, דאָס פֿלעשעלע גיפֿט איז נאָך געווען אין איר האַנט, און זי האָט עס נאָך געהאַלטן פֿאַר אירע ליפּן. און אין דער מיסטישער העלקייט פֿון איר קאָפּ האָט זיך פֿאַמעלעך אויסגעריסעוועט אַ קלאָרער געדאַנק: „איך שטאַרב דאָך רויִק, גליקלעך און מיט פֿרייד!" און באַלד דערויף האָט זיך צוגעשפּינט אַ נײַער געדאַנק:

„אויב מע קאָן אַזוי רויִק און גליקלעך שטאַרבן, וואָס שרעקלעכס איז ווידער פֿאַראַן אין לעבן? צו וואָס זיך אײַלן?"

די גאַנצע נאַכט איז זי דורכגעלעגן מיט פֿאַרמאַכטע אויגן, און אין איר קאָפּ האָבן זיך געטראָגן אומקלאָרע בילדער און געדאַנקען. אויף מאָרגן, ווען זי האָט זיך אויפֿגעהויבן און געעפֿנט די אויגן, איז נאָך געלעגן אויף אַלץ אַן אָפּגלאַנץ פֿון דעם נעכטיקן קלאָריט, אַלץ האָט נאָך אויסגעזען עפּעס ווי נײַ, און אַליין האָט זי זיך געפֿילט ווי נײַ־געבוירן... אַ וווּנדער איז געשען: איר האַרץ איז געווען פֿרײַ, קיין שפּור פֿון דעם קלעמעניש, קיין שאָטן פֿון דער בענקשאַפֿט איז דערין מער נישט געווען.

„צי האָב איך נישט געהאַט קיין מוט אויסצופֿירן?" האָט זי זיך דעם זעלבן טאָג גע־פֿרעגט: „נאָר ניין! איך קאָן רויִק שטאַרבן, וועט זיך נאָר אָנהייבן דאָס קלעמעניש אין האַר־צן, וועל איך דאָס טאָן, און טאָן אָן אַ ציטעריקער האַנט, איבערלייגטערהייט, מיט קלאָרע געדאַנקען", און דאָס פֿלעשעלע גיפֿט איז געבליבן בײַ איר גרייט אויף עס אויסצונוצן, ווען זי וועט באַשליסן.

זי איז געבליבן לעבן אויף דערווײַל, פֿילנדיק זיך אויף דער שוועל פֿון טויט. יענע נאַכט האָט אַרויפֿגעלייגט אויף איר אַ באַזונדערן שטעמפּל. איר בליק, דער אויסדרוק פֿון איר פּנים, אירע מאַנירן, איר שטים אַפֿילו האָבן זיך געענדערט, און זי האָט פֿאַרשפּרייט אַרום זיך אַ טיפֿע, אומפֿאַרשטענדלעכע ערנסטקייט און וויכטיקייט, אין איר קעגנוואַרט איז מען געגאַנגען געלאַסן און גערעדט שטיל. האָט ווער געלאַכט, האָט ער זיך דערשראָקן פֿאַר זײַן אייגן קול. און ווען זי האָט צופֿעליק אַרויפֿגעלייגט איר האַנט אויפֿן טיש, איר פֿײַן אויס־געשניטענע האַנט מיט די לאַנגע ווײַסע פֿינגער, האָט מען געפֿילט אַ דרך־ארץ צו איר, און די בליקן זיַינען געווען צו איר צוגעצויגן ווי מיט אַ מאַגנעטישער קראַפֿט. זי האָט ווײַטער געגעבן לעקציעס, געפֿירט די ווירטשאַפֿט, גערעדט ווייניק און נאָר צו דער זאַך, נאָר אירע פּראָסטע רייד ווען פּראָסטע, היימישע זאַכן האָבן געמאַכט אַ מאָדנעם איינדרוק, גלײַך ווי

אונטער זיי וואָלט זיך פֿאַרבאָרגן עפּעס אַ גרויסער סוד. זי איז געוואָרן אַ פֿרעמדע אין הויז. אי די קראַנקע מוטער, אי די שוועסטער האָבן מיט איר נישט גערעדט קיין איבעריקע רייד, און אַלע האָבן געוווּסט, אַז זי טראָגט אין האַרצן באַהאַלטן פֿון אַלעמען איר גרויס אומגליק.

טעג זײַנען פֿאַרגאַנגען נאָך טעג, זי האָט געלעבט אין איר נעפּל און האָט געשוויגן. די מוטער איז געשטאָרבן, די שוועסטער האָט געענדיקט די גימנאַזיע, זי אַליין איז געוואָרן עלטער, נאָר איר איז עס פֿאָרגעקומען, ווי קיין זאַך וואָלט זיך נישט ענדערן. אַלץ, וואָס ס׳איז געשען, איז געשען אַזוי נאַטירלעך און פֿאַרשטענדלעך, אַז אַנדערש האָט גאָר נישט געקאָנט זײַן, געדוכט האָט זיך, אַז פֿון יענעם טאָג אָן איז אַלץ אין איר און אַרום איר פֿאַרגליווערט געוואָרן און רירט זיך נישט מער. איר יוגנט אַפֿילו וועלקט מער נישט, און זי בלײַבט די זעלבע ווי פֿאַר אַ יאָר, ווי פֿאַר צוויי יאָר. זי האָט געלעבט אָן פֿריידן און אָן לײַדן, טאָג־אײַן טאָג־אויס, אין דער זעלבער גלײַכגילטיקייט, און טייל מאָל האָט אויסגעזען, אַז זי האָט פֿאַרלוירן די פֿעיִקייט אונטערצושיידן צווישן לײַד און פֿרייד, גליק און אומגליק. מיט דער צײַט נאָר האָט זיך בײַ איר אויסגעאַרבעט אַ באַזונדערער געשמאַק; זי האָט נישט ליב געהאַט קיין פֿאַרביקע קליידער; אַליין האָט זי געטראָגן אָדער שוואַרץ, אָדער – אין דער היים – ווײַס; די בלוזעס אירע האָט זי אַזוי קונציק צוגעשניטן און פֿאַרוואָרפֿן מיט פֿאַלבן, אַז זיי האָבן נישט געלאָזט אַרויסזען איר ברוסט, און פֿון ביכער האָט זי נישט געקאָנט לײַדן אַלערליי ראָמאַנען און ליבעלידער, וואָס האָבן אויף איר געמאַכט אַן אָפּשטויסנדיקן אײַנדרוק, גלײַך ווי מע וואָלט באַרירן מיט אומפֿאַרשעמטע גראָבע הענט אַ הייליקטום.

די ייִנגערע שוועסטער, אַ נ נ אַ, איז אויסגעוואַקסן שיין און געראָטן. זי פֿלעגט געפֿעלן, האָט זיך פֿאַרליבט, און עס האָט זיך אָנגעהויבן פֿאַר איר די זעלבע אומרויִקע צײַט, וואָס פֿ ע ליע האָט אַזוי גוט געקענט. אַננאַ פֿלעגט אַהיים קומען בײַ נאַכט דאָ פֿריילעך, דאָ טרויעריק, האָט פֿיל מאָל געוויינט. פֿעליע האָט אויף איר געקוקט מיט איר טרויעריק־גלײַכגילטיקן בליק און האָט געפֿילט, ווי דאָס יונגע פֿרישע לעבן פֿון איר שוועסטער ברעכט זיך, ווי אירס אַ מאָל, נאָר זי האָט געשוויגן, געשוויגן, ווײַל זי האָט איר נישט געהאַט וואָס צו זאָגן. זעלטן נאָר האָט געטראָפֿן, אַז זי האָט זיך געזעצט נעבן דער שוועסטער, האָט געגלעט אירע האָר און האָט געפֿרעגט, ווי שפּעט ס׳איז. די ייִנגערע שוועסטער האָט זיך צוגעטוליעט צו איר, האָט שטיל געוויינט, און איר יונגער קערפּער האָט געציטערט אונטער דער שוועסטערס האַנט. פֿעליע איז אויפֿגעשטאַנען צערודערט, דאָס האַרץ אירס איז אומרויִק געוואָרן, עפּעס האָט אָנגעהויבן צו נאָגן. און זי האָט זיך דערמאָנט אָן דעם קליינעם פֿלעשעלע.

„צי איז שוין געקומען די צײַט?“ האָט זי זיך געפֿרעגט אין אַזאַ אויפֿגערעגטן מאָמענט. נאָר בײַ דעם געדאַנק אַליין איז איר האַרץ געוואָרן צוריק רויִק, אַלץ אַרום איר פֿאַרשטענדלעך און נאַטירלעך, און צײַטנווײַז איז פֿאַרשוווּנדן די גרענעץ צווישן פֿרייד און לײַד.

די אײַנוווינער פֿון אַ זומער־ווווינונג, נעבן אַמאַרלאָ, פֿאַרזאַמלענדיק זיך פֿאַר נאַכט בײַ דער סטאַנציע, האָבן טאָג־טעגלעך געזען שפּאַצירן אַ פֿרויען־געשטאַלט, פֿון וועלכער מ׳האָט ניט געקאָנט אָפּרײַסן די אויגן. זי איז געווען שלאַנק, בלאַס אויפֿן פּנים און ניט מער יונג, נאָר האָט אויסגעזען צו האַלטן זיך שטאָלץ. געגאַנגען איז זי אַרויף און אַראָפּ

פֿאַמעלעך, די הענט זײַנען געווען אַראָפּגעלאָזן גלײַך, די אַראָפּגעלאָזטע לעפֿלעך האָבן זיך פֿון צײַט צו צײַט אויפֿגעהויבן, און דעמאָלט האָבן אַרויסגעקוקט פֿאַרטרוימטע, נאָר שאַרפֿע אויגן, וואָס האָבן גערעדט אויף אַ שפּראַך, וועלכע קיינער האָט ניט פֿאַרשטאַנען. דאָס איז געווען פֿעליע, זי האָט זיך געפֿילט אַרומגערינגלט פֿון אַלע זײַטן מיט נײַגעריקע בליקן, האָט געהערט, ווי מע מורמלט זיך עפּעס וועגן איר, און האָט געהאַט פֿאַרדראָס, וואָס זי האָט זיך געלאָזט אײַנרעדן פֿון דער שוועסטער אַרויסצופֿאָרן אויף אַ זומער־ווינונג.

„צו וואָס, צו וואָס האָט דאָס געהערט?“ – האָט זי געטראַכט אויפֿגערעגט.

דאָס יונגע לעבן, וואָס האָט געווימלט אַרום איר, דער שטענדיקער פֿלירט, דער פֿריילעכער געלעכטער, דאָס לויפֿן און זינגען, די אַלע יונגע קאָמפּאַניעס, מיט וועלכע אויך איר שוועסטער האָט פֿאַרבראַכט – אַלץ דאָס איז איר געווען דערווידער, האָבן זי געערגערט, און זי האָט זיך נאָך מער פֿאַרטיפֿט אין איר אייביקן געדאַנק וועגן טויט. און טראַכטנדיק אַזוי, האָט זי טייל מאָל געקוקט מיט שטאָלץ אַרום זיך, שטאָלץ מיט איר פֿאַרשלאָסן האַרץ, מיט אירע לײַדן, וואָס זי האָט פֿאַר קיינעם, פֿאַר קיינעם ניט אַרויסגעזאָגט, שטאָלץ מיט איר מיידלשאַפֿט, וואָס איז פֿאַרבליבן בײַ איר, ווי אַ פֿאַרוועלקטע הייליקע בלום. נאָר די לינדע אָוונטן, דער גרייטלטער הימל, דאָס פֿאַרבנשפּיל אויף מערבֿ־זײַט, די ביסלעכווײַז צופֿאַלנדיקע פֿינצטערקייט, – האָט זי ניט געקאָנט מער פֿאַרטראָגן. זיי האָבן מאָדנע גערייצט דאָס האַרץ, געוועקט די אַלטע שוין פֿאַרגעסענע בענקשאַפֿט, און צוריקגייענדיק אַהיים, האָט זי יעדעס מאָל געטראַכט וועגן דעם פֿלעשעלע.

נאָך איינעם אַזאַ אָוונט איז זי געקומען אַהיים און האָט געטראָפֿן איר שוועסטער אַ פֿאַרוויינטע. זי איז געזעסן אויפֿן בעט, אָנגעשפּאַרט מיט די הענט אויף דער אָנלען פֿון בעט, און אַז פֿעליע איז אַרײַנגעקומען, האָט זי באַהאַלטן דעם קאָפּ צווישן די הענט. די דאָזיקע פּאָזע האָט פֿעליען דערמאָנט אָן אירע אייגענע דורכגעלעבטע יאָרן. אַ מאָל, ווען זי פֿלעגט קומען אַהיים באַליידיקט, און דאָס האַרץ, האָט זיך געדוכט, קאָן מער ניט איבערטראָגן דאָס גרויסע ביטערע געפֿיל, דעמאָלט פֿלעגט זי אָט פּונקט אַזוי זיצן, וויינען און טראַכטן שעהען לאַנג.

„ווי זי מוטשעט זיך איצט!“ – האָט זי געטראַכט וועגן דער שוועסטער, און איר איז דאָס ערשטע מאָל אײַנגעפֿאַלן, אַז מע דאַרף זי טרייסטן. זי האָט זיך געזעצט נעבן איר און גענומען, ווי געוויינטלעך, גלעטן אירע האָר:

– וויין נישט, אַננאַ, וויין נישט...

די ייִנגערע שוועסטער האָט זיך נאָך מער פֿאַרכליפּעט, אירע אַקסלען האָבן געציטערט, און מיט אַ מאָל האָט זי זיך אומגעקערט צו איר שוועסטער, האָט זיך צוגעטוליעט צו איר, באַהאַלטנדיק דעם קאָפּ אויף איר ברוסט.

– איך קאָן נישט מער, שוועסטער, איך קאָן נישט, איך וועל ליבער שטאַרבן, איך וויל נישט אַזאַ לעבן – האָט זי געזאָגט מיט אַ קאַפּריזנעם טאָן.

– איך פֿאַרשטיי, קינד, – האָט פֿעליע גערעדט שטיל, – איך פֿאַרשטיי אַלץ. איך האָב דאָס אַלץ דורכגעלעבט, לאַנג, שוין לאַנג, און דו זעסט דאָך – איך לעב...

זי איז אַנטשוויגן געוואָרן, דערשראָקן פֿון אירע אייגענע ווערטער, וואָס האָבן עפּעס אַזוי מאָדנע געקלונגען. און אַננאַ, וואָס האָט נאָך קיין מאָל נישט געהערט איר שוועסטער רעדן אין אַזאַ טאָן, האָט אויפֿגעהויבן נײַגעריק דעם קאָפּ, און איר בליק האָט שטום געבעטן איר שוועסטער, זי זאָל ווײַטער רעדן.

– דו האָסט קיין באַגריף נישט, שוועסטער, וואָס אַ מענטש קאָן זיך אָנלײַדן אויף דער וועלט, וואָס דאָס הייסט ליב האָבן און גענאַרט זײַן און באַליידיקט. אַז איך האָב דאָס ער־שטע מאָל ליב געהאַט, האָב איך געפֿילט אַזאַ גליק, אַז מיר האָט זיך געדוכט, איך וועל עס נישט איבערטראָגן; און דאָס צווייטע מאָל איז שוין מײַן גליק געווען געמישט מיט פֿאַר־דראָס; דאָס דריטע מאָל – האָב איך געוויינט און געבענקט, געבענקט און געוויינט. און דאָס פֿערטע מאָל – איז געווען נאָך ערגער, אַלץ ערגער און ערגער.

זי האָט אָפּגעהאַקט, פֿילנדיק זיך באַליידיקט פֿון אירע אייגענע ווערטער, זי האָט אַרומ־גענומען די שוועסטער און האָט שטיל געבעטן:

– נו, דערצייל, דערצייל...

פֿעליע האָט געוואָלט דערציילן איר לעצטע געשיכטע, וועלכע האָט איר אויסגעזען אַזוי וויכטיק, אַזוי שרעקלעך און גרויזאַם, נאָר זי האָט אָפּגעהאַקט בײַ די ערשטע ווערטער:

– ניין, ניין... איך וועל נישט דערציילן. דו וועסט דאָס נישט פֿאַרשטיין.

נאָר אַננאַ איז צוגעשטאַנען צו איר און האָט געבעטן:

– דערצייל, איך בעט דיך, איך פֿאַרשטיי אַלצדינג, ווייס דער טײַוול, וואָס זיי טראַכטן וועגן אונדז...

די דאָזיקע ווערטער האָבן פֿעליען טיף באַליידיקט. זי האָט געוואָלט איבערצײַגן די שוועסטער, אַז זי האָט אַ טעות, אַז איר אומגליק איז געווען גאָר אַנדערש און אַז ליב געהאַט האָט זי אויך גאָר אַנדערש, און האָט גענומען ווײַטער דערציילן. נאָר וואָס מער זי האָט דער־ציילט, אַלץ אומבאַדײַטנדיקער איז דאָס דערציילטע אַרויסגעקומען. ס׳איז ענלעך געווען, ווי איינער זינקט אין אַ בלאָטע, און וואָס מער ער וויל זיך אַרויסראַטעווען, אַלץ טיפֿער ווערט ער פֿאַרפֿאַלן.

– פֿאַרשטייסט, דאָס איז געווען ניט אַזוי. מיר זײַנען געגאַנגען שפּאַצירן, דערנאָך האָט ער מיך באַגלייט אַהיים. מיר זײַנען געפֿאָרן אין אַ דראָשקע, און פּלוצלינג האָט ער מיך אַרומגענומען און געקושט, איך האָב מיך שרעקלעך דערשראָקן...

„דאָס איז נאַריש, באַנאַל", האָט זי געטראַכט, „נישט דאָס וויל איך זאָגן..." און האָט דערציילט ווײַטער.

איר האַרץ איז פּוסט געוואָרן, זי האָט זיך דערפֿילט דערשלאָגן און צעבראָכן, פּלוצלינג האָט אַ ווילדער העפֿטיקער ווייטיק געפּרעסט איר האַרץ. אירע אויגן, וואָס האָבן אַזוי לאַנג שוין נישט געקענט קיין טרערן, זײַנען מיט אַ מאָל פֿײַכט געוואָרן, און זי האָט געוויינט פֿאַר דער שוועסטער, געוויינט לאַנג און ביטער, און די טרערן האָבן איר נישט לײַכטער געמאַכט, נאָר האָבן זיך געלייגט, ווי שווערע שטיינער, אויף איר האַרצן.

אין דער פֿרי, ווען אַננאַ איז אויפֿגעשטאַנען, האָט זי געפֿונען די שוועסטער טויט, דאָס

פֿלעשעלע איז געווען אויסגעטרונקען, און אויפֿן טיש איז געלעגן אַ צעטל, אין וועלכן עס זיַינען געשטאַנען פֿאָלגנדיקע ווערטער:

„איך שטאַרב, שוועסטער. אייגנטלעך בין איך שוין לאַנג געשטאָרבן. בלייַב געזונט. אויב דיר וועט אויסקומען צו לייַדן אַזוי פֿיל, ווי מיר, דערציייל קיינעם נישט פֿון דייַנע לייַדן. היט זיי אין דייַן האַרצן, זאָלן זיי זייַן פֿאַרבאָרגן און הייליק, און שוויַיג, שוועסטער, שוויַיג!...“

זוסמאַן סעגאַלאָוויטש

# פֿאַננאַ זאָפּיאַ

מיר זענען גוטע פֿרײַנד. פֿאַראַן צײַטן, ווען מיר באַגעגענען זיך זייער אָפֿט, עס פּאַסירן אָבער אויך גאַנצע חדשים – מיר זעען זיך נישט. זי געפֿעלט מיר. ווען זי איז אַ ביסעלע מער צוגעלאָזן, וואָלט איך זיך אין איר פֿאַרליבט, אָן ספֿק אין איר פֿאַרליבט. זי איז אַ שיינע, זי איז אינטערעסאַנט. איך וואָלט אויסגערעכנט אירע מעלות, נאָר דאָס איז איבעריק, פֿאַר מיר איז גענוג, אַז זי געפֿעלט מיר. אָבער זי בלײַבט פֿאַר מיר אַ ווײַטע, וואָס לענגער דאָס געדויערט, אַלץ מער הער איך אויף צו חלומען, אַז צווישן מיר און זאָפֿיען זאָל עפּעס זײַן. ניין! נאָר נישט וועגן מײַנע געפֿילן וויל איך דאָ רעדן.

איך בין אַ ייִדישער שרײַבער... ווי באַציט זיך די אַסימילירטע זאָפּיאַ צו מײַן אַרבעט?

זי איז אַסימילירט, ווי אַ סך אַנדערע. זי פֿאַרמאָגט אַ ביסל און אפֿשר אויך אַ סך געשמאַק. געשמאַק מיט אַסימילאַציע איז שוין נישט אַזוי שרעקלעך. זי איז פֿון אַן אַלטער ייִדישער משפּחה. זייער לעבן און פֿאַרגאַנגענהייט איז צונויפֿגעבונדן מיט פּוילישע פּריצים. שוין איר עלטער־עלטער־זיידע איז געווען אַ ,דאָסטאַווצאַ׳[1] אין פּוילישן קעניגלעכן הויף און איין מאָל אין טעג פֿון מלחמה און סכּנה האָט אַ באַרימטער פּוילישער גראַף באַהאַלטן זײַן גאַנץ פֿאַרמעגן בײַ פּאַננאַ זאָפּיאַס עלטער־עלטער־זיידן. שפּעטער האָט ער, דער גראַף, זײַן רײַכקייט צוריקבאַקומען און דאָס האָט אים, דעם זיידן, אַ סך כּבֿוד און געלט פֿאַרשאַפֿט. אַ דור נאָך אַ דור האָט אַזוי געלעבט אין גרויס רײַכקייט. מ׳האָט זיך צוגעקוקט צו די פּריצים, מ׳האָט נאָכגעטאָן די אמתע פּאָליאַקן. אַ טייל פֿון דער דאָזיקער משפּחה איז אין גאַנצן אַוועק פֿון ייִדן, זיך געשמדט. דאָך עטלעכע צווײַגן זענען געבליבן און האַלטן זיך נאָך ביז הײַנט... קיינער ווייסט נישט, צוליב וואָס זיי האַלטן זיך נאָך בײַם ייִדישן שטאַם. דאָס ייִדישע לעבן גייט זיי נישט אָן, זיי האָבן נישט ליב, בעת מע דערמאָנט זייער אָפּשטאַמונג. אַ דין־דין פֿעדעמל האַלט זיי...

פּאַננאַ זאָפּיאַ... איר איז אַלץ איינס: ייִד, קריסט, קריסט, ייִד... איר איז אַלץ איינס. זי זאָגט, אַז מענטש האָט מער געוויכט. מענטש... אַך! עס איז גוט צו זײַן אַ מענטש און אומעטום די מענטשלעכקייט אַרויסווײַזן און עס איז גוט צו זען דעם ,מענטש׳ אין מענטשן. פּאַננאַ זאָפּיאַ איז פֿרײַ געזאָגט. אָבער דער עיקר: זי איז נישט קיין מיאוסע, שוין אירע פֿײַנע, צאַרטע פֿינגער אַליין. אירע טריט פֿון אַ פּרינצעסין, איר טאָן דער צוגעפּאַסטער. מ׳האָט פֿאַר איר דרך־ארץ.

1 dostawca (פּויליש) – צושטעלער.

פֿון: **שמענדריקעס**. וואַרשע: ח. בזשאָזאַ, 1930, ז״ז 130 – 138.

איך האָב אויך פֿאַר איר דרך־ארץ און איך וואָלט בשום־אופֿן נישט וועלן רעדן מיט איר וועגן זאַכן, צוליב וועלכע מע דאַרף זיך אַ ביסל בייזערן איינער אויפֿן צווייטן. נאָר יאָג דעם ווינט דורך דער טיר, קומט ער אַרייַן דורכן פֿענצטער. אָט רעדט מען וועגן ליטעראַטור... נו, בין איך דאָך אַ ייִדישער שרייַבער, כאַפּט זיך אַרויס אַ וואָרט ביַי מיר, אַ פֿראַזע אויך וועגן אונדזער בידנער ליטעראַטור. דערלאַנגט זי אַ שמייכל. פֿאַננאַ זאָפֿיאַ! ביַי מיר אין די אויגן קרימט זיך איַיער פּנים פֿון אַזאַ שמייכל. איר ווייסט נישט, איר הייבט נישט אָן צו וויסן פֿון דעם גאַנצן ענין, וואָס דאָס הייסט ‚ייִדישע ליטעראַטור׳ און איר שמייכלט מיט אַזאַ גרינגשעצונג.

פֿאַרענטפֿערט זי זיך. דאָס איז גאַנץ שיין פֿון איר זיַיט, וואָס זי פֿאַרענטפֿערט זיך, וויַיל זי איז אומגערעכט: פֿריִער באַדאַרף מען וויסן און דערנאָך, אויב עס געפֿעלט נישט, מעג מען אַוועקמאַכן מיט דער האַנט. און וויַיל זי איז דערצויגן און וויַיל זי איז מוטיק און דרייסט אין איר יעדער האַנדלונג און וויַיל זי הערט מיר נישט אויף צו געפֿעלן, קום איך נאָך אַלץ צו איר...

ווען זי פֿאַרליבט זיך אין מיר – נאָר וועגן דעם באַדאַרף מען אויפֿהערן צו חלומען. אירע אויגן קוקן אויף מיר, אָבער איר האַרץ... פֿאַרפֿאַלן.

יאָ, וועגן דרייסטקייט. פֿאַננאַ זאָפֿיאַ האָט דעם מוט צו זאָגן אַ סך מאָל דעם אמת אין די אויגן. זי איז מאָדערן־דרייסט. וועגן וויכטיקע פֿראַגן דערלאַנגט זי אַ שניט מיט איר צינגעלע, ווי מיט אַ לאַנצעט. וועגן באַציִונגען צווישן מענטשן: אַזוי און אַזוי. מאַן־און־וויַיב־פּראָבלעמען: אַזוי און אַזוי. זי לאַכט פֿון געזעלשאַפֿטלעכער מיינונג, זי פֿיַיפֿט אויף אַ סך געזעצן, מינהגים... זי איז פֿריַי. הער איך אויס און איך בין איבערראַשט און איך פֿאַרליב זיך נאָך מער. נאָר אָפֿט מאָל נעם איך צוווייפֿלען אין דער דרייסטקייט פֿון אַזאַ פֿאַננאַ זאָפֿיאַ און פֿון אַלע פֿאַננעס וואָס רופֿן זיך זאָפֿיאַ אָדער בראָניסלאַוואַ. פֿאַראַן מאָמענטן, בעת די אַלע דרייסטע, פֿריַי געזאָנענע פֿאַננעס גליטשן זיך אויס און, ווי זאָגט מען ביַי אונדז: זיי ווערן געכאַפּט ביַי דער האַנט. אַ פֿאַקט, אַ ביַישפּיל: זי אינטערעסירט זיך מיט ליטעראַטור און, פֿאַרשטייט זיך, מיט דער פּוילישער ליטעראַטור, זי האָט באַקאַנטע צווישן די פּוילישע שריפֿטשטעלער, זיי קומען אַפֿילו צו איר אין שטוב. קומט דאָך אויס צו רעדן וועגן ליטעראַטור. און איין מאָל בעת איך האָב זייער שטאַרק געלויבט אַ ייִדיש ביכל, האָט זי געבעטן, יאָ, זי איז געוועזן אַזוי גרויסמוטיק און געבעטן, איך זאָל דאָס ביכל ברענגען און פֿאָרלייענען און פֿאַרטיַיטשן. איך האָב דאָס ביכל געבראַכט און געלייענט, עטלעכע מאָל צו עטלעכע בלעטלעך. ס׳איז געווען אַ גרויסער קרבן פֿאַר איר, אָבער פֿאַר מיר אַ ‚גרויסער כּבֿוד׳: אין פֿאַננאַ זאָפֿיאַס צימער, אין חדר, ווו זי נעמט אויף די פּוילישע דיכטער, אויף איר טישל ליגט אַ ייִדיש ביכל, אויף דעם זעלבן טישל, ווו עס ליגן די פּוילישע ביכלעך.

דאָך... דאָך, מיט מיַין געבראַכ[ט] ביכל איז עפּעס נישט אין גאַנצן אין אָרדענונג, פֿאַראַן אַ קליין פּינטעלע וואָס מאַכט צו גאָרנישט מיַין זיג.

די ביכלעך ליגן ביַים ברעג פֿון טישל, צו דער וואַנט צו, אָבער שטענדיק, ווען איך קום אַהין, איבערראַשט מיך איין קלייניקייט: מיַין ביכל ליגט שטענדיק פֿון אונטן. דאָס ייִדישע

ביכל ווערט צוגעדעקט, פֿאַרדעקט פֿון אַ צווייטן פֿאָליאַנט. בין איך נישט פֿויל, בײַ דער ערשטער געלעגנהייט כאַפּ איך אַרויס פֿון אונטן דאָס ביכל און איך לייג עס אַוועק אויבן אָן. פֿאַרשטייט זיך, איך מאַך עס, ווען קיינער באַמערקט נישט. אין אַ טאָג אַרום, אין צוויי טעג שפּעטער איבערצײַג איך זיך, אַז איך בין ווידער פֿון אונטן.

דאָס איז נישט קיין צופֿאַל. די געשיכטע ציט זיך וואָכנווײַז... איך שמייכל אין זיך... ווייס איך וואָס!

פֿאַננאַ זאָפּיאַ איז אַ מיידל מיט רייץ. זי איז זייער אַ דרייסטער מענטש, מאָדערן־דרייסט, נאָר פֿאַר אַ קליין ביכעלע, אויף ייִדיש געדרוקט, האָט זי מורא. איז וואָס? און אַז אַנדערע מיידלעך האָבן מורא פֿאַר אַ מײַזל...

נאָך אַ פֿאַקט:

אין אַ ווינטערדיקן פֿרימאָרגן, ווען איך האָב דערזען די פֿרישע ווײַסקייט, האָט זיך מיר פֿאַרוואָלט פֿאַרלאָזן די שטאָט אויף עטלעכע שעה. וווּהין לויפֿט מען? קיין אָטוואָצק[2]. זיץ איך מיר אין וואַרעמען וואַגאָן, איינער אַליין אין אַ קופּע, און איך לעב שוין מיט דער הנאה, וואָס איך וועל דאָרט האָבן אין די שטילע ווײַסע געסלעך פֿון אָטוואָצק. די אויטאָס וועלן נישט שרײַען, איך וועל לאָזן אָפּרוען אַ ביסל די נערוון. און ווער טראַכט אין אַזעלכע רגעס פֿון ייִדיש? ווער האָט אין זינען די שפּראַכן־פֿראַגע, פּאָליטיק און אַנדערע צרות? עטלעכע צײַטונגען פּוילישע און ייִדישע ליגן לעבן מיר, נאָר עס ווילט זיך נישט צורירן צו דעם.

עפֿנט זיך די טיר פֿון וואַגאָן און עס קומט אַרײַן פּאַננאַ זאָפּיאַ.

זי אַליין, אַ ליכטיקע, אַ מונטערע, דאָס פֿרעסטל שפּילט אויף אירע מיידלשע באַקן. אין אַ רײַכן פּעלץ, אַ שמעקעדיקע. אײַ, אַ מחיה, אַ פֿרייד צו פֿאַרברענגען די שעה צײַט אין וואַגאָן־קאַסטן מיט אַזאַ פּאַננאַ זאָפּיאַ.

און זי אַליין דערפֿרייט זיך מיט מיר.

– גוט־מאָרגן, לאַנג זיך נישט געזען. – עס רעדט זיך האַרציק, מונטער. אַ ליבע באַגעגעניש. אין וואַגאָן איז וואַרעם, העלף איך איר אויסטאָן דאָס מאַנטל און אָן מאַנטל איז זי נאָך שענער, לײַכטער, ווי אַ בראָש מיט בריליאַנטן, ווען מע נעמט זי אַרויס פֿון דעם סאַמעטענעם שעכטעלע.

פּאַננאַ זאָפּיאַ טראָגט אויף זיך אַ ווײַסן שאַל... ניין! אַ ווײַסע לעגענדע, נישט קיין שאַל, אַ שפּינוועבס פֿון וואַרעמען שניי, אַ געוועב פֿון ווײַסן טוי, אַ מידער, אינטימער ווײַסער פֿלאַטער, אַ זײַדענער ציטער... אַ שאַל. אַ ווײַסער שאַל און די ווײַסקייט האָט אין זיך עטלעכע ניואַנסן, שאַטירונגען. מאַט און גלאַנץ, דינע אָדערלעך פֿון זײַד און אין די דינע אָדערלעך זענען אײַנגעוועבט נאָך דינערע פֿעדעם. די ווײַסקייט שפּילט זיך אין אַ צווייטער ווײַסקייט. אַ שאַל, אַ קונסטווערק. זי דערציילט, די פּאַננאַ זאָפּיאַ, די געשיכטע, ווי אַזוי דער שאַל איז געקומען צו איר, אַ קרובֿ אירער האָט באַרײַזט די וועלט, געווען אויך אין כינע און פֿון דאָרט אים געבראַכט, געצאָלט אַ גרויסן אָפּצאָל אויף פֿאַרשידענע גרענעצן פֿאַר

2 אַ שטאָט נישט ווײַט פֿון וואַרשע ווו מע פֿלעגט פֿאַרברענגען די וואַקאַציעס.

דעם זײַד און איצט רוט ער אויף די טײַערע אַקסלען פֿון מײַן שכנטע. דער שאַל צוזאַמען מיט פֿאַננאַ זאָפֿיאַ, פֿאַננאַ זאָפֿיאַ מיטן שאַל, דאָס איז געווען איינס, איין קונסטווערק, איין גאָטסווערק. אָט זיצט זי לעבן מיר, איך פֿיל די צערטלעכקייט פֿון טײַערן כינעזישן שאַל און די צערטלעכקייט פֿון אַ ייִדישער טאָכטער, וואָס איר עלטער־עלטער־זיידע איז געווען אַ ,דאָסטאַווצאַ׳ אין קעניגלעכן הויף. איך האָב געאָטעמט מיט דער ווײַסקייט פֿון שאַל, געפֿילט דעם וואַרעמען אָנריר זײַנעם, געצערטלט עס אין מײַנע פֿינגער, ווי גוט וואָלט עס געווען, ווען די גאַנצע פֿאַננאַ זאָפֿיאַ ווערט איצט אַזאַ ווײַסער, זײַדענער שאַל...

דער צוג שטייט נאָך אַלץ אויפֿן וואָקזאַל, עפּעס איז דאָרט קאַליע געוואָרן אין דער מאַשינעריע פֿון לאָקאָמאָטיוו. וואַרטן מיר און עס פֿלאַפּלט זיך לײַכט, לײַכט, ווי אין אַ ליכטיקן, ווײַסן טאָג.

פּלוצלינג באַמערק איך, אַז דער שאַל האָט זיך פֿון דער לינקער זײַט אַראָפּגערוקט פֿון פֿאַננאַ זאָפֿיאַס אַקסל. הייב איך אויף דאָס דעליקאַטע שטיק זײַדנס און איך לייג עס דעליקאַט אַוועק צוריק אויף זײַן אמתן פּלאַץ, אויף דעם זעלבן אַקסל, פֿון וועלכן עס איז אַראָפּגעפֿאַלן.

אין אַ מינוט שפּעטער, דער שאַל איז ווידער אַראָפּגעפֿאַלן און נאָך אַ מאָל. וואָס איז דאָס מיט דעם זײַד? עס איז באמת אַזוי ווי אַ לעבעדיקער נפֿש, עס קריכט אַראָפּ, ווי אַ ווײַסער שלאַנג. וווּהין קריכט עס?

וואָס קומט דאָ פֿאָר?

איך האָב זיך געכאַפּט: אויף דער לינקער זײַט לעם דער פֿאַננאַ זאָפֿיאַ זענען געלעגן מײַנע צײַטונגען, ייִדישע און פּוילישע... נו, צײַטונגען, ייִדישע און פּוילישע, איז דער שאַל, דער ווײַסער פּאַזש, דער שומר פֿון דער פֿאַננאַ זאָפֿיאַ, געווען מיט דעם אומצופֿרידן, ער האָט אָפּגעהיטן דעם כּבֿוד פֿון אַזאַ פֿאַננאַ: טאָמער קומט נאָך ווער אַרײַן צו אונדז אין קופּע און דער ,ווער׳ וועט זען, אַז אַזאַ גרויסאַרטיקע פֿאַננאַ זיצט און רעדט זיך געמיטלעך מיט אַזאַ איינעם, וואָס לייענט ייִדישע צײַטונגען... ווי איז דאָס מעגלעך?

אַ סך מאָל האָט זיך דאָס איבערגעחזרט. דער שאַל טוט דאָס זײַניקע און איך כאַפּ אים צוריק... צוריק אויף די שלאַנקע אַקסלען. דאָס איז געווען אַ פֿײַן שפּיל. פֿאַננאַ זאָפֿיאַ האָט גערעדט מיט מיר, געקוקט מיר אין די אויגן און דער שאַל, דער מכשף... הע, הע... נאָר אַ כינעזישער זײַד קאָן זיך אַזוי עלאַסטיש, פֿלינק און גנבֿיש לאָזן אויסדרעסירן. אַראָפּגנבֿענען זיך פֿון פֿאַננאַ זאָפֿיאַס אַקסל און צודעקן דאָס, וואָס עס מוז צוגעדעקט ווערן:

די ייִדישע חרפּה...

זוסמאַן סעגאַלאָוויטש

# אַ גרויסער ‚יום־טובֿ‘

פֿאָריקן ווינטער האָט צו מיר איין מאָל אָנגעקלונגען מייַנער אַ גוטער באַקאַנטער. אַ ווילער יונגער־מאַן, פֿון די מענטשן וואָס פֿילן זיך נאָענט צו ייִדיש לעבן, צו ייִדישער קולטור. אַליין איז ער אַ סוחר מיט אַ ברייטן פֿאַרנעם. אַ בחור, אָבער גאָר אין קורצן האָט געזאָלט זייַן בייַ אים די חתונה. איך האָב אויך געקענט זיין כּלה. דער מענטש האָט זיך אָפֿט פֿאַרטרויט פֿאַר מיר און טאַקע גערעדט וועגן זייַן כּלה אויך...

זי איז אים געפֿעלן:

– איר פֿאַרשטייט! געלט איז פֿאַראַן, ייִחוס איז פֿאַראַן, נאָר אָפֿט האָט זי פּרעטענזיעס צו מיר. איך בין, זאָגט זי, צו פֿיל ייִד. מע טאָר נישט זייַן צו פֿיל ייִד...

קלינגט צו מיר דער דאָזיקער יונגער־מאַן:

– קומט הייַנט אין אָוונט צו אונדז! מע וועט פֿאַרברענגען אַ ביסל, עס וועלן זייַן יונגע־לייַט און יונגע מיידלעך, מע וועט טאַנצן, מע וועט גוט פֿאַרברענגען, קומט!

איך בין געווען פֿאַרנומען אין יענעם אָוונט, האָב איך מייַן פֿרייַנד אין זייַן בקשה גאַנץ איידל אָפּגעזאָגט.

ער איז אָבער נישט אָפּגעשטאַנען און ווען זייַנע ווערטער האָבן נישט געווירקט, האָט ער צוגעשיקט צום טעלעפֿאָן זייַן כּלה.

– האַלאָ! עס רעדט לעאָניאַ... קומט הייַנט צו אונדז, איך בעט אייַך זייער, מע וועט גוט פֿאַרברענגען, עס איז הייַנט בייַ אונדז אַ גרויסער יום־טובֿ...

– אַ גרויסער יום־טובֿ? וואָס פֿאַר אַ יום־טובֿ?

– אַ יום־טובֿ, איך זאָג אייַך: אַ יום־טובֿ, וויעלקאַ אוראָטשיסטאָשטש...[1]

בייַ די ווערטער האָב איך צוגעזאָגט צו קומען. אין אונדזער גרוי לעבן, אין דער לאַנגער וואָכעדיקער קייט פֿון טאָג־טעגלעכקייט ווילט זיך נישט אָפּזאָגן פֿון אַ יום־טובֿ, בפֿרט נאָך, אַז דאָס הויז פֿון מייַן באַקאַנטן איז מיר זייער ליב. איך האָב לוסט דאָרט אַרייַנצוקומען. זייַן מוטערס הויז – דאָס איז אַ שטיק פֿאַרגאַנגענהייט, די גאַנצקייט פֿון נעכטן שוועבט דאָרט. די ברייטע צימערן מיט דעם אַלטן מעבל, די רויִקייט, די אַכטונג פֿון איינעם צום צווייטן, די אַכטונג צו דער אַלטער מוטער, וועלכע מע זעצט שטענדיק אַוועק אויבן אָן...

יחסנים פֿון לאַנגע צייַטן. דער טאַטע איז געווען אַ פֿרומער גערער חסיד. נאָך זייַן טויט האָבן די קינדער אויסגעטאָן די קאַפּאָטעס. אָבער דעם טאַטן דערמאַנען זיי מיט דעם

1 wielka uroczystość (פּויליש) – אַ גרויסער יום־טובֿ.

פֿון: **שמענדריקעס**. וואַרשע: ח. בזשאָזאַ, 1930, ז״ז 31–40.

טיפּסטן דרך־ארץ. די קינדער האָבן שוין אַלע חתונה געהאַט, ס'איז בלויז געבליבן מײַן באַקאַנטער, דער ייִנגסטער זון, אָבער ער האָט שוין אויך מיט מזל אַ כּלה און זי האָט עס צו מיר געקלונגען און געבעטן, איך זאָל קומען, ווײַל עס וועט זײַן אַ גרויסער יום־טובֿ.

וואָסער יום־טובֿ? איך האָב נישט געקאָנט פֿאַרשטיין.

תּנאָים זענען שוין געשריבן געוואָרן, צו דער חתונה איז נאָך צײַט, קומט פֿאָר אפֿשר אין צוויי חדשים אַרום...

און דאָ פּלוצלינג – אַ יום־טובֿ.

איך בין זיך מודה, אַ ביסל נײַגעריק בין איך געווען און אפֿשר מער, ווי אַ ביסל.

איך האָב זיך גאַנץ פֿלײַסיק צוגעגרייט צו יענעם אָוונט. אָנגעטאָן אַ יום־טובֿדיקן בגד און פֿול מיט דערוואַרטונג בין איך אַוועק אַהין.

ליכטיק, אַ סך לאָמפּן אָנגעצונדן, די טישן געגרייט. אַלע גוטע זאַכן, עס רייצט פּשוט...

און אַרום די טישן זיצן מיידלעך מיט בחורים... אַזעלכע לוסטיקע, אויפֿגעברויזטע, טומלדיקע, פֿול מיט שׂימחה. מע ווײַלט איינער דעם צווייטן. איך האָב באַלד דערקענט, אַז די גאַנצע חבֿרה איז מער פֿון כּלהס צד, ווי פֿון חתנס צד. מײַן באַקאַנטער איז ווײַט פֿון אַזעלכע יונגע־לײַט און אַזעלכע וויצן...

יאַראָסיס[2] וויצן און אָרדאָנוונאַס[3] לידלעך. געווען אַ רגע, ווען מיר האָט זיך אויסגע־דוכט, אַז איך געפֿין זיך אין ‚קווי־פּראָ־קוואָ'[4].

דער עולם האָט זיך גאָר גוט געווײַלט. דאָס איז אַ גאַנץ געוויינטלעכע זאַך: יונגע־לײַט ווײַלן זיך און יעדערער אויף זײַן שטייגער. אָדער אַלע צוזאַמען אויף איין שטייגער.

אָבער ווו איז דער יום־טובֿ, וואָס מ'האָט מיר צוגעזאָגט? ווו איז די ‚וויעלקאַ אוראָטשיסטאָשטש'?

אַ גלעזעלע קאָניאַק, אַ סאַרדינקע, פֿיש, פֿלייש, קאָמפּאָט און נאָך אַ סך גוטע זאַכן... אָבער צוליב וועלכער סיבה?

איך וויל נישט פֿרעגן, ווײַל דאָס איז נישט טאַקטיש. איך טראַכט, איך בין זיכער, אַז דער סוד וועט זיך באַלד אַנטפּלעקן, דער יום־טובֿ וועט אַליין אַרויפֿשפּרינגען אויפֿן טיש און אַלץ וועט קלאָר ווערן.

מײַנע מיטזיצערס עסן דערווײַל און ווײַלן זיך גאַנץ לוסטיק מיט וויצן און ווערטלעך. עס פֿליִען כּסדר נעמען: יאַנעק, פֿראַנעק, וויקטאָר, מיעטשיסלאַוו, בראָניסלאַוו. איצט די מיידלשע נעמען: וואַנדאַ, פֿאַננאַ סאַלטשאַ און פֿאַני סאַלאַ, אַ יונג ווײַבל, וואָס לאַכט הע־כער פֿון אַלעמען, איצט נאָך אַ בראָנקע, אַ רעגינקע, און אַ שפּיציק־נעזלדיקע יאַדוויגאַ... איך פֿיל זיך אין אַזאַ גרויזלשאַפֿט נישט זייער געהויבן און אַלץ צוליב זייערע נעזער און נעזלעך. דאַכטן דאַכט זיך מיר, אַז מיר זענען קרובֿים און – דאָ די נעמען מיט דעם לשון... אַזאַ ווײַטקייט און אַזאַ פֿרעמדשאַפֿט...

2 פֿרידעריק יאַראָסי (Fryderyk Jarosy) – אַ באַוווסטער דעקלאַמאַטאָר.

3 האַנקאַ אָרדאָנוווּנאַ (Hanka Ordonówna) טענצערין און זינגערין.

4 Qui Pro Quo – אַ ליטעראַרישער קאַבאַרעט אין וואַרשע צווישןביידע וועלט־מלחמות.

וואָס האָט ער געוואָלט פֿון מיר, מײַן באַקאַנטער? געפּטרט אַן אָוונט. איך וויל אים דאָס טאַקע פֿרעגן: וואָס האָט ער געוואָלט פֿון מיר? איך בין אָבער הײַנט בײַ אים נישט אַזאַ וואַזשנער גאַסט. ער האָט אַ סך געסט און ער איז שטאַרק פֿאַרנומען, שווײַג איך און וואַרט געדולדיק. ווי נאָר ער וועט זיך אַ ביסל באַפֿרײַען, וועל איך צושפּרינגען צו אים און פֿרעגן און פֿאָדערן:

– ווו איז דער יום־טובֿ? ווו איז דאָס פֿאַרברענגעניש?

אַזעלכע יונגע־לײַט קאָן איך אומעטום באַגעגענען און אַזעלכע וויצן קאָן איך הערן אין אמתן ,קווי־פּראָ־קוואָ׳.

איך האָב אים געפּאַקט נעבן זיך און געפֿרעגט, וואָס איך האָב געוואָלט פֿרעגן:

– ווו... איז... דער יום־טובֿ?

ער האָט זיך אַ ביסל פֿאַרשעמט און געענטפֿערט:

– הע! ס'איז נישט אַזאַ גוואַלטיקער יום־טובֿ... אָט באַלד, מע וועט דערלאַנגען דעם שאַמפּאַניער...

אָבער אַ יום־טובֿ איז דאָך דאָס. דער בעסטער סימן: שאַמפּאַניער...

אַ פֿײַערלעכע רגע.

דער עולם הייבט זיך אויף פֿון די ערטער. יעדער איינער מיט אַ גלעזל אין האַנט. אין גלעזל העל שוימעדיקער ווײַן, עס הייבן זיך אָן דרשות און באַגריסונגען:

– זאָל לעבן דער נײַ־געקרוינטער פּרינץ!

– זאָל לעבן סעוועק!

– זאָלן לעבן חתן־כּלה!

– הוראַ. הוראַ. וויוואַט. ניעך זשיע![5]

און באַלד אַ נײַע סעריע באַגריסונגען:

– זאָל לעבן סעוועריִן נײַפֿעלד!

– זאָל לעבן דער פּראָגרעס!

איך האָב דערהערט „פּראָגרעס“, האָט מיר דאָס האַרץ גענומען קלאַפּן... וואָס קומט דאָ פֿאָר? אפֿשר האָבן די מענטשן אַ נײַע פֿעלקער־ליגע געשאַפֿן? אַן אמתע פֿעלקער־ליגע, נישט קיין דיפּלאָמאַטישע, אַ מענטשלעכע, צוליב מענטשלעכקייט...

פּראָגרעס... וועלכער פּראָגרעס? סאָציאַלער? טעכנישער? קולטורעלער?

איך האַלט אויך אַ גלאָז מיט שאַמפּאַניער. איך הער די אויסגעשרייען. איך בין אין אַ געזעלשאַפֿט, מוז איך מיטהאַלטן. שרײַ איך אויך „הוראַ!“ – אָבער איך הייב נישט אָן צו וויסן, וואָס דאָ קומט פֿאָר.

,סעוועריִן נײַפֿעלד׳ – ווער איז דאָס? מײַן פֿרײַנד, דער, וואָס האָט מיך דאָ הײַנט אײַנגעלאַדן, ער הייסט שעיה נײַפֿעלד. שעיה. אַזוי האָט געהייסן זײַן זיידע... אָבער ווי קומט דאָ סעוועריִן?

5 niech żyje (פּויליש) – זאָל לעבן!

אין דעם גייט צו צו מײַן פֿרײַנד זײַן כּלה. זײַן כּלה לעאָניאַ, און זי צעקושט זיך מיט אים:

– קאָכאַני[6] סעוועק, דראָגי[7]...

אַלע דריקן אים די האַנט. אַלע באַגריסן, גיי איך אויך צו און דריק אים די האַנט און דערבײַ פֿרעג איך:

– וואָס איז די שׂימחה? און וואָס איז דאָס פֿאַר אַ סעוועק, פּראָגרעס און סעווערין?..

פֿאַרשעמט ער זיך ווידער אַ ביסל און ער ענטפֿערט:

– דאָס האָט מיך מײַן כּלה פֿאַרפֿײַניקט, עס געפֿעלט איר נישט ,שעיה׳. זי זאָגט: ס׳איז קיין נאָמען נישט שעיה, שײַקע[8], בײַקע...[9] ס׳איז קיין נאָמען נישט, האָט זי דאָס איבערגעגעבן אין די הענט פֿון אירע פֿרײַנד און אַ חודש צײַט האָט מען געטראַכט, די קעפּ זיך געבראָכן, ביז מען איז איינשטימיק געקומען צו אַ באַשלוס און מ׳האָט מיר אַ נאָמען געגעבן ,סעווערין׳. איר פֿאַרשטייט? ,פּאַן סעווערין׳. עס קלעפּט זיך צו מיר ווי אַן אַרבעס צו דער וואַנט, אָבער זיי זאָגן, אַז דאָס קלינגט שיין, פֿיל שענער, ווי שעיה, און דעריבער:

– זאָל לעבן דער פּראָגרעס!

ער האָט געלאַכט מיט איראָניע איבער זיך אַליין.

– און דאָס איז דער יום־טובֿ? פֿרעג איך.

– יאָ...

– וויעלקאַ אוראָטשיסטאָשטש?

– יאָ, מײַן פֿרײַנד!

– און צוליב דעם האָט איר מיך אײַנגעלאַדן?

– זײַט מוחל! איך האָב געמאַכט אַ פֿעלער.

דער עולם איז דערווײַל אַוועק אין צווייטן צימער. מען איז געגאַנגען טאַנצן און מ׳האָט געטאַנצט.

אויף דער וואַנט דאָרט אין צווייטן צימער איז געהאָנגען אין אַ ברייטער גאָלדענער ראַם אַ פּאָרטרעט.

סעווערינס זיידע. דער, וואָס האָט אָפּגעלעבט אַ לעבן מיט דעם נאָמען ,שעיה׳ און געשטאָרבן מיט דעם נאָמען ,שעיה׳. אַ פּאָר ברוגזע אויגן האָבן געקוקט אויף דעם עולם, וואָס טאַנצט...

סעווערין, סעוועק, שעיה נײַפֿעלד האָט אויך געטאַנצט, נאָר די אויגן צום זיידנס בילד האָט ער נישט אויפֿגעהויבן...

*

6 kochany (פּויליש) – ליבער, געליבטער.
7 drogi (פּויליש) – טײַערער.
8 שײַקע איז דער געוויינטלעכער צערטל־נאָמען פֿון ,ישעיה׳; szajka (פּויליש) – באַנדע, כאַליאַסטרע.
9 bajka (פּויליש) – מעשׂה.

דאָס פּאָרפֿאָלק האָט מיט אַ האַלב יאָר צוריק חתונה געהאַט. איך ווייס, אַז זיי זענען צו־פֿרידן. זיי האָבן זיך ליב.

נאָר מיט עטלעכע טעג צוריק כאַפּ איך זיך פּלוצלינג אַרויף צו זיי. פֿאַרבײַגעגאַנגען, בין איך אַרײַנגעגאַנגען...

איך האָב אָבער געוואָלט באַלד צוריק לויפֿן. איך האָב זיי ביידע געפֿונען אין אַ שלעכ־טער שטימונג. זי, די יונגע פּאַני לעאָניאַ, איז געזעסן אויף דער קאַנאַפּע און געוויינט. ער איז אַרומגעלאָפֿן איבערן צימער מיט האַסטיקע טריט...

מע האָט מיך פֿאַרהאַלטן, געבעטן בלײַבן און ביידע האָבן אויסגערעדט פֿאַר מיר זייער ווייטיק.

אַ קורצע געשיכטע:

זיי זענען געזעסן זאַלבע דריט אין קאַפֿע ,אייראָפּייסקי'. ער, סעוועק, זי – לעאָניאַ און אירס אַ פֿרײַנדין. די צוויי פֿרויען האָבן גערעדט וועגן קליידלעך, ווי שטענדיק. און ער, סעוועק, האָט אַ ביסל צוגעגענעצט. ער האָט אויף אַ רגע פֿאַרגעסן, אַז ער הייסט ,סע־ווערין'. ער האָט דערפֿילט אין יענער רגע, אַז ער איז ,שעיה'. שעיה נײַפֿעלד. האָט ער אַרויסגענומען פֿון קעשענע אַ ייִדישע צײַטונג און גענומען לייענען.

גענומען לייענען...

פֿאַרטיפֿט זיך...

די גאַנצע קאַפֿע איז אים ווייניק וואָס אָנגעגאַנגען, ווען נישט דאָס ווײַבל זײַנס, וואָלט ער אין דער היים די צײַטונג געלייענט.

פּלוצלינג דערפֿילט ער, אַז מע האַקט אים אונטערן טישל מיט אַ פֿוס. צו ערשט שוואַכלעך, דעליקאַט, דערנאָך שטאַרקער און באַלד גאָר שטאַרק, דער פֿוס האָט שוין ווי געטאָן, יעדער קלאַפּ איז געווען מיט מער כּעס, מיט מער רציחה. צו ערשט האָט ער זיך נישט ווייסנדיק געמאַכט, שפּעטער האָט ער בייז אַ קוק געגעבן אויף איר, און צום סוף, ווען ער האָט געזען, אַז דאָס העלפֿט נישט, האָט ער זיך אויפֿגעהויבן פֿון זײַן שטול און איז אַוועק אַהיים. איצט איז זי געקומען און די טראַגעדיע איז אין פֿולן גאַנג...

ביידע קלאָגן זיך פֿאַר מיר. ער שרײַט, אַז זי דערשטיקט אים מיט איר פּוילישקייט, און זי שרײַט, אַז ער פֿאַרשעמט זי.

– טײַערע! – רוף איך זיך אָפּ. – ווען סעווערין וואָלט געהייסן שעיה און ווען לעאָניאַ וואָלט געהייסן לאהלע, דעמאָלט וואָלט איר אפֿשר אויסגעמיטן אַ סך אַזעלכע נאַרישע סצענעס און טראַגעדיעס.

זי פֿאַרענטפֿערט זיך:

– מיך אַרט שוין נישט. איך האָב זיך שוין צוגעוווינט – זאָל ער לייענען ייִדיש, זאָל ער זײַן אַ ייִד וויפֿל אים ווילט זיך, אָבער אין ,אייראָפּייסקי', פֿאַר מענטשן אין די אויגן... פֿאַר מענטשן, פֿאַר מענטשן...

און דערבײַ פֿאַלן טרערן, כּשרע, נעבעכדיקע, אומשולדיקע טרערן פֿון אירע לעאָנישע אויגן...

רֹאָזע פּאַלאַטניק

# קײַקעלעך

## א

מיט גיכע טריט האָט דער גרויסער יצחק זיך דערנענטערט צום קליינעם יצחקלס רויט־באַבלומט[ן] ,באָנגאַלאָ׳. הויך, פֿול, אין אַן אָפּגעכוימערט[1] רעקל און צעקנייטשטן העמד, האָט דער גרויסער יצחק, מיט ציטערנדיקע פֿינגער אויפֿגעמאַכט די גלעזערנע טיר, אַ באַצירטע מיט אָרנאַמענטן פֿון טונקעלן בראָנדז. ס׳האָט גלײַך אַ שלאָג געטאָן מיט האַרבע ריחות פֿון רפֿואות.

אינעם שלאָפֿצימער זײַנען די פֿענצטער פֿאַרהאָנגען מיט שווערע, פּליושענע גאַרדינען, וואָס לאָזן נישט אַדורך דעם שאַרפֿן בליאַסק פֿון דער זון. ס׳קוקט אויס, גלײַך די געדיכטע פֿאָרטיערן וואָלטן שוין אויך מיד געווען פֿון דער שטענדיקער ים־זשומעניש, וואָס טראָגט זיך דאָרטן גאַנץ נאָענט פֿונעם אויסגעשפּרייטן אַטלאַנטיק. עס דוכט זיך, אַז די לוקסוסשטוב איז גאָר אַן אומבאַוועגלעכע שיף, וואָס גרונטיקט אייביק צווישן ים־כוואַליעס.

אינעם גרויסן טאָפּלבעט, מיט געהאָפֿטענע[ם] באַלדאַכין, ליגט ווי פֿאַרטײַעט דער באַרימטער פֿאַבריקאַנט, סעניאָר איזאַק. זײַן גערונצלט פּנים צוקט, ציטערט. די מאַטע אויגן, אָט עפֿענען זיי אַ שמאָל שפּעלטעלע, גיבן זיך אַ גיכן קוק אַרום, זוכן אויפֿצוכאַפּן אַ געשטאַלט און שליסן זיך ווידער, כּדי אויף ס׳נײַ צו קאָנען עפּעס שפּינען, נאָכטראַכטן.

ווען יצחק איז צוגעקומען, זײַנען די אויגן בײַם חולה געווען געשלאָסן. טראָפּנס אָפּגעשוואַכט לעבן האָבן נאָך געקעמפּט, ווי עלעקטריש־איבערגעברענטע דראָטן לײַכטן צו ביסלעך, איידער זיי גייען אין גאַנצן אויס...

יצחק האָט אַ ווײַלע זיך באַמיט נישט צו שטערן די געדעמפּטע רו. נאָר אַזוי ווי דער קראַנקער איז אַ פּנים אײַנגעשלאָפֿן, האָט ער זיך אַראָפּגעלאָזט אין אַ ברייטן פֿאָטעל, גענומען באַוווּנדערן דאָס גליווערנדיקע עשירות; בראָנדזן, טעפּעכער, טײַערע איילבילדער דרעמלען, דוכט זיך אים, אויך אַזוי – נאַרקאָטיש פֿאַרשלעפֿערט...

פֿון דער שטוביקער טונקלקייט און פֿאַרטשאַדענדיקער וואַרעמקייט איז אויך דער גרויסער יצחק אַרײַנגעוועבט געוואָרן אין אַ קאָשמאַרנעם דרימל. ס׳האָט אים פֿאַרטראָגן אין יענער סטאָליאַרסקער כאַטע, ווו ס׳האָט תּמיד געשמעקט מיט פֿרישן געהילץ, צעמאָלענעם זעגעכץ און האַרבן לאַקיר־שמירעכץ. אָט זעט ער מעכעלען, זײַן פֿאַרקנופּט בערדל, צעפֿלויגענע פּאָלעס. ער ווירלט סענקאַטע[2] ברעטער, קלעפּט צונויף פּויערישע שענקלען.

1 אָפּגעכוימלט.
2 סענקעוואַטע.

פֿון: **געקליבענע דערציילונגען**. ריאָ דע זשאַנעיראָ: Edições Biblos Ltda, 1966, ז״ז 45–66.

און זײַן זון, דער איצטיקער סעניאָר איזאַק, נידעריק און קרעפּקע, הובלעוועט מיט געזונטן ראַזמאַך אײַנגעשרויפּטע קלעצער. עס שפּריצט פֿון זיי מיט דינע שניצלעך האָלץ, וואָס פֿאַרשפּרייטן זיסע ריחות, ווי שמעקנדיקער יאַלאָוויץ. און די מעבעליכע, קײַלעכדיק ווי אַ פּעסעלע, מיט אַ גרויער ראָגאָזשע אַרום פֿאַרקילטן האַלדז, פֿירט דעם ,פּאָזשאָנדעק׳. זי שאַרט מיט אַן אויסגעריבענעם דראַפּיטש[3] דאָס פֿעטע זעגעכץ, פּלאָשעט אָן אַ געדיכטן שטויב, וואָס שאַרפֿע זונשטראַלן לײַכטן אַדורך, ווי אַ טיולענעם פֿאָרהאַנג...

אין די געציילטע פֿאַרדמיונטע מינוטן האָט עס אים אויך דערמאָנט זײַן אייגענעם טאַטן, דעם בן־תּורה, מיט דער ברייטער באָרד און צעלאָזטן טלית־קטן, וואָס אָן אַ מאמר־חז״ל האָט ער זיך נישט גערירט. זײַן פֿרומע מאַמע פֿלעגט אַפֿילו אין די וואָכנטעג טראָגן אַ סאַטינען שטערנטיכל. און ער אַליין, יצחק, מיט געלאָקטע פּאהלעך, אינעם דרײַ־פֿערטלדיקן זשאַקעטעלע, האָט ביז זעכצן יאָר געגלעקלט איבער אָפֿענע גמרות. נאָר מיט אַ מאָל האָט ער דערזען אויף די בלעטער פֿון די אָפֿענע גמרות דעם גרינעם יצר־הרע־בליאַסק פֿון דער שיינער מלכּהלעס גרויסע אַגרעסאויגן. און פּלוצעם איז ער גאָר געוואָרן יד־אַחת, ,טשר־טשעלע־מוטשעלע׳ מיטן סטאָליערס קליינעם יצחקל. צוזאַמען גענומען שפּאַצירן אין קליינעם וועלדל, אין איינעם איבערגעכאַפּט פֿאַרן דאַוונען און צוזאַמען געראַנדקעוועט מיט דער שיינער שנײַדערקע, מלכּהלע... און זי, מיט אירע לאַנגע צעפּ, הויכע פּיס און געשיקטן גענגל, האָט זיך געלאַשטשעט צו ביידע יצחקלעך אויף אַ מאָל.

דער קליינער, אין ברייטע הויזן, צעלאָזטער מאַרינאַרקע און רויטלעכן פּאָמעראַנצן־פּנים, תּמיד מיט געלטקלינגערס אין קעשענע, האָט זי גלײַך ,אוגאָשטשאַיעט׳[4] מיט ניסלעך, קאַראַמעלקעס... און אַז דאָס האָט נישט געהאָלפֿן, האָט ער געפּרוווט מיט קייטעלעך, בראָשקעלעך, געוווסט מיט וואָס אויסצופּלאַסטערן די וועגן צו אַ מיידלס האַרץ. דער גרויסער אָבער, אינעם חסידישן קאַפּאָטקעלע און געקרײַזלטע פּאהלעך אונטערן פּליטקע היטעלע – ער האָט זי נאָר געקאָנט מכבד זײַן מיט תּורה־ווערטלעך און קלוגע משלים.

איז אָבער מלכּהלע געוווען אַן אָרעמע שנײַדערקע. וואָס טויגן איר דעם גרויסנס חכמות, ווען זי קאָן זיך נישט מאַכן קיין קליידל? אין דער שטיל האָט איר ס׳האַרץ דווקא יאָ געצויגן צום גרויסן יצחק. אָבער איר פֿאַרדאגהטע מוטער, מיטן שווערן עול פֿון אַ האַלב טוץ בוגרתן, האָט שטיל אונטערגעוואָרטשעט:

– אַזאַ בייז באַשריגעניש, ווי דו, מיט אַזאַ געמיינער ,פּאָלאָזשעניע׳ ווי דאַנע, טאָר זעך נישט לאָזן ,טשאַקען׳ מיט ,קאָמפּלימענטן׳, וואָרן ס׳טעפּל אויפֿן קוימען וועסטו מיט ,לערנערײַקעס׳ נישט אָנפֿילן...

דערווײַל איז דער קליינער געקומען מיט בלישטשענדיקן צירונג און אין איין וועגס מיטגעבראַכט געפּילטע קישקע, הייסע פּאָנטשקעס... אָבער די בלינד[ע] פֿאַרליבעניש פֿון ביידע יצחקלעך האָט זיי דערווײַל צוזאַמענגעקניפּט אין אַ טיפֿער חבֿרשאַפֿט.

3 דראַפּאַטש.

4 רוסיש – מכבד געווען.

גראָד אין יענער צײַט האָבן אין שטעטל אָנגעיאָגט רוצחישע היצלעס, אין ברייטע קוטש־מעס און סקאָסנע בליקן. זיי האָבן געהאַקט ייִדישע שויבן, צעראַבעוועט אײַנגעזעסענע קראָמען, פֿאַריאָגט בעל־מלאָכות פֿון לאַנגיאָריקע נחלות.

האָט דער קליינער נישט געקאָנט ברענגען קיין הייסע פּאָנטשקעס און אויך דעם גרויסנס חכמות האָבן פֿאַרלוירן זייער ווערט. האָבן זיי גיך געמאַכט איין פּעקל, הייס גע־דריקט מלכּהלעס ביידע הענט, איר הייליק פֿאַרזיכערט, „אַז דאָרטן וווּ זיי וועלן גיין, וועט זי אויך אַ מאָל זײַן"... און וילך, דער גרויסער צוזאַמען מיטן קליינעם, קיין בראַזיל.

## ב

דער קליינער האָט זיך לײַכט אַ דראַפּע געטאָן אויף הויכע בערג. אַ שמעק דאָ, אַ ניוכע דאָרטן, קיין אײַנגעפּרענגטע[5] קלעצער צווישן אײַזערנע שרויפֿן נישט באַמערקט. אַ גליִענ־דיקע זון אויף צעפּאַרעטע מאַשינען, קײַלעכדיקע גלעקער מיט הויכן געקלאַנג און שאָר־סקע ברעטער, וואָס רוקן זיך אַליין אין אײַזערנע פּיסקעס אַרײַן...

שטאַרק פֿאַרחידושט, מיט דער היימישער מאַטשעיוווקע אין זײַנע קײַלעכדיקע הענט, האָט דער קליינער הכנעהדיק געגעבן צו פֿאַרשטיין איינעם אַ ,הער דירעקטאָר׳, אַז אין די דאָזיקע ,קלינגערײַקעס׳ איז ער ממש אויפֿגעוואָקסן – אָבער אָן מאַשינען, אָן גלעקער, נאָר פּשוט, מיט אַ הובל, אַ זעג, אַ דלאָטע, געמאַכט שענקלעך, ווי גאָט האָט געבאָטן.

דעם קליינעמס ברייטע פּלייצעס מיטן רויטלעכן פּאָמעראַנצן־פּנים, זײַן חצי־ייִדיש מיטן צעבראָכענעם גוייִש האָבן נושׂא־חן געווען. מ׳האָט אים באַלד אַוועקגעשטעלט נעבן זשומענדיקע מאַשינען, באַפֿוילן: דו רוק אונטער קלעצער, די ברעטער וועלן זיך שוין אַליין רוקן און די רעשט – נישט דײַן עסק...

לאַנג האָט דער קליינער נישט פֿאַרבראַכט בײַ די פֿרעמדע גלעקער:

– אָט דאָס איז די גאַנצע תּורה? רוקן קלעצער אין מאַשינען אַרײַן? אַבי מע דאַרף נאָר קיין קאָפּ נישט דערצו... הענט? האָט ער שטאַרקע. אײַ, מאַשינען? קריגט מען אויף אויסצאָל...

איז טאַקע גיך געבוירן געוואָרן אַ נײַע ,פֿאַבריקאַ דע מאָוויעס׳ (מעבל־פֿאַבריק). אמת, אויף גאָר קליינע רעדעלעך און נאָך קלענערע גלעקעלעך אָבער ס׳האָט נישקשהדיק גע־רוישט און לײַטיש געקלונגען. אַ ביסל שפּעטער האָט אַ שילדל מיט רויטער פֿײַערשריפֿט אָנגעזאָגט שׂימחהדיק: ,נאָוואַ פֿאַבריקאַ דע סעניאָר איזאַק׳ (אַ נײַע פֿאַבריק פֿון הער איזאַק). ביז גרויסע קאַמיאָנען, מיט ווײַסע אותיות אויף אַלע פֿיר זײַטן, האָבן אָפּגעליפֿערט איבער אַלע שטאָטטיילן די באַרימטע מעבל פֿון סעניאָר איזאַק...

ערשט ווען פֿון אַלע זײַנע פֿאַבריקלעך איז געוואָרן טויזנט מעטער די לענג און פֿינף הונדערט מעטער די ברייט; און ריזנגלעקער האָבן שוין געקלונגען אַ מהלך ווײַט, האָט דער קליינער אַוועקגעשיקט אַן ערשטע־קלאַס־שיפֿסקאַרטע, מיט געציילטע ווערטער:

5 אײַנקלעמען.

– יעך באַדאַריף אַן אייגענעם מענטש, וואָס זאָל קאָנען זיצן בײַם שיפֿלעדל, בעט יעך דיער, מלכּהשי, זאָלסט נישט באַלאַמיטשען...

אין אַ פּשוט, ציצן קליידל, הויכע, געשנורעוועטע שיך, אַ געפֿלאָכטן גרעקל אויף איר געסקליאַרעוועטן[6] קאַרק, איז מלכּהלע שטיין געבליבן נעבן די הודזשענדיקע מאַשינען, גולמעוואַטע פֿאַרלייגט אירע פּוכקע הענט און ס׳ליכטיקע פּנים – הווילער חידוש. אירע גרויסע, קײַלעכדיקע אַגרעסאָויגן האָבן געבלינצלט מיט אומגלויבן און מיט אַ ביסל אַ גע־דעמפּטער שטימע האָט זי אויסגעשריִען: „ס׳אַ ליגנס, נאַרסט מער אָפּ, שפּילסט דעך מיט מיר אין ,טשיטשע־באַבע׳[7]...“

האָט זי יצחקל אַ נעם געטאָן מיט זײַנע שטאַרקע הענט, צוגעפֿירט צום קאַסיר־קעסטל, אַ הויכן קאָמאַנדעווע געטאָן: „זעץ דעך דאָ אַרויף, דאָס איז די קאַסע, זי גייט אויף ,פּזשענ־זשינעס׳,[8] פֿאַשטאַיִסט צי ניין?...“

האָט נאָך מלכּהלע אַ צווייפֿלדיקן דריי געטאָן מיט איר געלאָקטן קעפּל, אַ טראַכט געטאָן – זי וואָלט זיך דאָס גיכער געגלייבט אויפֿן גרויסן יצחק... נאָר געפֿרעגט האָט זי בלויז: „ווי אַזוי האָסטו דעך צו דעם דאָראָביעט,[9] יצחקל?“

האָט ער פֿאַרלייגט זײַנע קורצע הענט אויף דער פֿעסטער ברוסט, אַ רגע זיך פֿאַר־קלערט, גלײַך ער אַליין וואָלט אויך געפֿרעגט די זעלבע קשיא, נאָר צום סוף אַרויסגעשטאַ־מלט: „פֿרעגסט מיער? כלעבן, ווי יעך ווייס נישט... טאַקע באמת, פֿרעג מיך בחרם צי יעך ווייס.“

מלכּהלע האָט זיך נישט געקאָנט מער אײַנהאַלטן, כּלומרשט אַ ביס געטאָן דעם לאַנגן נאָגל פֿון איר קליינעם פֿינגערל און שטיל אַ פֿרעג געטאָן:

– נו, און דער גרויסער?...

– אין דר׳ערד...

– טאַקע באמת?

מלכּהלע איז אַזש בלאַס געוואָרן פֿאַר שרעק.

– ס׳הייסט, נישט אין גאַנצן אין דער ערד, נאָר אַזוי גוט ווי טויט... – און צוגעגעבן:

– טײַערינקע, דאָ, אין בראַזיל, ס׳העלפֿן נישט קיין חכמות, דאָ איז אַ טראַפֿונעק[10] און באַסטאַ...

האָט מלכּהלע געגעבן אַ פֿלינקן שפּרונג אַרויף אויפֿן הויכן קאַסעבענקל, זיך אַרײַנ־געזעצט אינעם ווייכן געזעס, אָנגעטאָן אַ ייִחוס־מינע, ווי פֿון אַ היימיש־אויפֿגעקומענער נגידתטע און ס׳רעדעלע האָט זיך גענומען דרייען – גרויס...

דער קליינער יצחקל האָט פּלוצעם באַקומען אַ שטאַרקן גאָט, אַ מעבטיקן – געלט. וואָס מער זײַנע מאַשינען האָבן גערוישט, וואָס העכער די גלעקער געקלונגען, אַלץ מער

6 גראָב, דיק.

7 אַן אַנדער נאָמען פֿאַרן שפּיל בלענדעניש.

8 sprężyna (פּויליש) – ספּרונזשינע.

9 dorobić (פּויליש) – דערגרייכן.

10 trafunek (פּויליש) – צופֿאַל.

האָבן אים געציטערט די פֿינגער בײַם צײלן די אָנגעהויפּנטע האָרמעס באַנקנאָטן: זע נאָר, מלכּהשי – פֿלעגט ער איר אָנווײַזן אויף די קנאַקנדיקע פּאַפּירלעך – קוק נאָר, טײַערע, אָט דאָס אַלץ איז אונדזער... אונדזערס...

קינדער זײַנען בײַ זײ געבוירן געוואָרן שײנע, װי די טראָפּישע פֿלאַנצן. כאָטש אַ ביסל טעמפּ. זײ האָבן זיך אויסגעצײכנט אויף די גרעסטע ספּאָרט־אַרענעס, געוואָרן באַרימטע שווים־טשעמפּיאָנען... און די רוישנדיקע מאַשינען מיט די קלינגענדיקע גלעקער גלאָזט צום „פּאַפּאַיס" קאָפּ. דער „פּאַפּאַי" האָט ליב געהאַט זיך גוט אָנצועסן מיט רעטשענע קליס־קעס, אײַנאָטעמען פֿרישן יאַלאָוויץ, מיט שטילקײט פֿון אויסגעשפּרײטע פֿעלדער; און ווו ר'איז דעמאָלט געלעגן אָדער אַפֿילו זיצנדיקערהײט, געזונט אָפּגעכראָפּעט ביז קאַיאָר... אָבער דאָ? מאַשינען־געראַויש און גלעקער־געקלאַנג גרײכן ביז צום װײכן געלעגער. און די געבראָטענע הינדלעך, וואָס מלכּהלע האָט נישט געזשאַלעוועט, האָבן אים באַלד פֿאַר־דאָרבן דעם מאָגן.

מלכּהלע אַליין האָט באַלד איבערגעלאָזט דאָס שופֿלעדל. „די דאָזיקע אַרבעט" – האָט זי זיך געפּיעשטשעט – „קאָן טאָן אַ ליאַדע מײדל־טשינע[11]." זי אַליין האָט אָנגעטאָן הויזן, געפּענדזלעוועט אירע שײנע ברעמען. זי האָט אָנגעהויבן גײן אויף „דעספּילע דע מאָדאַס", זיך אויסגעלערנט „בינגאָ", אינסטאַלירט אַ ספּעציעל קאָרטנשטיבל און גיך גע־כאַפּט דעם שניט פֿון אַ צעבאַלעוועטער יחסנטע. אָט דאָס אַלץ האָט דעם קלײנעם יצחקל אַרײַנגעטריבן אין אַזאַ אויסטערלישן פּחד, אַז ר'האָט אין גאַנצן אויפֿגעהערט צו שלאָפֿן.

סעניאָר איזאַק האָט זיך אָפּט געגומען טאַפּן זײַן גערונצלטן שטערן, פֿאַרשטאָפּן די אויערן פֿאַרן צו הויכן געראַויש. ער באַנעמט נישט מער די גרויסע שורות ציפֿערן אין זײַנע קאַסעביכער, באַגרײַפֿט נישט די סך־הכּלען, וואָס בענק־דירעקטאָרן שטעלן אים צו. „וואָס האָט מען זיך אָנגעזעצט אויף מײַן בידנעם שטיקל לעבן?"

נו, האָט מען דעם סעניאָר איזאַק גלײַך אַוועקגעשיקט אײַנשטילן זײַנע צעשרויפֿטע נערוון. איז אָבער סעניאָר איזאַק צוריקגעקומען נאָך צעחושטער. זײַן קײַלעכדיק פּנים לענג־לעך־צעצויגן, די פֿולע באַקן ווי צוויי אַראָפּהענגענדיקע טאָרבעלעך און דער ברײטער גוף, ווי אַ צעלעכצט פֿעסעלע, וואָס די אָפּגעשוואַכטע פֿיס האָבן מער נישט געקאָנט טראָגן.

באַרימטע פּראָפֿעסאָרן האָבן געגומען אונטער אַ גרויסן שפּאַקטיוו דאָס העל געוואָ־רענע בלוט פֿון סעניאָר איזאַק און ס'איז באַלד קלאָר געוואָרן, אַז „קײַקעלעך", צו פֿיל ווײַסע קײַקעלעך שלינגען בײַ אים אײַן די רויטע, ווי הײשעריקן.

זינט דעמאָלט גײט אָן אין סעניאָר איזאַקס גוף אַ שווערער קאַמף, ביז עס האָט אים אַרײַנגעקײַקלט אין דעם גרויסן, מיט זײַד באַחופּהטן בעט אַרײַן.

און אַז אין בעט, האָט זיך דעם גרויסן יצחקס אײדעלע געשטאַלט געגומען שאָטענען, ווי אַ געשפּענסט, אויפֿן קלײנעם יצחקלס געהאָפּטענער דעקע.

– טאַקע, באמת, ווו איז ער אַהינגעקומען? – האָט דער קראַנקער זיך געפּײַניקט אויפֿן ווײכן געלעגער. איצט האָט ער זיך דערמאָנט: ווען ער איז נאָך נישט געווען אין די פֿעדערן,

11 china – אין דער שפּראַך פֿון גאַוטשאָ: פֿרוי, מײדל; דאָ – אַ פּראָסט מײדל.

פּלעגט ער אַ מאָל אויפֿזוכן זײַן חבֿר, אַרײַנגעקוקט אין יענעמס פּאַרטרויערטע אויגן, געגעבן עצות, געפּרוּווט עפּעס אונטערשטופּן... כאָטש ער ווייסט זייער גוט, אַז מיט אַ ביסעלע מער וואָלט ער יענעם געקאָנט שטעלן אויף די פֿיס. האָבן אָבער זײַנע ציטערדיקע פֿינגער נישט געדינט אים. און שוין אפֿשר צוואַנציק יאָר, אַז ער ווייסט נישט מער פֿון גרויסן יצחקס געביין...

מאַטערט עס אים אויפֿן שווייסיקן קישן: אַזאַ געלערנטער קאָפּ! נישט געקאָנט זיך דאָ דערשלאָגן צו עפּעס רעכטס? זיי האָבן זיך צוזאַמען געוואַלגערט אויף שלעפּשיפֿן, אין איינעם געשוואַרצט גרענעצן, זיך געמאַטערט און געהונגערט אין איינעם. ווי זשע קומט עס טאַקע, וואָס ער האָט אים אַזוי פֿאַרגעסן?

האָט דער קראַנקער זיך געפּלאָגט אין די שלאָפֿלאָזע נעכט: נו, יצחקל, די ,מאַטניאַ׳ האָט דיך דאָ פֿאַרבלענדט? טויב און שטום געמאַכט? געברענגט מלכּהלען, זי אַרײַנגעזעצט אינעם גאָלדענעם שטײַגל, מורא געהאַט פֿאַר קאָנקורענץ, טאָמער געפֿעלט איר גיכער דער קבצן... איז אָט האָסטו דיר! קײַקעלעך...

ג

יצחק דער גרויסער האָט לויטן שׂכל באַנומען, אַז אין אַ טראָפּיש לאַנד, ס׳רובֿ אָנגע־לאָדן מיט געדיכטע וואָלקנס, איז גוט אָנצוהייבן פּעדלען מיט רעגן־מאַנטלען. צוויי פּעק אין די הענט, עטלעכע אויף די פּלייצעס – זײַן לאַנגער גוף מיטן פֿאַרשוויצטן פּנים האָבן צווישן די אָנגעלאָדענע פּעק אויסגעקוקט ווי אַ גייענדיקער גולם. פּונקט דעמאָלט האָט די זון געגליט אויף בערג און טאָלן, וואָלקנס האָבן זיך געבאָדן אויפֿן דנאָ פֿון ים. יצחקס גומענע סחורה האָט אַרויסגעגעבן סמאַליענדיקע ריחות און קיין בעלנים אויף רעגן־מאַנט־לען זײַנען נישט געווען.

האָט ער אַהיים געטשאַפּעט צעהיצט, גלײַך ער וואָלט אַרויס פֿון אַ קאַלכאויוון און גלײַך באַשלאָסן – פּרוּוון מיט זונשירעמס. צעעפֿנטע ,פּאַראַסאָלקעס׳ אין די הענט, יאַפּאָנעזיש געבלימטע אויף די פּלייצעס, האָט ער אַליין אויך אויסגעקוקט ווי אַ גרויסער ריזן־שירעם. האָבן זיך גראָד דעמאָלט די שוואַרצע וואָלקנס מטריח געווען, פֿאַרטונקלט וועגן, ווי ערבֿ נאַכט, און באַלד זיך צעגאָסן אין שאָרוועדיקע[12] וואַסער־לאַוועס, אַראָפּגע־שווענקט צעשטערטע ,פֿאַוועלע׳־הײַזקעס... געזען ווי נאַקעטע וואָגלער ראַטעווען זייערע צעפֿוילטע בעבעכעס, האָט אויך יצחק אַהיימגעדזשוויגעט זײַן צעווייקטע סחורה, אַזוי ווי די באָרוועסע נעגעריונגען זייער צעהפּקרט ביסל אָרעמקייט.

פֿון דעסטוועגן האָט ער זיך נישט מיאש געווען. ס׳שטייט ערגעץ נישט געשריבן, אַז ער מוז דווקא ווערן אַ ,קלאַפּער׳. אָט וועט ער גאָר פּרוּוון אַ פֿאָטאָגראַפֿיסט. ס׳איז אַ לײַטיש פֿאַך, אַ ביסל קינסטלעריש אויך; און מ׳קאָן אַפֿילו דערגרייכן ביז צו אַ שויפֿענצטער בײַם סאַמאַראָדנעם אַטלאַנטיק...

12 שאָרווען – שאָרען, שורשען, רעשן, רודערן.

מיט אַ קלײן אַפּאַראַטל אויף דער ברוסט, אַ בליצלעמפּל אין דער האַנט, האָט יצחק דער גרויסער זיך אַוועקגעשטעלט נאָענט פֿון אַ העל באַלויכטענער בינע. עולם האָט גראָד געפּראַוועט אַ יום־טובֿ, דער לאַנגער טיש – פֿול מיט בלומענקרענץ. אויבן אָן – דער קלײנער יצחקל, אין אַ שוואַרצן סמאָקינג, מיט אַ שטײַפֿן קאָלנער... דער גרויסער יצחק האָט געקוקט דורכן קלײנעם לעבעלע פֿונעם אָנגעשטעלטן אַפּאַראַט, געקוקט, ווי היפּנאָטיזירט. ס׳איז פֿאַרשוווּנדן די גאַנצע אוידיטאָריע. ער זעט בלויז אַ קײַלעכדיק פּנים און וויל דערגײן: וואָס ליגט אַזוינס אינעם דאָזיקן פּנים, וואָס איז זוכה צו זיצן דאָרטן אויבן? כאָטש, צוריק געשמועסט, האָט ער גאָרנישט צום קלײנעם יצחקל. ער האַלט זיך פֿון ווײַטנס? איז דאָך דער אמת, אַז ער, דער גרויסער, האָט גאָר פֿריִער גענומען אויסמײַדן דעם קלײנעם. דער חכם אין אים האָט זיך געשעמט מיט זײַן אומבאַהאָלפֿנקייט... וואָס זשע איז טאַקע שולדיק דער קלײנער? ער פֿאַרשטעלט אים דען דעם וועג צו עשירות?

די צעפּאָרענע געדאַנקען אונטערן שוואַרצן אַפּאַראַטל האָבן אים אַזוי צעשרויפּט, אַז ער האָט נישט באַמערקט ווי דער אומגעדולדיקער עולם כעסט זיך, שרײַט: זאָל ער שוין אַ בליץ טאָן מיט זײַנע כּלים, דער שלימזל! וואָס גאַפֿיעט ער זיך דאָרט בײַם ‚לבֿנה־טעלערל׳?

– הײ, דו! דאַרער גאָנער, אַהין אָדער אַהער!

מענטשן האָבן געליאַרעמט און געחוזקט. פֿון גרויס צערודערונג האָט זײַן בליצלעמפּל זיך פֿאַרהאַקט, נישט געוואָלט אויפֿרײַסן. איז גיך אונטערגעלאָפֿן אַ ספּריטנע בחורל מיט אַ קלײן מאַשינקעלע, געגעבן אַ גיכן פּיף־פּאַף און פֿאַרטיק...

כאָטש הויך, מיט אַ שײנעם קאָפּ געדיכטע קרויזן, אַ דעליקאַט פּנים מיט לײַטישער בילדונג – האָט דער גרויסער יצחק דאָ נישט געקאָנט זיך צוזוכן קײן חבֿרטע.

ס׳שווינדלט אים אַזש פֿאַר די אויגן, ווען ער בליקט אַרויף צום קלײנעם יצחקלס הויבער קאַמעניצע, ווען ער קוקט נאָך יענעמס ברייטן ‚קאַדילאַק׳, וואָס פֿאָרט נישט, נאָר ער שווימט. נעבן יצחקלען טוליעט זיך קינדיש די אויסגעליאַלקעוועטע מלכּהלע, וואָס זשע טויגן אים זײַנע חכמות, ווען יענעמס נאַרישקייט גילט?

ענדלעך האָט מען אים דערזען. עפּעס אין אַן אינסטיטוציע דאַרף מען אַ געלערנטן מענטש, מיט קאָפּ, מיט אַ פּעדער אין האַנט. אָבער וואָס קאָן ער שוין דערלעבן פֿון פֿירן פֿרעמדע בוכהאַלטעריעס? נאָר אַ סוף און אַן עק! אַבי זיך נישט פּלאָנטערן מער צווישן הימל און רויך. ער איז בלויז געוואָרן אָפּגעלאָזענער. זײַן געלאָקטער קאָפּ האָט באַקומען צוויי ראָזע סטעזשקעס און דער געפּרעסטער קנייטש אין זײַנע הויזן – אויסגעגלײַכט.

...ביז אַ שוואַרצער שאָפֿער, מיט זײַן ברייטן גוף און גלאַנציקן דאַשיקל, האָט פֿול געמאַכט דעם גרויסן יצחקלס צימערל. בײַם הכנעהדיקן שליח האָבן די ווײַסע ציין אַרויסגעבליאַסקעט צווישן זײַנע גראָבע ליפּן:

– כ׳בין געשיקט פֿון סעניאָר איזאַק... קראַנק... בעט אײַך קומען...

ד

ווען בײַם סעניאָר איזאַק האָבן זיך צעעפֿנט די שמאָלע אויגן־שפּעלטעלעך, האָט זיך דער גרויסער יצחק געגעבן אַזאַ האַסטיקן שטעל, אַז אין קראַנקנס אָפּגעשוואַכטער ראיה האָט ער אויסגעזען צוויי מאָל אַזוי הויך און לאַנג און ברייט. דאָס גערוימע שלאָפֿצימער איז פֿול געוואָרן מיטן גרויסן יצחקס געשטעל. דער גאַנצער עשירות־בליאַסק האָט ווי אָפּגעטרעטן פֿאַר אים...

– ביסט שוין לאַנג דאָ, יצחק?

– יאָ, שוין גאַנץ לאַנג – האָט דער גרויסער יצחק זיך אָנגעבויגן, באַמיט זיך אויסצוזען אַ סך קלענער און מיט פּלוצעם אָנגעלאָפֿענער וואַרעמקייט גענומען גלעטן דעם קליינעמס בלייכע הענט:

– וואָס עפּעס זיך אַרײַנגעלייגט אין בעט, האַ, יצחקל? האָסט נישט מער וואָס צו טאָן?...

דער קראַנקער האָט זיך אָנגעשטרענגט, געוואָלט קלאָרער דערטאַפּן אין יענעמס מינע, אויב ער נעמט טאַקע אַזוי גרינג זײַן ליגן איצט אין בעט. אויך ער האָט זיך באַמיט צו געבן זייער שמועס דעם אַמאָליקן טאָן:

– נו, יאָ, וואָס זאָגסטו נישט צו דעם, יצחק? ‚קײַקעלעך' גאָר!... – און מכּלומרשט לאַכנדיק צוגעגעבן: „האָסטו שוין אַ מאָל געהערט פֿון אַזאַ שלימזל ווי קײַקעלעך?"... זײַנע פֿײַכטע אויגן האָבן קרענקלעך אַ בלינצל געטאָן: „מײַן טאַטע פֿלעגט קנעטן פֿון ווייכן ברויט – קײַקעלעך. איך אַליין האָב געבלאָזן דורך אַ שטרוי – זייפֿן־קײַקעלעך. אָבער קײַקעלעך אין בלוט, דאָס האָבן נאָר די דאָקטוירים אויסגעטראַכט."

פֿונעם ‚פֿריילעכן' שמועס איז דער חולה צוריקגעפֿאַלן אויפֿן קישן. זײַן אויסגעווייקטער קאָפּ האָט נאָס געמאַכט דאָס גאַנצע ציכל... אַ ווײַלע איז ער געבליבן אָן לשון. נאָר באַלד, מיט אַ זעגנדיקער שטימע, שוואַך אַרויסגערעדט:

– נו, ווייסט שוין, אַז איך קײַקל מיך... דערצייל זשע, וואָס הערט זיך עפּעס בײַ דיר?

דער גרויסער יצחק האָט זיך צוריקגעזעצט אינעם באַקוועמען שטול. נאָכן אָנגעשטרענגטן שפּיל האָט ער געלאָזן אַרומגעווישט דעם שווייס און אַרויסגעזיפֿצט: „וואָס זאָל מען הערן, יצחק? ווייסט דאָך, צו מיר איז בראַזיליע נישט געווען אַזוי, נו, ווי זאָל איך עס דיר אָנרופֿן? ‚קײַקלדיק'..."

דערשעפּט, ס'פּנים ווי קרייד, מיט אַ קול ווי פֿון אַ קבֿר, האָט אים דער קראַנקער איבערגעשלאָגן: „און דו מיינסט, אַז איך בין דאָ גרויס געוואָרן? מיינסט עס טאַקע אויף אַן אמת?"

דער גרויסער יצחק האָט פֿאַרביסן געשוויגן. דער קראַנקער האָט ווײַטער גערעדט:

– שקר־וכּזבֿ, מע ווערט נישט גרויס צוליב קלינגענדיקע גלעקער... ס'אַ בראַזיליאַנער פֿאַרבלענדעניש...

ער האָט ווידער זיך געפּרוּווט אויפֿזעצן, אָבער צוריקגעפֿאַלן. פֿאַרזונקען, ווי אין הינערפּלעט, האָט ער געטענהט ווי צו זיך אַליין:

– כ׳פֿלעג ליב האָבן צו זען, ווי אין די ,סאָסיעדאַדעס׳ עפֿענען זיך ברייט אַלע טירן פֿאַרן קליינעם יצחקל... ס׳ערשטע בענקל אין מיזרח וואַרט איך זאָל מער אַרויפֿזעצן... קראַנק געווען נאָך אַ ביסעלע כּבֿוד, געוווּסט, אַז מע קריגט עס פֿאַר געלט... אָבער איצט פֿיל איך ווי קליין, נישטיק און נאַריש דאָס אַלץ איז געווען. כ׳בין זיכער, אַז דו וואָלטסט נישט געמאַכט קיין צימעס, ווען ס׳מזל שפּילט דיר צו, אויפֿצושטעלן טויטע גולמס, קלינגענדיע ,לאָבזעס׳... יאָ, יעך ווייס, נישט ווײַל יעך בין קליין געוואָקסן, נאָר די נשמה איז מיר נישט אויסגעוואָקסן... אַפֿילו קעגן דיר, מײַן בעסטן פֿרײַנד, האָב איך דאָך געהאַנדלט ווי אַ דראַן, אַ סוואָלאָטש, אַ... אַ...

– ניין! – האָט דער גרויסער יצחק מער נישט געקאָנט הערן. ער האָט אָנגעכאַפּט דעם קראַנקן בײַ די הענט, אים פֿאַרשטעלט דאָס מויל. דעם קראַנקנס אויגן זײַנען געוואָרן טאָפּלט גרויס:

– לאָז מיך, יצחק, כ׳וויל רעדן! נאָך אַ קליין ביסעלע! זע ווי עס בלישטשעט בײַ מיר. אַלץ איז דאָ געוויקלט אין פּערגאַמין־פּאַפּירן, ס׳זאָל חלילה נישט זשאַווערן... אָבער אַליין? געזשאַווערט אינעווייניק... געוואָלט אַלעמען איבעריאָגן... צוליב וואָס?... יעך האָב אַ פֿאַרוואָס – דער היימישער דלות האָט מיך דאָ פֿאַרפֿאָלגט... נישט געקאָנט פֿאַרגעסן, ווי ס׳האָט אַ מאָל אויסגעפֿעלט ס׳שטיקל ברויט אין שטוב. האָט עס מיך דאָ געיאָגט, געטריבן...

פּלוצעם האָט זיך געעפֿנט די טיר מיט אַ בליאַסק. אַ בלאָנד מיידל איז אַרײַן. פֿונעם ווײַסן פּעניואַר האָט זיך בולט אויסגעשיילט די פּוכקע רונדיקייט און פּאָרצעלײַענע ווײַסקייט פֿון אַ יונג־בליִענדיקן קערפּער. אין אירע קײַלעכדיקע אויגן איז געלעגן דער גרינער שימער פֿון מלכּהלעס יונגשאַפֿט. זי האָט זיך פֿלינק אַ דריי געטאָן, אַ רגע זיך פֿאַרהאַלטן בײַם קראַנקנס בעט, מעכאַניש אַ פֿרעג געטאָן:

– נו, פּאַפּאַי, קאָמאָ סע סענטי?... (נו, טאַטע, ווי פֿילסטו דיך?)

נאָר איידער דער טאַטע האָט באַוויזן צו שאָקלען מיטן קאָפּ, איז דאָס ליכטיקע פֿייגעלע שוין צוריק געווען אויף יענער זײַט שוועל.

– געזען אַ מויד? – האָט דער קראַנקער זיך אַ וואָרף געטאָן, גלײַך ווי געשליפֿענע שפּיזן וואָלטן אים דורכגעשטאָכן ס׳לײַב – אָט די דאָזיקע מויד, אויף האָניק מיט פּוטער געכאָוועט, אַלע שמד־שטיק נאָכגעגעבן, נישט געוועקט קיין יִידישן אָדער, נישט באַנוצט דאָ מעכעלעס ,קאַנטשיק׳. נו, ווייסט עס נישט דעם טעם פֿון אַ יִידישן טאַטן... באַגרײַפֿט נישט, וואָס הייסט קראַנק. איַי, יצחק, יצחק...

דער קראַנקער איז מיד אַ פֿאַל געטאָן אויפֿן קישן, געאָטעמט שווער און דאָך נישט געוואָלט אויפֿהערן רעדן:

– הער זיך גוט אײַן. איך פֿאַרמאָג אויך אַ תּכשיט, האָט ער מלכּהלעס ליכטיקן פּנים, אָבער מײַן גוטן קאָפּ. אָפּגעזעסן צו דרײַ יאָר אין יעדער קלאַס און ביז כ׳האָב נישט גוט אונטערגעשמירט, וואָלט משיח פֿריִער געקומען, איידער זײַן דיפּלאָם... נו, ליגט ער שוין

איצטער, דער דיפּלאָם, אין שופֿלעדל און ער אַליין ליגט אויף דער פּראַיע,[13] בויט הײַזער אויפֿן זאַמד... אײַ, וואָס וועט זײַן נאָך די קײַקעלעך?...

פֿאַרגליווערט ווי אַ מומיע, געפּײַניקט פֿון מיטלייד, האָט זיך דער גרויסער יצחק אַ הויב געטאָן, צוליב אַ שטילן געשאָרך בײַ דער טיר. באַלד האָט אויפֿגעפֿלאַמט דער גרינער בליאַסק פֿון מלכּהלעס גרויסע, קײַלעכדיקע אויגן.

אין אַ זײַדענער קימאָנע מיט אַ טיפֿן דעקאָלט, האָט איר הויכע פֿריזור זי געמאַכט נאָך שלאַנקער. אין איר קליינער, ווײַסער האַנט האָט לײַכט געציטערט אַ פֿולער שפּריצער מיט גערדיכטע לעבערזאַפֿט. דערזען דעם גרויסן יצחק, האָט זיך מלכּהלע אַ שיכּורן וואַקל געטאָן. דאָך האָט זי זיך געגעבן אַ לײַכטן פֿאַרנייג און אַ ביסל מיידליש פֿאַררייטלט, זיך אַ ווענד געטאָן צום קראַנקן: „קערידאַ (טײַערער), עס איז צײַט...“ – אים אַ ווײַז געטאָן אויפֿן שפּריצער מיט אַזאַ עלעגאַנץ, ווי מ׳טוט עמעצן צו וויסן די שעה פֿון גיין אין דער אָפּערע.

מלכּהלע האָט געשיקט פֿאַרשאַרצט בײַם קראַנקן זײַן לאַנגן אַרבל, ספּריטנע פֿאַרזעצט די קורצע נאָדל און דער רויטער זאַפֿט האָט גענומען אַרײַנפֿליסן גלאַטן אינעם קראַנקנס שיטערן פֿלייש. נאָר איידער זי האָט געענדיקט האָט זיך באַוויזן אַן עלטערער מאַן. זײַנע גאָלדענע ברילן האָבן שימערירט אין דער שטויביקער דעמערונג מיט שטראַלנדיקע פֿונקען, ווי צעמאָלענע בריליאַנטלעך: דער פּראָפֿעסאָר! אויך ער האָט געהאַלטן אַ לענגלעכן שפּריצער, אָבער אַ ליידיקן. ער האָט פֿאַרשאַרצט בײַם קראַנקן זײַן צווייטן אַרבל, פֿאַרבונדן די האַנט מיט אַ קײַלעכדיק גומעלע. אַזוי ווי מלכּהלע האָט נאָר וואָס אַרײַנגעשפּריצט, אַזוי האָט ער צוריק אַרויסגעצויגן אַ קליין ביסעלע בלוט, עס גרינטלעך באַטראַכט אונטערן שײַן פֿון אַן עלעקטריש לעמפּעלע, געדרייט מבֿיניש מיט זײַן פֿליכעוואַטן קאָפּ און פֿאַרלאָזט דאָס צימער. מלכּהלע האָט געכאַפּט אַ זײַטיקן בליק אויפֿן גרויסן, שטאַרק צעטומלטן יצחק און שטיל־סודותדיק אַוועק נאָכן פּראָפֿעסאָר.

דער חולה האָט אָפּגעזיפֿצט ווי נאָך אַ שווערער האָרעוואַניע. ער האָט געלאַסן אַראָפּגערוקט ביידע אַרבל, גלײַך ער וואָלט זיך געזוכט צו באַשיצן קעגן אַ נײַער וויסנשאַפֿטס־אַטאַקע:

– זיך געמאַכט אַ שפּילעמײַקע מיט צאַפּענישן, די שוטים. זיי וויסן נעבעך נישט, אַז די ,זעראָס׳, וואָס פֿעלן צום חשבון אין מײַנע רויטע קײַקעלעך, זײַנען אַרײַן אין מײַנע קאַסעביכער... דאָרטן איז פֿאַראַן – צו פֿיל און דאָ – פֿעלן זיי אויס... יאָ, ברודערקע, אַזוי – זעט עס אויס – האָט דער חולה גערעדט אין דער טונקלקייט אַרײַן.

## ה

דער גרויסער יצחק האָט דערפֿילט אַ שוידערן, גלײַך מוראַשקעס וואָלטן אים געקראָכן איבערן לײַב. די צוויי בלייכע הענט פֿונעם חולה־מסוכּן האָבן אויסגעזען אין דער שאָטנדיקייט ווי אָנמעכטיק־אונטערגעהאַקטע פֿליגל... ער האָט זיך טיף אָנגעבויגן:

13 praia (פּאָרטוגעזיש) – פּליאַזש.

– יצחק־לעבן, טײַערער! צו וואָס די אַלע נאַרישע רייד? כלעבן, עס האַלט נאָך נישט אַזוי שלעכט ווי דו מיינסט. וועסט געזונט ווערן...

– נישט נייטיק קיין טרייסט – איז געקומען דעם קראַנקנס שטימע ווי פֿון אַ גרובן־אויסהויל! – ווייס, מלכּהלע האָט ליב געהאַט – דיך, חתונה געהאַט מיט מיר... און צום סוף – קייַקעלעך...

אַ קליינער זונשטראַל האָט אַ טענצל געטאָן איבערן גרויסן יצחקס שוין פֿאַראָבלטן פּנים. אַ ווערגנדיקע שטיקעניש האָט אים נישט געלאָזט אַרויסברענגען קיין איין וואָרט. מיט אַן אויסגעקרימט צוקן אין אַ ווינקל פֿון זײַן פֿאַרשמאַכטן מויל, האָט דער קראַנקער זיך באַמיט צו שמייכלען, גלײַך ער וואָלט גאָר געדאַרפֿט טרייסטן דעם געזונטן. אַרויסגעקומען איז אָבער אַ צעיוירענע גרימאַסע. די ווערטער האָבן זיך געזיפּט ווי דורך אַ צעפּוילטער שפּאַרונע:

– נו, שוין, גענוג, יצחק, כ׳בעט דיך. מאַך דיר נישט קיין זאָרגן... ס׳וועט שוין סײַ ווי לאַנג נישט געדויערן, מ׳עט עס איבערקומען... און, דיך בעט איך, יצחק, היימיש דיך צוריק אײַן... העיעסט?! יצחק?...

אויף יענער זײַט שוועל איז דער טאָג שוין געלעגן אין גסיסה. נישט ווײַט פֿון דער אונטערגייענדיקער זון, האָבן אַ כאַפּטע טונקעלע וואָלקנס זיך פֿאַרמירט ווי אַ מידע טשערעדע, געפֿירט צו דער שחיטה... מלכּהלע, וואָס האָט כּלומרשט געדאַרפֿט אַרויסלויפֿן נאָך עפּעס, איז שוין איצט געווען אָנגעטאָן אין אַ גוט אויסגעפּאַסטער פּרינצעסקע. אירע שלאַנקע פֿיס, אויף הויכע קנאַפּליעס, אירע פֿײַכטע בליקן האָבן אַ הייסן שפּיז געטאָן אויפֿן גרויסן יצחק. אָבער זײַן קילער בליק האָט זי אַ ביסל צעטומלט:

– נאָך אַלץ משה־גרויס! – איז איר פֿאַרדראָסיק אַדורך איבערן געדאַנק... אירע צעבאַלעוועטע מחשבֿות האָבן דעם אָפּגעכוימערטן יצחק באַלד אַרײַנגעשטעלט אין עלעגאַנטער הלבשה... די אָפּגעלאָפּענע יאָרן זײַנען ווי אָפּגעטרעטן. אַלץ איז, דוכט זיך איר, גענוי, ווי ס׳וואָלט ערשט נעכטן געווען... אָבער געזאָגט האָט זי בלויז בײַם געזעגענען זיך: „נו, יצחק, ווי געפֿעלן דיר עפּעס די ,קייַקעלעך׳?...“

דאָס שאַרפֿע, פֿאַרנאַכטיקע ווינטל האָט אַ שטאַרקן הייב געטאָן מלכּהלעס לאַנגן, זײַדענעם האַלדזטוך, געשיקט פֿאַרוואָרפֿן איין העלפֿט איבער יצחקס הויכער פּלייצע, שלאַנגיש אַרומגענומען זײַן האַלבן אָרעם בעת די צווייטע העלפֿט איז שטײַף פֿאַרקניפּט געווען אַרום מלכּהלעס הויכן האַלדז.

גיך און געשיקט האָט זיך יצחק געגעבן אַ קײַקל אַרויס פֿונעם זײַדענעם שנור און שטיל, מיט אַ פֿײַכטער שטימע קורץ אָפּגעענטפֿערט:

– מילא, נו, וואָס זאָל איך זאָגן? זעסט דאָך – ,קייַקעלעך׳...

און איר דערלאַנגט זײַן קילע האַנט.

מלכּהלע האָט אים וואַרעם נאָכגערופֿן:

– אָבער זײַ נישט מער קיין גאַסט, יצחק...

יצחק־לייבוש פּרץ

# דער משולח

ער גייט, און דער ווינט צעיאָגט די פּאָלעס און די ווײַסע באָרד. אַלע מאָל כאַפּט ער זיך אָן מיט דער רעכטער האַנט אין דער לינקער זײַט! עס גיט אים אַלע מאָל דאָרט אַ שטאָך. ער וויל זיך דאָך נישט מודה זײַן; ער וויל זיך דווקא אײַנרעדן, אַז ער טאַפּט נאָר בײַ דער בוזעמטאַש.

– איך זאָל נאָר דעם קאָנטראַקט מיט דעם געלט נישט פֿאַרלירן! – אָט פֿאַר דעם מכּלר־מרשט ציטערט ער.

– און אַפּילו עס שטעכט, איז אויך אַ נאַרישקייט! איך האָב נאָך, געלויבט איז גאָט, גענוג כּוח אויף אַזאַ שליחות, אַנדערע אין מײַנע יאָרן וועלן שוין קיין וויאָרסט נישט אָפּגיין, נאָר איך, געלויבט איז זײַן ליבער נאָמען, דאַרף גאָר נישט צו קיין מענטשן און פֿאַרדין מיר אַליין מײַן ברויט. געלויבט איז גאָט, מע געטרויט מיר געלט!

– ווען איך האָב מײַן אייגנס – טראַכט ער ווײַטער – וואָס מע געטרויט מיר, וואָלט איך אין שליחות צו זיבעציק יאָר נישט געגאַנגען; וויל אָבער דער רבונו־של־עולם אַזוי, איז אַזוי גוט!

עס הייבט אָן צו פֿאַלן גראָבע פֿלאַכעס שניי; ער ווישט זיך אַלע מאָל דאָס פּנים.

– איך האָב נאָך – טראַכט ער – אין גאַנצן אַ האַלבע מײַל אָוואַ! אויך מיר אַ גאַנג! אַ סך נענטער ווי ווײַטער! – ער דרייט זיך איבער – מע זעט שוין אַפּילו נישט דעם שטאָטישן זייגער, נישט דעם קלויסטער, נישט די קאַזאַרמע, – נו, שמריה, פֿאָר!

און שמריה פֿאָרט אין דעם נאַסן שניי; די אַלטע פֿיס קאָפּען זיך אַרײַן און אַרויס:

– געלויבט איז גאָט, עס איז קיין גרויסער ווינט נישט!

גרויס האָט, אַ פּנים, בײַ אים געהייסן אַ שטורעמווינט; דער ווינט איז געווען גענוג שטאַרק און געיאָגט גלײַך אין פּנים אַרײַן, אַז עס האָט אים אַלע מאָל אָטעם פֿאַרפּעלט; ער האָט אים אַרויסגענאַרט אַלע טרערן פֿון די אַלטע אויגן, וואָס האָבן אים געשטאָכן ווי שפּילקעס, נאָר אויף די אויגן לײַדט ער תּמיד.

פֿאַרן ערשטן געלט, פֿאַלט אים אײַן, קויפֿט ער זיך ווערגסברילן – אַזוינע גרויסע, קײַלעכדיקע; זיי זאָלן די גאַנצע אויגן פֿאַרשטעלן.

– גאָט זאָל וועלן – טראַכט ער – וואָלט איך צו דעם אויך געקומען! עס זאָל נאָר זײַן אַלע טאָג אַ שליחות, און ווײַט, גאָר ווײַט! גיין, ב״ה, קען איך, וואָלט איך מיר שוין אָפּגעשפּאָרט אויף אַ פּאָר ברילן...

פֿון: **אַלע ווערק**. ב׳ 3. ניו־יאָרק: ציקאָ, 1947, ז״ז 30–39.

ער דאַרף אַ שטיקל פּעלצל אויך. עס וואָלט אים לײַכטער געווען אויף דער ברוסט... ער רעכנט איבער, אַז דערווײַל האָט ער נאָך אַ וואַרעמע קאַפּאָטע!

– זי זאָל זיך נאָר נישט רײַסן, וואָלט זי גאָר וווּל געווען, – ער שמייכלט מיט פֿאַרגעניגן. – דאָס, – טראַכט ער – איז נישט קיין הײַנטיקע קאַפּאָטע, קיין קײַ־און־שפּײַ, קיין שפּינוועבס! נאָר פֿאַרצײַטישער לאַסטיק; דאָס וועט מיך איבערלעבן! און אָן אַ שפּאַלט, דאָס איז אויך אַ מעלה; זי צעפֿליט זיך נישט אַזוי ווי הײַנטיקע סחורה, און פֿון פֿאָרנט פֿאַרלייגט זי זיך אויף אַן אייל!...

– אַ פּעלצל, – טראַכט ער ווײַטער, – איז אייגנטלעך בעסער. אַ פּעלצל איז וואַרעם, גוט וואַרעם. נאָר אַלץ פֿריִער ברילן. אַ פּעלצל איז נאָר גוט ווינטער און ברילן דאַרף מען תּמיד. דען זומער, אַז עס מאַכט זיך אַ ווינט און יאָגט דעם שטויב גלײַך אין די אויגן אַרײַן, איז ערגער ווי ווינטער!

און עס בלײַבט, אַז פֿריִער זענען ברילן, דערנאָך ערשט אַ פּעלצל! דער אייבערשטער זאָל נאָר העלפֿן, ער זאָל אָפּנעמען דעם ווייץ... אַ פֿיר גילדן וועט ער אַוודאי כאַפּן...

און ער שליאַפּעט ווײַטער, און דער נאַסער שניי פּאַטשט אים אין פּנים אַרײַן, דער ווינט ווערט אַלע מאָל שטאַרקער און די זײַט שטעכט אַלע מאָל מער.

– דער ווינט זאָל זיך נאָר וועלן איבערדרייען! נאָר מן־הסתּם – טראַכט ער – איז אַזוי גלײַכער. צוריק צו וועגס וועל איך מער מיד זײַן, וועל איך אים דעמאָלט האָבן פֿון הינטן! אָ, דעמאָלט וועט עס גאָר אַנדערש גיין! אַלץ פֿאַרזאָרגט! גרינג אויפֿן האַרץ!

ער האָט זיך געמוזט אָפּשטעלן אַ רגע און דעם אָטעם כאַפּן. דאָס שרעקט אים אַ ביסל איבער:

– וואָס איז אַזוינס מיט מיר געשען? ווייניק פֿרעסט און ווינטן האָב איך אויסגעהאַלטן אַלס קאַנטאָניסט? – פֿרעגט ער זיך טרויעריק און האַלב דערשראָקן.

און ער דערמאָנט זיך זײַן סלוזשבע אַלס ניקאָלײַעווסקער סאָלדאַט. פֿינף און צוואַנציק יאָר ריינע סלוזשבע אונטער דער ביקס, חוץ די קינדערשע יאָרן אַלס קאַנטאָניסט. ער איז זיך גענוג אָנגעגאַנגען אין זײַן לעבן, געמאַרשירט איבער בערג און טאָל, אין שניי און פֿרעסט און אַלערליי זאַווערוכעס. און וועלכע שנייען! וועלכע פֿרעסט! די ביימער פֿלעגן פּלאַצן, פֿייגעלעך פֿלעגן טויט אַראָפּפֿאַלן אויף דער ערד – און דער רוסישער סאָלדאַט איז געגאַנגען פֿריש, לעבעדיק, און נאָך דערצו אַ לידעלע געזונגען, אַ טרעפּאַק[1], אַ קאָמאַרינסקי און מיט די פֿיס צוגעקלאַפּט!

דער געדאַנק, אַז ער האָט גאַנצע פֿינף און דרײַסיק יאָר אויסגעהאַלטן די פֿאַרצײַטיקע סלוזשבע, אויסגעשטאַנען אַלע צרות, אַלע שנייען, אַלע ווינטן, אַלע שלעק, הונגער, דאָרשט און נויטן, און אַ געזונטער אַהיימגעקומען – דער געדאַנק מאַכט אים גרויס! ער הייבט אויף דעם קאָפּ מיט גדלות און גייט מיט נײַעם כּוח.

1 אַ רוסישער טאַנץ.

– האַ, האַ, וואָס איז גאָר בײַ מיר אַזאַ פּרעסטל? אין רוסלאַנד, דאַכט זיך, איז געווען עפּעס אַנדערש!

ער גייט, דער ווינט ווערט אַ ביסל שטילער, עס ווערט אַלע מאָל טונקעלער, עס פֿאַלט צו די נאַכט.

– אויף מיר אַ טאָג – טראַכט ער – אַ טל־ומטרל!... – און ער הייבט זיך אָן מער צו יאָגן, עס זאָל אים נישט די נאַכט באַפֿאַלן. נישט אומזיסט גייט ער שבת אין שולכל לערנען תּורה, ער ווייסט: מע דאַרף אַרויסגיין און צוריקקומען בכי־טובֿ!

ער פֿילט אַ ביסל הונגער, און אַ טבֿע האָט ער, אַז ווען ער ווערט הונגעריק, ווערט ער לוסטיק! ער ווייסט אַז אַפּעטיט איז אַ גוטע זאַך; זײַנע סוחרים, וואָס שיקן אים אין שליחות, ווײַנען תּמיד נאָר אויף דעם, וואָס זיי זענען קיין מאָל נישט הונגעריק! ער האָט, ב״ה, אַפּעטיט! אויסער, אַז ער איז נישט בקוו־הבריאה, ווי, למשל, נעכטן; ער איז קראַנק געווען, האָט זיך אים געדאַכט, אַז דאָס ברויט איז זויער.

– גיי, ווי איז עס זויער געווען; זעלנעריש ברויט! אַ מאָל אפֿשר יאָ, אָבער הײַנט? באַקט פֿאָניע אַזאַ ברויט, אַז די ייִדישע בעקערס מעגן זיך באַהאַלטן. און געקויפֿט האָט ער אַ פֿריש ברויט! עס איז געווען אַ מחיה צו שנײַדן. ער איז אָבער נישט געווען בקוו־הבריאה, עפּעס האָט אים אַ קעלט געיאָגט דורך די ביינער.

נאָר געלויבט איז דער, וואָס ער איז נישט ווערט זײַן נאָמען צו געדענקען, עס טרעפֿט זיך אים זעלטן!

אַצינד האָט ער אויך אַפּעטיט, ער האָט אַפֿילו אין קעשענע ברויט מיט אַ שטיקל קעז... דאָס שטיקל קעז האָט אים דעם סוחרס ווײַב געגעבן, לעבן זאָל זי און געזונט זײַן! זי איז טאַקע אַ בעל־צדקה, האָט אַ ייִדיש האַרץ.

– זי זאָל נישט אַזוי קללהן – טראַכט ער – וואָלט זי געווען גאָר אַ ווױלע ייִדענע!... – ער דערמאָנט זיך אין זײַן געשטאָרבן ווײַב.

– גאָר מײַן שפּרינצע ניעפּריטשקעם! זי האָט אויך געהאַט אַ גוט האַרץ, און אַזאַ טבֿע צו קללהן. וואָס פֿאַר אַ קינד איך האָב אַוועקגעשיקט אין דער וועלט אַרײַן, האָט זי געוויינט ווי אַ ביבער, כאָטש אין דער היים האָט זי געשאָלטן מיט טויטע קללות! ווער שמועסט – דערמאָנט ער זיך – אַז איינס איז געשטאָרבן! זי האָט זיך געוואָרפֿן גאַנצע טעג ווי אַ שלאַנג אויף דער ערד, געהאַקט זיך מיט די פֿויסטן אין קאָפּ אַרײַן.

איין מאָל האָט זי גאָר געוואָלט וואַרפֿן אַ שטיין אין הימל אַרײַן!

– אָט, זעסטו – טראַכט ער – גאָט מאַכט זיך אַ סך פֿון אַ נאַרישער ייִדענע!... זי לאָזט אָבער נישט אַרויסנעמען די מיטה מיטן מת! זי פּאַטשט אויס די ווײַבער, דער חבֿרה נושׂאים רײַסט זי אויס די בערד!

אַ שיינע גבֿורה האָט געשטעקט אין דער שפּרינצען! עס האָט זיך געדאַכט אַ פֿליג, און אַזאַ כּוח, אַזאַ כּוח!...

– פֿאָרט, זי זאָל עס מיר מוחל זײַן, אַ גוטע געווען! זי האָט אַפֿילו מיך נישט פֿײַנט געהאַט, כאָטש זי האָט מיר קיין מאָל קיין גוט וואָרט נישט געגעבן!

געשריגן האָט זי: אַ גט! אַז נישט וועט זי אַנטלויפֿן! נאָר ווי האָט זי געוואָלט אַ גט!

ער דערמאָנט זיך עפּעס און שמייכלט...

די מעשׂה איז שוין לאַנג, לאַנג... דענסטמאָל איז נאָך געווען די קאָנסומפּציע און ער איז געווען אַ נאַכטוועכטער, איז אַרומגעגאַנגען אַ גאַנצע נאַכט מיטן אײַזערנעם שטעקעלע, מע זאָל נישט אַרײַנגנבֿענען בראָנפֿן!

סלוזשבע האָט ער געקענט, בײַ פּאָניען איז אַ גוט חדר, ער האָט גוטע מלמדים געהאַט!... פֿאַר טאָג, ווינטער איז עס געווען, עס קומט אים אָפּבײַטן דער טאָגוועכטער, חיים־יונה – איז שוין אויפֿן עולם־האמת – און ער גייט אַהיים געפֿרוירן, פֿאַרשטאַרט! ער קלאַפּט בײַ דער טיר און זי שרײַט אים אַרויס פֿון בעט:

– גיי אין דער ערד אַרײַן! איך האָב געמיינט, דײַן נאָמען וועט אַהיימקומען!

אָהאָ! זי איז בייז נאָך פֿון נעכטן בײַ טאָג! ער קען זיך אַפֿילו נישט דערמאָנען, וואָס נעכטן איז אַזוינס געווען, נאָר זײַן האָט דאָך עפּעס געמוזט.

– פֿאַרמאַך דאָס מויל און עפֿן! – שרײַט ער.

– דעם קאָפּ וועל איך דיר עפֿענען! – הערט זיך אַ קלאָרע תּשובֿה.

– לאָז מיך אַרײַן! – שרײַט ער.

– אין דער ערד אַרײַן גיי! – ענטפֿערט זי.

און ער האָט זיך מישבֿ געווען און איז געגאַנגען אין בית־המדרש אַרײַן. ער האָט זיך געלייגט שלאָפֿן הינטערן אויוון. צום שלימזל איז געווען אַ סוואָנד, ער איז פֿאַרגאָרעט געוואָרן, און מ׳האָט אים אַהיימגעטראָגן אַ טויטן...

„אַ קלייניקייט האָט דעמאָלט שפּרינצע איבערגעאַרבעט!" ער האָט שפּעטער גאַנץ גוט געהערט וואָס זי האָט איבערגעאַרבעט.

מע זאָגט איר: עס איז גאָרנישט, אַ סוואָנד.

ניין! זי וויל נאָר אַ דאָקטער; זי האָט בדעה צו חלשן, צו וואַרפֿן זיך אין וואַסער אַרײַן, און שרײַט נאָר: מײַן מאַן! מײַן מאַן! מײַן תּכשיט!

ער נעמט צוזאַמען אַלע כּוחות, זעצט זיך אויף און פֿרעגט זי געלאַסן:

– שפּרינצע, ווילסט אַ גט?

– נעם אײַן... – זי האָט דאָך נישט געענדיקט די קללה און אַרויסגעלאָזט אַ געוויין...

– שמריה, ווי מיינסטו, גאָט וועט מיך נישט שטראָפֿן פֿאַר מײַנע קללות, פֿאַר מײַן רישעות?...

קוים איז ער אָבער געזונט געוואָרן – צוריק די אייגענע שפּרינצע: אַ מויל אויף רעדער, אַ צונג אויף שרויפֿן, און אײַזן שטאַרק, זי קראַצט ווי אַ קאַץ, האַ, האַ! אַ שאָד שפּרינצע! זי האָט אַפֿילו קיין נחת פֿון די קינדער נישט דערלעבט.

עס מוז זיי גוט גיין אויף דער וועלט, אַלע בעלי־מלאָכות; די מלאָכה לאָזט נישט שטאַרבן פֿאַר הונגער! כּוח האָבן זיי, אין מיר אַרײַן געראָטן; איי וואָס, זיי שרײַבן נישט, וואָס איז? אַליין קענען זיי נישט, און גיי בעט ערשט אַן אַנדערן, יענער זאָל שרײַבן! און וואָס פֿאַר אַ טעם האָט אַזאַ בריוו? ווי איבערגעשווענקטע יויך! און גלאַט מיט דער צײַט... יונגע קינדער פֿאַרגעסן... עס מוז דאָך זיי גאָר גוט זײַן...

נאָר שפּרינצע נעבעך ליגט אין דער ערד, אַ שאָד שפּרינצע!

אַזוי ווי די קאָנסומציע האָט אויפֿגעהערט, איז זי געוואָרן אויס מענטש! טאַקע, איידער איך האָב מיך געווינט צו שליחות, צו זאָגן דעם פּריץ: יאַשניע פּאַניע,[2] נישט וואַשע וויסאָקאָ בלאַגאָראָדיע,[3] איידער מ׳האָט מיר געטרויט קאָנטראַקטן מיט געלט – האָט געפֿעלט דאָס שטיקל ברויט...

מילא, איך, זעסטו, אַ מאַנספּאַרשוין, אַ געוועזענער קאַנטאָניסט, עסט מען נישט אַ טאָג! איר אָבער איז עס געגאַנגען, מישטיינס געזאָגט, אינעם גאַנצן לעבן! אַ נאַרישע ייִדענע, זי פֿאַרלירט באַלד די כּוחות, זי האָט שוין אַפֿילו נישט געקענט שעלטן, דער גאַנצער שייגעץ איז איר פֿון קאָפּ אַרויס, און נאָר געוויינט...

עס איז מיר נימאס־ומאָוס געוואָרן פֿאַרן לעבן... עפּעס האָט זי גאָר מורא געקריגן פֿאַר מיר! זי האָט גאָר מורא געהאַט צו עסן, מיר זאָל נישט פֿעלן, אַז איך זע, אַז זי האָט מורא, בין איך בייַ קוראַזש. איך שרייַ, איך שעלט! למשל: פֿאַר וואָס גייסטו נישט פֿרעסן?! איך פֿאַל אַ מאָל אין אַ רציחה אַרייַן און וויל זי פּשוט שלאָגן, נאָר גיי שלאָג אַ וויינענדיקע ייִדענע, אַז זי זיצט מיט פֿאַרלייגטע הענט און רירט זיך נישט! איך לויף צו מיט אַ קולאַק, שפּייַ אין אים נאָך אָן, און זי ענטפֿערט מיר: „עס פֿריִער דו אָפּ, איך וועל נאָך דעם עסן!“ און איך האָב געמוזט פֿריִער אָפּבייַסן פֿונעם ברויט, און איר איבערלאָזן די רעשט...

אַ מאָל נאַרט זי מיך אַרויס אין גאַס אַרייַן; גיי, אפֿשר וועסטו עפּעס פֿאַרדינען, און מכּלומרשט שמייכלט זי דערבייַ, און גלעט מיך אַ מאָל!

און אַז איך גיי און קום צוריק, טרעף איך כּמעט דאָס אייגענע ברויט! זי רעדט מיר אייַן, אַז זי קען נישט עסן קיין טרוקנס, זי דאַרף נאָר אַ גריץ!

ער בייגט אַראָפּ דעם קאָפּ, גלייַך עס וואָלט אים געדריקט אַ שווערע לאַסט, און די טרויעריקע געדאַנקען יאָגן:

– און וואָס פֿאַר אַ יללות זי האָט געמאַכט אַז איך האָב געוואָלט מייַן שבתדיקע קאַפּאָטע, אָט די, וואָס איך טראָג, – פֿאַרזעצן! מעשׂים האָט זי געאַרבעט און געלאָפֿן און פֿאַרזעצט אירע מעשענע בענטשלייַכטער, און ביז אין טויט אַרייַן שוין געבענטשט אין קאַרטאָפֿל!... פֿאַרן טויט האָט זי מיר מודה געווען, אַז זי האָט קיין מאָל נישט געוואָלט קיין גט, אַז זי האָט נאָר אַ בייז מויל געהאַט.

– די צונג, די צונג, – האָט זי געשריגן. – רבונו־של־עולם, זייַ מיר מוחל די צונג! – און איז טאַקע געשטאָרבן אין איין פּחד, מע זאָל איר אויף יענער וועלט נישט הענגען אויף דער צונג!

– גאָט – מאַכט זי צו מיר – וועט קיין רחמנות אויף מיר נישט האָבן; איך האָב צו פֿיל געזינדיקט! נאָר אַז דו וועסט קומען, נישט באַלד, חס־ושלום! איבער הונדערט און צוואַנציק יאָר, אַז דו וועסט קומען, געדענק, כאַפּ מיך אַראָפּ פֿון תּליה!

2 jaśnie panie (פּויליש) – גנעדיקער הער.

3 ваше высокоблагородие (רוסיש) – אייַער הויך וויל געבוירן.

זי האָט באַלד פֿאַרלוירן די געדאַנקען, אַלץ גערופֿן די קינדער! עס האָט זיך איר גע־דאַכט, אַז זיי זענען דאָ אין שטוב, אַז זי רעדט מיט זיי, און האָט זיי אויך געבעטן מחילה.

אַ נאַרישע יידענע, ווער וואָלט איר נישט מוחל געווען!

ווי אַלט איז זי געווען אין גאַנצן? אפֿשר אַ יאָר פֿופֿציק! אַזוי פֿרי געשטאָרבן! אַ קלייניקייט, אַז אַ מענטש נעמט זיך אַליין דאָס לעבן, אַז וואָס מע טראָגט אַרויס פֿון שטוב צו פֿאַרזעצן, טראָגט מען אַרויס אַ האַלב געזונט, שטיקער פֿלייש!...

טאָג אויף טאָג איז זי גרינער און געלער, קלענער און דאַרער געוואָרן.

זי האָט געזאָגט אַז זי פֿילט ווי דער מאַרך טריקנט איר אין די ביינער... זי האָט געוווּסט, אַז זי וועט שטאַרבן!...

ווי האָט זי ליב געהאַט די שטוב מיט אַלע זאַכן! וואָס מ׳האָט אַרויסגעגעבן, אַ בענקל, אַ בלעכענע עסע[4], איך ווייס וואָס, האָט זי עס באַגאָסן מיט ביטערע טרערן! זי האָט זיך מיט יעדער זאַך געזעגנט ווי אַ מאַמע מיט אַ קינד!... מישטיינס געזאָגט, אַרומגעכאַפּט און כּמעט געקושט... „אָהאָ! – מאַכט זי, – ווען איך וועל שטאַרבן, וועסטו שוין נישט זײַן אין שטוב!“

אַ מעשׂה, אַ נקבֿה איז פֿאָרט אַ נאַר! אַ רגע איז זי אַ קאָזאַק אין ספּודניצע, און אַ ליאַדע וואָס – ערגער ווי אַ קינד! זעסטו שוין, בײַ שטאַרבן איז אַוודאי אַ חילוק, צי מיט אַ בענקל, צי אָן אַ בענקל!...

– פֿע! – האַקט ער זיך אַליין איבער די געדאַנקען, – וואָס מיר קומט אַלץ אין קאָפּ אַרײַן, דורך די פּוסטע זאַכן גיי איך וואָלנע.

– נו, זעלנערישע פּיס, טראָגט ווײַטער! – קאָמאַנדירט ער מיט זיך.

ער קוקט זיך אום – אַרום און אַרום שניי; אויבן – אַ גראָער הימל מיט שוואַרצע שמאַ־טעס געלאַטעט; נאָר מײַן אונטערשטע קאַפּאָטע! – טראַכט ער – שינעל מיט לאַטיקענע לאַטעס! רבונו־של־עולם, דיר פֿעלט אויך קרעדיט אין געוועלב?

דערווײַל נעמט אַ פֿראָסט. די באָרד און די וואָנסעס זענען אײַז, אין גוף איז אַפֿילו ניש־קשה, דער קאָפּ איז גאָר וואַרעם, אויפֿן שטערן פֿילט ער טראָפּנס שווייס; נאָר די פּיס ווערן וואָס אַ מאָל קעלטער און שוואַכער.

שוין נישט ווײַט, ער האָט דאָך חשק זיך אָפּצורוען און ער שעמט זיך פֿאַר זיך אַליין. דאָס ערשטע מאָל דאַרף ער זיך אָפּרוען בײַ אַ שליחות פֿון צוויי מײַל וועג. ער וויל זיך נישט מודה זײַן, אַז ער איז אַן אַכציקער און עס איז שוין צײַט דערויף.

ניין, ער מוז גיין... נאָר גיין... כּל־זמן מע גייט, גייט מען, עס טראָגט זיך; קוים גיט מען נאָך דעם יצר־הרע און מע רוט זיך אָפּ, ווערט מען שוין אַ לײַט!

– מע קען זיך גלאַט פֿאַרקילן, – שרעקט ער זיך אַליין איבער און וויל זיך אַלץ אויסרעדן דעם שטאַרקן חשק צום אָפּרוען.

– נישט ווײַט צום דאָרף, דאָרט וועל איך אויך צײַט האָבן!

4 העסע.

– דאָס – טראַכט ער – וועל איך יאָ טאָן: איך וועל נישט גיין גלײַך צום פּריץ... בײַם פּריץ מוז מען וואַרטן אַ שעה אין דרויסן... נאָר גלײַך צום ייִד.

– כאָטש גוט, – טראַכט ער, – וואָס איך האָב נישט קיין מורא פֿאַר דעם פּריצס הינט; פֿון דעסטוועגן, בײַ נאַכט, אַז מע לאָזט אָפּ דעם בורין, איז פֿאָרט אַ סכּנה; איך האָב מיט אַפֿילו מײַן וועטשערע, און בורי האָט ליב קעז, פֿאָרט בעסער פֿריִער אויסרופֿן די ביינער! איך וועל מיר פֿריִער גיין אַרײַן צום ייִד, אָנוואַרעמען זיך, וואַשן זיך, עפּעס עסן...

און עס קומט אים וואַסער אין מויל אַרײַן; ער האָט פֿון אין דער פֿרי אָן גאָר נישט גע־געסן; נאָר דאָס איז אַ קליינינקייט, אים אַרט נישט, וואָס ער איז הונגעריק; ער האָט הנאה דערפֿון: אַז מען איז הונגעריק, איז אַ סימן, אַז מע לעבט! נאָר די פֿיס!...

ער האָט נאָך אין גאַנצן אַ צוויי וויאָרסט, ער זעט שוין אַרויס דעם פּריצס גרויסע שאָפּע... נאָר די פֿיס זענען נישט, זיי ווילן זיך דווקא אָפּרוען!

– און ווידער פֿאַרקערט, – טראַכט ער זיך, – וואָס איז, אַז איך וועל מיך אַ ביסל אָפּרו־ען? אַ מינוט, אַ האַלבע מינוט! אפֿשר יאָ? לאָז מיך נאָר פּרוּוון! אַזוי לאַנג פֿאָלגן מיך די פֿיס, וועל איך זיי אויך אַ מאָל פֿאָלגן!

און שמריה זעצט זיך אין דער זײַט אויף אַ בערגל שניי. אַצינד הערט ער ערשט ווי דאָס האַרץ קלאַפּט אין אים ווי אַ האַמער און עס שטעכט, און דער קאָפּ שוויצט...

ער דערשרעקט זיך... צי ווערט ער נישט קראַנק? ער האָט בײַ זיך פֿרעמד געלט! ער קען בלײַבן, חס־ושלום, חלשות... און ער טרייסט זיך: געלויבט איז גאָט, וואָס קיינער גייט נישט! און אַפֿילו עמעץ זאָל גיין, וועט אים אויך נישט אײַנפֿאַלן, אַז איך האָב געלט בײַ מיר... מישטיינס געזאָגט, וועמען מ׳געטרויט געלט!... נאָר אַ קאָפּ זיצן, דערנאָך וואַלײַ![5]

נאָר די ברעמען פֿאַלן אים צו ווי בלײַ.

– ניין, הייב דיך אויף, שמריה, ווסטאַוואַי![6] – קאָמאַנדירט ער מיט זיך.

קאָמאַנדירן קען ער נאָך, אָבער אויספֿירן נישט. ער קען זיך נישט רירן. אים דאַכט זיך דאָך, אַז ער גייט, אַז ער גייט אַלע מאָל שטאַרקער! אָט זעט ער שוין אַלע הײַזלעך... דאָ ווינט אַנטעק, דאָרט באַזילי; ער קען זיי אַלע, ער דינגט בײַ זיי פֿורן... צום ייִד איז נאָך ווײַט. נאָר גלײַכער צום ייִד... מ׳טרעפֿט דאָרט אַ מאָל מזומן... און אים דאַכט זיך, אַז ער גייט צום ייִדס הײַזל; נאָר עס רוקט זיך אָפּ אַלע מאָל ווײַטער, ווײַטער... מן־הסתּם דאַרף אַזוי זײַן... עס ברענט דאָך אַ פֿריילעך פֿײַערל אויפֿן קוימען, דאָס גאַנצע פֿענצטערל איז לוסטיק און רויט, די גראָבע מירל שוימט אַוודאי אַ גרויסן טאָפּ קאַרטאָפֿל, און זי איז אים שטענדיק מכבד מיט אַ קאַרטאָפֿל; אַ פֿאַרגעניגן אַ הייסע קאַרטאָפֿל! און ער רוקט זיך ווײַטער. אַזוי דאַכט זיך אים, אויבוויל ער זיצט אויף איין אָרט.

דער פֿראָסט האָט אַ ביסל געלאָזט. עס הייבן אָן פֿאַלן ברייטע, דיקע פֿלאַכעס שניי.

אים איז, אַ פּנים, אויך וואַרעמער געוואָרן אין דער שניי־קאַפּאָטע. און עס דאַכט זיך אים, אַז ער איז שוין בײַם ייִד אין שטוב. מירל זײַערט די קאַרטאָפֿל, ער הערט ווי דאָס

5 Валяй! (רוסיש) – דאָ: אַרויף, גיי!
6 Вставай! (רוסיש) – שטיי אויף!

וואַסער גיסט זיך, זיזור, זיזור, זיזור, און אַזוי גיסט זיך פֿון זייַן לאַסטיקענער קאַפּאָטע אויך. יונה גייט אַרום און זינגט אונטער דער נאָז; זייַן שטייגער איז צו זינגען נאָך מעריבֿ, ווייַל דעמאָלט איז ער הונגעריק, און מאַכט אַלע מאָל: „נו, מירל!"

נאָר מירל יאָגט זיך נישט: „וואָלנער טוט זיך בעסער!"

– צי שלאָף איך און עס חלומט זיך מיר? – ווערט ער ראַפּטעם פֿריילעך־דערשראָקן. עס דאַכט זיך אים, אַז עס עפֿנט זיך די טיר און עס קומט אַרייַן זייַן עלטערער זון... חנא! חנא! אָ! ער דערקענט אים! וואָס טוט ער דאָ? נאָר חנא דערקענט אים נישט, און ער מאַכט זיך נישט וויסנדיק... כאַ, כאַ, כאַ! ער דערציילט יונהן אַז ער פֿאָרט צום טאַטן, ער האָט דעם טאַטן נישט פֿאַרגעסן! און יונה ממזר זאָגט אים נישט אַז דער טאַטע זיצט אויפֿן באַנק־בעטל!... מירל האָט צו טאָן: זי איז פֿאַרנומען בייַ די קאַרטאָפֿל, זי וועט נישט מפֿסיק זייַן; זי שמייכלט נאָר, זי רייַבט די קאַרטאָפֿל מיטן גרויסן הילצערנעם לעפֿל און שמייכלט!

– אָ! חנא מוז זייַן רייַך, גאָר רייַך! אַלץ איז אויף אים גאַנץ, און אַ קייט... אפֿשר טאָמ־ביק? ניין, אַוודאי גאָלד! חנא וועט נישט טראָגן קיין טאָמביקענע קייט, ח"ו... כאַ! כאַ! כאַ! – ער גיט אַ קוק אויפֿן פּיעקעליק... כאַ! כאַ! כאַ! – ער פּלאַצט שיִער פֿאַר גלעכטער. יעקל, בערל, זכריה... אַלע דרייַ... כאַ! כאַ! כאַ! זיי האָבן זיך באַהאַלטן אויפֿן פּיעקעליק, דאָס איז גנבֿים! כאַ! כאַ! כאַ! אַ שאָד שפּרינצע, אַ שאָד! זי זאָל כאָטש אויך האָבן דאָס נחת! דערווייַל באַשטעלט חנא צוויי געענדז. „חנא! חנא! דערקענסט מיך נישט? איך בין עס!..." און אים דאַכט זיך אַז ער צעקושט זיך מיט חנאן...

– הערסטו, חנא, אַ שאָד די מאַמע, זי זאָל דיך זען!... יעקל, בערל, זכריה, אַראָפּ פֿון פּיעקעליק! איך האָב אייַך באַלד דערקענט! קומט אַראָפּ, איך האָב געוווּסט אַז איר וועט קומען! אַ והאָ־ראַיה, איך האָב מיטגעבראַכט קעז, אמתן שאָפֿענעם קעז! זעט נאָר, קומט, קינדער, איר האָט דאָך עפּעס ליב זעלנעריש ברויט! וואָס? אפֿשר נישט? אמת, אַ שאָד די מאַמע!

און עס דאַכט זיך אים, אַז אַלע פֿיר קינדער האָבן אים אַרומגערינגלט און האַלטן אים אין קושן און דריקן זיך צו אים צו.

– נאָר וואָלנע, קינדערלעך! וואָלנע, דריקט מיך נישט צו שטאַרק! איך בין שוין נישט קיין יונגער־מאַן, איך בין אַן אַכציקער!... וואָלנע, איר דושעט מיך, וואָלנע, קינדערלעך... אַלטע ביינער! וואָלנע, איך האָב געלט אין קעשענע! מיר, ב"ה, געטרויט מען געלט!... גענוג, קינדערלעך, גענוג!...

און עס איז געוווען גענוג... ער איז געבליבן פֿאַרשטאַרט מיט דער האַנט אויף דער בוזעם־קעשענע. –

## יצחק־לייבוש פּרץ

# די טויטע שטאָט

אַרומפֿאָרנדיק אויף דער פּראָווינץ וועגן דער ייִדישער סטאַטיסטיק,[1] האָב איך אונטער וועגנס געטראָפֿן אַ מאָל אַ ייִד, וואָס האָט זיך געשלעפּט טריט בײַ טריט אין שווערן זאַמד. דער ייִד זעט אויס קראַנק, קוים וואָס ער גייט, קוים וואָס ער שלעפּט די פֿיס. איך קריג אויף אים רחמנות און נעם אים אויף, אויף דער פֿור. ער זיצט אויף, שטעקט מיר אָפּ „שלום־עלי־כם", פֿרעגט מיך אויס וועגן אַלערליי נײַעס. איך ענטפֿער און פֿרעג צום סוף:

– און איר פֿון וואַנען זענט, ר׳ קרובֿ?

– פֿון דער טויטער שטאָט! – ענטפֿערט ער געלאַסן.

איך מיין ער שפּאַסט.

– ווו איז עס, – פֿרעג איך, – הינטער די הרי־חושך?

– אי! – שמייכלט ער, – דווקא אין פּוילן...

– אין אונדזער מדינה, אַזאַ שטאָט?

– פֿאַראַן! – זאָגט ער – פֿאַראַן! הגם די אומות־העולם ווייסן נישט פֿון איר, און האָבן איר קיין גוייִשן נאָמען ביז הײַנט נישט געגעבן... עס איז אַ ייִדישע, אַן עכט ייִדישע שטאָט!

– וואָס רעדט איר?

– וואָס איר הערט! איר קענט אַוודאי געאָגראַפֿיע און מיינט, אַז אַלץ איז דאָרט פֿאַר־שריבן; אַז אָסור! מיר ייִדן לעבן אָן געאָגראַפֿיע... נישט פֿאַרשריבן און פֿון נאָענט און ווײַט קומט מען צו אונדז און מע פֿאָרט פֿון אונדז. נאָך וואָס געאָגראַפֿיע?.. יעדער בעל־עגלה ווייסט דעם וועג...

– איר גלייבט נישט? – פֿרעגט ער.

איך שווײַג.

– און דאָך איז אַזוי! אונדזער מרא־דאַתרא שרײַבט זיך דורך מיט אַלע גאונים פֿון דער וועלט! עס גייען שאלות־ותשובֿות וועגן אַלע די וויכטיקסטע זאַכן... און אַלץ ווערט פֿאַרזאָרגט... איז נאָך דער צײַט! נישט לאַנג, למשל: האָט מען מתּיר געמאַכט אַן עגונה, וואָס האָט שוין לאַנג אויסגעלעבט אירע יאָרן; נו, וואָס איז? דער עיקר איז דער שׂכר פֿון פּילפּול, נישט די עגונה!

ער מאַכט ווײַטער:

– אַלע „אייניקלעך" ווייסן שוין לאַנג פֿון אונדזער שטעטל... קומען, ברוך־השם, גאַנץ אָפּט... פֿאָרן, ברוך־השם, נישט ליידיק אַרויס.

1 זע „רײַזע־בילדער". (הערה פֿון מחבר)

פֿון: **שריפֿטן**. ב׳ 4. וואַרשע, 1901, ז״ז 138–148.

– דאָס ערשטע מאָל הער איך פֿון אַ טויטער שטאָט!

– איז ווירקלעך אַ ווונדער! מוזט איר זיך אַ ביסל האַלטן פֿון וויַיטנס... עס איז דאָך אַן עכט ייִדישע שטאָט, אַן אמתע עיר־ואם־בישׂראל; זי האָט אַלץ וואָס אַ שטאָט ברויך; משוגעים אַפֿילו, צוויי, אָדער דריַי! אין מיסחר האָט זי אויך אַ שם!

– פֿירט עפּעס אַרויס צי אַריַין?

– וואָס? וואָס זאָגט איר? – פֿרעגט דער ייִד, נישט רעכט פֿאַרשטייענדיק, – סחורה, מיינט איר, אַרויס־ און אַריַינפֿירן?

איך שאָקל מיטן קאָפּ אויף יאָ.

– געוויס! – ענטפֿערט ער, – מע פֿירט אַרויס תּפֿילין און רצועות, מע ברענגט אַריַין אתרוגים פֿון קאָרפֿו און ערד פֿון ארץ־ישׂראל! אָבער נישט דאָס איז דער עיקר: דער עיקר איז דער האַנדל אויפֿן אָרט, אין שטאָט גופֿא! שענקען, אורחים־שטיבלעך, אַלטוואַרג... כּנהוג בישׂראל, ווי דער שטייגער איז...

– אַן אָרעמע שטאָט?

– וואָס הייסט רייַך און וואָס הייסט אָרעם? ס׳איז דאָ פּרנסה! גאָר אָרעמע לייַט גייען אַרום אין די היַיזער, אין דער היים אָדער אין סבֿיבֿות... דאָס מערסט[ע] – אויפֿן אָרט! ווער עס שטעקט אויס אַ האַנט, דעם גיט מען. אַנדערע זוכן זיך לייַכטע מלאָכות, אַ שטייגער: אַ מעקלעריַי, זוכן אין די גאַסן און געפֿינען אַ כּשרע מציאה... דער רבונו־של־עולם פֿאַרלאָזט נישט! .. יתומים עסן טעג ביַי באַלעבאַטים און לערנען אין תּלמוד־תּורה, פֿון יתומות ווערן דינסטמיידלעך, קעכי[נס], פֿאָרן אָפּ און זענען זיך מפֿרנס... אַלמנות, גרושות און עגונות (אין די לעצטע ציַיט איז פֿאַראַן אַ סך עגונות) זיצן פֿאַרשלאָפֿן איבער פֿיַיערטעפּ, און פֿאַררויכט, חלומט זיי, אַז עס וואַקסן שוין גרייטע זעמל אויף די ביימער... אַנדערע לעבן גאַנץ בכּבֿוד!

– פֿון וואָס?

– פֿון וואָס? ווי דער סדר־עולם איז! אַן אָרעמאַן האָט בטחון; אַ סוחר שלינגט לופֿט, און דעם ערדאַרבעטער, דעם קברן מיין איך, דעם פֿעלט אַוודאי נישט...

*

צי מאַכט ער חוזק, דאָס אויסגעדאַרטע ייִדל, דער גל־עצמות, מיטן מאָדנע פֿיַיערל, וואָס בליצט אים אין די טיף איַינגעפֿאַלענע אויגן? אויפֿן שאַרפֿביייניקן פּנים, וואָס איז אַרומגע־צויגן ווי מיט אַ געל שטיק פּאַרמעט, באַוויַיזט זיך דאָך קיין מינדסטן שמייכל... נאָר דאָס קול זיַינס... עפּעס קלינגט עס מאָדנע!

– וואָס איז עס פֿאָרט – פֿרעג איך, – פֿאַר אַ מין שטאָט?

– וואָס הייסט? אַ שטאָט ווי אַלע שטעט! פֿאַראַן אַ שול, אויף די ווענט, פֿאַרציילט מען, איז געווען אַ מאָל אויסגעמאָלט אַלערליי חיות, בהמות און עופֿות, פֿון פּרק שירה אַרויס... אויפֿן בעליק ווייַטער – אַלערליי קלעזמער, פֿון דוד המלך, עליו־השלום... איך האָב עס שוין נישט געזען, נאָר אַלטע ייִדן זאָגן!

– און הײַנט?

– הײַנט? שטויב און שפּינגעוועבס... נאָר אַ הילצערנע קייט, פֿון איין שטיק אויסגעשניצט, הענגט נאָך אַראָפּ פֿון בעליק, פֿאַלט זיך אַזוי בנעימות אַראָפּ, אין אַ זײַט פֿון אָרון־קודש, רעכטס פֿון פּרוכת; וואָס איז ווײַטער אַ מתּנה פֿון פֿרומע נשים... ווער עס האָט געמאַכט די קייט, געדענקט מען נישט, נאָר אַ מײַסטער איז עס געוועזן! אַזאַ קייט!

– אין שול – פֿאַרציילט ווײַטער דער ייִד – דאַוונען, ווי דער שטייגער איז, סאַמע פּראָסטאַקעס – בעלי־מלאָכות; אויסגענומען שנײַדער, וואָס האָבן אַ באַזונדערן מנין, און קצבֿים מיט בעלי־עגלות, וואָס האָבן זיך הײַיאָר געדונגען אַ באַזונדער שטיבל צו דאַוונען... די שול קען קוים עבֿרי! שיינע באַלעבאַטים, בני־תּורה דאַוונען אין בית־המדרש, אַ גרויס בית־המדרש... אַ סך ספֿרים! חסידים ווידער דאַוונען אין שטיבלעך!

– און מחלוקת פֿאַראַן?

– כּל־זמן מע לעבט! אויפֿן קבֿרות פֿאַר דאָס איז שלום... איין בית־עלמין פֿאַר אַלע... דאָס מרחץ מיט דער מיקווה זענען אויך בשותּפֿות פֿאַר אַלע...

– וואָס נאָך פֿאַרמאָגט איר?

– וואָס דאַרף מען נאָך? געוועזן הכנסת־אורחים, אונטערגעגאַנגען... אורחים קענען שלאָפֿן אין בית־המדרש... לײדיק בײַ נאַכט... אַ הקדש האָבן מיר!

– אַ שפּיטאָל, מיינט איר?

– נישט קיין שפּיטאָל, נאָר אַ הקדש. צוויי שטובן, פֿריִער איז עס געוועזן דעם בעדערס דירה, דערנאָך האָט מען געמאַכט, דער בעדער זאָל יוצא זײַן מיט איין שטוב און די צווייטע זאָל זײַן אַ הקדש... בסך־הכּל ליגן דאָרט, דאַכט זיך, דרײַ קראַנקע ווײַבער. איינע, נעבעך, אַן אַלטע, אָפּגענומענע פֿיס, און ליגט איבער אַנאַנד; אַ צווייטע – הענט און פֿיס אָפּגענומען, און נאָך אַ משוגענע עגונה. דרײַ ווינקלען פֿאַרנעמען די בעטן, אין פֿערטן שטייען קוימען־אויוון; אין מיטן האָב׳מיר נאָך אַ טויטנשטיבל, טאָמער טרעפֿט זיך!

– איר לאַכט פֿון מיר, ר׳ קרובֿ, – פֿאַל איך אים אין די רייד, – עס איז דאָך טשאַכנאָווקע! טשאַכנאָווקע מיט איר מיסחר, צדקות און מעשׂים־טובֿים! פֿאַר וואָס זאָגט איר: די טויטע שטאָט?

– ווײַל איך מיין טאַקע די טויטע שטאָט! איך רעד פֿון אַ שטאָט, וואָס באַלד אין דער התחלה, ווען זי האָט זיך געבויט, איז זי געהאַנגען אויף אַ האָר, און הײַנט, אַז די האָר האָט זיך איבערגעריסן, הענגט זי אין דער לופֿט. אויף גאָרנישט האַלט זי זיך. און ווײַל זי האַלט זיך אויף גאָרנישט און שוועבט אַרום אין לופֿט, איז זי געוואָרן אַ טויטע שטאָט... ווילט איר, וועל איך אײַך פֿאַרציילן פֿאַר וואָס און ווי אַזוי.

– אַדרבא... זייער אינטערעסאַנט!

*

עס פֿאַלט דערווײַל צו די נאַכט... דער הימל ווערט אין אַ זײַט בלוטיק, פֿײַערדיק; דאָרט גייט אונטער די זון. פֿון דער צווייטער זײַט דערקעגן, פֿון אַ קלאָרן, לײַכטן נעפּל

שווימט אַרויס די לבֿנה, ווי אַ כּלהס פּנים פֿון אונטער אַ ווײַסן שלייער. די בלאַסע שטראַלן, וואָס זי זייט אויף איבער דער ערד, ציטערן און מישן זיך אויס מיט די ציטערדיקע שאָטן פֿון דער טרויעריק שטילער נאַכט...

עס ווערט אומהיימלעך.

מיר פֿאָרן אַרײַן אין אַ וועלדל. דער לבֿנהס שטראַלן גנבֿענען זיך צו אונדז דורך די ציטערדיקע בלעטער... אונטן, צווישן אַראָפּגעפֿאַלענע בלעטער און צווײַגן, טאַנצן אַרום קליינע ליכטערדלעך, ווי זילבערנע מטבעות. עפּעס אַ כּישוף שטעקט אין דער באַלײַכטונג, אין שטיל רוישנדיקן וואַלד...

איך וואַרף אַ בליק אויפֿן אורח, ער האָט שוין, דאַכט זיך, גאָר אַן אַנדער פּנים... עס איז אַזוי טרויעריק און ערנסט; דער בליק, דאַכט זיך, איז אַזוי ערלעך און פֿראָסט...

זאָל דאָס אַלץ אמת זײַן?

האַ... איך וועל הערן!

– פֿון דער ערשטער רגע אָן – פֿאַרציילט דער ייִד, – האָט די שטאָט געהאַנגען אויף אַ האָר, ווײַל מ׳האָט זי באַלד אין אָנהייב געשטעלט אויף אַן אָרט, ווו עס טאָר, על־פּי דין, קיין ייִדישע שטאָט נישט זײַן! ערשט, אַז עס האָט זיך צונויפֿגעזאַמלט דאָס ערשטע מנין, האָט מען געמאַכט אַן אַסיפֿה... עס איז געבליבן, מע זאָל זיך צורעכענען צון איינער פֿון די שטעט אין דער סבֿיבֿה. אויף דעם סמך האָט מען דערווײַל געבויט אַ מיקווה, אַ שול, דערנאָך – אַ מרחץ, געקויפֿט נאָך אַ שטיקל ערד אויף אַ הייליק אָרט...

און, אַז מ׳האָט שוין אַלץ אָפּגעטאָן, האָט מען געשיקט שתּדלנים, ווו אַהין מע דאַרף, מע זאָל דאָס אַלץ באַשטעטיקן...

– מיטן קאָפּ אַראָפּ?

– וואָס גייט בײַ אונדז נישט אַזוי? עס קען דען אַנדערש זײַן?...

– ווייס איך...

– סײַ ווי סײַ – אַ מעשה־שהיה! און עס איז גאָר נישט אַזוי קרום געווען ווי איר מיינט...

געווען איז אַ ייִד אַן עושר, אַ גבֿיר! דער גבֿיר איז געווען, פֿאַרשטייט איר, ווי דער סדר־עולם איז, אַ שטיקל, און אפֿשר אַ שטיק קרובֿ־למלכות... אַ תּקיף... האָט מען אַלץ געמאַכט אויף זײַן נאָמען. זײַן שול, זײַן מרחץ, זײַן מיקווה, – אַפֿילו זײַן הייליק אָרט... פֿאָ־ליציע האָט געשוויגן; איך זאָג דאָך אײַך – אַ תּקיף!

אַז עס וועט קומען דאָס פּאַפּיר פֿון הויכן אָרט, וועט ער איבערשרײַבן אויף קהל, וועט אויפֿהערן דאָס לא־יחרץ־געלט.

– און דערנאָך האָט דער גבֿיר געזאָגט: עלי כּתיבֿ?

– ניין, מײַן ליבער האַר, דעמאָלט זענען נאָך אַזוינע גבֿירים אין דער מאָדע נישט גע־ווען... מ׳האָט בכלל פֿון ,עלי כּתיבֿ׳ נאָך נישט געוווּסט... נאָר הערט וואָס עס קען זיך פּאַסירן, וואָס עס מאַכט זיך אַ מאָל אויף דער וועלט!

– נישט דער גבֿיר, נאָר דער שתּדלן האָט אָנגעמאַכט די גרויסע צרה... אויפֿן וועג האָט

ער זיך מישבֿ געווען, און איז אַנטלאָפֿן! מיטן געלט, מיט די פּאַפּירן... און איבערגעלאָזט דעם פֿריש געבאַקענעם קהל, אַן עגונה מיט לעבעדיקע יתומים...

– האָט מען געשיקט אַ צווייטן?

– אַזוי געשווינד? איידער מ׳איז געוווּיר געוואָרן, אַז ער איז אַנטלאָפֿן, איידער וואָס, איידער ווען, איז דערווײַל דער גבֿיר געשטאָרבן און איבערגעלאָזט, צווישן אַנדערע, אַ יורש, אַ יתום קטן... פֿאַר איין און צוואַנציק יאָר טאָר ער דאָך נישט אָפּשרײַבן!

– אײַלט מען זיך נישט?

– געוויס... אַז ער וועט אַלט ווערן איין און צוואַנציק יאָר, וועט מען שיקן אַ נײַעם שתּדלן און אפֿשר צוויי...

– און מ׳האָט עס פֿאַרשריבן לזכּרון אין פּינקס?...

– אָט! אָט!... האָט טאַקע דער פּינקס געדענקט און דער עולם פֿאַרגעסן! טייל זאָגן, אַז דער פּינקס איז פֿאַרברענט געוואָרן; דער גבאי האָט געהאַלטן דעם פּינקס און הבֿדלה געמאַכט, אונטערגעצונדן אַ ביסל בראָנפֿן און ואיננו...

קהל דערווײַל, קיין עין־הרע, וואַקסט, ייִדעלעך, ברוך־השם, מערן זיך. עס קומען צו פֿון אַנדערע קהילות אויך; דער ברענגט אַן איידעם, דער אַ שנור, מיט איין וואָרט עס צע־וואַקסט זיך. און, ווי להכעיס, דעם גבֿירס יורשים פֿאַלן! די אַלמנה האָט חתונה און פֿאָרט אָפּ, איין זון נאָכן צווייטן זוכן פּרנסה אין דער פֿרעמד... אויף שיבֿעה־ימים זיך צעלאָפֿן. געבליבן איז נאָר דער יתום קטן... קהל מאַכט אים אַן אַפּוטרופּס, מאַכט אים חתונה, גיט אים צו אַ געניטן שותּף –

– דער מאַכט אים אויס אַן אויער!

– כּדת־משה־וישׂראל!

און צרות האָט ער פֿון שותּף, גרעסערע פֿון ווײַב; אַ פֿאַל[ש] וועקסעלע האָט ער אויך אונטערגעשריבן, מאַכט ער אויך פּליטה... אַ גרויסער באַנקראָט... היימישע, פֿרעמדע, עס ווערט אַ גוואַלד, אַ גערויש, עס שפּאַרט אָן אין סאָנד, עס קומט אַ קאָמאָרניק... געלט איז נישט געווען, מטלטלין האָט דאָס ווײַב באַהאַלטן, – נעמט זיך דער קאָמאָרניק צו דער שול מיטן בית־עלמין!

אַ דונער האָט אַרײַנגעשלאָגן אין שטעטל! אַ דונער פֿון ריינעם הימל אָן אַ פּיצל וואָלקן, וואָרן, פֿאַרשטייט איר, דאָס אַלץ איז געווען ביז׳ן דער לעצטער רגע בסוד־סודות...

פּלוצעם, גאָר פּלוצעם, אויף אַ מאָל איז מען געוווּיר געוואָרן, אַז קהל הענגט, ווי איך האָב אײַך געזאָגט, אויף אַ האָר!

וואָס בלײַבט צו טאָן? פֿאָרט מען צו אַדוואָקאַטן... וואָס קענען זיי ראָטן אין אַזאַ פֿאַל? מע זאָל צולאָזן אַ ליציטאַציע, דער קאָמאָרניק זאָל אַלץ פֿאַרקויפֿן, און קהל זאָל אָפּקויפֿן! וועט קאָסטן, וועט קאָסטן! קהל איז דאָך אָבער דערווײַל נאָך קיין קהל נישט, מ׳האָט דאָך די פּאַפּירן פֿאַרלוירן אויפֿן וועג? זאָל מען אויפֿשטעלן אַן אַנדערן גבֿיר, און אויף זײַן נאָמען קויפֿן. דער עיקר – מע זאָל נישט וואַרטן, ביז דער גבֿיר וועט, חס־ושלום, אָפּקומען אָדער אַוועקקומען, רחמנא־לצלן.

אין פֿלוג, דאַכט זיך, נישט קיין שלעכטע עצה... היזק האָבן געלט איז קהל געווינט... איז אָבער שוין דעמאָלט געווען נישט איין גבֿיר, נאָר עטלעכע! שתּדלנים – גאָר אַ מאַסע! אויף וועמען זאָל מען פֿאַרשרײַבן? וועמען נעמט מען פֿאַר אַ שתּדלן? אַלע ווילן, אַלע קענען זיך באַליידיקן... – מאַכט מען אַן אַסיפֿה און מע קלערט... און קלערן קלערט מען אַזוי לאַנג, ביז עס ווערט אַ מחלוקת. און בײַ אונדז, אַז עס מאַכט זיך אַ מחלוקת, הערט עס אַזוי געשווינד נישט אויף... אַ מאָל דאַכט זיך – אָט, שוין שלום, דאָס פֿײַער זינקט אײַן, נאַ דיר! קומט אַ שלום־מאַכער און גיסט צו בוימל, פֿלאַקערט ווײַטער אויף, און – עד היום הזה!

דער ייִד ווישט זיך אָפּ דעם בלאָסן שטערן און פֿאַרציילט ווײַטער:

– דערווײַל איז געשען אַ מעשׂה. טאַקע – מויל און אויערן אויפֿצושטעלן! כּמעט נישט צו גלייבן...

– נאָר, – גיט ער צו מיט אַ שמייכל, – עס איז דאָך נאַכט און די חיה, וואָס שפּאַצירט בײַ נאַכט אין הימל (ער ווײַזט אויף דער לבֿנה) הייסט ,אמונה׳... בײַ נאַכט, בפֿרט אין אַזאַ שטילע[ר] נאַכט, לאָזט זיך אַלץ גלייבן...

– געוויס, – בין איך אים נישט ווילנדיק מודה.

– און די מעשׂה איז טאַקע אַ שרעקלעכע.

דער קאָמאָרניק האָט אויפֿגעשטעלט אַ פּוס אויפֿן הייליקן אָרט... די מתים דערהערן, ווערן, אַ פּנים, בייז... עס רוקן זיך אָפּ מצבֿות פֿון קבֿרים... די מתים קומען אַרויס... איר גלייבט?

– איך בין, חס־ושלום, – זאָג איך, – קיין אַפּיקורס נישט; אין השאָרת־הנפֿש גלייב איך... נאָר...

– וואָס ,נאָר׳, ר׳ קרובֿ, וואָס ,נאָר׳?

– איך האָב געמיינט, אַז נאָר די נשמה בלײַבט... די נשמה, וואָס פֿליט אין הימל אַרײַן; אָבער דער גוף, וואָס גייט אין קבֿר אַרײַן, דער גולם, דער פֿוילט... סײַ ווי סײַ, אָן דער נשמה רירט ער זיך נישט... קען נישט אויפֿשטיין...

– גוט געזאָגט, – לויבט מיך דער ייִד, – אויף מיר אַזאַ יאָר!

– איך האָב, – זאָגט ער, – הנאה, אַז איר זענט אַ יודע־ספֿר... דאָך, פֿאַרגעסן האָט איר, ר׳ קרובֿ, אָן עולם־הדמיון פֿאַרגעסן! די נשמה, זאָגט איר, גייט אין הימל אַרײַן... גוט... נאָר וווּ אַהין גייט זי? איינע אין גן־עדן, די צווייטע אין גיהנום אַרײַן... אין גן־עדן אַרײַן גייט די נשמה פֿון צדיק, אין גיהנום אַרײַן די נשמה פֿון רשע! דעם קומט פֿאַר זײַן גוטס – לוויתן, שור־הבר, יין־המשומר... און יענעם, פֿאַר זײַן רישעות – הייסע סמאָלע... עס רעדט זיך נאָר אַזוי! נאָר דאָס הייסט: שׂכר־ועונש. פֿאַר וואָס קומט שׂכר־ועונש? ווײַל אַ מענטש, כּל־זמן ער לעבט, האָט אַ ברירה. וויל ער – טוט ער גוטס, וויל ער – טוט ער שלעכטס, און, אַזוי ווי ער בעט זיך אויס, אַזוי, האַ? שלאָפֿט ער...

ווי איז אָבער דער דין, אַז אַ מענטש איז קיין מענטש נישט, זײַן לעבן איז קיין לעבן נישט, און טוט נישט, נישט קיין גוטס, נישט קיין שלעכטס, ווײַל ער קען נישט טאָן, ער האָט קיין

ברירה נישט צו טאָן און פֿאַרשלאָפֿט אַ לעבן, און קומט עס איבער ווי אין אַן עולם־הדמיון? וואָס קומט אַזאַ נשמה? גיהנום? פֿאַר וואָס? זי האָט קיין פֿליג אויף דער וואַנט נישט גע־טייט... גן־עדן? פֿאַר וועלכער דרשה, זי האָט קיין האַנט אין קאַלט וואַסער אַרײַן נישט געטאָן...

– וואָס ווערט טאַקע פֿון אַזאַ נשמה?

– גאָרנישט! זי לעבט ווײַטער אין עולם־הדמיון... זי שיידט זיך נישט אָפּ פֿון גוף... נאָר פֿריִער האָט זיך דעם בעל־דבֿר געחלומט, אַז ער לעבט, אויף דער ערד, און הײַנט חלומט זיך אים, אַז ער לעבט, אין דער ערד!

אין אונדזער שטעטל איז כּמעט קיינער קיין מאָל נישט רעכט געשטאָרבן, ווײַל עס האָט קיינער נישט רעכט געלעבט! נישט קיין גוטע, נישט קיין שלעכטע, קיין רשעים, קיין צדיקים... פּשוטע שלאָפֿמיצלעך אין עולם־הדמיון... לייגט זיך אַזאַ שלאָפֿמיצל אין קבֿר אַרײַן, בלײַבט עס שלאָפֿמיצל, נאָר אין אַן אַנדע[ר] דירה, – ווײַטער נישט...

דעריבער איז דאָס גאַנצע שטאַרבן בײַ אונדז אַ ריינע קאָמעדיע! וואָרן אַפֿילו בײַם לעבן, לייגט עמעצן אַ פֿעדער אונטער דער נאָז, וועט ער זי אַוועקיאָגן? און אַן אײַנגעגעסענע פֿליג טרײַבט ער אַוועק? גלאַט, מע ווערט פּטור פֿון אַ פֿערטער ציצה, מ'איז יוצא מיט דרײַ,[2] צי מיט פֿיר פּסולע, ווי ערגעץ אַ מינהג איז! אויך ווערט מען לויז פֿון דאגת־פּרנסה. אָבער ווײַטער?

דער זעלבער חלום, דער אייגענער עולם־הדמיון... אין אַ סך שטעט איז אַזוי... און, עס טרעפֿט ערגעץ, ווי בײַ אונדז האָט געטראָפֿן, אַז אַ מת קריכט אַרויס פֿון אַ קבֿר, הייבט ער גאָר נישט אָן צו געדענקען, אַז ער האָט אַ מאָל ווידוי געזאָגט, געגוססט און איז געשטאָר־בן... קוים פֿאַלן אים, בײַם אויפֿהייבן, די שערבעלעך אַראָפּ פֿון די אויגן, גייט ער גלײַך אין בית־המדרש, אין מרחץ אַרײַן, צי אַהיים עסן קולישע... ער ווייסט פֿון גאָר נישט!

איך ווייס נישט צי די לבֿנה איז שולדיק צי איך אַליין בין עפּעס געווען נישט ווי אַלע מאָל, – איך הער, גלייב, און פֿרעג נאָך:

– נו, זענען אַ ל ע , אַלע מתים אויפֿגעשטאַנען...

– ווער ווייסט? מע פֿירט עפּעס ביכער? אפֿשר זענען געווען שטילע אַפּיקורסים, וואָס האָבן געקלערט, אַז עס איז תּחית־המתים, און זענען, להכעיס, געבליבן ליגן... נאָר אַ קהל מתים, אַן עדה, איז אויפֿגעשטאַנען! אויפֿגעשטאַנען און אַנטלאָפֿן פֿאַרן קאָמאָרניק אין נאָ־ענטן וואַלד אַרײַן.

– פֿאַר וואָס אין וואַלד אַרײַן?

– אין שטאָט אַרײַן האָבן זיי נישט געקענט... עס איז דאָך געווען בײַ טאָג, און על־פּי דין, טאָר מען זיך נישט ווײַזן בײַ טאָג אין תּכריכים... אַ שטאָט מיט מעוברתע ווײַבער... זיי קענען זיך נאָך, חס־ושלום, פֿאַרקוקן און געווינען גרייטע מתים...

– רעכט... און דער קאָמאָרניק...

2 דער מינהג אָפּצורײַסן איין ציצה פֿונעם טלית בײַ אַ טויטן.

– איר פֿרעגט אויף אַן ערל... ער האָט נישט געזען אַ וואָרט... אפֿשר שיכּור געווען... גאָר נישט... ער האָט זײַנס געטאָן, פֿאַרשריבן...

– און פֿאַרקויפֿט?

– נאָך נישט... דערווײַל איז נאָך קיין קונה נישטאָ...

– און די מתים?

– אָט... די מתים!

*

ער רוט זיך אָפּ אַ רגע און פֿאַרציילט ווײַטער:

– קוים איז צוגעפֿאַלן די נאַכט, זענען די מתים צוריק אין שטאָט אַרײַן... יעדערער גייט צו זיך אַהיים, גנבֿעט זיך אַרײַן דורך אַ טיר, אַ פֿענצטער, צי דורך אַ קוימען... כאַפּט זיך צו צו דער אַלמער... אַרויסגענומען מלבושים, אָנגעטאָן זיך, אָפּגעגענעצט, און געלייגט זיך ווו עס איז שלאָפֿן... צו מאָרגנס איז שוין געווען אַ פֿולע שטאָט מתים...

– און די לעבעדיקע האָבן געשוויגן?

– מ׳האָט עס נישט באַמערקט!.. פֿאַרנומען געווען מיט מחלוקת... יעדן איז דער קאָפּ פֿאַרדרייט, אַלע פֿאַריאַכמערט! און צוריק געשמועסט, ווי אַזוי דערזעט מען עס אַ חילוק צווישן אַ לעבעדיקן מיט אַ בר־מינן אָן תּכריכים? עס איז נישט אַזוי לײַכט!

– אַז אַ זון האָט דעם פֿאָטער דערזען, האָט ער דרײַ מאָל אויסגעשפּיגן: פֿו, פֿו, פֿו, „און מיר האָט זיך געחלומט, אַז איך האָב קדיש געזאָגט, ירושה גענומען... אַלע בייזע חלומות צו מײַנע שׂונאימס קעפּ!"

– אַן אַלמנה דערזעט איר מאַן, וואַרפֿט זי אים אַרײַן אַ מתּנת־יד, גענאַרט האָט ער זי, דער עבבראָש... חוזק מאַכט ער! און זי, אַ נאַרישע ייִדענע, האָט אים נאָך נײַע תּכריכים געמאַכט!

– און אַז זי האָט דערווײַל חתונה געהאַט?

– ווער חתונה געהאַט? אין מחלוקת האָט מען אונטערגעצונדן און פֿאַרברענט די שול, מיטן בית־המדרש מיט דער חופּה... הכּל כּאשר לכּל... דערבײַ זענען כּמעט אַלע געווען ,פּאָד סוד׳[3]...

– און וואָס ווײַטער?

– גאָרנישט... די מתים זענען לעבעדיק געוואָרן, די לעבעדיקע האָבן אָנגעהויבן אויס־צושטאַרבן, פֿון ענגעניש, פֿון דער לופֿט... דער עיקר, פֿאַר הונגער...

– אַ הונגער איז געווען?

– ווי ערגעץ! בײַ אונדז יאָ... די מתים האָבן זיך געזעצט אויף זייערע ערטער אין מנינים און אויף זייערע ערטער אין דער היים בײַ דער שיסל אויך... מ׳האָט נישט געוווּסט, נאָר עס

3 под суд (רוסיש) – ,פֿאַר געריכט׳, געזאָגט וועגן אַ חושד וואָס ווערט צוגעצויגן צום געריכט.

האָבן פּלוצעם לעפּל פֿאַרפֿעלט, – פֿון איין שיסל עסט מען, האָט פֿאַרפֿעלט לעפֿל... אַ באַ־לעבאָסטע ווייסט, אַז זי האָט אַזוי פֿיל לעפֿל ווי מענטשן... קלערט זי, אַ גנבֿה! פֿרומע זאָגן: אַ כּישוף... נאָר, אַז מע ווערט געוווּיר, אַז אומעטום פֿעלט און אַז דאָס עסן געניגט נישט, – האָט מען שוין געזאָגט: אַ הונגעריאָר און מ׳האָט געהונגערט, און מע הונגערט נאָך...

*

און אין אַ קורצע[ר] צײַט האָבן די מתים גובֿר געווען די לעבעדיקע... זיי זענען היינט קהל און פֿירן קהל! זיי זענען נישט פּרה ורבה[4], דאָס נישט, נאָר אַז עמעץ שטאַרבט, גנבֿענען זיי אים אַראָפּ פֿון דער מיטה, נעמען אַרויס פֿון קבֿר און עס גייט נאָך אַ מת אַרום אין שטאָט...

און וואָס פֿעלט זיי? זאָרגן זאָרגן זיי נישט, פֿאַרן טויט – קיין פּחד נישט... עסן עסט מען אָבי אַ ברכה צו מאַכן, בענטשן צו קענען... אָבער מע דאַרף עס נישט, מע בענקט נישט דערצו, הוא הדין – טרינקען... הוא הדין – וויינען; הונדערט מתים קענען וויינען אין איין שטוב, – מע דאַרף קיין לופֿט נישט!

און מ׳האָט קיין צער נישט! וואָרן פֿון וואַנען האָט אַ מענטש צער, פֿון וויסן – יוסיף דעת יוסיף מכאוב,[5] אַ בר־מינן – זײַן דאגה! ער וויל נישט וויסן און דאַרף נישט וויסן... שלעפּט זיך אַרום אין עולם־הדמיון...

זיי האַלטן זיך דעריבער טאַקע פֿון דער ווײַטנס פֿון אַלע לעבעדיקע זאַכן... זיי האָבן קיין שאלות, קיין ספֿקות, קיין האַרצוויטיק, עס פֿוילט קיינעם קיין לעבער נישט!

*

– ווער מיינט איר איז בײַ אונדז רבֿ? אַ מאָל איז געווען אַ לעבעדיקער מענטש, אַ טוער; הײַנט אַ בר־מינן! גייט אַרום אויפֿן עולם־הדמיון און זאָגט נאָך דעם חיי־אָדם ווי פֿון אַ חלום אַרויס...

ווער זענען די דיינים זײַנע? זײַנס גלײַכן... האַלב פֿאַרפֿוילטע מתים... און די לײַט פּסקענען שאלות פֿאַר לעבעדיקע ווי פֿאַר טויטע; אַלץ ווייסן זיי, אַלץ טוען זיי... זיי מאַכן ברכה, זיי גייען מיט מציצה, זיי בענטשן חתן־כּלה...

ווער שטעלט זיך פֿאַרן עמוד? אַ מת! אַ זקן־ורגיל אַ מת! ער האָט אַ פּנים פֿון אַ מת, אַ קול פֿון אַ מת; עס טרעפֿט, אַ האָן גיט פּלוצעם אַ קריי – אַנטלויפֿט ער אַוועק פֿון עמוד!

4 ,פֿרוכפּערן זיך און מערן זיך׳. בראשית לה, יא: וַיֹּאמֶר לוֹ אֱלֹהִים אֲנִי אֵל שַׁדַּי פְּרֵה וּרְבֵה גּוֹי וּקְהַל גּוֹיִם יִהְיֶה מִמֶּךָּ וּמְלָכִים מֵחֲלָצֶיךָ יֵצֵאוּ. „און גאָט האָט צו אים געזאָגט: איך בין גאָט שַדַי, פֿרוכפּער דיך און מער דיך; אַ פֿאָלק און אַ געזעמל פֿעלקער זאָל ווערן פֿון דיר, און מלכים זאָלן אַרויסגיין פֿון דײַנע לענדן“ (איבער־געזעצט פֿון יהואש).

5 קהלת א, יח: כִּי בְּרֹב חָכְמָה, רָב־כָּעַס; וְיוֹסִיף דַּעַת, יוֹסִיף מַכְאוֹב. „וואָרום אין פֿיל חכמה איז פֿיל פֿאַר־דראָס, און מערט מען קענטשאַפֿט, מערט מען ווייטאָג“ (איבערגעזעצט פֿון יהואש).

און די גבֿירים, די בעלי־טובֿות, די רעדל־פֿירער, קהל־פֿאַרזאָרגער, דאָס גאַנצע קלאַ־פּער־געציַיג וואָס איז? טויטע, לאַנג געשטאָרבענע, לאַנג באַגראָבענע! און דעריבער איז אַזאַ עיפּוש אין שול, אין באָד, אין גאַס... סאַמע מתים...

– און איר, ר׳ קרובֿ, איר וואָס זענט?

– איך? איך בין האַלב טויט, – ענטפֿערט דער ייִד.

ער שפּרינגט אַראָפּ פֿון וואָגן און ווערט נעלם צווישן די ביימער...

אַבֿרהם־משה פֿוקס

# בײַ טאָג

1

די שוואַרצע מאַרי איז ווי תּמיד געגאַנגען, טרעסענדיק אירע גרויסע, שווערע ציגײַנערישע אוירנרינגען, פֿאָרויס, פֿאַוואָליע, אַ ביסל פֿאַרטראַכט, די הענט אַרײַנגעשטעקט אין די קעשענעס פֿון איר אָרעמען, אָפּגעריבענעם מענטעלע. דאָס יונגע פֿריש־רויע פֿרילינגסווינטל אין דעם נידעריקן האָרבאַטן געסל האָט געוואַרעמט די פֿאַרפּודערטע קרעצלעך אויפֿן אויסגעגלעטן שטערן, אונטערגעשטופּט אין דער פּלייצע. און ס׳האָט זיך געדאַכט, אַז דאָס מיידל האָט גאָר נישט אין זין דעם קונה, וואָס זי פֿירט אַ שטיק וועג הינטער זיך. אָבער אַז זי איז צוגעקומען צו דעם שטילן, פֿאַרדעכטיקן טויער פֿונעם ,האָטעל גאַרני׳, האָט זי געטאָן אַ דריי אויס איר יום־טובֿדיק פֿאַרפּוצטן קאָפּ און אַ האַלבן, זיסן, פֿאַרזאָרגט־שמייכלענדיקן קוק געטאָן צו יענעם. יענער איז אַרײַן נאָך איר.

די באַלעבאַטים אַקעגן איבער, וואָס האָבן, ווי יעדן נאָכוואַרעמעס, אין די בלויזע זאַטע העמדאַרבל אַרויסגעשטעקט די קעפּ דורכן פֿענצטער, האָבן ווי תּמיד, זײַט זיי ווױנען דאָ אין געסל, פֿאַרגנבֿעט אַלע מאָל געפּרוווט אַ שפּיז טאָן זייער נײַגעריק־אָנגעשטרענגטן קינאה־בליק אַהער, דורכדרינגען די שיפֿע, טונקעלע שפּעלטלעך פֿון די גרינע ראָלעטן אין די פֿענצטער פֿון ,גאַרני׳, כּדי צו דערזען עפּעס דאָרט אינעווייניק, אָבער זיי האָבן, ווי תּמיד, גאָרנישט געזען. דאָ, אין ,גאַרני׳, אין דער טונקל־קויטיקער אויסגעטרעטנקייט פֿון די שמאָלע שטיינערנע טרעפּלעך, האָט זיך פֿאַרדעכטיק געראָיעט אין די קליינע קויטיקע צימערלעך אונטער די פֿאַרמאַכטע טירן, געדיכט איינע נעבן דער אַנדערער מיט נומערן אויף זיי. ס׳האָט געשמעקט מיט הפֿקרות, ביליקן קעלניש־וואַסער, קויטיקע העמדער און מיט דער זיסקייט פֿון ליידיק גיין. דער פֿאַרהוילענער ליבע־סוד, אויסגעוואַרעמט אין דער נאַכט־פֿינצטערניש, האָט איצט דאָ אַרומגעפּלאַטערט אַ צעשראָקענער אַ נעבעכדיקער אין דער טאָג־ליכטיקייט, ווי ס׳מאַכט זיך אַ מאָל אַ מײַזל, וואָס איז פֿאַרבלאָנדזשעט פֿונעם לאָך, לויפֿט אַ צעשראָקנס איבערן וועג אין מיטן העלן טאָג.

בשעת די פּאָרלעך וואַרטן בײַ די טירן פֿון די צימערלעך, ביז די אינעווייניקסטע וועלן פֿאַרטיק ווערן און אַרויסקומען, טליִען אין די פֿאַרטרוקנטע אויגן פֿון די מאַנצבילן צאַפּלדיקע פֿונקען פֿון דערוואַרטנדיקער פֿרייד און די מיידלעך רעדן דערווײַל פֿון זייערע אייגענע זאַכן: פֿון די קליינע ברידערלעך, פֿון די יסורים אין שפּיטאָל, פֿון געשטיקטע סערוועטלעך. איינע ווײַזט אַ שיינע ליולקע, וואָס זי האָט געקויפֿט אַ מתּנה איר טאַטן צום געבורטסטאָג. די פֿריידיקייט פֿון דאָזיקן שבנישן רעדן אַ ביסל, אַז מ׳טרעפֿט זיך בײַ די טירן אין האָטעל,

פֿון: אונטער דער בריק (און אַנדערע דערציילונגען). וואַרשע: קולטור־ליגע, 1924, ז״ז 119–130.

איז די איינציקע פֿאַרגעלטונג פֿאַר זייערע אָפּגעקירצטע יאָרן. בײַ זייערע קונים אָבער, די פֿאַרדעכטיקע אָפּגעבערענטע פֿאַרשווינען מיט די אײַנגעקריצטע בלאָע אַנקערס אויף די ברווינע פֿעסטע הענט, און צעבראָכענע ציין פֿון פֿאָרנט, זענען די קוויטיק באַוואַקסענע מאָרדעס געווען אַ ביסעלע קרום פֿון אומגעדולד. אַלע מאָל איז צוגעלאָפֿן די באַדינערין פֿון דאַנען, די ,מוטער קאַטאַרין׳, ברייט אָנגעבלאָזן, מיט אַ בלאָער אָנגעפֿוילטער נאָז, און אויף איר ברייטן, האַרטן, בלאָען פֿאַרטעך האָט מיט כּוח געקלונגען דער בונט שליסלען. מיט דער פֿויסט האָט זי געקלאַפּט אין די טירן פֿון די צימערן און געשריגן:

– הע... אַרויס... גענוג שוין! ווערט פֿאַרטיק... איר קענט נאָך זיצן דאָרט ביז מאָרגן...

פֿון אויבן אַראָפּ האָט פּלוצלינג דורכגעדרונגען אַ קוויטש, יאָמערלעך טיף און אָפּגעהאַקט, ווי דער געשריי פֿון אַ נאַכטפֿויגל. די מוטער קאַטאַרין איז אַ רגע שטיין געבליבן, די הענט אונטערגעשפּאַרט אונטער די זײַטן. דערנאָך האָט זי געזאָגט:

– דאָס איז די משוגענע אַננאַ.

זי איז אַרויפֿגעלאָפֿן די טרעפּ און אַרײַן אין צימער. דאָ אויפֿן ראַנד פֿון קוויטיק צעוואָרפֿענעם בעטל איז געזעסן אַננאַ, מיט רויטע גילקעלעך אויף די מאָגערע פֿיס, די אויגן ציטערנדיק צוגעקוועטשט און מיט די ציין האָט זי קרום, באַדעכטיק און פּאַוואָליע געריסן דינע שטרײַפֿלעך פֿון איר העמד, און זי איז ענלעך געווען צו אַ בלאָלעך־מאָגער, האַלב אָפּגעפֿליקט הינדל. די אַלטע האָט צום ערשטן באַטראַכט די צווייִ האַלבע ברעטלעך פֿונעם טישדעקל, וואָס יענע האָט צעבראָכן, דערנאָך האָט זי אַ כאַפּ געטאָן דעם מיידלס אויסגעטרעטענע שיך, באַהאַלטן זיי אין איר פֿאַרטעך און געזאָגט:

– דײַן העמד מעגסטו רײַסן וויפֿל דײַן האַרץ גלוסט, אָבער טישן ברעכט מען נישט... אַז דו וועסט נישט באַצאָלן פֿאַר אַ נײַ דעקל, וועל איך דיר נישט אָפּגעבן די שיך... הײַנטיקע צײַטן איז אַ יקרות אויף מעבל. פּרווו גיי נאָר צום טרעדלער עפּעס קויפֿן, וועסטו שוין וויסן...

זי האָט אָנגעכאַפּט די נאַקעטע בײַם אַקסל, וואָס האָט געציטערט, און זי אַרויסגעשטופּט פֿונעם צימער. דערנאָך האָט די אַלטע אַרונטערגערופֿן:

– קינדער! קומט אַרויף! ס׳איז פֿרײַ אַ צימער!

די מיידלעך זענען געלאָפֿן, זיך געשטופּט, געשאָלטן איינע די אַנדערע, גערופֿן זיך צונעמענישן, געקריגט זיך אויפֿן גראָבן שטייגער מיט צעקרומטע פּנימער, אַנטפּלעקנדיק די גאַנצע בייזע נידעריקייט פֿון די אָרעמע געסלעך זייערע: די שוואַרצע מאַרי האָט זיך דורכגעשטופּט און די אַלטע, וועלכע האָט זי באַזונדערס ליב געהאַט, האָט זי אַרײַנגעלאָזט מיט איר ,גאַסט׳ אין צימער.

– זי האָט געהאַט אַן אָנפֿאַל... דאָס קומט פֿון דער קראַנקייט אירער... – האָט די שוואַרצע מאַרי געזאָגט צו דער מוטער קאַטאַרין בשעת זי האָט זיך אויסגעטאָן מיט דער כּוונה זיך צו קריגן, אָנצונעמען זיך די קריוודע פֿון דער פֿאַראומגליקטער חבֿרטע, וואָס איר לעבן איז שוין געווען אויסגעשפּילט, פֿאַרלוירן.

– אַן אָנפֿאַל... אַן אָנפֿאַל... איך בין זעכציק יאָר געגאַנגען מיט ,הערן׳ און כ׳האָב נישט געהאַט קיין אָנפֿאַלן...

האָט די אַלטע זיך געבייזערט, רעדנדיק צום וואַרטנדיקן אורח מיט געריכטן צאָרן אויף די הײַנטיקע מיידלעך, די צעקוועטשטע לימענעס, וואָס זי פֿאַרשטייט נישט, ווי אַזוי עס געפֿינען זיך נאָך בעלנים אויף אַזוינע גרינע יאַשטשערקעס. דאָס זענען מיידלעך? גע־פֿגרטע קעץ זענען דאָס! אַ מאָל אין אירע יאָרן זענען געווען מיידלעך!... אַ צײַט הײַנט...

– אָבער פֿון מיר ביסטו צופֿרידן, מוטער קאַטאַרין, וואָס?

די שוואַרצע מאַרי האָט געפּרוּווט זיך אונטערשמייכלען, אָבער די אַלטע האָט נישט געלאָזט:

– איר זענט אַלע ווײל... איך קען אײַך שוין... איר זענט געבוירן געוואָרן נאָר אויף שאָדן צו טאָן... נישט מער... ווער נאָר גיך פֿאַרטיק און גיי...

די אַלטע איז אַראָפּגעלאָפֿן פֿון די טרעפּ. אָבער די שוואַרצע מאַרי איז נישט גיך פֿאַר־טיק געוואָרן. וואָרן דער גאַסט איז געווען צודרינגלעך, גראָב געזוכט חסרונות און זיך געדונגען. זײַן לאַנגע, קרומע נאָז איז געווען ברוגז האַרט, שטום, ווי געוויינטלעך בײַ אַ מענטשן וואָס האָט חרטה.

– כ׳האָב אָבער תּמיד פֿײַנט צו גיין מיט אַ ייִד...

האָט דאָס מיידל פֿאַרביסן געריעדט און תּיכּף נאָך דעם, ווי זי האָט באַקומען דאָס באַ־צאָלטע געלט און זי האָט דערויף אַ הויך געטאָן „צום גליק" און דאָס באַהאַלטן אין זאָק, זענען ערשט אירע שפּיציק שוואַרצע ייִדישע אויגן פֿאַרלאָפֿן מיט אַ גראָן בייזן הײַטל, ווי אַ בילמע, זי האָט זיך גיריק געדונגען, נישט פֿאַרגונען. געטאָן נישט ווי ס׳באַדאַרף צו זײַן. אָפּגענאַרט.

– אַך... מיט אַ ייִדישער טויג נישט... באַדאַרפֿט אָנטרעפֿן גראָד זי... נו־נו... – אין אירע גראָבע ליפּן האָט דער אורח ערשט אַצינד דערקענט, אַז זי איז אַ ייִדישע.

און בשעת זיי זענען געלעגן נעבן אַנאַנדער אין קאַלטן, שמאָלן, קוויטיקן בעטל, האָט זיי קעגנזײַטיק פֿון די אויגן אַקעגן געבליצט יענע היימישע, דינע, פֿײַנלעכע שׂינאה, וואָס מע דערפֿילט זי נאָר דעמאָלט, ווען מע דערקענט די באַהאַלטענע אייגענע חסרונות, פֿון דער אייגענער אומה, וואָס מע זוכט דאָס אויסצומײַדן, ווי מע מײַדט אויס אַרײַנצוקוקן אין דער פֿינצטער, בײַ נאַכט, אין שפּיגל, כאָטש ס׳ציט דערצו. שפּעטער אַ ביסל, נאָך דעם ווי דער „גאַסט" איז אַוועק, איז די שוואַרצע מאַרי, ווי איר שטייגער איז געווען די לעצטע צײַט, גע־בליבן זיצן אַ נאַקעטע אויפֿן ראַנד פֿונעם בעט און פֿאַרשנדיק־פֿאַרזאָרגט באַטראַכט דעם נאַקעטן בויך אירן, וואָס איז מיט יעדן טאָג העכער, גרעסער געוואָרן, געוואַקסן. פּלוצלינג האָט זי זיך דערשראָקן, נישט ווויסנדיק פֿאַר וואָס, זי האָט אַ געשריי געטאָן:

– מוטער קאַטאַרין! מוטער קאַטאַרין! קום נאָר אַרײַן! זע נאָר!..

די מוטער קאַטאַרין איז אײַלנדיק אַרײַנגעקומען, קלינגענדיק מיטן בונט שליסלען אויפֿן פֿאַרטעך, אַ קנעט געטאָן מיט אַן איינציקן פֿינגער, מיטן גראָבן אָן אַ נאָגל, דעם מיידלס בויך אַרויף און אַראָפּ און געזאָגט:

– ס׳איז גאָרנישט... דו טראָגסט...

**2**

דאָס אומגליק קומט פּלוצלינג, אומגעריכטערהייט, ווי אַראָפּגעפֿאַלן פֿון הימל, און שוין ליגט מען דערונטער אַ צעקוועטשטער און צוגעוויינט דערצו, גלײַך ס׳וואָלט גאָר קיין מאָל נישט אַנדערש געווען. בשעת די שוואַרצע מאַרי האָט נישט מער געקענט גיין פֿאַרדינען, איז זי געזעסן גלײַכגילטיק פֿאַרגעסן אויף דער שוועל פֿון ,גאַרני׳, די ליפּן אײַנגעשרומפּן, פֿאַרדאַרט. בלאָ פֿון הונגער, באָרוועס, דעם קאָפּ קויטיק־צעשויבערט, אויסגעקראָכן, קלעפּיק פֿון בלאָטע, און איר גרויסער שפּיציקער בויך האָט אַרויסגעשטעקט פֿרעמד, ווי אַן איבערגעקערטער קעסל. די מיידלעך, וואָס האָבן, ווי תּמיד, אַהער געפֿירט די ,געסט׳, האָבן אויף איר רחמנות געהאַט, איר מיטגעבראַכט עפּעס צו עסן: אַ שטיקל ברויט, אַ הערינג, אַ פֿרישן עפּל, וואָס ס׳האָט פֿון אים געשמעקט דער רויטער האַרבסט. דערפֿאַר האָט זיי מאַרי געלאָזט אַ טאַפּ טאָן אונטערן קליידל דעם בויך, ווו מ׳האָט געפֿילט אונטער דער האַנט אַ לײַכטן אומהיימלעכן ציטער טאָן דאָס קעפּל פֿונעם נפֿש אין אים, און דאָס צערטלעך־קיצלדיקע געפֿיל דערפֿון האָט אָנגעיאָגט אַ באַהאַלטענע, נישט געקענטע פֿרייד.

אָבער אין די פֿוילע, קאַלטע רעגנטעג, ווען די פֿענצטער פֿון די האָרבאַטע, אָפּגעשיילטע טונקעלע מויערן קנייטשן זיך פֿון דרויסן, שוואַרצע, דורכגעווייקטע ווי נאַסע שמאַטעס, דעמאָלט וואַקסט דאָס אומגליק און שטאַרקט זיך אין דער נאַכט אַרײַן, וואָס פֿאַרשלינגט אין איר נאַסער שוואַרצקייט די שוואַך ציטערדיקע, גרינע לאַמטערן־פֿלעמלעך און זיי וואַרפֿן דאָ און דאָרט אַ פֿאַרמעקטן געלן פֿלעק אויף אַ פֿאַרשוווּמענער געשטאַלט, וואָס שלײַכט אין אַזאַ נאַכט, וואַקלענדיק זיך אַליין, דורכגעווייקט אין קאַלטער נעץ, די באָרוועסע, קײַלעכדיק געשוואָלענע פֿיס, שלעפּנדיק פֿאַוואָליע אין דער בלאָטע בײַ די ווענט, און דער קאַלטער, שנײַדנדיקער ווינט, דורכגעמישט מיט רעגן און שניי, רײַסט און שטופּט צוריק אויף הינטערווײַלעכץ איר גרויסן שווערן בויך, וואָס אין אים טוט אַלע מאָל אַ ברענענדיקער שמערצלעכער ריס:

– אוי־וויי...

געקומען איז דאָס פּלוצלינג אין סאַמע ליכטיקן נאָכמיטאָג. די זון האָט האַרבסטלעך רויט געשפּיזט אין רינשטאָק אַרײַן, פֿאַר דער שוועל, רויטלעכע ציטערדיקע ליכטיקייט. און בשעת מאַרי איז געלעגן אויף די שמאָלע גלאַטע אויסגעטרעטענע שטיינער אין פֿאָרהײַזל פֿון ,גאַרני׳ און זיך אַ פֿאַרצערטע געקרימט אין די געבורט־ווייען, איז געשטאַנען נעבן איר די ,מוטער קאַטאַרין׳ און זי אונטערגעטריבן:

– מאַך גיכער... גיכער... ס׳איז בײַ טאָג... כ׳בין זעכציק יאָר געגאַנגען מיט ,הערן׳ און קיין מאָל נישט געהאַט קיין קינד... צו זיי טשעפּעט זיך אַלץ... גיכער... ס׳קומען געסט... ס׳איז נאָכמיטאָג...

אָבער די שוואַרצע מאַרי האָט נישט געמאַכט גיך. די ווייגעשרייען זענען געקומען קורצע, הייזעריקע, פֿאַרחידושטע. זיי האָבן געקאָרטשעט און געדרייט דעם שווערן קערפּער, האָבן אויסגעצויגן און פֿאַרשפּיצט די שוואַרצע טרוקענע פֿינגער פֿון די הענט, וואָס האָבן זיך מאַכטלאָז געדראַפּעט אויף דער גלײַכער וואַנט און זענען צוריק אַראָפּגעפֿאַלן,

ווי האַלב טויטע שפּינען. שטומפּיק־אָנגעשטרענגט, ווי בײַ אַ פֿיש, האָט זיך איר מויל גע־צויגן, געלעכצט נאָך דעם לעצטן לעבנס־אָטעם, וואָס האָט זיך רייצנדיק דערנענטערט און דערווײַטערט און אין דעם ווילדן אומפֿאַרשטענדלעכן שפּיל איז געווען די שטראָף פֿאַר די זינד פֿונעם גאַנצן ווײַבערישן מין...

– קוועטש זיך... קוועטש זיך... דריק דאָס אַרויס... אוך... אוך...

האָט די מוטער קאַטאַרין גערעדט מיט יענעם צוגעדושעט־שווערן ברוסט־קול פֿון מענטשן, וואָס גיבן זיך אונטער חשק, בשעת זיי שלעפּן אין איינעם די שווערע משׂא. איר אַלטער, פֿעסטער פּרצוף האָט זיך מיט כּוח געצויגן אַרויף און אַראָפּ, מיט אַ שווערן קוועטש, גלײַך זי וואָלט אַליין איצט באַדאַרפֿט טאָן דאָס וואָס יענע:

– אוך... או – ך...

ס׳האָט נישט געהאָלפֿן. דאָס אָנגעפּילטע לײַב האָט זיך געשפּאַנט. האַרט אָנגעבלאָזן צום פּלאַצן. די אַלטע האָט דערויף אויפֿגעשטעלט אַ קני, געדריקט, געדריקט, ס׳זאָל אַרויס גיכער. אָבער דאָס נפֿש האָט זיך נישט געאײַלט, נישט געלאָזט זיך אַרויסדריקן. ס׳איז שטעקן געבליבן אין מיטן דרינען, ווי דער קאָריק אין האַלדז פֿון אַ פֿלאַש און נישט גע־וואָלט ווײַטער. דעמאָלט האָט די מוטער קאַטאַרין פֿאַרקאַטשעט אַן אַרבל, אַרײַנגעשטופּט די האַנט אין הייסן לײַב אַרײַן, מיט צוויי פֿינגער, ווי מיט אַן אײַזערנער צוואַנג אָנגעכאַפּט דאָרט דאָס קעפּל און אַרויסגעשלעפּט דאָס קינד בעל־כּרחו. דאָס פֿאַרבלוטיקטע גופֿל האָט אַ געשריי געטאָן און די אַלטע האָט דאָס אַ וואַרעמס, אַ נאַס, גיך מיט וויל־קענעוודי־קייט אַ וויקל געטאָן אין איר האַרטן, בלאָען, קאַלטן פֿאַרטעך, און נאָך איידער זי האָט געזען, האָט זי שוין געפֿילט אין די הענט, וואָס דאָס איז:

– אַ מיידל...

האָט די אַלטע געזאָגט אַ צופֿרידענע צו דער אײַנגעקאָרטשעטער טויטער מאַמע, אויף די פֿאַרבלוטיקטע שטיינער אין ווינקל, אַוועקגעטראָגן אין פֿאַרטעך, מיט יענער צערט־לעכקייט פֿון די ווײַבער, וואָס איז די זעלבע פֿון אַ קאַץ, וואָס טראָגט אירע יונגע קעצלעך צווישן די שאַרפֿע ציין און שעדיקט זיי נישט, אָבער אַ מאָל פּרעסט זי זיי אויף.

**3**

און פּונקט ווי דאָס גראָע קעצל דאָ אין ,גאַרני׳, דאָס אויסגעקראָכן־קויטיקע, מאָגערע, מיט די האַלב בלינדע פֿאַרקלעפּטע אייגלעך, וואָס וואַלגערט זיך אין די דומפּיקע ווינקלעך, אין די פֿינצטערע לעבער, און קיינער ווייסט נישט ווען ס׳וואַקסט אויס, אַזוי איז די קליינע מאַרי גרויס געוואָרן, וואַלגערנדיק זיך דאָ אין די רינשטאָקן, אין מיסט צווישן די קאַ־נאַל־לעבער מיט די פֿאַרגראָטעטע אײַזן־שטאַבעס אין טונקעלן אָפּגעשיילטן האָרבאַטן געסל. אָפּגעריסן, אָפּגעשליסן, דאָס ייִנגליש־אָפּגעשוירענע קעפּל פֿול מיט טשעריקעס, קרעצלעך אויפֿן שטערן, בלאָטע אין די אויערן, האָט די קליינע מאַרי אין איינעם מיט נאָך אַ כּאַליאַסטרע אַזעלכע קינדער, וואָס די גאַסנשטיינער געבוירן זיי, אַרומגעשלײַכט אונטער די בריקן, אין די גאַסן־ווינקלען, געקליבן פֿאַרפֿוילטע פּרות אין די רינשטאָקן פֿון די מאַרקן,

אָנגעפֿילטע מיט קופּעס שפּײַז, גרינצײַג, אויפּס, קרײַטעכצער. די זינגענדיקע קולות פֿון די גראָבע סעדיכעס אונטער זיי, מיט די גרויסע אָנגעפֿילטע קעשענעס אויף די בײַכער, פֿאַרשענערן דאָס לעבן פֿון די אָרעמע, אויסגעטריקנטע ווײַבער מיט די אויגן פֿון הונגעריקע וואָנעס. די גיריקע בליקן שלינגען די סחורות, קלײַבן איבער דאָס אויפּס, בלײַבן צוגעקלעפּט צו די רויטע זײַטלעך פֿערדפֿלייש, וואָס הענגען אין בײַדל, שוואַרץ פֿון אַלטקייט. מע ניוכעט, מע שמעקט, מ׳שטופּט זיך און מ׳וועגט די הייפּטלעך קרויט אין האַנט, מ׳טאַפּט די פֿאַרדעכטיקע גרינע, טרוקענע לונג און לעבערלעך פֿון אומבאַקאַנטע וואַלד־חיות און צום סוף טראָגט מען אַהיים ליידיקע קיישלעך. נאָר אָט ווערט אַ שטופּעניש, אַ צונויפֿלויפֿעניש, אַ געזעמל. דעם פּאָליציאַנטס היטל גלאַנצט אַרויס פֿון די צונויפֿגעשטעקטע ווײַבערישע קעפּ. ער פֿירט גדלותדיק די קליינע אָפּגעריסענע מאַרי, האַלטנדיק זי פֿעסט בײַם הענטל. זי גייט אַליין. זי קען שוין דעם וועג אַהין, אין אַרעסט אַרײַן, ווו זי וועט זיצן אין פֿינצטערן לאָך פֿערצן טעג פֿאַר אַרויסגנבֿענען אַ בײַטעלע פֿון דער קעשענע. מ׳לויפֿט נאָך מיט געלעכטערס, מיט רחמנות אויף בייז־וווּנדער:

– אַזאַ קליינס און ס׳גנבֿעט שוין...

– די קליינע זענען נאָך ערגער פֿון די גרויסע.

– מ׳דאַרף זיי צעכטן,[1] נאָר צעכטן...

– זעט נאָר ווער איז דאָס עפּעס? ווועמענס איז דאָס...

אויסגעבלייכט און מאָגער, מיט לאַנגע אויסגעוואַקסענע הענטלעך, די קעפּלעך אָפּגעשיט מיט רויטן ציגלפּאַרך, גליִענדיק, פֿאַרשמאַכט אין דער שׂרפֿעדיקער זומערזון, זעט מען זיי, די קליינע גאַסנקינדער, אַרבעטן, אַרומקריכנדיק צווישן די באַלקנס אײַזנס און קלעצער אונטער די פֿאַרשלאָגענע לעכער פֿון די נײַע מויערן, וואָס מ׳בויט. זיי טראָגן ברעטער, שלעפּן שטיינער, דערלאַנגען ציגל, וואָס מ׳וואַרפֿט איינס דעם אַנדערן אין די הענט אַרײַן, און שעפֿלעך קאַלך מיט זאַמד, וואָס מ׳טראָגט, שטייען אַליין אויף די קעפּ פֿון די קליינע פּונקט ווי בײַ די אַלטע אָפּגעווייַסטע ווײַבער מיט די שוואַרצע באָרוועסע פֿיס. אין זייערע מידע שטומפּיקע אויגן איז דאָ די גאַנצע שטומע געדולדיקייט פֿון פֿאַרהאָרעוועטע פֿערד.

און גלײַך מיט די אַלטע זיצן די קליינע אויף דער נאַכט אין די אָנגערייכערטע, ליאַרעמענדיקע שענקען, טרינקען בראָנפֿן און לאַכן מיט פֿאַרשאַרטע קוויטשלעך, ווען די שיכּורע גרויסע קנײַפּן זיי אויפֿן הוילן לײַב. שווער נאָגט דער הונגער אין די ליידיקע יונגע געדערעם, וואָס וואָלטן אַן אָקס פֿאַרטיליקט. די טריפֿנדיקע אייגלעך שלינגען גיריק די אָנגעלייגטע עסנוואַרגן אין די שויפֿענצטער און די קאַלטע רעגנטעג בלאָזן טויטע פֿאַרלוירנקייט אויף די ציטערנדיקע ליפּן פֿון די עלנטע קינדער, בשעת מ׳שטייט באָרוועס, אָנגעשפּאַרט אָן דער שוואַרצער מויערוואַנט און דער ווינט פּאַטשט אויף איר די אָפּגעפֿליקטע נאַסע שטיקלעך פּלאַקאַטן אָנגעקלעפּטע איינע אויף די אַנדערע. פֿאַר דאָס אָבער שטופּן זיי זיך אָפּגעשיילטע אין די וואַרעמע רויטע האַרבסטלוסטיקע טעג, אין די רײַכע

1 ציכטן.

גאַסן, ווי אַ טשאַטע פֿרעכע שטאָטפֿייגל, אין מיטן דערינען אָן מורא. זיי לאַכן, קרימען זיך נאָך די אויסגעפּוצטע פֿאַרבײַגייער, מאַכן חוזק. לויפֿן גיך אַרײַן פֿאַרקויפֿן שוועבעלעך אין די אָנגעזועצטע באַגילדעטע קאַפֿעהײַזער, ווו דער פֿאַרקעמטער אויסגעסטראָיעטער קעלנער מיטן ווײַסן סערוועטל אונטערן אָרעם לויפֿט גיך צו און טרײַבט אַרויס.

זיי דערקענען די פֿרעמדע אין די פּעקלעך, וואָס ווערן געטראָגן, דאָס שנירל אויפֿגעהאָנגען אויף אַ פֿינגער. לויפֿן נאָך פֿון אונטן, פֿאַרלויפֿן פֿאָרויס און שטרעקן אויס אַ דאַר הענטל מיט אַ געמאַכטן, וויינענדיקן רחמנות־קול:

– שענקט עפּעס... שענקט עפּעס אַן אָרעמער יתומה...

דער נדבֿן פֿאַרקאַטשעט מיט שווערקייט ברייט די פּאָלע און בשעת זײַן האַנט שטעקט אין דער זאַטער וואַרעמער קעשענע אַרויסצונעמען דעם גראָשן, פֿאַלט זײַן בליק מבֿינותדיק גיריק אָנגעצונדן אויף דער קליינער מאַריס פֿאַרבלאָטיקטע לאַנגע שוואַרץ אָפּגעברענטע און פּעסטע פֿיסלעך, וואָס זענען צײַטיק געוואָרן פֿאַר דער צײַט.

און מיט דעם אייביקן סוד פֿון די ווײַבער, וואָס ס׳איז נישט מעגלעך צו דערגרונטעווען, ווען ס׳איז בײַ זיי געשען דאָס ערשטע מאָל, איז די קליינע מאַרי אַלע טאָג געגאַנגען אין האָרבאַטן געסל, פֿאָרויס, פּאַוואָליע, אַ ביסעלע פֿאַרטראַכט, די הענט אַרײַנגעשטעקט אין די קעשענעס פֿון איר אָרעמען מענטעלע און ס׳האָט זיך געדאַכט, אַז זי האָט גאָר נישט אין זין דעם ,גאַסט׳, וואָס זי פֿירט אַ שטיק וועג הינטער זיך. אָבער בײַם פֿאַרדעכטיק שטילן טויער פֿונעם האָטעל ,גאַרני׳ האָט זי אויסגעדרייט איר יום־טובֿדיק פֿאַרפּוצטן קאָפּ און אַ האַלבן זיסן פֿאַרזאָרגט שמייכלענדיקן קוק געטאָן צו יענעם, און יענער איז אַרײַן נאָך איר.

דאָ אין ,גאַרני׳ האָט זיך, ווי תּמיד, אין מיטן העלן טאָג געהיימניספֿול געראָיעט, ווי אין אַ בינשטאָק. און ווי איר שטייגער איז געווען, איז די ,מוטער קאַטאַרין׳ אַרומגעלאָפֿן אין איר ברייטן האַרטן בלאָען פֿאַרטעך מיטן קלינגענדיקן בונט שליסלען און זי האָט געקלאַפּט מיטן קוליק אין די טירן פֿון די צימערן, בײַ וועלכע ס׳האָבן פֿון דער דרויסנדיקער זײַט געוואַרט נײַע פּאָרלעך און זי האָט געשריגן:

– גיכער... גיכער... ווערטס פֿאַרטיק... שוין גענוג... איר קענט נאָך דאָרט זיצן ביז מאָרגן...

און איין מאָל, ווען די קליינע מאַרי האָט, נאָך דעם ווי דער גאַסט איז אַוועק, אָנגעהויבט דעם פֿאַרדינטן באַנקנאָט „צום גליק" און אים באַהאַלטן אין זאָק, איז זי אַ נאַקעטע זיצן געבליבן אויפֿן ראַנד פֿונעם צעוואָרפֿענעם קויטיקן בעטל און באַזאָרגט־נײַגעריק באַטראַכט דעם בויך אירן, וואָס איז אין די לעצטע טעג אַלץ גרעסער און גרעסער געוואַקסן. פּלוצלינג האָט זי זיך דערשראָקן און אַ געשריי געטאָן:

– מוטער קאַטאַרין! מוטער קאַטאַרין! זע נאָר!..

די מוטער קאַטאַרין איז אײַלנדיק אַרײַנגעקומען און אונטער אירע טריט האָט געסקריפּעט די פּאָדלאָגע. זי האָט אַ קנעפּ געטאָן מיטן גראָבן פֿינגער אַרויף און אַראָפּ דעם מיידלס בויך און געזאָגט:

– ס׳איז גאָרנישט... דו טראָגסט.

## אַבֿרהם־משה פֿוקס

# דער אַלטער כּוח

– שאַ, שאַ, דער פּריץ גייט... האָט עמעצער וואָרענענדיק אַ פֿליסטער געטאָן און דער צונויפֿגעדרענגטער עולם ייִדן וואָס די פּוילישע זעלנער האָבן צונויפֿגעטריבן אין דער שטעטלדיקער גמינע צום שטעלונג פֿאַר דער אַסענטירונג־קאָמיסיע – האָבן אַלע אין איינעם גיך אַ שווערן הייב געטאָן די אַקסלען, גלייַך ס׳וואָלט זיך פּלוצעם אייַנגעבראָכן אַ סטעליע איבער די קעפּ, און מע וויל זיך באַשיצן קעגן די אַראָפּפֿאַלנדיקע דעמבענע באַלקנס.

באַנומען, האָט מען אָנגעשטעלט די באַטריבטע אויגן, ווי מיד פֿאַרזונקען אין נייַגער פֿון אַ טויב־פֿאַרקלעמטער דערוואַרטונג וואָס האָט טעמפּ געהויערט אין צערייכערטן האַלב טונקל ווי אַ בלייַערנער כמאַרע־קנויל אָנגעדראָלן מיט וויסטן הפֿקר.

וואָס וועט דאָ געשען? ווּעמען האָט עס דער בלינדער גורל שוין אָנגעצייכנט דאָ פֿאַרכאַפּט צו ווערן פֿון עפּעס אַ בייזער צרה, וואָס לאָקערט ווי אַ חיה־רעה צו פֿאַרצוקן דעם קרבן?

פּאַוואָליע און באַדעכטיק, מיט טענצלדיקן שפּאַן, גלייַך ער וואָלט געריטן אויף אַ פֿערדל, גענענטערט דער קאָמאַנדיר צום געזעמל ייִדן. דעם לעדערנעם רייַטבייַטשל האַלט ער נאָכלעסיק צעפּאָכעט, ווי אַ שפּילעכל, מיט צוויי פֿינגער. דאָס האַרטע האָרבערשטל אויפֿן קייַלעכדיקן קאָפּ פֿאַררייַסט נאָך שפּיציקער זייַן קליינע נאָז צווישן די ברייטע, פֿעט געררייטלטע קינבאַקן, און די גערדרייטע געלע וואָנצן זעען אויס ווי קליינע בייַטשלעך. ביז סקריפּעט די צערייצטע הערשער־גאווה פֿון זייַנע גלאַנציקע שטיוול, שפּאַרט זיך מאַכטיק פֿון זייַן ענג אָנגעפּילטן מיליטער־מונדיר מיט די גילדענע שטערן און זילבערנע בענדלעך, אַז אָט, דאַכט זיך, וועלן די מעשענע קנעפּ אַראָפּשפּרינגען פֿון זייַן געפּלאַצטער, ברייטער ברוסט. מיט אַ פֿאַרקרימטער מינע, גלייַך ס׳וואָלט אים נישט גוט געוואָרן, טוט ער זייַטיק אַ בייזן נימאסן שפּייַ:

– פּשיאַ־קרעוו, זשידקי פֿאַרשאָלטענע. אָט דאָס זייַנען זיי די פֿרעמדע, שאַכרייַעס, גנבֿים, ציגייַנער, בלוטזויגער, האָבן זיך ווי די פּעסט אייַנגעפֿרעסן אין אונדזער לאַנד און ווילן פֿאַרקנעכטן דאָס באַפֿרייַטע פּוילן. נאָגן אויס די קריסטלעכע פֿעלקער און קערן איבער די וועלט מיט רעוואָלוציעס, רויבן אָן קאַפּיטאַלן און פֿאַרכאַפּן די וועלטהערשאַפֿט. קאָמוניסטן. באָלשעוויקעס. טראָצקי־בראָנשטיין... ראַדעק־סאָבעלזאָן[1]... בעלאַ קון־קאָהן.[2]

1 קאַרל ראַדעק (סאָבעלזאָן) (1885–1939) – אַ קאָמוניסטישער פּאָליטיקער און זשורנאַליסט.
2 בעלאַ קון (קאָן) (1886–1938) – אַן אונגערישער קאָמוניסט.

פֿון: **די נאַכט און דער טאָג.** ניו־יאָרק: קוואַל, 1961, ז״ז 228–232.

די צרה קאָן אים אַליין אויבעט טרעפֿן. ער איז אַ יחסנדיקער מאַגנאַט, אַ גרויסער פּריץ, אַ רײַכער יורש פֿון די קאַפּוסטיטשינסקעס, אַ גוטבאַזיצער פֿון דערפֿער, פֿעלדער און וועלדער, מיט פֿאַבריקן און גראַלניעס, מיט טויזנטער אַרבעטנדיקע פֿאַראָבקעס און טאָגלוינער. ער לעבט אין פּאַלאַצן, באָדט זיך אין ווילטאָג, פֿאַרשפּילט פֿאַרמעגנס אין קאָרטן; און דאָ קומען פּלוצעם די ייִדן און די קאָמוניסטן און ווילן פֿאַרכאַפּן זײַנע פֿאַרמעגנס, פֿאַרטיילן זײַנע גיטער צו די פּויערים, אָפּגעבן זײַן באַזיץ צו די אַרבעטער און פֿאַראָבקעס, און ער וועט בלײַבן נקי. ער וועט מוזן עוקר זײַן פֿונעם פֿאָטערלאַנד, אַנטלויפֿן מיט די ביינער און ווערן אַ שטיוול־פּוצער אין פּאַריז... אָדער מ׳וועט אים פֿאַרשיקן קיין סיביר צי גאָר צושטעלן צום ווענטל און דערשיסן... דעריבער טאַקע איז ער אײַנגערוקט אין גענעראַל האַלערס[3] לעגיאָן. ער איז אַ פּאָלקאָווניק און פֿירט מלחמה קעגן די שׂונאים פֿון פּוילן, די באָלשעוויקעס און רוטענער. מ׳פֿאַרכאַפּט דאָס לאַנד גאַליציע און אין די פֿאַרנומענע שטעט און שטעטלעך טוען זײַנע זעלנער שלאָגן און הרגענען די קאָמוניסטן און די ייִדן. דער גרימצאָרן ברענט אַצינד מיט פֿאַרביסענער שׂינאה פֿון זײַן גאַנצער קרעפּקע אויסגעסטראָיעטער יונגער געשטאַלט, אַזש ס׳זעצט, דוכט זיך, אַ רויך פֿון זײַן גערייטלט־צעריצטן פּרצוף, און זײַנע ציין זײַנען ווײַס און שאַרף פֿאַרשפּיצט־אַנטבלויזט ווי בײַ אַ וואָלף. נאָר דער קאַלטער רשעבליק פֿון זײַנע פֿאַרשטאַרטע בלאָע אויגן בלײַבט, ווי אַ שפּיז, מוראדיק שטום באַהעפֿט, ווי גיפֿטיק אײַנגעפֿרעסן אויף חנא־איטשע דעם מלמדס גרײַז גראָען באָרדיקן קאָפּ מיט דער שוואַרצער סאַמעטענער יאַרמלקע, ווי אַ צוגעקלעפּט ערדערן שיסעלע.

דער געבויגענער זקן וואָס וואַרט דאָ אויבעט צום שטעלונג האָט שוין עפּעס אַ צרה־פּעקל. די זעלנער האָבן אים געכאַפּט בײַם פֿאַרבאָטענעם מיסחר. ער האָט דערווײַל פֿאַרקויפֿט, אָן אַ שטײַער־צעטל, בייגל און מאָנפּלעצלעך וואָס זײַן שנור ראַצע די בעקערקע באַקט צו פֿאַרקויפֿן אין מאַרק. מ׳האָט בײַ אים אַוועקגענומען ס׳קיישל געבעקס מיט די אָפּגעלייזטע עטלעכע אײַזערנע זעקסער און קופּערנע גרײַצער פֿונעם קניפּל, וואָס ער האָט געהאַט באַהאַלטן אין דער אונטערשטער קעשענע פֿון זײַן געלאַטעטער קאַפּאָטע. ער וואַרט אַצינד אויף זײַן פּסק און די ייִדן מיינען, אַז דער אַלטער וועט זיך דאָ אַוודאי נעמען פֿאַרענטפֿערן און אָפּבעטן בײַם קאָמאַנדיר מיט ווייכע רייד פֿון רחמנות. נאָר זײַן בלייך אויסגעצוימט פֿאַרמעט־פּנים מיט דער שנײ ווײַסער צווייששפּיציקער באָרד איז גאַנץ רויִק און ווי פֿאַרטראָגן אין אַן אַנדערער וועלט. וואָרן כּל־ימיו האָט ער נישט קיין מורא פֿאַר מענטשן, נײַערט פֿאַר גאָט אין הימל טוט ער זיך תּמיד פֿאָרכטן. קלאָר און שאַרף נעמט ער רעדן, זײַטיק געווענדט צו די ייִדן, גלײַך ער וואָלט דעם עלטסטן גאָר נישט באַמערקט, מיט זײַן האַרבן געצויגענעם גמרא־ניגון, וואָס קומט געדעמפּט, ווי עפּעס אַ ווידערקול פֿון אַ שטייניק־פֿאַרבאָרגענעם הייל, שאָטנדיק צעפֿלעמלט מיט הייליקע אָטעמס פֿון וואַקסענע, פֿלעמלדיקע צעטריפֿטע נשמה־ליכט.

3 יאָזעף האַלער (1873–1960) – דער גענעראַל־אינספּעקטאָר פֿון דער פֿרײַוויליקער אַרמיי אין דער פּויליש־סאָוועטישער מלחמה.

– נו, נו, אַ גזירה... אַ ביטערע גזירה, ווי דעמאָלט בשנת ת״ח, אין די פֿינצטערע טעג פֿון דעם חמיל־הרשע,[4] ימח־שמו־וזכרו... ווידער איז היינט אויסגעגאָסן גאָטס צאָרן אויפֿן בית־ישׂראל. ווידער פֿלייצן טייַכן ייִדיש בלוט אונטער דער טויטשווערד פֿונעם ווילדן רוצח. אָך, אָך, אָך – טוט ער אַ טיפֿן גרויליקן זיפֿץ, וואָס שניַידט שאַרף ווי אַ מעסער דאָס האַרץ מיט ברענענדיקן פּיַין – אַז אָך און וויי, גאַנצע קהילות מיט ייִדן שעכט אויס דער בייזער שׂונא. פֿאַראָמען מאַכן זיי, די רוצחים. מאָרדן און הרגענען ייִדן אין די שטעט און שטעטלעך, דאָרט אין דער אוקראַיִנע און אין פּוילן און אויבעט ביַי אונדז דאָ, אין לאַנד גאַליציע. אין לעמבעריק האָבן די רוצחים אונטערגעצונדן די אַלטע שול און פֿאַרברענט די קדושים מיט וויַיבער און קינדער. ווידער טוט זיך אדום באָדן אין אונדזער בלוט און פֿאַרטיליקט דעם זאָמען פֿון אַבֿרהם. אוי, פֿאָטער דערבאַרעמדיקער אין הימל, עד־מתי, ביז וואַנען וועסטו אַזוי שווער פּרוּוון דיַין אויסדערווײלט פֿאָלק? זע, גאָט, דעם גרויסן בראָך פֿון דיַינע פֿאַרוואָגלטע קינדער אין גלות. פֿאַרנעם, באַשעפֿער פֿון דער וועלט, דעם ווייגעשריי פֿון דיַין געטריַיען קנעכט יעקבֿ, וואָס טוט טאָן דיך דינען מיט ליבשאַפֿט און הייליקייט מיט פֿרייד דיַין נאָמען אין אייביקייט. גיס אויס דיַין גרימצאָרן אויפֿן קאָפּ פֿונעם בייזן שׂונא וואָס וויל דיך נישט קענען, שיק גיך און באַלד אין אונדזערע טעג דיַין וואָרהאַפֿטיקן גואַלבטן קעניג און דערלייזער, אָנגעגורט מיט מאַכט און גערעכט פֿון דיַין שטאַרקער האַנט. וואָרן באָו מים עד נפֿש. אוי־וויי, דער זידיקער כּוס פֿון ליַיד און קלאָג איז שוין פֿאַר פֿול. פֿאַר פֿול, פֿאַר פֿול.

דער פֿאָרכטיקער געברום, פֿרום אָנגעזאַפּט מיט הייסע קלאָגטרערן, ריזלט מיט שטילן נאָגנדיקן געפֿלאַטער פֿון דעם זקנס שיף צעעפֿנטע לעפֿצן אין דער וויַיסער באָרד־האָריקייט, ווי אין דער טיפֿעניש פֿון די נעכט, ווען ער ריכט אָפּ חצות, דאָרט אין זיַין געהויקערטן, ליימענעם שטיבל אין אָרעמען שולגעסל, ביַים גערייטלטן ליכטשיַין פֿונעם פֿאַררייכערטן נאַפֿטלעמפּל און ברומט די פֿאַרהווילענע תּפֿילות פֿונעם דיקן, אַלטן סידור, צעקרעכצט, מיט פֿאַרצוואַנגטע אויגן, טיף פֿאַרזונקענע אונטער די געדיכטע וויַיסע ברעמענבונטן, דעם גרויסן צעאַקערטן למדן־שטערן הויך אויסגעוועלבט, איין פֿויסט שטאַרק פֿאַרבײַלט דער־הויבן, ווי אין לאַנג געצויגענעם אחד־געשריי, וואָס עפֿנט די טויערן פֿונעם הימל און פֿאַר־טרויערט די שכינה מיט האַרבן געוויין.

און פֿלוצעם טוט זיך אַצינד אַ דריי, ווי אַ ווירבלווינט, זיַין געבויגענע געשטאַלט און ווערט פֿאַרהילט אין בלייכן וואָלקן פֿון דורותדיקן צער פֿון די חורבנות, אַזוי ווי געוויקלט אין זיַין לאַנגן אַלטן טלית, ווען ער שטייט אַ פֿאַרגליווערטער אין גאָטספֿאָרכט ביַים עמוד אין דער גרויסער שול, יום־הקדוש צו נעילה.

ביַים געזעמל ייִדן זיַינען די פּנימער בלאַס פֿון פּחד, און פֿאַרקלעמט די נשמה מיט שווערן, פֿאָרכטיק־פֿרומען טרויער.

אַ ווילד צעקיַיכטער צאָרן־געשריי טוט ווי אַן אָנגעפֿלויגענער שטורעם־געביל וויסט אַ שמיַיס איבער די קעפּ. ביַי דעם פּוילישן קאָמאַנדיר איז שוין דער קאָפּ רויט אָנגעצונדן

4 באָגדאַן כמעלניצקי.

פֿון גליִענדיקן כּעס. ער הייבט אויף אַ גרייַלעכן געפּילדער און ס׳וואַרפֿט מיט אים ווי אין אַ קדחת, פֿון זידיקער רציחה. ער האָט געהאָרכט דעם זקנס צעברומטע קלאָגרייד און ווי וויל ער פֿאַרשטייט נישט די ייִדישע ווערטער, האָט ער פֿאָרט באַנומען דעם האַרבן מיין פֿון דער פֿרעמדער תּפֿילה, וואָס האָט אויף אים אָנגעיאָגט, ווי אַ קללה, עפּעס אַ טונקעלע שרעק און ס׳נעמט פֿינצטערן אין זייַנע אויגן מיט צעקרימטע פֿאַרפּייַניקטע קלויסטער־הייליקע פֿון שטייניק־באָרדיקע פֿיגורן, געמאָלענע פֿאָנעס מיט ווייַבערישע פּנים־בילדער, פֿאַרטייַעטע אין זיסלעכן נעפּל פֿון געדעמפּעכץ, פֿאַרהוילענע אין פֿייַערלעכן געברויז פֿון אָרגל־געשפּיל און דעמפּע גלאָקנקלענג, פֿאַרזונקענע אין גלחיש־צעפּרעפּלטע בלוט־סודות, מיט פֿרום צעיאָמערטע הושענא־געזאַנגען און געהויבענע צלמים מיטן נאַקעטן צוגענאָגלטן פּייַנגעשטאַלט.

אין דעם אַנטפּלעקטן אָפּגרונט פֿון שׂינאה־נעפּל, צערייכערט מיט בראַנד און אומרו, איז ווי אַ ווייַסער צעפֿלאַטערטער פֿויגל פּלוצעם אָנגעשוועבט אַ גרייַז גראָער האָריקער קאָפּ. אָט דאָס איז ער, דער אייביקער פֿאַרשאָלטענער ייִד פֿונעם פֿינצטערן בלוט־חלום, וואָס האָט געקרייציקט גאָטס זון און קוילעט קריסטקינדער, צאַפּט ס׳בלוט פֿאַר דער מצה אויף פּסח. אָט דאָ שטייט ער, דער שולדיקער זשיד אין דער קאַפּאָטע, מיט דער זילבער־ווייַסער באָרד און פּאות, וואָס וואַנדערט איבער דער וועלט מיט געבויגענעם רוקן, די אויגן גלייביק פֿאַרצוקט ווי צום הימל דערהויבן, אָנגעפֿילט מיט העלן ליכטפֿלאַקער פֿון יושר און צדק.

וואַרפֿן וויל ער זיך אַצינד, דער פּריץ, אויף דעם אַלטן ייִד און דערהרגענען, פֿאַרטיליקן אים פֿונעם פּנים פֿון דער ערד. נאָר ער קאָן זיך נישט רירן פֿונעם אָרט, גלייַך ער וואָלט געליימט געוואָרן אויף אַלע אבֿרים. און חנא־איטשע דער מלמד שטייט פֿאַרהאַקט ווי אַ פֿעלדז פֿון אײַזערנעם עקשנות אין זייַן געבויגענעם נאַקן. מיט שטאַרקן גרימצאָרן, וואָס מאַכט רויט זייַן קאָפּ, פֿילט דער קאָמאַנדיר, אַז ער וועט אָט דעם ייִד קיין מאָל נישט בייַקומען. ער פֿאָכעט און שמייַסט מיטן רייַטבייַטשל אין דער לופֿטן און שרייַט מיט באַנרמענע קולות, מיט לאַנגן, דין געצויגענעם גרייַלעכן קוויטש, ווי אַ חזיר אויף אַ יריד, ווען מע שלעפּט אים די צונג פֿון דעם שנויץ:

– אַ טויט. אַ טויט די ייִדן. שלאָגן. שיסן. אַלע אויסשיסן. ער קייַכט מיט דערוואָרגענעם אָטעם. ער טוט זיך אַ ריס און אַ לאָז, ווי אין פֿאַרכאַפּטן שגעון. נאָר ס׳שיטן זיך אויף אים וואָס מער די באָרדיקע שוואַרצלעכע געשטאַלטן מיט די קאַפּאָטעס, פֿון די שטיבער, פֿון די שולן, פֿון די מערק, ירידים און קרעמלעך, ווי אַ כמאַרע וואָראָנעס, מיט ברענענדיקע אויגן און געשטרעקטע ביינערדיקע הענט צו זייַן גאָרגל. ווי אין בייזן חלום פֿון בלוטרויש נעמט ער זעצן און שפּרינגען, האַקט מיטן קוליק אין אַ וואַנט, שטויסט און פֿאַלט איבער אַ שטרויכלונג און בלייַבט ליגן.

דוד פֿרישמאַן

# דער טאַנץ

מײַן מאַמע האָט עס איבערגענומען פֿון איר מאַמע, איר מאַמע פֿון דער באָבע, די באָבע פֿון דער עלטער־באָבע, אַ דור פֿון אַ דור, אַ דור פֿון אַ דור – און מײַן מאַמע האָט עס איבערגעגעבן מיר.

ווי די ייִדן זענען אַרויס פֿון מצרים, איז געווען צווישן די אַרויסגייער איינער פֿונעם ערבֿ־רבֿ, שיין פֿון געשטאַלט און באַגערלעך פֿון אויסזען, און ער האָט געהייסן פּוט. אַלע ווײַבלעך און אַלע מיידלעך פֿון איין עק מחנה ביז צום אַנדערן עק מחנה האָבן אים געפֿלעגט נאָכקוקן אַ גאַנצן טאָג, און בײַ נאַכט אויפֿן געלעגער האָבן זיי אים געזען אין חלום. צו יענער צײַט האָט אים אויך געזען אַ מיידל פֿונעם הויז גרשום, פֿון דער משפּחה פֿונעם שטאַם מנשה, תּימנע האָט זי געהייסן; דאָס פּנים פֿונעם מיידל איז אין יענער מינוט רויט געוואָרן און פּלוצלינג איז עס געוואָרן בלייך – און זי האָט אים ליב געקריגן.

אין יענע וווּנדערלעכע צײַטן איז דער הימל נאָך געווען נײַ און טויזנט מאָל בלאָער ווי יעצט, און די ערד איז געווען פֿריש און טויזנט מאָל גרינער ווי יעצט, און אויך די ליבע איז געווען נײַ און טויזנט מאָל שטאַרקער ווי יעצט.

און אויך דעם יונגן־מאַן האָט עס געצויגן צום מיידל, און ער איז נאָכגעפֿאָרן נאָך איר געצעלט טאָג־אײַן טאָג־אויס. ווי זי איז געפֿאָרן פֿון רעמסס קיין סוכּות, איז ער איר נאָכגעפֿאָרן שווײַגנדיקערהייט, און ווי זי איז געפֿאָרן פֿון סוכּות קיין איתם, איז ער איר נאָכגעפֿאָרן שווײַגנדיקערהייט, און ווי זי איז געפֿאָרן פֿון איתם קיין פּי־החירות נעבן בעל־צפֿון, איז ער איר נאָכגעפֿאָרן שווײַגנדיקערהייט. ווי אַ שאָטן אויף דער וואַנט איז ער איר אַלע מאָל נאָכגעפֿאָרן. אין פּי־החירות, איין מאָל אין דער פֿרי, איז ער צוגעגאַנגען צו איר, דענסטמאָל ווען די זון האָט בליצנדיק געלויכטן, און האָט איר דערלאַנגט אַ קליין רינגעלע, געמאַכט פֿון ריינעם גינגאָלד, און האָט עס איר אָנגעטאָן אויפֿן פֿינגער; די שטראַלן פֿון דער זון זענען אַראָפּ אויפֿן רינגל, און דאָס רינגל האָט זיך געבאָדן אין ליכט, און עס האָט געפֿינקלט און געלויכטן און עס האָט געבלישטשעט אַרום און אַרום. אין דער דאָזיקער מינוט האָט דער יונגער־מאַן זיך אַראָפּגעבויגן איבער איר און האָט איר אַ לאַנגן קוש געגעבן, און אויך דאָס מיידל האָט אים געקושט – און אירע גרויסע שוואַרצע אויגן זענען געוואָרן נאָך אַ מאָל אַזוי גרויס.

און פֿון פּי־החירות זענען זיי צוזאַמען געצויגן ביז מרה און ביז אילים און ביזן ים־סוף און ביז מידבר־סין. בײַ טאָג האָט די זון געפֿלאַמט ביז צום אומקומען, און זיי האָבן עס נישט באַמערקט, און בײַ נאַכט האָבן זיי געהויערט בײַם טויער פֿונעם געצעלט אויף דער שוועל,

פֿון: **אַלע ווערק**. ב׳ 2. וואַרשע – ניו־יאָרק: פֿאַרלאַג לילי פֿרישמאַן, 1937, ז״ז 7–15.

זײַן לינקע האַנט אונטער איר קאָפּ און זײַן רעכטע אויף איר האַרץ, און זײ האָבן קיין וואָרט נישט גערעדט. – אין מידבר־סין איז פּלוצלינג דער יונגער־מאַן פֿאַרשווונדן געוואָרן און מ׳האָט אים פֿון איין עק מחנה ביז צום אַנדערן עק מחנה נישט מער געזען. פֿיל האָבן גע־זאָגט, אַז ער האָט זי זאַט באַקומען און ער איז אַוועק צוריק קיין מצרים...

אָבער דאָס מײדל האָט עס נישט געגלייבט. אין דער פֿרי איז זי אויפֿגעשטאַנען און האָט אָנגעקוקט דעם רינג – און די גרויסע שוואַרצע אויגן זענען געוואָרן נאָך אַ מאָל אַזוי גרויס; מיטאָגצײַט האָט זי גענומען דעם רינג און האָט אים אָנגעקוקט, און האָט אַלץ געקוקט און געקוקט; בײַ נאַכט האָט זי אים געלייגט אונטער איר קישן און האָט אים געזען אין חלום. ווער עס האָט אַזאַ רינג, דעם ברויכט דאָס האַרץ נישט שווער צו ווערן, און ווער עס האָט געגעבן אַזאַ רינג, דער קען נישט ווערן אומטרײַ. באַלד וועט ער צוריקקערן.

דער יונגער־מאַן איז אָבער נישט צוריקגעקערט. קומענדיק קיין דפֿקה, האָבן זיך די ווײַבלעך און די מײדלעך געסודעט, און האָבן געקוקט אויף איר מיט שפּאָט און מיט גיפֿט. דאָס מײדל האָט עס אָבער נישט באַמערקט. זי האָט דעם רינג. אַלעס איבעריקע אַרט זי נישט. דער רינג האָט אָנגעהויבן צו ווערן אַ וועגווײַזער אין איר לעבן.

אָבער אויך ווען די מחנה איז קיין אָלוש געקומען, איז דער יונגער־מאַן נישט צוריקגע־קערט. אַ לאַנגער קנײטש איז איר אויסגעוואַקסן אויף איר שטערן און האָט אים געטײלט אין צווייען, און די גרויסע אויגן האָבן זיך באַדעקט מיט אַ נעפּל. עס איז אַ שטילע, פֿינצטערע, שווערע טרויעריקייט אַרויסגעשפּראָצט פּלוצלינג פֿון דער ערד און האָט געהויערט אַרום און אַרום. די ווײַבלעך האָבן אויפֿגעהערט שפּאָטן. דאָס מײדל אָבער האָט קיין שום זאַך נישט געטאָן, נאָר זי האָט פֿון מינוט צו מינוט געקוקט אויפֿן רינגעלע פֿונעם פֿינגער; און טייל מאָל האָט זי געלאַכט און טייל מאָל האָט זי געוויינט, טייל מאָל האָבן אירע אויגן געלויכטן און טייל מאָל האָט זי זיך אײַנגעשלאָסן אין איר געצעלט און האָט זיך באַהאַלטן, אַז עס זאָל זי נאָר קיין מענטש נישט זען.

און ווען זיי זענען אָנגעקומען קיין רפֿידים, זענען די טעג געווען אַזוי וויסט און נאָך וויסטער זענען געווען די נעכט – און זי האָט אַלץ געוואַרט און געוואַרט. איין מאָל אין דער פֿרי איז זי אויפֿגעשטאַנען און האָט זיך גענומען דעם קופּערנעם שפּיגל; זי האָט זיך אין אים אָנגעקוקט און האָט דערזען, אַז בײַ דער שלייף אין דער הייך איז איר אַ גראָע האָר אַרויסגעשפּראָצט – און זי האָט די האָר אויסגעריסן מיט די פֿינגער. די מײדלעך און די ווײַבלעך האָבן זיך יעצט געשאַרט אַרום איר און האָבן ווייך צו איר גערעדט – זי אָבער האָט עס כּמעט נישט געהערט. זי האָט נאָר איר פֿינגערל מיט איר גאַנצער קראַפֿט געהאַלטן און האָט עס צוגעפּרעסט צום פֿינגער, און אָפֿט האָט זי געוווּסט, אַז עס איז דאָס פֿינגערל, און אָפֿט האָט זי געמיינט, אַז נישט דאָס פֿינגערל איז עס, נאָר דער יונגער־מאַן, און זי פּרעסט אים צו זיך. אָפֿט אָבער האָבן זיך איר די געדאַנקען פֿאַרמישט, און זי האָט גאָרנישט מער געטראַכט.

אַזוי זענען זיי געקומען קיין מידבר־סין. דאָס מײדל האָט דאָס רינגעלע פֿון טאָג צו טאָג פֿעסטער צוגעפּרעסט צום פֿינגער. דאָס רינגעלע איז איר געוואָרן אַ צווייטע נשמה,

אָן וועלכער איר גאַנץ לעבן הענגט. אַלע אירע ווונטשן און אַלע אירע חלומות האָבן זיך פֿאַרקערפּערט אין דעם דאָזיקן רינגעלע. וואָס איר איז געשען און וואָס עס וועט נאָך געשען מיט איר, אַלץ האָט זי צונויפֿגעשמאָלצן מיט דעם רינג. אַזוי לאַנג ווי זי וועט דעם דאָזיקן רינג האָבן, מעג זי האָפֿן – און האָפֿן האָט זי געוואָלט.

און אין מידבר־סין האָבן זיך דערווײַל גרויסע גוואַלדיקע געשעענישן אָפּגעשפּילט. אַ גאָט האָט דאָס פֿאָלק פֿאַרלאַנגט, און זען זאָל מען אים קענען און אָנטאָפּן מיט דער האַנט זאָל מען אים קענען צו יעדער מינוט. און דאָס פֿאָלק האָט זיך פֿאַרזאַמלט אַרום דעם כּהן־גדול און האָט געגוואַלדעוועט און האָט געשריגן: שטיי אויף און מאַך אונדז אַ גאָט! מיר וועלן נישט אָפּטרעטן ביז דו וועסט אונדז נישט האָבן געמאַכט אַ גאָט! – און דער כּהן האָט אויפֿגעהויבן די אויגן אין דער הייך און האָט זיי אַראָפּגעלאָזט ווידער צו דער ערד און האָט אַ קרעכץ געגעבן און האָט גועזאָגט:

– מאָרגן וועל איך אײַך מאַכן אַ גאָט. זאָל נאָר יעדער פֿון אײַך געבן אַ קשיטה[1] אָדער אַ נאָזרינג אָדער אַ האַנטרינג אָדער גלאַט אַ ווערטזאַך פֿון גאָלד, וועל איך פֿון דעם דאָזיקן גאָלד אײַך מאַכן אַ גאָט!

צו מאָרגנס אין דער פֿרי האָט דער טאָג געברענט ווי אַ קאַלכאויוון. פֿונעם טויער פֿון כּהן־גדולס געצעלט איז אַרויס אַ נײַער גרויסער וואָגן, אײַנגעשפּאַנט צו צוויי רויטע אָקסן, און דער וואָגן איז געווען אָפּגעגילט אין די זײַטן און האָט געפֿינקלט און געבלישטשעט ווי ער האָט זיך געקערט, און די הערנער פֿון די אָקסן זענען געווען באַדעקט מיט פֿינקלדיקן גאָלד, און רויטע און בלאָע בענדער זענען געווען צוגעבונדן צו די הערנער און האָבן אַרומ־געפֿלאַטערט אין דער לופֿט. אויף די רוקנס פֿון די אָקסן זענען געלעגן אויסגעשפּרייט בלאָע גאָלדגעשטיקטע דעקן, און פֿון ביידע זײַטן וואָגן זענען געגאַנגען צוויי כּוהנים, פֿון יעדער זײַט איינער, אָנגעטאָן אין זײַדענע העמדלעך מיט אַן אפֿוד און מיט אַ חושן און אין די הענט שופֿרות, און די מילגרוימענע גלעקלעך בײַם זוים פֿון זייערע קליידער האָבן געקלימפּערט בײַ זייער גיין. פּאַמעלעך האָבן זיך באַוועגט די אין דעם וואָגן אײַנגעשפּאַנטע אָקסן, און ווי דער וואָגן האָט זיך באַוועגט, האָבן די כּוהנים געבלאָזן מיט די שופֿרות, און ווי עס האָט זיך געהערט דאָס קול פֿון די שופֿרות, איז דאָס פֿאָלק אַרויס פֿון די געצעלטן, און יעדער איז אַרויס מיט זײַן ווײַב און זײַנע זין און זײַנע טעכטער און זיי האָבן זיך אַוועקגעשטעלט יעדער פֿאַר זײַן געצעלט. אַזוי איז דער וואָגן דורכגעפֿאָרן די גאַנצע מחנה, פֿון איין עק ביז צום אַנדערן עק, פֿאַר יעדן געצעלט, און די מענער און די ווײַבער, אַלט און יונג, אָרעם און רײַך, האָבן אַרײַנגעוואָרפֿן יעדער עפּעס אַ גאָלדזאַך אין דעם וואָגן, אַ נדבֿה, פֿון וועל־כער עס זאָל געמאַכט ווערן דער גאָט. עס איז אינעם גאַנצן גבֿול נישט איבערגעבליבן קיין איין איינציקער, סײַ מאַנצביל סײַ פֿרוי, וואָס זאָל נישט האָבן געגעבן זײַן טייל. די מאַנצ־בילן האָבן געגעבן קשיטות און גאָלדקייטעלעך און הונדערט אַנדערע גאָלדזאַכן און די פֿרויען האָבן אַראָפּגענומען פֿון זיך די אוירינגען און די נאָזרינגען און די האַנטרינגען און די

1 אַ מטבע (בראשית לג, יט).

אָרעמבענדער און די האַלדזבענדער און די בראָשקעס און האָבן דאָס אַלעס אַרײַנגעוואָרפֿן אינעם וואָגן. אָרעם און רײַך האָבן געגעבן – דען יעדער האָט געוואָלט האָבן אַ חלק אין גאָט. ווי אַ שיכּרות האָט עס געהאַט אַרומגענומען דעם גאַנצן עולם. אויף די שוועלן פֿון די געצעלטן און אין די פֿענצטער און אויף די דעכער־גאַנעקעס איז דאָס פֿאָלק געשטאַנען און האָט אָפּגעוואַרט דעם וואָגן, און גאָלדענע לײַכטערס און גאָלדענע פֿאַנען און גאָלדענע רערן און גאָלדענע שיסלען זענען געפֿלויגן פֿון אַלע זײַטן אין דעם וואָגן אַרײַן, און גאָלדענע בעכערס און גאָלדענע פֿאַמיליען־הערבן; און עפּעס אַ רײַכע דאַמע האָט זיך געאײַלט און האָט געכאַפּט דאָס גאָלדענע פֿײַפֿל, מיט וועלכן איר קראַנק קינד בײַ דער ברוסט האָט זיך געשפּילט, און האָט עס אַרײַנגעשלײַדערט אינעם וואָגן. דער וואָגן איז געוואָרן אָנגעלאָדן מיט גאָלד און איבערגעפֿולט ביז אַרויף און האָט זיך קוים נאָך געקענט רירן פֿון אָרט – און דאָס פֿאָלק האָט אַלץ נאָך נישט אויפֿגעהערט צו וואַרפֿן.

אַזוי האָט דער וואָגן זיך צוגעשלעפּט אויך ביז צום טויער פֿון תּימנעס געצעלט.

און תּימנע שטייט פֿאַר דער טיר מיטן רינגעלע אויפֿן פֿינגער. ניין! אַלץ אין דער וועלט וועט זי געבן, נאָר נישט דאָס דאָזיקע רינגעלע. איר גאַנץ לעבן איז דאָך אײַנגעשמאָלצן אין דעם דאָזיקן רינגעלע, אַלץ וואָס זי האָט און אַלץ וואָס זי האָט געהאַט. דאָס רינגעלע וועט זי נישט געבן, נישט געבן! נישט געבן! – און דער וואָגן קומט אַלץ נעענטער און נעענטער, און פֿון די דעכער און פֿון די פֿענצטער און פֿון די גאַנעקעס אַראָפּ וואַרפֿן אירע שכנטעס, יעדע וואָס זי האָט. פֿונעם גאַנעק נעבן איר פֿליט גראָד אַ גאָלדענער נאָזרינג פֿאַרבײַ פֿאַר אירע אויגן און זינקט און ווערט באַגראָבן אינעם גאָלדבאַרג – אינעם וואָגן; און אָט פֿליט אויך אַ גאָלדענער בעכער, און אָט־אָט אויך אַ גרויסע גאָלדענע שיסל. עפּעס ווי אַ שיכּרות האָט עס אַרומגענומען די גאַנצע מחנה, מאַנצביל און פֿרוי, יונג און אַלט, אָרעם און רײַך, און אײנער האָט זיך אָנגעשטעקט פֿונעם צווייטן. אין דער דאָזיקער מינוט איז דער וואָגן צוגעקומען האַרט פֿאַרן געצעלט, און די כּוהנים בלאָזן און די אָקסן בלעקענען און די גלעקלעך קלימפּערן, און תּימנע שטייט האַרט נעבן וואָגן. אַ שרעק איז פּלוצלינג אָנגעפֿאַלן אויף איר, און זי האָט אַליין נישט געוווּסט פֿאַר וואָס. מיטן פֿינגער פֿון דער רעכטער האַנט האָט זי אַראָפּגעצויגן דאָס רינגעלע פֿונעם פֿינגער פֿון דער לינקער האַנט און האָט עס צוריק אַרויפֿגעצויגן, אַהין און צוריק, אַהין און צוריק, ווי זיך שפּילנדיק דערמיט און אַליין נישט וויסנדיק וואָס זי טוט, און פּלוצלינג האָט זיך דאָס רינגעלע אַראָפּגעגליטשט פֿונעם פֿינגער און אַ מינוט שפּעטער איז עס שוין געלעגן אין דעם גרויסן גאָלדבאַרג, אינעם וואָגן. אין דער דאָזיקער מינוט האָט זי געפֿילט, אַז עפּעס האָט זיך אַ רוק געגעבן אין איר האַרץ און עס האָט זיך וואָס איבערגעריסן דאָרט און איר האַרץ איז פּלוצלינג געוואָרן ליידיק. פּלוצלינג איז דער וואָגן פֿאַרשוווּנדן געוואָרן און אַלע מענטשן און אַלץ אַרום און אַרום, און די זון איז אויסגעלאָשן געוואָרן אויף אַ מינוט לאַנג. אַ מינוט שפּעטער האָט זי ווידער דערזען דעם וואָגן – און נאָר אַרום און אַרום איז געבליבן פֿינצטער. אין דער דאָזיקער מינוט האָט דאָס מיידל פּלוצלינג אויף קלאָר געוווּסט, אַז איר אויסדערוויילטער וועט שוין קיין מאָל צו איר נישט צוריקקומען און אַז פֿאַר אירט וועגן איז ער שוין געשטאָרבן אויף אייביק.

און דער וואָגן איז פּאַמעלעך זיך ווײַטער געפֿאָרן און האָט צונויפֿגעקליבן דעם רעשט, וואָס דאָס פֿאָלק האָט נאָך געהאַט צו געבן, און אַזוי איז ער אָנגעקומען ביז צום עק פֿון דער מחנה.

אַ טאָג דערויף איז געווען אַ גרויסער יום־טובֿ אין דער מחנה. דער כּהן־גדול האָט גענומען דאָס גאַנצע גאָלד, וואָס דער וואָגן האָט געבראַכט, און האָט עס אַרײַנגעוואָרפֿן אין פֿײַער, און דאַן האָט ער גענומען אַ פֿאָרעם און האָט מיט אַ צירקל דעם גאָס אַזוי לאַנג געפֿורעמט, ביז עס איז אַרויסגעקומען אַ גאָלדן קאַלב – אַ גאָט. און דאָס פֿאָלק האָט דערזען דעם גאָט, און האָט געשאַלט פֿאַר פֿרייד, דאַן האָט דער כּהן געבויט אַ מזבח און האָט מקריבֿ געווען די עולות און האָט דערנענטערט די שלמים[2] וואָס דאָס פֿאָלק האָט געבראַכט. און די פֿרייד איז געווען גרויס. און דאָס פֿאָלק האָט זיך אַוועקגעזעצט עסן און טרינקען, און דאַן איז עס אויפֿגעשטאַנען שפּילן, און עס זענען אַרויסגעגאַנגען די ווײַבלעך און אַלע מיידלעך, און די מאַנצבילן האָבן געפּײַפֿט אויף די פֿײַפֿלעך און געקלאַפּט אין די פּויקן, און די פֿרויען האָבן זיך דערלאַנגט די הענט, איינע דער אַנדערער, און האָבן אַרומגערינגלט דאָס קאַלב און האָבן אָנגעהויבן טאַנצן.

און פּלוצלינג האָבן אַלע זיך אָפּגערוקט און האָבן אַן אָרט געמאַכט: עס האָט זיך אַ מיידל באַוויזן פּלוצלינג צווישן די טענצערינס, און זי טאַנצט עפּעס אַזוי ווונדערלעך, ווי עס האָט נאָך קיינע נישט געטאַנצט. אָט באַוועגט זי די פֿיס און אָט דעם קאָפּ און אָט די שענק־לען, איין מאָל אַרויף און איין מאָל אַראָפּ, איין מאָל הינטערווײַלעכץ און איין מאָל נאָך פֿאָרנט, איין מאָל טויט שטיל און איין מאָל ווילד, אַז אַ שרעק פֿאַלט אָן אויף אַלעמען און די האָר שטעלן זיך קאַפּויער. איז דאָס נישט תּימנע, פֿונעם הויז גרשום פֿון דער משפּחה פֿונעם שטאַם מנשה?

יעצט טאַנצט זי שטיל און פּאַמעלעך און רויִק – און עס גרינט און בליט אַרום און אַרום און עס שײַנען די ערשטע טעג פֿון איר האָפֿענונג. עס בליט און גרינט אויף דער ערד און עס בליט און גרינט אין איר האַרץ, און לאַנגזאַם בייגט זי דעם קאָפּ נאָך פֿאָרנט, און דאָס פּנים און די אויגן לײַכטן, און דער ערשטער קוש איז געגעבן...

פּלוצלינג וואַרפֿט זי און שלענגלט זי און רינגלט זי זיך ווי אַ שלאַנג – און דער ערשטער שמערץ איז דאָ, און דער ווינט האָט געבלאָזן אויף די בלומען און אויף איר האַרץ און אַ פֿראָסט און אַ פֿורכט איז געפֿאַלן...

אין אַ מינוט שפּעטער טופּעט זי אויף די שפּיץ פֿינגער, און זי ווערט העכער און גרע־סער, טופּ־טופּ, טופּ־טופּ: זי האָט נאָך דעם רינג, זי האָט נאָך דעם רינג! איר גאַנץ לעבן און איר גאַנצע נשמה, צוזאַמען מיט איר אויסדערווײלטן, שטעקן אין דעם דאָזיקן רינג און דאָס אַלץ איז נאָר איינס!

2 שלמים (העברעיִש) – אַ פֿרידאָפּער.

און ווידער שלעפּט זי זיך שווער, און אָפּגעשטאָרבן זענען אירע גלידער און די מוסקלען זענען פֿאַרשטיינערט – און די האָפֿענונג ווערט אַזוי שוואַך און זי צערינט און זי שטאַרבט אָפּ, און קוים נאָך וואָס עס הערט זיך: אפֿשר, אפֿשר, אפֿשר...

און פּלוצלינג שטורעמט זי פֿונעם אָרט און דער קאָפּ איז הויך צוריקגעוואָרפֿן: דעם וועט זי נישט געבן! נישט געבן! און זאָל דאָ קומען וואָס עס וויל!

און נאָך אַ מינוט און זי נעמט מיט איין לויף אַ ראָד אַרום דעם קאַלב און זי דרייט זיך ווילד ווי אַ קרייַזל אינעם ווינט און – איר גאַנצן רעשט האָט זי אַרייַנגעגאָסן אין דעם דאָזיקן גאָט! איר איינציקן האָט זי אים אַוועקגעגעבן! און יעצט שטעקט ער דאָרט!

און זי טאַנצט שטורמיש און ווילד, די פֿיס באַרירן כּמעט נישט די ערד, און אַ מינוט איז זי נאָענט צו דער זון און אַ מינוט איז זי ווייַט פֿון איר – און דער שמערץ האָט אויפֿגעהערט און איז צעגאַנגען און צעפֿלאָסן. זי האָט אין זיך נישט קיין נשמה, נאָר אַ דערוויילטן, און נישט דער דערוויילטער איז עס, נאָר אַ רינג, און נישט דער רינג, און נאָר איר לעבן איז עס – און זי טאַנצט ווילד און שטורמיש. יעצט איז עס אויך נישט מער איר לעבן, נאָר אַ גאָט איז עס – און דאָס אַלץ האָט זיך צונויפֿגעגאָסן אין איינס, און זי ווייסט עס נישט מער פֿונאַנדערצוהאַלטן. און די נשמה איז אַרייַן אין איר דערוויילטן, און דער דערוויילטער איז אין רינג, און דער רינג האָט זיך פֿאַרוואַנדלט און איז איר געוואָרן דאָס לעבן, און דאָס לעבן האָט פּלוצלינג אויפֿגעהערט און עס איז געוואָרן אַ גאָט.

און דער טאַנץ ווערט אַלץ שטאַרקער, אַלץ ווילדער. דער שמערץ האָט אין גאַנצן שוין אויפֿגעהערט און עס איז נאָר אַ גאָט פֿאַראַנען. עס איז נישט מער איר שמערץ, עס איז דער שמערץ פֿון אַלעמען. גאָט האָט אים איבערגענומען, און עס איז דער גאָט פֿון אַלעמען. און דער טאַנץ ווערט אַלץ שטאַרקער, אַלץ ווילדער, און די שטורמישקייט ווערט גרעסער און די ווילדקייט ווערט שרעקלעכער – און אַ שרעק פֿאַלט אָן אויפֿן גאַנצן פֿאָלק אַרום און אַרום, און יעדער וואַרפֿט אַוועק פֿון זיך זייַן פֿויק און זייַן פֿייַפֿל, און אַלץ בלייַבט שטיין ווי פֿאַרגליווערט, און פּלוצלינג אַנטלויפֿן אַלע ווייַט, ווייַט...

און זי טאַנצט אַלץ ווייַטער אָן סוף, אָן גרענעץ, אָן אויפֿהער. אויף אירע ליפּן באַווייַזט זיך אַ ווייַסער שוים און די גלידער זענען ווי נישט מער אייַנצוהאַלטן, און פּלוצלינג פֿאַלט זי אַנידער.

וווען מ׳האָט זי אויפֿגעהויבן, איז זי געווען טויט.

דוד פֿרישמאַן

# וועגן איין איינציק פּינטעלע

וואָס אַ פּינטעלע קען אַלץ אָנמאַכן אין לעבן! אַ רבין האָב איך געהאַט, ר׳ משה־ברוך דער בעל־מדקדק. אָנגעהויבן האָט ער מיט אַ פּינטעלע – און געענדיקט אין סיביריען. און פֿאָרט איז דאָס געווען איינער פֿון די אָרנטלעכסטע, בעסטע, פֿייַנסטע מענטשן פֿון דער וועלט.

מיינט איר דאָך אַוודאי: עפּעס אַ פּאָליטישער פֿאַרברעכער. פֿאַר אַ פּאָליטישן פֿאַר־ברעכן איז דאָך נישט שייך צו זאָגן; עס קאָן אַ מאָל אויך דער אָרנטלעכסטער, בעסטער, פֿייַנסטער מענטש אַרייַנפֿאַלן אין די דאָזיקע מעשׂיות. זאָג איך אייַך: ניין, עס הייבט זיך אַפֿילו נישט אָן! אַ מלמד איז עס געווען, וואָס עס איז אים נישט געלעגן קיין ,הוריות׳ אין קאָפּ. זייַן זיבעטע דאגה איז עס, אויב די וועלט פֿירט זיך אַזוי אָדער אַזוי. ער האָט זיך געהאַט זייַן וועלטל, און דאָס דאָזיקע וועלטל איז באַשטאַנען אין דיקדוק. אַ שְׁוָא[1] נָע מיט אַ שְׁוָא נָח מיט אַ דגש, דאָס איז געווען אַלץ וואָס האָט באַשעפֿטיקט זייַנע גאַנצע מוחות. און אָט טאַקע דער דאָזיקער דיקדוק איז עס, וועלכער האָט אים צום סוף געבראַכט קיין סיביריען. אַ קליין פּינטעלע איז עס געווען, אַ דגש הייסט עס; און נאָך דערצו וואָס פֿאַר אַ דגש! נישט ס׳מאָל אַ ריכטיקער, נאָר איינער וואָס האָט זיך געמאַכט על־פּי טעות, און אַפֿילו נישט קיין מענטש האָט אים געהאַט געמאַכט...

ווער עס האָט מייַן רבין דעם מדקדק נישט געזען, האָט אַזוי לאַנג ווי ער לעבט נישט געזען, וואָס עס הייסט אַ מדקדק. על־פּי דיקדוק האָט ער געפּלעגט עסן און על־פּי דיקדוק האָט ער געפּלעגט טרינקען, על־פּי דיקדוק – זייַן ווייַב, די רביצין, דורכצוקלאַפּן און על־פּי דיקדוק – צו גיין שלאָפֿן; דער דיקדוק האָט אים אויסגעפּילט זייַנע מוחות בייַ טאָג און זייַנע חלומות בייַ נאַכט. איין מאָל אין חלום האָט ער געזען אַ דגש רייַטנדיק אויף אַן אייזל און אין מויל האַלטנדיק דעם שופֿר של משיח. און אויך דאָס אויסזען פֿון מייַן רבין איז געווען ווי אַ שטיק דיקדוק: דער קאָפּ איבער די צוויי אויסגעקרומטע פּלייצעס האָט אויסגעזען ווי אַ חולם איבער אַן עין, די וואָנצעס אונטער דער נאָז – ווי אַ פּתח אונטער אַ וואָוו, די נאָז מיט די אויגן – ווי אַ סגול אונטערן שטערן; די נאָז איז געווען געקרומט ווי אַ זיין, די צוויי נאָזלעכער פֿון אונטן – ווי אַ צירי, די באָרד מיט די דרייַ שפּיצן, איינער לענגער פֿאַרן אַנ־דערן, האָט אויסגעזען ווי אַ שורק, און ער אַליין, ר׳ משה־ברוך, איז געווען אַ קליין, רונדיק מענטשעלע, און האָט מען אים געזען פֿון ווייַטן גייענדיק, האָט זיך איינעם געקאָנט דאַכטן, אַז אַ דגש קייַקלט זיך איבער דער ערד.

1 העברעיִש – שווא.

פֿון: אַלע ווערק. ב׳ 2. וואַרשע – ניו־יאָרק: פֿאַרלאַג לילי פֿרישמאַן, 1937, ז״ז 184–189.

און אַ בייזער איז ר׳ משה־ברוך געווען; אַ גוטער מענטש אַפֿילו פֿון דער נאַטור, נאָר אַ כּעסן. האָט אַ חדר־ייִנגל אַרויסגערעדט אַ וואָרט נישט אַזוי ריכטיק על־פּי דיקדוק, האָט ער אים געקענט מכבד זײַן, אַז יענער זאָל שוין געדענקען כּל־ימיו; האָט אַ פֿליג עפּעס אַ נקודה אָנגעמאַכט אויף אַ ספֿר, גראָד אין אַן אות אַרײַן, האָט ר׳ משה־ברוך געקענט זײַן כּעס אויסלאָזן נישט נאָר צו אַלע פֿליגן, נאָר אַפֿילו צו דער קאַץ און צו אַלע אין דער שטוב; האָט איינער למשל צו אים געזאָגט „שַׁבָּת נַחְ־מוּ“ אַנשטאָט „שַׁבַּת נַ־חֲמוּ“, האָט ר׳ משה־ברוך געקענט אים פֿון שטוב אַרויסטרײַבן. אַפֿילו זײַן ווײַב, די רביצין, האָט זיך נישט געוואַגט צו אים צוצוגיין, ביז זי האָט נישט גוט זיך מכין געווען. אַ מאָל בײַ מיטאָג האָט זי זיך אַרויסגעכאַפּט מיט אַ וואָרט, אַז איר מומע שפּרינצע „עליו השלום“ האָט געטאָן אַזוי און אַזוי, און האָט פֿאַרגעסן, אַז עס קומט צו זאָגן „ע ל י ה  ה ש ל ו ם“, – דאָ איז ער אויפֿגעשטאַנען, האָט איר דערלאַנגט אַ שטופּ, אַז זי איז נעבעך געפֿאַלן, האָט געכאַפּט די שיסל מיט די קאַרטאָפֿליעס און האָט זי אַ שלײַדער געגעבן אויף דער ערד, האָט אַלע כּלים פֿונעם טיש אויף פּיצלעך צעבראָכן און האָט אָנגעמאַכט אין שטוב אַ רעכט פֿײַנעם פּאָגראָם. אויך מיט זײַן ערשט ווײַב, בשעת זי איז אַ מאָל געלעגן אין קימפּעט, האָט זיך אים געטראָפֿן אַ מעשׂה־נורא: זי איז נעבעך געלעגן אין קדחת, וועלכעס האָט געברענט אין איר ווי אַ העליש פֿײַער, און מיט אַ שוואַכער שטימע האָט זי אים גערופֿן: „משה־בּרוּך!“ – און דאָ האָט ער אַ געשריי געגעבן: „אַרורה! ווייסטו דען נאָך אַלץ נישט, אַז עס קומט צו זאָגן משה־בָּרוּך, דעם בית אָן אַ דגש?...“ און זי האָט זיך נעבעך אַזוי שטאַרק דערשראָקן, אַז צום אָוונט איז זי געשטאָרבן...

און אָט דער מענטש, וועלכער איז געווען אייגנטלעך גוט און פֿײַן און אָרנטלעך, האָט נעבעך אַ סוף אײַנגענומען, ווי איך ווינטש עס נישט דעם ערגסטן. ער איז איבער אַ פּינטעלע פֿאַרשיקט געוואָרן קיין סיביריען.

געווען איז עס תּמוז־צײַט. די היץ אויף דער גאַס איז געגאַנגען פֿון מינוט צו מינוט וואָס שטאַרקער, און נאָר מינוטנווײַז האָט אַרײַנגעבלאָזן עפּעס אַ ווינטעלע דורך דעם אָפֿענעם פֿענצטער. מיר אַלע, די תּלמידים, זענען געזעסן אַרום דעם טיש און האָבן געלערנט. אַ הון האָט זיך אַרומגעדרייט איבער דער שטוב און האָט געקוואָקעט. אויבן אָן בײַם טיש איז געזעסן ר׳ משה־ברוך, און זײַנע ביידע אויגן האָבן געלויכטן ווי צוויי דגשים. די קאַפּאָטע האָט ער געהאַט אַראָפּגעוואָרפֿן פֿון זיך, און ער איז געזעסן אין די ווײַסע ברייטע אַרבל פֿון העמד, פֿון וועלכע עס האָבן אַרויסגעקוקט די באַהאָרטע הענט. געהאַלטן האָבן מיר אין ספֿר „בראשית“ בײַ דער פּרשה „תּולדות“; דען מיר האָבן נישט געפֿלעגט צו לערנען סדרות לויט דער וואָך, נאָר כּסדר האָבן מיר געלערנט דעם גאַנצן חומש. נאָך דעם לערנען האָט ער אונדז געהייסן, מיר זאָלן יעדער אין דער היים די פּרשה דורכגיין און יעדעס וואָרט באַזונדער לויט דיקדוק פֿונאַנדערנעמען, פֿון וואָס פֿאַר אַ ,בנין׳, פֿון וואָס פֿאַר אַ ,זמן׳ עס איז וכדומה.

צו מאָרגנס האָט יעדער פֿון אונדז זײַן לעקציע מיטגעבראַכט בכּתבֿ. זלמן פּושקע איז געווען דער ערשטער, וואָס איז פֿאַרהערט געוואָרן, און איז אַרויס בשלום. דער צווייטער איז

געווען מענדל קוואָקע, און אויך בײַ אים איז אַלץ אַריבער בשלום. דער דריטער איז געווען פֿײַטל קאָלטען. ר׳ משה־ברוך האָט איבערגעלייענט זײַן לעקציע אין דער הויך, גאַנץ בנעי־מותדיק, וואָס מלעיל – מלעיל – און וואָס מלרע –מלרע, און האָט אָנגעקוואָלן לייענענדיק. פלוצלינג איז זײַן פּנים פֿינצטער געוואָרן און זײַן שטימע האָט זיך איבערגעביטן:

– „הַבְּרָכָה (הַבְרָכָה) אַחַת הִיא לְךָ, אָבִי"[2], – האָט ר׳ משה־ברוך אַראָפּגעלייענט פֿונעם פּאַפּיר און זײַן שטימע האָט מבֿשׂר געווען נישט גוטס, – האָסטו דאָס געשריבן, פֿײַטל?

פֿײַטל איז געשטאַנען און געציטערט. קוים צום הערן האָט ער געענטפֿערט עפּעס אַ מין וואָרט, וואָס האָט געזאָלט הייסן: יאָ.

– און וואָס באַטײַט דער דגש אינעם וואָרט ,הברכה׳? – האָט ר׳ משה־ברוך ווײַטער געדונערט.

דאָס מאָל האָט דאָס ייִנגל גאָרנישט געענטפֿערט און נאָר זײַן גוף האָט געציטערט.

– ענטפֿערן וועסטו, פֿײַטל! איז דער הא פֿונעם וואָרט ,הברכה׳ אַ הא־הידיעה אָדער אַ הא־השאלה? וועסטו אויפֿמאַכן דײַן פּיסק? וועסטו ענטפֿערן?

– אַ הא־השאלה! – האָט דאָס קינד געענטפֿערט און די ווערטער האָבן אים געשטיקט אינעם האַלדז.

– ווי אַזוי זשע קומט אַרײַן אַ דגש אין דעם בית פֿון ,הברכה׳? – האָט ר׳ משה־ברוך געשריגן.

פֿײַטל האָט אַ מינוט לאַנג נישט געענטפֿערט. פּלוצלינג אָבער האָט ער אַ געשריי געגעבן, ווי איינער וואָס האָט זיך פּלוצלינג עטוואָס דערמאָנט:

– אין דעם בית איז דאָך גאָר קיין דגש נישט פֿאַראַן!... אַזוי זאָל דער טאַטע און די מאַמע לעבן! איך האָב דאָס דאָזיקע פּינטעלע נישט געמאַכט...

די ווערטער האָבן געקלונגען ווי ווען ער זאָל זאָגן: איך האָב דאָס דאָזיקע בלוט נישט פֿאַרגאָסן...

– געמאַכט און נאָך לייקענען דערצו? – האָט ר׳ משה־ברוך געשריגן אויף זײַן העכסטן קול און די אויגן זענען אים אונטערגעלאָפֿן מיט בלוט.

די ווערטער האָבן געקלונגען מיט דעם ניגון פֿון פּסוק: גערצחנט און נאָך ירשענען דערצו?[3]

דאָס אומגליקלעכע קינד איז געשטאַנען ווי פֿאַרשטיינערט, און נאָר די ציין האָבן אים געקלאַפּערט.

– נאַ, דאָ האָסטו אַ פּינטעלע, דו ממזר־בן־הנידה! – האָט דער מדקדק אויסגערופֿן און האָט דעם ייִנגל דערלאַנגט אַ פּאַטש איבערן קאָפּ – נאָר איין אייציקן פּאַטש.

דאָס קינד איז אַנידערגעפֿאַלן אויף דער ערד און איז געבליבן ליגן נעבן טיש, דעם רעכטן פֿוס אויסגעצויגן.

עטלעכע מינוט האָט מען געוואַרט. ווי מ׳האָט געזען ווי דער בחור שטייט נישט אויף,

2 בראשית כז, לח „איז דאָס די אייציקע ברכה בײַ דיר, מײַן פֿאָטער?" (איבערגעזעצט פֿון יהואש).
3 מלכים א׳ כא, יט.

האָט מען אָנגעהויבן אים טאָרקען בײַ דער האַנט אַהין און אַהער. פֿלוצלינג האָט עמעצער דערקענט, אַז דאָס קינד ליגט אין חלשות. אַ בהלה, אַ געפּילדער, אַ גערעש איז געוואָרן. אַ גרויס געוואַלד האָט זיך געהערט אין דער גאַנצער שטוב.

און דאָס געוואַלד האָט זיך באַלד געהערט אין גאַנצן הויז און פֿון דאָרט איז עס געקר־מען אין גאַס אַרײַן און האָט זיך פֿאַרשפּרייט ביז צום מאַרקפּלאַץ.

אינעם ווײַסן הויז פֿונעם אַפּטייקער זענען גראָד געזעסן אונטן אין דער ווײַנשטוב דער לערער און דער סליעדאָוואַטעל און דער דאָקטער און דער אַפּטייקער און האָבן געשפּילט אַ טור ווינט[4]. דער סליעדאָוואַטעל שפּילנדיק מיט זײַן פּאַרטנער דעם לערער האָט גראָד געהאַט אָנגעזאָגט אַ קליינעם „שלעם בעז קאָזעריי“[5] און איז געבליבן „בעז דוווּך“[6] – פּלוצ־לינג האָבן זיי געהערט דאָס געוואַלד און זענען אַלע אַרויס אויף דער גאַס. דער דאָקטער איז צוגעלאָפֿן ביז ר׳ משה־ברוכס חדר, איז אַרײַן און האָט אָנגעהויבן זיך מתעסק זײַן מיט דעם קינד. דאָס אומגליק, האָבן אַלע געזאָגט, איז געווען, וואָס קיין בלוט האָט זיך נישט געוויזן; ווען עס ווײַזט זיך בלוט, וואָלט אפֿשר גאָר נישט אַזוי שלעכט זײַן. מ׳האָט דאָס קינד אַוועקגעטראָגן אַהיים צו זײַנע עלטערן.

אַקעגן אָוונט איז דאָס גאַנצע שטעטל געווען אויפֿגערודערט. פֿײַטל איז געשטאָרבן, און דאָס גאַנצע שטעטל האָט גערעדט פֿונעם רוצח.

און בשעת ר׳ משה־ברוך איז אַ טאָג דערויף געזעסן פֿאַרשפּאַרט אין דער היים, אַז קיין מענטש זאָל אים נישט זען, און האָט אַרומגעגראַבלט אין די פּאַפּירן פֿון די פֿאַרשידענע לעקציעס און האָט געמאַכט די אַנטדעקונג, אַז דאָס פּינטעלע אין דעם וואָרט „הברכה׳ איז באמת טאַקע נישט געווען אַ פּינטעלע, וואָס אַ מענטש האָט עס געמאַכט, נאָר אַ פֿליג האָט עס דאָרט פֿליִענדיק אַרײַנגעוואָרפֿן אין ד[ער] הוילע[ר] בית אַרײַן, – דאָ זענען פּלוצלינג צו אים אַרײַנגעקומען עטלעכע זשאַנדאַרמען מיט סאָלדאַטן און מיט אַ מין פּריסטאַוו און האָבן אים צוגענומען און אַוועקגעפֿירט.

בײַ דער ,דיעלאָ׳ אינעם ,אָקרוזשנוי סוד׳[7] איז געשטאַנען אויך אַן אַדוואָקאַט מצד ר׳ משה־ברוכן און האָט געטענהט מיט שוים אויף די ליפּן, אַז דער באַשולדיקטער האָט די מעשׂה געטאָן בשוגג. דאָס אַלץ האָט אָבער נישט געהאָלפֿן. זעקס יאָר קאַטאָרגע האָט ער פֿאַרט געקריגן.

איך אַליין האָב אים געזען פֿירן: אַ האַלבער קאָפּ אָפּגעגאָלט און אין אַ מאָדנע מאַנטל אײַנגעהילט.

און זאָגן זאָגט מען, אַז ער איז נעבעך געשטאָרבן, דאָרט ערגעץ ווײַט אין סיביריען, באַלד אין ערשטן יאָר.

וואָס אַ פּינטעלע קען אַלץ אָנמאַכן אין לעבן.

4 אַ רוסיש קאָרטנשפּיל, אַ קאָמבינאַציע פֿון וויסט און פּרעפֿעראַנס.

5 шлем без козырей (רוסיש) – שלעם אָן טרומפֿן. דער קליינער שלעם איז אַ קאָמבינאַציע אין שפּיל, ווען דער שפּילער באַקומט 12 לייזן און גיט נאָר איין לייז.

6 без двух (רוסיש) – אָן צוויי, ד.ה. עס פֿעלן נאָך צוויי לייזן.

7 дело (רוסיש) – מישפּט; окружной суд – סוד אין ראַיאָן.

אפֿרים קאַגאַנאָווסקי

# מייִלעכל קילקע

דער קליינער מייִלעכל ,קילקע׳ איז אין געסל געווען פֿון די רײַכע פֿורמאַנעס. פֿיר פּאָר פֿערד אין שפּאַן און פֿינף געקאָוועטע פּלאַטפּאָרמעס האָט ער פֿאַרמאָגט זײַן אייגנס. ער האָט געפֿירט אַ ,מענטשלעך לעבן׳. זיך געחבֿרט מיט זײַנס גלײַכן. אין דער ראָגאָווער באַוואַריע איז ער זיך צונויפֿגעקומען מיט אַזעלכע ,מענטשלעך׳, ווי איטשע משומד, די ברידער פּאָמפּער און די ,זיבן שוואַלבן׳ פֿון פּראַגע.[1]

געאַרבעט האָבן זײַנע פֿערד בײַ די נאַדווישלאַנער[2] באַנסקלאַדעס, פֿון וואַנען מ׳האָט געפֿירט סחורה פֿאַר די נאַלעווקעס און גענשע גאַס. דער נאַטשאַלניק פֿון די סקלאַדעס האָט ,גענומען׳ און איז געקומען צו מייִלעכל קילקע עסן ייִדישע פֿיש, וואָס חיהלע האָט געקאָכט ווי אַ מזיק. דערפֿאַר האָבן בײַ מייִלעכל קילקע כּסדר ,געפּלאַצט׳ די קאַסטנס סחורה און בײַ מייִלעכלען און בײַ חיהלען אין שטוב איז געווען אַ שפּײַכלער פֿון כּל־הגוטס...

מייִלעכל האָט אַרומגעטראָגן אַ פֿול היטל מיט באַנפֿראַכטן אויף סחורה פֿאַר די גרעסטע פֿירמעס פֿון די נאַלעווקעס. די פֿראַכטן אָבער, וואָס זענען געווען געשריבן אויף רוסיש, זענען געווען מייִלעכלס גרעסטע שׂונאים, וועלכע ער האָט נישט געקאָנט בײַקומען. ער האָט פֿאַררוקט דאָס היטל און לאַנג־לאַנג אַרײַנגעקוקט אין די געממזרטע אותיות. זײַנע אויגן זענען דערבײַ געוואָרן קײַלעכדיק און אַרויסגעזעצט, ווי בײַ אַ פֿיש, דער שטערן איז געוואָרן רויט, און די אָדערן האָבן שיִער נישט געפּלאַצט, אָבער ער האָט אַלץ נישט געקאָנט איבערלייענען. ער האָט גענומען צו הילף די שמײַסער־יונגען, פֿורמאַנעס, און אַלע צוזאַמען האָבן זיך נישט געקאָנט קיין עצה געבן, ביז וואַנען ס׳איז אונטערגעקומען אין געסל אַרײַן עפּעס אַ יונגער־מאַנטשיק, בערקע, אַ ליטוואַק, אַ שוואַרצער, אַ קודלאַטער, מיט גרויסע, הונגעריקע אויגן.

ווען דער בערקע ליטוואַק מיט די שרעקלעך שוואַרצע אויגן און מיט דער לאַנגער, דאַרער נאָז האָט זיך באַוויזן אין געסל, איז מען געלאָפֿן קוקן אויף אים. די יונגען און די מיידן פֿון געסל האָבן זיך געהאַלטן פֿאַר די בײַכער פֿאַר געלעכטער, ווען ער האָט גערעדט ,ליטוויש׳, ווײַל פֿון זינט יאָרן האָט שוין דאָס געסל קיין ליטוואַק נישט געזען, זײַט דעם ליטוואַק וואָראָבייטשיק, דעם מעכאַניק פֿון זינגערס ניימאַשינען, וואָס האָט זיך מיט יאָרן צוריק

1 פּראַגע איז דעמאָלט געווען אַ פֿאָרשטאָט, הײַנט איז אַ טייל פֿון וואַרשע, אויף דער רעכטער זײַט ווײַסל.
2 באַנסטאַנציע אין וואַרשע אין 19טן יאָרהונדערט: Dworzec Nadwiślański, הײַנט: Dworzec Gdanski.

פֿון: **שריפֿטן**. יובילײ־אויסגאַבע. פּאַריז: פֿאַרבאַנד פֿון די ייִדישע געזעלשאַפֿטן אין פֿראַנקרײַך, 1951, ז״ז 231–237. די דערציילונג איז אַ טייל פֿונעם ציקל „סטאַווקע־געסל“.

באַזעצט אין געסל און חתונה געהאַט מיט דער אַלטער מויד, שיינדל די ,געלע׳. יאָרן לאַנג פֿלעגן די יונגען אים נאָכלויפֿן, קלאַפּן איבערן האַרטן קאַפּעליוש און שרייַען „טשו־טשו", אָבער שיינדל האָט זיך אייַנגעשטעלט פֿאַר אים. הייַנט איז ער געוואָרן אַ ,מענטש׳, און זינט ער האָט אָנגעהויבן האַנדלען מיט גנבֿות, איז ער געוואָרן אין געסל אָנגעזעענער און קיינער טשעפּעט אים נישט.

אָבער דער ליטוואַק, בערקע, מיט די דאַרע פֿיסלעך און די קודלאַטע האָר, האָט גע־רעדט אויף עפּעס אַ מאָדנעם לשון. אין געסל האָט קיינער נישט געוווּסט, פֿון וואַנען ער האָט זיך גענומען. און מיט אַ מאָל האָט מען זיך דערוווּסט, אַז ער איז בייַ מיילעכל קילקע אַ בוכהאַלטער, און דאָס געסל האָט אים אָנגעהויבן שאַנעווען.

בייַם ראָג פֿונעם געסל אין דער רעסטאָראַציע זענען געזעסן די רייַכע פֿורמאַנעס. מ׳האָט געטרונקען זעקסאונזיבעציקער און מיילעכל קילקע האָט דערציילט פֿאַר זייַנע ,פּשיאַטשעלעס׳, ווי אַזוי ס׳איז געווען מיט דעם ליטוואַק בערקע.

נאָך עטלעכע רײנע זעקסאונזיבעציקער איז מיילעכל קילקע געוואָרן נאָך קלענער. זייַנע קליינע אייגעלעך זענען געוואָרן ווייַס און ערגעץ אַנטלאָפֿן. די קורצע, קינדערישע הענט־לעך זענען אַליין געגאַנגען, און זייַן טונקעלע, הייזעריקע שטים האָט געהודזשעט מיט אַ יאָמער:

– כ׳גיי מיר אַזוי הינטערן הילצערנעם בריקל בייַ די סקלאַדעס... ליגט זיך דאָס ליט־וואַקל, קוים ס׳זשיפּעט... הייב עך עס אויף און כ׳פֿרעג עם: וואָס איז דיר, ווער האָט דיר געטאָן?... טוט ער אַ מאַך און אַ זאָג אויף ליטוויש: „מיר איז סלעבט"... עך הערט... זאָלן מיר אַזוי אַלע לעבן... יאַך האָב שוין אַזאַ האַרץ... כאָטש אַ ליטוואַק, אָבער ס׳איז דאָך אויך אַ מענטש... זאָג עך: קום. קאָן ער נישט גיין... האָב עך געהייסן די יונגען, זיי זאָלן עם אַרויפֿלאַדעווען אויפֿן וואָגן... דערווייַל האָב יאַך געהאַט אַ ביסל שאָקאָלאַדע... פֿאַר מייַן חיהלען... ווייַל ס׳האָט בייַ מיר געפּלאַצט אַ קאַסטן... האָב עך עם אַרייַנגעשטופּט אין מויל אַרייַן, זע עך, אַז סע עסט... זאָג עך: ביסט הונגעריק?... זאָגט עס: יאָ... עך הערט... האָט מעך אָנגענומען פֿאַרן האַרץ... זאָג עך: קום, סט׳בייַ מיר ווערן אַ מענטש... סט׳פֿאַר־געסן, אַז ביסט אַ מאָל געווען אַ ליטוואַק...

– און כ׳האָב׳ן געהייסן עקספּעדירן צו מיר אַהיים.

– קענט עך דאָך מייַן חיהלען, זאָל מיר לעבן און געזונט זייַן. און גאָט זאָל מיר אַזוי העלפֿן, אַז כ׳זאָל נאָך האָבן אַ קדיש... האָט זיך מייַנע צון עם אַ נעם געטאָן... און כ׳קום אַהיים בייַ נאַכט, עך הערט, גוטע־ברידער... זיצט מיר דאָס ליטוואַקל פֿאַרן טיש... אַזוי ווי אַ ליאַלקע... כ׳האָב דאָך עס גאָר נישט דערקענט... אויסגעצוואָגן... אויסגעקעמט... אָנגעגעסן... אָנגעטאָן אין מייַנס אַן אָבראַניע[3]. אייַ, אַ רוח אין דייַן... ער זאָג ענק... זעטס נאָר דאָ... עך ווייסט דאָך שוין... אַזוי ווי מייַן חיהלע קאָן...

– נו, – זאָג עך, – ליטוואַק, וואָס הערט זיך?

3 אובראַניע.

שמײכלט עס און ס׳טוט מיר אַ זאָג אויף זײַן לשון, זאָגט עס:

– ר׳ מײלעך... איר און אײַער פֿרוי... עץ הערט: אײַער פֿרוי... זענען צדיקים... איר האָט מיר געספּאַסאַיעט[4] דעם לעבן...

– עץ הערט? אַזוי האָט ער אַ זאָג געטאָן, דאָס ליטוואַקל, און ס׳האָט געעפֿנט אַ פּיסק און ס׳האָט גענומען גענגען, זאָלן מיר אַלע אַזוי לעבן... ווי אַ פּאָר טשיריבאַנסקע[5] פֿערד וואָלטן זיך געגעבן אַ לאָז אַרויס אויף געהובלעווטע ברעטער... טאַטע מײַנער... אויף רישיש... מיט די אַלע ווערטער... און ,טאַק׳ און ,קאַק׳ און ,קאָניעטשנאָ׳[6]... אַזוי ווי דער נאַטשאַלניק פֿון דער באַן...

– די יונגען זענען אַראָפּגעקומען אויף וועטשערע... האָבן זײ דערהערט, אַז ס׳איז דאָ אַ ליטוואַק און האָבן זיך געוואָלט נעמען צון עם... טשעפּען... האָב יאַך אַ געשריי געטאָן: לאָזצ׳ן אָפּ! דאָס איז מײַנס אַ מענטש, יאַך האָב׳ן געפֿונען און ער איז מײַנס אַ מענטש...

– און כ׳האָב מיר אַ טראַכט געטאָן... דער פֿויגל איז פּונקט פֿאַר מיר... ס׳איז גוט... פּונקט פֿאַר מיר אַ מענטשל... און כ׳געב עס אַ לייג אַוועק אַ פּאָר פֿראַכטלעך... און וואָס מײנט עץ... ער טוט זיי מיר אַ לייען איבער אַזוי ווי אַ וואַסער... כ׳דערלאַנג עם אַ פּאַפּיר מיט אַ פֿעדער – טוט ער מיר, גוטע־ברידער, אַ פֿאָר מיט דער פֿעדער, מיט אַ פּען... אויף רישיש... אַז דער זשאָנצע אַליין מעג זײַן אַ כּפּרה... ר׳ מ יי ל ע ך ... זאָגט ער: אפֿשר דאַרפֿט איר אַ פּראָשעניע. עץ הערט, אַ פּראָשעניע קאָן עס אויך שרײַבן... און טאָמער דאַרפֿט עץ אַ רעכענונג?...

– ס׳איז מיר געוואָרן ליכטיק פֿאַר די אויגן...

– אָווע־טאָווע, מ׳איז אָפּגעזעסן אַ גאַנצע נאַכט און ס׳ליטוואַקל האָט גערעדט... דאָס ליטוואַקל האָט געדברט... איי, אַ רוח אין זײַן... מענטשן... אַז מ׳זאָגט אַ צלם־קאָפּ... איז דאָך נישטאָ וואָס צו רעדן... יאַך האָב געעפֿנט אַ פֿלעשל ווײַן, וואָס איז געלעגן פֿון אַ גע־פּלאַצטן קאַסטן... ס׳ליטוואַקל האָט אַראָפּגעלאָזט אַ גלעזל ווײַן, האָט זיך עס צעברענט און ס׳האָט אָנגעהויבן זאָגן פֿונעם הייליקן חומש... פֿון אַבֿרהם אָבֿינו... און ס׳האָט געגע־בן אַ שטעל פֿאַר, ווי אַזוי גאָט האָט באַשאַפֿן די וועלט... ווי אַזוי ס׳איז געוואָרן דער מבול... עץ הערט, מענטשן... פֿײַער און פֿלאַם... יאַך קוק אַזוי אויף דעם ליטוואַקל... גרויס איז עס ווי אַ מינוט און דער פּיסק גייט ווי אויף שרויפֿן... זאָג יאַך צו מײַן פֿרוי:

– חיהלע... יאַך לאָז שוין דעם פֿויגל נישט אַרויס... ער וועט בײַ מיר ווערן די צווייטע האַנט...

דערנאָך האָט דאָס ליטוואַקל גענומען דערציילן, ווי אַזוי אונדזער משה רבנו האָט אַרויסגעפֿירט די ייִדעלעך פֿון מצרים... ווי אַזוי ער האָט געמאַכט קונצן מיט די שלאַנגען... אוואַ... עץ הערט...

4 פֿון רוסיש спасать – ראַטעווען.

5 פֿון שאַראַבאַן.

6 так, как, конечно (רוסיש) – אַזוי, ווי אַזוי, אַוודאי.

מיילעכל קילקע האָט אַראָפּגעשלונגען נאָך אַ זעקסאונניינציקער. אַרום זענען גע־זעסן אין אַ ראָד די שווער אָנגעפּעלצטע און באַשטיוולטע פֿורמאַנעס און גאַסנמענטשן. מיילעכלס שטים איז געוואָרן פֿײַכט און כליפּעדיק פֿון טרערן. ער האָט דערציילט פֿון דעם ליטוואַק און פֿון משה רבנו...

– עץ הערט... איז משה אַרײַנגעקומען צו פּרעהן, געגעבן אַ זבענק אין טיש אַרײַן און געגעבן אַ מאַך מיטן שטעקן... און שוין! פּרעה האָט זיך גענומען קראַצן...

אַ הייזעריק, הודזשענדיק געלעכטער האָט אַ טרייסל געטאָן מיט דער אַלטער, אויסגע־ריבענער רעסטאָראַציע. ס'האָט זייער געפּעלן, וואָס פּרעה דער מלך פֿון מצרים קראַצט זיך. און מיילעכל האָט ווײַטער דערציילט:

– האָט משה געפֿרעגט: „נו, דו לאָזסט אַרויס מײַנע יידן?"... האָט פּרעה ווידער גע־זאָגט: ניין. „טאָ נאַ דיר!"... און ער טוט אַ מאַך מיטן שטעקן... עץ הערט, קינדער?... און ס'הייבן אויף פּרעהן אָן צו קריכן זשאַבעס...

און ווען מיילעכל איז געקומען דערצו, ווי פּרעה האָט זיך געמאַכט פֿאַר אַ גאָט, און ווי משהלע האָט עם געפּאַקט מיט די הויזן אין די הענט, איז געוואָרן פֿריילעך. מ'האָט זיך געהאַלטן פֿאַר די בײַכער פֿון געלעכטער. און ס'איז געוואָרן אַ געשריי:

– איי, משה... מאָלאָדיעץ.

– משה... זײַ נישט קיין יאָלד...

– משהלע גנבֿ... אַ רוח אין זײַן...

מ'האָט געטרונקען פֿאַרן ליטוואַק און פֿאַר משה רבנו... מיילעכל קילקע האָט גע־שווירן, אַז בערקע ליטוואַק איז בײַ אים טײַערער ווי אַן אייגן קינד, אַז ער וועט אים אַוועק־געבן אַלץ, וואָס ער פֿאַרמאָגט... אַבי דער ליטוואַק זאָל זאָגן נאָך אים קדיש... און נאָך זײַן טאַטן זאָל ער זאָגן און נאָך חיהלען... זאָל ער זאָגן דעם הייליקן קדיש... ער האָט זיך שווער און ביטער צעוויינט:

– ווײַל... ווײַל אויף יענער וועלט, גוטע־ברידער... קאָן מען נישט זײַן קיין קאָזאַק...

און אַלע שווערע, מיט בראָנפֿן און ביר אָנגעגאָסענע פֿורמאַנעס האָבן מיט אַ מאָל באַ־קומען חשק, אַז מע זאָל נאָך זיי זאָגן קדיש... זיי וועלן אַלץ אַוועקגעבן דעם ליטוואַק... וואָס ער וועט נאָר וועלן... אַבי ער זאָל זאָגן די הייליקע יידישע ווערטער... קדיש... קדיש... קדיש...

אפֿרים קאַגאַנאָווסקי

# דער ,חכם׳ פֿון געסל

אין אַן ענגער ייִדישער גאַס קאָן מען קוים געפֿינען דאָס שמאָלע געוועלבל מיט אַ שילד, ווו ס׳איז אויסגעמאָלט אַ וועקזייגער, וואָס זעט אויס ווי אַ ראָד פֿון אַ קינדער־וועגעלע. אין דעם פֿענצטער הענגען עטלעכע אַלטמאָדישע זייגערס, און אינעווייניק, אינעם טונקעלן, שמאָלן קלייטל, זיצט בײַם טישל אַ ווײַסלעכער יונגער־מאַן, מיט אַ גרויסן, בלייכן קינדערישן קאָפּ, מיט העלע, גלײַכע האָר, וואָס קוקן אַפֿער פֿון זײַן פֿאַררוקט יאַרמלקעלע.

ער מרוזשעט די העלע פֿלאַכע אויגן. זײַן פּנים האָט אַ ווײַסלעכע, שוואַכע הויט, און זײַנע ליפּן איבערן קאַרגן בלאָנדן בערדל זענען ווײַסלעך־ראָזע און שמאָלע.

אויפֿן טישל, ווו ער דרייט בײַ זײַנע זייגערלעך, ליגט שטענדיק אַן אַלט גראָב ספֿר, און נישט איין מאָל, ווען מע קומט אַרײַן אין געוועלבל, טרעפֿט מען אים פֿאַרטיפֿט מיט צוגעקוועטשטע אויגן, ברומענדיק אַ ניגון פֿון לערנען.

אין דער ייִדישער אומגעגנט רופֿט מען אים ,דער חכם׳. גאַסנמענטשן, וואָס האַנדלען אינעם געסל, שטעקן אַרײַן די קעפּ מיט דרך־ארץ, פֿרעגן, ווי שפּעט ס׳איז. דער ,חכם׳ ענטפֿערט גוטמוטיק, און אַלע ווינטשן זיך, אַז זייערע קינדער זאָלן זײַן אַזוי ווי ער. און נישט איין מאָל, ווען אַ הענדלערין האָט אַ גוט לייזעכץ, קלײַבט זי אויס די בעסטע פּאָמעראַנץ, עפּל אָדער באַרנע, און מיט אַ פֿאַררייטלט, פֿאַרשעמט פּנים עפֿנט זי די טיר און זאָגט:

– נעמען זי צו דערכאַפּן ס׳האַרץ... זאָל אין וויל באַקומען... מ׳עט זיך שוין באַרעכענען...

דער זייגער־מאַכער לויפֿט איר נאָך מיט אַ מטבע אין זײַנע ווײַסע, איידעלע הענט:

– ווײַבל, נעמטס ס׳געלט...

די ייִדענע אַנטלויפֿט מיט אַ גליקלעכן שמייכל און שרײַט איבער דער גאַנצער גאַס:

– בײַ אַזאַ מענטש נעם עך נישט קאַ געלט...

*

ווּוהין דער ,חכם׳ גייט, ווען ער פֿאַרמאַכט דאָס געוועלבל, ווייסט נישט קיינער. מע ווייסט נישט, ווו ער וווינט. מע ווייסט נאָר, אַז אין אָוונט, ווען ער פֿאַרמאַכט דאָס געוועלבל, גייט ער דורך דורכן געסל. אַלע באַלעבאַטישע ייִדן פֿון דער געגנט גיבן אים אָפּ אַ ,גוטן אָוונט׳. און אויב צוויי ייִדן אַמפּערן זיך עפּעס וועגן אַ געשעפֿט, זאָגט איינער:

פֿון: **שריפֿטן**. יובליי־אויסגאַבע. פּאַריז: פֿאַרבאַנד פֿון די ייִדישע געזעלשאַפֿטן אין פֿראַנקרײַך, 1951, ז״ז 261–270. די דערציילונג איז אַ טייל פֿונעם ציקל „סטאַווקע־געסל״. אין דער עדיציע איז אויך באַניצט געוואָרן דער טעקסט פֿון: **פֿיגורן**. וואַרשע: פּען־ביכער, 1937, ז״ז 27–37.

– אָט גייט דער ,חכם׳, וועלן מיר אים פֿרעגן!

דער ,חכם׳ שמייכלט, וואַרפֿט אַרויס אַ פּאָר ווערטער מיטן נוסח פֿון לערנען, מיט אַ שוואַך שמייכעלע און פֿאַרשווינדט מיט זײַנע ווייכע, שוואַכע טריט.

די גנבֿים פֿון דער געגנט קומען אַ מאָל אַרײַן צום ,חכם׳ און שלאָגן אים פֿאָר אַ מציאה:

– זאָג נאָר, חכם, סט׳קויפֿן אַ מציאה?...

זיי פֿינקלען מיט די אָנגערוקטע היטלען און ווײַזן אים פֿון אַרבל אַרויס בלישטשענדיקע זאַכן.

דער ,חכם׳ שמייכלט, קוקט אויף זיי מיט זײַנע פֿלאַכע, העלע אויגן:

– זיצט, ייִדן...

– נישטאָ קאַ צײַט... חכם, קויפֿסט?...

– וואָס הייסט... כ׳בין דען אַ סוחר? איר זעט דאָך, אַז איך בין אַן אָרעמער בעל־מלאָכה. צווייטנס, ווי קאָן איך קויפֿן, אַז איך ווייס נישט, צי ס׳איז, חלילה, כּשר?...

די יונגען קוקן זיך איבער:

– זעטס נאָר דעם חכם! וואָס הייסט, צי ס׳איז כּשר? וואָס איז עס, פֿלייש?...

און זיי זאָגן אים אויפֿן אויער:

– ס׳איז פֿון אַ גוי...

דער ,חכם׳ פֿינטלט מיט די אויגן. ער הייבט אָן פֿאַרשטיין:

– אוי־ווי מיר, ייִדן, – עץ זענט דאָך אײַנגעשטעלט...

די יונגען לאַכן און גייען אַרויס. עס געפֿעלט זיי דעם חכמס ,וויקרענט׳:[1]

– האָסט געהערט דעם חכמס שטיקל?... אַ גוטער־ברודער, דער חכם...

און שטענדיק נאָך אַזאַ מין וויזיט פֿון די גנבֿים, וואָס ווילן דעם ,חכם׳ מאַכן פֿאַר אַן אָפּנעמער פֿון גנבֿות, בלײַבט דער ,חכם׳ אַ לאַנגע צײַט זיצן מיט דעם זייגער־צווענגעלע אין דער האַנט, און שטילערהייט בעט ער בײַ גאָט פֿאַר די ייִדן, וואָס שפּילן זיך מיט פֿײַער, וואָס קאָנען, חלילה, אַרײַנפֿאַלן אין גויִישע הענט, און עס נעמט אים אַרום אַ רחמנות און אַ גרויל פֿאַר זיי. זײַן טויבנהאַרץ וויינט אין אים:

– חלילה, חלילה... זיי קענען נאָך אומקומען, שטעלן אײַן דאָס לעבן...

טייל מאָל קוקט ער אַרויס אויף דער גאַס דורכן קליינעם פֿענצטערשײַבל פֿון זײַן געוועלבל. ער זעט די שפּאַצירנדיקע מענטשן. דורך די יאָרן קאָן ער שוין דעם גרעסטן טייל אײַנוווינער. ער קאָן די קינדער, וואָס זענען שוין דערוואַקסענע געוואָרן. אָט, צום בײַשפּיל, דאָס קליינע מיידעלע, פֿייגעלע, פֿון קעגן איבער, דעם טרעגערס טאָכטער, וואָס פֿלעגט אַרײַנקומען צו אים, ווען זי איז געווען אַ קינד. זי האָט זיך ליב געהאַט צוצוקוקן, ווי ער שרויפֿט בײַ די זייגערלעך. זי האָט ליב געהאַט, ווען ער האָט איר צוגעלייגט אַ קלאַפּנדיק זייגערל צום אויער. דערבײַ דערמאָנט ער זיך, ווי ער פֿלעגט איר אַוועקשאַרן אירע שוואַרע, געדיכטע רויטע האָר פֿונעם אייערל. שוין אַזוי פֿיל יאָרן, ווי דאָס איז געווען! דערנאָך, וויפֿל מאָל ער האָט זי געזען, האָט ער באַוווּנדערט, ווי שנעל זי איז אויפֿגעוואַקסן. אין די

1 wykręt (פּויליש) – תּירוץ.

לעצטע יאָרן, ווען ער זעט זי דורכן פֿענצטער, ווייסט ער נישט, פֿאַר וואָס ער שעמט זיך צו קוקן. און אויף דער גאַס באַגריסן זיי זיך נישט. אָבער אויף אירע שווערע, געדיכטע, געלע האָר וואָלט זיך אים געוואָלט אַ קוק טאָן. מיט אַ צײַט צוריק איז זי אַפֿילו אַרײַנגעקומען צו אים וועגן אַ זייגערל פֿאַרריכטן. מיט איר איז געקומען עפּעס אַ הויכער מאַנצביל, און אים, דעם ,חכם׳, איז געוועזן שווער אויפֿן האַרץ. אַ גאַנצן אָוונט, ווען ער איז אַוועק אין אַ לערנשטיבל, האָט ער אַלע מאָל איבערגעריסן דאָס לערנען און האָט דערפֿילט עפּעס אַ ראַץ אינעווייניק דערפֿון, וואָס פֿייגעלע איז געוואָרן אַזוי דערוואַקסן, אַזוי פֿרעמד. ער האָט יענעם אָוונט געקלערט וועגן אַ סך שוין פֿאַרגעסענע זאַכן, וועגן זײַן ווײַב, וואָס איז געבליבן אין דעם שטעטל, וועגן דעם גט מיט די געשרייען און וועגן דעם עלנט, אין וועלכן ער לעבט. ער האָט זיך געפֿילט זייער שוואַך. פֿאַר די געסלעך אַרום, אין וועלכע ער לעבט שוין אַ צענדליק יאָרן, איז ער אַ באַהאַלטענער מענטש, אַ ,חכם׳, ווײַל אַזוי האָבן אים אַ נאָמען געגעבן די מאַרקמענטשן, וואָס שטייען אַרום דעם געוועלבל. דער נאָמען איז אים געקומען צוליב דעם, וואָס ער וואַרפֿט אַרײַן אַ וואָרט תּורה אין דער גאַס. מינוטנווײַז דאַכט זיך אים, אַז ער וואָלט געקאָנט אַרויס פֿון דעם געוועלבל מיט די זייגערלעך, אַרומזאַמלען די אַלע צעשריגענע פּנימער מיט די הונגעריקע אויגן, וואָס ראַיען זיך אַרום. עס נעמט אים אַרום אַ רחמנות אויף די אַלע מענטשן, צײַטנווײַז ווידער כאַפּט אים אַרום אַ רחמנות אויף זיך אַליין. וואָס איז זײַן לעבן? און צי איז ער פֿרום? ער הייבט אָן זוכן אין זײַן האַרץ, אין זײַן מוח, און ווידער געפֿינט ער דאָרטן גדראַנקען און געשטאַלטן פֿונעם געסל־געווימל. אַ הייסער, זינדיקער קנופּ כאַפּט אים אָן פֿאַרן האַלדז, און ער הייבט אָן זיך נאָכגעבן. און פֿאַר אַלעם, העלער און בולטער פֿאַר אַלע, זעט ער פֿייגעלען דעם טרעגערס טאָכטער. דער בליאַסק פֿון אירע שטראַלנדיקע אויגן שטעכט אים דורך און ער פֿילט אויף זײַן האַנט די שווערע, קילע וואָגיקייט פֿון אירע געלע, פֿלאַמענדיקע האָר.

ער פֿאַרלאָזט אין שפּעטן אָוונט דאָס לערנערשטיבל און לאָזט זיך אַרויס איבער די געסלעך. ער וויל אָפּהיטן זײַן פֿרום געמיט, וואָס ער האָט געבראַכט פֿון דער היים. אָבער דאָ זעט ער אַרום אַ קאָכעדיק לעבן, און ווען ער קומט אַרײַן צו זיך אינעם צימערל, געפֿינט ער נישט קיין רו. און אַלע קלאַנגען, וואָס דערגייען צו אים פֿון די אָרעמע שטובן אַרום, רופֿן אים און רייצן אים. ער גייט אַראָפּ אין דער שפּעטער נאַכט אינעם ענגן, אָנגעשטאָפּטן הייפֿל. עס איז פֿינצטער און אויסגעלאָשן אין די הײַזער און נאָר קליינע קינדער וויינען, דערשראָקענע מאַמעס רעדן פֿון שלאָף און שווערע הילצערנע וויגן מעסטן מיט קלעפּ די נאַכטיקע שעהען.

דער ,חכם׳ שטייט אויף די הילצערנע טרעפּ, קוקט אַרײַן אין די טונקעלע שויבן. ווו נישט ווו זעט מען האַלב אויסגעטאָנענע מענטשן. ער קוקט און זוכט עפּעס אין דעם אומע־טיקן טונקל.

אויף די פֿינצטערע טרעפּ אין דער שפּעטער נאַכט האָט ער ליב געקריגן צוצוהערן זיך צו די שעפּטשענדיקע פּאָרלעך. ער האָט זיך געכאַפּט אין אַזאַ אָוונט, ווען ער האָט

שעהענווייַז אונטערגעהערט דאָס שעפּטשען פֿון פֿאַרליבטע, און אויף אים איז געפֿאַלן אַ פּחד, אים האָט זיך געדאַכט, אַז אַלע ווייסן דערפֿון, און אים איז געוואָרן שווער צו נעמען אַ ספֿר אין האַנט אַרייַן...

*

איין מאָל אין אָוונט האָט זיך די טיר פֿון געוועלבל מיט רעש געעפֿנט. דער ,חכם׳, וואָס האָט אַרייַנגעקוקט אין אַ צענומען ווערק פֿון אַ זייגערל, האָט אויפֿגעהויבן דעם קאָפּ און דערזען פֿאַר זיך פֿייגעלען. ער האָט זי דערקענט בלויז צוליב די רויטע האָר, וואָס זענען געווען מיט אַ גלאַנץ פֿאַרקעמט אונטער איר קליין היטעלע. זי איז צוגעגאַנגען צום ווענטל, ווו דער ,חכם׳ האָט געהאַט זיין אַלטע קאַנאַפּע מיט אַ טשייַניקל און מאַשינקע אויף טיי.

– לאָזט מיך דאָ אַרייַן! – האָט זי אויסגערופֿן מיט אַ ציטערדיקער שטים און איז אַרונטער הינטערן ווענטל.

אַ הייסע פֿאַליע פֿרייד מיט שרעק צוזאַמען האָט אַרומגעכאַפּט דעם ,חכם׳. ער איז געשטאַנען אין מיטן געוועלב. אים האָט זיך געדאַכט, אַז דאָס איז געווען אַ חלום. ער האָט זיך מיט שטילע, צוריקגעהאַלטענע טריט דערנענטערט צום טירל און אַ קוק געטאָן, ווי זי איז געזעסן אויף דער קאַנאַפּע מיט אַן אַראָפּגעלאָזענעם קאָפּ. דעמאָלט האָט ער זיך שטיל דערנענטערט צו איר און אַ פֿרעג געטאָן:

– פֿייגעלע, וואָס איז?

זי האָט אים לאַנג אָנגעקוקט און לאַנגזאַם געענטפֿערט:

– כ׳בין אַנטלאָפֿן... אַן אָבלאַווע... פּאָליציע האָט געיאָגט, בין איך אַרייַן אַהער... צוויי מיידלעך האָט מען געכאַפּט. כ׳האָב מיר געקלערט – אַן אַלטער באַקאַנטער...

דער ,חכם׳ האָט געוואָלט עפּעס זאָגן. ער האָט אָבער נישט געקאָנט געפֿינען קיין וואָרט און, ווי אין חלום, מיט פֿאַרמאַכטע אויגן האָט ער אָנגערירט אירע האָר.

פֿייגעלע האָט שטאַרק געקוקט אויף אים. אַ בלאַסער, פֿאַרטראַכטער שמייכל האָט אַדורכגעבלאָנדזשעט אויף אירע גלאַט אויסגעשניטענע, וואַרעמע ליפּן.

מיט אַ מאָל האָט זי טרוקן אַ זאָג געטאָן:

– איר זענט אויך אַזוי? זי זענען דאָך עפּעס אַ צדיק... כ׳בעט אין איבער... כ׳בין דאָ אַרייַנגעלאָפֿן...

דער ,חכם׳ האָט, דאַכט זיך, נישט געהערט, וואָס זי האָט גערעדט צו אים. דאָס האַרץ האָט זיך בייַ אים געהויבן שנעל און אַ פֿאַליע פֿון ענגשאַפֿט האָט אים צוגעשלאָגן צום האַלדז... ס׳האָט אים עפּעס אַ ברי געטאָן. ער האָט אין דער מינוט פֿאַרשטאַנען, ווען ער האָט זי דערזען, אַז זי האָט ער געזוכט אין זייַנע זינדיקע וואַנדלונגען בייַ נאַכט, און ער האָט פֿאַרשטאַנען, אַז די קליינע, גראָע וועלט, וואָס ער זעט דורך זייַן פֿענצטערל פֿון געוועלבל, אַז די גראָע גאַס האָט אַ גרויסן כּוח, וואָס קאָן צעטרעטן. פֿאַר זייַנע אויגן האָט נאָך געשוועבט דאָס בילד פֿון יענער פֿייגעלע, וואָס איז אויפֿגעוואַקסן פֿאַר זייַנע אויגן, ווי אַ

מעכטיק בילד פֿון אַ פֿרוי מיט רויטע האָר, הייס בלוט, מיט אַ ווייַס בלענדנד לייַב. ער האָט אויסגעוואַרעמט דאָס בילד פֿון איר מעכטיקער ווייַבלעכקייט דורך זייַנע עלנטע נעכט אין בענקשאַפֿט. איצט זיצט זי דאָ אַזעלכע, ווי די גאַס האָט זי אים צוגעוואָרפֿן: אַ צעטרעטענע, אָן אָרעמע און געפּלאָגטע. ער האָט פֿאַרשטאַנען, אַז ער דאַרף עפּעס טאָן.

ער האָט געקוקט אויף אירע קליינע, ווייַסע מיידלשע הענט, וואָס זענען געלעגן צע־וואָרפֿן אויף דער קאַנאַפּע, און כּדי זיך צוצורירן צו אירע הענט, האָט ער זיך אַראָפּגעלאָזן נעבן איר.

– וואָס ווילט איר?... – האָט זי שטאַר אַ פֿרעג געטאָן און זייַטיק אַ שמייכל טוענדיק מיט אירע גרויסע, וואַרעמע ציין האָט זי אים מיט צוויי פֿינגער אַראָפּגענומען דאָס יאַר־מלקעלע פֿון קאָפּ. זייַנע ווייכע, העלע האָר האָבן זיך צעפּלאָשעט, ער האָט אַ שמייכל געטאָן, ווי אַ קינד, זי האָט אים געלאָזט נעמען איר גלייַכגילטיקע האַנט און דערבייַ האָט זי פֿאַרוואָרפֿן איין פֿוס איבערן אַנדערן.

– איר זענט טאַקע אַ פֿרומער... צי איר מאַכט זיך נאָר אַזוי?...

– וועגן פֿרומקייט רעדט מען נישט, פֿייגעלע.

ער האָט צוגעדריקט איר האַנט און זייַנע אויגן האָבן אויפֿגעשפּילט מיט אַנטציקטער פֿריידיקייט:

– ביז פֿרומקייט איז נאָך דאָ וועגן אַ סך צו רעדן... ווי קאָן דען אַ מענטש זייַן פֿרום, ווען מע לעבט אין אַזאַ ענגשאַפֿט?...

ער האָט געוואָלט איר עפּעס אויסטייַטשן און געזוכט ווערטער:

– איין מענטש רייַבט זיך אָן אַנדערן... אַז דער געזונטסטער... כ׳מיין... פֿרימסטער מוז זיך אָנשטעקן... כ׳האָב געמיינט, אַז כ׳בין אַ פֿרומער מענטש... אָן אָפּגעהיטענער... כ׳האָב אָבער נישט געוואָלט, אַז, חלילה, אַלע זינד זאָלן טרעפֿן אַנדערע... אָט, האָט דיך געטראָפֿן... פֿייגעלע... אייַך האָט געטראָפֿן... איז מיר אויך שלעכט... כ׳האָב געוואָלט אייַך זען אָן אַנדערע... כ׳קען דאָך דיך פֿון קינדווייַז אויף... נו, ווי אַזוי בין איך פֿרום... אַז כ׳האָב אייַך נישט געקאָנט אויסהיטן?

– אַזאַ יאָר זאָל איך מיר האָבן... ווי זי רעדן... גאָלדענע ווערטער – האָט פֿייגעלע פּלוצלינג אַ זאָג געטאָן, און אַ פֿייַכטקייט האָט זיך באַוויזן אין אירע שוואַרץ אונטערגע־שמינקטע אויגן. זי האָט אַ כליפּע געטאָן און זיך גענומען ווישן די נאָז.

דער ,חכם׳ איז געשטאַנען מיט אַ לייַכטנדיקן בליק. ערשט איצט האָט ער זי דערקענט. ער האָט איר אַראָפּגענומען דאָס קליינע היטעלע און איר אַ גלעט געטאָן איבערן קאַלטן, פֿייַכטלעכן פּנים. זייַנע קני האָבן דערבייַ געציטערט.

זי האָט זיך אויסגעוויינט און זיך צערעדט מיט אַ געשפּאָלטענער קינדערישער שטים:

– גלייבן זי מיר, ,חכם׳... ווען מייַן מאַמע וואָלט געווען געלעבט, וואָלט איך נישט גע־קומען צו דעם באַשטאַנד... זי קענען דאָך מייַן טאַטן... ער האָט אַפֿילו קיין יאָר נישט גע־וואַרט... דאָס גאַנצע געסל האָט געהאַט מיט׳ן צו טאָן... מ׳איז געשוואָלן געוואָרן פֿון הונ־גער... כ׳בין אונטערגעוואַקסן. נישט געוואָלט וואַשן קאַ פּאָדלאָגע בייַ דער שטיפֿמאַמע...

זי מיינען, זי איז געווען בעסער פֿון מיר?... און ער, דער טאַטע?... כ׳וויל׳ן גלאַט נישט שעלטן... ער איז שוין אַזוי אויך אויף צרות... ליגט אין שפּיטאָל. אַ קאַטאַזשאַן... נאָר געשלאָגן... און וואָס כ׳האָב פֿאַרדינט אין גאַס – איז אַלץ אַריין אין שענק אַריין... כ׳בין אַנטלאָפֿן... כ׳האָב געוואָלט אַרבעטן... כ׳בין געווען אַ קעלנערקע... אין אַ קאַוויאַרניע... האָט מען מיר נישט געגעבן קיין רו... כ׳בין געווען אויף אַ שטעל, איז ווער ס׳איז געווען אין שטוב, איז געקראָכן... דער הער און דער זון... און דער לאָקאַטאָר... דערנאָך האָב יאַך געהאַט אַ חתן... כ׳האָב נישט געוווּסט, אַז דאָס איז זיין פֿאַך...

דער ,חכם׳ איז געזעסן מיט אַ פֿאַרזונקענעם קאָפּ אין די בלייכע הענט.

זי האָט גערעדט מיט אַ טרוקענעם, קרייענדיקן האַלדז, די האָר האָבן זיך ביי איר צע־לאָזן אין רויטע פּאַסמעס. זי האָט זיך האַלב געלייגט אויף דער קאַנאַפּע, אונטערשפּאַרנדיק דעם קאָפּ מיט די הענט. זי האָט איבערגעריסן דאָס דערציילן, האָט אַ גאַנעץ געטאָן און געבליבן שטיל.

דער ,חכם׳ האָט זיך אויפֿגעהויבן פֿונעם אָרט. זי האָט אָנגעשטעלט אויף אים איר בליק, ווי זי וואָלט אויף עפּעס געוואַרט. און ווען זי האָט געזען, אַז ער איז צוגעגאַנגען צום טיש, האָט זי זיך געפּרוּווט אויפֿהייבן מיט אַ צווייטן גאַנעץ, אויסציִענדיק די הענט אין דער הייך:

– מע דאַרף שוין גיין... האַ?

ער האָט זיך אומגעקערט מיט אַ שמייכל.

– פֿאַר וואָס, פֿייגעלע... ווילסט אַוועקגיין?... כ׳האָב דיך דען, חלילה, באַליידיקט?

אין דער האַנט האָט ער געהאַלטן אַ טעלערל מיט ברויט מיט פּוטער...

– כ׳וויל דאָך, איר זאָלט... זאָלסט עפּעס עסן... כ׳וועל מאַכן הייסע טיי...

זי האָט אים לאַנג אָנגעקוקט. ער האָט פֿאַרשטאַנען, אַז זי בלייבט, און אַ פֿרייד האָט זיך באַוויזן אין זיינע אויגן. זיי האָבן זיך ביידע אַ מינוט אָנגעקוקט, דערנאָך האָט ער אַ קוק געטאָן דורכן טירל אויף דער גאַס. די נאַכט איז שוין שווער געלעגן אויף די שייבלעך פֿון דער טיר. ער האָט זיך שנעל גענומען פּאָרען, ער האָט צוגעשפּאַרט די טירן פֿונעם געוועלבל, און אַ פֿינצטערניש האָט זיך אַריינגעכאַפּט אין קלייטל. דעמאָלט האָט ער אָנגעצונדן אַ קליין לעמפּעלע, ביי וועלכן ער פֿלעגט אַריינקוקן אין אַ ספֿר. ער האָט געברומט עפּעס אַ ניגון און גענומען אָנצינדן די מאַשינקע אויף צו מאַכן טיי. זי האָט געקוקט אויף זיינע בלייכע הענט, וואָס האָבן געציטערט, טוענדיק די אַרבעט. זי האָט זיך אָנגערופֿן מיט אַ היימיש, דערוואַרעמט קול:

– לאָזט נאָר מיך... ביי מיר וועט עס גיין גיכער.

און מיט איין באַוועגונג, אַראָפּוואַרפֿנדיק דעם לייַכטן מאַנטל, האָט זי שנעל גענומען צוגרייטן די טיי.

דער ,חכם׳ איז געשטאַנען אין צווייטן ווינקל. ער האָט זיך אַ בוק געטאָן צו דער וואַנט און זיינע ליפּן האָבן עפּעס געמורמלט. דאָס לעמפּל האָט געוואָרפֿן אַ רויטן שיין אויף אירע רויטע האָר, און אירע ווייַסע, מעכטיקע הענט האָבן אַרומגעשוועבט אינעם טונקל.

מיט אַ מאָל האָט זי דערזען דעם ,חכם׳, ווי ער מאַכט מיט די הענט און שעפּטשעט עפּעס. זי האָט געקוקט אויף אים מיט אויפֿגעריסענע אויגן פֿון איבערראַשונג. זי האָט זיך דערמאָנט איצט אָן די אַלע מעשׂיות, וואָס זי האָט פֿון קינדוויַיז אָן וועגן דעם ,חכם׳ גע־הערט, אַז ער האָט עפּעס צו טאָן מיטן הימל און קאָן מאַכן כּישוף. זי האָט געזען, ווי ער הייבט אויף די הענט אין דער הייך און גייט שנעל פֿון איין ווינקל אין אַנדערן. האָט זי אַ געשריי געטאָן:

– הערן זי אויף... כ׳האָב מורא...

– פֿאַר וועמען האָסטו מורא, פֿייגעלע?...

– פֿאַר אין... וואָס טוען זי?

– איך דאַוון, פֿייגעלע...

– אַזוי?... – זי האָט אַ שמייכל געטאָן – טאָ דאַוונען זי פֿאַר מיר אויך...

ער איז פּלוצלינג צוגעלאָפֿן צו איר. ער האָט אָנגעכאַפּט אירע הענט און זיַין קאָפּ איז ליַיכט געפֿאַלן אויף איר בוזעם. זיַינע אויגן האָבן געלויכטן און ער האָט גערעדט מיט אַ צאַפּל פֿון זיסקייט און פֿאַרטראָגנהייט.

– איך דאַוון פֿאַר דיר, פֿייגעלע... איך בעט פֿאַר דיר, אַז דו זאָלסט נישט אַוועקגיין... זאָלסט שוין דאָ בליַיבן נעבן מיר...

ער האָט זיך מיט אַ מאָל דערשראָקן פֿאַר זיַינע אייגענע ווערטער, האָט ער זיך אָנגע־כאַפּט מיט דער האַנט פֿארן מויל.

און זי האָט מיט שרעק געזען, ווי פֿון זיַינע פֿאַרמאַכטע אויגן האָבן זיך געקיַיקלט טרערן. איר האָט זיך געדאַכט, אַז עפּעס אַ פֿליגל פֿון בייזע[ר] שרעק פֿאָכעט איבער איר. זי האָט שנעל אַ כאַפּ געטאָן דאָס מאַנטעלע מיטן הוט, די טרוקענע זעמל איז אַראָפּגעפֿאַלן אויף דער ערד, און זי איז מיט איין שפּרונג אַרויס פֿונעם ,חכמס׳ קלייטל און אַריַין אין דער גראָער, לויפֿנדיקער, פֿריילעכער און זינדיקער גאַס...

## אַלטער קאַציזנע

# אַ טערק

אַ שמאָלע, קאָכיקע גאַס. שילד אויף שילד. ווו אַ טיר, דאָרט אַ קראָם. און איין קראָם זעט משונהדיק אויס: די לאָדנס באַצויגן מיט רויטן געוואַנט, איבער דער טיר אַ גרויסער לייַוונטענער שילד. אויף אים איז אָנגעמאָלט אַ קאַסטן, אָדער אַ סוכּה, אָנגעפּילט ביז העלפֿט מיט היי אָדער מיט וואַסער. און אויפֿן היי אָדער וואַסער ליגט אַ שטײַף באַשעפּעניש מיט קורצע הענטלעך, מיט אַ קאָפּ פֿון אַ מענטש, מיט אַן עק פֿון אַ הערינג. איבער אים שטייט אַ טערק מיט אַ שטעקעלע. אין הינטערגרונט זייַנען נאָך אָפּגעמאָלט וווּנדערלעכע זאַכן: ס׳קאָן געמאָלט זיַין – אייַזבערג, און ס׳קאָן ווידער געמאָלט זייַן אַ שטאָט מיט הייַזער.

קינדער שטייען פֿאַרן קראָם און גאַפֿן אויפֿן שילד: אַ ים־מענטש.

און פֿון דער אָפֿענער טיר פֿליט אויף דער גאַס אַרויס דאָס געטרילערייַ פֿון אַ קאַטערינקע; די צעלאָפֿענע טענער פלאָנטערן זיך צווישן די אייַליקע פֿאַרבייַגייער, ווי צעשראָקענע עופֿות און, דוכט זיך, זיי מאַכן נאָך ענגער אין גאַס.

פֿון צייַט צו צייַט ווערט די קאַטערינקע פֿאַרשטומט, ווייסן שוין די קינדער פֿון גאַס, אַז באַלד וועט פֿון אונטערן רויטן פֿאָרהאַנג אַרויסטויכן דער טערק אַליין, און זיי רוקן זיך אָפּ בייַ צייַטנס.

אָט איז ער. אַ קליינער און אַ דאַרער, אין אַ פּאָר ברייטע רויטע הויזן מיט אַ פּאָר גרויסע ברילן אויף דער גראָבער נאָז און, פֿאַרשטייט זיך, אין אַ טערקיש היטעלע. ער שטעלט זיך בייַ דער טיר. די קינדער רוקן זיך אָפּ נאָך ווייַטער: דער טערק קאָן אָפּטאָן אויף טערקיש: אָפּגיסן מיט וואַסער, אָדער נאָכוואַרפֿן אַ שטעקן. ער איז אַ רוצח, די קינדער ציטערן פֿאַר אים.

נישט שטענדיק איז אָבער דער טערק געווען אַזאַ בייזער. פֿון אָנהייב, ווען זייַנע געשעפֿטן זייַנען געגאַנגען נישט שלעכט, בעלנים אָנצוקוקן דעם ים־מענטש זייַנען געווען אַ סך, האָט דער טערק גאַנץ געמיטלעך געשפּאַסט, איבער הויפּט מיט די דינסטמיידלעך. ער האָט אַפֿילו געהאַט אַ מיידל בייַ דער קאַסע, ווייַל אַליין איז ער געווען פֿאַרנומען מיט דרייען די קאַטערינקע און דעמאָנסטרירן די חיה.

שפּעטער האָט דער עולם אויפֿגעהערט גיין. ס׳האָבן זיך אויסגענומען בעלנים. דערצו האָט זיך פֿאַרשפּרייט אַ קלאַנג, אַז די חיה איז גאָר קיין חיה נישט, אַז דאָס האָט דער טערק געדונגען אַ יִינגל, אים צוגעטשעפּעט אַן עק און האַלט אים אין אַ גלעזערנעם קאַסטן מיט וואַסער.

אַנדערע, ווידער, האָבן אייַנגעפֿונען, אַז די חיה איז יאָ אַ חיה, זי איז אָבער גאָר נישט

פֿון: **רינגען** (1), וואַרשע, 1921: ז״ז 6–14.

אַזאַ פֿאַרשווין, עס זאָל זיך לוינען צו פֿאַרקוקן אויף איר. אַ פּרצוף האָט זי מער אַ הינטישן איידער אַ מענטשלעכן, און פֿון צײַט צו צײַט בילט זי אַפֿילו אונטער. נאָר, ווי דאָרט זאָל נישט זײַן, דער עולם האָט פֿאַרלוירן דעם אינטערעס.

דער טערק האָט שוין לאַנג אָפּגעשאַפֿט זײַן קאַסירקע און אַליין האָט ער זיך אויך נישט איבערגעהאָרעוועט. ער האָט שוין, דוכט זיך, מיט זײַנע שלעכטע געשעפֿטן שלום געמאַכט. ווען ער איז אָבער געוווּיר געוואָרן, אַז מע האַלט זײַן חיה פֿאַר אַ געפֿעלשטע[ר], איז ער אַרײַן אין גרימצאָרן. פֿאַר אַ פּאָר פֿאַרשפּעטיקטע בעלנים אָנצוקוקן זײַן חיה האָט ער געאַרבעט מעשׂים, צו דערווײַזן זיי, אַז דאָ איז קיין שום פֿעלשונג נישטאָ. ער האָט אומגעדרייט די חיה אין איר קאַסטן, געשלעפּט זי פֿאַרן עק און בכלל זיך באַמיט אַרויסצורופֿן אין איר אַ פֿונק פֿון טעמפּעראַמענט. איז אָבער פּונקט דאָס מאָל אויף דער חיה אָנגעפֿאַלן אַ מעלאַנכאָליע. זי האָט זיך געלאָזט דרייען, ווי אַ גומענע, און נאָך לאַנגע שטויסענישן האָט דער טערק קוים אַרויסבאַקומען פֿון איר אַ פּיפּס.

– אַהאַ! איר הערט? – האָט ער זיך דערפֿרייט.

אָבער אַז די צוקוקער זײַנען אַוועק, איז ער ווידער טרויעריק געוואָרן.

– וואָס איז די פּעולה? – האָט ער זיך געטראַכט – זיי וועלן דעם פּיפּס אויך אָננעמען פֿאַר אַ געמאַכטן.

געקומט האָט שוין פֿון אים פֿאַר אַ פּאָר וואָכן דירה־געלט, און ער האָט זיך אויסגעלערנט דערשפּירן דעם באַלעבאָס אָנקומען מיט פֿינף מינוט פֿריִער, כּדי בײַ צײַטנס נעלם צו ווערן פֿון דער געפֿאַר. זײַן אייגן בעטל איז שוין לאַנג געשטאַנען הינטער אַ פֿאָרהאַנג, נעבן קאַסטן מיט דער חיה, און זיי האָבן אָפּטביידע צוגעהונגערט.

דער טערק איז געוואָרן אַלץ בייזער, אָבער די קינדער, וואָס פֿלעגן זיך פֿאַרזאַמלען פֿאַר זײַן טיר, אַלץ חוצפּהדיקער.

– טערק, קיין געלט האָב איך נישט, נאָר איך האָב אַ קנעפּל. לאָז מיר אַ קוק טאָן אויף דײַן ים־מענטש.

דעם פֿאָרשלאָג האָט דער טערק באַקומען אין אַ לבֿנהדיקן אָוונט, בעת ער איז געשטאַנען בײַ דער באַליכטענער טיר. און דאָס ייִנגל, וואָס האָט דעם פֿאָרשלאָג געמאַכט, האָט זיך פֿון דעסטוועגן געהאַלטן אין שאָטן.

דער טערק האָט גאָרנישט געענטפֿערט. ער האָט נאָר גענומען מעטאָדיש צומאַכן די רויטע לאָדנס.

פֿאַרשפּאַרט זיך אַליין מיט דער חיה, האָט דער טערק זיך אַוועקגעזעצט קעגן גלעזערנעם קאַסטן, אַרײַנגענומען אין ביידע הענט זײַן שמאָלן קאָפּ און אַזוי געטראַכט:

– גוט. איך האָב פֿאַרשלאָסן די טיר און דער באַלעבאָס וועט זיך דאָס מאָל נישט אַרײַנרײַסן. וואָס וועט אָבער זײַן מאָרגן?

אַזוי האָט דער טערק פֿון אָנהייב געטראַכט. שפּעטער האָט ער פֿאַר צרות אויפֿגעהערט אין גאַנצן צו טראַכטן.

און מיט אַ מאָל האָט ער זיך אַליין דערשפּירט, פֿון קאָפּ ביז צו די פֿיס, ווי ער זיצט אַזוי אויפֿן בענקל אַן אײַנגעשרומפּענער, אַ שווײַגנדיקער. ער האָט אַפֿילו דערפֿילט די קנייטשן פֿון זײַנע ברייטע רויטע הויזן, די לאַטעס אויף זײַנע שיך, די ברילן אויף דער פֿאַרשוויצטער נאָז – אַלץ, ווי ער וואָלט זיך אַליין פֿון דער זײַט אָנגעקוקט.

ער האָט דערשפּירט די שטילקייט פֿון דער שפּעטער צײַט הינטער די פֿאַרמאַכטע לאָדנס. ער האָט אין דער רגע געצווייפֿלט, צי לעבט ער גאָר, צי איז ער אין שטאַנד זײַן קאָפּ פֿון די הענט אויפֿצוהייבן, צי איז ער אין שטאַנד דאָס גאָר צו ווילן. און פֿאַר שרעק – אַליין נישט צו וויסן, ווי דאָס איז געשען – האָט ער דעם קאָפּ אויפֿגעהויבן.

גלײַך קעגן איבער אים איז אין גלעזערנעם קאַסטן געלעגן די חיה און אים שטאַר אָנגעקוקט.

צי דערשראָקן פֿון זײַן פּלוצלינגער באַוועגונג, צי מאָנענדיק עפּעס פֿרעסן, האָט זי אַ פּאַטש געטאָן מיטן עק און לײַבט אַ קוויטש געטאָן.

און אַ לענגערע צײַט זײַנען זיי אַזוי פֿאַרבליבן, דער טערק מיט זײַן חיה, פֿאַרגאַפֿט איינער אויפֿן צווייטן. דעם טערק האָט לאַנגזאַם דורכגענומען אַ פּחד. ער האָט אויפֿגעהערט צו פֿאַרשטיין די שײַכות פֿון זאַכן.

– וואָס איז דאָס? ווי קום איך צו דער דאָזיקער חיה?

יאָ, ווי קומט ער צו דער דאָזיקער חיה? אַלץ דאַרף דאָך צו האָבן זײַן אָנהייב. מענטשן האָבן אים אָפּגענאַרט: מ׳האָט אים אײַנגערעדט, אַז ס׳איז אַ ים־מענטש און אַז ער וועט דורך אים גיין אין גאָלד. און ער האָט געמאַכט אַ בײַט: אָפּגעגעבן זײַן געוועלבל מיט די טיש און בענק, מיטן טוץ שטיינערנע קאַווע־טעצלעך און מיטן אַלטן קאַווע־קעסל, און איז געוואָרן אַן אייגנטימער פֿון אַ ים־מענטש.

אַז זײַן חיה איז קיין ים־מענטש נישט – דאָס האָט ער זיך לאַנג שוין אָנגעשטויסן.

אַ שיינעם פּנים וואָלט גאָט געהאַט, ווען ער באַשאַפֿט אַזעלכע מענטשן.

וואָס איז עס אָבער פֿאַרט? קיין פֿיש נישט, קיין הונט אויך נישט. און עס לעבט. און עס בעט עסן. און עס קוקט איצט מיט אַזאַ פּאָר אויגן, אַז בײַם טערק שטעלן זיך די האָר קאַפּויער.

– גוואַלד, וואָס איז עס? ווי קום איך צו דעם?

ווי קומט ער צו דער חיה, האָט ער זיך פֿאַר קיין אופֿן נישט געקאָנט פֿאָרשטעלן. עפּעס אַ כּישוף האָט געשטעקט אין דער גאַנצער מעשׂה.

און דאָ האָט זיך די חיה אַ ריר געטאָן פֿון אָרט און דער טערק איז אויפֿגעשפּרונגען פֿון בענקל אַ פֿאַרצאַפּלטער.

– אַוועק פֿון מיר, פֿאַרזעעניש! איך האָב פּאַר דיר מורא!

ערשט איצט האָט ער צוריק דערפֿילט זײַנע אייגענע גלידער און, איין מאָל פֿון אָרט זיך אָפּגעריסן, איז ער שוין געלאָפֿן ווײַטער. ער האָט זיך באַהאַלטן הינטערן פֿאָרהאַנג און זיך אַ וואָרף געטאָן אויפֿן געלעגער מיטן פּנים אין שטרויזאַק. ער איז געלעגן אין איין ציטער־ניש, און זײַן אויער און זײַן פֿאַרטײַעט האַרץ איז געווען דאָרט, נעבן גלעזערנעם קאַסטן, בײַ

דער חיה. זײַן שרעק איז געוואַקסן. דווקא איצט, ווען קיין צושויער זײַנען נישט געווען, האָט זיך די חיה דאָרט צעשפּילט און גענומען מאַכן עפּעס מאָדנע קונצן אויף גאָר אַ משונהדיקן שטייגער. דער טערק האָט געפּילט, ווי דער פּחד קריכט אים אַרום איבערן רוקן מיט אַ סך קאַלטע און האַריקע פּיס. איין דינער פּאָרהאַנג האָט אים איצט אָפּגעטיילט פֿון אַ פֿרעמדער וועלט, פֿון אַ פֿינצטערן תּהום, ווו מע קאָן זיך לײַכט אַראָפּגליטשן און האַלטן אייביק אין פֿאַלן. ער האָט געפּילט אַז דער פּאָרהאַנג באַוועגט זיך, אַז דער תּהום ציט אים בײַ אַ שטריק. ער איז געלעגן און ווי אַ קינד אומבאַהאָלפֿן געוויינט אין שטרויזאַק אַרײַן.

– וואָס וויל זי פֿון מיר? וואָס האָט זי צו מיר? אַז איך ווייס אַפֿילו איר נאָמען נישט... וויי, וויי! אַלע מענטשן גייען אַרום אָן חיות, נאָר צו מיר איינעם האָט זיך אַ חיה צוגעטשעפּעט!

דאָ האָט זיך בײַם טערק דאָס האַרץ אין גאַנצן אָפּגעשטעלט און פּלוצלינג אָנגעהויבן וואַרפֿן זיך, ווי אַ קליינער יאָדער אין אַ צעטרייסלטער נוס. ער האָט דערהערט גאָר אַ מאָד־נעם בויטש אין וואַסער, אַזוינס, וואָס ער האָט נאָך קיין מאָל נישט געהערט. און דער פּחד אַליין האָט אים בײַ די שטײַפֿע האָר אָנגענומען, פֿון זײַן שטרויזאַק אָפּגעריסן און געצוווּנגען אַרויסצושטעקן דעם קאָפּ הינטערן פּאָרהאַנג.

עס האָט אים געצויגן אַהין, צו דער חיה, ווי אַ נאַכטפֿליג צום פֿײַער.

וואָס האָט ער הינטערן פּאָרהאַנג דערזען?

די חיה איז זיך געזעסן אויפֿן עק, האַלב פֿון וואַסער אַרויסגעשטעקט, די קורצע הענט־לעך פֿאַרשפּרייט, דעם רונדיקן, ווי פֿאַרקעמטן קאָפּ פֿאַרריסן און מיט אַ ברייטן שמייכל אַרויסגעלאָזט פֿון די נאָזלעכער אַ פֿאָנטאַנע, וואָס האָט געשפּריצט איבערן קאַסטן, אויף דר׳ערד אַראָפּ. פֿאַר תּענוג האָט זיך בײַ איר דער בויך געטרייסלט, און בײַם טערק זײַנען די אויגן פֿון זייערע נעסטן געקראָכן.

– גוואַלד, איך וועל דאָס נישט אויסהאַלטן! זי לאַכט פֿון מיר! זי ווייס יאָ ווער איך בין און איך ווייס נישט ווער זי איז... הײַנט ווער איז דאָ דער טערק און ווער איז דאָ די חיה? יאָ. ער האָט זיך די דאָזיקע פֿראַגע געשטעלט. ער האָט אָבער זיך אַ זעץ געטאָן אין קאָפּ מיט ביידע פֿויסטן, נישט צו טראַכטן. זײַן אייגענער געדאַנק האָט אים אויך געשלעפּט אין תּהום אַרײַן.

ער ליגט שוין ווידער הינטערן פּאָרהאַנג, אויף זײַן שטרויזאַק, צוגעדעקט איבערן קאָפּ, מיט וואָס ס׳איז נאָר צו דער האַנט געקומען. ער האָט נאָר איין כּוונה: זיך באַהאַלטן פֿאַר איר, זי זאָל אים נישט געפֿינען. פֿון קאַסטן מוז זי דאָך אַרויס. ס׳איז דאָך נאַריש...

איצט האָט אים געשראָקן זײַן אייגענער אָטעם, זײַן קלאַפּן מיט די ציין, דאָס גאַנצע געפּילדער וואָס האָט אָנגעמאַכט אָדער געקאָנט אָנמאַכן זײַן מאָגער און צאַפּלדיק וועזן. ער וואָלט זיך גערן דערשטיקט, אַבי נישט אַרויסצורופֿן אויף זיך ,איר׳ אויפֿמערקזאַמקייט. נאָך אַ לאַנגער צײַט, זינקענדיק אין הייסן אָטעם און קאַלטן שוויס, האָט ער דורך דעם ליאַרעם פֿון זײַן שרעק דערהערט אַרום זיך די טויטע שטילקייט. אויך הינטערן פּאָרהאַנג איז שטיל געווען. די שרעק האָט זיך געשטעלט אויף די שפּיץ פֿינגער און הינטן אַרום אַרײַנגעקוקט אים אין מוח. ער האָט קיין ווילן נישט געהאַט מיט אַ פֿינגער אַ ריר צו טאָן.

און צוויי געדאַנקען, ווי צוויי קעץ, האָבן זיך געשפּילט מיט זײַן האַרץ, מיט זײַן מוח, מיט זײַן גאַנץ וועזן, און אַריבערגעשלײַדערט אים, איינע צו דער צווייטער.

– זי שטייט שוין בײַ זײַן געלעגער...

– זי איז אין גאַנצן אַנטלאָפֿן...

דער פּחד אַליין האָט אים פֿון די דאָזיקע צוויי קעץ אויסגעלייזט. נישט מיט זײַן אייגענעם ווילן איז ער אויפֿגעשפּרונגען און צום צווייטן מאָל אַ שטעק געטאָן זײַן פֿאַרשיכּורטן קאָפּ הינטערן פֿאָרהאַנג, ווי אין דער גילאָטין אַרײַן: אַ סוף זאָל עס נעמען!

די חיה איז זיך רויִק געשלאָפֿן, צונויפֿגעקנוילט אויפֿן דעק פֿון איר קאַסטן.

דאָ איז אים ערשט געקומען אַ קלאָרער געדאַנק:

– ראַטעווען! מע דאַרף זיך ראַטעווען!

שטיל, ווי אין אַ חלום איז ער אָפּגעטראָטן פֿון פֿאָרהאַנג און שטיל האָט ער גענומען צוזאַמענבינדן זײַנע זאַכן. די שרעק האָט אים נאָך געקרודפֿט, אַז די חיה קאָן זיך אויפֿכאַפּן, ווען ער וועט פֿאַרבײַגיין. נאָר אויך דאָ האָט אים צוגעהאָלפֿן דער קלאָרער געדאַנק: ער האָט אויסגעטאָן די שיך און זיי צוגעבונדן צום פּעקל. ער האָט באַטראָטן די ערד שטיל, ווי אַ שאָטן. ער האָט זיך פֿאַרשטעלט דאָס פּנים מיט זײַן טערקיש היטעלע. ער האָט ממש פֿאַרשלאָסן דעם אָטעם אין די לונגען. און אַזוי, מיטן פּעקל אויף דער פּלייצע, האָט ער אַ שופּ געטאָן, דורך דעם פֿאָרהאַנג, פֿאַרבײַ דעם קאַסטן, ווי איינער וואָס וואַרפֿט זיך פֿון פֿײַער אין וואַסער אַרײַן. אין קאָפּ האָבן אים געקלונגען אַלע גלעקער פֿון דער וועלט, און אַלע חיות האָבן זיך געדאַרפֿט פֿון זיי אויפֿכאַפּן. נאָר דאָס מזל האָט אים אָפּגעשפּילט, און זײַן חיה האָט געהאַט דעם האַרטסטן שלאָף.

דאָס האָט ער אַלץ אָנגעהויבן זיך קלאָר צו מאַכן שוין אויף יענער זײַט טיר, ווען ער האָט אַראָפּגענומען דעם שלאָס פֿון די לונגען און מיט איין שלוק אײַנגעזאַפּט אין זיך די פֿרישע לופֿט, די שפּעטע שטילקייט און דעם צעפֿלאָסענעם לבֿנה־שײַן. ווי אַזוי ער האָט די טיר געעפֿנט האָט ער אַפֿילו נישט געפּרוּווט צו פֿאַרשטיין. ער האָט נאָר באַמערקט דעם ליכטיקן פּאַס, וואָס איז פֿון איר געפֿאַלן, און דאָס איז גענוג געווען צו פֿאַריאָגן אים ביז עק וועלט. ער האָט זיך געלאָזט לויפֿן, פֿאַרבײַ די געשלאָסענע קראָמען, פֿאַרבײַ דעם טויער פֿון הויף. נישט ווײַט איז שוין דער ראָג פֿון גאַס. דאָרט וועט ער אין אַ זײַטיקער פֿאַרלויפֿן...

– שטיי, טערק!

כאַ־כאַ־כאַ!...

אַז ער האָט געוווּסט: ער וועט זיך נישט ראַטעווען, נאַרישער טערק!...

אין דער ערשטער רגע האָט ער זיך אונטערגיביק אַראָפּגעלאָזט, פֿאַרזונקען געוואָרן אין זײַנע ברייטע הויזן, אונטערן דרוק פֿון דער פּלוצלינגער משׂא, וואָס איז אים אויפֿן קאַרק געפֿאַלן. טעמפּע ציין האָבן זיך אים אין נאַקן אײַנגעביסן און נישט אָפּגעלאָזט. קעגן די דאָזיקע ציין האָט פּראָטעסטירט זײַן גאַנץ וועזן און ער האָט זיך געפּרוּווט אַ ריס טאָן. עס האָט נישט געהאָלפֿן. אַן אײַזערנע האַנט האָט אים כּמעט צו דר׳ערד אַראָפּגעקוועטשט און לאַנגזאַם און מעכאַניש אים אויסגעדרייט מיטן פּנים אויף צוריק.

אַ פּאָר פּיס, מאַסיווע ווי די זײַלן און ברייט צעשטעלטע. באַקאַנטע צוויי פֿײַנטלעכע פּיס. העכער אַ ברייטער, פּירקאַנטיקער גוף, אויך אַ באַקאַנטער און פֿײַנטלעכער. אַ האַלבע לבֿנה־נאַכט האָט דער דאָזיקער גוף פֿאַרשטעלט. דער טערק האָט אין פֿאַרצווייפֿלטער דרייסטקייט דעם קאָפּ פֿאַרריסן. גאָר פֿון דער הייך, אים האָט אויסגעוויזן, ווי פֿון הימל אַראָפּ, האָט צו אים אַראָפּגעשמייכלט דאָס באַקאַנטע און פֿײַנטלעכע ברייטבייניקע, ברייטבערדיקע פּנים פֿון דעם פֿאַלשגלייביקן הויזווירט.

און געלאַסן־צעצויגן האָט דער קאָפּ פֿון דער הייך אַראָפּגעטרומייטערט:

– וווּהין לויפֿט דאָס עפּעס אַ טערק מיטן פּעקל אין מיטן דער נאַכט?

דער טערק האָט זיך קיין רגע נישט פֿאַרטראַכט:

– וווּהין איך לויף? אין באָד אַרײַן לויף איך.

– אַזוי!..

דער טערק האָט לאַנגזאַם דעם קאָפּ אַראָפּגעלאָזט, באַטראַכט איינעם פֿון די גרויסע פּיס און געמאָסטן מיטן אויג דעם מרחק צווישן אים און זײַנע אייגענע הינראויגן. דאַן האָט דאָס איבער אים דער הימל געפּלאַצט אין אַ באַטויבנדיקן לייבן־געברום, אַז די קני האָבן זיך אים אונטערגעבראָכן.

– און דירה־געלט האָט איר שוין באַצאָלט? דירה־געלט, פֿרעג איך!

די ריזיקע האַנט האָט אים געשאָקלט, ווי אַ שטרויענעם. דער טערק האָט זיך דערפֿילט נאָענט צו אַ ים־קרענק. ער האָט זיך געשעמט פֿאַר דער פֿײַערלעכער לבֿנה־נאַכט, וואָס איז פּלוצלינג געוואָרן פֿאַרהאָגלט מיט געשרייען.

ער האָט ווידער פֿאַרצווייפֿלט און דרייסט דעם קאָפּ פֿאַרריסן און דעם הויזווירט אין פּנים אויסגעשריִען:

– בײַ אונדז איז אַזאַ מינהג.

דער ריז איז געוואָרן אויף אַ רגע איבערראַשט פֿון אַזאַ חוצפּה.

– וואָס מינהג? ווען מינהג? קיין דירה־געלט נישט צאָלן און מיטן פּעקל אויף די פּלייצעס אַנטלויפֿן אין באָד אַרײַן נאָך האַלבער נאַכט? און אונדז איבערלאָזן אײַער פֿאַרשטונקענע חיה, וואָס קיינער ווייסט אַפֿילו נישט, וואָס דאָס איז פֿאַר אַ מין! ניין, הער טערק, בײַ אונדז גילטן אַנדערע מינהגים, נעמט אײַך אײַער חיה און גייט אײַך צו אַל די שוואַרצע יאָר! אָבער אָן דער חיה וועט איר פֿון מיר נישט אַרויס, איר הערט? נו, וועגן דעם וועלן מיר נאָך מאָרגן שמועסן. דערווײַל – מאַרש!

און דער ריז האָט אויפֿגעהויבן דעם טערק בײַם קאַרק, ווי אַ הינטל וואָס מע שלעפּט עס צו דעם אָרט ווו עס האָט זיך פֿאַרזינדיקט. אין דרײַ שפּרײַז איז ער געווען מיט אים נעבן דער אָפֿענער טיר, ווו דער ליכטיקער פּאַס האָט זיך אויסגעגאָסן, אַרײַנגעשלײַדערט אים אינעווייניק, צו דער חיה, און פֿאַרשלאָסן די טיר פֿון דרויסן.

אין דער פֿרי האָט דער הויזווירט אין באַגלייטונג פֿון פּאָליצײַ, בײַ אַ רעדל פֿון נײַגעריקע, אויפֿגעשלאָסן די טיר. דער טערק האָט זיך אויפֿגעהויבן פֿון ערגעץ אַ ווינקל און אַרויס צו

זיי אַקעגן, שוין גאָר אָן הויזן, נאָר מיט אַ פּאָר דינינקע, בלויִנקע פּיסעלעך. ער האָט זיך העפּלעך פֿאַרנייגט.

– מייַנע הערן – האָט ער אָנגעהויבן געלאַסן און סענטענצאַרטיק – מייַנע ליבע הערן און דאַמען! זייַט וויסן, אַז יעדער שטערבלעכער איז מחויבֿ צו פֿאַרבלייַבן ביזן סוף אויף דעם פּלאַץ, אויף וועלכן אַללאַה, אין זייַן גרויס קלוגשאַפֿט, האָט אים אָנגעשטעלט. און ווײ איז צו דעם בוגד!

דערבייַ האָט ער אָנגענומען די חיה בייַם עק און מיט פֿאַרשטענדעניש אַ צי געטאָן.

– קוקט, ליבע מענטשן, הערן און דאַמען, זיידעס און קינדער! דער עק איז אַן אמתער און געהערט צו דעם באַשעפֿעניש, וואָס איר זעט פֿאַר זיך. די חיה און איר עק שטעלן פֿאָר מיט זיך איין גאַנצעס, און נישט, ווי אַנדערע ווילן מיינען, אַז ער איז צוגעטשעפּעט. דאָס איז איינער פֿון אַללאַהס גרויסע וווּנדער, וואָס קיין שטערבלעכער האָט נישט דאָס רעכט צו צווייפֿלען אין זיי, אַפֿילו ווען ער פֿאַרשטייט נישט צוליב וואָס זיי זייַנען באַשאַפֿן געוואָרן און וואָס עס האָט דערבייַ צו טאָן אַ טערק.

און דאָ האָט דער טערק איבערגעריסן זייַן דרשה און זייַנע קליינע אייגעלעך האָבן געפֿלאַמט און רחמנותדיק געטרערט הינטער די גרויסע ברילן, און פֿון דער נאָז איז אים גערונען בלוט. און פּלוצלינג האָט ער זיך צעלאַכט, אָבער אַזוי צעלאַכט, אַז דער הויזווירט האָט זיך אָפּגערוקט אויף גאַנצע דרייַ טריט.

דער ריז, דער פֿאַלשגלייביקער, האָט פֿאַרלעגן געקראַצט זייַן פֿאַרוואַקסענעם נאַקן.

– אָט וואָס עס ווערט פֿון אַ טערק, אַז מע לאָזט אים נישט צו דער צייַט גיין אין באָד אַרייַן!...

רחל ה. קאָרן

# דער לעצטער וועג

די גאַנצע שטאָט האָט שוין זײַט אין דער פֿרי געוווּסט וועגן דעם נײַעם גזר. אָבער בײַ הערש־לייזער סאָקאָל אין שטוב האָט מען זיך עפּעס ווי נישט וויסנדיק געמאַכט. ביילע האָט ווי יעדן טאָג צוגעשטעלט צום קאָכן דאָס טעפּל גריץ מיט די עטלעכע אַרומשווימענדיקע האַלב פֿאַרפֿוילטע קאַרטאָפֿל, דער געטאָ־צוטיילונג, און בײַ צײַטנס געדעקט דעם טיש פֿאַר דער גאַנצער משפּחה. זיבן טעלער און זיבן לעפֿל אויסגעלייגט אין צוויי רייען, ווי אַן עירובֿ קעגן אַלעם בייזן וואָס לויערט פֿון יענער זײַט טיר.

זי פֿלעגט יעדע ווײַלע צולויפֿן דאָ צו דער טיר, דאָ צום פֿענצטער, אַ וויש טאָן מיטן פֿאַרטעך די פֿאַרע־פֿאַרלאָפֿענע שויב און אַראָפּקוקן אויף דער גאַס. אָבער אין יענעם האַרבסט־טאָג פֿון 1942 האָט מען אויף די גאַסן פֿון קליינעם גאַליצישן שטעטל נישט געזען קיין איין ייִד. פֿון צײַט צו צײַט פֿלעגט דורכגיין אַ ייִדישער פּאָליציאַנט מיט אַ פּעקל פּאַפּירן אונטערן אָרעם און פֿאַרשווינדן ווערן אין געסל וואָס פֿירט צום ‚יודענראַט'.

„דער טאַטע איז נאָך אַלץ נישטאָ", האָט זי גערעדט מער צו זיך ווי צו די שטובמענטשן. איר אַלטע שוויגער, וואָס איז געזעסן נעבן דער קיך און געפּליקט פֿעדערן אין אַ געלאַטעטער רעשעטע אַרײַן, האָט אויפֿגעשטעלט צו איר דאָס טויבלעכע אויער: „וואָס זאָגסטו, ביילע?" – „גאָרנישט, שוויגער."

פּלוצלינג האָט זיך דערהערט פֿון ווינקל, ווו די צוויי ייִנגסטע האָבן זיך געשפּילט, אַ געפּילדער און גערודער. דודל האָט געריסן סאָרקען פֿון די הענט אַרויס איר ליאַלקע און געפּאָכעט מיט אַ שטעקן: „אַז עך הייס געבן דאָס קינד, מוזטו עס געבן, אַניסטן וועל עך דעך אויך צונעמען און דו וועסט נאָך קריגן קלעפּ דערצו."

ביילע איז צוגעלאָפֿן צו די קינדער: „וואָס רודערט עך, וואָס איז אויף אײַך אָנגעפֿאַלן אין מיטן דערינען?"

„מאַמע, ער שלאָגט מעך," האָט זיך פּלוצלינג צעוויינט סאָרקע, דערפֿילנדיק דער מרטערס שוץ הינטער זיך.

„לאָז זי אָפּ, מאַמע, שוין די מינוט לאָז זי אָפּ," איז צוגעשטאַנען דער אַכטיאָריקער דוד און מיטביידע הענט געריסן צו זיך דאָס ייִנגערע שוועסטערל. „מיר שפּילן זעך אין ‚אויסזידלונג' און בײַ אויסזידלונג איז נישטאָ קיין מאַמע. דאָ מוז מען פֿאָלגן דעם פּאָליציאַנט. אַז זי האָט נישט געוואָלט געבן איר קינד, מוז זי גיין צוזאַמען מיטן קינד. זעסט, דאָ האָב איך מײַן ביקס," האָט ער אָנגעוויזן אויפֿן שטעקן.

פֿון: **נײַע דערציילונגען**. מאָנטרעאָל: קאָמיטעט, 1957, ז"ז 201–210.

„טפּו, אויף אַלע וויסטע פֿעלדער און וועלדער זאָל עס גיין. די מינוט זאָלסטו אַוועק־וואַרפֿן דעם שטעקן און גיין צו מיר. אַ שפּיל דאָס האָט זער מיר אויסגעזוכט, אַ שפּיל!"

„אַז בײַ אונדזער שכנטע מלכּה איז אַזוי געווען, ווייסטו דאָך אַליין. שמערקע־יוספֿס זון, דער פּאָליציאַנט האָט זי דאָך צוגענומען מיטן קינד, געדענקסט נישט?"

„בײַ מיר אין שטוב וויל עך נישט זען מער אַזעלכע שפּילן, הערסט? אַזאַ גרויסער יונגאַטש און דאָס פֿאַרשטייט נאָך גאָרנישט. גיי בעסער צו ליפּען, גיי."

שטענדיק, ווען די מאַמע האָט זיך נישט געקענט קיין עצה געבן מיט דודלען, פֿלעגט זי אים שיקן צום עלטסטן זון, ווײַל ליפּע איז געווען דער איינציקער וועמען דוד האָט תּמיד געפֿאָלגט.

ליפּע איז געזעסן אין דער צווייטער שטוב בײַם טיש, דעם קאָפּ אָנגעשפּאַרט אויף דער לינקער האַנט און געשריבן. ער האָט זיך נישט אויסגעדרייט און נישט אָפּגערופֿן מיט קיין איין וואָרט, ווען די מאַמע האָט זיך געשטעלט הינטער זײַן פּלייצע און געוואַרט, אַז ער זאָל איר העלפֿן אײַננעמען דאָס צעווילדעוועטע ייִנגל. אויך דודל האָט אויף עפּעס געוואַרט, איז פּלוצלינג שטיל געוואָרן און געקוקט מיט אָנגעשטרענגטע אויגן אויפֿן עלטסטן ברודער. די פֿעדער איז אין זײַן האַנט געלאָפֿן גיך, גיך איבער דעם ווײַסן בייגעלע פּאַפּיר, ווי זי וואָלט זיך געאײַלט צו עפּעס אַן אומפֿאַרמײַדלעכן סוף. און ליפּע אַליין איז דאָ בלויז אַ צוגאָב, דער אויספֿירער פֿון אַ פֿרעמדן ווילן.

ביילעס אויערן, וואַך צו יעדן מינדסטן גערויש, האָבן דערהערט עפּעס אַ מאָדנעם שאָרך פֿון קנייטשנדיקער זײַד. זי האָט אויסגעדרייט אין דער ריכטונג דעם קאָפּ און דערזען די צעעפֿנטע שאַפֿע, און צווישן אירע ביידע טירן איר טאָכטער מירלען, ווי זי נעמט אַרויס אירע קליידער און מעסט זיי אָן, איינס נאָכן צווייטן פֿאַרן שפּיגל.

„וואָס פֿאַר אַ וויסטער יום־טובֿ איז עס הײַנט אויף דיר?"

„עך וויל מיר נאָך אַ מאָל אָנמעסטן אַלע מײַנע קליידלעך, מאַמע."

ביילע האָט אַ קוק געטאָן אויף איר פֿון דער זײַט, ווי זי וואָלט געקוקט אויף אַ פֿרעמדן, ערשט אַרײַנגעקומענעם. במשך פֿון די לעצטע צוויי יאָר, לעבנדיק אין שטענדיקער פּײַן און שרעק, האָט זי אויף אירע קינדער געקוקט ווי אויף אַ טשערעדע, וועלכע זי מוז באַהיטן און אויסהיטן פֿון אַלע לויערנדיקע געפֿאַרן. ערשט אין דער רגע האָט זי דערזען, ווי מירל, איר פֿערצן־יאָריקע טאָכטער, איז אויסגעוואַקסן. אירע שפּיציקע, קינדישע אַקסלען האָבן זיך פֿאַררונדיקט, ווי זיי וואָלטן זיך געגרייט אויפֿצונעמען די לאַסט פֿון נײַע, אומבאַקאַנטע בענקשאַפֿטן. די ברוינע סאַרנע־אויגן האָבן זיך אָנגענומען מיט ערשטער, ווייכער פֿרוייִשער איבערגעגעבנקייט צום גורל.

און ווי זי וואָלט דער אונטערגעוואַקסענער טאָכטער עפּעס שולדיק געווען, וואָס זי קען נישט באַצאָלן, קען נישט פֿאַרענטפֿערן, האָט זיך ביילע, ווי אַ באַנקראָטער בעל־חובֿ, אויסגעזעצט אויפֿן בענקל און איז זיך פֿאַרגאַנגען אין אַ ווילד יאָמערלעך געוויין. איר גאַנצער צוריקגעהאַלטענער פּחד, די שרעק פֿאַרן קומענדיקן, אומפֿאַרמײַדלעכן האָט מיט אַ מאָל געפֿונען אַ זײַטיקע סטעזשקע און זיך אויפֿגעלייזט אינעם שטראָם טרערן. ביילע האָט

געוויגט דעם קאָפּ איןביידע הענט און געבליפּעט מיט אַן אָפּגעהאַקטן העשען, ווי ס׳וואָלט זיך איר ברוסט געריסן אויף שטיקער.

די צוויי קלענסטע זענען אויף שפּיץ פֿינגער אַוועק אין קיך, אַרומגענישטערט צווישן די טעפּ ווי יונגע קעצלעך. סאָרקע האָט אַ שלעפּ געטאָן מירלען פֿון דער קליידער־שאַפֿע אַוועק: „אַנו, גיב נאָר אַ שטאָך מיטן גאָפּל, צי די בולבעס זענען שוין ווייך?"

דודל איז צוגעלאָפֿן צו דער טיר: „ער וועל אַ קוק טאָן אין דרויסן ווו דער טאַטע זאַמט זער אַזוי לאַנג."

„זאָלסט זער נישט דערוועגן רירן פֿון אָרט," האָט ביילע אויפֿגעוואַכט פֿון איר פֿאַרשטאַרטקייט. „ווילסטו עפּעס אַן אומגליק, חלילה, ברענגען אויף אונדזערע קעפּ?"

אויף די טרעפּ האָבן זיך דערהערט שווערע, שלעפּנדיקע טריט, ווי זיי וואָלטן זיך גע־דונגען מיט יעדן טרעפּל באַזונדער. ליפּע האָט אַרײַנגעלייגט אין בוזעם־קעשענע די באַשרי־בענע בייגעלעך פֿאַפּיר און איז געלאָפֿן עפֿענען די דרויסנדיקע טיר, וואָס איז זײַט דער צײַט, ווען די דײַטשן זענען אַרײַנגעקומען, געווען שטענדיק פֿאַרריגלט און פֿאַרמאַכט מיט אַ שליסל.

ביידע, דער טאַטע מיטן זון, האָבן זיך אָנגעקוקט אַ ווײַלע. דעם זונס אויגן האָבן גע־מאָנט, געפֿאָדערט אַ חלק פֿון דעם, וואָס דער טאַטע ווייס עס שוין און וואָס דאַרף דערווײַלע בלײַבן אַ סוד פֿאַר אַלע איבעריקע אין שטוב.

דער פֿאָטער האָט אַראָפּגעלאָזט דעם קאָפּ, ווי ער וואָלט אַליין געווען שולדיק פֿאַר דעם, וואָס עס קומט איצט פֿאָר, שולדיק פֿאַר וואָס ער האָט אַ מאָל גענומען אַ ווײַב און געבראַכט קינדער אויף דער וועלט, וועלכע ער איז איצט נישט אין שטאַנד צו באַשיצן. ביילע האָט בלויז איין קוק געגעבן אויף איר מאַן און זי האָט שוין נישט באַדאַרפֿט גאָרנישט פֿרעגן. די קנייטשן אויף הערש־לייזערס פּנים זענען מיט אַ מאָל געוואָרן טיפֿער און פֿאַר־צויגן מיט גראָקייט, ווי זיי וואָלטן אין זיך אַרײַנגענומען דעם גאַנצן שטויב פֿון דער גאַס, די נאָז אויסגעצויגן, פֿאַרשפּיצט ווי בײַ אַ מת, און די שטענדיק צוגעגלעטע שוואַרצלעכע באָרד – צעקנייטשט, איבערגעקערט אַרויף מיט איר גאַנצער, ביז איצט פֿאַרבאַהאַלטענער גראָקייט.

„וועסט זער גיין וואַשן די הענט, הערש־לייזער?"

„יאָ, מ׳עט גיין צום טיש", האָט ער געענטפֿערט שטיל.

מע האָט געגעסן שווײַגנדיק און קיינער האָט נישט געקוקט, וואָס און וויפֿל ער נעמט אָן מיטן לעפֿל, יעדן ביסן אַראָפּגעשלונגען האַלב צעקײַט. אויך די קינדער, שוין צוגעוווינטע צו שרעק און פּחד, האָבן געפֿילט, אַז עפּעס גרייט זיך דאָ און מע טאָר אַפֿילו נישט פֿרעגן וואָס.

ווען אַ לעפֿל האָט זיך אומגעריכט אָנגעשלאָגן מיט אַ קלונג אָן דעם ראַנד פֿון טעלער, האָבן זיך אַלע אויפֿגעכאַפּט ווי פֿאַרציטערטע, און מיט אַ בייזן פֿאָרוווּרף געקוקט אין יענער זײַט. נאָר די באָבע, ווי זי וואָלט געווען פֿאַרטאָן בלויז מיטן עסן, האָט געפֿירט פּאַמעלעך צו די אָנציינערדיקע יאַסלעס איין לעפֿל נאָכן צווייטן.

דער ערשטער האָט זיך אויפֿגעהויבן הערש־לייזער. ער האָט אַ וויש געטאָן מיט דער פֿאַרקערטער האַנטפֿלאַך איבער די וואָנצעס און אָנגעהויבן שפּאַנען איבער דער שטוב הין און צוריק מיט שווערע געמאָסטענע שריט. ווען ביילע האָט אָנגעהויבן אָפּצורוימען דאָס געפּעס פֿון טיש, האָט ער צו איר אַ מאַך געטאָן מיט דער האַנט: „מע דאַרף נישט, ביילע."

זי האָט אַראָפּגעלאָזט ביידע הענט, ווי זיי וואָלטן איר פּלוצלינג געוואָרן איבעריק און זיך פּלוצלינג געשטעלט אַנטקעגן מאַן, פֿאַרשטעלנדיק אים דעם וועג צום ווײַטערן שפּאַנען.

„ביסט עפּעס נײַעס געוווּיר געוואָרן? איז דאָס אַלץ אמת וואָס מע זאָגט?"

„אמת, אַלץ אמת, ביילע." דעם מאַנס קול איז געוואָרן הייזעריק און צעגעדושעט, גלײַך דאָרט אין דער קעל וואָלט פּלוצלינג אָנגעוואַקסן עפּעס געדיכטס און שטעכעדיקס. „שוין אויסגעקלעפּט פּלאַקאַטן אויף די ווענט און סלופּעס. אין צוויי שעה אַרום מוז פֿון יעדער משפּחה צוגעשטעלט ווערן איין מענטש, פֿאַרשטייסט, די משפּחה מוז אַליין אויסקלײַבן דעם קרבן, פֿאַרשטייסט, אַלע מוזן אויסקלײַבן איינעם. ווײַל אַניסטן וועט מען נעמען אַלע, אַלע, וואָס געפֿינען זיך אין שטוב, אָן אויסנאַם אַלע, און אַזוי לאָזן אונדז די דײַטשן פֿרײַען אויסוואַל, הערסט ביילע, פֿ ר ײַ ע ן א ו י ס ו ו אַ ל!"

אַלע זענען געבליבן ווי פֿאַרשטאַרט. קיינער האָט זיך נישט געחידושט. אויף אַלץ קען מען זיך ריכטן בײַ די דײַטשן. איינער האָט געקוקט אויפֿן צווייטן. ווער, ווער פֿון זיי וועט גיין, גיין אַהין, פֿון וואַנען מע קערט זיך שוין קיין מאָל נישט צוריק. ס'האָט מיט אַ מאָל אַ ווייע געטאָן מיט פֿרעמדקייט. איינער אין צווייטן האָט שוין געזען דעם קרבן. איינער אין צווייטן האָט שוין געזען דעם קעגנער.

און וועמען וועט מען אויסקלײַבן, און ווער וועט אויסקלײַבן? מיט וואָס פֿאַר אַ מאָס וועט מען מעסטן, מיט וואָס פֿאַר אַ וואָג וועט מען וועגן, כּדי צו קענען באַשטימען, ווער עס דאַרף שטאַרבן שוין איצט און ווער עס איז ראָוי צו בלײַבן לעבן, דערווײַל.

„אויב אַזוי," האָט מאָדנע רויִק אַ זאָג געטאָן ליפּע, נישט אומקוקנדיק זיך אויף די געבויגענע קעפּ, און האָט אָפּגעהאַקט אין מיטן. גלײַך ווי די שווערקייט פֿון די נאָר וואָס אַרויסגעזאָגטע ווערטער וואָלט געווען אַ צו גרויסע לאַסט פֿאַר די ציטערדיקע פּיס, האָבן זיך אַלע צוגעזעצט. יעדער האָט פֿאַר זיך געזוכט דאָס נידעריקסטע בענקל, ווי ער וואָלט זיך בײַ צײַטנס געזעצט שיבֿעה נאָך זיך אַליין.

ביילע האָט אַרומגעכאַפּט די צוויי ייִנגסטע, ווי זי וואָלט זיי געוואָלט פֿאַרדעקן מיט אירע הענט, פֿאַרצוימען יעדן צוגאַנג צו זיי.

די דערוואַקסענע האָבן אין די געדאַנקען אָנגעהויבן חשבונען יעדנס יאָרן באַזונדער, סײַ די אָפּגעלעבטע, סײַ די וואָס זענען זיי באַשערט. מ'האָט געחשבונט די קנייטשן אויפֿן פּנים און די אָדערן אויף די הענט.

דער פֿאָטער קען נישט גיין – דאָס איז קלאָר. ער איז דער פֿאַרזאָרגער, דער שפּײַזער פֿון דער גאַנצער משפּחה. די מאַמע אַוודאי נישט. וואָס וואָלט געוואָרן פֿון די קלענערע קינדער אָן איר. ליפּע – וואָס האָט ער געהאַט פֿון לעבן בײַ זײַנע פֿיר און צוואַנציק יאָר, צוויי

פֿון זיי אָפּגעפֿינצטערטע אונטער היטלערס ממשלה? לאָז ער נאָך אַ טראַכט טאָן אַ ווײַלע. אפֿשר זאָל ער זיך טאַקע אַרויסשאַרן פֿון שטוב און פּטור. די מאַמע וועט קלאָגן, רײַסן זיך די האָר פֿון קאָפּ, דער פֿאָטער וועט אויפֿברילן פֿון ווייטיק, ווען ער וועט זאָגן קדיש נאָך זײַן זון, דודל וועט אים אַרומזוכן יעדן טאָג, נישט קענען באַנעמען, אַז זײַן ליפּע איז מער נישטאָ. אָבער אין דער ערשטער רגע וועלן זיי אַלע פֿרײַער אָפּאָטעמען, וואָס ער האָט זיי אויסגעלייזט, זיי באַפֿרײַט פֿון דעם מוז צו ווערן תּלינים איבער אייגענעם בלוט און פֿלייש.

אין די געדאַנקען האָט ער זיך אָנגעהויבן צו געזעגענען מיט אַלע. מאָרגן וועט ער דאָ מער נישט זײַן. אַלץ וועט בלײַבן אויפֿן אָרט, נאָר ער וועט מער נישט זײַן. נישט זען די זון, דעם הימל, דעם אַלטן זייגער אויפֿן קאַמאָד. ער האָט אַ טאַפּ געטאָן די בוזעם־קעשענע, אַרויסגענומען דאָס זייגערל און דאָס ביסל געלט, וואָס ער האָט דאָרט געהאַלטן און אַזוי, אַז קיינער זאָל נישט זען, אַרונטערגערוקט עס אונטערן זייגער. צוזאַמען מיט די געלט־אַסיגנאַציעס האָבן זיך מיטגעשלעפּט די באַשריבענע בייגעלעך פּאַפּיר. יאָ, דאָס איז דאָך דער בריוו צו עלקען. דער לעצטער בריוו. ער מוז אים איבערגעבן עפּעס אַ פּאָליאַק. ווײַל עלקע טאָר נישט באַקומען אַ בריוו פֿון געטאָ. זי לעבט דאָרט אויף אַרישע פּאַפּירן, אַלס פּאָלקע. זי האָט אים ערשט נישט לאַנג צו וויסן געגעבן, אַז זי גרייט אויך צו פֿאַר אים אַזעלכע פּאַפּירן מיט חתימות און אונטערשריפֿטן. זיי וועלן ביידע אַוועקפֿאָרן אין אַ גרעסערער שטאָט, וווּ ס׳איז זיך לײַכטער אויסצובאַהאַלטן.

איז דען נישטאָ קיינער וואָס זאָל גיין אַנשטאָט אים? און די באָבע, די אַלטע באָבע? ליפּעס בליק, וואָס האָט געזוכט די באָבע, האָט זיך איבער איר קאָפּ צונויפֿגעטראָפֿן מיט די אויגן פֿון טאַטע־מאַמע. זיי האָבן אָפּגעבלעטערט אירע יאָרן ווי חשוונדיקע בלעטער פֿון אַ בוים, ביז דער שטאַם בלײַבט נאַקעט און נישט באַוואָרנט. אָבער קיינער האָט נישט געוואַגט הויך אַרויסצוזאָגן זײַן געדאַנק, קיינער האָט נישט געוואַגט צו זאָגן „גיי", ווערן באַלעבאָס איבער די עטלעכע שמאַטעדיקע יאָרן פֿון איר לעבן.

אונטער די בליקן וואָס האָבן זיך אײַנגעגעסן אין איר, האָט זיך די אַלטע געבומען אײַנקאָרטשען, זיך אַרײַנגערוקט אין איר בענקל מיטן גאַנצן גוף, ווי זי וואָלט וועלן פֿאַרשווינדן אין גאַנצן פֿון דער אייבערפֿלאַך, דערפֿאַר וואָס טיפֿער אַרײַנוואַקסן, אײַנוואָרצלען זיך אין דעם שטיקל באָדן אונטער איר, כּדי מע זאָל אים פֿון איר נישט קענען אַוועקרײַסן פֿון אונטער די פֿיס. אַלעמענס חושים זענען אין דער רגע געוואָרן וואַכער, צוגעשפּיצטער. יעדן איינעמס געדאַנקען זענען געלעגן אָפֿן פֿאַרן צווייטן אין אָט די מינוטן פֿון העכסטער, זעלישער אָנשטרענגונג. נאָר דער באָבעס טראַכטענישן זענען געווען פֿאַר זיי פֿאַרמאַכט, פּונקט ווי אירע צוויי האַלב פֿאַרלאָשענע אויגן. זי האָט זיך פֿאַרשלאָסן אין זיך אַליין אין דער דאָזיקער אָפּוועג פֿאַרן טויט. זי האָט זיך מיט אַ מאָל געפֿילט אַזוי אַליין, אַזוי פֿאַראייניזאַמט אין קרײַז פֿון איר אייגענער משפּחה, לעבן דעם זון, וועלכן זי האָט געבוירן און אויסגעהאָדעוועט. אייגן פֿלייש און בלוט – און אויך זײַנע אויגן זוכן זי אַרום, טײַטלען אויף איר. דעריבער וועט זי זיך ווערן קעגן זיי אַלע מיט אירע לעצטע כּוחות. ס׳איז קיינער נישטאָ וועגן ס׳זאָל זיך אָננעמען פֿאַר איר, ווער עס זאָל זי כאָטש אַרומנעמען מיט דער מחיצה פֿון

אַ וואַרעמען בליק. דעמאָלט וואָלט לייַכטער געווען צו מאַכן דעם לעצטן סך־הכּל, ווען מע ווייסט, אַז מע וועט עמעצן אויספֿעלן. זיי מיינען, אַז אַן אַלטן קומט אָן לייַכטער דאָס שטאַרבן. אפֿשר איז עס טאַקע אַזוי, ווען דער טויט קומט אַליין, צום אייגענעם בעט צו. אָבער אַזוי גיין, אים אַנטקעגנטראָגן דאָס בינטל אָפּגעלעבטע ביינער. שאַ, זי איז נאָך נישט פֿאַרטיק געוואָרן מיט אַלץ. זי מוז נאָך איין מאָל דורכטראַכטן איר גאַנץ לעבן, פֿון אָנהייב ביזן סוף. ווי זי איז נאָך געווען אַ קינד בײַ איר מאַמען. זי איז דאָך אויך געווען אַ מאָל אַ קינד, ווי איר זון, ווי אירע אייניקלעך. די מאַמע האָט זי געהאַלטן אויפֿן שויס, ווי ביילע סאָרקען. „מאַמע, מאַמע,“ האָבן אירע בלאָע ליפּן אָנגעהויבן צו פּרעפּלען, צוריקרופֿן זי פֿון יענער וועלט. „מאַמע,“ האָט זי זיך געבעטן ווי אַ מאָל קינדווייַז, ווען מ׳האָט זי געוואָלט שלאָגן. זי האָט שוין כּמעט פֿאַרגעסן, ווי איר מאַמע האָט אויסגעזען, איר בילד איז ווי אויסגעזשאַווערט געוואָרן דורך די יאָרן. צוויי גרויסע, שווערע טרערן האָבן זיך אַראָפּגעקייַקלט פֿון אונטער די פֿאַרמאַכטע וויִעס, אַרייַנגעפֿאַלן אין דער נעץ פֿון די קנייטשן וואָס האָבן זיי צעפֿירט איבער דער גאַנצער לענג פֿון פּנים.

און שפּעטער – זי אַלס כּלה־מיידל. דודן האָט זי געזען בלויז איין מאָל, בײַ די תּנאָים, אָבער אַלע אירע מיידלשע חלומות זענען שוין געווען פֿול מיט אים. און, אַז מ׳האָט גענר־מען די חתונה־קליידער, האָט זי זיך אײַנגעשפּאַרט, אַז זי וויל האָבן צו דער חופּה דאָס, פֿון טײַערסטן שטאָף, די בלאָ שאַנזשירטע זײַד מיטן ראָזלעכן גלאַנץ און די ראָזע אײַנגעוועבטע בלומען, זי זאָל דודן געפֿעלן, ווען ער וועט אויף איר אַ קוק טאָן. ס׳איז געהאָנגען אין דער שאַפֿע ביז נישט לאַנג, נישט געלאָזט קיינעם צורירן זיך צו אים. ערשט מיט עטלעכע חדשים צוריק האָט זי עס געלאָזט איבערנייען פֿאַר מירלען. ווײַל מירל איז פּונקט אין איר געראָטן, אַז זי קוקט אויף מירלען זעט זי זיך אַליין אין יענע יאָרן.

דער זייגער האָט אַ שאַרפֿן קלונג געטאָן. איין מאָל און דאָס צווייטע. אַלע האָבן זיך מיט אַ מאָל אויפֿגעכאַפּט. שוין, שוין באַלד. ביז איצט האָט נאָך יעדער באַזונדער געוואַרט, אַז עפּעס וועט געשען. עפּעס אַ נס. אָבער איצט איז שוין נישט פֿאַרבליבן אַפֿילו קיין גאַנצע שעה.

מירל האָט זיך געטאָן אַ שטעל אויף אין איר גאַנצער גרייס. זי האָט אַ כאַפּ געטאָן פֿון הענגער איר מענטעלע און געבליבן שטיין אין מיטן שטוב.

„עך גיי.“

אַלע האָבן אויסגעדרייט צו איר די קעפּ.

זי איז געשטאַנען אין דעם בלאָ־ראָזע שאַנזשירטן קליידל, איבערגענייט פֿון דער באָבעס חופּה־טראַכט, וואָס זי האָט פֿאַרגעסן אויסצוטאָן, ווען די מאַמע האָט זיך צעשריגן אויף איר בײַם אָנמעסטן עס, אָדער עס בכּיוון איבערגעלאָזט אויף זיך. צי האָט זי דאָס קליידל געמאַכט עלטער, דערוואַקסענער, צי אירע פֿאַרעקשנטע פֿאַרקלעמטע ליפּן, אַלעמען האָט זיך אויסגעוויזן, אַז מירל איז אין אָט די עטלעכע שעה געוואָרן מיט אַ קאָפּ העכער.

„וווּהין גיין, וואָס גיין?“ איז צו איר צוגעקומען דער טאַטע מיט רויט פֿאַרלאָפֿענע, אַרויסשטאַרצנדיקע אויגן.

„דו ווייסט אַליין וווּהין. זײַט אַלע געזונט.“

און זי איז שוין געווען בײַ דער טיר.

מיט איין ברייטן, ווילדן שפּרונג איז דער טאַטע געווען בײַ איר, זי אַ ריס געטאָן בײַם אַרבל.

„שוין זאָלסטו מיר צוריקגיין, שוין, אַניט וועט זיך טאָן חושך, הערסט?“

מירל האָט זיך אָנגעהויבן צו ראַנגלען מיטן פֿאָטערס הענט. עס האָט זיך דערהערט אַ שאַרפֿער סוויטש ווי פֿון אַ בײַטש. דאָס האָט געפּלאַצט דאָס אַלטע, פֿאַרלעגערטע זײַדנס פֿון מירלס אַרבל.

אַלע האָבן זיך צוגעקוקט, אָבער קיינער האָט זיך נישט גערירט פֿון אָרט, נישט אויף אָפּצוהאַלטן דעם פֿאָטער און נישט אויף צו העלפֿן מירלען.

מיט איין האַנט האָט הערש־לייזער צוגעהאַלטן די טאָכטער און מיט דער צווייטער אָפּגעשפּיליעט דעם רימען פֿון די הויזן.

וואָס דאָ קומט פֿאָר האָט קיינער נישט געקענט פֿאַרשטיין. דער פֿאָטער גייט איצט, גראָד איצט שלאָגן מירלען, דאָס ליבסטע קינד זײַנס, וואָס ער האָט קיין מאָל מיט קיין פֿינ־גער נישט אָנגערירט? שטענדיק האָט ער איר מיטגעבראַכט עפּעס אַ מתּנה, נישט די צוויי ייִנגסטע, נאָר דווקא איר, מירלען. נישט אַנדערש, נאָר דאָס משוגעת, וואָס יעדער פֿילט אָנוואַקסן אין זיך און האַלט עס מיט אַלע כּוחות צוריק, איז בײַ אים פּלוצלינג רײַף געוואָרן, ווי אַ מכּה, וואָס ציט, ציט און רײַסט אויף.

ענדלעך האָט ער געהאַלטן דעם רימען אין דער האַנט. געמאַכט פֿון אים איבער מירלס קאָפּ, ווי אַ פּעטליע צום דערשטיקן. ער האָט אים אַראָפּגעלאָזט אויף אירע אַקסלען, דאַן נידעריקער צו דער טאַליע און אים פֿאַרצויגן אַרום איר, און ווי מע בינדט אַרום אַ סנאָפּ תּבֿואה אין פֿעלד. ער האָט עטלעכע מאָל אַ פּרווו געטאָן צי דער רימען איז גענוג שטאַרק פֿאַרבונדן, דאַן אָנגענומען דעם לויזן עק מיט דער האַנט און נאָכשלעפּנדיק מירלען נאָך זיך, ווי אַ געבונדן קעלבל צוגעפֿירט זי צום דעמבענעם טיש. ער האָט זיך אַראָפּגעבויגן און מיט דעם עק פֿון רימען דרײַ מאָל אַרומגעוויקלט דעם שווערן פֿוס פֿון טיש. דאַן געמאַכט איין קניפּ אויפֿן צווייטן און מיט די ציין זיי דורכגעצויגן דורכן שמאָלן רימענעם לעבל. דערנאָך האָט ער אַ פֿיר געטאָן מיט דער האַנט איבער דעם נאַסן שטערן, ווי ער וואָלט געוואָלט אַראָפּשאַרן די פּערלדיקע טראָפּנס שווייס. דאַן איז ער געבליבן זיצן מיט ביידע הענט פֿאַרלייגטע אויף די קניִען, אָטעמענדיק שווער און אָפּגעהאַקט.

מירל איז געבליבן אויף די קני[ען], ווי דער פֿאָטער האָט זי געלאָז[ט], דעם קאָפּ אָנגע־שפּאַרט אָן דעם טישקאַנט, ווי פֿאַרגליווערט און אין גאַנצן אויסגעשעפּט פֿון דער לעצטער אָנשטרענגונג. צום ערשטן מאָל האָט זיך איר יונג לעבן אַ ריס געטאָן צו עפּעס – נו זאָל עס זײַן צום טויט, איז וואָס? זי האָט זיך געלאָזט גיין, ווי ס׳גייט אַ כּלה אַנטקעגן איר חתן. פֿון

אין דער פֿרי אָן האָט זי זיך געגרייט דערצו. און דער באָבעס חופּה־קלייד איז פֿאַרשעמט געוואָרן. און דער טאַטע, איר געטרײַער טאַטע, וואָס פֿאַרשטייט זי בעסער פֿון אַלעמען, אַפֿילו פֿון דער מאַמען, האָט זי אַזוי פֿאַרשעמט. נישט געלאָזט גאָט זאָל אָננעמען איר קרבן. יצחק האָט יאָ געקענט גיין און זי נישט? און אַבֿרהם האָט אים נאָך אַליין געפֿירט, בײַ דער האַנט געפֿירט, און ער האָט דאָך געוווּסט, אַלץ געוווּסט, וואָס גאָט פֿאַרלאַנגט פֿון אים. און דאָ ווילן אַלע, יאָ זי זעט עס דאָך, אַלע ווילן, אַז די באָבע זאָל גיין. האָט דען די באָבע כּוח צו שלעפּן זיך ערגעץ ווײַט, ווײַט אויף אירע קראַנקע פֿיס? און וואָס פֿאַר אַ ווערט האָט דען דער קרבן פֿון אַן אַלטן מענטשן, וואָס דאַרף סײַ ווי באַלד שטאַרבן?

צום ערשטן מאָל אין איר לעבן האָט זי דערפֿילט אַ האַס צו איר פֿאָטער. זי האָט זיך מיט כּעס אַ ריס געטאָן פֿון אָרט, געוואָלט זיך אויפֿשטעלן, אָבער דער רימען, אָן וועלכן זי האָט געהאַט פֿאַרגעסן, האָט זיך נאָך טיפֿער אַרײַנגעשניטן אין איר לײַב. זי האָט געגעבן אַ פֿאַל צוריק און איז שוין אַזוי פֿאַרבליבן ליגן אויף דער פּאָדלאָגע אויסגעצויגן, דעם קאָפּ פֿאַרגראָבן אין ביידע הענט.

דער פֿאַס ליכט, וואָס איז אַרײַנגעפֿאַלן דורכן פֿענצטער, האָט זיך געצויגן, געצויגן מיט דער פּאָדלאָגע, ביז ער האָט זיך אַוועקגעלייגט בײַ אירע פֿיס. דאָרט ווּ די פֿאַסמע ליכט איז געפֿאַלן, האָבן אָנגעהויבן צו שימערירן די אײַנגעוועבטע אין בלאָ שאַנזשירטן זײַד ראָז־לעבע בלומען, ווי אויפֿגעוועקטע צו אַ נײַעם לעבן. אין שטוב איז אויף ס׳נײַ געוואָרן שטיל. עס האָט זיך דײַטלעך געהערט דאָס זשומען פֿון אַ לעצטער פֿליג, וואָס האָט געזוכט אַ ווינקל ווּ זי זאָל זיך קענען רויִק אַוועקזעצן, פֿון וואַנען קיינער זאָל זי נישט אַראָפּטרײַבן, דאָס ווינקל פֿאַר איר לעצטן ווינטערדיקן שלאָף.

מען איז געזעסן מיט אַראָפּגעלאָזטע קעפּ. זאָל שוין קומען וואָס עס וויל. זאָל די אַנטשיידונג קומען פֿון דרויסן, פֿון אויסנווייניק. און אויב אַלע וועלן מוזן גיין אַנשטאָט איינעם, טאָ זאָל שוין זײַן אַזוי. אויב דער וואָס אויבן וויל עס, אויב ער קען דערצו דערלאָזן, וועט מען עס אָננעמען פֿאַר ליב.

דער זייגער אויף דער קאַמאָד האָט געמאָסטן די שטילקייט מיט זײַן רויִקן טיק־טאַק, מיט די ווײַזערס געררוקט זיך איבערן ווײַסן ציפֿערבלאַט צו דער באַשטימטער שעה צו, גלײַך ער וואָלט זי געוואָלט אַרײַנכאַפּן אין זיי ווי אין שוואַרצע צוואַנגען.

מיט אַ מאָל האָט דער טאַטע אויסגעדרייט דעם קאָפּ און שוין האָבן אַלע אויגן נאָכ־געפֿאָלגט אין דער ריכטונג. דער באָבעס בענקל איז געווען ליידיק. אַלע זענען געווען אַזוי פֿאַרנומען מיט די אייגענע מחשבֿות, אַז קיינער האָט אַפֿילו נישט באַמערקט, ווען זי האָט זיך אויפֿגעהויבן. ווּ איז זי? ווען האָט זי זיך אַרויסגעשאַרט פֿון שטוב, אַזוי שטיל, אַז קיינער האָט נישט געהערט? דאָס האָט דאָך געמוזט געשען ערשט מיט עטלעכע מינוט צוריק.

אַלע האָבן זיך אָנגעהויבן אַרומקוקן, נישטערן מיט די אויגן אין די שטובווינקלען. פּלוצלינג האָט זיך אויף דער שויב פֿון דער גלעזערנער טיר, וואָס פֿירט פֿון שטוב צום פּאָדערצימער, באַוויזן אַ שאָטן. דער שאָטן האָט אָנגעהויבן זיך צו דערנענטערן ביז ער האָט פֿאַרנומען מיט זיך די גאַנצע שויב. אַלעמענס אויגן האָבן זיך אויסגעקערעוועט אַהין.

יאָ, ס׳איז געווען די באָבע. אין איר אַלטער, שוואַרצער, יום־טובֿדיקער ראָטאָנדע. זי האָט געהאַלטן אַ קליין טלומיקל אונטערן אָרעם, ווי אַ סידורל, ווען זי פֿלעגט גיין צום דאַווענען. איין האַנט האָט אַרומגעקלאַמערט איר שטעקן, מיט דער צווייטער האָט זי פּאַמעלעך געעפֿנט די פֿאַרקייטלטע דרויסנדיקע טיר. באַלד האָט זיך די טיר געגעבן צוריק אַ וויג אַרײַן אין די אַנגלען.

קיינער האָט זיך נישט אויפֿגעהויבן פֿון אָרט. קיינער האָט זי נישט אַ רוף געטאָן צוריק. אַלע זענען געבליבן אַזוי ווי זיי זענען געזעסן ביז איצט. נאָר די קעפּ האָבן זיך אַראָפּגעלאָזט נאָך טיפֿער, טיפֿער, ווי זייער אָרט וואָלט געווען דאָרט, בײַ די פֿיס, אינעם שטויב פֿון דער פּאָדלאָגע.

רחל ה. קאָרן

# מייַן היים און איך

## דאָס ראָז־געשטרייַפּטע זעקעלע

אַ לענגלעך זעקל פֿון ראָז־געשטרייַפּטן לייַוונט, וואָס מ׳האָט ביַי אונדז גערופֿן ,גראַ־דל׳ און באַנוצט פֿאַר ציכן און ציכעלעך. מסתּם איז געבליבן פֿון דער ,אויסשטייַער׳ אַ רעשטל, האָט מען פֿון דעם אויפֿגענייט דאָס זעקעלע. אין דעם דאָזיקן זעקעלע געפֿינט זיך אַ גאַנצער ,אוצר׳ – פֿאַרשידענע קאָלירטע קנוילעכלעך זייַד און באַנוול צום שטריקן און אויסנייען, שטיקער פּיאָלעטע קאַנווע מיט אָנגעהויבענע מוסטערן פֿון בלומען און פֿייגל אין קרייצשטעך, מוסטערן, וואָס זענען קיין מאָל נישט געוואָרן פֿאַרענדיקט. חוץ דעם גע־פֿינען זיך אין זעקעלע גאַנצע שטיקער זייַדנס, סאַמעט, בראָקאַט און פּשוטע צווערנס און פּערקאַלן. רעשטלעך, וואָס זענען געבליבן פֿון מייַן מאַמעס אויסשטייַער און די ערלעכע שנייַדערינס האָבן זיי צוריקגעגעבן, טאָמער וועט מען אַ מאָל דאַרפֿן פֿאַרריכטן אַ ריס, אַרייַנזעצן אַ לאַטע, אָדער אָנשטיקעווען אַ קלייד אין דער ברייט. לויט איך געדענק, האָט מען די דאָזיקע רעשטלעך קיין מאָל נישט באַניצט, מחמת די אַלע בראָקאַטענע, זייַדענע קליידער, באַשטימט צום טראָגן אין אַ גרויסער שטאָט, זענען געהאָנגען אין דער שאַפּע און בלויז איין מאָל אַ יאָר, ערבֿ פּסח, האָט מען זיי אַרויסגענומען צום אויסלופֿטערן. שיין וואָלטן אויסגעזען די קליידער מיט די לאַנגע שלעפּן אין די פּידליסיקער בלאָטעס!

און שפּעטער איז שוין געוואָרן אַ מינהג – פֿון אַלץ וואָס מ׳האָט געלאָזט נייען, זענען די איבערגעבליבענע שטיקלעך ,וואַרע׳ (סחורה) אַרייַן אין דער סודותדיקער טיפֿעניש פֿון ראָז־געשטרייַפּטן זעקל. מייַן גרעסטער טרוים איז געווען אַרויסצובאַקומען פֿון דער דאָזיקער סודותדיקער טיפֿעניש די פֿאַרביקסטע שטיקלעך זייַד און סאַמעט, כּדי אויפֿצו־נייען פֿון זיי קלײדלעך פֿאַר מייַנע ליאַלקעס. איך האָב אָבער נישט געוואַגט צוצורירן זיך צום זעקל, וואָס איז געלעגן אויפֿן סאַמע דנאָ פֿון גרויסן קופֿערט, וואָס איז געשטאַנען אין שלאָפֿצימער אונטערן סאַמע פֿענצטער. גאַנץ טיף, אונטער דעם שימערירנדיקן ,אוצר׳ איז געלעגן אַ צונויפֿגעבונדן פּעקעלע בריוו. די בריוו פֿון מייַן מאַמעס ערשטן חתן. בייַם אויסזוכן אַ פּאַסיק קנוילעכל פֿאָדעם פֿלעגן זיי אויפֿשאָרכן אונטער מייַן מאַמעס פֿינגער ווי טרוקענע, חשוונדיקע בלעטער.

אַ גאַנצע וואָך האָב איך געוואַרט מיט אומגעדולד אויף דעם זונטיקדיקן נאָכמיטאָג. זונטיק נאָך מיטאָג פֿלעגן די פּאַראָבקעס אין זייערע פֿרישע לניאַנע[1] העמדער שלאָפֿן

1 Lniany (פּויליש) – לייַוונטן.

פֿונעם טיפּאָסקריפּט וואָס געפֿינט זיך אין דער ייִדישער פֿאָלקס־ביבליאָטעק אין מאָנטרעאָל. דער טעקסט איז דערגאַנצט לויט דער פּובליקאַציע אין: **יובֿל־בוך פֿון קענעדער אָדלער**. מאָנטרעאָל, 1957, ז״ז 84–87.

– װינטערצײַט אױף די ברײטע פּעקאַלעקס[2] (אױװונס) און זומערצײַט אונטער די בײמער אױף דעם אױסגעװואַרעמטן גראָז. די שטובדינסטן זענען אַװעק אין דאָרף צו זײערע טאַטע־מאַמע, און די פֿאַסטעכער זענען סײַ זומער, סײַ װינטער געװען פֿאַרנומען מיט די בהמות.

די קעץ, װאָס פֿלעגן נישט אָפּטרעטן פֿון מײַן מאַמען, האָבן אַרײַנגעפּרעפּלט אין דער אַנטשטאַנענער שטילקײט זײער געבעט. דער זײגער, װאָס איז געהאָנגען אױף דער װאַנט, װי אַ גרױסע, טונקעלע שפּין, האָט אַרײַנגעשפּונען מינוטן און שעהען אין דער פֿון װאָכע־דיקן רעש אױסגעלײדיקטער שטוב. דאָס איז געװען די צײַט, װען מײַן מאַמע פֿלעג זיך אַריבערבײגן איבערן קופּערט און אַרױסנעמען פֿון דאָרט דאָס זעקעלע. זי האָט אָנגעהױבן אױסצונײען אױף דער קאַנװע, אָדער פֿאַרריכטן אַ ציכעלע; אָבער באַלד האָבן זיך אירע הענט אַראָפּגעלאָזט און איר בליק האָט אַװעקגעבלאָנדזשעט איבער די שפּיצן פֿון בײמער צו אַ פֿאַר מיר פֿאַרבאָרגענער װײַטקײט. און מײַן מאַמע האָט אָנגעהױבן אױפֿצװױקלען פֿאַסמעס פֿון איר אײגן לעבן, גלײַך דער ריח פֿון פֿאַרלעגערטער זײַד, װאָס האָט זיך גע־טראָגן פֿון צעעפֿנטן זעקל װאָלט צעעפֿנט אַ פֿאַרבאָרגן טירל, װאָס מײַן מאַמע װאָלט אַלײן פֿון זיך קײן מאָל נישט אױפֿגעמאַכט, מורא האָבנדיק, אַז עס קען זי אַװעקפֿירן צו װײַט פֿון איר איצטיקער היים און פֿון אירע קינדער.

מײַן מאַמע האָט בטבֿע װײניק גערעדט, גיכער געװען גענײגט אױסצוהערן אַנדערע. קײן מאָל האָב איך נישט געהערט מײַן מאַמען זיך באַקלאָגן אױף עפּעס. דאַקעגן פֿלעגן אין די שבתים אַרױפֿקומען צו אונדז אױפֿן פּילװעריק די דאָרפֿס־ייִדענעס אױסצורעדן זיך פֿאַר מײַן מאַמען. אַמאָפּטסטן פֿלעג קומען מײַן טאַטנס אַ געשװעסטערקינד, װעלכע מיר קינדער האָבן געדאַרפֿט רופֿן ,מומע חיה׳. זי האָט נישט אױפֿגעהערט צו פֿאַרמסרן איר מאַן חײם, װעלכן זײַן אײגענער פֿאָטער האָט געשאָלטן, אַז ער זאָל האָבן קורחס סוף. און דער צונאָ־מען ,קורח׳ איז אים שױן פֿאַרבליבן אױף זײַן גאַנץ לעבן. אָט די דאָזיקע מומע חיה פֿלעג זיך מיטן גאַנצן גוף אַרױפֿלײגן אױף מײַן מאַמעס פּלײצע און אָן אױפֿהער אַרײַנשעפּטשען אין אירע אױערן, װײַל אַלץ איז בײַ חיהן געװען אַ סוד. מײַן מאַמע פֿלעג פֿון צײַט צו צײַט צושאָקלען מיטן קאָפּ, צום סימן, אַז זי באַנעמט, אָבער איך בין זיכער, אַז אַפֿילו אַ העלפֿט פֿון דעם מאָלן מיט דער צונג איז צו איר נישט דערגאַנגען.

יאָ, בלױז אין די זונטיקדיקע נאָכמיטאָגן האָט מײַן מאַמע אױפֿגעגעבן איר שװײַגן. עד־היום בין איך נישט זיכער, צי מײַן מאַמע האָט גערעדט צו מיר, צי אפֿשר צו זיך גופֿא. ערשט מיט יאָרן שפּעטער, װען איך בין שױן געװען מסוגל בעסער צו פֿאַרשטײן די באַדײַטונג פֿון דעם שמועס, איז מיר אײַנגעפֿאַלן, אַז מײַן מאַמע האָט געװאָלט איר טאָכ־טער זאָל נישט נאָר אַרײַננעמען אין זיך אַלע דעטאַלן פֿון איר לעבן, נאָר אױך ציִען פֿאַר זיך מסקנות.

אין די זונטיקדיקע נאָכמיטאָגן, אינעם שאָטן פֿון מײַן מאַמעס שטילע, פֿאַרטראַכ־טע װערטער, בין איך מיט אַ מאָל געװאָרן דערװאַקסן, אַ שותּפֿטע צו מײַן מאַמעס יונגע

2 פּיעקעליקעס.

יאָרן. ביז אַהער בין איך געווען פֿאַרנומען מייסטנס מיט שפּילערײַען, קעץ, הינט, פֿייגל, ביימער און ליאַלקעס – קיין חבֿרטעס האָב איך נישט געהאַט אויף דעם אָפּגעזונדערטן פֿון דאָרף, ווײַטן פֿילווריק. דאָס איז געווען מײַן קינדערישע וועלט. להיפּוך צו די אַנדערע דאָרפֿסקינדער, וואָס האָבן זייער פֿרי געמוזט איבערנעמען זייערע טאַטע־מאַמעס זאָרגן און דאגת־פּרנסה, האָב איך גאָרנישט געוווּסט פֿון תּכלית און געלט־ענינים. בײַ אונדז אין שטוב האָט מען קיין מאָל נישט גערעדט וועגן געלט. געלט איז געווען אַ בײַזאַך. קיין מאָל נישט מקנא [געווען] די וואָס האָבן גרעסערע פֿאַרמעגנס. בלויז, ווען עס איז דערגאַנגען צו מײַנע עלטערן אַז עמעץ איז באַגאַנגען אַן עוולה, אָפּגענאַרט, באַשווינדלט יענעם, האָבן זיי זיך אַ לענגערע צײַט נישט געקענט באַרויִקן, געליטן דערפֿון, פּונקט אַזוי ווי מע וואָלט זיי פּערזענלעך באַעוולט.

די וועלט פֿון מײַן קינדהייט איז געווען באַוואַכט און באַהיט דורך דער זאָרגעוודיקייט פֿון מײַנע עלטערן.

ביז איך בין נאָך מײַן פֿאָטערס פֿריצײַטיקן טויט געבליבן אַ יתומה צו צען און אַ האַלב יאָר. –

אין די זונטיקדיקע נאָכמיטאָגן האָב איך זיך דערוווּסט אַז ווען איך בין געבוירן געוואָרן, האָבן שוין מײַנעביידע זיידעס נישט געלעבט. דעם זיידן לייזער פֿאַסט קען איך גוט פֿון מײַן מאַמעס דערציילן. ער איז געווען אַ הויכער, ברייטפּלייציקער מיט אַ בלאָנדער, געדיכטער באָרד, אין וועלכער ווי אין אַ נעסט האָט זיך שטענדיק געוואַרעמט אַ שמייכל. ער איז בטבֿע געווען אַ גוטער און גרייט יענעם צו העלפֿן. מיט זײַן ברייטער פּלייצע און דעם וואַרעמען שמייכל פֿלעג ער אויך פֿאַרשטעלן די קליינע חטאָימלעך פֿון זײַנע זעקס קינדער פֿאַר דער באָבע רבֿקהס שטרענגע אויגן, וואָס זענען שטענדיק אַרומגעלאָפֿן ווי פֿלינקע מײַזלעך. מײַן מאַמע האָט ממש פֿאַרגעטערט איר פֿאָטער און ווײַזט אויס, אַז אויך מײַן זיידע איז געווען שטאַרק צוגעבונדן צו דער ייִנגסטער פֿון זײַנע דרײַ טעכטער. מײַן זיידע האָט גע־פֿירט געשעפֿטן אויף אַ גרויסן מאָסשטאַב. אַ גאַנצע וואָך איז ער אַרומגעפֿאָרן איבער די וועלדער, וואָס ער האָט געהאַט אָפּגעקויפֿט בײַ די אַרומיקע פּריצים און די באָבע רבֿקה האָט געפֿירט דיווירטשאַפֿט סײַ אויף דעם אייגענעם פֿילווריק, סײַ אין שענק. און אַזוי ווי אירע אויגן, אַזוי האָבן אויך אירע הענט קיין מאָל נישט גערוט. אַ קליין־געוויקסיקע, דאַרע, מיט אַ ברוינלעך פּנים פֿון אַ ציגײַנערין איז זי פֿול געווען אין יעדן ווינקל, געקאָמאַנדעוועט מיט אירע זין, טעכטער און דער דינערשאַפֿט. פֿון דער פֿריִעסטער יוגנט אָן האָט זי אירע קינדער אײַנגעשפּאַנט צו דער אַרבעט, אַפֿילו דאַן, ווען מ׳האָט נאָך פֿאַר זיי געהאַלטן די בעסטע לערער און מלמדים. קוים האָט זיך דער לערער אויפֿגעהויבן פֿון טיש, האָט שוין די באָבע רבֿקה צעשיקט די חבֿרה – איינעם אין שטאַל צום געמעלק, אַ צווייטן אין שײַער, אַ דריטן אין שענק. פֿאַר די טעכטער איז דער ,רעזשים׳ געווען נאָך שטרענגער – פֿאַר אַ מיידל איז געווען, זי זאָל קענען דאַווענען און זיך אונטערשרײַבן. – מײַן מאַמע, אַ שטילע און סענסיטיווע, האָט נישט געקענט פֿאַרטראָגן דעם רעש און דאָס אייביקע ,קאָמאַנדע־ווען׳. זי וואָלט זיך וועלן אַוועקזעצן ערגעץ אין אַ ווינקל מיט אַ ביכל און נאָכגיין מיט די

גערדאַנקען די גורלות פֿון די פֿרעמדע מענטשן. ווען די באָבע פֿלעג שיקן מייַן מאַמען אין סטאָדאָלע אַכטונג געבן אויף די דרעשערס, פֿלעג זי אונטערן שאַלעכל באַהאַלטן אַ בוך און שלינגען מיט די אויגן די באַדרוקטע זײַטלעך, בעת עס האָבן די צעפּעס אַרויסגעקלאַפּט די תּבֿואה־קערנער פֿון די טרוקענע סנאָפּעס (גאַרבן).

די באָבע, אַ הייסבלוטיקע, האָט געקענט ווערן אויפֿגעבראַוזט פֿון דער מינדסטער קליינינקייט. אויב איר איז עפּעס נישט געפֿעלן געוואָרן, האָט זי געגעבן ,די גאָב׳ גלײַך, אויפֿן אָרט, נישט רעכענענדיק זיך דערמיט, צי ס׳איז דאָ אַ פֿולע שטוב מיט פֿרעמדע מענטשן... שפּעטער, אַ באַרויִקטע, אַפֿילו מיט אַ שמייכעלע, גלײַך גאָרנישט וואָלט געשען, איז זי אַוועק צו איר אַרבעט איבערלאָזנדיק די קינדער ווי אָפּגעשמיסענע, פֿאַרשעמטע מיט דער מוטערס נישט באַרעכנטער אויפֿפֿירונג. מייַן מאַמע, אַרייַנגעראָטן אין שטילן, פֿאַרחלומטן פֿאָטער, איז געווען גרייט גיכער אויפֿצונעמען אַ פּאַטש, ווען קיינער זעט נישט, איידער מע זאָל זי מבֿזה זײַן אין אָנוועזנהייט פֿון פֿרעמדע מענטשן. אַ גאַנצע וואָך האָט זי געוואַרט אויף דעם פֿרײַטיק, דעם טאָג, ווען דער פֿאָטער פֿלעג אַהיימקומען, כּדי זי זאָל זיך קענען צוטו־ליען צו זײַן ברייטער ברוסט, בעת אירע טרערן האָבן פֿײַכט געמאַכט די ברייטע, געדיכטע באָרד.

די[3] טעכטער, אַפֿילו דאַן ווען זיי זענען שוין געווען כּלה־מיידלעך, האָבן נישט געהאַט דאָס רעכט זיך אַליין צו קויפֿן אַ קלייד, אָדער אַ פּאָר זאָקן. זיי האָבן געמוזט טראָגן דאָס וואָס די באָבע רבֿקה האָט פֿאַר זיי אויסגעקליבן, לויט איר אייגענעם געשמאַק. און טאָמער האָט זיך איינע פֿון די טעכטער אָנגערופֿן אין געוועלב, אַז אפֿשר וואָלט די אַנדערע סחורה איר בעסער געפּאַסט – האָט זי די באָבע רבֿקה אָפּגעמאָסטן מיט איר שטרענגסטן בליק – און דאָס איז געווען גענוג, אַז דאָס מיידל זאָל אַנטשוויגן ווערן און נישט אויפֿהייבן מער די אויגן, ביז מ׳האָט אײַנגעפּאַקט די אָפּגעשניטענע סחורה.

די מיטלסטע פֿון די דרײַ שוועסטער, ביילטשע, אַ שטאָלצע און אײַנגעעקשנטע, האָט זיך דווקא יאָ געפּרוּווט פֿון צײַט צו צײַט אַנטקעגנשטעלן דער מוטער. און עס האָט זי נישט אַזוי שטאַרק געאַרט ווי מייַן מאַמען, ווען די באָבע האָט זיך צעשיט מיט אירע ווערטער בקול־רם. מעגלעך, אַז דאָס איז גלײַכצײַטיק געווען אַ שטיקל פּראָוואָקאַציע – זאָלן מענ־טשן זען, אַז די קינדער פֿון רב לייזער פּאַסט ווערן באַהאַנדלט ווי זעלנער אין אַ קאַזערנע. איין איינציק מאָל האָט זיך מייַן מאַמע [ד]ערלויבט צו קויפֿן עפּעס אָן דער באָבעס הסכּמה, אָבער דער נאָכטעם דערפֿון איז איר פֿאַרבליבן אויפֿן גאַנצן לעבן.

ווען מייַן מאַמע איז אַלט געווען אַ פֿופֿצן־זעכצן יאָר איז גראָד אין יענער צײַט אויפֿגע־קומען די מאָדע פֿון שוואַרצע סאַמעטבענדלעך אַרום האַלדז. נישט נאָר דעם פּאַסעסאָר שנעעבוימס טעכטער, אויך די אַנדערע מיידלעך אין דאָרף האָבן שוין שפּאַצירט שבת אויסגעפּוצט אין די סאַמעטבענדלעך מיט אַ גלאַנציק שטיינדל אין מיטן, אָדער אַ לענגלעכע

3 דער אָפּשניט פֿון דאָ ביז „מייַן מאַמע איז געווען הויך...“ איז נישטאָ אין טיפּאָסקריפּט, דער טעקסט איז געגעבן לויט דער פּובליקאַציע אין **קענעדער אָדלער**.

פּערל, וואָס איז אַראָפּגעהאָנגען, ווי אַ פֿאַרגליווערטע טרער. איין דאָנערשטאָג אין דער פֿרי, האָט מײַן באָבע געשיקט די מאַמען קויפֿן פֿשעמישל אײַנצוקויפֿן אויף שבת.

און מײַן מאַמע האָט דאָס מאָל נישט געקענט בײַשטיין דעם נסיון כאָטש אָנצומעסטן אַזאַ סאַמעטבענדל. און זי האָט עס שוין נישט געקענט אַראָפּנעמען. עס האָט אויסגעזען, ווי עס וואָלט ספּעציעל געמאַכט געוואָרן, כּדי אַרויסצוברענגען די שיינקייט פֿון איר שלאַנקן הויכן האַלדז.

איידער די מאַמע איז נאָך אַראָפּ פֿון וועגעלע, האָט שוין די באָבע דורכן פֿענצטער באַמערקט מיט איר שאַרפֿן בליק דאָס נײַע סאַמעטבענדעלע אויף מײַן מאַמעס האַלדז. די באָבע האָט זיך נישט געקענט דערוואַרטן ביז די מאַמע וועט אַרײַנקומען אין שטוב, כּדי איר צו געבן דעם ריכטיקן פּסק, האָט זי פֿון דער ווײַטנס אויפֿגעהויבן די האַנט און אָנגעהויבן דראָען מיט דער פֿויסט.

„עס וואָלט מיר ליבער געווען, ווען די ערד מאַכט זעך אויף אונטער מײַנע פֿיס און שלינגט מעך אײַן לעבעדיקערהייט", האָט זיך די מאַמע באַקלאָגט פֿאַר מיר מיט אַ סך יאָרן שפּעטער. „אַזוי פֿיל פֿרעמדע מענטשן זענען דעמאָלט געווען אין שענק. ער וואָלט פֿאַרשטאַנען, ווען בײַ אונדז אין שטוב וואָלט, חלילה, געפֿעלט דער גראַצער. אָבער בײַ אונדז זענען די שופֿלעדלעך געווען אָנגעפּאַקט מיט געלט, ווי מיט היי. און דאָס איז געווען דאָס ערשטע מאָל וואָס ער האָב מיר געקויפֿט אַ זאַך, וואָס איז מיר אַזוי געפֿעלן. וואָלט זי כאָטש געווען געוואַרט ביז ער וועל אַרײַנקומען אין שטוב, מײַן מאַמע." און זי האָט עס שוין קיין מאָל מער נישט געטראָגן אויפֿן האַלדז, דאָס שוואַרצע סאַמעטבענדל, וואָס האָט איר פֿאַרשאַפֿט אַזוי פֿיל בושה און עגמת־נפֿש.

מײַן מאַמע איז געווען הויך און זייער שלאַנק מיט שמאָלע הענט און פֿיס, בלאָנדע האָר ביז צו די קני. ווען זיי זענען געווען פֿאַרפֿלאָכטן אין צעפּ און אַרומגעבונדן אַרום קאָפּ, האָט איר דער קאָפּ ווײַ געטאָן פֿון דער שווערער לאַסט. פֿלעג זי זיי אָפּט לאָזן אַראָפּהענגען איבער דער פּלייצע. אויף דער גלעגנהייט האָט שוין געוואַרט דאָס ייִנגסטע ברודערל איצע. ער פֿלעג איר איבעראַל נאָכלויפֿן, אָנכאַפּן מיט ביידע הענט די לאַנגע, שווערע צעפּ און מאַכן פֿון זיי לייצעס.

בײַ אירע זעכצן יאָר איז מײַן מאַמע קראַנק געוואָרן. עס האָט דעמאָלט געהערשט אַן אונטערגאַנג פֿון פּאָקן. מ'האָט פֿאַרהאָנגען די פֿענצטער, כּדי צו באַשיצן די אַנטצונדענע אויגן, און מײַן מאַמע פֿלעג זיך בעטן בײַ די אַרומיקע, מע זאָל איר צונויפֿבינדן די הענט, כּדי זי זאָל נישט רײַסן אין שלאָף די שמערצנדיקע, מיט אייטער אָנגעקוואָלענע בלאָטערלעך. זי האָט גוט געוווּסט, אַז נאָך דער קרענק קענען בלײַבן סימנים אויפֿן גאַנצן לעבן. – ווען זי איז צום ערשטן מאָל אויפֿגעשטאַנען פֿון בעט און צוגעגאַנגען צום שפּיגל, האָט מען זי שפּעטער געפֿונען אַ געחלשטע. דאָס יונגע, שיינע פּנים האָט אויסגעזען, ווי עמעץ וואָלט עס באַאַרבעט מיט אַ ריבאײַזן... „און דאָך האָט ער מעך ליב געהאַט. ער ווייס אַליין נישט וואָס עס איז עם אין מיר געפֿעלן געוואָרן. ער, אַזאַ שיינער, הויכער, מיט אַזעלכע בלאָע אויגן וואָס מע זעט זעלטן."

ער איז אויף אַן אמת געווען אַזוי שיין, ווי די מאַמע האָט אים באַשריבן. אויף דעם האָט געזאָגט עדות זײַן פֿאָטאָגראַפֿיע אויף דעם פֿאָדערשטן בלאַט פֿון אונדזער רויטן, סאַמעטענעם אַלבום. – „און אויך ער האָב עם זייער ליב געהאַט, כאָטש ס'איז בלויז געווען אַ גערעדטער שידוך," פֿלעג מײַן מאַמע צוגעבן שטיל, מיט אַ פֿאַרשעמטן שמייכל, גלײַך זי וואָלט זיך וועלן פֿאַרענטפֿערן, אַלמאַי זי איז געווען פֿאַרליבט אין איר חתן. מײַן מאַמע האָט נישט געוווסט, אָדער צוליב איר באַשיידנקייט נישט געוואָלט אָנדײַטן פֿאַר וואָס שמואל רובינפֿעלד האָט זי אַזוי ליב געהאַט, הגם איר פּנים איז שוין נישט געווען אַזוי פֿריש און באַחנט ווי ערבֿ דער קרענק. אָבער איך ווייס עס – מסתּמא איז שמואל רובינפֿעלד געווען דער מענטש, וואָס האָט געקענט אָפּשאַצן מײַן מאַמעס אײַנגעבוירענע איידלקייט און צאַרטקייט. און איר בייגיקע פֿיגור, איר שטאָלצער גאַנג, די ברוינע וואַרעמע אויגן, די בלאָנדע שווערע צעפּ האָבן זיך נאָך דער קראַנקייט נישט געביטן.

זמן־חתונה איז שוין געווען באַשטימט, די חתונה־קליידער אויפֿגענייט, דער אויסשטײַער פֿאַרטיק. שמואל רובינפֿעלד האָט געוואַרט אויף דעם טאָג, ווען ער וועט קענען ברענגען זײַן יונג ווײַב אויף דעם קליינעם גוט ‚זאַלעסיע'. יונגערהייט איז ער געבליבן אַ יתום און דער יורש פֿון דעם גוט. פֿון דעם געירשנטן פֿאַרמעגן האָט ער געדאַרפֿט געבן נדן און חתונה מאַכן זײַן ייִנגסטע שוועסטער. אַזוי ווי עס האָט נישט געפּאַסט, אַז אַ יונג מיידל זאָל זיך אָן אַ געהעריקער אויפֿפּאַסונג אויפֿהאַלטן אין אַ בחורשער שטוב, האָט זי דערווײַלע שמואל רובינפֿעלד ‚באַשטאַט' בײַ דער עלטסטער אויסגעגעבענער שוועסטער אין דער שטאָט פּשעמישל. אין צווישן האָט דער יונגער פּריץ פֿון זאַלעסיע געלאָזט שפּאַנען די בריטשקע, אָדער זאָטלען אַ פֿערד כּדי אַ פּאָר [צו] טאָן צו זײַן כּלה קיין מאַצקיעוויץ. אַזוי ווי עס האָט נישט געפּאַסט סײַ פֿאַר די שטובמענטשן, סײַ פֿאַר די שכנים צו מאַכן אַזעלכע באַזוכן מער ווי איין מאָל, העכסטנס צוויי מאָל אַ וואָך, פֿלעג ער יעדן טאָג צושיקן מיטן פּאַראָביק אַ בריוו. די בריוו זענען געשריבן אויף אַזאַ אופֿן, אַז יעדע נײַע שורה הייבט זיך אָן מיט אַן אות, כּדי עס זאָל זיך בײַם לייענען פֿון אויבן אַראָפּ באַקומען מײַן מאַמעס נאָמען: חאַניע. מײַן מאַמע האָט געהייסן חנה, די שטובמענטשן האָבן זי גערופֿן חנהצע, אָבער איר חתן האָט פֿאַרצויגן דעם נאָמען: חאַניע. אָט די דאָזיקע בריוו זענען עס געלעגן אין ראָז־געשטרײַפֿטן זעקעלע אויפֿן דנאָ פֿון קופֿערט.

מיט אַ מאָל, ווי אַ דונער וואָלט אַראָפּגעפֿאַלן פֿון לויטערן הימל – דעם חתנס שוועסטער, דאָס יונגע מיידל, וואָס האָט זיך אויפֿגעהאַלטן בײַ דער עלטסטער שוועסטער אין שטאָט, האָט זיך געשמדט און חתונה געהאַט מיט אַ קאָוואַל. מ'האָט געשמועסט אַז דאָס האָט זי אָפּגעטאָן אויף צו להכעיס דער שוועסטער, דער רײַכער, אײַנגעבילדעטער פֿרוי פֿון טאַרטאַק־אייגנטימער, מחמת יענע האָט זי נישט צו גוט באַהאַנדלט. ווען זי פֿלעג זיך באַקלאָגן פֿאַרן ברודער, האָט ער זיך בײַ איר געבעטן: „האַלט נאָך אויס אַ שטיקל צײַט, אין דרײַ וואָכן אַרום איז מײַן חתונה און מיט מײַן חאַניען וועט דיר זײַן גוט."

אין איינעם אָן אָוונט איז ער געקומען צו רײַטן אַ בלאַסער, אַ צערודערטער. מײַן מאַמען האָט ער געטראָפֿן אויפֿן גאַניק און אַפֿילו נישט געוואָלט אַרײַנגיין אין שטוב...

„ווייסט שוין מסתּמא וואָס עס האָט פּאַסירט?“

„יאָ, ער ווייס.“

„דייַן משפּחה וועט אָנווענדן אַלץ כּדי אָפּצולאָזן דעם שידוך. לויטן דין קענען זיי עס נישט טאָן אָן דייַן הסכּמה. וויל ער וויסן איינס – אַז נישט געקוקט אויף דעם, וואָס עס האָט פּאַסירט, ווילסטו ווערן מייַן ווייַב?“

„יאָ, שמואל.“

„קען ער זייַן זעכער מיט דיר – וועסט זעך נישט לאָזן איבעררעדן?“

„קענסט זייַן זעכער מיט מיר.“

„אויב אַזוי, חאַניע, קען דיך שוין קיינער נישט אַוועקרייַסן פֿון מיר – וואָס עס זאָל נישט זייַן בלייַבסטו מיט מיר.“

דער זיידע לייזער האָט שוין דעמאָלט נישט געלעבט. באַלד נאָך מייַן מאַמעס קראַנקייט איז ער פּלוצעם אַוועקגעפֿאַלן און עס האָט נישט גענומען קיין דרייַ טעג און דער שטענדיק געזונטער, ווי אַ דעמב שטאַרקער לייזער פֿאַסט האָט פֿאַרלאָזט די וועלט, זייַן משפּחה, זייַנע פֿעלדער און וועלדער. מיט אים איז אַוועק מייַן מאַמעס אָנשפּאַר אין לעבן, איר באַ־שיצער, דער מענטש, וואָס האָט זי אַזוי גוט פֿאַרשטאַנען, אויף וועמענס ברוסט זי האָט זיך געקענט אויסוויינען. ווען מייַן זיידע וואָלט געלעבט, וואָלט ער זיך געוווען אייַנגעשטעלט פֿאַרן גליק פֿון זייַן טאָכטער. יעדן פֿאַלס – אַזוי האָט מייַן מאַמע געגלייבט.

די עלטסטע צוויי זין פּינחס און הערש און די צוויי טעכטער אסתּר און ביילטשע האָבן חתונה געהאַט נאָך בייַם פֿאָטערס לעבן. איבער די צוויי ייִנגסטע, וואָס זענען געבליבן מיט דער באָבע רבֿקה האָט איצט איבערגענומען די ממשלה דער עלטסטער איידעם, אסתּרס מאַן, רב מרדכילע ענגעל. אַ ברוין לענגלעך פּנים, כּמעט אַזוי ברוין ווי דער שוויגערס, אַ הויכער לומדישער שטערן, געציילטע ווערטער און געמאָסטענע באַוועגונגען. ער האָט געקענט זייַן ווערט און געוווּסט ווי זיך צו האַלטן; ער האָט געלאָזט אַלעמען פֿילן, אַז ער איז ווערט דעם גרויסן נדן, וואָס ער האָט באַקומען און גלייַכצייַטיק געוואָלט באַווייַזן, אַז ער איז נישט בלויז לייזער מאַצקיעוויצערס איידעם, – ער איז מרדכי ענגעל. און עס האָט זיך אַזוי אייַנגעשטעלט אין דער משפּחה, אַז ווו עפּעס אַ געשעפֿט, אָדער אַ וויכטיקער משפּחה־ענין, האָט מען זיך שטענדיק באַראָטן מיטן עלטסטן איידעם. מרדכילעס וואָרט, ווי שטיל עס זאָל נישט זייַן, איז געווען ווי אַ געזעץ נישט בלויז פֿאַר זייַן ווייַב, וואָס האָט גע־פּרוּווט אַרויסלייענען פֿון זייַנע אויגן דעם מינדסטן ווונטש; אויך די שוויגער האָט געבלאָזן אויף זייַנע טריט. בייַ איר הויכן ברייטפּלייציקן מאַן איז די קליינע, דאַרע באָבע געווען די גאַנצע דעה־זאָגערין, אָבער צו איר עלטסטן איידעם איז זי געוואָרן אַזוי אונטערטעניק, גלייַך מיט איר מאַנס טויט וואָלט פֿון איר אַוועק אויך איר גאַנצער אימפּעט, איר גאַנצער תּקיפֿות. אָט דער, פֿון רייַשע אַריבערגעקומענער איידעם, וואָס האָט אויך גערעדט פּויליש ווי אַן אמתער שליאַכטשיץ, האָט באַלד אין דער גאַנצער געגנט באַקומען אַ שם פֿון אַ זייער קלוגן, געזעצטן יונגן־מאַן, צו וועמען מע קומט זיך שואל־עצה זייַן אין אַלע וויכטי־קע ענינים. איז טאַקע רב מרדכילע ענגעל נישט אָנגעשטאַנען צו האָבן אין דער משפּחה

דעם ברודער פֿון אַ שמדילניצע און ער האָט באַשלאָסן אָנצווווענדן אַלע מיטלען און אַפֿילו
,שטיקלעך׳ אויף אָפּצולאָזן דעם שידוך.

אָן מייַן מאַמעס וויסן האָט מען געלאָזט רופֿן שמואל רובינפֿעלד צום רבֿ אין פּשעמישל. וואָס עס איז דאָרט פֿאָרגעקומען, וועגן דעם האָט זיך מייַן מאַמע קיין מאָל נישט דערוווּסט. ווייַזט אויס, אַז דער עלטסטער שוואָגער האָט אויסגענוצט אַלע זייַנע דיפּלאָמאַטישע קונצן אויף איבערצוצייַגן דעם חתן, אַז דאָס אַלץ געשעט מיט מייַן מאַמעס הסכּמה. און שמואל רובינפֿעלד האָט אַפֿילו אויף קיין איין רגע נישט געקענט חושד זייַן דעם פֿייַנעם, איידעלען ייִד אַז ער זאָגט אַ ליגן. מסתּמא האָט ער געטראַכט, אַז מייַן מאַמע האָט זיך דאָך געלאָזט איבעררעדן פֿון איר משפּחה און געבראָכן איר וואָרט, נישט געקוקט אויף דעם וואָס זי האָט אים צוגעזאָגט, אַז זי וועט קיין מאָל נישט מסכּים זייַן אָפּצולאָזן דעם שידוך. ווען דער חתן האָט אויפֿגעהערט צו קומען און שרייַבן טאָג־טעגלעך זייַנע בריוו, האָט שוין מייַן מאַמע פֿאַרשטאַנען, אַז עפּעס נישט גוטס איז פֿאָרגעקומען הינטער איר פּלייצע. זי האָט זיך געשעמט אַ פֿרעג צו טאָן און אפֿשר גאָר מורא געהאַט אויסצוגעפֿינען דעם אמת. איין מאָל, בעת זי האָט צופֿעליק אויפֿגעמאַכט אַ שופֿלאָד אין דער קאָמאָדע, האָט זי אויפֿן סאַמע דנאָ, אונטער אַלע דאָקומענטן און פּאַפּירן, דערזען אירע תּנאָים. אין שטוב האָט מען וועגן דעם ענין נישט גערעדט, קיין מאָל נישט דערמאָנט שמואל רובינפֿעלדס נאָמען. „וואָס עך האָב דעמאָלט איבערגעלעבט – איין גאָט אין הימל ווייסט עס. און וואָס זענען מיר ביידע שולדיק געווען? אין דרייַ וואָכן אַרום האָט געזאָלט זייַן אונדזער חתונה,“ האָט מייַן מאַמע פֿאַרענדיקט איר דערציילן און געבליבן זיצן שטיל און פֿאַרטראַכט.

יאָ, אין דרייַ וואָכן אַרום וואָלט זי שוין געהייסן חאַניע רובינפֿעלד. אַלץ איז שוין גע־ווען פֿאַרטיק און צוגערייט. דער עלטסטער איידעם צוזאַמען מיט דער באָבע רבֿקה האָבן אָנגעהויבן זוכן אַ פּאַסיקן שידוך פֿאַר מייַן מאַמען... „ווייַל די אויפֿגענייטע קליידער קענען אַרויס פֿון דער מאָדע און מע וואָלט געמוזט מאַכן אַ נייַעם אויסשטייַער,“ האָט מייַן מאַמע איבערגעחזרט עטלעכע מאָל מיט פֿאַרביטערטקייט. „עך בין קיינעם נישט אָנגעגאַנגען, אַבי די קליידער זאָלן נישט אַרויס פֿון דער מאָדע – עס האָט נישט גענומען לאַנג און עך בין געוואָרן אַ כּלה פֿאַר דייַן טאַטן.“

מייַנע עלטערן האָבן געלעבט זייער גוט צווישן זיך. איך האָב קיין מאָל נישט געהערט אַ הויך וואָרט פֿון זיי, וועגן קריגערייַען צווישן מאַן־און־ווייַב האָב איך געוווּסט בלויז פֿון הערן אַז עס קומט פֿאָר אַזעלכעס אין אַנדערע משפּחות. מייַן מאַמע איז געווען דאָס בעס־טע, איבערגעגעבנסטע ווייַב. זי האָט מייַן טאַטן אויף אָן אמת ליב געהאַט און געוווּסט ווי אָפּצושאַצן זייַן חכמה און איידלקייט. מייַן טאַטע האָט זיך באַצויגן מיט אַ סך צערטלעכ־קייט און ריטערלעכקייט צו דער מאַמען. נישט נאָר אין משפּחה־ענינים, אַפֿילו בייַם פֿאַר־קויפֿן תּבֿואה, בהמות, צי אייַנהאַנדלען נייַע פּלוגעס, דרעשמאַשינען, פֿלעג זיך מייַן טאַטע שטענדיק באַראָטן מיט זייַן יונגער פֿרוי, הגם זי האָט זיך דאַן נאָך וויינִיק אויסגעקענט אויף די אַלע זאַכן.

עס איז געווען ליבשאַפֿט און פֿאַרערונג צו מײַן טאַטן פֿון דער מאַמעס זײַט. אָבער איר ערשטן חתן האָט זי קיין מאָל נישט פֿאַרגעסן. – איין מאָל, ווען זי איז שוין געוואָרן צום צווייטן מאָל אַ כּלה און געפֿאָרן מיט דער באָבע רבֿקה קיין פּשעמישל צוצוקויפֿן געווּיסע זאַכן פֿאַר איר אויסשטײַער, האָט זי פּלוצעם דערזען אויף דער צווייטער זײַט גאַס שמואל רובינפֿעלד. ער איז געגאַנגען מיט אַ טיף אַראָפּגעלאָזטן קאָפּ, ווי ער וואָלט מורא געהאַט אַרויפֿצוקוקן צום הימל מיט זײַנע בלאָע אויגן. אפֿשר האָט ער זי אויך באַמערקט, זײַן געוועזענע כּלה? מײַן מאַמע האָט עס נישט געוווּסט, נאָר זי האָט איבערגעלאָזט די באָבע אין מיטן גאַס און אָנגעהויבן לויפֿן אין אַ פֿאַרקערטער ריכטונג. שפּעטער, נאָכן אַהיימקומען, האָט זי זיך אַ וואָרף געטאָן אין אָנטועכץ אויף איר בעט און אַ גאַנצע נאַכט געוויינט.

מיר, וואָס איך האָב געהערט דאָס אַלץ איבערדערציילן, האָט זיך געוואָלט שרײַען, קלאַפּן מיט די פֿויסטן אין דער וואַנט, וואָס שלעכטע מענטשן האָבן אויפֿגעשטעלט צווישן מײַן מאַמען און איר באַשערטן. „פֿאַר וואָס האָסטו זעך נישט אַקעגנגעשטעלט, נאָר געלאָזט טאָן מיט זעך וואָס זיי האָבן געוואָלט, מאַמע?“ זי האָט אַראָפּגעלאָזט איר קאָפּ: „ביסט נאָך אַ קינד – וואָס פֿאַרשטייסטו פֿון דער וועלט, פֿון לעבן? אַזוי האָט מען זעך געפֿירט אין יענע צײַטן. עך האָב אָבער אַ נדר געטאָן, אַז מײַנס אַ קינד וועל עך קיין מאָל נישט שטערן חתונה צו האָבן מיט וועמען עס וויל. מײַנס אַ קינד קען מיר ברענגען אַ שוסטער, אַ סטאָליער, אַפֿילו אַ האָלעדריגע פֿון גאַס – מיר וועט ער זײַן ליב. עך וואָלט קיין מאָל נישט געשטערט מײַן קינדס גליק.“

דרײַ וואָכן – ווען שמואל רובינפֿעלדס שוועסטער וואָלט נאָך געווען צוגעוואַרט דרײַ וואָכן. און אַזוי? נישט [נאָר] האָט זי צעשטערט דאָס גליק פֿון איר ברודער און זײַן כּלה, זי האָט אויך זיך אַליין פֿאַרפֿינצטערט דאָס לעבן. דער קאָוואַל פֿלעג זיך אָנשיכּורן און שלאָגן מכּות־רצח דאָס ייִדישע ווײַב. זי איז געשטאַנען אַ גאַנצן טאָג בײַ דער באַליע און געוואַשן פֿרעמד גרעט, ווײַל איר מאַן האָט איבערגעלאָזט אין שענק אַלץ וואָס ער האָט פֿאַרדינט. מיט עטלעכע יאָר שפּעטער איז זי געשטאָרבן פֿון אויסצערונג, איבערלאָזנדיק אין גוייִשע הענט צוויי פּיצעלעך קינדער.

דרײַ יאָר נאָך דער חתונה האָט מײַן טאַטע אָנגעהויבן צו קרענקען, נישט מער ווי צוועלף יאָר האָבן זיי געלעבט צוזאַמען – מײַן טאַטע מיט דער מאַמען. מײַן טאַטע האָט איבערגעלאָזט אויף דער וועלט אַ יונגע אַלמנה מיט דרײַ קליינע קינדער.

שמואל רובינפֿעלד איז פֿאַרבליבן אַ בחור נאָך עטלעכע יאָר. ווען ער האָט זיך ענדלעך אַנטשלאָסן חתונה צו האָבן, איז אים אויך נישט געווען באַשערט אַ רויִק, גליקלעך צוזאַמענלעבן. עטלעכע יאָר נאָך דער חתונה איז זײַן פֿרוי געליימט געוואָרן. „אפֿשר וואָלט אַלץ גאָר, גאָר אַנדערש געווען , ווען מענטשן וואָלטן זעך נישט אַרײַנגעמישט,“ האָט מײַן מאַמע אַ שטילן זיפֿץ געטאָן, ווי זי וואָלט נאָך איצט, נאָך אַזוי פֿיל יאָרן, געפּרוּווט זיך אַ דינג טאָן מיטן גורל.

די זון, אַ קאַסאָקע, האָט זיך אַראָפּגעלאָזט הינטערן באַרג. מייַן מאַמע האָט אָנגעהויבן צו פֿאַרבינדן דאָס געשטרייַפּטע זעקעלע. פֿון שטאַל האָט זיך דערהערט דאָס מעקען פֿון די קי, וואָס האָבן געלאָזט וויסן, אַז זייערע פֿולע אייַטערס זענען גרייט צום מעלקן. די ווייַבער פֿון די פֿאַראָבקעס, וואָס פֿלעגן אין די זונטיקס פֿאַרבייַטן די שטובדינסטן בייַם געמעלק, האָבן געקלאַפּט מיט די מילכעמערס.

דער זונטיקדיקער נאָכמיטאָג האָט זיך געענדיקט.

מאיר קוטשינסקי

# די מאָנאַ ליזאַ

„נאָסאַ סעניאָראַ! נאָסאַ דאָס דאָרעס! דאָס פּאַרטאָס... דאָ באָם פּענסאַמענטאָ! נאָסאַ סע־ניאָראַ דאָ אַמפּאַראָ! נאָסאַ סעניאָראַס פֿאַר אַ ביליקן פּרײַז!"

הייליקע! הייליקע! די הייליקע פֿון ווייטיקן! די הייליקע פֿון קימפּעטן... די הייליקע פֿון גוטע כּוונות! די הייליקע פֿון אונטערשטיצונג!

אַבֿרהמס קול צעטראָגט זיך איבער די זאַמדיקע און טרוקענע שטחים, אין דער קופּער־נער לופֿט אָן אַן אָפּקלאַנג. די פֿענצטערלעך פֿון די שיטערע הײַזלעך זענען צוגעקאָוועט און מע זעט נישט קיין ילוד־אָדם אַרום און אַרום.

ער איז אַ ביסל צו ווײַט פֿאַרקראָכן הײַנט, דאָ אין דעם פֿרישן מקום, ווו ער איז געווען צום ערשטן מאָל מיט אַ חודש צוריק און ער פֿאַרלירט זיך וואָס אַ מאָל מער צווישן די פֿאַלדן פֿון די בערג, ווו דער שטעג פֿירט אין אָנגעגליטע זאַמדן, פֿאַרבײַ ווילאַס, און ער פֿאָרשט די שפּורן פֿון די קונדן, וואָס ער האָט דעמאָלט „אָנגעקלאַפּט". ער קוקט אין די קאַרטאָנען, ווו חוץ דעם נאָמען האָט ער נאָך צוגעשריבן אַנדערע סימנים ווי: „הינטער דעם באַרג", „נעבן קוואַל", „בײַ ציפּרעסביימער" אד"גל.

די לופֿט איז שטיקער פֿײַער און ציטערט אַזש פֿון אָנגעגליטקייט. עס איז שפּעטער בראַזיליאַנער ווינטער. זײַט חדשים און חדשים איז נישט געפֿאַלן קיין טראָפּן רעגן, בלויז אין דער פֿרי, פֿאַר טאָג, שפּרייט זיך אויס די „סירענאַ", דער געדיכטער נעפּל, וואָס באַנעצט אַ ווײַל דאָס גראָז; באַלד ברענט די זון און די גראָזן. און קשאַקעס, ווי קרויזהאָר אויף נעגער־קעפּ, ליגן פֿאַרשׂרפֿהט. די לעדערנע בלעטער פֿון די געציילטע פֿאַרבלאָנדזשעטע ביימער, דאָ און דאָרט, זענען באַדעקט מיט אַ שיכט גראָבער ערד, אַ גראָבע, רויטע הויט. די לופֿט איז פֿול מיט צעמאָלענעם, פֿײַנעם שטויב, ווי טאַבאַק, און קיצלט.

אין אַבֿרהמס שווערער וואַליזע ליגן פֿאַרפּאַקט די „הייליקע", די „געטער", ווי זײַנע חבֿרים רופֿן עס. עס איז אַ סחורה ווי אַלע סחורות, ווי „קאָרטלעך" זײַד, וואָס די רײַכערע און סאָלידערע קליענטעלשטשיקעס, די מיט אַ גרויסן קרעדיט, „קלאַפּן" מיט זיי.

אַבֿרהם איז געטראָגן געוואָרן צוזאַמען מיט פֿיל אַנדערע אויפֿן שטראָם פֿון די אַלערליי גליקזוכערס, – „גאָלדקלאַפּערס" – אויפֿקויפֿערס פֿון „אַלט" גאָלד און „געטער"־הענדלער. קיין גרויסע געלטער האָט מען דערצו נישט געדאַרפֿט און אויך נישט אויסשטיין בזיונות בײַם בעטן דאָס ביסל קרעדיט בײַ די ייִדישע אַרויפֿגעאַרבעטע סוחרים פֿון „באָם רעטיראָ".[1]

1 אַ צענטראַלער שטאָטטייל אין סאַן־פּאַולאָ.

פֿון: **נוסח בראַזיל**. תּל־אָבֿיבֿ: פֿאַרלאַג י.ל.פּרץ, 1963, ז"ז 88–95.

זײַנע חבֿרים, וואָס האָבן געוווינט צוזאַמען מיט אים אין איין ,פּענסיאָן׳, האָבן אים געשטעלט קרעדיט בײַם פּאָרטוגעזער, דעם גוטן ברודער, וואָס האָט אים איבערגעשטאָפּט מיט סחורות...

דאָרט, בײַם פּאָרטוגעזער, איז געווען אָנגעלייגט אין אַן ענגן סקלאַד, אין שטויב, אין שימל, גאַנצע בערג אַלערליי קאָשטשעלנע חפֿצים: צלמים, שטערנדלעך, שוואַרצע, אומ־היימלעכע פּאַטשערקעס פֿון פֿאַרשיידענער גרייס און אומענדלעך לאַנגע, אָן אַ שיעור קאַטעכיזמעס, בראָשירטע און מיט גאָלד און זילבער געליישטע, – אַלץ שפּאָט ביליק, ממש חצי־חינם. דער פּאָרטוגעזער, אַ פֿלינקער און באַרעדעווודיקער, אין אַ סאַמעט וועסטל, וואָס האָט געשפּילט עפּעס לגבי אַבֿרהמען אַ פּאַטערלעכע ראָלע און אַנדערש ווי ,זונעניו׳ אים נישט גערופֿן, – האָט רק געוואָלט אַבֿרהמען אַרײַנשטופּן סחורה פֿון אַלע מינים, – אָנגערופֿן זיי דערבײַ מיט גאָר נישט קיין שיינע נעמען... גאָר נישט קיין הייליקע עפּיטעטן.

אַבֿרהם, אונטער פֿאַרשיידענע אויסריידן, האָט זיך אַוועקגעדרייט פֿון אָט די אַרטיק־לען און בלויז גענומען, ווי די אַנדערע ייִדישע חבֿרים זײַנע, די ,געטער־קלאַפּער׳, צו פֿאַר־קויפֿן הייליקע, די ,נאָסאַ סעניאָראַס׳: פֿילקאָלירטע ליטאָגראַפֿיעס אין ראַמען און אויך אין בלײַ געגאָסענע, באַשמירטע מיט לאַק און גלאַזור.

אַבֿרהם איז אַ טשענסטאָכאָווער. אין דער היים האָבן ייִדן מיט אַזאַ סחורה נישט געהאַנדלט. אפֿשר בלויז מיט גאָלדענע צלמים, כאָטש די שטאָט איז פֿול געווען מיט קאָש־טשעלנע פֿיגורלעך, הייליקע, ,מאַטקע באָסקעס׳.[2] דאָ איז אָבער נישט טשענסטאָכאָוו און ער זעט גוט מיט וועלכע צונעמענישן דער פּאָרטוגעזער רופֿט אָן די בילדלעך און פֿיגורן... סײַ ווי ווייסט נישט זײַן משפּחה, וואָס איז געבליבן אין דער היים, פֿון דער פּשיקרער פּר־נסה זײַנער. אין גאַנצן בשלום מיט זיך איז ער פֿון דעסטוועגן נישט געווען און אַן אומ־באַשטימטער געפֿיל פֿון בושה האָט אים באַגלייט און געגריזשעט. וויפֿל מאָל ער האָט באַשלאָסן, אַז ווי נאָר ער וועט פֿאַרקויפֿן דעם ,טראַנספּאָרט׳, וועט ער שוין קיין נײַעם נישט אײַנהאַנדלען. און וויפֿל מאָל איז ער שוין ווידער בײַם פּאָרטוגעזער! עס האָט אים געצויגן און צוגעשמידט.

בײַם אויסלייגן פֿאַר די ווײַבלעך די אויסגעמאַנופֿאַקטורירטע, ביליקע בילדער און צאַצקעס האָט אַבֿרהם געזען זײַנע יונגיטשקע קונהטעס אין זייערע דיסקרעטסטע, פֿאַר־באָרגנסטע נשמה־ווינקלען... זייערע אינטימע וועלטן און זייערע דראַמעס. יעדע ,נאָסאַ סעניאָראַ׳ איז דאָך פֿאַר אַ באַזונדערן מין יסורים... ער (און דער פּאָרטוגעזער) ווייסט, אַז זיי האָבן אַלע איין פּנים און דאָס לאַנג־געבוואַליעטע קלייד ביז די פֿיס, ווי אַ פּיראַמידע. דער חילוק איז נאָר אין דער אויפֿשריפֿט.

עס איז אין דער דאָזיקער פּרנסה געווען פֿאַר אַבֿרהמען עפּעס פּיקאַנטס און מאַג־נעטיש, אַוואַנטוריסטיש, וואָס אים אַליין איז עס נישט געווען אין גאַנצן קלאָר. אפֿשר דערפֿאַר, ווײַל דאָס האָט אים צונויפֿגעפֿירט מיט יונגע פֿרויען, געבראַכט צו דיסקרעטע שמועסן מיט זיי, און מע ווערט אַזוי אַרײַנגעוועבט אין זייערע צאַרטע נעצן?...

2 matka boska (פּויליש) – גאָטס מוטער.

ווײַבער קויפֿן די הייליקע בילדער און פֿיגורן זייער גערן, בפֿרט פֿון אַזאַ יונגן ,רוסאָ׳. זיי קוקן צו אים אַנדערש, – אַזוי דוכט זיך אים, – ווי צו געוויינטלעכע ,קלאַפּערס׳. זיי קויפֿן די הייליקע בילדער פֿאַר די לעצטע פּרוטות און שמייכלען צו אים, ווען ער קומט צו זיי אַהער, אין פֿאַרלעגענע און פֿאַרגעסענע ווילאַס, ווײַט פֿון שטאָט.

אין די שעהען פֿון איינזאַמקייט און אין די שעהען פֿון לײַדן, אין די נעכט, ווען זיי ווערן איבערגעלאָזט, צי פֿאַרלאָזט פֿון זייערע מענער, ווענדן זיך די אָרעמע ווײַבער צו די ,הייליקע׳ ,נאָסאַ סעניאָראַס׳ דע באָם פּאַרטאָ, דע באַאַ וואָנטאַדע, פֿון אַ גוטער קימפּעט, פֿון אַ גוטן רצון. נישט איין ווײַבל דערמאָנט זיך דאָ דעם שיין געשטאַלטיקטן יונגן רוסאָ, וואָס האָט איר דעם הייליקן אַרײַנגעברענגט אין שטוב...

*

עס איז שוין שפּעט נאָך מיטאָגצײַט. אַבֿרהם האָט נאָך הײַנט גאָרנישט ,אָנגעקלאַפּט׳. אין דער וואַליזע ליגט בײַ אים דאָס פֿאַרגרעסערטע בילד פֿון דעם נײַעם קונד, דער סעסיליאַ, וועמענס הײַזל דאַרף דאָ ערגעץ ליגן פֿאַרשטעקט צווישן בערגלעך. זוכנדיק עס, רופֿט ער דערווײַל מאָנאָטאָן דעם אײַנגעחזרטן פּיזמון:

„הייליקע, הייליקע פֿון וויטיקן, פֿון גליקן, הייליקע פֿון גוטע כּוונות, הייליקע פֿון שיינקייט...״

און אָט האָבן זיך מיט אַ מאָל געגעבן אַ שאָט אַרויס פֿון שטיבל אַ גרופּע יונגעטשקע ווײַבער; פֿאַרזאַמלט געווען, זעט אויס, בײַ אַ שכנה. פֿרויען יונגע, כּמעט נאָך קינדער, האָבן זיי געשלעפּט אויף די אָרעמס פּיצלעך עופֿעלעך.

די יונגע מאַמעס רינגלען אַרום אַבֿרהמען און פֿרעגן אים אויס וועגן די פֿיגורן, וועגן די בילדער, ווי ער וואָלט געווען פֿון איין משפּחה מיט די הייליקע, ווי ער וואָלט געווען אַ געשיקטער פֿון זיי...

אַבֿרהם נעמט אַרויס די גלאַטע, צאַצקעדיקע, גולמדיקע ,הייליקע׳ מיטן אָפּגעבליאַקעוועטן און פֿאַרשטאַרטן בליק און קלערט זיי אויף מיטן לאַנג אײַנגעחזרטן שפּרוך:

– די איז פֿאַר אַ לײַכטער קימפּעט; די אַנדערע אויף צו האָבן ריינע מחשבֿות; און אָט אָ די – פֿאַר זוכה־בגורל זײַן...

דער ערשטער ענטוזיאַזם איז פֿאַרבײַ. קיין איין ווײַבל באַשליסט נישט צו קויפֿן. פֿון דער אייגענער פּראַקטיק און פֿון די דערציילונגען פֿון זײַנע חבֿרים ווייסט אַבֿרהם, אַז ווען אַ סך ווײַבער זענען צוזאַמען, היטן זיי זיך צו קויפֿן ,הייליקע׳, כּדי נישט מגלה־סוד [צו] זײַן פֿאַר זײַטיקע, וואָס עס קוועלט און דריקט זיי... זיי קויפֿן נאָר, ווען זיי געפֿינען זיך אויג אויף אויג מיטן פֿאַרקויפֿער.

ס׳איז אַנטשטאַנען אַ קאַלטע שטילקייט. אין גאַנצן אָפּזאָגן דעם פֿאַרקויפֿער האָט זיי אויך נישט געפּאַסט, ווי דער שטייגער איז בײַ די בראַזיליאַנער פֿרויען, די זייער איידעלע. אַבֿרהם קען שוין אַזאַ סיטואַציע און ער האָט אָנגעגרייט דערויף די הייליקע ,נאָסאַ

סעניאָראַ דע בעלעזאַ', דאָס איז די מאָנאַ ליזאַ... זי ליגט אויפֿן סאַמע דנאָ פֿון דער וואַליזע. אַבֿרהם דערוויַיטערט זיך אויף אַ פּאָר שריט און הייבט הויך אויף דאָס שטאַלטנע בילד פֿון דער ווונדערלעכער פֿרוי, ‚די הייליקע שיינקייט' – ‚נאָסאַ סעניאָראַ דע בעלעזאַ'. די וויַיבלעך ווערן צעטומלט... ער דערקלערט זיי, אַז דאָס בילד איז אַ סגולה איַינצוהאַלטן די יוגנט־שיינקייט און אויך צו פֿאַרענדערן דאָס פּנים פֿון יענער, וועמען די נאַטור האָט ‚קויטאַדאָ'[3] פֿאַרטיילט...

אַבֿרהם פֿאַרקויפֿט אייניקע מאָנאַ ליזאַס, פֿאַרפּאַקט זיַין קראָם ‚געטער' און פֿרעגט, ווו געפֿינט זיך דאָ ערגעץ דאָס היַיזל פֿון דער דאָנאַ סעסיליאַ.

*

דער באַרימטער און געניאַלער איטאַליענישער מיַיסטער האָט זיך זיכער נישט פֿאָרגע־שטעלט סאַראַ ראָלע זיַין ווערק וועט שפּילן... דער פּאָרטוגעזער, דער באַלעבאָס פֿון הורט־סקלאַד, פֿאַרנעמט זיך אויך מיטן פֿאַרגרעסערן און פֿאַרוואַנדלען אין אַלערליי קאָלירן פֿאָ־טאָגראַפֿישע בילדער און די פֿאַרקויפֿער פֿון די ‚געטער' זענען זיַינע אַגענטן, וואָס נעמען אָן צו פֿאַרגרעסערן און צו פֿאַרשענערן בילדער פֿון דער כּלה־ציַיט, צי פֿון דער יוגנט, איידער דאָס ביטערע לעבן האָט באַוויזן צו צעאַקערן דאָס געזיכט. די ‚דזשאָקאָנדע' ווערט ביַי אַזאַ משׂא־ומתּן פֿאַרוואַנדלט אין אַ מאָדעל. די הינטערשטאָטישע, נאַיִווע בראַזיליאַנער פֿרויען קאָן מען אַלץ איַינרעדן...

איצט שלעפּט זיך אַבֿרהם צו זיַין לעצטן קונד. איר היַיזל דאַרף זיַין אויף יענער זיַיט דאָרף, וואָס איז אין דער ווילאַ און וואָס שטייט אַליין, געדענקט ער, און פֿראַוועט איינ־זאַמקייט אַזוי ווי די דאָנאַ סעסיליאַ. זי איז אַ קינדערלאָזע און אַן אַלמנה זיַיט יאָרן. מיט אַ חודש צוריק, ווען אַבֿרהם איז געווען אין אָט דער געגנט צום ערשטן מאָל, האָבן די פֿרויען, וואָס אַרום אים, געהאַט געבעטן ער זאָל נישט אויסמיַידן די דאָנאַ סעסיליאַ, „קויטאַדאָ", וויַיל ערשט זי נייטיקט זיך אין דעם מיטליַיד פֿון די ‚נאָסאַ סעניאָראַס', אויך פֿון די מענטשן, מחמת זי איז פֿול מיט „יסורים" און קומט אָפּ פֿאַר פֿאַלשע שריט און קרומע וועגן, „וואָס בעסער נישט צו רעדן וועגן זיי"...

אַזוי האָבן דאַן די שכנים וועגן איר אָנגעוויזן און עס איז אים שווער געווען צו דערקע־נען צי זענען עס אויפֿריכטיקע רייד, צי איראָנישע.

ער האָט דאַן לענגער זיך פֿאַרזאַמט ביַי איר. להיפּוך צום אָנגענומענעם שטייגער ביַי די וויַיבער אין בראַזיל, וואָס לאָזן קיין מאָל נישט אַריַין אינעווייניק אַ פֿרעמדן מאַן, אַפֿילו נישט ביַי אַ קאָמערציעלן משׂא־ומתּן, האָט די דאָנאַ סעסיליאַ אים דאַן אַריַינגעבעטן אין שטוב. ווען אַבֿרהם האָט געהאַט אויסגעלייגט די גאַלעריע ‚הייליקע', האָט דאַן די דאָנאַ סעסיליאַ זיך פֿאַרקרימט און בלויז זיך געלאָזט צורעדן צו פֿאַרגרעסערן אירס אַ בילד אויף

3 coitado (פּאָרטוגעזיש) – קאַרג; אָרעם, נעבעכדיק.

אַ גרויסן וואַנטפּאָרטרעט. ער האָט צײַט געהאַט זיך אַרומצוקוקן אויפֿן אויפֿגערוימטן צי־מער, אין וועלכן עס האָט געהערט אַ מיידלשע ציכטיקייט און געוויסעט אַ געדיכטע לופֿט פֿון בלומען־ריח. די דאָנאַ סעסיליאַ, שוין אַ פֿאַרוועלקטע, האָט נאָך, פֿון דעסטוועגן, קאָנ־סערווירט עפּעס אַ געוועזענעם רייץ. די בליקן פֿון אירע גראָע אויגן האָבן געזייט צער און דערוועקט דאָן ביי אַבֿרהמען רחמנות, געמישט מיט נאָך אַנדערע געפֿילן.

ער האָט זיך דעמאָלט לענגער פֿאַרזאַמט ביי איר און צוליב דעם פֿאַרשפּעטיקט דעם לעצטן צוג. זי האָט אים דאָן באַגלייט אין די שטאָק פֿינצטערע דורכגענג פֿון די בערג, ביז צו דער עסטראַדע[4], צו אַן אויטאָבוס. זיי האָבן זיך דאָן צעשמועסט וועגן גורל פֿון איינזאַמע מענטשן. איז דאָך אַבֿרהם אויך אַן אַליינינקער...

*

איצט האָט ער זיך דערנענטערט צו איר מיט אַ געפֿיל פֿון שפּאַנונג. זי האָט שוין געוואַרט אויף אים, ווײַל עס האָבן זיך דערטראָגן צו איר הײַזל די קלאַנגען פֿון דעם מיסחר, וואָס זענען נאָר וואָס פֿאַרשטילט געוואָרן ביי אירע שכנות.

זי איז, ווי דעמאָלט, מיט אַ חודש צוריק, געזעסן אויף די טרעפּלעך פֿון איר גאַניק, ווי אַ קינד. פֿון דער ווײַטנס האָט זי אין אַבֿרהמס אויגן אויסגעזען ווי אַ פֿאַרעלטערטע, אויס־געטריקנטע פֿרוי. פֿון די צעלאָזענע האָר האָט דאָס פֿאַרנאַכטיקע ווינטל אַוועקגעבלאָזן דאָס ביסל יונגקייט און זי נאָך מער פֿאַרעלטערט. אָבער ווען אַבֿרהם איז געשטאַנען פּנים־אל־פּנים מיט איר האָט ער אויף ס׳נײַ דערפֿילט דעם בליק וואָס מיט אַ חודש פֿריִער, דעם זעלבן צער און דאָס זעלבע פֿײַערל פֿון אַן אין גלוסטן טליִענדיקער פֿרוי.

– באָאַ טאַרדיע, דאָנאַ סעסיליאַ, קאָמאָ וואַי סעניאָראַ? (אַ גוטער פֿאַרנאַכט דיר, וואָס מאַכסטו?) – באַגריסט זי אַבֿרהם און שלעפּט אַרויס פֿון דער וואַליזע דאָס פֿאַרגרעסערטע בילד, וואָס איז געווען פֿאַרפֿאַקט צוזאַמען מיטן קליינעם אָריגינאַל.

– קאָמאָ וואַי, סעניאָר? (וואָס מאַכסטו, סעניאָר?) – ענטפֿערט אים אָפּ די פֿרוי – קום אַרײַן אין שטוב. אינעווייניק איז קיל, וועסטו זיך אָפּרוען אַ ביסל.

אַבֿרהמען קומט אַנטקעגן אַ דערקוויקנדיקע קילקייט. אין שטוב איז נאָך געשטאַנען דער זעלבער אַראָמאַט וואָס מיט אַ חודש צוריק און די זעלבע רויִקע ציכטיקייט. די דאָנאַ סעסיליאַ דערלאַנגט אים אַ האַנטעך זיך אָפּצווּווישן דעם שטויב און דעם שווייס. זי גיסט אים אָן פֿון פֿילטער אַ גלאָז קאַלט וואַסער.

אַבֿרהם, אַן איבערגענומענער פֿון דער פֿרײַנדשאַפֿט, פֿון דער שטילקייט און קילקייט אין שטוב, רוט זיך אָפּ. ער וויל אײַנפֿעדעמען דעם שמועס אויף דער איבערגעריסענער טעמע: איינזאַמקייט, אָבער ער געפֿינט נישט דעם פֿאָדעם... נישט געפֿינענדיק קיין ווער־טער, דערלאַנגט ער איר גלײַך דעם צונויפֿגעוויקלטן פּאַקעט:

– נאַ, זע, ווי געראָטן און ענלעך דו ביסט אַרויסגעקומען, דאָנאַ...

4 פּאָרטוגעזיש – וועג, שאָסיי.

בעת דער פּאָרטוגעזער האָט איַינגעפּאַקט דאָס בילד האָט אַבֿרהם עס נישט געהאַט געזען. ווען נישט, וואָלט ער עס זיכער נישט געוואָלט צוגעטראָגן צו דער דאָנאַ סעסיליאַ. פֿון דעם אויפֿגעוויקלטן פּאָרטרעט האָט אַרויסגעגרויט אַ פֿאַרקנייטשט באַשעפֿעניש, מיט צו־נויפֿגעפּרעסטע ליפּן און בייזע, צאָרנדיקע בליקן, געוועלדט אַראָפּ, צום אייגענעם געזיכט, – אַ מאַטס, אַ פֿאַרזאָרגטס, ווי אַ בילד פֿון אַ פֿאַרשטאָרבענער.

אַבֿרהם איז געבליבן אַ פֿאַרקלעמטער... די שפּאַנונג פֿון גאַנצן חודש־צײַט זיך אויף ס׳נײַ צו באַגעגענען מיט דער דאָנאַ סעסיליאַ און שפּינען דעם נישט פֿאַרענדיקטן שמועס, איז פּלוצלינג פֿאַרשוווּנדן, אויסגערונען. אַ גרויס רחמנות האָט זיך אין אים אָנגעצונדן אי צו דער פֿרוי, אי צו זיך...

די דאָנאַ סעסיליאַ האָט געמישט אין דער וואַליזע פֿון אַבֿרהמען, כּדי צו באַהאַלטן די פֿאַרשעמונג און באַליידיקונג. זי האָט מיט צער און פֿאַראַכטונג אַוועקגעשטויסן די ביליקע בילדער פֿון די געטער, די פֿיגורן פֿון די הייליקע, ביז זי האָט זיך אָנגעשטויסן אין דעם שמייכלענדיקן פֿרויענקאָפּ, מיט די צעלאָזענע האָרפּאַסן, מיט דעם גליקזעליקן בליק פֿון דער מאָנאַ ליזאַ.

אָפּוועגנדיק זיך פֿון אַבֿרהמען האָט זי צעקנייטשט איר אייגענעם פֿאַרגרעסערטן פּאָר־טרעט. זי האָט זיך געשפּיגלט אין דעם אָפּבילד פֿון דער פֿרעמדער פֿרוי און ביסלעכווײַז האָט זיך אײַנגעשטילט דער צער אין אירע בליקן, וואָרעם האָבן זיי דאַן געלויכטן צו אַבֿרהמען...

מאיר קוטשינסקי

## מייַן ערשטע באַגעגעניש

...שוין אויסגעשפּילט אַלע שפּילן און אויסדערציילט אַלע וויצן. אויסגעטרונקען אַלע, פֿון דעם לעצטן פּאָרט מיטגעבראַכטע געטראַנקען. אַ נערוועזע אומגעדולד האָט אונדז, עמי־גראַנטן, אַרומגענומען צום ,אומבאַקאַנטן׳.

די שפּאַנענדע שעהען פֿון איבערפֿאָרן דעם עקוואַטאָר, וואָס מיר האָבן געוואָלט אויפֿ־כאַפּן ווי מע כאַפּט אויף דאָס קוויטל הושענה־רבה ביַי נאַכט, בעת דער הימל עפֿנט זיך, כּידוע, אויף איין אויגנבליק, – זענען מיר פֿאַרשלאָפֿן. די וויַיטע מוזיק פֿון ערשטן קלאַס איז צו אונדז, אין דעם דריטן, נישט דערגאַנגען. עס איז געווען דער לעצטער עטאַפּ פֿון דער לאַנגער נסיעה: מיר זענען ענדלעך צוגעשוווּמען צום ערשטן בראַזיליאַנער פּאָרט: פּערנאַמבוקאָ.

מיר, זאָרגלאָזע, צי כּלומרשט זאָרגלאָזע, עמיגראַנטן, זענען זיך נוהג געווען אַראָפּצר־גיין אין אַלע פּאָרטן טועם צו זיַין דעם לאַנדס פּירות און וויַינען. אַפּשיטא שוין – בראַזילס, דעם לאַנד פֿון אונדזער מאָרגן. און עס דערמאָנט זיך מיר אין דעם בעל־קורא, אין אונדזער בעל־מלאָכישן בית־מדרש, בעת ער האָט פּאַטעטיש אָנגעזאָגט די אָנזאָגעכצער צו די מרג־לים: „השמנה היא או רזה."[1] ווי זעט אויס די ערד? וואָס זענען די מענטשן?... און מיר גייען אַראָפּ פֿון שיף.

דער האַפֿן איז אַן אויסשטעלונג פֿון מאַלפּעס און שלאַנגען, אַ מאָזאַיִק פֿון פּירות און באַשעפֿענישן, חיות און פֿייגל. פּאָמעראַנצן, גרויסע ווי דיניעס (אָבער אינעווייניק אַ זיסלע־כער שטרוי); טשערעפּאַכעס און ליליפּוט־קראָקאָדילן, עקדישן, ,פּיפּערנאָטערס׳ אַזעלכע, און טויזנטער ים־שיסעלעך, שטעקעלעך, פֿאַרדאַרטע סקאָרע פֿון חיות, – אַלץ אויסגע־מישט, ווי פֿאַרב אויף אַ פּאַליטרע.

אויסגעצוואָגענע באַאַמטע, אין וויַיסע אַנצוגן, שטייען אומבאַוועגלעך ביַי די אימפּאָזאַנ־טע צאָל־געביַידעס. צום ערשטן מאָל זעען מיר די כאַראַקטעריסטישע פּנימער פֿון וויַיסע, וואָס לעבן אין דער טראָפּיק: אַזעלכע גומענע מוסקלען פֿון אַשקאָליר, פֿאַרקנייטשטע. ביַי אונדז אין שטאָט האָט דער גוי פֿון דער שוויצבאָד געהאַט אַזאַ פּרצוף, – ער האָט געאַרבעט אַ צוואַנציק יאָר אין דער פּאַרע...

גייען מיר אַראָפּ אין האַפֿן, וואָס איז פֿול מיט געזעמלען פֿון מענטשן, שוואַרצע, דער

1 במדבר יג, כ: וּמָה הָאָרֶץ הַשְּׁמֵנָה הִוא אִם־רָזָה. „און ווי איז די ערד, איז זי פֿעט אָדער מאָגער" (איבערגע־זעצט פֿון יהואש).

פֿון: **נוסח בראַזיל**. תּל־אָבֿיבֿ: פֿאַרלאַג י.ל. פּרץ, 1963, ז"ז 101–106.

רובֿ, און שרײַענדיק קאָלירטע. די לופֿט כוואַליעט אונדז אַנטקעגן מיט היץ און פּאַרע. מיט אַ מאָל באַווײַזט זיך אַ יונגער־מאַן, קאָנטיק אַ ייִד, און פֿרעגט אונדז אויף ייִדיש טאַקע, צי מיר זענען פֿון פּוילן און צי איז עמעצער פֿון דער שטאָט וולאָצלאַוועק?

אַלע עמיגראַנטן שרײַען מיט שׂימחה: „אָט אָ דער איז אַ וולאָצלאַווקער!"

איז מיך באַפֿאַלן אַ גוואַלדאָוונע פֿרייד... נאָך געהאַט אין האַרץ שטיקער פֿון דער שטאָט, דעם טרויער פֿון די געזעגענונגען און די אויפֿגעוועקטע בענקענישן בעת דער רײַזע – און דאָ אַזאַ אומגעריכטע באַגעגעניש, – אַן אייגענער, פֿון מײַן שטאָט, דער ערשטער ייִד, וואָס איך באַגעגן אין נײַעם לאַנד, אייגנטלעך, דער ערשטער מענטש, – אַ וולאָצלאַווקער!

האָט אונדז אַרומגענומען אַזאַ פֿרייד, ווי מיר וואָלטן געווען צוויי ברידער, וואָס האָבן זיך אַרומגעזוכט זייער גאַנץ לעבן און לסוף זיך געטראָפֿן צופֿעליק.

אויף מײַן פֿראַגע, ווי קומט ער אַזש קיין פּערנאַמבוקאָ, ענטפֿערט ער ווי דער קונצן־מאַכער בײַ פּרצן:

– איך קום פֿון אַפֿריקע און פֿאָר קיין פּאַריז...

ווער איך געוווּר, אַז ער רוט זיך אָפּ אין אָט די מקומות פֿון דרום־אַמעריקע. אַ פּאַס און וויזעס האָט ער – צו פֿאָרן „ווּ ער וויל נאָר און מיט יעדער שיף" – זאָגט ער מיט חשי־בֿות. מײַן לאַנדסמאַן, אײַנקוקנדיק זיך גוט אין מיר און נאָך מער אין דער קלײנער גרופּע פֿרויען־עמיגראַנטן, מיידלעך און יונגע ווײַבלעך, וואָס זענען געפֿאָרן צו זייערע מאַנען, – רופֿט אויס:

– האָב איך שוין געטראָפֿן אַ לאַנדסמאַן, וועל איך מיטפֿאָרן אויף זײַן שיף, זיך קוויקן מיט זײַנע גרוסן פֿון מײַן שטאָט, צו וועלכער איך גיי אויס פֿאַר בענקעניש. געמוזט זי פֿאַר־לאָזן מיט צוואַנציק יאָר צוריק.

מײַן בן־עיר אײַלט צום האָטעל זײַנעם און עקספּעדירט אַרויף זײַן באַגאַזש אין אונ־דזער שיף. דערווײַל דינגען מיר אַן אויטאָ און פֿאָרן אַרום אין דער ווײַסער שטאָט, וואָס האָט אַזאַ האַרטן נאָמען: פּ ע ר נ אַ מ ב ו ק אָ.

מיר גאַפֿן מיט אונדזערע קלײנשטעטלדיקע אויגן: אויף יעדער גאַס מאָנומענטן פֿון מענטשן מיט אַזעלכע אויסטערלישע נעמען, העלדן מסתּמא, פֿון וועלכע מיר הערן צום ערשטן מאָל. צי איז מירמלשטיין אַזוי ביליק, צי איז דאָס לאַנד טאַקע אַזוי רומרײַך אין איר געשיכטע און די מענטשן איבערפֿילט מיט בירגערפֿליכט לגבי זייערע העלדן?

פֿאַר די וואַרשעווער עמיגראַנטן גילט אַן אַנדער מאָסשטאַב צו מעסטן דאָס לאַנד: די האַלעס. מיר פֿאָרן צו די פּערנאַמבוקאַנער האַלעס (מערקאַדאָ) און שטייען פֿאַרגאַפֿט פֿאַר יענער מאַשינקע, וואָס כאַפּט אַ צוקעררער און קוועטשט פֿון איר אַרויס אַ טונקעלע פֿלי־סיקייט, אַ זיסלעכע, ווי לאַקריץ. די וואַרשעווער רופֿן אָן די מאַשינקע ,ווישימאַטשקע'.[2] דערווײַל שוויצן מיר אַזוי שטאַרק, ווי אויף דער אייבערשטער באַנק אין אַן אָנגעהייצטער באָד, בעת אַ געוועט, ווער וועט לענגער אויסהאַלטן...

2 פֿון פּויליש wyżymać – אויסדריקן, אויסקוועטשן.

*

ווען די שיף האָט זיך געריִרט פֿון פּערנאַמבוקאָ, ווײַטער צו דרום, אין דער ריכטונג פֿון ריאָ־דע־זשאַנעיראָ, האָב איך זיך נעענטער באַקאַנט מיט מײַן לאַנדסמאַן.

אַ הויכער, טונקעלער, קאָנטיק אַ מידער, אַ נישט־אויסגעשלאָפֿענער. אַ ביסל ,שנויפּלדיק׳ (,פֿאָנפֿאַטע׳), וואָס האַרמאָניזירט מיט זײַן פֿײַכטער נאָז. ער רייכערט און שפּײַט, שפּײַט און רייכערט. זיצט מיט שטראָם אויסגעשטרעקטע און צעשפּרייטע פֿיס און דערציילט. דערציילט מעשׂיות, נסים, ,האָר און נעגל׳ ממש:

– איך בין אַ פֿראַנצייזישער מלוכה־אַגענט, פֿון קאָלאָניאַל־מיניסטעריום. מײַן שטענדיק וווינאָרט איז פּאַריז, ,אויף די בולוואַרן׳... דאָרט איז מײַן פּריוואַטע דירה און נישט ווײַט, – מײַן אַרבעטס־ביוראָ. צוויי יאָר פֿאַרברענג איך אין פּאַריז און איין יאָר אין איינער פֿון פֿראַנקרײַכס מדינות „צו פֿאַרשטאַרקן פֿראַנקרײַכס אײַנפֿלוסן צווישן די אײַנגעבוירענע“... איצט קום איך פֿון אַפֿריקע און פֿון דער פֿראַנצייזישער גוויִאַנע, ווו איך האָב זייער פֿיל אויפֿגעטאָן פֿאַר די ווילדע דאָרט.

ער רעדט סודותדיק. די אוידיטאָריע אַרום איז פֿאַרבלעפֿט, דערשיטערט, כאָטש אין דער שטיל קנײַפּן זיך די עמיגראַנטן. דער שיפֿס־אָפֿיציר, וואָס פֿאַרשטייט אַ ביסל ייִדיש, הערט זיך צו אַ ווײַלע צו זײַנע מיט פֿראַנצייזיש פֿאַרבראָקטע געשיכטעס. ער גיט אַ מאַך מיט דער האַנט, ווי איינער זאָגט: „דערצייל דער באָבען...“

און מײַן לאַנדסמאַן הערט נישט אויף צו דערציילן:

– מיר, איך און אַ חבֿר מײַנער, ווען אַ שלאַנג האָט פֿאַרגיפֿטעט צום טויט מיט אַ ביס, – אָט אָ דאָ האָב איך זײַן בילד ווו ער ליגט אַ טויטער, – קומען אַרײַן אין אַ נעגערדאָרף, באַלאָדנט מיט מתּנות: פֿײַפֿעלעך, קרעלן, שפּיגלען, מעסערלעך, טאַשנלעמפּלעך. מיר הייסן זיך פֿירן צום נעגער־מלך. נו יאָ, די נאָז מוז מען גוט צוהאַלטן אין מלכס פּאַלאַץ... אַנידערגעלייגט פֿאַר אים די מתּנות אין נאָמען פֿון דער פֿראַנצייזישער מלוכה, פֿאַרשרײַבן מיר זײַן נאָמען, – אָט אָ דאָ האָב איך אויפֿגעשריבן אַ סך נעמען, זיי זענען אַזוי שווער, אַז איך קען זיי נישט איבערחזרן פֿון אויסנווייניק. איך פֿאָטאָגראַפֿיר אָפּ דעם הויף, דאָס דאָרף, נעם צונויף וויפֿל ס׳זענען דאָ פֿרויען, פֿאָטאָגראַפֿיר אָפּ אַ טייל, – יאָ אָנגעטאָן, נישט אָנגעטאָן, נעם עפּעס פֿון זייער כּלי־זיין און בין טועם, פֿון יוצא וועגן, פֿון זייערע מאכלים, – אויב איך ברעך עס נישט באַלד אויס... די נעגער, פֿון זייער זײַט, זענען אונדז מכבד: העלפֿאַנטביין, פֿויגל־פֿעדערן און... מיט יונגיטשקע מיידעלעך, כּמעט קינדער...

מײַן לאַנדסמאַן פּאַקט אויס פֿון זײַנע טשעמאָדאַנעס פֿאַרשיידענע חפֿצים, צו דערווײַזן, אַז ער איז נישט קיין ליגנער. ער ווײַזט אונדז פֿאָטאָגראַפֿישע בילדער, ווי ער איז אָנגעטאָן אין ווײַסן, מיט אַ קיווער, וואָס איז כאַראַקטעריסטיש פֿאַר אַ ווײַסן פֿאָרשער אין דער טראָפּיק, מיט לעדערנע ,שטולפּן׳, מיט ביקס און שווערד, צווישן אַ מחנה שוואַרצע. מײַן לאַנדסמאַן זאָגט אַגבֿ־אורחאדיק: „פֿון איינס פֿון מײַנע דערפֿער...“

ער האַלט אין איין ווייַזן פּעסער, באַפּעלן, אָרדערס, וואָס דאַרפֿן פֿאַריאָגן די ספֿקות בנוגע זייַנע רייד.

ער קומט צוריק צו דער שלאַנג, וואָס האָט אים און זייַן חבֿר צעביסן. זייַן חבֿר איז געשטאָרבן. מייַן לאַנדסמאַן, צו פֿראַנקרייַכס גליק, איז אויסגעהיילט געוואָרן... ער ווייַזט אַ בילד וווביידע ליגן אויף אַ ראָגאָזשע.

ער רופֿט אָן אַלערליי נעמען פֿון דער עקזאָטישער געאָגראַפֿיע – „אומעטום געווען, אומעטום עפּעס איבערגעלאָזט", ווי אויגוסטוס, אין קנוט האַמסונס „וואָגלער".

*

אָבער דער עולם האָט אים אויפֿגעהערט צו גלייבן, כאָטש אַלץ איז ,כּמעט' געווען דאָקו־מענטירט. עפּעס האָט מען דערשמעקט אין אים. וואָס? – וועגן דעם האָט קיינער נישט געפּרוּווט זיך אָפּגעבן אַ רעכענונג.

אפֿשר זייַנע פּראָפֿאַנישע רייד, מיט וועלכע ער האָט זיך נישט זשענירט אַפֿילו פֿאַר מיר, זייַן ,געפֿונענעם לאַנדסמאַן'? גיכער ווי אַלץ אָבער, דוכט זיך, זייַן קבצנות: ווערדליק אַ פֿאָרשטייער פֿון אַזאַ באַרימטער מלוכה, איז ער געווען צו שנאָרעריש, כאָטש אויך אויף דעם האָט ער אַ דערקלערונג: „נאָך נישט געקומען דאָס געהאַלט פֿאַר אַ גאַנץ יאָר און אַ סבֿרה, אַז עס קען אָנקומען טאַקע אויף דער שיף, אין מיטן פֿאָרן..."

עס איז מיר געווען אַ רחמנות אויף מייַן לאַנדסמאַן, וואָס ער מוז, לא־עלינו, שנאָרען אַ פּאַפּיראָס, אַ גמילת־חסדל, דאָ בייַ דעם, דאָ בייַ יענעם.

*

אונדזערע מיידלעך און די אַליין־פֿאָרנדיקע פֿרויען האָבן זיך דערווייַטערט פֿון מייַן בן־עיר. די רייַזע פּערנאַמבוקאָ־ריאָ־דע־זשאַנעיראָ דויערט 4 טעג. אויפֿן צווייטן טאָג, נאָך דעם ווי ער איז ,איזאָלירט' געוואָרן פֿון אונדזערע פֿרויען, איז ער אַרייַן אין אַן אַפּאַטישער גלייַכגילטיקייט...

ער האָט מער נישט דערציילט און עס איז פֿאַר אונדז פֿאַרבליבן פֿאַרהוילן דער ריכ־טיקער אמת פֿון זייַנע וואָגלענישן, פֿון זייַנע אַוואַנטורעס. ער האָט אָבער נישט געהאַט קיין מזל צו אונדז.

געווען צווישן די עמיגראַנטן אַ וואַרשעווער ,ווילער־יונג', אַן אַסימילירטער, אַ פּויליש־רעדער און נישט פֿאַרשטאַנען גאָרנישט פֿון מייַן פֿיל־באַרייַזטן בן־עירס מעשׂיות. אַ דאָקטערס אַ זון, אַ ווייַבערניק און הולטייַ, האָט אים דער טאַטע פֿאַרשיקט קיין בראַזיל, אַזוי ווי עס איז געווען דער שטייגער אין יענע צייַטן. אָט דער דאָזיקער האָט גוט גערעדט פֿראַנצייזיש, צו מייַן לאַנדסמאַנס אומגליק... דאָס האָט אים אין גאַנצן אַוועקגעקוילעט.

אַז די שיף האָט זיך אָפּגעשטעלט אין ריִאָ־דע־זשאַנעיראָ (,דאָס פּאַריז פֿון זאָדיק־אַמע־ריקע׳ – ווי מײַן חבֿרה־מאַן האָט עס אָנגערופֿן), איז מײַן לאַנדסמאַן פֿאַרשווּנדן אָן אַ זײַ־געזונט.

דאָס איז געווען מײַן ערשטע באַגעגעניש אויפֿן וועג צו דעם קאָנטינענט, וואָס האָט דעמאָלט געהאַט נאָך דעם באַוווּסטן שם, וואָס איז פֿאַראייביקט בײַ שלום־עליכמען אין „אַ מענטש פֿון בוענאָס־אײַרעס“... מײַן פֿאַרוואָגלטער און אויסגעגליטשטער לאַנדסמאַן איז, זעט אויס, געווען אַ לעצטראַנגיקער משרת בײַ אָט די ,מענטשן׳. אפֿשר איז ער שוין געווען פֿון די לעצטע פֿון יענע פֿאַרשווינען? – ווײַל מער האָב איך שוין אַזעלכע נישט באַגעגנט.

משה קולבאַק

# מוניע דער פֿויגל־הענדלער און מלכּהלע זײַן ווײַב

## מוניעס טאַטע

מוניעס טאַטע, אַ ייִד מיט אַ קאָלטענעוואַטער באָרד, איז נאָך אַ מאָל, אין די וויסטע ווינטערדיקע נעכט, אַרומגעגאַנגען איבער דער שטוב און גרײַלעך אַרײַנגעטראַכט. ער האָט געטראַכט וועגן דעם איבערגעוואַקסענעם נפֿש זײַנעם, וואָס קיין פֿיס, נעבעך, האָט עס נישט, שאַרט זיך אַרום פֿון באַגינען אָן מיטן געזעס איבער דער קאַלטער לײמענער פּאָדלאָגע, און – געוואַלד! – ער שטעלט אים בדלות. דער ייִד האָט גאַנצע נעכט געטראַכט און געשפּיגן און געמאַכט אין דער מאַמען אַרײַן:

– סטײַטש, דער יונג עסט אים אָפּ דעם קאָפּ!

און ערשט אין תּחילת־ווּעסנע, ווען עס האָט אָנגעהויבן לאָזן, איז ער, אָט דער קאָלטענעוואַטער ייִד, אַרײַן אַ מאָל אין שטיבל מיט אַ באַהאַלטענער גדולה. ער האָט געבראַכט אַ באַמאַכטן שטײַג מיט פֿייגעלעך, אַוועקגעשטעלט אויפֿן טיש, און פֿון בוזעם האָט ער פּאַמעלעך גענומען אַרויסציִען אָדעסער טויבן, פּאַמעלעך און אָפּגעהיט, ווי זיי וואָלטן דאָרטן געוואַקסן בײַ אים אונטער די פּאַכוועס. דעמאָלט האָט מוניע פּלוצעם דערשמעקט אַ מאכלדיקע וואַרעמקייט, וואָס האָט געשלאָגן פֿון די פֿויגלשע גופֿלעך, אַ געשמאַקע וואָרקערײַ און פֿײַפֿעניש אַזש ביז טרערן, און ער איז אַראָפּגעקראָכן פֿון טאַפּטשאַן אַ פֿאַרגאַנגענער און אַ צעטומלטער. ער איז שיִער נישט געפֿאַלן אין חלשות. און דער צעקנאָדערטער טאַטע זײַנער האָט אַרויסגעבורטשעט פֿון צווישן דער שטעכיקער און טויבער באָרד:

– נאַ, קלאָג מײַנער, האָדעווע און פֿאַרדין געלט!

און דערנאָך איז דער ייִד, מוניעס טאַטע, געשטאָרבן.

## מוניע

מוניע האָט געהאָדעוועט און געהאַנדלט מיט פֿייגל. דאָס דורכגעפֿוילטע שטיבל, וואָס איז געווען אַרומגענומען מיט אַ פּליוש און געבליט מיט גליטשיקע, וואַסערדיקע שוועמלעך, האָט איצטער באַקומען אַ פּנים פֿון אַ קאַטוך. די טויבן האָבן באַשפּרענקלט די אַלטע ווענט, די אַלמערס און די טישן מיט אַ מין דינעם קאַלך. עס האָט געשמעקט מיט פּעלץ און מיט פֿויגלמיסט. און אַדורך די קליינע, בלאָטיקע שײַבלעך האָט שטענדיק, לויט איין מאָס, אַרײַנגעקוקט אַ שיטערע, קאַלטע און בלײַערנע ליכט. פֿון כּלערליי שטײַגן האָט געסווישטשעט, אַ טענצערײַ הינטער די דראָטן, און אַ קלאַפּן מיט די שנאָבלען אין פֿאַרשידענע בלעכערנע דעקלעך און חפֿצים. מוניע האַט זיך אַרומגעשאַרט אויף זײַן שווערן, לעדערנעם

פֿון: **די ייִדישע וועלט** (6), ווילנע, סעפּטעמבער 1928: ז״ז 333 – 346.

גזועס, אַרײַנגעקראָכן אין די שטײַגן צו די טויבן, געטאַפּט, געבלאָזן אין די פֿעדערן, און אַזוי שטילערהייט צונויפֿגעפּאָרט די פֿויגל־מינים. אין קליינע שטײַגעלעך האָבן גזוונגען דינע קאַנאַריקלעך, געלע ווי ציטרין. עס זענען אַרומגעגאַנגען איבערן שטוב טויבן באַוואַקסענע און שטאַרקע ווי הענער. און אין דער האַלב־טונקלקייט זענען שוין גזועסן שטענדיק קורצע פּויערימלעך מיט גראָבע קאַרטאָפֿל־נעזלעך, פֿויגל־כאַפּער, וואָס זענען געקומען ערגעץ פֿון די רײַסענער נאַסע וועלדער; מ׳האָט געטערכעט, געדרעמלט, זיצנדיק אין די ווינקלען אויף זעק קאַרטאָפֿל, און געפּיפּקעט פּאַרצײַטיקע גרויסע ליולקעס, ווי גאַנצע פּאַרע־מאַשינעס.

עס איז געגאַנגען שווײַגעוודיק אַ האַנדל: פֿולע גימפּעלעך, רויט־בײַכלדיקע, האָט מען געביטן אויף צעבראָכענע שטײַגלעך; טשיזיקלעך[1] פֿון מוטנעם רומיאַניק־קאָליר – אויף פּאַסטקעס פֿון מײַז, אויף אַלטע אָפּגעקראָכענע קאַפּעליושן, וואָס האָבן זיך שוין גע־וואַלגערט יאָרן אויף די ביידעמער. די פֿאַרגליווערטע, תּמעוואַטע אויגן האָבן פּאַמעלעך אַרויסגעקוקט פֿון די גראָבע וויִעס, ווי וואַסערן אונטער פֿאַרוואַקסענע קוסטעס, און אַ וואָרט האָט מען אַרויסגערעדט צו מאָל אַ פֿוילן און אַ הייזעריקן, וואָס איז אויך מער אויס־געקומען ווי אַ הוסט אָדער ווי אַ קרעכץ.

מוניע האָט זיך אומעטום אַרומגעשאַרט, צוגעפּאַטשט אין אַ קאַלטער הונדערט־יאָרי־קער האַנט אַרײַן, און דאָס האָט באַטײַט, אַז ערגעץ אין אַ בעריאָזעוון וועלדל וועט זיך מאָרגן כאַור פֿאַרקלײַבן אָט דאָס שווײַגעוודיקע פֿויערל און אַרומפּויזען דאָרטן וואָכן, ביז ער וועט נישט פּאַוואָלינקעס אַרײַננאַרן אַ וועוויריקל אין שטײַג אַרײַן, אָדער גאָר אַ ריין־פֿעדערדיקן קאַנאַריקל. מסתּמא האָט מען שוין וועגן מוניען גזוונגען אין די זומפּן און אין אַלע אָפּגעלע־גענע וועלדלעך פֿון רײַסן! אַזוי איז עס אים געגאַנגען כּשורה.

## דאָס ווײַבל נעכע

הייסע, פֿאַרגליווערטע זונענטעג. ביימער אַרויסגעשניטענע פֿון דער העלער קלאָר־קייט זענען געשטאַנען אָן שאָטנס. אַ צווײַג האָט זיך נישט גערירט. אויף אַ פּלאַנקען האָט געשטווינט אַ סאָראָקע מיט אַן אָפֿענעם, שוואַרצן שנאָבל פֿון היץ. מוניע איז גזועסן אויפֿן שוועל פֿון זײַן שטוב און געוואַרט אויף אַ מענטשן. קיינער האָט זיך אָבער נישט באַוויזן אויפֿן אָנגעגליטן וועג. פֿאַר נאַכט ערשט איז געקומען צו גאַסט צו מוניען דאָס ווײַבל נעכע. זי איז אַ סעדעכע, האַנדלט אויפֿן מאַרק, אָבער, נישקשה, זי פֿאַרשטייט זיך אויך אויף בחורישע זאַכן. די פֿייגל האָבן שפּרינגענדיק אַראָפּגעזונגען פֿון די שטײַגן אַראָפּ. מו־ניע האָט זיך דעמאָלט צוגעזעצט צום טיש און געקליבן זיך הערן. דאָס ווײַבל נעכע האָט גערעדט אַרום און אַרום מיט שיינע משלים און מיט אָנצוהערענישן, אַז אַ מענטש מוז האָבן היינטיקע צײַטן אַ באַלעבאָסטע אין שטוב. זי, דאָס ווײַבל נעכע, האַנדלט אויך מיט עופֿות, ווייסט זי, וואָס פֿאַר אַ פּראַצע דאָס איז. מוניע איז גזועסן רויט, קאַנטיק און נישט

1 טשיזשיק.

װי אַ מענטש, נאָר װי אַ שטיק אָפּגעבראָכענער גרויער שטיין. ער האָט נישט אַ פּינטל געטאָן מיט קיין ברעם, אָבער װוּ נאָר אַ דפֿק האָט אין אים שטאַרק געפּויקט. און דאָס װײַבל נעבע האָט געטערדעט אַרום און אַרום מיט שיינע משלים. די פֿענצטערלעך, װאָס האָבן זיך צוגערוקט נענטער, האָבן דורכגעלאָזן אַ קילן אָפּגלאַנץ פֿון אַן אָרעמען װײַטן זון־אונטערגאַנג אָן פֿאַרב און װאַרעמקייט. דעמאָלט האָט דאָס װײַבל נעבע אים באַקוקט, האָט זיך צוגערוקט נענטער און אַרײַנגעשושקעט אים אין אויער אַזױנס, װאָס ס׳האָט אים אַן עפּן געטאָן און אַרײַנגעגאָסן פֿײַער אומעטום, װוּ ס׳איז נאָר געבליבן אָרט.

מוניע האָט געשװיגן, אָבער יענע נאַכט איז ער פֿאַװאָלינקעס אַרײַנגעקראָכן צו די טויבן אין שטײַג און איז אָפּגעזעסן ביז באַגינען מיט אָפֿענע אויגן. ער האָט געטראַכט. אין דער פֿרי האָבן די קאַנאַריקלעך געזונגען שענער, און מוניע האָט זיך אײַנגעװאָשן אין אַ שיסל. ער האָט צעקעמט די שװאַרצע פּאַטלע, פֿאַרדרייט אַ װאָנץ און צוגעזעצט זיך בײַ דער אָפֿענער טיר. עס איז שוין געװען האַלבער טאָג און דאָס װײַבל נעבע איז נישט פֿאַרבײַגעגאַנגען. און אין שטיבל האָבן שוין געדרעמלט די ליימענע פֿויערימלעך, װי פֿאַרדראָטעװעטע אַלטע טעפּ, געהאַלטן די שטײַגעלעך אויף די קניִען, עובֿר־בטלדיק געשטיפּט און געפּלאַפּלט מיט די פֿרײלעכע פֿייגעלעך. און מוניע איז דאָך געװען אויפֿגעראַמט, ער האָט אַפֿילו צוגעפּײַפֿט, װי אַ פֿייגעלע, און דערנאָך האָט ער אַרויסגערוקט דעם גאָרגל און געגעבן אַ באַסאָװן זונג אויך, אָבער ער האָט נישט געקאָנט זינגען.

פֿאַר נאַכט האָבן זיך אויסגעצויגן איבער די װענט גראָבע שאָטנס. אַ קלײנער פֿויערל, אַלט װי די װעלט, איז געבליבן בײַ מוניען נעבעטיקן. געבראַכט האָט דאָס פֿויערל פֿון זײַן װײַטן דאָרף אַ װאָראָנע, װאָס ער האָט פֿופֿציק יאָר אַליין געהאָדעװעט. איצט איז ער געשטאַנען אָנגעלענט אויף זײַנע צװיי שטעקעלעך און געערדט צו די פֿייגל. מוניע האָט זיך אַרומגעשאַרט אַ צעטומלטער איבערן שטוב, געריבן זיך דעם שטערן, װאָרן דאָרטן האָבן זיך גראָד איצטער געפֿונען װיכטיקע געדאַנקען, און אַז דאָס פֿויערל איז נאָר געבליבן שטיל אַ רגע, האָט ער אים צוגעװונקען מיט אַ פֿינגער. מוניע האָט אים דעמאָלט אַרײַנגעשריגן אין דעם שמוציק־פֿאַרװאַקסענעם אויערל אַרײַן:

– צי איז מאָזשליװע[2], אַז אונדזערער איינער זאָל נעמען אַ באַבע אין שטוב, האַ?

– מאָזשנאָ, טשאַמו ניע מאָזשנאָ!?[3]...

האָט דאָס פֿויערל אַרויסגעהיקעט אויף אַ בײַקולכל ערגעץ פֿון דער פּלייצע אַרויס. דערנאָך האָט זיך אים, דעם פֿויערל, געװאָלט לאַכן אויך, אָבער ס׳איז פֿון דעם גאָרנישט נישט אַרויסגעקומען. ער האָט אויסגעזען, װי אַן אַלט אײַנגעפֿאַלן שטעלכל, װוּ דער װינט בלאָזט און קלאַפּט מיט די צוגעטריקנטע שינדלען און ברעטלעך. די פֿייגל האָט שוין געשלעפֿערט, און דאָס פֿויערל, װאָס איז געװען בלויז צװיי מאָל אַזױ אַלט װי זײַן

2 װײַסרוסיש – מעגלעך.

3 װײַסרוסיש – מעגלעך, פֿאַר װאָס נישט!?

וואָראָנע, האָט נאָך אַרומגעבלאָנקעט, געהעטשקעט זיך[4], געבעבעט, ביז ער האָט אויך איינגעדרעמלט ערגעץ אויף אַ זאַק קאַרטאָפּל. אַזוי האָבן דאָרטן אין דעם טונקעלן שטיבל געשלאָפֿן בײַ אַ פֿינף הונדערט לעבעדיקע נפֿשות.

אין דער פֿרי איז געקומען צו גיין דאָס ווײַבל נעבע.

מחמת דעם, וואָס מע קאָן נישט רירן די פֿייגל, וועט מען די שטוב נישט קאַלכן. מוניע אָבער מוז לאָזן אַרויסהענגען אַ וויוועסקע, די כּלה מלכּהלע דאַרף דאָך וויסן מיט וועמען זי טוט! וואָס האָסטו, מוניע, אין קופֿערט? דאָס ווײַבל נעבע האָט אַרומגעשמײַעט איבערן שטוב, אַרײַנגעקוקט אומעטום, פֿונאַנדערגעעפֿנט די פֿענצטערלעך, דערנאָך האָט זי בריהש פֿאַרקאַשערט די אַרבל און גענומען זיך אַליין צום וויכטעש: געשײַערט די בענק, געשפּריצט פֿון אַ פֿולן מויל וואַסער, געקלאַפּט אין די קישנס אַרײַן, און פּלוצלינג האָט זי געכאַפּט דעם קאָשיק אירן און איז נעלם געוואָרן.

דאָס ווײַבל נעבע איז נישט געוואָרן, ווי אַ ווינט.

מוניע איז צוגעקראָכן צום באַשלאָגענעם גרינעם קופֿערט און מיט אַ לאַנגן שליסל, וואָס איז אים געהאָנגען אויפֿן הוילן לײַב, האָט ער פֿאַוואָליע אָפּגעעפֿנט דעם שווערן דעמבענעם צודעק. דאָרטן האָט זיך געפֿונען מוניעס האָב: די שטאַרק ציכטיקע העמדער מיט פּויעריש אויסגעהאָפֿטענע קראַגעלעך, פֿאַרביק־בלומיקע שניפּסן, כּלערליי רעק און וועסטלעך, און סאַמע בײַם דעק קופֿערט – אַ געפּרעסטע פּאָר הויזן און אַפֿילו אַ פּאָר נײַע לאַקירטע שיך. עס איז קיינער נישט געווען אין שטוב דעמאָלט, ווען ער האָט קוים אַ קלאַפּ געטאָן אין די איידעלע פּאָדעשוועס, ווי מע קלאַפּט אָן אין אַ ליימענעם טאָפּ. עס איז קיינער נישט געווען אין שטוב. אָ, קיינער האָט זיך אויך שפּעטער נישט אומגעקוקט אויף מוניען, ווען ער איז פֿאַרנאַכטלעך, מיט דעם העמד אונטערן אָרעם, געקראָכן פֿון באָד אַהיים אַ ראָזעווער און אַ דורכגעפּאַרעטער, ווי אַ געבאַקענער עפּל. קיינער האָט זיך נישט אומגע־קוקט אויף מוניען.

## די כּלה מלכּהלע

דאָס ווײַבל נעבע האָט געהאָלפֿן מוניען אויסבינדן דעם רויטן, פֿײַערדיקן שניפּס. דער פֿאַרנאַכט איז געווען אַ ווײַסער. דאָרטן ווו די זון האָט געזאָלט פֿאַרגיין איז געשטאַנען אַ ליידיקע וויסטקייט. הוילע, וואָלקנדיקע דורכגענג, שטאַרק אָפּגעקראָכענע, ווי ריש־טאָוואַניעס אַרום אַ בנין, וואָס איז קיין מאָל נישט געבויט געוואָרן. די צוויי פֿענצטערלעך זענען איצטער געהאָנגען אויפֿן שטיבל, ווי אַ פּאָר שפּאַקולן, וואָס זעען סײַ ווי גאָרנישט. עס האָט אָבער געברענט אַ לאָמפּ, און דאָס ווײַבל נעבע האָט געהאָלפֿן מוניען אויסבינדן דעם רויטן, פֿײַערדיקן שניפּס. פֿון טיש האָט אַראָפּגעלויכטן אַ קיל טישטעך, ווי שניי. דער סאַמאָוואַר האָט זיך געבולבעט. שטאַרק קלאָרע גלעזער מיט אַ ברוינעם שמעקעדיקן טיי האָבן אַרײַנגעבראַכט דעם גרויען יום־טובֿ אין שטוב; און אין די אויסגעצוואָגענע שטײַגן איז אויך געווען גרויע שטילקייט. מוניע האָט געדרייט דעם שוואַרצן וואָנץ. אַרום שטוב

4 געהעצקעט זיך.

האָט געפּאַדערט דאָס װײַבל נעבע, אַרײַן און אַרויס, צי זעט זיך שוין נישט װוּ די שוואַרץ־חנעוודיקע כּלה מלכּהלע? דער לאָמפּ האָט לאַנג געברענט, און מוניעס שניפּס האָט געלויכטן מיט זיבן פֿײַערן. דעמאָלט האָט נעבע פּאַמעלעך און מיט אַ טיפֿן בוק געעפֿנט די טיר פֿאַר דער כּלה, זי איז פּאַוואָלינקעס אַרײַן און געשוויגן־געשוויגן. און איז דאָ דאָס אָרט צו באַוווּנדערן די קלוגשאַפֿט פֿון דעם װײַבל נעבע, וואָס האָט תּיכּף גערעדט און זיך גענומען צום האַרצן דעם שאַרפֿן יקרות אין שטאָט, וואָרן – זאָל איר צו קיין גנאַי נישט זײַן – די כּלה מלכּהלע איז תּחילת געוואָרן גאָר צעמישט, נישט אַוועקגעשטעלט אַפֿילו דאָס שירעמל אין ווינקל, ווי עס פֿירט זיך אומעטום. מוניע האָט אונטערגעהוסטלט מעשׂה מאַנצביל, געגלאָצט און געהויבן דעם רימען אַרום בויך, ווי ער וואָלט אַ שטייגער געטראָגן טאַקע הויזן. נאָך דעם האָט זיך אָבער מלכּהלע צערעדט. ווי דאָס װײַבל נעבע פֿאַרזיכערט, האָבן זיך איר דעמאָלט געשאָטן פּערל פֿון מויל. און ער, מוניע, איז געזעסן אָנגעלענט אויפֿן האַנט, געהערט און אָנגעקוואָלן. דערנאָך האָט זי אַזוי געזאָגט:

– מוניע, דו וועסט קיין חרטה נישט האָבן, וואָרן, אַז מלכּהלע וויל – ברענט בײַ איר אונטער די הענט...

אַזוי אַרום איז אים קלאָר געוואָרן, אַז מלכּהלע וועט זײַן אַ גוטע באַלעבאָסטע אין שטוב. ער איז געזעסן שטום מיט אַ שאַרפֿער פֿרייד אין האַרצן און געוואַרט. שפּעטער צו איז דאָס װײַבל נעבע אַוועקגעגאַנגען און מלכּהלע האָט ערשט דעמאָלט גערעדט וועגן דעם שיינעם פֿיר פֿון מענטשן, אויסגעמוסרט מוניען, וואָס ער נעמט נישט אַ גלעזל טיי אין דער פֿרי, אויפֿן ניכטערן האַרצן, און דערנאָך האָט זי זיך אַפֿילו אויפֿגעהויבן פֿון אָרט און אָנגעוויזן מיטן פֿינגער, ווו זי וועט אַלץ אויסשטעלן די חפֿצים אין שטוב. אַוודאי איז עס אַ גלײַכע זאַך! עס האָט שוין געשאַריִעט אויף טאָג. מלכּהלע האָט זיך צוגעזעצט סאַמע לעם מוניען, און פּלוצעם האָט זי אים אַ קניפּ געטאָן, דעם חתן אירן, פּונקט אונטערן פּאַכווע און געזאָגט:

– מונינקע, געדענק מײַן וואָרט, דו וועסט ווערן בײַ מיר אַ מענטש...

אַזוי אַרום איז אים קלאָר געוואָרן, אַז מלכּהלע איז אים שטאַרק איבערגעגעבן. דאָס האַרץ האָט אין אים גענומען צאַפּלען פֿון התפּעלות, ער האָט זיך אַזש צוגעטוליעט צו איר, און שטילערהייט, שוין אַ פֿאַרחלשטער, האָט ער אָנגעהויבן חלומען:

– מלכּהלע, דו וועסט מיר קאָכן בולבעס מיט פּעלצלעך... שמאַלצהערינג קויפֿסטו בײַ חנה־דבֿורקעס...

און זיי האָבן זיך שוין געקושט אויכעט. אין דער האַלב־חושכניש האָט זיך דעמאָלט אויפֿגעכאַפּט דער ערשטער אָן אַלטער טשיזיק. אַ טרייסל געטאָן מיטן וואַרעמען ראָמאַשקע־פּעלצל און פּאַוואָליע אַ פֿײַף געטאָן צו דער זון, וואָס האָט שוין קוים־קוים אָפּגעשפּריצט די שײַבלעך מיט אַ ראָזעוון טוי. עס האָט זיך אָנגעהויבן אַ טשוכעניש אין די שטײַגן און אַן אומקלאָרע טונקעלע ברומערײַ פֿון טויבן אין אַלע שאָטנדיקע ווינקלען. דער קאַנאַריק האָט זיך אַרויסגעטיילט מיט דעם גילדערנעם פֿײַפֿיאָל.

## מוניע און מלכּהלע

דאָס איבערגעפֿוילטע שטיבל האָט זיך געגנעצט אין די נודנע יעסיענדיקע רעגנס. דער דאַך האָט זיך, ווי אַ שטיק נאַסער זומפּ, אַראָפּגערוקט צו דר׳ערד און אַ צעקרישלטער פֿונאַנדערגעלייגטער קוימען האָט דאָרטן געטשאַדעט און געשטונקען צו דער וועלט אַרויס. די קרומע טיר אויף איין זאַוויעסע האָט שטאַרק געסקריפּעט. און אויבן, סאַמע אונטערן דאַך, איז געהאָנגען דאָס פֿאַרנאַנטע שילדל: אויף אַ בלוי ברעטל – אַ רויטפּיסיקע טויב, מיט אַן אָפֿענעם גרינעם שנאָבל, מיט אַ געל אויג, און אונטן אויסגעצוקט מיט שוואַרצע אותיות:

דאָ פֿאַרקויפֿט מען טויבן און אַנדערע פֿייגל.

דער ווינט האָט געשטויסן אין פּוכלעם דאַך, געצופּט די נאַסע שמאַטע פֿון אַ שויב און מיט וואַסערדיקע לאַנגע הענט אַרומגעפּאַטשט די ווענט.

מלכּהלע איז געשטאַנען בײַם אונטערגעלייגטן פּריפּעטשיק. עס איז געווען דושנע, די פֿייגל האָבן זיך געבלאָזן און צוגעקנאַקט מיט די שנאָבלען אונטער די פֿליגלען. פֿויערימלעך פֿון גאָר דער געגנט, דורכגענעצטע, אין שעפּסענע פּעלצלעך זענען געזעסן שטילינקע, גע־גלעט די וואָנצן און געטריקנט זיך. עס איז דאָ היינט אַרויס די נשמה פֿון אַ שוואַרצן דראָזד[5], איז ער געלעגן אויפֿן טיש אַ פֿאַרגליווערטער, מיט זײַנע געלע אויסגעצויגענע פֿיס און מיט אַן אָפֿענעם, מוטנעם, אויסגערונענעם אויג. מוניע האָט זיך שוין געפּאָרעט אַרום שטײַג. אַ פּויערל, הוילע ביינדעלעך, מיט אַ דינעם העלדזל, איז געשטאַנען פֿאַר אים, האָט גערעדט עפּעס צו אים, געקוואָקעט ווי אַ הון, און אין די לײַוונטענע פּלודערן האָט ער אויסגעזען, ווי אַ יעסיענדיקע טשוטשעלע אויף אַ שטעקן. מוניע האָט שטאַרק געלאַכט פֿון די מעשׂיות זײַנע, געווישט זיך מיטן אַרבל די טרערן און אַזש געהוידעט זיך אויף זײַן לעדערנעם געזעס. די וואָראָנע, אויפֿן געזימס פֿון אויוון, האָט זיך פֿאַרשלאָפֿענערהייט אויסגעקירעוועט מיטן הינטערחלק צום שטוב און אַ שטאַרקן שאָקל געטאָן מיטן עק; דעמאָלט האָט זיך מלכּהלע אַ כאַפּ געטאָן צום פּנים און אויסגעשריגן מלא־כּעס:

– מוניע, נעם צו דײַן וואָראָנע, זי באַמאַכט מיר די „פּריטשאָסקע״[6]...

און מלכּהלע האָט זיך אָנגעדרודלט. פּויערימלעך האָבן זיך, פֿול דרך־ארץ צו דער מר־ניכע, אויפֿגעהויבן פֿון די ערטער, געמאַכט מיט די הענט: אַקיש, אַקיש... איז זי דאַן אַוועק, די וואָראָנע, שטאָלץ און געלאַסענערהייט אַהינטערן אויוון און זי האָט געזאָגט:

– איך האָב אײַך אַלעמען אין דר׳ערד...

אָבער מלכּהלע איז שוין געווען סײַ ווי אָנגעדרודלט. זי האָט נישט גערעדט. און שפּע־טער צו, אַז זי איז נאָך עפּעס צוגעגאַנגען צום טיש, האָט זי געכאַפּט דעם טויטן דראָזד און אים אַ זעץ געטאָן אָן דער פּאָדלאָגע. מוניע האָט זיך צעמישט, ער איז אויף גיך צוגעקראָכן צום פֿויגל און אַרײַנגערוקט אים צו זיך אין בוזעם אַרײַן. אָבער ער האָט עס נישט געדאַרפֿט טאָן, מחמת מלכּהלע איז בלייך געוואָרן, צוגעלאָפֿן צו אים און אַרויסגעוואָרפֿן דעם צע־קוועטשטן פֿויגל אַדורכן טיר:

5 דראָסל.

6 ווײַסרוסיש – פֿריזור.

– עס שטינקט דאָך שוין פֿון דיר מיט נבֿלה, שײנער מאַן מײַנער!...

אַזוי האָט זי געזאָגט. מוניע האָט אויף איר אויפֿגעהויבן פֿאַרשטאַרטע ברעמען, גע־קוקט תּמעוואַטע, אָבער נישט געענטפֿערט גאָרנישט. שעפּסענע פֿויערישע אויגן האָבן אויך אַ בלאָנדזע[7] געטאָן איבער דער שטוב, פֿאַוואָליע נאָך דעם צוריק אויסגעלאָשן זיך אונטער די דיקע קאָלטענעוואַטע ווּיעס. עס איז געוועזן האַרבסט.

עס איז געוועזן האַרבסט. כמאַרנע ליכטיקייט אין מוניעס שטיבל. די קרומע יעסיענ־דיקע רעגנס האָבן גענעצט און דורכגעטאָטשעט די לעצטע שפּורן פֿרייד. ערגעץ ווו אויף אַ שטעכיק־מוטנעם פֿעלד האָט אָפּגעקלונגען אַ מעשענער בוים. שמוציקע נעפּלען זענען געהאָנגען איבער די דעכער, ווי צעפּליקטע שטיקער קאָדער.

עס איז געוועזן האַרבסט.

אָוונטן האָבן זיך געצויגן שיטערע און אומעטיקע, אָן שטערן, די אָרעמסטע אָוונטן פֿון דער וועלט. מוניע איז אַלץ געזעסן בײַם טיש און געשיילט די בולבעס מיט פּעלצלעך. דאָס לעמפּל האָט געררייכערט. מלכּהלע וואָלט גראָד אין אַזוינע לאַנגע נעכט פֿאַרצירעוועט מוניעס אַ זאָק, זי זיצט אָבער פֿאַרלייגט די הענט און דרעמלט און דרעמלט, אַ נאַסער ווינט מײַסטרעוועט מיט לויזע וואַסערן, ער שלעפּט דינע שטראָמען, דעקט און שמירט די ווענט.

עס איז האַרבסט. מוניע זיצט אין אַ לאַנגן אָנסופֿיקן אָוונט און ער דערהערט פּלו־צעם סאַמע הינטערן פֿענצטער אַ פֿײַף. מ׳האָט דאָרטן אַרײַנגעלייגט פֿינגער אין מויל און אַרײַנגעפֿײַפֿט אים סאַמע אין אויער אַרײַן. מלכּהלע האָט זיך טאַקע אויפֿגעטשוכעט, גע־כאַפּט די פֿאַטשיילע, און מוניע האָט געפֿרעגט:

– מלכּהלע, ווער פֿײַפֿט עס?

– זע אויף אים, זע – האָט מלכּהלע געזאָגט – ס׳איז דאָך זיסקע חנה־דאָבקעס!

מוניען האָט אַ ביסל פֿאַרדראָסן, וואָס ער האָט נישט געקאָנט לויטן פֿײַף דערקענען זיסקע חנה־דאָבקעס, אָבער עס האָט אים געאַרט און ער האָט ווײַטער געפֿרעגט:

– ווער איז דער זיסקע חנה־דאָבקעס, מלכּהלע?

– זע, קוק אים נאָר אָן, ס׳איז דאָך זיסקע פֿונעם ברודער־פֿאַראיין...

און זי איז שוין געוועזן העט אויף יענער זײַט טיר. מוניע האָט זיך געקראַצט דעם קאָפּ און געשאָלטן די וועלט, דערנאָך האָט ער אין דער פֿינצטער זיך אַליין געשלאָגן מיט די פֿויסטן אין האַרצן. אַרום שטוב איז געוועזן שטיל – מלכּהלע, הייסט עס, האָט זיך טאַקע אַוועקגעשלעפּט מיט זיסקע דעם גנבֿ. דער רעגן האָט געקלאַפּט טראָפּנווײַז ערגעץ אין אַן אונטערגעשטעלטן עמער.

יענע נאַכט איז ער אַרײַנגעקראָכן אין בעט, איבערגעדעקט זיך מיט דער קאָלדרע און אָפּגעלעגן ביז באַגינען מיט אָפֿענע אויגן. פֿאַר טאָג האָט פֿאַוואָליע אַ סקריפּ געטאָן די טיר. זי איז געקומען, מלכּהלע, אַראָפּגעוואָרפֿן אויף גיך דאָס קליידל, שטילערהייט אַרײַן אין בעט און אויפֿן אָרט אַנטשלאָפֿן געוואָרן. מוניע איז געלעגן בײַ דער וואַנט אָן אַן אָטעם

7 בלאָנדזשע.

און מורא געהאַט אַ ריר צו טאָן מיט אַן אבֿר. אַזוי האָט עס אים ווײ געטאָן. אין דער פֿרי האָט אָבער מלכּהלע באַוויזן ברידהשאַפֿט: דער אויוון – אונטערגעהייצט, אויפֿן טיש האָט געשלאָגן אַ פּאַרע פֿון קאַרטאָפֿל, די פֿייגל האָבן שפּרינגענדיק איבער די אַנדערע געזופּט קלאָרן וואַסער, און מלכּהלע אַליין האָט געזונגען גאָר שיינע לידער.

דעמאָלט האָט מוניע גנבֿותדיק געטראַכט:

– בײַ מלכּהלען ברענט טאַקע אונטער די הענט, אָבער זי דאַרף זיך דאָך נישט אַרומשלעפּן מיט אַנדערע, ווי?

## זיסקע חנה־דאָבקעס

פֿויערימלעך האָבן אין די אויסגעקראָכענע בערד און אין די טיזליקעס געטראָגן קעלט פֿון יאַדלאָווע וועלדער. אין שטיבל האָט מען געהאַנדלט מיט פֿאַרשפּעטיקטע פֿייגל. משוגענע בלאָ־פֿייגעלעך האָבן זיך געשופּט אַדורך די שטײַגן, געקוליעט זיך איבער די דראָטן; ראָזעווע בײַכלעך פֿון גימפּעלעך, ווי אָנגעגאָסענע גראָבע פּאָזעמקעס, האָבן געשמעקט מיט זומפּ און מיט פֿײַכטקייט, און ווינטן האָבן זיך צו מאָל אַרײַנגעכאַפּט אין שטיבל, ווינטן אָנגעטרונקענע מיט ווײַניקע ריחות פֿון גרויע עפּל אין די סעדער. עס האָט זיך פֿון די נעפּלען אַרויס אַרויסגעשיילט אַ שטאַרקער, בלוטיקער האַרבסט, וואָס האָט געצונדן דעם געגנט אין ווײַניק־שמעקעדיקע פֿײַערן און געקלונגען ווײַט מיט זײַנע וואַסערדיקע ווינטן איבער אַיעדן דינעם שפּיגלדיקן וואַסערל.

וואָס זאָל אָבער מוניע טאָן אין אָט דעם שיכּורן האַרבסט, אַז מלכּהלע זײַן ווײַב גייט אים שוין אַוועק כּמעט יעדן אָוונט? ער ליגט אָפּעט די הילכיקע נעכט, ווי אַ הונט אין דער נאָרע, האָרכט זיך צו צו די ווײַטע טריט אַרום זײַן שטוב, האַלט אײַן דעם אָטעם אונטער דער קאָלדרע און וואַרט, און ערשט אין די פֿרעסטלדיקע, זילבערלעכע פֿרימאָרגנס קריכט ער אַרויס אויפֿן הויף צום ברונעם, גיסט זיך אָפּ מיטן קאַלטן וואַסער און טשוכעט זיך פּאַוואָליע אויס פֿון דער בײַנאַכטיקער וויסטקייט. אַזוי האָט מוניע געלעבט, און איין מאָל האָט אים מלכּהלע אַזוי געזאָגט:

– איך וועל דיר זאָגן דעם אמת, מוניע, איכ׳ל דיר זאָגן דעם אמת – זיסקע שעמט זיך אַרײַנצוגיין...

דעמאָלט האָט מוניע אַראָפּגעלאָזן די אויגן, שטאַרק אַ טראַכט געטאָן און געענטפֿערט:

– וואָס איז די שאַנדע?... איך בין דאָך נישט קיין בער...

און באַלד נאָך דעם האָט זי אים אַרײַנגעפֿירט, דעם שעמעוודיקן זיסקע חנה־דאָבקעס. ער האָט זיך אַרײַנגעהוידעט אויף אַ פּאָר גלאַנציקע שטיוול, אַ נידעריקער מיט אַ רויטן קאַרק, און אַזוי הוידענדיק זיך אַרײַנגערוקט מוניען אַ קאַלטע קצבֿישע האַנט:

– וואָס מאַכסטו, מוניע?

מוניע האָט געהאַלטן די שווערע האַנט, ווי אַ גאַנצן געטרייבערטן זאָדיק, און ביסלעכווײַז געבעבעט:

– נישקשה, מע לעבט – –

– וואָס מאַכן דײַנע צוקראָווקעס[8]?

– אַ דאַנק פֿאַרן פֿרעגן.

און דערנאָך האָט ער זיך אַוועקגעזעצט, זיסקע, אויסגעצויגן בהרחבֿה די פֿיס איבערן שטוב, געפּאַטשט זיך איבערן שטאַרקן קאַרק און פֿון הינטן אַרום גערוקט דאָס היטל אַרי־בער די אויגן, ווי ער וואָלט זיך גוזשמורעט פֿון זון. ער האָט שוין גערעדט בלויז צו מלכּהלען. מוניע איז שטילערהייט אַוועק צו די טויבן. מוניע איז אַוועק, ווײַל ס׳איז פּאַמעלעך קלאָר געוואָרן, אַז ער איז שוין דאָ אַ ביסל איבעריק, ווי ס׳איז אויך איבעריק געוואָרן, איצטער, אין דעם לילאָוון האַרבסט, דער פֿאַרשפּעטיקטער געזאַנג פֿון אַ פֿויגל ערגעץ אין אַ זײַטיקן שטײַג. די צוויי פֿענצטערלעך, וואָס האָבן תּמיד אַרײַנגעזיפּט בלויז שיטערן, בלײַערנעם ליכט, האָבן איצט דורכגעלאָזן דעם ווײַניקן שײַן פֿון אַ שקיעה אויף די פֿעלדער. אָדער דאָס איז געווען דער אָפּגלאַנץ פֿון אים, פֿונעם רויט־אָדערדיקן יעסיען, וואָס האָט אַרומגעטאָפּ־טשעט און געקלונגען מיט די קופּערנע פּיס איבער די אַלע שליאַכן.

מלכּהלע האָט שוין יענע נאַכט אויסגעבעט מוניען אויפֿן טאַפּטשאַן אונטערן פֿענ־צטערל. ער האָט זיך באמת אַ ביסל געשעמט, מוניע, ווען ער איז נאָך דעם געקראָכן אויפֿן באַנק זיך לייגן שלאָפֿן מעשׂה בחור. ער האָט זיך אַ ביסל געשעמט. און דערנאָך איז ער אין די פֿינצטערע נעכט געלעגן און זיך שטאַרק צוגעהאָרכט, וואָס איז דאָ, אייגנטלעך, מל־כּהלע אויסן. בײַ נאַכט איז דעמאָלט קיינער נישט געקומען. מלכּהלע איז בלויז געשלאָפֿן אומרויִק און אַ מאָל האָט זי אויך ווילד געשריגן פֿון שלאָף, אַז מוניע האָט שוין געמוזט אַראָפּקריכן און זי אויפֿוועקן.

עס האָבן זיך אַזוי געצויגן די נעכט פֿאַרשאָלטענע און אויסגערונענע, ווי ס׳וואָלט דער דפֿק אויפֿגעהערט פֿון דער וועלט. מוניע האָט געמאַרודזיעט[9], געלייגט זיך שפּעט שלאָפֿן, אַז זיסקע זאָל שוין האָבן אַוועקגעגאַנגען, אָבער זיסקע איז געקומען נישט ווען מ׳האָט אויף אים געוואַרט. ער האָט זיך אַ מאָל אין מיטן נאַכט אַרײַנגעריסן אַ צעיושעטער, געגוואַלדע־וועט ווי אַ גוי, און מיט מלכּהלען אויף די קני האָט מען דעמאָלט געשיכּורט, געלאַכט און אַפֿילו זיך געקושט. מוניע האָט געשוויגן. און פּלוצעם האָט זיסקע דעמאָלט אַ בלאָז געטאָן אין לאָמפּ, און מיט אַ געלעכטער זענען זיי בײדע אַרײַנגעפֿאַלן אין דעם בעט אַרײַן. מוניע האָט זיך פֿון שרעק קוים אויפֿגעהויבן אויפֿן געלעגער, געשטיקט זיך און מיט אַ וויינענדיקן קול האָט ער געפֿרעגט אין דער פֿינצטער:

– וואָס טוט איר דאָרטן, האַ?

דער געלעכטער האָט זיך תּיכּף אָפּגעהאַקט, און נאָך דעם ערשט האָט זיך אַרויסגעשניטן זיסקעס שאַרף קול, ווי אַ בלאַנקער שינדמעסער ערגעץ פֿון אַ כאַליעווע:

– זײַ רויִק, ברודער, איכ׳ל דיר די סמעטענע נישט אַראָפּנעמען...

און לאַנג האָט זיך שפּעטער אין דער חושכניש געטראָגן אַ הייסע שושקערײַ, געשיפּעט ווי אַ שלאַנג אָט דאָ אין דער נאַכט, וואָס איז געלעגן פֿאַרגליווערט איבערן שטוב, שטום

8 cukrówka (פּויליש) אַ מין טויב.

9 געמאַרודיעט.

און אָנגעגליט, ווי אַ פֿאַרבלעזלטער הייסער אײַזן. מוניע האָט זיך אַרײַנגעדריקט אין וואַנט אַרײַן, פֿאַרשטעקט די אויערן און איז אויך פֿאַרגליווערט געוואָרן, אָפּגעלעגן שעהען קאַלט און שטײַף, ווי אַ פֿאַרהאַרטעוועטער ליים. ער האָט געבעטן אויף טאָג. און ערשט בײַם אָנברוך פֿון באַגינען איז ער אַראָפּגעקראָכן. שמוציקע ליכטיקייט האָט פֿײַכט אַראָפּגע־טריפֿט פֿון די שײַבלעך און זיך אויסגעמישט מיט די שיטערע שאָטנס אַרום די ווענט. די וואָראָנע אויפֿן אויוון האָט עפּעס אַ מאַך געטאָן מיט די האַרטע פֿליגל און איז שווײַגעוודיק אַוועק אַרום געזימס. דאָס ליידיקע פֿלעשל האָט זיך געוואַלגערט אויף דער פּאָדלאָגע. און אין בעט בײַם וואַנט איז געלעגן זיסקע מיט אַ פֿאַרקאַשערטן אָרעם אונטערן קאָפּ ווי אַ דוע, געכראָפּעט און צוגעפּײַפֿט מיט אַ דינעם פּײַפֿעלע, און מלכּהלע האָט זיך געטשוכעט, אויפֿגעהויבן זיך, געריבן די אויגן, און אַז זי האָט דערזען ווײַט אין ווינקעלע מוניען, האָט זי אַ געגעץ געטאָן:

– מוניע, זײַ אַזוי גוט, דערלאַנג מיר אַ טרונק וואַסער.

ער האָט געבראַכט וואַסער. מלכּהלע האָט דאָרשטיק אויסגעטרונקען, אָפּגעגעבן דאָס קענדל און זיך איבערגעקערט אויפֿן אַנדער זײַט. די פֿענצטערלעך האָבן געגרויט, ווי אַ קילער פֿאַרלאָפֿענער שטאָל. ס׳איז געשטאַנען אין שטיבל אַן אָפּגעקראָכענער באַגין. מוניע האָט זיך צוגעשאַרט צו דער גרויסער דראָטענער שטײַג, פּאַוואָליע אָפּגעעפֿנט דאָס טירל, און אַזוי אַרײַנגעקראָכן אַהין, צו די וואַרעמע טויבן. די אויפֿגעשראָקענע פֿייגל האָבן אַ פּאַטש געטאָן מיט די פֿליגל, זיך אויפֿגעהויבן, אַבער באַלד צוריק אַראָפּגעלאָזן זיך אויף די דרענגלעך און דראָטן, צונויפֿגעטוליעט זיך פּאָרווײַז אַרום אים און ווידער אײַנגעדרעמלט. מוניע האָט זיך אַוועקגעזעצט מיט די הענט אויף דר׳ערד און איז שוין אַזוי פֿאַרשטאַרט געוואָרן, נישט ווי אַ מענטש, נאָר ווי אַ שטיק אָפּגעבראָכענער גרויער שטיין.

אסתּר קרייטמאַן

# די נײַע וועלט

ליגנדיק נאָך אין מײַן מאַמעס בויך איז מיר דעמאָלט שוין עפּעס נישט געפֿעלן געוואָרן. נאָר זעסטו, פּטור! וואַרעם איז געווען, האָב איך מיך אײַנגעדרייט, אײַנגעקנוילט און בין מיר געלעגן ווי קיין מאָל גאָרנישט...

נאָר, אַז ס׳זענען פֿאָריבער פֿינף חדשים און איך האָב דערפֿילט לעבן, בין איך געוואָרן אויף אַן אמת שטאַרק נישט צופֿרידן. ס׳איז מיר נימאס געוואָרן דער גאַנצער ענין! נאָר מער פֿון אַלץ איז מיר איבערדריסיק געוואָרן דאָס כּסדרדיקע ליגן אין דער פֿינצטער און כ׳האָב פּראָטעסטירט. אָבער ווער האָט מיך געהערט? אַז שרײַען האָב איך נישט געקאָנט. האָב איך מיך איין טאָג מישבֿ געווען, אַז לא זו הדרך, און כ׳האָב אָנגעהויבן זוכן אופֿנים, ווי אַזוי זיך צו באַפֿרײַען.

איך האָב גאָר פּשוט געוואָלט אַרויס.

נאָך לאַנגע טראַכטענישן איז מיר אײַנגעפֿאַלן, אַז די בעסטע עצה וואָלט סוף־כּל־סוף געווען אָנצוהייבן אַ קאַמף מיט דער מאַמען. האָב איך מיך גענומען וואַרפֿן, קאָלערן, אָפּט מאָל געגעבן איר אַ שטורך אין דער זײַט: איך האָב מיך פֿאַר גאָרנישט נישט אָפּגעשטעלט, אָבער ס׳האָט נישט געהאָלפֿן. כ׳האָב מיר בלויז געמאַכט אַ שלעכטן נאָמען אַזוי, אַז טאָמער, למשל, בין איך מיד געוואָרן צו ליגן אויף איין זײַט און איך האָב געפּרוּווט איבערדרייען זיך, פּשוט געוואָלט באַקוועמער מאַכן זיך אַ ביסל, האָבן זיי שוין אויך געבורטשעט. הכּלל, וואָס וועל איך אײַך דאָ לאַנג ברײַען, עס האָט גאָר נישט געהאָלפֿן – איך האָב געמוזט אויסליגן די גאַנצע נײַן חדשים – איר פֿאַרשטייט? – דעם גאַנצן טערמין!

נו, האָב איך (נישט האָבנדיק קיין אַנדער ברירה) זיך געטרייסט: איך וועל מיר שוין אָפּנעמען שפּעטער! זאָלן זיי מיך נאָר אַרויסלאָזן אויף גאָטס וועלטל, וועל איך שוין וויסן וואָס כ׳האָב צו טאָן... געוווּסט, אַז כ׳וועל זײַן אַ חשובֿער גאַסט, האָב איך צוליב אַ סך טעמים. קודם־כּל דערפֿון, וואָס כ׳פֿלעג זייער אָפּט הערן די מאַמע רעדן צו עפּעס אַ פֿרוי, וואָס איז (ווי איך האָב מיך שפּעטער דערוווּסט) געווען מײַן באָבע:

– ס׳טוט אַפֿילו אַ ביסל וויי, אָבער איך פֿיל עס כּמעט נישט – פֿלעגט די מאַמע זאָגן.

– כ׳בין גליקלעך! אוי, ווי איך פֿלעג דאָס ציטערן אַ ביסל פֿאַר דעם נאָמען עקרה. עפּעס אַ קלייניקייט? צוויי יאָר שוין נאָך דער חתונה און מע הערט נישט און מ׳זעט נישט... מינקע די עקרה האָט אויך געמיינט זי ׳עט נאָך האָבן קינדער. און מיט וואָס בין איך דאָס זיכערער געווען?

פֿון: **ייִחוס (דערציילונגען און סקיצן)**. לאָנדאָן: נאַראָד פּרעס, 1950, ז״ז 25–30.

– נו, געלויבט איז דער אייבערשטער. זאָל נאָר גאָט העלפֿן ס'זאָל זײַן אין אַ מזלדי־קער שעה; ס'זאָל, חלילה, קיין עין־הרע נישט שולט זײַן – פֿלעגט די באָבע כּמעט תּמיד ענטפֿערן.

פֿון אָט אַזעלכע און ענלעכע שמועסן האָב איך געדרונגען, אַז איך וועל זײַן אַן אָנגעלייגטער גאַסט.

געוווּסט האָב איך, אַז בײַ אונדז אויף יענער וועלט, ווו איך האָב געלעבט בשעת איך בין נאָך געווען אַ נשמה, אַז עס פֿלעגט דאַרפֿן אַריבערקומען עפּעס אַ חשובֿער מענטש, פֿלעגט מען זיך גרייטן אויפֿצונעמען אים מיט גרויס פֿאַראַד. קודם־כּל פֿלעגט זיך פֿאַרשפּרייטן אַ גוואַלדיקע ליכטיקייט איבערן גאַנצן הימלרוים. מלאָכים פֿלעגן אַרומפֿליִען (אָפּצוּוואַרטן אים) פֿריילעכע, שײַנענדיקע, אין גאַנצן אײַנגעהילט אין העלער זון. ס'האָבן אים אַרומ־גערינגלט פֿײַערדיקע כּרובֿים, וואָס האָבן פֿון זיך אָפּגעשלאָגן אַזוי פֿיל הייליקע פֿרייד, אַז דער מענטש פֿלעגט נאָר באַדויערן וואָס ר'איז נישט פֿריִער... געשטאָרבן. איז עפּעס אַ חי־דוש, וואָס איך, אַ חשובֿער, לאַנג אויסגעקוקטער גאַסט, האָב מיך געריכט געבוירן צו ווערן אין אַ גרויסער, ליכטיקער שטוב מיט אָפֿענע פֿענצטער, ווו אַהין די זון וועט אַרײַנלײַכטן מיט אַ גרויס ליכט.

כ'האָב דערוואַרט, אַז יעדן פֿרימאָרגן זאָלן קומען שאַרן פֿייגעלער מיך באַגריסן, זינגען שירה. דערצו בין איך נאָך געבוירן געוואָרן אין ראָש־חודש אָדר – אַ חודש פֿון פֿרייד. „משנכנס אָדר מרבין בשׂימחה."[1]

נאָר דאָ קומט ,זי' – די ערשטע אַנטוישונג.

די מאַמע איז געלעגן אין אַ קליינטשיק שטיבעלע, אַן ,אַלקער'. דאָס בעט איז געווען פֿאַרהאַנגען מיט טונקעלע פֿאָרהאַנגען, וואָס האָבן גוט פֿאַרשטעלט דאָס ליכט. דאָס פֿענ־צטערל איז געווען פֿעסט פֿאַרמאַכט, כּדי ס'זאָל זיך, חלילה, נישט אַרײַנרײַסן קיין ביסעלע לופֿט; מ'זאָל זיך נישט פֿאַרקילן. די פֿייגעלעך האָבן, ווײַזט אויס, נישט ליב געהאַט קיין פֿאַרשטעלטע ליכט מיט קיין פֿאַרמאַכטע פֿענצטער, האָבן זיי זיך אָפּגעזוכט אַ בעסער, אַ פֿרײַער אָרט צום זינגען. די שׂימחה האָט זיך דערווײַל אויך נישט אַרויסגעוויזן, מחמת איך בין אַ מיידל, זענען אַלע אין שטוב, אַפֿילו די מאַמע, אַנטוישט.

הכּלל, עס איז גאָר נישט פֿריילעך! איך בין שוין באַלד אַ האַלבע שעה אַלט, אָבער אַחוץ עטלעכע קלעפּ פֿון עפּעס אַ ייִדענע, בשעת כ'בין געקומען אויף דער וועלט, קוקט זיך אויף מיר קיינער נישט אַרום. עס איז אַזוי אומעטיק!

די באָבע קומט אַרײַן, זי שמייכלט צו דער מאַמען. זי זעט אויס מלא־שׂימחה – מסתּ־מא, וואָס איר טאָכטער איז שוין בשלום איבערגעקומען. אויף מיר קוקט זי זיך אַפֿילו נישט אום.

– מזל־טובֿ דיר, טאָכטער־לעבן!

– מזל־טובֿ, מיט מזל זאָל מען לעבן!

1 „אַז עס הייבט זיך אָן אָדר, ווערט גרעסער די פֿרייד" (בבלי, תענית כט, ע"א, די רייד דאָ איז וועגן דעם געבאָט צו זײַן פֿריילעך אום פּורים).

די מאַמע שמייכלט אויך, נאָר נישט צו מיר.

– כ׳וואָלט אַוודאי געוווען צופֿרידענער ווען ס׳איז אַ ייִנגל – מאַכט די מאַמע. די באָבע טוט אַ שעלמישן ווונק מיט אַ האַלב פֿאַרמאַכט אייגל און טרייסט:

– נישקשה, ס׳וועלן נאָך ייִנגלעך אויך קומען...

איך הער דאָס אַלץ צו און ס׳איז מיר שווער משׂיג צו זײַן. נאָך וואָס בין איך געבוירן געוואָרן, אַז די גאַנצע שׂימחה איז גאָר נישט צוליב מיר! כ׳בין שוין באַלד פֿאַרנודיעט פֿון לאַנגוויַיליקייט. אוי, ווי ס׳ווילט זיך מיר צוריק אויף יענער וועלט.

פּלוצלינג דערפֿיל איך עפּעס אַ מאָדנע קעלט איבערן לײַב, איך כאַפּ מיך פֿון מײַנע רעיונות: איך דערפֿיל מיך אײַנגעקלעמט אין צוויי גרויסע, פֿליישיקע הענט, וואָס טראָגן מיך אין דער הייך. איך ציטער אין גאַנצן. אפֿשר – פֿאַלט מיר אײַן אַ מוראדיקע מחשבֿה – גייען זיי מיך צוריק אַרײַנפּאַקן אויף נאָך נײַן חדשים? בר־ר־ר! עס גרוילט מיך פֿון דער בלויזער מחשבֿה.

נאָר עפּעס פֿאַרדרייט זיך מיר מיט אַ מאָל דער קאָפּ, עס שווינדלט מיר פֿאַר די אויגן, איך פֿיל מיך דורכגענעצט אין גאַנצן, ווי גרויס איך בין! בין איך אין אַ טײַך? אָבער אַ טײַך איז דאָך קיל, מחיהדיק און מיך בריט גאָר אַ ביסל. נאָר דאָס אַרט מיך נישט אַזוי שטאַרק, ווי דער געדאַנק, וואָס וועלן די צוויי גרויסע, אומגעלומפּערטע הענט מיט מיר טאָן? איך בין דאָך אין גאַנצן אין זייער רשות.

*

נאָר גאָט צו דאַנק, מ׳נעמט מיך שוין אַרויס פֿון דער נעץ. מ׳טראָגט מיך צוריק אין אַלקער אַרײַן, אַן אָנגעטאָנענע שוין, אַ טרוקענע. מ׳טראָגט מיך אַרום איבערן אַלקער: יעדער קוקט אויף מיר, זאָגט עפּעס. לסוף לייגט מען מיך צוריק אַרײַן אין בעט. די מאַמע גיט מיר עפּעס אַ זיסע, פֿליסיקע זאַך אין מויל אַרײַן: איך בין רעבט הונגעריק, צי איך אויף וואָס די וועלט שטייט.

די מאַמע קוקט אויף מיר מיט אירע גוטע, ווייכע אויגן, אַזש ס׳ווערט מיר וואַרעם אויפֿן האַרצן. אַ זיסע מידקייט שלעפֿערט מיך אײַן, און ס׳חלומען זיך מיר עפּעס גליקן...

אָבער דאָס גליק מײַנס האָט לאַנג נישט געדויערט, אַ גרויליק געשריי האָט מיך אויפֿגע־וועקט. איך כאַפּ מיך אויף. כ׳קוק זיך אַרום. פֿון וואַנען נעמט זיך עס? ווער שרײַט? ערשט ס׳איז די מאַמע!

ס׳לויפֿן זיך צונויף מענטשן.

– וואָס איז געשען? פֿון וואַנען נעמט זיך דאָס געשריי?

די מאַמע מאַכט מיט די הענט, פּרוּווט עפּעס ווײַזן, ציטערט מיט די ליפּן, וויל עפּעס זאָגן און קאָן נישט. זי פֿאַלט צוריק אויפֿן געלעגער, אַ פֿאַרחלשטע כּמעט.

געזען, אַז פֿון דער מאַמען וועלן זיי גאָרנישט אַרויסקריגן, נעמען זיי זיך אַליין אַ זוך טאָן די סיבה אין שאַנק, אונטערן בעט, אין בעט.

פּלוצלינג דערהערט זיך אַ געשריי פֿון דער וועכטערין: ווי נישט מיט איר קול שרײַט זי און האַלט אין איין איבערחזרן:

– קעץ, גוואַלד, קעץ!

די מענטשן קוקן זיך איבער, קאָנען נישט פֿאַרשטיין. וואָס מיינט זי? אָבער מער ווי דאָס וואָרט ,קעץ׳ קאָן מען פֿון איר נישט אַרויסקריגן – אַזוי צעטומלט איז זי.

די באָבע איז אויך שטאַרק צעטומלט. זי מאַכט זיך אָבער אַ האַרץ, טוט אַליין אַ רעכטן זוך אין בעט און, לאַכנדיק, מכּלומרשט כּדי צו פֿאַרבאָרגן די שרעק, רופֿט זי אויס:

– מזל־טובֿ, די קאַץ האָט געבוירן קעצעלעך, אַ גוטער סימן!

אָבער קיין גוטער סימן איז דאָס אַ פּנים נישט געווען. די מענטשן זענען אומרויִק:

– אין איין טאָג און אין איין בעט, מיט קעץ? המ־מ־מ, אַזוי ווערט געבוירן אַ מענטש, אַ קאַץ, – זאָגט עמעץ.

דער מאַמען האָט מען ווי עס איז באַרויִקט. אויף מיר האָט זיך ווידער קיינער נישט אומגעקוקט. די מאַמע איז אײַנגעשלאָפֿן. דערמיט האָט זיך געענדיקט דער ערשטער טאָג. כ׳בין שוין, ברוך־השם, אַ גאַנצן טאָג אַלט, און איך האָב שוין נישט ווייניק איבערגעלעבט.

*

דער דריטער טאָג פֿון מײַן געבוירן ווערן איז געווען שבת. עפּעס אַ גרויסע, רויטע גויע האָט מיך דאָס מאָל געפֿירט אין באָד אַרײַן. כ׳האָב מיך שוין נישט אַזוי געשראָקן, געוווּסט שוין מיט וואָס עס שמעקט.

כ׳ליג שוין ווידער אַ מאָל בײַ דער מאַמען אין בעט. די מאַמע קוקט אויף מיר מיט מער צערטלעכקייט נאָך ווי נעכטן. איך צעעפֿן די אויגן, כ׳וויל זיך אַ ביסל אַרומקוקן אויף דער נײַער וועלט. מיט דער פֿינצטערקייט בין איך שוין געוווינט. מיט אַ מאָל – ס׳ווערט מיר נאָך פֿינצטערער ווי פֿריִער.

עפּעס אַ כאָפּטע ווײַבער האָבן זיך אַרײַנגעריסן אין אַלקער אַרײַן. איך קוק זיי אָן. עפּעס רעדן זיי, מאַכן מיט די הענט, נעמען מיך אויף די הענט, גיבן מיך איבער פֿון איינער צו דער אַנדערער, ווי אַ טײַערן חפֿץ. קוקן אויף מיר, קוקן אויף דער מאַמען, שמייכלען.

דערווײַל קומט אַרײַן די באָבע מיט אַ טאַץ גוטע זאַכן.

די ווײַבער לאָזן זיך בעטן, מאַכן אַן אָנשטעל, ווילן נישט פֿאַרזוכן נישט פֿונעם לעקעך און בראָנפֿן, נישט פֿונעם אײַנגעמאַכטס, ווישניק, יאַגדעזאַפֿט און מעד, נאָר, אַז די באָבע גיט נישט נאָך, מאַכן זיי שנאָבעלעך, ווערן לסוף מרוצה און טוען אַ טובֿה.

מאַנצבילן האָבן אויך אַרײַנגעשטעקט די קעפּ אינעם ווײַבערשן אַלקער. עפּעס האָבן זיי גערעדט מיט מאָדנע העוויות, געמאַכט מיט די הענט, געשאָקלט מיט בערד, פֿאַרגאַנגען זיך.

הכּלל, דער טאַטע האָט דאָס מאָל אויסגעפֿירט, נישט די באָבע. און איך הייס שוין נאָך זײַנס אַ קרובֿה, שׂרה־רבֿקה.

איצט דאַרף מען האָבן אַן אַם. די מאַמע איז אַ שוואַכע, אַ בלייכע, מיט אַזעלכע דורכזיכ־טיקע, בלאָ־אָדערדיקע, שמאָלע הענט, זי קאָן מיך קוים אויפֿהייבן. אַ באַלעבאַטיש ווײַבל, קאָן זי מיך נישט זייגן. איך בין דער היפוך: אַ געזונטע, אַן אײַזערנע מויד, אַ פֿרעסערין, האַלט איך אין איין שרײַען; רק כ׳וויל עסן.

צו קיין גוייִשקע אַם, זאָגט די באָבע, וועט זי מיך נישט געבן, ווען מ׳זאָל זי אָפּגילטן. און קיין ייִדישע קאָן זי נישט געפֿינען. דער אַפּטייקער זאָגט אַפֿילו, אַז איך וועל מיך צוגעוויינען צום קינדערמעל, וועט עס זײַן בעסער פֿון דער מאַמעס מילך. איך אָבער זאָג, אַז איך וויל מיך נישט צוגעוויינען, און איך ברעך עס כּסדר אויס.

ס׳איז ביטער! די באָבע איז צערודערט. די מאַמע נאָך מער. נאָר דער טאַטע טרייסט – אַז מסתּמא וועט השם־יתברך העלפֿן. און ער האָט טאַקע געהאָלפֿן.

אונדזערס אַ שכנטע האָט זיך דערמאָנט און האָט געבראַכט צו פֿירן אַן אַם. רייזל האָט זי געהייסן. אַ קול האָט זי געהאַט פֿון אַ סאָלדאַט, מיט אַ פּאָר רויטע אויגן, וואָס האָבן מיך געשראָקן. אַהיימקומען צו אונדז האָט זי נישט געקאָנט. זי האָט געהאַט זעקס אייגענע קינ־דער, אָבער מ׳האָט נישט געהאַט קיין ברירה.

אָפּגערעדט וועגן אַלצדינג, געגעבן איר האַנטגעלט און זאָל זײַן אין אַ גוטער שעה.

רייזל האָט מיך אַרויסגענומען פֿון וויגל. זי האָט אַרויסגענומען אַ גרויסע, ווײַסע ברוסט, וואָס האָט ווי אַ שטיק צעיוירן טייג אויסגעזען, און מיר געגעבן צו זויגן אויף פּראָבע. מילא, וואָס זאָל איך אײַך זאָגן? איך בין שיִער נישט דערטרונקען געוואָרן. אַפֿילו די אויגן מײַנע האָבן דערפֿילט דעם טעם פֿון אַ גוטער אַם...

רייזל האָט אַ באַגליקטע געקוקט פֿון איינעם אויפֿן אַנדערן:

– האַ, וואָס וועט איר עפּעס זאָגן דערצו?

די מאַמע מיט דער באָבען האָבן זיך צוגעוואָרפֿן באַהאַלטענע בליקן און געשוויגן...

בין איך שוין מיט מזל אַן אײַנוווינערין בײַ רייזלען! און זי האָט זיך טאַקע גענייטיקט אין נאָך אַן אײַנוווינערין. מחמת זי האָט געוווינט אין אַ שטיבל נישט קיין סך גרעסער פֿון אַ גרויסן קאַסטן. ווען רייזל האָט מיך אַהיימגעברענגט, איז דער מאַן אירער מיטן קלענסטן אויף דער האַנט און די איבעריקע פֿינף יורשים אַרום אַקעגנגעקומען מיך מקבל־פּנים זײַן. ער האָט אויסגעזען גאָר שטאַרק צופֿרידן מיט מײַן קומען.

– נו, וואָס׳עסטו עפּעס זאָגן דערצו, האַ? צען גילדן אַ וואָך, ווי כ׳בין אַ ייִדישע טאָכטער! אַחוץ אַלטע קליידער און שיך. אַחוץ דעם וועלן זיי פֿון הײַנט אָן געבן אַלע פּאַפּראַווקעס נאָר דיר! דו הערסט, בעריש?

בעריש האָט געשוויגן. ער האָט זיך אָפּגעקערט כּדי די פּרנסה־געבערין זײַנע זאָל נישט זען די שׂימחה.

– ז׳איז מער מענטש פֿון מיר, כלעבן. קען גיכער פֿאַרדינען אַ גילדן... – האָט ער בײַ זיך געטראַכט. אָבער באַלד איז ער ערנסט געוואָרן. – ווו וועט מען שטעלן ס׳וויגל? – מ׳האָט זיך לאַנג געיִשובֿט.

נאָר רייזלס מאַן, וואָס איז געווען אַ קינסטלער אויף אויסשטעלן זאַכן אין זייַן קליינטשיק שטיבעלע, האָט זיך אַ פּאַטש געטאָן מיט דער האַרטער האַנט אין גערונצלטן נידעריקן שטערן אַרייַן און האָט מיט שׂימחה אויסגערופֿן:

– רייזל, כ׳האָב עס! אונטערן טיש!

הקיצור, מ׳האָט מיך אַרונטערגערוקט, מיטן קליינטשיקן וויגעלע, אונטערן טיש.

איך האָב געקוקט מיט אָפֿענע, פֿאַרחידושטע אייגעלעך אויף דעם ברודיקן ברעט פֿו־נעם טיש וואָס איז געווען באַדעקט מיט אַ סך שפּינוועבס און האָב טרויעריק געטראַכט:

– אָט דאָס איז דאָס די נייַע וועלט, וווּהין איך בין אַראָפּגעקומען? און דאָס איז איר הימל?

און איך האָב מיך ביטער צעוויינט.

אסתּר קרייטמאַן

# צוויי ביבליאָטעקן

אין דער גרויסער פֿאָדערשטוב פֿון דער ביבליאָטעק מיט די גרינע גלאַנציקע ווענט ווי דיקע, גלאַטיקע זייַלן האַלטן אונטער דעם פֿייַן געוועלבטן סופּיט, איז ליכטיק, דער רויט־ווייַס געקעסטלטער דיל איז קאַלט און זויבער. פֿון דער טיר נאָר שוואַרצט זיך אַ נאַסער, שמאָלער טעפּעך בלאָטע. איבערן לענגלעכן בענקל, ווו ס׳וואַרטן אַלטיטשקע מענער און ווייַבער אויף אָפּכאַפּן אָטעם און קינדערלעך – אויף טאַטעס און מאַמעס, וואָס זענען אַרייַן אויסקלייַבן אַ בוך, הענגען אַלערליי אויפֿשריפֿטן, וואָרענונגען צום פּובליקום: רייכערן איז שטרענג פֿאַרבאָטן!

פֿאַר שפּייַען וועט מען איבערגעבן צום געריכט!

האַרט בייַם פֿענצטער שטייט אַ ‚פּילאָרי‘ פֿאַר אַ זכר לדורות. אויף אָט דער טאָרטור־מאַשין איז אַן אויסגעקריצטע אויפֿשריפֿט, וואָס דערציילט דעם אופֿן פֿון באַשטראָפֿן אַ מאָל, אין די פּרימיטיווע צייַטן ווען מענטשן זענען נאָך נישט געווען ציוויליזירט... אין אָט דער מאַשין פֿלעגט מען אייַנקלעמען דעם זינדיקן, לאָזן אים שטיין אין מיטן מאַרק און גוטע מענטשן פֿלעגן קומען טאָן אַ מיצווה, באַוואַרפֿן דעם אומגליקלעכן מיט פֿאַרשטונקענע אייער, מיט מיסט, אַלערליי אָפּפֿאַלעכץ; גאָר פֿרומע פֿלעגן וואַרפֿן שטיינער אויך... כּמעט תּמיד פֿלעגט דעם זינדער די נשמה אויסגיין פֿון חרפּה און יסורים.

גראָד קעגן איבער דער ‚פּילאַרי‘ שטייט אַ ביוסט פֿון אַ רייַכן, גוטמוטיקן מאַיאָר מיט אַ קאָפּ שטיינערנע לאָקן. ער קוקט אַריבער צום טאָרטור־מאַשינדל מיט זייַנע שטיינערנע אויגן און שמייכלט קאַלט.

ס׳איז שבת אָוונט. אינעם פֿאָדערצימער רודערט זיך. ס׳איז אַ געגייערייַ. ס׳קומען אומבייַטן ביכער יונגע מיידלעך און בחורים, אַזעלכע, וואָס מע קען זיך גיכער ריכטן צו באַגעגענען אין טאַנצזאַלן, אין קינאָס, אָבער נישט דאָ. קומען זיי דווקא מיט צוויי און דרייַ ביכער מיט אַ מאָל. ס׳קומען בחורים מיט קורצע הויזן און נאַקעטע קניִען, כּלערליי ‚הייַקערס‘ און ‚בייַקערס‘ מיט זייערע מיידלעך, די מיט די ‚אַ לאַ גאַרסאָן‘ פֿאַרשוירענע קעפּלעך און ברייטע מענערישע שיך. ס׳זעען זיך אויך אַ סך יונגע ייִדישע פּנימער. ס׳קומען אַלטע גויעס מיט גרויסע קוביקעס און קעניגין וויקטאָריאַ־היטן אויף די שפּיץ קעפּ, ס׳קומען אַלטע גויים מיט וואַסערדיקע אויגן און ביינערדיקע פּנימלעך, מיט אויסגעלאָשענע פּיפּקעס אין די אָנצייניקע מייַלער.

ס׳קומען שולייִנגלעך מיט גלאַנציקע באַקן און שקאָצישע אויגן, ס׳טאַנצן אַרייַן אויף שטריקלעך גרינע מיידעלעך און ס׳כאַפּן זיך אַרייַן באַלעבאָסטעס מיט קיישלעך אין די

פֿון: ייִחוס (**דערציילונגען און סקיצן**). לאָנדאָן: נאַראָד פּרעס, 1950, ז״ז 114–116.

הענט. אַפֿילו טראָגעדיקע וויַיבער קומען דאָ אַהער אָנגרייטן זיך ביכער אויף צו לייענען אין וואַרעמער קימפּעט...

אינעווייניק, אינעם גרויסן זאַל מיט די געפּאַקטע פּאָליצעס איז אַ גרויסער געיעג נאָך עדגאַר וואָלעס. אַלטע וויַיבער כאַפּן אויס מיסעס ,הענרי ווּד׳ – איבער „איסט לין״[1] קאָן מען כאַפּן אַ זיסע טרער... די הײַקערס, די בײַקערס, די געשווירענע מיידלעך געבן טייל מאָל אַ טשאַנס אַן איבערגעזעצט בוך אויך. דער עולם קלײַבט אינעם געדיכטן וואַלד, ווייסט נישט ווו אָנצוהייבן און ווו אויסצולאָזן...

און דאָ ברענגען די בייגעוודיקע מיידלעך מיט די מאַניקירטע נעגל און אונטערגעפּאַרבטע ליפּן נאָך צו פֿרישע שטויסן ביכער. די מיידלעך בייגן זיך אונטער דער משׂא. ס׳דאַכט זיך אַז אָט־אָט וועלן זיך די שלאַנקע חנעוודיקע גופֿימלעך איבערברעכן אין צווייען און די שווערע ביכער וועלן בלײַבן ליגן אויפֿן דיל פֿון ביבליאָטעק, אָפּגעדעקטע, פֿאַרשעמטע מיט זייער נאַקעטקייט. נאָר די מיידלעך זענען געוווינט צו זייער אַרבעט. די ביכער ווערן אַרײַנגעפּאַסט ווּהין זיי געהערן מיט גרויס אָרדענונג און זיי פֿליִען שוין ווידער אונטער־טאַנצנדיק פֿון לײַכטקייט איבערן לאַנגן, גלאַנציקן זאַל, כּדי אָנצונעמען נײַע שטויסן ביכער.

די מיידלעך בײַ די אַרײַן־ און אַרויסגאַנג־טירן האָבן פֿולע הענט מיט אַרבעט: אַ ביסל ביכער פֿאַראַן אָפּצושטעמפּלען, צו פֿאַרשרײַבן דאַטומס, אומצוקערן באַלעבאָסטעס זייערע קיישלעך, וועלכע זיי טאָרן נישט אַרײַנטראָגן מיט זיך צוליב דרך־ארץ מסתּמא פֿאַרן געדרוקטן וואָרט און אפֿשר צוליב אַן אַנדער סיבה...

הכּלל, ס׳איז לעבעדיק!

גאָר אַנדערש זעט עס אויס אין דער ייִדישער ביבליאָטעק.

אין אַ לאַנגן זאַל שטייט אַ בופֿעט. אַ מחיצה צווישן לייענזאַל און לײַ־ביבליאָטעק.

דאָ קומען אַהער עלטערע ייִדן, נישט אַזוי נעמען ביכער ווי – שלאָפֿן, כאַפּן אַ שמועס, טרעפֿן זיך מיט אַ באַקאַנטן, אַ קוק געבן אין די טעגלעכע צײַטונגען אַ מאָל. דאָס מיידל הינטערן בופֿעט האָט דאָ נישט וואָס צו טאָן. זיצט זי גאַנצע טעג און שטריקט. שטריקט און גענעצט, גענעצט און שטריקט. דאָ דערציילן זיך ייִדן מעשׂיות, זיי דערציילן פֿון טאָר־טור־מאַשינען אין דײַטשלאַנד, וואָס יענע זענען קעגן זיי אַ שפּילעכל. זיי דערציילן ווי מע פּײַניקט ייִדן אין דײַטשע קאָנצענטראַציע־לאַגערן, אויף פּרימיטיווע און אויף מאָדערנע אופֿנים. רעדן ייִדן, קרעכצן ייִדן, גייט מען איבער צו פּוילן, דערציילט מען זיך מעשׂיות פֿון צרות, וואָס עס שטייען אויס די אומגליקלעכע פּוילישע ייִדן: – מיר דאָ האָבן גענוג נסים וואָס ר׳איז דאָ נישט אַרײַן – געלויבט צו גאָט דערפֿאַר! – ענטפֿערן ייִדן און גייען איבער צו סתּם אַנטיסעמיטיזם! צעגעגנעצט זיך אַ ייִד אין כאָר מיטן מיידל הינטערן בופֿעט, דערמאָנט זיך דער עולם אַז ס׳איז צײַט אַהיימצוגיין.

און דער זאַל ווערט אין גאַנצן ליידיק.

1 אַ פּאָפּולערער ענגלישער ראָמאַן East Lynne אָנגעשריבן אין 1861 פֿון דער מחברטע Ellen Wood אונטערן פּסעוודאָנים Henry Wood.

דאָס רבֿל מיט די שוואַרצע אויגן, אינעם אָפּגעכוימלטן פּעלץ, מיט דער טעקע אונטערן אָרעם, האָט שוין איבערגעלייענט כּמעט אַלע אויסלענדישע צײַטונגען. געכאַפּט אַ קוק אַרײַן אינעם „ליטעראַרישן זשורנאַל“ און זיך פֿאַרקרימט. דער אַלטער ייִד, וואָס פֿליקט הינער אין דער ‚ליין‘, האָט איבערגעלייענט ביידע העבסט אינטערעסאַנטע ראָמאַנען פֿון דער טאָגצײַטונג, געכאַפּט אַ בליק אין דעם „ליטעראַרישן זשורנאַל“, אַ זאָג געטאָן – „טערקיש“ און – אויך אַהיימגעגאַנגען. דער העברעיִשער לערער, וואָס ברעכט זיך אין דרײַען פֿון איבערגעוואַקסנקייט, האָט שוין איבערגעלייענט אַלע זײַנע לידער פֿאַרן אויסגעפּײַניקטן, הונגעריקן שריפֿטשטעלער, האָט גראָד דעמאָלט, ווען ער האָט זיך געהאַלטן אין סאַמע מיטן באַלעקן פֿון זײַן אייגענער אַרבעט, דערזען אַז ער לייענט פֿאַר די ווענט, מחמת דער שריפֿטשטעלער האָט זיך דערווײַל געבאָרגט בײַ עמעצן אַ שילינג און האָט זיך אַרויסגעכאַפּט עפּעס אָפּעסן – איז ער, דער לערער, פֿאַר כּעס, אויך אַהיימגעגאַנגען.

פֿון גאָרנישט נישט האָבן וואָס צו טאָן, ווערט דאָס מיידל אַזוי פֿויל, אַז זי לייגט צו מאָל נישט אַוועק די עטלעכע ביכלעך, וואָס ס׳האָט שוין יאָ עמעצער אויסגעביטן.

איר איינציקער איבערבראָך איז דעמאָלט, ווען ס׳באַווײַזט זיך דער מוכר־ספֿרימניק, וואָס שטעלט איר, אַגבֿ, צו גוטע ייִדישע ליטעראַטור פֿון קינסטלער, וואָס וואָלטן בײַ די אומות־העולם אַ וועלט אויפֿגערודערט. על־פּי נס פֿאַרקויפֿט ער אַ פּאָר ייִדישע ביכער.

אַליין איז זי, די ביבליאָטעקאַרין, נישט קיין מומחה אין אַזוינע זאַכן. ייִדיש איז איר פֿרעמדלעך... קויפֿט זי אײַן די בעסטע ייִדישע ליטעראַטור צוזאַמען מיט שמ״רס ראָמאַנען (הגם יענע האָט זי צו צוויי און צו דרײַ מאָל). אַבי נאָר ס׳געפֿעלט איר דער אײַנבונד, קויפֿט זי – מחמת די ביבליאָטעק האָט גראָד געלט.

נאָר אַז דער מוכר־ספֿרימניק גייט שוין אויך אַוועק און זי האָט שוין קיין הענט נישט פֿון שטריקן, ווערט זי פּלוצעם אין כּעס און זי צעשרײַט זיך אויף די עטלעכע איבערגעבליבענע ייִדן, וואָס ליגן אויף עלנבויגנס אָנגעשפּאַרט און אויף טישן און דרעמלען:

– שטיל זאָל זײַן! – שרײַט זי אויס.

די ייִדן כאַפּן זיך אויף, רײַבן זיך די צוזאַמענגעקלעפּטע אויגן, קוקן זיך איבער אין דער טונקלקייט און הייבן אָן צו רעדן...

## מלך ראַוויטש

# די פּאַציאַטע

די שטאָט איז: וואַרשע. דאָס יאָר: 1923.

לענגער וווינען אין דער דירה אויף דזיעלנע־גאַס 86, צווישן די ביטער־בלוטיקע פּוילישע אָרעמע־לײַט, מיט די גנבֿות יעדע נאַכט, די שיכּורע געשלעגן און – אַחרון אַחרון חבֿיבֿ, ווײַ איז מיר – דער מיטנאַנאַקטיקער הריגה – איז שוין טאַקע נישט מעגלעך. עס איז ממש איבער די כּוחות.

אָבער קיין אויסוועג איז פּאָרט נישטאָ. נישטאָ. דינגען אַ לײַטישע דירה קען מען נישט אין יענער צײַט, און אויב מע וועט אַפֿילו אַזאַ דירה געפֿינען, וועט מען נישט קענען צאָלן דאָס ווילד הויכע דירה־געלט. עס איז אמת, אַז די קינדער אונדזערע זענען איצט אין מײַן שטעטל בײַ מײַנע טאַטע־מאַמע, אָבער ווי לאַנג קען מען זיי דאָרטן האַלטן? עס מוז דאָך אַ מאָל נעמען אַ סוף. מע מוז דאָך אַ מאָל פֿאַראייניקן די משפּחה. אַוודאי, אַלע חושים זענען פֿאַרנומען מיט דער ליטעראַטור און אָט־אָט וועט שוין די משיח־גאולה דורך דער ליטעראַטור דאָ זײַן – אָבער פּאָרט קען מען נישט מער פֿירן אַזאַ צערודערט לעבן. אויך די עלטערן ווערן מיד צו האַלטן די קינדער. דער פֿאָטער איז שוין געוועזן אַ געוויסע צײַט שווער קראַנק און נאָך אַ גריפּע – אַפֿילו אַ האַלב יאָר געליימט.

און אָט... פֿאַלט אַראָפּ פֿון הימל אַ דירה. זי פֿאַלט ממש פֿון הימל. טאַקע נישט פֿון אונטן אַרויף, נאָר פֿון אויבן אַראָפּ...

און דאָס איז די מעשׂה.

איין מאָל איז אויף נאָוואָליפּקי 41, אין דער צענטראַלער ייִדישער שול־אָרגאַניזאַציע ציש״אָ, וווּ איך האָב געאַרבעט, אַרײַנגעקומען אַ סאָלידער ייִד, אין אַ סאָלידער בעקעשע, סאָליד און ריין און אויסגעפּוצט ווי בראָנדז פֿון אַ סטאַטוע, אין אַ סאָלידן דענקע־היטעלע אויפֿן קאָפּ און מיט אַ סאָלידער באָרד – נישט צו קורץ און נישט צו לאַנג, אַזוי ווי עס פּאַסט פֿאַר אַ סאָלידן ייִדן; מיט אַ סאָלידן בליק אין די אויגן און מיט אַ סאָלידער פּראָפּאָזיציע, און גלײַך צו צו מיר:

– איר זענט פּאַניע ראַוויטש?

– יאָ.

– איר זוכט אַ „סאַמאָדזיעלנע״[1] דירה פֿון אַ צוויי צימער מיט אַ קאַך?

1 samodzielny (פּויליש) – אייגן, פֿאַרזיכדיק.

פֿון: **דאָס מעשׂה־בוך פֿון מײַן לעבן**. בוענאָס־אײַרעס: צענטראַל־פֿאַרבאַנד פֿון פּוילישע ייִדן אין אַרגענטינע, 1975, ז״ז 60 – 67.

– יאָ! – און דאָס האַרץ הייבט אָן בײַ מיר שפּרינגען פֿון פֿרייד – נישט קיין חילוק וואָס ווײַטער וועט קומען, דערווײַל וועל איך כאַטש אַ פֿינף מינוט, אין אַ וואַכן חלום, וווינען אין אַ ,סאַמאָדזיעלנער׳ דירה...

– האָב יאַך פֿאַר אינס וועגן אַזאַ דירה!

– ???

און דער סאָלידער ייִד מיטן סאָלידן קול און סאָלידער בעקעשע און סאָלידן דענקע־היטעלע און סאָלידן שירעם אין דער רעכטער האַנט נעמט מיך סאָליד אָן בײַ מײַן רעכטער האַנט און ער פֿירט מיך אַרויס אויפֿן גאַנעק פֿון דער ציש״אָ – עס האָט פּונקט געבלאָזן אַ ווילדער ווינט – און אַזוי גיך מ׳האָט נאָר אָן עפֿן געטאָן די טיר פֿון גאַנעק האָבן זיך אַ צעבלאָז געטאָן אין אַלע אַרבע־פּינות־העולם די באמת סאָליד צונויפֿגעלייגטע פּאַפּירן אויף מײַן סעקרעטאַרסקע טיש. אָבער דאָס האָט מיך נישט צערודערט. אָט זענען מיר שוין טאַקע אויפֿן גאַנעק פֿון דריטן שטאָק און דער ייִד שטרעקט אויס זײַן סאָלידע רעכטע האַנט און ער ווײַזט מיר מיטן ווײַזפֿינגער דאָס הויז אַנטקעגן – אַ דרײַשטאָקיק וואַרשעווער הויז, וואָס זײַן נומער איז נאָוואָליפּקי 46, – און צו דער לינקער זײַט פֿון הויז, פּונקט אַנטקעגן, איז אַ גרויסער פּראָטעסטאַנטישער רויטציגלדיקער קאָשטשאָל.

– איר זעט אָט אָ דעם דאַך?

– ווו, אויפֿן קאָשטשאָל?

– ניין, אויף נאָוואָליפּקי 46!

און איך האָב דערזען אָט דעם דאַך און אויפֿן דאַך איז געווען אַ ביסל בלעך און אַ ביסל פּאַפּע און אַ סך אָסיענדיקע ווינטן, וואָס האָבן זיך דאָרט געדרייט און זיך געשפּילט [אין] באַהעלטערלעך מיט אַנדערע ווינטן צווישן די הויכע קוימענס.

– יאָ, איך זע אָט דעם דאַך!

– אָט דאָס איז, פּאַניע ראַוויטש, אײַער דירה!

און אַזוי ווי איך בין אין יענע צײַטן נישט געווען קיין צווייפֿלער האָב איך פֿאַרשטאַנען, אַז דער סאָלידער ייִד איז געריכט און אָט דאָ איז טאַקע מײַן דירה – אָט דאָ אויפֿן דאַך, צווישן די קוימענס און צווישן די ווינטן...

און דער ייִד זאָגט נאָך אַ מאָל:

– אָט דאָס איז אײַער ,סאַמאָדזיעלנע׳ דירה – אַ סיפּיאַלקע, אַ יאַדאַלקע[2] און אַ קאַך, ווער מיר גוטס גינט – און דער ייִד האָט אַ קוש געטאָן די שפּיצן פֿון אַלע זײַנע פֿינף פֿינגער פֿון דער רעכטער האַנט – –

– און אַז איר האָט שוין באַקוקט די דירה – האָט דער סאָלידער ייִד ווײַטער געצויגן – לאָמיר איצט אַרײַנגיין אינעווייניק, עס איז דאָ אַ ביסל קילבלאַך אויפֿן גאַנעק – און לאָמיר רעדן מכּוח אַכצן און דרײַצן – –

און אָט אָ זיצן מיר שוין בײַ מײַן טיש אין ציש״אָ און איך נעם ווי נישט איז ווידער צונויף די צעבלאָזענע פּאַפּירן און גיב דעם סאָלידן ייִד דאָס סאָלידסטע בענקל פֿון דער ציש״אָ צום זיצן און איך בין גרייט צו הערן.

2 sypialnia (פּויליש) – שלאָפֿצימער; jadalnia (פּויליש) – עסצימער.

– דאָס וועט אײַך קאָסטן, פּאַניע ראַוויטש, דאָס וועט אײַך קאָסטן צום ביליקסטן, פֿאַר אינס וועגן, זעקס הונדערט דאָלאַר – נישט אַ סענט ווייניקער.

– וואָס וועט מיר קאָסטן?

– אינס ,סאַמאָדזיעלנע׳ דירה. אַ סיפּיאַלקע, אַ יאַדאַלקע און דאָס קאַכל.

– אויפֿן דאַך – צווישן די קוימענס?

און דער ייִד האָט זיך צעלאַכט מיט אַ פֿאַרשײַטן געלעכטער און האָט בשעת־מעשׂה פֿאַרלוירן יעדעס ברעקל סאָלידקייט: די דענקע איז אים שיִער נישט פֿון קאָפּ אַראָפּגעפֿאַלן, דעם שירעם האָט ער שוין פֿריִער אַוועקגעלייגט אין דער ברייט פֿון מײַן טיש.

– אוי, יאַך האָב שוין אָנגעגעגנט אַ סך יאָלדן, נאָר אַזאַ יאָלד האָב יאַך נאָך נישט אָנגע־געגנט – אַזוי ווי צ׳זעט מעך לעבן, אַזוי ווי יאַך בין קאָפּיטאָ, רחמיאל קאָפּיטאָ – –

– אָבער פּאַניע קאָפּיטאָ – וואָס לאַכט איר אַזוי? איר רעדט מיט מיר וועגן אַ דירה און איר ווײַזט מיר קוימענס אויף אַ פֿרעמדן דאַך.

– איר זענט אַ וואַרשעווער מענטש, אָדער איר זענט אַ פּראָווינצער חיה? וועגן אַ פּאַ־ציאַטע רעדט זיך עס – וועגן אַ פּאַציאַטע – גאַנץ וואַרשע בויט פּאַציאַטעס און איר ווייסט גאָרנישט וואָס איך האָב גערעדט צו אײַך?

אין גאַנצן קיין יאָלד בין איך נישט געווען, און אַז עס האַנדלט זיך וועגן אַ פּאַציאַטע האָב איך דווקא געאַנט – נאָר עס האָט זיך גלאַט געוואָלט אַ שטיף טאָן פֿון איבערמוט, מחמת דעם מיראַזש פֿון אַ ,סאַמאָדזיעלנער׳ דירה – אַ סיפּיאַלקע מיט אַ יאַדאַלקע מיט אַ קאַכל, און דערצו אַזוי נאָענט אַנטקעגן דער ציש״אָ, ווו איך אַרבעט, און צווישן לויטער ייִדן – איך בין אין זיבעטן הימל – –

אָבער נישט אַזוי גרינג איז עס אָנגעקומען זיך סוף־כּל־סוף אַרײַנצוציִען אין דאָזיקן זיבעטן הימל, וואָרן דער ייִד האָט מיט די זעקס הונדערט דאָלאַר געמיינט זעקס הונדערט דאָלאַר און דערצו אין אַמעריקאַנישער וואַלוטע – וואָס הײַנט קאָסטן זיי הונדערטער טויזנטער פּוילישע מאַרקן און מאָרגן דאַרפֿסטו פֿאַר זיי צאָלן מיליאָנען מאַרקן.

און דער סאָלידער ייִד איז צו סאָליד אויף צו געבן די קבלות – ער מיינט אַז זײַן וואָרט איז גענוג. און דערצו האָט ער נישט קיין טבֿע צו פֿאַרשרײַבן באַקומענע סכומים און קיין עדות בײַ די טראַנזאַקציעס טאָר אויך קיין מאָל נישט זײַן. אָבער בלית־ברירה האָב איך אויף אַלץ מסכּים געווען.

און איבער מײַן לעבן האָט זינט יענעם פֿריילעכן ווינטיקן קוק פֿון דעם באַלקאָן אָנ־געהויבן צו גיין אַ בראַנדזענער גולם, וואָס אַזוי גיך ווי ער איז צוגעקומען נאָענט צו מיר, האָבן זיך אַ שטרעק געטאָן זײַנע בראַנדזענע הענט און האָבן אַ נעם געטאָן בײַ מיר אַ פּאָר צענדליק אָדער אַ פּאָר איינציקע דאָלאַרן – אמתע, סאָלידע, אַמעריקאַנישע – וואָס האָבן דערצו געהאַט דעם בייגעוודיקן און גליטשיקן נאָמען ,לאָקשן׳ – און די בראָנדזענע סטאַ־טוע מיטן גוטן ייִדישן נאָמען רחמיאל קאָפּיטאָ איז זיך ווידער אַוועקגעגאַנגען.

אַז די אַלע מיסטעריעזע באַגעגענישן מיט דער בראָנדזענער סטאַטוע, מיט אַ שירעם, מיט אַ דענקע־היטל, מיט אַ קופּערנער קאַפּאָטע, מיט דעם קופּערנעם קול האָבן אַ שײַכות

צו מײַנס אַ ,סאַמאָדזיעלנע[ר] דירה׳, האָב איך שוין אין גאַנצן פֿאַרגעסן און עס איז מיר שוין נישט אָנגעגאַנגען. דער עיקר האָט עס כּסדר שווער געדריקט אויף מײַן געמיט, אַז מאָרגן דאַרף די סטאַטוע ווידער קומען און איך האָב נאָך נישט גרייט דעם קרבן פֿאַר איר – און אַזוי גיך ווי די סטאַטוע איז געוועזן האָט זי שוין געהאַט אָנגעצייכנט נאָך אַ פּאָר דאַטעס פֿון אירע וויזיטן. זי איז געקומען אין דער שול־אָרגאַניזאַציע, און זי איז געקומען צו מיר אַהיים אויף דזיעלנע 86, און זי האָט געמאַכט מיט מיר באַגעגענישן אין גאַס, און אין די קליינע טיישטיבלעך, און אין לאָקאַל פֿון יידישן ליטעראַטן־פֿאַראיין, טלאָמאַצקע 13.

און איך האָב געשריבן בריוו קיין ניו־יאָרק צום פּרץ־שרײַבער־פֿאַראיין און בריוו צו מײַנע קרובֿים און בריוו צו מײַנע פֿאַרמעגלעכע פֿרײַנד און אַפֿילו פֿאַרצווייפֿלטע בריוו צו מײַן טאַטן און מאַמען:

– דאָלאַרן!

די דירה, אַזוי ווי זי האָט אויסגעזען אין יענעם האַרבסטיקן פֿרימאָרגן, פֿון גאַנעק פֿון דער ציש״אָ – אַזוי האָט זי... ווײַטער אויסגעזען. דערווײַל איז געוואָרן ווינטער און איצט האָט זי אויסגעזען גאָר ראָמאַנטיש – באַדעקט מיט אַ זילבערדיקן שניי, וואָס האָט געגלאַנצט אין דער זון און שטיל געקלונגען מיט אַ בת־קול אַ זילבערדיקן, אַזוי גיך די נאָענטע קירכנגלאָקן האָבן זיך צעקלונגען – און איך האָב גערן געהאַט אַ קוק צו טאָן פֿון צײַט צו צײַט אויף דער פּאַנאָראַמע און חלומען פֿון מײַן ,סאַמאָדזיעלנער דירה׳, און איך האָב געזען ווי עס שפּרינגען אַרויס פֿון דער זײַט פֿונעם דאַך – צוויי לאַנגע דאַכפֿענצטער, ווי אויסגעשטרעקטע העלדזער, ווי קליינע קאָרידאָרן אין הימל אַרײַן... און ווי עס באַווײַזן זיך אין אָט די קליינע פֿענצטערלעך בלומענטעפּ. איך געדענק גוט דעם אָנבליק פֿון אַזעלכע ראָמאַנטישע פֿענצטערלעך אין אונדזער שטעטל, און נאָך מער אין לעמבערג און נאָך מער אויף בילדער פֿון פֿראַנצייזישע מאָלערס – און צווישן די בלומענטעפּלעך זע איך די בלאָנדע קעפּלעך פֿון מײַנע קינדער, וואָס מוזן נאָך דערווײַל זײַן אין רעדים בײַ מײַנע טאַטע־מאַמע, ווײַל איך האָב נאָך נישט די ,סאַמאָדזיעלנע דירה׳, מיט דער סיפּיאַלקע, דער יאַדאַלקע און דער קאַך –

אָבער דער עיקר איז דער גולם פֿון בראָנדז, אַ מולך וואָס עסט נאָר לעבעדיקע דאָלאַרן, וואָס ער רופֿט זיי גרינע לאָקשן, און גיט נישט קיין קבלות – –

פֿון ערגעץ האָבן דאָך געמוזט קומען גענוג לעבעדיקע דאָלאַרן, וואָרן רחמיאל קאָפּיטאָ האָט מיר שוין אַפֿילו געוויזן אַ פּלאַן – געצייכנט מיט אַ ברייטן בלײַער פֿון אַ יידישן סטאָליער אויף אַ ברוינער פּאַפּירענער טיטקע[3], אָבער פּאָרט אַ פּלאַן, כאָטש עפּעס – און איך בין שוין אויך עטלעכע מאָל געוועזן דאָרט אויפֿן בוידעם פֿון נאָוואָליפּקי 46, און טאַקע מיט דעם בראָנדזענעם ייִד און נאָך מיט אַ פּאָר יידן, וואָס האָבן אויסגעזען זייער נישט סאָליד און וואָס האָבן אויף זיך געזאָגט אַז דווקא זיי זענען די ,וואַרטן׳[4] פֿון נאָוואָליפּקי 46.

3 אַ פּאַפּירן זעקל.

4 וועכטער.

און עס זענען אונדז שוין נאָכגעלאָפֿן צעשויבערטע ייִדענעס מיט קללות און חרמות, אַז מע מאַכט זיי אומגליקלעך, אַז אַ ליאַדע טאָג וועלן זיי נישט האָבן ווו צו הענגען די וועש און מע ווערט אַזוי אויך דערשטיקט אין דער דירה מיט די פּיצלעך קינדער. און זייערע טענות זענען געווען גערעכטע, אָבער זיי וועט פֿעלן אַ בוידעם און מיר פֿעלט אַ דאַך איבערן קאָפּ.

אָבער אָט אויף דעם בוידעם מיט די ווײַבערישע רעכט און חזקות אויף צו הענגען וועש האָב איך גערדאַרפֿט זײַן אַ קאָנקוויסטאַדאָר – איך און נאָך זעקס אַזעלכע אָנדאַכיקע ווי איך – און מיר האָבן דאָ גערדאַרפֿט אויפֿשלאָגן די געצעלטן און וווינען.

און אָט זע איך פֿון אַנטקעגן ווי עס ליגן שוין טאַקע די הילצערנע דרענגלעך און די פּאַפּע און די פּאָר ברעטלעך און דאָס ביסל קאַלך און די פּאָר פֿאַרזשאַווערטע שלעסער פֿון אָפּגעברענטע הײַזער – און די פּאָר טירן פֿון דיקט, און די פֿענצטער־רעמלעך מיט אמתע שײַבלעך – דאָס האַרץ שפּרינגט און טאַנצט אין מיר פֿאַר פֿרייד.

אָט איז שוין באַלד פֿרילינג. און האָט מען אין פֿאַרלויף פֿון ווינטער געבויט נאָר אין די וואַרעמע טעג, בויט מען איצט שוין מיט אַן אַמעריקאַנישן טעמפּאָ – יעדן טאָג שלאָגט מען צו אפֿשר דרײַ ברעטלעך... און די כאַראַקטעריסטישע בוידעמשטיבל־פֿענצטערלעך קוקן שוין אַראָפּ פֿריילעך אויף דער גאַס, און אַז מע שפּאַצירט אונטן קען מען זיי שוין זען, און עס ווערט אַזוי פֿריילעך. איך וועל וווינען ווי אַ מענטש.

– אַ סאַמאָדזיעלנע דירה – –

נאָר צו דער סאַמאָדזיעלנער דירה פֿעלן נאָך הונדערט דאָלאַר און קיין איין סענט ווייניקער. אַלץ מזומנים. איך האָב שוין געבעטן און באַקומען געלט פֿון אַמעריקע. איך האָב שוין באַקומען און אינוועסטירט אַלערליי האָנאָראַרן. איך האָב שוין באַקומען גע־באָרגט פֿון פֿרײַנד. איך האָב שוין באַקומען מתּנות פֿון פֿרײַנד. איך האָב שוין פֿאַרזעצט מײַן געהאַלט ביז משיח וועט קומען – און איך וועל, ווײַזט אויס, מוזן אויפֿגעבן דעם גאַנצן פּלאַן – און דער בראָנדזענער ייִד איז פֿון בראָנדז. ער בייזערט זיך אַפֿילו נישט – ער הייבט נאָר אָן צו פֿאַרגעסן ווען און וויפֿל ער האָט שוין פֿון מיר באַקומען – ער רעכנט זיך שוין מיט דער מעגלעכקייט, אַז איך לאָז פֿאַלן דעם פּראָיעקט און מע וועט דאַרפֿן גיין צו מענטשן אָדער צום רבֿ מכּוח צוריקצאָלן. און אין אַזעלכע פֿאַלן איז גוט וואָס ווייניקער צו געדענקען – און איך בין שוין אַזוי צעמישט, אַז איך געדענק שוין אויך נישט, כאָטש איך האָב אַלץ יאָ געגנוי פֿאַרשריבן – –

און איין מאָל אין אַ שלאָפֿלאָזער נאַכט האָב איך געהאַט אַ חלום.

אַ חלום פֿון זעקס שנירלעך מיט אָרלעאַנישע פּערל – קליינע און שיינע, איינס און איינס, ווי ציינדלעך פֿון זעקס מלאָכימלעך, זעקס שנירלעך פּערל פֿון מײַן מאַמען, איר טײַערסטע ירושה פֿון איר מאַמען.

איך בין אַהיים געפֿאָרן אין מײַן שטעטל – און וואָס ווײַטער איז געשען, דאָס וועל איך אַ מאָל דערציילן אין אַ באַזונדערער מעשׂה –

סײַ ווי, מיט דער הילף פֿון פֿאַרזעצן די אָרלעאַנישע פּערל האָבן מיר זיך צעצאָלט מיט דעם סאָלידן ייִדן, מיט דער סאָלידער דענקע, דעם סאָלידן שירעם – און עס האָט זיך

אַרויסבאַוויזן, אַז דער ייִד האָט דווקא אויך געניי געהאַט פֿאַרשריבן יעדן סענט וואָס ער האָט פֿון מיר באַקומען און אַז ער איז געווען אַ גוטער און אַ פּינקטלעכער סוחר, און די אַלע שאַרפֿקייטן זענען געווען בלויז זײַנע סטראַטעגישע תּכסיסי־מלחמה אין שווערן ייִדישן וואַרשעווער קאַמף פֿאַר אַ שטיקל ברויט. קיין בעסערע דירה ווי אַ פֿאַציאַטע האָט דער ייִד אויך נישט געהאַט.

און אין איין שיינעם טאָג איז מײַן סאַמאָדזיעלנע דירה געווען פֿאַרטיק און מיר האָבן זיך מיט פֿאַראַד אַרויסגעצויגן פֿון דזיעלנע 86 און אַרײַנגעצויגן אויף נאָוואָליפּקי 46 – אַנ־טאָשיע די געטרײַע דינסט, און פֿאַניע, און מײַן טעכטערל, און איך – מײַן זונדל איז נאָך דעמאָלט אַלץ געווען בײַ מײַנע טאַטע־מאַמע אין שטעטל.

און אָט שטיי איך ווידער אויפֿן גאַנעק פֿון דער ציש״אָ, אַנטקעגן מײַן סאַמאָדזיעלנער דירה, איך קוק אַריבער און איך זע אַ פֿרילינגסטאָג און נישט קיין ווינטן דרייען זיך צווישן די קוימענס אַנטקעגן און נאָר די זון שפּילט זיך מיט זיי...

און אָט איז אַ פֿענצטערל אין דאַך און אין פֿענצטערל אַ קעפּל, אַ בלאָנד קעפּל...

– רוטוש, דאָס ביסטו?

– טאַטעלע, דאָס ביסטו?

פֿריילעך איז געווען דאָס ערשטע דערזען און דערקענען זיך איבער דער גאַס, אַריבער פֿון גאַנעק צו דאַך און פֿון דאַך צו גאַנעק.

און איך האָב מיך דערמאָנט ווי דער ייִד האָט מיט אַ דרײַ פֿערטל יאָר צוריק געהיימענישפֿול געזאָגט:

– אָט דאָס איז, פֿאַניע ראַוויטש, אײַער דירה!

יאָ, דער חלום איז געוואָרן וואָר, דאָס איז טאַקע מײַן דירה, פֿאַניע ראַוויטש.

*

און געענדיקט די מעשׂה, די ערשטע פֿון די מעשׂיות וועגן אָט דער מיסטעריעזער בוידעם־דירה מײַנער – אָבער נישט די לעצטע. אַרום פֿופֿצן יאָר האָט די קליינע משפּחה מײַנע אין אָט דער דירה געוווינט. פֿון דאַנען איז זענען געגאַנגען די גרויסע וועלטרײַזעס, דאָ זענען געחלומט געוואָרן גרויסע חלומות און דערלעבט גרויסע אַנטוישונגען, דאָ האָבן זיך אין פֿאַרלויף פֿון יאָרן, אַ מאָל אויף טעג און אַ מאָל אויף וואָכן אָפּגעשטעלט חבֿרים־געסט, ייִדישע שרײַבערס פֿון ווײַטע לענדער; דאָ האָבן געוווינט אין אַ נויט דאַכלאָזע חבֿרים פֿון וואַרשע און פֿון דער פּראָווינץ, דאָ זענען אַפֿילו פֿאַרגעקומען שׂרפֿות אויפֿן דאַך און אויך – אין דער נשמה. ובֿכן, וועט מען מסתּמא נאָך אַ פּאָר מעשׂיות פֿון דאָ דערציילן.

מלך ראַוויטש

# דער שקלאַפֿנמאַרק

דאָס ,שטעטל׳ – יאָ, דאָס שטעטל איז – –

יאָ, וואָס איז עס? עס איז נאָך נישט קיין שטאָט און שוין נישט קיין דאָרף – און אין מדינת־פּוילן זענען געווען אַן ערך צוויי טויזנט אַזעלכע שטעטלעך. און אין יעדן שטעטל אַזאַ – אַ פּאָר טויזנט איינוווינערס. און צווישן די איינוווינערס אַלע מאָל אַ היפּשע צאָל ייִדן. נישט זעלטן איז אין אַזאַ שטעטל די מאַיאָריטעט געווען אַ ייִדישע. נישט נאָר איז דער גאַנצער ייִדישער ייִשובֿ אין פּוילן געווען אַ מלוכה אין אַ מלוכה און נײַערט אין יעדן שטעטל איז געווען אַ ייִדיש שטעטעלע אינעם שטעטל.

די דאָזיקע מלוכות און מלוכהלעך האָבן נישט געהאַט קיין געשריבענע קאָנסטיטוציע. זיי האָבן נאָר געהאַט טראַדיציע פֿון שלומדיקן צוזאַמענלעבן פֿון פֿעלקער אויף איין שטיק פֿון גאָטס ערד – לויט דעם פּסוק: והארץ נתן לבני־אדם.[1]

ווען האָבן זיך די דאָזיקע פּויליש־ייִדישע און ייִדיש־פּוילישע שטעטלעך אָנגעהויבן – דאָס האָט קיינער נישט געוווּסט. איינע היסטאָריקערס זאָגן, אַז מיט טויזנט יאָר צוריק, און אַנדערע, אַז מיט פֿינף הונדערט יאָר צוריק. וואָס איז דער חילוק – אַבי זיי זענען דאָ געווען. אין דער עקאָנאָמישער סטרוקטור פֿון דעם פּוילישן און אויך ייִדישן פֿאָלק, וואָס האָט באַוווינט די פֿעלדער און וועלדער אַרום דעם שטילן און גרויסן טײַך ווייסלאַ, אָדער ווײַסל, – האָבן די ייִדן געהאַט זייער שליחות און זיי האָבן זי אויסגעפֿירט אויף דעם בעסטן און ערלעכסטן אופֿן.

אין גאַנג פֿון די יאָרן און יאָרהונדערטער האָבן די שטעטלעך – ווי זיי שטייען און גייען – לייד און פֿרייד אויסגעמישט – באַשאַפֿן אַן אייגענע ציוויליזאַציע – די שטעטל־ציוויליזאַציע. קיין קאָנסטיטוציע איז דאָ טאַקע נישט געווען – אָבער מענטשלעכע וואַרעמקייט פֿון צוזאַמענלעבן פֿון פֿעלקער – יאָ.

נישט נאָר אין דער רעליגיע – נײַערט אין דער הלבשה און אָרעמען מאָלצײַט־טיש – אַ דײַטלעכער חילוק. אַזוי אויך אין מאַמע־לשון פֿון ביידע פֿעלקער. סלאַווישע לשונות דער נישט־ייִדישער טייל, און ייִדיש דער ייִד. נישט זעלטן איז געווען צו טרעפֿן אַ פּוילישן שטעטלייִד, וואָס האָט קיין צוויי פּסוקים אין פּויליש, אָדער רוסיש, אָדער אוקראַיִניש – נישט געקענט אַרויסברענגען, און פֿאָרט, אַז מ׳האָט געדאַרפֿט און געמוזט, האָט מען זיך יאַקאָש צוזאַמענגערעדט.

1 תהילים קטו, טז. „די הימלען זײַנען די הימלען פֿון גאָט, אָבער די ערד האָט ער געגעבן צו די מענטשנקינדער“ (איבערגעזעצט פֿון יהואש).

פֿון: **דאָס מעשׂה־בוך פֿון מײַן לעבן**. בוענאָס־אײַרעס: צענטראַל־פֿאַרבאַנד פֿון פּוילישע ייִדן אין אַרגענטינע, 1975, ז״ז 115–126.

אַוודאי איז דאָס לעבן אין די שטעטלעך און דאָס צוזאַמענלעבן פֿון די צוויי פֿעלקער נישט אַלע מאָל געווען אַזאַ אידעאַלע אידיליע. דאָ און דאָרט פֿלעגן אויסברעכן פּאָגראָמען – אונטערגעהעצטע פֿון סתּם באַנדיטן, אָדער אינטעליגענטע נאַציאָנאַליסטן. אָבער אין פּשוטן פֿאָלק פֿון די ייִדישע איטשע־מאירס און גוייִשע יאַנעס איז געווען אַ צוזאַמענלעבן. מ׳האָט זיך געדאַרפֿט, מ׳האָט זיך געקענט און מען איז געווען אָרעם און קיין זאַך פֿאַרבינדט נישט אַזוי מענטש מיט מענטש ווי דלות. שוואַרצע ערד און שוואַרץ און אָרעם ברויט.

למאַי זאָל איך לייקענען? איך האָב ליב פּוילן איבער אַלע דעכער פֿון דער פּאָליטיק אַריבער, איבער אַלע שטראָמען פֿון שׂינאה אַדורך.

און ליב האָב איך דאָס פּוילישע לשון – מײַן מאַמע־לשון ביז דעם יאָר, ווען איך בין געוואָרן אַ ייִדישער שרײַבער.

פֿאַראַנען אַ דיכטער און פּובליציסט אין פּוילן, וואָס זײַן נאָמען איז אַנטאָני סלאָנימסקי, און ער איז אַן אייניקל פֿון דעם העברעיִשן משׂכּיל, מאַטעמאַטיקער, פּובליציסט – חיים־זעליג סלאָנימסקי. אַנטאָני איז געקומען אויף דער וועלט, ווען זײַן פֿאָטער איז שוין געווען געשמדט. אויף אים קען מען זאָגן דאָס וואָרט פֿון געטהעס „פֿאַוסט“: „צוויי זעעלען וואָהנען – אַך – אין מײַנער ברוסט.“ אין די 24 שורות פֿון זײַן ליד „עלעגיע פֿון ייִדישע שטעטלעך“ – האָט אויך דרייסט געקענט אָנרופֿן: קדיש נאָך פּויליש־ייִדישע שטעטלעך – איז דאָ דער גאַנצער אָפּגרונטיקער טרויער נאָך דעם אונטערגאַנג פֿון דער שטעטל־ציוויליזאַציע.

ווי גערן וואָלט איך דאָ וועלן איבערדרוקן דאָס דאָזיקע ליד, און טאַקע אין פּוילישן אָריגינאַל. אָבער דאָס איז טעכניש נישט מעגלעך – טאָ זאָלן כאָטש ציטירט ווערן עטלעכע שורות אין ייִדישער איבערזעצונג.

נישטאָ מער, נישטאָ מער אין פּוילן די ייִדישע שטעטעלעך,
אומזיסט וואָלטסטו געזוכט אין די פֿענצטער – ליכטעלעך געצונדענע,
דאָס בלוט האָט מען מיט זאַמד פֿאַרשאָטן, די שפּורן אָפּגעווישט.
נישטאָ מער די שטעטעלעך, ווו אַ שוסטער איז געווען אַ פּאָעט,
דער זייגער־מאַכער אַ פֿילאָסאָף, און אַ פֿריזירער – אַ טרובאַדור.
לבֿנות, ווינטן, טײַכן און די שטערן, וואָס איבער זיי, –
האָבן מיט בלוט פֿון יאָרהונדערטער געשריבן די טראַגישע געשיכטע
פֿון די צוויי אומעטיקסטע פֿעלקער אויף גאָטס ערד.[2]

נאָר די ווינטן, טײַכן און שטערן האָבן נישט נאָר געשריבן די אומעטיקע געשיכטע – נאָר זיי האָבן מיטגענומען מיט זיך די ייִדישע שטעטלעך און זיי געוואָרפֿן אין הימל אַרײַן – צוריק צו גאָט: נישטאָ מער, נישטאָ מער אין פּוילן די ייִדישע שטעטעלעך.

2 דער פּוילישער טעקסט געפֿינט זיך אין: Antoni Słonimski, Poezje zebrane. Warszawa: Państwowy Instytut, 1964. אין דער דײַטשער איבערזעצונג אין: *Der Fremde als Nachbar. Polnische Positionen zur jüdischen Präsenz. Texte seit 1800*, hg. v. F. Guesnet, Frankfurt a. M.: Suhrkamp Verlag, 2009. די ייִדישע איבערזעצונג פֿון יחיאל האָפֿער: http://biblioteka.teatrnn.pl/dlibra/Content/43514/Kol_Lublin_36_2000.pdf, ז׳ 12.

און ממילא – נישטאָ מער דער ,שקלאַפֿנמאַרק׳.

נישטאָ מער אין דער רעאַליטעט. אָבער דאָ אין זכּרון. אין יענעם ווינקעלע אין אַ מענטשלעך האַרץ, אַ ייִדיש האַרץ, ווו עס ווערן געבוירן סענטימענטן און בענקשאַפֿטן און אַפֿילו טרערן.

וואָס איז דאָס אַזוינס דער שקלאַפֿנמאַרק? און ווו איז ער פֿאָרגעקומען? אין וואַרשע, אינעם וואַרטצימער פֿונעם פֿאַראיין פֿון ייִדישע ליטעראַטן און זשורנאַליסטן אויף טלאָמאַצקע 13.

דער טאָג פֿון דעם שקלאַפֿנמאַרק איז לרובֿ געווען מיטוואָך.

אין יענעם טאָג זענען אויף טלאָמאַצקע 13 געקומען שלוחים פֿון שטעט און שטעטלעך פֿון אַרום וואַרשע. זיי זענען געקומען צו אַנגאַזשירן אַ ליטעראַט־רעדנער אויף שבת נאָך מיטאָג אָדער אָוונט.

דאָס וואַרטצימער אין פֿאַראיין איז געווען געפּאַקט. מ׳האָט זיך מתווכּח געווען וועגן דער טעמע פֿון רעפֿעראַט. און מ׳האָט געפֿאָדערט פֿון דעם פּראָספּעקטיוון רעפֿערענט, אַז די טעמע זאָל זײַן וואָס מער אָנציִענדיק און וואָס מער סענסאַציאָנעל און וואָס מער אַקטועל. און דער פּראָספּעקטיווער ,שקלאַף׳ האָט געהאַט גרייט אַ צעטל מיט טעמעס. אַז מען איז דורכגעקומען וועגן דער טעמע – האָט מען זיך גענומען דורכרעדן מכּוח דעם האָנאָראַר: צי איז די אָנגערופֿענע סומע פֿון זלאָטעס שוין צוזאַמען מיט די רײַזע־קאָסטן, אָדער איז דאָס באַזונדער. דורכגעקומען – האָט מען זיך אַ פּאַטש געטאָן אין די הענט מיט אַ הויכן: צום ווידערזען! שבת נאָך מיטאָג, פּינקטלעך אַ זייגער דרײַ! אונדזער שטעטל איז אַן אינטעליגענט שטעטל – מיר האָבן יעדע וואָך אַ פּרעלעגענט[3] און זענען גוט באַקאַנט מיט דער מאָדערנער ייִדישער ליטעראַטור. מיר ווינען טאַקע אויף דער פּראָווינץ, אָבער מיר זענען נישט קיין פּראָווינצער חיות... (מיט אָט דעם טיטל – פּראָווינצער חיה – האָט די עיר־הבירה וואַרשע באַקרוינט די שטעטלדיקע).

און דאָס האָט געהאַט אַ שײַכות צום שקלאַפֿנמאַרק...

די שטעטלדיקע פֿון פֿאַר דער ערשטער וועלט־מלחמה און די שטעטלדיקע פֿון פֿאַר דער צווייטער וועלט־מלחמה זענען שוין לאַנג נישט געווען אידענטיש. די ראָמאַנטיק פֿון ייִדישן שטעטל האָט נאָך העל געלויכטן אין דעם ליד אין פּראָזע פֿון שלום אַשן און זײַן „שטעטל“, אָבער גרוי און אומעטיק אין דעם רעאַליסטישן „שטעטל“ פֿון איטשע־מאיר ווײַסענבערג. דאָס איז געווען אַרום דעם ערשטן צענדליק פֿון צוואַנציקסטן יאָרהונדערט. מײַן דמיון ווײַזט מיר די צוויי נאָוועלן, ווי זיי באַגעגענען זיך אויף דעם פּרשת־דרכים פֿון דער ייִדישער שטעטל־ציוויליזאַציע. איין שטעטל געזעגנט זיך מיט דער ייִדישער געשיכטע מיט געזאַנג – שלום אַש – און דאָס אַנדערע מיט אַן אָבֿלדיקן זיפֿץ.

דעם נאָמען ,שקלאַפֿנמאַרק׳ פֿאַר די מיטוואָכדיקע שלוחים פֿון די שטעטלעך אויף צו באַשטעלן אַ רעפֿערענט אויף שבת האָט צוגעטראַכט דער באַרימטער פֿעליעטאָניסט און

3 פּויליש – לעקטאָר, רעפֿערענט.

פּובליציסט, דער שטענדיקער מיטאַרבעטער פֿון דער „פֿאָלקסצײַטונג“ – ב. שעפֿנער. שעפֿנערס ערשטער נאָמען איז: ברוך. אָבער די שטעטלדיקע פֿלאַקאַטן האָבן אים גאַנץ אָפֿט אָנגערופֿן ‚בערל׳. בערל שעפֿנער. שעפֿנער האָט מיר אַ מאָל געזאָגט, אַז מ׳האָט אים אַזוי לאַנג אין די שטעטלעך גערופֿן ‚בערל׳, אַז אים אַליין האָט זיך שוין אָנגעהויבן צו דאַכטן, אַז ער הייסט טאַקע בערל. און דאָך האָט עס אים פֿאַרדראָסן, מחמת אויב זיי האָבן אים שוין געמוזט איבעראַנדערשן דעם נאָמען – און געמוזט האָט עס זײַן אַ נאָמען, וואָס הייבט זיך אָן מיט אַ ‚ב׳, – איז פֿאַר וואָס זשע נישט: בנימין, בן־ציון, בצלאל – פֿאַר וואָס דווקא בערל? אפֿשר איז דאָס געווען אַ נקמה־אַקט מצד די שטעטלעך פֿאַר אָנרופֿן זייערע מיטוואָכדיקע רעפֿערענטן־דינגענישן מיט דעם נאָמען: שקלאַפֿנמאַרק. גאַנץ פּוילן האָט שוין געקענט דעם צונאָמען.

הײַנט – אין דער פּערספּעקטיווע פֿון דעם בראָך פֿון פּוילישן איבער דרײַמיליאָניקן ייִדישן ייִשובֿ – זעען גאָר אַנדערש אויס די מיטוואָכדיקע שקלאַפֿנמערק. דורך זיי האָט זיך דער שענסטער טייל פֿון ייִדישן וועלטפֿאָלק געריסן צו דער אינטעגראַציע מיט דער מענטשהייט פֿון דעם פּלאַנעט אונדזערן – נישט פֿאַרלירנדיק דערבײַ די נאַציאָנאַלע אידענטיטעט.

און אויב איר מיינט – גוטער לייענער – אַז דאָס איז אַ גוזמא – טאָ ווײַזט מיר נאָך אַזאַ פֿאָלק אויף גאָטס ערד – מיט אַזאַ שקלאַפֿנמאַרק.

און אַזוי ווי אַלץ אין דער וועלט האָט געהאַט און האָט אויך הומאָרפֿולע זײַטן – אַזוי אויך דער ‚שקלאַפֿנמאַרק׳.

פֿון צײַט צו צײַט זענען אויסגעבראָכן עפּידעמיעס אויף רעפֿעראַטן. אַלע שטעטלעך אויף אַ מאָל האָבן געפֿאָדערט די און די טעמע – און אויב נישט, דאַרפֿן זיי בכלל נישט. עס געדענקען זיך מיר אַ סך אַזעלכע מגפֿות – אָבער נאָר צוויי וועל איך דערמאָנען. איינע אַזאַ עפּידעמיע איז פֿאָרגעקומען נאָך אַ סימפּאָזיום אויף דער טעמע: משפּט איבער דער ייִדישער פּרוי. אַזאַ סימפּאָזיום האָט געהאַט אַ ספּעציעלע פֿאָרעם. אָנגעהויבן האָט עס זיך מיט אַ באַשולדיקונגס־אַקט. נאָך דעם אַקט איז אויפֿגעטראָטן דער פּראָקוראָר. נאָך דעם פּראָקוראָר האָט געהאַלטן זײַן רעדע דער פֿאַרטיידיקער. מ׳האָט אויסגעהערט עדות פֿון ביידע צדדים. און אָן אַ שיעור האָבן זיך געריסן צום וואָרט. יעדער האָט געהאַט עפּעס צו זאָגן. איין קלייניקייט – די ייִדישע פּרוי. און אויך זי האָט געהאַט עפּעס צו זאָגן אין איר פֿאַרטיידיקונג.

אומגלייבלעך ווי דאָס קלינגט – איז עס אָבער פֿאָרט אמת, אַז דער איניציאַטאָר פֿון דעם מישפּט איבער דער ייִדישער פּרוי איז געווען פּרץ מאַרקיש, דער דינאַמישסטער און שענסטער פֿון אַלע ייִדישע פּאָעטן פֿון דער גאַנצער וועלט – און אפֿשר אַפֿילו פֿון אַלע פּאָעטן פֿון דעם כּדור־האָרץ.

מאַרקיש האָט אַלע מאָל געמוזט עפּעס טאָן, עפּעס אָרגאַניזירן. ער האָט אין זײַנע דינאַמישע לידער – אַלע מאָל געהאַט אַ לאָגיק, אַ רעוואָלוציאָנערע לאָגיק מיט אַ קלאָרן

בליק אויף דעם ראַטן־פֿאַרבאַנד... ער האָט ליב געהאַט די ווענט פֿון זײַנע לידער אַרומצוהענגען מיט די משונהדיקסטע בילדער. און ווידער אַ מאָל מיט אַ רעוואָלוציאָנערער לאָגיק. אָט למשל: „מיט אַ שטיוול אויפֿן קאָפּ און מיט צילינדערס אויף די פֿיס – גייען מיר“[4] אאַז״וו. קענענדיק זײַן אייגענעם אומרו, זײַנע פּלוצלינגדיקע באַשלוסן צו פֿאָרן אין אַלערליי אייראָפּעיִשע לענדער – האָט ער אַלע מאָל געזאָרגט דערפֿאַר צו האָבן גרייט אַ קליינעם קאַפּיטאַל. (דערשרעקט אײַך נישט. דער דאָזיקער ,קליינער קאַפּיטאַל׳ איז קיין מאָל נישט אַריבערגעגאַנגען איבער דער גרענעץ פֿון טויזנט זלאָטעס.)

און אָט – אין איין שיינעם אָוונט אין לאָקאַל פֿון ,טלאָמאַצקע 13׳ דרייט זיך מאַרקיש אַהין און אַהער אין דעם גרויסן זאַל פֿון ליטעראַטן־פֿאַראיין. עס איז קלאָר, אַז ער האָט פֿאַרטראַכט עפּעס און וועט באַלד דעם געדאַנק אַרויסשיסן. אַזוי איז עס טאַקע. ער גיט אַ ווונק צו אַ פּאָר חבֿרים און בעט זיי אַרײַנצוגיין אין דער קאַנצעלאַריע. אין דער דאָזיקער קאַנצעלאַריע בין איך געווען דער עקזעקוטיוו־סעקרעטאַר – און אַלע מאָל גרייט אַ טובֿה צו טאָן אַ חבֿר – און מאַרקישן אַוודאי. אַ מנין זענען מיר און זיצן בײַם טיש און זענען גרייט צו הערן.

– חבֿרים! – עקספּלאָדירט מאַרקיש – מיר זענען טאַקע פּאָעטן, אָבער מיר לעבן אין אַ ניכטערער, רעאַלער וועלט. מיר דאַרפֿן געלט. איך האָב פֿאַרטראַכט אַ פּלאַן, אַז מיר זאָלן אָרגאַניזירן אַ סימפּאָזיום אויף אַ ביז גאָר אַקטועלער טעמע: מאָסקווע – וואַרשע – ניו־יאָרק – ירושלים. איך וועל רעדן וועגן ניו־יאָרק – –

– און די ,דעפֿענסיווע׳ (די פּוילישע פּאָליטישע געהיים־פּאָליציי) וועט אונדז געבן אַ קניפּ אין בעקל? – רופֿט זיך אָן דער גרויסער דיכטער און שווײַגער ישׂראל שטערן.

דערהערנדיק דאָס אימהדיקע וואָרט ,דעפֿענסיווע׳ – זענען מאָמענטאַל אַראָפּגעפֿאַלן די פֿליגל בײַ נײַן חבֿרים פֿון מנין. און נאָר איין מאַרקיש – אַזוי זעט עס אויס – גיט נאָך נישט אויף דעם פּלאַן.

מינוטן גייען און דאָס שווײַגן הערט נישט אויף.

און פּלוצלינג – אַ שטאַרקער קלאַפּ אין טיש. דער קלאַפּ קומט פֿון דעם אַלע מאָל צעזונגענעם און גוט געשטימטן פּראָזאַיִקער יואל מאַסטבוים:

– און איך האָב אַ קעגנפּלאַן צו מאַרקישעס פּלאַן.

נײַן פּנימער ווערן פֿרעגצייכנס:

– דהײַנו?

– אַ מישפּט איבער דער ייִדישער פֿרוי...

אַכט פּנימער זענען געפּלעפֿט און נײַגעריק – וואָס וועט מאַרקיש זאָגן צו דעם קאָנטער־רעוואָלוציאָנערן קעגנפּלאַן.

אָבער מאַרקיש איז שוין מסכּים. דער הימל איז אַראָפּגעפֿאַלן אויף דער ערד.

4 „אַ פּאָר צילינדערס שוואַרצע אויף די פֿיס! // און אויפֿן קאָפּ אַ שטיוול מיט אַ רויטן שטערן!“ (פּ. מאַרקיש)

דער פּלאַן איז דורכגעפֿירט געוואָרן. מ׳האָט פֿאַרטיילט די ראָלן. מאַסטבוים איז גע־וען דער פֿאַרטיידיקער, סעגאַלאָוויטש – אויב איך מאַך נישט קיין טעות – איז געווען דער אָנקלאָגער, שטערן – דער שווייַגנדיקער עדות, מאַרקיש – דער פֿאָרזיצער, און איך (ווי אַלע מאָל און אומעטום) דער סעקרעטאַר אאַז״וו. און ,דאָס פֿאָלק׳ – דאָס וווּנדערלעכע נאַיִווע ייִדישע פֿאָלק פֿון צוויי טויזנט שטעטלעך אין פּוילן, מיט עיר־הבירה וואַרשע, גרייט צו זייַן אַ פּובליקום.

גאָר באַלד איז דער אָוונט פֿאָרגעקומען אין גרויסן זאַל פֿון קאַמינסקי־טעאַטער. טויזנט אירע. אַלע פּלעצער איבערגעפּולט.

איין טאָג נאָך דעם ,מישפּט איבער דער ייִדישער פּרוי׳ איז מאַרקיש אַרייַנגעפּאַלן מיט אַ פּאַלאַש אין פֿאַראיין, מיט אַ פּולער טאַש פּאַפּירלעך און קלינגערס און אַ פּאַק חשבונות. איינער נאָכן אַנדערן זענען די בעלי־,מישפּט׳ גערופֿן געוואָרן אין דער קאַנצעלאַריע און ער האָט ערלעך פֿאַרטיילט די ,מיליאָנען׳.

– אַלע גלייַך – דעמאָקראַטיש! – האָט מאַרקיש נאָך אַלץ געדונערט. געוואָלט וואָס פּריִער פּטור ווערן פֿון דער מאָדנער מעשׂה.

מאַרקיש האָט געוואָלט פּטור ווערן – עס האָט אים אַפֿילו נישט אינטערעסירט צו וויסן ווער איז אייגנטלעך פֿאַרמישפּט געוואָרן אויף דעם גרויסן אָנקלאָג. אַבי וואָס גיכער פּטור צו ווערן פֿון דעם געשפּענסט: מישפּט איבער דער ייִדישער פּרוי.

מאַרקיש האָט טאַקע געוואָלט פּטור ווערן, ער האָט געפּילט אויף זייַנע פּליִיצעס אַ פֿאַר־שנדיקן בליק פֿון מאָסקווע. כאָטש זייַן פֿאָרזיצעריַי בייַם מישפּט איז געווען אָן אַ שפּרענ־קעלע קאָנטררעוואָלוציע. ער איז אין יענע טעג אַוועק קיין בערלין אויף אַ פּאָר וואָכן.

אָבער מאַסטבוים האָט נישט געוואָלט פּטור ווערן.

פֿאַר מאַסטבוימען האָט זיך דער ,מישפּט איבער דער ייִדישער פּרוי׳ אַנטפּלעקט ווי אַ פּרנסה־קוואַל. מאַסטבוים איז געווען איינער פֿון די פּאָפּולערע שקלאַפֿן פֿון דעם ,שקלאַ־פֿנמאַרק׳. די פּראָווינץ, אָדער ,פּראָווענץ׳ – ווי מ׳האָט דאָס פּרעמדוואָרט אין וואַרשע אַרויסגעזאָגט – האָט אים ליב געהאַט. ער האָט געטראָגן אַ גרויסן שוובער האָר אויפֿן קאָפּ, האָט כּסדר געבליצט מיט די אויגן און – דאָס וויכטיקסטע – גערעדט אויף אַלע מעג־לעכע טעמעס. גערעדט פּאָעטיש, נישט פֿאַרשטענדלעך און אַלע מאָל מיט אַן אָפּטימיס־טישן אויספֿיר. אויפֿגעליכטיקט אַ ביסל די פֿינצטערע דאָליע פֿון די ייִדישע שטעטלעך אין צווישן־מלחמהדיקן פּוילן.

אָבער אין אַ מישפּט דאַרף מען דאָך האָבן כאָטש זעקס־אַכט אָנטייל־נעמערס. דאָס האָט מאַסטבוימען ווייניק וואָס געאַרט. ער האָט אַלע ראָלן גענומען אויף זיך. ער איז געווען דער פֿאָרזיצער, דער פּראָקוראָר, דער פֿאַרטיידיקער, די אָנגעקלאָגטע אַפֿילו, די עדות – און ער האָט אַפֿילו אַליין געמאַכט צווישנרופֿן קעגן זיך... דעם דאָזיקן ,בילבול׳ האָט אויף אים געמאַכט דער האַרציק־חבֿרישער מאַרקיש. (אָבער עס איז אַ ליגן...)

און נאָך וועגן איינער אַ רעפֿעראַטן־מגפֿה לאָמיר דאָ דערציילן. זי האָט זיך גערופֿן „עקס־פּרעסיאָניזם און אימפּרעסיאָניזם". אָן אַ שום ספּעציעלער סיבה האָבן די צוויי פּרעמד־ווערטער, וואָס האָבן געבלאָנדזשעט אין דער נאָכמלחמהדיקער וועלט־ליטעראַטור, – אויך פֿאַרבלאָנדזשעט אונטער די שינדלדעכער פֿון די ייִדישע שטעטלעך אין פּוילן. איין קליינינקייט: דו זיצסט אין אַ פֿאַרוואָרפֿענעם העק און אָט קומט צו דיר אַ שרײַבער אין דײַן לשון און ברענגט דיר אַלץ, וואָס אַן אינטעליגענטער מענטש דאַרף וויסן וועגן דער ליטע־ראַטור אין אַלע לענדער און לשונות, און דאָס דורך צוויי ווערטער:

עקספּרעסיאָניזם און אימפּרעסיאָניזם.

אָדער: אימפּרעסיאָניזם און עקספּרעסיאָניזם...

צום רעדן אויף דער טעמע דאַרף מען שוין נישט קיין פּראָקוראָר און פֿאַרטיידיקער, מע דאַרף נישט קיין עדות. גיסט אַ פּאָר אויפֿן שקלאַפֿנמאַרק און קומסט אַדורך מיט איין־איינציקן רעפֿערענט און ער נעמט דיך, ווי אויף אָדלער־פֿליגלען, אויף די העכסטע שפּיצן פֿון דער אייראָפּעיִשער ליטעראַטור פֿון די דעמאָלטיקע יאָרן 1920 – 1930.

אימפּרעסיאָניזם און עקספּרעסיאָניזם. אין די שטעטלעך האָט מען זיך טאָג און נאַכט געגומען שפּאַרן וועגן די צוויי מאָדנע ווערטער. אָבער וואָס דאַרף מען זיך שפּאַרן? מע גיט אַ פּאָר קיין וואַרשע אויפֿן שקלאַפֿנמאַרק און שבת וועט מען וויסן אַלץ, וואָס אַן אינטעלי־גענטער מענטש דאַרף וויסן פֿון די סודות פֿון דער וועלט־ליטעראַטור.

נאָר אין אַ צו גרינגן טאָן טאָר איך וועגן דעם נישט רעדן, מחמת איך אַליין האָב נישט איין מאָל גערעדט אויף דער טעמע – כאָטש איך ווייס נאָך הײַנט אַפֿילו נישט דעם גענויען טײַטש פֿון די צוויי מאָדנע ווערטער: אימפּרעסיאָניזם און עקספּרעסיאָניזם. און לאָמיר שוין – צו מײַן פֿאַרטיידיקונג – דאָ איבערזאָגן די הויפּטטעזע פֿון די דאָזיקע רעפֿעראַטן מײַנע. עס איז אַזוי – אימפּרעסיאָניזם ברענגט אַרויס דעם אײַנדרוק פֿון דעם אויסערלעכן – עקספּרעסיאָניזם ברענגט צום אויסדרוק אינערלעכע איבערלעבונגען. און אויב איר זענט נישט מסכּים מיט מײַן פֿאָרמולירונג, שרײַבט מיר אַ בריוו מיט פֿערציק יאָרן צוריק... אַד־רעס: וואַרשע, טלאָמאַצקע 13. און אָט האָט איר שוין אַן עקספּרעסיאָניסטישע רעטעניש. טראַכט נאָך, און איר וועט פֿאַרשטיין. יעדן פֿאַלס, אַזוי פֿיל וויפֿל איך האָב דעמאָלט דעם ענין באַנומען און פֿאַרשטאַנען. דער ענטפֿער האָט אַ שײַכות צו די דרײַ הויפּטגעביטן פֿון דער קונסט: פּאָעזיע, מוזיק, מאָלערײַ.

*

זכרונות זענען אַזוי ווי גוטער ווײַן, וואָס עלטער אַלץ בעסער. די דאָזיקע פּאָר ווערטער זאָג איך נישט פֿון אייגענער דערפֿאַרונג, נאָר לויט די עדות, וואָס האָבן ליב דעם ביטערן טראָפּן. איך אַליין טרינק נישט אַפֿילו אַ האַלבן טראָפּן זינט מײַן פֿופֿצנטן לעבנסיאָר. אַגבֿ

האָט מיר אַ צוהערערין פֿון איינעם אַ רעפֿעראַט מײַנעם – לאָמיר זאָגן אין גראָדזיסק – גע־שטעלט אַ פּערזענלעכע פֿראַגע: ביז איצט בין איך געווען איבערצײַגט, אַז אַ דיכטער מוז זײַן אַ שיכּור. אָן ווײַן און י״ש קען מען דאָך נישט שרײַבן פּאָעזיע. און דערווײַל זע איך, אַז איר האַלט זיך גאַנץ פֿײַן און ניכטער – קלערט עס מיר אויף. – ווי קען מען זײַן אַ דיכטער, אַז מען איז ניכטער?

– כאָטש דאָס איז אַ פּערזענלעכער ענין – וועל איך אײַך פֿאָרט דעם ענין אויפֿקלערן. נייגט צו דעם אויער און איך וועל אײַך אויסזאָגן דעם סוד. נאָר איך בעט, אַז אַלע צוהערערס זאָלן זיך פֿאַרהאַלטן שטיל און אויך הערן מײַן גרויסן סוד: איך טרינק נישט קיין שאַרפֿע גע־טראַנקען, ווײַל איך בין אַ גרויסער שיכּור... און אָט האָט איר שוין אַן עקספּרעסיאָניסטישן – אָדער אימפּרעסיאָניסטישן – זאָג און באַמיט זיך אים צו פֿאַרשטיין.

*

און לאָמיר קומען צו אַ סך־הכּל פֿון דער מעשׂה ,שקלאַפֿנמאַרק׳.

איין מאָל – עס האָט געמוזט זײַן אַרום דעם יאָר 1930, ווײַל אין יאָר 1934 האָב איך עמיגרירט פֿון פּוילן – האָב איך אין אַ פֿענצטער פֿון אַ בוכהאַנדלונג דערזען אויסגעשפּרייט אַ מאַפּע פֿון פּוילן. אָן שום כּוונה האָב איך אפֿשר אַ האַלבע שעה מיך אײַנגעקוקט אין דער מאַפּע. דורך מײַנע געדאַנקען און מײַן זכּרון זענען דורכגעפֿלויגן דערינערונגען פֿון מײַנע פֿערציק יאָר לעבן אין פּוילן. פּוילן, וואָס איך האָב ליב און וואָס איר לשון האָב איך ליבער פֿון אַלע לשונות פֿון כּדור־האָרץ – חוץ מאַמע־לשון. פֿערציק יאָר, דערפֿון אַ דריטל אין וואַרשע, האָב איך דאָ פֿאַרזייט מײַנע חלומות, געפֿלאַנצט מײַנע איבערצײַגונגען און אויפֿ־געגאַנגען איז פֿאַר מיר אַ פֿעלד פֿון דערנער.

און קוקנדיק אַזוי אויף דער מאַפּע פֿון פּוילן האָב איך אָנגעהויבן צו לייענען נעמען פֿון שטעט און שטעטלעך: לידע, אָלקוש, ביאַליסטאָק, כמעלניק, ווילנע, טשאָרטקעוו, סטאַ־ניסלע, לעמבעריק, אַמשינאָוו, האַרביוו, זשיראַרדאָוו, ליוויטש, גאָמבין, בריסק, בענדין, בלאָשקי, בלוינע, בילגאָרײַ, ביעלסק, קראָקע, קאָלאָמיי, פּשעמישל, באָרשטשאָוו, באָריס־לאַוו, גראָדזיסק, שידלאָוויץ, וויסאָקע־ליטעווסק, איוויע, אָסטראָלענקע, טשענסטאָכאָוו, זשעטל, און, און, און – עטלעכע הונדערט נעמען נאָך און נאָך – צוזאַמען זענען זיי געווען צוויי טויזנט.

די מאַפּע אין פֿענצטער איז געווען אַ גרויסע.

די נעמען פֿון די שטעט און שטעטלעך – דײַטלעך געדרוקט.

נישט ווייסנדיק וואָס איך טו – בין איך אַרײַן אין דער בוכהאַנדלונג. דער בוכהענדלער האָט מיך געקענט. באַגריסט ער מיך און פֿרעגט:

– וואָס זוכט איר בײַ מיר? שרײַבערס קויפֿן דאָך נישט קיין ביכער – שרײַבערס פֿאַר־קויפֿן ביכער.

– איך בין טאַקע געקומען נישט צו קויפֿן ביכער נאָר צו קויפֿן אַ מאַפּע – אַ גוטע מאַפּע פֿון פּוילן.

– אַזוי גאָר? אָט האָט איר די מאַפּע – אונטער אײַער האַנט.

און עס האָבן זיך ווידער געגעבן אַ שאָט אין מײַן געדאַנק און מײַן זכּרון נאָך און נאָך נעמען פֿון שטעט און שטעטלעך: כעלעם, נאַשעלסק, גאָניאָנדז, גאָסטינין, כמעלניק, וואָלבראָם, קרעמעניץ, לאָמזשע, נאָווי־דוואָר, ריישע, ראַוואַ־רוסקאַ, סאַניק, כשאַנאָוו – און, און, און – אפֿשר נאָך הונדערט און אפֿשר מער נעמען. און יעדער נאָמען קלינגט שטילערהייט מיט דערמאָנונגען, דערמאָנונגען. אַ וועלט. אין הונדערטער שטעטלעך בין איך געווען אַליין. דאָ גערעדט און דאָ האָב איך אַנדערע געשיקט רעדן – לעשן בײַ דער ייִדישער יוגנט דעם דאָרשט צו וויסן און קענען די וועלט און דאָס אייגענע פֿאָלק.

איך האָב געקויפֿט די מאַפּע.

אַהיים געקומען – האָב איך אַראָפּגענומען אַלץ פֿון מײַן שרײַבטיש און אויסגעשפּרייט אויף אים די מאַפּע פֿון פּוילן. איך האָב זי אויסגעמאָסטן, זי איז אַ מעטער אין קוואַדראַט. און ווידער האָבן זיך אַ שאָט געטאָן פֿאַר מײַנע אויגן שטעט און שטעטלעך פֿון פּוילן און ווידער דערמאָנונגען, דערמאָנונגען. ביז שפּעט נאָך האַלבער נאַכט האָב איך מיט די אויגן געוואַנדערט איבער דער מאַפּע פֿון פּוילן. איך האָב מיט שטאַרק שוואַרצער טינט אונטער־געשטראָכן די נעמען פֿון יענע שטעט, וווּ איך בין אַליין געווען, געדרשנט אויף אַלערליי טעמעס: ‚צי איז טאַקע שלום אַש דער גרעסטער ייִדישער דיכטער?׳ – ‚וואָס דערוואַרטן מיר פֿון ה. לייוויקן׳ – ‚די 5000 לידער פֿון אַבֿרהם רייזען׳ – ‚פֿון עטינגער ביז פּרץ מאַרקיש׳ – ‚די דיכטונג איז טויט! זאָל לעבן די דיכטונג!׳ – ‚נאַקעטקייט ווי אַ פּראָבלעם אין דער פּלאַסטישער קונסט און דער ליטעראַטור׳ – ‚דער קאַמף פֿאַר נײַע קונסטפֿאָרמען איז אַ קאַמף פֿאַר נײַע אינהאַלטן׳ – און, און, און נאָך.

אַן אײַנבינדער האָט די פּוילן־מאַפּע אונטערגעקלעפּט מיט דיקער לײַוונט, אַז זי זאָל זיך האַלטן אַן אייביקייט.

אָפּגענומען די אונטערגעקלעפּטע מאַפּע בײַם אײַנבינדער, – האָב איך ווידער אַ מאָל אין אַ פֿרײַען אָוונט זי אויסגעשפּרייט אויף מײַן טיש און גענומען לייענען די נעמען פֿון די שטעטלעך וווּ איך בין אַליין געווען, די אונטערגעשטראָכענע מיט געדיכטער שוואַרצער טינט. נאָך אַ מאָל אַ קוק געטאָן אויף דער מאַפּע און זיך אַזש דערשראָקן. איז דאָס מעגלעך, אַז איך בין אומעטום דאָרט טאַקע געווען? און דאָס בין איך דאָך שוין געווען אַ גאַנץ מעסי־קער פֿאָרער־משולח פֿון דעם שקלאַפֿנמאַרק פֿון דער ייִדישער ליטעראַטור. דעם רעקאָרד אויף דעם געביט האָט אײַנגענומען יואל מאַסטבוים. ער האָט עס ערלעך פֿאַרדינט מיט זײַן גוטמוט און שטענדיקן אָפּטימיזם.

און ווידער אַ מאָל – ווי מיט פֿערציק יאָר צוריק – ליגט די מאַפּע אויסגעשפּרייט אויף מײַן שרײַבטיש און איך קוק אויף איר מיט טרערן אין די אויגן בשעת איך שרײַב אָט די מעשׂה.

זאָגט מיר, געדולדיקער לייענער, איז דאָ נאָך איין מלוכה אָדער פֿאָלק אויף דער וועלט מיט אַ זאַ שקלאַפֿנמאַרק?

עס זענען דאָ מעשׂיות נאָך און נאָך וועגן די שבתדיקע ליטעראַרישע רעפֿעראַטן אין הונדערטער ייִדישע שטעט און שטעטלעך אין פּוילן. איך וועל זיי דערציילן אַן אַנדערש מאָל. דערווײַל לייג איך צונויף די מאַפּע פֿון פּוילן. איך קוש זי שטיל, ווי מע קושט אַ סידורל, וואָס איז אַראָפּגעפֿאַלן אויף דער ערד – און איך לייג זי צוריק אין מײַן אַרכיוו – אפֿשר אויף אייביק שוין...

## לייב ראָכמאַן

# דאָס ראָד

איך גיי אויף די גאַסן אין דעם געדראַנג פֿון ירושלימער שבת־צו־נאַכטס – שוין אַ שעה צײַט פֿאַרשלונגען צווישן די יונגע שפּאַצירער. שבת פֿאַר נאַכט עפֿענען די ירושלימער שטיינערנע הײַזער פֿון די ווײַטסטע שכונות, אַרום און אַרום, די טירן; וואַרפֿן אַרויס אין צענטער, אין דעם באַלויכטענעם האַנדלס־דרײַעק – פֿון די גאַסן יפֿו־קינג־דזשאָרדזש־בן־יהודה – טויזנטער ברוינהויטיקע ייִנגלעך און מיידלעך. זיי גייען פֿאָרויס מיט שוואַרץ צעבליצטע אויגן. עס טרײַבט זיי פֿון די היימען דער אָנגעזאַמלטער אומרו פֿון די נעכט אַ גאַנצע וואָך. שבת פֿאַר נאַכט, ווען די עלטערן זיצן פֿאַר די טירן פֿון די ענגע שטיבלעך, מיט בענקשאַפֿט נאָך דער רו וואָס פֿאַרגייט, וואַכט אויף אין זייערע זין און טעכטער דער אָנגעזאַמלטער אומרו. זיי דערפֿילן ביז זיסן ווייטיק די אייגענע גופֿים. אין די טונקעלע קרו־מע געסלעך, וואָס ציִען זיך זיגזאַגיק פֿון אַלע זײַטן צום צענטער צו, שטראָמען זיי מיט אָפּגעהאַקטע אָטעמס. ייִנגלעך מישן זיך אין געגאַנג צווישן מיידלעך, און מע שפּאַנט אָן רייד. אַרום רױשט; עס פּײַפּט אין דער לופֿט; אין הייף פֿאַלן שטיינער אין טיף געמויערטע רעגן־וואַסער־גריבער.

אַלץ ציט איצט צום ליכט פֿון צענטער – אויף די טראָטואַרן און אין דער ברייט פֿון די שאָסייען. יונגע מיידלעך, פֿון פֿערצן־פֿופֿצן יאָר, ווערן געפֿירט דורך עלטערע חבֿרטעס, פֿאַרלירן זיך אין דעם געדראַנג, יאָגן זיך איבער; אײַנגעשרומפּענע וואַרטן זיי בײַ די ווענט פֿון די הײַזער. כּמאַרעס ייִנגלעך גייען אָן; דריקן זיך אין דער ענגשאַפֿט – צווישן די הויכע מויערן.

מיט דער טונקלקייט זענען אָנגעצויגן פֿון ווײַטע גערטנער, זיך געוויקלט אין דער לופֿט – ריחות. דער חמסין טרײַבט זיי, כוואַליעסדיק, ווי פֿון נידערלאַנד, דורך די בערג, קיין ירו־שלים – אַרײַן אין די געסלעך און הייף. פֿאַרשיכּורטע זענען זיי זיך צעגאַנגען; אָנגעפֿילט, ווי זיך אויסגעמישט – אין דעם אָוונט.

די גאַנצע צײַט בין איך פֿאַרכאַפּט אין דעם געשטראָם, ווער געשטופּט פֿאָרויס. די הענט – אַראָפּ, אײַנגעפּרעסט. עס וויל זיך אַזוי גיין און גיין. שוין שעהען פֿיל איך די בײַסנדיקע דלאָניעס פֿון די הענט.

און אפֿשר זענען די אַלע דאָ גאָר נישט קיין מענטשן; בלויז אַ פֿאַרבלענדעניש וואָס האָט מיך פֿאַרפֿאַנגען?!

פֿאַר נאַכט בין איך געזעסן אויף אַן אָפֿענעם פּאַרטער־באַלקאָן, אַרויס צו דער דורכ־גאַנגסגאַס. לעבן מיר – ש., דער איינציק פֿאַרבליבענער פֿון מײַן שטאָט. מיט מוטנע אויגן

פֿון: **דאָס ראָד**. ירושלים: צור־אות, 1978, ז״ז 119–132.

האָט ער נאָכגעקוקט די איַינגעפּרעסטע שטראָמען וואָס זענען פֿאַרבײַ, געמישטע – רייען נאָך רייען.

די טונקל האָט אַראָפּגענידערט, אונדז פֿאַרוויקלט מיט שאָטנס. די שטאַרע קינבאַקן פֿון ש.ס אָליוון־פּנים זענען וואָס אַ מאָל געוואָרן מאַטלעכבער באַלויכטן; זײַן אַראָפּגעלאָזטער קוק – אָנגעשטעלט אויף איין פּונקט. עס האָבן דורך אים דורכגעצויגן די כוואַליעס. פֿון קורצע פֿאַרביקע זאָקן האָבן זיך אַרויפֿגעהויבן נאַקעטע פֿיס – רונדיקע, קלאָרע. פֿאַרבאָרגן האָבן זיי געגרייכט, די פֿיס; האָבן זיך געמישט צווישן קרעפּטיקע – האָריקמוסקולירטע. כוואַליעס אונטן ציִען אָן אויפֿהער צו זיך אין שטומקייט, בלאָנדזשען, זוכן זיך אין דער פֿאַרפּלאָנטערניש. אויבן גרייכן פֿילקאָלירטע קליידער און פֿאַסנהעמדלעך. שווײַגנדיק פֿירט מען זיך פֿאַר הענט. אויגן קוקן אין זיך. גופֿים, איינער אויפֿן אַנדערן, גייען אָן אין דעם געדראַנג.

ש. – פֿאַרוועבט. אַ פֿאַרטריקנטער איז ער געוואָרן פֿאַרשוויגן. זײַן קול האָט זיך אַראָפּגעגליטשט אין די טיפֿענישן.

שפּעטער, ווען די ריחות זענען אַדורך, האָט ער אַ זאָג געטאָן:

– פֿילסט נישט דעם הייסן ווינט?! דאָס קומט ער זיך בוקן אין ירושלים. די אַשכּנזים בלײַבן איצט פֿאַרמאַכט אין די שטובן; די ספֿרדים, מיט זייערע הייסע לײַבער, טרײַבט ער אַרויס אין די גאַסן.

זײַן קול איז געבליבן הויל אין דער לופֿט. זײַן מויל – ווי פֿאַרהאַקט. ביסלעכווײַז איז אַרום אונדז געוואָרן טונקל בלוי. באַשעפֿענישן האָבן זיך געטוליעט מיט אַ רויטער צעצונדנקייט אין די אויגן. הינט זענען אין די פֿיס געוואָרן אָנגעפֿילט מיט געבעט. קעץ, פֿאַרסמטע, מיט ברייִקע פֿיסלעך, זענען געלאָפֿן איבער די פֿלאַכע דעכער פֿון ירושלימער פֿירקאַנטיקן שטיין.

איך האָב נישט געהאַט ווּ זיך אַהינצוטאָן.

ראַפּטעם איז צוגעפֿאַלן די טונקלקייט. נישט זי האָט זיך דערנענטערט, די נאַכט, צו דעם פֿאַרגייענדיקן טאָג, נאָר איידער מ׳האָט זיך אומגעקוקט, איז זי געקומען און זיך איבערגעגעבן, ווי באַצוווּנגען, דורך אים, דעם הייסן טאָג. ער איז פֿאַרשיכּורט געוואָרן פֿון אירע אורריחות. מיר האָבןביידע געבענקט נאָכן לאַנגדויערנדיקן בין־השמשות פֿון פּוילן.

עס האָבן איבער אונדז אויפֿגעבליצט איינער נאָכן אַנדערן – לאַנגע נעאָנלאָמפּן. בלענדיק האָבן זיי זיך אײַנגעשניטן אין די אויגן; זיי טיף באַלויכטן ביז אין די פֿאַרבאָרגענע קנייטשן אַרײַן. ש.ס גלאַנציק, ווי גרין, פּנים, האָט בלאַס געקנאַקט. איך האָב געוווּסט, ער וועט אומקומען. אַ באַדויער פֿאַרצערט זײַנע ביינער.

איך בין פֿון אים אַוועק און גלײַך אַרײַן אין דעם אימפּעטיקן געדראַנג פֿון דער גאַס. די מענטשן־כוואַליעס האָבן וואָס אַ מאָל מער זיך געשלאָסן אַרום מיר. כ׳האָב נישט געקאָנט אַרויס. אַ געפֿאַנגענער בין איך געטראָגן געוואָרן אונטער דעם טיף צעשטערנטן הימל – אומענדלעך איבער ירושלים.

אַ רגע איז מיר קלאָר געוואָרן, אַז איך האָב נישט וווּהין צו גיין. מײַנע נאָענטע זענען ווײַט. איך בין מער נישט צו זיי געבונדן. איך האָב זיך אין זיי דערמאָנט. זייערע גופֿים זענען דורכזעיִקע. אַלע אַנדערע זענען מיר אַ ווײַלע געבליבן שטיין פֿאַר די אויגן מיט מאָדנע באַוועגונגען, נישט אָנצוטאַפּן. מע קאָן אָן ווייטיק זיך אָפּרײַסן פֿון זיי. זיי האָבן איצט אַלע גענומען מיר דורכשווימען פֿאַר די אויגן. כ׳האָב אַ שווידער געטאָן, ווי האָב איך דאָס פֿריִער נישט באַנומען?

עס האָט פֿאַר מיר אויפֿגעבליצט צווישן אַנדערע די געשטאַלט פֿון מײַן חבֿר, ק. – אויך ער – מיט אַ גרין פּנים. איך האָב געשלאָסן די אויגן. איך בין געבליבן שטיין. זײַן נאָענטקייט האָט פּאַמעלעך פֿון מיר זיך אַראָפּגעגליטשט, ווי אַ באַנדאַזש פֿון אַרום קערפּער. איך האָב אים ווייטיקלעך געריסן פֿון זיך ביז די לעצטע פּאַסן.

אַ ווײַלע האָט פֿאַר מיר פֿאַרבײַגעשוועבט די געשטאַלט פֿון דעם קינסטלער מ. שוין וואָכן מײַד איך אים אויס. כ׳האָב איצט פֿאַרגעסן זײַן פּנים ווי דאָס פּנים פֿון אַ מת. איך בין אַרײַן טיפֿער אין דעם עולם, זיך אויסגעמישט אין אים. אַן אַראָפּגעשאָסענער שטערן פֿון הימל, צוגעבונדן אויף אַ זילבערשנירל, האָט מיך געפֿירט אין צענטער שטאָט אַרײַן.

פּלוצעם איז אין מיר אויפֿגעגאַנגען די פֿרײַקייט פֿון בלײַבן אַליין. ווי נאָכן מיטאַמאָליקן טויט פֿון אַלע נאָענטע.

באַלד האָב איך זיך געפֿונען אין צענטער, צווישן די באַלויכטענע וויטרינעס. עס זענען איבער זיי, פֿון אויבן, אין דער ברייט, געהאַנגען קאָלירטע שאָטן־פּלאַנדעקעס, מיט שאַרפֿע לײַוונטשפּיצן אַראָפּ. איך בין מיטן קאָפּ געגאַנגען אונטער זיי. עס האָבן אין דער ענגשאַפֿט זיך פֿאַרבײַגערוקט אומצאָליקע פּנימער; גופֿים – הויכע און נידעריקע; סטודענטן און סטודענטקעס. אויך צעוואַרעמט־בערדיקע ייִדן מיט שטרײַמלעך אויף די קעפּ. קערפּערס האָבן זיך אָנגעשטויסן, זיך געריבן אין דער אײַנגעפּרעסטקייט. פֿון הינטן האָט מיך געשטופּט פֿאָרויס אַ ווייך אונטערלענענדיקע וואַרעמקייט אין רוקן. אין דער נידער האָבן פֿרעמדע קני מיר געבויגן די פֿיס – פֿאַרפּלאָנטערט נישט אַרויסצוּוויקלען.

פּלוצעם איז מיר געוואָרן פֿון הינטן לויז – אַ קילע ליידיקייט. נישט צום דערכאַפּן דעם ווייך־וואַרעמען אונטערלען. איך בין אויסערן שטראָם – אַן אויסגעטיילטער. איך וואַקל זיך ווי שיכּור.

אין דער צוריק־אָנגעפֿולטקייט, האָב איך ווי ערשט איצט זיי דערזען. איך האָב אויפֿגעמאַכט די אויגן אויף די מענטשן: אַזוי פֿיל ווונדער גייען דאָ! ווי פֿרעמד זיי בלײַבן; נישט צום דערגרייכן; אַלע – ווי פֿון באַזונדערע צײַטן – צוזאַמענגעגאָסן. איך בלײַב אַרויסגעפֿאַלן. איך שטיי צווישן זיי – אין דער צײַט.

אַ געפּלעפֿטער בין איך געבליבן. דאָס זילבערשנירל צערונען. מע זאָל מיך נאָר נישט באַמערקן. באַזונדערע געשטאַלטן אַרום האָבן גענומען זיך אויסשיילן – יעדער אַ טייל פֿון דער שטאָט, אַרויסגעוואַקסן פֿון דער ערד; קיין מאָל נישט אָפּגעריסן פֿון דעם אָרט.

אָט נישט ווײַט – אַ ברונעטער האָרשויבער פֿון אַ מאַן מיט אַ פֿײַקע אין מויל; אַ הויכער, אַ ברייטער – מיט מיושבֿדיקע טריט. אַ פּאָר הענט – אַרומצואָרעמען. ער האַלט זיי

פֿאַרוויקלט, נידעריקער, אַרום אַ גופֿל וואָס גיסט אין אים זיך אַריַין. אָנגעצויגענע אונטער בלויער וואָל אויפֿגעשפּיצטע בריסטן. זיי רייַסן זיך, שפּרינגען פֿון דעקאָלט אַרויף. אין דעם טונקל – ליכט פֿון דעם וויַיסן האַלדז. גאָר אויבן, איבער איר, גאָלדיקן זיך פֿלאַקסהאָר. איין אויג איז אים באַלויכטן פֿון אַנטקעגנדיקן ליכט. עס פֿאַלט אויף אים ווי אַ רעפֿלעקטאָר. די שאָטנס, וואָס פֿאַרוויקלען דאָס איבעריקע פּנים זייַנס – באַוועגן זיך ווי דורכזעיִקע בלע־טער אויף אַ בוים. די אבֿרים פֿון דעם יונגן מיידל ציִען זיך אַרויף – וואַרעם־פֿאַרטוליעט. זייַן אָפּגעהאַקטער אָטעם הויכט זיַיטיק איבער איר. אין זייַן גוף שפּרייט ער זיך שוין, דער שווידער, פֿון קריכן, נישט איבערצוּוועקן, אין דער גענעצדיקער פֿאַרכאָליעטקייט.

מייַן גוף איז געליימט. ער ווערט צו שטיין אין וועלכן עס ריזלט; אַן אָפּגעהאַקטער פּעדעסטאַל – אָן אַ פֿיגור איבער זיך.

און אָט אַ פֿרוי אין באַגינען פֿון טראָגן. אַ שעמעוודיקער שמייכל דעקט זיך איבער דער באַ־פֿרידיקטקייט פֿון אירע וואַרעם פֿאַרבאָרגענע גלידער. זי באַהאַלט אונטער די אויגן־לעד־לער דעם סוד פֿון אירע אויפֿגייענדיקע אבֿרים.

פֿאַר וואָס שטופּט זי אַזוי דעם בויך פֿאָרויס אין געדרענג? מע וועט איר נאָך אָנשטויסן?!

אַרום אונדז ברומט איצט ירושלים פֿון די שטיין־אינגעווייד. אין אירע פֿאַרטיַיעטע טי־פֿענישן בליצן, לויערנדיק איבער די מויערן פֿון דער אַלטשטאָט, פֿאַרבאָרגן־וויַיסע ציין. אויגן, אונטער רויטע אַבייַעס, שטעכן זיך אייַן אין דער פֿינצטערניש, בלישטשען איבער דער ייִדישער שטאָט.

עס האָט אויפֿגעוויעט אין מיר אַ פֿאַרלאָזטער הונט.

פּלוצעם איז מיך באַפֿאַלן אַ מורא: איז עס נישט צו שפּעט איצט צו פֿאָרן זיך? ווער וועט אים שיצן, דעם וולד?

וויַיטער לאָזט אַ פֿרוי אין די מיטעלע יאָרן, פֿייַכטהאָריק, אַ קליין מאַנעלע אַרייַנרעדן אין זיך. אַן אַנונגס־שמייכל פֿון דעראָבערן גליטשט זיך פֿון איר פּנים – אַראָפּ אין גוף. דאָס מאַנעלע וועט אין סכּנה־נעבעט קריכן, זיך באַהאַלטן, אין איר, ווי אין אַן אַלט־באַוואַקסענער נאָרע. ער וועט מורא האָבן צוריק אַרויס.

פֿאַר וואָס אַנטלויפֿט ער נישט?!

מיט איין מאָל האָט זיך אָנגערוקט אַ ליכטסלופּ. כ׳האָב נאָך באַוויזן אָפּצושפּרינגען. הינטער דעם סלופּ רעדט אַ זעלנערל אַריַין אין אַ יונג מיידעלע – מיט אַ פּנים פֿון אַ פֿייגעלע. זי איז הייַנט צום ערשטן מאָל געטריבן געוואָרן, דורך אַן אויפֿשוידערנדיקן באַריר אין קער־פּערל – אין גאַס אַרייַן. זי קוקט צו אים אַרויף אונטערטעניק – מיט אַ וויַיטער אַנונג, וואָס לאָזט אין איר זיך אַראָפּ; גרייט שוין צו איר באַשערטקייט.

די אויערן פֿון דער נאַכט זענען איינגעהאָרכט.

פּלוצעם האָבן די אויגן מיר זיך ברייטער אויפֿגעריסן. דאָ, אין דעם באַלויכטענעם פֿלאַך, איז איצט די צייַט שוין פֿון דער נאַכט: פֿון אַלע זייַטן רופֿט זי – אין די גאַסן. אין די בערגצווישנס ענטפֿערט אָפּ; בריסטן שווימען אָן, קייַלעכיקע, פֿאַרריסענע; פּלאַצן אַרויס

אין דעם לונאַטישן ליכט, אין שאָטנס – פֿון הינטער רויטע, בלויע און געלע בלוזקעס – כוואַליעס, כוואַליעס. זיי מאַרשירן אויף, די זי׳ס – מיט זייערע רונדיקייטן. נאָך זיי, ווי סטאַדעס וועלף – ציִען פֿאַרבלענדטע, הויכע יונגען מיט האָריקע ברוסטקאַסטנס – אָפֿענע; מיט שמאָלע לענדן, לאַנגע פֿיס, און – קליין־געוויקסיקע בחורימלעך – מיט בערדלעך, ווי פֿון פֿעטע, אָנגעקנוילט־פֿאַרבאָרגענע האָר. אַלע טאַפּן זיי מיט די גופֿים אין דעם העלן ליכט – מיט לבֿנה־אָפּשטראַל אין די אויגן; זיי יאָגן אין דעם אומענדלעכן געלויף. עס ווערט איצט די צײַט פֿון רצון. עס שפּרייט זיך דער ווילן. איך ווער פֿאַרשפּינט. איך רייכער זיך אין רוים פֿון דער שטאָט.

איך בין געבליבן דערשראָקן: ווּהין אײַלן זיי; ווּהין שטראָמען זיי אין דעם בלינדן געאַמפּער; וואָס יאָגט זיי אין דער לבֿנהדיקער נאַכט איבער ירושלים?

אויך די שטאָט גיט פּלוצעם זיך אַ הייב איבער די אַרומען. האַלב באַלויכטן ווערן אירע בערג. בולט זענען זיך אין דער נאַכטשײַן זייערע קײַלעכיקייטן. זיי וויקלען זיך אַרום, די בערג, מיט שלייערן. אַ ליכטל פֿלעמלט אין שפּיץ אויבן, ווי עס וואָלט דאָרט זיך צעגאַנגען אין זילבערדיקן גאָס – אין מאַטע לײַכטערס. אויך די לבֿנה – פֿאַרלייגט ווי אַ טעלער. אַלץ אונטן גרייכט אַרויף צו איר. זי דעקט זיך אַ פֿולע – איבער דער אונטערהייבנדיקער זיך שטאָט. ערגעץ טיף זינקען איצט די פֿלאַכן; געלאָשענע פֿאַרשווינדן זיי אין די אַראָפּן. אין דער פֿינצטערניש זעט מען זיי נישט. מע שטעקט די פֿיס, און זיי דערלאַנגען זיך אין ערגעץ נישט.

איך האָב געוווּסט, אַז דאָס אַלץ ווערט געקאָלערט צו אַ באַנײַענדיקן זיך ווילן; עס איז ניגזר געוואָרן; ער קומט ווידער, דער אָנהייב. עמעצער באַפֿעלט. דאָס גיסט די צעגייונג זיך אַרײַן אין דער נאַכט. אַלץ אין אַרום ווערט מיט איר צו איינס.

און אפֿשר איז דאָס נישט קיין אָנהייב? די אַלע דאָ זענען לצים. דאָס האָבן זיי מיך פֿאַרמאַניעט מיט זייער שווישפּיל?! זיי מאַכן עס אַזעלכע באַוועגונגען. ס׳איז גאָר די צײַט פֿון פֿאַרבאָרגעניש. אַרויס זענען זיי אויף דער בינע. עס ווערט שפּעט. ס׳איז זיי באַנג זיך צו שיידן. שפּעטער, אין דער לעצטער געדיכטקייט, וועט עמעצער אַ ווונק געבן; ווידער וועט ווערן שטיל.

בלויז די רויטע לבֿנה, ווי אַן אָנגעהאַנגענע לאָמפּ פֿון איבער די בערג, וועט ווײַטער אַרײַנלײַכטן אין די גאַסן.

די שטאָט האָט געברומט פֿון אירע טיפֿענישן.

אין איין ווײַלע האָב איך דערפֿילט הינטער זיך, די לאָקנדיקע טיפֿענישן רוקן זיך אָן. די אַראָפּהאַנגען בלײַבן אָפֿן הינטער אונדז. כ׳האָב געוואָלט זיך אָפּרײַסן, באַווײַזן אַנטרינען, אָבער איידער איך האָב באַשלאָסן, האָט דער באָדן זיך געהויבן, געשפּאָלטן. איך בין געבליבן מיט די הענט פֿאַרקלאַמערט אין די גאַסראַנדן; די פֿיס – אין דער לופֿטן.

די צוניפֿגעמישטע מאַסע שטראָמט איצט ווײַטער מיך פֿאַרביי, נישט אומקוקנדיק זיך – אַרויף צו, איבער די אַראָפּהאַנגען. זי ציט אַוועק. מע זעט מער נישט. דער אָפּגרונט

איבער די בערג שווייַגט. אַלע קולות – איינגעשטילט. אַ דונערן בלויז – פֿון צייַט צו צייַט. אַ ווייַט געשריי קאָלערט זיך, ווערט פֿאַרשלונגען. די אויערן פֿאַרנעמען אַן עלנט געוויין, אַ קינדישס – כוואַליעס עכאָן אָפּ נאָך כוואַליעס. זיי מישן זיך נישט. יעדע פֿון זיי – באַזונדער. איך האָב געוווּסט, די גופֿימלעך זענען לאַנג שוין אין געשוועב, נאָר דאָס געוויין איז דאָ. מע פֿאַרנעמט עס. עס לעבערט דורך. עס טריפֿט אין די צווישנס.

ווי בייַ אַ געטריבענעם אין סוף פֿון געלויף, האָט אַלץ פֿון אַ מאָל מיר פּלוצעם דורכגעבליצט; אין איין רגע – זיך צעשפּליטערט: וויפֿל תּקופֿות האָבן די בערג דאָ שוין אַראָפּגעלאָזט; וויפֿל חיילות האָבן די עבֿרס געזען שוין דורכמאַרשירן; פֿון וויפֿל אויסגעשרייען, אָפּגעהאַקטע, זענען זיי געווען עדות?! איצט שווייַגט דאָ פֿאַרטויבט; אין אָן־דנאָען איז אַלץ פֿאַרשלונגען. ווי קורטינעס[1] זענען די נעבטנס אַראָפּגעלאָזט. די שיכטן זאַפּן איין; זעצן זיך אָפּ אין פֿעלדזן; ברענגען נישט אויף קיין ערדציטערנישן.

איך הער זיך איין: אַן אַנטרונענער קלאָגט איצט פֿאַרלוירן אין חלל. דאָס געוווי איז דאָ – אָן אים. איך הענג אַ ווייַלע, ווי אויף אַ פּעטליע, קאָפּע מיט די פֿיס. איך פֿאַרמאַך די אויגן. זיי פֿאַרלויפֿן אין אַ גלאַנציקער מאַטקייט. כ׳וויל זיך אָנכאַפּן. איך צאַפּל, קלאַמער זיך אין דער שטאָט – צו דערוועקן אַן אָפּהילך. איך האָב געוווּסט, מייַן קול ווערט פֿאַרשלונגען. עס דערגייט נישט. עס בלייַבט אַן עכאָ. אויך ווייַטער וועט אַזוי זייַן.

כ׳האָב דערפֿילט, איך פֿאַרליר די שיך אין אָפּגרונט. איך דראַפּע זיך מיט די באָרוועסע פֿיס; בלייַב אין דרויסן. איך טאַפּ אָן אונטער די סטאָפּעס[2] אַ קאַלטן שטיין – פֿאַרגליווערט איבערן תּהום. איך שטעל זיי אויף אים, איבער דעם ערדקייַלעך. אויך די טעג טראָג איך מיט זיך, ווי לוחות.

די מענטשן אַרום זענען שוין געהאַט אַוועקגעקלעטערט אַרויף צו. מע זעט זיי מער נישט אין נעפּל. מע הערט זיי קוים.

באַלד האָט מיך אַרומגעכאַפּט אַ שרעק: ס׳איז שוין דאָס צווייטע מאָל ווי מע לאָזט מיך איבער. דאָס ערשטע מאָל – דאָרט, ווען אַלע צוזאַמען זענען זיי אַוועק. זיי האָבן געשפּאַנט צו זייערע שבֿטים; צווישן זיי – מייַנע נאָענטע. מיך האָבן זיי געלאָזט הינטער זיך. זיי האָבן אַוועקגעקערט פֿון מיר דאָס פּנים; זענען אַוועק ווייַט; איך בלייַב אַליין.

פֿון דאָרט נעם איך זיך אַהער. איך האָב געוואָגלט דורך לאַנגע הינטערוועגן ביז דאָ.

איך האָב איצט געוואָלט נאָכלויפֿן, פֿאַלן מיטן פּנים צו דער ערד און שרייַען:

– היי, זענט איר עס נישט יענע? יאָרן האָט איר געוואַנדערט דורך די פֿאַרהוילענישן! תּמיד האָט איר דאָך גערופֿן ,לשנה הבאה בירושלים׳!

– מאַרשירט איר נאָך אַזוי אין די צווישנס?!

כ׳האָב דערפֿילט אַ שוואַכקייט אין די לענדן. אַ קאַלטער שווייס האָט מיר אַרויסגעשלאָגן.

1 גאַרדינע.

2 פּיאַטע, פֿוסזויל.

און פּלוצעם האָט דער באַרגיקער אָפּגרונט זיך אָפּגעקערט אויף הינטער זיך. ער איז פֿאַרשוווּנדן. די מאַסע האָט צוריק זיך גענומען אָנרוקן. זי האָט זיך אַרײַנגעגאָסן אין די גאַסן – אין אַ שטראָם; זיי אָנגעפֿילט, אָבער איידער איך האָב נאָך באַוויזן צוצופֿאַלן, אַרײַנהויכן זייער אָטעם, האָבן זיי אַלע, די יונגע פֿון די שטיינערנע געסלעך, ווי אויף אַ באַפֿעל, שנעל זיך אָנגעהויבן צו אַנטבלויזן. מיט די הענט האָבן זיי גענומען אַראָפּוואַרפֿן פֿון זיך די פּנימער, און גיך די קליידער, די לײַבער – די מענער, פֿרויען, ייִנגלעך און מיידלעך. זיי האָבן זיי אַוועקגעלייגט אין דער זײַט. אַלץ איז אָפּגעפֿאַלן. זיי האָבן זיך אַרויסגעשיילט אין זייער סקעלעטישער נאַקעטקייט. געבליבן זענען זיי, די מענער און די פֿרויען, אָן זייער גוף־ברלטקייט. אַלץ – פֿלאַך, אָן אַרויסשטאַרצנדיקייטן. די האָריק־אָפּשטייענדיקע אויערן – ווי אָפּגעפֿאַלן; געפֿעלט האָבן אויך די פּלאַטשיקע סטאָפּעס מיט די ברייט קריכנדיקע פֿינגער. די פֿיס – אונטן שמאָל אַראָפּ, גלײַך – ווי שטעקנס. זיי רוקן אָן זיך פֿון אַלע זײַטן. עס האָבן מיר גענומען גליווערן די האָרוואָרצלען. זיי זאָלן נאָר אין דער ענגשאַפֿט נישט אַרויף אויף מיר; נישט אָנרירן מיך מיט זייערע גופֿים. באַלד האָב איך געוואָלט אויפֿשרײַען אָן אַ קול דאָס פֿאַרגליווערטע געשריי אין מיר פֿון דער גאַנצער צײַט, אַרויפֿוויען אין חלל – כ׳האָב נאָך נישט געוווּסט, צי מײַן אייגן געשריי וואָס הויערט אין מיר, צי די געשרייען – איבערגעלאָזטע אויף די וועגן.

זיי האָבן אַלע זיך געדרייט ווי אין אַ ראָד – אין דער אָנצײַט. איך האָב געוואָלט זיי דערשנאַפּן. דערקענען זיי מיך? אָדער זעען זיי מיך נישט? זיי האָבן מיר זיך געוויזן אַזוי נאָענט – ווי פֿון נעכטן. זאָל איך זיי אָנטאַפּן? לאָזן זיך דערקענען? אַרומהאַלדזן זיי מיט מײַנע אָרעמס?

איך האָב נישט געוווּסט, צי דאָס זענען זיי אַליין, יענע? צי זייערע זיידעס? צי גאָר זייערע קינדער און אייניקלעך, וועלכע קענען מיך מער נישט? און אפֿשר אַלע צוזאַמען? זיי דרייען זיך אַזוי אַריבער די צײַטן? די אינעווייניקייטן פֿון מײַן גוף דרייען מיך אויס, כאָטש די שנור פֿון מײַן נאָפּל איז אָפּגעהאַקט.

ראַפּטעם האָט די גאַס זיך אַ שטעל געטאָן משופּעדיק. אַלע האָבן זיי גענומען זיך רוקן אַראָפּ, ווי פֿאַלנדיקע; שיטן זיך צום ראַנד. ס׳האָט מיר פֿאַרפֿעלט אָטעם. איך האָב דערקענט: דאָס איז זי, די ירושלימער יוגנט פֿון פֿאַרנאַכט. ווייסט זי נישט ווּוהין זי לויפֿט? איך מוז באַווײַזן אַ געשריי טאָן. איך האָב פֿאַרמאַכט די אויגן.

און מיט אַ מאָל, אַזוי לויפֿנדיק, האָבן זיי אַלע, די יוגנט פֿון די געסלעך, צום ריטעם פֿון מוזיק וואָס האָט אַרויסגעשפּילט פֿון די קאַפֿעהײַזער – גאָר זיך צעטאַנצט אין שפּיל פֿון דעם שבת־צו־נאַכטס אויף די גאַסן פֿון ירושלים. פֿון אַלע זײַטן האָבן זיי זיך צעלאָזט. זכרים האָבן אין דער ענגשאַפֿט געשלעפּט יונגע נקבֿות; זיי געקושט מיט אָנמויליקע ציין; די מיידלעך האָבן געלאַכט מיט אָן־שוואַרצאַפּלדיקע לעכער; פֿאָרלעך האָבן זיך געלעקט מיט אָנרויטע צינגער; מענער מיט ביינערדיקע הענט האָבן געגלעט אָנהאָריקע קאָפּשיידלעך. טיף אין אַ פֿינצטערן הויף, צו אַ וואַנט, האָט אַ ייִנגל געפֿירט אַ מיידל, פֿאַרבײַ אַ שוואַרצן

אויטאָ מיט נאַכהענגענדיקע טירן, ווי פֿליגל – צוזאַמענגעגאָסן אין דער פֿינצטערניש. ווי תּמיד האָט זי, מיט איר ווײַבלעכן אינסטינקט, גלײַך זיך אָנגעלענט אין דער וואַנט, און ער – איבער איר. אָנבולטקייטן האָבן זיך אַרומגעאָרעמט.

איך האָב געוואָלט זיי וועקן, רופֿן; צוריקציִען זיי אין דער נאַכט.

עמעצער האָט אויסגעלאָשן דאָס עלעקטרישע גאַסנליכט. אין דער פּלוצעמדיקער פֿינצטערניש האָט די גאַנצע באַוועגונג פֿאַרלוירן די ראיה, ווי געשלאָגן מיט בלינדקייט.

פֿון ביידע זײַטן פֿון אײַנגעהאַלטענעם שטראָם זענען איצט אַרויס אַנטקעגן זיך צוויי בלינדע – אַ זי און אַן ער – ביידע מיט פֿאַרוואַקסענע אויגן. זיי האָבן זיך אָפּגעשמועסט בעת דער לעצטער זעונג אין דער נאַכט. מיט ווײַסע שטעקנס האָבן זיי געפּאָכעט אין דעם חלל פֿאַר זיך, געשניטן די פֿינצטערניש, צעפּראַלט אויף ביידע זײַטן דעם עולם. די שטעקנס האָבן זיך געזוכט אין קרייציקן לופֿטגעפּעכט, געצויגן צו זיך, זיך אָנגעשלאָגן, געהיפּערט, זיך באַשמעקט. זייער טרעשטשענדיקער געראַנגל האָט אָפּגעקלאַפּט אין דער שטילקייט. באַלד זענען זיי זײַטיק אַראָפּגעפּאַלן. בלינדע גופֿים האָבן געלאָזט זיך ווײַטער אַראָפּ, אַראָפּ, דורך דער צעשניטענער וואַרע. אַלץ אַרום איז געבליבן פֿאַרזונקען, ווי צובאַהאָפּטן צו די ערטער. די באַוועגונג איז שטיין געבליבן, אײַנגעהערט.

פֿון אַ סטודיאָ־פֿענצטערל האָט איצט אַרויסגעלויכטן די קאַנדעלאַברע פֿון קינסטלער מ. זיבן דינע רערן פֿון שוואַרץ־גלאַנציקן מעטאַל מיט לאַנג פֿאַרשאַרפֿטע שפּיצן אַרויף צו, אײַנגעשטאָכענע אין ווײַסע ברענענדיקע ליכט. די פֿלעמלעך האָבן געוואָרפֿן שאָטנס אויף די פּנימער אין דרויסן. פּלוצעם האָט מיך אָפּגעדריגעט. איך האָב געפֿילט: די שפּיצן, טיף פֿאַרזעצט אין די ליכט, שטעכן זיך אײַן וואָס טיפֿער אין מײַן אונטערלײַב; הייבן מיך ווי אַ קינד אויף אַ שפּיז.

איך האָב נישט געוווּסט, צי זוך איך, אײַנגעבויגן, – מײַן זכּרון, צי געשעט עס איצט אין דער מינוט. אונטערן ליכט לאָמט עמעצער דורך און פֿאַרשווינדט. ער לאָזט בלויז נאָך זיך אין חלל דעם שאָטן פֿון זײַן נאָכשלעפּנדיקן זיך פֿוס.

איך האָב געוואָלט אַנטלויפֿן מיט די שפּיצן אין זיך.

איך בין געבליבן שטיין. איך האָב נישט געוווּסט, צי איך דרימל אײַן. ווי אונטער גלעטנדיקע הענט – ווערן מיר די אבֿרים.

פֿון דער נאַכט אַרויס האָט אַ מויד זיך אָנגערוקט. איינע אַליין האָט זי זיך אויסגעטיילט פֿון אַרום.

ווי אַ פֿײַל אין בויגן, האָב איך געשטרעקט די האַנט – מיט אַ פֿינגער צו גרייכן אין דער לבֿנה. מײַן דלאָניע האָט געטאָן אַ וויש פֿאַרבײַ דער צאַרטקייט. זי איז צוגעצויגן געוואָרן צו לײַב. זי האַלט זיך אָן בײַ אַ ברוסט. זי יווירט, צעגייט זיך אין דער וואַרעמקייט.

אַ ווײַלע האָט מיר אַ שווינדל געטאָן פֿאַר די אויגן. מײַן האַנט דערפֿילט אַ מערבֿיקייט. צווישן די פֿינגער – אַ וואַרעמער גאָרשט מיט ווייכקייט ווי אַש. ער צעשיט זיך מעליק.

די מויד האָט זיך געכאַפּט. זי האָט אויפֿגעצאַפּלט, צונויפֿגעדרענגט די פֿיס. אַ רגע האָט זי מיך אָנגעקוקט מיט נײַגער. באַלד, ווי זי וואָלט אַרויס פֿון בגילופֿינדיקייט, האָט זי זיך צעשריגן מיט באַנומענע קולות, אַז מע וויל דאָ אָפּדעקן איר שאַנד.

איך האָב געפֿילט, מע רינגלט אונדז אַרום. פֿון אַלע זײַטן שטופּט מען זיך. בײַ אַן עלטערן מאַן איז אין געדראַנג אָפּגעהאַקט געוואָרן אַ גענעץ. בײַ די אַנדערע אין געזעמל האָבן, ווי בײַ שטייענדיקע יונגע אָגערס, אומרויִק זיך באַוועגט די פֿיס. זיי האָבן געקאָפּעט אונטער זיך דעם אַספֿאַלט. דער אַרום איז אָנגעפֿילט געוואָרן מיט דערוואַרטונג צו עפּעס, וואָס זאָל ראַטעווען דעם הײַנטיקן אָוונט.

זי האָט געגעבן אַן אָפּגעהאַקטן קוויטש מיר אַרויף אין פּנים אַרײַן.

אין דעם אָנגעלויף האָט זיך באַוויזן אַ פֿיגור הינטער שוואַרצע וואָנצעס, געוויקלט אין אַ בלויען מונדיר. אין דעם טומל האָב איך אויפֿן היטל איבער זײַן קאָפּ קלאָר געזען צוגע־טשעפּעט דעם מגן־דוד. פֿון אַלע האָט ער פֿאַר מיר זיך אויסגעטיילט.

די אבֿרים זענען מיר געוואָרן ווי אויפֿגעלופֿטערט. אַ לעבן לאַנג האָב איך געאַנט, אַז דאָס וועט מיך נישט מײַדן; מע וועט קומען מיך רופֿן.

אַרום איז געוועזן שטיל. צווישן די ביינערדיקע פֿינגער האָט ער געהאַלטן פּאַפּיר מיט אַ לאַנגן שטיפֿט, און געפֿרעגט אויף מײַן נאָמען:

– ווער בין איך?

דאָס קול איז מיר נישט אַרויס פֿון קעל.

אַ שטראָם אויגן, אַרום און אַרום, איז געווען אָנגעשטעלט אויף מיר.

איך האָב געוואָלט עפּעס זאָגן. איך האָב אָנגעהויבן און נישט געוווּסט וואָס.

איך האָב דערפֿילט, די פֿאַרשעמונג רײַסט זיך פֿון מיר. איך קאָן מער נישט.

איך האָב געגעבן אַ פֿרעפּל אַרויס:

– זאָגט, טוט איר שפּעטן פֿון מיר, אָדער האָט איר מיר בלויז איבערגעשראָקן? ווער זענט איר? און אפֿשר איז קיינער קיין מאָל נישט געווען? באַלד וועל איך הערן אַ לאַכן און וועל דאָ בלײַבן שטיין – אַליין אין אַ לויזקייט.

איך האָב געהערט אַז דאָס וויינט די נאַכט אַרויס פֿון מיר. טראָפּנס האָבן מיר געטריפּט איבערן שטערן.

– אָ, איך קאָן מער נישט! האָט רחמנות! זאָגט, זענען מײַנע נאָענטע, וואָס איך פֿאַר זיך מיט זיי אין די נעכט, אויך נאָר אַן אויסדאַכטעניש, וואָס דערוועקט אין מיר באַגער – שטאַרקער פֿונעם טויט?!

איך האָב געוואָלט רײַסן פֿון זיך שטיקער, האַקן פֿון אומבאַהאָלפֿנקייט זיך דעם קאָפּ.

אַ געלעכטער פֿון ווײַט האָט מיר אָפּגעקלונגען אין די אויערן.

איך בין געוואָרן פֿאַרשטילט. מײַן בליק, צעשפּריצט, האָט זיך פֿאַרזעצט אין דעם אַרום.

מײַן אָטעם – אײַנגעהאַלטן.

– קאָן דען זײַן, אַז דאָס אַלץ איז נאָר צוליב מיר?!

איך האָב געוואָלט זיך אָנכאַפּן, פֿאַרטשעפּען זיך אין דעם געדאַנק.

נאָך פֿאַרצווייפֿלטער האָט מיך אַרומגעכאַפּט דער אַרום. איך פֿיל נישט דעם אונטער־זיך. איך זינק מיט די פֿיס, אָדער גאָר פֿאַרנעם איך זיך אויף צוריק – אין די ברייטקייטן. מײַנע אויערן בריִען מיר רויט אין אַ קאָכעדיקן רויש.

– אפֿשר בין איך טאַקע אָן אַן עבֿר?

– צי גאָר אַן אײַנרעדעניש?

אַ געפֿרוירענער שטראָם גרייכט מיר אַראָפּ אין די שפּיצן פֿינגער. קוים ער פֿליסט מיר אין די אָדערן.

מײַנע פֿיס אונטן טרעפֿן אויף גאָרנישט זיך אָן.

איך וויל שאָרעווען[3], זיך אָפּרײַסן, אַרויסציִען זיך אויבן – צוריק פֿון דער ליידיקער ברייטקייט.

איך פֿאַל שווער, ווי אין טיפֿן נאַכטשלאָף – אין חלל.

עס האָט מיר געדאַכט, איך זע ש.ען פֿאַרבײַגיין אין יענער זײַט, אויפֿן טראָטואַר, אין דעם געזעמל, וואָס איז איצט ווײַט, ווי פֿינטעלעך.

ער איז נישטאָ.

די מענטשן אַרום האָבן זיך געפּאַקט לויזער. דער אַלטער האָט ווידער זיך אויסגעגענעצט. פֿון אַלע זײַטן טריפֿט אַלץ אין מיר אַרײַן.

די מויד לעבן פּאָליציאַנט האָט זיך גענומען אָנטאָן. איך האָב געזען, זי האָט אַ קאָפּ רויטע האָר און שנאַפּנדיק־פֿאַרריסענע נאָזלעכער. פֿון אונטער איר הויט האָט אָפּערגעגלאַנצט איר אָפּשטאַם. זי איז אַן אורטאָכטער פֿון לאַנד דאָ. אַ נעפּל שלאָגט אַלץ פֿון איר. ער צעלאָזט מײַנע אבֿרים. ער איז אָנגעשטעלט צווישן אונדז ווי אַ פֿאַרהויכטער שפּיגל. דורך דער דורכגענעצטקייט, ווי פֿון אַ פֿאַרטראָפּעט גלאָז – זע איך זי.

איך קוק זיך אײַן: עס ראָיעט אין איר גוף. איר בליק היפּערט. איך זע, די גלאַטיקייט איבער איר לײַב איז קורצהאָריק, זײַדיק־אויפֿגעשטעלט זענען זיי, די האָרעלעך; די הויט גערינצלט; צו מאָל – ווי אַ פּליושענע קאָלדרע.

איך האָב געוווּסט, זי איז נאָך אַלץ באַזעסן פֿון דער נאַכט. זי רעדט פֿון איר אַרויס. אויך פֿון מיר רײַסט זיך. איך האָב געוואָלט רופֿן, רעדן ווי אַריבער; פֿאַרטאָן ווערן אין איר גאַנצקייט; גאָרנישט פֿאַר מיר זאָל האָבן איבערגעריסן געוואָרן.

די לבֿנה פֿון יענער זײַט באַרג איז געהאַט פֿאַרשוווּנדן, געפֿאַלן אין תהום.

איך האָב זיך דערמאָנט אין דער סכּנה אין וועלכער איך בין.

פֿון יענער זײַט, ווי פֿון איבערן ווענטל, איז זי פֿול געוואָרן מיט דערבאַרעמונג צו מיר.

– דו זעסט אויס שלעכט, טײַערער!

איך האָב זיך אײַנגעשפּיגלט אין רויטלעכן אָפּליכט.

3 שאַרעווען.

זי האָט אויפֿגעריסן די אויגן:
– זאָג, פֿאַר וואָס האָסטו געריסן פֿון מיר שטיקער?
– איך וויל זיך ראַטעווען!
– אַזוי פֿרעך?!
איך האָב פּלוצעם אַרויסגעשטאַמלט – נאָר צו איר:
– ווייסטו נישט, אַז דו, מײַן גלוסטעניש, ביסט בלויז דער שומר פֿון דײַן לײַב; זײַן תּוך געהערט צו מיר. צי פֿילסטו נישט, ווי מײַנע אָדערן זענען פֿון אים פֿאַרסמט דאָס גאַנצע לעבן?!
דורכן נעפּל אַדורך האָבן אירע בליקן צו מיר זיך געעפֿנט.
אַלע אַרום האָבן זיך אָפּגערוקט.
מיר איז געוואָרן אומהיימלעך.
– בין איך אפֿשר טאַקע נאָר אַן אויסדאַכטעניש?
אַ רגע איז מיר באַפֿאַלן אַ ווילן, זיך אײַנצושטעכן מיט אַ שפּילקע אין גוף, צו דערשפּירן דינעם ווייטיק. ער וועט אַרויספֿליסן; זיך שפּרייטן אויף ווי ווײַט אַרום.
אויך זי, מיט אַ בליק ווי פֿון אַן אויפֿגעוואַרעמט מײַזל, האָט געקוקט מיט שטוינונג, ווי אין פֿאַרבלענדעניש אַרײַן. מײַנע ריחות טראָג איך אין זיך ווי געזאַמלטע ווינטן. יעדער ווערט אָנגעטרונקען פֿון זיי.
איך האָב באַנומען, אַז זי ווערט אײַנגעלאָשן[4]. בלויז גרויסע בריסטן סטאַרטשען פֿון איר אָפּ. די ריחות ווערן אָפּגעטאָן. זי טיילט איצט זיך אַרויס מיט פּשוטע אויגן – טונקל בלוי. איר הויט אָפֿן. זי גלאַטיקט זיך מיט אַ צעצויגנקייט – אַ וואַרעמע.
באַלד האָב איך דערפֿילט, זי איז קלענער פֿון מיר. גאָרנישט טיילט אונדז ווי אַ מחיצה. זי איז נאָענט. איך קאָן זי באַוועלטיקן. איך בין מענלעכער גוף, וואָס פּענקעט אַרויס, ציט זיך איבערצופֿלאַנצן. אַלץ שפּרייט זיך אונטער אים.
אַ רגע איז מיר קלאָר געוואָרן, אַז די ערד אונטער אונדז מוז זײַן בולט. עס קאָן דאָך נישט זײַן, אַז בלויז מיר ביידע, איך און זי, זענען ממשות. אַלץ אַרום ציט זיך, זיך איבערצו־גיסן, מוז אַרײַן אין דעם אַלעם.
ווידער איז מיך באַפֿאַלן אַ פּחד: איך קאָן פֿאַרשפּעטיקן. איך בין אַ רינג, וואָס ווערט געצויגן אין דעם ראָד.
צוזאַמען מיט איר וויל איך זינקען אין דער נאַכט.
מיר האָבן זיך געפֿירט. מײַנע פֿיס זענען געוואָרן אָנגעגאָסענער. אַ וואַרעמקייט האָט כּסדר אין מיר זיך אַראָפּגעלאָזט.

אין שטאָט איז שוין געווען נאָך דער דריטער אַשמורה. אַלץ האָט מער נישט געשטראָמט. אויך די בערג האָבן זיך אויסגעברייטערט, זענען געוואָרן נידעריקער. די פֿײַערלעך אויף

4 אויסגעלאָשן.

זייערע שפּיצן – איַינגעגאַנגען. אונטן – איצט שטיל. די גרונטן טונקען זיך ווי אין אַ ים פֿון צעלאָזטער חשכות. גאָרנישט איז מער געדיכט. אַלץ, ווי ווייַט – הויל. אין דער לופֿט הערט מען נישט קיין אָפּקלאַנג. אויף די גאַסן – וואָס אַ מאָל שיטערער; אַלע טריט איַינגעהאַלטן. די עלטערן שלאָפֿן שוין לאַנג אין דער פֿאַרנעקייט פֿון די שטיינערנע שטיבלעך. באַלד וועלן זיי זיך וועקן. די יוגנט לאָזט אַראָפּ זיך פֿון די באַלויכטענע גאַסן – צוריק אין די ווייַטע שכונות. ערגעץ האָט אַ ווייַלע אָפּגעשייַנט, ווי צעגייענדיק פֿאָספֿאָרליכט, דער ביינערדיקער גוף פֿון ש. ער איז געגאַנגען אַהיים, אַראָפּוואַרפֿן פֿון זיך די מלבושים – צווישן די ווענט פֿון זייַן ענג שטיבל.

אַבֿרהם רייזען

# די נײַע שאלה

דערהערט אַז עס זײַנען פֿאַראַן אַזוינע מענטשן וואָס ווילן מאַכן אַז אויף דער וועלט זאָלן ניט זײַן קיין רײַך און קיין אָרעם, – האָט חײַקל דער בערשטער, אַ זעכצן־יערי[ק] בלאַס, דאַר בחורל איראָניש אָנגעקוקט מיט זײַנע גרויסע שוואַרצע אויגן דעם וואָס האָט עס אים דערציילט און האָט זיך אָנגערופֿן:

– דו ווילסט ,לעזן׳? ניין, ברודער, ניט געטראָפֿן דאָס אָרט! בײַ מיר ווערסטו ניט לעזן – גיי זוך אַן אַנדער נאַר.

שפּעטער אָבער, אַז ,חבֿרה׳ האָט אים אַרײַנגענומען אין אירע הענט און מ׳האָט אים אַרײַנגערוקט דאָס ספֿר „גן־עדן־התּחתּון“,[1] האָט זיך אים שוין געלייגט די זאַך אויפֿן מוח. אָבער באַנעמען דאָס ווי געהעריק און ווערן אַ מאמין דערין האָט ער נאָך ניט געקענט. דרײַ מאָל האָט ער דעם „גן־עדן־התּחתּון“ געלעזן, אין פֿיל ערטער געפֿרעגט ,פּשט׳ וואָס די ,חבֿרה׳ האָט אים דערקלערט אויפֿן שענסטן און פּאָפּולערסטן אופֿן מיט אַלע אויסרעדעניש, און דאָך האָט ער, קראַצנדיק זיך אין פּאה און אַ ביסל ווי צעטומלט געפֿרעגט:

– אָבער ווי אַזוי קען דאָס זײַן?

האָט אָבער חבֿרה ניט געשוויגן און האָט אים מכבד געווען מיט דעם קליי[נעם] שיי[נעם] ספֿרל „די מעשׂה מיט די פֿיר ברידער“. אַזאַ מין מעשׂה האָט ער אַפֿילו אַ מאָל געלעזן, זי האָט געהייסן „מעשׂה בג׳ אַחים“ (,אַחים׳, האָט ער געוווּסט נאָך פֿון תּלמוד־תּורה, איז דער טײַטש ברידער), אָבער נאָך דער „מעשׂה בג׳ אַחים“ איז ער פֿרימער געוואָרן און האָט מיט מער כּוונה אָנגעהויבן צו דאַווענען, כּדי אַז טאָמער וועט ער אַ מאָל חלילה פֿאַרוואָרפֿן ווערן אויף אַ וויספּע, זאָל אים גאָט אויך מציל זײַן, ווי יענעם צדיק פֿון דער מעשׂה, אָבער אַז ער האָט דורכגעלעזן „די מעשׂה מיט די פֿיר ברידער“ איז ער צום דאַווענען קעלטער געוואָרן און האָט שוין געהאַט אַ שטיקל ידיעה אין סאָציאַליזם.

חבֿרה האָט דערזען אַז עס גייט אַ גאַנג, אַז פֿון חײַקלען קען אַרויסוואַקסן אַ סאָציאַליסט אַ לײַט, האָט זי אים געגעבן „פֿון וואָס איינער לעבט“ און „ווי קומט אַ ייִד צום סאָציאַליזם?“ און „רפֿאל נעריצך“[2] און שפּעטער נאָך ,טיפֿערע׳ און נאָך שווערערע ביכלעך, אויף וועלכע חײַקל פֿלעגט זאָגן אַז זיי זײַנען נאָך שווערער ווי די גמרא ,ביצה׳, וואָס ער האָט אַ מאָל אָנגעהויבן אין תּלמוד־תּורה צו לערנען.

1 שׂמחה־בונם בן־נ״ץ: דאָס גן־עדן התּחתּון, אַ וווּנדערלעכע אמתע מעשׂה, ווי מען איז דערגאַנגען דעם וועג צום גן־עדן אויף דער וועלט, און ווי מענטשן פֿאָרן אַהין, וואַרשע, 1875.

2 „רפֿאל נעריצך: אַ דערציילונג וועגן אַ סטאָליער וואָס איז געקומען צום שׂכל“, פֿון אַבֿרהם קאַהאַן.

פֿון: אַלע ווערק. ב׳ 4. ניו־יאָרק: אידיש, 1917, ז״ז 213–222.

– שווערער – האָט ער צוגעגעבן מיט אַן ערנסטן שמייכל, – אָבער שענער.

און אַזוי ביסלעכווײַז אין חײַקל בערשטער געוואָרן אַ סאָציאַליסט אויף זײַן שטייגער. דאַוונען, פֿאַרשטייט זיך, האָט ער אין גאַנצן אויפֿגעהערט, אָבער מע זאָל זאָגן, אַז חײַקל איז געוואָרן אַן אַפּיקורס, קען מען ניט, ער האָט מער ניט ווי געביטן די רעליגיאָן... אַנשטאָט דאַוונען און ,ברכות׳ און ,קדושות׳ האָט ער זיך גענומען מיט דער זעלבער כּוונה צו די פֿאַרבאָטענע לידער. און אַז ער פֿלעגט זינגען „מיר ווערן געהאַסט און געטריבן״, פֿלעגט ער פֿאַרמאַכן די אויגן, ווי אַ מאָל ייִנגלווײַז צו שמע־ישׂראל און פֿלעגט אַרײַנקומען אין אַ רעכטן רעליגיעזן עקסטאַז. טאָמער פֿלעגט בײַ אַ פֿאַרזאַמלונג פֿון עטלעכע אַרבעטער איינער זיך פֿאַרגעסן און אָנהייבן זינגען אַ ליד פֿון „שולמית״, צי פֿון „בר־כּוכבֿא״, צי אַזוי אַ ,ליבעליד׳, פֿלעגט חײַקל מיט אַ פֿרומער מינע אָנהייבן צו מוסרן:

– פֿע, אַ חרפּה און אַ שאַנדע! וואָס זינגסטו אַזעלכע בורזשואַזיסטישע לידער?

און גלײַך פֿלעגט ער אָנהייבן צו זינגען:

מיר ווערן געהאַסט און געטריבן...
און די איבעריקע פֿלעגן אונטערכאַפּן:
מיר ווערן פֿאַריאָגט און פֿאַרפֿאָלגט
נאָר אַלעס דערפֿאַר וואָס מיר ליבן
דאָס אָרעמע עלנטע פֿאָלק...

און חײַקל פֿלעגט נאָך דעם ליד אָנהייבן נאָך אַ ליד, ביז די אַלע ,כּשרע׳ סאָציאַליסטישע לידער פֿלעגן זיך אויסנעמען, – זינגען פֿלעגט זיך אים וועלן נאָך אַזוי פֿיל! און ער פֿלעגט מיט אַן אומרויִקן קול פֿרעגן:

– מער קיין לידער זײַנען ניטאָ?

„איר אַרבעטער־פֿרויען!״

– עט! – פֿלעגט חײַקל דערויף אַ קנייטש טאָן זיך, דאָס איז אַפֿילו אַ סאָציאַליסטישע ליד, אָבער ניט פֿאַר מאַנצביל, און דערבײַ פֿלעגט ער זיך דערמאָנען אָן דער ברכה ,פֿון פֿאָרענט בײַם דאַוונען׳ „שעשׂני כּרצונו״[3] וואָס איז געשטאַנען אין סידורל מיט קליינע אותיותלעך און וואָס ער פֿלעגט דערויף נאָר קוקן מיט די אויגן אָבער אַלס אַ ווײַבערשע ברכה דאָס ניט זאָגן... כאָטש אַן און פֿאַר זיך איז אויך די ברכה בײַ אים הייליק געווען ווי איצט דאָס ליד „איר אַרבעטער פֿרויען״.

די עיקרים פֿון סאָציאַליזם איז בײַ חײַקלען באַשטאַנען אין ,האַסן דעם שׂונא׳. דער שׂונא איז, פֿאַרשטייט זיך, די רוסישע רעגירונג, אָדער ווי אויף חײַקלס לשון הייסט ,פֿאָניע גנבֿ׳. דאָס איז אָבער נאָר דער פּאָליטישער שׂונא. דער עקאָנאָמישער שׂונא איז דער

3 בײַם דאַוונען אין דער פֿרי, זאָגט מען דרײַ ברכות: „שלא עשני גוי״ (אַז דו האָסט מיך נישט געשאַפֿן קיין גוי), „שלא עשני עבד״ (אַז דו האָסט מיך נישט געשאַפֿן קיין קנעכט), „שלא עשני אשה״ (אַז דו האָסט מיך נישט געשאַפֿן קיין פֿרוי) . אַנשטאָט פֿון דער לעצטער ברכה זאָגן פֿרויען „שעשני כרצונו״ (אַז דו האָסט מיך געשאַפֿן לויט דײַן ווילן).

קאַפּיטאַל. וואָס הייסט אָבער האַסן דעם קאַפּיטאַל? האַסן קען מען נאָר און מע דאַרף די קאַפּיטאַליסטן, די פֿאַבריקאַנטן ,די וואַמפּירן׳, זיי איז אַ מיצווה צו האַסן מיטן גאַנצן האַרצן...

און חייַקל, אַלס פֿרומער סאָציאַליסט, האָט טאַקע זיי געהאַסט. דאָס וואָרט קאַפּיטאַליסט אָדער פֿאַבריקאַנט און ענלעכע ווערטער פֿלעגט ער ניט קענען אויסרעדן גלייַכגילטיק. זייַן געזיכט פֿלעגט אין גאַנצן זיך אומבייַטן, די אויגן פֿלעגן שיטן פֿונקען פֿייַער און עס פֿלעגט זיך דוכטן, אַז ער פֿאַרברענט זיי מיט זייַן אָטעם...

עס פֿאַרשטייט זיך, אַז ניט בעסער איז זייַן באַציִונג געווען צו זייַן ,קאַפּיטאַליסט׳, צו זייַן פֿאַבריקאַנט, בער יוזלמאַן. ווער רעדט נאָך, זייַט די בערשטער האָבן דעם ערשטן שטרייַק געמאַכט און האָבן אים מיאוס פֿאַרשפּילט און דרייַ בערשטער האָט דער ,מיאוסער וואַמפּיר׳ אַלס בונטאָווטשיקעס דער פּאָליציי איבערגעגעבן, איז זייַן שׂינאה פֿלאַם־פֿייַערדיק געוואָרן, און ווען דער דאָזיקער פֿאַבריקאַנט פֿלעגט אַרייַן אַ מאָל אין דער אָפּטיילונג ווו חייַקל איז געשטאַנען אין אַ געדיכטן שטויב און געקעמט די חזיר־האָר, פֿלעגט ער אויף צו להכעיס אויפֿהערן פֿלייַסיק, ווי שטענדיק, צו אַרבעטן און זאָל ער קריגן די גאַל... און זאָל זייַן דיקער בויך צעפּלאַצט ווערן...

דער דיקער בויך פֿלעגט אָבער די גאַל ניט באַקומען און ניט צעפּלאַצט ווערן, גאַנץ רויִק און געלאַסן פֿלעגט ער זיך צוקוקן צו חייַקלען, מיט זייַנע גראָע אויגן אים אָנקוקן און מיט זייַן אומאָנגענעמען קול שטיל און רויִק זאָגן:

– דאַכט זיך, דו האָסט פֿאַרלאַנגט אַ הוספֿה? פֿאַר אַזאַ פֿייַנער אַרבעט ביסטו טאַקע ווערט אַ הוספֿה.

דאָ פֿלעגט שוין חייַקל מיט אַ האַרץ פֿול מיט האַס, שׂינאה און נקמה־באַגער זיך נעמען שנעל, אומגעווייַנטלעך, אומנאַטירלעך שנעל צו אַרבעטן מיטן בינטל חזיר־האָר אין האַנט איבער דעם אייַזערנעם קאַם... אַזוי שנעל, ביז ער פֿלעגט אַזש די פֿינגער צעבלוטן... ווי ער וואָלט געענטפֿערט:

– נו, טיראַן, דערפֿאַר בין איך שוין ווערט אַ הוספֿה?!

און די שׂינאה איז נאָך שטאַרקער געוואָרן.

אָפֿט מאָל פֿלעגט אויך אַרייַנקומען אין חייַקלס אָפּטיילונג זען צי דער „פּאַפּאַ איז ניטאָ?" דעם פֿאַבריקאַנטס טאָכטער פֿאַניע. אַ יונגע שלאַנקע פֿרייַלין מיט אַ קלאָר געזיכט. שוואַרצע האָר און שוואַרצע אויגן וועלכע האָבן זייער שטאָלץ, אָבער מיט פֿיל חן געקוקט. איר אַרייַנגאַנג פֿלעגט אַ שטאַרקן רושם מאַכן אויף די אַלע אַרבעטער, דער שטויב, וואָס איז געשטאַנען אין אָפּטיילונג, פֿלעגט זיך ווי אין פֿאַסן שטראַלן פֿאַרוואַנדלען. זי פֿלעגט אָבער גלייַך, אַפֿילו קיין אַדיע ניט זאָגנדיק, אַרויסלויפֿן, און נאָך אַ קליין שווייַגן, וואָס איר אַוועקגאַנג פֿלעגט פֿאַראורזאַכן, פֿלעגט זיך פֿאַרבינדן אַזאַ מין געשפּרעך:

– אַ רוח אין איר, ווי שיין זי איז!

– וואָס פֿעלט איר, קדחת מיט כּשרן פֿאָדעם.

– עס ליגט שוין פֿאַר איר אין באַנק 50 טויזנט...

– מע דאַרף איר גאָר ,רעדן׳ חײַקלען, וועט ער ווערן אַליין אַ קאַפּיטאַליסט...
חײַקל פֿלעגט רויט ווערן און פֿלעגט ענטפֿערן ניט אָן כּעס:
– בײַס בעסער אָפּ די צונג!...
נאָך דעם אָבער פֿלעגט ער אַ לאַנגע צײַט טראַכטן וועגן איר און ווי אויף צו להכעיס פֿון דער גוטער זײַט... אָפּפֿאַנטאַזירנדיק וועגן איר אַ גוטע האַלבע שעה פֿלעגט ער זיך פּלוצלינג עפּעס דערמאָנען און פֿלעגט זיך אויפֿכאַפּן ווי פֿון אַ שרעקלעכן חלום.
– וואָס איך קען טראַכטן! פֿוי! – און ווי אַן אמתער בעל־תּשובֿה פֿלעגט ער גלײַך אויף די בייזע מחשבֿות זיך מתחרט זײַן און זיך נעמען צו ריין סאָציאַליסטישע מחשבֿות, און כּדי אין גאַנצן אַוועקצוטרײַבן די פֿריערדיקע רעיונות פֿלעגט ער זיך ווענדן צו איינעם וואָס איז לעבן אים געשטאַנען בײַ דער אַרבעט און [פֿרעגן]:
– דו האָסט געלעזן די פּראָקלאַמאַציע וועגן דעם בעקערשטרײַק אין וואַרשוי?...
אָבער וואָס ווײַטער האָט חײַקל אָנגעהויבן צו פֿילן, אַז זײַנע געדאַנקען וועגן פֿאַניע, דעם פֿאַבריקאַנטס טאָכטער, זײַנען ניט קיין כּשרע. ער וואָלט שווערן אַז ער האָסט זי ניט... דאַכט זיך, פּונקט פֿאַרקערט... בײַ דעם געדאַנק פֿלעגט ער זיך ניט אויף געלעבֿטער דערשרעקן. און ער פֿלעגט רופֿן צו הילף אַלע ביכלעך, וואָס ער האָט געלעזן, דעם „גן־עדן־התּחתּון״, און „ווי איינער לעבט״, און די „מעשׂה מיט די פֿיר ברידער״, און נאָך און נאָך. און אויב עס פֿלעגט נאָך ניט ווירקן, פֿלעגט ער אויסגראַבלען פֿון זכּרון אַלע רציחות פֿון די פֿאַבריקאַנטן בכלל און פֿון זײַנעם בפֿרט, אַלע ניט געלונגענע שטרײַקן, היגע און אויסלענדישע, פֿון וועלכע ער פֿלעגט לעזן, אַפֿילו דעם קוילן־גרעבער־שטרײַק אויך. אויף אַ ווײַלע פֿלעגט עס ווירקן, און ער איז שוין געווען זיכער, אַז ער האָסט פֿאַניען גלײַך מיט אַלע ,בורזשויען׳, קאַפּיטאַליסטן און טיראַנען. שפּעטער אָבער פֿלעגט ווי דורך אַ כּישוף אַ בליץ טאָן פֿאַר זײַנע אויגן איר געשטאַלט, און דאָס געפֿיל פֿון האַס איז ווי אַנטלאָפֿן געוואָרן און אין האַרץ האָט זיך באַזעצט אַ צווייטע[ר] געפֿיל, וועלכן חײַקל האָט מורא געהאַט אָנצורופֿן מיטן נאָמען, אָבער ער האָט דעם נאָמען זייער גוט געוווּסט.
– אַ חרפּה און אַ שאַנדע! – פֿלעגט ער זיך אַליין מוסרן. ווו איז דאָס געהערט געוואָרן אַז אַן אַרבעטער... סטײַטש! סטײַטש! אַן אַרבעטער... ווער איז זי דען? אונדזערע אַ בלוטזויגערין... פֿון אונדזער בלוט איז זי שיין... יענטל וואָס אַרבעט אין שוועבל־פֿאַבריק איז דאָך אייגנטלעך טויזנט מאָל שענער, באשר זי איז נעבעך דאַר און פֿינצטער פֿון דער קאַטאָרזשנער אַרבעט, זעט זי אויס אַזוי מיאוס... נעם איך גאָר און פֿאַרליב זיך... פֿוי! אַ שאַנדע! איך בין גאָר קיין סאָציאַליסט ניט...
דער געדאַנק אַז ער איז גאָר קיין סאָציאַליסט ניט האָט אָנפֿאַנגס אַזוי שטאַרק געווירקט אַז חײַקל האָט שוין געמיינט אַז ער איז שוין אין גאַנצן באַפֿרײַט געוואָרן פֿון די זינדיקע מחשבֿות. עס האָט אָבער ניט לאַנג געהאַלטן: גראָד אויף מאָרגן, ווי מעשׂה־שׂטן, פֿלעגט פֿאַניע אַרײַנגיין אין זײַן אָפּטיילונג און מיט איר שטאָלצן, אָבער אָנגענעמען קלינגענדיקן קול פֿרעגן:
– איז דאָ ניטאָ דער פּאַפּאַ?

און גראַדע ער, חײַקל, פֿלעגט ער איר דער אײנציקער ענטפֿערן.

– אָט נאָר וואָס אַרויס...

און ענטפֿערן דווקא פֿרײַנדלעך...

לײַדנדיק אַזוי פֿון דעם דאָזיקן געפֿיל האָט אים איין מאָל דורכגעבליצט אַ געדאַנק:

פֿון וואַנען ווייס ער אײגנטלעך אַז מע טאָר קיין פֿאַבריקאַנטס טאָכטער ניט ליב האָבן? וואָס איז זי שולדיק אַז איר טאַטע איז רײַך, אַ טיראַן, אַ בלוטזויגער? עס קען זײַן אַז לויט סאָציאַליזמוס איז דאָס גאָר ניט קיין עבֿירה... פֿון וואַנען ווייס איך דאָס טאַקע, אַז מע טאָר ניט? – האָט ער זיך באַרויִקנדיק געפֿרעגט. – קיין גרויסער ,ענטוויקעלטער׳ בין איך דאָך ניט – עס קען זייער מעגלעך זײַן אַז עס איז ניט אַזוי שרעקלעך...

דאָס האָט אים אַ ביסל באַרויִקט, אָבער דאָך ניט אין גאַנצן. פּסקענען אַזאַ שווערע שאלה האָט ער זיך אויף זיך אַליין ניט געקענט פֿאַרלאָזן. וואָרן, שטיינס געזאָגט, וואָס ווייסט ער? סך־הכּל האָט ער געלעזן דעם „גן־עדן־התּחתּון“, „פֿון וואָס איינער לעבט“, „די מעשׂה מיט די פֿיר ברידער“ און נאָך אַזוינע און פּראָקלאַמאַציעס. אמת, פּראָקלאַמאַציעס האָט ער טאַקע אַ סך געלעזן, אָבער דאָרטן שטייט דאָך ניט וועגן אַזוינע ענינים. דאָס מוז שטיין אין די גרויסע ביכער, אַזעלכע ביכער האָט ער געזען בײַ ,לייבל אַגיטאַטאָר׳. ער מוז וויסן. בײַ אים דאַרף מען טאַקע אַ פֿרעג טאָן.

נאָך דער אַרבעט איז ער אַוועק צו לייבל אַגיטאַטאָר.

לייבל אַגיטאַטאָר, וועלכער האָט געוווינט ערגעץ אין אַ הינטערגעסל, האָט דרײַ מאָל געפֿרעגט, ווען חײַקל האָט אָנגעקלאַפּט אין זײַן טיר: ווער איז דאָס?

ווען חײַקל וואָלט געדאַרפֿט האָבן צו אים וועגן אַ ,קאָנספּיראַטיוון׳ ענין, וואָלט ער דרייסט געזאָגט ווער ער איז און לייבל וואָלט אים גלײַך אַרײַנגעלאָזט. אָבער האָבנדיק אײגנטלעך אַזאַ נאַרישע כאָטש סאָציאַליסטישע שאלה, האָט חײַקל קיין מוט געהאַט צו ענטפֿערן ווי אַ ,באַקאַנטער׳. צוויי מאָל האָט ער געענטפֿערט ,איך׳, ווי אַ געוויינטלעכער באַזוכער, דעם דריטן מאָל האָט ער זיך אָבער געפֿאַסט מוט און געענטפֿערט אַזוי, אַז לייב האָט אים אָן מורא אַרײַנגעלאָזט.

– עפּעס אַ נײַעס? – האָט לייב געפֿרעגט.

– ניין, אַזוי... – האָט חײַקל פֿאַרשעמט געענטפֿערט... – אפֿשר האָט איר עפּעס פֿרי־שע ליטעראַטור?

לייב האָט אים עפּעס דערלאַנגט. חײַקל איז געזעסן אַ ווײַלע שטיל, געקוקט אויף דער ערד, נאַכהער איז ער צוגעגאַנגען צום טיש, אַ בלעטער געטאָן אַ דיק בוך אין דער רוסישער שפּראַך און מיט אַ פֿאַרשעמטן שמייכל געזאָגט:

– דאָ מוז אַוודאי שטיין פֿון אַלץ...

לייב אַגיטאַטאָר האָט געשמייכלט און געגלעט זײַנע שוואַרצע לאַנגע צעוואָרפֿענע האָר.

חײַקל האָט ווידער אַ ווײַלע געשוויגן, נאָך דעם האָט ער זיך געווענדט:

– איך האָב הײַנט געהאַט אַ דיספּוט מיט אַן אַרבעטער.

– ווענן וואָס? – האָט לייבל געפֿרעגט.

– עס איז אַ חרפּה צו זאָגן... ווענן ,ליבע׳.

– עס איז גאָר קיין חרפּה ניט – האָט לייב אַגיטאַטאָר זיך אָנגערופֿן מיט אַן אויטאָריטעטן טאָן. – דער סאָציאַליזמוס נעמט אין זיך אַריַין אַלע פֿראַגן. ליבע איז זייער אַ וויכטיקע פֿראַגע.

– אָט וויל איך טאַקע ביַי איַיך פֿרעגן – איז חיַיקל מוטיק געוואָרן – ווי איז למשל דער דין, אַז אַן אַרבעטער פֿאַרליבט זיך אין אַן עקספּלאָאַטאַטאָרס אַ טאָכטער?...

– ווי הייסט, ווי איז דער דין? – האָט לייבל ניט פֿאַרשטאַנען די פֿראַגע און האָט געשמייכלט.

– איך מיין, צי מעג אַן אַרבעטער זיך פֿאַרליבן אין אַ פֿאַבריקאַנטס טאָכטער?...

– אוי, אוי, אוי! נאָך ווי מעגן! – האָט לייבל אויסגערופֿן.

חיַיקלס געזיכט איז ווי מיט שטראַלן באַשאָטן געוואָרן.

– אַזוי, מעג מען! און איך האָב געמיינט... איך האָב געזאָגט אַז מע טאָר ניט...

– יאָ, מע טאָר טאַקע ניט – האָט לייבל געלאַכט – איר ווייסט פֿאַר וואָס? וויַיל אַז דער פֿאַבריקאַנט זאָל זיך דערוויסן, וועט ער דעם אַרבעטער אַרויסטריַיבן פֿון פֿאַבריק...

חיַיקל האָט אַראָפּגעלאָזט דעם קאָפּ.

– וואָס איז? – האָט לייבל געפֿרעגט, – האָט זיך דען דאָ ווער פֿאַרליבט אין פֿאַבריקאַנטס מיידל?

– ניין. עס איז אַזוי געקומען צו רייד... טעאָרעטיש... – האָט חיַיקל שוואַך געענטפֿערט.

– מע מעג! – האָט לייב אַגיטאַטאָר פֿעסט אַרויסגערעדט.

אַז חיַיקל איז צוריקגעגאַנגען פֿון לייבלען, האָט ער איבערגעטראַכט:

„מעגן מעג מען, נאָר אַז דער פֿאַבריקאַנט זאָל זיך דערוויסן, וועט ער דעם אַרבעטער אַרויסטריַיבן...“

– אַ קרענק וועט ער עס וויסן! – האָט ער אין געדאַנק גערעדט, און דערמאָנענדיק זיך אָן פֿאַניען, האָט ער אין געדאַנקען צוגעגעבן:

– און זי וועט אויך ניט וויסן!

אָבער ,אַ קרענק וועט זי ניט וויסן׳ האָט ער ניט געטראַכט. ווי באַלד אַז ליבן מעג מען אויך אַ קאַפּיטאַליסטס אַ טאָכטער, הייַנט פֿאַר וואָס קומט איר אַ קרענק?...

אַבֿרהם רייזען

# אַ שטעטל אָן ווײַבער

(דערציילט פֿון אַ רײַזנדן)

איך בין דעמאָלט געווען אַן אַגענט פֿון אַ געוויסער פֿירמע – עס איז געווען אַ קורצע צײַט נאָך מײַן חתונה. מײַן ווײַב, וועלכע איך האָב אויך איצט גענוג ליב, האָב איך דאַן נאָך ליבער געהאַט און האָב געוואָלט וואָס מער פֿאַרדינען. אין אויסזוכן נײַע ווינקלען פֿאַר מײַן סחורה בין איך געווען זייער [ד]ערפֿינדעריש – אַן אמתער קאָלומבוס! און אָט בין איך איין מאָל אויף אַזאַ אופֿן אַרײַנגעפֿאַלן אין אַ פֿאַרוואָרפֿן קליינשטעטעלע אין דער ליטע.

אָנגעקומען בין איך אַהין אַ זייגער איינס בײַ נאַכט. דער פֿורמאַן, אַ פּויער, וועלכן איך האָב גענומען בײַ דער באַנסטאַציע, האָט מיך צוגעפֿירט צו עפּעס אַ הײַזל וואָס לויט איר גאַניק מיט די סלופּעס, וועלכע האָבן אַרויסגעקוקט פֿון דער פֿינצטערניש, האָט געזאָלט זײַן די שטעטלשע קרעטשמע.

דער פּויער האָט אָנגעקלאַפּט אין טיר, איין מאָל, צוויי מאָל – קיינער האָט זיך ניט אָנגערופֿן. אַ דריטן מאָל האָב איך שוין אָנגעקלאַפּט פֿיל שטאַרקער. עס האָט זיך דערהערט אַ שאָרכן, און באַלד האָט אַ הייזעריקע, פֿאַרשלאָפֿענע מענער־שטימע געפֿרעגט אויף גויִש:

– כטאָ העטאַ?[1]

– עפֿנט! – האָב איך געענטפֿערט אויף ייִדיש.

די טיר האָט זיך באַלד אויפֿגעעפֿנט און אַ ייִד אין די מיטעלע יאָרן, מיט אַ צעשויבערטן קאָפּ געדיכטע האָר, מיט אַ צעפּלאָנטערטער באָרד, האָט זיך באַוויזן און ווי מיט אַ געוויין געפֿרעגט:

– וואָס דאַרפֿט איר? ווער זײַט איר?

– איך וויל בלײַבן אַ פּאָר טעג בײַ אײַך אין שטעטל. קען איך בײַ אײַך אײַנשטיין?

דער ייִד האָט מיך אָנגעקוקט פֿון קאָפּ ביז די פֿיס און ניט געפֿינענדיק אין מיר קיין שום פּסול האָט ער, נאָך אַלץ פֿאַרשלאָפֿן, געענטפֿערט:

– מילא, קומט אַרײַן, מהיכא־תּיתי...

איך בין אַרײַן אין אַ גרויסער שטוב וועלכע איז געווען באַלויכטן פֿון אַ קליין לעמפּל וואָס האָט מער גערייכערט ווי געברענט. אויסער דעם גרויסן הילצערנעם טיש מיט צוויי הילצערנע לאַנגע בענק אַרום די טונקעלע ווענט איז געשטאַנען אין אַ ווינקל אַ ווײַסע הילצערנע קאַנאַפּע.

1 ?Хто гэта (ווײַסרוסיש) – ווער איז דאָס?

פֿון: אַלע ווערק. ב׳ 3. ניו־יאָרק: אידיש, 1917, ז״ז 211–217.

– אָט דאָ וועט איר קענען שלאָפֿן, – האָט דער ייִד מיר געמאָלדן. – איך וועל אײַך באַלד אויסבעטן.

איך האָב באַצאָלט דעם פֿורמאַן וועלכער האָט מיך זייער שטאַרק באַדאַנקט און איז אַרויס.

איך האָב באַטראַכט מײַן גרויסן חדר, און עס איז מיר געפֿעלן געוואָרן. „געבענטשט זײַנען די קליינשטעטלדיקע! – האָב איך געטראַכט, – סאַראַ רחבֿות! אַ שאָד וואָס שוין צו ווייניק מעבל.“ איך האָב געבענקט נאָך אַ גרויסשטאָטישן ווייכן שטול.

דערווײַל האָט דער באַלעבאָס געגומען פֿאָרען אין אַ דערנעבנדיקן חדר. באַלד האָט ער זיך געוויזן מיט צוויי גרויסע קישנס, אַ לײַלעך און אַ קאָלדרע.

– אָט בעט איך אײַך שוין אויס, טאַקע אויפֿן קאַנאַפּע, – און אין זײַן שטימע האָט עפּעס מוטערלעכס געקלונגען.

– וואָס עפּעס איר? – האָב איך אים פֿרײַנדלעך געפֿרעגט, – פֿאַר וואָס ניט די באַלעבאָסטע?

– די באַלעבאָסטע? המ... – האָט ער איבערגעפֿרעגט. – וואָס מאַכט עס אויס. אָט בין איך די באַלעבאָסטע... אַז מע דאַרף, איז דער באַלעבאָס די באַלעבאָסטע... עס איז אַלץ איינס...

זײַן חקירה איז מיר מאָדנע געפֿעלן געוואָרן. אַ וווּיל ייִדל! – האָב איך געטראַכט און געוואָלט אים עפּעס זאָגן. נאָר באַלד האָט זיך דערהערט פֿון אַ דערבײַיִקן חדר אַ פּישטשען פֿון אַ קליין עופֿעלע...

דער ייִד האָט געלאָזן אין מיטן בעטן די קאַנאַפּע און איז מיט אַ ניגון פֿון מאַמע וואָס פֿאַרוויגט אַ קינד אַוועקגעלאָפֿן:

– אַ־אַ־אַ־אַ... ליו־ליו־ליו...

און באַלד האָב איך דערהערט אַ סקריפּען פֿון אַ וויגעלע...

אין אַ פּאָר מינוט אַרום איז ער אַרײַן צוריק, געמאַכט דאָס בעט און געזאָגט:

– איר קענט גיין שלאָפֿן...

איך האָב דערשפּירט הונגער, און מורא האָבנדיק ניט צו קענען אַ הונגעריקער אײַנשלאָפֿן האָב איך גאַנץ איידל און ניט אָן אינערלעכן פּחד געפֿרעגט:

– אפֿשר קריגט מען עפּעס עסן?

– עסן? – האָט ער איבערגעפֿרעגט און האָט גענומען גלעטן די באָרד... – עסן? וואָס קען איך אײַך איצט אַזוי שפּעט געבן?... סײַדן אָן אייערשפּײַז מאַכן?...

– זאָל זײַן אָן אייערשפּײַז! – האָב איך מסכּים געווען.

דער ייִד איז שנעל, ווי אַ בריה אַ באַלעבאָסטע, אַוועקגעלאָפֿן אין קיך אַרײַן. איך האָב דערהערט אַ קלינגען פֿון אַ טעלער און אַ פֿאַן.

באַלד איז ער אַרײַן צוריק און געגרייט דעם טיש.

– איר קענט זיך גיין וואַשן, – האָט ער בתּמימות געמאָלדן.

איך האָב אַ שמייכל געטאָן און בין זיך געגאַנגען וואַשן אין קיך אַרײַן. ער איז נאָך מיר נאָכגעגאַנגען און פֿאַר איין וועגס מיטגענומען די אייערשפּײַז.

איך האָב זיך געזעצט עסן, און אַזוי ווי עס האָט מיר ווירקלעך גוט געשמעקט, האָב איך אים געריִמט:

– איר זײַט ווירקלעך אַ בריה...

– מע לערנט זיך אויס! – האָט ער ווי מיט אַ זיפֿץ געענטפֿערט.

„אַן אַלמן נעבעך!" – האָב איך אים טיף אין האַרצן באַדויערט... „שוין לאַנג?" – האָב איך אים געוואָלט פֿרעגן, נאָר דערמאָנענדיק זיך אָן דעם וויינענדיקן קינד האָב איך פֿאַרשטאַנען אַז דאָס אומגליק האָט אים ניט לאַנג געטראָפֿן. פֿון קימפּעט – האָב איך מיר משער געווען.

איך האָב אויך אַ זיפֿץ געטאָן און פֿון אַן אַרומיקן וועג גענומען רעדן:

– מילא, וואָס קען מען העלפֿן. עס טרעפֿט...

– יאָ, בײַ אונדז אין שטעטל איז עס ניט קיין נײַעס – אַלע אַזוי... אָט ווי איר זעט אַ הויז – איז נישטאָ קיין באַלעבאָסטע...

„ווייַ איז מיר! – בין איך פֿאַרציטערט געוואָרן, – אַ שטעטל מיט אַלמנס! אַלע ווײַבער אויסגעשטאָרבן – אַ מגפֿה, הייסט עס, אויף ווײַבער... דאָס איז דאָך שוין טאַקע אינטערעסאַנט... פֿאַר וואָס זשע איז דאָס אין די צײַטונגען ניט געשטאַנען?"

– ווי אַזוי איז דאָס געשען – אַזאַ אומגליק? – האָב איך שטיל געפֿרעגט און עס האָט מיך געשווידערט...

– אַן אומגליק? – האָט דער ייִד אַ מאַך געטאָן מיט דער האַנט, – אַז מע וויל, איז דאָס גאָר קיין אומגליק ניט.

איך בין אַ פֿאַרציטערטער געבליבן. וואָס הייסט ניט קיין אומגליק? – אַ שטעטל מיט ווײַבער שטאַרבן אויס און בײַ דעם ייִדן איז עס גאָרנישט...

– פֿאַר וואָס איז דאָס, אַז מע וויל, קיין אומגליק ניט?

– דאָס שטעטעלע איז אָרעם, קיין פּרנסה איז נישטאָ... איר פֿאַרשטייט צי ניין? – האָט דער ייִד מיר קאַלטבלוטיק מסביר געווען...

„הייסט עס, זײַנען זיי פֿון הונגער אויסגעשטאָרבן..." – האָב איך מיר געוואָלט [ד]ערקלערן דאָס אומגליק. נאָר באַלד איז מיר קשה געוואָרן: וואָס עפּעס דווקא די ווײַבער, פֿאַר וואָס ניט די מאַנצבילן אויך?... איך האָב גאַנץ דיפּלאָמאַטיש אַ פֿרעג געטאָן:

– און פֿאַר וואָס ניט די מאַנצבילן?...

– די מאַנצבילן? – האָט ער געלאַכט, – וואָס רעדט איר? ערשטנס ווילן ניט די מאַנצבילן, עס פּאַסט ניט פֿאַר אונדז, און צווייטנס וויל זיי דער ‚מלאך־המוות' ניט נעמען...

איך בין פֿאַר [ד]ערשטוינען און שרעק שיִער ניט אומגעפֿאַלן. העענט און פֿיס האָבן מיר אָנגעהויבן ציטערן: „גאָט מײַנער! – האָב איך געטראַכט, – ווו בין איך דאָס אַרײַנגעפֿאַלן?"

איך האָב מיך אומגעקוקט – אַ שטוב ווי אַלע שטיבער אין אַ קליינשטעטל. דער ייִד אַליין, אויבוווײל די צעשויבערטע האָר פֿון קאָפּ און באָרד איז אַ ביסל אָפּשרעקנדיק, אָבער די אויגן און דער גאַנצער אויסדרוק פֿון פּנים איז זייער מילד און ווייך... ניין! דאָ מוז עפּעס שטעקן וואָס אַנדערש.

– זאָגט מיר, איך בעט אײַך, – האָב איך צעטומלט געפֿרעגט, – אַ סך ווײַבער?...

– וואָס הייסט אַ סך? – אַלע, אויסער צוויי אַלטע ייִדענעס; זיי האָבן אויך געוואָלט גיין, נאָר דער ,מלאך־המוות' האָט זיי ניט געוואָלט נעמען...

עס האָט מיך אַ שוידער געטאָן און איך האָב מיט שרעק אויסגערופֿן:

– וועלכער מלאך־המוות?... אום גאָטעס ווילן – איר שרעקט דאָך מיך ביז טויט איבער!

– אַך, האָט ניט קיין פֿאַראיבל, – האָט דער ייִד גוטמוטיק געלאַכט, – איך האָב גאָר פֿאַרגעסן אַז איר ווייסט ניט פֿון קיין מעשׂה. דער ,מלאך־המוות' – דאָס הייסט ביי אונדז דער פֿאַבריקאַנט פֿון דעם ,גוט' וואָס געפֿינט זיך ניט ווײַט... זייער אַ שלעכטער מענטש, און די ווײַבער אונדזערע רופֿן אים דער ,מלאך־המוות'...

– הייסט עס, אײַערע ווײַבער לעבן? – האָב איך ווי מיט פֿרייד אויסגעשריִען.

– וואָס הייסט? אַוודאי לעבן זיי... וואָס פֿאַר אַ קשיא, צי זיי לעבן?... זיי אַרבעטן דאָך טאַקע אַ גאַנצע וואָך אין פֿאַבריק. איר פֿאַרשטייט...

איך האָב פֿרײַער אָפּגעאָטעמט; די געהיימניס האָט זיך פֿאַר מיר אַזוי איינפֿאַך אַנטפּלעקט.

ניט ווײַט פֿון שטעטל האָט זיך מיט אַ פּאָר יאָר צוריק אַ פֿאַבריק געעפֿנט. מ'האָט גע־דאַרפֿט האָבן ביליקע אַרבעטער, האָט מען דערצו גענומען ווײַבער, ווײַל פֿאַר די מאַנצבילן האָט עס ניט געפּאַסט. אַרבעטן אַלע ווײַבער אין פֿאַבריק אַ גאַנצע וואָך און די מאַנצבילן פֿירן די הײַזער און ניאַנטשען די קינדער...

אויף מאָרגן בין איך אַרויס אין שטעטל. באַגעגנט האָב איך בלויז מאַנצבילן. זיי זײַנען געגאַנגען ווער מיט קינדער אויף די הענט, ווער האָט אַ מולטער געטראָגן, ווער אַ דייזשע געקײַקלט... איך האָב מיט אייניקע גערעדט און געפֿרעגט, ווי אַזוי זיי פֿילן זיך.

– גאָט צו דאַנקען! – האָט מיר אַ געל ייִדל געענטפֿערט, – מע קומט אויס. שבת מאַכן איז אַפֿילו שווער פֿאַר אונדז, אָבער מע טרעפֿט... פֿרײַטיק צו ליכטבענטשן קומען זיי דאָך... כי־כי־כי! הײַנט וואָס מאַכט עס אויס... מע קומט דורך...

איך האָב זיך אַרומגעדרייט אין דעם דאָזיקן קליינשטעטעלע אַ פּאָר שעה און בין אַוועקגעפֿאָרן.

זאָגט אײַך וואָס איר ווילט, איך האָב ניט ליב קיין שטעטל אָן ווײַבער. איך האָב שוין געזען אַ סך אָרעמע, טרויעריקע שטעטלעך אין דער ליטע, נאָר אַזאַ אומעט, ווי אין יענעם שטעטל האָט געהערשט, האָב איך נאָך אין ערגעץ ניט געפֿילט...

ל. שאַפּיראָ

# רויך

(געווידמעט דעם אָנדענק פֿון י. ל. פּרץ)

## א

פֿון ערשטן צי איז ער געוואָרן טונקל רויט, ווי ער וואָלט אויפֿגעהויבן אַ משׂא, און איז זיך פֿאַרגאַנגען אין אַ שווערן הוסט. אָבער ‚גרויסע׳ האָבן דאָך גערייכערט: עפּעס מוז זײַן דערין. ער האָט זיך פֿאַרעקשנט – און זיך צוגעוויינט.

דער פֿאָטער איז געווען אַן אָרעמער מלמד, און דערצו טאָרן ייִנגלעך ניט רייכערן – האָט ער געקליבן ‚שטיקלעך׳.

שפּעטער, לערנענדיק אין קלויז, האָט ער שוין עפּטער געהאַט אַ פּעקל טאַבאַק. ער האָט קיינעם קיין מאָל נישט אָפּגעזאָגט אַ ציגאַר־טיטון ווען ער האָט געהאַט, און זיך נישט געשעמט צו בעטן ווען ער האָט נישט געהאַט.

ער האָט געהייסן מנשה.

פֿון קלויז האָט מען אים גענומען פֿאַר אַן איידעם צו ר׳ שואל מאַראַוואַנער. ר׳ שואל איז פּערזענלעך געקומען מיטן שדכן אין קלויז אַרײַן. דער גרויסער ייִד מיט די אַראָפּגע־האַנגענע ברעמען האָט אַ ווײַלע באַקוקט מנשהן שווײַגנדיק. דער בחור איז הויך, ברייט־לעך און קרעפּטיק. דער חסידיש־סוחרישער האַלב לאַנגער סורדוט וועט אים פּאַסן אויסגעצייכנט. ר׳ שואל האָט אַ קוק געטאָן צון אים אין ספֿר, געשטעלט אַ פּאָר פֿראַגן, פֿאַרפֿירט אַ שמועס סתּם אין דער וועלט אַרײַן, און געהאָרכט מיט געשפּיצטע אויערן און קוקנדיק אָן אַ זײַט דעם בחורס באַשיידענע, אַ ביסל קירצלעכע באַמערקונגען. דעם שמועס האָט ער אָפּגעבראָכן אין מיטן, אויפֿשטייענדיק פֿון דער לאַנגער באַנק:

– נעם דײַנע תּפֿילין. –

## ב

אין איינער פֿון די אינטימסטע מינוטן האָט אים דאָס ווײַבל געפֿרעגט:

– וואָס פֿאַר אַ טעם, אַ שטייגער, פֿילסטו אין דײַן טיטון? גיב מיר אַ צי טאָן – לאָמיך אויך וויסן.

ער האָט אַרויסגענומען פֿון זײַן מויל דעם ברענענדיקן צונויפֿגעדרייטן ציגאַר־טיטון און אים צוגעטראָגן צו איטעס ליפּן. זי האָט אַ פּיפּקע געטאָן, רעשדיק, אומגעשיקט, ווי מיט קישעלעך.

– פּ־פּע! – האָט זי זיך אָפּגעהוסט. – רויך, און מער גאָרנישט.

ער האָט געשמייכלט.

פֿון: **די ייִדישע מלוכה און אַנדערע זאַכן**. ניו־יאָרק: נײַ־צײַט, 1919, ז״ז 165–175.

– רויק, אָבער ס׳איז גוט.
– וואָס איז דאָ די גוטקייט? ביטער, און פֿאַרגייט אין די אויגן.
ער האָט צוריקגעלאַכט.
– אָבער גוט, – האָט ער ווידערהאָלט.
און אַ וויכער פֿון ברענענדער בושה און ברענענדער העזה האָט פֿאַרדרייט די צוויי יונגע מענטשן אין זייַנע פֿאַלדן. –

**ג**

דעם איבערגאַנג צו דער שפּע פֿון שווערס הויז האָט ער אָנגענומען אָן קבצנישער זשעדנעקייט. בלויז אין איין־איינציקער זאַך האָט ער זיך נאָכגעגעבן: ער האָט געברויכט דעם בעסטן טאַבאַק וואָס ער האָט נאָר געקענט קריגן. יונגע־לייַטלעך אין קלויז האָבן געוווּסט דערפֿון און האָבן זיך אָפּט און גערן באַנוצט מיט זייַן טאַבאַק־פּושקע.

ר׳ שואלס עלטערער איידעם, נחמיה, האָט אים אַ מאָל אָפּגערופֿן אין קלויז אָן אַ זייַט:

– וואָס לאָזסטו זיי אויסרייכערן דייַן טיטון, די חזירים? נישקשה, אַליין קויפֿן זיי מאַכאָרקע.

מנשה האָט אים רויִק אָנגעקוקט.

– ווי קאָן מען אָפּזאָגן יענעם אַ ציגאַר־טיטון?

נחמיה האָט געוואָרפֿן אַ פֿאָרזיכטיקן בליק אַרום. איין אייגל האָט זיך בייַ אים פֿאַרמאַכט און דאָס צווייטע האָט אויפֿגעשייַנט מיט חכמה.

– שוטה, וואָס פֿאַרשטייסטו דאָ נישט? טו אַזוי ווי איך: צוויי סאָרטן.

ער האָט זיך פֿאַרכליניעט מיט אַ געלעכטערל.

מנשה האָט דערויף גאָרנישט געזאָגט, נאָר קיין צוויי סאָרטן טאַבאַק האָט ער נישט אייַנגעפֿירט.

ער האָט פֿאַרבראַכט אין קלויז, געלערנט אין דער היים און שפּאַצירט מיטן שטעקן אין האַנט. צייַטנווייַז פֿלעגט ער זיצן און שווייַגנדיק זיך צוהערן צו געשפּרעכן וועגן מיסחר, וואָס ר׳ שואל האָט געפֿירט מיט יידן סוחרים. אין יענע יאָרן פֿלעגט מען ,פֿאָרן קיין דאַנ־ציק׳, אָדער קיין לייַפּציק, אָדער קיין קעניגסבערג. ר׳ שואל איז געווען פֿון די דאָזיקע פֿאָ־רער קיין דאַנציק. דעם עלטערן איידעם, נחמיהן, האָט ער געעפֿנט אַ שניטקראָם: „זעץ זיך אַוועק און מעסט לייַוונט." נחמיה האָט געווען געפּרוווט אַ רעד טאָן וועגן ,דאַנציק׳, האָט אים דער שווער מיט ביטול אַוועקגעמאַכט מיט דער האַנט. מיט מנשהן האָט ער וועגן מיסחר קיין וואָרט נישט גערעדט. מנשה האָט אויך געשוויגן. ביז איטע איז געלעגן געוואָרן און געבוירן אַ צווילינג – צוויי יינגלעך.

דעם אָוונט נאָכן טאָפּלטן ברית האָט דער שווער אַרייַנגערופֿן מנשהן אין אַ באַזונדערן חדר, האָט אים דערלאַנגט אַ פּעקל אַסיגנאַציעס און געזאָגט:

– פֿאָר.

מנשה האָט זיך אַ ביסל געשראָקן.

– איך ווייס דאָך גאָר נישט וואָס און ווען...

– וועסט שוין וויסן. אַז דו׳סט פּטרן דאָס ביסל געלט, וועסטו וויסן.

דאָס איז געווען חנוכּה־צײַט. ערבֿ פּסח איז מנשה געקומען צוריק. מ׳האָט פֿרײלעך פֿאַרבראַכט די ערשטע צוויי טעג יום־טובֿ און ,דאַנציק׳ אַפֿילו נישט דערמאָנט. ערשט אין אָוונט פֿון צווייטן טאָג, מיטן אַרײַנטריט פֿון חול־המועד, האָט ר׳ שואל אײַנגעלאַדן מנשהן צו זיך אין צימער.

– וואָס הערט זיך?

– איך ווייס שוין אַ ביסל, – האָט מנשה געענטפֿערט און געוואָרן רויטלעך.

ר׳ שואל האָט צוגעשאָקלט מיטן קאָפּ.

און נאָך פּסח האָט מנשה ווידער געקראָגן אַ פּעקל אַסיגנאַציעס און איז אַוועקגעפֿאָרן קיין דאַנציק. פֿון דעמאָלט אָן פֿלעגט ער פֿאָרן רעגלמעסיק אויף צוויי־דרײַ חדשים יעדעס יאָר, און מאַנך מאָל צוויי מאָל אַ יאָר. –

ד

מיטן גאַנג פֿון די יאָרן זענען קינדער געווען פֿול אין אַלע ווינקעלעך פֿון הויז. אייניקע האָבן געהאַלטן אין אונטערוואַקסן. אַנדערע האָבן אַרומגעפּויזעט, נײַע זענען געבוירן געוואָרן. ר׳ מנשה – ער איז געוואָרן ,רבֿ׳ מנשה אונטער דער צײַט – האָט צוגעקוקט און רויִק געלאַכט. ר׳ שואל איז שוין נישט געווען, זײַנע געשעפֿטן זענען איבערגעגאַנגען צו ר׳ מנשהן, ווי אויך דאָס אַלטע הויז מיט די ברייטע חדרים.

אין די חדשים פֿון יאָר וואָס ר׳ מנשה האָט פֿאַרבראַכט אין מאַראַוואַן האָט ער געלעבט ווי פֿריִער: באַזוכט צוויי מאָל טעגלעך די קלויז, בײַ טאָג געלערנט, אין אָוונט געשמועסט פֿון געשעפֿט. איין ענדערונג האָט אויסלאַנד געמאַכט אין זײַנע געוווינהייטן: ער האָט גערייכערט ציגאַרן.

– אַ ציגאַר־טיטון איז אַ ייִנגלשער עסק, – האָט ער שמייכלענדיק [ד]ערקלערט. – אַ ייִד מיט אַ באָרד, אַ טאַטע פֿון קינדער, דאַרף רייכערן אַ ציגאַר. די דײַטשן זענען נישט קיין נאַראָנים.

ציגאַרן זענען נישט געווען דאָס אייניציקע וואָס אויסלאַנד האָט מיטגעבראַכט, נאָר דערפֿון האָט געוווּסט נאָר איטע אַליין. דאָס הייסט, ניט געוווּסט – געשפּירט. ווי אַזוי האָט ער דאָרט געלעבט אין דעם אויסלאַנד? וואָס איז דאָס אַזוינס איבער הויפּט, דאָס דאָזיקע אויסלאַנד? – וועגן דעם האָט זי ניט געטראַכט, נאָר איר האָט זיך עפּעס געדאַכט, אַז דער ייִד ווערט וואָס אַ מאָל ברייטער און העכער, און ס׳האָט זי געוווּנדערט, וואָס די מאָס פֿון זײַנע מלבושים ענדערט זיך נישט. ער האָט געהאַט אַזאַ טבֿע צו שמייכלען מיט די אויגן אַליין, און דער דאָזיקער שמייכלענדיקער בליק האָט זי אַרײַנגענומען אין זיך און זי מיטגעטראָגן ערגעץ אַהין, ווּהין ער האָט געפֿלאָסן רויִק, טיף, אָן אָפּשטעל, ווי דער גרויסער

טײַך וואָס איז יאָר־אײַן יאָר־אויס געגאַנגען פֿאַרבײַ דער שטאָט אין ד[ער] ווײַטע[ר] וועלט אַרײַן. דאָס האָט זי נישט געשראָקן; פֿאַרקערט, זי האָט זיך געפֿילט זייער געזיכערט אין דעם דאָזיקן ברייטן שטראָם ערגעץ אַהין. און מאַנך מאָל האָט זי זיך געטוליעט צום מאַן און אַפֿילו פּרובירט צו נעמען אַ צי פֿון זײַנע ציגאַרן. דאָס האָט געפֿירט צו טרערן אין די אויגן און ספּאַזמען פֿון הוסט, און ער האָט זי לײַכט געקלאַפּט איבער דער פּלייצע און געלאַכט. –

## ה

אין שטוב האָבן זיך שוין אַרומגעדרייט אַ פּאָר היפּשע בחורים, און אַ גאַנצע מחנה קליינוואַרג און האַלבוואוקס האָבן זיך געשטויסן און געשטופּט נאָך זיי.

דאַנציק איז שוין נישט געווען דאָס דאַנציק וואָס אַ מאָל. איטע האָט געדריקט און געדריקט די הוצאה אַרונטער; בלויז אויף ר׳ מנשהס ציגאַרן האָט זי צו קאַרגן נישט [ד]ער־לויבט, און ער האָט איר דערין נישט געשטעלט זיך דערקעגן. לסוף איז עס געקומען אַזוי ווײַט, אַז די פֿאַמיליע האָט געמוזט פֿאַרלאָזן דאָס אַלטע הויז מיט די ברייטע חדרים און גיין אין שכנות. דעמאָלט האָט ר׳ מנשה זיך אַוועקגעזעצט אויף אַ טאָג בײַ זיך אין צימער און אַ שטאַרקן טראַבט געטאָן וועגן דעם, וואָס איז דער מער מיט דאַנציק. ער איז געזעסן, געקוקט אין פֿענצטער, גערייכערט ציגאַרן און געטראַכט. און צו מאָרגנס איז ער אַוועק־געפֿאָרן אויפֿן דאָן.

ער האָט זיך אַרומגעשטויסן אין קאָזיקן ראַיאָן צווישן אונטערשטן דאָן און קאַספּישן ים עטלעכע וואָכן נאָך אַנדאַנד, האָט געקוקט, געטראַכט, געציילט און גערעכנט – און לסוף האָט ער מיט דער רעכטער האַנט פֿאַרבויגן אַ פֿינגער אויף דער לינקער און געזאָגט: „קאַווייאַר." און האָט זיך גענומען פֿאַרבינדן דעם דאָן מיט דאַנציק.

דאָס פֿאַרבינדן האָט געדויערט צוויי יאָר, וואָס זענען געווען די שווערסטע פֿאַר ד[ער] פֿאַמיליע אין דער היים. נאָר אַז ער האָט נאָך די צוויי יאָר פֿאַרלאָזן דעם דאָן אויף עטלעכע חדשים אָפּרו, האָט מען אין דער געגנט אָנגעהויבן צו דערמאָנען פֿאַרגאַנגענע פּאַסירונגען לויט אַ נײַעם לוח: די און די מעשׂה איז געשען אין דער צײַט, „ווען ר׳ מנשה מאַראַוואַנער האָט אָנגעהויבן צו פֿאָרן אויפֿן דאָן". און אַז ער איז געקומען אַהיים, האָט ער צוריק אָפּ־געקויפֿט דעם אַלטן ר׳ שואלס הויז, און דאָס לעבן איז אַוועק ווי אין די פֿריערדיקע יאָרן.

קיין דאַנציק איז ער איצט געפֿאָרן איין מאָל אין צוויי־דרײַ יאָר, דערפֿאַר אָבער האָט ער צוויי דריטל פֿון זײַן צײַט פֿאַרבראַכט אויפֿן דאָן. נאָכן קאַווייאַר האָט ער געלאָזן אין גאַנג גערייכערטע ‚וואָבלאַ׳, און נאָך דער וואָבלאַ – אַ לאָקאַלן סאָרט סאַרדינען וואָס ער אַליין האָט זיי אַנטדעקט. ער האָט פֿאַרדינט פֿיל און פֿיל פֿאַרלעבט: איין קינד נאָכן צווייטן איז געוואַקסן, האָט געלעבט און געלערנט און איז לסוף געשטעלט געוואָרן מיטן פֿאָטערס הילף אויף אייגענע פֿיס. צו דער חתונה פֿון דער מיזינקע האָט ער צונויפֿגערופֿן אַלע קינ־דער. מ׳האָט זיך משׂמח געווען גאָר אויפֿן גרויסן, פֿאַרצײַטיקן שטייגער, און צום סוף פֿון שלייער־וואַרמעס האָט ר׳ מנשה זיך אויפֿגעשטעלט פֿון זײַן שטול אויבן אָן בײַם טיש:

– קינדער – מער פֿאַר איך נישט אויפֿן דאָן. איך האָב געלאָזן פֿאַר מיר מיט דער אַלטער צו דערלעבן אונדזער פֿאַר יאָר – דאָס איבעריקע נאַט אייַך אַוועק. פֿאַרט געזונטערהייט, און זאָל דער אייבערשטער געבן, איר זאָלט אָפּלעבן אייַערע יאָרן נישט ערגער ווי איך האָב אָפּגעלעבט מייַנע. פֿאַר אונדז דאַרפֿט איר נישט דאגהן – מיר וועלן צון אייַך נישט אָנקומען.

## ו

דאָס לעבן האָט געפּלאָסן ווי אַ טייַך נאָענט פֿון זייַן אויסגוס: וואָס ברייטער און טיפֿער, אַלץ געלאַסענער און רויִקער. דעם ייִדנס הויכער, גלאַטער שטערן האָט געוויזן בלויז איין דינעם, לאַנגן קנייטש פֿון שלייף צו שלייף, און די שוואַרצע האָר האָבן ערטערווייַז שוואַך געווייַסלט. אין די זומערדיקע פֿריִע פֿאַרנאַכטן, אינעם אָראַנזשן־גלי פֿון דער פֿאַרגייענדער זון, פֿלעגט ער, ווי פֿריִער, שפּאַצירן מיטן שטעקן אין האַנט, און זייַן טראָט איז געווען גע־מאָסטן און זיכער, און דער רוקן איז געשטאַנען גלייַך אונטערן נאַקן, נאָר די אויגן האָבן געקוקט פֿאַרטראַכט, שטאַרק פֿאַרטראַכט.

אין די מיטל־יאָרן פֿלעגט ער לערנען מייַסטנס מיט די אויגן. איצט האָט זייַן שטי־מע עפּטער געקלונגען אין דער אַלטער קלויז אין די שטילע בייַטאָגן, האָט געצויגן דעם מילדן און אומעטיקן ניגון פֿון זייַן יוגנט, געצויגן אים דין און דינער, שטיל און שטילער, ביז ער האָט געזונקען אין דער אַרומיקער שטילקייט ווי דער נאָכציטער פֿון אַ סטרונע – און ווידער זיך געהויבן און געשטיגן ביז צו זייַן פֿולן קלאַנג. דאָס איז געווען זיס און ביטער, ווי קינדערשע טרערן.

ער האָט גערן פֿאַרבראַכט אין קלויז מיט די ייִנגערע לערנער אין שמועסן וועגן תּורה און דרך־ארץ. וועגן אויסלאַנד און זייַן לעבן ווייַט פֿון דער היים האָט ער זיך נישט אַרייַנגעלאָזן אין צו פֿיל פּרטים.

– מענטשן לעבן און שטאַרבן דאָרט אַזוי ווי בייַ אונדז, – האָט ער קורץ געענטפֿערט און געשמייכלט מיט זייַנע אויגן. – אַ סלאַוויטער ש״ס אָדער אַ לייַפּציקער – וואָס איז די נפֿקא־מינה? נישט מער, דער דפֿוס און די טאָוולען. דער תּוכן, ווידער –

און פֿאַרקוקט זיך אויפֿן שנירעלע רויך, און געהיט, אַז דאָס ווייַסלעכע אַש, וואָס איז ווי אַ טשערקעסישע ,פּאַפּאַכע׳ געזעסן אויפֿן קעפּל פֿון זייַן ציגאַר, זאָל נישט אַרונטערפֿאַלן און זיך האַלטן אַזוי לאַנג ווי מעגלעך.

קומענדיק איין מאָל נאָך שחרית פֿון קלויז מיטן טלית און תּפֿילין אונטערן אָרעם, האָט ר׳ מנשה געטראָפֿן אין הויז זיסלען, דעם ייִנגסטן פֿון זייַנע זין.

– אַהאַ! כ׳האָב אָבער געוווּסט, אַז דו׳סט קומען.

דעם יונגן־מאַן האָבן זיך געביטן די קאָלירן אין פּנים.

– נו־נו, – האָט אים דער פֿאָטער באַרויִקט, – איך האָב נישט געמיינט דיך מבֿייש צו שטעלן. עס גייט דיר נישט גוט, אַ? אָבער פֿריִער גיי וואַש זיך, וועלן מיר עסן וואַרמעס.

ר׳ מנשה האָט צוגעשאָקלט מיטן קאָפּ אויסהערנדיק דעם זונס געשיכטע: געווען זייער אַ גוטער פּלאַן... ווער זאָל זיך ריכטן, אַז...

– כ׳האָב געוווסט, אַז דו׳סט קומען: ביסט אַ ריזיקאַנט און אַ ביסל איבעראײַלט, – אָבער סט׳זיך אויסלערנען. פֿאַר דיר טאַקע האָב איך אָפּגעלייגט אַ קליינע סומע געלט. ס׳איז נישט קיין סך, אָבער – וועסט קאָנען אָנהייבן פֿון דער התחלה, און האַלט דײַנע אויגן אָפֿן. נאַ, אָט דאָ האָסטו דאָס, און – קום נישט מער נאָך קיין געלט: ס׳איז נישטאָ. מיר זענען אַלטע לײַט, און טאָמער שטאַרב איך פֿריִער, זאָל דײַן מאַמע נישט בלײַבן ווי אויפֿן וואַסער. צון איַיך, קינדער, וועט זי נישט פֿאָרן.

– יאָ, נאָך אַ זאַך, – האָט ער דעם זון צוריקגערופֿן פֿון דער טיר: – הײַנט זענען נישט אַמאָליקע יאָרן. אין מײַנע צײַטן, אַז אַ ייִד איז געקומען קיין דאַנציק מיט אַ ברייטער באָרד און אַ הויכן שטערן, איז דאָס געווען גענוג; אַז דער קאָרן אָדער ווייץ אויף דער האַנט איז געווען גרויס און שיין, האָט מען פֿאַרקויפֿט מיט רווח, אַז נישט, האָט מען געהאַט היזק. מיר האָבן אונדזערע מיסחרים נישט געפּירט, זיי זענען אַליין געגאַנגען. אַז די וועלט איז הײַנט אַן אַנדערע דאַרף איך דיר נישט דערציילן, ביסט ייִנגער פֿון מיר. דעריבער, פֿאַרשטייסטו מיך, איז דאַנציק נישט דאַנציק, און די באָרד מיטן שטערן זענען קיין סחורה נישט. הײַנטיקע מיסחרים דאַרף מען פֿירן, פֿאַרשטייסט? נו, פֿאָר געזונטערהייט, און זײַ מצליח. –

ז

אַ זומער און אַ ווינטער און אַ זומער זענען אַוועק, און ווידער איז געקומען דער ווינטער, פֿריצײַטיק און ביטער, מיט שנייען און פֿרעסט, און ווילדע, פֿאַרביסענע ווינטן. אין טבֿת האָט ר׳ מנשה זיך צוגעקילט, אַ הוסט געטאָן און געלאָזן בלוט פֿון האַלדז: דאָס האָט זיך אָפּגערופֿן אַן אַלטע לונגען־אַנטצינדונג, נאָך פֿון די ערשטע דאַנצקער צײַטן, וואָס מ׳האָט געמיינט, אַז זי האָט קיין שפּורן נאָך זיך נישט געלאָזן. עס איז צוגעגאַנגען שנעל, און אין אַ גרויען פֿרימאָרגן, ווען די שיטערע שנייקאַשע אויף די גאַסן האָט זיך פֿאַר מענטשן אין די אויגן געשמאָלצן אין וואַסער און די לופֿט האָט געשמעקט אַנדערש אָן אַ פֿאַרוואָס, זענען כּמעט אַלע קינדער, צונויפֿגעלאָפֿענע פֿון דער וועלט, געשטאַנען אַרום טאַטנס קראַנקנבעט. אַ פּאָר חשובֿע באַלעבאַטים און דער רבֿ פֿון שטאָט זענען דאָ געבליבן נאָך פֿון בײַ נאַכט.

שוין פֿון אַ פּאָר שטונדן האָט דער הוסט דעם חולה אָפּגעלאָזן, די היץ איז אויך געפֿאַלן, נאָר דער יונגער דאָקטער איז נישט אַוועקגעגאַנגען. ער איז געזעסן נישט ווײַט בײַ אַ טישל, האָט נערוועז געדרייט זײַן בלײַשטיפֿט צווישן די פֿינגער און געשוויגן.

ר׳ מנשה האָט געעפֿנט די אויגן. ס׳איז שווער געווען אים צו דערקענען, נאָר די אויגן זענען געבליבן די זעלבע – מיטן פֿאַרבאָרגענעם שמייכל אין זיי. ער האָט געבעטן רייכערן.

– סטײַטש, טאַטע. –

נאָר דעם דאָקטערס אַ קוועטש מיט די אַקסלען האָט מבֿטל געווען זיסלס פּראָטעסט. ער איז בלאַס געוואָרן און דערלאַנגט דעם פֿאָטער אַ ציגאַר.

– נישט דאָס, – האָט דער קראַנקער געזאָגט. – האָט נישט ווער אַ ציגאַר־טיטון? און זײַנע אויגן האָבן געשמייכלט.

ער האָט אַ צי געטאָן דאָס דינע פּאַפּיראָסל און אַ רוף געטאָן:
– איטע...

זי האָט אַוועקגענומען די הענט פֿון די אויגן און זיך אַרויסגערוקט פֿון איר ווינקל. די לעצטע צײַט האָט זי געקראָגן אַ נייגונג צו פֿעטקייט און אַ ביסל אַ קורצן אָטעם. איצט איז איר קליין קײַלעכדיק געזיכט געווען צונויפֿגענומען, ווי אַ פֿאַרדריקט קינדערש פֿויסטל, און איר בליק הילפֿלאָז און פֿאַרלוירן: דער טײַך, שוין גאָר בײַם סוף, האָט זי אַרויסגעוואָרפֿן אויף אַ פֿרעמדן ברעג, און אַליין איז ער אַוועק אין ים־אוקינוס, וווּהין אַלע טײַכן פֿאַלן אַרײַן.

– מנשה, מנשה! – האָט זי שטיל געזאָגט.

– ווילסט אַ צי? – זײַנע אויגן האָבן געלאַכט. – ס׳איז רויך, אָבער ס׳איז גוט.

אַ וויכער האָט אַ דריי געטאָן אין זײַנע פֿאַלדן דאָס אַלטע ווײַבל. זי האָט אַרויסגעלאָזן גלײַכצײַטיק אַ וויין, אַ לאַך און אַ הוסט, ווי רויך וואָלט זי געשטיקט. ר׳ מנשה האָט אַוועקגעלייגט דאָס פּאַפּיראָסל און אַ ווונק געטאָן צום רבֿ. יענער איז צוגעגאַנגען צום בעט און אָנגעהויבן זאָגן מיט אים ווידוי. נאָך די ערשטע עטלעכע ווערטער איז דער חולה זיך פֿאַרגאַנגען אין אַ הוסט. דער הוסט האָט קיין מאָל נישט אויפֿגעהערט: ער איז פֿאַרגליווערט געוואָרן, און איז אַזוי פֿאַרבליבן – אַ פֿאַרגליווערטער הוסט.

## ל. שאַפּיראָ

# ניו־יאָרקיש

### א

פֿאַר נאַכט האָט אַ מענטש מיט אַ ברוגזן פּנים באַשטעלט אַ פּאָרציע בלינעס בײַם הייסן טיש אין רעסטאָראַן ,אויטאָמאַט׳.

אַ מיידל מיט נאַקעטע, ברוינע אָרעמס, אין אַ ווײַסן פֿאַרטעך און מיט אַ לײַוונטענעם מיצל אויף די האָר, האָט אַריבערגעוואָרפֿן די באַשטעלונג צום קאָכער, האָט זיך אַ דריי געטאָן אויף יענער זײַט טיש און פּלוצעם געגעבן דעם באַשטעלער אַן אָפֿענעם שמייכל: לאָמיר זײַן חבֿר.

דאָס ברוגזע פּנים איז געבליבן ברוגז, די קײַלעכדיקע אַקסלען האָבן זיך געפּרוווט אַ הויקער טאָן כּדי אויסצודריקן נאָך מער רוגזה, נאָר דאָס האָט שוין דאָס בײַכל ניט דערלאָזן. דעם מיידלס מויל האָט זיך צוריק צונויפֿגעצויגן, דער שמייכל איז ניט־געוואָרן – אויטאָמאַטיש, ווי עס פּאַסט פֿאַר יענעם רעסטאָראַן. זי האָט אַ מיש געטאָן מיטן לעפֿל אין איינעם פֿון די הייסע טעפּ, זי האָט אַ מיש געטאָן מיטן לעפֿל אין אַ צווייטן פֿון די הייסע טעפּ, האָט אויפֿגעהויבן דעם שוואַרצן, ניט־געשוירענעם קאָפּ מיטן לענגלעכן ניט־שיינעם פּנים – און ווידער געוויזן אַ שמייכל. דאָס מאָל איז ער ניט געווען אַזוי איינפֿאַך – געווען פֿאַרבעטנדיק, און קינדיש אומזיכער. קינדיש איז אויך געווען דער פֿאַרשמאַכטער, גלוסטנדיקער בליק – ווי די מאָגערע אָרעמס וואָס זענען רחמנותדיק געלאָפֿן אַרויף צו די אַקסלען – ווי דער דאַרער קאָלנערביין אַרום דינעם האַלדז. דאָס פּנים אַליין איז געווען אַ סך עלטער. זי האָט געקאָנט אַלט זײַן אַ יאָר זעכצן, און אויך זעקס און צוואַנציק, און אַפֿילו מער. דער ברוגזער גאַסט האָט אַ ווײַלע געקוקט אויף איר צעטומלט. ביסלעכווײַז איז דער רוגז אָפּגעגאַנגען פֿון זײַנע אויגן, ווי אַ פֿראָסט פֿון אַ שויב אַראָפּ; די בולדאָגישע מאָרדע האָט פֿאַרלוירן איר האַרטקייט. אויף אַזאַ פּנים איז דאָס געווען אַ שמייכל – אַ צוריקשמייכל. גאָט צו דאַנקען!

דאָס מיידל איז געוואָרן פֿריילעכער און האָט ענערגיש און פֿלינק רעאַגירט אויף די פֿאַרלאַנגען פֿון די אַנדערע געסט. דער מענטש מיטן ברוגזן פּנים האָט געקראָגן זײַנע בלינעס מיט האָניק און פּוטער און האָט זיך אַוועקגעזעצט בײַ אַ טישל ניט ווײַט פֿונעם הייסן טיש. ער האָט געאַרבעט מעטאָדיש: פֿריִער אַרײַנגעלייגט די ריפֿטלעך פּוטער צווישן די הייסע בלינעס, זיי זאָלן דערווײַל צעגיין, זיך אָנגעצאַפּט קאַווע פֿון אויטאָמאַטישן קראַן אין דער וואַנט, אויסגעטאָן און אויפֿגעהאָנגען אויף אַ הענגער זײַן מאַנטל און הוט. ער איז אַ היפּשע ווײַלע געזעסן בײַ זײַן טיש אומבאַוועגלעך, מיט די קײַלעכדיקע אַקסלען אַראָפּגעלאָזן, ווי אין מידקייט, און אויף דער קרוין פֿון זײַן שאַרבן האָט העלפֿאַנטביייניק געגעלט אַ

פֿון: **ניו־יאָרקיש און אַנדערע זאַכן**. ניו־יאָרק: אַליין, 1931, ז״ז 7–35.

פֿליק וואָס די אַ ביסל באַזילבערטע זייַטיקע האָר האָבן זיך אומזיסט געמיט צו באַהאַלטן. געגעסן האָט ער פּאַמעלעך, פֿאַרטראַכט, פֿון צייַט צו צייַט געכאַפּט אַ קוק אין דער זייַט פֿונעם מיידל, און איין מאָל ברוגזלעך פֿאַרדריקט מיט די אַקסלען: ווייס איך וואָס!

ער האָט שוין געהאַט אָנגעטאָן דעם מאַנטל, נאָר די נאָכן הוט אויסגעצויגענע האַנט איז אַראָפּגעפֿאַלן צו זייַן זייַט. ער איז צוגעקומען צום הייסן טיש, האָט ניט קוקנדיק אָנגעוויזן מיט אַ פֿינגער אויף עפּעס אַ דעסערט און געלאַסן אַ פֿרעג געטאָן בייַם מיידל ווען זי ווערט פֿרייַ פֿון דער אַרבעט. אין איין אויגנבליק איז אַ כוואַליע פֿון מינעלעך און קנייטשעלעך איבערגעלאָפֿן איבער איר פּנים, ווי אַ פּוף פֿון ווינט איבער אַ וואַסערל, און מיט אַ ביסטרע בליק צום זייגער אויף דער וואַנט האָט זי געזאָגט: אין אַ שעה אַרום. ער האָט כמורנע אַ שאָקל געטאָן מיטן קאָפּ. זייַן דעסערט האָט ער געלאָזן אויפֿן טישל אומבאַרירט און איז אַרויס אין גאַס. –

ב

דרויסן האָט שוין געברענט די באַלייַכטונג. די לופֿט איז געוואָרן עטוואָס שאַרפֿער ווי בייַ טאָג, נאָר דער אָוונט איז נאָך אַלץ געווען אַ מילדער. די באַוועגונג אויף די גאַסן איז געווען זייער גרויס – דער סאַמע ברען פֿון די ‚ראַשיקע׳ שטונדן.

ער האָט זיך אַרומגעבלאָנקעט איבער די גאַסן אַרום דער שטאָט־ביבליאָטעק, מיט אַ פֿאַרטראַכטן בליק און אויסגעגלעטן שטערן, אין פֿאַרטייַעטער רו. דער טומל אַרום איז געשטאַנען נאָענט, נאָר ווי אָפּגעשיידט פֿון אים מיט אַ דינער מחיצה, וועלכע ער האָט מיטגעטראָגן מיט זיך. איין מאָל איז זייַן רו אַ ביסל געשטערט געוואָרן ווען ער האָט זיך אָנגעטראָפֿן פּנים־אל־פּנים מיט אַ יונגער דאַמע מיט בלאָנדע האָר און גרויע אויגן. ביידע זענען געוואָרן בלאַסלעך. ער האָט באַרירט זייַן הוט, און זי האָט געפֿרעגט וואָס ער מאַכט, און ער האָט געזאָגט: „אַ דאַנק, וואָס מאַכט איר?“ און זי האָט אים אָנגעבאָטן זי צו באַגלייטן, און ער האָט געזאָגט ער באַדויערט – ער האָט אָפּגעמאַכט מיט עמעצן זיך צו טרעפֿן אין עטלעכע מינוט אַרום. פֿון הינטער די העפֿלעכע, צוריקגעהאַלטענע רייד האָבן ביידנס בליקן אַרויסגעקוקט שפּיציק און האַרט, ווי ראַפּירן אין די הענט פֿון אַ פּאָר דועלאַנטן. אַוועקגעגאַנגען איז די דאַמע מיט אַן אויסגעגלייַכטן רוקן און פֿאַרריסענעם קאָפּ, און ער – אַ ביסל געהויקערט און פֿאַרוואָלקנט. דערנאָך האָט זייַן שטערן זיך ווידער אויסגעגלעט, אַ קלייִנער שמייכל האָט אויפֿגעהויבן אַ ווינקל פֿון מויל, און אַזוי איז ער שוין פֿאַרבליבן ביז ער האָט דערזען אויף אַ זייגער, אַז ער האָט פֿאַרשפּעטיקט אויף פֿינף מינוט. מיט ניט־געאייַלטע טריט האָט ער זיך אומגעקערט צום רעסטאָראַן.

זי איז געשטאַנען און האָט געקוקט אין שויפֿענצטער פֿון אַ קראָם אין שכנות מיטן רעסטאָראַן. געטראָגן האָט זי אַ גרוי־ברוין מענטעלע און אַ ברוין היטעלע – און ס׳האָט איר ניט געפּאַסט. איר פּנים איז געווען ערנסט, אָנגעטאָן אין דער עלטערער מינע – דער זעקס־און־צוואַנציק־יאָריקער. אים אַנטקעגן האָט אַן אויגנבליקלעכער שמייכל געענדערט אַלע ליניעס פֿון איר געזיכט און איז תּיכּף פֿאַרשוווּנדן. אַ מין באַוועגלעכקייט! דרומדיק בלוט, צי וואָס? –

זיי האָבן זיך פֿאַרנומען אויף דער 42טער סטריט, צו מערבֿ צו, צו בראָדוויי. זי איז געגאַנגען סטאַטעטשנע, לײַטיש, און אויפֿן ערשטן קוק האָט מען זי געקאָנט אָננעמען פֿאַר אַ ייִדיש ווײַבעלע פֿון פֿאַראָרעמט־באַלעבאַטישן גראַד. אויפֿן צווייטן – ניט. דער דריטער קוק האָט געוויזן דײַטלעך, אַז דאָס איז אַ באַשעפֿעניש פֿון עפּעס גאָר אַ פֿרעמדער וועלט: שפּאַניש, אפֿשר, און מיט אַ צומיש פֿון אינדיאַניש בלוט.

– איר אַרבעט שטענדיק אָט דאָ אין רעסטאָראַן?

– די צווייטע וואָך. און – האַלבע טעג. קיין לעבן קאָן מען דערפֿון ניט מאַכן.

אַהאַ! אַן אָנצוהערעניש. „מ׳קאָן קיין לעבן ניט מאַכן.“ צוויי פּרנסות... – ער האָט זיך פֿאַרקרימט.

– און ווי זאָל איך אײַך רופֿן? ווי איז אײַער נאָמען?

ווידער האָט זי איר פּנים געענדערט מיט אויסטערלישער פּלוצעמדיקייט, ווי פֿון אַן אינעווייניקסטער עקספּלאָזיע. אָט די שאַרפֿע איבערגענג האָבן אים דענערווירט אַ ביסל, ווי זי וואָלט אים אָנכאַפּן בײַ אַ קנעפּל אָדער אַ טאָרע טאָן בײַ אַן אַרבל. אין דער אמתן איז זי געווען גאַנץ צוריקגעהאַלטן אין באַוועגונגען; בלויז דער שניט פֿון איר מויל האָט זיך געוואָרפֿן ווי דער רימען פֿון אַ בײַטש, און פֿון די ווינקלען פֿון די אויגן זענען געשפּרונגען געלעכטערלעך.

– דזשעני. דזשעני הייס איך.

– דזשעני גאָר! ניין – וואָס עפּעס דזשעני?

זי האָט זיך אָנגעבלאָזן.

– פֿאַר וואָס ניט? איך בין אַן אַמעריקאַנערין. געבוירן טאַקע דאָ אין ניו־יאָרק. געוויס.

– יאָ־יאָ, איך זאָג ניט... אָבער – איר זעט מיר אויס צו זײַן פֿון דרומדיקער אָפּשטאַמונג

– אַ שפּאַניערין, אַ שטייגער, אַ?

איר ברוינלעכער שטערן איז געוואָרן ברוינער.

– נו יאָ, מײַנע אַלטע לײַט... קומען פֿון קאַליפֿאָרניע. אָבער איך בין אַ ניו־יאָרקערין. געבוירן דאָ. געבוירן טאַקע דאָ.

זי האָט אַ ווײַז געטאָן מיט דער לינקער האַנט אָן אַ זײַט, צו דרום־מערבֿ צו.

דאָס איז מסתּמא געווען אמת: איר שפּראַך איז געווען אומקאָרעקט, זשאַרגאָנמעסיק, נאָר נישט אַנדערש ווי בײַם דורכשניטלעכן אַרבעטער־מיידל – אַמעריקאַניש, ניו־יאָרקיש.

ג

ער האָט איר פֿאָרגעשלאָגן צו נעמען אַן אײַזקרעם, און זיצנדיק בײַם טישל אין ‚פּאַר־לאָר׳ איז זי צוריק געוואָרן פֿרײַער. זי קען אַפֿילו קיין שפּאַניש ניט. אירע ‚אַלטע לײַט׳ – אַוודאי, זיי רעדן צווישן זיך שפּאַניש, אָבער זי ווייסט קוים עטלעכע ווערטער. נו, און די תּפֿילות – אָבער יענע זענען לאַטײַן. יאָ. –

איצט איז ער אויך געווען אַ ביסל אויפֿגעלייגטער, און האָט מיט איר אײַנגעטענהט:

– אָבער, הערט זיך אײַן, וואָס פֿאַר אַ נאָמען איז דזשעני?! כ׳מיין באמת. יעדע דזשעין,

דזשין און דזשאָון איז דזשעני. וואָלט איר זיך כאָטש גערופֿן כואַניטאַ. אָדער איזאַבעללאַ. און פֿאַר וואָס טאַקע ניט דאָלאָרעס?

זי האָט אים אָנגעקוקט אַ ביסל אומזיכער.

– איך בין אַן אַמעריקאַנערין...

– געוויס, – האָט ער זי באַרויִקט, – אַוודאי אַן אַמעריקאַנערין. אָבער זאָגט אַליין: דאָ־לאָ־רעס. דאָס האָט עפּעס אַ קלאַנג! כלעבן – כ׳וועל דיך רופֿן דאָלאָרעס!...

זי איז פּלוצעם געוואָרן פֿריילעך, און אַריבערן טישל האָט זי אַוועקגעלייגט איר האַנט אויף זײַנער:

– אָלרייַט! זאָל זײַן דאָלאָרעס, אַז דו ווילסט אַזוי. כאַ־כאַ! דאָלאָרעס!... נו, און ווי זאָל איך דיך רופֿן?

אין טאָן זענען זיי אַריבער אויף דו – כאָטש הײַנטיקער ענגליש געברויכט ניט קיין באַזונדערע ווערטער פֿאַר איר און דו.

– מיך?!... – ער איז געוואָרן אַ ביסל אָפּגעקילט, נאָר האָט באַלד צוריק אויפֿגעשמייכלט.

– ניין, מײַן נאָמען וועסטו ניט קאָנען נאָכזאָגן. אַנו, זאָג: לאַקריצפּלעצל –?...

– ל־לאַק... פּררר!... – האָט זי אַרויסגעשפּריצט מיט אַ געלעכטער. – אוי, ניין, ווי האָסטו געזאָגט? כאַ־כאַ!

– נו, זעסט שוין? ניין, דאָלאָרעס, מײַן נאָמען איז נישט וויכטיק. אָדער – רוף מיך מאַני. ס׳איז לײַכט אויסצורעדן, און ס׳איז בעסער פֿון מאָריס, אָדער מײַקל, אָדער אַפֿילו סידני. אָט לאָמיר בעסער – נו, אַ ,מוווי׳. וואָלטסט אַ בעלן זײַן זען עפּעס אַ ,מוווי׳?

זי האָט זיך זייער דערפֿרייט. אָ, יאָ! „איַי׳ד לאָוו טו!“ – מיט פֿאַרגעניגן, הייסט עס. גייען מיר. –

זיי זענען אַרויס אין גאַס און זיך אַוועקגעלאָזן צו בראָדוויי.

אויפֿן וועג האָט ער איבערגעכאַפּט אַ פֿאַרבענקטן בליק וואָס זי האָט געוואָרפֿן אין אַ בלומען־געשעפֿט. ער איז אַרײַן אין קראָם און אַרויסגעבראַכט פֿאַר איר אַ רויז – אַן איינציקע רויז, אַ נאָך ניט אין גאַנצן געעפֿנטע, נאָר אַ פֿולע, אַ געפּאַקטע.

– אַ דאַנק, ליבינקער!

שוין אין טעאַטער, נאָך דעם ווי זי האָט אויסגעטאָן איר היטעלע, האָט זי אַרויסגענומען די רויז פֿון לאַץ און זי צוגעשפּיליעט צו די האָר, בײַ דער רעכטער זײַט פֿון קאָפּ. ערגעץ האָט ער געזען אַ מאָלערײַ – אַ ,גאָיאַ׳, צי וואָס? – אַ שפּאַנישע דאַמע מיט אַ רויז בײַ די שוואַרצע האָר. ניט געווען קיין ענלעכקייט צו יענער דאַמע אין גאַנצן, און דאָך... אינעם שוואַכן ליכט פֿון פֿאַרטונקלטן טעאַטער... איר בליק אַפֿילו האָט זיך געענדערט! המ... אַ מאָדנע ראַסע. –

**ד**

פֿאַרן פֿאָרהאַנג, אין אַ פֿלעק פֿון פּורפּורליכט, איז געשטאַנען אַ דיקער, הויכער מאַן אין אַ שוואַרצן פֿראַק, מיט אַ גלאַטן, קײַלעכדיקן ווײַבערשן פּנים, און האָט געזונגען מיט אַן

אומגעריכט דין שטימעלע פֿון אַ ,מלאכל׳. די ליפּן פֿון זײַן שמאָלן מויל האָבן זיך געעפֿנט ווי אַ סמך – מער אַרויף און אַראָפּ איידער אין דער ברייט. ער האָט זיס און נאָגנדיק געצויגן:

גיוו מיי רעגאַרדס טו מאָדהער.

טעל הויר איי קען פֿיינד נאָ אָדהער

הו׳ד לאָוו מי עז מאָטש עז שי די־יד!...

עמעצער אויף אַ באַנק דערנעבן האָט אַ כליפּ געטאָן. דזשעני־דאָלאָרעס האָט געאַר־בעט מיט איר באַוועגלעכן פּנים, און איר קאַוואַליר האָט געקוקט אויף איר בגנבֿה, מיט זײַן קליינעם שמייכל אין ווינקל פֿון מויל. – נאָך דעם איז געקומען, פֿאַרשטייט זיך, „סאָמבאַדי ז׳וויטינג פֿאָר מי“, און צום סוף אַ ליד וועגן דעם, אַז די טאַבאַקבלעטער זענען גאָלד און די באַוולבליטן זענען שניי; אַז די ,דאַרקיס׳ – די נעגערס, הייסט עס, – טוען נישט מער ווי דאָס וואָס זיי עסן רויטע, זאַפֿטיקע קאַווענעס און טאַנצן בײַ דער שײַן פֿון דער בלויער לבֿנה, – און געשען געשעט דאָס אַלץ

דאַון דהי

מיס־סי־סיפּ־פּי!

דאָס איז געווען זייער פֿײַן. אַ ביסעלע פֿריקרע איז אים פֿאָרגעקומען דאָס וואָס די דרײַ לידער זענען, דאַכט זיך, געזונגען געוואָרן מיט דעם זעלבן ניגון, און וואָס דעם דאָזיקן ניגון האָט ער, דאַכט זיך, געהערט פֿאַר אַ יאָרן, און פֿאַר צוויי יאָרן, און פֿאַר זעקס יאָרן, אין אַלערליי וואָדעוויל־הײַזער – בלויז די ווערטער זענען געווען אַנדערע. צי אפֿשר האָט ער אַ טעות – און די ווערטער זענען אויך די זעלבע?...

נאָך דעם ווי דאָס צוויי־הונדערט־פֿונטיקע מלאכל האָט אָפּגעשניטן און אײַנגעזאַמלט זײַנע עטלעכע גאַרבן אַפּלאָדיסמענטן, איז אַרויסגעקומען אַ נעגער, וואָס אַלע אמתדיקע נעגערס וואָלטן אים געמעגט מקנא זײַן: אַזוי שוואַרץ איז געווען זײַן פּנים, אַזוי רויט זײַנע ליפּן, אַזוי ווײַס זײַנע ציין און אַזוי גרויס און קײַלעכדיק זײַנע אויגן. ער האָט געזונגען אַ נע־גערש ליד – צום טײַוול! איז דאָס ניט דער זעלבער ניגון?... – האָט אָפּגעטאַנצט אַ ,דזשיג׳, און איז פֿאַרשוווּנדן. פֿון ביידע זײַטן ראַמפּע זענען אַרויסגעשוווּמען: אַ מיידל פֿאַרקליידט פֿאַר אַ רויטער ליליע, און אַ לאַנגער, דאַרער, גרויער בעל־עבֿירהניק אין באַלקליידער, וועלכער האָט געדרייט צווישן די פֿינגער אַ שפּאַצירשטעקעלע. דאָס פּאָרל האָט געזונ־גען קופּלעטן און געטאַנצט איינער קעגן צווייטן, און אי די טענץ, אי די קופּלעטן האָבן זייער דורכזיכטיק אינסינויִרט דאָס וואָס זיי האָבן געדאַרפֿט אינסינויִרן. דאָלאָרעס האָט געכיכיקעט, האָט שליסלעך ניט געקאָנט אײַנהאַלטן אירע געפֿילן און האָט זיך מיט אַ קווי־טשיקל צוגעדריקט צו איר קאַוואַלירס אָרעם. ניט אַ שפּיל טאָן זיך מיט איר וואָלט געווען אַ גראָבקייט. –

גאָט האָט געהאָלפֿן – מאַניס גאָט – און די וואָדעוויל־פּראָגראַם האָט זיך געענדיקט. אין טעאַטער איז געוואָרן נאָך פֿינצטערער, דער פֿאָרהאַנג האָט זיך אַרויפֿגעצויגן, און אויפֿן לײַוונט האָט גענומען גיין די בילדער־צײַטונג אונטערן קעפּל: „די וועלט פֿאַר דײַנע אויגן“: –

די קאָלעדזשעס יעיל און קאָרנעל שפּילן פֿוטבאָל, און קאָרנעל געווינט. הורראַ. – אַ צעלולאָיִד־פֿאַבריק אין קאָלאָמבוס, אָהײַאָ, איז פֿאַרניכטעט געוואָרן פֿון אַן אויפֿרײַס. דער שאָדן באַטרעפֿט צוויי מיליאָן דאָלאַר. דאָס קעצל אין קעלער איז ניצול געוואָרן און זיצט אײַנגענורעט בײַם פּאָליסמאַן אין אַרבל. דעם פֿאַרוווּנדעטן פֿײַער־לעשער האָט מען צוגענומען אין אַ שפּיטאָל, און די קערפּערס פֿון די פֿאַרשוווּנדענע אַרבעטער האָבן זיך נאָך נישט אָפּגעזוכט. – מיס מעריאָן טערענס פֿון טאַקאָמאַ, וואַשינגטאָן, האָט זיך אַראָפּגעלאָזן אין אַ פֿאַס מיטן לויף פֿון ניאַגאַראַ־וואַסערפֿאַל. זי טראָגט ניקערס און שמייכלט מיט ווײַסע ציין. – אין יאַפּאַן זייט מען רײַז אין וואַסער־באַדעקטע פֿעלדער. מענער און פֿרויען שטייען איבער די קנעכל אין וואַסער און פּאָרקען זיך מיט די הענט אין דער בלאָטע. – די ענגלישע יערלעכע ‚דוירבי' האָט זיך נאָר וואָס געענדיקט. דאָס פֿערד ‚לײַטנינג' פֿאַרנעמט צוויי דריטל פֿונעם עקראַן, און זײַנע נערוועזע אויערן ציטערן אויפֿן שמאָלן קאָפּ. – אין לאָס־אַנדזשעלעס, קאַליפֿאָרניע, זיצט אַ בחור שוין דעם זיבעצנטן טאָג צוגעבונדן צו אַ שטול בײַם שפּיץ פֿון אַ הויכן דראָנג, אויפֿן דאַך פֿון דער געבײַדע פֿון דער האַנדלסבאַנק – צוליב אַ געוועט אַז ער וועט אַזוי אָפּזיצן פֿיר און צוואַנציק מעת־לעת. – דער אַלטער דזשאַן ד. ראַקעפֿעלער שפּילט טעניס און טיילט צענסענטיקע. – פּאַריז לייגט דעם יערלעכן קראַנץ אויפֿן קבֿר פֿונעם אומבאַקאַנטן געפֿאַלענעם זעלנער. – ‚לינדי'[1] פֿליט זעקס הונדערט מײַל אין זײַן עראָפּלאַן צו ווערן אַ חתן. – דזשעק דעמפּסי[2] מאַכט איבונגען פֿאַר זײַן באַגעגעניש מיטן פּערואַנער טשעמפּיאָן זאַפּאַטעראַ. – אַן אויטאָמאָביל־לויף. – אַ מאָטאָרציקלעט־לויף. – אַ בייבי־אויסשטעלונג. – פּרעזידענט קולידזש[3] פּינטלט מיט פּישענע אויגן גלײַך אין טעאַטער אַרײַן. צוליב די ברייטע ראַנדן פֿון זײַן קאַובוי־הוט איז שווער אַראָפּצולייענען פֿון זײַן שטערן די געדאַנקען וואָס יאָגן מסתּמא ווי אַ וויכער דורך זײַן קאָפּ. –

אופֿ־ף! די איבערזיכט פֿון דער וועלט איז געענדיקט. „די וועלט פֿאַר דײַנע אויגן.“

איצט קומט די „קאָמעדיע“: –

מ'לויפֿט. מ'פֿאַלט. מ'שטייט אויף און מ'קריגט אין די ציין אַרײַן. מ'לויפֿט. מ'פֿאַלט. מ'שטייט אויף און מ'גיט אין די ציין אַרײַן. מ'לויפֿט ווידער. מ'פֿאַרלירט הויזן און קליידלעך. אַ בלומענטאָפּ פֿאַלט פֿון אַ פֿענצטער אין קאָפּ אַרײַן. מ'לויפֿט און מ'שטויסט זיך אָן מיט דער נאָז אָן – אַך! – אָן אַ פּאָליסמאַן. מ'לויפֿט צוריק און מ'פֿאַלט אַרײַן אין אַ פֿאַס מיט וואַסער. מ'לויפֿט נאָך אַלץ, און מ'כאַפּט איבער דאָס האַרץ מיט אַ ציגל אין קאָפּ אַרײַן. דער לעצטער לויף איז פֿאַטאַל: מ'טרעפֿט זיך אָן פּנים־אל־פּנים מיטן אייגענעם ווײַב! דעמאָלט פֿאַרגלאָצט מען די אויגן אויף אַ שרעקלעכן, אוממעגלעכן אופֿן, ביז די ווײַסלען פֿאַרנעמען

1 Charles Lindbergh, גערופֿן אויך lucky Lindy, אַן אַמעריקאַנער פּילאָט וואָס האָט באַוויזן צו פֿליִען פֿון ניו־יאָרק קיין פּאַריז אָן הפֿסקה אין יאָר 1927.

2 Jack Dempsey, אַ באָקסער, וועלטטשעמפּיאָן צווישן 1922 און 1926.

3 Calvin Coolidge, דער פּרעזידענט פֿון די פֿאַראייניקטע שטאַטן אין 1923–1929.

די גאַנצע עפּענונגען פֿון דעקל ביז דעקל, און מ׳פֿאַלט אויף אַהינטער אין טײַך אַרײַן. עט־לעכע מאָנסטער גרויסע לופֿטבלאָזנס קומען אַרויף צו דער אייבערפֿלאַך. כאַ־כאַ־כאַ־כאַ!

– האָסט הנאה, קליינע? – שמייכלט מאַני קוקנדיק אויף זײַן באַגלייטערין.

– אָה, איט׳ס סאָ פֿאָנני!... – ס׳איז אַזוי קאָמיש, הייסט עס, – און דאָס באַוועגלעכע פּנים פֿון דאָלאָרעס שפּריצט מיט טויזנט געלעכטערלעך. דער עולם אַרום לאַכט לאַנג, קאָן גאָר צו זיך ניט קומען. אַ מתּנה פֿון גאָט – דער הומאָר.

פֿון הינטער די פּלייצעס פֿון די צוקוקער שטראָמט און לייגט זיך אויפֿן לײַוונט דאָס הויפּטבילד פֿון פּראָגראַם: „די רויטע שאַרפּע". נו, מ׳דאַרף פֿאַרשטיין: אַ יונגער רע־פּאָרטער פֿון אַן אַמעריקאַנער צײַטונג דעקט אויף אַ פֿאַרברעכן און געווינט אַ יורשטע פֿון אַ באַנקפּירמע. אָדער אפֿשר... ניין – מיר זענען ערגעץ אין אייראָפּע פֿון צוועלפֿטן יאָרהונדערט. צוויי שטאָלצע ריטער, איינער אַ רײַכער, דער צווייטער אַן אָרעמער. דער ערשטער איז שטאָלץ אין דירעקטער פּראָפּאָרציע צו זײַן רײַכקייט, דער צווייטער – אין דער זעלבער פּראָפּאָרציע צו זײַן אָרעמקייט. וואָס זשע וועט זײַן? וועלכע פֿון די צוויי שטאָלצקייטן וועט... נאָר וועגן דעם זאָל דאגהן די הויך געשטעלטע דאַמע. וואָס אמת איז אמת – שיין איז זי, די דאַמע, אין איר לאַנגן קלייד און דער הויכער פֿריזור, מיט פּערל אין אירע האָר. און געהויבן איז זי, אָה, אַזוי געהויבן! עס וואָלט כּדאַי געווען צו וויסן: עס ט אַ מאָל אַזאַ הימלשע באַשעפֿעניש? אָדער, למשל, ע... ע... ע... מאַני קוקט זיך אום אויף דאָלאָרעס – און דער שמייכל ווערט פֿאַרפֿרוירן אויף זײַנע ליפּן. דזשעני קוקט אויף דער דאַמע מיט אויפֿגעריסענע אויגן, מיט אַ תּפֿילהדיק פּנים, און שעפּטשעט אין דער שטיל: „בעסוסע! מאַריאַ! ווי גרויסאַרטיק זי איז!" –

– דאָלאָרעס! – מורמלט מאַני איר אין אויער – אַנטשולדיק מיר, דאָלאָרעס. ווען איך זאָל ניט זײַן אַ חכם, וואָלט איך דאָך ניט געווען אַזאַ אידיאָט!

– אַ? – זאָגט דאָלאָרעס, ניט אַוועקרײַסנדיק די אויגן פֿון עקראַן. – שטער נישט, ליבינ־קער. קוק בעסער אַהין – פֿאַר וואָס קוקסטו ניט?

– איך קוק, איך קוק! וואָדען איך קוק ניט?...

ער קוקט, אָבער אויף איר, אויף דזשענין קוקט ער. פֿון אונטער די שוואַרצע האָר שי־מערט אַרויס אַ טייל פֿון אַן אויערל, אַ קליין אויערל, און האַרט דערבײַ גליט ווי אַ קויל בײַם אויסגיין די רויז אויף איר קאָפּ – ווי אַרויסגעוואַקסן פֿון קאָפּ אַרויס. ער נעמט אירע אַ האַנט צווישן זײַנע בײדע, און זי ענטפֿערט מיט אַ שוואַכן, פֿאַרטראַכטן דריק. ביסלעכווײַז לאָזט זיך זײַן קאָפּ אַראָפּ נידעריקער. די צוויי זיצן האַרט איינער נעבן צווייטן, נאָר יעדער פֿון זיי איז אין אַן אַנדער וועלט. –

## ה

– אויסטערס! – האָט מאַני באַשלאָסן אַרויסגייענדיק פֿון טעאַטער. – מיר גייען עסן אויסטערס.

דאָלאָרעס איז נאָכגעגאַנגען שווײַגנדיק, מיט אַ שאָטן פֿון אַ פֿאַרטראַכטן שמייכל אויף די ליפּן. דרויסן איז געוואָרן קעלטער, און קליינע, איינצלנע שנייעלעך האָבן זיך

אַרומגעבלאָנקעט אין דער לופֿט. אין גרויסן ,לאָנטשרום׳ מיט די פּאָפּולערע פּרײַזן איז געוועזן וואַרעם, ליכטיק און טומלדיק פֿון די נאָך־טעאַטער־באַזוכער. מאַני האָט באַשטעלט אויסטערס ,אין די מושלען׳, דאָלאָרעס האָט גענומען אַ געקעכטס פֿון אויסטערס מיט מילך. זי האָט געגעסן מיט דער איבערטריבענער מאַנירלעכקייט פֿון דער ,עכטער׳ ניו־יאָרקערין: פֿאַרשנורעוועט דאָס מויל, געזופּט צו קליינע ביסעלעך, געהאַלטן דאָס פּענעצל ברויט איידל, מיט צוויי פֿינגערלעך, און געפּיקט ווי אַ פֿייגעלע. פֿאַרביסן האָט זי מיט רויטן געצוקערטן זשעלאַטין אין געשלאָגענעם שמאַנט. מאַני האָט זי אָבסערווירט פֿון אונטערן שטערן אַרויס. איין מאָל האָט ער אַ פֿרעג געטאָן:

– ווױנסט מיט דײַנע עלטערן?

אַ וואָלקן איז איבערגעגאַנגען איבער איר שטערן און איז פֿאַרשוווּנדן. זי האָט געשוויגן אַ ביסל. דערנאָך רויִק געזאָגט:

– אַז מ׳אַרבעט אין אַ רעסטאָראַן, זעט מען זיך אָן מיט אַלערליי מענטשן.

אָט אַזוי פּשוט! איגנאָרירט אַ פֿראַגע וואָס איז אפֿשר צו אינטים – און אַליין אויפֿגעהויבן אַ טעמע.

– אַנטקעגן וואָס זאָגסטו דאָס?

– אָט, סתּם אַזוי, זיך דערמאָנט... צו אונדז אין ,אויטאָמאַט׳ קומט אַרײַן איינער אַזאַ פֿאַרשוין, אַ קליינינקער, אַ דאַרינקער, אַ מיאוסינקער. מיט ברילן, אין אַ קײַלעכיקן היטל פֿון פֿאַר פֿינף יאָרן, אין אַן אָפּגעריבענעם מאַנטל. מיט איין וואָרט – אַ פֿאַרזעעניש, אַ לאַכודרע. מוז זײַן פֿון די דאָזיקע – פֿון די רוסן, צי וואָס?... עסן עסט עס נאָר בלינעס מיט סיראָפּ – יאָ, דערפֿאַר, ט׳אַ פּנים, האָב איך זיך דערמאָנט: האָסט אויך גענומען בלינעס... אָבער יענער – עסט ניט קיין אַנדער זאַך. בלינעס און בלינעס, און אַן עק! אַ קאָמעדיע. איך וואַרט שוין גאָר ניט אויף זײַן באַשטעלונג: ער גיט נאָר אַ שמייכל, און איך באַשטעל פֿאַר אים בלינעס. אָט, אַ שמייכל, זעסטו, האָט ער דווקא אַ ווילן. דאָס הייסט, ווי זאָל איך דיר זאָגן?... אַ שמייכל ווי אַלע שמייכלען. ניין... טאַקע אַ פֿײַנער שמייכל. איז וואָס זשע האָב איך געוואָלט דערציילן? איז, יאָ – זעצט ער זיך אַוועק בײַ אַ טישל, ניט זייער ווײַט, ניט זייער נאָענט, עסט זיך זײַנע בלינעס – און פֿאַרוואַרפֿט אַן אויג צו מיר. נו, וואָס קוקט אַ מאַן אויף אַ מיידל? מ׳ווייסט שוין. קוקט ער – און דערבײַ בלײַבט עס. זאָגן דעם אמת, האָב איך אין אָנפֿאַנג אַפֿילו געפּרוּווט אים צוגעבן מוט: אַ פּאָר מאָל אַ שמייכל געטאָן צון אים. געווען טשיקאַווע צו זען וואָס פֿאַר אַ מענטש. אָבער ער שמייכלט צוריק – און קיין וואָרט ניט. נאָך אַ מאָל געפּרוּווט – די זעלבע געשיכטע. איז וואָס זשע קוקסטו? קוקט! האָט ער זיך מיר צוגעגעסן אַ ביסל. נאָר וואָס דען? כ׳האָב זיך צוגעוווינט. עס האָט זיך אײַנגעשטעלט צווישן אונדז עפּעס אַזוינס... אָט אַזוי אָ, שווײַגנדיק. ער קומט אָפּט, עסט בלינעס, כאַפּט אַ קוק, שווײַגט. און טאָמער אַ מאָל באַווײַזט ער זיך ניט אַ שטיקל צײַט – פֿעלט ער מיר! דיד יו עווער?... – געזען אַזוינס?... כאַ־כאַ!

זי איז געוואָרן פֿריילעכער, שטיפֿעריש, און האָט בײַם אַרויסגיין פֿון רעסטאָראַן אים אַ כאַפּ געטאָן אונטערן אָרעם און זיך צוגעדריקט צון אים.

– נו, און איצט, מיידעלע, – האָט מאַני געזאָגט, – גיי אַהיים.

זי האָט אַראָפּגעלאָז[ן] זײַן אָרעם, זיך אויסגעגלײַכט ווי אַן אָנגעצויגענע סטרונע און אים אָנגעקוקט שטום – דערשטוינט – פֿאַרווונדעט.

– וואָס זשע קוקסטו אַזוי, אַ? שפּעט. צײַט פֿאַר דיר צו גיין שלאָפֿן – און פֿאַר מיר אויך.

זי האָט אַלץ געשוויגן, און ער האָט אומרויִק געמאַכט אַ שפּאַן אַוועק פֿון איר און צוריק צון איר. זי האָט אים אָנגענומען בײַ אַן אַרבל.

– נעם מיך מיט. נעם מיך ערגעץ.

– מ־ניין, – האָט ער כמורנע געזאָגט. – איך... ס׳איז ניט מײַן גאַנג.

– ס׳מיינסטו?

– ניט מײַן גאַנג. נו, סט׳ניט פֿאַרשטיין. און וווהין זאָל איך דיך נעמען? טאָמער האָב איך אַ ווײַב מיט קינדער אין דער היים, אַ? זאָל איך דיך ברענגען אַהיים צו מײַן ווײַב, אַ?

– אָבער... אין אַ האָטעל!

– אַ האָטעל? פּע! אַ האָטעל? כ׳האָב פֿײַנט האָטעלן!

ער האָט צערודערט און אומגעדולדיק אַרומגעטאַנצט אַרום איר אויף איין אָרט.

– וואָס ביסטו פֿאַר אַ מענטש?... – האָט זי זיך געוווּנדערט.

– אַ מענטש? – ווי אַלע מענטשן. ניט פֿיל ערגער פֿון אַנדערע מענטשן...

אים איז פּלוצעם עפּעס אײַנגעפֿאַלן.

– הער זיך אײַן, – האָט ער געזאָגט, – איך פֿאַרשטיי...

ער האָט אַרײַנגעשטעקט אַ האַנט צו זיך אין קעשענע, נאָר בײַ איר האָבן אויפֿגע־פֿינקלט די דרומדיקע אויגן, דאָס מויל האָט זיך אויסגעקרימט, און דאָס פּנים איז געוואָרן זייער ניט־שיין. ער האָט פֿאַרשטאַנען, און איז געבליבן שטיין אָפּהענטיק. זי האָט זיך תּיכּף געצוימט, אַ שאָקל געטאָן מיטן קאָפּ און אַ זאָג געטאָן:

– אַ גוטע נאַכט. אַ דאַנק פֿאַרן פֿאַרגעניגן.

איידער ער איז געקומען צו זיך, איז זי שוין געווען אַ צענדלינג טריט פֿון אים.

– פּ־פּע! – האָט ער זיך פֿאַרקרימט ווי פֿון אַ שלעכטן טעם אין מויל, און איז איר נאָכגעלאָפֿן.

– וואַרט אַ ווײַלע. איך... נו, האָב קיין פֿאַראיבל ניט. איך בין אַ גולם. וואָס זשע לויפֿסטו אַזוי?

זי האָט פֿאַרקלענערט די טריט, נאָר נאָך אַלץ געהאַלטן אין גיין.

– איך זאָג דיר – כ׳בין אַ שטיק משוגענער. דאַרפֿסט ניט זײַן בייז אויף מיר. איך מיין ניט קיין שלעכטס. נו גוט, קום מיט מיר, דאָלאָרעס – דזשעני – דאָלאָרעס. קום, קליינע, – זײַ ניט בייז.

זי איז געבליבן שטיין, נאָר, קענטיק, ניט געקאָנט זיך באַרויִקן אַזוי מיט אַ מאָל. ער האָט זי גענומען אונטערן אָרעם.

– קום־קום. מיר׳ן זיך דורכגיין אַ ביסל. דערנאָך – וועל׳מיר זען.

דער שניי איז איצט געפֿאַלן שיטער, אין לײַכטע און וואַרעמע פֿעדערן, וואָס זענען גע־קומען פֿון דער הייך אָן אימפּעט, האָבן זיך געבלאָנקעט אין דער לופֿט און זיך צוגעזעצט ווו

וועלכעס אַזוי ווי אויף אַ ווייַלע, ווי גרייט זיך ווידער אויפֿצוהייבן און אַוועקפֿליִען ערגעץ אַנדערש. די פֿינפֿטע עוועניו האָט אָנגעהויבן ווייַסלען צווישן די פֿאַרשטומטע הויכע ווענט. פֿון צייַט צו צייַט האָט אַן אויטאָמאָביל זיך פֿאַרבייַגעגליטשט מיט אַן איינַגעהאַלטענעם זייַדענעם שאָרך. מ׳האָט ניט געקאָנט זאָגן, אַז ניו־יאָרק שלאָפֿט, נאָר וואָס דען? – זיך צוגעזעצט אין אַ פֿאָטעל, מיט אַ ניט־געצונדענעם ציגאַר צווישן די פֿינגער, און פֿילט זיך טראַכטן. –

בייַ דער 59טער סטריט האָט מאַני צוגערופֿן אַ טעקסי. דער קורצער און העפֿטיקער רוגז וואָס איז אַדורכגעלאָפֿן צווישן זיי אַ ווייַלע פֿריִער האָט אַוועקגעטראָגן יעדן שפּור פֿון פֿרעמדקייט, נאָר קיין חשק צו רעדן איז ניט געווען. אין אויטאָמאָביל האָט ער זי אַרומגענומען מיט איין האַנט, זי האָט זיך צוגעטוליעט צון אים, און אַזוי זענען זיי געזעסן ביז די טעקסי איז געבליבן שטיין נעבן אַ גרויסן אַפּאַרטמענט־הויז אין בראָנקס. זי האָט געוואָרפֿן אויפֿן אַרייַנגאַנג אַ פֿאַרחידושטן בליק: ניט קיין האָטעל – נאָר זי האָט גאָרנישט ניט געזאָגט. זיי האָבן דורכגעשניטן אַ גרויסן אונטערשטן ,האָל׳ און צוגעקומען צו די טרעפּ.

– נעם מייַן האַנט, – האָט ער געזאָגט, – און איַיל זיך ניט. וועסט האָבן צו שטייַגן און צו שטייַגן.

די קאָרידאָרן און די טרעפּ זענען געווען גוט באַלויכטן, פּוסט און שטיל. זי האָט אָנגעשפּאַרט איר קאָפּ אָן זייַן אַקסל, און אַזוי האָבן זיי זיך געהויבן, דורך דער ליכטיקער פּוסטקייט, פֿון שטאָק צו שטאָק, ווי אַ פּאָרפֿאָלק וואָס קערט זיך אום אַהיים שפּעט בייַ נאַכט פֿון אַ שׂימחה בייַ גוטע פֿרייַנד.

## ו

דער טאָג איז אַזוי הייס, אַז די באַגראָזטע ערד אונטער מאַניס קערפּער איז וואַרעם און נאָכגיביק ווי אַ וואָלענע קאָלדרע. דער טאָג איז אַזוי ליכטיק, אַז דורך די פֿאַרמאַכטע אויגן־דעקלעך זעט ער זייער קלאָר דעם גרינעם טאָל דאָרט ווייַט אין דער נידער, דעם בלאָס בלויען, ווי פֿון ליכט אָפּגעבליאַקירטן הימל אַרום און איבער דער גאָרער וועלט, און די רייַכע שעוועליורע פֿונעם קאַשטאַנען־בוים הויך איבער זייַן קאָפּ. ער ליגט אויף אַ זייַט, מיט דער לינקער האַנט אונטער דער באַק, און רוט מיט יעדן אבֿר. –

ס׳איז זייער שטיל. נאָר ערגעץ נאָענט אָן אַ זייַט זינגט אַ בין אויף אַ דריבנעם, שיטערן טענאָר: „שאַר־לאַך־רויט!... שאַר־לאַך־רויט!“... וואָס מייַנט זי דערמיט? –

פֿאַרטראַכטערהייט טוט ער אַ לייג אַוועק זייַן רעכטע האַנט אויף דער ערד נעבן זיך – און טרעפֿט אויף עפּעס אַזוינס וואָס לאָזט אַרויס אַ שוואַכן דערשראָקענעם פּיפּס. ער כאַפּט זייַן האַנט צוריק. אויפֿן גראָז זיצט אַ פּיצעלע פֿייגעלע און דרייט מיטן שנעבעלע און מיט די געלע קייַלעכיקע אייגלעך. די ראָזיקע הויט קוקט דורך צווישן די שיטערע פֿעדערלעך. נאָך גאָר אַ בייבי; געמוזט אַרויספֿאַלן פֿון נעסט. ער לייגט נאָך אַ מאָל אַרויף אַ האַנט אויפֿן קליינעם קערפּערל – פֿאָרזיכטיק, צערטלעך. דאָס פֿייגעלע צאַפּלט אויף שוואַך, קוים צו פֿילן, נאָר, קענטיק, אָן שרעק. ווערט שטיל, און גיט זיך ווידער אַ צאַפּל. עס צאַפּלט זיך

שוין איצט אָפּט, רעגלמעסיק און רויִק, צוטרוילעך. נו, נאָר נישט קיין מורא! נישט – קיין – מורא. נישט – מורא. מורא. מורא. –

בײַ זיך אין קאָפּ, ערגעץ בײַם נאַקן, האָט ער געלאָזן ליגן אַ געדאַנק, וועלכן ער דאַרף אַרויסשלעפּן און באַקוקן פֿון דער נאָענט. וואָס איז עס געווען? יאָ: ווי אַזוי זעט ער עס דורך צוגעמאַכטע אויגן? אויב עס איז אַזוי ליכטיק, וואָס זשע וועט שוין זײַן אַז ער וועט עפֿענען די אויגן? טשיקאַווע. און ער גיט אַן עפֿן די אויגן – גלײַך אין שטאָק־פֿינצטערניש אַרײַן. אומגלייבלעך! ער פֿאַרמאַכט זיי האַסטיק צוריק: פֿינצטער, שוואַרץ. ער עפֿנט זיי ווידער: שוואַרץ, פֿינצטער. אונטער זײַן האַנט צאַפּלט זיך נאָך אַלץ דאָס פֿייגעלע – רויִק, רעגלמעסיק, ווי עס קלאַפּט אַ מענטשלעך האַרץ. אונטער זײַן האַנט קלאַפּט – אַ מענטשלעך האַרץ.

ער איז געקומען צו זיך. –

נאַכט. אַז דו ליגסט אַ ווײַלע מיט אָפֿענע אויגן, זעסטו אײַן, אַז ס׳איז גאָר ניט אַזוי שוואַרץ, גאָר ניט אַזוי פֿינצטער. דאָס ליכט פֿון די שטערן פֿליסט דורכן טאָפּלטן פֿענצטער צון אים אין שלאָפֿצימער, און די נאַכט אַליין איז דורכגעווייקט מיט אַ ווײַסן, ווייכן, דיפֿוזירטן ליכט – מוז זײַן דער שניי אויף דער גאַס. עס טרעטן אַרויס די נאָענטע ווענט, מיט אַ פּאָר טונקעלע פֿלעקן אויף זיי – בילדער. דער טיש. אַ שטול. אויף דער ערד – אַ טונקעלער הויפֿן: קליידער – ווײַבערשע קליידער – געלאָזן הינטער זיך אין זשעדנער, פֿריידיקער פֿאַרגעסלעכקייט. ער גיט אַ ציטער – אַ שמייכל – אַ שטאַרקן ציִ אַרײַן די לופֿט אין די לונגען. –

זי שלאָפֿט רויִק; אויסגעבויגן, אײַנגענורעט, צעוואַרעמט. דאָס האַרץ אַרבעט שטיל, נאָר כּסדר; עס פּראָדוצירט זיך אויף ס׳נײַ דער אויסגעשאָסענער פּולווער. מערקווירדיק, ווי אָפֿט ניט־שיינע פּרויען האָבן שיינע קערפּערס! און פֿאַרקערט. –

ער האָט זיך אַרויסגעשלײַכט פֿון בעט און איז, אין שלאָפֿראָק און שטעקשיך, אַרויס אין צווייטן צימער, צומאַכנדיק די טיר הינטער זיך. דאָרט האָט ער אין דער פֿינצטער אָנגעטאַפּט דאָס קנעפּל פֿון דער עלעקטריע און אַ דריק געטאָן. דאָס איז געווען דאָס גרעסערע פֿון זײַנע צוויי צימערן, זייער קנאַפּ מעבלירט, אויף די נאַקעטע ווענט אַן איינציק בילד – אַ לאַנדשאַפֿט פֿון יצחק ליכטענשטיין. צוויי טירן אין אַ ווינקל האָבן געפֿירט צו דער וואַנע און צום מיניאַטור־קיכל – ‚קיטשענעט׳.

ער האָט אויסגעוואַשן דאָס מויל, אויסגעטרונקען אַ גלאָז וואַסער און פֿאַררייכערט אַ סיגאַרעט. דערנאָך האָט ער פֿאַרקוקט אין שפּיגל און זיך פֿאַרקרימט; אַ צורה אַ ביסל! אַ פֿאַרשלאָפֿן, אָנגעדראָלן, בייז פּנים, מיט אויגן וואָס קריכן אַרויס פֿון קאָפּ, מיט אַ שפּראָץ פֿון גרוילעכן דראָט אויף דער מאָרדע – פֿ־פֿע! אַ האָריקע ברוסט, אַ בײַכל, און אַ קערפּער וואָס קוקט אויס ווי אויסגעפּאַשעט, כאָטש... – ער האָט פֿאַרדראָסיק אַ מאַך געטאָן מיט דער האַנט און צוגעגאַנגען צום פֿענצטער.

– – – אַ ווײַסע און אַ פּראָסטיקע נאַכט. מיט אַ פּאָר מינוט צוריק – אַ הייסער, זוניקער טאָג, פּונקט אַזוי ממשותדיק – פֿאַר מיר. און וואָס ווייס איך מער ווי ‚פֿאַר מיר׳? – – „שאַרלאַך רויט“. אַ באַטעמט וואָרט – שאַרלאַך; פֿילט אָן דאָס מויל ווי אַ זופּ מאַלאַגאַ־ווײַן,

אָדער ווי אַ שטיקל ,האַרץ׳ פֿון אַ פֿרישן, זאַפֿטיקן קאַוון. – שאַרלאַך רויט. דאַרפֿן זייַן עפּעס נאָך ווערטער. וואַרט: זאַנגען – גאָלד – יאָ: „די קאָרנזאַנג איז גרין און גאָלד... דער מאָן איז שאַרלאַך רויט.“ יאָ. „די קאָרנזאַנג“... „דאָס לעבן פֿרעגט קיין קשיות ניט – פֿרעגן פֿרעגט דער טויט.“ אַהאַ: „דאָס ליד פֿון די שניטערינס“. פֿון וואַנען איז דאָס? ווער האָט דאָס?... און פֿאַר וואָס איז עס מיר געקומען אין חלום? און וואָס מיינט: דער טויט פֿרעגט קשיות?... המ... ניט קלאָר. – – –

– – – דאָס מענטשנקינד דאָרט אויפֿן בעט. לאָזט זיך אויס: געקויפֿטע ליבע – איז אויך ליבע. גיי ווייס. צאַרט – הייס – קאַפּריזנע – שפּילעווודיק – טיף און עכט. ווי זשע איז עס?... דאָס מענטשנקינד נייטיקט זיך אין אַ זונענשטראַל, אין אַ ביסל שפּיל, אין אַ ביסל הנאה. און אַזוי פּשוט, גשמיותדיק: אַ געשמאַקער ביסן, אַ קוש, אַ קיצל. און טאַקע: איך האָב נאָך קיין מאָל ניט געזען קיין נאַקעטע ,נשמה׳ אַרומשפּאַצירן איבער בראָדוויי אָט אַזוי – אָן הויזן. צוריקשמועסנדיק, האָב איך קיין גוף ,אַליין׳ אויך ניט געזען אַרומגיין. די נייַנטע סימפֿאָ־ניע, צי „טריסטאַן“, צי וואָס דאָרט נאָך, אָן אַן אויער פֿון שפּאָנדרע און הויט, איז – ניקס, און געפֿילטע קישקע איז מהנה די... ,נשמה׳. איז ווי זשע איז דאָס? – אָ, אַלטער בטלן! אַרויפֿגענומען אַ מויד פֿון גאַס – און פֿילאָסאָפֿירט איבער איר! – –

עטלעכע בלאָק אַוועק האָבן שוין איצט געדונערט די צוגן פֿון דער לופֿטבאַן און די טראַמוויַיען. שווערע וואָגנס האָבן געסקריפּעט אינעם שניי. דער טאָג איז ניט ווייַט.

ער האָט אַרומגעשפּאַנט, אין זייַנע ווייכע שטעקשיך, אין דיאַגאָנאַל פֿון צימער, פֿון ווינקל צו ווינקל.

– – – די קליינע דאָרטן, יאָ, דאָס מענטשנקינד בענקט נאָך... נו, שוין געהערט דעם פּיזמון. אָבער וואָס האָב איך געוואָלט אויסברייַען? געקויפֿטע ליבע איז – אויך ליבע. ווייַז דעם מענטשנקינד אַ שקל – און עס הייבט אָן צו זינגען שירה. נאָר דער וויץ איז, אַז דאָס געזאַנג איז – עכט. טאַקע דער שקל, נאָר קוים האָט עס אָנגעהויבן, איז... כאַ־כאַ! וואָס זשע באַטייַט דאָס? שוין זשע האָב איך אַזוי שלעכט פֿאַרשטאַנען? מייַן גאַנץ לעבן אַזוי שלעכט פֿאַרשטאַנען? מייַן גאַנץ לעבן?... דאָס וואָלט געווען שוין צו פּשוט. צו פּשוט טויג ניט. צו פֿאַרוויקלט – טויג אויך ניט. בכן, איז ווו האַלט איך?... ווו איז דער אָנהייב און ווו – אָה, העלל!... – – – ער האָט אויסגעשפּיגן דערפֿאַר וואָס ער האָט אַרייַנגענומען דעם סיגאַרעט מיטן פֿייַער אין מויל, ווי אויך פֿון פֿאַרדראָס אויפֿן פֿאַרפּלאָנטערטן קנויל.

דער טאָג איז בלוילעך־ווייַס געגאַנגען אין הויז דורך אַלע פֿענצטער. מאַני האָט שטיל געעפֿנט די טיר צום שלאָפֿצימער און איז צוגעגאַנגען צום בעט. דאָלאָרעס איז געליגן אויפֿן רוקן מיט איין האַנט אונטערן נאַקן, און איין באַק אירע האָט געגליט רויט. זי האָט רויִק געאָטעמט, און ער האָט געקוקט אויף איר פֿאַרחידושט, צעטומלט. און פּלוצעם, אָן שום הכנות, האָט זי געעפֿנט די אויגן. אַ ווייַלע האָבן די אויגן געוויזן, אַז זיי פֿאַרשטייען גאָרניט. דערנאָך האָבן זיי אויפֿגעבליצט. דערנאָך זענען זיי געוואָרן טונקעלער. אַ שמייכל האָט זיך אַ שלענגל געטאָן צווישן די ליפּן, און די אויגן זענען געוואָרן נאָך טונקעלער. –

ז

מאַני האָט אַרײַנגענומען די מילך פֿון קאָרידאָר, און דער ריח פֿון אַ "גױיִשן" אָנבײַסן האָט זיך פֿאַרשפּרייט איבער דער וווינונג: אייער, חזיר־גריוון, פֿרישע קאַווע.

– דאָלאָרעס, פֿרישטיק!

– מ־באַלד... – האָט זי געענטפֿערט פֿון שלאָפֿצימער אַרויס. זי איז געזעסן אויפֿן בעט אַ פֿאַרטראַכטע אין מיטן אָנטאָן זיך, אין פּיאָלעטענע אונטערהויזן, נאַקעט ביז דער טאַליע: אַ קערפּער אַ יונגער, כּמעט אַ ייִנגלשער, דער קאָפּ – אומגעריכט – פֿון אַ דערוואַקסענער פֿרוי, די שוואַרצע האָר צעלאָזן, די אויגן אויפֿגעריסן, דאָס מויל אָפֿן, אין אַ צושטאַנד פֿון זעלבסטהיפּנאָז. צום סוף האָט זי מיט שווערקייט אָוועקגעריסן איר בליק פֿון עפּעס אַ פּונקט אין רוים און איז אַראָפּגעשפּרונגען פֿון בעט. זי האָט געכאַפּט אין די הענט דעם הויפֿן פֿון אירע קליידער און איז דורכגעלאָפֿן דורכן פֿאָדערשטן צימער אין וואַנע אַרײַן.

געגעסן האָבן זיי שווײַגנדיק, יעדערער פֿאַרנומען מיט זײַנע אייגענע געדאַנקען. דערווײַל האָט די זון געטאָן אַ קוק אַרויס פֿון הינטער אַ שאַרפֿן קעגנאיבערדיקן דאַך און דורכן הויכן פֿענצטער אַ וואָרף געטאָן אויפֿן דיל אַ גלי‌ִענדיקן גאָלדענעם שווערד, אַ גראָדן, אַ שאַרפֿן, מיט אַ לאַנגן, דינעם שפּיץ. דאָס איז געשען אַזוי פּלוצעם, אַז ביידע האָבן זיך אומגעקוקט און מיט פֿאַרשפּיצטע אויערן זיך געריכט אויף אַ מעטאַלענעם קלונג. ער איז ניט געקומען, און זיי האָבן זיך איבערגעקוקט מיט אַ שוואַכן, אומבאַשטימטן, בלאָנדזשענדיקן שמייכל. באַלד דערנאָך האָט דאָלאָרעס פֿאַרענדיקט איר עסן, האָט אָנגעטאָן איר הוט און מאַנטל און געשעפֿטסמעסיק אָנגעפּודערט דאָס פּנים קעגן שפּיגל. מאַני איז אויפֿגעשטאַנען, האָט אַרויסגענומען פֿון אַ שופֿלאָד פֿון ביוראָ אַ פּאָר פּאַפּירלעך און זיי איר דערלאַנגט. זי איז אָפּגעטראָטן פֿון אים און האָט אַ שאָקל געטאָן מיטן קאָפּ: ניין.

ער האָט זיך אומגעדולדיק פֿאַרקרימט.

– נעם, נו.

זי האָט פֿאַרוואָרפֿן די הענט אַהינטער, ווי אַ קינד.

– אָבער... פֿאַר וואָס ניט?

זי האָט צוגעשוויגן. דערנאָך מיט שווערקייט אַרויסגעקוועטשט:

– איך... דאָס מאָל בין איך אויסגעגאַנגען – פֿון מײַנט וועגן.

– פֿון דײַנט וועגן?

ער האָט דאָס צעקײַט. דערנאָך איז ער צוגעטראָטן צו איר נאָענט און האָט ווייך געזאָגט:

– הער זיך אײַן: נעם, עס וועט צו ניץ קומען. אַ מתּנה, פֿאַרשטייסט? אָדער... נו, אָט וואָס: קויף דיר עפּעס אַ שיינע זאַך צום געדענקען... ניין – קויף דיר אַ גוט זײַדן העמדל וואָס זאָל צופּאַלן צו דײַן הויט צאַרט – צערטלעך – אָט אַזוי.

זיי זענען געשטאַנען אַ ווײַלע איינער נעבן אַנדערן שטום. דערנאָך האָט זי נישט קוקנדיק אַרײַנגעשטופּט דאָס געלט צו זיך אין בײַטל און געזאָגט:

– גוד בײַ.

ער האָט גענומען איר האַנט און צוגערירט זייַנע ליפּן צו אירע פֿינגער. געמאַכט האָט ער עס אַ ביסל שפּאַסיק־צערעמאָניש: דער שטאָלצער ריטער, הייסט עס, אין שלאָפֿראָק און מיט אַ גלאַנציקן פּליך אויפֿן קאָפּ, און די הויך געשטעלטע דאַמע – אין ניו־יאָרק פֿון צוואַנציקסטן יאָרהונדערט. אָבער דזשעני פֿון 10טער עוועניו האָט עס צוגענומען אָן אַ שמייכל, ערנסט, כּמעט שטרענג. זי האָט אַ שאָקל געטאָן מיטן קאָפּ, איז אַוועק צו דער טיר און האָט זי געעפֿנט. דאָ האָט זי זיך אומגעקוקט אויף אים צום לעצטן מאָל. פֿון הינ־טער דעם דאָזיקן בליק, פֿון ערגעץ זייער ווייַט, האָט עס אויף אים אַ ווייע געטאָן מיט אַזאַ היימישקייט, מיט אַזאַ נאָענטקייט, אַז ער האָט זיך אַ צאַפּל געטאָן. זי האָט שטיל געמאַכט אַ טראָט אַהינטער און צוגעצויגן די טיר צו זיך. ער האָט זיך אַ ריס געטאָן פֿאָרויס – און באַלד געבליבן שטיין. מייַן גאָט! וואָס אי׳דאָס – וואָס אי׳דאָס געווען?...

## פֿראַדל שטאָק

# פֿרידריך שילער

„אַ שטיל מיידל ווי אַ טויב, און קען גאַנץ שילערס ווערק אויסווייניק" – האָבן אַלע געזאָגט אויף עלקען.

צוויי קינדער זײַנען זיי געווען, זי און אַן עלטערער ברודער, אויך אַ שטילער, מיט אַ פֿרום פּנים און אַ גרויסער לערנער.

אַז די מוטער איז געשטאָרבן, האָט זי נאָר וואָס געהאַט געענדיקט די שול און זיך גענר־מען פֿירן דאָס באַלעבאַטישקייט.

דער טאַטע אירער, ר׳ איציקל, אַ נאמן אין אַ וואַלד, איז געווען אַ זײַדענער ייִד, געקענט בעסער לערנען פֿונעם רבֿ (אַזוי האָט מען געזאָגט). און געווען אַ גרויסער גדלן. עס האָט געהייסן, אַז ער האָט נישט חתונה דערפֿאַר, ווײַל קיינער שטייט אים נישט אָן.

אַלע דרײַ זײַנען זיי געווען ציטעריקע, יחסנדיקע מענטשן און אַלע דרײַ האָבן זיי נישט געקענט הויך רעדן. טאָמער האָט איינער צום אַנדערן אַרויסגערעדט אַ וואָרט, איז עס געווען שעמעוודיק, מיט אַראָפּגעלאָזטע אויגן. אַממייסטן האָבן זיך געשעמט שוועסטער און ברודער און זיך אויסגעמידן ווי צוויי פֿאַרליבטע.

אַז אַ פֿרעמדער איז אַרײַנגעקומען צו זיי, האָט זיך אים געדאַכט, אַז ער איז אין אַ מקום־קדוש.

עלקע האָט שטילערהייט געפֿירט די שטוב און שבת געמאַכט מיט אירע ווײַסע, יחס־נישע הענט. אַז זי פֿלעגט אויספֿלעכטן דעם קוילעטש אויף שבת, האָבן זיך אין די פֿינגער געמאַכט פֿונקט אַזעלכע חן־גריבעלעך, ווי אַז זי האָט געפֿלאָכטן דעם צאָפּ.

אַלע דרײַ האָבן זיי געקענט זינגען. דער פֿאָטער ווי אַ קלאַרנעט און די שוועסטער מיטן ברודער ווי אַ פֿלייט. זי אייבערשטע און ער – טיפֿערע טענער, נאָר שטיל, שטיל.

אַז דער פֿאָטער איז געזעסן בײַ די זמירות, האָט אים אָשרל אונטערגעהאָלפֿן מיטן טיפֿן קול די חזנישע ניגונים, און עלקע, וואָס האָט געגעסן באַזונדער אין איר שטיבל, האָט נאָכגעזונגען.

בײַ דער לערערין, בײַ וועלכער זי האָט זיך געלערנט שטיקן, האָבן אַלע מיידלעך גע־וואָלט זיצן לעבן עלקען. זי האָט עפּעס געהאַלטן די נאָדל אַנדערש ווי אַלע מיידלעך, און דאָס, וואָס זי פֿלעגט אויסשטיקן, איז געווען יחסניש, גדלותדיק. מ׳האָט געפֿילט, אַז עלצע האָט עס געמאַכט.

אַרום איר, ווו זי איז געווען, איז אויך געווען גדלות. דאָס האָט יעדער געפֿילט, ווער עס איז צוגעגאַנגען צון איר נאָענט, און דאָס גדלות האָט איר געפּאַסט.

פֿון: **געזאַמעלטע ערצעהלונגען**. ניו־יאָרק: פֿאַרלאַג ,נײַ־צײַט׳, 1919, ז"ז 25–32.

די מיידלעך פֿלעגן זינגען דײַטשע און פּוילישע לידער. נאָר אַז עלקע האָט זיך באַנעצט די ליפּן, זײַנען אַלע אַנטשוויגן געוואָרן. מ׳האָט געוווּסט: זי וועט זינגען.

האָט זי געזונגען שילערס אַ ליד, נאָר אין ליד איז שילער געווען דער ריטער, און זי די נאָנע, וואָס קומט אין טאָל צון אים. תּמיד האָט זי אים, שילערן, געזען ליגן ערגעץ אויף אַ פֿעלד פֿאַרבלוטעט און זי בייגט זיך איבער אים און שטאַרבט מיט אים שטיל, שטיל... ניין, האָט חתונה ערגעץ אין אַ קלויסטער.

עס איז געווען איר שילער פֿונעם ערשטן מאָל אָן, ווען זי האָט אָנגעהויבן פֿאַרשטיין דײַטש. נאָך מער, אירער איז ער געוואָרן, ווען זי האָט דערזען אויפֿן בילד דאָס איידעלע פּנים זײַנס מיטן בראָקאַט ביז די קני און לאַנגע זאָקן.

און פֿלעגט זי דער געדאַנק אַ גאַנצע וואָך נישט אָפּלאָזן, איז ער אָבער געוואָרן אַמשטאַרקסטן שבת – שבת אין דער פֿרי, פֿאַרן דאַוונען, ווען זי איז געזעסן בײַ זיך אין שטיבל, אַליין און איבערגעקעמט דעם פֿריש אויסגעוואַשענעם צאָפּ פֿון נעכטן און שוין געפֿילט אויף זיך דאָס קרעם קליידל מיט די לאַקירטע שיך...

עס האָט זיך געפּאַסט דער זײַדענער שילער מיט די לידער און זײַנע יונגע מאַרקיזן צום שטילן שבת אין דער יחסנישער שטוב, צום גדלותדיקן מיידל מיטן פֿריש אויסגעוואַשענעם צאָפּ. און פֿול איז געווען מיט זיי איר שטיבל, די ווענט, דאָס שאַכטעלע מיט דער שמעקנדיקער זייף, דאָס בלויע סאַמעטבענדל אויפֿן האַלדז.

מיט דעם חלום איז זי אַרומגעגאַנגען אין דער חסידישער שטוב און געקאָכט אָנבײַסן.

און ווײַל שיין דערציילן האָט זי געקענט אויסווייניק שילערס ווערק, איז מיט איר חבֿר געוואָרן באַבצע רייזעס, אַ נגידיש קינד, און ביידע פֿלעגן זיי גיין שבת אין טויער אַרײַן שפּאַצירן, און דאָרטן, אויף די שטיינערנע בענקלעך, פֿלעגט עלקע נאָך אַ מאָל איבערדערציילן דאָס מעשׂהלע פֿון דער שיינער טוראַנדאָט און די פּרינצן, וואָס האָבן זיך געלאָזט די קעפּ פֿאַר איר אָפּהאַקן.

נאָר איין זאַך האָט זי איר נישט דערציילט: דאָס וואָס זי פֿלעגט טראַכטן שבת פֿאַרן דאַוונען בײַ זיך אין שטיבל ווען זי האָט געקוקט אויף די יונגע מאַרקיזן אין בראָקאַט ביז די קני, און נישט פֿון איר בלוטנדן שילער אַליין אויף אַ פֿעלד, מיט וועמען זי איז שטיל, שטיל געשטאָרבן... ניין, חתונה געהאַט אין אַ קלויסטער.

איין מאָל אויפֿן שפּאַציר האָבן זיי באַגעגנט דעם גראַפּס זונדל אויף אַ פֿערד רײַטנדיק אין אַ גרינעם רײַטאַנצוג, דאָס פּנים זײַנס איז געווען אַזוי גרעפֿלעך־קלאָר.

האָט עלקע אַרײַנגעקוקט אין זײַנע אויגן און שיִער געחלשט.

פֿון דעמאָלט אָן האָט זי שוין געזען שילערן אין גראַפּס גרינעם רײַטאַנצוג, ווי ער בלוטעט אַליין אויפֿן פֿעלד מיט דעם קלאָרן פּנים.

דער יונגער גראַף איז אַוועקגעפֿאָרן קיין אויסלאַנד און עס איז אַהיים געקומען אויף וואַקאַציע זאַלעסקיס זון, אַ סטודענט. האָט ער געטראָפֿן ביידע מיידלעך אויפֿן שפּאַציר, ווײַט הינטער דער שטאָט, און זיי אָנגעהויבן נאָכצוגיין.

זיי האָבן זיך די ערשטע צײַט נישט זעענדיק געמאַכט, ווי עס פּאַסט פֿאַר לײַטישע קינ־דער, נאָר אין האַרצן זיך געפֿרייט; בפֿרט ווען דער יונגער זאַלעסקי האָט גזונגען אַזעלכע שיינע דײַטשע ליבעסלידער, געקוקט פֿרעך אין די אויגן און גערופֿן ,ליבכען׳.[1]

פֿון דעמאָלט אָן האָט עלקע גזען איר שילערן ווי ער זינגט זאַלעסקיס שיינע ליבעס־לידער, קוקט פֿרעך אין די אויגן און רופֿט ,ליבכען׳...

זאַלעסקי איז צוריקגעפֿאָרן שטודירן, און אין מיל אַרײַן האָט מען אַראָפּגעבראַכט אַ לערער אַ מאַטוריסט ער זאָל צוגרייטן דעם מילפּעכטערס ייִנגלעך אין גימנאַזיום. דער לערער האָט געקענט שפּילן פֿלייט פֿון נאָטן און פֿאָרן אויף אַ וועלאָסיפּעד. דאָס האָט דערציילט אָשרל, וואָס איז געווען אַ חבֿר מיט איינעם פֿון די ייִנגלעך.

געזען האָט זי אים איין מאָל פֿון דער ווײַטנס און געקוקט פֿאַרשעמט אויף זײַן טענצל־דיקן גאַנג און וואַגאַבונדסקע היטל. נאָר אַזוי ווי זי איז געווען אַ לײַטיש קינד און נישט גע־קענט הויך רעדן, האָט זי אים קיין מאָל נישט געזען פֿון דער נאָענט, ביז אָשרל האָט אַהיים געבראַכט איין מאָל אַ נאָטנביכל, און געזאָגט מיט רעספּעקט: „עס איז דעם לערערס.״ דערנאָך האָט ער דערציילט אין איין אָטעם, אַז דעם לערער איז געפֿעלן זײַן שטימע, און ער וועט אים לערנען זינגען פֿון נאָטן.

האָט עלקע בײַ אים אַנטליִען דאָס ביכל, זיך פֿאַרמאַכט אין שטיבל, אַרײַנגעקוקט אין די צייכנס פֿונעם נאָטנביכל און געשמעקט די בלעטלעך. האָט זיך איר דער קאָפּ פֿאַרדרייט דערפֿון, און זי האָט געפֿילט פֿונעם גערוך אַרויסוואַקסן דעם לערער מיטן טענצלדיקן גאַנג און וואַגאַבונדסקע היטל, וואָס שפּילט אויף אַ פֿלייט.

האָט זי שטאַרק ליב באַקומען די נאָטן און געקוקט אויף זיי אַזוי לאַנג, ביז דער בלונט־דער שילער האָט זיך אויפֿגעהויבן פֿונעם פֿעלד און איז אַוועקגעפֿלויגן אויף אַ וועלאָסיפּעד אין אַ וואַגאַבונדסקע היטל...

שפּעטער, אַז מ׳האָט אָנגעהויבן שמועסן וועגן מלחמה, האָבן אָנגעהויבן אַריבערצו־קומען די גרענעץ אַ סך יונגע־לײַט, צווישן זיי עלקעס אַ שוועסטערקינד, אַהרן, אַ פּראָס־טער בחור אָן חכמות.

די משפּחה האָט זיך באַלד אָנגעהויבן סודען, אַז ער וואָלט געווען פֿאַר עלקען אַ גוטער שידוך – אַן אייגענער, און קיין נדן האָט זי נישט.

איז אָבער ר׳ איציקלען נישט אָנגעשטאַנען דער אייגענער ברודער, ווײַל דער בחור האָט נישט געקענט גענוג לערנען און איז געווען אַ ציוניסט.

עלקען איז נישט געפֿעלן דער ,רוסישער׳, נאָר ווײַל דער טאַטע האָט נישט געוואָלט, האָט זי אָנגעהויבן צו טראַכטן וועגן אים.

די קרובֿים האָבן אײַנגעלייגט וועלטן און געשריגן צו איציקלען: „וואָס מיינסטו, וואָס, וועסט אַרויסהייבן דעם טשאָרטקאָווער רבינס אַן אייניקל? אַן אייגענער ברודער – דו דאַרפֿסט דאַנקען גאָט, וואָס ס׳האָט זיך אַזוי געמאַכט. ווען נישט די מלחמה, זיצט זי נאָך

1 Liebchen (דײַטש) – מײַן ליבע.

אַ מיידל.״ און וואָס מיינט ער? חתנים וואַלגערן זיך היינט אין די גאַסן? עס איז נישטאָ קיין בעלנים אויף מיידלעך אָן נדן... טאָמער איז ער אַ ציוניסט? מילא, אַ מענטש מוז האָבן עפּעס אַ חסרון, אַלדינגס אין איינעם איז נישטאָ ביי קיינעם...

ר׳ איציקל האָט זיך געלאָזט איבעררעדן, האָט מען באַלד געשריבן תּנאָים און פֿיר וואָכן שפּעטער חתונה געמאַכט.

דאָס פֿאָרפֿאָלק האָט ער אַריינגענומען צו זיך און אָפּגעגעבן זיי עלקעס שטיבל מיט דער קיך.

תּיכּף נאָך דער חתונה איז אַהרן געוואָרן אַ שטיקל סוחר, געגאַנגען אויפֿן דאָרף, גע־קויפֿט אַ בהמה און פֿאַרקויפֿט. איז ער באַלד געוואָרן פֿאַרגרעבט, זיך אויפֿגעהערט צו שעמען פֿאַרן ווייב און גערעדט ווויל־יונגיש פֿון געשעפֿט.

דער פֿאָטער פֿלעגט אָפּזיצן גאַנצע טעג אין קלויז, עס האָט אים געקרענקט, וואָס דער איידעם, זיין איידעם, איז געוואָרן אַ מאַרקמענטש. און נאָך מער: וואָס אָשרל איז אַנטלאָפֿן בגנבֿה אין דער שווייץ זיך לערנען אויף אַ פֿלייט ווי אַ קלעזמער...

איז די שטוב לײדיק געוואָרן, און עס האָבן זיך שוין נישט געהערט צווישן די אַלטע בכּבֿודע ווענט די שטילע קולות פֿון די יחסנישע מענטשן מיט די ווייסע, רבנישע פּנימער, נאָר עס האָט שוין געליאַרעמט דאָס רויע קול פֿונעם סוחר, דעם מאַרקמענטש, וואָס שעלט גוטמוטיק אין טאַטנס טאַטן.

איז עלקען דאָס לעבן געוואָרן באַלד נימאס און זי האָט געוואָלט זיין צוריק אַ מיידל. באַבצע, די חבֿרטע, איז מיט איר נאָך דער חתונה געוואָרן פֿון דער ווייטנס, ווייל „מע זעט שוין, וואָס פֿאַר אַ גליק זי האָט געכאַפּט״.

איז אין עלקען ווידער אויפֿגעגאַנגען דער חלום פֿון איר פֿאַרבלוטעטן שילער, נאָר דאָס מאָל צייטיקער, שטאַרקער. איצט איז ער שוין געווען אָנגעטאָן אין אַ שוואַרצן רייזע־מאַנטל מיט אַ פּעלערינע, געזעסן אויף אַן אַראַבישן פֿערד און זיך געזעגנט, געזעגנט.

איז זי אַרומגעגאַנגען אין שטוב ווי אַ פֿרעמדע און זיך גאָר נישט אָנגעקערט מיטן מאַן, נאָר שטיל געזונגען די מיידלשע לידער, אָנגעטאָן דאָס מיידלשע סאַמעטבענדל אויפֿן האַלדז און געשמעקט צון איר אָפּגעשווירענעם צאָפּ. ביי די זאַכן פֿלעגט זי זיך אויסוויינען און זיי צוריק פֿאַרשליסן אין קופֿערטל. דערנאָך פֿלעגט זי ווידער זינגען, און זינגען.

אַז אַהרן איז אָנגעקומען אויף אַזאַ שטיקל, האָט ער זיך דערשראָקן: „אפֿשר פֿונעם זין?״

– עלצע, וואָס איז, חלילה עפּעס געשען?

– וואָס פֿאַלט דיר איין?

– וואָס זשע שטייסטו און זינגסט?

– ווער זינגט?

אַהרן האָט פֿאַרשטאַנען אַז זי האָט געבענקט נאָך אים, נאָר זי שעמט זיך אויסצוזאָגן, האָט ער זיך אַנידערגעזעצט לעבן איר, אַרויפֿגעלייגט די הענט אויפֿן שייטל, געטאָן איר אַ פּעטשל אין באַק און געהירזשעט: „הי, הי, הי.״ דערנאָך האָבן זיך זיינע גלאַטע פֿינגער מיט די געלע שפּיצן געגליטשט פֿונעם שייטל אויפֿן האַלדז און נאַקן.

האָט זי צוגעמאַכט די אויגן, געוואָלט זיך נאַרן און געוויספּערט:

– פֿרידריך... פֿרידריך...

האָט אַהרן זיך אָפּגערופֿן, גלייַך ווי זי זאָל רעדן צון אים: וואָס איז?

נאָר זי האָט ניט געהערט און געוויספּערט:

– שפּרינג אַראָפּ פֿונעם פֿערד... פֿאָר נישט... פֿאָר נישט...

האָט ער געענטפֿערט:

– נאַרעלע, ווער פֿאָרט?... אַפֿילו ווען מע שיקט מיר אַ שיפֿסקאַרטע...

– אָ. ... קוק נישט אַזוי פֿרעך...

– ווער קוקט? ... קוק איך נ י ש ט ...

– קוק...

– קוק איך יאָ.

זי האָט אויפֿגעעפֿנט די אויגן און דאָס פּנים איז איר געוווען אַזוי געל ווי וואַקס, האָט אַהרן רחמנות געהאַט אויף איר, זי געוואָלט טרייסטן און זיך באַרימט.

– האָב איך הייַנט געקויפֿט אַ קעלבעלע – און דאָ האָט ער צוגעלייגט צוויי פֿינגער צום מויל און געטאָן אַ קוש ‚עה׳... ער האָט איר געקלאַפּט אין פּלייצע: – עלצע, עס איז אַזוי פֿעט ווי דו... אַ גוי אַ חזיר! בשום־אופֿן נישט געוואָלט פֿאַרקויפֿן פֿאַר פֿופֿצן רייַניש, כאָטש גיב אים אַ קרענק. וואָס זשע טו איך? אַנו טרעף... איך שיק אונטער אַ קונה, גיט ער אים נאָר נייַן... הי, הי, הי... דער ערל איז שיִער נישט געפּגרט... אַ קעלבעלע, זאָג איך דיר... טיראָלער ראַסע... אַז די קצבֿים האָבן מי[ך] דערזען נאָך לעבן וועכטערשטיבל, האָט מען עס געריסן פֿון די הענט... טיראָלער ראַסע...

האָט עלצע ווידער פֿאַרמאַכט די אויגן און איר שילער האָט זיך געבויגן איבער אירע אַקסלען מיטן גרעפֿלעכן קלאָרן פּנים און זיך געזעגנט, געזעגנט... גערופֿן ‚ליבכען׳, און אַוועקגעפֿלויגן מיטן וואַגאַבונדסקע היטל... געבלוטעט איינער אַליין אויף אַ פֿעלד און זי איז מיט אים שטיל, שטיל געשטאָרבן... ניין, חתונה געהאַט אין אַ קלויסטער.

פֿראַדל שטאָק

# אַ רעדע

איידער מ׳האָט זיך אומגעקוקט איז שוין געווען צוויי אַ זייגער ביַי נאַכט, נאָר קיינעם האָט זיך נאָך נישט געגלוסט אַהיים צו גיין.

דאָס איז געווען אַ באַנקעט צו פֿיַיערן די צעניעריקע עקסיסטענץ פֿונעם פֿאַראיין.

האָבן זיי זיך געפֿרייט, די מעמבערס, אַרומגעגאַנגען איבערן האָל אַ ביסל אונטערגע־טרונקען און ס׳האָט זיך צו אָפֿט געהערט אַ געלעכטער אומזיסט און אומנישט.

איינער אַ מעמבער האָט געמאַכט אַ פֿאָרשלאָג, אַז מע זאָל זינגען אין איינעם „עוד לא אבֿדה״[1]. האָבן זיך אַ פּאָר מעמבערס אויסגעהוסטלט דערצו און מ׳האָט אָנגעהויבן. נאָר אַזוי ווי יעדער האָט געזונגען פֿאַר זיך מיט אַן אַנדער קול און טעמפּאָ, איז זיך יעדער אַוועק אויף זיַין אייגענעם וועג, וואָס בלשון־מוזיקע וועט עס הייסן ,פֿוגע׳, און אויף פּראָסט ייִדיש – אַז איינער האָט נאָכגעהינקט דעם אַנדערן.

קוני דאָבעס האָט זיך אַרומגעדרייט מיט אַ גלעזל משקה אין דער האַנט און געהאַלטן אין איין רעדן פֿאַר זיך: „נו, לחיים! לחיים!״, און דער ,לחיים׳ איז באמת געווען מיטן גאַנצן האַרצן, וואָרן ווער איז נאָך אַזאַ ווויל מענטשל ווי קוני? – דערצערנט נישט קיין פֿליג אויף דער וואַנט און אײנעם וואָס זידלט אים נישט, וואָלט ער אויסגעקושט יעדעס אבֿר...

איין חסרון האָט ער געהאַט, קוני – געווען אַ שווערער בעל־דברן. אויף איר לשון הייסט עס אַ מעגעגע.

איז טאַקע געווען צרות – מענטשן האָבן אים מבֿייש געווען...נישט מיט ווערטער, חלי־לה – וואָס איז, מ׳קען אים נישט פֿון דער היים? דערוויַיל איז נאָך אַלער רעספּעקט... נאָר גאָרנישט, אַזוי – מיט אַ קוק זיך איבער, מיט אַ נישט דערענדיקטן שמייכל...ער פֿאַרשטייט עס שוין...

וואָס דאַרף ער מער? דאָס אייגענע וויַיב איז דען נישט ערגער ווי אַ פֿרעמדע? נאָר עפּעס – איז מעגעגע...

און ווי אויף להכעיס, וויַיל אַזוי, האָט ער דווקא ליב געהאַט צו רעדן... וואָס שווערער ס׳איז אים אָנגעקומען צו עפֿענען דעם מויל, אַלץ שטאַרקער האָט אין אים געברענט דער יצר־הרע צו רעדן. נאָר ווי אַזוי זאָל ער זיך אויסטענדהן, אַז זי פֿאַרכאַפּט נאָך איידער ער לאָזט די פֿאַרע פֿונעם מויל. אַזוי לעבן זיי זיך גאַנץ פֿיַין – וואָס האָט ער צון איר? נאָר דאָס איינע, וואָס זי לאָזט אים קיין מאָל נישט אויסרעדן.

1 דער ציוניסטישער הימען „התקוה״.

פֿון: **גענזאַמעלטע ערצעהלונגען.** ניו־יאָרק: פֿאַרלאַג ,נייַ־צייַט׳, 1919, ז״ז 47–52.

אין דער סאָסייַעטי איז דען נישט אַזוי? אַז ער הייבט עפּעס אָן זאָגן, דערגייט אים שייַקעלע קאָוואַל די יאָרן מיטן ,פּוינט אָוו אָרדער׳. אײַ, ווען מ׳גיט אים צייַט!... ער וואָלט שוין לאַנג געווען אַ קאַנדידאַט אויף וויַיס־פּרעזידענט. וואָס איז, שייַקעלע איז אַ גרעסערער מיוחס פֿון אים? נישט מער – די געמבע. ווען יענער טוט זיך אַ שטעל אַוועק מיט לשון: „איך מאַך אַ פֿאָרשלאָג, מ׳זאָל זיך נישט אייַלן אַרויסגעבן קראַנקן־בענעפֿיט צון אַ געזונטן מעמבער; דאָס איז מייַן אישו" – גיבן אים אַלע גערעכט.

און טאָמער פֿרעגט דער טשערמאַן צי ס׳איז דאָ אַן אָבדזשעקשאָן און קוקט אויף איט־לעכן און אויף קונין אויך, הייבט אים אָן פֿלאַמען דאָס פּנים. ער וויל זיך אויפֿהייבן און זאָגן, אַז ס׳איז דאָ אַן אָבדזשעקשאָן, ס׳איז דאָ... און אין אים שרייַט עס: „הייב זיך אויף... רעד, זאָג, דבר." נאָר אַז די פֿיס הייבן זיך נישט.

דערפֿאַר אָבער, ווען ס׳קומט צון אַן אָפּשטימונג, ווערט ער גאָר אַן אַנדערער מענטש. אמת, בייַ דער אָפּשטימונג דאַרף מען נישט מער, ווי נאָר אויפֿהייבן אַ האַנט – נאָר דאָס איז שוין גענוג. די גאַנצע נשמה לייגט ער אַרייַן אין דער אויפֿהייבנדער האַנט. זייַן האַנט זעט מען מער פֿון אַלעמענס. ער שטרעקט זי אויס אַזוי שטייף, אַז זי הייבט אים אַזש אָן צו ברעכן און מיט די פֿינגער מאַכט ער קונצן. די פֿינגער רעדן ווערטער...

נאָך אַזאַ שטיקל צעשפּילט זיך אין אים אַ זיס גדלות און ער ווערט בייַ זיך אין די אויגן מער מענטש.

איצט, אַזוי ווי מ׳האָט געוואָלט פֿריילעך זייַן, האָט אַ לץ אייַנגערוימט דעם טאָסטמייַסטער ער זאָל געבן קונין דאָס וואָרט.

קוני איז זיך געווען געזעסן אין אַ זייַט, זיך צוגעקוקט און צוגעהערט צון אַלץ. דאָס איז בייַ אים אַ נייַעס – דאָס ערשטע מאָל, וואָס ער איז אויף אַ באַנקעט. ער איז שוין טאַקע אַכט יאָר אין אַמעריקע, האָט שוין, ברוך־השם, אייניקלעך, נאָר אַזוינס האָט ער נאָך פֿאָרט נישט געזען – ס׳איז נישט קיין באָל, נישט קיין חתונה און ס׳איז פֿאָרט אַ שׂימחה, און דאָס ,ספּיטשן׳ דערצו...

אײַ האָט ער מקנא געווען דעם פּרעזידענט מיטן ווייַס־פּרעזידענט, וואָס זיי האָבן געהאַלטן ספּיטשעס...

ווען ער האָט פּלוצעם דערהערט זייַן נאָמען אויסרופֿן, האָט אים עפּעס אַ קיצל געטאָן בייַם האַרץ, און ער האָט אַליין נישט געוווּסט וואָס מיט אים איז געוואָרן.

באַלד האָט מען אים אַוועקגעשטעלט אויף אַ טשער און אים געהייסן רעדן.

קונין איז עפּעס מיט אַ מאָל פֿינצטער געוואָרן אין די אויגן און דערנאָך שטאַרק ליכ־טיק, אַז פֿונקען זייַנען אַזש געפֿלויגן. האָט ער זיך אָנגעהויבן צו שאָקלען אויפֿן טשער. זייַנען צוגעגאַנגען צוויי מעמבערס און אים געהאַלטן בייַ די זייַטן מיט אַ געלעכטער. דערווייַל האָט מען אָנגעהויבן צו שרייַען: „נו, נו!... אָרדער, פּליז!" איז אים, קונין, דורכגעלאָפֿן אין געדאַנק: „פֿון דייַנט וועגן שרייַט מען: אָרדער, פּליז!"...

אין האָל איז געוואָרן שטיל, מ׳האָט געקענט הערן אַ פֿליג זשומען. קוני איז געוואָרן טויט ווי אַ מת און שוין נישט געוווּסט, וואָס ס׳טוט זיך מיט אים. עפּעס האָט ער יאָ געפֿילט, ווי מענטשן האַלטן אים צו – אפֿשר איז ער ערגעץ געפֿאַלן אין חלשות און מע מינטערט אים?...

נאָר ווען ער האָט דערהערט דעם טאָסטמײַסטערס קול: „קוני זיסלמאַן, גייט רעדן. אָרדער, פּליז!" – האָט ער זיך שוואַך אַ ריר געטאָן, די ליפּן האָבן זיך אָנגעהויבן באַוועגן, ווי אין אַ חלום און ער האָט מיט עפּעס אַ פֿרעמד קול נאָכגעזאָגט: „אָרדער, פּליז."

נאָר ביסלעכווײַז איז ער צו זיך געקומען. קודם האָט אים אָנגעהויבן פֿלאַמען איין אויער, דערנאָך אַ באַק, דערנאָך ביידע אויערן מיט ביידע באַקן. ער האָט זיך אַליין דערזען שטיין אויף אַ בענקל אין אַזאַ האָל, און מענטשן שטייען אַרום און קוקן אים אין מויל אַרײַן...ס׳איז דאָ צײַט, מ׳שלאָגט אים נישט איבער... אַדרבא, זאָל ער נאָר רעדן אַזוי פֿיל, וויפֿל זיי ווילן הערן...ס׳איז נישט אין דער היים...ס׳איז נישט אין שאַפּ בײַם ביגל־אײַזן...

האָט ער זיך צערעדט. פֿון אָנפֿאַנג שווערלעך, געהיקעט, געאײַלט זיך פֿון געוווינהייט – טאָמער וועט מען אים נישט לאָזן אויסרעדן – זיך פֿאַרפּלאָנטעט, נאָר גערעדט, גערעדט, גערעדט.

דערציילט פֿון יענער וועלט און פֿון דער וועלט, פֿון דער היים, פֿונעם שאַפּ, פֿון „פּאָ־ליטיקס"... די צונג האָט זיך געבויגן, געשמירט ווי מיט פּוטער, אַ ביסל פֿאַרהיקעט זיך, אַ ביסל געבליבן שטיין – נאָר גערעדט. אַרויסגערעדט אַלצדינג, וואָס ער האָט אין די 35 יאָר, פֿון זינט ער האָט חתונה געהאָט, נישט דעררעדט. דערציילט ווי דער רשע ווערט סוף־כּל־סוף געשטראָפֿט, באַקומט ערלעך זײַן חלק; אַז דער, וואָס לעבט אייביק, וואַרט לאַנג און צאָלט גוט – דאָס האָט ער אַ פּנים געמיינט יענע, וואָס האָבן אים מבֿייש געווען.

אין אָנהייב, ווי נאָר ער האָט גענומען רעדן, האָט זיך געהערט אַ פֿאַרשטיקט געלעכ־טער, אַ חוזק מאַכן, נאָר ביסלעכווײַז וואָס מער ער האָט גערעדט, אַלץ מער איז דער עולם געוואָרן ערנסטער און זיך אָנגעהויבן צוהערן.

שײַקעלע קאָוואַל האָט זיך נאָך געפּרוּווט וויצלען אין אַ זײַט: „זע נאָר, ‚באַקומען לשון׳."

ווען קוני איז אַראָפּ פֿונעם בענקל, האָט פֿון אים געזעצט אַ היץ ווי פֿון אַ טשײַניק, ווען מע ליידיקט אויס ז[י]דנדיק וואַסער. און דאָס, וואָס מענטשן האָבן געפּאַטשט בראַוואָ, האָט אים גאָר צעטומלט – נאָך דאָס פֿעלט אים... נו, אַ שטייגער, ווען זי איז דאָ...

דערנאָך האָט אים אָנגעהויבן צײַען אַהיים, כאָטש דאָ איז אים אויך גוט געווען...וואָרן שײַקעלע איז אַליין צוגעגאַנגען צון אים און געזאָגט: „האָט איר געהאַלטן אַ ספּיטש!... מעגן זיי זיך אַלע באַגראָבן"...מאָל דיר, ווער איז שײַקעלע? גאָרנישט, אַז מ׳האָט מזל... אָט איז ער אויך אין אַמעריקע... פֿון דעסטוועגן האָט יענער דײַמאָנדס... אַ הײַזקע אין בראָנזוויל...

דעם גאַנצן וועג אַהיים איז ער געגאַנגען מיט אַ קלאַפּנדיק האַרץ. ווען ער וואָלט געווען געפֿינען אַן אוצר, וואָלט ער זיך נישט געפֿרייט אַזוי. עפּעס האָט ער געפֿילט, אַז ער איז

אויפֿגעריכט געוואָרן... לשון... אַ טײַערע זאַך... איַ, ס׳וועט שוין זײַן אַנדערש איצט... זי וועט אים שוין לאָזן אויסרעדן... אַ קלייניקייט! מענטשן פֿון אַ פֿאַראיין האָבן זיך אויסגע־זעצט און מ׳האָט אים געהייסן האַלטן אַ רעדע... אַלער רעספּעקט...

ווען ער איז אַרײַנגעקומען אין שטוב, איז שוין געווען טאָג. זי, נעכע, איז שוין געווען אויפֿגעשטאַנען און זיך אַרומגעדרייט אין קיך. ווען ער איז נאָר איבערגעטראָטן די שוועל און דערלאַנגט אַ קוק אויף איר ניכטער, נישט אויסגעשלאָפֿן פּנים, איז ער געוואָרן בײַ זיך אַ ביסעלע אַראָפּגעפֿאַלן. נאָר דאָס האַרץ האָט אין אים געקלאַפּט פֿון גדלות... ווי אַזוי אָבער הייבט מען אָן?...

– נעכע... הערסט?...

נעכע האָט געקוקט אין אַ זײַט. ער האָט שוין געוווּסט, אַז ס׳אַ שלעכטער סימן: באַלד וועט זי אויסשיסן...תּמיד איז אַזוי, ווען ער גייט ערגעץ אַליין אַוועק... דזשעלאָס, וואָס נעמט זי נישט מיט...

דאָס קול איז בײַ אים געוואָרן שוואַכער:

– נעכע...

האָט זי אים באַלד איבערגעשלאָגן:

– וואָס איז שוין נײַעס?... דורך די נעכט שלעפּט זיך עס אום... פּלעזשעס... מײַנע צרות...

– נעכע... זײַ נישט קיין נאַר... הער...

– כ׳ווייס שוין... כ׳האָב שוין געהערט... וואָס איז... אַנו, צי פֿאַלט אים אײַן, אַז דאָס ווײַב דאַרף אויך עפּעס... מישטיינס געזאָגט...

– שאַ... שאַ... שטיל... אָבער הער קודם מיך אויס... צוויי ווערטער... אָבער הער...

נאָר ער האָט פּלוצעם דערפֿילט, ווי דאָס לשון ווערט בײַ אים נעלם... די צונג פּלאָנ־טעט זיך... איז אים עפּעס קאַלט געוואָרן אין מוח און ער איז געבליבן שטיין ווי אַ גולם. ס׳איז בײַ אים דורכגעפֿלויגן אַ געדאַנק, אַז אַלדינגס איז געווען אומזיסט. זי וועט אים נישט גלייבן... אַפֿילו ער זאָל ברענגען דעם גאַנצן פֿאַראיין פֿאַר עדות... זי קען אים אַנדערש...

איז ער געוואָרן שטאַרק בטל בײַ זיך, געזען אַז דאָ אין שטוב, אין קיך, נעבן איר ליגט דער אמת... דאָרטן איז נאָר געווען אַ חלום.

און ווען נעכע האָט שוין געפֿרעגט אין אַ ברוגזן טאָן, וואָס איז עס עפּעס פֿאַר אַ נײַעס, וואָס ער האָט איר געוואָלט אַזוי נייטיק דערציילן, האָט ער אַ מאַך געטאָן מיט דער האַנט און געזאָגט:

– עה, ס׳איז גאָרנישט... עמעצער האָט געהאַלטן אַ רעדע.

## שלום־עליכם

# כאַבנע

גערוען איז דאָס אין אָדעס. זענען מיר געזעסן אין אַ מסיבה אַ גאַנצע חבֿרה ליטעראַטן, שרײַבערס הייסט דאָס, וואָס שרײַבן, און לעזער, וואָס לייענען, און גלאַט יונגע־לײַט, און סטודענטן אַ פּאָר, און אַ מיידל איז געווען, וואָס איז געקומען שטודירן, אַ גאַנץ היפּשע מיידל, אַ געזונטע, מיט רויטע באַקן, און גלאַט ייִדן מן־הצד, דאָס הייסט, אַזעלכע, וואָס זענען צו אונדזער חבֿרה ניט שייך, נאָר זיי זענען ייִדן רעדן, הערט מען זיך אײַן, רוקט מען זיך צו אַלע מאָל נענטער, אַזוי לאַנג, ביז עס ווערט איין קאָמפּאַניע און מע פֿאַרבײַט זיך מיט די גלעזער אויפֿן טיש און מיט די פֿיס אונטערן טיש – חבֿרים כּל ישׂראל... געווען איז, אייגנטלעך, ניט שבת, נאָר אַ וואָכעדיקער טאָג, און גערעדט האָבן מיר, אייגנטלעך, ניט פֿון שבת, נאָר פֿון גאָר אַנדערע זאַכן; אויב איך האָב קיין טעות ניט, האָבן מיר גערעדט און געשפּאַרט זיך איבער ציוניזם, טעריטאָריאַליזם, אַחד־העמיזם, קלויזנעריזם, און גאָר ניט אין זינען געהאַט בשעת־מעשׂה ניט קיין געלט, ניט קיין שבת, ניט קיין שטעטל, וואָס הייסט כאַבנע, אַפֿילו ניט מזכּיר געווען און אַפֿילו אויף דער מחשבֿה ניט געקומען. פּלוצעם, איך ווייס ניט, ווי אַזוי און ווו אַרום, עס הייבט זיך אויף אַ יונגער־מאַן אַ געלער מיט ווײַסע ברעמען, איינער פֿון די יונגע־לײַט וואָס ‚מן־הצד', און טוט אַ מאַך מיט דער האַנט און הייבט אָן בזה־הלשון:

– שאַ, וואָס טויג אײַך דאָס? אלא מאַי, אָט וועל איך אײַך דערציילן אַ שענערע מעשׂה, וואָס מיט מיר האָט זיך געטראָפֿן אין כאַבנע! כאַבנע איז אַ שטעטל, אַ שטעטל אַזעלכעס פֿאַראַן, וואָס הייסט כאַבנע. האָט דאָס שטעטל כאַבנע אַלצדינג, וואָס אַ שטעטל באַדאַרף צו האָבן: אַ פּאָסט, מיט אַ ראַבינער, מיט אַ טײַך, מיט אַ רבֿ, מיט אַ טעלעגראַף, מיט אַ בית־עולם, מיט אַ פּריסטאַוו, מיט אַ תּלמוד־תּורה, מיט חסידים, מיט בתּי־מדרשים צוויי, מיט קבצנים זייער אַ סך און מיט נגידים זייער ווינציק, ווי געוויינטלעך אונדזערע קליינע שטעטלעך. האָט מיך דער גוטער יאָר פֿאַרטראָגן אין דעם שטעטל איין מאָל אויף אַ שבת. איר מעגט דאָס האָרכן, עס איז אַ שיינע מעשׂה, נאָר אַ קורצע, זי קאָן אײַך צו ניץ קומען. דאָס ווייסט איר דאָך מן־הסתּם גאַנץ גוט, אַז אין אַ קליינשטעטל, אַז איר קומט צו פֿאָרן אויף שבת, מוזט איר ווערן קליינשטעטלדיק, עס וועט אײַך גאָרנישט העלפֿן. פֿון פֿאָרן ווײַטער – דאָס פֿאַרגעסט. כאַבנע איז ניט אָדעס. זינט כאַבנע איז כאַבנע, האָט דאָרט נאָך קיין מאָל קיין ייִד ניט מחלל־שבת געווען. און אַז איר בלײַבט אויף שבת אַ כאַבנער, מוזט איר קודם־כּל גיין אין מרחץ אַרײַן. וואָס דען וועט איר טאָן? איר וועט זיך אַוועקזעצן שרײַבן ספֿרים? און, להבֿדיל, אין שול אַרײַן – שמועסט מען דאָך ניט. איך האָב געוואָלט זען, אַדרבה, איר זאָלט

פֿון: **אַלע ווערק**. ב׳ 25. מאָנאָלאָגען. ניו־יאָרק: שפּעציעלע מאָרגן־פֿרײַהייט אויסגאַבע, 1937, ז״ז 137–151.

קומען צו פֿאָרן קיין כאַבנע אויף שבת און ניט גיין אין שול אַרײַן. איר מיינט, מע וועט אײַך, חלילה, עפּעס טאָן שלעכטס? הס־מלהזכּיר! מע וועט אײַך גאָרניט טאָן; מע וועט אײַך נאָר אָנקוקן; גאַנץ כאַבנע וועט זיך קומען צונויף אָנקוקן דעם ייִדן, וואָס איז געקומען קיין כאַבנע אויף שבת און וויל ניט גיין אין שול אַרײַן. און וואָס פֿאַר אַ פּנים וועט איר האָבן בײַם באַלעבאָס? וואָס פֿאַר אַ טעם וועט האָבן דאָס עסן, וואָס מע וועט אײַך געבן באַזונדער? און ווער ווייסט, צי מע וועט אײַך גאָר געבן עסן באַזונדער? וואָס זענט איר, אַ פּריץ, וואָס איר זאָלט עסן באַזונדער, ניט מיטן באַלעבאָס בײַ איין טיש, ניט מאַכן הויך קיין קידוש, ניט זינגען מיט אַלעמען קיין זמירות? זעט איר, ווען איר זאָלט זײַן, להבֿדיל, אַ פּריץ, דעמאָלט איז עפּעס אַנדערש. דעמאָלט קריגט איר אַלצדינג צו זיך אין חדר אַרײַן: עסן, און טרינקען, און אַ פּאַפּיראָס, און אַפֿילו אַ סאַמאָוואַר, ניט אויסגערעדט זאָל זײַן, אום שבת. פֿון וואַנען נעמט זיך עס, ווילט איר וויסן? ע, דאָס זאָלט איר ניט פֿרעגן. וואָרן אַז איר וועט אָנהייבן פֿרעגן קשיות למאַי – למאַי דאָס, למאַי יענץ, וועט זײַן אַ מעשׂה אָן אַן עק. בקיצור, זענט איר געקומען קיין כאַבנע, מוזט איר זײַן אַ כאַבנער.

האָט זיך אָבער געטראָפֿן מיט מיר אַ מעשׂה: איך בין געפֿאָרן צו אַ פּריץ ניט ווײַט פֿון כאַבנע און האָב געפֿירט מיט זיך געלט, שיינע עטלעבע טויזנטער; עס האָט מיר צעשפּאַרט די בוזעם־קעשענעס. דער, וואָס האָט ניט געוווּסט, האָט, דאַכט מיר, אויך באַדאַרפֿט זען, אַז איך פֿיר מיט זיך געלט, וואָרן אַ מענטש, אַז ער פֿירט געלט, האָט ער גאָר אַן אַנדער פּנים: ער גייט גאָר אַנדערש, ער שטייט אַנדערש, ער רעדט אַנדערש. געלט, פֿאַרשטייט איר מיך, האָט אין זיך אַ כּוח – עס איז געלט!... הכּלל, וואָס טוט מען מיטן געלט? ערשטנס – שבת. כאַבנע איז ניט אָדעס. ווי אַזוי וועל איך מיך אַרומטראָגן שבת מיט געלט? והשנית, מוז איך אײַך דעם אמת זאָגן, אַז איך האָב טאַקע אַ ביסל מורא געהאַט צו נעכטיקן אויף דער אַכסניה מיט, קיין עין־הרע, אַזאַ מטבע. ניט, חלילה, איך האָב מורא געהאַט פֿאַרן בעל־אַכסניה. דער בעל־אַכסניה איז געווען אַ ייִד אַ פֿרומער דווקא, און אַ כּשרער, מיט זייער אַ שיינער קאַפּאָטע, מיט אַ גאַרטל. אויך ניט פֿאַר קיין גזלנים האָב איך מורא געהאַט: כאַבנע האָט ניט, חלילה, קיין שם פֿון אַ שטאָט פֿון גזלנים אָדער כאַפּערס. מ׳האָט ניט געהערט נאָך אויף דער וועלט, אַז אין כאַבנע זאָלן פֿאָרקומען רציחות אָדער גזילות. אײַ, טאָמער איז דאָרט געווען אַ מאָל אַ שטיקל פּאָגראָם, איז דאָך עס נאָר בשעת פּאָגראָם, און ווו איז הײַנט ניט פֿאַראַן קיין פּאָגראָמען?... איך זאָג אײַך בהן־שלי, איר קאָנט גיין אין כאַבנע אין מיטן האַל־בע[ר] נאַכט איינער אַליין – אויף מײַן אַחריות, עס וועט אײַך גאָרניט געשען. אם־כּן, וואָס זשע האָב איך געהאַט מורא צו האָבן? איך האָב מורא געהאַט, פֿאַרשטייט איר מיך, נאָר פֿאַר איין זאַך: קיין עין־הרע, אַזאַ סומע געלט, פֿרעמד געלט, ניט מײַנס... טאָמער, חלילה, אַ קשיא וואָס עס מאַכט זיך?... איך דריי מיך אַהער, אין דריי מיך אַהין – עס איז שלעכט. וואָס טוט מען? איך מאַך אַ שמועס מיט מײַן בעל־אַכסניה: ווער זענען דאָ אין כאַבנע פֿון די פֿאָרנעמסטע לײַט, פֿון די נגידים? ענטפֿערט ער דאָך מיר מסתּמא: „צוליב וועלכן צוועק? אפֿשר מכּוח אַ געשעפֿט?" זאָל איך אים גיין דערציילן, וואָס מיך קוועטשט! אמת, ער איז טאַקע אַ שיינער ייִד מיט אַ שיינער קאַפּאָטע און מיט אַ גאַרטל, און כאַבנע איז טאַקע ניט

קיין שטאָט פֿון גזלנים אָדער כּאַפּערס; עס איז דאָך אָבער געלט, קיין עין־הרע, אַזאַ סומע געלט, פֿרעמד געלט, ניט מײַנס... בקיצור, איך פֿרעג אים דאָס, פֿרעגט ער מיך יענץ, איך זאָג אים ,נגיד׳, זאָגט ער מיר ,געשעפּט׳; אַהין־אַהער, איך האָב בײַ אים אַרויסגעצויגן דאָס, וואָס איך באַדאַרף צו האָבן: אַז כּאַבנע איז אַ שטעטל פֿון לויטער קבצנים, דאָס הייסט, עס איז פֿאַראַן אין כּאַבנע נגידים אויך, נאָר זייער ווינציק. פֿאַראַן סך־הכּל איינער אַזעלכער, וואָס מע קאָן אויף אים זאָגן, אַז ער איז אַ שטיקל נגיד, און אפֿשר טאַקע אַ גאַנצער נגיד, און ניט נאָר אַ נגיד, נאָר אַ גבֿיר קאָן מען זאָגן, אַ גבֿיר עצום. זײַן געלט, הייסט עס, האָט קיינער ניט געציילט, נאָר געלט האָט ער, און אפֿשר טאַקע אַ סך געלט. הײַנט האָט ער הײַזער אייגענע, מיט קלייטן אַ גאַנצן מאַרק, מיט אַ שטיקל וועלדל, טאַקע אַ וואַלד קאָן מען זאָגן, צוויי וועלדער. און דערצו איז ער נאָך נישקשה פֿון אַ מענטשל אויך, דאָס הייסט, ניט קיין שלעכטער בטבֿע, מע קאָן זאָגן אַ גוטער, מיט אַ גוט האַרץ און מיט אַ ברייטער האַנט; האָט ליב זיך אויסשטעלן, פֿאַרשטייט איר מיך, מיט אַ נדבֿה, מיט אַ גמילות־חסד, מיט אַ טובֿהלע; ער זאָגט ניט אָפּ קיינעם – ווער עס זאָל ניט קומען צו אים; געוויינטלעך, צוליב כּבֿוד, האָט ליב כּבֿוד, אַ נגיד האָט ליב כּבֿוד; כאָטש אַזוי בײַ זיך איז ער כּלומרשט איין ענוו, אַ פּראָסטער בײַ זיך, האָט פֿײַנט כּבֿוד; און מע קאָן זאָגן אויף אים, אַז ער איז אַ גאַנץ ערלעכער, דאָס הייסט, ניט קיין גרויסער צדיק, נאָר ער וועט ניט טאָן וואָס מע טאָר ניט בפּרהסיה, אַזוי אַז אַלע זאָלן זען; אפֿשר בײַ זיך דאָרט, הייסט עס, אַז קיינער זעט ניט, ווייסט מען ניט; ווער איז דאָס מחויבֿ ערבֿ זײַן פֿאַר יענעם? נאָר אין לשון אָרנטלעכקייט איז דאָך ניט שייך, קיין דאַנק קומט אים ניט, וואָרן אויב אַזאַ מענטש זאָל שוין ניט זײַן אָרנטלעך, טאָ ווער זשע דען?...

הכּלל, איך האָב פֿון די רייד געקאָנט אַרויסזען, אַז דעם דאָזיקן פֿאַרשווין מעג איך מײַן פּותיקא געטרויען. און איך האָב מיך אַוועקגעלאָזט צו אים בײַ צײַטן, ערבֿ שבת פֿאַרן מרחץ, געטראָפֿן אים אין דער היים איבער אַ ספֿר. זייער אַ פֿײַנער מענטש, זיצט שיין, נגידיש, גרויסאַרטיק, און רויִק, ווי געוויינטלעך אַ גבֿיר אין אַ קליינשטעטל. אַרײַנגעקומען, גיב איך אים אָפּ שלום, דערצייל אים די גאַנצע מעשׂה, אַזוי און אַזוי: איך פֿאָר דאָ צו אַזאַ און אַזאַ פּריץ, פֿיר מיט זיך געלט, מוז דאָ בלײַבן שבת האַלטן, האָב איך מורא, אַ קשיא אויף אַ מעשׂה, כּאַבנע איז טאַקע אַ שטאָט ניט פֿון קיין גזלנים און ניט פֿון קיין כּאַפּערס, און מײַן בעל־אַכסניה איז טאַקע אַ שיינער ייִד מיט אַ שיינער קאַפּאָטע און מיט אַ גאַרטל, נאָר וואָס דען? קיין עין־הרע, אַזאַ סומע געלט, פֿרעמד געלט, ניט מײַנס!... ענטפֿערט ער מיר מיט אַ שמייכל: „וואָס זשע ווילט איר, יונגער־מאַן?“ זאָג איך אים, אַז איך האָב אים געוואָלט בעטן, אפֿשר איז מעגלעך, ער זאָל בײַ מיר דאָס ביסל געלט צונעמען און באַהאַלטן דאָס ביז איבער שבת בײַ זיך אין שאַפֿע; ער האָט אַן אײַזערנע שאַפֿע, וועל איך קאָנען זײַן רויִק. דאָס הייסט, איך בין חלילה קיינעם ניט חושד, כּאַבנע איז אַ שטאָט, זאָג איך, ניט פֿון קיין גזלנים און ניט פֿון קיין כּאַפּערס; קיין עין־הרע, אַזאַ סומע געלט, פֿרעמדס, ניט מײַנס... הערט ער מיך אויס און מאַכט צו מיר מיט אַ שמייכל: „יונגער־מאַן, איר קענט מיך ניט, און ווייסט מיך ניט, ווי אַזוי פֿאַרטרויט איר מיר דאָס אַזאַ סומע געלט?“ זאָג איך צו אים: „אַ גוטער נאָמען

לאָזט זיך הערן, און מסתּמא וועט איר מיר דאָך, זאָג איך, אַרויסגעבן עפּעס אַ קוויטל; עס איז דאָך געלט, אַזאַ סומע געלט, זאָג איך, פֿרעמדס, ניט מײַנס"... טוט ער אַ שמייכל און רופֿט זיך אָן צו מיר, אַז קיין קוויטל האָט ער אויף זײַן לעבן ניט געגעבן קיינעם... זאָג איך אים: „לאָז זײַן אָן אַ קוויטל." זאָגט ער: ער וויל ניט. זאָג איך: „וואָס זשע טוט מען?" זאָגט ער: „ווי איר פֿאַרשטייט." זאָג איך: „אפֿשר עדות?" זאָגט ער: „מהיכא־תּיתי." זאָג איך: „ווען זאָל איך ברענגען?" זאָגט ער: „ווען איר ווילט." זאָג איך: „געפֿינט זיך ניט בײַ אײַך אין שטאָט עפּעס אַ פּאָר פֿײַנע מענטשן?" זאָגט ער: „בײַ אונדז זענען אַלע פֿײַנע מענטשן." זאָג איך: „ווי באַלד אַזוי, טו איך אַ שפּרונג און ברענג מיט זיך אַ פּאָר באַלעבאַטים." זאָגט ער: „שפּרינגט און ברענגט ווען איר ווילט"... און איך זע, אַז עס פֿאַרדריסט אים די מעשׂה. פֿאַרענטפֿער איך מיך פֿאַר אים, אַז איך וואָלט עס געוויס ניט געטאָן; לאָמיך עס, זאָג איך, פֿאַרמאָגן, וואָס איך וואָלט אים געטרויט; נאָר אַזוי ווי, זאָג איך, דאָס געלט איז ניט מײַן געלט, עס איז פֿריִער גאָטס און נאָך דעם פֿרעמדס, מוז איך דאָך זײַן פֿאָרזיכטיק. האַ? ווי זאָגט איר? דאַרף איך זײַן פֿאָרזיכטיק?... הערט ער מיך אויס מיט אַ שמייכעלע און שווײַגט. פֿאַרשטיי איך, אַז שטאַרק צופֿרידן איז ער ניט. נאָר איך האָב דאָך שוין געזאָגט, אַז איך לויף אַוועק ברענגען אַ פּאָר באַלעבאַטים, מוז מען לויפֿן ברענגען אַ פּאָר באַלעבאַטים. און איך לאָז מיך אַוועק צוריק אויף דער אַכסניה און איך נעם זיך ווידער צו מײַן באַלעבאָס, בײַ אים אויסטאַפּן, ווער זענען דאָ אין כאַבנע פֿון די שענסטע באַלעבאַטים? איז אָבער אוממעגלעך בײַ אים אַרויסצוציִען אַ וואָרט; ער וויל נאָר וויסן איין זאַך: צוליב וואָס באַדאַרף איך דאָס וויסן? אויב, זאָגט ער, צוליב אַ שידוך, איז אַן אַנדער זאַך, און אויב צוליב קרעדיט, איז שוין ווידער עפּעס אַנדערש, און אויב אַפֿילו, זאָגט ער, גלאַט אַזוי, באַדאַרף ער, זאָגט ער, אויך וויסן, וואָס ליגט דאָ פֿאַר אַ טעם...

אַהין־אַהער, ער האָט זיך מיר אויסגעקוועטשט, אַז פֿײַן זענען, אייגנטלעך, אַלע כאַבנער באַלעבאַטים. דאָס הייסט, אַז מע וויל, זאָגט ער, צוריק, מעג זיי דאָס צוקומען, וואָס זיי גייט אָפּ צו פֿײַנקייט, וואָרן וואָס איז שייך פֿײַן? פֿײַן קאָן מען, זאָגט ער, אָנרופֿן איטלעכן באַזונדער, און אַז מע וויל, זאָגט ער, איז קיין פֿײַן גאָר נישט פֿאַראַן אין ערגעץ. עס ווענדט זיך, זאָגט ער, אין דעם, וואָס פֿאַר אַ פֿײַנקייט מע זוכט בײַ יענעם: צי געלט, צי ייִחוס, צי תּורה, צי דרך־ארץ, צי אפֿשר אַלע זאַכן אין איינעם? נאָר אַזוי ווי אַלץ אין איינעם, זאָגט ער, איז ניטאָ בײַ קיינעם, לכן זענען, זאָגט ער, אין כאַבנע אַלע פֿײַן; נאָר אויב איך וויל, זאָגט ער, עס זאָל זײַן פֿײַן־שבפֿײַן, זענען פֿאַראַן, זאָגט ער, נאָר צוויי פֿײַנע מענטשן אין כאַבנע: רב לייזער און רב יאָסי. אויף זיי קאָן מען, זאָגט ער, זאָגן: פֿײַן, וואָס פֿײַן הייסט!... „ווער, זאָג איך, איז, למשל, דער רב לייזער און ווער איז דער רב יאָסי?" זאָגט ער מיר: „וואָס איז די נפֿקא־מינה? און אַז איך וועל אײַך שוין זאָגן, וועט איר דען וויסן?" זאָג איך: „וואָס איז שייך? יעדער מענטש האָט דאָך זײַן כאַראַקטער." זאָגט ער: „איר זענט אַ מאָדנער ייִד – אַלצדינג דאַרפֿט איר וויסן! רב לייזער איז אַ ייִד, וואָס מע רופֿט אים לייזער, און רב יאָסי איז אַ ייִד, וואָס מע רופֿט אים יאָסי. נו, אַצינד איז אײַך שוין גרינגער?"...

בקיצור, איך בין אַריבערגעגאַנגען צו דעם רב לייזערן, וואָס מע רופֿט אים לייזער, און צו דעם רב יאָסין, וואָס מע רופֿט אים יאָסי, און האָב מיך באַקענט מיט זיי, גאַנץ שיינע ייִדן מיט שיינע בערד, זיך צערעדט מיט זיי פֿון דעם און פֿון יענעם, גלאַט אַזוי זיך אין דער וועלט אַרײַן; אַזוי לאַנג, אַזוי ברייט, ביז מען איז אַרויף אויף דעם, וואָס איך באַדאַרף, און האָב זיי גאַנץ פּשוט דערציילט די גאַנצע מעשׂה, אַזוי און אַזוי, אַז פֿאָרן פֿאָר איך צו אַ פּריץ, פֿיר מיט זיך געלט, האָב איך מורא, טאָמער אַ קשיא, כאַבנע איז טאַקע אַ שטאָט ניט חלילה פֿון גזלנים אָדער כאַפּערס, נאָר עס איז דאָך עפּעס געלט, קיין עין־הרע, אַזאַ סומע, פֿרעמדס, ניט מײַנס... לכן בעט איך זיי, אויב זיי ווילן פֿאַרדינען אַ מיצווה, זאָלן זיי זיך מטריח זײַן מיט מיר אויף איין מינוט צום גבֿיר פֿון כאַבנע, נישט מער ווי זײַן דערבײַ, בשעת איך גיב אים איבער דאָס געלט, ער זאָל דאָס באַהאַלטן בײַ זיך איבער שבת. אויסגעהערט האָבן זיי מיך, אָט דער רב לייזער, וואָס מע רופֿט אים לייזער, און דער רב יאָסי, וואָס מע רופֿט אים יאָסי, מיט קאָפּ, זיך געגלעט בשעת־מעשׂה די בערד, איבערגעפֿרעגט בײַ מיר נאָך אַ מאָל און נאָך אַ מאָל: פֿון וואַנען און וווּהין און וואָס און ווען, און האָבן זיך נישט געלאָזט לאַנג בעטן, און מיר זענען אַלע דרײַ זיך דורכגעגאַנגען צום גבֿיר פֿון כאַבנע, געבעטן, ער זאָל קיין פֿאַראיבל ניט האָבן, כאַבנע איז טאַקע אַ שטאָט ניט חלילה פֿון גזלנים אָדער כאַפּערס... און איך האָב גאַנץ פֿײַן אויפֿגעבונדן די קעשענעס, אַרויסגענומען און איבערגעציילט דאָס ביסל אָרעמקייט, רעכט אײַנגעוויקלט אין אַ פּאַפּיר און איבערגעגעבן דאָס דעם גבֿיר פֿון כאַבנע גלײַך אין די הענט אַרײַן, ער זאָל דאָס באַהאַלטן בײַ זיך אין דער אײַזערנער שאַפֿע ביז איבער שבת, געבעטן נאָך אַ מאָל, ער זאָל קיין פֿאַראיבל נישט האָבן, וואָס איך בין אים מטריח, כאַבנע איז טאַקע אַ שטאָט ניט חלילה פֿון גזלנים אָדער כאַפּערס, עס איז דאָך אָבער געלט, קיין עין־הרע, אַזאַ סומע געלט, פֿרעמדס, ניט מײַנס... און דער גבֿיר פֿון כאַבנע האָט גאַנץ פֿײַן איבערגענומען בײַ מיר דאָס פּעקל פֿון האַנט צו האַנט, ווי מע נעמט איבער, למשל, אַ קינד אויף אַ ברית־מילה פֿון דער קוואַטערין צום קוואַטער, און מײַנע צוויי ייִדן בשעת־מעשׂה האָבן געהאָלפֿן קוקן, זיך געגלעט די בערד און באַלעקט זיך, ווי אַ קאַץ, בשעת זי קוקט אויף פּוטער... און איך האָב מיך אָפּגעזעגנט, נאָך אַ מאָל געבעטן, מע זאָל קיין פֿאַראיבל ניט האָבן פֿאַר דער טירחה, כאַבנע איז טאַקע אַ שטאָט ניט חלילה פֿון גזלנים אָדער כאַפּערס, און אַ גוטן שבת, און אַ סוף.

אויסגעליידיקט די בוזעם־קעשענע, איז מיר אַראָפּ צען פּוד משׂא, און איך בין מיר מיט אַ פֿרײַען קאָפּ געגאַנגען אין שול אַרײַן, געהערט זייער אַ שיינעם חזן, וואָס ציקלט זיך אַפֿילו אַ ביסל צו פֿיל און מאַכט משונה־מאָדנע קונצן מיטן האַלדז, טערעלײַקעט דעם „לכה־דודי“, ווי אַ סאָלאָוויי, לאָזט אויס דעם „מיזמור שיר ליום השבת“,[1] ווי אַ זינגער, להבֿדיל, אין טעאַטער, און זאָגט דעם „כגוונא“[2] עכט ייִדיש, מיט אַזוי פֿיל ‚מאַראַל׳, מיט אַזאַ מין מתיקות, אַז עס גלוסט זיך הערן נאָך אַ מאָל און נאָך אַ מאָל – איך האָב שוין לאַנג ניט געהערט אַזאַ חזן, ווי אין כאַבנע, איך האָב שוין לאַנג ניט געהערט אַזאַ קידוש מיט

1 אַ מיזמור לכּבֿוד שבת (תהילים צב) וואָס מע זינגט שבת צו נאַכטס נאָך „לכה־דודי“.

2 אַן אָפּשניט פֿון „זוהר“ וואָס מע זאָגט פֿאַר ברכו בײַם דאַווענען שבת צו נאַכטס.

אַזעלכע זמירות, ווי אין כּאַבנע, איך האָב שוין לאַנג ניט געגעסן אַזעלכע געפֿעפֿערטע פֿיש מיט אַזעלכע געשמאַקע לאָקשן מיט אַזאַ צימעספֿלייש, ווי אין כּאַבנע, איך בין שוין לאַנג ניט אַזוי געשלאָפֿן געשמאַק, ווי איך בין געשלאָפֿן יענע נאַכט שבת, און אויך דעם גאַנצן טאָג שבת בין איך געשלאָפֿן, ווי אַ קיסר! אויסגעשלאָפֿן זיך אויף אַלע זײַטן, בין איך מיר גאַנץ פֿײַן אויפֿגעשטאַנען, אַרויסגעגאַנגען אַ ביסל אויפֿן שפּאַציר, אָנקוקן כּאַבנע, כּאַבנער ייִדן מיט כּאַבנער ווײַבער, כּאַבנער בחורים מיט כּאַבנער מיידלעך, וואָס גייען אָנגעטאָן און אויסגעפּוצט נאָך ,דער לעצטער מאָדע׳; נאָך דעם האָב איך מיר גאַנץ פֿײַן אָפּגעגעסן דעם קאַלטן שלש־סעודות און גאַנץ פֿײַן אָפּגעזונגען די שיינע זמירות, אַוועק אין שול אַרײַן דאַוונען מעריבֿ, געקומען, אָפּגעמאַכט גאַנץ פֿײַן הבֿדלה, זיך צערעכנט גאַנץ פֿײַן מיט דער באַלעבאָסטע אויף דער אַכסניה, אָפּגעריסן, געוויינטלעך, פֿונעם חשבון אַ פּאָר גילדן, און זיך געלאָזט גאַנץ פֿײַן צום גבֿיר פֿון כּאַבנע נאָך די עטלעכע גראָשנס.

געקומען צום גבֿיר פֿון כּאַבנע, האָב איך אים געטראָפֿן אין זייער אַ שיינעם זײַדענעם כאַלאַט מיט זײַדענע קאָטעסן, גייט אַרום גאַנץ פֿײַן איבערן זאַל, דרייט מיט די קאָטעסן פֿון איין פֿינגער אויפֿן אַנדערן, באָמקעט און זינגט מיט זייער אַ שיינער שטימע:

אליהו הנבֿיא!
אליהו התּישבי!
אליהו הגלעדי!
במהרה, במהרה, במהרה־בימינו!...[3]

„מילא, יענער זינגט, טראַכט איך מיר, לאָז ער זינגען; ער וועט אויפֿהערן צו זינגען, וועל איך אים דעמאָלט זאָגן." מײַן גבֿיר אָבער הערט ניט אויף צו זינגען, צו באָמקען און צו דרייען מיט די קאָטעסן פֿון איין פֿינגער אויפֿן אַנדערן. איך הייב אָן צו זיצן אויף הייסע קוילן, כאַפּ זיך אויף אַלע מאָל און וויל צוגיין צו אים און זאָגן מכּוח יענער מעשׂה, איז אָבער אוממעגלעך: ער זינגט און באָמקעט און דרייט מיט די קאָטעסן פֿון איין פֿינגער אויפֿן אַנדערן, און דאָס קול גייט אַלע מאָל העכער און העכער:

אליהו הנבֿיא!
אליהו התּישבי!
אליהו הגלעדי!
אײַ־אײַ־־אײַ־אײַ!
אײַ־אײַ־־אײַ־אײַ!
במהרה, במהרה, במהרה־בימינו!...
אליהו הנבֿיא!
אליהו התּישבי!
אליהו הגלעדי!...

3 אַ פּיוט לכּבֿוד אליהו הנבֿיא וואָס מע זינגט מוצאי־שבת.

„וואָס עס וועט זײַן!״ – טראַכט איך מיר, און טו מיר אָן אַ כּוח און גיי צו צו אים און רוף מיך אָן, אַז איך רעכן, אם־ירצה־שם, הײַנט, באַלד טאַקע, הייסט עס, פֿאָרן אין וועג אַרײַן, האָב איך אים געוואָלט בעטן מכּוח... המ... הייבט ער אויף דעם פֿינגער מיטן קאָטעס גאַנץ הויך און מאַכט צו מיר הויך, אויף אַ קול:

אליהו הנבֿיא!

אליהו התּישבי!

אליהו הגלעדי!

איַי־איַי־איַי־איַי!

איַי־איַי־איַי־איַי!

„וואָס ס׳האָט זיך מיר געחלומט יענע נאַכט און הײַנטיקע נאַכט און אַ גאַנצע וואָך! – אַזוי טראַכט איך מיר. – דער מענטש האָט זיך אַ ביסל פֿאַרליבט אין אליהון, ס׳איז אים גאָר ניט אָפּצורײַסן!״... בקיצור, ער האָט געזונגען און געבאָמקעט אַזוי לאַנג, ביז ער האָט אויפֿגע־הערט צו זינגען און צו באָמקען. „אַ גוטע וואָך – מאַכט ער צו מיר – אַ גוטע וואָך, זיצט.״ און מיר זעצן זיך אַוועק גאַנץ פֿײַן ביידע בײַם טיש, און ער איז מיך מכבד מיט אַ גאַנץ פֿײַנעם פּאַפּיראָס, שאַפֿט, מע זאָל אַרײַנטראָגן צוויי גלאָז טיי, מיר אַ גלאָז און אים אַ גלאָז, און טוט מיך אַ פֿרעג: „יונגער־מאַן, וואָס וועט איר עפּעס זאָגן גוטס?״ – „וואָס זאָל איך, זאָג איך, זאָגן? איך פֿאָר הײַנט אַוועק, זאָג איך, טאַקע באַלד, הייסט עס, האָב איך אײַך געוואָלט, זאָג איך, בעטן די עטלעכע גראָשנס.״ – „וואָס פֿאַר גראָשנס?״ – „די עטלעכע קערבלעך״, זאָג איך. – „וואָסערע קערבלעך?״ – „דאָס געלט, זאָג איך, דאָס געלט מײַנס.״ – „וואָסער געלט?״ – „וואָס הייסט, זאָג איך, וואָסער געלט? איר ווייסט ניט, וואָס איך מיין? איך מיין, זאָג איך, דאָס געלט, וואָס כ׳האָב אײַך געגעבן באַהאַלטן ביז איבער שבת.״ – „איר, זאָגט ער, האָט מיר געגעבן געלט?״... און בשעת־מעשׂה מאַכט ער אַזאַ פּנים, גלײַך ווי איך וואָלט אים געזאָגט, למשל, אַז זײַן נאָז איז ניט זײַנע, נאָר מײַנע...

איר קאָנט פֿאַרשטיין, ווי אַזוי מיר איז געוואָרן בשעת־מעשׂה אויף דער נשמה: אַ קשיא אויף אַ מעשׂה? כאַבנע איז טאַקע אַ שטאָט, חלילה, ניט פֿון קיין גזלנים, ניט פֿון קיין כאַ־פּערס... נאָר צוריק האָב איך מיך מישבֿ געווען: אפֿשר טרײַבט ער קאַטאָוועס? הייב איך אָן צו לאַכן: „כאַ־כאַ, איר זענט אַ רעכטער לץ, זאָג איך, איר קאָנט גוט די מלאָכה!״ מאַכט ער צו מיר אָבער ערנסט: „וואָסער מלאָכה?״ – „איר טרײַבט, זאָג איך, מיט מיר קאַטאָוועס.״ מאַכט ער צו מיר שוין צו ערנסט: „יונגער־מאַן, איך בין ניט אײַער גלײַכן און טרײַב ניט מיט אײַך קיין קאַטאָוועס! זאָגט, וואָס ווילט איר?״...

דאָ האָב איך שוין דערפֿילט, אַז דאָס פּנים ציטערט מיר, די אויגן פֿינטלען, די קנעבלעך הייבן זיך אָן צו טרייסלען, אָט פֿאַל איך אום. נאָר איך גיב מיך ניט אַרויס. איך נעם עס אָן אַלץ פֿאַר אַ שפּאַס און טו אים אַ זאָג: „נו, גענוג אײַך שוין צו לצעווען, כלעבן, גיט מיר אָפּ מײַן געלט, לאָמיך פֿאָרן.״ מײַן גבֿיר פֿון כאַבנע זיצט אַקעגן מיר, קוקט מיר גלײַך אין די אויגן אַרײַן, און איר זאָלט זאָגן, ער זאָל דאָס אַפֿילו אַ ריר טאָן מיט אַ ברעם, אַ פּינטל טאָן

מיט אַן אויג. גאָרניט, גלײַך ווי איך וואָלט עפּעס גערעדט פֿונעם וועג, חלילה, פֿונעם זינען. „יונגער־מאַן, מאַכט ער צו מיר גאַנץ געלאַסן, איר זענט זיך טועה, איר האָט געטראָפֿן ניט אַהין, ווו איר דאַרפֿט.“ טוט עס מיך שוין מסתּמא אַ טראָג אויף און איך רוף מיך אָן צו אים: „אויב איר טרײַבט ניט קיין קאַטאָוועס, זאָג איך, פֿאַרשטיי איך אײַך ניט, וואָס דאָס איז פֿאַר אַ שפּיל? איך האָב אײַך געגעבן, זאָג איך, באַהאַלטן געלט, קיין עין־הרע, אַזאַ סומע געלט, דאָס געלט איז ניט מײַנס, ס׳איז פֿרעמד געלט“... און איך פֿיל, אַז די צונג פּלאָנטעט זיך, אין האַלדז שטיקט, אינעם לינקן אויער פּײַפֿט, עס גייט מיר אָפּ, ווי מע זאָגט, אַ מינוט צום חלשן. „איך ווייס ניט, מאַכט ער צו מיר, וואָס איר רעדט.“ – „האָט איר, זאָג איך, בײַ מיר קיין געלט ניט גענומען?“ – „איך, זאָגט ער, בײַ אײַך? ווײַזט, זאָגט ער, איר האָט עפּעס אויף פּאַפּיר?“... דאָ איז מיר געוואָרן שלעכט; אַצינד פֿאַרשטיי איך שוין, פֿאַר וואָס ער האָט געזאָגט, אַז ער חתמעט ניט קיין קוויטלעך!... „סטײַטש, זאָג איך, נו, און די עדות, וואָס זענען דערבײַ געווען?“ מאַכט ער צו מיר: „עדות? וואָסערע עדות?“ – „ניט געווען, זאָג איך, דערבײַ רב לייזער און רב יאָסי?“ – „וואָסער לייזער, וואָסער יאָסי?“ – „סטײַטש, זאָג איך, גאָט איז מיט אײַך, אָט, זאָג איך, טו איך אַ שפּרונג און ברענג זיי צו פֿירן!“ – „שפּרינגט, מאַכט ער צו מיר, וווּהין איר ווילט, אַבי לאָזט מיך צו רו; איר זענט מיר, זאָגט ער, ניט בײַ אַלע געדאַנקען, יונגער־מאַן!“...

און לויפֿנדיק אַזוי צו מײַנע עדות, פֿליט מיר דורך בשעת־מעשׂה אַ מחשבֿה: אפֿשר בין איך טאַקע ניט בײַ אַלע געדאַנקען? אפֿשר איז דאָס גאָר אַ דמיון? אַ חלום? אפֿשר בין איך גאָר ניט אין כאַבנע? איך לויף, און די געדאַנקען לויפֿן, דער קאָפּ ווערט מיר שיִער ניט צעשפּאַלטן אויף שטיקלעך. דער רוח האָט מיך געטראָגן קיין כאַבנע אויף שבת! ווײ און ווינד, וואָס וועל איך טאָן, אַ קלאָג, פֿאַרפֿינצטערט בין איך געוואָרן?!...

אַהין־אַהער, איך קום צו רב לייזערן, איך קום צו רב יאָסין, דערצייל זיי דעם אומגליק, וואָס מיר האָט געשען: „קומט, זאָג איך, ייִדן בני־רחמנים, קומט גיכער, האָט רחמנות, ס׳איז אַ סומע געלט, זאָג איך, פֿרעמדס, ניט מײַנס, ראַטעוועט מיך!“... און מיר קומען צו לויפֿן אַלע דרײַ צום גבֿיר פֿון כאַבנע, גייט ער אונדז אַקעגן מיט אַ מאָדנע שמייכל און מאַכט צו מײַנע צוויי שיינע ייִדן בזה־הלשון: „וואָס זאָגט איר אויף דעם שלאַק? דער יונגער־מאַן האָט זיך אײַנגערעדט אַ לונג־און־לעבער אויף דער נאָז; ער זאָגט, אַז ער האָט מיר כּמו ווי געגעבן געלט אַ גרויסע סומע אויף צו באַהאַלטן, און ווײַזט אָן אויף אײַך, אַז איר זענט דערבײַ געוועזן. וואָס זאָגט איר אויף אַזאַ מין אָנשיקעניש?“... מײַנעביידע עדות, די שיינע ייִדן מיט די שיינע בערד, שטייען און קוקן אויפֿן גבֿיר, אויף מיר און איינס אויפֿס אַנדערע. „וואָס שווײַגט איר? – מאַכט צו זיי דער גבֿיר. – האָט איר געהערט אַזאַ מין בילבול?“ – „גאָט ברוך־הוא זאָל שומר־ומציל זײַן!“ – מאַכן מײַנע צוויי עדות, די שיינע ייִדן מיט די שיינע בערד, און קוקן זיך איבער איינס מיט דאָס אַנדערע. „ער זאָגט, מאַכט ווײַטער צו זיי דער גבֿיר, אַז ס׳איז געווען מי־יודע וואָס פֿאַר אַ סומע געלט, תּרפּ״ט אַלפֿים, און אַז איר האָט אַליין געזען, ווי ער האָט דאָס מיר איבערגעגעבן, איך זאָל דאָס באַהאַלטן בײַ זיך ביז איבער שבת. ווי געפֿעלט דאָס אײַך? איך האָב מורא, צי דער יונגער־מאַן איז, חלילה, ניט

גערירט?״... – „ניט אַנדערש, אַז... ער איז, חלילה, גערירט״... רופֿן זיך אָפּ מײַנע ביידע עדות, קוקן אויפֿן גבֿיר און איינס אויף ס׳אַנדערע און גלעטן זיך די שיינע בערד. איך וויל עפּעס זאָגן, שרײַען – קאָן איך ניט! עס האָט זיך מיר צוגעקלעפּט די צונג צום גומען, גע־שטעלט זיך עפּעס פּאַפּעריק אין האַלדז, ווי אַ ביין, פֿינצטער געוואָרן אין די אויגן... שטיל האָבן זיך מײַנע צוויי שיינע יידן, רב לייזער און רב יאָסי, אַרויסגערוקט פֿון שטוב, עפּעס מאָדנע געקוקט אויפֿן גבֿיר און איינס אויף ס׳אַנדערע. זייערע פּנימער זענען געווען בלאַס, ווי די לבֿנה, נאָר זיי האָבן געשײַנט, און די אויגן האָבן בײַ זיי געלויכטן, ווי בײַ מענטשן, וואָס גאָט ברוך־הוא האָט זיי צוגעשיקט אויף אַ פּולער וואָך ניט קיין שלעכט געשעפֿטל...

*

הערט איר? גאָט ווייסט, וואָס מיט מיר וואָלט געווען, ווען דער כאַבנער גבֿיר זאָל ניט געווען צוגיין צו מיר, אַרויפֿלייגן מיר די האַנט אויף די פּלייצעס, עפֿענען די שאַפֿע און אַ זאָג טאָן צו מיר: „יונגער־מאַן, עסט אײַך ניט אָפּ דאָס האַרץ. דאָ האָט איר אײַער געלט. איך האָב אײַך ניט מער נאָר געוואָלט ווײַזן, וואָס איז כאַבנע און וועער זענען אירע שיינע יידן״...

פֿון דעמאָלט אָן פֿאָר איך ניט קיין כאַבנע, און אַז איך פֿאָר קיין כאַבנע, פֿיר איך ניט מיט קיין געלט, און אַז איך פֿיר געלט, האַלט איך ניט שבת, און אַז איך האַלט שבת... ווייס איך שוין, וואָס איך האָב צו טאָן...

און דער געלער יונגער־מאַן מיט די ווײַסע ברעמען, אַז ער האָט געענדיקט צו דערציילן די מעשׂה, האָט ער זיך אָפּגערוקט מיטן בענקל אַ ביסל אויף אַ זײַט און האָט גענומען אַרײַנקוקן אונדז איטלעכן באַזונדער אין די אויגן אַריין, צו זען, וואָס פֿאַר אַ רושם זײַן מעשׂה האָט אויף אונדז געמאַכט. מיר אַלע זענען געבליבן, ווי פֿאַרשטומט. עס איז איבער־געריסן געוואָרן אונדזער שמועס, אָפּגעהאַקט געוואָרן, ווי מיט אַ האַקמעסער. נאָר איינער פֿון אונדז (איך געדענק ניט ווער; דאַכט מיר, אַז איך) האָט זיך אײַנגעשטעלט און האָט אַ פֿרעג געטאָן בײַם געלן יונגן־מאַן מיט די ווײַסע ברעמען:

– אַקעגן וואָס, הייסט דאָס, האָט איר אונדז דערציילט די דאָזיקע מעשׂה?

– אַקעגן וואָס? – מאַכט ער ווי פֿאַרוווּנדערט. – וואָס הייסט, אַקעגן וואָס? אַקעגן גאָר־ניט. ס׳איז גלאַט אַזוי זיך אַ מעשׂה, אין דער וועלט אַרײַן. איך האָב מיך גראָד איצט דער־מאַנט, האָב איך אײַך דערציילט.

שלום־עליכם

# אַ פֿריִער פּסח

## א

די וועלט באַרימטע דײַטשע שטאָט נאַררענבערג איז אַן אַלטע ייִדישע שטאָט. און ניט נאָר אַ ייִדישע שטאָט – זי איז אַ פֿרומע שטאָט, אַ גאָטספֿאָרכטיקע. אירע ייִדן האָבן זיך געמאַכט אַ שם אויף דער וועלט דערמיט, וואָס זיי האָבן קיין מאָל ניט געגריבלט זיך, ניט אַרײַנגעלאָזט זיך אין חקירות, ניט געפֿילאָסאָפֿירט, ניט געפֿרעגט קיין קשיאות אויף אַזעלכע זאַכן, וואָס קערן זיך אָן מיט גאָט. אויף זיי מעג מען זאָגן, אַז זיי זענען ייִדן אָן חכמות.

אמת, זייער ייִדישקייט באַשטייט ניט מער ווי אין דרײַ דינים, וואָס שטאַמען מסתּמא פֿון אַבֿרהם אָבֿינו, אָדער אפֿשר נאָך פֿון אָדם הראשונען: 1) יאָרצײַט, 2) בר־מיצווה, 3) פּסח. די דרײַ דאָגמען זענען גאַנץ גענוג אויפֿצוהאַלטן דאָס ייִדישע פֿאָלק נאָך טויזנטער און טויזנטער יאָרן. מיינט ניט, אַז דאָס האָבן זיי אויסגעזויגן פֿון זייער אייגענעם פֿינגער; דאָס האָבן זיי געהערט ניט איין מאָל פֿון זייער ראַבינער, דאָקטאָר און פּרעדיגער, וועלכן די נאַררענבערגער קהילה האַלט אויס ניט מיט ווינציקער ערע, ווי די קאַטוילן, להבֿדיל, דעם רוימישן פּאַפּסט. דער ראַבינער, דאָקטאָר און פּרעדיגער טראָגט בײַ זיי דעם נאָמען ,רבי׳, ,אונדזער רבי׳, און די נאַררענבערגער קהילה איז איבערצײַגט, אַז נאָך אַזאַ למדן, ווי זייער רבי, איז שוין נישטאָ אויף דער גאַנצער וועלט. אין זײַנע דרשות, וואָס ער האַלט זיי אַלע יום־טובֿ אין דער סינאַגאָגע, וואַרפֿן זיך דורך אַזעלכע לשון־קודשדיקע ווערטער, וואָס נאָר דער מחבר פֿונעם סידור זאָל איצטער אויפֿשטיין, וואָלט ער זיי אפֿשר פֿאַרשטאַנען, און אפֿשר ניט... די נאַררענבערגער ייִדן דערציילן פֿון אים מופֿתים, ווי פֿון אַ ,גוטן ייִדן׳. למשל, זיי באַרימען זיך, אַז שוין עטלעכע און צוואַנציק יאָר, זינט ער איז בײַ זיי ראַבינער און פּרעדיגער, האָט זיך נאָך ניט געטראָפֿן, ער זאָל אַ מאָל האָבן אַ טעות: אַלע יום־טובֿ די זעלבע דרשה מיט די זעלבע פּסוקים פֿונעם זעלבן תּנ״ך, מיט דער זעלבער באַדײַטונג, מיט די זעלבע משלים. איך מיין אָבער, אַז דאָס איז אַ ביסל איבערטריבן. דער אויטאָריטעט פֿונעם ראַבינער, דאָקטאָר און פּרעדיגער איז אין שטעטל אַזוי גרויס, אַז קיין יאָרצײַט, קיין בר־מיצווה און קיין יום־טובֿ ווערט ניט באַשטימט, ביז עס ווערט ניט פֿריִער פּעסטגעשטעלט פֿונעם ראַבינער און פּרעדיגער. און הגם יעדער נאַררענבערגער ייִדישער אײַנוווינער מוז האָבן בײַ זיך אין שטוב אַ ייִדישן לוח, פּונקט אַזוי ווי יעדע נאַררענבערגער ייִדישע פֿרוי מוז האָבן אַ ווײַסע כּפּרה ערבֿ יום־כּיפּור, דאָך, אַז עס קומט אונטער אַ יום־טובֿ, גלייבט קיינער ניט דעם לוח אויף נאמנות און מע גייט צום רבין זיך [ד]ערקונדיקן: „ווען האָבן מיר פֿײַערטאָג?“ און ווער שמועסט נאָך אַזאַ יום־טובֿ, ווי דער הייליקער פּסח?! פּסח

פֿון: **אַלע ווערק**. ב׳ 17. לכּבֿוד יום־טובֿ 1. ניו־יאָרק: שפּעציעלע מאָרגן־פֿרײַהייט אויסגאַבע, 1937, ז״ז 151 – 168.

ווערט געפֿײַערט אין נאַררענבערג – איך גיי מיט אײַך אין געוועט – מיט מער פּראַכט און גלאַנץ און מיט מער כּשרות אַלס אין דער פֿרימסטער שטאָט בכל־תּפֿוצות־ישׂראל! די נאַררענבערגער ווײַבער – זיי קומט דער שבֿח – זענען אַזעלכע צנועות, אַז פּסח אין טעאַטער באַנוצן זיי ניט די חמצדיקע בינאָקלס פֿון אַ גאַנץ יאָר. אַפֿילו די נאַררענבערגער מאַנצבילן, וואָס זענען עפּעס ניט אַזעלכע גרויסע מצה־שמורהניקעס, פֿון דעסטוועגן האָט זיך געמאַכט וויפֿל מאָל, אַז מען איז געקומען צום רבין מיט אַ שאלה, צי מעג מען פּסח טרינקען מינכענער ביר און פֿאַרבײַסן מיט פּראַגער שינקען.

אַצינד, אַז מיר האָבן זיך שוין אַ ביסל באַקאַנט מיט די נאַררענבערגער ייִדן אַלס ייִדן, – קאָנען מיר שוין צוטרעטן צו דעם עצם פֿון דער געשיכטע, וואָס האָט זיך פֿאַרלאָפֿן אין דער שטאָט נאַררענבערג אין דעם יאָר 1908, אָדער 5668 פֿון זינט די וועלט איז באַשאַפֿן געוואָרן, לויט רעכענונג פֿון אונדזער ייִדישן וועלט־לוח.

## ב

די נאַררענבערגער קהילה באַנוצט זיך מיט אירע אייגענע פֿאַבריקאַציעס און פּראָדוקטן, אויסער ייִדישע[ר] ליטעראַטור. אַ מאָל פֿלעגן זיי די ייִדישע ליטעראַטור אימפּאָרטירן פֿון אויסלאַנד, מערסטן טייל פֿון לאָנדאָן אָדער פֿון וואַרשע. נאָר פֿון דער לעצטער צײַט, זינט עס האָבן זיך אָנגעהויבן בײַ אונדז די בהלות, מלחמה, רעוואָלוציע, קאָנסטיטוציע און פּאָגראָמען, האָבן די כוואַליעס פֿון דער גוואַלדיקער עמיגראַציע אַרויסגעוואָרפֿן אויף דעם דאָזיקן נאַררענבערגער אָאַזיס, צווישן אַ סך אַנדערע נפֿשות, אויך איינעם אַ פּעקל־טרעגער אָדער אַ מוכר־ספֿרימניק מיטן נאָמען פּ י נ ח ס  פּ י נ ק ו ס.

פּינחס פּינקוס איז אַ ייִדל אַ נידעריקס, אַ זשוואַווע, מיט איין אייגל אַ קליינס, דאָס אַנדערע אַ גרויס. בשעת ער רעדט, קוקט דאָס קליינע אייגל אויפֿן גרויסן, ווי איינער רעדט: „נו?“... און דאָס גרויסע אויג ענטפֿערט אים: „נו־נו!“... די ערשטע צײַט האָט ער זיך גענוג אָנגעליטן, גענוג אויסגעהונגערט און גענוג אויסגעשטאַנען יסורים, ווייטיקן און בזיונות פֿון זײַנע דײַטשע ברידער, ביז ער האָט זיך דערשלאָגן צו זײַן שטענדיקער פּרנסה פֿון דער היים – אַרומטראָגן ייִדישע ספֿרים און ביכלעך איבער די הײַזער. אַ צעבראָכענער, אַ צעראַבעוועטער, אַ נאַקעטער און אַ הונגעריקער האָט ער פֿאַרלאָזן זײַן לאַנד, ווו ער איז געבוירן, און האָט זיך מיט גרויס מי דערשלאָגן אין אַ פֿרײַ לאַנד – קיין נאַררענבערג, ווו ער איז שוין געווען באַוואָרנט פֿון אַ פּאָגראָם, נאָר ניט געווען באַוואָרנט פֿון שטאַרבן פֿון הונגער, מחמת אין דעם פֿרײַען לאַנד איז דאָס שנאָרן שטרענג פֿאַרבאָטן אַפֿילו צווישן אייגענע ברידער. יעדער מענטש איז מחויבֿ עפּעס טאָן. אונדזער צעשלאָגענער עמיגראַנט פּינחס פּינקוס האָט אָבער ניט געקאָנט געפֿינען קיין שום טועכץ אינעם פֿרײַען לאַנד. שולדיק איז געווען אין דעם ניט אַזוי ער אַליין, ווי די שפּראַך. דאָס הייסט, וואָס ניט ער האָט פֿאַרשטאַנען ז י י ע ר  שפּראַך, און ניט זיי האָבן פֿאַרשטאַנען ז ײַ ן  שפּראַך. די ערשטע צײַט האָט ער אַרומגעשפּאַצירט איבער די נאַררענבערגער גאַסן און באַטראַכט די שטאָט מיט די מענטשן, דעם הימל מיט דער ערד. דאַכט זיך, די זעלבע הײַזער, די זעלבע מענטשן, דער

זעלבער הימל מיט דער זעלבער ערד – און גאָרנישט, אַלע גייען זיך אַזוי רויִק; קיינער האָט קיין מורא ניט פֿאַר אַ שטיין פֿון אויבן, פֿאַר אַ קויל פֿון פֿאָרנט אָדער פֿאַר אַ מעסער פֿון הינטן – גליקלעכע מענטשן! אַ געבענטשט לאַנד!...

וואָס ווײַטער האָט אָבער דאָס לאַנד אָנגעהויבן אָנווערן דעם חן אין זײַנע אויגן – אי־בערן מאָגן. דער מאָגן איז אַ בייזער בעל־דבֿר; אים, אַז עס קומט די צײַט פֿון עסן, וויל ער ניט הערן ניט פֿון קיין פֿאָליטיק, ניט פֿון פֿילאָסאָפֿיע. „האָסט מיך עפּעס אין זינען, צי ניין?" – אַזוי טענהט אַ ליידיקער מאָגן. – „פֿון מײַנט וועגן קאָנסטו בעטלען גיין, קאָנסט גנבֿענען, גזלענען, אַבי מיר זאָלסטו אָפּגעבן מײַנס, און ווײַטער איז ניט מײַן עסק!"... דער חסרון איז אָבער, וואָס אויף אויסציִען די האַנט דאַרף מען זײַן אַ געבוירענער בעטלער, אָדער האָבן אַ נשמה פֿון אַ בעטלער. און אונדזער העלד האָט זיך לאַנג אַרומגעדרייט איבער די נאַררענבערגער שטראַסן, ביז ער האָט בײַ זיך געפּועלט אָפּשטעלן דעם ערשטן מענטשן, חלילה ניט אויף צו בעטן בײַ אים עפּעס, נאָר גלאַט אַזוי, אויסרעדן זיך אַ ביסל דאָס האַרץ. פּינחס פּינקוס האָט זיך אָנגערופֿן צום ערשטן דײַטש בזה־הלשון:

– האָט קיין פֿאַראיבל ניט, מײַן ליבער הער דײַטש, איך בין דאָ אַ גר און פֿאַרשטיי ניט דאָס לשון. איך לויף פֿון אַ קאָנסטיטוציע לויף איך, און פֿאַל, הייסט עס, מיטן פּנים צו דער ערד. גלייבט מיר, איך וואָלט אײַך ניט מטריח געווען, ס׳זאָל ניט זײַן, ווי מע זאָגט, באָו מים עד נפֿש. איך בעט ניט חלילה קיין נדבֿה; איך זוך עפּעס אַ מלאָכה, אַ טועבץ, וואָס ניט איז, אַבי דערהאַלטן די נשמה. האָט רחמנות...

דער דײַטש האָט אים אויסגעהערט ביזן סוף און האָט זיך פֿאַר אים אַנטשולדיקט, אַז ער האָט קיין מאָל אַזאַ שטראָסע ניט געהערט, און איז אַוועק זײַן וועג. דער צווייטער דײַטש האָט אויסגעהערט די זעלבע דרשה און איז אַוועק אָן ווערטער. דער דריטער דײַטש איז געוואָרן אַ ביסל ברוגז, וואָס מע נעמט צו זײַן צײַט, און האָט זיך רעכט אויסגעבייזערט אויף דעם „פֿערדאַמטען קערל". דער פֿערטער דײַטש האָט אים אַפֿילו ניט אויסגעהערט ביזן סוף, באַוויזן אים, אַז ער האָט אַ שטעקן, און געזאָגט, אַז טאָמער גייט ער ניט „פֿאָרט", אַזוי רופֿט ער צו אַ „שוצמאַן"...

און אונדזער העלד האָט גיך איבערגעביטן זײַן פֿריִערדיקע מיינונג איבער די דײַטשן און איבער זייער פֿרײַען לאַנד, וועלכעס ער האָט פֿײַנט געקריגן, און איז דעם דײַטש געוואָרן אַ דם־שונא!

### ג

אויב דער אומגליקלעכער פּינחס פּינקוס האָט פֿײַנט געקראָגן די נאַררענבערגער דײַטשן, האָט ער טויזנט מאָל אַזוי פֿיל געטראָגן שׂינאה און פֿאַרדראָס אויף די נאַררענ־בערגער דײַטשע ייִדן מיט זייער ראַבינער, דאָקטאָר און פּרעדיגער, וואָס האָט אַוועקגע־שטעלט דעם אָרעמען עמיגראַנט דרײַ טענות: 1) למאַי איז ער אַן אָרעמאַן? 2) למאַי גייט ער אָפּגעריסן? 3) למאַי רעדט ער ניט קיין דײַטש? דערויף האָט אים דאָס אָרעמע ייִדל אָפּגעענטפֿערט אַ ביסל טאַקע מיט צו פֿיל חוצפּה:

– אַדוני קעניג! איך וועל אײַך ענטפֿערן על ראשון ראשון ועל אַחרון אַחרון: דאָס, וואָס איר טענהט, למאַי איך בין אַן אָרעמאַן און גיי ווי אַ שלעפּער – זענט איר גערעכט; דער אייבערשטער האָט מיר געוואָלט געבן געלט, האָב איך אים געזאָגט: גיב דאָס בעסער מענדעלסאָנען – ער איז אַ משומד און האָט ניט קיין חלק־לעולם־הבא... נאָר דאָס, וואָס אײַך געפֿעלט ניט מײַן ייִדיש לשון, וואָלט איך אַ בעלן געווען, איר זאָלט זײַן אין מײַן פּאָלאָזשעניע און קומען מיט אײַער דײַטשמעריש צו אונדז קיין מאָסקווע, און אַפֿילו קיין באַרדיטשעוו, וואָלט איר דעמאָלט געוווּסט, וואָס פֿאַר אַ גאָט מיר האָבן.

אַ גליק, וואָס דער ראַבינער האָט פֿאַרשטאַנען פֿון דער דאָזיקער גאַנצער רעדע נאָר עטלעכע געציילטע ווערטער: 'געלט'... 'מענדעלסאָן'... 'מאָסקווע'... און דער נאַררענבערגער ראַבינער האָט אים גענומען לייענען אַ נאָטאַציע און זאָגן מוסר, אַז ס'איז אַ "פֿורכטבאַרע פֿרעכהייט" פֿון אַזאַ ייִדל זיך מישן אין דער רוסישער פּאָליטיק און קריטיקירן מענדעלסאָנען, למאַי ער שטיצט מאָסקווע מיט געלט... "אָט דאָס איז טאַקע אײַער אומגליק, – האָט דער ראַבינער גענדרשעט צום אָרעמען עמיגראַנט – וואָס איר קריכט אַהין, ניט וווּ מע דאַרף. אָט דערפֿאַר טאַקע שלאָגט מען אײַך און מע טרײַבט אײַך, און מיר, דײַטשע ייִדישע בירגער, האָבן דורך אײַך חרפּה און בושה"... און נאָך אַ סך אַזעלכע ערנסטע קלוגע רייד האָט דער נאַררענבערגער ראַבינער און פּרעדיגער אויסגעשאָטן אומזיסט און אומנישט, מחמת דאָס ייִדל האָט פֿון זײַן דרשה נאָך ווינציקער פֿאַרשטאַנען... דאָס רעזולטאַט איז געווען, וואָס נאָך עטלעכע מאָל אַרויסטרײַבן אים און אָנרופֿן 'שנאָרער', 'פּאָלנישער יודע' וכדומה אַזעלכע נעמען, האָט זיך אונדזער פּינחס פּינקוס פֿאָרט דערשלאָגן בײַ דער נאַררענבערגער קהילה, מע זאָל אים אויסלייַען אַ ביסל מזומנים, וועט ער אויסשרײַבן פֿון דער היים אַ ביסל געדרוקטע סחורה – טאָמער וועט ער עפּעס פֿאַרדינען.

און כּך־הווה. ער האָט אויסגעשריבן אַ טראַנספּאָרט ספֿרים און ביכלעך, אויך אַ ביסל סידורים, חומשים, סליחות און הגדות, און דער עיקר – ייִדישע לוחות. אויף לוחות, האָט ער אַרויסגעזען, וועט ער דאָ האָבן מער בעלנים, ווי אויף אַלע אַנדערע ספֿרים. פּינחס פּינקוס האָט ניט אומזיסט פֿאַרבראַכט זײַן צײַט צווישן די דײַטשע ברידער. ער האָט פֿאַרשטאַנען, אַז אַ לוח איז כּמעט דער איינציקער גאַנגבאַרער אַרטיקל פֿון דער ייִדישער ליטעראַטור אין נאַררענבערג. ער האָט זיך ניט אָפּגענאַרט. ער האָט אויספֿאַרקויפֿט דאָס גאַנצע פּעקל ייִדישע לוחות אין איין טאָג און האָט געמוזט אויסשרײַבן נאָך אַ טראַנספּאָרט מיט לוחות, און האָט דעם טראַנספּאָרט אויך אָפּגעזעצט.

פֿון דעמאָלט אָן האָט אונדזער פּינחס פּינקוס אָנגעהויבן וואַקסן און וואַקסן, דאָס הייסט, גיין פֿון איין שטעטל אינעם אַנדערן מיט אַ פּעקל ספֿרים אויף די פּלייצעס, צום מיינסטן ייִדישע לוחות, באַרדיטשעווער, ווילנער און וואַרשעווער פֿאַבריקאַציע. נאָר דער הויפּטאָפּזעץ איז בײַ אים געווען נאַררענבערג און ווידער אַ מאָל נאַררענבערג, וואָרן אין ערגעץ איז ניטאָ אַזאַ אַן אָפּגאַנג אויף דער סחורה, ווי אין נאַררענבערג. אַ נאַררענבערגער ייִד, אַז ער קויפֿט אַ ייִדישן ספֿר, איך מיין אַ לוח, טוט ער דערמיט דרײַ 'וואָהלטאַטען' מיט אַ מאָל: ערשטנס, וואָס ער ברענגט אין שטוב אַרײַן אַ 'ייִדישן ספֿר'; צווייטנס, וואָס ער

פֿאַרשפּרייט דערמיט די ייִדישע ליטעראַטור; דריטנס, וואָס ער גיט צו לייזן דעם אָרעמען, פּאָלנישען יודען׳ געלט. און דער אָרעמער, פּאָלנישער יודע׳ מאַכט ניט שלעכט. דאָס ער־שטע יאָר האָט ער אויסגעבראַכט ייִדישע לוחות אין די צענדליקער. דאָס צווייטע יאָר – אין די הונדערטער. צום דריטן יאָר האָט ער זיך געגרייט אָפּצוזעצן טויזנט לוחות, און אפֿשר נאָך מער – ווער ווייסט? עס איז נאָר אַ האַרצווייטיק, וואָס ער מוז די סחורה באַציִען אַזש פֿון דער היים און צאָלן פֿאַר איר מיט באַרעס געלט. עס וואָלט געווען אַ גלענצנדעס געשעפֿט, ווען מע זאָל קאָנען די סחורה פֿאַבריצירן דאָ אויפֿן אָרט. און אונדזער לוח־הענדלער פּינ־חס פּינקוס האָט פֿאַרטראַכט אַ קאָמבינאַציע – אַ גאַנצן פּלאַן, אַ גאונישן, אַ טײַוולשן פּלאַן.

### ד

איין מאָל אין אַ שיינעם פֿרימאָרגן איז אונדזער לוח־עקספּאָרטער, פּינחס פּינקוס, גע־זעסן אין זײַן ייִדישן רעסטאָראַן, ווו ער האָט גאַנץ פֿײַן אָפּגעמיטאָגט, זיך געריייניקט די ציין, און זײַנע צוויי נישט־גלײַכמעסיקע אויגן האָבן געקוקט איינס אויף דאָס אַנדערע און געפֿירט אַ שמועס. אַ סימן, אַז דער קאָפּ האָט געטראַכט און דער מוח האָט געאַרבעט. און בכדי דער לעזער זאָל וויסן, וואָס האָט אַזעלכעס געטראַכט פּינחס פּינקוס, גיבן מיר איבער אין קורצן דעם שמועס פֿון זײַנע אויגן (לאָמיר זיך אויף אַ מינוט פֿאָרשטעלן, אַז אויגן רעדן).

דאָס קליינע אייגל: מע דאַרף אויסשרײַבן אַ טראַנספּאָרט לוחות צום יאָר תּרס״ח... אַוועקשיקן אַזוי פֿיל געלד!

דאָס גרויסע אויג: אַ גאַנצן אוצר!

דאָס קליינע אייגל: אַן עבֿירה פֿאַר גאָט!

דאָס גרויסע אויג: מען איז עובֿר אויף בל־תּשחית!

דאָס קליינע אייגל: מע זאָל קאָנען קריגן פֿון זייערט וועגן אַן אַלטן לוח...

דאָס גרויסע אויג: פֿון תּרחס יאָרן, אַבי אַ לוח!..

דאָס קליינע אייגל: די נאַררענבערגער לומדים...

דאָס גרויסע אויג: מופֿלגים, גרויסע קעפּ, שאַרפֿע מוחות!..

דאָס קליינע אייגל: אײַ, טאָמער וועלן אויסקומען די דאַטעס פּאָפּעריק?

דאָס גרויסע אויג: בין איך בדלות!

דאָס קליינע אייגל: אַ מיצווה אויף זיי!

דאָס גרויסע אויג: כאַפּט זיי בעני!

דאָס קליינע אייגל: במילא טרייפֿניאַקעס, דײַטשן!..

דאָס גרויסע אויג: קיר״ה מאָק!

דאָס קליינע אייגל: זיי האָבן מיר גענוג בלוט פֿאַרצאַפּט, איידער איך האָב מיך אַרויפֿגעשלאָגן אויף אַ שטיקל דרך...

דאָס גרויסע אויג: עס מעג שוין אַ מאָל קומען אויף זיי אויך אַ מפּלה!..

און פּינחס פּינקוס האָט אַ ווונק געטאָן צום קעלנער:

– הער נאָר, דײַטש בן־דײַטש! אַ קריגל סמעטענע!

דאָס האָט געהייסן אַזוי גוט, ווי אַ קופּל ביר. און אונדזער לוח־הענדלער האָט אויס־געטרונקען אַ קופּל ביר און האָט אַוועקגעשריבן אַהיים אַ בריוו, פֿון וועלכן מיר גיבן דאָ איבער אַ ריכטיקע קאָפּיע:

„...און ווײַטער שרײַב איך אײַך, מײַן ליבער פֿרײַנד, איר זאָלט זײַן אַזוי גוט און אַרײַנפּאַקן מיר וויפֿל איר קאָנט אַלטע לוחות, צום מיינסטן פֿון יאָר תּרמ״ח. איך האָב דאָ אויף זיי אַן אָפּזעץ. די דײַטשן קויפֿן אַלטע מאַרקעס מיט אַלטע לוחות. פֿאַרשטייט זיך, אַז זיי צאָלן דערפֿאַר זייער ביליק, נאָר אַלץ איז בעסער פֿאַר אײַך, איידער זיי זאָלן פֿוילן בײַ אײַך אויפֿן בוידעם און די מײַז זאָלן זיי עסן. אַז איר וועט אײַנפּאַקן די אַלטע לוחות, זאָלט איר מוחל זײַן זיי איבערוועגן און רעכענען מיר לויט וואָג פֿון פּאַפּיר און אַרויסשיקן מיר פּער נאַכנאַמע. זעט זשע, למען־השם, אַלע אַלטע לוחות, וויפֿל איר האָט, צום מיינסטן פֿון יאָר תּרמ״ח. איך טו דאָס כּמעט נאָר צוליב אײַך. איך ווייס, אַז עס וואַלגערן זיך בײַ אײַך אַלטע לוחות, וויל איך אײַך געבן צו לייזן. צו קיין אַנדערן שרײַב איך נישט, נאָר צו אײַך, ווײַל איך האַלט פֿון אײַך. געדענקט זשע, למען־השם, וואָס מער אַלטע לוחות, און איך גריס אײַער ווײַב און קינדער גאָר פֿריינדלעך.

ממני פּינחס פּינקוס.“

פֿאַרחתמעט דעם בריוו, האָט ער אַ רוף געטאָן דעם קעלנער:

– הער נאָר, דײַטש בן־דײַטש, נאָך אַ קריגל סמעטענע!..

באַקומען נאָך אַ קריגל ביר, האָט אונדזער לוח־פֿאַבריקאַנט אָנגעשריבן נאָך אַ בריוול צו אַן אַנדער מוכר־ספֿרים:

„והשנית שרײַב איך אײַך, אַז איך האָב אויסגעקראַצט דאָ איינעם אַ דײַטש, וואָס איז אַ קונה אויף אַלטע לוחות, אָבער נאָר פֿונעם יאָר תּרמ״ח. אויב איר האָט זיי, שיקט זיי מיר צו באַלד דורך אַ נאַכנאַמע. רק איר זאָלט נישט רעכענען מער ווי דאָס פּאַפּיר, כּי איך דאַרף דאָך אויך עפּעס פֿאַרדינען. איך שרײַב נאָר צו אײַך, ווײַל איך ווייס, אַז נאָר בײַ אײַך געפֿינען זיך אַלטע לוחות. און מחמת איך האָב קיין צײַט נישט, מאַך איך דאָס בקיצור.

ממני פּינחס פּינקוס.“

און נאָך אַ בריוול האָט ער אַוועקגעשריבן, שוין אין אַן אַנדער שטאָט:

„...והשנית שרײַב איך אײַך, אַז איך קאָן בײַ אײַך הײַנטיקס יאָר קויפֿן לוחות נאָר על־מנת, דאָס הייסט מיט אַ תּנאַי, אַז צו יעדן נײַעם לוח פֿון יאָר תּרס״ח דאַרפֿט איר מיר צולייגן דרײַ לוחות אַלטע פֿונעם יאָר תּרמ״ח אומזיסט. ווײַל ס׳איז דאָ אַ פּאָר דײַטשן, וואָס זיצן און שטודירן די וועטערונגען נאָך די אַלטע לוחות פֿון די פֿריִעריקע יאָרן. לכן אבקש[1], איר זאָלט מיר אַרויסשיקן אַלע אײַערע אַלטע לוחות פֿון יאָר תּרמ״ח, צולייגן צו יעדע דרײַ אַלטע איינעם אַ נײַעם לויט פּרײַז, און באַלד אַרויסשיקן על־ידי נאַכנאַמע.

פֿון מיר אײַער פֿרײַנד פּינחס פּינקוס.“

אָט אַזעלכע בריוולעך זענען אַוועקגעגאַנגען נאָך עטלעכע צו פֿאַרשיידענע בוכהענד־לער אין פֿאַרשיידענע שטעט. און אונדזער לוח־אַנגראָסיסט פּינחס פּינקוס האָט זיך

1 העברעיִש – איך וואָלט געבעטן.

צעצאָלט מיטן קעלנער און האָט זיך אָנגעזאָטלט מיטן פּעקל ספֿרים אויף די פּלייצעס און איז אַוועק זײַן וועג, ווי אַ מענטש, וואָס האָט פֿאַרקלערט און אויסגעפֿירט אַ רעכטן, אַ ווײַכטיקן עסק.

### ה

דאָס געוועזענע יאָר 5668, זינט גאָט האָט באַשאַפֿן די וועלט, איז געווען פֿאַר די נאַררענבערגער ייִדן אַ יאָר פֿון שפֿע. אַלע, פֿונעם ערשטן פֿאַבריקאַנט ביזן לעצטן בעל־מלאָכה, האָבן געמאַכט גוטע געשעפֿטן. אַלע, פֿונעם גרעסטן קאָמיסיאָנער ביזן קלענסטן הויזירער, האָבן פֿאַרדינט געלט, און אַלע זענען געווען צופֿרידן און האָבן זיך געפֿרייט, וואָס דער ,אַרמער פּאָלנישער יודע׳ לייזט בײַ זיי געלט פֿאַרן לוח תּרס״ח. מע קאָן זאָגן, עס איז נישט געווען אין נאַררענבערג קיין איינציק הויז, וואָס זאָל נישט האָבן געקויפֿט בײַם ,פּאָלנישען יודען׳ קיין לוח אויף דעם יאָר. און די נאַררענבערגער ייִדישע באַפֿעלקערונג האָט גענומען דאָס נײַע יאָר תּרס״ח (5668) נאָכן אַלטן לוח פֿונעם יאָר תּרמ״ח (5648) אויסגעצייכנט גוט, דאָס הייסט: מ׳האָט זיך געהאַט יאָרצײַטן, געפֿײַערט בר־מיצוות און געבענטשט חנוכּה־ליכטלעך, געגעסן פּורימדיקע המן־טאַשן און גענומען זיך גרייטן צום הייליקן פּסח, באַקן מצות – אַלצדינג ווי אַלע יאָר, פֿון זינט די וועלט איז אַ וועלט, – און אין דער ריכטיקער צײַט, לויט דער לוח זאָגט, האָט מען זיך גאַנץ פֿײַן אַוועקגעזעצט צום סדר, אויף מאָרגן נאָך אַ מאָל צום סדר, און אַזוי וואָלט זיך אָפּלויפֿן דער פּסח, און אפֿשר דער שבֿועות מיטן סוכּות אויך, ווען עס זאָל זיך נישט טרעפֿן אַ מעשׂה (בײַ אַלע שרײַבערס פֿון דער וועלט מוז זיך טרעפֿן אַ מעשׂה).

ומעשׂה שהיה כּך־היה:

איינער אַן אַפּטייקער האָט געדאַרפֿט פֿאָרן פֿון נאַררענבערג קיין בערלין נאָך סחורה. האָט ער זיך אויפֿגעזעצט דעם ערשטן טאָג חול־המועד פּסח און איז אַוועק קיין בערלין. געקומען איז ער קיין בערלין אַן אויסגעהונגערטער פֿונעם וועג – סכּנות! דער לעזער, וואָס האַלט קאָפּ, געדענקט אַוודאי, אַז אַ נאַררענבערגער ייִדישער דײַטש, ער מעג זיך זײַן אַפֿילו אַן אַפּטייקער, אָדער אַ דאַנטיסט, אָדער אַפֿילו נאָך ערגער פֿון אַ דאַנטיסט, וועט אײַך פּסח קיין חמץ נישט עסן פֿאַר קיין צען מיליאָן. אַ גאַנץ יאָר וועט איר בײַ אים פּועלן, ער זאָל אײַך עסן חזיר. איר וועט אים אײַנבעטן, ער זאָל אײַך עסן ראַקעס און וואָס איר ווילט. – נאָר קומט דער הייליקער פֿײַערטאָג פּסח, ווערט אַ דײַטש פֿרום מיט סכּנות־נפֿשות! ער וועט אײַך גיכער שטאַרבן פֿון הונגער, איידער זיך צורירן צו חמץ אום פּסח. איר מעגט דאָס אָנרופֿן פֿאַנאַטיזם – ס׳איז אַ פֿאַרפֿאַלענע זאַך!

אַלזאָ, געקומען אַ הונגעריקער קיין בערלין, איז אונדזער אַפּטייקער קודם געגאַנגען זוכן אַ ייִדישן רעסטאָראַן אויף דער פֿרידריכשטראַסע און האָט דערזען דאָס וואָרט ,כּשר׳ און האָט זיך מחיה געווען. אַרײַנגעקומען אין רעסטאָראַן אַרײַן, האָט ער נישט צײַט געהאַט זיך אַוועקזעצן בײַם טיש און דורכשטודירן דאָס צעטל פֿון די פּסחדיקע מאכלים, איז אויסגעוואַקסן נעבן אים אַ קעלנער, אַ געזונטער יונגאַטש מיט אַן אָנגעפּאָמאַדעטן קאָפּ,

מיט שטייענדיקע וואָנצן, אַלאַ ווילהעלם דער צווייטער. דער יונגאַטש דער קעלנער האָט געהאַלטן אין די הענט אַ טעלער, און אויפֿן טעלער – שטעלט אײַך פֿאָר! – אַ המן־טאַש מיט מאָן!!!...

אונדזער אַפּטייקער איז שיִער נישט געפֿאַלן חלשות: וואָס הייסט עס? כּשר, פּסח, און אַ המן־טאַש מיט מאָן! ווען דער אַפּטייקער זאָל נישט זײַן טויט הונגעריק, וואָלט ער זיכער געמיינט, אַז ס׳איז אַ חלום. דער קעלנער דער יונגאַטש האָט דערזען, אַז דער גאַסט קוקט עפּעס מיט מאָדנע אויגן, האָט ער פֿאַרשאַרט אַרויף ביידע שטייענדיקע וואָנצן אַלאַ ווילהעלם דער צווייטער און האָט אַ זאָג געטאָן צום גאַסט מיט אַ פֿרײַנדלעכן שמייכעלע פֿון אַ קעלנער:

– וועגן פֿײַערטאָג – פּורים־שפּײַז!... כּשר לפּורים!...

דאָ איז אונדזער אַפּטייקער געוואָרן נאָך מער צעמישט: וועגן פֿײַערטאָג – פּורים־שפּײַז?!... דער קעלנער איז אַוועק און אויף זײַן אָרט איז אויסגעוואַקסן דער ‚ווירט׳ פֿונעם רעסטאָראַן, אַן עלעגאַנט געקליידטער דײַטש מיט אַ זייער ליבלעך אַלאונטערטעניקסט שמייכעלע אויף די פֿעטע רויטע ליפּן, און צווישן דעם ווירט מיטן גאַסט האָט זיך פֿאַרבונדן זייער אַן אינטערעסאַנטער שמועס, פֿון וועלכן מיר גיבן דאָ איבער נאָר דעם תּמצית. דער ווירט האָט באַגריסט דעם גאַסט מיטן פֿײַערטאָג פּורים, און דער גאַסט האָט געוואָלט אײַנרעדן דעם ווירט, אַז הײַנט איז טאַקע אַ פֿײַערטאָג, נאָר דער פֿײַערטאָג הייסט נישט ‚פּורים׳, ער הייסט ‚אָסטערן׳ (פּסח). תּחילת האָט דער ווירט גערעכנט, אַז דער גאַסט איז גלאַט אַ פֿריילעכער פֿאַרשוין און מאַכט זיך לוסטיק לכּבֿוד פּורים, האָט ער גאַנץ העפֿלעך געכיכיקעט. דעם גאַסט איז אָבער דאָס כיכיקען פֿונעם ווירט גאָר נישט געפֿעלן, און דער שמועס צווישן ווירט און צווישן גאַסט האָט אָנגעהויבן וואָס ווײַטער אַרײַן אין ערנסט, ביז עס האָבן דערהערט אויך די איבעריקע געסט פֿון רעסטאָראַן און האָבן זיך אויך אַרײַנגעמישט אין דעם הויך אינטערעסאַנטן שמועס. דאָס האָט אונדזער אַפּטייקער פֿאַרדראָסן, האָט ער זיך אויסגעשפּראָכן מיט זייער אַ גיפֿטיק שמייכעלע, אַז מע קאָן זיך זײַן אַ ייִד און דערלויבן זיך עסן חמץ אין פּסח, נאָר אַרײַנמישן זיך אין פֿרעמדע אַנגעלעגנהייטן איז נישט לויט דעם דײַטשן עטיקעט... דערויף האָט איינער אַ דזשענטלמאַן מיט צוויי שיינע באַקנבאַרדן, שוין אַ ביסל גרוילעך, מיט נישט ווינציקער גיפֿט אַ פֿרעג געטאָן בײַם אַפּטייקער: פֿון וואַנען איז דער ‚הער׳? און אַז ער האָט דערהערט, אַז דער ‚הער׳ איז אַ נאַררענבערגער, האָט ער אויסגעצויגן אַ לאַנגן „אַאַאַ!!!“ און האָט זיך פֿאַרטיפֿט אין טעלער...

ווען אונדזער נאַררענבערגער העלד זאָל נישט זײַן אַזוי הונגעריק, וואָלט ער דעם דזשענטלמאַן מיט די באַקנבאַרדן פֿאַר אָט דעם דאָזיקן ‚אַאַאַ׳ מכבד געווען, ווי עס געהער צו זײַן: ערשטנס, וואָלט ער אים דערלאַנגט זײַן וויזיט־קאַרטע מיט דער פֿירמע ‚דאָקטאָר פֿאַרמאַציע אין נאַררענבערג׳; צווייטנס, וואָלט ער געפֿאָדערט פֿון דעם דזשענטלמאַן מיט די באַקנבאַרדן, אַז ער זאָל אים געבן זײַן וויזיט־קאַרטע מיט זײַן פֿירמע, און וואָס נאָך דעם וואָלט געווען – ווייס איך נישט, איך בין נישט קיין נבֿיא. וואָס ס׳איז געווען – דאָס קאָן איך

אײַך דערציילן. און געווען איז אָט וואָס: אונדזער נאַררענבערגער העלד איז פֿון דעם רעסטאָראַן אַוועק אַ ברוגזער אין אַ צווייטן רעסטאָראַן, אויך אַ ייִדישן, און האָט געטראָפֿן דאָרט פּונקט דאָס אייגענע בילד; אויך אַ חמצדיקן מיטאָג, אויך חמצדיקע המן־טאַשן, ,כּשר לפּורים׳ – און געענדיקט האָט זיך עס דערמיט, וואָס אונדזער אַפּטייקער איז אַוועק פֿון דאָרט אין אַ קריסטלעכן רעסטאָראַן און האָט זיך באַשטעלט אַ גוייִשן מיטאָג ,אַלאַ קאַרט׳. ער האָט זיך געטראַכט: „איידער עסן חמץ אום פּסח, איז שוין גלײַכער עסן טרפֿה“...

ו

איינע פֿון די ניצלעכסטע [ד]ערפֿינדונגען פֿון אונדזער צײַט בלײַבט טאַקע נאָר דער טעלעפֿאָן. אַ דאַנק דעם טעלעפֿאָן איז גאַנץ נאַררענבערג אין פֿאַרלויף פֿון אַ האַלבע[ר] שעה געוווּיר געוואָרן, אַז די הויפּטשטאָט פֿון דײַטשלאַנד, די ייִדישע שטאָט בערלין, האָט פֿאַרשפּעטיקט מיטן פּסח כּמעט אויף אַ גאַנצן חודש: אַז ווערענד אין נאַררענבערג איז שוין דער צווייטער טאָג חול־המועד פּסח, איז אין בערלין ערשט פּורים! פֿאַר דער נאַררענבערגער קהילה איז דאָס געווען אַזוי איבערראַשענד, אַז זיי האָבן געוואָלט וויסן, וואָס וועט זאָגן דערויף ,אונדזער רבי׳? און מען איז אַוועק צו אונדזער ראַבינער, דאָקטאָר און פּרעדיגער און מ׳האָט אים שוין געטראָפֿן בײַם טיש שרײַבנדיק אַ טעלעגראַמע קיין בערלין צו זײַנעם אַ קאָלעגע, אויך אַ ראַבינער און אויך אַ דאָקטאָר און אויך אַ פּרעדיגער. ער האָט געבעטן בײַ זײַן קאָלעגע, ער זאָל אים זאָפֿאָרט טעלעגראַפֿירן, וועלכער פֿײַערטאָג איז הײַנט אין בערלין? און דעם זעלבן טאָג אַרום פֿאַרנאַכט האָט דער ראַבינער באַקומען אַ קלאָרע תּשובֿה פֿון בערלין. די תּשובֿה איז באַשטאַנען נאָר פֿון איין וואָרט: „שושן־פּורים“... און טאַקע דורכן זעלבן טעלעפֿאָן האָט ער געגעבן צו וויסן דער גאַנצער שטאָט און האָט געבעטן יעדן באַזונדער, אַז מע זאָל אַרײַנקוקן אין לוח אַרײַן, קאָנטראָלירן דעם דאַטום. און די שטאָט נאַררענבערג האָט גענומען שטודירן דעם לוח מיט אַזאַ אינטערעס, גלײַך ווי מע וואָלט וועלן דערגיין, ווען קערט זיך איבער די וועלט?...

מע טאָר אָבער נישט אַוועקגיין פֿונעם אמת: נאַררענבערג איז טאַקע זייער אַ פֿײַנע שטאָט און אירע ייִדישע אײַנוווינער זענען טאַקע זייער אָרנטלעכע מענטשן – איינס צום אַנדערען געהער זיך אָבער נישט אָן: קיין סך געלערנטע מענטשן, וואָס זאָלן פֿאַרשטיין לוח, איז דאָרט נישט פֿאַראַנען; דער איינציקער ייִדישער געלערטער, וואָס פֿאַרשטייט אַ ייִדיש וואָרט, איז איינער, וואָס טראָגט זייער אַ הויכן באַרימטן נאָמען ,מאַטיאַס דרייפֿוס׳.

מיר פֿאַרכאַפּן זיך אויף צו פֿריִער און מאַכן אויפֿמערקזאַם דעם לעזער, ער זאָל חלילה קיין טעות נישט האָבן און נישט מיינען, אַז דאָס איז דער מאַטיאַס דרייפֿוס, דער ברודער פֿון אונדזער וועלט באַרימטן מאַרטירער קאַפּיטאַן (הײַנט מאַיאָר) אַלפֿרעד דרייפֿוס. דער נאַררענבערגער מאַטיאַס דרייפֿוס איז דער שמשׂ פֿון דער דאָרטיקער כאָרשול און דער שוחט פֿון שטאָט. ווי קומט צו אים אַזאַ נאָמען – זאָלט איר נישט פֿרעגן. למאַי ס׳איז דאָ אין דעם זעלבן נאַררענבערג אַ ייִד אַן אָרעמאַן, וואָס לעבט פֿון דעם, וואָס ער זאָגט קדיש, אַז מע באַצאָלט אים, און טראָגט דעם נאָמען נאַטאַניעל ראָטשילד? אָדער ס׳איז פֿאַראַן, טאַקע

אַלץ אין נאַררענבערג, אַ שוסטער, און אַ קאַליקע דערצו, וואָס שעמט זיך נישט און הייסט מיטן נאָמען היַינריך הײַנע? און אַ ראַזירער איז דאָרטן דאָ, שטייט אויף זײַן שילד אויסגעמאָלט אַ נקבֿה מיט אַ רויטן פֿאַריק, און אונטן אָנגעשריבן מיט גרויסע לויטערע אותיות: לודוויג בערנע! עס פֿעלט נאָך צום רומל אַ שטיוול־פּוצער מיטן נאָמען ברוך שפּינאָזאַ... עס קאָן זייער געמאָלט זײַן, אַז עס דרייט זיך ערגעץ אַרום דאָרטן אין שטאָט אַ ברוך שפּינאָזאַ, נאָר איך האָב נאָך נישט געהאַט דאָס גליק מיט אים פּערזענלעך צו באַקענען זיך... נאָר מיר קערן זיך אום צו אונדזער געלערטן מאַטיאַס דרייפֿוס, דעם שמש פֿון דער כאָרשול.

אַז דער געלערטער מאַטיאַס דרייפֿוס האָט דערהערט די געשיכטע, וואָס דער אַפּטייקער האָט געבראַכט צו פֿירן פֿון בערלין, אַז דאָרט איז ערשט פּורים, נישט פּסח, האָט ער זיך גענומען גריבלען אינעם לוח גאָר מיט אַנדערע כּלים, ווי עס פּאַסט פֿאַר אַ געלערטן, וואָס איז אי אַ שמש, אי אַ שוחט און הייסט דרייפֿוס. ער האָט זיך אַזוי לאַנג געגריבלט, ביז ער האָט זיך אַרויפֿגעגריבלט אויף אַ שטיקל דרך. ער האָט געפֿרעגט אַ קשיא: ווו איז אַהינגעקומען דער „ואָדר״ (אָדר שני)? – לויט זײַן רעכענונג, ער געדענקט דאָס נאָך פֿון פֿאַר אַ יאָרן, האָט היַינטיקס יאָר – דאָננערוועטטער! – באַדאַרפֿט אויסקומען אַן עיבור־יאָר. אַ באַווײַז האָט ער פֿונעם אָרגאַניסט, פֿרידריך שפּילהאַגען; ער איז אַ קריסט און שפּילט בײַ די ייִדן יום־טובֿ אין כאָרשול; זאָגט ער, פֿרידריך שפּילהאַגען, אַז בײַ זיי איז הײַנטיקס יאָר אויך אַן עיבור־יאָר!

מיט דעם דאָזיקן וויכטיקן מאַטעריאַל איז אונדזער געלערטער דרייפֿוס אַוועק צום ראַבינער, דאָקטאָר און פּרעדיגער, און ביידע האָבן זיך אַוועקגעזעצט שטודירן דעם לוח גאָר איבער אַ נײַס – און דאָ איז געקומען די רעכטע קאַטאַסטראָפֿע: ביידע האָבן דערזען, אַז זייער לוח איז נישט פֿון יאָר תּרס״ח (5668), נאָר פֿונעם יאָר תּרמ״ח (5648). דאָס הייסט, אַ פֿאַרצוואַנציקיאָריקער לוח!...

דער פּראָפֿעסער פֿון דער דאָזיקער אמתער געשיכטע באַדאַנקט דעם געערטן לעזער פֿאַר דעם, וואָס ער האָט זיך געגעבן די מי אויסצוהערן די מעשׂה כּמעט ביזן סוף, און לאָזט אים איבער אויף זײַן אייגענער פֿאַנטאַזיע, ער זאָל זיך פֿאָרשטעלן, וואָס עס האָט זיך אָפּגעטאָן אין דער שטאָט נאַררענבערג, ווען מען איז געוווּיר געוואָרן פֿונעם רבין אַליין, אַז זיי האָבן פֿאַרכאַפּט דעם פּסח מיט אַ גאַנצן חודש פֿריִער, און אַז מע וועט דאַרפֿן פּראַווען פּסח נאָך אַ מאָל פֿונעם אָנהייב! איך וואָלט געקאָנט אויסנוצן אַלע שאַרפֿע אויסדרוקן, ווי צום בײַשפּיל: עמפּערט, ענטטוישט, איבערראַשט, אויפֿגעבראַכט, אויפֿגעטראָגן, צעקאָכט, נידערגעשלאָגן, אויסער זיך, וכדומה. איך פֿיל אָבער, אַז ס׳איז נישט דאָס; ס׳איז באַנאַל. דאָס ריכטיקסטע וואָרט וואָלט געווען, דאַכט מיר, ,פֿאַרניכטעט׳!... באַרעכנט אײַך: אַ גאַנץ האַלב יאָר האָט אַ שטאָט אָפּגעלעבט פֿאַלש נאָך אַן אַלטן אָפּגעלעבטן לוח פֿון פֿאַר צוואַנציק יאָרן! געפּײַערט יום־טובֿים נישט אין דער ריכטיקער צײַט! געגעסן מצה דעמאָלט, ווען אַלע ייִדן האָבן געשלאָגן המנען! הײַנט ווו זענען די בר־מיצוות? די יאָרצײַטן? די קדישים?... און וועמען האָט מען צו פֿאַרדאַנקען? עפּעס אַ ייִדל, אַ גאָרנישט, אַן עמיגראַנט...

„אָה, דער פֿאָלנישער יודע!“ – האָבן געזאָגט די נאַררענבערגער ייִדישע דײַטשן און האָבן זיך געשאַרפֿט די ציין אויפֿן ‚פֿאָלנישען יודען‘. לאָז ער נאָר קומען קיין נאַררענבערג מיט זײַן פּעקל ספֿרים, וועט ער שוין טרוקן נישט אַרויס...

און דער ‚פֿאָלנישער יודע‘, אונדזער בוכהענדלער פּינחס פּינקוס, איז אין דער צײַט געזעסן מיט נאָך אַ סך אַזעלכע אַרויסגעוואָרפֿענע, ווי ער, אויף אַ ריזנשיף, וואָס איז גדר־להדיק און ראַשיק געשווּומען פֿון האַמבורג קיין ניו־יאָרק. פֿונעם גאַנצן דאָברע־מזל, וואָס ס׳איז אים געראָטן אַרויסצובאַקומען פֿון די ‚דײַטשן‘, האָט ער קוים צונויפֿגעשלאָגן אויף אַ שיפֿסקאַרטע צווישן דעק, און ער פֿאָרט אָט דאָס אַהין, אינעם גאָלדענעם לאַנד, וואָס קאָלומבוס האָט אַנטדעקט צוליב דעם, אַז אָרעמע ייִדן פֿון דער גאָרער וועלט, פֿאַריאָגטע און פֿאַרוואָגלטע, באַרויבטע און פֿאַרשענדעטע, זאָלן קאָנען ערלעך און מיט כּבֿוד, כאָטש אַפֿילו מיט גרויס מי, פֿאַרדינען זייער שטיקל ברויט...

לעזער! לאָמיר אים ווינטשן גליק און אַ פֿריילעכן כּשרן פּסח.

www.ingramcontent.com/pod-product-compliance
Lightning Source LLC
Chambersburg PA
CBHW060452300426
44113CB00016B/2563
*9783110715910*